Microsoft Corporation

Microsoft® Word

Developer's Kit

Benutzerdefinierte Anwendungen entwickeln
mit Microsoft Word für Windows 95 und Word 6.0
für Windows, Windows NT und Macintosh

Die technische Referenz

Microsoft Press

Dieses Buch ist die deutsche Übersetzung von:
Microsoft Corporation: Microsoft Word Developer's Kit, 3rd edition
Microsoft Press, Redmond, Washington 98052-6399
Copyright © 1995 by Microsoft Corporation

Das in diesem Buch enthaltene Programm-Material ist mit keiner Verpflichtung oder Garantie irgendeiner Art verbunden. Autor, Übersetzer und der Verlag übernehmen folglich keine Verantwortung und werden keine daraus folgende oder sonstige Haftung übernehmen, die auf irgendeine Art aus der Benutzung dieses Programm-Materials oder Teilen davon besteht.

Das Werk einschließlich aller seiner Teile ist urheberrechtlich geschützt. Jede Verwertung außerhalb der engen Grenzen des Urheberrechtsgesetzes ist ohne Zustimmung des Verlags unzulässig und strafbar. Das gilt insbesondere für Vervielfältigungen, Übersetzungen, Mikroverfilmungen und die Einspeicherung und Verarbeitung in elektronischen Systemen.

Deutsche Bearbeitung:
Helge Hoeing
Susanne Banks
Christina Schäfer
Andrea Krause
Rainer Asbach
Dan Olsen
Corinna Bullard
Norbert Sorg

15 14 13 12 11 10 9 8 7 6 5 4 3 2 1
97 96

ISBN: 3-86063-228-0

© Microsoft Press Deutschland
(ein Unternehmen der Microsoft GmbH)
Edisonstr. 1, D-85716 Unterschleißheim
Alle Rechte vorbehalten

Umschlaggestaltung: Hommer DesignProduction, München
Produktion: Roland Heindle
Belichtung, Druck, Bindung: Kösel, Kempten

Inhaltsverzeichnis

Hinweise zu diesem Handbuch   xiii
Aufteilung   xiv
    Teil 1, „Einstieg in WordBasic"   xiv
    Teil 2, „WordBasic-Anweisungen und Funktionen"   xv
    Teil 3, „Anhänge"   xvi
Typografische Konventionen   xvi

Teil 1   Einstieg in WordBasic

Kapitel 1   Einführung   3
Die Leistungsmerkmale von WordBasic   3
Tips zum Lernen von WordBasic   4
Beispieldateien   6
    Laden der Beispieldateien   7
    Zugreifen auf die Beispielmakros   7
Weitere Informationsquellen   8
    Serviceleistungen von Microsoft   8
    Microsoft Central Europe Online Services   8
    Bücher   11

Kapitel 2   Erste Schritte mit Makros   13
Aufzeichnen eines Makros   13
    Beginnen der Aufzeichnung   14
    Zuordnen eines Makros   16
    Aufzeichnen der Makroaktionen   17
Ausführen eines Makros   19
Bearbeiten eines Makros   22
    Einsehen des Makrotextes   23
    Bearbeiten des Makros FettKursiv   24
    Aufrufen der Hilfe zu WordBasic   25
    Die Makro-Symbolleiste   26
    Ausführen des Makros im Makrobearbeitungsfenster   27
    Suchen von Fehlern im Makrobearbeitungsfenster   28
    Die Formatvorlage „Makrotext"   29
    Ansichtsoptionen für Makrobearbeitungsfenster   30
    Die Schaltfläche für „Nächsten Befehl aufzeichnen"   30

Makros und Dokumentvorlagen   31
    Ist das Speichern von Makros in anderen Dokumentvorlagen von Vorteil?   33
    Dokumentvorlagen global verfügbar machen   33
    Rangfolge bei Dokumentvorlagen   34
Speichern eines Makros   35
    Der Befehl Vorlage speichern   35
    Der Befehl Kopie speichern unter   35
Makroverwaltung   36
Modifizieren eines Word-Befehls   36
    Ein Beispiel   38
    Wiederherstellen eines modifizierten Befehls   40
Auto-Makros   41
    Beispiele für Auto-Makros   42

Kapitel 3   WordBasic-Grundlagen   45

Ein einfacher Makro   46
Anweisungen und Funktionen   48
    Anweisungen   49
    Funktionen   51
Zeichenfolgen und Zahlen   51
Variablen   54
    Zuordnen von Werten zu Variablen   55
    Ändern von Zeichenfolgen in Zahlen und von Zahlen in Zeichenfolgen   56
Ausdrücke   57
Bedingungen und Schleifen   58
    Was ist eine Bedingung?   58
    Die If-Bedingung   62
    Die While...Wend-Schleife   64
    Verbundausdrücke in Bedingungsanweisungen   65
    Der Operator NOT   66
Anzeigen von Meldungen und Anfordern von Informationen   67
    Print   68
    MsgBox und MsgBox( )   69
    InputBox$( )   69
    Input   70

Gebräuchliche WordBasic-Techniken   71
 Einfügen von Text in ein Dokument   71
 Arbeiten mit Dokumentteilen   73
 Lesen von Text aus einem Dokument   75
 Prüfen, ob das Ende eines Dokuments erreicht ist   75
Einige Beispielmakros   77
 Löschen eines Satzanfangs   77
 Entfernen zusätzlicher Absatzmarken   77
 Bestimmen der Anzahl von Tagen bis zu einem zukünftigen Datum   78
 Zählen der Vorkommnisse eines Wortes   78

Kapitel 4 WordBasic für Fortgeschrittene 81

Weitere Bedingungen und Schleifen   81
 Die For…Next-Schleife   81
 Die Select Case-Bedingung   84
 Die Goto-Anweisung   86
Datenfeldvariablen   88
 Definieren eines Datenfelds   89
 Zuordnen von Werten für ein Datenfeld   90
 Ändern der Größe eines Datenfelds   91
 Mehrdimensionale Datenfelder   91
 Sortieren von Datenfeldern   93
Unterroutinen und benutzerdefinierte Funktionen   93
 Unterroutinen   94
 Benutzerdefinierte Funktionen   95
 Gemeinsames Verwenden von Werten durch Unterroutinen und Funktionen   96
 Verwenden von Unterroutinen und Funktionen aus anderen Makros   101
Dialogdatensätze   105
 Definieren eines Dialogdatensatzes   105
 Abrufen und Ändern von Dialogfeldeinstellungen   106
 Verwenden eines Dialogdatensatzes zum Ändern der Einstellung eines Kontrollkästchens   107
 Anzeigen eines Dialogfelds   109

Kapitel 5 Arbeiten mit benutzerdefinierten Dialogfeldern 113
Dialogfeld-Steuerelemente 113
    OK, Abbrechen und andere Schaltflächen 113
    Listenfelder, Dropdown-Listenfelder und Kombinationsfelder 114
    Kontrollkästchen 114
    Textfelder und Text 115
    Gruppenfelder und Optionsfelder 115
    Grafiken und Dateivorschau 115
Erstellen von Dialogfeldern mit dem Dialog-Editor 116
    Starten des Dialog-Editors 116
    Hinzufügen von Elementen zu Dialogfeldern 117
    Positionieren und Ändern der Größe von Grafiken 120
    Löschen von Elementen 125
    Ändern von Beschriftungen und Bezeichnern 125
    Kopieren eines Dialogfelds in einen Makro 127
    Beenden des Dialog-Editors 128
    Bearbeiten eines vorhandenen Dialogfelds 128
    Hinweise für den Gebrauch des Dialog-Editors 129
Verwenden von benutzerdefinierten Dialogfeldern 132
    Die Dialogfelddefinition 132
    Erstellen eines Dialogdatensatzes 134
    Einfügen von Werten in ein Dialogfeld 134
    Anzeigen des Dialogfelds 138
    Abrufen von Werten aus dem Dialogfeld 139
Arbeiten mit dynamischen Dialogfeldern 142
    Fähigkeiten von dynamischen Dialogfeldern 142
    Wie ein Dialogfeld dynamisch wird 144
    Verfahren für Dialogfunktionen 152
    Anweisungen und Funktionen, die in Dialogfunktionen verwendet werden 164

Kapitel 6 Debuggen 167
Häufig auftretende WordBasic-Fehler 167
    Syntaxfehler 168
    Keine Artenübereinstimmung 169
    Ungültige Parameteranzahl 169
    Unbekannte(r) Befehl, Unterroutine oder Funktion 169
    Nicht definiertes Aufzeichnungsfeld 170
    Falscher Parameter 170
    Bezeichnung doppelt 170

Verfahren zum Vermeiden von WordBasic-Fehlern   170
    Verwenden der Schaltfläche für „Nächsten Befehl aufzeichnen"   170
    Kopieren der Syntax aus der Online-Hilfe   172
    Speichern von Anweisungen als AutoText-Einträge   172
Werkzeuge zum Debuggen   172
    Protokoll   173
    Schrittweise prüfen   174
    Subs prüfen   175
    Variablen anzeigen   175
    REM hinzufügen/entfernen   176
    Anweisungen, die beim Debuggen nützlich sind   177
Ein Beispiel: Debuggen des Makros EinfügenTab   178

Kapitel 7   Der wohlerzogene Makro   181
Fehlerbehandlung   181
    WordBasic- und Word-Fehler   182
    Instruktionen zur Fehlerbehandlung   183
Optimierte Makroausführung   187
Spurenfreie Makroausführung   189

Kapitel 8   Datenaustausch mit anderen Anwendungen   191
Arbeiten mit dynamischem Datenaustausch (DDE)   192
    Client, Server und Dialog   192
    Anwendungsnamen, Objekte und Elemente   193
    Einleiten eines DDE-Dialogs   195
    Anfordern von Informationen   198
    Senden von Daten   199
    Senden von Befehlen   200
    Beenden des DDE-Dialogs   201
    Verwenden von Microsoft Excel als Server   201
    Verwenden von Microsoft Access als Server   204
    Verwenden von Word als Server   207
Einsatz der OLE-Automatisierung mit Word   210
    Zugriff auf Word   211
    Verwenden von WordBasic-Anweisungen und -Funktionen   212
    Zugriff auf ein eingebettetes Word-Objekt   215

Abrufen von Word-Dialogfeldeinstellungen 217
Ausführen von Word-Makros und Anzeigen von Dialogfeldern 218
Verwendung von benannten Argumenten nach Position in Visual Basic, Version 3.0 221
Verwenden von MAPI und AOCE 222

Kapitel 9 Weitere WordBasic-Verfahren 225
Speichern von Werten beim Ende eines Makros 226
    Initialisierungsdateien 226
    Verwenden der Datei WIN.INI 229
    Zugreifen auf die Einstellungen in der Datei WINWORD6.INI bzw. Word-Einstellungen (6) 230
    Zugreifen auf die Windows-Registrierung 231
    Dokumentvariablen 232
    Dokumenteigenschaften 235
    AutoText-Einträge 237
Sequentieller Dateizugriff 237
    Öffnen einer Datei für sequentielle Zugriffe 238
    Schreiben in eine Datei 240
    Lesen aus einer Datei 241
    Schließen einer Datei 243
    Weitere Anweisungen und Funktionen für sequentiellen Zugriff 244
Automatisieren von Formularen 246
    Beispiel 249
Erstellen eines Assistenten 252
    Assistent-Dokumentvorlagen 253
    Der Makro StartWizard 254
    Die Benutzeroberfläche von Assistenten 256
    Verwalten von Dialogfeld-Bereichen 259
    Speichern von Assistenteneinstellungen 262
Aufrufen von Routinen in DLLs 264
    Deklarieren einer DLL-Routine 264
    Aufrufen einer DLL-Routine 265
    Überlegungen beim Deklarieren von DLL-Routinen 266
    Aufrufen von DLL-Routinen mit besonderen Variablentypen 267
    Umwandeln häufig vorkommender Deklarationen 270

Entwickeln von Makros für mehrere Plattformen   271
  Verwenden von plattformspezifischen Anweisungen und Argumenten   272
  Unterschiede zwischen Plattformen   274
  Portieren von plattformunabhängigen Makros   278
Weitergeben von Makros   280
  Weitergeben von Makros mit einer lokalen Dokumentvorlage   281
  Weitergeben von Makros mit einer globalen Dokumentvorlage   282
  Weitergeben eines Makros ohne Dokumentvorlage   283
  Weitergeben von Makros weltweit   283
Optimieren von Makros   286

Teil 2   WordBasic–Anweisungen und Funktionen

Sprachunterschiede in verschiedenen Versionen von Word   291
  Nur in den Windows-Versionen von Word verwendete Anweisungen und Funktionen   292
  Nur in Word, Version 6.0 für den Macintosh, verwendete Anweisungen und Funktionen   293
  Nur in Word, Version 7.0, verwendete Anweisungen und Funktionen   294
  Anweisungen mit versionsspezifischen Argumenten   296
  Anweisungen und Funktionen mit versionsspezifischem Verhalten   298

WordBasic-Anweisungen und -Funktionen, nach Kategorien geordnet   305

Anweisungen und Funktionen A – Z   327

Operatoren und vordefinierte Textmarken   1051
Übersicht über Operatoren   1051
  Vorrang von Operatoren   1051
  Arithmetische Operatoren   1052
  Der Zeichenfolgen-Verknüpfungsoperator   1053
  Vergleichsoperatoren   1053
  Logische Operatoren   1054
  Wahr, Falsch und bitweise Vergleiche   1054
Vordefinierte Textmarken   1057

Fehlermeldungen   1061
WordBasic-Fehlermeldungen   1061
Word-Fehlermeldungen   1066

Teil 3 Anhänge

Anhang A Workgroup-Erweiterungen für Microsoft Word (MAPI) 1091

Anhang B ODBC-Erweiterungen für Microsoft Word 1143
Einführung in die ODBC-Erweiterungen 1144
    Die ODBC-Erweiterungen und SQL 1145
    ODBC SQL-Datentypen 1147
Bevor Sie anfangen 1148
    Installieren von ODBC-Treibern 1148
    Einrichten von Datenquellen 1149
    Installieren und Laden von WBODBC.WLL 1150
Einsatz der ODBC-Erweiterungen 1151
    Deklaration der Funktionen 1151
    Reihenfolge der Aufrufe 1151
    Abbilden einer Datenbankstruktur 1152
    Überprüfen auf Fehlerbedingungen 1152
    ODBC-Beispiele 1152
    Beispiel zum Automatisieren von Formularen mit ODBC 1156
WordBasic ODBC-Funktionen 1158

Anhang C Microsoft Word-API (Application Programming Interface) 1181
Die Vorteile des Word-API 1181
Wichtige Informationen 1182
    Voraussetzungen 1182
    Installation 1182
Übersicht über Add-Ins und WLLs 1183
    Laden einer WLL 1185
Aufrufen von Word aus einer WLL 1187
Die Funktion wdCommandDispatch 1187
    Schritt für Schritt durch die Parameter 1188
    Die Funktion wdCommandDispatch auf verschiedenen Plattformen 1189
Der Word-Operator (WDOPR) 1193
    Schritt für Schritt durch die Datenstruktur 1194
    Details zu Datenfeldern 1197
Erfolgreiche Aufrufe 1198
    Fehlerbehandlung 1198
    Reservieren von Speicher 1199
    Freigeben von Speicher 1199
    Arbeiten mit Zeichenfolgen 1199

Verwenden der CAPILIB-Funktionen 1200
    Der WCB (Word Command Buffer) 1200
    Funktionen in CAPILIB 1200
    Erstellen von Word-Operatoren mit CAPILIB 1207
    Übergeben von Datenfeldern mit CAPILIB 1208
    Anpassen von Word mit CAPILIB 1210
Aufrufen von Word aus einer anderen Anwendung 1211
Funktionen des Word-API 1213
    Allgemeine Funktionen 1213
    Messages des Timers 1214
    WLL-Fenster 1214
Word-API-Fehler 1215

Anhang D   AppleScript   1219

Anhang E   Microsoft Word-Betriebsparameter   1235
WordBasic-Betriebsparameter 1235
Word-Betriebsparameter 1235

Index   1237

Hinweise zu diesem Handbuch

Der *Microsoft Word Developer's Kit* ist sowohl für Einsteiger als auch erfahrene Programmierer geeignet und enthält Informationen zum Erstellen von Makros in WordBasic sowie ausführliche Hinweise über die WordBasic-Sprache von Microsoft® Word, Version 6.0 und 7.0. Zusätzliche Informationen über WordBasic-Erweiterungen und das Word-API (Application Programming Interface) finden Sie in den Anhängen.

Auf der im Buch als Teil des *Microsoft Word Developer's Kit* enthaltenen Diskette finden Sie Dateien zum Einsatz mit WordBasic, die Funktionsbibliotheken zur Erweiterung von WordBasic, die in den Anhängen beschrieben sind, sowie die C-Programmierhilfen, die zum Erstellen von benutzerdefinierten Funktionsbibliotheken mit dem Word-API erforderlich sind. Informationen zum Installieren der Dateien dieser Diskette finden Sie an folgenden Stellen:

- Informationen zum Installieren der WordBasic-Beispielvorlagen sowie von Textdateien mit weiteren Hinweisen zu WordBasic finden Sie in Kapitel 1, „Einführung", in Teil 1, „Einstieg in WordBasic".

- Informationen zum Installieren der Arbeitsgruppenerweiterungen finden Sie in Anhang A, „Workgroup-Erweiterungen für Microsoft Word (MAPI)", in Teil 3, „Anhänge".

- Informationen zum Installieren der ODBC-Erweiterungen finden Sie in Anhang B, „ODBC-Erweiterungen für Microsoft Word", in Teil 3, „Anhänge".

- Informationen zum Installieren der Word-API-Programmierhilfen und der Dateien für eine Beispiel-WLL (Word Add-In Library) finden Sie in Anhang C, „Microsoft Word-API", in Teil 3, „Anhänge".

Alle WordBasic-Makrobeispiele in Teil 2, „WordBasic – Anweisungen und Funktionen", stehen auch in der mit Microsoft Word gelieferten Online-Hilfe zur Verfügung. Hinweise zum Kopieren und Anwenden dieser Beispiele finden Sie in Kapitel 2, „Erste Schritte mit Makros", in Teil 1, „Einstieg in WordBasic".

Anmerkung Die WordBasic-Hilfe wird von Setup bei der Typischen Installation nicht installiert. Wenn Sie während des Setup die Typische Installation gewählt haben sollten, müssen Sie Setup erneut ausführen, um die WordBasic-Hilfe zu der vorhandenen Installation hinzuzufügen.

Aufteilung

Dieses Buch besteht aus drei Teilen:

- Teil 1, „Einstieg in WordBasic", macht Sie mit den Grundlagen des Programmierens in WordBasic vertraut. Wenn Sie bereits eine andere Basic-Programmiersprache kennen, erfahren Sie hier etwas über die besonderen Merkmale von WordBasic.
- Teil 2, „WordBasic – Anweisungen und Funktionen", dokumentiert alle Anweisungen und Funktionen der WordBasic-Sprache.
- Teil 3, „Anhänge", liefert Informationen über weitere Verfahren wie Workgroup (MAPI)- und ODBC-Erweiterungen sowie über das Word-API und AppleScript.

Teil 1, „Einstieg in WordBasic"

Dieser Teil enthält:

- Kapitel 1, „Einführung", liefert einen kurzen Überblick über WordBasic sowie Vorschläge zum Erlernen des Programmierens.
- Kapitel 2, „Erste Schritte mit Makros", enthält schrittweise Verfahren zum Aufzeichnen Ihrer ersten Makros.
- Kapitel 3, „WordBasic-Grundlagen", enthält eine Übersicht über die wichtigsten Elemente von WordBasic.
- Kapitel 4, „WordBasic für Fortgeschrittene", vervollständigt die Beschreibung der Programmiersprache.

- Kapitel 5, „Arbeiten mit benutzerdefinierten Dialogfeldern", enthält Tips zum Entwerfen von Dialogfeldern mit dem Dialog-Editor und zeigt, wie Sie mit Dialogfeldfunktionen dynamische Dialogfelder erstellen können.
- Kapitel 6, „Debuggen", beschreibt Verfahren zum Testen Ihrer Makros und zur Problembeseitigung.
- Kapitel 7, „Der wohlerzogene Makro", zeigt, wie Sie Ihre Makros robust und stabil machen.
- Kapitel 8, „Datenaustausch mit anderen Anwendungen", zeigt, wie Sie Anwendungen mit Hilfe von DDE (Dynamic Data Exchange = Dynamischer Datenaustausch) und der OLE-Automatisierung (OLE = Object Linking and Embedding) verbinden können.
- Kapitel 9, „Weitere WordBasic-Verfahren", beschreibt, wie Sie mit WordBasic leistungsfähige Makros und benutzerdefinierte Assistenten erstellen können.

Teil 2, „WordBasic – Anweisungen und Funktionen"

Dieser Teil enthält folgende Abschnitte:

- „Sprachunterschiede in verschiedenen Versionen von Word" erläutert WordBasic-Anweisungen und -Funktionen, die sich in einer oder mehreren Versionen von Word unterschiedlich verhalten oder nicht zur Verfügung stehen.
- „Anweisungen und Funktionen nach Kategorien" stellt die WordBasic-Sprache in Form einer Auflistung verwandter Anweisungen und Funktionen vor.
- „Anweisungen und Funktionen A – Z" ist ein alphabetischer Nachschlageteil für WordBasic mit ausführlichen Beispielen.
- „Operatoren und vordefinierte Textmarken" beschreibt die verfügbaren mathematischen Operatoren und eingebauten Textmarken.
- „Fehlermeldungen" ist eine umfassende Liste der WordBasic- und Word-Fehlermeldungen und der ihnen zugeordneten Nummern. Diese können Sie zur Fehlerbehandlung in Ihren Makros verwenden.

Teil 3, „Anhänge"

Dieser Teil enthält folgende Abschnitte:

- Anhang A, „Workgroup-Erweiterungen für Microsoft Word (MAPI)", beschreibt die MAPI-Funktionen in WBMAPI.DLL (einer Funktionsbibliothek auf der Diskette des *Microsoft Word Developer's Kit*). Damit können Sie WordBasic-Makros und elektronische Postprogramme, wie etwa Microsoft Mail, auf jeder Windows®-Plattform integrieren.

- Anhang B, „ODBC-Erweiterungen für Microsoft Word", beschreibt die ODBC-Funktionen der Word Add-In Library WBODBC.WLL (auf der Diskette des *Microsoft Word Developer's Kit* enthalten). Damit können Sie die Datenbankfunktionalität von WordBasic-Makros auf jeder Windows-Plattform erweitern.

- Anhang C, „Microsoft Word-API" ist eine Anleitung zum Einsatz des Word-API (Application Programming Interface), der auf der Diskette des *Microsoft Word Developer's Kit* enthaltenen Hilfsmittel und einer Programmiersprache, wie z.B. Microsoft Visual C++™, zum Erstellen eigener Word Add-In Libraries mit benutzerdefinierten Funktionen, auf die Sie direkt von Word oder einem WordBasic-Makro aus zugreifen.

- Anhang D, „AppleScript" beschreibt die Skriptbefehle von AppleScript™, mit deren Hilfe Word auf dem Apple® Macintosh® mit Skripts gesteuert werden kann.

- Anhang E, „Microsoft Word-Betriebsparameter" dokumentiert die Betriebsparameter von Word und WordBasic.

Typografische Konventionen

In diesem Handbuch werden im allgemeinen die folgenden Schreibweisen verwendet. Einzelheiten über die Syntax und Schreibweisen in WordBasic erhalten Sie unter „Anweisungen und Funktionen A – Z" in Teil 2, „WordBasic – Anweisungen und Funktionen".

Hinweise zu diesem Handbuch

Beispiel der Schreibweise	Erklärung
If, **Then**, **ChDir**, **Dateiname$**, **.Pfad**, **=**	In der Syntax stehen fettgedruckte Zeichen für Schlüsselwörter und Symbole, die in den Makroinstruktionen genau wie dargestellt eingegeben werden müssen.
	In beschreibendem Text werden alle WordBasic-Anweisungen und -Funktionen sowie Menünamen, Befehlsnamen und Dialogfeldnamen fett gedruckt.
Meldung$, *Speichern*, *Text*, *Zahl*	In der Syntax stehen kursiv gedruckte Zeichen für Platzhalter, die Sie durch variable Informationen ersetzen müssen.
	In beschreibendem Text beziehen sich kursiv gedruckte Wörter entweder auf Platzhalter in der Syntax, oder sie stellen neue Begriffe vor.
[**Else**], [*Speichern*], [**, .Kennwort** = *Text*], [*NeuerName*]	In der Syntax sind Elemente, die in eckigen Klammern stehen, optional.
| ```
If Anzahl = 13 Then
    MsgBox "13 wurde erreicht."
    Anzahl = 1
End If
``` | In WordBasic-Beispielen wird diese Festbreiten-Schriftart für literale Makroinstruktionen verwendet. |
	In beschreibendem Text beziehen sich Zeichen in dieser Festbreiten-Schriftart auf die gleichen Zeichen/Instruktionen wie im jeweils behandelten Beispiel.
NORMAL.DOT, DATEN.DOC	Wörter in Großbuchstaben bezeichnen Dateinamen und Feldnamen.
EINGABETASTE, ALT, STRG+F9	Wörter in Kapitälchen geben eine Tastenbezeichnung an; ein Pluszeichen zwischen zwei Tastenbezeichnungen bedeutet, daß die erste Taste der Kombination gedrückt gehalten werden muß, während die andere(n) Taste(n) gedrückt wird.
RTF (Rich-Text Format), DDE (Dynamic Data Exchange = dynamischer Datenaustausch)	Abkürzungen werden ausgeschrieben bzw. erklärt, wenn sie zum ersten Mal verwendet werden.
```

Anmerkung zu den Versionen

Der *Microsoft Word Developer's Kit* dokumentiert WordBasic, wie es von den im folgenden aufgelisteten Versionen von Microsoft Word unterstützt wird:

- Microsoft Word, Version 7.0, das unter Windows 95 und Windows NT™, Version 3.51 oder höher, ausgeführt wird.

- Microsoft Word, Version 6.0 für Windows, das auf Betriebssystemen der Microsoft Windows-Familie ausgeführt wird. Dazu gehören Windows, Version 3.1 oder höher, Windows für Workgroups, Version 3.1 oder höher, Windows 95 und Windows NT, Version 3.1 oder höher.

- Microsoft Word, Version 6.0 für den Macintosh, das sowohl unter Apple Macintosh System 7 oder höher auf jedem Apple Macintosh-Computer mit mindestens 68020-Prozessor als auch unter System 7.5 oder höher auf dem Apple Power Macintosh™ ausgeführt wird.

- Microsoft Word, Version 6.0 für Windows NT, das unter Windows NT, Version 3.5 oder höher und Windows 95 ausgeführt wird.

In diesem Buch werden die Zusätze „unter Windows" und „auf dem Macintosh" verwendet, wenn die Funktionsweise auf den verschiedenen Plattformen voneinander abweicht. Dabei bezieht sich die Formulierung „unter Windows" auf Word, Version 7.0 für Windows, Word, Version 6.0 für Windows, und Word, Version 6.0 für Windows NT.

In seltenen Fällen wird der Zusatz „unter Windows 95" verwendet, um auf eine Eigenheit von Word, Version 7.0, hinzuweisen. Gleiches gilt für „unter Windows NT", das auf eine Eigenheit von Word, Version 6.0 für Windows NT, hinweist. Verhalten, das mit „unter Windows 95" oder „unter Windows NT" beschrieben wird, tritt in Word, Version 6.0, auch dann nicht auf, wenn dieses unter Windows 95 oder Windows NT ausgeführt wird.

TEIL 1

Einstieg in WordBasic

KAPITEL 1

Einführung

Willkommen zum „Einstieg in WordBasic". Dieser Teil des *Microsoft Word Developer's Kit* stellt die von Word bereitgestellten Werkzeuge vor, mit denen Sie Makros schreiben und testen können, erklärt die Elemente der WordBasic-Sprache und beschreibt Verfahren, die Sie für verschiedene Aufgaben verwenden können. Das vorliegende Kapitel enthält einen kurzen Überblick über die Makrosprache von WordBasic, Tips zum Lernen von WordBasic, eine Beschreibung der auf der Diskette des *Microsoft Word Developer's Kit* vorhandenen Beispieldateien, Anleitungen zum Laden dieser Dateien sowie Hinweise auf weitere Informationsquellen.

Die Leistungsmerkmale von WordBasic

WordBasic ist eine strukturierte Programmiersprache, die ursprünglich auf der Grundlage der Sprache Microsoft QuickBasic™ entworfen wurde. Sie vereint eine Untergruppe von Anweisungen aus standardmäßigen BASIC-Sprachen mit Anweisungen und Funktionen, die auf der Benutzeroberfläche von Word basieren. Mit WordBasic können Sie alle Word-Befehle modifizieren oder Ihre eigenen Word-Befehle schreiben. Sie können Ihre Makros einem Menü, einer Symbolleiste oder einem Shortcut zuordnen, so daß sie genau wie standardmäßige Word-Befehle erscheinen und funktionieren.

WordBasic stellt zum Entwickeln von Makros die folgenden Leistungsmerkmale zur Verfügung:

Die Makrobearbeitungsumgebung Die Makrobearbeitungsumgebung enthält Werkzeuge zum Testen und Debuggen von Makros. Mit den Schaltflächen der Makro-Symbolleiste können Sie beispielsweise schrittweise durch Ihre Makros gehen, aktuelle Variablenwerte in einem pausierenden Makro anzeigen und Anweisungen automatisch „auskommentieren" (Kapitel 2, „Erste Schritte mit Makros", und Kapitel 6, „Debuggen").

Steuerstrukturen WordBasic unterstützt die meisten standardmäßigen Steuerstrukuren von BASIC, einschließlich **If**…**Then**…**Else**, **For**…**Next**, **While**…**Wend** und **Select Case** (Kapitel 3, „WordBasic-Grundlagen", und Kapitel 4, „WordBasic für Fortgeschrittene").

Unterroutinen und benutzerdefinierte Funktionen Durch das Schreiben von Unterroutinen und Definieren von Funktionen können Sie modularen Code erstellen, der einfacher getestet werden kann. Außerdem können Sie Bibliotheken derjenigen Unterroutinen und Funktionen anlegen, die in mehreren Makros verwendet werden sollen (Kapitel 4, „WordBasic für Fortgeschrittene").

Dialog-Editor Mit dem Dialog-Editor, der mit Word geliefert wird, können Sie benutzereigene Dialogfelder erstellen, die die meisten standardmäßigen Dialogfeld-Steuerelemente unter den Betriebssystemen der Microsoft Windows-Familie und Apple Macintosh System 7 unterstützen. Der Dialog-Editor erstellt automatisch die WordBasic-Instruktionen, die Ihr benutzerdefiniertes Dialogfeld beschreiben (Kapitel 5, „Arbeiten mit benutzerdefinierten Dialogfeldern").

DDE und OLE-Automatisierung Zur Kommunikation mit anderen Anwendungen unterstützt Word DDE (Dynamic Data Exchange = Dynamischer Datenaustausch) und bietet teilweise Unterstützung für die OLE-Automatisierung (Kapitel 8, „Datenaustausch mit anderen Anwendungen").

Ausbaufähigkeit Unter Windows können Sie WordBasic erweitern, indem Sie Funktionen aufrufen, die in DLLs (Dynamic Link Libraries) und WLLs (Word Add-In Libraries) gespeichert sind, sowie Funktionen, die über das Windows-API (Application Programming Interface) verfügbar sind. Auf dem Macintosh können Sie Funktionen aufrufen, die in den Add-In Libraries von Word gespeichert sind. Außerdem können Sie innerhalb von WordBasic AppleScript-Skripte ausführen (Kapitel 9, „Weitere WordBasic-Verfahren").

Tips zum Lernen von WordBasic

Es folgen einige Hinweise, wie Sie die zum Lernen von WordBasic aufgebrachte Zeit optimal nutzen.

Lernen Sie zuerst Word

Je besser Sie Word kennen, desto besser sind Sie zum Lernen von WordBasic vorbereitet. Die meisten Makros führen eine Aktionsreihenfolge in Word aus, und die meisten WordBasic-Instruktionen entsprechen einem Befehl oder einer Aktion in Word. Das Arbeiten mit WordBasic ist daher eng mit dem Arbeiten in Word verwandt. Statt der Benutzeroberfläche von Word, ihren Befehlen und

Dialogfeldern, verwenden Sie jedoch WordBasic-Instruktionen. Die Anweisungen und Funktionen, mit denen Sie die Instruktionen schreiben, sind viel leichter verständlich, wenn Sie bereits mit den ihnen in Word entsprechenden Leistungsmerkmalen vertraut sind.

Sobald Sie sich in Word gut auskennen, werden Ihnen beim Schreiben von Makros auch gleich bestimmte Durchführungsstrategien einfallen. Es gibt Fälle, in denen Benutzer aufgrund mangelnder Kenntnis von Word komplexe Makros erstellt haben, die mit einem einzigen Word-Befehl hätten durchgeführt werden können.

Lernen Sie, was Sie benötigen

Lernen Sie zuerst nur das, was für die aktuelle Aufgabe relevant ist. WordBasic kann anfänglich etwas einschüchternd wirken, vor allem dann, wenn Sie noch keine Erfahrung mit Makro-Programmiersprachen haben. Sie können die WordBasic-Sprache auf hervorragende Weise kennenlernen, wenn Sie eine Idee für einen Makro haben und versuchen, diese Idee in WordBasic umzusetzen. Beim Schreiben unterschiedlicher Makros sammeln Sie Erfahrung und werden mit der Zeit einen großen Teil der Sprache kennenlernen.

Verwenden Sie den Makro-Recorder

Wenn Sie den Macro-Recorder aktivieren, werden für alle in Word durchgeführten Aktionen die entsprechenden WordBasic-Instruktionen aufgezeichnet. Mit Hilfe der Makroaufzeichnung können Sie direkt sehen, wie die in Word durchgeführten Aktionen in WordBasic-Instruktionen umgesetzt werden und umgekehrt. Außerdem ist das Aufzeichnen von Teilen eines Makros oft schneller und einfacher als das manuelle Eingeben der entsprechenden Instruktionen.

Verwenden Sie die Hilfe

Die Online-Hilfe ist ein leistungsfähiges Werkzeug zum Lernen von WordBasic. Wenn Sie in einem Makrobearbeitungsfenster eine WordBasic-Instruktion eingeben und beispielsweise nicht wissen, welche Argumente eine bestimmte Anweisung bzw. Funktion erfordert, können Sie in Windows die F1-TASTE bzw. auf dem Macintosh HILFE oder die BEFEHLSTASTE drücken, um das zu dieser Anweisung oder Funktion passende Hilfethema anzuzeigen. Für die meisten Anweisungen und Funktionen enthält das jeweilige Hilfethema ein Beispiel, das Sie kopieren und in Ihren Makro einfügen können.

Lesen Sie die ersten vier Kapitel

Nach dem Lesen der ersten vier Kapitel von „Einstieg in WordBasic" haben Sie eine solide Ausgangsbasis geschaffen, von der aus Sie Makros weiter erkunden können. Die darauf folgenden Kapitel in diesem Teil enthalten Informationen über weitere Fähigkeiten von WordBasic und über Techniken, die Sie für bestimmte Aufgaben möglicherweise benötigen.

Beispieldateien

Die Diskette des *Microsoft Word Developer's Kit* enthält mehrere Dateien, auf die in diesem Handbuch Bezug genommen wird:

Datei	Beschreibung
BEISPIEL.DOT (BEISPIEL-MAKROS auf der Macintosh-Diskette)	Eine Dokumentvorlage, in der die in „Einstieg in WordBasic" beschriebenen Beispielmakros enthalten sind.
RECHNUNG2.DOT (RECHNUNGS-VORLAGE auf der Macintosh-Diskette)	Die Formularvorlage für Rechnungen, die in Kapitel 9, „Weitere WordBasic-Verfahren", beschrieben wird.
NWIND.XLS (NORDWIND-DATENBANK auf der Macintosh-Diskette)	Eine Microsoft Excel-Arbeitsmappe, die von dem Rechnungsformular verwendet wird, das in Kapitel 9, „Weitere WordBasic-Verfahren", beschrieben wird.
POSITION.TXT (auf der Macintosh-Diskette nicht verfügbar)	Eine Textdatei, die die Rangfolge der Argumente der WordBasic-Anweisungen und -Funktionen auflistet. Diese Datei ist besonders nützlich, wenn Sie eine Visual Basic® 3.0-Anwendung benutzen, um WordBasic-Instruktionen mit Hilfe der OLE-Automatisierung zu versenden. Weitere Informationen erhalten Sie unter „Einsatz der OLE-Automatisierung mit Word" in Kapitel 8, „Datenaustausch mit anderen Anwendungen".
START.WIZ (START-WIZARD auf der Macintosh-Diskette)	Ein „leerer" Assistent, der die allen Word-Assistenten gemeinsamen Routinen enthält und den Sie als Ausgangspunkt beim Erstellen Ihrer eigenen Assistenten verwenden können. Dies wird in Kapitel 9, „Weitere WordBasic-Verfahren", beschrieben.
BAUSATZ.WIZ (BAUSATZ-WIZARD auf der Macintosh-Diskette)	Ein „Assistenten-Bausatz", der einen Assistenten mit von Ihnen festzulegenden Eigenschaften erstellt.
WIN16API.TXT und WIN32API.TXT (auf der Macintosh-Diskette nicht verfügbar)	Eine Textdatei, die **Declare**-Anweisungen für das Aufrufen von Funktionen des Windows-API (Application Programming Interface) von WordBasic aus enthält. Weitere Informationen erhalten Sie in Kapitel 9, „Weitere WordBasic-Verfahren", unter „Aufrufen von Routinen in DLLs".

Laden der Beispieldateien

Die Beispieldateien, auf die in „Einstieg in WordBasic" Bezug genommen wird, befinden sich auf der Windows-Diskette im Ordner WRDBASIC und auf der Macintosh-Diskette im Ordner WORDBASIC. Um diese Dateien verwenden zu können, müssen Sie sie auf Ihre Festplatte kopieren.

Windows

- Kopieren Sie die Dokumentvorlagen (BEISPIEL.DOT und RECHNUNG2.DOT) und die Assistenten (START.WIZ und BAUSATZ.WIZ) in Ihren Vorlagenordner. Verwenden Sie den Pfad, der unter „Benutzer-Vorlagen" auf der Registerkarte **Dateiablage** des Dialogfelds **Optionen** (Menü **Extras**) angegeben wird.
- Kopieren Sie die Datenbankdatei NWIND.XLS in den Ordner für Ihre Microsoft Excel-Programme. Wenn Sie Microsoft Excel nicht installiert haben, können Sie diese Datei nicht verwenden.
- Kopieren Sie die Dateien POSITION.TXT, WINAPI16.TXT und WIN32API.TXT in Ihren Dokumentordner.

Macintosh

- Kopieren Sie die Dokumentvorlagen (BEISPIEL-MAKROS und RECHNUNGS-VORLAGE) und die Assistenten (START-WIZARD und BAUSATZ-WIZARD) in Ihren Vorlagenordner, der unter „Benutzer-Vorlagen" auf der Registerkarte **Dateiablage** des Dialogfelds **Optionen** (Menü **Extras**) angegeben wird.
- Kopieren Sie die Datenbankdatei NORDWIND-DATENBANK in den Ordner für Ihre Microsoft Excel-Programme. Wenn Sie Microsoft Excel nicht installiert haben, können Sie diese Datei nicht verwenden.

Zugreifen auf die Beispielmakros

Um die Makros in der Dokumentvorlage BEISPIEL.DOT (Windows) bzw. BEISPIEL-MAKROS (Macintosh) auszuführen, laden Sie die Dokumentvorlage mit dem Befehl **Dokumentvorlage** (Menü **Datei**) als globale Vorlage. Wenn die Dokumentvorlage als globale Vorlage geladen ist, können Sie mit dem Befehl **Makro** (Menü **Extras**) die Makros ausführen. Sie können außerdem das Dialogfeld **Organisieren** verwenden (Befehl **Makro**, Menü **Extras**), um die Makros in eine andere Dokumentvorlage zu kopieren. Um die Makros anzuzeigen oder zu bearbeiten, können Sie die Dokumentvorlage auch direkt öffnen oder die Makros in eine andere offene Dokumentvorlage kopieren und dann mit dem Befehl **Makro** (Menü **Extras**) ein Makro in einem Makrobearbeitungsfenster öffnen.

Weitere Informationsquellen

Die in diesem Abschnitt beschriebenen Informationsquellen können Ihnen weitere Informationen über Word-Makros und das Programmieren mit WordBasic liefern. Wenn Sie Fragen zu Programmierverfahren und -lösungen haben, wenden Sie sich an die folgenden Dienste, die von Microsoft unterstützt werden.

Serviceleistungen von Microsoft

Die Serviceleistungen des *Microsoft Support Network* bieten Ihnen eine Vielzahl von Möglichkeiten, auf anspruchsvolle und individuelle technische Unterstützung zuzugreifen. Dies hilft Ihnen, Ihr Microsoft-Produkt optimal einzusetzen. Microsoft ist sich bewußt, daß die Unterstützung von Benutzer zu Benutzer verschieden aussehen muß; durch das Microsoft Support Network können Sie die Art von Unterstützung wählen, die Ihren Ansprüchen am besten gerecht wird. Nachfolgend möchten wir Sie über einige dieser Serviceangebote informieren. Weitere Informationen über die Serviceleistungen von Microsoft finden Sie in der Word-Online-Hilfe.

Beachten Sie bitte, daß die unten aufgeführten Dienstleistungen in dieser Form nur im Bereich Microsoft Zentraleuropa (Central Europe), also den Microsoft-Niederlassungen in Deutschland, Österreich und der Schweiz, zur Verfügung stehen. Falls Sie oder Ihr Unternehmen nicht im Bereich Zentraleuropa ansässig sind, wenden Sie sich bitte an die Microsoft-Niederlassung in Ihrer Nähe, und informieren Sie sich über das Serviceangebot dieser Niederlassung. Ein Adressenverzeichnis finden Sie in der Word-Online-Hilfe. Falls sich in Ihrem Land keine Microsoft-Niederlassung befindet, wenden Sie sich bitte an den Händler, bei dem Sie das Microsoft-Produkt erworben haben.

Microsoft Central Europe Online Services:

The Microsoft Network

In jeder Installation von Windows 95 ist es Ihnen möglich, sich mit *The Microsoft Network* zu verbinden. Ihre ID wird Ihnen sofort online bestätigt.

MSCE (Microsoft Central Europe) stellt Ihnen eine breite Palette zur Verfügung: von Basisinformationen (wie z.B. technische Informationen, Treiber und Produktinformationen) über wöchentliche News zu Microsoft und Microsoft Produkten bis hin zu Premium-Diensten für Partner, Spezialisten und Abonnenten.

Lassen Sie sich überraschen und connecten Sie sich: **GO MSCE**

Telekom Online (ehemals Btx)

Microsoft bietet Ihnen hier wöchentliche News über Microsoft und Microsoft Produkte, aktuelle Produktinformationen, Produktneuheiten, Bestellmöglichkeiten für Updates und vieles mehr. Außerdem können Sie in Telekom Online auf technische Informationen der Microsoft-Produktspezialisten zugreifen oder aktuelle Hardwaretreiber auf Ihren PC laden. Sie finden Microsoft unter ***microsoft#**

The Internet

Microsoft Central Europe bietet Ihnen auch im Internet Informationen über Produkte, Kampagnen, Services, Downloads von Software u.v.a.m. Sie finden diese auf: **http://www.microsoft.de**

CompuServe

Das Microsoft Support Network bietet deutschsprachige Unterstützung für Word auf CompuServe® an. Auf CompuServe können Sie in einem *Microsoft-Forum* Kontakt mit anderen Anwendern und Microsoft-Servicetechnikern aufnehmen und Erfahrungen rund um Word austauschen oder auf die *Microsoft Knowledge Base* zugreifen. In dieser Datenbank finden Sie Produktinformationen in verschiedenen CompuServe-Foren.

CompuServe-Teilnehmer geben bei der Eingabeaufforderung "!" **go mseuro** ein, um auf die Microsoft-Foren zuzugreifen, bzw. **go mskb**, um auf die Datenbanken der Microsoft Knowledge Base zuzugreifen. Um CompuServe-Teilnehmer zu werden, brauchen Sie ein Standardmodem und eine CompuServe-Berechtigung. CompuServe kann über das Terminal-Programm ausgeführt werden, das Teil der grafischen Benutzerumgebung der Microsoft Windows-Versionen 3.0 und 3.1 ist. Als Teilnehmer bezahlen Sie neben den Telefonkosten eine Zusatzgebühr für die Zeit, die Sie jeweils an CompuServe angeschlossen sind. Weitere Informationen erhalten Sie vom CompuServe-Kundenservice:

Deutschland 0130-3732
Österreich 0660-8750
Schweiz 155 31 79

Produktschulung und -beratung

Das Programm *Microsoft Solution Provider* besteht aus unabhängigen Partnern von Microsoft, die Ihnen bei Fragen der Integration, Anpassung, Entwicklung, Support und dem Training von Software-Lösungen in Ihrem Haus individuell zur Seite stehen. Sie werden als Solution Provider bezeichnet, weil sie Ihnen die neuesten Technologien und einen hochwertigen Service bei der Umsetzung kompletter Software-Lösungen anbieten. Wenn Sie maßgeschneiderte Lösungen mit Hilfe von Microsoft Produkten realisieren möchten oder wenn Sie bei Planung, Entwurf, Entwicklung, Integration und Support für den Einsatz von Microsoft-Produkten Unterstützung brauchen, ist das Microsoft Solution Provider Programm etwas für Sie. Microsoft Solution Provider erhalten Hilfe zur geschäftlichen Weiterentwicklung, umfassenden Zugriff auf technische Informationen und neue Technologien und werden Mitglied einer leistungsstarken Gemeinschaft.

Solution Provider stehen für unterschiedliche Aufgaben zur Verfügung:

Solution Provider	Serviceleistung
Integratoren und Entwickler	Microsoft Solution Provider sind sowohl Netzwerk-Integratoren und Anbieter von Kommunikationslösungen als auch Entwickler von branchen- und kundenspezifischen Lösungen.
Autorisierte Training Center	Autorisierte Training Center sind darauf spezialisiert, eine hochqualifizierte Ausbildung für Microsoft Produkte und darauf gestützte Anwendungen anzubieten.
Autorisierte Support Center	Autorisierte Support Center sind spezialisiert auf den differenzierten Service und Support auch für heterogene Systemlandschaften.

Wenn Sie für die Realisierung Ihrer Unternehmungslösung kompetente Partner in Ihrer Nähe suchen, wenden Sie sich bitte an Microsoft Direkt Tel: 01805-251199, Fax: 01805-251191 oder an den zuständigen Microsoft Info-Service Ihres Landes. Die entsprechenden Fax- und Telefonnummern der Microsoft Info-Services finden Sie in der Word-Online-Hilfe.

Wenn Sie sich selbst für das Programm interessieren und Solution Provider werden möchten, wenden Sie sich bitte an das Solution Provider Marketing per Fax: 089-3176-3710, an Microsoft Direkt, Postfach 1199, 33410 Verl Tel: 0180-251199 oder an die Microsoft-Niederlassung in Ihrer Nähe.

Bücher

Der Workshop zu WordBasic - Version Word für Windows 95, Woltersmann (Microsoft Press, 1995). Lösungen, Konzepte und Techniken, Beispielprogramme. ISBN 3-86063-358-9

Microsoft Word für Windows 95 - Professionell nutzen, Borland (Microsoft Press®, 1995). ISBN 3-86063-120-9

Das original Microsoft Seminar zu Microsoft Word für Windows 95, Catapult (Microsoft Press, 1995). ISBN 3-86063-718-5

Microsoft Word für Windows 95 - Rezepte, Jäckle (Microsoft Press, 1995). ISBN 3-86063-343-0

Microsoft Word für Windows 95 auf einen Blick, Lambrich (Microsoft Press, 1995). ISBN 3-86063-855-6

KAPITEL 2

Erste Schritte mit Makros

In diesem Kapitel werden die Werkzeuge vorgestellt, die Sie zum Erstellen von Makros verwenden: den Makro-Recorder und das Makrobearbeitungsfenster. Mit dem Makro-Recorder können Sie einfache „Wiedergabe"-Makros aufzeichnen und mit dem Erstellen von komplexeren Makros beginnen. Das Makrobearbeitungsfenster ist ein Dokumentfenster mit speziellen Funktionen zum Schreiben, Bearbeiten und Testen von Makros in der Makrosprache von Word: WordBasic. Dieses Kapitel enthält eine Reihe von Übungen, in denen Sie einen einfachen Makro aufzeichnen und bearbeiten, der Text fett und kursiv formatiert.

Sie lernen in diesem Kapitel außerdem die Beziehung zwischen Makros und Dokumentvorlagen sowie das Speichern von Makros kennen. Die beiden letzten Abschnitte handeln von der Modifizierung von Word-Befehlen und der Erstellung von Auto-Makros, die bei Aufrufen bestimmter Aktionen (wie z.B. dem Erstellen eines neuen Dokuments) automatisch ausgeführt werden.

Im vorliegenden Kapitel lernen Sie die Durchführung folgender Aufgaben:

- Aufzeichnen eines Makros
- Ausführen eines Makros
- Bearbeiten eines Makros
- Makros und Dokumentvorlagen
- Speichern eines Makros
- Makroverwaltung
- Modifizieren eines Word-Befehls
- Auto-Makros

Aufzeichnen eines Makros

Sie können einen Makro erstellen, indem Sie ihn entweder mit dem Makro-Recorder aufzeichnen, ihn in WordBasic schreiben oder beide Verfahren kombinieren. Auch für komplexe Makros empfiehlt es sich in den meisten Fällen, den Makro so weit wie möglich aufzuzeichnen und dann jene Teile des Makros zu vervollständigen, die nicht aufgezeichnet werden können.

Beginnen der Aufzeichnung

Um mit dem Aufzeichnen eines Makros zu beginnen, wählen Sie aus dem Menü **Extras** den Befehl **Makro** und anschließend im Dialogfeld **Makro** die Schaltfläche „Aufzeichnen". Alternativ hierzu können Sie auch in der Statusleiste auf das Feld „MAK" doppelklicken. Daraufhin zeigt Word das Dialogfeld **Makro aufzeichnen** an. In diesem Dialogfeld können Sie den aufzuzeichnenden Makro benennen, beschreiben und zuordnen.

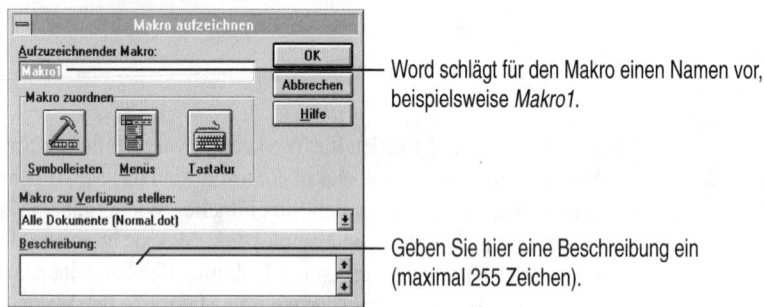

Das Dialogfeld **Makro aufzeichnen**

Word stellt zwei Elemente zur Verfügung, die Sie zum Identifizieren von Makros verwenden können: den Makronamen und den beschreibenden Text. Zwar ist es verleitend, den von Word vorgeschlagenen Makronamen (beispielsweise „Makro1") einfach anzunehmen und mit der Aufzeichnung des Makros zu beginnen, doch empfiehlt es sich, Makros gleich zu Beginn mit einem aussagekräftigen Namen zu versehen. Makros mit beschreibenden Namen können später einfacher identifiziert werden. Makronamen dürfen keine Leerstellen, Kommas oder Punkte enthalten. Sie können jedoch einen Makronamen aus zwei oder mehr Wörtern bilden und jedes Wort mit einem Großbuchstaben beginnen, so daß der Name leichter lesbar ist. „ZeichenVertauschen" oder „ÖffneVerkaufsbericht" sind Beispiele für leicht lesbare Makronamen. Wenn Sie einen Makro einer Schaltfläche auf der Symbolleiste zuordnen, wird der Name des Makros in einer QuickInfo angezeigt, sobald Sie den Mauszeiger auf die Schaltfläche bewegen. Dabei wird im angezeigten Makronamen vor jeden Großbuchstaben ein Leerzeichen eingefügt. Die QuickInfo für einen Makro namens „ÖffneVerkaufsbericht" wäre beispielsweise „Öffne Verkaufsbericht".

Genau wie der Name eines Makros ist oft auch eine Beschreibung nützlich. Im Dialogfeld **Makro** wird beispielsweise die Beschreibung des im Moment ausgewählten Makros angezeigt. Wenn Sie anschließend den Makro einem Menübefehl oder einer Schaltfläche auf der Symbolleiste zuordnen, wird diese Beschreibung beim Auswählen des Menübefehls oder Klicken auf die Schaltfläche in der Statusleiste angezeigt. Makrobeschreibungen können bis zu 255 Zeichen umfassen. Allerdings werden in den meisten Statusleisten nur etwa 100 Zeichen angezeigt (die Länge der Statusleiste ist von der Bildschirmauflösung abhängig).

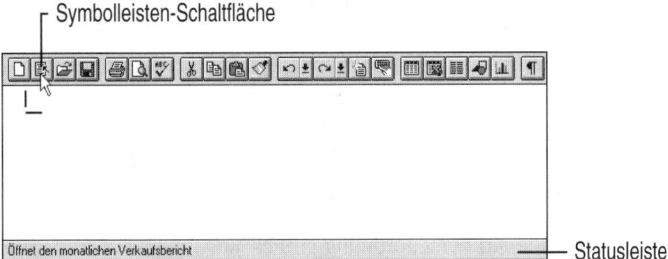

Wenn Sie den Mauszeiger über einer Symbolleisten-Schaltfläche positionieren, erscheint die Makrobezeichnung in der Statusleiste.

Standardmäßig werden die von Ihnen aufgezeichneten Makros in der Dokumentvorlage „Normal" gespeichert. Wenn dem aktiven Dokument eine andere Vorlage zugeordnet ist, können Sie Makros auch in jener Vorlage speichern. Dies wird unter „Makros und Dokumentvorlagen" weiter unten in diesem Kapitel näher erläutert.

▶ **So starten Sie das Aufzeichnen des Makros FettKursiv**

Der Makro „FettKursiv" ist der Übungsmakro, den Sie in diesem Kapitel erstellen. Er kann verwendet werden, um eine markierte Textstelle fett und kursiv zu formatieren. Sie können die Formatierungen Fett und Kursiv zwar auch separat anwenden, indem Sie STRG+F und anschließend STRG+K (Windows) bzw. BEFEHLSTASTE+B und BEFEHLSTASTE+I (Macintosh). drücken, doch wenn Sie Text häufig fett und kursiv formatieren, ist es bequemer, beide Formate gleichzeitig anzuwenden.

1. Befolgen Sie eines der nachstehenden Verfahren:
   - Wählen Sie aus dem Menü **Extras** den Befehl **Makro** und anschließend die Schaltfläche „Aufzeichnen".
   - Doppelklicken Sie in der Statusleiste auf das Feld „MAK".

2. Geben Sie im Feld „Aufzuzeichnender Makro" den Namen **FettKursiv** ein.
3. Geben Sie im Feld „Beschreibung" folgendes ein: **Weist markiertem Text die Formate Fett und Kursiv zu.**

Der nächste Abschnitt beschreibt, wie der Makro „FettKursiv" einem *Shortcut* (einer Tastenkombination) zugeordnet wird.

Zuordnen eines Makros

Noch vor Beginn der Aufzeichnung Ihres Makros können Sie ihn einer Symbolleiste, einem Menü oder einem Shortcut zuordnen. Sie können mit der Zuordnung zwar bis nach der Aufzeichnung des Makros warten – doch wenn Sie ihn gleich zu Beginn zuordnen, können Sie ihn unmittelbar im Anschluß an die Aufzeichnung ausprobieren. Außerdem sind bei der anfänglichen Zuordnung weniger Arbeitsschritte erforderlich. Sollte der aufgezeichnete Makro nicht funktionieren, können Sie ihn wieder löschen; alle festgelegten Zuordnungen werden dabei ebenfalls gelöscht.

Für jede Art der Zuordnung gibt es Vor- und Nachteile. Ein Menübefehl, dem ein Makro zugeordnet wurde, ist zwar leicht sichtbar und verständlich, jedoch unterliegen die Menüeinträge Platzbeschränkungen. Auf Schaltflächen in einer Symbolleiste, denen ein Makro zugeordnet wurde, kann etwas einfacher zugegriffen werden, ihr Verwendungszweck ist aber weniger augenfällig. Shortcuts sind unsichtbar, doch bieten sie dem geübten Benutzer den schnellsten Zugriff auf einen Makro.

▶ **So ordnen Sie den Makro FettKursiv einem Shortcut zu**

1. Wählen Sie im Dialogfeld **Makro aufzeichnen** die Schaltfläche „Tastatur".

    Word zeigt das Dialogfeld **Anpassen** an, in dem der Makro „FettKursiv" markiert ist.

2. Setzen Sie die Einfügemarke in das Feld „Neuen Shortcut wählen", und führen Sie eine der folgenden Aktionen durch:

    - Unter Windows drücken Sie STRG+UMSCHALT+F.
    - Auf dem Macintosh drücken Sie BEFEHLSTASTE+UMSCHALT+B.

3. Wählen Sie die Schaltfläche „Zuordnen".

    Dieser doppelte Shortcut ist standardmäßig dem Befehl „Fett" zugeordnet. Wenn Sie die Schaltfläche „Zuordnen" wählen, wird der Shortcut dem Makro „FettKursiv" zugewiesen. Entfernen Sie diese Zuordnung später, wird der Shortcut wieder dem Befehl „Fett" zugeordnet.

4. Wählen Sie die Schaltfläche „Schließen".

Im nächsten Abschnitt wird beschrieben, wie Sie mit Hilfe des Makro-Recorders Aktionen in Word aufzeichnen können.

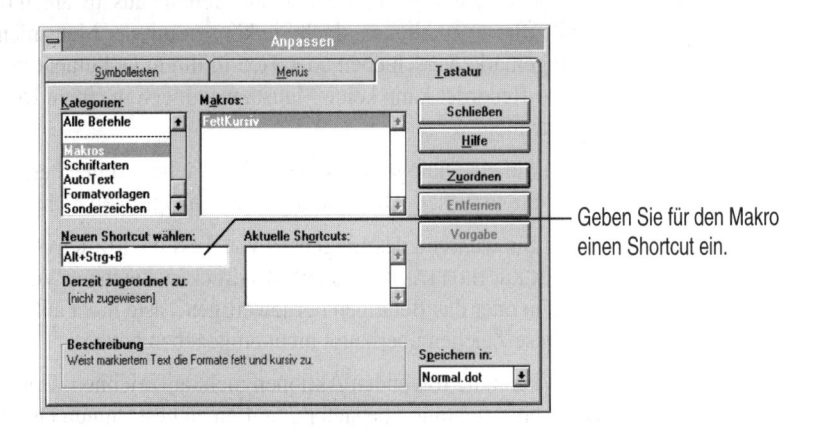

Geben Sie für den Makro einen Shortcut ein.

Das Dialogfeld **Anpassen**

Aufzeichnen der Makroaktionen

Sie haben Ihren Makro mit einem Namen versehen und ihn einem Shortcut zugewiesen, nun können Sie mit der Aufzeichnung beginnen. Nachdem Sie im Dialogfeld **Makro aufzeichnen** die Schaltfläche „OK" gewählt haben, zeichnet der Makro-Recorder alle von Ihnen in Word vorgenommenen Aktionen auf, bis Sie die Aufzeichnung wieder beenden.

Ist der Makro-Recorder aktiviert, wird die Makroaufzeichnungs-Symbolleiste angezeigt, die die Schaltflächen für „Beenden" und „Unterbrechen" enthält.

Wenn Sie auf die Schaltfläche für „Unterbrechen" klicken – möglicherweise um nachträglich etwas für die Aufzeichnung Ihres Makros anzuordnen – bleibt diese Schaltfläche „gedrückt". Bei erneutem Klicken können Sie mit der Aufzeichnung fortfahren.

In einem aktiven Dokumentfenster erscheint bei aktiviertem Makro-Recorder neben dem Mauszeiger ein Kassetten-Symbol. Zusätzlich ist auf der Statusleiste das Feld „MAK" hervorgehoben. Sie können auf dieses Feld doppelklicken, um die Aufzeichnung zu beenden. (Ist der Makro-Recorder nicht aktiv, können Sie auf „MAK" doppelklicken, um mit der Aufzeichnung zu beginnen.)

Die Makroaufzeichnungs-Symbolleiste wird automatisch ausgeblendet, sobald Sie die Makroaufzeichnung beenden.

Beim Aufzeichnen von Makros sollten Sie die folgenden Punkte beachten:

- Sie können die Maus verwenden, um Befehle auszuwählen oder auf die Bildlaufleiste zu klicken, doch Sie können mit der Maus nicht die Einfügemarke verschieben oder Text in Ihrem Dokument markieren. Der Makro-Recorder kann keine Mausbewegungen in einem Dokumentfenster aufzeichnen.
- Wenn Sie ein Dialogfeld mit der Schaltfläche „Abbrechen" schließen, zeichnet Word die in diesem Dialogfeld gewählten Optionen nicht auf.
- Wenn Sie während des Eingebens von Text die RÜCKTASTE (Windows) bzw. die RÜCKSCHRITTTASTE (Macintosh) drücken, zeichnet Word die gelöschten Zeichen oder das Betätigen der jeweiligen Taste nicht auf. Es ist also, als ob Sie diese Zeichen überhaupt nicht eingegeben hätten.
- Word kann die folgenden Aktionen nicht aufzeichnen: Optionen zur Druckereinrichtung, die sich nur auf einen bestimmten Drucker beziehen, Statistiken eines Dokuments sowie Aktionen, die vom Dialogfeld **Suche** (Menü **Datei**, Befehl **Datei-Manager**) aus nach der ersten Suche vorgenommen werden.

▶ **So zeichnen Sie die Aktionen des Makros FettKursiv auf**

1. Wählen Sie aus dem Menü **Format** den Befehl **Zeichen**. Wählen Sie auf der Registerkarte **Schrift** (Dialogfeld **Zeichen**) im Feld „Auszeichnung" die Option „Fett Kursiv" aus, und wählen Sie anschließend „OK".
2. Klicken Sie auf der Makroaufzeichnungs-Symbolleiste auf die Schaltfläche für „Beenden".

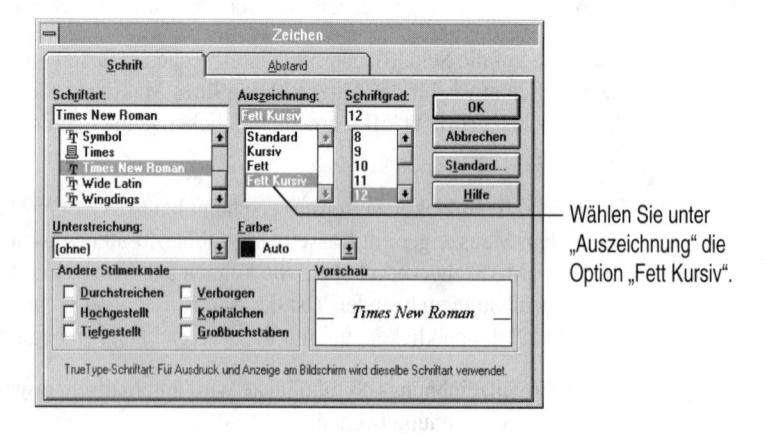

Das Dialogfeld **Zeichen**

Ausführen eines Makros

Sie können Makros entweder mit dem Dialogfeld **Makro** (Menü **Extras**, Befehl **Makro**) oder mit Menü-, Symbolleisten- und Shortcutzuordnungen ausführen. Um einen Makro mit dem Dialogfeld **Makro** auszuführen, wählen Sie den auszuführenden Makro und anschließend die Schaltfläche „Ausführen".

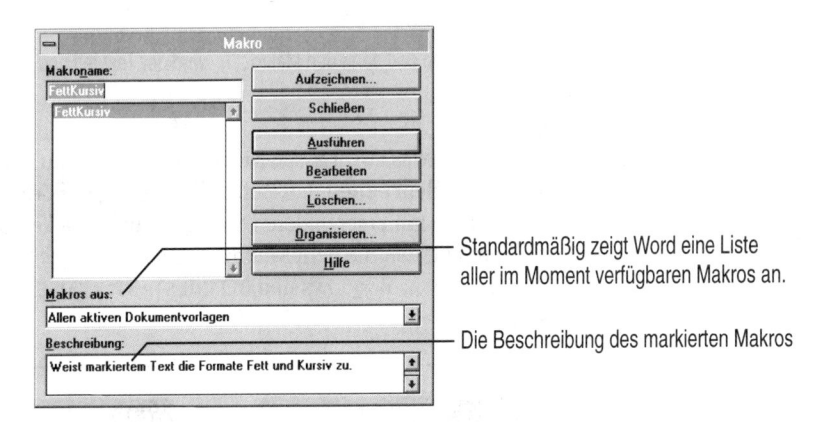

Standardmäßig zeigt Word eine Liste aller im Moment verfügbaren Makros an.

Die Beschreibung des markierten Makros

Das Dialogfeld **Makro**

Die Liste der angezeigten Makros hängt von der Einstellung des Listenfelds „Makros aus" ab. Standardmäßig werden alle verfügbaren Makros angezeigt. Dies umfaßt alle Makros aus der Dokumentvorlage „Normal" und allen anderen geöffneten Vorlagen. Sie können auf Wunsch auch nur die Makros aus einer bestimmten Dokumentvorlage oder alle integrierten Word-Befehle anzeigen. Sollten Sie einen Makro oder Word-Befehl aus einem Menü, einer Symbolleiste oder einer Shortcutzuordnung entfernt haben, können Sie auf ihn immer noch über das Dialogfeld **Makro** zugreifen.

Da Sie den Makro „FettKursiv" bereits einem Shortcut zugeordnet haben, können Sie ihn, ohne das Dialogfeld **Makro** verwenden zu müssen, direkt von Ihrem Dokument aus ausführen.

▸ **So führen Sie den Makro FettKursiv aus**

1. Markieren Sie eine Textstelle in einem Dokument.
2. Drücken Sie den Shortcut STRG+UMSCHALT+F (Windows) bzw. BEFEHLSTASTE+UMSCHALT+B (Macintosh).

Der markierte Text ist nun fett und kursiv formatiert.

Eisenhut & Bartel GmbH *Gartenbau und Gartenanlagen*	***Eisenhut & Bartel GmbH*** *Gartenbau und Gartenanlagen*
Wenn Sie Text markieren und dann den Makro „FettKursiv" ausführen, …	wird der Text fett und kursiv formatiert.

Probieren Sie nun etwas aus. Lassen Sie den Text weiterhin markiert, und wählen Sie aus dem Menü **Bearbeiten** den Befehl **Rückgängig**. Formatieren Sie die markierte Textstelle mit einer anderen Schriftart, und drücken Sie anschließend wieder den Shortcut, den Sie dem Makro „FettKursiv" zugeordnet haben (STRG+UMSCHALT+F in Windows und BEFEHLSTASTE+UMSCHALT+B auf dem Macintosh).

Eisenhut & Bartel GmbH *Gartenbau und Gartenanlagen*	***Eisenhut & Bartel GmbH*** *Gartenbau und Gartenanlagen*
Wenn Sie die Schriftart ändern und den Makro „FettKursiv" erneut ausführen, …	erhält der Text wieder die Schriftart, die beim Aufzeichnen des Makros verwendet wurde.

Beachten Sie, daß die Schriftart wieder in jene Schriftart geändert wurde, in der der Text beim Aufzeichnen des Makros formatiert war. Dies geschieht, weil der Makro-Recorder beim Aufzeichnen eines Befehls sämtliche Einstellungen in dem dazugehörigen Dialogfeld aufzeichnet. In diesem Fall wurde beim Aufzeichnen des Makros auch die aktuelle Schriftart aufgezeichnet. Wenn Sie nun den Makro ausführen, wird diese Schriftart auf den markierten Text angewandt.

Ihre ursprüngliche Absicht war es jedoch, den markierten Text nur fett und kursiv zu formatieren und alle anderen Formatierungen nicht zu verändern. Um dies zu erreichen, müssen Sie den Makro bearbeiten. Dieser Vorgang wird im nächsten Abschnitt, „Bearbeiten eines Makros", beschrieben.

Andere Arten der Makroausführung

Makros können auf verschiedene andere Arten ausgeführt werden, die meisten davon ausgelöst durch bestimmte Ereignisse.

- Die Befehlszeile. Unter Windows können Sie den Namen eines Makros in die Word-Befehlszeile mit eingeben, damit dieser beim Starten von Word ausgeführt wird. Dazu gehen Sie folgendermaßen vor: Markieren Sie das Word-Symbol im Programm-Manager (Windows 3.*x* und Windows NT) oder das Word-Verknüpfungssymbol im Ordner PROGRAMME des Ordners STARTMENÜ (Windows 95), und wählen Sie den Befehl **Eigenschaften** aus dem Menü **Datei**. Die Syntax für die Befehlszeile ist dann wie folgt:

  winword /m*Makroname*

  Makroname entspricht dem Makro, der beim Starten von Word ausgeführt werden soll. Jedes Symbol im Programm-Manager bzw. Verknüpfungssymbol im Startmenü kann eine andere Befehlszeile haben. Das bedeutet, daß Sie mehrere Word-Symbole erstellen können, die beim Starten von Word jeweils unterschiedliche Makros ausführen.

  Auf dem Macintosh gibt es keine Befehlszeile, Sie können dort aber die Datei „Word-Einstellungen (6)" verwenden, um einen Makro festzulegen, der beim Starten von Word ausgeführt wird. Auf diese Datei greifen Sie über den Befehl **ExtrasWeitereEinstellungen** zu. (Zur Ausführung dieses Befehls wählen Sie im Dialogfeld **Makro** (Menü **Extras**) aus der Liste der Word-Befehle **ExtrasWeitereEinstellungen** und danach die Schaltfläche **Ausführen**.) Im Dialogfeld **Weitere Einstellungen** wählen Sie „Microsoft Word" aus der Liste **Anwendung**. Geben Sie unter **Option** „WordSwitches" und im Feld **Einstellung** „/m*MakroName*" ein, wobei *MakroName* den Namen des Makros bezeichnet, der beim Starten von Word ausgeführt werden soll. Wählen Sie nun die Schaltfläche **Einstellen**.

- Auto-Makros. Bei Auto-Makros handelt es sich um Makros, die beispielsweise beim Erstellen eines neuen Dokuments oder beim Öffnen eines gespeicherten Dokuments ausgeführt werden. Weitere Informationen erhalten Sie weiter unten in diesem Kapitel unter „Auto-Makros".

- MAKROSCHALTFLÄCHE-Felder. Diese Felder, die an beliebigen Stellen in ein Dokument eingesetzt werden können, führen einen Makro aus, wenn darauf doppelgeklickt wird.

- Formularfelder. Ein Formularfeld kann die Ausführung eines Makros auslösen, wenn das Feld markiert wird („Eintritt") und nachdem es ausgefüllt oder verändert wurde („Verlassen"). Weitere Informationen über diese Art der Makroausführung erhalten Sie unter „Automatisieren von Formularen" in Kapitel 9, „Weitere WordBasic-Verfahren".

Bearbeiten eines Makros

Mit einem Makrobearbeitungsfenster können Sie einen bereits vorhandenen Makro bearbeiten oder einen von Grund auf neuen Makro schreiben. Makrobearbeitungsfenster haben einige besondere Eigenschaften:

- Die Makro-Symbolleiste wird angezeigt, wenn Sie ein Makrobearbeitungsfenster öffnen. Über die Symbolleiste haben Sie direkten Zugriff auf einige Befehle, die zum Ausführen und Testen von Makros verwendet werden.

- Beim Ausführen eines Makros im Makrobearbeitungsfenster markiert Word alle Zeilen, die bestimmte Arten von Fehlern enthalten.

- Sie können die Einfügemarke in einer beliebigen Zeile, die eine WordBasic-Anweisung enthält, positionieren und durch anschließendes Drücken der F1-TASTE (Windows) bzw. durch Drücken von HILFE oder der BEFEHLSTASTE (Macintosh) Hilfeinformationen über diese Anweisung einblenden.

- Die Formatierung des im Makrobearbeitungsfenster sichtbaren Texts wird durch die Formatvorlage „Makrotext" gesteuert. Sie kontrolliert Zeichen- und Absatzformatierung in allen Makrobearbeitungsfenstern.

Um mit dem Erstellen eines neuen Makros zu beginnen, wählen Sie im Menü **Extras** den Befehl **Makro**. Geben Sie anschließend im Feld „Makroname" (Dialogfeld **Makro**) einen Namen für den Makro ein, und wählen Sie die Schaltfläche „Erstellen".

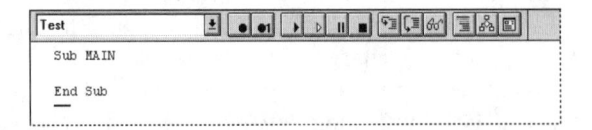

```
Test
Sub MAIN

End Sub
```

Ein neues Makrobearbeitungsfenster

Wenn das Makrobearbeitungsfenster angezeigt wird, befinden sich die beiden Anweisungen Sub MAIN und End Sub (zwischen die alle anderen Anweisungen eingefügt werden müssen) bereits auf dem Bildschirm. Die Einfügemarke befindet sich zwischen den beiden Anweisungen.

Um einen bereits vorhandenen Makro zu öffnen und zu bearbeiten, wählen Sie den gewünschten Makro aus der Liste der Makros im Dialogfeld **Makro** aus und wählen anschließend die Schaltfläche „Bearbeiten". (Die Schaltfläche „Erstellen" ändert sich in „Bearbeiten", wenn ein bereits existierender Makro ausgewählt wird.)

▶ **So öffnen Sie den Makro FettKursiv zur Bearbeitung**

- Wählen Sie aus dem Menü **Extras** den Befehl **Makro**. Wählen Sie dann im Dialogfeld **Makro** den Makro „FettKursiv" und anschließend die Schaltfläche „Bearbeiten".

Einsehen des Makrotextes

Der Word-Makro-Recorder zeichnet keine Tastaturanschläge auf, wie es einige andere Makro-Recorder tun, sondern *Aktionen*, die in die Word-Makrosprache WordBasic übersetzt werden. Wenn Sie einen aufgezeichneten Makro im Makrobearbeitungsfenster öffnen, werden dort folglich eine Reihe von WordBasic-Instruktionen angezeigt.

```
FettKursiv
Sub MAIN
FormatZeichen .Punkt = "10", .Unterstrichen = 0, .Farbe = 0, 
.Durchstreichen = 0, .Hochgestellt = 0, .Tiefgestellt = 0, .Verborgen = 0, 
.Kapitälchen = 0, .Großbuchstaben = 0, .Laufweite = "0 pt", .Position = "0 
pt", .Unterschneidung = 0, .UnterschneidungMin = "", .Registerkarte = "0", 
.Schriftart = "Times New Roman", .Fett = 1, .Kursiv = 1
End Sub
```

Das Bearbeitungsfenster des Makros „FettKursiv"

Beachten Sie, daß der Text des Makros „FettKursiv" mit dem Ausdruck `Sub MAIN` beginnt und mit dem Ausdruck `End Sub` aufhört. Diese beiden Anweisungen bilden den Anfang bzw. das Ende aller WordBasic-Makros. „Sub" steht hierbei für Sub- oder Unterroutine. Eine Unterroutine ist ein Teil eines größeren Programms. Das größere Programm ist in diesem Fall das Word-Programm. Aus der Perspektive von WordBasic ist ein Makro eine kleine Funktion innerhalb der großen Funktion, die aus dem Ausführen von Word besteht. „MAIN" bedeutet, daß dies die Haupt-Unterroutine des Makros ist. Im Falle des Makros „FettKursiv" ist sie gleichzeitig die einzige Unterroutine des Makros.

Betrachten Sie nun die Zeilen, die sich zwischen `Sub MAIN` und `End Sub` befinden:

```
FormatZeichen .Punkt = "12", .Unterstrichen = 0, .Farbe = 0, 
.Durchstreichen = 0, .Hochgestellt = 0, .Tiefgestellt = 0, .Verborgen = 
0, .Kapitälchen = 0, .Großbuchstaben = 0, .Laufweite = "0 pt", .Position 
= "0 pt", .Unterschneidung = 0, .UnterschneidungMin = "", .Registerkarte 
= "0", .Schriftart = "Times New Roman", .Fett = 1, .Kursiv = 1
```

Diese Zeilen bilden zusammen eine *Anweisung,* die Anweisung **FormatZeichen**. Eine Anweisung ist eine WordBasic-Instruktion, die den Makro zu einer Aktion veranlaßt. Die Anweisung **FormatZeichen** entspricht dem Dialogfeld **Zeichen** im Menü **Format** (Befehl **Zeichen**). Jedes Wort in der Anweisung, das mit einem Punkt beginnt, entspricht einer der Optionen im Dialogfeld. Diese Wörter, beispielsweise **.Punkt**, **.Durchstreichen** und **.Verborgen**, werden *Argumente* genannt – sie dienen zur genaueren Bestimmung der Anweisung. (Beachten Sie, daß die Anweisung **FormatZeichen**, falls Sie Ihren Makro auf dem Macintosh aufgezeichnet haben, zwei weitere Argumente umfaßt, nämlich **.Konturschrift** und **.Schattiert**, die nur auf dem Macintosh gültig sind.)

Jedes Argument in einer Anweisung besitzt einen *Wert*, der der Einstellung der jeweiligen Option im Dialogfeld entspricht. Das Dialogfeld **Zeichen** enthält beispielsweise mehrere Kontrollkästchen, die entweder markiert oder nicht markiert sein können. Gleichermaßen können die WordBasic-Argumente, die diesen Kontrollkästchen entsprechen, einen von zwei Werten besitzen. Wenn beispielsweise das Kontrollkästchen „Durchgestrichen" markiert ist, lautet das entsprechende WordBasic-Argument **.Durchstreichen** = 1. Wenn das Kontrollkästchen nicht markiert ist, lautet das Argument **.Durchstreichen** = 0.

Bearbeiten des Makros FettKursiv

Der Makro, den Sie weiter oben in diesem Kapitel aufgezeichnet haben, funktionierte in seiner aufgezeichneten Form nicht wie gewünscht. Der Makro soll den markierten Text nur fett und kursiv formatieren, doch wurden auch andere Zeichenattribute wie Schriftart und Schriftgrad geändert. Nachdem Sie den Makro im Makrobearbeitungsfenster geöffnet haben, können Sie dies bereinigen, indem Sie die nicht relevanten Argumente aus der Anweisung **FormatZeichen** entfernen.

▶ **So bearbeiten Sie die Anweisung FormatZeichen**

- Öffnen Sie den Makro in einem Makrobearbeitungsfenster. Markieren und löschen Sie alle Argumente außer **.Fett** und **.Kursiv**.

Der bearbeitete Makro „FettKursiv" sollte folgendermaßen aussehen:

```
Sub MAIN
FormatZeichen .Fett = 1, .Kursiv = 1
End Sub
```

Aufrufen der Hilfe zu WordBasic

In einem Makrobearbeitungsfenster können Sie sofort Informationen über jede beliebige WordBasic-Anweisung erhalten, indem Sie die Einfügemarke in derselben Zeile wie die Anweisung positionieren und anschließend F1 (Windows) bzw. HILFE oder die BEFEHLSTASTE (Macintosh) drücken.

▶ **So rufen Sie Hilfe zur Anweisung FormatZeichen auf**

- Positionieren Sie die Einfügemarke an einer beliebigen Stelle innerhalb der Anweisung **FormatZeichen**, und drücken Sie die F1-TASTE (Windows) bzw. HILFE oder die BEFEHLSTASTE (Macintosh).

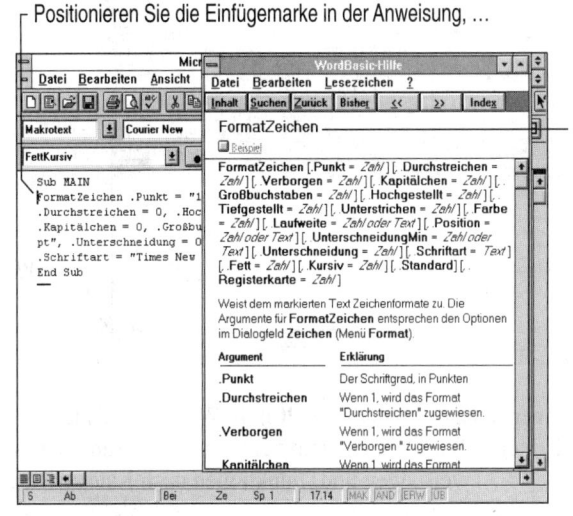

Positionieren Sie die Einfügemarke in der Anweisung, ...

und drücken Sie dann die F1-TASTE, um Hilfeinformationen zu dieser Anweisung anzuzeigen.

Für viele WordBasic-Anweisungen stellt die Online-Hilfe Beispiele zur Verfügung, die Sie kopieren können. Sie können im Hilfethema auf „Beispiel" klicken, um das Beispiel-Fenster anzuzeigen. In diesem Fenster können Sie die Schaltfläche „Kopieren" (Word, Version 6.0) oder „Kopieren" aus dem Kontextmenü (Word, Version 7.0) wählen, um den Text des Codebeispiels (Code = Makrocode/Makrotext) in die Zwischenablage zu kopieren. Anschließend können Sie das Beispiel in Ihren eigenen Makro oder Ihr Dokument einfügen.

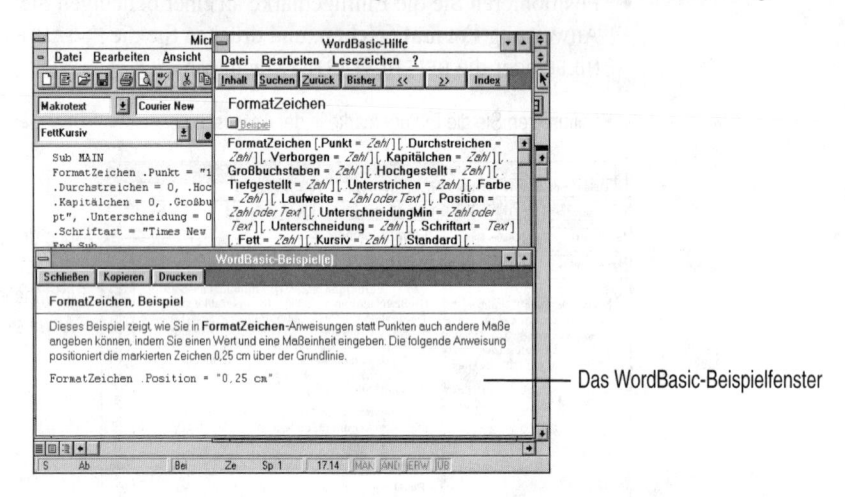

Das WordBasic-Beispielfenster

Sie können auch das Menü **?** (**Hilfe**) in Word verwenden, um die WordBasic-Hilfethemen aufzurufen. Die Hilfe enthält eine Zusammenfassung, in der die WordBasic-Anweisungen und -Funktionen nach Kategorien geordnet sind. Außerdem enthalten sind Informationen über vordefinierte Textmarken und Fehlermeldungen. Die gesamten Informationen aus Teil 2, „WordBasic – Anweisungen und Funktionen", sind in der Online-Hilfe enthalten.

Die Makro-Symbolleiste

Sobald Sie das Makrobearbeitungsfenster öffnen, wird die Makro-Symbolleiste eingeblendet, sofern sie auf dem Bildschirm nicht bereits angezeigt wird.

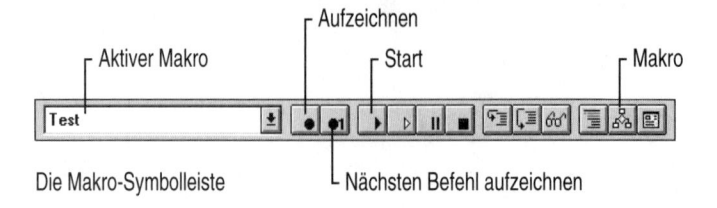

Aufzeichnen
Aktiver Makro   Start   Makro
Die Makro-Symbolleiste   Nächsten Befehl aufzeichnen

Von den Symbolleisten-Schaltflächen werden die meisten zum Testen von Makros verwendet, andere dienen zum Ausführen und Aufzeichnen von Makros.

Aktiver Makro In diesem Feld werden die Makros aufgelistet, die im Makrobearbeitungsfenster geöffnet sind. Ist mehr als ein Makro geöffnet, können Sie in diesem Feld den Makro auswählen, der durch Klicken der Schaltfläche für „Start" ausgeführt werden soll.

Aufzeichnen Zeigt das Dialogfeld **Makro aufzeichnen** an, in dem Sie Einstellungen für den aufzuzeichnenden Makro festlegen können.

Nächsten Befehl aufzeichnen Zeichnet einen einzelnen Befehl bzw. eine einzelne Aktion in Word auf und fügt die daraus resultierende WordBasic-Anweisung in das aktive Makrobearbeitungsfenster (oder das zuletzt aktive, falls gerade ein Dokumentfenster aktiv ist) ein. Weitere Informationen erhalten Sie unter „Die Schaltfläche für ‚Nächsten Befehl aufzeichnen'" weiter unten in diesem Kapitel.

Start Führt den im Feld „Aktiver Makro" ausgewählten Makro aus. Standardmäßig ist dies der Makro im aktiven Makrobearbeitungsfenster (oder der zuletzt aktive, falls das aktive Fenster ein Dokumentfenster ist).

Makro Zeigt das Dialogfeld **Makro** an. Klicken dieser Schaltfläche ist ein abgekürztes Verfahren für das Wählen des Befehls **Makro** aus dem Menü **Extras**.

Informationen zu den Schaltflächen für „Protokoll", „Fortsetzen", „Beenden", „Schrittweise prüfen", „Subs prüfen", „Variablen anzeigen" und „REM einfügen/entfernen" finden Sie in Kapitel 6, „Debuggen". Erläuterungen zur Schaltfläche „Dialog Editor" können Sie in Kapitel 5, „Arbeiten mit benutzerdefinierten Dialogfeldern", nachschlagen.

Ausführen des Makros im Makrobearbeitungsfenster

Sie können in der Makro-Symbolleiste auf die Schaltfläche für „Start" klicken, um den Makro im aktiven Makrobearbeitungsfenster auszuführen. Einige Makros jedoch können nur ausgeführt werden, wenn ein Dokumentfenster aktiv ist. Sollten Sie z.B. versuchen, den Makro "FettKursiv" in einem aktiven Makrobearbeitungsfenster auszuführen, so erzeugt dies einen Fehler, da der Befehl **Zeichen** im Menü **Format** in einem aktiven Makrobearbeitungsfenster nicht verfügbar ist.

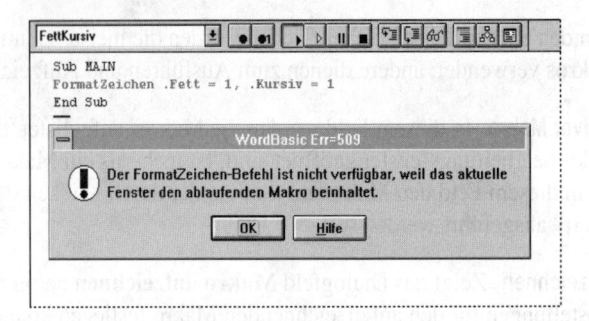

```
FettKursiv
Sub MAIN
FormatZeichen .Fett = 1, .Kursiv = 1
End Sub
```

```
WordBasic Err=509
Der FormatZeichen-Befehl ist nicht verfügbar, weil das aktuelle
Fenster den ablaufenden Makro beinhaltet.
    OK      Hilfe
```

Das versuchte Ausführen eines Makros vom Makrobearbeitungsfenster verursacht einen Fehler.

Wenn Sie sich die Menüs ansehen, während ein Makrobearbeitungsfenster aktiv ist, werden Sie feststellen, daß viele Befehle nicht verfügbar sind. Diese Befehle sind dem Bearbeiten von Makros nicht dienlich und erscheinen deshalb abgeblendet.

Der Makro „FettKursiv" muß in einem Dokumentfenster ausgeführt werden. Wenn Sie also zusätzlich zum Makrobearbeitungsfenster ein Dokumentfenster geöffnet haben, können Sie aus dem Menü **Fenster** den Befehl **Alle anordnen** wählen, um das Dokumentfenster und das Makrobearbeitungsfenster gleichzeitig anzuzeigen. Um den Makro nun auszuführen, klicken Sie auf das Dokumentfenster, um es zum aktiven Fenster zu machen, und anschließend auf der Makro-Symbolleiste auf die Schaltfläche für „Start".

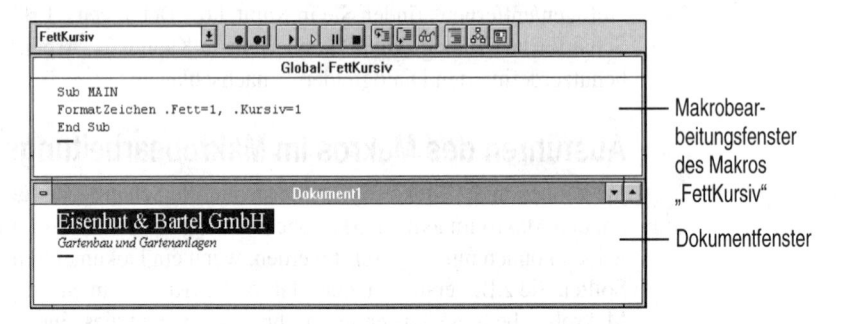

```
FettKursiv
            Global: FettKursiv
Sub MAIN
FormatZeichen .Fett=1, .Kursiv=1       ——— Makrobear-
End Sub                                     beitungsfenster
                                            des Makros
                                            „FettKursiv"
            Dokument1
Eisenhut & Bartel GmbH
Gartenbau und Gartenanlagen            ——— Dokumentfenster
```

Suchen von Fehlern im Makrobearbeitungsfenster

Immer wenn Sie einen Makro ausführen, überprüft Word automatisch die *Syntax* aller verwendeten WordBasic-Befehle. In der Programmierung bezieht sich der Ausdruck „Syntax" auf die Regeln zum Schreiben von Argumenten, die Anzahl der Argumente usw. Word prüft außerdem, ob allen Argumenten gültige Werte zugeordnet wurden. Wenn ein Makrobearbeitungsfenster geöffnet ist und Word auf eine fehlerhafte Instruktion stößt, wird diese Instruktion markiert und eine Fehlermeldung angezeigt.

Um zu sehen, wie Word Syntaxfehler identifiziert, können Sie die Syntax des Makros „FettKursiv" etwas ändern. Löschen Sie das Komma zwischen den Argumenten **.Fett** und **.Kursiv**, so daß die Anweisung **FormatZeichen** nunmehr folgendermaßen aussieht:

```
FormatZeichen .Fett = 1 .Kursiv = 1
```

Versuchen Sie dann, den Makro auszuführen.

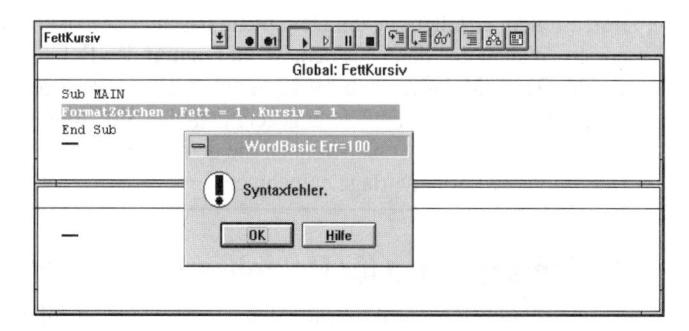

Wenn WordBasic auf einen Syntaxfehler stößt, wird eine Fehlermeldung angezeigt.

Ein anderer häufig vorkommender Fehler ist, ein Argument ohne den einleitenden Punkt anzugeben. Solche Fehler können leicht unterlaufen, doch das Makrobearbeitungsfenster hilft Ihnen durch Markieren der fehlerhaften Zeilen, die Fehler zu finden.

Die Formatvorlage „Makrotext"

Die Formatvorlage „Makrotext" legt die Formatierung des im Makrobearbeitungsfenster enthaltenen Texts fest. Sie können diesen Text nicht durch Zuweisen von Formaten direkt formatieren, sondern Sie müssen dazu die Formatvorlage „Makrotext" ändern. Es handelt sich hierbei um eine besondere Formatvorlage, die in der Dokumentvorlage „Normal" gespeichert ist. Die Einstellungen in dieser Formatvorlage wirken sich auf jedes Makrobearbeitungsfenster aus, auch wenn der angezeigte Makro in einer anderen als der Dokumentvorlage „Normal" gespeichert ist.

Zum Ändern der Formatvorlage „Makrotext" verwenden Sie den Befehl **Formatvorlage** (Menü **Format**). Bei diesem Verfahren muß jedoch ein Dokumentfenster aktiv sein, da der Befehl **Formatvorlage** bei aktivem Makrobearbeitungsfenster nicht verfügbar ist.

> **Anmerkung** Wenn Sie die Formatvorlage „Makrotext" ändern, aktualisiert Word die Definition dieser Formatvorlage im Dialogfeld **Formatvorlage** (Menü **Format**) nur für das gerade aktive Dokument und für die Dokumentvorlage „Normal". Für andere Dokumente oder solche, die auf anderen Dokumentvorlagen basieren, sind die Einstellungen für „Makrotext" im Dialogfeld **Formatvorlage** eventuell nicht mehr aktuell.
>
> Um die aktuelle, korrekte Definition der Formatvorlage „Makrotext" festzustellen, erstellen Sie ein Dokument, das auf der Dokumentvorlage „Normal" basiert. Wählen Sie dann aus dem Menü **Format** den Befehl **Formatvorlage**, und anschließend „Makrotext" in der Liste unter „Formatvorlagen". (Wird „Makrotext" in der Liste nicht angezeigt, wählen Sie „Alle Formatvorlagen" im Listenfeld „Anzeigen".) Nun können Sie dem Feld „Beschreibung" die genaue Definition der Formatvorlage entnehmen.

Ansichtsoptionen für Makrobearbeitungsfenster

Ansichtsoptionen für Makrobearbeitungsfenster können auf der Registerkarte **Ansicht** im Dialogfeld **Optionen** festgelegt werden. Für Markobearbeitungsfenster eingestellte Ansichtsoptionen beeinflussen die für Dokumentfenster eingestellten Ansichtsoptionen nicht. Zum Beispiel könnten Sie die Statusleiste im Makrobearbeitungsfenster verbergen, sie in Dokumentfenstern jedoch anzeigen lassen.

Die Schaltfläche für „Nächsten Befehl aufzeichnen"

Es kann vorkommen, daß Sie einen bereits bestehenden Makro bearbeiten und einen oder zwei neue Befehle einfügen möchten, ohne den gesamten Makro neu aufzeichnen zu müssen. Diesem Zweck dient die Schaltfläche für „Nächsten Befehl aufzeichnen" auf der Makro-Symbolleiste. Wenn Sie bei geöffnetem Makrobearbeitungsfenster auf diese Schaltfläche klicken, wird der nächstgewählte Befehl oder die nächste Aktion (zum Beispiel Bildlauf durch ein Dokument) aufgezeichnet. Word fügt automatisch die entsprechende WordBasic-Anweisung im Makrobearbeitungsfenster an der Einfügemarke ein.

Vielleicht möchten Sie einen Befehl aufzeichnen, der im aktiven Makrobearbeitungsfenster nicht verfügbar ist. Wechseln Sie in diesem Fall zuerst zu einem Dokumentfenster, bevor Sie auf die Schaltfläche für „Nächsten Befehl aufzeichnen" klicken. Wenn Sie dagegen zuerst auf die Schaltfläche klicken und dann zum Dokumentfenster wechseln, so zeichnet Word statt des gewünschten Befehls den Fensterwechsel auf.

> **Anhalten oder Unterbrechen eines Makros**
>
> Sie können das Ausführen eines Makros durch Drücken der ESC-Taste anhalten oder unterbrechen. Word gibt dann eine Meldung aus, die anzeigt, daß der Makro unterbrochen wurde. Ist der Makro in einem Makrobearbeitungsfenster geöffnet, können Sie das Ausführen des Makros fortsetzen, indem Sie entweder auf der Makro-Symbolleiste die Schaltfläche für „Fortfahren" klicken oder die ESC-Taste erneut drücken. Sie halten den Makro an, indem Sie auf der Makro-Symbolleiste die Schaltfläche für „Anhalten" klicken. Ist der Makro beim Drücken der ESC-Taste nicht in einem Makrobearbeitungsfenster geöffnet, hält Word den Makro einfach an.

Makros und Dokumentvorlagen

Genau wie Formatvorlagen und AutoText-Einträge, speichert Word auch Makros in Dokumentvorlagen. Wenn Sie einen neuen Makro erstellen, wird dieser standardmäßig in der Dokumentvorlage „Normal" gespeichert und ist somit „global" verfügbar. Globale Makros können jederzeit ausgeführt oder bearbeitet werden, auch wenn das aktive Dokument auf einer anderen Dokumentvorlage basiert. Speichern Sie einen Makro dagegen in einer anderen als der Dokumentvorlage „Normal", dann können Sie ihn nur ausführen oder bearbeiten, wenn die entsprechende Dokumentvorlage selbst oder ein darauf basierendes Dokument das aktuelle Dokument ist.

Die Verfügbarkeit eines Makros, der in einer anderen als der Dokumentvorlage „Normal" gespeichert ist, hängt immer vom aktiven Dokument ab. Ist das aktive Dokument beispielsweise mit einer anderen Dokumentvorlage als „Normal" verbunden, und Sie wählen den Befehl **Makro**, werden im Dialogfeld alle Makros aufgeführt, die in dieser Dokumentvorlage *und* in der Dokumentvorlage „Normal" gespeichert sind. Wechseln Sie dann aber zu einem Dokument, das auf „Normal" basiert, werden die Makros der anderen Dokumentvorlage nicht mehr angezeigt.

Das gleiche gilt für Makros, die Sie neu erstellen. Um einen Makro in einer bestimmten Dokumentvorlage zu speichern, muß bei seiner Erstellung entweder die Dokumentvorlage selbst oder ein darauf basierendes Dokument aktiv sein.

- Wenn Sie einen neuen Makro erstellen und dazu das Dialogfeld **Makro** verwenden, wählen Sie den entsprechenden Dokumentvorlagennamen im Feld „Makros aus". Anschließend wählen Sie die Schaltfläche „Erstellen", um ein neues Makrobearbeitungsfenster zu öffnen.
- Wenn Sie einen neuen Makro aufzeichnen, wählen Sie im Dialogfeld **Makro aufzeichnen** den entsprechenden Dokumentvorlagennamen im Feld „Makro zur Verfügung stellen".

Um einen Makro global zu speichern, muß weder die Dokumentvorlage „Normal" noch ein darauf basierendes Dokument aktiv sein. Das heißt, neue Makros können in „Normal", also global, gespeichert werden, ohne daß gerade ein auf „Normal" basierendes Dokument geöffnet ist.

Beachten Sie, daß die Dokumentvorlage, in der der Makro gespeichert werden soll, bei der Erstellung gewählt werden muß und nicht, wenn der Makro zum ersten Mal gespeichert wird. Die Dokumentvorlage, mit der ein Makro verbunden ist, läßt sich aber jederzeit ändern: Sie können das Dialogfeld **Organisieren** verwenden, um den Makro oder eine Kopie davon auf eine andere Vorlage zu übertragen. Näheres zu diesem Thema finden Sie unter „Makroverwaltung" weiter unten in diesem Kapitel.

Die Titelleiste im Makrobearbeitungsfenster gibt Ihnen beim Öffnen eines Makros sofortigen Aufschluß über seine Verfügbarkeit. Dem Makronamen steht entweder der Dokumentvorlagenname voran oder das Wort „Global", falls der Makro in der Dokumentvorlage „Normal" gespeichert ist.

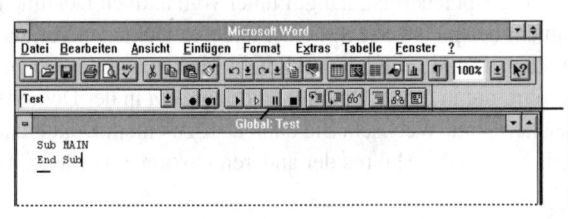

„Global" in der Titelleiste zeigt an, daß der Makro in der Dokumentvorlage „Normal" gespeichert ist.

Ist das Speichern von Makros in anderen Dokumentvorlagen von Vorteil?

Da in der Dokumentvorlage „Normal" gespeicherte Makros immer verfügbar sind, die Verfügbarkeit von in anderen Dokumentvorlagen gespeicherten Makros jedoch beschränkt ist, fragen Sie sich vielleicht, welche Vorteile es hat, Makros in anderen Dokumentvorlagen zu speichern.

Ein Vorteil ist, daß Makros, die für die Verwendung mit einer bestimmten Dokumentart gedacht sind, gleich in der Dokumentvorlage gespeichert werden, die zur Erstellung dieser Art von Dokument verwendet wird. Ein anderer Grund für die Speicherung von Makros in verschiedenen Dokumentvorlagen ist, daß die Dokumentvorlage „Normal" unter Umständen sehr voll werden kann. Je mehr Makroanweisungen in „Normal" untergebracht werden, desto länger dauert es, die Dokumentvorlage zu speichern. Zwar werden Sie bei zehn oder zwanzig Makros in „Normal" noch keinen Unterschied feststellen, aber beim weiteren Hinzufügen von Makros wird bald ein Unterschied bemerkbar werden.

Makros und Dokumentvorlagen können gemeinsam dazu verwendet werden, eine Word-„Anwendung" zu erstellen – eine benutzerdefinierte Version von Word, die zur Ausführung bestimmter Aufgaben oder Aufgabenbereiche gedacht ist. Zum Beispiel könnte eine Gruppe von Makros und Dokumentvorlagen angelegt werden, die zur Erstellung von firmeneigenen Formularen und anderen Dokumenten verwendet wird. Da die Makros in dieser Benutzeranwendung in einer oder mehreren benutzerdefinierten Dokumentvorlagen gespeichert werden, lassen sie sich relativ einfach an verschiedene Benutzer verteilen; nur diese Dokumentvorlagen müssen zu diesem Zweck auf die anderen Computer kopiert werden. Würden die Makros der Benutzeranwendung dagegen in der Dokumentvorlage „Normal" gespeichert, würde dieser Vorgang erheblich kompliziert, da bereits auf jedem anderen Computer eine eigene Dokumentvorlage „Normal" existiert.

Dokumentvorlagen global verfügbar machen

In manchen Situationen ist es praktisch, einen Makro oder eine Gruppe von Makros vorübergehend global verfügbar zu machen. So könnte es beispielsweise sein, daß Sie Makros für die Erledigung einer bestimmten, jedoch nicht oft vorkommenden Aufgabe erstellen. Statt in der Dokumentvorlage „Normal", können Sie die Makros in einer anderen speichern und diese als globale Dokumentvorlage laden, wenn die Makros ausgeführt werden sollen.

Um Dokumentvorlagen als globale Dokumentvorlagen zu laden, verwenden Sie den Befehl **Dokumentvorlage** (Menü **Datei**). Sie können eine Dokumentvorlage auch im AutoStart-Ordner (der im Dialogfeld **Optionen** (Menü **Extras**) auf der Registerkarte **Dateiablage** festgelegt wird) speichern, damit sie bei jedem Start von Word automatisch als globale Dokumentvorlage geladen wird. Wird eine Dokumentvorlage auf diese Art und Weise geladen, werden deren Makros ebenfalls global verfügbar – wie die in der Dokumentvorlage „Normal" gespeicherten. Makros aus einer als global geladenen Dokumentvorlage können ausgeführt werden, ohne daß ein auf dieser Vorlage basierendes Dokument aktiv sein muß.

Ein wichtiger Unterschied zwischen einer als global geladenen Dokumentvorlage und der Dokumentvorlage „Normal" besteht darin, daß die in der ersteren enthaltenen Makros in diesem Modus nicht bearbeitet werden können, und es können auch keine neuen Makros hinzugefügt werden. Das heißt, daß als global geladene Dokumentvorlagen nur mit Schreibschutz zur Verfügung stehen.

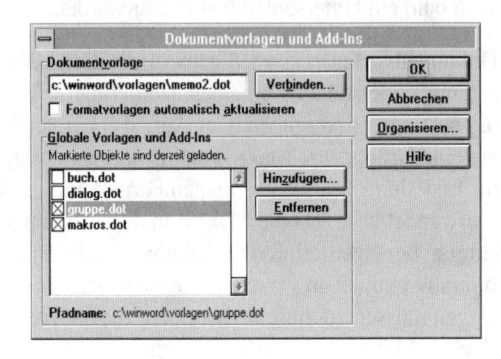

Das Dialogfeld **Dokumentvorlagen und Add-Ins**

Rangfolge bei Dokumentvorlagen

Falls beim Auswählen eines Makros zur Ausführung ein Konflikt auftritt, weil mehrere Makros mit gleichen Namen in den verfügbaren Dokumentvorlagen enthalten sind, haben die Makros Vorrang, die in der Dokumentvorlage enthalten sind, auf der das aktive Dokument basiert. Als nächste in der Rangfolge kommen Makros in der Dokumentvorlage „Normal". Den niedrigsten Rang haben die in anderen globalen Dokumentvorlagen gespeicherten Makros – vorausgesetzt, es sind Vorlagen dieser Art geladen. Die Rangfolge der als global geladenen Dokumentvorlagen hängt von der alphabetischen Reihenfolge ihrer Namen ab.

Namenskonflikte kommen am häufigsten bei den sogenannten Auto-Makros vor (speziell benannte Makros, die beim Erstellen oder Öffnen eines Dokuments automatisch ausgeführt werden). Weitere Informationen über Auto-Makros finden Sie weiter unten in diesem Kapitel unter „Auto-Makros".

Namenskonflikte können auch auftreten, wenn Sie Word-Befehle ändern. Näheres zu diesem Thema finden Sie weiter unten in diesem Kapitel unter „Einen Word-Befehl modifizieren".

Speichern eines Makros

Wenn ein Makrobearbeitungsfenster aktiv ist, ändern sich im Menü **Datei** die Befehle **Speichern** und **Speichern unter** in **Vorlage speichern** bzw. **Kopie speichern unter**.

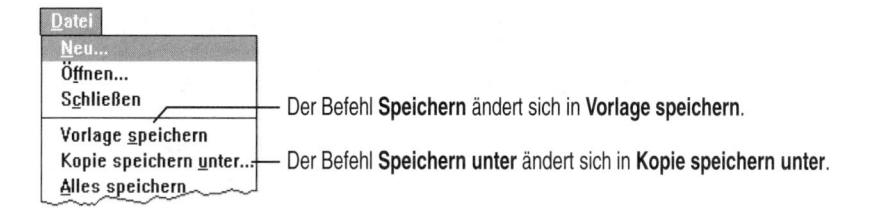

```
Datei
 Neu...
 Öffnen...
 Schließen          ──── Der Befehl Speichern ändert sich in Vorlage speichern.
 Vorlage speichern
 Kopie speichern unter... ──── Der Befehl Speichern unter ändert sich in Kopie speichern unter.
 Alles speichern
```

Der Befehl Vorlage speichern

Denken Sie sich den Befehl **Vorlage speichern** als Befehl „Makros speichern", denn nur dafür ist dieser Befehl gedacht, und er ist auch nur dann verfügbar, wenn gerade ein Makrobearbeitungsfenster aktiv ist. **Vorlage speichern** speichert die Dokumentvorlage, die dazugehörigen Makros und andere Einträge, die der Dokumentvorlage zugeordnet werden (zum Beispiel AutoText-Einträge und Formatvorlagen). Speichern Sie Ihre Makros mit diesem Befehl regelmäßig während der Bearbeitung, genauso wie Sie Dokumente mit dem Befehl **Speichern** von Zeit zu Zeit absichern. Sie sollten damit nicht warten, bis der Makro fertiggestellt ist.

Der Befehl Kopie speichern unter

Der Befehl **Kopie speichern unter** soll es Ihnen leichter machen, Makros als Textdateien zu speichern, zum Beispiel, wenn Sie Makros getrennt von der Dokumentvorlage aufbewahren möchten. Wird der Befehl **Kopie speichern unter** gewählt, zeigt Word das Dialogfeld **Speichern unter** an. Unter Windows schlägt Word als Dateinamen den Makronamen mit der Erweiterung .TXT vor. Auf dem Macintosh wird nur der Makroname als Dateiname vorgegeben. In beiden Fällen können Sie natürlich auch Ihren eigenen Dateinamen eingeben oder ein anderes Dateiformat auswählen.

Makroverwaltung

Zur Makroverwaltung gehören das Umbenennen, Kopieren, Verschieben und Löschen von Makros. Für alle Aufgaben dieser Art können Sie das Dialogfeld **Organisieren** verwenden. Sie zeigen dieses Dialogfeld an, indem Sie aus dem Menü **Extras** den Befehl **Makro** und dann im Dialogfeld **Makro** auf der Registerkarte **Makros** die Schaltfläche „Organisieren" wählen. Falls die gewünschten Dokumentvorlagen noch nicht geöffnet sind, wählen Sie die entsprechende Schaltfläche „Datei öffnen".

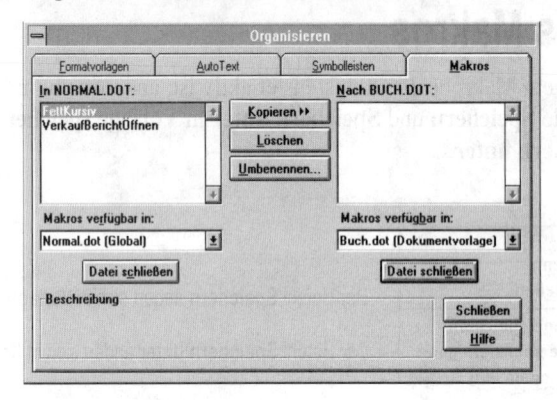

Das Dialogfeld **Organisieren**

Im Dialogfeld **Organisieren** können gleichzeitig mehrere Makros zum Kopieren oder Löschen markiert werden. Um mehrere direkt untereinander stehende Makros zu markieren, halten Sie die UMSCHALTTASTE gedrückt, während Sie nacheinander auf den ersten und den letzten Makronamen der zu markierenden Serie klicken. Um mehrere nicht zusammenstehende Makronamen zu markieren, halten Sie die STRG-TASTE gedrückt, während Sie nacheinander auf die einzelnen Namen klicken.

Modifizieren eines Word-Befehls

Sie können die meisten Word-Befehle modifizieren, indem Sie sie in Makros umwandeln. Zum Beispiel könnten Sie den Befehl **Öffnen** im Menü **Datei** so abändern, daß Word statt lediglich Word-Dokumentdateien (unter Windows mit der Erweiterung .DOC) automatisch alle Dateien in einem Ordner anzeigt.

Um eine Liste der Word-Befehle im Dialogfeld **Makro** (Menü **Extras**, Befehl **Makro**) anzuzeigen, wählen Sie aus der Liste unter „Makros aus" den Eintrag „Word-Befehlen". Daraufhin werden im Listenfeld „Makroname" alle Menübefehle und Befehle, die über Symbolleisten oder Shortcuts verfügbar sind, angezeigt. Die Namen der Menübefehle fangen immer mit dem Menü an, dem der Befehl zugeordnet ist. Zum Beispiel heißt der Befehl **Speichern** im Menü **Datei** hier „DateiSpeichern". Diese Schreibweise unterliegt den in WordBasic-Anweisungen verwendeten Konventionen. Folglich heißt die WordBasic-Anweisung, die z.B. diesem Befehl entspricht, **DateiSpeichern**.

Sie können jeden dieser Befehle ausführen, indem Sie ihn im Dialogfeld **Makro** (unter „Makroname") markieren und dann die Schaltfläche „Ausführen" wählen. Wenn Sie zum Beispiel den Befehl „DateiSpeichern" auf diese Art ausführen, verfährt Word genauso wie beim Wählen des Befehls **Speichern** aus dem Menü **Datei** und speichert das aktuelle Dokument.

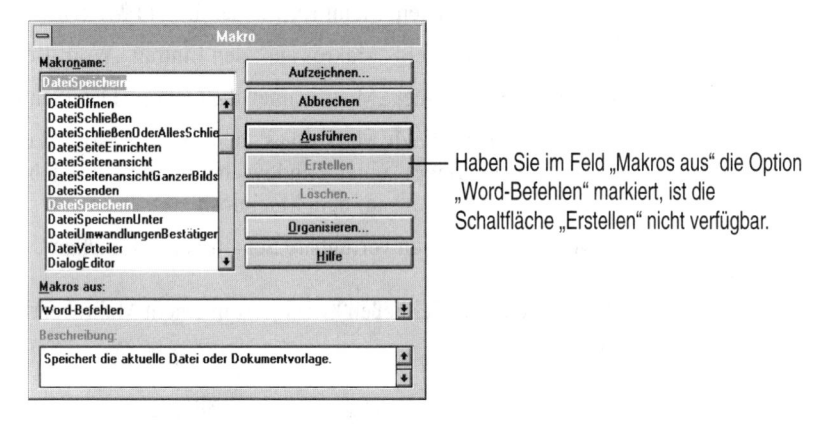

Eine Liste der Word-Befehle im Dialogfeld **Makro**

Wie Sie vielleicht schon festgestellt haben, ist die Schaltfläche „Erstellen" nicht verfügbar, wenn im Listenfeld „Makros aus" der Eintrag „Word-Befehlen" gewählt ist. Der Grund dafür ist, daß Sie die Befehle selbst nicht bearbeiten können. Um einen Word-Befehl abzuändern, müssen Sie ihn durch einen Makro mit dem gleichen Namen ersetzen. Wenn Sie dann den entsprechenden Word-Befehl im Menü, auf einer Symbolleiste oder über einen Shortcut wählen, führt Word stattdessen den Makro aus. Angenommen, Sie haben einen Makro mit dem Namen „DateiSpeichern" erstellt, dann führt Word diesen Makro aus, wenn Sie aus dem Menü **Datei** den Befehl **Speichern** wählen, auf der Standard-Symbolleiste auf die Schaltfläche für „Speichern" klicken oder den Shortcut STRG+S (Windows) bzw. BEFEHLSTASTE+S (Macintosh) drücken.

So ersetzen Sie einen Word-Befehl durch Ihren eigenen Makro: Geben Sie den Namen des Befehls in das Feld „Makroname" ein oder markieren Sie ihn in der Liste der Word-Befehle. Dann wählen Sie die Dokumentvorlage, in der dieser Makro gespeichert werden soll – entweder „Normal" oder eine andere, auf der das aktive Dokument basiert – und anschließend die Schaltfläche „Erstellen". Word zeigt daraufhin ein Makrobearbeitungsfenster für den neuen Makro an.

Ein Beispiel

Dieses Beispiel erklärt Schritt für Schritt die Modifizierung des Befehls **Schließen** im Menü **Datei**. In diesem Beispiel wird der Makro, der den Word-Befehl „DateiSchließen" ersetzt, in der Dokumentvorlage „Normal" gespeichert. Damit wird der Befehl global modifiziert, d.h., für alle Dokumente.

▶ **So modifizieren Sie den Befehl DateiSchließen**

1. Wählen Sie aus dem Menü **Extras** den Befehl **Makro**.
2. Wählen Sie im Feld „Makros aus" den Eintrag „Word-Befehlen".
3. Markieren Sie unter „Makroname" die Option „DateiSchließen".
4. Wählen Sie im Feld „Makros aus" den Eintrag „Normal.dot (Globale Dokumentvorlage)" unter Windows bzw. „Normal (Globale Dokumentvorlage)" auf dem Macintosh..
5. Wählen Sie die nun verfügbare Schaltfläche „Erstellen".

Der Makro „DateiSchließen" wird jetzt in einem Makrobearbeitungsfenster angezeigt.

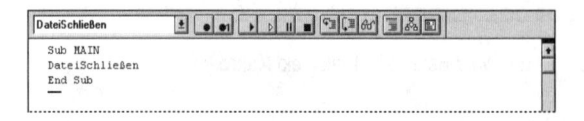

```
DateiSchließen
Sub MAIN
DateiSchließen
End Sub
```

Der Makro „DateiSchließen" ersetzt den Befehl **Schließen** im Menü **Datei**.

Wie Sie in dieser Abbildung sehen können, fügt Word automatisch die Instruktion `DateiSchließen` in den neuen Makro ein. Bei diesem Verfahren enthält jeder Makro mit dem gleichen Namen wie ein Word-Befehl zunächst nur die Instruktionen, die zur Ausführung des Word-Befehls nötig sind – gewöhnlich eine oder mehrere Zeile(n). Darüber hinaus übernimmt der Makro zunächst auch die gleiche Beschreibung wie der entsprechende Word-Befehl. Diese Beschreibung wird im Dialogfeld **Makro** im Feld „Beschreibung" angezeigt.

Jetzt können Sie den neuen Makro beliebig bearbeiten; zum Beispiel könnten Sie der Anweisung **DateiSchließen** eine **DateiSpeichern**-Anweisung hinzufügen.

```
Sub MAIN
    DateiSpeichern
    DateiSchließen
End Sub
```

Wenn Sie den neuen Makrobefehl testen möchten, öffnen Sie ein Dokument, nehmen Sie ein paar Änderungen daran vor, und schließen Sie es dann mit dem Befehl **Schließen** im Menü **Datei**. Der ursprüngliche Word-Befehl **Schließen** würde Sie zum Speichern von ungespeicherten Änderungen auffordern. Der neue Makro dagegen speichert die Änderungen automatisch und umgeht somit diese Aufforderung.

Der neue Makro, der den ursprünglichen Word-Befehl ersetzt, kann beliebig vom Original abweichen. Sie könnten zum Beispiel auch die Anweisung `DateiSchließen` ganz aus Ihrem Makro entfernen und durch eine Meldung ersetzen:

```
Sub MAIN
    MsgBox "Der Befehl Schließen ist nicht verfügbar."
End Sub
```

Wenn Sie jetzt den Befehl **Schließen** wählen, wird das Dokumentfenster nicht geschlossen; stattdessen wird das folgende Meldungsfeld angezeigt:

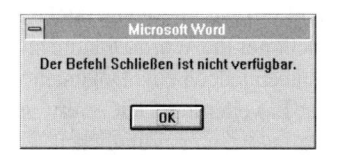

Sie könnten sogar alle Instruktionen aus dem Makro entfernen, so daß er nur noch aus den Anweisungen `Sub MAIN` und `End Sub` besteht:

```
Sub MAIN
End Sub
```

Wenn Sie jetzt den Befehl **Schließen** wählen, passiert gar nichts. Sie können also auf diese Weise Word-Befehle nicht nur abändern, sondern auch außer Kraft setzen. Die Stillegung eines Befehls ist für bestimmte Zwecke nützlich – zum Beispiel, wenn Sie für eine bestimmte Dokumentart die Arbeitsumgebung so einrichten möchten, daß Benutzer bestimmte Befehle nicht wählen können. (Soll ein Befehl nur außer Kraft gesetzt und nicht geändert werden, können Sie ihn auch aus seinem Menü oder von seiner Symbolleiste löschen oder seinen Shortcut entfernen.)

Falls Sie einen modifizierten Befehl, der einen Word-Befehl ersetzt, in einem anderen Makro ausführen möchten, müssen Sie dazu eine **ExtrasMakro**-Anweisung verwenden. Für unseren Beispielmakro „DateiSchließen", müßten Sie folgende Instruktion einfügen: `ExtrasMakro .Name = "DateiSchließen", .Ausführen`. Diese Instruktion könnte allerdings nicht in den „DateiSchließen"-Makro selbst eingegeben werden, da sich ein Makro nicht selbst ausführen kann.

> **Modifizieren von Befehlen, die Dialogfelder anzeigen**
>
> Zum Modifizieren von Befehlen, die Dialogfelder anzeigen (zu dieser Befehlsart gehört zum Beispiel **Öffnen** im Menü **Datei**), sollten Sie im Umgang mit Dialogdatensätzen vertraut sein. Informationen über Dialogdatensätze und das Modifizieren von Befehlen, die Dialogfelder anzeigen, finden Sie in Kapitel 4, „WordBasic für Fortgeschrittene".

Wiederherstellen eines modifizierten Befehls

Wie oben beschrieben, wird ein Word-Befehl geändert, indem man einen Ersatzmakro gleichen Namens erstellt. Zur globalen Wiederherstellung des ursprünglichen Befehls braucht daher der entsprechende Makro in der aktiven oder der Dokumentvorlage „Normal" nur gelöscht oder umbenannt zu werden.

In anderen Situationen möchten Sie den ursprünglichen Befehl vielleicht global modifizieren, für eine bestimmte Dokumentvorlage aber wiederherstellen. Sie können beispielsweise den Befehl **Öffnen** im Menü **Datei** („DateiÖffnen") so ändern, daß alle Dateien, und nicht nur die Word-Dokumentdateien, in einem Ordner aufgelistet werden. Sie haben jedoch eine Dokumentvorlage, die nur Word-Dokumentdateien (mit der Erweiterung .DOC) verwendet. Hier wäre es praktisch, für diese Dokumentvorlage den ursprünglichen Word-Befehl wiederherzustellen.

Um einen Original-Word-Befehl nur für eine bestimmte Dokumentvorlage wiederherzustellen, verfahren Sie folgendermaßen: Erstellen Sie einen zweiten Ersatzmakro für diesen Befehl, der den ersten, in der Dokumentvorlage „Normal" gespeicherten Ersatzmakro überschreibt. Das heißt, dieser zweite Ersatzmakro führt nur den ursprünglichen Word-Befehl aus. Für seine Erstellung gilt das gleiche Verfahren wie für den ersten Ersatzmakro: Wählen Sie den entsprechenden Word-Befehl im Dialogfeld **Makro** und dann die gewünschte Dokumentvorlage im Feld „Makros aus". Wählen Sie anschließend die Schaltfläche „Erstellen", um den neuen Makro zu erstellen.

Bei der Erstellung des zweiten Ersatzmakros muß Word „überlistet" werden, und das Verfahren erscheint fast gegensätzlich zu dem, was Sie damit erreichen möchten. Einesteils soll der ursprüngliche Word-Befehl unverändert verwendet werden; *doch muß der zweite Ersatzmakro wenigstens geringfügig geändert werden*, da er sonst von Word beim Schließen nicht gespeichert wird. Als „Änderung" könnten Sie einfach dem Befehlsnamen ein Leerzeichen hinzufügen und es wieder löschen. Word sieht dies als Änderung an und speichert den Makro, wenn Sie den Befehl **Vorlage speichern** wählen oder das Makrobearbeitungsfenster schließen. Das Verfahren erscheint auf den ersten Blick etwas umständlich, sichert den Benutzer aber andererseits gegen das versehentliche Ersetzen von Word-Befehlen ab.

Auto-Makros

Word erkennt die folgenden Makronamen als automatische oder „Auto"-Makros:

Makroname	Wird ausgeführt
AutoExec	Beim Starten von Word
AutoNew	Beim Erstellen jedes neuen Dokuments
AutoOpen	Beim Öffnen jedes vorhandenen Dokuments
AutoClose	Beim Schließen jedes Dokuments
AutoExit	Beim Beenden von Word

Ein Auto-Makro wird wie ein normaler Makro erstellt. Er unterscheidet sich von einem normalen Makro nur darin, daß er einen ganz bestimmten, für Word erkennbaren Namen bekommen muß.

Wie andere Makros können auch Auto-Makros als globale Makros definiert oder nur einer bestimmten Dokumentvorlage zugeordnet werden. Die einzige Ausnahme bildet hier der AutoExec-Makro, der entweder in der Dokumentvorlage „Normal" oder in einer Dokumentvorlage im AutoStart-Ordner gespeichert werden muß (der AutoStart-Ordner wird im Dialogfeld **Optionen** (Menü **Extras**) auf der Registerkarte **Dateiablage** festgelegt). Durch die vorgeschriebene Benennung dieser Makros kann es unter Umständen zu Konflikten kommen. Ist dies der Fall, führt Word immer den Auto-Makro aus, der in der aktiven Dokumentvorlage gespeichert ist. Angenommen, Sie definieren einen AutoNew-Makro als globalen Makro in der Dokumentvorlage „Normal", dann führt Word diesen Makro jedesmal aus, wenn Sie ein neues Dokument erstellen – es sei denn, das neue Dokument basiert auf einer anderen Dokumentvorlage, die ebenfalls einen AutoNew-Makro enthält. In diesem Fall gibt Word dem Makro in der Dokumentvorlage Vorrang, die dem aktiven Dokument beigefügt ist.

Beispiele für Auto-Makros

Die folgenden Beispiele sind als Anregungen für den Einsatz von Auto-Makros gedacht. Die hierin verwendeten WordBasic-Instruktionen werden erst in den Kapiteln 3 und 4 behandelt. Falls Ihnen diese Elemente der WordBasic-Sprache noch nicht geläufig sind, können Sie auf die Beispiele zurückkommen, wenn Sie Ihre eigenen Auto-Makros erstellen möchten.

AutoExec

Standardmäßig wird beim Starten von Word ein neues Dokument erstellt, das auf der Dokumentvorlage „Normal" basiert. Der folgende AutoExec-Makro ersetzt das neue, auf „Normal" basierende Dokument durch ein Dokument, dem die Dokumentvorlage BRIEF zugeordnet ist.

```
Sub MAIN
    DateiNeu .DokVorlage = "BRIEF"
End Sub
```

AutoOpen

Wenn Sie ein Dokument öffnen, zeigt der folgende Auto-Makro eine Eingabeaufforderung an, in der der Benutzer gefragt wird, ob Korrekturmarkierungen eingeschaltet werden sollen. Wählt der Benutzer „Ja", aktiviert Word Korrekturmarkierungen. Sie könnten diesen Makro modifizieren, so daß er noch bestimmte Bedingungen überprüft – zum Beispiel könnte er feststellen, ob der Benutzer der Autor des Dokuments ist und die oben genannte Eingabeaufforderung nur dann anzeigen, wenn dies nicht der Fall ist. Informationen zum Prüfen bestimmter Bedingungen finden Sie in Kapitel 3, „WordBasic-Grundlagen".

```
Sub MAIN
    Antwort = MsgBox("Sollen Überarbeitungsmarkierungen \
        eingeschaltet werden?", 36)
    If Antwort = -1 Then
        ExtrasÜberarbeiten .Überarbeiten = 1
    End If
End Sub
```

AutoNew

Das folgende Beispiel eines AutoNew-Makros zeigt das Dialogfeld **Speichern unter** an, wenn Sie ein neues Dokument erstellen, das auf der Dokumentvorlage basiert, in der der AutoNew-Makro gespeichert ist. Die Kommentare (an den vorangestellten Apostrophen zu erkennen) beschreiben den Zweck jeder Makroinstruktion, haben auf den Makroablauf aber keinerlei Auswirkung.

```
Sub MAIN
    Dim DSUDatensatz as DateiSpeichernUnter    'Erstelle den
                                               'Dialogdatensatz "DSU"
    GetCurValues DSUDatensatz                  'Weise DSUDatensatz
                                               'die aktuellen Werte zu
    auswahl = Dialog(DSUDatensatz)             'Dialogfeld
                                               'DateiSpeichernUnter
                                               'anzeigen
    If auswahl = -1 Then DateiSpeichernUnter DSUDatensatz
                                'Wenn OK gewählt wird, DSU ausführen
End Sub
```

AutoClose

Beim Schließen eines Dokuments erstellt der folgende AutoClose-Makro eine Sicherungskopie, indem er das Dokument auf einen Dateiserver kopiert. Auf dem Macintosh hieße der Pfadname nicht „E:\DOCS\SICHERN", sondern „SICHERUNGSSERVER:DOKUMENTE:SICHERN."

```
Sub MAIN
    On Error Goto bye
    Datei$ = DateiName$()           'Dateiname in Datei$ speichern
    DateiSchließen 1                'Datei schließen und speichern
    DateiKopieren .DateiName = Datei$, .Verzeichnis = "E:\DOCS\SICHERN"
                                    'Backup
bye:
End Sub
```

AutoExit

Die meisten Benutzer ziehen für ihre Arbeit bestimmte Umgebungseinstellungen vor. Vielleicht arbeiten Sie am liebsten mit angezeigter Standard- und Formatierungs-Symbolleiste. Der folgende AutoExit-Makro stellt bei Beenden von Word diese Einstellungen immer wieder her, auch wenn sie zwischendurch geändert wurden. Damit steht Ihre bevorzugte Arbeitsumgebung beim Starten von Word immer wieder automatisch bereit. Der Beispielmakro kann natürlich beliebig geändert werden, um andere Einstellungen zu bewirken.

```
Sub MAIN
    AnsichtSymbolleisten .Symbolleiste = "Standard", .Anzeigen
    AnsichtSymbolleisten .Symbolleiste = "Format", .Anzeigen
End Sub
```

KAPITEL 3

WordBasic-Grundlagen

Dieses Kapitel beschreibt die grundlegenden Elemente von WordBasic, die Sie beim Schreiben von Makros oder zum Hinzufügen zu aufgezeichneten Makros benötigen. Die WordBasic-Bausteine sind zwar einfach, doch können Sie mit ihnen Makros erstellen, die fast jede beliebige Textverarbeitungsfunktion ausführen.

In diesem Kapitel finden Sie Informationen zu folgenden Themen:

- Ein einfacher Makro
- Anweisungen und Funktionen
- Zeichenfolgen und Zahlen
- Variablen
- Ausdrücke
- Bedingungen und Schleifen
- Anzeigen von Meldungen und Anfordern von Informationen
- Gebräuchliche WordBasic-Techniken
- Einige Beispielmakros

Ein einfacher Makro

Um mit WordBasic Bekanntschaft zu schließen, sehen Sie sich zunächst am besten einen einfachen Makro an. Dieser Makro kehrt die Reihenfolge zweier Zeichen um (er ändert beispielsweise „dsa" in „das"). Die folgende Tabelle veranschaulicht die vom Makro ausgeführten Aktionen und die entsprechenden WordBasic-Instruktionen:

Anzeige auf dem Bildschirm	WordBasic-Anweisung	Erklärung
Petre|		Positionieren Sie vor dem Beginn der Makroausführung die Einfügemarke hinter den beiden umzukehrenden Zeichen.
Petre|	ZeichenLinks 1, 1	Zunächst verschiebt der Makro die Einfügemarke ein Zeichen nach links und markiert dieses Zeichen.
Petr|	BearbeitenAusschneiden	Anschließend schneidet er den markierten Buchstaben aus.
Petr|	ZeichenLinks 1	Danach verschiebt er die Einfügemarke ein weiteres Zeichen nach links.
Pete|	BearbeitenEinfügen	Nun fügt er den ausgeschnittenen Buchstaben ein.
Peter|	ZeichenRechts 1	Zuletzt schiebt er die Einfügemarke wieder ein Zeichen nach rechts, so daß sie sich wieder an der gleichen Stelle wie vor der Makroausführung befindet.

Sie können diesen Makro leicht selbst aufzeichnen, indem Sie den Makro-Recorder starten und die in dieser Tabelle beschriebenen Aktionen durchführen. (Beachten Sie, daß Sie beim Aufzeichnen eines Makros zum Verschieben der Einfügemarke und zum Markieren von Text die Tastatur verwenden müssen.) Wenn Sie dies durchführen und anschließend aus dem Menü **Extras** den Befehl **Makro** wählen, um den Makro im Makrobearbeitungsfenster zu öffnen, sehen Sie die folgenden Instruktionen:

```
Sub MAIN
    ZeichenLinks 1, 1
    BearbeitenAusschneiden
    ZeichenLinks 1
    BearbeitenEinfügen
    ZeichenRechts 1
End Sub
```

Wie bereits im vorhergehenden Kapitel beschrieben wurde, bilden `Sub MAIN` und `End Sub` den Anfang bzw. das Ende eines jeden Makros. Beachten Sie, daß sich die einzelnen Instruktionen innerhalb des Makros jeweils auf einer eigenen Zeile befinden. Sie können auch mehrere Instruktionen in eine Zeile einfügen, doch müssen Sie dann die einzelnen Instruktionen jeweils durch einen Doppelpunkt (:) voneinander trennen. Im allgemeinen sind Makros jedoch leichter lesbar, wenn jede Instruktion auf einer eigenen Zeile steht.

Die für WordBasic typische Groß- und Kleinschreibung der Anweisungen, Funktionen und Argumente wird Ihnen bestimmt auffallen. Wenn Word einen Makro speichert, wird jedes Wort, das als Teil des „Wortschatzes" von WordBasic erkannt wird, mit der richtigen Groß- bzw. Kleinschreibung versehen. Sie brauchen also beim Eingeben von Instruktionen die Groß-/Kleinschreibung nicht zu beachten, da WordBasic nicht zwischen Groß- und Kleinschreibung unterscheidet. Instruktionen werden also auch dann erkannt, wenn Sie sie in einer beliebigen Folge von Groß- und Kleinbuchstaben eingeben.

Zwei der Anweisungen, `ZeichenLinks` und `ZeichenRechts`, verschieben die Einfügemarke, wobei gleichzeitig auch Text markiert werden kann. Die beiden anderen Anweisungen, `BearbeitenAusschneiden` und `BearbeitenEinfügen`, entsprechen den Befehlen **Ausschneiden** und **Einfügen** aus dem Menü **Bearbeiten**. Zu fast jeder von Ihnen in Word ausführbaren Aktion gibt es auch eine entsprechende WordBasic-Anweisung.

> **Kommentare**
>
> Kommentare dienen dazu, einen Makro anderen Benutzern zu erklären und die Funktionsweise und den Zweck des Makros oder einer besonderen Instruktion als Anmerkung festzuhalten. Beim Ausführen des Makros werden diese Kommentare ignoriert.
>
> Wenn Sie einen Kommentar in einen Makro einfügen möchten, können Sie die Anweisung **Rem** verwenden. Ein Beispiel:
>
> ```
> Rem Dies ist ein Kommentar
> ```
>
> Sie können auch einen Apostroph verwenden:
>
> ```
> 'Auch dies ist ein Kommentar
> ```
>
> Beide Verfahren bieten gewisse Vorteile. Die Anweisung **Rem** trägt dazu bei, Kommentare besser sichtbar zu machen. **Rem** und der nachfolgende Kommentar müssen sich jedoch in einer eigenen Zeile befinden. Mit einem Apostroph können Sie einen Kommentar in dieselbe Zeile wie eine Anweisung einfügen. Word interpretiert Text zwischen dem Apostroph und dem Zeilenende als Kommentar. Sie können beispielsweise den Anweisungen des oben beschriebenen Makros, der die Reihenfolge zweier Zeichen umkehrt, den folgenden Kommentar hinzufügen:
>
> ```
> ZeichenLinks 1, 1          'Markiere Zeichen links der
>                            'Einfügemarke
> BearbeitenAusschneiden     'Schneide markiertes Zeichen aus
> ```
>
> Sie können auf der Makro-Symbolleiste die Schaltfläche für „REM hinzufügen/entfernen" verwenden, um **Rem**-Anweisungen schnell und einfach hinzuzufügen oder zu entfernen. Weitere Informationen hierzu erhalten Sie in Kapitel 6, „Debuggen".

Anweisungen und Funktionen

WordBasic-Instruktionen bestehen aus Anweisungen und Funktionen. Diese beiden Begriffe sind folgendermaßen definiert:

- Eine *Anweisung* führt eine Aktion durch. Eine Aktion ist beispielsweise das Öffnen einer Datei, das Markieren von Text oder das Durchführen eines Bildlaufs durch ein Dokument. Nahezu jede Aktion, die Sie in Word ausführen können, hat eine ihr entsprechende WordBasic-Anweisung.

- Eine *Funktion* ruft Informationen ab. Auch Funktionen können mitunter eine Aktion durchführen, doch besteht ihre Hauptaufgabe im Liefern von Informationen für den Makro. Funktionen können z.B. feststellen, welche Zeichenformatierung markierter Text besitzt, welche Ansichtsart für ein Dokument gewählt wurde oder ob eine Symbolleiste ein- bzw. ausgeblendet ist.

Bevor Sie beginnen, mit WordBasic zu arbeiten, empfiehlt es sich, daß Sie sich zunächst mit den verschiedenen verfügbaren Anweisungen und Funktionen vertraut machen. Hierzu können Sie sich den Abschnitt „Anweisungen und Funktionen nach Kategorien" in Teil 2, „WordBasic – Anweisungen und Funktionen", ansehen.

Anweisungen

Die meisten WordBasic-Anweisungen entsprechen genau einem Word-Befehl. Die folgende Instruktion verwendet beispielsweise die Anweisung **BearbeitenSuchen**. Sie entspricht dem Befehl **Suchen** aus dem Menü **Bearbeiten** und sucht nach dem Text „Mit freundlichen Grüßen":

```
BearbeitenSuchen .Suchen = "Mit freundlichen Grüßen", .Richtung = 0,\
    .GroßKleinschreibung = 0, .GanzesWort = 0, .Mustervergleich = 0,\
    .Format = 0, .Textfluß = 1
```

Jede Option im Dialogfeld **Suchen** hat ein ihr entsprechendes *Argument* in der Anweisung **BearbeitenSuchen**. Das Kontrollkästchen „Groß-/Kleinschreibung beachten" entspricht dem Argument .GroßKleinschreibung. Argumente, die einer Option in einem Dialogfeld entsprechen, beginnen immer mit einem Punkt (.) und werden durch Kommas voneinander getrennt. Jedem Argument ist ein *Wert* zugeordnet, der aus einer Zahl oder einem in Anführungszeichen stehenden Text besteht. Im obigen Beispiel hat .GroßKleinschreibung einen numerischen Wert und .Suchen einen Textwert.

Die Syntax aller Anweisungen in Teil 2, „WordBasic – Anweisungen und Funktionen" gibt Informationen über die für ein Argument erforderlichen Werte. Wenn Sie die Einfügemarke z.B. in die Anweisung **BearbeitenSuchen** im Makrobearbeitungsfenster setzen und dann F1 (Windows) bzw. HILFE oder die BEFEHLSTASTE (Macintosh) drücken, können Sie denselben Eintrag in der Online-Hilfe sehen. Im Eintrag zu **BearbeitenSuchen** enthält die Syntaxzeile alle für diese Anweisung verfügbaren Argumente und deren erforderliche Werte.

BearbeitenSuchen [**.Suchen** = *Text*] [, **.Ersetzen** = *Text*] [, **.Richtung** = *Zahl*] [, **.GanzesWort** = *Zahl*] [, **.GroßKleinschreibung** = *Zahl*] [, **.Mustervergleich** = *Zahl*] [, **.Format** = *Zahl*] [, **.Textfluß** = *Zahl*]

Außerdem wird angezeigt, welche Argumente gemeinsam mit der Anweisung unbedingt angegeben werden müssen und welche optional sind: Eckige Klammern ([]) weisen darauf hin, daß Sie dieses Argument nicht angeben müssen. Vollständige Informationen über das Interpretieren der Syntaxzeilen finden Sie in der Einführung zu „Anweisungen und Funktionen A-Z" in Teil 2, „WordBasic – Anweisungen und Funktionen".

Steuern von Zeilenwechseln in langen Anweisungen

Bei einem WordBasic-Makro endet jede Instruktion mit einer Absatzmarke. Die meisten WordBasic-Instruktionen sind kürzer als eine Zeile; manche Anweisungen erfordern jedoch viele Argumente und passen daher nicht in eine Zeile. Beim Aufzeichnen einer solchen Instruktion führt Word den Umbruch auf eine zweite oder dritte Zeile automatisch durch. So fügt Word beispielsweise beim Aufzeichnen der sich ändernden Angaben auf der Registerkarte **Benutzer-Info** im Dialogfeld **Optionen** (Menü **Extras**) in den von Ihnen aufgezeichneten Makro die folgende Instruktion ein:

```
ExtrasOptionenBenutzerInfo .Name = "Henriette Pfalzheim",
.Initialen = "HP", .Adresse = "Ottilies Käseladen"
```

Sie können mehrzeilige Instruktionen dieser Art durch eingefügte Zeilenwechsel leichter lesbar machen. Setzen Sie dazu die Einfügemarke an die Stelle, an der der Zeilenwechsel erfolgen soll, geben Sie einen umgekehrten Schrägstrich (\) ein, um Word anzuzeigen, daß die Instruktion im nächsten Absatz fortgesetzt wird, und drücken Sie dann die EINGABETASTE. Die Anweisung **ExtrasOptionenBenutzerInfo** können Sie durch Einfügen eines Zeilenwechsels und einiger Tabstops z.B. folgendermaßen übersichtlicher anordnen:

```
ExtrasOptionenBenutzerInfo .Name = "Henriette Pfalzheim", \
        .Initialen = "HP", .Adresse = "Ottilies Käseladen"
```

Funktionen

Bei WordBasic-Funktionen ist die Übereinstimmung mit Word-Befehlen nicht ganz so eindeutig, wie dies bei Anweisungen der Fall ist. Funktionen stellen Ihnen verschiedene Informationen über Dokumente und den aktuellen Status von Word zur Verfügung. Funktionen „liefern" einen Wert. Die Funktion **Schriftart$()** liefert beispielsweise den Namen der Schriftart, die an der Einfügemarke verwendet wird. Oft werden die von einer Funktion gelieferten Informationen in einer Art „Vorratsbehälter" gespeichert, der *Variable* genannt wird. Variablen werden weiter unten in diesem Kapitel im Abschnitt „Variablen" beschrieben.

Funktionen können von Anweisungen leicht unterschieden werden, da sie mit Klammern enden. Es folgen einige Beispiele:

```
Schriftart$()
Markierung$()
ZeichenFarbe()
ZählenFormatvorlagen()
AnsichtGliederung()
TextmarkeName$()
```

Beachten Sie, daß einige Funktionen unmittelbar vor der Klammer ein Dollarzeichen ($) enthalten. Diese Funktionen liefern Informationen in Form von Text oder Zeichenfolgen. Die anderen Funktionen liefern Zahlenwerte. Zeichenfolgen und Zahlenwerte werden im folgenden Abschnitt beschrieben.

Zeichenfolgen und Zahlen

Außer Anweisungen und Funktionen enthalten Makros auch Daten oder Informationen. Wenn ein Makro beispielsweise die Anweisung **DateiÖffnen** zum Öffnen einer Datei enthält, muß er außerdem wissen, welche Datei er öffnen soll. Der Name der Datei ist eine solche Information. In WordBasic treten Informationen entweder als *Zeichenfolge* oder als *Zahl* auf.

- Eine *Zeichenfolge* ist eine Reihe von Zeichen, die als ein zusammengehörender Informationsblock behandelt wird. Eine Zeichenfolge kann aus beliebigen Zeichen – Buchstaben, Zahlen, Leerstellen und Interpunktionszeichen – mit Ausnahme des Anführungszeichens bestehen. Beginn und Ende einer Zeichenfolge werden jeweils durch ein Anführungszeichen markiert. Eine Zeichenfolge kann bis zu 65.280 Zeichen enthalten – vorausgesetzt, daß genügend Arbeitsspeicher vorhanden ist.

- Eine *Zahl* kann auch Dezimalstellen enthalten und maximal 14 Stellen umfassen (ein etwa vorhandener Exponentialwert ist darin nicht enthalten).

Es folgen einige Beispiele für Zeichenfolgen und Zahlen:

Zeichenfolgen	Zahlen
"Bitte geben Sie Ihren Namen ein"	52.6
"Lucida Sans Type"	0.123456789012345
"3.500"	3500
"10"	10

Beachten Sie, daß eine Zeichenfolge auch Ziffern enthalten kann, WordBasic diese jedoch nicht als Zahlenwerte interpretiert. Die Zeichenfolge „42" stellt beispielsweise lediglich die Zeichen „4" und „2" dar, nicht ihre Zahlenwerte.

Wichtige Information zu Zahlen In WordBasic muß in Dezimalwerten der Punkt, nicht das Komma, als Dezimaltrennzeichen verwendet werden. Kommas werden von WordBasic als Listentrennzeichen interpretiert; das heißt, eine Zahl mit Komma würde als zwei Ganzzahlen angesehen. Zum Beispiel würde 3,50 als die Zahlen 3 und 50 interpretiert und könnte unter Umständen die Fehlermeldung „Falsche Parameteranzahl" hervorrufen. 3,50 muß daher als 3.50 angegeben werden. Darüber hinaus sollten Zahlen auch keine Tausendertrennzeichen enthalten – weder ein Leerzeichen noch einen Punkt. Die internationalen Einstellungen in der Windows-Systemsteuerung bzw. die im Kontrollfeld „Eingabe" auf dem Macintosh eingestellte Tastaturbelegung haben keinerlei Einfluß auf diese Beschränkungen in WordBasic.

Anmerkung Hohe Zahlen können als *mmm*E*eee* ausgedrückt werden, wobei *mmm* die Mantisse und *eee* den Exponenten darstellt (zur Grundzahl 10). Die höchste erlaubte positive Zahl ist 1.7976931348623E+308 und repräsentiert 1.7976931348623 x 10^{308}. (Technisch gesehen sind WordBasic-Zahlen Gleitkommazahlen doppelter Genauigkeit und beanspruchen 8 Byte Speicherplatz.)

Einschließen von Anführungs- und Sonderzeichen in Zeichenfolgen

In eine Zeichenfolge können Sie jedes beliebige Zeichen einschließen. Bei Anführungs- und Sonderzeichen ist dabei jedoch ein besonderes Verfahren erforderlich. Mit einem herkömmlichen Anführungszeichen (") werden Anfang und Ende einer Zeichenfolge angegeben. Ein Anführungszeichen, das Teil der Zeichenfolge selbst sein und nicht deren Anfang oder Ende darstellen soll, muß daher auf besondere Weise gekennzeichnet werden. Dazu verwenden Sie die Funktion **Chr$()**, die als Ergebnis ein Zeichen liefert, das dem von Ihnen angegebenen Zeichencode entspricht. Der Code für ein Anführungszeichen ist 34. Durch folgende Instruktion wird der Variablen ergebnis$ die Zeichenfolge „Das Wort "toll" kommt zweimal vor" zugewiesen.

```
ergebnis$ = "Das Wort " + Chr$(34) + "toll"  + Chr$(34) + \
            " kommt zweimal vor."
```

Word verfügt über einen Shortcut zur Eingabe von Anweisungen, die Anführungszeichen innerhalb von Zeichenfolgen enthalten. Wenn in einer Zeichenfolge ein Anführungszeichen stehen soll, können Sie dort zwei Anführungszeichen ("") nacheinander eingeben. Word fügt an solchen Stellen zwischen den beiden Anführungszeichen + Chr$(34) + ein, sobald Sie die Anweisung das erste Mal ausführen oder den Makro speichern. Die folgende Zeile, die in einem Makrobearbeitungsfenster eingegeben wurde, soll als Beispiel dienen:

```
ergebnis$ = "Das Wort ""toll"" kommt zweimal vor."
```

Beim erstmaligen Ausführen oder Speichern des Makros konvertiert Word die Anweisung automatisch, so daß sie dem obigen Beispiel mit **Chr$()** entspricht.

Mit **Chr$()** können Sie auch nichtdruckbare Zeichen, wie etwa Tabstopzeichen oder Zeilenendemarken, einschließen. Weitere Informationen hierzu finden Sie unter **Chr$()** in Teil 2, „WordBasic – Anweisungen und Funktionen".

Variablen

Eine *Variable* ist ein Vorratsbehälter für eine Zeichenfolge oder Zahl. Beim Ausführen eines Makros kann der Makro den Inhalt einer Variablen ändern. Mit anderen Worten kann der Wert der Variablen – die darin gespeicherte Zeichenfolge oder Zahl – *variieren* (daher der Name).

Variablen machen flexible und leistungsfähige Makros möglich. Um beispielsweise ein übermäßiges Verwenden des Wortes „toll" in einem Dokument zu vermeiden, können Sie einen Makro erstellen, mit dem Sie die Vorkommnisse dieses Wortes innerhalb eines Dokuments oder Absatzes zählen. Dies mag sehr hilfreich sein, ist jedoch nicht flexibel, da der Makro ausschließlich das Wort „toll" zählt. Mit einer Variablen können Sie den Makro dahingehend modifizieren, daß er *jedes beliebige* von Ihnen bezeichnete Wort im Dokument zählt. Weitere Informationen zu diesem Makro finden Sie unter „Einige Beispielmakros" am Ende dieses Kapitels.

WordBasic unterstützt *Zeichenfolgevariablen* und *numerische Variablen* zur Aufnahme von Zeichenfolgen und Zahlen. Eine Zeichenfolgevariable wird durch ein Dollarzeichen ($) am Ende gekennzeichnet. Numerische Variablen enden nicht mit einem Dollarzeichen. Es folgen einige Beispiele möglicher Namen für Zeichenfolgevariablen und numerische Variablen:

Namensbeispiele für Zeichenfolgevariablen	Namensbeispiele für numerische Variablen
`MeinName$`	`Gesamt`
`SucheText$`	`Anzahl`
`Antwort$`	`Größe`

Beim Festlegen von Variablennamen sollten Sie die folgenden Regeln beachten:

- Der Name muß mit einem Buchstaben beginnen.
- Er darf nur Buchstaben, Zahlen und den Unterstrich (_) enthalten; Interpunktions- und Leerzeichen sind nicht erlaubt.
- Er darf maximal 40 Zeichen umfassen.
- Er darf nicht aus einem *reservierten Wort* bestehen. Ein reserviertes Wort ist ein Begriff, dem in WordBasic bereits eine Bedeutung zugewiesen wurde. Diese Wörter umfassen Anweisungen, Funktionen, Argumente und einige Operatoren (wie beispielsweise AND und REST).

Zuordnen von Werten zu Variablen

Eine Variable erhält erst dann einen Wert, wenn Sie ihn ihr zuordnen. Im Grunde ist sie ein leerer Behälter, der darauf wartet, von einer Zeichenfolge oder einem Zahlenwert gefüllt zu werden.

In einigen Programmiersprachen müssen Sie Variablen „deklarieren", bevor Sie ihnen einen Wert zuordnen können. Das heißt, daß Sie vor dem Schreiben des Hauptteils Ihres Programms alle Wörter definieren müssen, die Sie als Variablennamen verwenden werden. In WordBasic brauchen Sie Variablen nicht zu deklarieren. Das erste Vorkommen einer Variablen befindet sich daher im Normalfall an der Stelle, an der Sie ihr einen Wert zuordnen. Wenn Sie jedoch einen umfangreichen Makro, der zahlreiche Variablen enthält, leichter lesbar machen möchten, können Sie alle Variablen zu Beginn des Makros deklarieren. Hierzu verwenden Sie die Anweisung **Dim**. Weitere Informationen finden Sie unter **Dim** in Teil 2, „WordBasic – Anweisungen und Funktionen".

Um einer Variablen einen Wert zuzuordnen, fügen Sie zwischen dem Namen der Variablen (links) und dem zugewiesenen Wert (rechts) ein Gleichheitszeichen (=) ein. Das folgende Beispiel weist der Variablen MeinName$ die Zeichenfolge "Willi" zu:

```
MeinName$ = "Willi"
```

Beachten Sie, daß Sie den zuzuordnenden Wert nicht auf der linken Seite des Gleichheitszeichens anführen dürfen. Das folgende Beispiel führt zu einem Syntaxfehler:

```
"Willi" = MeinName$          'Führt zu einem Syntaxfehler
```

Nachdem Sie einer Variablen einen Wert zugeordnet haben, können Sie die Variable genau wie eine Zeichenfolge oder Zahl verwenden. Wenn es sich um eine numerische Variable handelt, können Sie sie in mathematischen Ausdrücken verwenden. In der ersten Zeile des folgenden Beispiels wird Zähler der Wert 6 zugewiesen. In der zweiten Zeile wird Zähler das Ergebnis der Berechnung Zähler + 1 (also 7) zugeordnet:

```
Zähler = 6
Zähler = Zähler + 1
```

Es ist nicht möglich, einer Zeichenfolgevariablen einen Zahlenwert oder einer numerischen Variablen eine Zeichenfolge zuzuordnen. Die folgenden Anweisungen können daher nicht verwendet werden (beide Anweisungen führen zu einer Unterbrechung der Makroausführung, wobei die Meldung „Keine Artenübereinstimmung" angezeigt wird):

```
zeichenfolge$ = 3.14159       'Führt zu einem Fehler
zahl = "hallo zusammen"       'Führt zu einem Fehler
```

Variablen dienen oft als Behälter für Informationen, die von einer Funktion geliefert wurden und die der Makro zu einem späteren Zeitpunkt verwenden wird. Ein Beispiel:

```
dokument1$ = Dateiname$()
```

In diesem Beispiel enthält `dokument1$` den Dateinamen des aktuellen Dokuments.

Ändern von Zeichenfolgen in Zahlen und von Zahlen in Zeichenfolgen

In einigen Fällen müssen Sie möglicherweise einen Zeichenfolgewert in einen Zahlenwert umwandeln oder umgekehrt. Verwenden Sie die Funktion **Val()**, um Zeichenfolgen in Zahlenwerte und die Funktion **Str()**, um Zahlenwerte in Zeichenfolgen umzuwandeln. Beispielsweise fragt das nachfolgende Eingabefeld den Benutzer nach der Anzahl Dateien, die vom Makro geöffnet werden sollen.

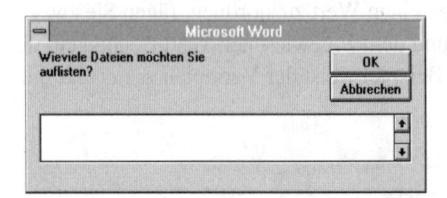

Die Funktion **InputBox$()**, die ein Eingabefeld anzeigt, wird häufig verwendet, um Informationen vom Benutzer anzufordern. Diese Funktion liefert einen Zeichenfolgewert. Der Makro benötigt die Informationen jedoch in numerischer Form. In diesem Fall können Sie mit der Funktion **Val()** den Zeichenfolgenwert in einen Zahlenwert umwandeln. Ein Beispiel:

```
AnzahlDateien$ = InputBox$("Wie viele Dateien möchten Sie auflisten?")
AnzahlDateien = Val(AnzahlDateien$)
```

Möglicherweise möchten Sie Informationen mit der Anweisung **MsgBox** anzeigen. Die Anweisung **MsgBox** kann jedoch nur Zeichenfolgewerte annehmen. Wenn Sie also mit **MsgBox** einen Zahlenwert anzeigen möchten, müssen Sie diesen zunächst mit der Funktion **Str$()** in einen Zeichenfolgewert umwandeln. Ein Beispiel:

```
AnzahlDateien$ = Str$(AnzahlDateien)
MsgBox "Sie möchten " + AnzahlDateien$ + " Dateien auflisten."
```

Diese beiden Instruktionen zeigen das folgende Meldungsfeld an:

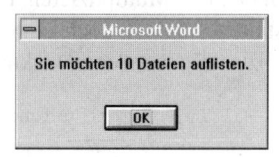

```
┌─ Microsoft Word ──────────┐
│  Sie möchten 10 Dateien auflisten. │
│                           │
│         [  OK  ]          │
└───────────────────────────┘
```

Die Funktion **Str$()** fügt vor positiven Zahlen eine Leerstelle ein. An dieser Stelle wird bei negativen Zahlen ein Minuszeichen (–) eingefügt. Mit der Funktion **LTrim$()** können Sie die Leerstelle löschen. Ein Beispiel hierzu finden Sie unter **LTrim$()** in Teil 2, „WordBasic – Anweisungen und Funktionen". (Weitere Informationen über **InputBox$()** und **MsgBox** finden Sie unter „Anzeigen von Meldungen und Anfordern von Informationen" weiter unten in diesem Kapitel.)

Ausdrücke

Ein *Ausdruck* ist eine Formel, die Zeichenfolgen oder Zahlen enthalten kann. Ein numerischer Ausdruck besteht aus Zahlen oder numerischen Variablen, die durch *Operatoren* miteinander verknüpft sind und eine mathematische Berechnung durchführen. 2+2 ist beispielsweise ein einfacher Ausdruck.

WordBasic unterstützt die folgenden standardmäßigen mathematischen Operatoren:

Operator	Funktion
+	Addition
–	Subtraktion
*	Multiplikation
/	Division
MOD	Restwert (Modulo)

Der Operator MOD führt eine spezielle Division durch, in der der ganzzahlige Anteil des Divisionsergebnisses ignoriert und der Restwert geliefert wird. Das Ergebnis von 7 MOD 3 ist beispielsweise 1 (1 ist der Restwert der Operation 7 geteilt durch 3).

In Zeichenfolgeausdrücken kann nur ein einziger mathematischer Operator verwendet werden: das Pluszeichen (+). Das Multiplizieren, Dividieren oder Subtrahieren von Zeichenfolgen ist nicht sinnvoll, doch kann es oft hilfreich sein, zwei Zeichenfolgen zu „addieren" bzw. miteinander zu verknüpfen. Ein Beispiel:

```
Wort$ + " wurde " + Anzahl$ + " Mal im Dokument gefunden."
```

Weitere Beispiele zum Verknüpfen von Zeichenfolgen finden Sie unter „Einige Beispielmakros" am Ende dieses Kapitels. Ausführliche Informationen zu WordBasic-Operatoren finden Sie in Teil 2, „WordBasic – Anweisungen und Funktionen" unter „Operatoren und vordefinierte Textmarken".

Bedingungen und Schleifen

Bedingungen und Schleifen sind Schlüsselelemente zum Erstellen von leistungsfähigen und flexiblen Makros. Sie werden folgendermaßen definiert:

- Eine *Bedingungsanweisung* teilt dem Makro mit, eine Gruppe von Instruktionen nur dann auszuführen, wenn eine bestimmte Bedingung erfüllt ist. Die Logik einer bedingten Anweisung ist einfach und wird auch im täglichen Leben verwendet. „Wenn es regnet, ziehe ich meinen Regenmantel an" ist ein Beispiel für eine bedingte Anweisung.

- Eine *Schleifenanweisung* teilt dem Makro mit, eine Gruppe von Anweisungen so lange zu wiederholen, bis eine bestimmte Bedingung entweder zutrifft oder nicht mehr zutrifft. Ein entsprechendes Beispiel aus dem Alltag wäre „Schlage das Eiweiß, bis es schaumig ist". In Word kann eine Schleife möglicherweise lauten: „Formatiere jeden Absatz, bis das Ende des Dokuments erreicht ist".

Bedingungs- und Schleifenanweisungen werden oft auch *Steuerstrukturen* genannt, da sie steuern, wann und wie andere Anweisungen ausgeführt werden. Im allgemeinen besteht eine Steuerstruktur aus einer beginnenden und einer endenden Anweisung, zwischen denen sich die zu steuernden Anweisungen befinden.

WordBasic stellt Ihnen verschiedene Bedingungsanweisungen und mehrere Möglichkeiten zum Erstellen von Schleifen zur Verfügung. Dieses Kapitel beschreibt die Bedingung **If** und die **While...Wend**-Schleife. Im folgenden Kapitel wird die Bedingung **Select Case** und die Schleife **For...Next** diskutiert.

Was ist eine Bedingung?

Eine *Bedingung* ist ein Ausdruck, der entweder wahr oder falsch ist. WordBasic verwendet Bedingungen, um zu bestimmen, ob die Anweisungen in einer **If**-Bedingung oder einer **While...Wend**-Schleife ausgeführt werden sollen.

Betrachten Sie beispielsweise den Satz „Heute ist Montag". Die Aussage in diesem Satz ist entweder wahr oder falsch: entweder ist heute Montag, oder es ist ein anderer Tag. Die Aussage wird zu einer Bedingung, wenn sie in einen Bedingungssatz gestellt wird: „Wenn heute Montag ist, gehe ich zur Arbeit". Dieser Satz wird folgendermaßen interpretiert: Wenn die Bedingung („Heute ist Montag") wahr ist, tritt der zweite Teil des Satzes ein („gehe ich zur Arbeit").

In WordBasic und anderen Programmiersprachen drücken Sie eine Bedingung aus, indem Sie Werte miteinander vergleichen. Wenn Sie beispielsweise sagen „Heute ist Montag", vergleichen Sie den heutigen Wochentag mit Montag und kommen zum Schluß, daß heute und Montag dasselbe bedeuten. In WordBasic vergleichen Sie Werte mit Hilfe von *relationalen Operatoren*. Hierbei handelt es sich um Symbole, die die Beziehung von Werten zueinander darstellen (zwei Werte sind gleich oder einer ist größer als der andere usw.). Einige der Symbole in der folgenden Tabelle unterscheiden sich geringfügig von jenen, die normalerweise in der Mathematik verwendet werden (beispielsweise >= statt ≥).

Relationaler Operator	Bedeutung
=	Gleich
<>	Ungleich
>	Größer als
<	Kleiner als
>=	Größer oder gleich
<=	Kleiner oder gleich

Word wertet Bedingungen – Ausdrücke, die relationale Operatoren verwenden – entweder als wahr oder falsch aus. Es folgen einige Beispiele:

Bedingung	Auswertung
7 = 35	Falsch
7 <> 6	Wahr
7 <= 7	Wahr

Sie können auch Zeichenfolgen miteinander vergleichen.

Bedingung	Auswertung
"Susi" = "Susi"	Wahr
"Susi" = "susi"	Falsch
"Susi" <> "Jupp"	Wahr
"Blau" < "Grün"	Wahr
"liebe" > "leben"	Wahr

Meist werden Zeichenfolgenvergleiche verwendet, um festzustellen, ob zwei Zeichenfolgen übereinstimmen. Ein Makro könnte beispielsweise die Bedingung `FVName$() = "Überschrift 2"` enthalten, die überprüft, ob die aktuelle Formatvorlage „Überschrift 2" ist. Wie die Bedingung `"Susi" = "susi"` (die als falsch ausgewertet wird) zeigt, wird beim Vergleich Groß- und Kleinschreibung berücksichtigt. Ein großes „B" stimmt also nicht mit einem kleinen „b" überein. Mit den WordBasic-Funktionen **LCase$()** und **UCase$()**, die Zeichenfolgen in Klein- oder Großbuchstaben liefern, können Sie die Zeichen vereinheitlichen, wenn beim Vergleich Groß- und Kleinschreibung nicht berücksichtigt werden soll.

Wie Word Zeichenfolgenvergleiche durchführt

Mit den Operatoren „>" und „<" können Sie feststellen, ob eine Zeichenfolge „größer" oder „kleiner" als eine andere ist. Diese Art des Vergleichs wird zwar selten verwendet, wenn Sie sie aber doch einmal benötigen, sollten Sie etwas mehr darüber wissen, wie Zeichenfolgenvergleiche ausgewertet werden. Word wertet Zeichenfolgenvergleiche zeichenweise aus, bis es auf zwei Zeichen stößt, die nicht übereinstimmen. Dann stellt Word fest, ob es sich um Werte für Buchstaben oder andere Zeichen handelt und vergleicht sie dementsprechend.

Handelt es sich um Buchstaben, wertet Word sie entsprechend ihrer Reihenfolge im Alphabet aus. Beispielsweise befindet sich „B" im Alphabet hinter „A", so daß „B" als größer als „A" ausgewertet wird. Ebenso steht „B" in der alphabetischen Anordnung hinter „a", so daß „B" als größer als „a" ausgewertet wird, obwohl der Zeichencode für „B" (66) kleiner als der Zeichencode für „a" (97) ist. (Der Zeichencode für Kleinbuchstaben ist größer als der für Großbuchstaben. Deshalb wird „b" als größer als „B" angesehen. Sind die Zeichen keine Buchstaben, wertet Word sie entsprechend ihres ANSI-Wertes aus. Ein Punkt (.) ist größer als ein Komma (,), da der Code für einen Punkt, 46, größer als der für ein Komma, 44, ist.

Der Ausdruck `"Blau" < "Grün"` ist also wahr, da „B" im Alphabet vor „G" steht. In der Bedingung `"liebe" > "leben"` beginnen beide Zeichenfolgen mit einem „l", so daß Word das zweite Zeichen in den Zeichenfolgen auswertet. Da „i" im Alphabet hinter „e" steht, ist die erste Zeichenfolge größer als die zweite.

Anmerkung Sie können „wahr" und „falsch" auch als Zahlen darstellen. In einer Bedingung kann 0 (Null) als Wert für falsch und –1 als Wert für wahr dargestellt werden. Wenn das Ergebnis eines Bedingungsausdrucks 0 (Null) ist, wird es als falsch ausgewertet. Wenn das Ergebnis ein Wert ungleich Null ist (nicht nur –1), wird das Ergebnis als wahr ausgewertet. Ein Beispiel eines Makros, der diese Funktionsweise verwendet, finden Sie unter „Die While...Wend-Schleife" weiter unten in diesem Kapitel.

Ein Beispiel

Sie können einen Makro erstellen, der die WordBasic-Entsprechung des Satzes „Wenn heute Montag ist, gehe ich zur Arbeit" darstellt.

Erstellen Sie zunächst eine Reihe numerischer Variablen, die den sieben Wochentagen entsprechen:

```
Montag = 1
Dienstag = 2
Mittwoch = 3
Donnerstag = 4
Freitag = 5
Samstag = 6
Sonntag = 7
```

Fügen Sie nun die folgende Instruktion hinzu:

```
aktTag = Wochentag(Heute())
```

`aktTag` ist eine numerische Variable, die den von den WordBasic-Funktionen **Wochentag()** und **Heute()** gelieferten Wert aufnimmt. **Heute()** liefert eine Zahl, die dem aktuellen Tag entspricht. **Wochentag()** liefert eine Zahl zwischen 1 und 7, wobei 1 genau wie in den definierten Variablen den Wochentag Montag repräsentiert. Nun ist der Makro bereit für die folgende Bedingungsangabe:

```
If aktTag = Montag Then MsgBox "Frisch und fröhlich ans Werk!"
```

Die Anweisung **MsgBox** zeigt ein Meldungsfeld an. Wenn also heute zufällig Montag ist und Sie den Makro ausführen, wird die folgende Meldung auf Ihrem Bildschirm angezeigt.

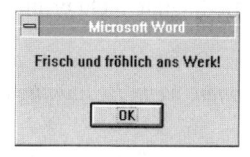

Die If-Bedingung

Sie können die **If**-Bedingung auf mehrere Arten schreiben, je nachdem, wie komplex Ihre Steuerstruktur sein muß. Das vorangegangene Beispiel verwendet die kürzeste Form oder Syntax. Sie hat das folgende Format:

If *Bedingung* **Then** *Instruktion*

Diese Syntax sagt folgendes aus: Wenn die *Bedingung* erfüllt ist, wird die *Instruktion* ausgeführt. Im allgemeinen wird dieses Format für einzelne Instruktionen verwendet, da jede Instruktion, die Teil der **If**-Bedingung ist, auf derselben Zeile stehen muß. Ein Beispiel:

```
If Fett() = 1 Then Fett 0
```

Sie können weitere Instruktionen auf derselben Zeile hinzufügen, wenn Sie diese jeweils durch einen Doppelpunkt (:) voneinander trennen. Wenn im folgenden Beispiel eine Textstelle fett formatiert ist, wird diese Formatierung entfernt und durch kursiv ersetzt.

```
If Fett() = 1 Then Fett 0  : Kursiv 1
```

Wenn Sie jedoch innerhalb der **If**-Steuerstruktur mehrere Instruktionen verwenden möchten, empfiehlt sich im allgemeinen die folgende Syntax:

If *Bedingung* **Then**
    Serie von Instruktionen
End If

Alle *Instruktionen* zwischen **If** und **End If** hängen von der *Bedingung* ab. Im folgenden Beispiel wertet **If** die *Bedingung* aus, um festzustellen, ob der markierte Text fett formatiert ist. Wenn dies der Fall ist, entfernen die Instruktionen diese Formatierung und formatieren den Text statt dessen kursiv und unterstrichen:

```
If Fett() = 1 Then            'Ist der markierte Text fett formatiert,
    Fett 0                    'entferne die Formatierung Fett und
    Kursiv 1                  'formatiere den Text kursiv
    Unterstrichen 1           'und unterstrichen.
End If
```

If-Steuerstrukturen können auch eine **Else**-Instruktion enthalten. Die **Else**-Instruktion wird ausgeführt, wenn die Bedingung nicht erfüllt ist:

If *Bedingung* **Then**
    Serie von auszuführenden Instruktionen, wenn Bedingung erfüllt ist
Else
    Serie von auszuführenden Instruktionen, wenn Bedingung nicht erfüllt ist
End If

Wenn der markierte Text im folgenden Beispiel fett formatiert ist, entfernt die erste **Fett**-Instruktion die Fettformatierung. Wenn der Text jedoch nicht fett formatiert ist, wendet die zweite **Fett**-Instruktion diese Formatierung an (die Schaltfläche für „Fett" auf der Format-Symbolleiste arbeitet nach diesem Prinzip):

```
If Fett() = 1 Then          'Wenn der markierte Text fett ist,
    Fett 0                  'entferne die Formatierung Fett.
Else                        'Anderenfalls
    Fett 1                  'formatiere den Text fett
End If
```

In der Kurzfassung der **If...Then...Else**-Syntax braucht das endende **End If** nicht angegeben zu werden:

If *Bedingung* **Then** *Instruktion* **Else** *Instruktion*

Diese einzeilige Struktur eignet sich ebenfalls am besten für Bedingungen, in denen nur eine oder zwei Instruktionen verwendet werden. Ein Beispiel:

```
If Fett() = 1 Then Fett 0    Else Fett 1
```

In Fällen, die viele Instruktionen enthalten, ist die vollständige Syntax mit **End If** besser geeignet.

Die umfassendste Form der **If**-Bedingung enthält außerdem eine **ElseIf**-Instruktion.

If *Bedingung1* **Then**
    Serie von auszuführenden Instruktionen, wenn Bedingung1 erfüllt ist
ElseIf *Bedingung2* **Then**
    Serie von auszuführenden Instruktionen, wenn Bedingung2 erfüllt ist
Else
    Serie von auszuführenden Instruktionen, wenn keine Bedingung erfüllt ist
End If

ElseIf ist eine zweite **If**-Bedingung, die sich innerhalb einer einzelnen **If**-Steuerstruktur befindet. Sie können dem weiter oben dargestellten Beispiel mit den Wochentagen eine **ElseIf**-Instruktion hinzufügen. Umgangssprachlich kann die Bedingung etwa folgendermaßen ausgedrückt werden: „Wenn heute Samstag oder Sonntag ist, bleibe ich zuhause; anderenfalls gehe ich zur Arbeit." In WordBasic sieht die Bedingung etwa so aus:

```
If aktTag = Samstag Then
    MsgBox "Heute kannst Du zuhause bleiben!"
ElseIf aktTag = Sonntag
    MsgBox "Heute kannst Du zuhause bleiben!"
Else
    MsgBox "Geh zur Arbeit!"
End If
```

Sie können einer **If**-Bedingung so viele **ElseIf**-Instruktionen hinzufügen, wie Sie benötigen. Sie können beispielsweise mit **ElseIf** eine Bedingung für jeden Wochentag überprüfen (obwohl dieses Verfahren etwas aufwendig wäre).

Die While...Wend-Schleife

Sie können sich eine **While...Wend**-Schleife als eine Bedingung vorstellen, die die von ihr gesteuerten Anweisungen mehrmals überprüft. Die Syntax der **While...Wend**-Schleife lautet:

While *Bedingung*
   Serie von auszuführenden Instruktionen, wenn Bedingung erfüllt ist
Wend

Genau wie bei der **If**-Bedingung werden die Instruktionen innerhalb der **While...Wend**-Schleife nicht ausgeführt, wenn *Bedingung* nicht erfüllt ist. Wenn *Bedingung* erfüllt ist, werden die Instruktionen so lange wiederholt, bis die Bedingung nicht mehr erfüllt ist. Wenn sich die Bedingung nicht ändert, haben Sie eine „Endlosschleife" erstellt – die Instruktionen innerhalb der Schleife werden so lange wiederholt, bis jemand den Makro durch Drücken der ESC-TASTE oder Klicken auf die Schaltfläche für „Beenden" (Makro-Symbolleiste) unterbricht. Normalerweise ist dies jedoch nicht der gewünschte Effekt. Wenn Sie eine **While...Wend**-Schleife erstellen, müssen Sie daher ein Element einbauen, das die Bedingung, die die Schleife startet, von „wahr" in „falsch" ändert. Dies hört sich komplizierter an, als es in der Praxis ist. Schauen Sie sich das folgende Beispiel an:

```
Sub MAIN
BeginnDokument
WAHR = - 1
BearbeitenSuchen .Suchen = "toll", .Richtung = 0, \
    .GroßKleinschreibung = 0, .GanzesWort = 0, .Mustervergleich = 0 \
    .Format = 0, .Textfluß = 0
anzahl = 0
While BearbeitenSuchenGefunden() = WAHR
    anzahl = anzahl + 1
    SuchenWiederholen
Wend
MsgBox "Toll wurde " + Str$(anzahl) + " Mal gefunden."
End Sub
```

Dieser Makro verschiebt die Einfügemarke an den Anfang des Dokuments und sucht dann das Wort „toll". Mit einer **While...Wend**-Schleife wird dann die Suche nach dem Wort „toll" fortgesetzt, bis das Ende des Dokuments erreicht ist – bis also alle Vorkommnisse des Wortes gefunden wurden. Der Makro zeigt anschließend an, wie oft das Wort im Dokument vorhanden ist.

Die Bedingung BearbeitenSuchenGefunden() = WAHR steuert die **While...Wend**-Schleife. Die Funktion **BearbeitenSuchenGefunden()** liefert den Wert -1, wenn das Ergebnis der letzten Suche mit **BearbeitenSuchen** erfolgreich war. Wenn die Suche nicht erfolgreich war, liefert **BearbeitenSuchenGefunden()** den Wert 0 (Null). In einer Bedingung entspricht das Ergebnis 0 (Null) einer „falschen" und jedes andere Ergebnis einer „wahren" Aussage. Wenn die Suche also nicht erfolgreich ist, liefert **BearbeitenSuchenGefunden()** 0 (Null), und die Bedingung ist nicht länger wahr. Beachten Sie, daß die Variable WAHR (die zuvor mit −1 definiert wurde) verwendet wird, um die Bedingung leichter lesbar zu machen.

Verbundausdrücke in Bedingungsanweisungen

Sie können zwei oder mehr Bedingungen zu einem Verbundausdruck verknüpfen, der dann als eine einzelne Bedingung ausgewertet wird. Zum Verknüpfen der Bedingungen verwenden Sie die *logischen Operatoren* AND und OR, die im folgenden beschrieben werden:

- Wenn zwei Bedingungen durch AND verknüpft werden, müssen *beide* Bedingungen erfüllt sein, damit der Verbundausdruck wahr ist.
- Wenn zwei Bedingungen durch OR verknüpft werden, braucht nur *eine* Bedingung erfüllt zu sein, damit der Verbundausdruck wahr ist.

Die folgende Tabelle enthält einige Beispiele für Verbundausdrücke.

Verbundausdruck	Auswertung
10 > 5 AND 100 < 200	Wahr
3 < 6 AND 7 > 10	Falsch
8 < 7 OR 90 > 80	Wahr
2 < 1 OR 3 > 60	Falsch
"N" > "J" AND "ja" <> "nein"	Wahr
"N" < "J" OR 4 <> 4	Falsch

Weiter oben in diesem Abschnitt wurde mit der Anweisung **ElseIf** die Bedingung „Wenn heute Samstag oder Sonntag ist, bleibe ich zuhause; anderenfalls gehe ich zur Arbeit" ausgedrückt. Das folgende Beispiel verwendet einen Verbundausdruck und erzielt dasselbe Ergebnis:

```
If aktTag = Samstag OR aktTag = Sonntag Then
    MsgBox "Heute kannst Du zuhause bleiben!"
Else
    MsgBox "Geh zur Arbeit!"
End If
```

Der Verbundausdruck in diesem Beispiel ist rationeller als die Verwendung von **ElseIf** – für dasselbe Ergebnis werden weniger Instruktionen benötigt. Diese sind außerdem leichter verständlich, weil sie der sprachlichen Ausdrucksweise angenähert sind.

Beachten Sie, daß die folgende Instruktion nicht erwartungsgemäß funktioniert:

```
If aktTag = Samstag OR Sonntag     'Hat nicht das gewünschte Ergebnis
```

Zwar sieht auch diese Instruktion plausibel aus, doch funktioniert sie nicht wie erwartet. Der Ausdruck `aktTag = Samstag` ist die erste Bedingung, und `Sonntag` auf der anderen Seite von OR ist die andere Bedingung. WordBasic interpretiert diesen Verbundausdruck etwa so: „Wenn heute Samstag ist oder wenn Sonntag Sonntag ist". Da `Sonntag` immer `Sonntag` ist, wird der Verbundausdruck unabhängig vom tatsächlichen Wochentag immer als wahr ausgewertet.

Beim Auswerten von Verbundausdrücken geht WordBasic von links nach rechts vor. Zunächst werden alle Bedingungen ausgewertet, anschließend alle Verbundausdrücke mit AND und danach alle Verbundausdrücke mit OR. Sie können mit Klammern, die genau wie in mathematischen Ausdrücken gesetzt werden, die Reihenfolge der Auswertung steuern.

Anmerkung Die Operatoren AND und OR können leicht verwechselt werden. Mitunter kann es vorkommen, daß Sie einen OR-Operator angeben, wenn Sie eigentlich einen AND-Operator verwenden sollten. Wenn Sie sich nicht sicher sind, welchen Operator Sie benötigen, sollten Sie Ihren Makro testen.

Der Operator NOT

Der in WordBasic verfügbare dritte logische Operator ist NOT. Der NOT-Operator negiert den Ausdruck, der ihm folgt. Die folgende Tabelle zeigt einige Beispiele.

Ausdruck	Auswertung
`NOT (5 > 10)`	Wahr
`NOT (8 < 7 Oder 90 > 80)`	Falsch
`NOT (0)`	Wahr

Die Logik des letzten Beispiels ist möglicherweise nicht unmittelbar einleuchtend. Da 0 (Null) als falsch ausgewertet wird, bedeutet `NOT (0)` „nicht (falsch)", also wahr.

Der NOT-Operator eignet sich dazu, eine Bedingung einfacher lesbar zu machen. Vergleichen Sie beispielsweise die folgenden beiden Instruktionen:

```
If AnsichtGliederung() = 0 Then AnsichtGliederung

If NOT AnsichtGliederung() Then AnsichtGliederung
```

Die Instruktionen haben dieselbe Wirkung, doch die zweite orientiert sich näher an einer sprachlichen Ausdrucksweise: „Wenn sich das Dokument nicht in der Gliederungsansicht befindet, soll die Gliederungsansicht aktiviert werden".

Anmerkung Der Operator NOT funktioniert sehr gut mit Funktionen, die die Werte – 1 (wahr) oder 0 (falsch) liefern (z.B. die Funktion **AnsichtGliederung**()); der Operator kann jeden Wert, den die Funktion liefert, umkehren. Funktionen, die einen anderen Wert liefern, sollten mit dem NOT-Operator nicht verwendet werden. Weitere Informationen hierzu erhalten Sie unter „Operatoren und vordefinierte Textmarken" in Teil 2, „WordBasic – Anweisungen und Funktionen".

Anzeigen von Meldungen und Anfordern von Informationen

WordBasic enthält mehrere Anweisungen und Funktionen, mit deren Hilfe Sie mit anderen Benutzern kommunizieren können. In diesem Abschnitt werden die Anweisungen und Funktionen **Print**, **MsgBox**, **MsgBox()**, **InputBox$()** und **Input** beschrieben, die jeweils auf verschiedene Weise eine Meldung anzeigen oder Informationen anfordern können. Zunächst folgt eine Beschreibung:

- **Print** zeigt eine Meldung in der Statusleiste an. Dies eignet sich vor allem zum Anzeigen von Statusmeldungen während der Makroausführung. Eine Eingabe durch den Benutzer ist nicht erforderlich.

- Die Anweisung **MsgBox** zeigt ein Meldungsfeld an, dessen Kenntnisnahme der Benutzer bestätigen muß, bevor der Makro fortgesetzt werden kann. Die Funktion **MsgBox()** zeigt ein Meldungsfeld an und liefert außerdem einen Wert. Sie können mit **MsgBox()** beispielsweise eine Frage stellen, die mit „Ja" oder „Nein" beantwortet werden muß.

- **InputBox$()** zeigt ein Dialogfeld an, in das der Benutzer eine Antwort auf eine Eingabeaufforderung eingeben kann.

- **Input** zeigt eine Eingabeaufforderung in der Statusleiste an. Der Benutzer kann dann dort eine Antwort eingeben.

Außerdem können Sie Ihre eigenen Dialogfelder erstellen, komplett mit Kontrollkästchen, Listenfeldern und weiteren Elementen. Ausführliche Informationen hierzu finden Sie in Kapitel 5, „Arbeiten mit benutzerdefinierten Dialogfeldern".

Anmerkung Mit **Print** und **Input** können Sie auch Informationen in eine Textdatei einfügen oder aus einer Textdatei lesen. Weitere Informationen über diese Verwendungsweise von **Print** und **Input** finden Sie unter „Sequentieller Dateizugriff" in Kapitel 9, „Weitere WordBasic-Verfahren".

Print

Die Anweisung **Print** zeigt eine Meldung in der Statusleiste an. Meistens dient sie dazu, den Status des Makros anzuzeigen. Wenn ein Makro beispielsweise zum Durchführen einer Aufgabe eine gewisse Zeit in Anspruch nimmt, können Sie mit der Anweisung **Print** in der Statusleiste die Meldung „Einen Moment bitte…" anzeigen. Auf diese Weise weiß der Benutzer, daß etwas geschieht.

Die Instruktion `Print "Einen Moment bitte..."` zeigt folgende Meldung in der Statusleiste an.

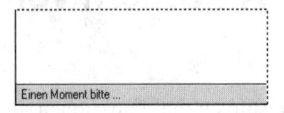

```
Einen Moment bitte ...
```

Die Anweisung **Print** kann Zeichenfolgen, Zeichenfolgevariablen, Zahlen und numerische Variablen annehmen, wobei diese auch gemischt verwendet werden können. Es folgen einige Beispiele gültiger **Print**-Anweisungen:

```
Print "Hallo"
Print Name$
Print 365.25
Print Gesamt
```

Die Anweisung **Print** kann auch mehrere Elemente anzeigen, sofern diese jeweils durch Kommas oder Semikola (;) voneinander getrennt sind. Wenn Sie Kommas als Trennzeichen verwenden, fügt Word zwischen den einzelnen Elementen einen vordefinierten Tabstopabstand ein. Wenn Sie Semikola als Trennzeichen verwenden, beginnt das nächste Element unmittelbar hinter dem vorhergehenden. Ein Beispiel:

```
Print "Hallo, "; Name$; "Der Gesamtbetrag ist "; Gesamt
```

MsgBox und MsgBox( )

Die Anweisung **MsgBox** zeigt eine Meldung in einem Dialogfeld an. Bevor der Makro fortgesetzt werden kann, muß der Benutzer die Meldung bestätigen. Sie können das Dialogfeld mit einem Titel versehen und ein Symbol angeben, das auf den Typ der anzuzeigenden Meldung hinweist. Die folgende Anweisung

```
MsgBox "Der Makro ist beendet.", "Beispielmakro", 64
```

zeigt beispielsweise das folgende Meldungsfeld an:

In der obigen **MsgBox**-Instruktion ist `"Beispielmakro"` der Titel des Dialogfelds. `64` ist ein Wert, mit dem Sie festlegen, welches Symbol und welche Schaltflächen angezeigt werden. Weitere Informationen über die Verwendung dieser Argumente finden Sie unter **MsgBox** in Teil 2, „WordBasic – Anweisungen und Funktionen".

Die Funktion **MsgBox()** ist mit der Anweisung **MsgBox** identisch – hier können Sie jedoch eine Auswahl vorgeben oder eine Frage stellen. Die Instruktion

```
antwort = MsgBox("Umformatieren?", "Zwei-Spalten-Makro", 292)
```

zeigt beispielsweise das folgende Meldungsfeld an:

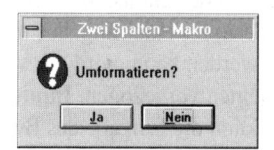

Wenn der Benutzer die Schaltfläche „Ja" wählt, liefert **MsgBox()** einen Wert, wenn er „Nein" wählt, liefert **MsgBox()** einen anderen Wert. Die Werte werden an die Variable `antwort` übergeben. Das numerische Argument `292` bezeichnet das anzuzeigende Symbol und die anzuzeigenden Schaltflächen.

InputBox$( )

InputBox$() zeigt ein Eingabefeld an, in das der Benutzer eine Antwort auf eine Eingabeaufforderung eingeben kann. Sie können das Eingabefeld mit einem Titel, einer Aufforderung und einer Standardantwort versehen. Die Instruktion

```
Datei$ = InputBox$("Welche Datei soll geöffnet werden?", \
    "Makro Öffnen", "Neuestes Memo")
```

zeigt beispielsweise das folgende Meldungsfeld an:

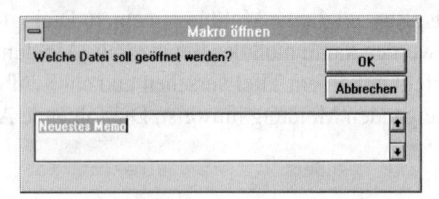

Der Benutzer kann die vorgegebene Antwort entweder überschreiben oder annehmen. Die Antwort des Benutzers wird an die Variable Datei$ übergeben. Beachten Sie, daß der Benutzer in einem Eingabefeld durch Drücken der EINGABETASTE einen mehrzeiligen Text eingeben kann.

Beginnt der Benutzer durch Drücken der EINGABETASTE eine neue Zeile, wird in die von **InputBox$()** zurückgegebene Zeichenfolge Chr$(11) + Chr$(10) (Windows) bzw. Chr$(11) (Macintosh) eingefügt. Unter Windows wird diese Zeichenkombination, wenn sie in ein Dokument eingefügt wird, als zwei Absatzmarken interpretiert, es wird also eine zusätzliche Absatzmarke eingetragen. Mit der Funktion **LöschenZeichen$()** können Sie diese Marke entfernen, wie das folgende Beispiel zeigt:

```
Adresse$ = InputBox$("Bitte geben Sie eine Adresse ein:", "Makro Brief")
Einfügen LöschenZeichen$(Adresse$)
```

Input

Mit der Anweisung **Input** können Sie in der Statusleiste den Benutzer zum Eingeben von Informationen auffordern. Da eine Eingabeaufforderung in der Statusleiste jedoch leicht übersehen werden kann, wird die Verwendung der Anweisung **InputBox$()** im allgemeinen vorgezogen. **Input** ist jedoch ein wenig vielseitiger als **InputBox$()**. **Input** kann die Eingabe des Benutzers numerischen Variablen oder Zeichenfolgevariablen zuordnen, wohingegen **InputBox$()** nur Zeichenfolgen liefert. Das Beispiel

```
Input "Welchen Schriftgrad für die Überschrift", Größe
```

zeigt die folgende Eingabeaufforderung an. Beachten Sie, daß **Input** selbsttätig ein Fragezeichen an die Eingabeaufforderung anfügt.

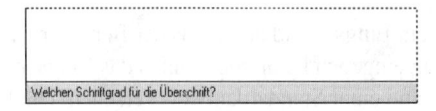

Die Antwort des Benutzers wird an die numerische Variable Größe übergeben.

Sie können den Benutzer auch zum Eingeben mehrerer Variablen auffordern, indem Sie diese jeweils durch ein Komma voneinander trennen. Zum Beispiel:

```
Input BestellNummer, Anzahl
Input BenutzerName$, Kennung
```

Der Benutzer muß beim Eingeben der entsprechenden Werte diese ebenfalls jeweils durch ein Komma voneinander trennen. Beispiele für gültige Antworten sind:

```
1234, 3
Heinz Schneider, 6823
```

Input versucht immer, die Benutzereingabe an einem Komma zu trennen. Wenn Sie Antworten zulassen möchten, die Kommas enthalten müssen, verwenden Sie eine **Line Input**-Instruktion. **Line Input** funktioniert genau wie **Input**, mit einem wichtigen Unterschied: Sie können nur eine einzige Zeichenfolgevariable festlegen. Zum Beispiel:

```
Line Input Adresse$
```

Wenn Word in der Antwort auf ein Komma stößt, wird dieses als Teil der Zeichenfolge angesehen, die an `Adresse$` übergeben wird.

Gebräuchliche WordBasic-Techniken

Bisher wurden in diesem Kapitel die Grundbausteine erklärt, aus denen Sie WordBasic-Makros zusammensetzen. Der folgende Abschnitt beschreibt häufig verwendete WordBasic-Techniken, bei denen einige dieser Grundbausteine eingesetzt werden.

Einfügen von Text in ein Dokument

Zum Einfügen von Text, Sonderzeichen und nichtdruckbaren Zeichen, wie etwa Tabstopzeichen, verwenden Sie die Anweisung **Einfügen**. Diese Anweisung ist das Makroäquivalent zur Tastatureingabe; alle Zeichen, die normalerweise über die Tastatur eingegeben werden, kann ein Makro mit dieser Anweisung einfügen. Im folgenden Beispiel wird beispielsweise die Formel „Liebe Grüße" in ein Dokument eingefügt:

```
Einfügen "Liebe Grüße"
```

Beachten Sie, daß die Anweisung nicht angibt, wo die Grußformel eingefügt werden soll. Wie bei der herkömmlichen Tastatureingabe wird sie im aktiven Dokument dort eingefügt, wo sich die Einfügemarke zum jeweiligen Zeitpunkt befindet. Haben Sie zuvor eine Textstelle markiert, so wird diese durch die Anweisung **Einfügen** ersetzt (vorausgesetzt, das Kontrollkästchen „Eingabe ersetzt Markierung" auf der Registerkarte **Bearbeiten** im Dialogfeld **Optionen** (Menü **Extras**) ist aktiviert).

Die Anweisung **Einfügen** bewirkt, daß Text unformatiert in ein Dokument eingefügt wird. Der eingefügte Text erhält die Formatierung des ihm vorausgehenden Textes. Soll Text mit einem anderen Format eingefügt werden, müssen Sie die Instruktionen zur Anwendung des jeweiligen Formats vor der Anweisung **Einfügen** angeben, genau wie Sie auch vor der Eingabe von Text über die Tastatur die Formatierungsoptionen einschalten. Im folgenden Beispiel wird die Formatierung „Kursiv" vor der Texteingabe ein- und danach sofort wieder ausgeschaltet:

```
Kursiv 1                              'Kursiv einschalten
Einfügen "Kleider machen Leute,"      'Text einfügen
Kursiv 0                              'Kursiv ausschalten
Einfügen " von Gottfried Keller"      'Weiteren Text einfügen
```

Mit der Anweisung **Einfügen** können Sie zahlreiche Sonder- und nichtdruckbare Zeichen einfügen, indem Sie sie zuerst wie herkömmlichen Text in Anführungszeichen eingeben. Im folgenden Beispiel wird mit der Anweisung **Einfügen** beispielsweise ein Tabstopzeichen eingefügt:

```
Einfügen "     "                      'Tabstopzeichen einfügen
```

Beim bloßen Hinsehen ist jedoch schwer zu erkennen, ob ein Tabstopzeichen oder mehrere Leerzeichen eingefügt werden sollen. Es empfiehlt sich daher, beim Einfügen nichtdruckbarer Zeichen die Anweisung **Einfügen** in Kombination mit der Funktion **Chr$()** zu verwenden:

```
Einfügen Chr$(9)                      'Tabstopzeichen einfügen
```

Verwenden Sie zum Einfügen von Absatzmarken die Anweisung **EinfügenAbsatz**.

Um Text in ein nichtaktives Dokument einzufügen, fügen Sie einem Makro Anweisungen zum Öffnen des Dokuments oder zum Wechseln zu diesem Dokument hinzu. Im folgenden Beispiel wird das der Variablen Briefe$ zugeordnete Dokument aktiviert und die Einfügemarke zur Textmarke „Schließen" verschoben, ehe Text eingefügt wird:

```
Aktivieren Briefe$                    'Zum Briefe$-Fenster wechseln
BearbeitenGeheZu "Schließen"          'Einfügemarke zu einer Textmarke
                                      'verschieben
Einfügen "Liebe Grüße"                'Text einfügen
```

Arbeiten mit Dokumentteilen

In vielen Fällen soll eine Makroaktion auf einen bestimmten Teil eines Dokuments beschränkt bleiben, wie etwa im Falle eines Makros, der eine Tabelle erstellt und mit Daten füllt und daher nur innerhalb dieser Tabelle aktiv werden soll. Ein weiteres Beispiel sind Makros, die auf Formatierungs- und Bearbeitungsaktionen innerhalb bestimmter Absätze ausgelegt sind.

Das wichtigste Hilfsmittel zur Kennzeichnung einzelner Dokumentteile in Word sind Textmarken. Durch sie können bestimmte Textblöcke oder -stellen eines Dokuments ganz einfach identifiziert werden. Mit der folgenden Anweisung wird die aktuelle Markierung (oder, falls nicht vorhanden, die aktuelle Position der Einfügemarke) durch die Textmarke „temp" gekennzeichnet:

```
BearbeitenTextmarke .Name = "temp", .Hinzufügen
```

Sie können Textmarken auch dazu verwenden, Text zwischen zwei willkürlich gewählten Stellen im Dokument zu markieren, wie im folgenden Beispiel gezeigt wird. Dabei wird die aktuelle Position mit der Textmarke „temp" gekennzeichnet. Danach wird Text aus der Zwischenablage in den nächsten Absatz eingefügt. Die Anweisung **MarkierungErweitern** aktiviert den Erweiterungsmodus, und die Anweisung **BearbeitenGeheZu** kehrt zur Textmarke „temp" zurück und markiert dabei den gesamten Text vom Einfügungsende bis zur Textmarke „temp".

```
BearbeitenTextmarke .Name = "temp", .Hinzufügen    'Textmarke einfügen
AbsatzUnten                                         'Zum nächsten
                                                    'Absatz gehen
BearbeitenEinfügen                                  'Aus Zwischenablage
                                                    'einfügen
MarkierungErweitern                                 'Markierungs-
                                                    'erweiterung aktiv
BearbeitenGeheZu "temp"                             'Zurück zu "temp";
                                                    'Text markieren
```

Word liefert eine Reihe vordefinierter Textmarken für Makros (siehe nachfolgende Liste), die nicht in der Textmarkenliste der Dialogfelder **Textmarke** und **Gehe zu** (Menü **Bearbeiten**) erscheinen, von Makros jedoch wie herkömmliche Textmarken verwendet werden.

Textmarke	Beschreibung
\ Sel	Aktuelle Markierung oder Einfügemarke
\ PrevSel1	Position, an der zuletzt eine Bearbeitung stattfand
\ PrevSel2	Zweitletzte Position, an der eine Bearbeitung stattfand
\ StartOfSel	Beginn der aktuellen Markierung
\ EndOfSel	Ende der aktuellen Markierung

Textmarke	Beschreibung
\Line	Aktuelle Zeile oder erste Zeile der aktuellen Markierung
\Char	Aktuelles Zeichen oder (bei Fehlen einer Markierung) das auf die Einfügemarke folgende Zeichen
\Para	Aktueller Absatz oder erster Absatz der Markierung
\Section	Aktueller Abschnitt oder erster Abschnitt der Markierung
\Doc	Gesamtinhalt des aktiven Dokuments
\Page	Aktuelle Seite oder erste Seite der Markierung
\StartOfDoc	Anfang des Dokuments
\EndOfDoc	Ende des Dokuments
\Cell	Aktuelle Zelle oder erste Zelle der Markierung
\Table	Aktuelle Tabelle oder gesamte erste Tabelle der Markierung
\HeadingLevel	Die Überschrift mit der Einfügemarke oder Markierung sowie alle untergeordneten Überschriften und Textelemente

Eine ausführliche Beschreibung vordefinierter Textmarken finden Sie unter „Operatoren und vordefinierte Textmarken" in Teil 2, „WordBasic – Anweisungen und Funktionen".

Im folgenden Beispiel wird vor jedem Absatz in einer Tabellenzelle ein Tabstopzeichen eingefügt. In der ersten Anweisung wird mit der vordefinierten Textmarke „\Cell" die aktuelle Zelle markiert (vorausgesetzt, die Einfügemarke befindet sich bereits in der Zelle). Durch die Anweisung **BearbeitenErsetzen** wird jede Absatzmarke durch eine Absatzmarke plus Tabstopzeichen ersetzt. Nach dem Ersetzen wird jeder Absatz (mit Ausnahme des ersten, da ihm keine Absatzmarke vorangeht) durch ein Tabstopzeichen eingeleitet. Die Anweisung **ZeichenLinks** verschiebt die Einfügemarke dann an den Anfang der Zelle und fügt ein Tabstopzeichen vor dem ersten Absatz ein.

```
BearbeitenGeheZu "\Cell"
BearbeitenErsetzen .Suchen = "^a", .Ersetzen = "^a^t", .Richtung = 0, \
            .AllesErsetzen, .Format = 0, .Textfluß = 0
ZeichenLinks
Einfügen Chr$(9)
```

Mit der Funktion **AuswInfo**() können Sie feststellen, ob sich die Einfügemarke in einer Tabelle befindet. Im folgenden Beispiel wird **AuswInfo**() dazu verwendet, eine **While...Wend**-Schleife zu steuern, die eine Tabelle durchläuft und in jede Zelle Daten einfügt. Das Makro ist beendet, sobald er die letzte Tabellenzelle erreicht hat.

```
BearbeitenGeheZu .Ziel = "t"              'Zur nächsten Tabelle gehen
While AuswInfo(12) = - 1
    'In der Tabelle auszuführende Instruktionen
Wend
```

Weitere Informationen finden Sie unter **AuswInfo()** in Teil 2, "WordBasic – Anweisungen und Funktionen".

Lesen von Text aus einem Dokument

Häufig wird Text mit Hilfe eines Makros aus einem Dokument „gelesen". Beim Durchlaufen eines Dokuments muß ein Makro u.U. prüfen, an welcher Stelle er sich befindet, indem er den Inhalt einer Markierung prüft.

Mit der Funktion **Markierung$()** wird der Inhalt der aktuellen Markierung wiedergegeben. Wurde kein Text markiert, liefert **Markierung$()** als Ergebnis das auf die Einfügemarke folgende Zeichen. Im folgenden Beispiel wird bestimmt, ob ein Absatz Text enthält oder ob er nur aus einer Absatzmarke besteht. Besteht die Markierung nur aus einer Absatzmarke (`Chr$(13)` entspricht einer Absatzmarke), wird die Meldung „Dieser Absatz ist leer" angezeigt.

```
BearbeitenGeheZu "\Para"                  'Absatz markieren
If Markierung$() = Chr$(13) Then          'Markierung prüfen
    MsgBox "Dieser Absatz ist leer."
Else
    MsgBox "Dieser Absatz enthält Text."
End If
```

Mit einer Textmarke versehener Text kann auch mit der Funktion **AbrufenTextmarke$()** wiedergegeben werden. Weitere Informationen hierzu finden Sie unter **Markierung$()** und **AbrufenTextmarke$()** in Teil 2, „WordBasic – Anweisungen und Funktionen".

Prüfen, ob das Ende eines Dokuments erreicht ist

Ein Makro wird häufig dazu verwendet, eine Reihe von Operationen immer dann vorzunehmen, wenn er auf ein bestimmtes Element im Dokument trifft, wie z.B. ein Makro, der in jeder Überschrift der Ebene 5 die Klein- in Großschreibung ändert. Einen Makro dieser Art erstellen Sie am besten dadurch, daß Sie den Beginn der Makroausführung auf den Anfang des Dokuments festlegen und den Makro am Schluß des Dokuments beenden.

Es gibt in Word verschiedene Möglichkeiten zu prüfen, ob das Ende eines Dokuments erreicht ist. Am besten geeignet ist die Funktion **AmEndeDesDokuments()**, die den Wert –1 (für „wahr") zurückgibt, sofern sich die Einfügemarke am Ende des Dokuments befindet. Die folgende Schleife wird so lange durchlaufen, bis die Einfügemarke das Ende des Dokuments erreicht hat:

```
While AmEndeDesDokuments() <> -1
    'Instruktionen werden ausgeführt, bis das Ende des Dokuments
    'erreicht ist
Wend
```

Die Funktionen **ZeileUnten()** und **AbsatzUnten()** liefern als Ergebnis den „Falsch"-Wert 0 (Null), wenn die Einfügemarke durch sie nicht verschoben werden kann, was nur zutrifft, wenn das Ende eines Dokuments erreicht ist. Die folgende Schleife durchläuft ein Dokument absatzweise, bis die Einfügemarke das Ende des Dokuments erreicht.

```
While AbsatzUnten()
    'Instruktionen werden ausgeführt, bis das Ende des Dokuments
    'erreicht ist
Wend
```

Das Ende eines Dokuments ist definiert als die Stelle, die sich direkt vor der letzten Absatzmarke im Dokument befindet. Die Funktionen **AmEndeDesDokuments()**, **ZeileUnten()** und **AbsatzUnten()** liefern erst dann einen Wert, der auf das Ende des Dokuments verweist, wenn sich die Einfügemarke genau an dieser Stelle befindet, nicht an einer anderen Stelle in der letzten Zeile oder im letzten Absatz des Dokuments.

Mit der Funktion **TextmarkenVergleichen()** können Sie folgendermaßen testen, ob das Ende eines Dokuments erreicht ist:

```
While TextmarkenVergleichen("\Sel", "\EndOfDoc")
    'Instruktionen werden ausgeführt, bis das Ende des Dokuments
    'erreicht ist
Wend
```

Mit den Anweisungen **BearbeitenSuchen** und **BearbeitenErsetzen** kann nicht direkt auf das Ende eines Dokuments hin geprüft werden, doch können Sie sie zur Durchführung einer Aufgabe einsetzen, solange ein Ergebnis ermittelt wird. Das folgende Beispiel ändert die Großschreibung jedes Absatzes der Formatvorlage „Überschrift 5". Nachdem eine Überschrift gefunden wurde, wiederholt die Schleife **While…Wend** die Suche, bis keine Überschriften der Ebene „Überschrift 5" mehr gefunden werden:

```
BeginnDokument
BearbeitenSuchenLöschenFormatierung
BearbeitenSuchenFV .Formatvorlage = "Überschrift 5"
BearbeitenSuchen .Suchen = "", .Richtung = 0, .Format = 1, .Textfluß = 0
While BearbeitenSuchenGefunden() = - 1
    GroßKleinschreibungÄndern 2         'Ersten Buchstaben eines
                                        'Wortes groß schreiben
    SuchenWiederholen
Wend
```

Einige Beispielmakros

Die Makros in diesem Abschnitt veranschaulichen einige Verfahren zum Verwenden der in diesem Kapitel vorgestellten WordBasic-Bausteine. Sie stehen in der Dokumentvorlage BEISPIEL.DOT (Windows) bzw. BEISPIEL-MAKROS (Macintosh) auf der Diskette des *Microsoft Word Developer's Kit* zur Verfügung. Informationen zur Installation der Dateien der Diskette finden Sie in Kapitel 1, „Einführung".

Löschen eines Satzanfangs

Schauen Sie sich zunächst diesen einfachen Makro an, der den gesamten Text zwischen der Einfügemarke, die sich in einem Satz befindet, und dem Anfang des Satzes löscht. Er versieht anschließend das erste Wort des restlichen Textes mit einem großen Anfangsbuchstaben:

```
Sub MAIN
    SatzLinks 1, 1              'Gehe zum Satzanfang, markiere den Text
    BearbeitenAusschneiden      'Schneide den markierten Text aus
    GroßKleinschreibungÄndern 4 'Wandle den ersten Buchstaben des
                                'restlichen Texts in Großschreibung um
End Sub
```

Entfernen zusätzlicher Absatzmarken

Wenn Sie beim Eingeben von Text das Ende einer Zeile erreichen, umbricht Word den Text automatisch in die folgende Zeile. In Word drücken Sie die EINGABETASTE nur, wenn Sie am Ende eines Absatzes angelangt sind. Importierter Text aus vielen anderen Quellen kann jedoch Absatzmarken am Ende jeder Zeile enthalten. Dieser Text läßt sich in Word nur umständlich handhaben, da Word, bedingt durch die Absatzmarke, jede Zeile als eigenen Absatz interpretiert und die Zeilen nicht umbricht. Die Lösung besteht darin, die überflüssigen Absatzmarken zu löschen und nur jene beizubehalten, die das Ende eines tatsächlichen Absatzes bilden. Dies können Sie manuell mit dem Befehl **Suchen** im Menü **Bearbeiten** durchführen, doch geht es schneller, wenn Sie das Verfahren aufzeichnen und einen Makro ausführen. Dieser kann wie folgt aussehen:

```
Sub MAIN
BeginnDokument
BearbeitenErsetzen .Suchen = "^a^a", .Ersetzen = "@#$#", \
        .Richtung = 0, .AllesErsetzen = 0, .Format = 0, \
        .Textfluß = 0
DateiSpeichern
BearbeitenErsetzen .Suchen = "^a", .Ersetzen = " ", \
        .AllesErsetzen = 0, .Format = 0, .Textfluß = 0
DateiSpeichern
BearbeitenErsetzen .Suchen = "@#$#", .Ersetzen = "^a^a", \
        .AllesErsetzen = 0, .Format = 0, .Textfluß = 0
End Sub
```

Dieser Beispielmakro geht davon aus, daß zwei aufeinanderfolgende Absatzmarken das Ende eines Absatzes kennzeichnen. Wenn Sie die Absatzmarken aus dem Text entfernen, möchten Sie aber sehr wahrscheinlich die einzelnen Absätze beibehalten. Daher ersetzt dieser Makro zwei aufeinanderfolgende Absatzmarken zunächst durch den Platzhalter "`@#$#`". Anschließend ersetzt er die verbleibenden Absatzmarken durch eine Leerstelle und schließlich den Platzhalter "`@#$#`" wieder durch zwei Absatzmarken.

Bestimmen der Anzahl von Tagen bis zu einem zukünftigen Datum

Der folgende Makro enthält zwei Datums- und Zeitfunktionen von WordBasic, **DatumWert()** und **Heute()**, mit denen die Anzahl Tage zwischen dem aktuellen und dem angegebenen zukünftigen Datum berechnet werden soll. Durch eine **InputBox$()**-Instruktion werden Sie aufgefordert, ein zukünftiges Datum anzugeben; durch eine **MsgBox**-Instruktion wird ein Meldungsfeld angezeigt, in dem die Anzahl Tage zwischen dem aktuellen und zukünftigen Datum angezeigt wird. Eine vollständige Zusammenstellung aller Datums- und Zeitfunktionen finden Sie unter „Anweisungen und Funktionen nach Kategorien" in Teil 2, „WordBasic – Anweisungen und Funktionen".

```
Sub MAIN
    enddatum$ = InputBox$("Geben Sie bitte ein Enddatum ein:")
    serienende = DatumWert(enddatum$)
    anzahltage = serienende - heute()
    MsgBox "Von heute bis zum " + enddatum$ + \
    " sind es noch" + Str$(anzahltage) + " Tage."
End Sub
```

Zählen der Vorkommnisse eines Wortes

Die erste Version dieses Makros (siehe „Die While...Wend-Schleife" weiter oben in diesem Kapitel) zählte, wie oft das Wort „toll" in einem Dokument vorkommt. Sie können diesen Makro dahingehend modifizieren, daß er zählt, wie oft ein *beliebiges* Wort in einem Dokument erscheint:

```
Sub MAIN
WAHR = - 1
suchtext$ = InputBox$("Geben Sie das zu suchende Wort ein:")
BeginnDokument
BearbeitenSuchen .Suchen = suchtext$, .Richtung = 0, \
    .GroßKleinschreibung = 0, .GanzesWort = 0, .Mustervergleich = 0 \
    .AlleWortFormenSuchen = 0, .Format = 0, .Textfluß = 0
anzahl = 0
While BearbeitenSuchenGefunden() = WAHR
    anzahl = anzahl + 1
    SuchenWiederholen
Wend
MsgBox suchtext$ + " wurde" + Str$(anzahl) + " Mal gefunden."
End Sub
```

Die erste Zeile des Makros verwendet die Funktion **InputBox$()**, um den Benutzer zum Eingeben des zu suchenden Textes aufzufordern. Die Antwort des Benutzers wird an die Variable suchtext$ übergeben.

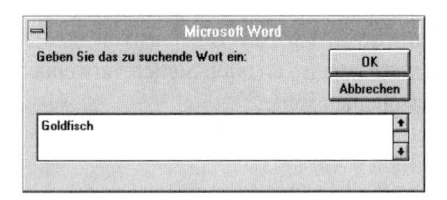

Wenn der Makro beendet ist, zeigt er ein Meldungsfeld an, aus dem hervorgeht, wie oft suchtext$ gefunden wurde.

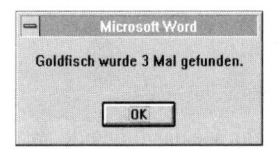

Sie können diesen Makro weiter verbessern, indem Sie unterschiedliche Meldungen anzeigen, je nachdem, ob der Text überhaupt nicht, nur einmal oder mehrmals gefunden wurde. Hierzu können Sie die Anweisung **MsgBox** durch die folgende **If**-Bedingung ersetzen:

```
If anzahl = 0 Then
    MsgBox suchtext$ + " wurde nicht gefunden."
ElseIf anzahl = 1 Then
    MsgBox suchtext$ + " wurde einmal gefunden."
Else
    MsgBox suchtext$ + " wurde" + Str$(anzahl) + " Mal gefunden."
End If
```

Diese **If**-Bedingung prüft zwei spezifische Bedingungen: `anzahl = 0` (der Text wurde nicht gefunden) und `anzahl = 1` (der Text wurde nur einmal gefunden). Alle anderen Fälle (der Text wurde mehrmals gefunden) werden von **Else** gehandhabt. Wenn `anzahl = 0`, könnte der Makro ein Meldungsfeld wie das folgende anzeigen:

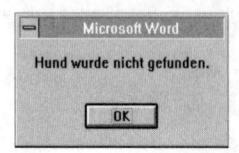

[Abbildung: Meldungsfeld "Hund wurde nicht gefunden."]

Sie können diesen Makro noch weiter verfeinern, indem Sie die **MsgBox**-Instruktionen dahingehend ändern, daß das zu zählende Wort in Anführungszeichen erscheint. Da innerhalb einer Zeichenfolge jedoch keine Anführungszeichen verwendet werden können, müssen Sie das Anführungszeichen mit der Funktion **Chr$()** erstellen: `Chr$(34)` hat diesen Effekt.

Im folgenden Beispiel wird `anführ$` das Ergebnis von `Chr$(34)` zugeordnet. In der **MsgBox**-Instruktion wird `anführ$` an allen Stellen verwendet, an denen ein Anführungszeichen erscheinen sollte:

```
anführ$ = Chr$(34)
If anzahl = 0 Then
    MsgBox anführ$ + suchtext$ + anführ$ + " wurde nicht gefunden."
ElseIf anzahl = 1 Then
    MsgBox anführ$ + suchtext$ + anführ$ + " wurde einmal gefunden."
Else
    MsgBox anführ$ + suchtext$ + anführ$ + " wurde" + \
    Str$(anzahl) + " Mal gefunden."
End If
```

Dieses Beispiel zeigt ein Meldungsfeld wie das folgende an:

[Abbildung: Meldungsfeld "Katze" wurde 2 Mal gefunden.]

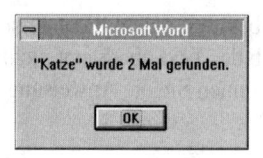

Weitere Information über die Funktion **Chr$()** finden Sie unter **Chr$()** in Teil 2, „WordBasic – Anweisungen und Funktionen".

KAPITEL 4

WordBasic für Fortgeschrittene

Dieses Kapitel stellt die höheren Elemente der WordBasic-Sprache vor, mit denen Sie komplexe und noch leistungsfähigere Makros erstellen können.

In diesem Kapitel finden Sie Informationen zu folgenden Themen:

- Weitere Bedingungen und Schleifen
- Datenfeldvariablen
- Unterroutinen und benutzerdefinierte Funktionen
- Arbeiten mit Dialogdatensätzen

Weitere Bedingungen und Schleifen

Im vorangegangenen Kapitel wurden die **If**-Bedingung und die **While…Wend**-Schleife vorgestellt. Dieses Kapitel beschreibt die folgenden Steuerstrukturen, die im allgemeinen für anspruchsvollere Makros verwendet werden:

- Die **For…Next**-Schleife
- Die **Select Case**-Bedingung
- Die **Goto**-Anweisung

Die For…Next-Schleife

Verwenden Sie die **For…Next**-Schleife, wenn Sie eine Gruppe von Instruktionen mehrmals hintereinander ausführen möchten und bereits wissen, wie oft sie ausgeführt werden sollen. Die Syntax lautet (die Argumente in eckigen Klammern sind optional):

For *Zählervariable* = *Start* **To** *Ende* [**Step** *Inkrement*]
 Reihe von Instruktionen
Next [*Zählervariable*]

Word führt die *Instruktionen* zwischen **For** und **Next** so lange durch, bis *Zählervariable*, ausgehend vom *Start*-Wert, den *Ende*-Wert angenommen hat. *Zählervariable* wird bei jedem Ausführen der Anweisung **Next**, die den *Instruktionen* folgt, inkrementiert. *Inkrement* gibt an, um wieviel der Zähler jeweils zunehmen soll. Wenn Sie *Inkrement* nicht angeben, was oft der Fall ist, nimmt der Zähler um jeweils 1 zu.

Beispiele

Das folgende Beispiel zeigt die Zahlen 1 bis 12 einzeln in der Statusleiste an:

```
For Monate = 1 To 12         'Wiederhole die Schleife 12mal
    Print Monate             'Zeige Wert des Monats in Statusleiste an
Next Monate                  'Kehre zur For-Anweisung zurück und
                             'wiederhole die Schleife
```

Der Anfangswert von Monate ist 1, wie durch die Anweisung **For** festgelegt wurde. Im ersten Durchlauf zeigt die Anweisung **Print** in der Statusleiste 1 an (den Wert von Monate); im nächsten Durchlauf zeigt sie 2 an, dann 3 usw., bis Monate den Wert 12 erreicht hat. An dieser Stelle ist das Ende der Schleife erreicht, und in der Statusleiste wird keine weitere Zahl angezeigt.

Das folgende Beispiel erstellt ein Dokument mit einem einfachen Satz, der in jeder verfügbaren Schriftart formatiert wird:

```
For anzahl = 1 To ZählenSchriftarten()    'Durchlaufe die Schleife
                                          'für jede Schriftart einmal
    schriftname$ = Schriftart$(anzahl)    'Füge Namen einer Schrift-
                                          'art in "schriftname$" ein
    Schriftart schriftname$               'Wende diese Schriftart an
    Einfügen "Dies ist "+schriftname$+"." 'Füge einen Satz ein
    EinfügenAbsatz                        'Füge eine Absatzmarke ein
Next anzahl
```

Die Funktion **ZählenSchriftarten**() liefert die Anzahl der verfügbaren Schriftarten. Da dieser Wert den Endwert der Schleife darstellt, ist die Anzahl der Schleifendurchläufe gleich der Anzahl der verfügbaren Schriftarten. Die Funktion **Schriftart$**() liefert den Namen der aktuellen Schriftart aus der Liste der verfügbaren Schriftarten. Im Beispiel liefert die Instruktion Schriftart$(anzahl) die Schriftart, deren Position in der Schriftartenliste dem Wert von anzahl entspricht.

Einige Funktionen beginnen mit **Zählen...** und funktionieren ähnlich wie **ZählenSchriftarten**(): Sie liefern die Anzahl von Makros, AutoText-Einträgen, Formatvorlagen usw. Diese Funktionen werden oft zum Steuern von **For**...**Next**-Schleifen verwendet, wie dies im obigen Beispiel mit **ZählenSchriftarten**() der Fall ist.

Sie können eine **For...Next-Schleife** auch verschachteln und sie innerhalb einer anderen **For...Next**-Schleife einfügen. Das folgende Beispiel erstellt einen einfachen, auf einem 360-Tage-Jahr basierenden Kalender unter Verwendung einer verschachtelten Schleife:

```
For Monate = 1 To 12            'Durchlaufe die Schleife 12mal
    For Tage = 1 To 30          'Durchlaufe die Schleife 30mal
        Einfügen Str$(Tage)     'Füge "Tage" als Zeichenfolge ein
    Next Tage                   'Zurück zu "For Tage = ..."
    EinfügenAbsatz              'Füge eine Absatzmarke ein
Next Monate                     'Zurück zu "For Monate = 1..."
```

Die äußere Schleife wird zwölf Mal durchlaufen, was den Monaten des Jahres entspricht. Anschließend wird die innere Schleife für die 30 Tage im Monat durchlaufen. Die Instruktion **Einfügen** wandelt den in der numerischen Variablen `Tage` gespeicherten Wert mit Hilfe der Funktion **Str$()** in eine Zeichenfolge um und fügt ihn in ein Dokument ein (mit der Anweisung **Einfügen** können Sie keine numerischen Werte einfügen).

Sie können **For...Next**-Anweisungen auf vielerlei Arten einrichten. Die folgende Tabelle enthält einige Beispiele für unterschiedliche Anfangs- und Endwerte und deren mögliche Inkremente.

Beispiel	Ergebnis
`For dutzend = 0 To 144 Step 12`	Die Variable `dutzend` inkrementiert von 0 bis 144 in Schritten zu je 12.
`For countdown = 10 To 1 Step -1`	Die Variable `countdown` dekrementiert von 10 bis 1 in Schritten zu je -1.
`For schleife = start To ende Step größe`	Die Variable `schleife` inkrementiert vom Wert der Variablen `start` zum Wert der Variablen `ende`, wobei die Schrittgröße der Variablen `größe` entspricht.
`For zahl = zahl To zahl + 10`	Der Anfangswert der Variablen `zahl` wird in Schritten von jeweils 1 (das Standardinkrement) um zehn erhöht.

Beachten Sie, daß das Inkrement der **For...Next**-Schleife (der Wert nach **Step**) eine positive oder eine negative Zahl sein kann – positive Zahlen vergrößern den Zähler, negative Zahlen verkleinern ihn. Wenn der Endwert größer als der Startwert ist (beispielsweise `For x = 1 To 10`), muß das Inkrement positiv sein. Wenn der Endwert kleiner ist (beispielsweise `For x = 10 To 1`), muß das Inkrement negativ sein.

Die Select Case-Bedingung

Select Case eignet sich vor allem für Situationen, in denen Sie verschiedene Bedingungen oder einen Bereich von Bedingungen überprüfen möchten. Sie funktioniert ähnlich wie die **If**-Bedingung, das Überprüfen von mehreren Bedingungen kann jedoch rationeller durchgeführt werden. Verwenden Sie die folgende Syntax (Argumente in eckigen Klammern sind optional):

Select Case *Ausdruck*
   Case *CaseAusdruck*
     (Reihe von) Instruktion(en)
   [**Case Else**
     (Reihe von) Instruktion(en)]
End Select

Eine **Select Case**-Bedingung kann eine beliebige Anzahl von **Case**-Instruktionen enthalten. Das Ergebnis von *Ausdruck* wird mit den Werten von *CaseAusdruck* in jeder einzelnen **Case**-Instruktion verglichen, bis eine Übereinstimmung gefunden wird. Wird eine Übereinstimmung gefunden, so werden die Instruktionen im Anschluß an die entsprechende **Case**-Instruktion ausgeführt. Wird keine Übereinstimmung gefunden, so werden die Instruktionen ausgeführt, die auf **Case Else** folgen. Wenn keine **Case Else**-Instruktion vorhanden ist und auch keine Übereinstimmung gefunden werden kann, zeigt Word eine Fehlermeldung an. Um sicherzugehen, sollten Sie immer eine **Case Else**-Instruktion angeben – auch wenn ihr keine Anweisungen folgen und sie nichts bewirkt. Auf diese Weise wird unabhängig vom Wert von *Ausdruck* gewährleistet, daß Word keinen Fehler erzeugt. In *CaseAusdruck* können Sie die Instruktion **Is** verwenden, um logische Operatoren zum Vergleichen von *Ausdruck* mit einem anderen Wert heranzuziehen. Ein Beispiel: `Case Is > 5`. Die Instruktion **To** dient dazu, auf Werte innerhalb eines bestimmten Bereichs zu prüfen, wie zum Beispiel bei `Case 10 To 20` (hierbei werden 10 und 20, die Grenzwerte des Bereichs, mit berücksichtigt).

Beispiele

Ein Makro, der einen Kalender erstellt, muß anzeigen, wie viele Tage jeder Monat hat. Vier Monate haben 30 Tage, doch Februar hat 28 Tage (außer in Schaltjahren), und die restlichen Monate haben 31 Tage. Im folgenden Beispiel prüft die **Select Case**-Instruktion den Wert der Variablen `monate` und weist dann der Variablen `letzter` einen entsprechenden Wert zu. Die Variable `monate` ist eine Zahl zwischen 1 und 12, die den zwölf Monaten des Jahres entspricht.

```
Select Case monate            'Wähle den Wert des Monats aus
Case 4,6,9,11                 'Wenn der Monat 4, 6, 9 oder 11 ist,
    letzter = 30              'hat der Monat 30 Tage
Case 2                        'Wenn der Monat 2 ist (Februar),
    letzter = 28              'hat der Monat 28 Tage
Case Else                     'Anderenfalls
    letzter = 31              'hat der Monat 31 Tage
End Select
```

Beachten Sie, daß die erste **Case**-Instruktion mehrere Werte enthält, die jeweils durch ein Komma voneinander getrennt sind. Wenn monate einem dieser Werte entspricht, wird die Instruktion hinter der **Case**-Anweisung (letzter = 30) ausgeführt.

Das folgende Beispiel verwendet die Funktion **FVName$()**. Sie liefert den Namen der Formatvorlage, die auf den Absatz angewandt wurde, in dem sich die Einfügemarke befindet. Jede **Case**-Instruktion schlägt den Namen einer Formatvorlage vor und vergleicht ihn mit dem von **FVName$()** gelieferten Namen. Wenn der Name der Formatvorlage mit dem vorgeschlagenen Namen übereinstimmt, wird die Instruktion ausgeführt, die auf die **Case**-Instruktion folgt.

```
Select Case FVName$()                    'Wähle aktuelle Formatvorlage aus
Case "Liste1"                            'Wenn es "Liste1" ist
    ExtrasNumerierungAufzählungen .Art = 0
                                         'füge ein Aufzählungszeichen hinzu
Case "Liste2"                            'Wenn es "Liste2" ist
    BeginnZeile                          'gehe zum Zeilenanfang
    Einfügen "-" + Chr$(9)               'und füge einen Bindestrich und
                                         'ein Tabstopzeichen ein
Case Else                                'Anderenfalls
    MsgBox "Ist nicht Formatvorlage Liste"
                                         'zeige eine Meldung an
End Select
```

Das folgende Beispiel veranschaulicht, wie Sie mit **Is** und **To** in einer **Case**-Instruktion einen Wertebereich überprüfen können. Das Beispiel verwendet die Funktion **Rnd()**, um eine Zufallszahl zwischen 0 (Null) und 10 zu erzeugen. Die **Case**-Instruktionen überprüfen die von **Rnd()** generierte Zahl und zeigen eine entsprechende Meldung an.

```
Select Case Int(Rnd() * 10)        'Generiere eine Zufallszahl
                                   'zwischen 0 und 10
Case 0, 1, 3                       'Wenn die Zahl 0, 1 oder 3 ist:
    Print "0, 1 oder 3"            'zeige diese Meldung an
Case Is > 8                        'Wenn die Zahl größer als 8 ist:
    Print "Größer als 8"           'zeige diese Meldung an
Case 4 To 8                        'Wenn sie zwischen 4 und 8 liegt:
    Print "Zwischen 4 und 8"       'zeige diese Meldung an
Case Else                          'Anderenfalls
    Print "Es ist 2"               'zeige diese Meldung an
End Select
```

Die zweite **Case**-Instruktion prüft mit **Is** und dem Größer-als-Operator (>), ob der Wert größer als 8 ist. Die dritte **Case**-Instruktion verwendet **To**, um Werte zu überprüfen, die zwischen 4 und 8 liegen (inklusive 4 und 8).

Die Goto-Anweisung

Goto ist weder eine Bedingung noch eine Schleife. Diese Anweisung ist in diesem Abschnitt enthalten, weil sie, ähnlich wie eine Bedingung oder eine Schleife, den Ablauf eines Makros steuern kann – d.h. die Reihenfolge, in der Word die Instruktionen eines Makros interpretiert. **Goto** teilt Word mit, zu einer bestimmten Zeile im Makro zu gehen und die Instruktionen von dieser Zeile an fortzusetzen. Unter Programmierern hat **Goto** den Ruf, für schwer lesbaren Code verantwortlich zu sein. Dieser Code wird mitunter auch „Spaghetti-Code" genannt, da der Programmablauf nur schwer erkennbar ist. In Maßen eingesetzt kann **Goto** jedoch für bestimmte Schleifenarten nützlich sein.

Beachten Sie auch, daß Fehlerbehandlungsinstruktionen in WordBasic normalerweise die Anweisung **Goto** mitverwenden. Informationen zum Thema Fehlerbehandlung finden Sie in Kapitel 7, „Der wohlerzogene Makro".

Die Syntax für **Goto** lautet:

Goto *Marke*

Word geht damit gleich zu der Makrozeile, die mit *Marke* anfängt. Diese Zeile muß sich aber in der gleichen Unterroutine oder benutzerdefinierten Funktion befinden wie die Anweisung **Goto** selbst. Näheres finden Sie unter „Unterroutinen und benutzerdefinierte Funktionen" weiter unten in diesem Kapitel. Eine Zeilenmarke muß ganz am Anfang einer Zeile stehen (das heißt, es darf ihr auch kein Leer- oder Tabstopzeichen voranstehen) und mit einem Doppelpunkt (:) beendet werden. Ansonsten decken sich die Regeln für Zeilenmarken mit denen für Variablennamen, die Sie in Kapitel 3, „WordBasic-Grundlagen", nachlesen können.

Statt einer Zeilenmarke können Sie auch Zeilennummern mit einer **Goto**-Anweisung verwenden. Der Gebrauch von Zeilennummern ist in WordBasic allerdings nicht üblich; die Unterstützung von Zeilennummern dient hauptsächlich der Kompatibilität mit alten Basic-Programmen, in denen Zeilennummern verwendet werden mußten. Genau wie eine Zeilenmarke muß auch eine Zeilennummer ganz am Anfang der Zeile stehen, braucht jedoch im Gegensatz zu einer Marke keinen nachstehenden Doppelpunkt. Die höchste zulässige Zeilennummer ist 32759.

Im folgenden Beispiel wird mit der Funktion **InputBox$()** eine Mitgliedsnummer abgefragt, die immer 11 Stellen haben muß. Die Länge der vom Benutzer eingegebenen Zahl wird auf eine höhere Stellenanzahl hin überprüft und gegebenenfalls wird der Benutzer mit einer Meldung aufgefordert, die Mitgliedsnummer noch einmal einzugeben.

```
nochmals:
Antwort$ = InputBox$("Bitte geben Sie Ihre Mitgliedsnummer ein:")
If Len(Antwort$) > 11 Then
    MsgBox "Zu viele Ziffern. Probieren Sie es erneut."
    Goto nochmals
End If
```

Die **Goto**-Instruktion „schickt" Word zur Zeilenmarke `nochmals:`, damit der vollständige Ablauf der Instruktionen wiederholt wird. Beachten Sie, daß in der **Goto**-Instruktion der Doppelpunkt hinter der Zeilenmarke `nochmals:` weggelassen wird.

> **Verschachteln von Bedingungsblöcken und Schleifen**
>
> Bedingungsblöcke und Schleifen müssen oft ineinander *verschachtelt* werden – das heißt, eine Serie (oder ein „Block") von Bedingungsinstruktionen oder eine Schleife wird in einen anderen Bedingungsblock bzw. eine andere Schleife eingebaut. Im folgenden Beispiel wird eine **If**-Bedingungsprüfung innerhalb eines **Select Case**-Bedingungsblocks verwendet, um der Variablen Letzter den Wert 29 zuzuweisen, falls der Monat 2 (Februar) ist und es sich um ein Schaltjahr handelt:
>
> ```
> Select Case diesermonat       'Finde den Wert von Monat.
>     Case 4,6,9,11             'Falls Monat gleich 4,6,9 oder 11,
>         letzter = 30          'hat der Monat 30 Tage.
>     Case 2                    'Falls Monat gleich 2 (Februar) ist
>         If schaltjahr = 1 Then  'und es ein Schaltjahr ist,
>             letzter = 29      'dann hat der Monat 29 Tage.
>         Else                  'Andernfalls
>             letzter = 28      'hat der Monat 28 Tage.
>         End If                'Ende der If-Bedingungsprüfung
>     Case Else                 'Trifft keine Bedingung zu,
>         letzter = 31          'dann hat der Monat 31 Tage
> End Select
> ```
>
> WordBasic unterstützt bis zu 16 Verschachtelungsebenen. Allerdings empfiehlt es sich, nicht mehr als drei oder vier zu verwenden, da ein Makro sonst unleserlich und seine Logik undurchschaubar werden kann.

Datenfeldvariablen

Eine *Datenfeldvariable* gibt einer Gruppe von verwandten Werten einen gemeinsamen Namen und ordnet sie in Form einer Liste oder Tabelle an. Die Vorteile von Datenfeldern gegenüber herkömmlichen Variablen sind:

- Eine Gruppe verwandter Variablen kann einfacher gehandhabt werden, wenn sie in einem Datenfeld angeordnet ist.
- Eine **For**...**Next**-Schleife kann mit einem Datenfeld verwendet werden, um vielen Variablen auf rationelle Art einen Wert zuzuweisen.

- Durch Ändern der Größe eines Datenfeldes kann ein Makro während seiner Ausführung Variablen erstellen, so daß Sie nicht im voraus zu wissen brauchen, wie viele Variablen Ihr Makro benötigt. Wenn Sie beispielsweise für den Namen jeder Formatvorlage in einem Dokument eine Variable erstellen möchten, können Sie nicht bereits im voraus sagen, wie viele Variablen hierzu erforderlich sind (unterschiedliche Dokumente können eine unterschiedliche Anzahl von Formatvorlagen enthalten). Mit einem Datenfeld kann Ihr Makro die benötigte Anzahl von Variablen erstellen und bei jedem Ausführen die Werte darin speichern.

Zwar sind Datenfelder leicht zu verstehen und anzuwenden, doch eignen sie sich nicht gut für einfache Makros. Sofern Ihr Makro nicht eine große Anzahl von Werten handhaben muß, benötigen Sie sehr wahrscheinlich keine Datenfelder. In WordBasic werden Datenfelder am häufigsten zum Auflisten von Elementen in einem benutzerdefinierten Dialogfeld verwendet. Weitere Informationen über Datenfelder in benutzerdefinierten Dialogfeldern finden Sie in Kapitel 5, „Arbeiten mit benutzerdefinierten Dialogfeldern".

Definieren eines Datenfelds

Die einzelnen Variablen in einem Datenfeld werden *Elemente* genannt. Sie haben einen gemeinsamen Namen – den Namen des Datenfelds. Die einzelnen Elemente werden voneinander durch einen *Index* unterschieden, wobei jedem Element eine eindeutige Nummer zugewiesen wird. Bevor Sie den Elementen eines Datenfelds Werte zuordnen können, müssen Sie angeben, wie viele Elemente das Datenfeld enthält. Hierzu verwenden Sie die Anweisung **Dim**. Die Syntax lautet:

Dim *DatenfeldvariablenName(LetzteElementNummer)*

Das erste Element eines WordBasic-Datenfelds trägt immer die Nummer 0 (Null). Dies kann zu Verwirrungen führen, da der Index des letzten Elements um 1 kleiner als die Anzahl der Elemente ist. Ein Beispiel:

```
Dim Monate$(11)           'Definiere ein Datenfeld mit 12 Elementen
```

Diese Instruktion definiert ein Datenfeld mit 12 Elementen, die die Namen der zwölf Monate enthalten. Da das erste Element die Nummer 0 (Null) trägt, erhält das letzte Element die Nummer 11.

Eine Datenfeldvariable kann zur Aufnahme von Zahlen oder Zeichenfolgen definiert werden – ein einzelnes Datenfeld kann jedoch nicht *beides* enthalten. Der Name eines Datenfelds für Zeichenfolgewerte muß mit einem Dollarzeichen ($) enden, genau wie bei einer normalen Zeichenfolgevariablen.

Zuordnen von Werten für ein Datenfeld

Nachdem Sie mit der Anweisung **Dim** ein Datenfeld definiert haben, können Sie den darin enthaltenen Elementen Werte zuordnen. Das Zuordnen von Werten zu diesen Datenfeldelementen geschieht genau wie das Zuordnen von Werten zu normalen Variablen. Ein Beispiel:

```
Dim Himmelsrichtung$(3)         'Definiere ein Datenfeld mit 4 Elementen
Himmelsrichtung$(0) = "Ost"
Himmelsrichtung$(1) = "West"
Himmelsrichtung$(2) = "Nord"
Himmelsrichtung$(3) = "Süd"
```

Mitunter kann es nützlich sein, das erste Element des Datenfelds (das Element Null) zu ignorieren. Auf diese Weise können Sie dem Element mit dem Index 1 den ersten Wert, dem Element mit dem Index 2 den zweiten Wert zuordnen usw. Das folgende Beispiel ordnet dem Datenfeld Wochentag$(7) Zeichenfolgewerte zu, so daß die Elemente 1 bis 7 einer Zahl entsprechen, die durch die Funktion **Wochentag()** geliefert wird:

```
Dim Wochentag$(7)               'Definiere ein Datenfeld mit 8 Elementen
Wochentag$(0) = ""              'Weise dem ersten Element keinen Wert zu
Wochentag$(1) = "Sonntag"
Wochentag$(2) = "Montag"
Wochentag$(3) = "Dienstag"
Wochentag$(4) = "Mittwoch"
Wochentag$(5) = "Donnerstag"
Wochentag$(6) = "Freitag"
Wochentag$(7) = "Samstag"
MsgBox "Heute ist " + Wochentag$(Wochentag(Heute()))
```

Sie können auch eine **For**...**Next**-Schleife verwenden, um den Elementen eines Datenfelds Werte zuzuordnen. Das folgende Beispiel definiert zunächst ein Datenfeld, das so viele Elemente enthält, wie Schriftarten verfügbar sind. Die Funktion **ZählenSchriftarten()** liefert diese Zahl. Anschließend fügt die **For**...**Next**-Schleife die Namen aller Schriftarten in das Datenfeld ein. Beachten Sie, daß das Datenfeld so dimensioniert ist, daß das letzte Element die Nummer ZählenSchriftarten() - 1 trägt, und zwar deshalb, weil **ZählenSchriftarten()** die Zählung bei 1 beginnt, der Datenfeldindex dagegen bei 0 (Null).

```
Dim schriftarten$((ZählenSchriftarten() - 1))'Definiere ein Datenfeld
For anzahl = 0 To (ZählenSchriftarten() - 1) 'Wiederhole
                                             'ZählenSchriftarten() Mal
    schriftarten$(anzahl) = Schriftart$(anzahl + 1)
                                             'Weise Schriftartnamen
                                             'Schriftart$() zu
Next
```

Sie können mit dem Datenfeld `schriftarten$()` die Liste der Schriftarten in einem Dialogfeld darstellen. Weitere Informationen über das Verwenden von Datenfeldern in Dialogfeldern finden Sie in Kapitel 5, „Arbeiten mit benutzerdefinierten Dialogfeldern".

Ändern der Größe eines Datenfelds

Mitunter ist es angebracht, daß ein Makro die Größe eines Datenfelds ändert. Ein Makro, der beispielsweise ein Datenfeld mit allen auf dem aktuellen Drucker verfügbaren Schriftarten definiert, könnte zu einem späteren Zeitpunkt einen neuen Drucker auswählen, das ursprüngliche Datenfeld jedoch beibehalten und darin eine neue Schriftartenliste speichern. Da der zweite Drucker möglicherweise eine andere Anzahl von Schriftarten unterstützt, muß der Makro die Größe des Datenfelds ändern, bevor er es erneut verwenden kann.

Zum Ändern der Größe eines Datenfelds verwenden Sie die Anweisung **ReDim**. Die Syntax für **ReDim** ist mit der Syntax für **Dim** identisch:

ReDim *DatenfeldvariablenName(LetzteElementNummer)*

Beachten Sie, daß Sie den Inhalt eines Datenfeldes löschen, wenn Sie dessen Größe verändern. Word erzeugt beim Versuch, mit der Anweisung **Dim** die Größe eines vorhandenen Datenfelds zu ändern, einen Fehler.

Mehrdimensionale Datenfelder

Die Datenfelder in den bisher gezeigten Beispielen ordnen Variablen in einer Liste an. Sie können Variablen jedoch auch in Form einer Tabelle anordnen. Angenommen, Sie möchten eine Variable für jeden Tag eines Jahres erstellen. Hierzu könnten Sie ein Datenfeld definieren, das 365 Variablen auflistet. Ein Beispiel:

```
Dim Jahr(364)          'Definiere ein Datenfeld mit 365 Variablen
```

Sie könnten diese Variablen jedoch besser strukturieren, indem Sie sie in Form einer Tabelle anordnen. Sie könnten sie beispielsweise so anordnen, daß jede Zeile der Tabelle einem Monat und jede Spalte einem Tag entspricht:

```
Dim Jahr(11,30)        'Definiere ein Datenfeld mit 12 Zeilen
                       'und 31 Spalten
```

Diese Art Datenfeld wird ein *zweidimensionales* Datenfeld genannt, wohingegen die weiter oben in diesem Kapitel vorgestellten Datenfelder *eindimensionale* Datenfelder sind. Sie können Datenfelder mit drei und mehr Dimensionen erstellen – sofern die Speicherkapazität Ihres Computers dies zuläßt – doch kommen in der Praxis Datenfelder mit mehr als zwei Dimensionen nur selten vor.

Um ein Datenfeld mit mehr als einer Dimension zu definieren, listen Sie die Anzahl der Elemente jeder Dimension in einer einfachen **Dim**-Anweisung auf. Die Syntax für ein zweidimensionales Datenfeld lautet:

Dim *DatenfeldvariablenName(LetzteElementNummer1, LetzteElementNummer2)*

Im folgenden Beispiel eines zweidimensionalen Datenfelds haben beide Dimensionen fünf Elemente:

```
Dim Versandliste$(4,4)          'Definiere ein zweidimensionales
                                'Datenfeld mit 5 x 5 Feldern
```

Die 25 Elemente des Datenfelds können Sie sich folgendermaßen vorstellen:

0,0	0,1	0,2	0,3	0,4
1,0	1,1	1,2	1,3	1,4
2,0	**2,1**	2,2	2,3	2,4
3,0	3,1	3,2	3,3	3,4
4,0	4,1	4,2	4,3	4,4

——— Versandliste(2,1)

Jedes Feld der Tabelle ist ein Element im Datenfeld – ein leerer Platz für eine Zeichenfolge, da `DIM Versandliste$(4,4)` eine Zeichenfolgen-Datenfeldvariable definiert. Jedes Nummernpaar in der obigen Abbildung ist der Index eines Elements des Datenfelds. `Versandliste$(2,1)` bezeichnet beispielsweise das zweite Element in der dritten Zeile. Sie können in diesem Datenfeld fünf Namen mit jeweils einer Anschrift (einschließlich Straße, Hausnummer, Postleitzahl und Ort) speichern. Die erste Spalte enthält den Namen, die zweite Spalte die Straße usw.

Das folgende Beispiel erstellt ein zweidimensionales Datenfeld, das eine Multiplikationstafel für die Zahlen bis einschließlich 10 enthält, und fügt diese Tafel dann in das aktive Dokument ein:

```
Dim MultTabelle(10,10)
For N = 1 To 10
    For M = 1 To 10
    MultTabelle(N,M) = N * M
    Einfügen Str$(MultTabelle(N,M)) + Chr$(9)
    Next
    BearbeitenLöschen -1
EinfügenAbsatz
Next
```

In diesem Beispiel multipliziert die innere Schleife N mit M, ordnet den Wert dem Element `MultTabelle(N,M)` zu und fügt das Produkt und ein Tabstopzeichen in das aktive Dokument ein. Am Ende jeder Zeile löscht der Makro das letzte Tabstopzeichen und fügt eine Absatzmarke ein, um eine neue Zeile zu beginnen.

Sortieren von Datenfeldern

Mit der Anweisung **SortDatenfeld** können Datenfelder alphabetisch oder numerisch sortiert werden. Im folgenden Beispiel werden dem Datenfeld `schriftarten$()` die verfügbaren Schriftarten zugeordnet, und anschließend wird das Datenfeld sortiert:

```
Dim schriftarten$(ZählenSchriftarten() -1)      'Definiere Datenfeld
For anzahl = 0 To (ZählenSchriftarten() -1)     'Wiederhole
                                                'ZählenSchriftarten() Mal
    schriftarten$(anzahl) = Schriftart$(anzahl + 1)
                                'Weise den Schriftartnamen Schriftart$() zu
Next
SortDatenfeld schriftarten$()                   'Sortiere
                                                'Schriftartnamen
```

Ausführliche Informationen über **SortDatenfeld** finden Sie in Teil 2, „WordBasic – Anweisungen und Funktionen".

Unterroutinen und benutzerdefinierte Funktionen

Wenn Ihre Makros umfangreicher werden, können Sie den Code in eigenständige Module unterteilen, die *Unterroutinen* und *benutzerdefinierte Funktionen* genannt werden. Eine Unterroutine ist eine Art „Anweisung nach Maß" zur Durchführung bestimmter Aufgaben. Eine benutzerdefinierte Funktion liefert Informationen und kann ebenfalls eine Aufgabe durchführen. Unterroutinen und Funktionen bieten mindestens zwei Vorteile:

- Instruktionen, die in einer Unterroutine oder Funktion gespeichert sind, können wiederverwendet werden. Ein umfangreicher Makro muß eine bestimmte Aufgabe möglicherweise mehrmals durchführen. Statt die Instruktionen wiederholt anführen zu müssen, können Sie sie in einer Unterroutine oder Funktion speichern, die der Makro bei Bedarf „aufruft". Außerdem sind Unterroutinen und Funktionen nicht nur für den aktuellen Makro, sondern für alle Makros verfügbar, die diese eventuell benötigen.

- Unterroutinen und Funktionen ermöglichen das Unterteilen von umfangreichen Aufgaben in kleinere Teile. Statt einen Makro in einem langen Prozeß erstellen zu müssen, können Sie ihn in leicht überschaubare Teile untergliedern. Da jede Unterroutine oder Funktion einzeln getestet werden kann, sind Fehler leichter als beim Testen des gesamten Makros auffindbar.

Unterroutinen

Eine Unterroutine ist sozusagen ein Makro innerhalb eines Makros. Sie führt genau wie der gesamte Makro eine bestimmte Aufgabe durch. Jeder beliebige Teil eines Makros kann in eine Unterroutine eingefügt werden, doch ist es in der Praxis empfehlenswert, Unterroutinen nur für eigenständige oder mehrfach verwendete Teile zu erstellen. Aus diesem Grund sind Unterroutinen in einfachen Makros meist nicht erforderlich.

Jeder Makro enthält eine Hauptunterroutine, die mit der Anweisung **Sub MAIN** beginnt. Eine von Ihnen erstellte Unterroutine hat dieselbe Syntax, doch ist ein anderer Name erforderlich:

Sub *UnterroutinenName* [(*ArgumentListe*)]
   Reihe von Instruktionen
End Sub

Der *UnterroutinenName* besteht aus einem von Ihnen gewählten Namen, der jedoch nicht mit einem reservierten Wort oder einem Variablennamen identisch sein darf. Es gelten dieselben Einschränken wie bei Variablennamen (siehe „Variablen" in Kapitel 3, „WordBasic-Grundlagen"). *ArgumentListe* ist eine Liste mit durch Kommas getrennten Variablen, die Werte zur Übergabe an die Funktion enthalten. Weitere Informationen erhalten Sie unter „Gemeinsames Verwenden von Werten durch Unterroutinen und Funktionen" weiter unten in diesem Kapitel.

Die **Sub**...**End Sub**-Instruktionen können nicht in die Hauptunterroutine oder in eine weitere Unterroutine eingefügt werden. Unterroutinen können also nicht wie WordBasic-Steuerstrukturen (beispielsweise **For**...**Next**-Schleifen oder **If**-Bedingungen) verschachtelt werden.

Die Instruktion, die die Unterroutine ausführt oder „aufruft", wird jedoch in eine weitere Unterroutine eingefügt. Sie verwenden die Anweisung **Call**, um eine Unterroutine auszuführen, oder Sie können auch nur den Namen der Unterroutine als Instruktion angeben. (Die Anweisung **Call** macht den Makro lesbarer – und zwar wird deutlich, daß nicht eine eingebaute WordBasic-Anweisung, sondern eine Unterroutine ausgeführt wird.) Anschließend führt der Makro die Instruktion in der bezeichneten Unterroutine aus. Nachdem alle Instruktionen in der Unterroutine ausgeführt wurden, geht die Steuerung wieder an die Routine über, die die Unterroutine aufgerufen hat. Dies wird im folgenden Diagramm veranschaulicht.

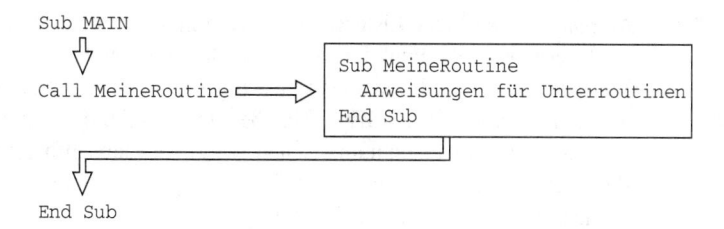

```
Sub MAIN
   ⇩                    ┌─────────────────────────────────────────┐
Call MeineRoutine ═════>│ Sub MeineRoutine                        │
                        │    Anweisungen für Unterroutinen        │
                        │ End Sub                                 │
                        └─────────────────────────────────────────┘
   ⇩
End Sub
```

Im folgenden Beispiel wird die Unterroutine `TonMeldungEnde` aufgerufen, wenn der Benutzer in einem Meldungsfeld als Antwort auf die Frage, ob Word beendet werden soll, auf die Schaltfläche „Ja" klickt:

```
Sub MAIN
    antwort = MsgBox("Möchten Sie Word beenden?", 4)
    If antwort = -1 Then
        Call TonMeldungEnde
    End If
End Sub

Sub TonMeldungEnde
    Beep
    MsgBox("Word wird jetzt beendet...", -8)
    DateiBeenden 1
End Sub
```

Benutzerdefinierte Funktionen

Benutzerdefinierte Funktionen sind Unterroutinen ähnlich – auch sie sind eigenständige Codeteile, die von einer oder mehreren Unterroutinen aufgerufen werden. Im Gegensatz zu Unterroutinen liefert eine benutzerdefinierte Funktion einen Wert, genau wie dies bei den eingebauten WordBasic-Funktionen der Fall ist. Auf benutzerdefinierte Funktionen treffen dieselben Regeln wie auf eingebaute Funktionen zu. Im allgemeinen definieren Sie eine Funktion selbst, wenn WordBasic keine Funktion zum Liefern eines von Ihnen benötigten Wertes enthält.

Neue Funktionen werden ähnlich wie Unterroutinen entworfen, nur verwenden Sie statt einer **Sub**-Instruktion eine **Function**-Instruktion. Die Syntax lautet:

Function *FunktionsName* [(*ArgumentListe*)]
   Reihe von Instruktionen
   FunktionsName = Wert
End Function

ArgumentListe ist eine Liste mit durch Kommas getrennten Variablen, die Werte zur Übergabe an die Funktion enthalten. Die Funktion liefert als Ergebnis einen Wert, der dem Funktionsnamen selbst zugeordnet wird und verwendet dazu die Syntax *FunktionsName = Wert*. Eine benutzerdefinierte Funktion kann als Ergebnis entweder einen numerischen Wert oder Zeichenfolgewert liefern. Beachten Sie, daß Funktionen, die Zeichenfolgewerte liefern, am Ende ihres Namens ein Dollarzeichen haben müssen.

Im folgenden Beispiel wird die Funktion MeinDatumUhrzeit$ von der Hauptunterroutine (Sub MAIN) aufgerufen, um das Datum und die Uhrzeit in einem Meldungsfeld anzuzeigen. Hier werden an die Funktion keine Argumente übergeben; daher braucht der Name auch keine nachstehenden Klammern, wie dies sonst bei den Word-Funktionen immer der Fall ist (zum Beispiel bei **Schriftart$( )**). Die Funktion sieht daher aus wie eine Variable.

```
Sub MAIN
    MsgBox "Datum und Uhrzeit sind: " + MeinDatumUhrzeit$
End Sub

Function MeinDatumUhrzeit$
    meineZeit$ = Time$()
    meinDatum$ = Date$()
    MeinDatumUhrzeit$ = meinDatum$ + " " + meineZeit$
End Function
```

Gemeinsames Verwenden von Werten durch Unterroutinen und Funktionen

Standardmäßig ist eine Variable nur innerhalb der Unterroutine oder Funktion, in der sie ursprünglich verwendet wird, verfügbar. Unterroutinen müssen jedoch häufig Werte austauschen oder gemeinsam verwenden. Hierzu eignen sich die beiden folgenden Verfahren:

- Sie können mit der Anweisung **Dim Shared** eine Variable als *gemeinsam verwendbar* deklarieren.
- Sie können Werte an Unterroutinen oder Funktionen *übergeben*.

Gemeinsam verwendete Variablen

Eine gemeinsam verwendete Variable kann in allen Unterroutinen oder Funktionen des Makros benutzt werden. Die Syntax für eine gemeinsam verwendete Variable lautet:

Dim Shared *Var, Var1, Var2...*

Sie benötigen nur eine einzige **Dim Shared**-Instruktion, um mehrere gemeinsam verwendete Variablen zu deklarieren. Jeder Variablentyp, einschließlich Zahlen, Zeichenfolgen und Datenfelder, kann zur gemeinsamen Verwendung deklariert werden. **Dim Shared**-Instruktionen müssen sich außerhalb einer Unterroutine oder Funktion befinden – sie dürfen nicht in eine Unterroutine oder Funktion eingefügt werden. Dies liegt daran, daß die Instruktion nicht auf eine bestimmte Unterroutine oder Funktion, sondern auf alle Unterroutinen und Funktionen innerhalb des Makros angewandt wird. Normalerweise deklarieren Sie gemeinsam verwendete Variablen am Anfang des Makros, vor der Hauptunterroutine.

Im folgenden Beispiel wird die Variable num als gemeinsam verwendbar deklariert:

```
Dim Shared num              'Deklariere "num" als gemeinsam
                            'verwendbare Variable
Sub MAIN
    num = 6                 'Setze den Wert von num
    ZehnHinzuRoutine        'Rufe die Routine auf
End Sub

Sub ZehnHinzuRoutine
    num = num + 10          'Erhöhe den Wert von num um 10
    Print num               'Zeige den neuen Wert von num an
End Sub
```

Die Hauptunterroutine setzt num auf den Wert 6 und ruft dann die Unterroutine ZehnHinzuRoutine auf. Diese Unterroutine addiert 10 zum Wert von num und zeigt dann als Ergebnis den Wert 16. Wenn num nicht als gemeinsam verwendbare Variable deklariert wäre, lautete das Endergebnis 10, da num zu Beginn der Unterroutine ZehnHinzuRoutine keinen Wert besäße.

Jede Unterroutine kann den Wert einer gemeinsam verwendbaren Variablen beeinflussen. Wenn Sie mit zahlreichen Unterroutinen arbeiten, können gemeinsam verwendbare Variablen eine Fehlerquelle bilden. Angenommen, Sie möchten eine Variable mit dem Namen „anzahl" in zwei Unterroutinen verwenden. Wenn Sie später vergessen, daß Sie „anzahl" bereits verwendet haben und in einer neuen Unterroutine nochmals verwenden, kann dies zu einem unerwarteten Fehler führen, der evtl. schwer zu finden und zu beheben ist. Solche Fehler können Sie verhindern, indem Sie Variablenwerte durch Unterroutinen- oder Funktionsargumente übergeben.

Übergeben von Werten an Unterroutinen oder Funktionen

Sie können Werte von einer Unterroutine oder benutzerdefinierten Funktion direkt an eine andere übergeben, indem Sie *Argumente* verwenden. Argumente sind Variablen in einer Unterroutine, die ihre Werte von der Unterroutine erhalten, die sie aufruft. Im Gegensatz zu gemeinsam verwendbaren Variablen, deren Werte von jeder Unterroutine oder Funktion beeinflußt werden können, hängen die zwischen Unterroutinen oder benutzerdefinierten Funktionen übergebenen Werte nur von den beteiligten Unterroutinen bzw. Funktionen ab.

Die Syntax für Unterroutinenargumente in der Anweisung **Call** lautet:

[**Call**] *UnterroutinenName* [*Argument1*, *Argument2*, ...]

Die Syntax zur Übergabe von Werten an eine benutzerdefinierte Funktion ist ähnlich. Der Hauptunterschied besteht darin, daß die Argumente in Klammern eingeschlossen werden:

FunktionsName[(*Argument1*, *Argument2*, ...)]

Es kann eine beliebige Anzahl von Werten übergeben werden; die Werte müssen aber immer durch Kommas getrennt sein.

Im folgenden Beispiel wird ein Wert an die Funktion ZehnHinzuRoutine übergeben, die schon weiter oben in einem anderen Beispiel verwendet wurde:

```
Sub MAIN
    num = 6                        'Bestimme den Wert von "num"
    ZehnHinzuRoutine num           'Rufe Routine auf und lege "num" fest
End Sub

Sub ZehnHinzuRoutine(Var1)
    Var1 = Var1 + 10               'Erhöhe den Wert von Var1 um 10
    Print Var1                     'Zeige den neuen Wert von Var1 an
End Sub
```

Das folgende Beispiel verwendet eine Funktion namens BerechneMittelwert(), die den Mittelwert von zwei Zahlen ermittelt. Die Variablen a und b, die als 6 und 10 definiert sind, werden an diese Funktion übergeben, die dann den Mittelwert dieser zwei Zahlen errechnet. Durch die Anweisung **Print** in der Routine Sub MAIN wird dann das Ergebnis angezeigt.

```
Sub MAIN
    a = 6
    b = 10
    Print BerechneMittelwert(a, b)
End Sub

Function BerechneMittelwert(num1, num2)
    BerechneMittelwert = (num1 + num2) / 2
End Function
```

Hier ist zu beachten, daß die Variablennamen in der Unterroutine oder benutzerdefinierten Funktion nicht mit den Namen der übergebenen Variablen übereinstimmen müssen. Dagegen muß aber die Reihenfolge der Argumente übereinstimmen. In unserem Beispiel wird der Wert der Variablen a an die Variable num1 und der Wert von b an die Variable num2 übergeben.

Sie können Zeichenfolgen, numerische Werte und Datenfelder an Unterroutinen und benutzerdefinierte Funktionen übergeben. Im nachstehenden Beispiel wird das Datenfeld schriftnamen$ an die Unterroutine FüllSchriftDatenfeld übergeben, die das Datenfeld mit der Liste der Namen von verfügbaren Schriftarten füllt.

```
Sub MAIN
    letztereintrag = ZählenSchriftarten() -1
    Dim schriftnamen$(letztereintrag)
    FüllSchriftDatenfeld$(schriftnamen$(), letztereintrag)
End Sub

Sub FüllSchriftDatenfeld$(datenfeld$(), maxanzahl)
    For datenfeldanzahl = 0 To maxanzahl
        datenfeld$(datenfeldanzahl) = Schriftart$(datenfeldanzahl + 1)
    Next
End Sub
```

Übergabe von Argumenten nach Adresse oder Wert

Wenn Sie eine Variable an eine Unterroutine oder benutzerdefinierte Funktion übergeben, können diese den Wert der Variablen nicht nur in der jeweiligen Unterroutine oder Funktion selbst, sondern auch in der aufrufenden Unterroutine ändern. Diese Art der Übergabe erfolgt „*nach Adresse*". Im folgenden Beispiel wird die Variable gruß$ auf diese Weise an die Unterroutine NeuerGruß übergeben. Anschließend zeigt die Hauptunterroutine den Gruß an, den die Unterroutine NeuerGruß von „Hallo" in „Was gibt's Neues?" geändert hat.

```
Sub MAIN
    gruß$ = "Hallo"
    NeuerGruß gruß$
    MsgBox gruß$
End Sub

Sub NeuerGruß(ändern$)
    ändern$ = "Was gibt's Neues?"
End Sub
```

Wenn Sie den Wert eines Arguments an eine Unterroutine übergeben möchten, ohne den Ausgangswert in der aufrufenden Unterroutine zu ändern, müssen Sie eine Übergabe *„nach Wert"* durchführen. In WordBasic übergeben Sie ein Argument nach Wert, indem Sie es in Klammern setzen.

Im folgenden Beispiel wird das Argument gruß$ nach Wert übergeben; daher bleibt der Grußtext unverändert („Hallo"), wenn die Hauptunterroutine Sub MAIN den Gruß anzeigt.

```
Sub MAIN
    gruß$ = "Hallo"
    NeuerGruß (gruß$)
    MsgBox gruß$
End Sub

Sub NeuerGruß(ändern$)
    ändern$ = "Was gibt's Neues?"
End Sub
```

Im folgenden Beispiel wird die Variable a nach Adresse und die Variable b nach Wert übergeben:

```
Sub MAIN
    a = 6
    b = 10
    EinsPlusMittel a,(b)
    MsgBox "a =" + Str$(a) + " und b =" + Str$(b)
End Sub

Sub EinsPlusMittel(erstwert, zweitwert)
    erstwert = erstwert + 1
    zweitwert = zweitwert + 1
    mittelw =  (erstwert + zweitwert) / 2
    Print mittelw
End Sub
```

Die Unterroutine `EinsPlusMittel` addiert 1 zu jedem an sie übergebenen Wert und zeigt dann in der Statusleiste den Mittelwert der beiden Werte an. Nachdem die Ausführung der Unterroutine `EinsPlusMittel` beendet ist und die Steuerung wieder an die Hauptunterroutine übergeht, zeigt diese das folgende Meldungsfeld an, aus dem hervorgeht, daß das nach Adresse übergebene Argument geändert wurde, wohingegen das nach Wert übergebene konstant blieb.

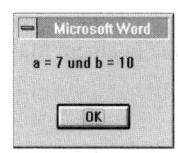

[Microsoft Word: a = 7 und b = 10, OK]

Beachten Sie Folgendes: Wenn Sie mehr als ein Argument an eine Unterroutine übergeben und das *erste* Argument nach *Wert* übergeben möchten, müssen Sie die Argumentliste in Klammern einschließen. Angenommen, Sie haben zwei Argumente (a und b) und möchten a nach Wert und b nach Adresse übergeben, dann würde die Instruktion folgendermaßen aussehen:

```
ZehnHinzuRoutine((a),b)
```

Bei der Übergabe von Argumenten an eine benutzerdefinierte Funktion tauchen diese Unterschiede nicht auf, da eine Argumentliste, die an eine Funktion übergeben wird, sowieso immer in Klammern stehen muß.

Verwenden von Unterroutinen und Funktionen aus anderen Makros

Sie können auch Unterroutinen und Funktionen aufrufen, die in anderen Makros gespeichert sind. Sie können daher Bibliotheken von häufig verwendeten Unterroutinen und Funktionen anlegen, so daß Sie den entsprechenden Code nicht ständig neu schreiben oder kopieren müssen.

Zum Aufrufen einer Unterroutine, die in einem anderen Makro gespeichert ist, verwenden Sie die folgende Syntax:

[**Call**] *MakroName.UnterroutinenName* [(*ArgumentListe*)]

MakroName ist der Name des Makros, der die Unterroutine enthält, und *UnterroutinenName* ist der Name der zu verwendenden Unterroutine. Die optionale *ArgumentListe* ist die Liste der Werte zur Übergabe an die Unterroutine. Dies funktioniert genau wie beim Übergeben von Werten innerhalb desselben Makros. Sie können Zeichenfolgewerte, numerische Werte und in einem Datenfeld gespeicherte Werte übergeben.

Die Dokumentvorlage, in der der bezeichnete Makro gespeichert ist, kann die aktive Dokumentvorlage, die Dokumentvorlage „Normal" oder eine geladene globale Dokumentvorlage sein. Unterroutinen und Funktionen, die in der Dokumentvorlage „Normal" gespeichert sind, sind immer verfügbar. Nähere Informationen über das Laden einer Dokumentvorlage als globale Dokumentvorlage finden Sie im Abschnitt „Makros und Dokumentvorlagen" in Kapitel 2, „Erste Schritte mit Makros".

Das folgende Beispiel ist eine Unterroutine, die in einem Makro mit dem Namen „Bibliothek" enthalten ist:

```
Sub SignalTöne
    Beep : Beep : Beep              'Erzeuge drei Signaltöne
    For t = 1 to 100 : Next         'Pause
    Beep : Beep : Beep              'Erzeuge drei weitere Signaltöne
End Sub
```

Hier ein Beispiel eines Makros, der die Unterroutine `SignalTöne` aufruft:

```
Sub MAIN
    JA = -1
    antw = MsgBox("Signaltöne hören?", 36)      'Frage an Benutzer
    If antw = JA Then Bibliothek.SignalTöne     'Wenn JA, SignalTöne
                                                'ausführen
End Sub
```

Zur Verwendung einer in einem anderen Makro gespeicherten Funktion geben Sie dieselbe Syntax für *MakroName.FunktionsName[(ArgumentListe)]* an. Angenommen, die folgende Funktion ist im Makro „Bibliothek" gespeichert:

```
Function MeinDatumZeit$
    meinDatum$ = Date$()
    meineZeit$ = Time$()
    MeinDatumZeit$ = meinDatum$ + " " + meineZeit$
End Function
```

In einem Makro mit dem Namen „ÜberprüfeDatumZeit" können Sie diese Funktion folgendermaßen aufrufen:

```
Sub MAIN
    MsgBox "Datum und Uhrzeit sind: " + Bibliothek.MeinDatumZeit$
End Sub
```

Ausführen eines anderen Makros innerhalb Ihres Makros

Neben dem Aufruf von Unterroutinen und Funktionen, die in anderen Makros gespeichert sind, haben Sie die Möglichkeit, einen Makro innerhalb eines anderen Makros auszuführen. Es ist manchmal sinnvoll, innerhalb eines größeren Makros, der verschiedene Aufgaben erledigt, einen anderen Makro für eine dieser Aufgaben aufzurufen. Einen Makro rufen Sie wie eine Unterroutine oder eine Funktion auf. Auch hier ist das Schlüsselwort **Call** optional. Sie können beispielsweise folgende Instruktion verwenden, um einen Makro namens EinstellungenÄndern aufzurufen:

```
Call EinstellungenÄndern
```

Sie können das Schlüsselwort **Call** auch weglassen:

```
EinstellungenÄndern
```

Ein Makro läßt sich auch über **ExtrasMakro** ausführen:

```
ExtrasMakro .Name = "EinstellungenÄndern", .Anzeigen = 3, /
    .Ausführen
```

Die Verwendung von **ExtrasMakro** zum Ausführen eines Makros hat den Vorteil, daß Sie die Dokumentvorlage festlegen können, in der der auszuführende Makro gespeichert ist. In obigem Beispiel führt **ExtrasMakro** den Makro „EinstellungenÄndern" aus, der in der Dokumentvorlage gespeichert ist, die dem aktiven Dokument zugeordnet ist. Wenn Sie die Anweisung **Call** verwenden, sucht Word den auszuführenden Makro zuerst in der Dokumentvorlage, die den aufrufenden Makro enthält. Nur wenn er dort nicht vorhanden ist, fährt Word mit der Suche in anderen Dokumentvorlagen fort. Dieser Unterschied zwischen **ExtrasMakro** und **Call** zeigt sich unter Umständen dann, wenn verschiedene Dokumentvorlagen gleichnamige Makros enthalten.

Beim Aufrufen von Unterroutinen oder Funktionen von anderen Makros aus sollten Sie die folgenden Punkte beachten:

- Gemeinsam verwendbare Variablen, die in einem Makro aufgerufen werden, sind in einem anderen Makro nicht verfügbar. Immer wenn ein Makro eine Unterroutine oder Funktion von einem anderen Makro aus aufruft, werden alle im Makro deklarierten gemeinsam verwendeten Variablen neu belegt.

- Wertübergaben an die Hauptunterroutine sind genauso wie Wertübergaben an andere Unterroutinen möglich. Beachten Sie jedoch, daß die Hauptunterroutine zum Aufnehmen von Werten eingerichtet sein muß. Eine Hauptunterroutine oder Funktion, die mit der Instruktion `Sub MAIN(a, b)` eingerichtet wird, erfordert die Übergabe von zwei Werten aus dem Makro, der sie aufruft. Wenn Sie also eine Hauptunterroutine auf diese Art zur Aufnahme von Werten einrichten, können Sie den Makro, der die Hauptunterroutine enthält, nur ausführen, wenn Sie ihn von einem anderen Makro aus aufrufen.

- Ein Makro kann die Syntax zum Aufrufen einer Unterroutine oder Funktion in einem anderen Makro nicht dazu verwenden, eine Unterroutine oder Funktion innerhalb von sich selbst aufzurufen. Wenn beispielsweise der Makro „ÜberprüfeDatumZeit" die Unterroutine „SignalTöne" enthielte, würde die Instruktion `Call ÜberprüfeDatumZeit.SignalTöne` einen Fehler verursachen. Gleichermaßen kann eine Unterroutine oder Funktion, die von einem anderen Makro aufgerufen wurde, ihrerseits keine Unterroutine oder Funktion aus dem aufrufenden Makro aufrufen.

- Beschränken Sie Aufrufe zwischen Makros auf vier bis fünf Verschachtelungsebenen. Eine dreifache Verschachtelung liegt beispielsweise vor, wenn Makro A eine Unterroutine in Makro B aufruft, die wiederum eine Unterroutine in Makro C, die Makro D ausführt, aufruft.

- Sind mehrere Makros mit dem festgelegten Namen verfügbar, sucht Word den Makro zuerst in der Dokumentvorlage des aufrufenden Makros. Die Dokumentvorlagen „Normal" und „Beispiel" enthalten beispielsweise beide einen Makro namens „Hallo". Wenn ein in der Dokumentvorlage „Normal" gespeicherter Makro ein Dokument öffnet, dem die Dokumentvorlage „Beispiel" zugeordnet ist, und dann eine Unterroutine in „Hallo" aufruft, führt Word die Unterroutine in dem „Hallo"-Makro aus, der in der Dokumentvorlage „Normal" gespeichert ist. Dies geschieht auch dann, wenn „Beispiel" die aktive Dokumentvorlage (da dem aktiven Dokument zugeordnet) ist. Existiert die aufgerufene Unterroutine in dem in „Normal" gespeicherten Makro „Hallo" nicht, erzeugt Word einen Fehler (Word sucht die Unterroutine nicht im „Hallo"-Makro der Dokumentvorlage „Beispiel").

Wichtig Es ist nicht möglich, eine Unterroutine oder benutzerdefinierte Funktion, die in einem anderen Makro gespeichert ist, aufzurufen, wenn der Name der Unterroutine oder Funktion mit dem Namen eines Arguments einer WordBasic-Anweisung, die einem Dialogfeld entspricht, identisch ist. Die Instruktion `Bibliothek.Textfluß` führt beispielsweise zu einem Fehler, da **.Textfluß** ein Argument der Anweisung **BearbeitenSuchen** ist.

Dialogdatensätze

Sie können eine Variable erstellen, die die Einstellungen eines Word-Dialogfelds aufnimmt. Eine solche Variable wird *Dialogdatensatz* genannt. Sie kann folgendermaßen eingesetzt werden:

- Sie können mit einem Dialogdatensatz die Einstellungen der Optionen in einem Dialogfeld abrufen oder ändern, ohne das Dialogfeld anzeigen zu müssen.

- Sie können mit einem Dialogdatensatz ein Word-Dialogfeld anzeigen und die Einstellungen der Optionen in diesem Dialogfeld ändern. Wenn Sie ein Dialogfeld anzeigen, entsprechen dessen Einstellungen normalerweise dem aktuellen Status des aktiven Dokuments bzw. von Word selbst. Vielleicht möchten Sie aber die in einem Dialogfeld angezeigten Einstellungen ändern. Beispielsweise zeigt das Dialogfeld **Datei-Info** (Menü **Datei**) normalerweise den Namen des Autors an. Ein Makro könnte nun in einen Dialogdatensatz einen Wert für das Dialogfeld **Datei-Info** einfügen, so daß der Name des ursprünglichen Autors durch einen anderen Namen ersetzt wird, sobald das Dialogfeld angezeigt wird.

Definieren eines Dialogdatensatzes

Zum Definieren eines Dialogdatensatzes verwenden Sie die Anweisung **Dim**. Die Syntax lautet:

Dim *Dialogdatensatz* **As** *Dialogfeldname*

Dialogdatensatz kann ein beliebiger Name sein, der keinem reservierten Wort entspricht. Es gelten die gleichen Einschränkungen wie bei Zeichenfolge- bzw. numerischen Variablen (siehe auch unter „Variablen" in Kapitel 3, „WordBasic-Grundlagen). *Dialogfeldname* kann eine beliebige WordBasic-Anweisung sein, die einem Dialogfeld entspricht. Die WordBasic-Anweisung beispielsweise, die dem Dialogfeld **Öffnen** (Menü **Datei**) entspricht, heißt **DateiÖffnen**, so daß „DateiÖffnen" ein gültiger *Dialogfeldname* ist. Wenn Sie sich nicht sicher sind, wie der gültige *Dialogfeldname* für ein Dialogfeld lautet, können Sie in „Anweisungen und Funktionen nach Kategorien" und unter „Anweisungen und Funktionen A-Z" in Teil 2, „WordBasic – Anweisungen und Funktionen", nachschlagen.

Es folgen einige Beispiele für Dialogdatensätze:

```
Dim FADatensatz As FormatAbsatz      'Definiere einen Dialog-
                                     'datensatz "FADatensatz"
                                     'für das Dialogfeld
                                     'FormatAbsatz
```

```
Dim SchriftartDatensatz As FormatZeichen    'Definiere einen Dialog-
                                            'datensatz
                                            '"SchriftartDatensatz" für
                                            'das Dialogfeld
                                            'FormatZeichen

Dim EOADatensatz As ExtrasOptionenAnsicht   'Definiere einen
                                            'Dialogdatensatz
                                            '"EOADatensatz"
                                            'für das Dialogfeld
                                            '(Registerkarte)
                                            'ExtrasOptionenAnsicht
```

Wie aus dem letzten Beispiel hervorgeht, können Sie für Dialogfelder, die Registerkarten enthalten, sowohl den Namen des Dialogfelds als auch den Namen der Registerkarte angeben. Sie müssen in diesem Fall „ExtrasOptionenAnsicht" und nicht nur „ExtrasOptionen" angeben. Wenn Sie sich nicht sicher sind, ob Sie auf diese Weise eine Registerkarte in einem bestimmten Dialogfeld angeben können, schlagen Sie in Teil 2, „WordBasic – Anweisungen und Funktionen", unter der Anweisung nach, die dem Dialogfeld entspricht.

Abrufen und Ändern von Dialogfeldeinstellungen

Nachdem Sie einen Dialogdatensatz definiert haben, fügen Sie mit der Anweisung **GetCurValues** die aktuellen Werte des Dialogfelds in den Dialogdatensatz ein. Das folgende Beispiel kopiert die aktuellen Einstellungen aus der Registerkarte **Ansicht** im Dialogfeld **Optionen** (Menü **Extras**) in den Dialogdatensatz EOADatensatz:

```
Dim EOADatensatz As ExtrasOptionenAnsicht   'Definiere einen Dialog-
                                            'datensatz "EOADatensatz"
GetCurValues EOADatensatz                   'Rufe aktuelle Werte ab
```

Sie können die Werte der Dialogfeldoptionen, die in einem Dialogdatensatz gespeichert sind, unter Verwendung der folgenden Syntax abrufen oder ändern:

Dialogdatensatz.Dialogfeldoption

Dialogfeldoption ist ein Argument für die WordBasic-Anweisung, die dem Dialogfeld entspricht, dessen Optionen in *Dialogdatensatz* gespeichert sind. Eine Liste der gültigen Argumente finden Sie unter der jeweiligen WordBasic-Anweisung in Teil 2, „WordBasic – Anweisungen und Funktionen".

Das folgende Beispiel ruft die aktuelle Einstellung des Kontrollkästchens „Platzhalter für Grafiken" auf der Registerkarte **Ansicht** im Dialogfeld **Optionen** (Menü **Extras**) ab und fügt sie in die Variable grafik ein:

```
Dim EOADatensatz As ExtrasOptionenAnsicht
GetCurValues EOADatensatz
grafik = EOADatensatz.GrafikPlatzhalter
```

Sie können den Wert einer Einstellung in einem Dialogdatensatz ändern, indem Sie ihr einen Wert zuordnen, wie dies auch bei anderen Variablen möglich ist. Ein Beispiel:

```
Dim EOADatensatz As ExtrasOptionenAnsicht
GetCurValues EOADatensatz
EOADatensatz.GrafikPlatzhalter = 1
ExtrasOptionenAnsicht EOADatensatz
```

In diesem Beispiel wird dem Argument .GrafikPlatzhalter der Wert 1 zugeordnet. Dies entspricht dem Aktivieren des Kontrollkästchens „Platzhalter für Grafiken". Die letzte Instruktion dieses Beispiels (ExtrasOptionenAnsicht EOADatensatz) aktiviert die in EOADatensatz gespeicherten Einstellungen. Diese Instruktion wird benötigt, da sich das Ändern der Werte in einem Dialogdatensatz nicht automatisch gleich auf Word auswirkt. Nur die WordBasic-Anweisung, die dem Dialogfeld entspricht, kann die Änderungen durchführen.

Die folgende WordBasic-Anweisung ist mit den vier Instruktionen im vorhergehenden Beispiel identisch:

```
ExtrasOptionenAnsicht .GrafikPlatzhalter = 1
```

Sie sehen, daß es nicht sehr rationell ist, einen einzelnen Wert in einem Dialogfeld mit einem Dialogdatensatz zu ändern. Wenn Sie jedoch einen Dialogdatensatz erstellen, um Werte aus Dialogfeldern abzurufen, können Sie mit dem Dialogdatensatz einen Wert bedingt ändern. Dieses Verfahren wird am häufigsten angewandt, um eine Dialogfeldoption umzukehren.

Verwenden eines Dialogdatensatzes zum Ändern der Einstellung eines Kontrollkästchens

Unter dem *Aktivieren/Deaktivieren* eines Kontrollkästchens oder Befehls wird verstanden, dessen aktuellen Status oder Wert umzukehren. Sie können den Wert eines Kontrollkästchens in einem Dialogfeld umkehren, da dieses nur einen von zwei möglichen Zuständen aufweisen kann – es ist entweder aktiviert oder deaktiviert. Dasselbe gilt für einige Word-Befehle. Wenn Sie beispielsweise aus dem Menü **Ansicht** den Befehl **Lineal** wählen, blendet Word das Lineal aus, falls es sichtbar war, oder blendet es ein, wenn es nicht sichtbar war. Der aktuelle „Status" des Lineals (ein- oder ausgeblendet) wird in beiden Fällen umgekehrt.

Mit dem entsprechenden Dialogdatensatz können Sie einen Makro erstellen, der die Einstellung jedes beliebigen Kontrollkästchens umkehrt. Anschließend können Sie den Makro einem Shortcut oder einem Menü zuordnen, um schnell auf ihn zugreifen zu können. Der folgende Makro aktiviert bzw. deaktiviert das Kontrollkästchen „Absatzmarken" auf der Registerkarte **Ansicht** im Dialogfeld **Optionen** (Menü **Extras**), um Absatzmarken ein- oder auszublenden:

```
Sub MAIN
    Dim EOADatensatz As ExtrasOptionenAnsicht    'Definiere einen
                                                 'Dialogdatensatz
                                                 '"EOADatensatz"
    GetCurValues EOADatensatz                    'Rufe die aktuellen
                                                 'Werte ab
    If EOADatensatz.Absatz = 1 Then              'Wenn aktiv:
        EOADatensatz.Absatz = 0                  'Deaktiviere
                                                 'Kontrollkästchen
    Else                                         'Anderenfalls:
        EOADatensatz.Absatz = 1                  'Aktiviere Kontrollkästchen
    End If
    ExtrasOptionenAnsicht EOADatensatz           'Setze Dialogfeld zurück
End Sub
```

Der folgende Makro wendet ein anderes Verfahren an, um verborgenen Text ein- oder auszublenden:

```
Sub MAIN
    Dim EOADatensatz As ExtrasOptionenAnsicht       'Definiere einen
                                                    'Dialogdatensatz
                                                    '"EOADatensatz"
    GetCurValues EOADatensatz                       'Rufe aktuelle Werte ab
    EOADatensatz.Verborgen = Abs(EOADatensatz.Verborgen - 1)
                                                    'Kehre den Status um
    ExtrasOptionenAnsicht EOADatensatz              'Setze Dialogfeld zurück
End Sub
```

Dieser Makro ändert den Wert des Kontrollkästchens „Verborgener Text" auf der Registerkarte **Ansicht** des Dialogfelds **Optionen** durch den Ausdruck `Abs(EOADatensatz.Verborgen - 1)`. Das Kontrollkästchen „Verborgener Text" hat entweder den Wert 0 (Null), wenn es deaktiviert ist, oder den Wert 1, wenn es aktiviert ist:

- Wenn das Kontrollkästchen deaktiviert ist, ist `EOADatensatz.Verborgen - 1` gleichbedeutend mit 0–1, oder –1. Die Funktion **Abs()** macht die negative Zahl positiv, so daß das Endergebnis von `Abs(EOADatensatz.Verborgen - 1)` 1 lautet. Hierdurch wird das Kontrollkästchen aktiviert.

- Wenn das Kontrollkästchen aktiviert ist, ist `EOADatensatz.Verborgen - 1` gleichbedeutend mit 1-1, oder 0. Die **Abs()**-Funktion hat in diesem Fall keine Wirkung, und das Endergebnis von `Abs(EOADatensatz.Verborgen - 1)` ist 0. Hierdurch wird das Kontrollkästchen deaktiviert.

Anzeigen eines Dialogfelds

Nachdem Sie einen Dialogdatensatz erstellt haben, können Sie mit der Anweisung **Dialog** oder der Funktion **Dialog()** das entsprechende Dialogfeld anzeigen. Damit erhält der Benutzer die Möglichkeit zur Festlegung bzw. Änderung von Einstellungen im Dialogfeld, bevor der Makro weiter ausgeführt wird. Das folgende Beispiel zeigt das Dialogfeld **Optionen** (Menü **Extras**) an, wobei die Registerkarte **Ansicht** sichtbar ist. Nachdem der Benutzer das Dialogfeld geschlossen hat, wird die Anweisung **ExtrasOptionenAnsicht** mit den evtl. geänderten Einstellungen ausgeführt.

```
Dim EOADatensatz As ExtrasOptionenAnsicht   'Definiere einen
                                            'Dialogdatensatz
                                            '"EOADatensatz"
GetCurValues EOADatensatz                   'Füge die aktuellen Werte
                                            'in den Datensatz ein
Dialog EOADatensatz                         'Zeige Dialogfeld an
ExtrasOptionenAnsicht EOADatensatz          'Führe ExtrasOptionenAnsicht
                                            'mit neuen Einstellungen aus
```

Beachten Sie, daß die Instruktion **GetCurValues** erforderlich ist. Ohne diese Instruktion zeigt der Makro ein Dialogfeld ohne Wert an – ein Dialogfeld, das den aktuellen Zustand von Word nicht widerspiegelt. Die Instruktion **ExtrasOptionenAnsicht** ist zur Aktivierung der Einstellungen notwendig, die der Benutzer im Dialogfeld auswählt. Würde diese Instruktion weggelassen, könnte der Benutzer zwar Einstellungen ändern und dann „OK" wählen, aber der Befehl würde nicht ausgeführt werden.

Sie können in ein Dialogfeld vor dem Anzeigen spezifische Werte einfügen, indem Sie die Einstellungen verschiedener Dialogdatensatz-Optionen vor dem Ausführen von **Dialog** oder **Dialog()** ändern. Das folgende Beispiel erstellt einen Dialogdatensatz für das Dialogfeld **Datei-Info** (Menü **Datei**) und ändert den Inhalt des Felds „Autor":

```
Dim DIDatensatz As DateiDateiInfo      'Definiere einen
                                       'Dialogdatensatz
                                       '"DIDatensatz"
GetCurValues DIDatensatz               'Rufe die aktuellen Werte ab
DIDatensatz.Autor = "Max Müller"       'Füge im Feld "Autor" einen Namen
                                       'ein
Dialog DIDatensatz                     'Zeige Dialogfeld "Datei-Info" an
DateiDateiInfo DIDatensatz             'Führe Instruktion DateiDateiInfo
                                       'aus
```

Die Instruktion **Dialog** zeigt das Dialogfeld **Datei-Info** (Menü **Datei**) an, wobei sich der Name „Max Müller" im Feld „Autor" befindet. Dies wird in der folgenden Abbildung veranschaulicht.

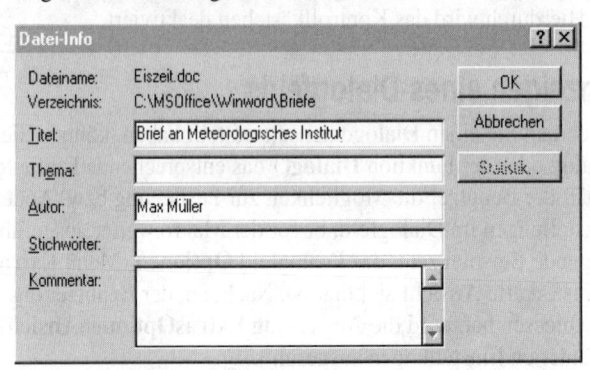

```
Datei-Info                                              ? ×
Dateiname:    Eiszeit.doc                           ┌─────────┐
Verzeichnis:  C:\MSOffice\Winword\Briefe            │   OK    │
                                                    ├─────────┤
Titel:        Brief an Meteorologisches Institut    │Abbrechen│
                                                    ├─────────┤
Thema:                                              │Statistik│
                                                    └─────────┘
Autor:        Max Müller

Stichwörter:

Kommentar:
```

Überprüfen, wie ein Dialogfeld geschlossen wird

Nachdem ein Makro ein Dialogfeld anzeigt, muß er prüfen, wie der Benutzer das Dialogfeld schließt, um eine Fehlermeldung zu vermeiden. Wenn der Benutzer die Schaltfläche „OK" wählt, sollte der Makro den mit dem Dialogfeld verbundenen Befehl ausführen. Wenn der Benutzer die Schaltfläche „Abbrechen" wählt, sollte der Makro den Befehl nicht ausführen. Wie Sie das Schließen eines Dialogfelds überprüfen, hängt davon ab, ob Sie zum Anzeigen des Dialogfelds die Anweisung **Dialog** oder die Funktion **Dialog()** verwenden.

- Wenn Sie die Funktion **Dialog()** verwenden, liefert sie einen Wert, der der zum Schließen des Dialogfelds verwendeten Schaltfläche entspricht. Sie können anschließend diesen Wert in einer Bedingungsanweisung verwenden, um festzustellen, wie der Makro fortfahren soll.

- Wenn ein Dialogfeld mit der Anweisung **Dialog** angezeigt wird und der Benutzer die Schaltfläche „OK" oder „Schließen" wählt, fährt Word mit der nächsten Instruktion im Makro fort. Wenn der Benutzer jedoch „Abbrechen" wählt, beendet Word die Makroausführung und zeigt eine Fehlermeldung an. Durch eine **On Error**-Anweisung können Sie die Fehlermeldung jedoch verhindern.

Hier ein Beispiel, das eine **Dialog()**-Funktion und eine **If**-Bedingung verwendet, um zu prüfen, ob der Benutzer das Dialogfeld mit der Schaltfläche „OK" oder mit „Abbrechen" geschlossen hat.

```
Dim DIDatensatz As DateiDateiInfo    'Definiere einen
                                     'Dialogdatensatz
                                     '"DIDatensatz"
GetCurValues DIDatensatz             'Rufe die aktuellen Werte ab
```

```
DIDatensatz.Autor = "Max Müller"      'Füge im Feld "Autor" einen Namen
                                      'ein
auswahl = Dialog(DIDatensatz)         'Zeige das Dialogfeld an und
                                      'melde gewählte Schaltfläche
If auswahl = -1 Then                  'Wenn "OK", dann
    DateiDateiInfo DIDatensatz        'Instruktion DateiDateiInfo mit
                                      'veränderten
                                      'Einstellungen ausführen
End If
```

Die Schaltfläche „OK" liefert den Wert -1; die Schaltfläche „Abbrechen" liefert den Wert 0 (Null). In diesem Beispiel wird der von Dialog(DIDatensatz) gelieferte Wert in der Variablen auswahl gespeichert. Wenn der Benutzer die Schaltfläche „OK" wählt, führt der Makro die Anweisung **DateiDateiInfo** aus – die WordBasic-Anweisung, die dem Dialogfeld **Datei-Info** entspricht. Anderenfalls passiert nichts.

Im folgenden Beispiel wird die Anweisung **On Error Goto** verwendet, um den Fehler aufzufangen, der durch Betätigen der Schaltfläche „Abbrechen" erzeugt wird, wenn das Dialogfeld **Öffnen** mit der Anweisung **Dialog** angezeigt wird:

```
Dim DÖDatensatz As DateiÖffnen        'Definiere einen
                                      'Dialogdatensatz
                                      '"DÖDatensatz"
GetCurValues DÖDatensatz              'Rufe die aktuellen Werte ab
On Error Goto Auffang                 'Gehe zur Marke "Auffang", wenn
                                      'der Benutzer "Abbrechen" wählt
Dialog DÖDatensatz                    'Zeige das Dialogfeld "Öffnen" an
DateiÖffnen DÖDatensatz               'Führe DateiÖffnen mit
                                      'Änderungen aus
Goto bye                              'Gehe zur Marke "bye"
Auffang:                              'Marke für On Error Goto-Anweisung
MsgBox "Makro kann nicht fortgesetzt werden."
                                      'Fehlermeldung
bye:                                  'Marke für Goto-Anweisung
```

Dieses umfassendere Beispiel verwendet die Instruktion **On Error Goto**, um eine Fehlermeldung anzuzeigen, wenn der Benutzer die Schaltfläche „Abbrechen" wählt. Durch die Anweisung **MsgBox** wird dem Benutzer mitgeteilt, daß der Makro nicht fortgesetzt werden kann (es wurde ja vom Benutzer keine Datei geöffnet). Weitere Informationen zur Fehlerbehandlung finden Sie in Kapitel 7, „Der wohlerzogene Makro".

KAPITEL 5

Arbeiten mit benutzerdefinierten Dialogfeldern

Für Ihre Makros können Sie benutzerdefinierte Dialogfelder erstellen. Dieses Kapitel beschreibt, wie Sie ein benutzerdefiniertes Dialogfeld mit dem Dialog-Editor entwerfen und es anschließend in einem Makro verwenden. Der letzte Abschnitt dieses Kapitels diskutiert dynamische Dialogfelder – Dialogfelder, die während ihrer Anzeige auf Aktionen des Benutzers reagieren. Das Erstellen dieser Dialogfelder ist zwar etwas umfangreicher als das Erstellen herkömmlicher Dialogfelder, doch stellen sie viele nützliche Fähigkeiten zur Verfügung.

Dieses Kapitel behandelt folgende Themen:

- Dialogfeld-Steuerelemente
- Erstellen von Dialogfeldern mit dem Dialog-Editor
- Verwenden von benutzerdefinierten Dialogfeldern
- Arbeiten mit dynamischen Dialogfeldern

Dialogfeld-Steuerelemente

WordBasic unterstützt die meisten standardmäßigen Windows- und Macintosh-Dialogfeld-Steuerelemente. Dieser Abschnitt beschreibt die für benutzerdefinierte Dialogfelder verfügbaren Steuerelemente und gibt Richtlinien für ihre Verwendung.

OK, Abbrechen und andere Schaltflächen

Jedes benutzerdefinierte Dialogfeld muß mindestens eine Befehlsschaltfläche enthalten: entweder die Schaltfläche „OK", die Schaltfläche „Abbrechen" oder eine andere Schaltfläche. Für jede dieser drei Schaltflächenarten enthält WordBasic unterschiedliche Dialogfeld-Definitionsanweisungen. Ein häufiger Verwendungszweck einer Schaltfläche ist das Anzeigen eines weiteren Dialogfelds.

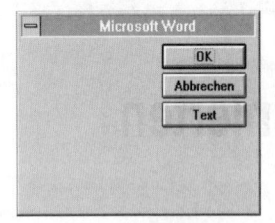

Listenfelder, Dropdown-Listenfelder und Kombinationsfelder

Sie können Listenfelder, Dropdown-Listenfelder oder Kombinationsfelder verwenden, um eine Liste von Elementen anzuzeigen, aus denen der Benutzer wählen kann. Ein Dropdown-Listenfeld spart Platz, verdeckt jedoch, nach unten erweitert, vorübergehend andere Dialogfeld-Steuerelemente. Ein Kombinationsfeld ermöglicht dem Benutzer, ein Element aus einer Liste auszuwählen oder ein neues Element einzugeben. Die in Listenfeldern, Dropdown-Listenfeldern oder Kombinationsfeldern angezeigten Elemente werden in einem Datenfeld gespeichert. Dieses Datenfeld wird vor den Instruktionen, die das Dialogfeld definieren, erstellt.

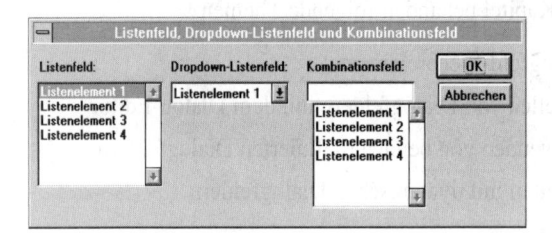

Kontrollkästchen

Kontrollkästchen werden verwendet, um zwischen „Ja oder Nein" bzw. „Aktiviert oder Deaktiviert" zu wählen. Mit einem Kontrollkästchen können Sie beispielsweise eine Symbolleiste anzeigen oder ausblenden oder dem markierten Text eine Formatierung zuweisen oder diese entfernen.

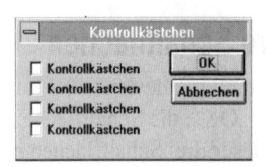

Textfelder und Text

Ein Textfeld-Steuerelement ist ein Feld, in das der Benutzer Text eingeben kann, während das Dialogfeld angezeigt wird. Standardmäßig besteht ein Textfeld aus nur einer Textzeile, doch können Sie seine Größe ändern, so daß es mehrere Zeilen enthält. (Innerhalb eines mehrzeiligen Textfelds wird der Text umbrochen, und der Benutzer kann durch Drücken der EINGABETASTE eine neue Zeile beginnen.) Text-Steuerelemente zeigen vom Benutzer nicht veränderbaren Text in einem Dialogfeld an. Sie werden oft zum Beschriften von Textfeldern verwendet.

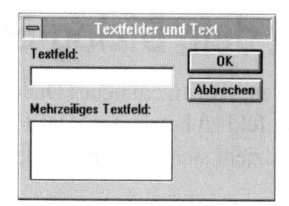

Gruppenfelder und Optionsfelder

Optionsfelder werden verwendet, um dem Benutzer eine Auswahl verschiedener Möglichkeiten zu bieten. Gruppenfelder umrahmen normalerweise eine Gruppe von Optionsfeldern. Gruppenfelder können außerdem dazu verwendet werden, eine Gruppe von Kontrollkästchen oder andere zusammengehörige Steuerelemente zusammenzufassen.

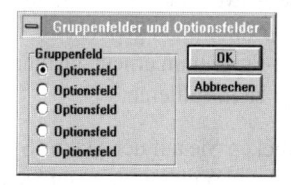

Grafiken und Dateivorschau

Ein benutzerdefiniertes Dialogfeld kann Grafiken oder „Bilder" und außerdem ein Feld zur Dateivorschau enthalten. In diesem Feld wird eine kleinformatige Darstellung eines Word-Dokuments angezeigt. Jedes Dialogfeld kann nur ein Dateivorschaufeld enthalten. Grafiken können als Datei, als AutoText-Eintrag, als Element in der Zwischenablage oder als Element, das durch eine Textmarke in einem Dokument gekennzeichnet ist, gespeichert werden.

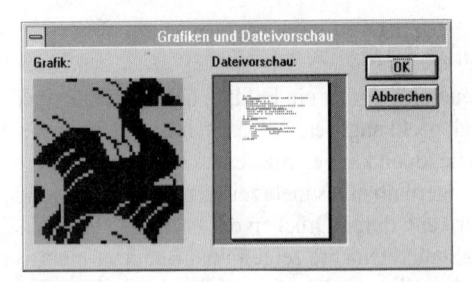

Erstellen von Dialogfeldern mit dem Dialog-Editor

Sie können den Dialog-Editor verwenden, um ein neues Dialogfeld zu erstellen oder ein bereits vorhandenes Dialogfeld zu bearbeiten. Das Erstellen eines benutzerdefinierten Dialogfelds vollzieht sich in der folgenden Reihenfolge:

1. Entwerfen Sie das Dialogfeld mit dem Dialog-Editor.
2. Markieren Sie das fertiggestellte Dialogfeld und kopieren Sie es in den Makro, in dem Sie es verwenden möchten.
3. Fügen Sie die Instruktionen hinzu, die zum Anzeigen des Dialogfelds und zum Abrufen von Informationen aus diesem Dialogfeld erforderlich sind.

Starten des Dialog-Editors

Der Dialog-Editor ist eine separate Anwendung, die im Lieferumfang von Word enthalten ist. Wenn Sie den Dialog-Editor nicht gleichzeitig mit Word installiert haben, können Sie das Word-Setup-Programm erneut ausführen, um den Dialog-Editor zu einem späteren Zeitpunkt zu installieren.

Schaltfläche für „Dialog-Editor" (Makro-Symbolleiste)

Zum Starten des Dialog-Editors klicken Sie auf der Makro-Symbolleiste auf die Schaltfläche für „Dialog-Editor". Unter Windows können Sie den Dialog-Editor auch vom Programm-Manager oder Datei-Manager aus starten. Auf dem Macintosh führen Sie den Dialog-Editor aus, indem Sie im Word-Ordner auf das Symbol des Dialog-Editors doppelklicken.

Anmerkung Unter Windows unterstützt der Dialog-Editor keine dreidimensionalen (3D-) Dialogeffekte. Wird jedoch ein mit dem Dialog-Editor unter Windows erstelltes Dialogfeld durch einen WordBasic-Makro dargestellt, hat das Dialogfeld das gleiche 3D-Aussehen wie integrierte Word-Dialogfelder, vorausgesetzt, daß das Kontrollkästchen „3D-Effekte" auf der Registerkarte **Allgemein** im Dialogfeld **Optionen** (Menü **Extras**) aktiviert wurde.

Hinzufügen von Elementen zu Dialogfeldern

Nachdem Sie den Dialog-Editor gestartet haben, wird zunächst ein leeres Dialogfeld angezeigt, zu dem Sie Dialogfeld-Steuerelemente wie Schaltflächen, Text- oder Listenfelder hinzufügen können. Steuerelemente werden im Dialog-Editor *Elemente* genannt. Verwenden Sie das Menü **Element**, um sie einem Dialogfeld hinzuzufügen.

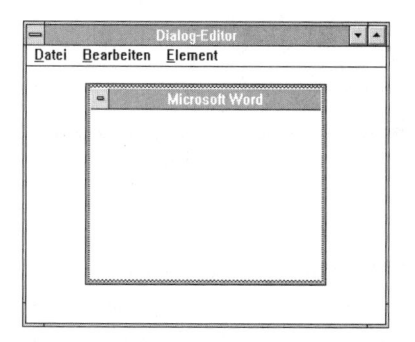

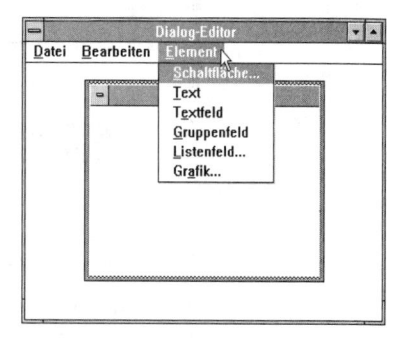

Wenn Sie den Dialog-Editor starten, wird zunächst ein leeres Dialogfeld angezeigt.

Das Menü **Element** im Dialog-Editor

Nachdem Sie über das Menü **Element** ein Element eingefügt haben, bleibt es markiert. Sie können nun die EINGABETASTE drücken, um eine Kopie des markierten Objekts zu erstellen. Wenn ein Kontrollkästchen markiert ist, können Sie beispielsweise die EINGABETASTE drücken, um ein weiteres Kontrollkästchen einzufügen. Beachten Sie jedoch folgendes: Wenn die Schaltfläche „OK" markiert ist und Sie die EINGABETASTE drücken, fügt der Dialog-Editor die Schaltfläche „Abbrechen" hinzu, sofern noch keine vorhanden ist. Gleichermaßen fügt der Dialog-Editor die Schaltfläche „OK" hinzu (sofern noch keine vorhanden ist), wenn die Schaltfläche „Abbrechen" markiert ist und Sie die EINGABETASTE drücken. Wenn die Schaltflächen „OK" und „Abbrechen" bereits vorhanden sind, während Sie bei einer markierten Befehlsschaltfläche die EINGABETASTE drücken, wird eine neue Schaltfläche eingefügt.

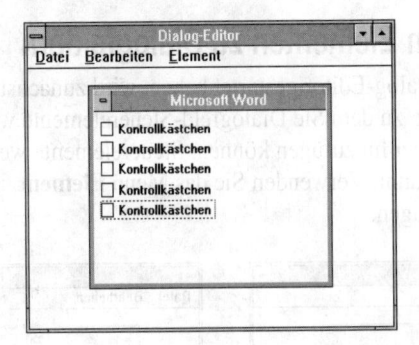

Wenn ein Objekt markiert ist, können Sie die EINGABETASTE drücken, um Kopien zu erstellen.

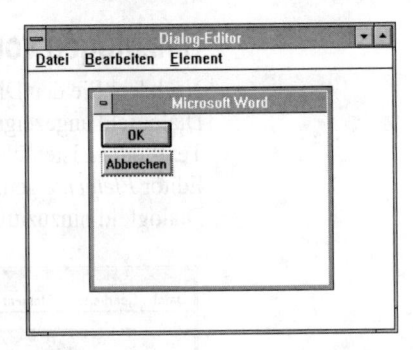

Wenn die Schaltfläche „OK" markiert ist, wird durch Drücken der EINGABETASTE die Schaltfläche „Abbrechen" eingefügt.

Hinzufügen einer Gruppe von Optionsfeldern

Sie können eine Gruppe von Optionsfeldern am einfachsten dadurch einfügen, daß Sie zunächst ein Gruppenfeld erstellen. Durch Drücken der EINGABETASTE fügen Sie dann das erste Optionsfeld in das Gruppenfeld ein, durch erneutes Drücken der EINGABETASTE fügen Sie zusätzliche Optionsfelder hinzu. Um ein Gruppenfeld zu erstellen, wählen Sie **Gruppenfeld** aus dem Menü **Element**. Geben Sie sofort nach dem Erstellen der einzelnen Optionsfelder einen Namen für sie ein. (Wenn ein Optionsfeld markiert ist, können Sie den Standardnamen „Optionsfeld" durch neuen Text ersetzen.)

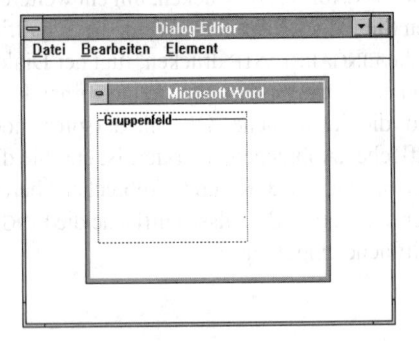

Drücken Sie die EINGABETASTE, während das Gruppenfeld markiert ist, ...

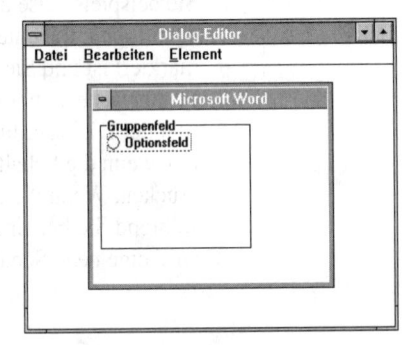

um das erste Optionsfeld einzufügen.

Hinzufügen eines Grafikelements

Verwenden Sie den Befehl **Grafik** im Menü **Element**, um Grafiken in Ihre Dialogfelder einzufügen. Daraufhin wird das Dialogfeld **Neue Grafik** angezeigt, in dem Sie angeben können, wie die neu hinzuzufügende Grafik gespeichert ist: als Datei, als AutoText-Eintrag, als Element in der Zwischenablage oder als Element, das durch eine Textmarke gekennzeichnet ist. Geben Sie im Feld „Text$" im Dialogfeld **Information** (Befehl **Info** im Menü **Bearbeiten**) den Pfad- und Dateinamen der Grafikdatei ein, oder geben Sie einfach **Zwischenablage** ein. Der Dialog-Editor zeigt die Grafik zwar nicht an, doch können Sie das Grafikelement genau wie jedes andere Element verschieben und seine Größe ändern. Den Dateinamen oder Bildtyp können Sie zu einem späteren Zeitpunkt angeben.

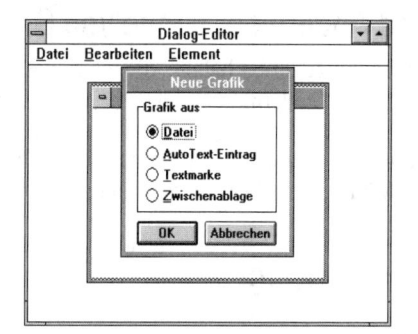

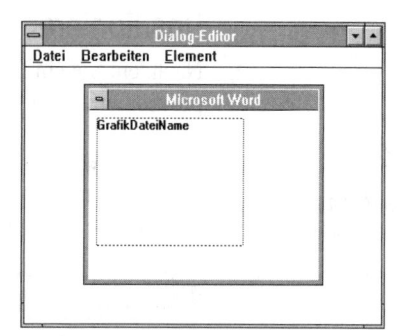

Wählen Sie im Dialogfeld **Neue Grafik** die Art der anzuzeigenden Grafik aus, und wählen Sie anschließend „OK".

Der Dialog-Editor fügt einen Platzhalter ein.

Hinzufügen eines mehrzeiligen Textfelds

Bei Verwendung des Dialog-Editors zum Einfügen eines Textfeld-Steuerelements ist das Textfeld zunächst nur auf eine einzelne Zeile Text ausgelegt. Um daraus ein mehrzeiliges Textfeld zu machen, müssen Sie die Höhe des Textfelds so ändern, daß darin mehrere Textzeilen Platz finden. Der Dialog-Editor läßt jedoch eine Änderung der Textfeldhöhe nicht ohne weiteres zu. Dadurch soll verhindert werden, daß Sie bei Änderung der Feldbreite aus Versehen auch die Höhe ändern. Zur Änderung der Feldhöhe müssen Sie auf das Textfeld doppelklicken, um das Dialogfeld **Information zu Textfeld** mit den für das jeweilige Dialogfeld derzeit gültigen Einstellungen anzuzeigen. Deaktivieren Sie das Kontrollkästchen „Auto" neben „Höhe". Danach können Sie die Textfeldhöhe auf mehrere Zeilen anpassen.

Hinzufügen eines Dateivorschaufelds

Der Dialog-Editor enthält keinen Befehl zum Einfügen eines Dateivorschaufelds. Sie können jedoch ein ähnlich gestaltetes Element, dessen Größe sich anpassen läßt, als Platzhalter verwenden. Ein Gruppenfeld ist hierfür beispielsweise gut geeignet. Beim Einfügen des Dialogfelds in den Makro können Sie dann den Namen der Instruktion für das betreffende Element in **FilePreview** ändern. Beachten Sie dabei, daß ein Dialogfeld nur ein einziges Dateivorschaufeld enthalten kann und daß ein Dialogfeld, das ein Dateivorschaufeld enthält, auch eine Dialogfunktion aufrufen muß. Informationen zu Dialogfunktionen finden Sie unter „Arbeiten mit dynamischen Dialogfeldern" weiter unten in diesem Kapitel. Weitere Hinweise zu Dateivorschaufeldern finden Sie in Teil 2, „WordBasic – Anweisungen und Funktionen", unter **FilePreview**.

Positionieren und Ändern der Größe von Grafiken

Nachdem Sie ein Element hinzugefügt haben, können Sie es mit der Maus positionieren und seine Größe ändern.

Der Mauszeiger zum Verschieben

Positionieren Sie können ein Element positionieren, indem Sie es mit der Maus ziehen. Wenn sich der Mauszeiger über einem Element befindet, nimmt er die Form eines Vierfachpfeils an.

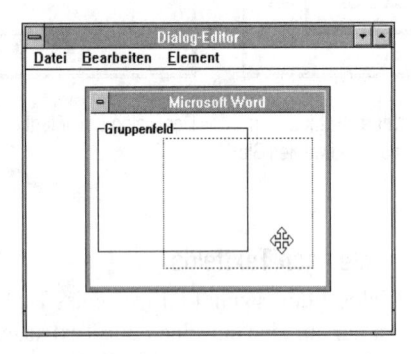

Die punktierte Linie zeigt an, wo sich das Element befinden wird, wenn Sie die Maustaste wieder loslassen.

Die Mauszeiger zum Ändern der Größe

Ändern der Größe Sie können die Größe eines Elements ändern, indem Sie seinen Rahmen mit der Maus ziehen. Wenn sich der Mauszeiger über einem Rahmen befindet, nimmt er die Gestalt eines Doppelpfeils an.

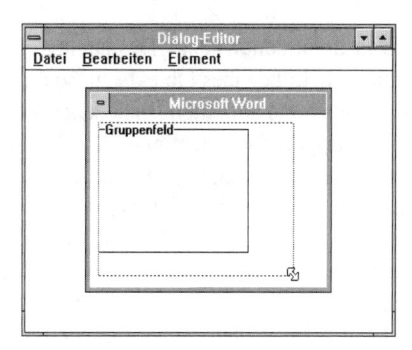

Sie können die untere rechte Ecke eines Elements ziehen, um seine Größe gleichzeitig horizontal und vertikal zu ändern.

Genaues Positionieren und Ändern der Größe

Ausrichten mit der UMSCHALTTASTE Wenn Sie unmittelbar vor dem Verschieben eines Elements die UMSCHALTTASTE drücken und gedrückt halten, können Sie das Element entweder nur vertikal oder nur horizontal verschieben, je nachdem, in welche Richtung Sie die Maus zuerst bewegt haben.

Verwenden der PFEILTASTEN Sie können zum Verschieben oder Ändern der Größe eines markierten Objekts auch die PFEILTASTEN verwenden. Verschieben Sie das Element, indem Sie die PFEILTASTE, die der gewünschten Richtung entspricht, drücken. Um die Größe des Elements zu ändern, halten Sie die UMSCHALTTASTE gedrückt, während Sie eine PFEILTASTE betätigen. Unter Windows bewirkt jedes Drücken einer PFEILTASTE ein Verschieben bzw. Ändern der Größe des markierten Elements um vier X- oder Y-Einheiten. Wenn Sie STRG+PFEILTASTE drücken, bewirkt dies ein Verschieben bzw. Ändern der Größe des markierten Elements um eine einzige X- oder Y-Einheit. Um das markierte Element beispielsweise unter Windows um eine X-Einheit zu verbreitern, drücken Sie STRG+UMSCHALT+NACH-RECHTS-TASTE. Unter Windows drücken Sie die EINGABETASTE, um das Verschieben oder Ändern der Größe eines Objekts abzuschließen und die ESC-TASTE, um das Verschieben oder Ändern der Größe abzubrechen. Auf dem Macinotsh wird das markierte Element durch jedes Drücken einer PFEILTASTE um eine X- oder Y-Einheit verschoben oder in seiner Größe verändert. Halten Sie zusätzlich die WAHLTASTE gedrückt, wird das markierte Element um vier X- oder Y-Einheiten verschoben oder in seiner Größe verändert. Um das markierte Element beispielsweise um eine X-Einheit zu verbreitern, drücken Sie UMSCHALT+NACH-RECHTS-TASTE.

Verwenden des Dialogfelds „Information zu..." Das Dialogfeld **Information zu...** zeigt die genaue Position und Größe eines Objekts an, so daß Sie es präzise einstellen können. Sie können auch auf einen Blick sehen, ob ein Element genau an einem anderen Element ausgerichtet ist. Wenn Sie beispielsweise zwei Elemente horizontal ausrichten möchten, können Sie sich zunächst auf Ihr Augenmaß verlassen und anschließend im Dialogfeld **Information zu...** die genauen Y-Koordinaten einsehen. Wenn ein Element um eine oder zwei Einheiten versetzt ist, können Sie es nun anpassen. Um das Dialogfeld **Information zu...** für ein Element anzuzeigen, doppelklicken Sie auf das Element, oder markieren Sie es und wählen anschließend **Info** aus dem Menü **Bearbeiten**.

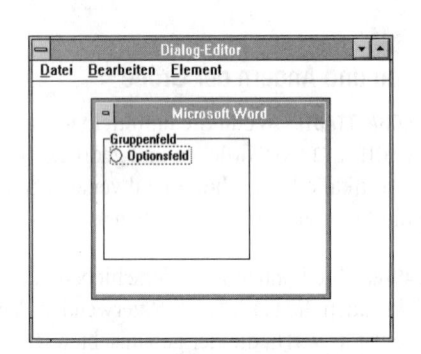

Die Positions-Koordinaten

Die Größen-Koordinaten

Doppelklicken Sie auf ein Steuerelement, ... um Informationen zu diesem Element in einem Dialogfeld anzuzeigen.

Wofür stehen X und Y?

Zum Positionieren und Ändern der Größe von Elementen verwendet der Dialog-Editor X-Einheiten für die horizontale Position und Breite sowie Y-Einheiten für die vertikale Position und Höhe. Da Bildschirme unterschiedliche Auflösungen haben, sind diese Einheiten nicht in absoluten, sondern nur in relativen Maßen definiert. Eine X-Einheit entspricht 1/8 der Systemschriftart unter Windows bzw. der Dialogschriftart auf dem Macintosh. Eine Y-Einheit entspricht 1/12 der Systemschriftart unter Windows bzw. der Dialogschriftart auf dem Macintosh. Beachten Sie, daß unter Windows die Systemschriftart nicht dieselbe Schriftart ist, die zum Anzeigen von Text in einem benutzerdefinierten Dialogfeld verwendet wird.

Im allgemeinen werden Dialog- und Systemschriftart in der Größe aufeinander abgestimmt. Einige Bildschirmtreiber installieren jedoch eine Systemschriftart, die leichter lesbar und überproportional groß ist. Der Windows-Bildschirmtreiber für die SVGA-Auflösung 1024 x 768 (Große Schriftarten) verwendet beispielsweise diese Methode. Ist ein solcher Bildschirmtreiber installiert, wird die Dialogschriftart von Word nicht in gleichem Maße vergrößert wie die Systemschriftart. Dadurch werden Dialogfelder und Dialogfeld-Steuerelemente, deren Ausmaße von der Systemschriftart abhängig sind, stärker vergrößert als der Text in einem Dialogfeld, was den Text etwas eingeschrumpft aussehen läßt. Ähnliche Probleme ergeben sich, wenn Sie ein Dialogfeld definieren, während ein Bildschirmtreiber mit großen Schriftarten installiert ist und dieses Dialogfeld dann über einen Bildschirmtreiber mit kleinen oder normalen Schriftarten anzeigen. Der Text im Dialogfeld wird dabei unter Umständen abgeschnitten (da Dialogfeld-Steuerelemente stärker verkleinert werden als der Text, den sie enthalten).

Um solche Unschönheiten zu vermeiden, sollten Sie Dialogfelder auf einem Treiber mit Standard-VGA-Auflösung definieren. Falls Sie jedoch einen Bildschirmtreiber mit großen Schriftarten installiert haben, sollten Sie sicherstellen, daß Steuerelemente, die Text enthalten (wie z. B. Text- und Optionsfeld-Steuerelemente) etwas größer als notwendig sind, so daß für den Text genug Platz bleibt, wenn er mit einem anderen Bildschirmtreiber angezeigt wird.

Gleichzeitiges Markieren mehrerer Elemente

Sie können mehrere Elemente gleichzeitig markieren, indem Sie die UMSCHALTTASTE gedrückt halten und auf die zusätzlich zu markierenden Elemente klicken. Dies eignet sich vor allem zum Verschieben mehrerer Elemente als Gruppe. Sie können alle Elemente in einem Dialogfeld markieren, indem Sie den Befehl **Alle Elemente auswählen** aus dem Menü **Bearbeiten** wählen.

Markieren einer Gruppe

Optionsfelder oder andere Elemente innerhalb eines Gruppenfelds möchten Sie wahrscheinlich als Gruppe verschieben. Der Dialog-Editor enthält den Befehl **Gruppe auswählen**, mit dem alle Elemente innerhalb eines Gruppenfelds, einschließlich des Gruppenfelds selbst, markiert werden. Gruppenfelder werden am häufigsten dazu verwendet, Optionsfelder zu gruppieren, doch können sie auch jedes andere Element enthalten.

Automatisches Positionieren und Anpassen der Größe

Der Dialog-Editor positioniert einige Elemente automatisch und paßt auch ihre Größe automatisch an. Wenn das Kontrollkästchen „Auto" eines Elements aktiviert ist, können Sie die Position und Größe des Elements nicht ändern. Die automatische Größenanpassung eignet sich für Elemente, deren Größe Sie nicht ändern möchten (beispielsweise die Schaltflächen „OK" und „Abbrechen"). Wenn Sie das automatische Positionieren und Anpassen der Größe eines Elements ein- bzw. wieder ausschalten möchten, doppelklicken Sie auf das Element und aktivieren bzw. deaktivieren dann das Kontrollkästchen „Auto" im Dialogfeld **Information zu...**.

Wenn Sie für die Position eines Elements, das Sie zuvor verschoben haben, das Kontrollkästchen „Auto" aktivieren, kehrt das Element zu der Position zurück, an der es der Dialog-Editor ursprünglich eingefügt hat, so daß es sich nun möglicherweise mit anderen verschobenen Elementen überlappt. Sie können jedoch das automatische Positionieren eines Elements unmittelbar nach dem Einfügen aktivieren, so daß es zwangsweise zusammen mit dem zuvor eingefügten Element verschoben wird. Wenn Sie beispielsweise für die Position eines Textfelds, das unterhalb eines Textelements eingefügt wurde, die Option „Auto" wählen, können Sie durch Ziehen des Textelements beide Elemente gemeinsam verschieben.

Ändern der Größe des Dialogfelds

Nachdem Sie alle benötigten Elemente für ein Dialogfeld hinzugefügt haben, können Sie den Rahmen des Dialogfelds verschieben (Windows) bzw. die Größeneinstellung in der unteren rechten Ecke ziehen (Macintosh), um es an die Elemente anzupassen. Sie können hierzu auch den Befehl **Größe ändern** aus dem Menü **Bearbeiten** wählen oder auf den Rahmen des Dialogfelds doppelklicken (Windows) bzw. auf das Erweiterungsfeld klicken (Macintosh), um den Dialog-Editor die Größenänderung für Sie vornehmen zu lassen.

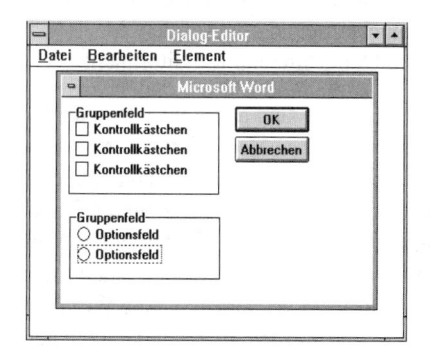

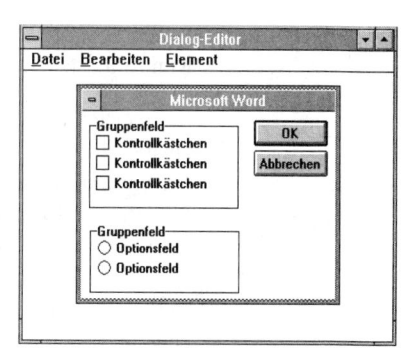

Wenn Sie auf den Rahmen eines Dialogfelds doppelklicken, ... wird die Dialogfeldgröße angepaßt.

Löschen von Elementen

Mit dem Befehl **Löschen** aus dem Menü **Bearbeiten** löschen Sie eines oder mehrere Elemente. Unter Windows können Sie dazu auch ENTF drücken und auf dem Macintosh entweder ENTF oder BEFEHLSTASTE+RÜCKSCHRITTASTE (auf dem Macintosh löscht die RÜCKSCHRITTASTE den Text für die Elementbeschriftung und nicht das Element selbst). Um alle Elemente aus einem Dialogfeld zu löschen, wählen Sie vor dem Löschen entweder das Dialogfeld selbst oder im Menü **Bearbeiten** den Befehl **Alles markieren** aus. Wenn Sie ein völlig neues und leeres Dialogfeld mit Standardbeschriftung, -größe und -position bearbeiten möchten, dann wählen Sie im Menü **Datei** den Befehl **Neu**.

Ändern von Beschriftungen und Bezeichnern

Nachdem Sie ein Element eingefügt haben, hat es zunächst eine Standardbeschriftung wie „Kontrollkästchen", „Optionsfeld" oder „Text". Unmittelbar nach dem Einfügen eines Elements, solange es noch markiert ist, können Sie die Standardbeschriftung durch eine von Ihnen eingegebene Beschriftung ersetzen. Nachdem Sie die Standarbeschriftung geändert haben, können Sie das Element markieren und mit der RÜCKTASTE (Windows) bzw. der RÜCKSCHRITTASTE (Macintosh) den gerade eingegebenen Text löschen oder im Dialogfeld **Information zu...** bearbeiten.

Um das Dialogfeld **Information zu...** anzuzeigen, doppelklicken Sie auf das gewünschte Element oder markieren es und wählen dann aus dem Menü **Bearbeiten** den Befehl **Info**. Im Dialogfeld **Information zu...** bearbeiten Sie die Beschriftung, indem Sie den Text im Feld „Text$" ändern. Das Kontrollkästchen „Auto Quote" ist standardmäßig markiert. Dieses Kontrollkästchen fügt die Beschriftung eines Elements automatisch in Anführungszeichen ein, wenn Sie die Dialogfelddefinition in einen Makro kopieren. Möchten Sie einen Variablennamen als Beschriftung verwenden, deaktivieren Sie das Kontrollkästchen „Auto Quote" (da ein Variablenname nicht von Anführungszeichen umgeben sein darf). Auf dem Macintosh gibt es das Kontrollkästchen „Auto Quote"im Dialog-Editor nicht.

Die meisten Dialogfeldelemente sind dafür ausgelegt, an den Makro, der das Dialogfeld anzeigt, einen Wert zu liefern. In Ihrem Makro verwenden Sie einen *Bezeichner,* um auf den mit einem Dialogfeldelement verknüpften Wert zuzugreifen. Der Dialog-Editor ordnet den Elementen Standardbezeichner zu: beispielsweise „Kontrollkästchen1" oder „Listenfeld2". Verwenden Sie im Dialogfeld **Information zu...** das Feld „Feld", um den Elementbezeichner zu ändern. Das Feld „Feld" hat diesen Namen, da die Werte, die von den Dialogfeldelementen geliefert werden, in einem Dialogdatenatz gespeichert werden. In Programmiersprachen werden Werte, die in einem Datensatz gespeichert werden, „Felder" genannt. In diesem Handbuch wird jedoch der Begriff *Bezeichner* verwendet, denn Bezeichner dienen nicht nur dazu, Felder in Datensätzen festzulegen, sondern auch dazu, Dialogfeldelemente für andere Instruktionen im Makro identifizierbar zu machen.

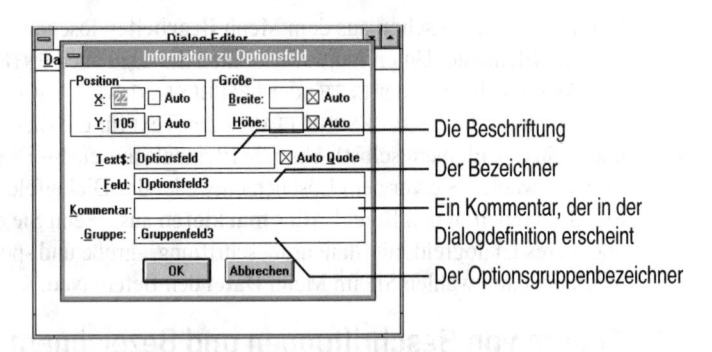

Das Informationsdialogfeld für ein Optionsfeld

Kommentare Im Feld „Kommentar" können Sie einen Kommentar hinzufügen, der in der Dialogfelddefinition erscheint, wenn das Dialogfeld aus dem Dialog-Editor in einen Makro kopiert wird. In Ihrem Makro befindet sich der Kommentar in der gleichen Zeile wie die WordBasic-Instruktion, die mit dem Element verknüpft ist.

Zugriffstasten Zugriffstasten ermöglichen einen direkten Zugriff auf die Elemente eines Dialogfelds über die Tastatur. Wenn Sie für ein Steuerelement in einem benutzerdefinierten Dialogfeld eine Zugriffstaste definieren, kann der Benutzer die ALT-TASTE (Windows) bzw. die BEFEHLSTASTE (Macintosh) und gleichzeitig den entsprechenden Buchstaben drücken, um beispielsweise ein Textfeld zu aktivieren, ein Kontrollkästchen zu markieren bzw. die Markierung daraus zu entfernen oder eine Befehlsschaltfläche zu wählen. Im Dialogfeld **Information zu...** definieren Sie eine Zugriffstaste für ein Element, indem Sie im Feld „Text$" vor dem gewünschten Buchstaben ein kaufmännisches Und-Zeichen (&) einfügen. Im Dialogfeld erscheint dann der entsprechende Buchstabe unterstrichen. (Beachten Sie dabei, daß Sie auf dem Macintosh die BEFEHLSTASTE ein bis zwei Sekunden gedrückt halten müssen, bevor der Buchstabe unterstrichen erscheint.) Wenn Sie eine Zugriffstaste für ein Textfeld definieren möchten, definieren Sie diese für ein Textelement, das mit dem Textfeld verknüpft ist. Um ein Textelement mit einem Textfeld zu verknüpfen, fügen Sie zunächst das Textelement und anschließend das Textfeld ein (wie weiter oben unter „Automatisches Positionieren und Anpassen der Größe" beschrieben). In der Dialogfelddefinition, die beim Einfügen des Dialogfelds in den Makro erstellt wird, muß die **Text**-Anweisung direkt vor der **TextBox**-Anweisung stehen.

Kopieren eines Dialogfelds in einen Makro

Um Ihr Dialogfeld in den Makro, der es anzeigen soll, einzufügen, markieren Sie das Dialogfeld im Dialog-Editor und kopieren es. Hierzu brauchen Sie nur das Dialogfeld selbst und nicht jedes einzelne Element im Dialogfeld zu markieren. Klicken Sie hierzu auf den Dialogfeldtitel, oder wählen Sie aus dem Menü **Bearbeiten** den Befehl **Dialogfeld auswählen**.

Nachdem Sie das Dialogfeld markiert haben, wählen Sie aus dem Menü **Bearbeiten** den Befehl **Kopieren**, um es zu kopieren. Öffnen Sie den Makro in Word, und setzen Sie die Einfügemarke an die Stelle, an der Sie die Dialogfelddefinition einfügen möchten. Fügen Sie das Dialogfeld anschließend ein. Es erscheint als eine Reihe von Instruktionen, die von der Anweisung **Begin Dialog**...**End Dialog** eingeschlossen werden.

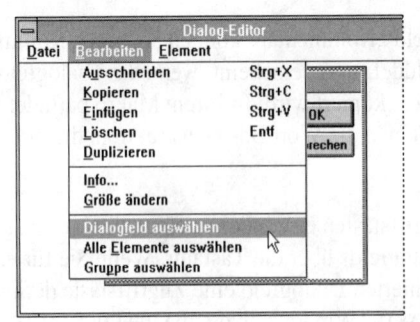

Um das Dialogfeld zu markieren, klicken Sie im Dialog-Editor auf die Titelleiste, oder wählen Sie aus dem Menü **Bearbeiten** den Befehl **Dialogfeld auswählen**.

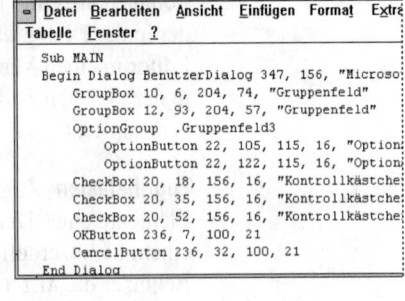

Fügen Sie anschließend in Word die Dialogfelddefinitionen in das Makrobearbeitungsfenster ein.

Beenden des Dialog-Editors

Wählen Sie im Dialog-Editor aus dem Menü **Datei** den Befehl **Beenden**. Wenn Sie ein neues Dialogfeld erstellt oder ein vorhandenes verändert haben, ohne Ihre Arbeit kopiert zu haben, fragt Sie der Dialog-Editor, ob Sie die Daten in die Zwischenablage kopieren möchten. Wenn Sie das Dialogfeld in Word verwenden möchten, wählen Sie hier die Schaltfläche „Ja". Wenn Sie die Schaltfläche „Nein" wählen, gehen das neu erstellte Dialogfeld oder die am vorhandenen Dialogfeld vorgenommenen Änderungen verloren.

Bearbeiten eines vorhandenen Dialogfelds

Sie können ein benutzerdefiniertes Dialogfeld in jedem beliebigen Makro ändern, indem Sie die Dialogfelddefinition aus dem Makro in die Zwischenablage kopieren und dann in den Dialog-Editor einfügen. Anschließend können Sie das Dialogfeld im Dialog-Editor bearbeiten. Beim Kopieren einer Dialogfelddefinition muß die Markierung mit der einleitenden Anweisung **Begin Dialog** beginnen und mit der schließenden Anweisung **End Dialog** aufhören.

Hinweise für den Gebrauch des Dialog-Editors

Die folgenden Hinweise können Ihnen beim Erstellen von benutzerdefinierten Dialogfeldern im Dialog-Editor Zeit und Mühe sparen.

Erstellen Sie Dialogfelder von oben nach unten und von links nach rechts
Innerhalb des Dialog-Editors sind alle Maße relativ zur linken oberen Ecke des Dialogfelds definiert. Wenn Sie die Größe eines Dialogfelds ändern, bleibt die Position von Elementen, die am oberen und linken Rand ausgerichtet sind, relativ zum oberen und linken Rand erhalten. Elemente, die am unteren oder rechten Rand ausgerichtet sind, verlieren dagegen ihre Position.

Verwenden Sie die UMSCHALTTASTE, um Elemente auszurichten Wenn Sie vor dem Verschieben eines Elements mit der Maus die UMSCHALTTASTE drücken und gedrückt halten, können Sie das Element nur in jene Richtung verschieben, in der die erste Bewegung stattfindet. Auf diese Weise können Sie ein Element verschieben und dabei sicher sein, daß die Ausrichtung in der anderen Richtung beibehalten wird. Sie können die UMSCHALTTASTE außerdem verwenden, um mehrere Elemente gleichzeitig zu markieren und zu verschieben, so daß ihre Position zueinander beibehalten wird.

Markieren Sie ein Element, und fügen Sie darunter ein weiteres Element ein Wenn Sie ein neues Element hinzufügen, positioniert es der Dialog-Editor unterhalb des momentan markierten Elements. Wenn Sie dies beachten, können Sie das Verschieben von Elementen auf ein Mindestmaß beschränken. Wenn Sie beispielsweise wissen, daß Sie ein Textfeld mit einer Textbeschriftung hinzufügen möchten, können Sie zuerst die Textbeschriftung und dann das Textfeld einfügen (vorausgesetzt, daß die Beschriftung über dem Textfeld erscheinen soll, was normalerweise der Fall ist).

Fügen Sie zunächst ein Gruppenfeld hinzu Wenn Sie Elemente wie beispielsweise Optionsfelder oder Kontrollkästchen in ein Gruppenfeld einschließen möchten, sollten Sie zuerst das Gruppenfeld erstellen. Wenn Sie zuerst die Kontrollkästchen oder Optionsfelder erstellen, werden sie vom Gruppenfeld nicht eingerahmt, sondern überdeckt.

Erstellen Sie ein Rechteck mit Hilfe eines Gruppenfelds Ein Gruppenfeld enthält normalerweise eine Textbeschriftung, doch wenn Sie die Beschriftung löschen, bildet das Gruppenfeld ein Rechteck, das Sie als Teil Ihres Entwurfs für das Dialogfeld verwenden können.

Führen Sie kleinere Verschiebungen mit den Pfeiltasten durch Unter Windows verschieben Sie durch Drücken einer PFEILTASTE das markierte Element um je vier X- oder Y-Einheiten. Wenn Sie STRG+PFEILTASTE drücken, verschieben Sie es um je eine X- oder Y-Einheit. Um ein Element in seiner Größe zu verändern, drücken Sie UMSCHALTTASTE+PFEILTASTE oder STRG+UMSCHALTTASTE+PFEILTASTE. Drücken Sie die EINGABETASTE, um das Verschieben abzuschließen, oder ESC, um es abzubrechen.

Auf dem Macintosh verschieben Sie durch Drücken einer PFEILTASTE das markierte Element um je eine X- oder Y-Einheit. Wenn Sie WAHLTASTE+PFEILTASTE drücken, verschieben Sie es um je vier X- oder Y-Einheiten. Um ein Element in seiner Größe zu verändern, halten Sie die UMSCHALTTASTE gedrückt und drücken dann eine PFEILTASTE oder WAHLTASTE+PFEILTASTE.

Fügen Sie immer eine Befehlsschaltfläche hinzu Jedes Dialogfeld muß mindestens eine Befehlsschaltfläche enthalten: entweder die Schaltfläche „OK", die Schaltfläche „Abbrechen" oder eine andere Schaltfläche. Anderenfalls erzeugt Word einen Fehler, wenn Sie den Makro, der das Dialogfeld anzeigt, ausführen.

Vermeiden Sie Bereichsüberschreitungen Gelegentlich kommt es vor, daß der Rahmenteil eines großen Elements, etwa eines Gruppenfelds, außerhalb des Dialogfelds liegt, in das es eingefügt wurde. Wenn Sie ein Dialogfeld dieser Art in einen Makro einfügen und diesen dann ausführen, zeigt Word die Meldung an, daß der Wert außerhalb des gültigen Bereichs liegt. Sie vermeiden diesen Fehler dadurch, daß Sie das Element, das den Fehler verursacht, neu positionieren. Ein Makro kann ein Dialogfeldelement nur anzeigen, wenn es sich vollständig innerhalb des Dialogfelds befindet. (Bei Dropdown-Listenfeldern ist eine geringfügige Überschreitung der Dialogfeldgrenzen um maximal 3 mm erlaubt.)

Kleines Dialogfeld-Glossar

Das mit Dialogfeldern verbundene Fachvokabular wirkt zum Teil verwirrend. Dieses Glossar soll zum Verständnis beitragen.

Benutzerdefiniertes Dialogfeld Ein Dialogfeld, das mit WordBasic-Instruktionen definiert wurde. Ein benutzerdefiniertes Dialogfeld wird in der Regel mit dem Dialog-Editor erstellt und dann in einen Makro kopiert. Es wird zum Anzeigen und Zurückgeben von Informationen verwendet.

Dialogfeld-Steuerelement Ein Element eines Dialogfelds, wie etwa eine Befehlsschaltfläche, ein Kontrollkästchen, eine Beschriftung oder ein Listenfeld. Im Dialog-Editor wird ein Dialogfeld-Steuerelement als „Element" bezeichnet. Eine Beschreibung der für benutzerdefinierte Dialogfelder verfügbaren Steuerelemente finden Sie unter „Dialogfeld-Steuerelemente" weiter oben in diesem Kapitel.

Bezeichner des Dialogfeld-Steuerelements Eine Zeichenfolge zur Kennzeichnung eines bestimmten Dialogfeld-Steuerelements. Der Bezeichner wird in Verbindung mit einem Dialogdatensatz dazu verwendet, Werte in Dialogfelder einzufügen und daraus abzurufen und auf Dialogfeld-Steuerelemente zu verweisen.

Dialogfelddefinition Die in die Anweisung **Begin Dialog...End Dialog** eingeschlossenen WordBasic-Instruktionen in einem Makro, durch die ein benutzerdefiniertes Dialogfeld festgelegt wird. Der Dialog-Editor erzeugt die Dialogfelddefinition automatisch.

Dialogfunktion Eine besondere benutzerdefinierte Funktion, die aufgerufen werden kann, während ein benutzerdefiniertes Dialogfeld angezeigt wird. Durch eine Dialogfunktion wird ein benutzerdefiniertes Dialogfeld zum „dynamischen" Dialogfeld, wenn sie auf Ereignisse reagiert, während das Dialogfeld angezeigt wird. Weitere Informationen hierzu finden Sie unter „Arbeiten mit dynamischen Dialogfeldern" im weiteren Verlauf dieses Kapitels.

Dialogdatensatz Eine Variable, die die von einem Word-Dialogfeld oder einem benutzerdefinierten Dialogfeld zurückgegebenen Werte enthält. Jede Einstellung eines Dialogfelds wird in einem Feld des mit dem Dialogfeld verbundenen Datensatzes gespeichert. Weitere Informationen finden Sie in Kapitel 4, „WordBasic für Fortgeschrittene", unter „Dialogdatensätze".

Dynamisches Dialogfeld Ein benutzerdefiniertes Dialogfeld, dessen Inhalt sich als Reaktion auf Benutzeraktionen ändern kann, während es angezeigt wird. Informationen hierzu finden Sie unter „Arbeiten mit dynamischen Dialogfeldern" weiter unten in diesem Kapitel.

Word-Dialogfeld Ein in Word integriertes Dialogfeld. Die meisten Dialogfelder werden mit Hilfe eines Menübefehls angezeigt. Einige dagegen, wie etwa das Dialogfeld **Organisieren**, sind nur über Schaltflächen in anderen Dialogfeldern verfügbar.

Verwenden von benutzerdefinierten Dialogfeldern

Sie entwerfen benutzerdefinierte Dialogfelder, um Informationen darin anzuzeigen oder daraus abzurufen. Nachdem Sie ein Dialogfeld im Dialog-Editor erstellt und in Ihren Makro kopiert haben, müssen Sie ihm noch Instruktionen hinzufügen, um es anzuzeigen und Informationen eingeben oder abrufen zu können. Insgesamt sind folgende Schritte erforderlich:

1. Definieren des Dialogfelds. Hierzu verwenden Sie den Dialog-Editor. Die vom Dialog-Editor erstellten Instruktionen werden *Dialogfelddefinition* genannt.
2. Erstellen eines Dialogdatensatzes. Um einen Dialogdatensatz für ein benutzerdefiniertes Dialogfeld zu erstellen, verwenden Sie wie bei integrierten Dialogfeldern die Anweisung **Dim**.
3. Einfügen von Werten in das Dialogfeld. Wenn das Dialogfeld ein Listenfeld, Kombinationsfeld oder Dropdown-Listenfeld enthält, müssen Sie dieses mit Elementen füllen. Sie können außerdem Standardtext für ein Textfeld definieren oder Kontrollkästchen vor dem Anzeigen des Dialogfelds markieren.
4. Anzeigen des Dialogfelds. Um das Dialogfeld anzuzeigen, verwenden Sie eine **Dialog**-Instruktion. Genau wie bei integrierten Dialogfeldern ist dazu entweder die Anweisung **Dialog** oder die Funktion **Dialog()** geeignet.
5. Abrufen von Werten aus dem Dialogfeld. Die Einstellungen der Dialogfeld-Steuerelemente werden im Dialogdatensatz gespeichert, so daß Sie Informationen aus dem Dialogdatensatz abrufen können, nachdem das Dialogfeld wieder geschlossen ist.

Die Dialogfelddefinition

Eine Dialogfelddefinition ist eine Gruppe von Instruktionen, die den Inhalt eines Dialogfelds sowie dessen Größe und Position definiert. Diese Instruktionen werden beim Anlegen eines Dialogfelds mit dem Dialog-Editor automatisch erstellt.

Die Instruktionen einer Dialogfelddefinition werden von der Anweisung **Begin Dialog**...**End Dialog** eingeschlossen. Die Syntax lautet:

Begin Dialog BenutzerDialog [*HorizPos*, *VertPos*,] *Breite*, *Höhe* , *Titel$*
[, *.DialogfeldFunktion*]
    Eine Reihe von Instruktionen, die die Steuerelemente des
        Dialogfelds definieren
End Dialog

Die optionalen Argumente *HorizPos* und *VertPos* legen die Position des Dialogfelds im Word-Fenster fest; werden sie nicht bestimmt, zeigt Word das Dialogfeld in der Mitte des Fensters an. *Breite* und *Höhe* legen die Größe des Dialogfelds fest. Das Argument *Titel$* ist der Text, der in der Titelleiste des Dialogfelds angezeigt wird. Wenn Sie *HorizPos* und *VertPos* nicht festlegen, können Sie *Titel$* weglassen. Auch wenn Sie *HorizPos* und *VertPos* festlegen, können Sie *Titel$* weglassen, aber nur, wenn Sie *.DialogfeldFunktion* festlegen. In diesem Falle wird als Dialogfeldtitel „Microsoft Word 6.0" angezeigt. Das Argument *.DialogfeldFunktion* wird nur benötigt, wenn Sie ein dynamisches Dialogfeld erstellen möchten. Informationen über dynamische Dialogfelder finden Sie unter „Arbeiten mit dynamischen Dialogfeldern" weiter unten in diesem Kapitel. Ausführliche Informationen über die Anweisung **Begin Dialog**…**End Dialog** finden Sie in Teil 2, „WordBasic – Anweisungen und Funktionen".

Das folgende Dialogfeld enthält ein Beispiel zu jedem Dialogfeld-Steuerelement.

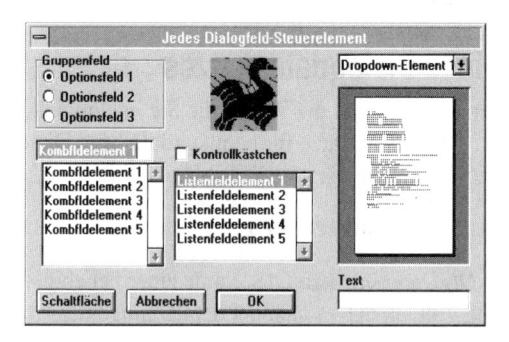

Das Dialogfeld wird durch die folgende Dialogfelddefinition definiert:

```
Begin Dialog BenutzerDialog 612, 226, \
        "Jedes Dialogfeld-Steuerelement", .DlgFunktion
    ComboBox 8, 76, 176, 111, MeineListe$(), .ComboBox1
    CheckBox 198, 79, 180, 16, "&Kontrollkästchen", .CheckBox1
    ListBox 195, 102, 189, 83, MeineListe$(), .ListBox1
    DropListBox 420, 199, 179, 18, MeineListe$(), .DropListBox1
    Text 417, 186, 35, 13, "&Text"
    TextBox 417, 199, 179, 18, .TextBox1$
    GroupBox 7, 4, 177, 65, "&Gruppenfeld"
    OptionGroup .OptionGroup1
        OptionButton 17, 16, 148, 16, "Optionsfeld &1"
        OptionButton 17, 33, 148, 16, "Optionsfeld &2"
        OptionButton 17, 50, 148, 16, "Optionsfeld &3"
    Picture 199, 7, 181, 62, "VOGEL", 0, .Picture1
    FilePreview 419, 46, 179, 148, .fileprev
    PushButton 10, 199, 108, 21, "&Schaltfläche"
    CancelButton 131, 199, 108, 21
    OKButton 253, 199, 108, 21
End Dialog
```

Beachten Sie, daß in der Dialogfelddefinition für jedes einzelne Dialogfeld-Steuerelement eine eigene Instruktion vorhanden ist. Die ersten beiden Zahlenwerte, die auf jede Steuerelementinstruktion folgen, positionieren die obere linke Ecke des Steuerelements relativ zur oberen linken Ecke des Dialogfelds. Das zweite Wertepaar definiert die Höhe und Breite des Steuerelements.

Steuerelemente, in denen ein Wert gespeichert ist (beispielsweise Kombinationsfelder und Kontrollkästchen), verwenden in ihrer Anweisung sogenannte Bezeichner, die jeweils mit einem Punkt beginnen. Die Anweisung **CheckBox** verwendet beispielsweise den Bezeichner .CheckBox1. Bezeichner werden verwendet, um auf den Wert oder die Einstellung des Steuerelements in einem Dialogdatensatz zuzugreifen.

Die vollständige Syntax der Anweisungen für Dialogfelddefinitionen, wie beispielsweise **CheckBox** und **ListBox**, finden Sie unter dem entsprechenden Eintrag in Teil 2, „WordBasic – Anweisungen und Funktionen".

Erstellen eines Dialogdatensatzes

Ein Dialogdatensatz speichert die Werte, die Sie in ein Dialogfeld eingeben und daraus abrufen. Dialogdatensätze für benutzerdefinierte Dialogfelder werden genauso definiert wie für integrierte Word-Dialogfelder:

Dim *DlgDatensatz* **As BenutzerDialog**

Das Argument *DlgDatensatz* kann der Name einer beliebigen Variablen sein. **As BenutzerDialog** gibt an, daß es sich bei dem Dialogdatensatz um einen Datensatz für ein benutzerdefiniertes Dialogfeld handelt (genau wie As FormatZeichen in einer **Dim**-Anweisung einen Dialogdatensatz für das Dialogfeld **Zeichen** ausweist). Jeder Makro kann so viele benutzerdefinierte Dialogfelder enthalten, wie erforderlich sind, doch können Sie nur jeweils einen **BenutzerDialog**-Datensatz erstellen.

Einfügen von Werten in ein Dialogfeld

Oft ist es notwendig, Anfangswerte in ein benutzerdefiniertes Dialogfeld einzufügen und die Standardeinstellungen einiger Steuerelemente festzulegen, bevor das Dialogfeld angezeigt wird. Sie können die folgenden Werte in ein Dialogfeld einfügen und die folgenden Einstellungen steuern:

- Die Elemente in Listenfeldern, Kombinationsfeldern und Dropdown-Listenfeldern
- Den Standardtext in einem Textfeld

- Die Werte von Kontrollkästchen
- Den Anfangsfokus (das Element, das beim erstmaligen Anzeigen des Dialogfelds den Fokus besitzt, d.h. ausgewählt ist).

Einfügen von Elementen in Listenfelder, Kombinationsfelder und Dropdown-Listenfelder

Die in einem Listenfeld, Kombinationsfeld oder Dropdown-Listenfeld angezeigten Elemente werden als Elemente eines Datenfelds gespeichert. Bevor Sie daher ein Dialogfeld mit einem dieser Steuerelemente anzeigen können, müssen Sie zunächst ein Datenfeld definieren und es mit den aufzulistenden Elementen füllen. Anschließend können Sie mit der Instruktion für das entsprechende Steuerelement in der Dialogfelddefinition auf das Datenfeld zugreifen. Wenn ein Dialogfeld beispielsweise wie in der folgenden Abbildung eine Liste der Namen von Schriftarten anzeigen soll, erstellen Sie zunächst ein Datenfeld, in dem die Schriftartnamen gespeichert werden.

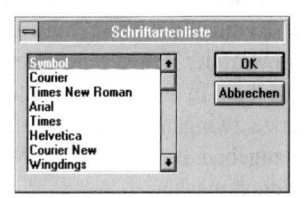

Die folgenden Instruktionen definieren und füllen das Datenfeld `SchriftartFeld$()` mit Schriftartnamen:

```
schlußelement = ZählenSchriftarten() - 1
Dim SchriftartFeld$(schlußelement)            'Definiere Datenfeld
For anzahl = 0 To schlußelement               'Fülle Datenfeld
    SchriftartFeld$(anzahl) = Schriftart$(anzahl + 1)
Next
```

Um die Datenfeldelemente in ein Listenfeld einzufügen, greifen Sie in der Anweisung **ListBox** wie im folgenden Beispiel auf das Datenfeld zu:

```
ListBox 10, 25, 160, 84, SchriftartFeld$(), .ListBox1
```

Die vollständigen Instruktionen für das oben dargestellte Dialogfeld **Schriftartenliste** sehen folgendermaßen aus. Zuerst wird das Datenfeld, anschließend das Dialogfeld und schließlich der Dialogdatensatz, der in der **Dialog()**-Instruktion zum Anzeigen des Dialogfelds verwendet wird, definiert.

```
schlußelement = ZählenSchriftarten() - 1
Dim SchriftartFeld$(schlußelement)            'Definiere Datenfeld
For anzahl = 0 To schlußelement               'Fülle Datenfeld
    SchriftartFeld$(anzahl) = Schriftart$(anzahl + 1)
Next
Begin Dialog BenutzerDialog 362, 122, "Schriftartenliste"
    ListBox 10, 9, 206, 100, SchriftartFeld$(), .Schriftartenliste
    OKButton 265, 7, 95, 21
    CancelButton 265, 31, 95, 21
End Dialog
Dim dlg As BenutzerDialog                     'Definiere Dialogdatensatz
schaltfläche = Dialog(dlg)                    'Zeige Dialogfeld an
```

Einfügen von Standardtext in ein Textfeld und Festlegen der Werte von Kontrollkästchen

Ein Textfeld – ein Feld, in das der Benutzer Text eingeben kann – ist beim Anzeigen des Dialogfelds anfänglich normalerweise leer. In einigen Fällen möchten Sie jedoch möglicherweise einen Standardtext in einem Textfeld anzeigen. Im folgenden Dialogfeld wird der Benutzer beispielsweise aufgefordert, Namen und Telefonnummer einzugeben. In den meisten Fällen bleibt dieser Text konstant. Statt daher den Benutzer zu zwingen, bei jedem Anzeigen des Dialogfelds den gleichen Text einzugeben, können Sie den Namen und die Telefonnummer zu einem Standardtext machen.

Sie fügen Standardtext in ein Textfeld oder Kombinationsfeld ein, indem Sie den Text dem Bezeichner des Textfelds zuordnen. Wie bereits weiter oben in diesem Kapitel beschrieben, enthält der Dialogdatensatz einen Wert, der dem Bezeichner jedes Dialogfeld-Steuerelements, das einen Wert liefern kann, entspricht. Der Bezeichner ist ein Bestandteil der Instruktion, die das Steuerelement definiert. Die folgenden Instruktionen definieren die Textfelder im Dialogfeld **Daten zur Person**, das in der folgenden Abbildung dargestellt wird:

```
TextBox 7, 21, 160, 18, .Name$
TextBox 7, 64, 160, 18, .Telefon$
```

.Name$ und .Telefon$ sind die Bezeichner der Textfelder (das Dollarzeichen ($) ist zwar nicht notwendig, gibt jedoch an, daß es sich bei den Feldern im Dialogdatensatz, die diesen Bezeichnern entsprechen, um Zeichenfolgewerte handelt). Mit den folgenden Instruktionen können Sie diesen Bezeichnern einen Standardtext zuordnen, wobei InfoDlgSatz der Name des Dialogdatensatzes ist:

```
InfoDlgSatz.Name$ = "Henriette Pfalzheim"
InfoDlgSatz.Telefon$ = "(0221) 0644327"
```

Sie müssen jedoch zunächst einen Dialogdatensatz definieren, bevor Sie den darin befindlichen Bezeichnern Werte zuordnen können. Die vollständigen Instruktionen zum Anzeigen des Dialogfelds sehen dann folgendermaßen aus:

```
Begin Dialog BenutzerDialog 320, 102, "Daten zur Person"
    Text 7, 5, 89, 13, "Ihr &Name:"
    TextBox 7, 21, 160, 18, .Name$
    TextBox 7, 64, 160, 18, .Telefon$
    Text 7, 47, 157, 13, "Ihre &Telefonnummer:"
    OKButton 225, 3, 95, 21
    CancelButton 225, 27, 95, 21
End Dialog
Dim InfoDlgSatz As BenutzerDialog             'Definiere
                                              'Dialogdatensatz
InfoDlgSatz.Name$ = "Henriette Pfalzheim"     'Weise .Name$ einen
                                              'Wert zu
InfoDlgSatz.Telefon$ = "(0221) 0644327"       'Weise .Telefon$
                                              'einen Wert zu
schaltfläche = Dialog(InfoDlgSatz)            'Zeige Dialogfeld an
```

Dasselbe Verfahren können Sie in Textfeldern anwenden, um einen Anfangswert für ein Kontrollkästchen festzulegen. Nachdem Sie einen Dialogdatensatz definiert haben, ordnen Sie dem Bezeichner des Kontrollkästchens einen von drei möglichen Werten zu: 0 (Null), um das Kontrollkästchen zu deaktivieren (Standardwert), 1, um das Kontrollkästchen zu aktivieren, und –1, um es unbestimmt zu machen.

Festlegen des Anfangsfokus und der Tabstopreihenfolge

Wenn ein Steuerelement aktiv ist, dann hat es den sogenannten *Fokus*. Wenn beispielsweise ein Textfeld den Fokus hat, können Sie darin Text eingeben. Mit der TAB-TASTE können Sie den Fokus verschieben und die Steuerelemente in einem Dialogfeld der Reihe nach aktivieren. Die *Tabstopreihenfolge* ist die Reihenfolge, in der die Steuerelemente aktiv werden, wenn Sie die TAB-TASTE wiederholt drücken. Die TAB-TASTE eignet sich besonders für Dialogfelder, die mehrere Textfelder enthalten. Nachdem Sie Text in das erste Textfeld eingegeben haben, brauchen Sie nur die TAB-TASTE zu drücken, um zum nächsten Textfeld zu gehen.

Das Steuerelement, das beim Einblenden eines Dialogfelds anfänglich den Fokus besitzt, hat den sogenannten *Anfangsfokus*. Der Anfangsfokus ist vor allem in jenen Dialogfeldern von Bedeutung, in denen der Benutzer zu einer Eingabe aufgefordert wird. Das in der folgenden Abbildung dargestellte Dialogfeld sollte den Anfangsfokus beispielsweise auf dem Textfeld „Faxnummer" haben. Ist dies nicht der Fall und beginnt der Benutzer mit der Eingabe, erfolgt keine Reaktion; das Dialogfeld erweckt den Anschein, nicht richtig zu funktionieren.

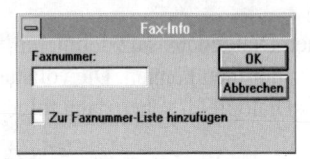

Die Reihenfolge der Instruktionen innerhalb der Dialogfelddefinition bestimmt den Anfangsfokus und die Tabstopreihenfolge: Das erste Steuerelement in einer Dialogfelddefinition hat den Anfangsfokus, das zweite Steuerelement erhält den Fokus als nächstes usw. Elemente, die nicht aktiv sein können (beispielsweise Textelemente), werden übergangen. (Auf dem Macintosh können nur Textfeld- und Kombinationsfeld-Steuerelemente den Fokus haben.

Die Instruktionen für das in der obigen Abbildung dargestellte Dialogfeld **Fax-Info** sehen wie im folgenden Beispiel aus. Beachten Sie, daß die erste Instruktion eine **Text**-Instruktion ist, die den Fokus nicht erhalten kann. Der Anfangsfokus befindet sich daher auf dem Textfeld, das durch die **TextBox**-Instruktion definiert wird.

```
Begin Dialog BenutzerDialog 370, 92, "Fax-Info"
    Text 14, 7, 99, 13, "Faxnummer:"
    TextBox 14, 23, 160, 18, .TextBox1
    CheckBox 14, 57, 268, 16, "Zur Faxnummer-Liste hinzufügen", .Liste
    OKButton 270, 6, 95, 21
    CancelButton 270, 30, 95, 21
End Dialog
Dim dlg As BenutzerDialog
schaltfläche = Dialog(dlg)
```

Anzeigen des Dialogfelds

Um ein benutzerdefiniertes Dialogfeld anzuzeigen, verwenden Sie die Anweisung **Dialog** oder die Funktion **Dialog()** genau wie beim Anzeigen von Dialogfeldern, die in Word integriert sind.

Für benutzerdefinierte Dialogfelder eignet sich im allgemeinen die Funktion **Dialog**() besser als die Anweisung **Dialog**. Beim Verwenden der Anweisung **Dialog** erzeugt Word einen Fehler, wenn der Benutzer im Dialogfeld die Schaltfläche „Abbrechen" wählt. Zwar können Sie den Fehler mit der Anweisung **On Error** auffangen, mit der Funktion **Dialog**() können Sie ihn jedoch vollständig vermeiden. Wenn Ihr Dialogfeld eine Schaltfläche enthält, können Sie mit der Funktion **Dialog**() feststellen, ob die Schaltfläche gewählt wurde. (Wenn Ihr Dialogfeld mehrere Schaltflächen enthält, können Sie feststellen, welche davon gewählt wurde.)

Ausführliche Informationen über die Anweisung **Dialog** und die Funktion **Dialog**() finden Sie im entsprechenden Eintrag in Teil 2, „WordBasic -Anweisungen und Funktionen".

Die Standard-Befehlsschaltfläche

Sie können das Argument *StandardSchaltfläche* der Anweisung **Dialog** bzw. der Funktion **Dialog**() verwenden, um die Standard-Befehlsschaltfläche festzulegen. Die Standard-Befehlsschaltfläche ist die Schaltfläche, die beim erstmaligen Anzeigen des Dialogfelds markiert ist. Diese Befehlsschaltfläche wird auch gewählt, wenn der Benutzer die EINGABETASTE drückt, während statt einer Befehlsschaltfläche ein anderes Steuerelement den Fokus besitzt. Sofern Sie nichts anderes festlegen, ist die Schaltfläche „OK" die Standard-Befehlsschaltfläche.

Damit das Argument *StandardSchaltfläche* wirksam wird, muß der Instruktion für die jeweilige Schaltfläche in der Dialogfelddefinition eine Instruktion für ein Dialogfeld-Steuerelement vorangehen, das keine Befehlsschaltfläche ist und den Fokus erhalten kann, wie etwa ein Listenfeld oder ein Kontrollkästchen. (Beachten Sie, daß ein Textelement den Fokus nicht erhalten kann und diese Voraussetzung daher nicht erfüllt.) Andernfalls ist die erste Schaltfläche in einer Dialogfelddefinition die Standard-Befehlsschaltfläche.

Abrufen von Werten aus dem Dialogfeld

Nachdem ein benutzerdefiniertes Dialogfeld angezeigt wurde und der Benutzer es geschlossen hat, kann die Makro die Einstellungen der Dialogfeld-Steuerelemente abrufen. Diese Werte werden im Dialogdatensatz gespeichert. Das Abrufen der Werte besteht darin, auf die entsprechenden Bezeichner im Dialogdatensatz zuzugreifen.

Die folgende Tabelle zeigt die verschiedenen Werte, die für unterschiedliche Dialogfeld-Steuerelemente im Dialogdatensatz gespeichert werden:

Steuerelement	Der im Dialogdatensatz gespeicherte Wert
Kontrollkästchen	Wenn das Kontrollkästchen aktiviert ist, der Wert 1. Wenn das Kontrollkästchen deaktiviert ist, der Wert 0 (Null). Wenn das Kontrollkästchen unbestimmt ist, der Wert –1.
Optionsgruppe	Eine Zahl, die dem gewählten Optionsfeld entspricht.
Listenfeld	Die Nummer des gewählten Elements. Die Zählung beginnt bei 0 (Null).
Kombinationsfeld	Eine Textzeichenfolge (der vom Benutzer eingegebene oder aus der Liste ausgewählte Text).
Textfeld	Eine Textzeichenfolge.

Beispiele

Im folgenden Beispiel wird der Wert des Kontrollkästchens „Zur Faxnummer-Liste hinzufügen" im Dialogfeld **Fax-Info** (siehe untenstehende Abbildung) getestet, um festzustellen, ob der Benutzer dieses Steuerelement gewählt hat.

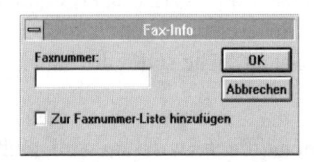

Mit zwei geschachtelten **If**-Anweisungen werden zwei Bedingungen überprüft. Die erste **If**-Anweisung enthält die Bedingung `schaltfläche = -1`, mit der geprüft wird, ob der Benutzer zum Schließen des Dialogfelds die Schaltfläche „OK" gewählt hat (**Dialog**() liefert in diesem Fall –1). Wird diese Bedingung als wahr ausgewertet, wird durch die zweite **If**-Anweisung der Wert des Kontrollkästchens „Zur Faxnummer-Liste hinzufügen" überprüft, der in `dlg.Liste` gespeichert ist. Ist das Kontrollkästchen aktiviert, d.h., soll die Faxnummer der Liste hinzugefügt werden, entspricht der Bezeichner des Dialogdatensatzes für das Kontrollkästchen

dem Wert 1. Der Makro führt dann die zum Hinzufügen der Faxnummer erforderlichen Instruktionen aus.

```
Begin Dialog BenutzerDialog 370, 92, "Fax-Info"
    Text 14, 7, 99, 13, "Faxnummer:"
    TextBox 14, 23, 160, 18, .TextBox1
    CheckBox 14, 57, 268, 16, "Zur Faxnummer-Liste hinzufügen", .Liste
    OKButton 270, 6, 95, 21
    CancelButton 270, 30, 95, 21
End Dialog
```

```
Dim dlg As BenutzerDialog
schaltfläche = Dialog(dlg)
If schaltfläche = -1 Then
    If dlg.CheckBox1 = 1 Then
        'Instruktionen zum Hinzufügen der Faxnummer zur Liste
    End If
End If
```

Im folgenden Beispiel wird der markierte Text mit der im Dialogfeld **Schriftartenliste** (siehe Abbildung) ausgewählten Schriftart formatiert.

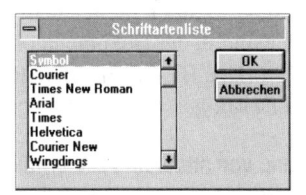

![Schriftartenliste Dialog]

Wie im zuvor angeführten Beispiel wird mit der **If**-Anweisung geprüft, ob der Benutzer zum Schließen des Dialogfelds die Schaltfläche „OK" gewählt hat (anstelle der Schaltfläche „Abbrechen", mit der das Dialogfeld geschlossen und jede weitere Aktion verhindert wird). Wurde die Schaltfläche „OK" gewählt, wird der markierte Textbereich durch die Anweisung `Schriftart SchriftartFeld$ (dlg.Schriftartenliste)` formatiert, oder es wird Text in der vom Benutzer im Dialogfeld gewählten Schriftart eingefügt. Die im Dialogfeld angezeigten Schriftartnamen sind im Datenfeld `SchriftartFeld$()` gespeichert. Die Einstellung `dlg.Schriftartenliste` im Dialogdatensatz enthält dann die Nummer der Schriftart, die im Listenfeld ausgewählt wurde.

```
Begin Dialog BenutzerDialog 362, 122, "Schriftartenliste"
    ListBox 10, 9, 206, 100, SchriftartFeld$(), .Schriftartenliste
    OKButton 265, 7, 95, 21
    CancelButton 265, 31, 95, 21
End Dialog
Dim dlg As BenutzerDialog              'Definiere Dialogdatensatz
schaltfläche = Dialog(dlg)             'Zeige Dialogfeld an
If schaltfläche = -1 Then
    Schriftart SchriftartFeld$(dlg.Schriftartenliste)
                                       'Formatiere markierten Text
End If
```

Arbeiten mit dynamischen Dialogfeldern

Ein *dynamisches* Dialogfeld kann seinen Inhalt ändern, während es angezeigt wird. Viele in Word integrierte Dialogfelder sind in gewisser Hinsicht dynamisch. Das Dialogfeld **Öffnen** (Menü **Datei**) ist ein dynamisches Dialogfeld: Wenn Sie auf einen Ordner doppelklicken, ändert sich die angezeigte Dateiliste.

Fähigkeiten von dynamischen Dialogfeldern

Die folgenden Abschnitte enthalten einige Beispiele zu den Fähigkeiten von dynamischen Dialogfeldern. Die Makros zum Erstellen der in diesem Abschnitt beschriebenen Beispieldialogfelder sind in der Dokumentvorlage BEISPIEL.DOT (Windows) bzw. in der Dokumentvorlage BEISPIEL-MAKROS (Macintosh) auf der Diskette zum *Microsoft Word Developer's Kit* gespeichert.

Ändern von Schaltflächennamen und von anderem Text Mitunter ist es vorteilhaft, wenn sich Namen von Schaltflächen und anderen Steuerelementen eines Dialogfelds als Antwort auf eine Aktion des Benutzers ändern. Im unten dargestellten Dialogfeld **StopUhr** wird beispielsweise die Schaltfläche „Start" zur Schaltfläche „Stop", nachdem die Schaltfläche „Start" gewählt wurde, und die Schaltfläche „Pause" wird zur Schaltfläche „Weiter", nachdem die Schaltfläche „Pause" gewählt wurde. Während das Dialogfeld angezeigt wird, wird die Textbeschriftung, die die Zeit anzeigt, einmal pro Sekunde aktualisiert.

Nachdem Sie die Schaltfläche „Start" wählen, ... verwandelt sich die Schaltfläche „Start" in „Stop", und die Schaltfläche „Pause" wird verfügbar.

Aktualisieren von Listen In einem dynamischen Dialogfeld können sich die in einem Listenfeld angezeigten Elemente als Reaktion auf die Aktionen des Benutzers ändern. In dem in der folgenden Abbildung dargestellten benutzerdefinierten Dialogfeld **Dateien suchen** kann der Benutzer auf ein Verzeichnis im Listenfeld „Verzeichnisse" doppelklicken, um zu einem anderen Verzeichnis zu wechseln. Die Liste der Dateien und Verzeichnisse ändert sich dann in beiden Listenfeldern.

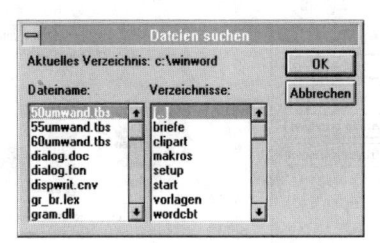

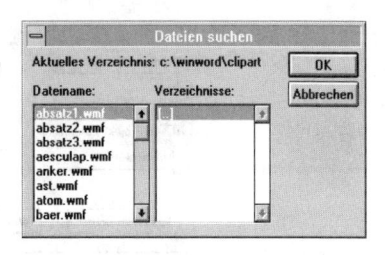

Doppelklicken Sie auf das Verzeichnis
CLIPART, ...

um die in diesem Verzeichnis gespeicherten
Dateien anzuzeigen.

Anzeigen und Ausblenden von Teilen des Dialogfelds Sie können ein Dialogfeld erstellen, das mehrere Steuerelementbereiche enthält und in dem eine Gruppe angezeigt und die andere ausgeblendet ist. Diese Art Dialogfeld funktioniert ähnlich wie die in Word integrierten Dialogfelder, die mehrere Registerkarten zum Anzeigen unterschiedlicher Steuerelemente besitzen. Im benutzerdefinierten Dialogfeld **Zentraldokument-Makro** wird durch Klicken auf das Optionsfeld „Zentraldokument" oder „Filialdokument" jeweils ein anderer Steuerelementbereich angezeigt.

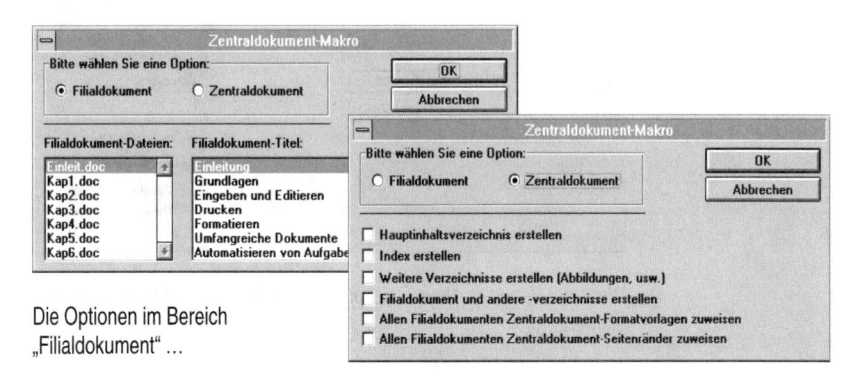

Die Optionen im Bereich
„Filialdokument" ...

und im Bereich „Zentraldokument"

Anzeigen eines integrierten Dialogfelds Manchmal ist es nützlich, von einem benutzerdefinierten Dialogfeld aus Zugriff auf ein in Word integriertes Dialogfeld zu haben. Im benutzerdefinierten Dialogfeld **Datei schließen**, das in der folgenden Abbildung dargestellt wird, kann der Benutzer die Schaltfläche „Wörter zählen" wählen, um vor dem Schließen einer Datei mit dem integrierten Dialogfeld **Wörter zählen** die Anzahl der Wörter zu überprüfen. Das Schließen dieses Dialogfelds bringt den Benutzer zurück zum benutzerdefinierten Dialogfeld **Datei schließen**. Beachten Sie, daß kein zweites benutzerdefiniertes Dialogfeld erscheinen kann, solange ein benutzerdefiniertes Dialogfeld angezeigt wird.

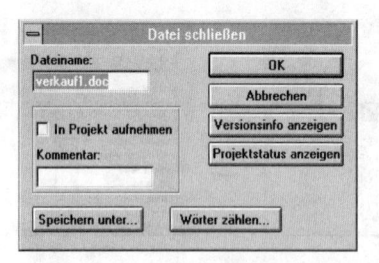

Wählen Sie die Schaltfläche „Wörter zählen", ...

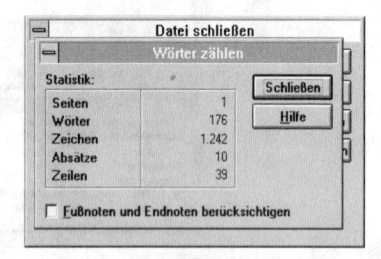

um das in Word integrierte Dialogfeld **Wörter zählen** anzuzeigen. Wählen Sie die Schaltfläche „Schließen", um zum benutzereigenen Dialogfeld zurückzukehren.

Aktivieren und Deaktivieren von Steuerelementen In einem dynamischen Dialogfeld können Sie Steuerelemente je nach Situation aktivieren und deaktivieren. Im Dialogfeld **Datei hinzufügen**, das in der folgenden Abbildung dargestellt wird, ist das Gruppenfeld „Informationen aufzeichnen" (und die sich darin befindenden Optionsfelder) standardmäßig deaktiviert. Wenn der Benutzer jedoch das Kontrollkästchen „Neue Datei protokollieren" wählt, wird es aktiviert.

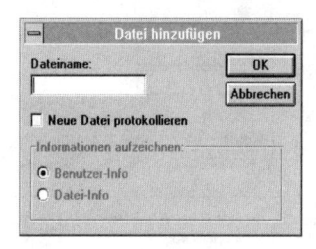

Wenn der Benutzer „Neue Datei protokollieren" aktiviert, ...

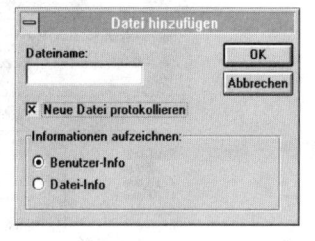

werden die Optionsfelder unter „Informationen aufzeichnen" verfügbar.

Wie ein Dialogfeld dynamisch wird

Ein dynamisches Dialogfeld beginnt mit einer standardmäßigen Dialogfelddefinition. Anschließend fügen Sie drei Elemente hinzu, die das Dialogfeld dynamisch machen:

- Eine *Dialogfunktion*. Die Dialogfunktion reagiert auf Ereignisse und ändert das Aussehen des Dialogfelds. Die Dialogfunktion also macht ein Dialogfeld dynamisch. Alle Instruktionen, die das Aussehen des Dialogfelds verändern oder während der Anzeige des Dialogfelds ausgeführt werden, befinden sich in dieser Funktion oder in Unterroutinen und benutzerdefinierten Funktionen, die von der Dialogfunktion aufgerufen werden.

- Ein Argument für die Dialogfunktion in der **Begin Dialog**-Instruktion, die die Dialogfunktion aufruft.
- *Bezeichner* für alle Dialogfeld-Steuerelemente, auf die sich die Dialogfunktion bezieht oder von denen sie Informationen bezieht. Die meisten Instruktionen in einer benutzerdefinierten Dialogfelddefinition enthalten bereits Bezeichner für die Steuerelemente, die sie beschreiben.

Die Funktionsweise einer Dialogfunktion

Es folgt ein kurzer Überblick über die Funktionsweise von Dialogfunktionen. Wenn Word auf eine **Dialog**- oder **Dialog()**-Instruktion trifft, durch die ein Dialogfeld angezeigt wird, ruft es die Dialogfunktion auf und beginnt, das Dialogfeld zu *initialisieren*. Die Initialisierung vollzieht sich zwischen dem Zeitpunkt des Aufrufens der Dialogfunktion und dem Zeitpunkt des Erscheinens des Dialogfelds auf dem Bildschirm. Word ruft die Dialogfunktion auf und fragt gewissermaßen: „Möchtest Du vor dem Anzeigen des Dialogfelds etwas tun?" Die Dialogfunktion reagiert dann entweder gar nicht oder auf ganz bestimmte Weise.

Typische Aktionen, die Dialogfunktionen während der Initialisierung ausführen, sind das Deaktivieren oder Ausblenden von Dialogfeld-Steuerelementen. Standardmäßig sind Dialogfeld-Steuerelemente aktiviert; wenn ein Steuerelement beim Anzeigen des Dialogfelds deaktiviert sein soll, muß es während der Initialisierung deaktiviert werden. Standardmäßig werden alle Dialogfeld-Steuerelemente angezeigt. Wenn Sie daher ein Dialogfeld mit mehreren Steuerelementbereichen erstellen möchten, muss während der Initialisierung das Erscheinen aller Steuerelemente, die beim Einblenden des Dialogfelds nicht angezeigt werden sollen, verhindert werden.

Nach der Initialisierung zeigt Word das Dialogfeld an. Sobald der Benutzer reagiert, etwa indem er ein Optionsfeld wählt, ruft Word die Dialogfunktion auf und übergibt ihr Werte, aus denen hervorgeht, welche Aktion über welches Steuerelement erfolgte. Enthält das Dialogfeld z.B. eine Liste mit Grafikdateinamen und klicken Sie auf einen davon, wird die Dialogfunktion aufgerufen und zeigt die ausgewählte Grafikdatei dann beispielsweise in einem Grafikelement an.

Word ruft die Dialogfunktion auch dann auf, wenn das Dialogfeld „ruht", d.h., wenn der Benutzer zum jeweiligen Zeitpunkt nicht auf das Dialogfeld zugreift. Sobald das Dialogfeld initialisiert wird und solange es angezeigt bleibt, schickt Word regelmäßig Ruhezustandsmeldungen (mehr als eine pro Sekunde) an die Dialogfunktion. Dieser Vorgang wird nur dadurch unterbrochen, daß der Benutzer in irgendeiner Form auf das Dialogfeld zugreift. Meldungen dieser Art werden von den meisten Dialogfunktionen standardmäßig nicht beachtet, können jedoch zur kontinuierlichen Aktualisierung von Dialogfeldern verwendet werden (wie im Fall des zuvor beschriebenen benutzerdefinierten Dialogfelds **StopUhr**).

```
                    ┌──────────────┐
                    │   Funktion   │
                    │   Dialog()   │
                    └──────┬───────┘
                           ▼
                    ┌──────────────┐        ┌─────────────────────────┐
                    │    Dialog-   │        │   Dialogfunktionen      │
                    │Initialisierung├──────▶│  Steuerelemente         │
                    └──────┬───────┘        │  deaktivieren           │
                           │                │  Steuerelemente         │
                           ▼                │  verbergen              │
                    ┌──────────────┐◀───────┤                         │
                    │  Dialogfeld  │        │                         │
                    │   anzeigen   │        │                         │
                    └──────┬───────┘        │  Listen aktualisieren   │
                           │                │  Zweites Dialogfeld     │
                           ▼                │  anzeigen               │
                    ┌──────────────┐        │  Steuerelemente         │
                    │ Eingaben des ├───────▶│  aktivieren/deaktivieren│
                    │   Benutzers  │        │  Steuerelemente         │
                    └──────┬───────┘        │  verbergen/anzeigen     │
                           │                └─────────────────────────┘
                           ▼
                    ┌──────────────┐    Beim Initialisieren des Dialogfelds wird die
                    │  Dialogfeld  │    Dialogfunktion aufgerufen und bleibt aktiv,
                    │   schließen  │    solange das Dialogfeld angezeigt wird.
                    └──────────────┘
```

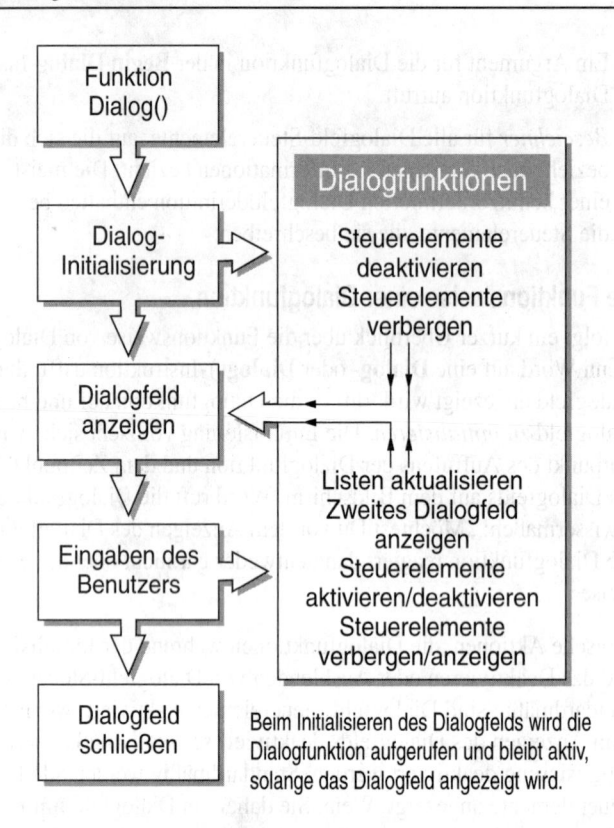

Aufrufen der Dialogfunktion

Die Verbindung zwischen dem Dialogfeld und seiner Funktion wird in der Dialogfelddefinition hergestellt. Dies geschieht, indem das Argument *.FunktionsName* zur Anweisung **Begin Dialog** hinzugefügt wird, wobei *.FunktionsName* mit dem Namen der Dialogfunktion übereinstimmt. Die Syntax für diese Instruktion lautet:

Begin Dialog BenutzerDialog [*HorizPos*, *VertPos*,] *Breite*, *Höhe*, *Titel$*, *.FunktionsName*

Bezeichner von Dialogfeld-Steuerelementen

Eine Dialogfunktion benötigt je einen Bezeichner für jedes Dialogfeld-Steuerelement, auf das sie sich auswirkt oder von dem sie Informationen bezieht. Normalerweise verwendet die Dialogfunktion Zeichenfolgebezeichner, doch kann sie auch numerische Bezeichner verwenden. Weitere Informationen über numerische Bezeichner finden Sie unter „Numerische Bezeichner" weiter unten in diesem Abschnitt.

Zeichenfolgebezeichner entsprechen den Bezeichnern, die in Verbindung mit Dialogdatensätzen verwendet werden. Wenn Sie ein Dialogfeld mit dem Dialog-Editor anlegen, erstellt der Dialog-Editor für jedes Steuerelement, das einen Wert in einem Dialogdatensatz speichern kann, automatisch einen Bezeichner. In der folgenden Instruktion ist `.CheckBox1` der Zeichenfolgebezeichner, der vom Dialog-Editor erstellt wurde:

```
CheckBox 398, 24, 109, 16, "Kontrollkästchen", .CheckBox1
```

Beachten Sie den Unterschied zwischen der *Beschriftung* eines Dialogfeld-Steuerelements und dessen Bezeichner. Bezeichner beginnen mit einem Punkt (.) und bilden das letzte Argument in einer Dialogfeld-Steuerelement-Instruktion. In den obigen Instruktionen ist `"Kontrollkästchen"` die Beschriftung eines Kontrollkästchens und `.CheckBox1` ist sein Bezeichner.

Im Gegensatz zu anderen WordBasic-Elementen unterscheiden Zeichenfolgebezeichner zwischen Groß- und Kleinschreibung. Wenn sich eine Instruktion in einer Dialogfunktion auf einen Bezeichner bezieht, muß die Groß-/Kleinschreibung genau mit der des Bezeichners übereinstimmen.

Numerische Bezeichner

Numerische Bezeichner stellen bei Bezugnahme auf Dialogfeld-Steuerelemente eine Alternative dar. Wenn Sie numerische Bezeichner verwenden, kann dies die Leistung von Dialogfeldern mit zahlreichen Steuerelementen verbessern. Andererseits können numerische Bezeichner gegenüber Zeichenfolgebezeichnern das Lesen von Code erschweren.

Numerische Bezeichner sind Zahlen, die bei 0 (Null) beginnen und der Position der Dialogfeld-Steuerelement-Instruktionen innerhalb einer Dialogfelddefinition entsprechen. Das folgende Beispiel zeigt die numerischen Bezeichner von vier Dialogfeld-Steuerelementen. Beachten Sie, daß der numerische Bezeichner nicht in der Instruktion eines Dialogfeld-Steuerelements enthalten ist, sondern sich automatisch aus der Position des Steuerelements innerhalb der Dialogfelddefinition ableitet. Wenn sich die Position eines Steuerelements ändert, wird gleichzeitig auch dessen numerischer Bezeichner geändert. In der folgenden Dialogfelddefinition wird an erster Stelle die Instruktion **Text** angeführt, so daß ihr der Bezeichner 0 (Null) zugeordnet wird. Wenn Sie die Instruktion verschieben, so daß sie sich an letzter Stelle in der Dialogfelddefinition befindet, erhält sie den Bezeichner 3 (sofern keine weiteren Instruktionen hinzukommen).

```
Begin Dialog BenutzerDialog 370, 92, "Fax-Info"
    Text 14, 7, 96, 13, "Faxnummer:"      'Numerischer Bezeichner 0
    TextBox 14, 23, 160, 18, .Fax$        'Numerischer Bezeichner 1
    OKButton 270, 6, 95, 21               'Numerischer Bezeichner 2
    CancelButton 270, 30, 95, 21          'Numerischer Bezeichner 3
End Dialog
```

Die Syntax von Dialogfunktionen

Dialogfunktionen unterscheiden sich von anderen benutzerdefinierten Funktionen nur durch drei erforderliche Argumente. Die Syntax lautet:

Function *FunktionsName(SteuerelementBez$, Aktion, ZusatzWert)*
　　Eine Reihe von Instruktionen, die einen Wert ermitteln
　　FunktionsName = Wert
End Function

Die Funktion erzeugt einen Fehler, wenn eines der drei erforderlichen Argumente – *SteuerelementBez$*, *Aktion* und *ZusatzWert* – fehlt. Die Argumente sind jedoch Variablen, so daß Sie ihnen einen beliebigen Variablennamen zuordnen können. Statt `SteuerelementBez$` können Sie das erste Argument beispielsweise auch `Bez$` nennen.

Wie alle Funktionen liefern auch Dialogfunktionen einen Wert. Der Wert wird geliefert, wenn der Benutzer eine Befehlsschaltfläche (z.B. die Schaltfläche „OK" oder „Abbrechen") wählt. Word reagiert auf den gelieferten Wert entweder durch Schließen des Dialogfelds, das mit der Funktion verbunden ist, oder durch weiteres Anzeigen des Dialogfelds. Standardmäßig liefert die Dialogfunktion den Wert 0 (Null), wodurch Word veranlaßt wird, das Dialogfeld zu schließen, egal welche Schaltfläche gewählt wurde. Wenn Sie der Dialogfunktion jedoch einen Wert ungleich Null zuordnen, wird das Dialogfeld weiterhin angezeigt. Auf diese Weise kann der Benutzer mehrere Befehle in einem Dialogfeld ausführen. Beispiele hierzu finden Sie unter „Reagieren auf Doppelklicken" und „Reagieren auf eine Schaltfläche" weiter unten in diesem Kapitel.

Der in der Dokumentvorlage BEISPIEL.DOT (Windows-Diskette) bzw. in der Dokumentvorlage BEISPIEL-MAKROS (Macintosh-Diskette) gespeicherte Makro „DialogFunktionDemo" zeigt die Werte der Argumente an, die an eine Dialogfunktion übergeben werden, solange ein benutzerdefiniertes Dialogfeld angezeigt wird. In Kombination mit der anschließenden Argumentbeschreibung ist dieser Makro evtl. ein guter Ausgangspunkt zum Arbeiten mit Dialogfunktionen.

Die einzelnen Argumente der Dialogfunktion sind im folgenden näher beschrieben.

***SteuerelementBez$*** Empfängt den Zeichenfolgebezeichner des Dialogfeld-Steuerelements, das mit dem Aufruf der Dialogfunktion verbunden ist. Wenn der Benutzer beispielsweise ein Kontrollkästchen aktiviert, wird die Dialogfunktion aufgerufen, und das Argument *SteuerelementBez$* empfängt den Bezeichner des Kontrollkästchens.

Aktion Bezeichnet die Aktion, die die Dialogfunktion aufruft. Sechs mögliche Aktionen können die Dialogfunktion aufrufen, und jeder dieser Aktionen ist ein entsprechender Wert zugeordnet:

Wert von *Aktion*	Bedeutung
1	Entspricht dem Initialisieren des Dialogfelds. Dieser Wert wird übergeben, bevor das Dialogfeld angezeigt wird.
2	Entspricht dem Wählen einer Befehlsschaltfläche oder Ändern des Werts eines Dialogfeld-Steuerelements (mit Ausnahme einer Eingabe in ein Text- oder Kombinationsfeld). Wenn *Aktion* den Wert 2 hat, entspricht der Wert von *SteuerelementBez$* dem Bezeichner des Steuerelements, das gewählt oder geändert wurde.
3	Entspricht einer Änderung in einem Text- oder Kombinationsfeld. Dieser Wert wird übergeben, wenn ein Steuerelement den Fokus abgibt (wenn der Benutzer beispielsweise die TAB-TASTE drückt, um zu einem anderen Steuerelement weiterzugehen) oder wenn der Benutzer auf ein Element in der Liste eines Kombinationsfelds klickt (nachdem zuvor für *Aktion* der Wert 2 übergeben wurde). Beachten Sie, daß kein Wert 3 für *Aktion* übergeben wird, wenn sich der Inhalt des Text- oder Kombinationsfelds nicht geändert hat. Wenn *Aktion* den Wert 3 hat, entspricht der Wert von *SteuerelementBez$* dem Bezeichner des Text- oder Kombinationsfelds, dessen Inhalt geändert wurde.
4	Entspricht einer Änderung des Fokus. Wenn *Aktion* den Wert 4 hat, entspricht der Wert von *SteuerelementBez$* dem Bezeichner der Schaltfläche, die den Fokus erhält. *ZusatzWert* entspricht dem numerischen Bezeichner des Steuerelements, das den Fokus verloren hat. Die Dialogfunktion kann kein Meldungsfeld oder Dialogfeld als Antwort auf einen *Aktion*-Wert 4 liefern.
5	Entspricht dem Wartezustand. Sobald das Dialogfeld initialisiert ist, übergibt Word fortwährend den *Aktion*-Wert 5, solange keine andere Aktion eintritt. Wenn die Dialogfunktion auf den *Aktion*-Wert 5 reagiert, sollte sie einen Wert ungleich 0 (Null) zurückgeben. (Gibt die Dialogfunktion den Wert 0 (Null) zurück, sendet Word nur beim Bewegen der Maus Ruhezustandsmeldungen.) Bei *Aktion* = 5 ist *SteuerelementBez$* eine leere Zeichenfolge (" "); *ZusatzWert* entspricht der Anzahl der bis dahin gelieferten *Aktion*-Werte von 5.

Wert von *Aktion*	Bedeutung
6	Entspricht dem Verschieben des Dialogfelds durch den Benutzer. Dieser Wert wird nur dann übergeben, wenn die Bildschirmaktualisierung (mit der Anweisung **AnzeigeAktualisieren**) ausgeschaltet wurde. Wenn die Bildschirmaktualisierung ausgeschaltet ist und der Benutzer das Dialogfeld verschiebt, wird der Bildschirm einmal aktualisiert. In der Folge erscheinen plötzlich alle Änderungen, die der Makro nach Abschalten der Bildschirmaktualisierung vorgenommen hat. Eine Dialogfunktion kann dies verhindern, indem sie auf den *Aktion*-Wert 6 reagiert und steuert, was bei der Bildschirmaktualisierung angezeigt wird. Wenn beispielsweise ein neues Dokument (das nach Ausschalten der Bildschirmaktualisierung erstellt wurde) das sichtbare Dokument deaktiviert, könnte die Dialogfunktion es wieder aktivieren. Beachten Sie, daß Word den Bildschirm solange nicht aktualisiert, bis ein *Aktion*-Wert von 6 übergeben und die Dialogfunktion beendet wurde. Bei *Aktion* = 6 ist *SteuerelementBez$* eine leere Zeichenfolge (" "); *ZusatzWert* entspricht 0 (Null).

ZusatzWert Empfängt zusätzliche Informationen über eine Änderung eines Dialogfeld-Steuerelements. Die von *ZusatzWert* empfangenen Informationen hängen davon ab, welches Steuerelement den Aufruf der Dialogfunktion ausgelöst hat. Folgende Werte werden an *ZusatzWert* übergeben, wenn der *Aktion*-Wert 2 oder 3 entspricht.

Steuerelement	Der an *ZusatzWert* übergebene Wert
Listenfeld, Dropdown-Listenfeld, Kombinationsfeld	Die Nummer des gewählten Elements, wobei 0 (Null) das erste Element des Listenfeldes ist, 1 das zweite usw.
Kontrollkästchen	1 wenn aktiviert, 0 (Null) wenn deaktiviert.
Optionsfeld	Nummer des markierten Optionsfeldes, wobei 0 (Null) dem ersten Optionsfeld in der Gruppe entspricht, 1 dem zweiten Optionsfeld usw.
Textfeld	Die Anzahl der Zeichen im Textfeld
Kombinationsfeld	Die Anzahl der Zeichen im Kombinationsfeld, wenn *Aktion* = 3 ist.
Befehlsschaltfläche	Ein Wert zur Angabe der gewählten Schaltfläche. Dieser Wert wird nur selten verwendet, da der Wert von *SteuerelementBez$* die gleichen Informationen liefert. Wird die Schaltfläche „OK" gewählt, ist *ZusatzWert* 1; wird die Schaltfläche „Abbrechen" gewählt, ist *ZusatzWert* 2. Der Zusatzwert für definierbare Schaltflächen ist eine Word-interne Zahl. Diese entspricht jedoch nicht dem numerischen Bezeichner einer definierbaren Schaltfläche, sondern ändert sich immer dann, wenn die die Schaltfläche definierende Anweisung in der Dialogfelddefinition an eine andere Stelle rückt.

Dialogfunktionen und Variablen

Analog den Variablen in anderen benutzerdefinierten Funktionen geht die Wertbelegung der in Dialogfunktionen definierten Variablen ebenfalls verloren, sobald die jeweilige Funktion beendet ist. Eine Dialogfunktion ist verfügbar, solange ein Dialogfeld angezeigt wird. Daraus ließe sich normalerweise schließen, daß die Lebensdauer von Variablen in einer Dialogfunktion auch diesem Zeitraum entspricht. Solange das Dialogfeld angezeigt bleibt, wird die Dialogfunktion jedoch nicht nur einmal, sondern viele Male aufgerufen, wobei die Wertbelegung der einzelnen Variablen nach jedem Aufruf verlorengeht. Soll die Variablenbelegung in einer Dialogfunktion so lange gültig bleiben, wie das Dialogfeld angezeigt wird, müssen Sie die Variablen mit der Anweisung **Dim** als gemeinsam genutzte Variablen deklarieren.

Abbrechen eines dynamischen Dialogfeldes mit ESC

Normalerweise brechen Sie ein Dialogfeld durch Drücken von ESC ab. Dadurch werden alle im Dialogfeld vorgenommenen Änderungen rückgängig gemacht, und das Dialogfeld wird geschlossen. Drücken Sie jedoch ESC, während ein dynamisches Dialogfeld angezeigt wird, unterbricht Word den Makro. (Unter Windows bleibt das Dialogfeld auch nach Unterbrechung des Makros sichtbar. Auf dem Macintosh verschwindet es, erscheint aber wieder, sobald Sie zum Fortführen des Makros in der Makro-Symbolleiste die Schaltfläche **Weiter** wählen.) Mit der Instruktion **EingabeUnterdrücken** können Sie zulassen, daß ein dynamisches Dialogfeld durch Drücken der Taste ESC abgebrochen wird. Diese Instruktion muß ausgeführt werden, bevor ESC gedrückt wird. Möchten Sie jedoch lediglich verhindern, daß beim Anzeigen eines dynamischen Dialogfeldes durch Drücken von ESC der Makro unterbrochen wird, sollten Sie die Instruktion `EingabeUnterdücken 1` unmittelbar vor der Instruktion **Dialog()**, die das Dialogfeld anzeigt, einfügen und direkt danach die Instruktion `EingabeUnterdücken 0`, wie z. B. in:

```
EingabeUnterdrücken 1            'verhindert, daß ESC zu einer
                                 'Unterbrechung führt
schaltfläche = Dialog(dlg)       'zeigt dynamisches
                                 'Dialogfeld an
EingabeUnterdrücken 0            'läßt zu, daß ESC zu einer
                                 'Unterbrechung führt
```

Verfahren für Dialogfunktionen

Dieser Abschnitt enthält einige Beispiele für das Ausführen gebräuchlicher Aufgaben mit Dialogfunktionen. Diese Beispiele verwenden bestimmte WordBasic-Anweisungen und -Funktionen, die nur innerhalb von Dialogfunktionen verwendet werden. Diese Anweisungen und Funktionen sind leicht erkennbar, da sie alle mit „Dlg" beginnen. **DlgAktivieren** und **DlgFokus** sind beispielsweise zwei Anweisungen, die nur in Dialogfunktionen verwendet werden. Eine vollständige Liste dieser Anweisungen und Funktionen finden Sie unter „Anweisungen und Funktionen, die in Dialogfunktionen verwendet werden" weiter unten in diesem Kapitel. Die in diesem Abschnitt aufgeführten Makros sind in der Dokumentvorlage BEISPIEL.DOT (Windows) bzw. BEISPIEL-MAKROS (Macintosh) auf der Diskette *Microsoft Word Developer's Kit* enthalten.

Reagieren auf das Aktivieren und Deaktivieren eines Kontrollkästchens

Wenn der Benutzer ein Kontrollkästchen aktiviert oder deaktiviert, ruft Word die Dialogfunktion auf. Im folgenden Beispiel wird durch die Dialogfunktion eine Optionsgruppe aktiviert bzw. deaktiviert, wenn der Benutzer das Kontrollkästchen „Neue Datei protokollieren" wählt.

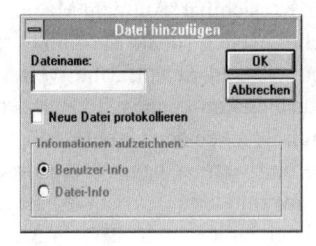

Wenn der Benutzer „Neue Datei protokollieren" aktiviert, ...

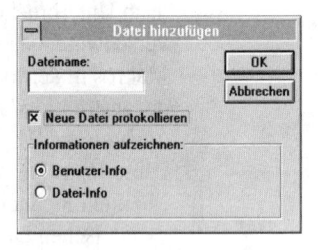

werden die Optionsfelder unter „Informationen aufzeichnen" verfügbar.

Word übergibt drei Werte an die Dialogfunktion, wenn der Benutzer ein Kontrollkästchen aktiviert oder deaktiviert: für *Aktion* den Wert 2, für *SteuerelementBez$* einen Wert, der den Bezeichner des Kontrollkästchens darstellt, und für *ZusatzWert* einen Wert, der angibt, ob das Kontrollkästchen aktiviert oder deaktiviert ist.

Die folgende Dialogfunktion überprüft mit einer **Select Case**-Steuerstruktur den Wert von *Aktion* (*ZusatzWert* wird hier nicht beachtet). Anschließend prüft eine **If**-Bedingung den Wert von *SteuerelementBez$*. Wenn der Bezeichner „Protokoll" lautet und somit der Bezeichner des Kontrollkästchens „Neue Datei protokollieren" ist, werden die Optionsfelder durch **DlgAktivieren** entweder aktiviert oder deaktiviert. Da beim erstmaligen Anzeigen des Dialogfelds die Optionsfelder deaktiviert sind und auch das Kontrollkästchen deaktiviert ist, entspricht das Aktivieren des Kontrollkästchens dem Aktivieren der Optionsfelder.

```
Sub MAIN
Begin Dialog BenutzerDialog 376, 158, "Datei hinzufügen", .AktivFunktion
    Text 8, 10, 73, 13, "Dateiname:"
    TextBox 8, 26, 160, 18, .DateinameText
    CheckBox 8, 56, 203, 16, "Neue Datei protokollieren", .Protokoll
    GroupBox 8, 79, 356, 70, "Informationen aufzeichnen:", .Gruppe
        OptionGroup  .InfoWahl
            OptionButton 18, 100, 189, 16, "Benutzer-Info", .AutorInfo
            OptionButton 18, 118, 159, 16, "Datei-Info", .Statistik
    OKButton 277, 8, 95, 21
    CancelButton 277, 32, 95, 21
End Dialog
Dim dlg As BenutzerDialog
EingabeUnterdrücken 1
x = Dialog(dlg)
EingabeUnterdrücken 0
End Sub

Function AktivFunktion(SteuerelementBez$, Aktion, ZusatzWert)
Select Case Aktion
Case 1                                      'Dialogfeld initialisieren
    DlgAktivieren "Gruppe", 0               'Gruppenfeld deaktivieren
    DlgAktivieren "InfoWahl", 0             'Optionsfelder deaktivieren
Case 2                                      'Benutzer wählt ein
                                            'Dialogfeld-Steuerelement
    If SteuerelementBez$ = "Protokoll" Then
        DlgAktivieren "Gruppe"              'Gruppenfeld (de-)aktivieren
        DlgAktivieren "InfoWahl"            'Optionsfeld (de-)aktivieren
    End If
Case Else
End Select
End Function
```

Reagieren auf das Auswählen eines Elements in einem Listenfeld, Kombinationsfeld oder Dropdown-Listenfeld

Word ruft die einem Dialogfeld zugeordnete Dialogfunktion auf, wenn der Benutzer ein Element aus einem Listenfeld, Kombinationsfeld oder Dropdown-Listenfeld auswählt. Die Dialogfunktion kann das ausgewählte Element identifizieren und je nach gewähltem Element eine bestimmte Aktion durchführen. Im folgenden Beispiel zeigt das Dialogfeld ein Liste von Grafikdateien an und blendet je nach gewählter Datei eine entsprechende Grafik ein. Wenn der Benutzer eine andere Datei auswählt, tauscht die Dialogfunktion die angezeigte Grafik entsprechend aus.

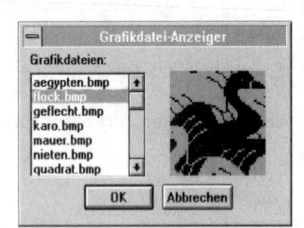

Die angezeigte Grafik entspricht dem markierten Dateinamen.

In der folgenden Dialogfunktion überprüft die Bedingung **If**, ob für *Aktion* der Wert 2 vorliegt, was darauf hinweisen würde, daß der Benutzer an einem Steuerelement eine Aktion vorgenommen hat. Anschließend überprüft eine geschachtelte **If**-Bedingung den Parameter *SteuerelementBez$*, um festzustellen, ob der Benutzer am Listenfeld mit dem Bezeichner „Liste1" eine Aktion vorgenommen hat. Danach liefert die Funktion **DlgText$()** den Text des ausgewählten Elements. Der Text ist der Name einer in einem AutoText-Eintrag gespeicherten Grafik, die die Anweisung **DlgGrafikSetzen** anschließend anzeigt. Die Dialogfelddefinition, die das Dialogfeld festlegt, wird in diesem Beispiel nicht gezeigt.

```
Function GrafikAnzeigen(SteuerelementBez$, Aktion, ZusatzWert)
If Aktion = 2 Then                         'Benutzer wählte eine Option
    If SteuerelementBez$ = "ListBox1" Then
        grafikname$ = DlgText$("ListBox1")
        DlgGrafikSetzen "Bild1", grafikname$, 1
    End If
End If
End Function
```

Reagieren auf Doppelklicken

In vielen integrierten Word-Dialogfeldern können Sie auf ein Element in einer Liste doppelklicken, um das Dialogfeld zu schließen und die Einstellungen des Dialogfelds wirksam werden zu lassen. Doppelklicken ist ein übliches Schnellverfahren zum Markieren eines Elements und anschließenden Wählen der Schaltfläche „OK". Benutzerdefinierte Dialogfelder üben standardmäßig die gleiche Funktion aus.

In einigen Word-Dialogfeldern wird durch Doppelklicken auf ein Element in einer Liste das Dialogfeld jedoch nicht geschlossen. Wenn Sie beispielsweise im Dialogfeld **Öffnen** (Menü **Datei**) auf einen Ordner doppelklicken, schließt Word das Dialogfeld nicht, sondern zeigt die Dateien dieses Ordners an. Mit Hilfe einer Dialogfunktion können Sie bei benutzerdefinierten Dialogfeldern dasselbe bewirken. Das folgende Beispiel zeigt, wie ein benutzerdefiniertes Dialogfeld diese Aktion ermöglicht.

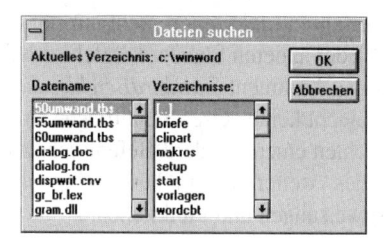

Doppelklicken Sie auf das Verzeichnis CLIPART, ...

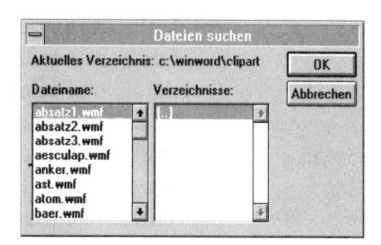

um die in diesem Verzeichnis gespeicherten Dateien anzuzeigen.

Hier die entsprechende Dialogfunktion. Der besseren Übersicht halber wurden einige Instruktionen ausgelassen.

```
Function DateienUndVerzeichnisseHolen(SteuerelementBez$, \
        Aktion, ZusatzWert)
If Aktion = 2 Then
    If SteuerelementBez$ = "OK" And DlgFokus$() = "verzliste" Then
            'Instruktionen, die die Verzeichnis- und
            'Dateiliste aktualisieren
        DateienUndVerzeichnisseHolen = 1
    End If
End If
End Function
```

Die erste **If**-Bedingung prüft, ob für *Aktion* der Wert 2 vorliegt, was darauf hinweisen würde, daß der Benutzer an einem Steuerelement eine Aktion vorgenommen hat. Anschließend überprüft eine geschachtelte **If**-Bedingung, ob zwei Bedingungen erfüllt sind: ob der Wert von *SteuerelementBez$* „OK" ist (der Bezeichner der Schaltfläche „OK") und ob sich der Fokus auf dem Listenfeld „Verzeichnisse" befindet (dessen Bezeichner „verzliste" heißt). Diese doppelte Bedingung ist nur dann erfüllt, wenn der Benutzer auf ein Element im Listenfeld „Verzeichnisse" doppelklickt. (Wenn der Benutzer nur einmal klickt, hat *SteuerelementBez$* nicht den Wert „OK", sondern den Wert „verzliste".)

Die letzte wichtige Instruktion ist `DateienUndVerzeichnisseHolen = 1`. Standardmäßig schließt Word das Dialogfeld, wenn der Benutzer eine Befehlsschaltfläche wie „OK" oder „Abbrechen" wählt. Falls der Benutzer auf ein Element in einem Listenfeld doppelklickt, hat dies die gleiche Wirkung. Das Dialogfeld wird jedoch weiterhin angezeigt, wenn die Dialogfunktion einen Wert ungleich Null liefert. Darin liegt die Aufgabe der Instruktion `DateienUndVerzeichnisseHolen = 1`.

Das hier beschriebene Verfahren funktioniert nicht nur mit der Schaltfläche „OK", sondern auch mit jeder anderen Standard-Befehlsschaltfläche, die in der Instruktion **Dialog**() für das Argument *StandardBefehlsschaltfläche* festgelegt wurde. Das Dialogfeld braucht keine „OK"-Schaltfläche zu enthalten. Weitere Informationen zum Einrichten einer Standard-Befehlsschaltfläche finden Sie unter „Anzeigen des Dialogfeldes" weiter oben in diesem Kapitel oder unter **Dialog** in Teil 2, „WordBasic – Anweisungen und Funktionen".

Reagieren auf eine Schaltfläche

Im folgenden Beispiel kann der Benutzer die Schaltfläche „Wörter zählen" wählen, um das in Word integrierte Dialogfeld **Wörter zählen** anzuzeigen. Das benutzerdefinierte Dialogfeld **Datei schließen** bleibt weiterhin angezeigt und steht zur Verfügung, wenn der Benutzer das Dialogfeld **Wörter zählen** wieder schließt. Beachten Sie, daß während der Anzeige des Dialogfelds **Datei schließen** kein zweites benutzerdefiniertes Dialogfeld angezeigt werden kann; es kann nur jeweils ein benutzerdefiniertes Dialogfeld angezeigt werden.

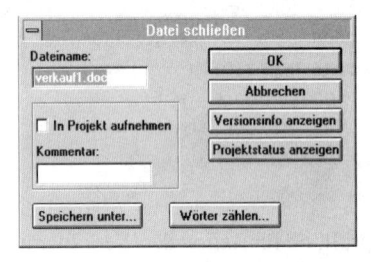

Wählen Sie die Schaltfläche „Wörter zählen", ...

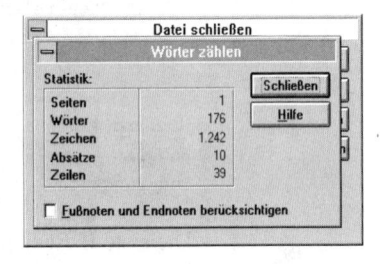

um das in Word integrierte Dialogfeld **Wörter zählen** anzuzeigen. Wählen Sie die Schaltfläche „Schließen", um zum benutzereigenen Dialogfeld zurückzukehren.

Hier die entsprechende Dialogfunktion. Der besseren Übersicht halber wurden einige Instruktionen weggelassen. Die Instruktion, die für das weitere Anzeigen des Dialogfelds **Datei schließen** auch nach dem Wählen der Schaltfläche **Wörter zählen** verantwortlich ist, lautet `DateiSchließenFunktion = 1`. Sie bewirkt, daß das Dialogfeld weiterhin angezeigt bleibt.

```
Function DateiSchließenFunktion(SteuerelementBez$, Aktion, ZusatzWert)
If Aktion = 2 Then
    If SteuerelementBez$ = "wortanzahl" Then
            'Instruktionen, die das Dialogfeld Wörter zählen anzeigen
        DateiSchließenFunktion = 1
    End If
End If
End Function
```

Reagieren auf Texteingaben in einem Text- oder Kombinationsfeld

Nachdem der Benutzer in einem Text- oder Kombinationsfeld eine Eingabe vorgenommen hat und dann mit der Maus oder der TAB-TASTE zu einem anderen Dialogfeld-Steuerelement weitergeht, ruft Word die Dialogfunktion auf und übergibt die folgenden Werte:

- Den Wert *SteuerelementBez$*, der dem Bezeichner des Text- oder Kombinationsfelds entspricht.
- Den *Aktion*-Wert 3 (im Gegensatz zu 2, wie dies bei allen anderen Steuerelementen der Fall ist).
- Einen Wert für *ZusatzWert,* der die Anzahl der vom Benutzer eingegebenen Zeichen angibt.

Im folgenden Beispiel wird die Dialogfunktion aufgerufen, wenn der Benutzer das erste Textfeld verläßt. Wenn der Benutzer keine gültige Reisepaßnummer eingibt, zeigt die Dialogfunktion ein Meldungsfeld an.

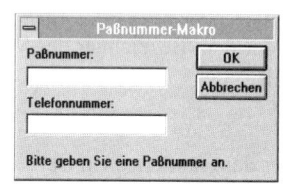

Wenn keine gültige Paßnummer eingegeben wird, ...

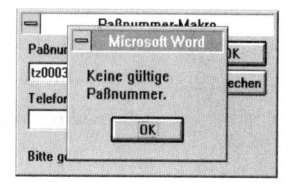

wird eine Meldung angezeigt.

Hier die entsprechende Dialogfunktion:

```
Function TestNummer(SteuerelementBez$, Aktion, ZusatzWert)
If Aktion = 3 Then
    If SteuerelementBez$ = "paßnum" And ZusatzWert <> 11 Then
        MsgBox "Keine gültige " + Chr$(13) + "Paßnummer."
        falschzahlkennz = 1
    End If
```

```
ElseIf Aktion = 4 Then
    If falschzahlkennz = 1 Then
            DlgFokus "paßnum"
            falschzahlkennz = 0
    End If
End If
End Function
```

Beachten Sie, daß die Funktion auf den *Aktion*-Wert 3 (Textänderung) und den Wert 4 (Fokusänderung) hin prüft. Wurde ein *Aktion*-Wert von 3 übergeben, prüft die Funktion über das Argument *ZusatzWert*, wie viele Zeichen im Textfeld vorhanden sind. Entspricht diese Zahl nicht der vordefinierten Anzahl Stellen für die Paßnummer, zeigt die Dialogfunktion ein Meldungsfeld an und setzt die Variable falschzahlkennz auf 1. Unmittelbar nach dem *Aktion*-Wert 3 wird der *Aktion*-Wert 4 übergeben. Entspricht falschzahlkennz dem Wert 1, gibt die Dialogfunktion den Fokus an das Paßnummertextfeld und setzt falschzahlkennz auf 0. Bei einem *Aktion*-Wert von 3 können Sie die Anweisung **DlgFokus** nicht verwenden, da der im Anschluß folgende *Aktion*-Wert 4 Vorrang hat und den Fokus an die vom Benutzer vorgesehene Stelle zurückverlagert. Daher wird die Variable falschzahlkennz benötigt, um anzugeben, ob der Fokus bei Übergabe eines *Aktion*-Werts von 4 geändert werden soll.

Reagieren auf das Ändern des Fokus

Wenn der Benutzer den Fokus von einem Dialogfeld-Steuerelement zu einem anderen verschiebt, ruft Word die Dialogfunktion auf und übergibt die folgenden Werte:

- Der Wert *SteuerelementBez$*, der dem Bezeichner des Steuerelements entspricht, das den Fokus erhält.
- Den *Aktion*-Wert 4.
- Einen Wert für *ZusatzWert*, der dem numerischen Bezeichner des Steuerelements, das den Fokus abgegeben hat, entspricht.

Im folgenden Beispiel ändert die Dialogfunktion den unten im Dialogfeld angezeigten Hinweistext entsprechend dem Steuerelement, das den Fokus hat. Wenn beispielsweise das Textfeld „Telefonnummer" den Fokus hat, wird als Hinweistext „Bitte geben Sie eine Telefonnummer an" angezeigt.

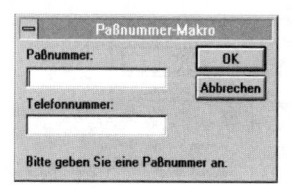

Wenn sich die Einfügemarke im Textfeld „Paßnummer" befindet, lautet der Hinweistext: „Bitte geben Sie eine Paßnummer an."

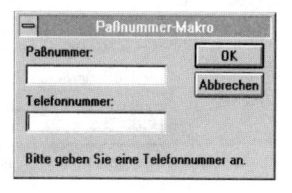

Befindet sich die Einfügemarke im Feld „Telefonnummer", ändert sich der Hinweistext.

Fügen Sie die folgenden Instruktionen zu der im obigen Beispiel dargestellten Dialogfunktion TestNummer hinzu, um Hinweistextfunktionalität zu ermöglichen:

```
If Aktion = 4 Then
    If SteuerelementBez$ = "paßnum" Then
        DlgText$ "Text1", "Bitte geben Sie eine Paßnummer an."
    ElseIf SteuerelementBez$ = "tel" Then
        DlgText$ "Text1", "Bitte geben Sie eine Telefonnummer an."
    End If
End If
```

Gleichzeitiges Anzeigen mehrerer Steuerelementbereiche

Dialogfunktionen erlauben es Ihnen, mehrere Steuerelementbereiche in einem Dialogfeld zu definieren. Durch überlegte Anordnung der Steuerelemente in einem Bereich können Sie eine große Anzahl Steuerelemente in einem einzigen Dialogfeld unterbringen. Das Beispiel zeigt ein Dialogfeld mit zwei Bereichen.

Um ein aus zwei Bereichen bestehendes Dialogfeld zu erstellen, entwerfen Sie im Dialog-Editor zwei getrennte Dialogfelder, die den beiden Bereichen des gewünschten Dialogfelds entsprechen. Anschließend fassen Sie die beiden Dialogfelddefinitionen zu einer einzigen Definition zusammen. Wenn Word das Dialogfeld zum ersten Mal anzeigt, muß einer der Bereiche ausgeblendet sein. Falls beide Bereiche gleichzeitig angezeigt werden, ergibt das Dialogfeld nicht viel Sinn.

Wenn das Dialogfeld in der folgenden Abbildung zum ersten Mal angezeigt wird, sind die Steuerelemente „Filialdokumente" sichtbar. Dies bedeutet, daß die Steuerelemente „Zentraldokument" ausgeblendet sein müssen.

Die Optionen für Filialdokumente

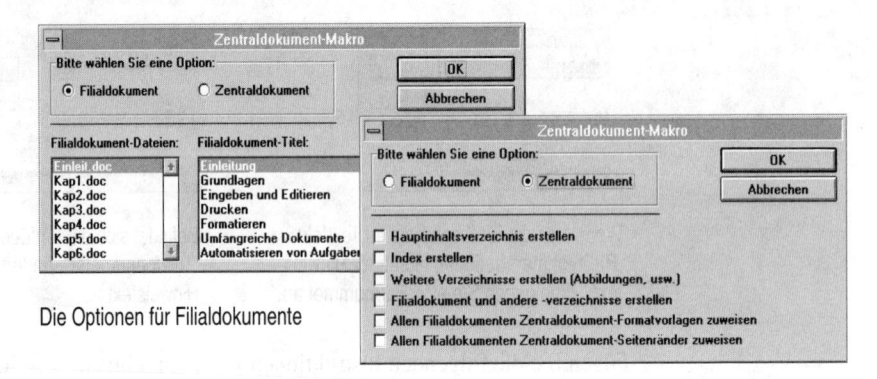

Die Optionen für Zentraldokumente

Zum Ausblenden der für „Zentraldokument" spezifischen Steuerelemente ruft die Dialogfunktion die Unterroutine `EinblAusblBereich` auf:

```
Sub EinblAusblBereich(ErstesSteuerelement,
LetztesSteuerelement,EinblOderAusbl)
For anzahl = ErstesSteuerelement To LetztesSteuerelement
    DlgSichtbar anzahl, EinblOderAusbl
Next
End Sub
```

In dieser Unterroutine wird eine **For**…**Next**-Schleife und eine **DlgSichtbar**-Instruktion dazu verwendet, die für einen Bereich spezifischen Steuerelemente ein- oder auszublenden. Die zum Festlegen dieser Steuerelemente erforderlichen Instruktionen sind in der Dialogfelddefinition gruppiert und tragen die numerischen Bezeichner 13 bis 18 (das erste Zentraldokument-Steuerelement ist die dreizehnte Anweisung in der Dialogfelddefinition). Die Schleife **For**…**Next** zählt von `ErstesSteuerelement` bis `LetztesSteuerelement`, hier also von 13 bis 18. Bei jeder Iteration wird das Steuerelement mit dem numerischen Bezeichner `anzahl` durch die Instruktion **DlgSichtbar** ein- oder ausgeblendet. Ist die Variable `EinblOderAusbl` 1, zeigt **DlgSichtbar** das Steuerelement an, bei 0 (Null) jedoch nicht.

In Word, Version 6.0 für den Macintosh und Windows NT, und in Word, Version 7.0 kann ein Bereich von Steuerelementen mit einer einzigen Instruktion **DlgSichtbar** aus- und eingeblendet werden, so daß dort eine eigene Unterroutine wie `EinblAusblBereich` nicht notwendig ist. Um beispielsweise die Steuerelemente des Zentraldokuments in obigem Beispiel auszublenden, würde die Dialogfunktion einfach folgende Instruktion ausführen:

```
DlgSichtbar 13, 18, 0
```

Weitere Informationen hierzu finden Sie unter **DlgSichtbar** in Teil 2, „WordBasic – Anweisungen und Funktionen".

Um zwischen Bereichen zu wechseln, während das Dialogfeld angezeigt wird, muß die Dialogfunktion den im Moment angezeigten Steuerelementbereich ausblenden und den anderen einblenden. Hier die **If**-Steuerstruktur, die überprüft, welcher Steuerelementbereich ausgewählt ist. Beachten Sie, daß `Case 2` mit dem Wert 2 für *Aktion* übereinstimmt, was bedeutet, daß der Benutzer eine Option gewählt hat.

```
Case 2
   If SteuerelementBez$ = "zentraldok" Then
      EinblAusblBereich 13, 18, 1       'Zentraldokument-
                                        'Steuerelemente anzeigen
      EinblAusblBereich 7, 12, 0        'Filialdokument-
                                        'Steuerelemente
                                        'verbergen
   ElseIf SteuerelementBez$ = "filialdok" Then
      EinblAusblBereich 13, 18, 0       'Zentraldokument-
                                        'Steuerelemente verbergen
      EinblAusblBereich 7, 12, 1        'Filialdokument-
                                '       'Steuerelemente
                                        'anzeigen
   End If
```

Durch den **If**-Bedingungsblock wird die Unterroutine `EinblAusblBereich` aufgerufen und die Bereiche werden je nach Bedarf aus- und eingeblendet.

Anhand numerischer Bezeichner und einer **For**…**Next**-Schleife lassen sich Steuerelement-Bereiche hervorragend steuern. Da der numerische Bezeichner von der Stellung des zugehörigen Steuerelements innerhalb der Dialogfelddefinition abhängt, ist bei Änderungen der Instruktionsreihenfolge innerhalb der Dialogfelddefinition mit äußerster Vorsicht vorzugehen.

Die mit Word gelieferten Assistenten verfahren beim Verwalten von Steuerelement-Bereichen innerhalb eines Assistenten-Dialogfelds nach dieser Methode. Eine ausführliche Beschreibung hierzu finden Sie in Kapitel 9, „Weitere WordBasic-Verfahren", unter „Erstellen eines Assistenten".

Tip Viele Word-Dialogfelder, die Register enthalten, können sich „merken", welche Registerkarte beim Schließen des Dialogfelds ausgewählt war. Die Grundlage hierfür bildet die Überlegung, daß der Benutzer die zuletzt angezeigten Steuerelemente sehr wahrscheinlich wieder verwenden möchte. Dieselbe Funktion können Sie mit WordBasic erzielen, indem Sie die letzte Einstellung des Dialogfelds in einer Initialisierungsdatei speichern. Weitere Informationen über Initialisierungsdateien finden Sie in Kapitel 9, „Weitere WordBasic-Verfahren", unter „Verwenden von Initialisierungsdateien und Dokumentvariablen".

Fortlaufendes Aktualisieren von Text in einem Dialogfeld

Mit einer Dialogfunktion können Sie ein Dialogfeld fortlaufend aktualisieren. In dem hier gezeigten und beschriebenen Beispiel aktualisiert die Dialogfunktion das Textelement, das die Uhrzeit anzeigt, einmal pro Sekunde.

Das Dialogfeld vor dem Wählen der Schaltfläche „Start" ...

und danach

Hier ist die entsprechende Dialogfunktion. Der besseren Übersicht halber wurde bis auf **Case 5** jedes weitere Auftreten von **Case** aus der **Select Case**-Steuerstruktur entfernt.

```
Function Aktiontest(SteuerelementBez$, Aktion, ZusatzWert)
Select Case Aktion
    Case 5
        If startkennz = 1 Then
            neujetzt = (Jetzt() - altjetzt)
            diesesekunde$ = LTrim$(Str$(Sekunde(neujetzt)))
                If diesesekunde$ <> altsekundejetzt$ Then
                    diesestunde$ = Str$(Stunde(neujetzt))
                    dieseminute$ = LTrim$(Str$(Minute(neujetzt)))
                    ganzefolge$ = diesestunde$ + ":"\
                        + dieseminute$ + ":" + diesesekunde$
                    DlgText$ "Text1", ganzefolge$
                    altsekundejetzt$ = diesesekunde$
                End If
        End If
        Aktiontest = 1
    Case Else
End Select
End Function
```

Word beginnt mit dem Senden der Ruhezustandsmeldung „*Aktion* = 5" an die Dialogfunktion, sobald das Dialogfeld initialisiert ist. Solange keine andere Aktion stattfindet, sendet Word diese Ruhezustandsmeldung, bis das Dialogfeld wieder geschlossen wird. Der Text soll jedoch nur aktualisiert werden, nachdem der Benutzer die Schaltfläche „Start" gewählt hat. Daher hängen alle Instruktionen im Anschluß an `Case 5` davon ab, ob der Wert von `startkennz` 1 ist (weiter oben in der Dialogfunktion wird `startkennz` auf 1 gesetzt, wenn der Benutzer die Schaltfläche „Start" wählt). Wenn `startkennz` ungleich 1 ist, wird der Text nicht aktualisiert.

Beachten Sie außerdem, daß Word Ruhezustandsmeldungen häufiger als einmal pro Sekunde an die Dialogfunktion sendet. Wenn der Text jedesmal aktualisiert würde, wenn die Ruhezustandsmeldung eintrifft, würde der Text flimmern. Daher überprüft die zweite **If**-Bedingung, ob sich die Uhrzeit geändert hat, so daß der Text nur einmal pro Sekunde aktualisiert wird. `startkennz` und `altsekundejetzt$` müssen als gemeinsam verwendbare Variablen vor der Haupt-Unterroutine deklariert werden. Wenn sie nicht als gemeinsam verwendbar deklariert werden, geht ihr Wert bei jedem Aufruf der Dialogfunktion verloren.

Speichern und Laden der Einstellungen von dynamischen Dialogfeldern

Es ist häufig nützlich, die Einstellungen eines Dialogfeldes zu speichern, wenn der Benutzer es schließt. Diese Einstellungen können dann beim erneuten Anzeigen des Dialogfeldes geladen werden, so daß dem Benutzer die zuletzt eingegebenen Einstellungen angezeigt werden. Das Dialogfeld für den Makro „Zentraldokument" in der folgenden Abbildung enthält beispielsweise eine Reihe von Kontrollkästchen, deren Einstellungen gespeichert werden könnten.

Unter Windows verwenden Sie die Instruktionen **SetPrivateProfileString** und **GetPrivateProfileString$()**, um die Einstellungen von Dialogfeldern zu speichern. Weitere Informationen zur Verwendung dieser Instruktionen finden Sie in Kapitel 9, „Weitere WordBasic-Verfahren" unter „Verwenden von Initialisierungsdateien und Dokumentvariablen".

Auf dem Macintosh können Sie zum Speichern und Laden von Einstellungen die Instruktionen **DlgWerteSpeichern** und **DlgWerteLaden()** verwenden. Im Gegensatz zu **SetPrivateProfileString** und **GetPrivateProfileString$()**, bei denen für jede zu speichernde und zu ladende Einstellung eine eigene Instruktion notwendig ist, können Sie mit **DlgWerteSpeichern** und **DlgWerteLaden()** alle Einstellungen in einem Dialogfeld mit einer einzigen Instruktion speichern oder laden. Bei Dialogfeldern mit sehr vielen Einstellungen wird das Speichern und Laden mit **DlgWerteSpeichern** und **DlgWerteLaden()** deshalb erheblich beschleunigt. **DlgWerteSpeichern** und **DlgWerteLaden()** benötigen eine

Dialogfunktion. Wenn Sie diese Instruktionen mit einem Dialogfeld verwenden möchten, das eigentlich keine Dialogfunktion braucht, können Sie eine Dialogfunktion nur für diese Instruktionen erstellen.

Die folgende Dialogfunktion (in der einige Instruktionen der Übersichtlichkeit halber fehlen) zeigt, wie **DlgWerteSpeichern** und **DlgWerteLaden()** eingesetzt werden können, um die Einstellungen der Kontrollkästchen zu speichern und zu laden:

```
Function MeineDlgFunktion(SteuerelementBez$, Aktion, ZusatzWert)
Select Case Aktion
    Case 1
        erfolg = DlgWerteLaden \
            ("Dialog Einstellungen", "ZentralDokumentDialog")
    Case 2
        If SteuerelementBez$ = "OK" Then
            DlgWerteSpeichern \
                ("Dialog Einstellungen", "ZentralDokumentDialog")
        End If
    Case Else
End Select
End Function
```

Die Instruktion **DlgWerteLaden()** wird bei der Initialisierung des Dialogfeldes (*Aktion* 1) ausgeführt. Die Instruktion **DlgWerteSpeichern** wird ausgeführt, sobald der Benutzer das Dialogfeld durch Auswählen der Schaltfläche „OK" schließt. Beachten Sie, daß die Dialogfeld-Einstellungen nicht gespeichert werden, wenn der Benutzer das Dialogfeld durch Auswählen der Schaltfläche „Abbrechen" schließt. Standardmäßig speichern und laden **DlgWerteSpeichern** und **DlgWerteLaden()** die meisten Dialogfeld-Einstellungen. Sie können jedoch auch selbst steuern, ob einzelne Einstellungen gespeichert und geladen werden. Weitere Informationen hierzu finden Sie unter **DlgWerteSpeichern** und **DlgWerteLaden()** in Teil 2, „WordBasic – Anweisungen und Funktionen".

Anweisungen und Funktionen, die in Dialogfunktionen verwendet werden

WordBasic enthält einige Anweisungen und Funktionen, die ausschließlich in Dialogfunktionen verwendet werden. Die Anweisungen wirken sich auf Dialogfeld-Steuerelemente aus, und die Dialogfunktionen liefern Informationen darüber. Sie verwenden beispielsweise die Anweisung **DlgSichtbar**, um ein Dialogfeld-Steuerelement ein- oder auszublenden. **DlgSichtbar()** liefert einen Wert, der davon abhängt, ob das Steuerelement angezeigt wird oder nicht.

Anweisung oder Funktion	Aktion oder Ergebnis
DlgKontrollKennung()	Liefert die numerische Entsprechung von *Bezeichner$*, dem Zeichenfolgebezeichner des Dialogfeld-Steuerelements.
DlgAktivieren, DlgAktivieren()	Die Anweisung **DlgAktivieren** wird verwendet, um ein Dialogfeld-Steuerelement zu aktivieren oder zu deaktivieren. Wenn ein Steuerelement aktiviert ist, wird es im Dialogfeld zwar angezeigt, ist jedoch abgeblendet und nicht funktionsfähig. **DlgAktivieren()** wird verwendet, um festzustellen, ob das Steuerelement aktiviert ist oder nicht.
DlgDateiSeitenansicht$, DlgDateiSeitenansicht$()	Die Anweisung **DlgDateiSeitenansicht$** wird verwendet, um eine Datei im Element „Dateivorschau" anzuzeigen. **DlgDateiSeitenansicht$()** liefert den Pfad- und Dateinamen des angezeigten Dokuments.
DlgFokus, DlgFokus$()	Die Anweisung **DlgFokus** wird verwendet, um den Fokus eines Dialogfeld-Steuerelements festzulegen. (Wenn ein Dialogfeld-Steuerelement den Fokus hat, wird es hervorgehoben.) **DlgFokus$()** liefert den Bezeichner des Steuerelements, das den Fokus besitzt.
DlgListenfeldDatenfeld, DlgListenfeldDatenfeld()	Die Anweisung **DlgListenfeldDatenfeld** wird verwendet, um ein Listen- oder Kombinationsfeld mit den Elementen eines Datenfelds zu füllen. Sie kann verwendet werden, um den Inhalt eines Listen- oder Kombinationsfelds zu ändern, während das Dialogfeld angezeigt wird. **DlgListenfeldDatenfeld()** liefert ein Element in einem Datenfeld und die Anzahl der Elemente in dem Datenfeld.
DlgWerteLaden()	Die Funktion **DlgWerteLaden()** wird verwendet, um Dialogfeld-Einstellungen zu laden. Sie ist nur auf dem Macintosh und unter Windows NT verfügbar.
DlgGrafikSetzen	Legt die Grafik, die im Dialogfeld-Steuerelement **Picture** angezeigt wird, fest.
DlgWerteSpeichern	Die Anweisung **DlgWerteSpeichern** wird verwendet, um Dialogfeld-Einstellungen zu speichern. Sie ist nur auf dem Macintosh und unter Windows NT verfügbar.

Anweisung oder Funktion	Aktion oder Ergebnis
DlgText, DlgText$()	Die Anweisung **DlgText** wird verwendet, um den Text oder die Textbeschriftung eines Dialogfeld-Steuerelements festzulegen. Die Funktion **DlgText$()** liefert die Beschriftung eines Steuerelements.
DlgAktualDateiVorschau	Die Anweisung **DlgAktualDateiVorschau** wird verwendet, um das Element „Dateivorschau" zu aktualisieren.
DlgWert, DlgWert()	Die Anweisung **DlgWert** wird verwendet, um ein Dialogfeld-Steuerelement zu aktivieren oder zu deaktivieren. Die Funktion **DlgWert()** liefert die Einstellung eines Steuerelements.
DlgSichtbar, DlgSichtbar()	Die Anweisung **DlgSichtbar** wird verwendet, um ein Dialogfeld-Steuerelement ein- oder auszublenden. Die Funktion **DlgSichtbar()** wird verwendet, um festzustellen, ob ein Steuerelement ein- oder ausgeblendet ist.

KAPITEL 6

Debuggen

Eine der berühmtesten Anekdoten in der Computergeschichte handelt von einer Wegbereiterin des Computerwesens: Grace Hopper. Angeblich konnte sie eines Tages ihr Programm nicht zum Starten bewegen und entdeckte, daß das Problem von einer Motte verursacht wurde. Die Motte hatte sich in einem der internen Schalter des Computers einquartiert. Nachdem sie die Motte entfernt hatte, verkündete sie, daß sie den Computer entmottet (auf Englisch „debugged") habe – daher die Ausdrücke „Bug" und „Debugging", die heutzutage auf alle Programmfehler bzw. deren Suche und Beseitigung angewandt werden.

Abgesehen von den allereinfachsten Makros ist das Debuggen ein wesentlicher Bestandteil der Makroentwicklung. Dieses Kapitel beschreibt die Fehlerarten, die Sie häufig antreffen werden, und die von Word zum Beseitigen von Fehlern bereitgestellten Werkzeuge.

Dieses Kapitel behandelt die folgenden Themen:

- Häufig auftretende WordBasic-Fehler
- Verfahren zum Vermeiden von WordBasic-Fehlern
- Werkzeuge zum Debuggen

Häufig auftretende WordBasic-Fehler

Die in diesem Abschnitt beschriebenen WordBasic-Fehler verhindern die Ausführung eines Makros. Diese Fehler treten auf, wenn eine Anweisung gegen die Regeln der WordBasic-Sprache verstößt. Word zeigt eine Fehlermeldung an, sobald es auf die Zeile stößt, die den Fehler enthält. Wenn der Makro in einem Makrobearbeitungsfenster geöffnet ist, wird die fehlerhafte Zeile fett und in roter Farbe angezeigt. Alle WordBasic-Fehlermeldungsfelder enthalten die Schaltfläche „Hilfe". Wenn Sie diese Schaltfläche wählen, zeigt Word Hinweise über die mögliche Fehlerursache an.

Word hebt die Anweisung, die den Fehler
enthält, hervor.

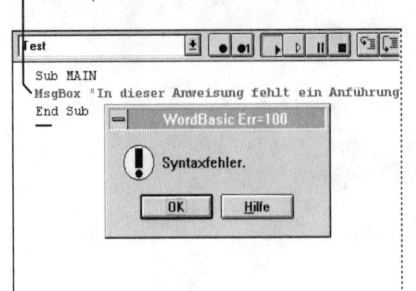

```
Test
Sub MAIN
    MsgBox "In dieser Anweisung fehlt ein Anführung
End Sub
```

WordBasic Err=100
Syntaxfehler.
OK   Hilfe

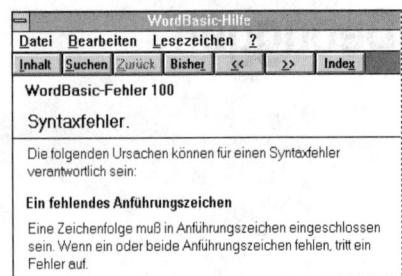

WordBasic-Hilfe
Datei Bearbeiten Lesezeichen ?
Inhalt Suchen Zurück Bisher << >> Index

WordBasic-Fehler 100

Syntaxfehler.

Die folgenden Ursachen können für einen Syntaxfehler verantwortlich sein:

Ein fehlendes Anführungszeichen

Eine Zeichenfolge muß in Anführungszeichen eingeschlossen sein. Wenn ein oder beide Anführungszeichen fehlen, tritt ein Fehler auf.

Wählen Sie die Schaltfläche „Hilfe", ...   um Informationen über den Fehler anzuzeigen.

Anmerkung Word markiert nicht alle Fehler in einem Makro gleichzeitig. Wenn Ihr Makro viele Rechtschreib- oder Syntaxfehler enthält, wird daher bei jedem Ausführen Ihres Makros eine Fehlermeldung angezeigt, bis Sie alle Fehler korrigiert haben.

Syntaxfehler

Dies ist bei weitem die am häufigsten auftretende Fehlerart. Einige Ursachen für Syntaxfehlermeldungen sind:

Ein fehlendes Anführungszeichen Zeichenfolgen müssen in Anführungszeichen stehen. Wenn das einleitende und/oder schließende Anführungszeichen fehlt, führt dies zu einem Fehler.

Ein fehlendes, falsch positioniertes oder überflüssiges Komma Die einzelnen Argumente einer Anweisung oder Funktion müssen durch Kommas voneinander getrennt werden. Fehlende, falsch positionierte oder zusätzliche Kommas führen zu Fehlern.

Ein fehlender Punkt Jedes Argument einer Anweisung, die einem Dialogfeld entspricht, muß mit einem Punkt beginnen. **.Dateiname** ist beispielsweise ein Argument der Anweisung **DateiÖffnen**.

Eine fehlende Klammer am Ende einer Funktion Im Anschluß an eine Funktion steht immer eine öffnende und eine schließende Klammer. Wenn eine oder beide Klammern fehlen, führt dies zu einem Fehler.

Ein fehlendes reserviertes Wort Einige WordBasic-Anweisungen enthalten mehrere reservierte Wörter (das heißt Wörter, die zur Vervollständigung der Syntax einer Anweisung erforderlich sind). Die Anweisung **If…Then…Else** erfordert beispielsweise das reservierte Wort **Then**.

Ein Konflikt mit reservierten Wörtern WordBasic erzeugt einen Syntaxfehler, wenn Sie eine Variable erstellen, deren Name mit einem reservierten Wort übereinstimmt. Wenn Sie beispielsweise eine Variable mit dem Namen „Then" erstellen, steht diese mit dem reservierten Wort **Then** (einem Bestandteil der Anweisung **If...Then...Else**) in Konflikt.

Keine Artenübereinstimmung

Dieser Fehler tritt auf, wenn eine Anweisung einen bestimmten Datentyp erfordert, diesen aber nicht erhält. Da WordBasic nur zwei Datentypen kennt – Zeichenfolgen und Zahlen – bedeutet dieser Fehler, daß statt einer Zahl eine Zeichenfolge verwendet wurde oder umgekehrt. Im folgenden Beispiel sollte Tier eigentlich eine Zeichenfolgevariable sein, doch wurde das Dollarzeichen ($) vergessen, so daß Word sie als numerische Variable interpretiert und einen Fehler erzeugt:

```
Tier = "Pudel"          'Sollte lauten: Tier$ = "Pudel"
```

Dieser Fehler tritt auch auf, wenn Sie einer Funktion ein Argument der falschen Art zuweisen. Ein Beispiel:

```
a$ = Str$("4")          'Sollte lauten: a$ = Str$(4)
```

Ungültige Parameteranzahl

Dieser Fehler tritt auf, wenn eine Anweisung oder Funktion zu viele oder nicht genügend Argumente (sogenannte „Parameter") hat. Einige Beispiele:

```
a = Chr$()              'Chr$() benötigt ein Argument
a$ = Str$()             'Str$() benötigt ein Argument
a$ = Markierung$(1)     'Markierung$() kann kein Argument annehmen
MsgBox                  'MsgBox benötigt ein Argument
ChDir                   'ChDir benötigt ein Argument
```

Unbekannte(r) Befehl, Unterroutine oder Funktion

Diese Fehlermeldung bedeutet oft nur, daß sich im Namen einer Funktion oder Anweisung ein Rechtschreibfehler eingeschlichen hat. Die Meldung kann außerdem auftreten, wenn Sie bei einer Funktion, die eine Zeichenfolge liefert, das Dollarzeichen vergessen haben. Die folgenden Anweisungen führen alle zur genannten Fehlermeldung:

```
MgsBox "Hallo"              'Sollte lauten: MsgBox "Hallo"
BarbeitenSuchen "Katze"     'Sollte lauten: BearbeitenSuchen "Katze"
anführ$ = Chr(34)           'Sollte lauten: anführ$ = Chr$(34)
```

Dieser Fehler kann außerdem auftreten, wenn eine aus zwei Wörtern bestehende Anweisung nur als ein Wort eingegeben wird – beispielsweise `EndDialog` statt `End Dialog` (jedoch kann sowohl `EndIf` als auch `End If` eingegeben werden).

Nicht definiertes Aufzeichnungsfeld

Diese Fehlermeldung wird angezeigt, wenn Sie das Argument einer Anweisung, die einem Dialogfeld entspricht, falsch geschrieben haben. Ein Beispiel:

```
BearbeitenSuchen "Hund", .GanzesWrt = 1    'Sollte lauten: .GanzesWort = 1
```

Dieser Fehler tritt auch auf, wenn Sie ein Argument angeben, das nicht zur Anweisung gehört. Dies ist im folgenden Beispiel der Fall:

```
BearbeitenSuchen "Katze", .GanzesWort = 1, .Maus = 1 'Maus ist ungültig
```

Falscher Parameter

Diese Meldung wird angezeigt, wenn der Wert für ein Argument außerhalb des gültigen Wertebereichs liegt. Dies ist im folgenden Beispiel der Fall:

```
GroßKleinschreibungÄndern 50     'Der Wert "50" ist zu groß
```

Bezeichnung doppelt

Dieser Fehler tritt auf, wenn der Makro zwei Unterroutinen oder benutzerdefinierte Funktionen mit demselben Namen enthält. Der Fehler tritt auch auf, wenn Sie zwei **Goto**-Marken mit demselben Namen erstellen.

Verfahren zum Vermeiden von WordBasic-Fehlern

Beim Eingeben eines neuen Befehls besteht immer die Gefahr, daß sich ein Rechtschreibfehler einschleicht oder Sie möglicherweise einen Punkt oder ein Komma vergessen und somit ein Fehler erzeugt wird. Die in diesem Abschnitt beschriebenen Verfahren können Ihnen helfen, die Anzahl der Fehler zu verringern, indem Sie weniger Anweisungen manuell eingeben.

Verwenden der Schaltfläche für „Nächsten Befehl aufzeichnen"

Schaltfläche für „Nächsten Befehl aufzeichnen"

Wenn Sie in Ihrem Makro eine Anweisung verwenden müssen, mit der Sie nicht vertraut sind und an deren Argumente Sie sich nicht erinnern, können Sie über die Schaltfläche für „Nächsten Befehl aufzeichnen" auf der Makro-Symbolleiste die Anweisung aufzeichnen. Die Schaltfläche für „Nächsten Befehl aufzeichnen" aktiviert den Makro-Recorder und zeichnet den nächsten gewählten Befehl auf.

Anschließend fügt Word die entsprechende Anweisung in das Makrobearbeitungsfenster ein. Wenn kein Makrobearbeitungsfenster geöffnet ist, hat die Schaltfläche für „Nächsten Befehl aufzeichnen" keine Wirkung.

Um die Schaltfläche für „Nächsten Befehl aufzeichnen" zu verwenden, setzen Sie die Einfügemarke in einem Makrobearbeitungsfenster an die Stelle, an der die Anweisung eingefügt werden soll. Wenn der aufzuzeichnende Befehl im Makrobearbeitungsfenster nicht verfügbar ist, wechseln Sie in ein Dokumentfenster. Klicken Sie auf die Schaltfläche für „Nächsten Befehl aufzeichnen", und wählen Sie den aufzuzeichnenden Befehl. Wenn mit dem Befehl ein Dialogfeld verknüpft ist, legen Sie im Dialogfeld die gewünschten Optionen fest und wählen dann die Schaltfläche „OK" oder „Schließen". (Wenn Sie an dieser Stelle „Abbrechen" wählen, wird der Befehl nicht aufgezeichnet.)

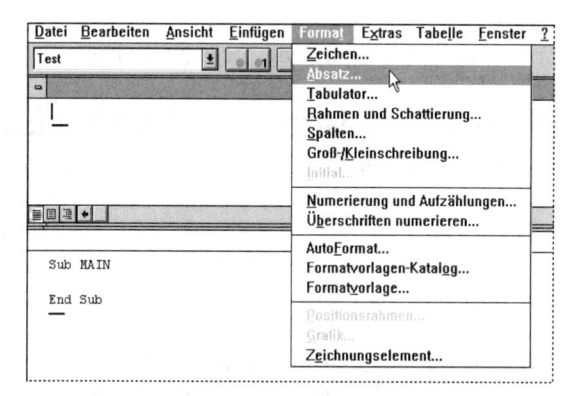

Klicken Sie auf die Schaltfläche für „Nächsten Befehl aufzeichnen", und wählen Sie dann den gewünschten Befehl.

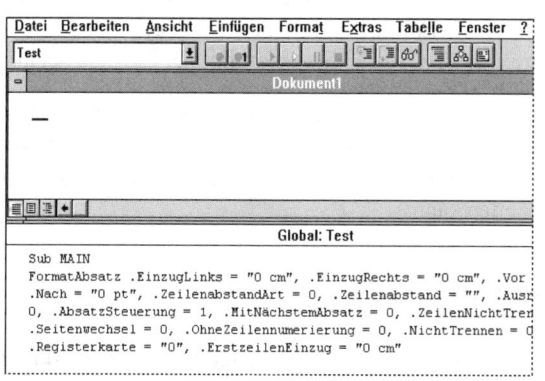

Nachdem Sie den Befehl abgeschlossen haben, fügt Word die entsprechende Anweisung in das Makrobearbeitungsfenster ein.

Wenn Sie zum Aufzeichnen eines Befehls in ein Dokumentfenster wechseln müssen, muß dies vor dem Klicken auf die Schaltfläche für „Nächsten Befehl aufzeichnen" geschehen. Anderenfalls zeichnet Word statt des gewünschten Befehls den Wechsel zum Dokumentfenster auf. Wenn der Befehl im Makrobearbeitungsfenster verfügbar ist, brauchen Sie nicht zu einem Dokumentfenster zu wechseln.

Kopieren der Syntax aus der Online-Hilfe

Zwar ist die Schaltfläche für „Nächsten Befehl aufzeichnen" in vielen Situationen hilfreich, doch können Sie sie nicht zum Aufzeichnen von WordBasic-Funktionen oder von Anweisungen verwenden, die keinem Word-Befehl entsprechen. Für diese Anweisungen und Funktionen bietet sich das Kopieren aus der Online-Hilfe an.

Wenn Sie den Namen der gewünschten Anweisung oder Funktion kennen, können Sie diesen in einem Makrobearbeitungsfenster eingeben und dann, solange die Einfügemarke sich noch in derselben Zeile befindet, die F1-TASTE (Windows) bzw. HILFE oder die BEFEHLSTASTE (Macintosh) drücken, um das entsprechende Hilfethema anzuzeigen. Das Hilfethema enthält die vollständige Syntax aller Anweisungen und Funktionen. Sie können die angezeigte Syntax entweder als Gedächtnisstütze betrachten oder sie direkt in Ihren Makro kopieren. Viele Themen enthalten auch Beispiele, die Sie kopieren können.

Speichern von Anweisungen als AutoText-Einträge

Ein weiteres Verfahren zum Reduzieren von Fehlern besteht darin, häufig verwendete Anweisungen als AutoText-Eintrag zu speichern. Die Großbuchstaben der Anweisungen- und Funktionsnamen eignen sich gut als konsistentes und leicht zu merkendes Benennungssystem. Sie können die Anweisung **EndeZeile** beispielsweise in einem AutoText-Eintrag namens „ez" speichern. Außerdem können Sie häufig verwendete Steuerstrukturen, wie beispielsweise **If**-Bedingungen, in einem AutoText-Eintrag speichern. Darüber hinaus können Sie einen Makro erstellen, der nicht nur die **If**-Bedingung einfügt, sondern auch die Einfügemarke an die entsprechende Stelle innerhalb der Steuerstruktur setzt, so daß Sie sofort mit der Eingabe beginnen können.

Wenn Sie AutoTexte-Einträge parallel zum Arbeiten an einem Makro erstellen, stellt dies keinen zu hohen zusätzlichen Aufwand dar, und schon nach kurzer Zeit haben Sie eine Sammlung von Einträgen, die Ihnen beim schnellen Erstellen von Makros helfen kann.

Werkzeuge zum Debuggen

Die Makro-Symbolleiste wird angezeigt, wenn Sie ein Makrobearbeitungfenster öffnen. Sie stellt eine Anzahl von Werkzeugen zur Verfügung, die Sie beim Debuggen einsetzen können. Außerdem enthält WordBasic einige Anweisungen, die hauptsächlich zum Debuggen verwendet werden. Dieser Abschnitt beschreibt diese Werkzeuge und Anweisungen.

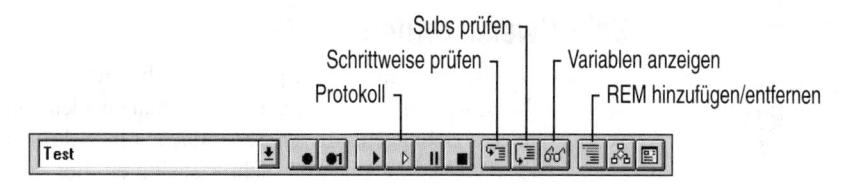

Kapitel 6 Debuggen   173

```
                                    Subs prüfen
                        Schrittweise prüfen      Variablen anzeigen
                        Protokoll                REM hinzufügen/entfernen
  ┌─────────────────────────────────────────────────────────────────┐
  │ Test                    ▼ │ ● ●1 │ ▶ ▷ ‖ ■ │ ⁼≡ ⁽≡ 66 │ ≡ ♁ 国 │
  └─────────────────────────────────────────────────────────────────┘
```

Makro-Symbolleiste

Protokoll

▷

Schaltfläche für „Protokoll"

Wenn Sie auf die Schaltfläche für „Protokoll" klicken, führt Word den aktiven Makro aus und markiert bei der Ausführung jeweils die gerade ablaufende Instruktion. Das Verfolgen der einzelnen Makroinstruktionen geht sehr schnell, da der Makro mit fast normaler Geschwindigkeit ausgeführt wird. Die Protokollfunktion ist besonders praktisch, wenn Makros viele komplexe Bedingungen und Schleifen enthalten. Sie können dann zum Beispiel schnell feststellen, ob eine bestimmte Verzweigung einer **If**-Steuerstruktur auch ausgeführt wird.

Da der Zweck der Protokollfunktion darin besteht, den Makroablauf anhand der markierten Instruktionen zu verfolgen, muß das Makrobearbeitungsfenster sichtbar sein. Mit dem Befehl **Alle anordnen** im Menü **Fenster** können Sie zu diesem Zweck schnell ein Dokumentfenster und ein Makrobearbeitungsfenster übereinander im Word-Fenster anordnen. Manchmal ist es jedoch vorteilhafter, die beiden Fenster vertikal nebeneinander einzurichten (wie in der folgenden Abbildung), da auf diesem Wege größere Teile der Makroinstruktionen auf einmal sichtbar sind.

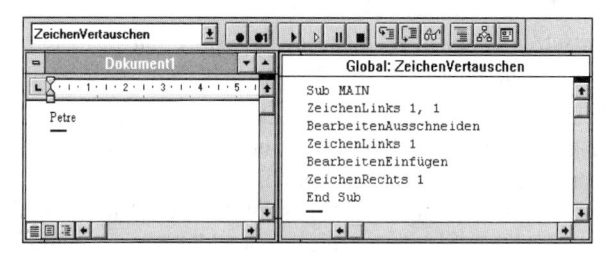

```
┌────────────────────────────────────────────────────────────┐
│ ZeichenVertauschen  ▼ │●●1│▶ ▷ ‖ ■│⁼≡⁽≡ 66│≡ ♁ 国│        │
├──────────────────────────┬─────────────────────────────────┤
│ □    Dokument1      ▼ ▲ │   Global: ZeichenVertauschen    │
│ ├·1·2·3·4·5·│            │ Sub MAIN                        │
│   Petre                  │ ZeichenLinks 1, 1               │
│   ─                      │ BearbeitenAusschneiden          │
│                          │ ZeichenLinks 1                  │
│                          │ BearbeitenEinfügen              │
│                          │ ZeichenRechts 1                 │
│                          │ End Sub                         │
│                          │ ─                               │
└──────────────────────────┴─────────────────────────────────┘
```

Ein Dokumentfenster und ein Makrobearbeitungsfenster, die zum Protokollieren nebeneinander angeordnet sind.

Schrittweise prüfen

Schaltfläche für „Schrittweise prüfen"

Die Schaltfläche für „Schrittweise prüfen" und die mit ihr eng verbundene Schaltfläche „Subs prüfen" sind wahrscheinlich die beiden nützlichsten Werkzeuge zum Debuggen. Mit der Schaltfläche für „Schrittweise prüfen" können Sie einen Makro Schritt für Schritt ausführen. Bei jedem Klicken auf die Schaltfläche für „Schrittweise prüfen" markiert Word eine Anweisung und unterbricht dann die weitere Ausführung. Wenn Sie dann erneut auf die Schaltfläche für „Schrittweise prüfen" klicken, führt Word die vorher markierte Anweisung aus und markiert die nächste Anweisung. Auf diese Weise können Sie die Wirkung jeder einzelnen Anweisung Ihres Makros überprüfen. Dies ist besonders bei Makros nützlich, die komplexe Verschiebungen der Einfügemarke zur Folge haben.

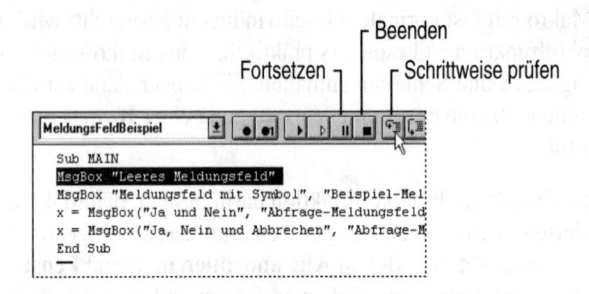

```
Sub MAIN
MsgBox "Leeres Meldungsfeld"
MsgBox "Meldungsfeld mit Symbol", "Beispiel-Mel
x = MsgBox("Ja und Nein", "Abfrage-Meldungsfeld
x = MsgBox("Ja, Nein und Abbrechen", "Abfrage-M
End Sub
```

Beenden — Schrittweise prüfen — Fortsetzen

Klicken Sie auf die Schaltfläche für „Schrittweise prüfen", um die hervorgehobene Anweisung auszuführen.

Während Sie sich schrittweise durch den Makro bewegen, können Sie auf die Schaltfläche „Beenden" klicken, um die Ausführung des Makros zu beenden, oder „Fortsetzen" wählen, um die restlichen Anweisungen hintereinander und ohne Pause auszuführen.

Anmerkung Ruft der aktive Makro eine Unterroutine oder Funktion in einem anderen Makro auf, verfolgt Word diese auf die gleiche Art. Um jedoch den Ablauf der Unterroutine oder Funktion auch auf dem Bildschirm mitverfolgen zu können, müssen Sie alle entsprechenden Makrobearbeitungsfenster öffnen und im Word-Fenster anordnen, bevor Sie auf die Schaltfläche für „Schrittweise prüfen" klicken.

Das schrittweise Durcharbeiten langer Makros ist oft nicht rationell, besonders dann nicht, wenn der größte Teil des Makros gut funktioniert und Sie schrittweise durch eine Reihe von Anweisungen gehen, nur um zu der einen Zeile zu gelangen, in der sich noch ein Fehler befindet. Als Lösung bietet sich die Anweisung **Stop** an, die die Ausführung eines Makros unmittelbar vor der fehlerhaften Stelle unterbricht. Anschließend können Sie mit der Schaltfläche für „Schrittweise prüfen" einzeln durch die Anweisungen gehen, die den Fehler verursachen. Weitere Informationen über das Verwenden von **Stop** finden Sie in „Anweisungen, die beim Debuggen nützlich sind" weiter unten in diesem Abschnitt.

Subs prüfen

Schaltfläche für „Subs prüfen"

Die Schaltfläche für „Subs prüfen" funktioniert genau wie die Schaltfläche für „Schrittweise prüfen", nur durchläuft sie ausschließlich die Haupt-Unterroutine und keine Unterroutinen oder benutzerdefinierten Funktionen. Dieser Befehl ist dann hilfreich, wenn Sie wissen, daß sich der zu behebende Fehler nicht in einer der Unterroutinen oder benutzerdefinierten Funktionen des Makros befindet. Bei Makros, die nur aus der Haupt-Unterroutine bestehen, hat das Wählen dieser Schaltfläche die gleiche Wirkung wie das Wählen der Schaltfläche für „Schrittweise prüfen".

Variablen anzeigen

Schaltfläche für „Variablen anzeigen"

Die Schaltfläche für „Variablen anzeigen" zeigt das Dialogfeld **Makro-Variablen** an, in dem Sie den Wert von Variablen einsehen und ändern können. Die Schaltfläche für „Variablen anzeigen" ist nur aktiv, während die Makroausführung pausiert. Sie können in die Ausführung eines Makros eine Pause einfügen, indem Sie die Schaltfläche für „Schrittweise prüfen" wählen, um den Makro schrittweise zu durchlaufen, oder indem Sie an einem bestimmten Punkt innerhalb des Makros die Anweisung **Stop** einfügen.

Das Dialogfeld **Makro-Variablen** kann Variablen anzeigen, die in der Haupt-Unterroutine des Programms oder in Unterroutinen und benutzerdefinierten Funktionen definiert wurden oder von allen Unterroutinen gemeinsam verwendet werden. Die Variablen der aktiven Unterroutine werden als erste aufgelistet. Vor dem Namen der Variablen steht jeweils der Name der Unterroutine bzw. der Funktion, für die sie definiert wurde, sowie ein Ausrufezeichen. In der folgenden Abbildung wird die numerische Variable Anzahl in der Haupt-Unterroutine als MAIN!ANZAHL angeführt. Die Zeichenfolgevariable Besitzer$ in der Unterroutine SuchenAdresse wird als SUCHENADRESSE!BESITZER$ angeführt. Die gemeinsam verwendbare Variable Tier$ wird als !TIER angeführt.

Teil 1 Einstieg in WordBasic

Makro-Variablen Dialogfeld mit Beschriftungen:
— Variablen in der Unterroutine „SuchenAdresse"
— Variablen in der Haupt-Unterroutine
— Globale (gemeinsam verwendbare) Variablen

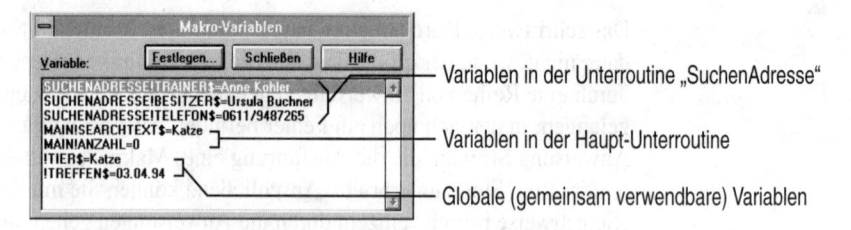

Variablen in der aktiven Unterroutine werden zuoberst angeordnet.

Mit der Schaltfläche „Festlegen" im Dialogfeld **Makro-Variablen** können Sie den Wert der gewählten Variablen ändern. Besonders das Ändern der Werte von Variablen, die Schleifen steuern, kann wichtig sein. Nachdem Sie eine Schleife für Testzwecke ausreichend oft ausgeführt haben, können Sie den Wert der steuernden Variablen ändern, so daß der Makro die Schleife vorzeitig verlassen kann.

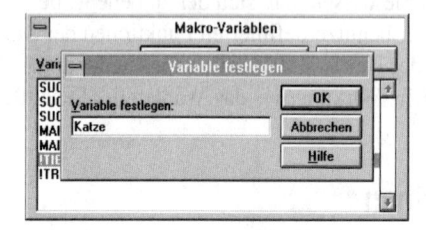

Im Dialogfeld **Variable festlegen** können Sie den Wert der gewählten Variable ändern.

Anmerkung Im Dialogfeld **Makro-Variablen** werden die Werte von Datenfeldvariablen oder Dialogdatensätzen nicht angezeigt. Verwenden Sie die Anweisungen **MsgBox** oder **Print**, um die Werte von Datenfeldelementen anzuzeigen.

REM hinzufügen/entfernen

Schaltfläche für „REM hinzufügen/entfernen"

Eines der nützlichsten Verfahren beim Debuggen besteht darin, einen Teil Ihres Makros auszukommentieren. Hierzu wandeln Sie Instruktionen in Kommentare um, indem Sie davor einen Apostroph (') einfügen oder indem Sie am Zeilenanfang die Anweisung **REM** hinzufügen. Die Schaltfläche für „REM hinzufügen/entfernen" auf der Makro-Symbolleiste verwendet das zweite Verfahren.

Angenommen, Sie möchten einen Makro testen, der eine Instruktion zum Drucken des Dokuments enthält, wollen das Dokument jedoch nicht in jedem Testdurchlauf des Makros drucken. Fügen Sie hierzu vor die Anweisung **DateiDrucken** ein Kommentarzeichen ein:

```
REM    DateiDrucken "BRIEF.DOC"
```

Nachdem Sie das Testen des Makros abgeschlossen haben, können Sie die mit einem Kommentarzeichen versehenen Instruktionen markieren und dann erneut auf die Schaltfläche für „REM hinzufügen/entfernen" klicken, um die Anweisung **REM** zu entfernen und die Instruktionen wieder zu aktivieren.

Anweisungen, die beim Debuggen nützlich sind

Die folgenden WordBasic-Anweisungen können Sie als Instruktionen in Ihren Makro einfügen, um das Debuggen zu vereinfachen.

Stop

Wenn Word einen Makro ausführt und auf die Anweisung **Stop** trifft, wird die Makroausführung an der **Stop**-Anweisung unterbrochen. Sie können diese Anweisung kurz vor und kurz hinter der Stelle, an der Sie einen Fehler vermuten, einfügen.

Standardmäßig zeigt die Anweisung **Stop** ein Meldungsfeld an, um Sie davon zu unterrichten, daß die Ausführung Ihres Makros angehalten wurde.

```
VorlageÖffnen
Sub MAIN
Dim F0record As DateiÖffnen
GetCurValues F0record
F0record.Name = "*.dot"
Stop
choise = Dialog(F0record)
If choise = - 1 Then
    DateiÖffnen F0record
End If
End Sub
```

WordBasic
Der Makro wurde unterbrochen
OK   Hilfe

Word unterbricht die Ausführung des Makros und zeigt ein Meldungsfeld an, wenn es auf die Anweisung **Stop** stößt.

Dieses Meldungsfeld ist nicht erforderlich, wenn das Makrobearbeitungsfenster sichtbar ist, da Word die **Stop**-Anweisung fett und in Rot hervorhebt. Sie können der Anweisung **Stop** ein Argument hinzufügen, so daß kein Meldungsfeld angezeigt wird: die Anweisung Stop -1 verhindert das Anzeigen eines Meldungsfelds.

VariablenAnzeigen

Diese Anweisung zeigt das Dialogfeld **Makro-Variablen** an. Sie entspricht dem Pausieren des Makros und Wählen der Schaltfläche für „Variablen anzeigen" zu einem bestimmten Zeitpunkt während der Makroausführung.

MsgBox

Zwar können Sie den Status der meisten Variablen mit dem Dialogfeld **Makro-Variablen** überprüfen, doch zeigt dieses Dialogfeld Datenfeldvariablen und Dialogdatensätze nicht an. Verwenden Sie die Anweisung **MsgBox**, um diese Werte anzuzeigen und zu überwachen. Beachten Sie, daß die Anweisung **MsgBox** keine numerischen Werte anzeigt. Verwenden Sie die Funktion **Str$()**, um numerische Werte in Zeichenfolgen umzuwandeln.

Print

Die Anweisung **Print** kann für dieselben Aufgaben wie die Anweisung **MsgBox** eingesetzt werden, doch wird bei Verwendung von **Print** die Ausführung des Makros nicht durch ein Meldungsfeld unterbrochen. Außerdem können Sie mit **Print** numerische Werte anzeigen, ohne sie wie bei der Anweisung **MsgBox** zunächst in Zeichenfolgen umwandeln zu müssen.

Ein Beispiel: Debuggen des Makros EinfügenTab

Der Makro „EinfügenTab" in diesem Beispiel dient dazu, vor jedem Absatz innerhalb einer Markierung ein Tabstopzeichen einzufügen. Der Makro verwendet die Anweisung **TextmarkeKopieren**, um die Markierung mit einer Textmarke namens „temp" zu kennzeichnen. Anschließend geht er zum Anfang der Markierung und verschiebt die Einfügemarke absatzweise durch das Dokument, wobei er vor jedem Absatz ein Tabstopzeichen einfügt, bis er den zuvor mit der Textmarke „temp" markierten Bereich wieder verläßt. Der Makro verwendet die Instruktion TextmarkenVergleichen("\Sel", "temp"), um die Position der Einfügemarke (die durch die vordefinierte Textmarke „\Sel" repräsentiert wird) mit der Position von „temp" (die die ursprüngliche Markierung kennzeichnet) zu vergleichen. Sobald sich die Einfügemarke außerhalb der ursprünglichen Markierung befindet, soll der Makro enden. Hierzu werden die folgenden Makro-Instruktionen verwendet:

```
Sub MAIN
TextmarkeKopieren "\Sel", "temp"     'Kopiere Markierung in Textmarke
AbsatzOben                           'Gehe zum Anfang des ersten Absatzes
While TextmarkenVergleichen("\Sel", "temp") <> 1
    Einfügen Chr$(9)                 'Füge Tabstopzeichen ein
    AbsatzUnten                      'Gehe zum nächsten Absatz
Wend
End Sub
```

Beim Testen fügt dieser Makro manchmal vor dem ersten Absatz, der auf die Markierung folgt, ein weiteres Tabstopzeichen ein. Aus irgendeinem Grund führt die Bedingung `TextmarkenVergleichen("\ Sel", "temp") <> 1` nicht immer rechtzeitig zum Ende der **While**...**Wend**-Schleife.

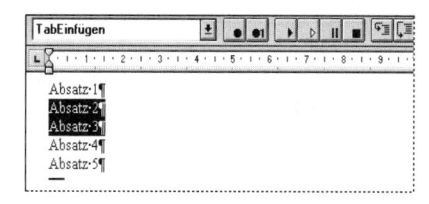

Wenn diese Absätze vor dem Ausführen des Makros markiert sind, ...

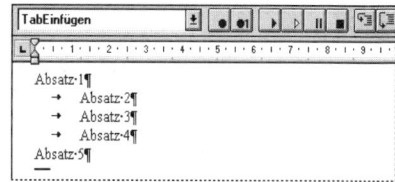

fügt der Makro auch vor dem ersten Absatz nach der Markierung ein Tabstopzeichen ein.

Da der Fehler mit der Bedingung `TextmarkenVergleichen("\ Sel", "temp") <> 1` zu tun hat, können Sie den Fehler suchen, indem Sie sich den von der Funktion **TextmarkenVergleichen()** nach jedem Durchlauf der **While**...**Wend**-Schleife gelieferten Wert ansehen. Hierzu können Sie die folgende Instruktion in die **While**...**Wend**-Schleife einfügen und dann mit der Schaltfläche für „Schrittweise prüfen" den Makro schrittweise untersuchen:

```
MsgBox Str$(TextmarkenVergleichen("\ Sel", "temp"))
```

Es stellt sich nun folgendes heraus: Wenn die ursprüngliche Markierung die Absatzmarke des letzten Absatzes in der Markierung enthält, liefert `TextmarkenVergleichen("\ Sel", "temp")` zu Beginn des folgenden Absatzes nicht den erwarteten Wert 1, sondern den Wert 10. Wenn **TextmarkenVergleichen()** den Wert 10 liefert, bedeutet dies, daß die beiden miteinander verglichenen Textmarken an derselben Stelle enden, daß jedoch die zweite Textmarke länger ist. In diesem Beispiel bedeutet dies, daß die Einfügemarke und die Textmarke „temp" an der gleichen Stelle aufhören, daß jedoch „temp" mehr Text als „\Sel" (das nur die Einfügemarke kennzeichnet) markiert.

Wenn sich die Einfügemarke hier befindet, liefert **TextmarkenVergleichen()** den Wert 10.

Der korrigierte Makro muß die **While...Wend**-Schleife beenden, wenn **TextmarkenVergleichen()** entweder 10 oder 1 liefert:

```
Sub MAIN
TextmarkeKopieren "\Sel", "temp"    'Kopiere Markierung in Textmarke
AbsatzOben                          'Gehe zum Anfang des ersten Absatzes
                                    'in der Markierung
While TextmarkenVergleichen("\Sel", "temp") <> 1 And \
      TextmarkenVergleichen("\Sel", "temp") <> 10
    Einfügen Chr$(9)
    AbsatzUnten
Wend
End Sub
```

KAPITEL 7

Der wohlerzogene Makro

Wohlerzogene Makros sind auf eine Vielzahl von Situationen gefaßt und können entsprechend reagieren. Gutes Makroverhalten umfaßt das Verhindern von Fehlern, das Behandeln von Fehlern, die trotz allem auftreten, Stabilität unter den verschiedensten Bedingungen und „Spurenbeseitigung" nach Beendigung der Makroausführung.

Dieses Kapitel behandelt folgende Themen:

- Fehlerbehandlung
- Optimierte Makroausführung
- Spurenfreie Makroausführung

Fehlerbehandlung

Wenn Sie von Word etwas verlangen, zu dessen Ausführung es nicht imstande ist, entsteht eine Fehlerbedingung, und Word zeigt eine Fehlermeldung an. Fehlerbedingungen unterscheiden sich von den im vorhergehenden Kapitel beschriebenen Fehlern in der WordBasic-Sprache: Jene Fehler hatten ihre Ursache in der Art und Weise, in der Sie den Makro geschrieben hatten. Ein Makro kann jedoch auch völlig fehlerfrei sein und dennoch auf eine Fehlerbedingung stoßen. Einige Beispiele für Makroaktionen, die zu Fehlern führen können, sind:

- Der Versuch, eine nicht verfügbare Datei zu öffnen.
- Der Versuch, eine Textmarke mit einem ungültigen Namen zu erstellen.
- Der Versuch, einen nicht verfügbaren Befehl auszuführen – beispielsweise den Befehl **Anmerkungen** (Menü **Ansicht**), obwohl ein Dokument keine Anmerkungen enthält.

Wenn Sie bei der Arbeit an Dokumenten in Word auf solche Fehler stoßen, können Sie das Feld mit der Fehlermeldung schließen und Ihre Arbeit fortsetzen. Wenn jedoch ein Makro auf einen Fehler stößt, unterbricht er die Ausführung, und die restlichen Makroinstruktionen werden nicht ausgeführt – es sei denn, der Makro enthält Instruktionen, die den Fehler *auffangen* oder *behandeln*. In diesem Fall kann der Makro auf den Fehler reagieren und mit der Ausführung fortfahren. WordBasic enthält einige Anweisungen, die Sie zum Behandeln von Fehlern verwenden können.

WordBasic- und Word-Fehler

Beim Arbeiten mit Dokumenten in Word treten ausschließlich Word-Fehler auf. Ein Makro kann jedoch auch WordBasic-Fehler verursachen. Einige WordBasic-Fehler, wie beispielsweise Syntaxfehler (die im vorhergehenden Kapitel beschrieben wurden), verhindern die Ausführung eines Makros. Andere Fehler – und dies sind die Fehler, die Sie auffangen können – treten nur auf, wenn ein Makro in bestimmten Situationen ausgeführt wird.

Der Unterschied zwischen WordBasic- und Word-Fehlern ist wichtig, da ein Makro zwar das Anzeigen einer WordBasic-Fehlermeldung, nicht jedoch das Anzeigen einer Word-Fehlermeldung verhindern kann.

Wenn Sie beispielsweise einen Makro ausführen, der einen nicht verfügbaren Befehl enthält, zeigt WordBasic ein Feld mit einer WordBasic-Fehlermeldung an. Wenn Sie in Ihren Makro Instruktionen zum Behandeln des Fehlers einfügen, wird die Fehlermeldung nicht angezeigt – statt dessen werden die Instruktionen zur Fehlerbehandlung ausgeführt. Diese Instruktionen könnten beispielsweise die Einfügemarke in einen anderen Bereich verschieben, in dem der Befehl verfügbar ist.

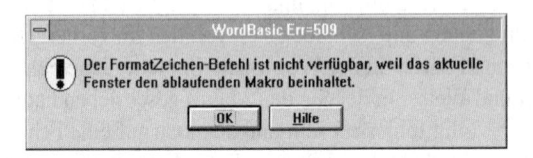

Ein Feld mit einer WordBasic-Fehlermeldung

Wenn ein Makro dagegen versucht, die Einfügemarke zu einer nicht vorhandenen Textmarke zu verschieben, erzeugt Word einen Word-Fehler und zeigt eine Fehlermeldung an, selbst wenn der Makro Instruktionen zur Fehlerbehandlung enthält. Das Vorhandensein dieser Instruktionen hat jedoch eine Wirkung: Ohne sie würde Word die Ausführung des Makros beim Auftreten des Fehlers unterbrechen. Mit ihnen kann der Makro nach Schließen der Fehlermeldung fortgesetzt werden. Der Makro kann dann auf den Fehler reagieren, indem er beispielsweise den Benutzer auffordert, den Namen einer anderen Textmarke einzugeben.

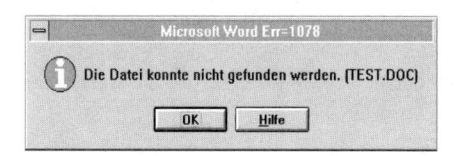

Ein Feld mit einer Word-Fehlermeldung

Jedem Fehler ist eine Nummer zugeordnet. WordBasic-Fehler haben Nummern, die kleiner als 1000 sind (die Nummer wird in der Titelleiste der WordBasic-Fehlermeldung angezeigt). Word-Fehler haben die Nummer 1000 und darüber. Diese Nummern können Sie verwenden, um in einem Makro verschiedene Fehlerarten und entsprechende Möglichkeiten zu ihrer Behebung zu testen. Einige WordBasic-Fehler, wie beispielsweise „Syntaxfehler" oder „Unbekannte(r) Befehl, Subroutine oder Funktion" verhindern jedoch die Ausführung eines Makros und können nicht aufgefangen werden.

Eine vollständige Liste der WordBasic- und Word-Fehlermeldungen finden Sie unter „Fehlermeldungen" in Teil 2, „WordBasic – Anweisungen und Funktionen".

Instruktionen zur Fehlerbehandlung

WordBasic stellt zum Behandeln von Fehlern in Makros drei Formen der Anweisung **On Error**, die Sondervariable **Err** und die Anweisung **Error** zur Verfügung.

On Error Goto *Marke*

Diese Form der Anweisung **On Error** aktiviert die Fehlerbehandlung. Sie muß vor der Instruktion, die zu einem Fehler führen kann, eingefügt werden. Wenn ein Fehler auftritt, springt Word zu der mit *Marke* bezeichneten Zeile.

Das folgende Beispiel zeigt ein Eingabefeld an, in dem der Benutzer den Namen einer zu öffnenden Datei eingibt. Wenn der Benutzer die Schaltfläche „Abbrechen" wählt, während das Eingabefeld angezeigt wird, erzeugt dies einen WordBasic-Fehler (auch wenn Ihnen das Wählen der Schaltfläche „Abbrechen" als legitime Aktion erscheint!).

Um den Fehler aufzufangen, fügen Sie die Instruktion **On Error Goto** *Marke* vor der Instruktion, die das Eingabefeld anzeigt, ein. Sobald der Benutzer die Schaltfläche „Abbrechen" wählt, springt Word zu der durch *Marke* definierten Zeile. In diesem Fall heißt die Marke `bye` und befindet sich am Ende des Makros. Wenn der Benutzer also im Dialogfeld die Schaltfläche „Abbrechen" wählt, wird der Makro beendet, ohne eine Fehlermeldung anzuzeigen.

```
Sub MAIN
On Error Goto bye
ans$ = InputBox$("Geben Sie den Namen der zu öffnenden Datei ein:")
DateiÖffnen ans$
'Eine Reihe von Instruktionen, die sich auf die geöffnete Datei
'auswirken
bye:
End Sub
```

On Error Goto *Marke* übergibt die Nummer des Fehlers, der beim Wählen der Schaltfläche „Abbrechen" erzeugt wird, an die Sondervariable **Err**, die weiter unten in diesem Abschnitt beschrieben wird.

On Error Resume Next

Diese Form der Anweisung **On Error** ermöglicht einem Makro das Auffangen und Ignorieren von Fehlern. Wenn ein Fehler auftritt, wird die Ausführung des Makros einfach bei der nächsten Instruktion fortgesetzt, als ob kein Fehler aufgetreten wäre. Vielfach ist **On Error Resume Next** die einfachste Möglichkeit zum Behandeln eines Fehlers.

Die folgende Version des vorhergehenden Beispiels zeigt ein anderes Verfahren zum Behandeln des Fehlers, der beim Wählen der Schaltfläche „Abbrechen" zum Schließen eines Eingabefelds auftritt. Wenn der Benutzer in diesem Beispiel die Schaltfläche „Abbrechen" wählt, wird der Fehler ignoriert. Die Bedingung **If** prüft, ob an die Variable ans$ ein Wert übergeben wurde. Da beim Wählen von „Abbrechen" kein Wert an diese Variable übergeben wird, braucht **DateiÖffnen** nicht ausgeführt zu werden.

```
Sub MAIN
On Error Resume Next
ans$ = InputBox$("Geben Sie den Namen der zu öffnenden Datei ein:")
If ans$ <> "" Then DateiÖffnen ans$
'Eine Reihe von Instruktionen, die sich auf die geöffnete Datei
'auswirken
End Sub
```

Im Anschluß an die Instruktion **On Error Resume Next** ignoriert Word alle weiteren auftretenden Fehler, bis der Makro endet oder eine Anweisung die Fehlerbehandlung wieder deaktiviert (beispielsweise **On Error Goto 0**). Zwar kann es nützlich sein, daß Word bestimmte Fehler ignoriert (wie beispielsweise den Fehler, der beim Wählen der Schaltfläche „Abbrechen" auftritt), wenn jedoch *alle* Fehler ignoriert werden, kann dies zu Schwierigkeiten führen. Möglicherweise funktioniert ein Makro nicht mehr wie beabsichtigt, nachdem ein unerwarteter Fehler aufgetreten ist. Es empfiehlt sich daher, die Fehlerbehandlung nach dem Verwenden von **On Error Resume Next** wieder zu deaktivieren (oder **On Error Goto** *Marke* zu verwenden).

On Error Resume Next setzt den Wert der weiter unten in diesem Kapitel beschriebenen Sondervariablen **Err** auf 0 (Null).

On Error Goto 0

Diese Form der Anweisung **On Error** wird zum Deaktivieren der Fehlerbehandlung verwendet. Zwar wird die Fortsetzung der Makroausführung sowohl durch **On Error Goto** *Marke* als auch durch **On Error Resume Next** gewährleistet, doch können Sie mit **On Error Goto 0** bewirken, daß beim Auftreten eines Fehlers eine Fehlermeldung angezeigt und die Ausführung angehalten wird.

Mit **On Error Goto 0** können Sie die Fehlerbehandlung auf einen bestimmten Teil Ihres Makros einschränken. Im folgenden Beispiel wird **On Error Goto 0** verwendet, um die durch **On Error Resume Next** aktivierte Fehlerbehandlung wieder zu deaktivieren. Da sich der restliche Teil des Makros auf eine geöffnete Datei auswirkt, sollte der Makro beendet werden, wenn keine Datei geöffnet ist. **On Error Goto 0** gewährleistet, daß die Ausführung des Makros angehalten wird, wenn die Anweisung **DateiÖffnen** einen Fehler erzeugt.

```
Sub MAIN
On Error Resume Next
ans$ = InputBox$("Geben Sie den Namen der zu öffnenden Datei ein:")
On Error Goto 0
If ans$ <> "" Then DateiÖffnen ans$
'Eine Reihe von Instruktionen, die sich auf die geöffnete Datei
'auswirken
End Sub
```

Err

Wenn Sie die Fehlerbehandlung mit **On Error Goto** *Marke* aktivieren, wird die Nummer aller auftretenden Fehler in der Sondervariablen **Err** gespeichert. Sie können diesen Wert abfragen, so daß Ihr Makro je nach Art des aufgetretenen Fehlers unterschiedliche Aktionen durchführen kann.

Im folgenden Beispiel wird die Fehlerbehandlung durch die Instruktion `On Error Goto Auffang` aktiviert. Die Fehlerbehandlungsinstruktionen überprüfen im Anschluß an die Marke `Auffang` den aufgetretenen Fehlerwert. Wenn **Err** den Wert 102 hat, bedeutet dies, daß der Benutzer im Eingabefeld die Schaltfläche „Abbrechen" gewählt hat. In diesem Fall beendet die Instruktion `Goto bye` die weitere Ausführung des Makros. Wenn **Err** den Wert 1078 oder 1177 hat, gab der Benutzer einen ungültigen Dateinamen oder den Namen einer Datei, die nicht im aktuellen Ordner gespeichert ist, ein. In beiden Fällen zeigt der Makro ein Meldungsfeld an, in dem der Benutzer gefragt wird, ob er das Öffnen der Datei erneut versuchen möchte. Wählt der Benutzer die Schaltfläche „Ja", setzt der Makro die Anweisung **Err** wieder auf 0 (Null) und springt zur Marke `nochmals`.

Standardmäßig hat **Err** den Wert 0 (Null). Nachdem ein Fehler auftrat und **Err** einen Wert ungleich Null erhält, ist die Fehlerbehandlung solange aktiv, bis **Err** wieder auf 0 (Null) zurückgesetzt wird. Im folgenden Beispiel muß **Err** auf 0 (Null) zurückgesetzt werden, da sonst die Fehlerbehandlung nicht funktioniert, wenn die Instruktionen im Anschluß an nochmals wiederholt werden.

```
Sub MAIN
nochmals:
    On Error Goto Auffang
    ans$ = InputBox$("Geben Sie den Namen der zu öffnenden Datei ein:")
    DateiÖffnen ans$
    'Eine Reihe von Instruktionen, die sich auf die geöffnete Datei
    'auswirken
    Goto ciao
Auffang:
    If Err = 102 Then Goto bye         'Benutzer wählt "Abbrechen"
    If Err = 1078 Or Err = 1177 Then   'Datei nicht gefunden oder
                                       'ungültiger Dateiname
        reakt = MsgBox("Datei konnte nicht geöffnet werden. Nochmals /
                versuchen?", 4)
            If reakt = -1 Then
            Err = 0
            Goto nochmals
        End If
    End If
ciao:
End Sub
```

Die den Word- oder WordBasic-Fehlermeldungen zugeordneten Nummern finden Sie unter „Fehlermeldungen" in Teil 2, „WordBasic – Anweisungen und Funktionen".

Error

Mit der Anweisung **Error** können Sie einen Fehler erzeugen und prüfen, ob Ihre Fehlerauffangroutine wie beabsichtigt funktioniert, ohne daß Sie hierfür eine tatsächliche Fehlerbedingung herbeiführen müssen. Ein Beispiel:

```
On Error Goto Auffang
Error 502                  'Simuliere Fehler 502
Auffang:
If Err = 502 Then MsgBox "Der Fehler wurde aufgefangen."
```

Wenn Sie vor der Instruktion **Error** die Fehlerbehandlung nicht aktivieren, hebt Word die Instruktion **Error** im Makrobearbeitungsfenster hervor und hält die Ausführung des Makros an. Wenn es sich bei dem angegebenen Fehler um einen WordBasic-Fehler handelt, zeigt Word die entsprechende Fehlermeldung an. Wenn es sich um einen Word-Fehler handelt, wird keine Meldung angezeigt.

Optimierte Makroausführung

Viele Makros sind anfänglich nicht sehr stabil und können daher nur im Idealfall ausgeführt werden. Sind Sie der einzige Benutzer dieser Makros, ist möglicherweise keine weitere Stabilisierung erforderlich. Wenn Sie jedoch einen Makro schreiben, den auch andere Benutzer ausführen werden, müssen Sie alle möglichen Situationen in Betracht ziehen. Unter *optimierter Ausführung* eines Makros wird verstanden, einen Makro unabhängig von den gegebenen Umständen ausführbar zu machen.

Die folgenden Fragen können Ihnen hierbei helfen:

Wo befindet sich die Einfügemarke bzw. Markierung beim Start des Makros?

Ein Makro, der Bearbeitungsinstruktionen enthält, funktioniert möglicherweise nicht gut, wenn sich die Einfügemarke oder Markierung in einer Tabelle oder einem Positionsrahmen befindet. Wenn sich die Einfügemarke oder Markierung in einem Makrobearbeitungsfenster oder einem Kopfzeilen-, Fußzeilen-, Fußnoten- oder Anmerkungsausschnitt befindet, kann ein Makro möglicherweise nicht ausgeführt werden, da viele Befehle dann nicht verfügbar sind. Verwenden Sie die Funktion **AuswInfo()**, um festzustellen, ob sich die Einfügemarke oder Markierung in einem Makrobearbeitungsfenster oder einem Ausschnitt befindet.

Ist eine Markierung vorhanden? Oft gehen Makros, die Bearbeitungsfunktionen unterstützen, davon aus, daß Text entweder markiert oder nicht markiert ist. Ein stabiler Makro prüft mit der Funktion **MarkierungArt()**, welcher Fall zutrifft, und unterbricht die Ausführung, wenn keine entsprechende Markierung vorhanden ist.

In welcher Ansicht befindet sich das Dokument? Ein Makro, der in der Normalansicht störungsfrei ausgeführt wird, funktioniert möglicherweise in der Gliederungs- oder Layoutansicht nicht wie erwartet.

Ist ein Fenster geöffnet? Die meisten Word-Befehle sind nicht verfügbar, wenn kein Dokumentfenster geöffnet ist.

Wie lauten die aktuellen Word-Einstellungen? Oft hängt es von den Einstellungen auf den Registerkarten im Dialogfeld **Optionen** (Menü **Extras**) ab, ob ein Makro ordnungsgemäß ausgeführt wird. Für die Ausführung eines Makros, der z.B. eine Markierung durch einzufügenden Text ersetzt oder eine Markierung überschreibt, ist es wichtig, daß auf der Registerkarte **Bearbeiten** das Kontrollkästchen „Eingabe ersetzt Markierung" aktiviert ist. Wenn ein Makro verborgenen Text sucht oder bearbeitet, muß der verborgene Text sichtbar sein. Wenn ein Makro dagegen die Seiten neu umbricht oder einen Index oder ein Inhaltsverzeichnis erstellt, kann die Seitennumerierung verfälscht werden, wenn Sie verborgenen Text anzeigen. Verwenden Sie die WordBasic-Anweisungen, die das Dialogfeld **Optionen** steuern, um dafür zu sorgen, daß die aktuellen Einstellungen für Ihren Makro angemessen sind.

Kann der Makro einen automatischen Makro auslösen? Wenn der Makro eine Aktion durchführt, die evtl. einen automatischen Makro (Auto-Makro) startet (beispielsweise Öffnen eines vorhandenen oder Erstellen eines neuen Dokuments), kann seine Ausführung unterbrochen werden oder er kann unnötige Aktionen ausführen. Die Ausführung automatischer Makros verhindern Sie mit der Anweisung **AutoMakroUnterdrücken**.

Was geschieht, wenn der Benutzer die Ausführung des Makros unterbricht?
Oft ist es angebracht, daß ein Makro durch Drücken der ESC-TASTE abgebrochen wird. Wenn der Makro jedoch gerade eine kritische Operation ausführt, kann das Abbrechen zu Schwierigkeiten führen. Verwenden Sie die Anweisung **EingabeUnterdrücken**, wenn Sie den Benutzer am Abbrechen eines Makros hindern möchten.

Optimieren und Ausführungsgeschwindigkeit

Jede einzelne Optimierungsmaßnahme hat eine reduzierte Ausführungsgeschwindigkeit des Makros zur Folge. Bei längeren, umfassenderen Makros wiegt die zusätzliche Stabilität mehr als die kurze Verzögerung zu Beginn der Ausführung. Bei kurzen, schnellen Makros ist die Geschwindigkeit jedoch oft ein entscheidender Faktor: Wenn die Ausführung eines Makros zu lange dauert, ist seine Verwendung möglicherweise nicht gerechtfertigt. Entscheiden Sie selbst, welcher Grad an Optimierung bei einem bestimmten Makro angebracht ist.

Spurenfreie Makroausführung

Wohlerzogene Makros hinterlassen keine Spuren. Beim Ausüben seiner Aufgaben kann der Makro Dokumente öffnen oder schließen, die Einstellung von Optionen ändern und andere Änderungen vornehmen. Einige dieser Änderungen sind möglicherweise im Anschluß an die Ausführung des Makros nicht erwünscht. Ein Makro, der markierten Text bearbeitet, kann beispielsweise eine Textmarke erstellen, um einen Dokumentbereich zu kennzeichnen – der Makro benötigt diese Textmarke, für den Benutzer ist sie jedoch überflüssig. Der Makro sollte daher die Textmarke wieder entfernen, wenn sie nicht mehr gebraucht wird.

Die folgende Liste enthält mögliche Aufräumungsarbeiten für Ihren Makro:

- Schließen aller Dokumente, die der Makro geöffnet hat und die der Benutzer nicht benötigt.
- Speichern eines Dokuments, an dem Änderungen vorgenommen wurden, die gespeichert werden sollen.
- Schließen eines Dokuments ohne Speichern der Änderungen, wenn Ihr Makro Änderungen vorgenommen hat, die nicht gespeichert werden sollen. Wenn z.B. ein Dokument nach Abschluß der Makroausführung geöffnet und unverändert zur Verfügung stehen soll, können Sie es durch Instruktionen im Makro schließen, ohne die zwischenzeitlichen Änderungen zu speichern, und anschließend erneut öffnen.
- Wiederherstellen der Einstellungen aller Optionen, die der Makro zur Ausführung seiner Aktionen möglicherweise geändert hat. Wenn zu Beginn der Makroausführung kein verborgener Text sichtbar war, sollte dieser auch nach Beendigung des Makros nicht angezeigt werden (es sei denn, dies ist Teil der Funktion des Makros).
- Löschen von unnötigen Textmarken, die der Makro zur Ausführung seiner Aktionen erstellt hat.
- Wiederherstellen der ursprünglichen Markierung oder Zurücksetzen der Einfügemarke an ihre ursprüngliche Position.
- Wiederherstellen der Ausgangsgröße des Dokumentfensters.
- Erneutes Aktivieren von Auto-Makros, wenn Ihr Makro sie deaktiviert hat. Auto-Makros bleiben für die Dauer der gesamten Word-Sitzung gesperrt, falls Ihr Makro sie nicht vor seiner Beendigung wieder aktiviert.
- Zurückkehren zum ursprünglichen Ordner.

KAPITEL 8

Datenaustausch mit anderen Anwendungen

Word unterstützt verschiedene Verfahren zur Kommunikation mit anderen Anwendungen und zum Datenaustausch. Am einfachsten geschieht dies anhand der Zwischenablage und der regulären Befehle **Ausschneiden**, **Kopieren** und **Einfügen** (Menü **Bearbeiten**). Für WordBasic-Makros ist jedoch DDE (Dynamic Data Exchange = Dynamischer Datenaustausch) besser geeignet. DDE ist ein Protokoll, mit dem Ihr Makro Daten aus anderen Anwendungen abrufen und automatisch aktualisieren kann und sogar Befehle oder Tastenanschläge senden kann, um Daten mittels Fernzugriff zu bearbeiten.

Word unterstützt in beschränktem Umfang auch die OLE-Automatisierung (OLE = Objekte verknüpfen und einbetten), die in gewisser Hinsicht als Nachfolger von DDE gelten kann, jedoch über zusätzliche Fähigkeiten verfügt. Eine Anwendung wie beispielsweise Microsoft Excel kann die OLE-Automatisierung dazu verwenden, Word zu steuern und Daten anzufordern.

Unter Windows können Sie darüber hinaus das MAPI (Messaging Application Programming Interface) verwenden, um Word mit Anwendungen einzusetzen, die MAPI unterstützen (beispielsweise Microsoft Mail). Auf dem Macintosh können Sie zudem integrierte WordBasic-Anweisungen und -Funktionen verwenden, die die Nachrichtenübermittlung mit AOCE (Apple Open Collaboration Environment) unterstützen.

In diesem Kapitel finden Sie Informationen zu folgenden Themen:
- Arbeiten mit dynamischem Datenaustausch (DDE)
- Einsatz der OLE-Automatisierung mit Word
- Verwenden von MAPI und AOCE

Arbeiten mit dynamischem Datenaustausch (DDE)

Der *dynamische Datenaustausch* (DDE) ist ein von Microsoft-Anwendungen unter Windows und auf dem Macintosh unterstützter Mechanismus, der es zwei Anwendungen ermöglicht, miteinander zu kommunizieren. Das Ausschneiden und Einfügen von Daten zwischen Anwendungen wird durch DDE automatisiert, so daß Daten schneller aktualisiert werden können.

DDE unterstützt folgende Funktionen:

- Sie können Daten aus einer Anwendung anfordern. In einem DDE-Dialog mit Microsoft Excel kann ein Word-Makro beispielsweise den Inhalt einer Zelle oder eines Zellbereichs in einer Microsoft Excel-Tabelle anfordern.
- Sie können Informationen an eine Anwendung senden. In einem DDE-Dialog mit Microsoft Excel kann ein Word-Makro Text an eine Zelle oder einen Zellbereich senden.
- Sie können Befehle zu einer Anwendung senden. In einem DDE-Dialog mit Microsoft Excel kann ein Word-Makro beispielsweise einen Befehl senden, der eine Tabelle öffnet, aus der Daten abgerufen werden sollen. Die zu einer Anwendung gesandten Befehle müssen so aufgebaut sein, daß die Anwendung sie erkennen kann.

Anmerkung Nicht alle Anwendungen unterstützen DDE. Ob DDE unterstützt wird oder nicht, entnehmen Sie bitte der Dokumentation zur jeweiligen Anwendung.

Client, Server und Dialog

Zwei Anwendungen tauschen Daten aus, indem sie einen DDE-*Dialog* führen. In einem DDE-Dialog ist die Anwendung, die den Dialog einleitet und steuert, der *Client*, und die antwortende Anwendung ist der *Server*. Die Client-Anwendung fordert Daten vom Server an und sendet Daten und Befehle an ihn. Die Server-Anwendung reagiert auf die Anfragen der Client-Anwendung, indem sie Daten sendet und entgegennimmt sowie Befehle ausführt. Eine Anwendung benötigt keine zusätzlichen Elemente, um zum Client bzw. Server zu werden. Diese Ausdrücke beziehen sich lediglich auf die Funktion, die die Anwendung jeweils übernimmt. Eine Anwendung kann gleichzeitig mehrere DDE-Dialoge führen und in einigen der Client und in anderen der Server sein. Jeder Dialog ist mit einer eigenen *Kanalnummer* belegt.

```
   Client-                        Server-
  Anwendung    <=DDE-Kanal=>    Anwendung

Dialog einleiten              Befehle ausführen
Befehle senden                Information liefern
Information anfordern         Information
Information senden            annehmen
Dialog beenden
```

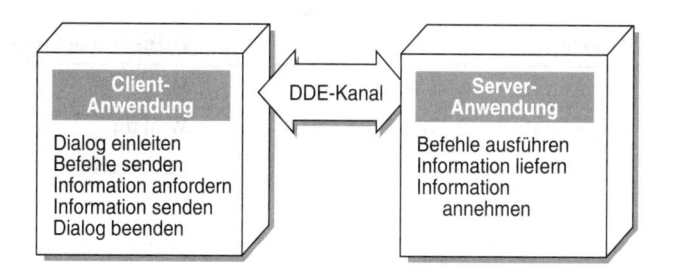

Anwendungsnamen, Objekte und Elemente

Zum Einleiten eines DDE-Dialogs durch die Client-Anwendung sind folgende Angaben erforderlich:

- Der Name der Anwendung, mit der sie kommunizieren möchte (der Server)
- Das „Thema" des Dialogs, das sog. *Objekt*.

Wenn eine Server-Anwendung zu einem Dialog über ein ihr bekanntes Objekt aufgefordert wird, antwortet sie, und der Dialog beginnt. Nach Einleitung des Dialogs kann weder der Anwendungsname noch das Objekt geändert werden. Durch die Kombination aus Anwendung und Objekt, die während der gesamten Dauer des Dialogs unverändert bleibt, wird ein Dialog eindeutig bezeichnet. Wenn der Client oder der Server den Anwendungsnamen oder das Objekt ändert, wird der Dialog beendet.

Im Rahmen des Dialogs können der Client und der Server Informationen über ein oder mehrere Element(e) austauschen. Ein *Element* ist ein Datenbezug, der in der Server-Anwendung definiert ist. Der Client oder der Server kann das Element während des Dialogs ändern.

Der Anwendungsname, das Objekt und das Element bilden zusammen eine eindeutige Bezeichnungseinheit der Daten, die zwischen den Anwendungen ausgetauscht werden. Diese drei Bestandteile werden in den folgenden Abschnitten näher beschrieben.

Anwendungsnamen

Jede Anwendung, die DDE unterstützt, hat einen eindeutigen DDE-Anwendungsnamen. Die folgende Tabelle enthält die Anwendungsnamen einiger Microsoft-Anwendungen:

Anwendung	DDE-Anwendungsname
Microsoft Access	MSAccess
Microsoft Excel für Windows	Excel
Microsoft Excel für den Macintosh	Excel

Anwendung	DDE-Anwendungsname
Microsoft FoxPro® für Windows	FoxPro
Microsoft Project für Windows	WinProj
Microsoft Project für den Macintosh	MSProject
Microsoft Word für Windows	WinWord
Microsoft Word für den Macintosh	MSWord oder WinWord
Programm-Manager (Microsoft Windows 3.*x*)	ProgMan

Unter Windows ist der Anwendungsname einer Anwendung in den meisten Fälle der Name der ausführbaren Datei der Anwendung ohne die Dateinamenerweiterung .EXE. Wenn Sie nicht sicher sind, wie der Anwendungsname einer Anwendung lautet, können Sie ihn in der Dokumentation zur jeweiligen Anwendung nachschlagen. Bei Anwendungsnamen wird nicht zwischen Groß- und Kleinschreibung unterschieden

Anmerkung Visual FoxPro™ 3.0 kann im Dialog mit einer anderen Anwendung wie Word sowohl als Server Daten senden als auch als Client Daten empfangen. Weitere Informationen finden Sie unter „DDE-Funktionen" in der Hilfe zu Microsoft Visual FoxPro.

Objekte

Jeder DDE-Dialog findet mit einer Server-Anwendung und einem von der Server-Anwendung unterstützten Objekt statt. Die meisten Anwendungen unterstützen als Objekt die Namen geöffneter Dateien. Mögliche Objekte sind Microsoft Excel-Tabellen (beispielsweise BESTELL3.XLS), ein Word-Dokument (beispielsweise UMSATZ.DOC) oder ein Teil einer Microsoft Access-Datenbank (beispielsweise NORDWIND.MDB;TABLE Versandfirmen).

Ein spezielles Objekt, das viele Anwendungen erkennen, ist „System". Im Gegensatz zu anderen Objekten, die möglicherweise nicht verfügbar sind, wenn die entsprechende Datei nicht geöffnet ist, ist das Objekt „System" jederzeit verfügbar. Es enthält eine Liste der anderen Objekte, die zur Zeit verfügbar sind, sowie weitere Informationen über die Anwendung selbst.

Elemente

Mit dem Anwendungsnamen des Servers und einem Objektnamen kann ein Client einen DDE-Dialog einleiten. Damit ein Client jedoch Informationen mit dem Server austauschen kann, muß noch eine weitere Komponente angegeben werden: die Elemente, die im Objekt des DDE-Dialogs verfügbar sind. Ein Element ist eine Art Unterobjekt, das die Informationen bezeichnet, die im Rahmen des DDE-Dialogs tatsächlich ausgetauscht werden. Microsoft Excel erkennt beispielsweise Zellbezüge (z.B. Z1S1) als Elemente eines Dialogs. In Word ist eine Textmarke ein Element. Microsoft Access erkennt verschiedene Elemente, u.a. SQL-Anweisungen.

Einleiten eines DDE-Dialogs

Ein DDE-Dialog kann nur dann erfolgreich eingeleitet werden, wenn beide Anwendungen gestartet wurden. Ist dies bei der Server-Anwendung nicht der Fall, kann der Client keinen DDE-Dialog aufnehmen. Aus diesem Grund enthält ein Makro, der einen DDE-Dialog einleitet, normalerweise Instruktionen zur Durchführung folgender Schritte:

1. Feststellen, ob die Anwendung, mit der kommuniziert werden soll, gestartet wurde.
2. Ggf. Starten der Anwendung.
3. Einleiten des DDE-Dialogs.

Schritt 1: Feststellen, ob eine Anwendung gestartet wurde

Mit der Funktion **AnwAktiv**( ) können Sie feststellen, ob eine Anwendung geöffnet ist. Die zu verwendende Syntax lautet:

AnwAktiv(*Titel$*)

Unter Windows ist *Titel$* der Name der Anwendung, wie er in der Titelleiste des Anwendungsfensters und auch in der Task-Liste von Windows angezeigt wird. Wenn Sie beispielsweise feststellen möchten, ob Microsoft Excel gestartet wurde, können Sie die folgende Instruktion verwenden:

```
Status = AnwAktiv("Microsoft Excel")
```

Beachten Sie, daß *Titel$* nicht mit dem DDE-Anwendungsnamen identisch ist. Word verursacht keinen Fehler, wenn Sie den falschen Namen angeben, doch kann die Instruktion zu unerwarteten Ergebnissen führen.

Auf dem Macintosh ist *Title$* der Anwendungsname. Statt eines Anwendungsnamens können Sie mit der Funktion **MacID$**( ) auch die Signatur einer Anwendung festlegen, z. B.:

```
Status = AnwAktiv(MacID$("XCEL"))
```

Anmerkung Unter Windows erscheint bei maximiertem Dokumentfenster dessen Name ebenfalls in der Titelleiste des Anwendungsfensters. Sie brauchen den Namen des Dokumentfensters jedoch nicht anzugeben. Wenn beispielsweise Microsoft Excel läuft und die Datei „UMSATZ.XLS" in einem maximierten Dokumentfenster geöffnet ist, lautet der Titel des Anwendungsfensters „Microsoft Excel - UMSATZ.XLS". Sie brauchen für *Titel$* jedoch nur „Microsoft Excel" anzugeben.

Schritt 2: Ggf. Starten der Anwendung

Wenn eine Server-Anwendung noch nicht gestartet wurde, können Sie dies mit der Anweisung **Shell** nachhholen. Beachten Sie dabei folgende Syntax:

Shell *Anwendung$* [, *Fensterart*]

Anwendung$ muß der tatsächliche Dateiname der Anwendung sein. Beispielsweise wird „EXCEL.EXE" unter Windows und „Microsoft Excel" auf dem Macintosh erkannt. Unter Windows kann durch das Argument *Fensterart* wahlweise angegeben werden, wie das Anwendungsfenster angezeigt wird, z. B. als Symbol oder in maximierter Form. Auf dem Macintosh legt *Fensterart* fest, ob das Fenster aktiviert wird. Wenn sich die zu startende Anwendung nicht im aktuellen Ordner oder einem Pfad befindet, der vom Betriebssystem erkannt wird, müssen Sie außer dem Dateinamen auch den Pfad angeben. Ein Windows-Beispiel:

```
Shell "C:\EXCEL\EXCEL.EXE", 0        'Excel minimiert starten
```

Im folgenden dasselbe Beispiel für den Macintosh:

```
Shell "HD1:EXCEL:Microsoft Excel", 0    'Excel starten und aktivieren
```

Auf dem Macintosh ist es sinnvoll, nicht den Dateinamen einer Anwendung zu verwenden, sondern mit der Funktion **MacID$()** die Signatur einer Anwendung festzulegen, da es unter Macintosh-Benutzern nicht ungewöhnlich ist, den Dateinamen einer Anwendung zu ändern. Die von **MacID$()** gelieferte Anwendungssignatur stellt sicher, daß die Anweisung **Shell** die gewünschte Anwendung unabhängig von deren Dateinamen ausführt. Ein Beispiel:

```
Shell MacID$("XCEL"), 0
```

Wenn Sie gleichzeitig mit dem Starten der Anwendung ein Dokument öffnen möchten, können Sie den Namen einer Dokumentdatei zusammen mit dem Dateinamen der Anwendung angeben. In vielen Fällen ist es ausreichend, nur den Namen der Dokumentdatei anzugeben, da das Betriebssystem den Dateinamen einer Anwendung zuordnen und diese starten kann. Ein Windows-Beispiel:

```
Shell "C:\EXCEL\BEISPIEL\UMSATZ.XLS", 0
```

Dasselbe Beispiel lautet für den Macintosh:

```
Shell "FP1:EXCEL:Umsatz", 0
```

Unter Windows können Sie **AnwAktiv()** und **Shell** wie im folgenden Beispiel auch gemeinsam verwenden:

```
If AnwAktiv("Microsoft Excel") = 0 Then Shell "EXCEL.EXE"
```

Unter Windows ist die Instruktion **AnwAktiv**() notwendig, da **Shell** bei den meisten Anwendungen eine zweite Instanz startet, wenn bereits eine Instanz ausgeführt wird, was in der Regel nicht Ihren Wünschen entsprechen wird. Auf dem Macintosh startet **Shell** keine zweite Instanz einer Anwendung. Wenn die Anwendung bereits ausgeführt wird, aktiviert **Shell** diese entweder oder hat keine Auswirkung. Dies ist vom Wert des Arguments *Fensterart* abhängig. Ein Beispiel:

```
Shell MacID$("XCEL"), 4
```

Der Wert 4 für das Argument *Fensterart* legt fest, daß Microsoft Excel nicht aktiviert wird. Wird Microsoft Excel bereits ausgeführt, hat diese Instruktion keine Wirkung.

Anmerkung In Word, Version 6.0 für Windows NT, und Word, Version 7.0, ist der Ladevorgang eines mit **Shell** gestarteten Programms nicht unbedingt beendet, bevor die auf die Anweisung **Shell** folgenden Instruktionen ausgeführt werden. Eine Instruktion **DDEInitiate**, die versucht, mit einer noch nicht vollständig geladenen Anwendung zu kommunizieren, wird Fehler erzeugen. Sie können dieses Problem umgehen, indem Sie eine **For...Next**-Schleife verwenden, um die Ausführung der Instruktion **DDEInitiate** zu verzögern, bis die andere Anwendung geladen ist. Ein Beispiel:

```
If AnwAktiv("Microsoft Access") = 0 Then
    Shell "MSACCESS.EXE", 0
    For i = 1 to 2000
        x = i
    Next i
End If
Kanal = DDEInitiate("MSAccess", "System")
```

Schritt 3: Einleiten des DDE-Dialogs

Wenn Sie sichergestellt haben, daß die Anwendung, mit der Sie kommunizieren möchten, bereits gestartet wurde, können Sie den DDE-Dialog mit der Funktion **DDEInitiate**() einleiten. Die zu verwendende Syntax lautet:

DDEInitiate(*Anwendung$*, *Objekt$*)

Anwendung$* ist der DDE-Anwendungsname der Anwendung, mit der Sie einen Dialog einleiten möchten. *Objekt$ ist der Name eines Objekts, das von der Anwendung unterstützt wird. Durch die folgende Instruktion wird beispielsweise ein Dialog mit Microsoft Excel für Windows oder Microsoft Excel für den Macintosh über das Objekt „System" eingeleitet:

```
Kanal = DDEInitiate("Excel", "System")
```

Wenn die Funktion **DDEInitiate( )** den Dialog mit der angegebenen Server-Anwendung und dem angegebenen Objekt erfolgreich eingeleitet hat, liefert sie eine Zahl, die den geöffneten Kanal angibt. Diese Kanalnummer verwenden Sie als Argument in anderen DDE-Anweisungen und -Funktionen, um auf diesen DDE-Dialog Bezug zu nehmen.

Wenn die Anwendung nicht gestartet wurde oder das Objekt nicht erkennt, tritt ein Fehler auf. Wenn Sie als Objekt UMSATZ.XLS angeben, die Datei UMSATZ.XLS jedoch nicht geöffnet ist, tritt ein Fehler auf.

Anfordern von Informationen

Nachdem Sie einen Dialog mit einer anderen Anwendung eingeleitet haben, können Sie mit der Funktion **DDERequest$( )** Informationen aus einem Element innerhalb des angegebenen Objekts abrufen. Die zu verwendende Syntax lautet:

**DDERequest$**(*Kanalnummer, Element$*)

Kanalnummer ist die von der Funktion **DDEInitiate( )** gelieferte Kanalnummer. *Element$* ist ein Element, das vom Objekt des DDE-Dialogs unterstützt wird.

Mit **DDERequest$( )** können Sie das Objekt „System" in Microsoft Excel abfragen, um eine Liste der zur Zeit unterstützten Objekte zu erhalten. Dies wird im folgenden Windows-Beispiel gezeigt:

```
If AnwAktiv("Microsoft Excel") = 0 Then Shell "EXCEL.EXE", 4
Kanal = DDEInitiate("Excel", "System")
Objekte$ = DDERequest$(Kanal, "Topics")
```

Dasselbe Beispiel lautet für den Macintosh:

```
If AnwAktiv(MacID$("XCEL")) = 0 Then Shell MacID$("XCEL"), 4
Kanal = DDEInitiate("Excel", "System")
Objekte$ = DDERequest$(Kanal, "Topics")
```

„Topics" ist ein Element im Objekt „System", das alle zur Zeit verfügbaren Objekte auflistet. Sie können die Anweisung **Einfügen** hinzufügen, um die Objektliste in ein Dokument einzufügen:

```
Einfügen Objekte$
```

Diese Instruktion fügt die Liste der Objekte in ein Dokument ein.

```
[BEISPIEL.XLS]Amortisationstabelle    [BEISPIEL.XLS]Inhalt
[BEISPIEL.XLS]Quelldaten        [BEISPIEL.XLS]Tabellenfunktionen
[UMSATZ.XLS]Tabelle2 [UMSATZ.XLS]Tabelle3
[UMSATZ.XLS]Tabelle4 [UMSATZ.XLS]Tabelle5 [UMSATZ.XLS]Tabelle6
[UMSATZ.XLS]Umsatzbericht    System
```

Objektnamen werden durch Tabstopzeichen voneinander getrennt. Im obigen Beispiel sind [UMSATZ.XLS]Umsatzbericht und [BEISPIEL.XLS]Amortisationstabelle Namen von Microsoft Excel-Tabellen, die als Objekt in einem DDE-Dialog verwendet werden können.

Wenn sich die angegebene Kanalnummer nicht auf einen aktiven DDE-Dialog bezieht, erzeugt **DDERequest$()** einen Fehler. Außerdem wird ein Fehler erzeugt, wenn das angegebene Element von der anderen Anwendung nicht erkannt wird.

Da **DDERequest$()** eine Zeichenfolgefunktion ist, werden die abgerufenen Informationen immer in Form einer Zeichenfolge an Word geliefert. Ein Beispiel über das Abrufen von Daten aus einem Zellbereich in Microsoft Excel finden Sie unter „Verwenden von Microsoft Excel als Server" weiter unten in diesem Kapitel.

Die Funktion **InStr()** ermöglicht es Ihnen zu bestimmen, ob eine Datei zur Zeit geöffnet ist. Das folgende Windows-Beispiel stellt fest, ob UMSATZ.XLS als DDE-Objekt verfügbar ist (d.h., ob die Datei geöffnet ist):

```
If AnwAktiv("Microsoft Excel") = 0 Then Shell "EXCEL.EXE", 4
Kanal = DDEInitiate("Excel", "System")
Objekte$ = DDERequest$(chan, "Topics")
If InStr(Objekte$, "UMSATZ.XLS") <> 0 Then
    Print "Datei ist geöffnet"
End If
```

Senden von Daten

Zwar ruft in einem DDE-Dialog normalerweise der Client Daten vom Server ab, doch kann auch der Client Daten an den Server senden. Hierzu verwenden Sie die Anweisung **DDEPoke**. Die zu verwendende Syntax lautet:

DDEPoke *Kanalnummer*, *Element$*, *Daten$*

Kanalnummer ist die von der Anweisung **DDEInitiate()** beim Einleiten des DDE-Dialogs gelieferte Kanalnummer. *Element$* ist der Name eines Elements, das vom Objekt des DDE-Dialogs unterstützt wird. *Daten$* ist die Information (in Form einer Zeichenfolge), die Sie in das Element einfügen möchten. Um eine Zahl senden zu können, müssen Sie diese zuerst in eine Zeichenfolge umwandeln.

Im folgenden Beispiel wird der numerische Wert „100" in die erste Zelle der Microsoft Excel-Tabelle, die das Objekt des DDE-Dialogs bildet, eingefügt. Die Funktion **Str$()** wird dazu verwendet, den numerischen Wert in eine Zeichenfolge umzuwandeln.

```
DDEPoke Kanal1, "Z1S1", Str$(100)
```

Senden von Befehlen

Mit der Anweisung **DDEExecute** können Sie einen Befehl senden, der von der Server-Anwendung erkannt wird:

DDEExecute *Kanalnummer*, *Befehl$*

Kanalnummer ist die von der Anweisung **DDEInitiate()** beim Einleiten des DDE-Dialogs gelieferte Kanalnummer. In Microsoft Excel und vielen anderen Anwendungen, die DDE unterstützen, ist *Befehl$* eine Anweisung oder Funktion in der Makrosprache der Anwendung. In Microsoft Excel lautet beispielsweise die Makroanweisung zum Erstellen einer neuen Tabelle NEW(1). (Microsoft Excel kann über DDE keine Visual Basic-Instruktionen behandeln.) Um diesen Befehl über einen DDE-Kanal zu senden, verwenden Sie folgende Instruktion:

```
DDEExecute Kanal1, "[NEW(1)]"
```

Bei vielen Anwendungen, einschließlich Microsoft Excel, muß jeder über einen DDE-Kanal empfangene Befehl in eckigen Klammern stehen. Mit einer einzigen **DDEExecute**-Anweisung können Sie auch mehrere Befehle senden, solange jeder einzelne Befehl in eckigen Klammern steht. Die folgende Instruktion fordert Microsoft Excel auf, eine neue Tabelle zu öffnen und wieder zu schließen:

```
DDEExecute Kanal1, "[NEW(1)][FILE.CLOSE(0)]"
```

Beachten Sie, daß zwischen eingeklammerten Befehlen in einer **DDEExecute**-Anweisung keine Leerstellen stehen dürfen, da sonst ein Fehler auftritt. Die zuvor gezeigte Instruktion ist mit den beiden folgenden Instruktionen identisch:

```
DDEExecute Kanal1, "[NEW(1)]"
DDEExecute Kanal1, "[FILE.CLOSE(0)]"
```

Viele Befehle erfordern Argumente in Form von Zeichenfolgen, die in Anführungszeichen stehen. Da Anführungszeichen in WordBasic den Anfang und das Ende von Zeichenfolgen anzeigen, müssen Sie ein Anführungszeichen in einer Befehlszeichenfolge mit Chr$(34) einfügen. Um beispielsweise die Makroanweisung OPEN("UMSATZ.XLS") an Microsoft Excel zu senden, verwenden Sie folgende Instruktion:

```
DDEExecute Kanal1, "[OPEN(" + Chr$(34) + "UMSATZ.XLS" + Chr$(34) + ")]"
```

Beenden des DDE-Dialogs

DDE-Kanäle werden nicht automatisch geschlossen, es sei denn, Sie beenden Word. Wenn Sie einen Kanal nicht schließen, bleibt er auch nach Ausführung eines Makros geöffnet. Da jeder Kanal gewisse Systemressourcen in Anspruch nimmt, sollten Sie Kanäle immer schließen, wenn Sie sie nicht mehr benötigen. Sie beenden einen DDE-Dialog mit der Anweisung **DDETerminate**. Die zu verwendende Syntax lautet:

DDETerminate *Kanalnummer*

Kanalnummer ist die von der Anweisung **DDEInitiate**() beim Einleiten des DDE-Dialogs gelieferte Kanalnummer.

Wenn Sie Word schließen, werden alle aktiven DDE-Dialoge automatisch beendet. Möglicherweise möchten Sie jedoch alle Dialoge beenden, ohne Word schließen zu müssen. Hierzu können Sie die Anweisung **DDETerminate** mehrmals hintereinander oder in einer Schleife verwenden. WordBasic stellt jedoch auch die Anweisung **DDETerminateAll** zur Verfügung, durch die Sie das Verfahren erheblich beschleunigen. **DDETerminateAll** beendet alle aktiven DDE-Dialoge, die Word eingeleitet hat (DDE-Dialoge, die von einer anderen Anwendung eingeleitet wurden und in denen Word als Server fungiert, werden nicht beendet). Beim Debuggen (Testen) eines Makros, der DDE ausführt und den Sie oft unterbrechen und erneut starten, empfiehlt es sich, von Zeit zu Zeit **DDETerminateAll** zu verwenden, um alle Kanäle zu schließen, die versehentlich geöffnet blieben.

Verwenden von Microsoft Excel als Server

Bei DDE-Dialogen mit Microsoft Excel sollten Sie die folgenden Punkte beachten:

- Der DDE-Anwendungsname für Microsoft Excel ist Excel sowohl unter Windows als auch auf dem Macintosh.
- Microsoft Excel unterstützt das standardmäßige Objekt „System", das die folgenden Elemente zur Verfügung stellt:

Element	Beschreibung
SysItems	Liefert eine Liste der Elemente im Objekt „System"
Topics	Liefert eine Liste der zur Zeit gültigen Objekte, einschließlich aller geöffneten Dokumente
Status	Zeigt an, ob Microsoft Excel zum Empfang der DDE-Nachrichten bereit ist („Beschäftigt" oder „Bereit")
Formats	Liefert eine Liste der unterstützten Formate
Selection	Zeigt die zur Zeit markierte Zelle oder den markierten Zellbereich an
Protocols	Nicht zutreffend
EditEnvItems	Nicht zutreffend

- Jedes beliebige geöffnete Dokument oder Tabellenblatt ist ein gültiges DDE-Objekt in Microsoft Excel.

- Eine Zelle oder ein Zellbereich ist ein Element innerhalb einer Tabelle, eines Makrodokuments oder eines Diaschaudokuments. Um eine Zelle oder einen Zellbereich als Element anzugeben, können Sie einen in Microsoft Excel definierten Namen verwenden, der das Element kennzeichnet, oder Sie können die eigentlichen Zellen angeben. Wenn Sie Zellen angeben, müssen Sie statt des Formats „A1" das Format „Z1S1" verwenden. Wenn Sie sich beispielsweise auf die Zelle in der zweiten Spalte der vierten Zeile beziehen möchten, geben Sie nicht „B4", sondern „Z4S2" an. Beachten Sie, daß Sie die entsprechende Arbeitsbereicheinstellung in Microsoft Excel nicht zu ändern brauchen.

- Mit der Anweisung **DDEExecute** können Sie Microsoft Excel-XLM-Makrobefehle senden, wenn Sie diese in eckige Klammern setzen. Mit einer einzigen **DDEExecute**-Anweisung können Sie auch mehrere Befehle senden, sofern die einzelnen Makrobefehle in eckigen Klammern stehen.

  Microsoft Excel kann über DDE-Kanäle keine Visual Basic-Instruktionen behandeln. Sie können jedoch einen XLM-Makrobefehl senden, der einen verfügbaren XLM-Makro oder eine Visual Basic-Prozedur ausführt. Die folgende Instruktion führt beispielsweise die Visual Basic-Prozedur „FormatZellen" aus, die im Modul „VBAMakros" gespeichert ist:

```
DDEExecute Kanal; _
    "[run(" + Chr$(34) + "VBAMakros!FormatZellen" + Chr$(34) + ")]"
```

- Es ist nicht möglich, eine DDE-Verbindung einzuleiten, wenn in Microsoft Excel die Bearbeitungsleiste aktiv ist. Wenn Sie versuchen, eine Verbindung einzuleiten, während die Bearbeitungsleiste aktiv ist, zeigt WordBasic in einer Fehlermeldung an, daß die Anwendung nicht antwortet.

- Microsoft Excel enthält eine Option, die verhindert, daß andere Anwendungen einen DDE-Dialog mit Excel einleiten. Um die Einstellung dieser Option zu prüfen, wählen Sie in Microsoft Excel aus dem Menü **Extras** den Befehl **Optionen** und anschließend im Register **Allgemein**. Wenn das Kontrollkästchen „Andere Anwendungen ignorieren" aktiviert ist, können Sie keinen DDE-Dialog einleiten. Wenn Sie versuchen, einen DDE-Dialog einzuleiten, während das Kontrollkästchen „Andere Anwendungen ignorieren" aktiviert ist, zeigt Word in einer Meldung an, daß die Ferndaten nicht verfügbar sind. Sie werden außerdem gefragt, ob Sie eine weitere Instanz von Microsoft Excel öffnen möchten. Um einen DDE-Dialog erfolgreich einzuleiten, müssen Sie zunächst in Microsoft Excel das Kontrollkästchen „Andere Anwendungen ignorieren" deaktivieren.

Beispiel

Der folgende Makro leitet einen DDE-Dialog mit UMSATZ.XLS (einer Beispiel-Tabelle, die mit Microsoft Excel geliefert wird) ein, fordert Daten an und fügt diese in ein Word-Dokument ein:

```
Sub MAIN
Kanal = DDEInitiate("Excel", "[UMSATZ.XLS]Umsatzbericht")
Zahlen$ = DDERequest$(Kanal, "Z4S2:Z8S4")
Einfügen Zahlen$
DDETerminate Kanal
End Sub
```

Sie können auch einen in Microsoft Excel definierten Namen verwenden, um sich auf den Zellbereich Z4S2:Z8S4 zu beziehen. Wenn die Zellen beispielsweise mit dem Namen „VerkaufJanuar" definiert sind, können Sie die folgende Instruktion verwenden:

```
Zahlen$ = DDERequest$(Kanal, "VerkaufJanuar")
```

Wenn diese Zahlenwerte in Word eingefügt werden, sind die einzelnen Zellen durch Tabstopzeichen und die Zeilen durch Absatzmarken getrennt (einschließlich der letzten Zeile). Dies wird in der folgenden Abbildung veranschaulicht.

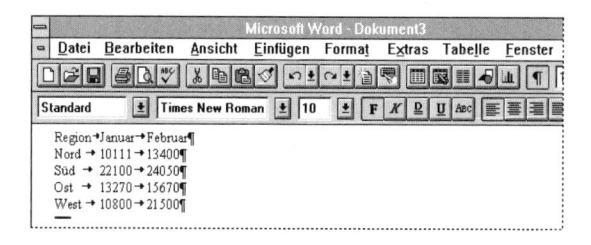

Da **DDERequest**() die Zahlenwerte als Zeichenfolge liefert, geht die Formatierung, die in Microsoft Excel möglicherweise zugewiesen wurde, verloren. Die Zahlen erhalten statt dessen die Formatierung des Absatzes, in dem sich die Einfügemarke in Word befindet.

Mit den folgenden Instruktionen können Sie den oben gezeigten Makro veranlassen, die Zahlen nach dem Einfügen zu markieren und in eine Tabelle umzuwandeln. Die erste Instruktion erstellt eine temporäre Textmarke an der Position, an der Microsoft Excel die Zahlen einfügt. Die restlichen Instruktionen markieren die Zahlen und wandeln sie in eine Tabelle um.

```
TextmarkeKopieren "\Sel", "temp"
Einfügen Zahlen$
MarkierungErweitern
BearbeitenGeheZu "temp"
TabelleTabelleEinfügen .UmwandelnVon = 1
```

Beachten Sie, daß der Makro die Zahlen nicht in die markierten Zellen einer bereits bestehenden Tabelle einfügen kann. Dies ist nur möglich, wenn Sie die Zellen aus Microsoft Excel über die Zwischenablage mit dem Befehl **Einfügen** (Menü **Bearbeiten**) einfügen.

Verwenden von Microsoft Access als Server

Microsoft Access, Version 7.0, enthält zahlreiche Objekte, die Sie zum Zugriff auf Tabellen und Abfragen verwenden können. Außerdem können Sie SQL-Instruktionen an eine Datenbank senden und Makros starten.

Ausführliche Informationen über die unterstützten Objekte und Elemente finden Sie in der Microsoft Access-Hilfe unter „Verwenden von Microsoft Access als DDE-Server".

Beachten Sie beim Verwenden von Microsoft Access als Server außerdem die folgenden Punkte:

- Der DDE-Anwendungsname für Microsoft Access ist MSAccess.
- Microsoft Access unterstützt das standardmäßige Objekt „System", das die folgenden Elemente beinhaltet:

Element	Beschreibung
SysItems	Liefert eine Liste der Elemente im Objekt „System"
Topics	Liefert eine Liste aller geöffneten Datenbanken
Status	Zeigt an, ob Microsoft Access zum Empfang der DDE-Nachrichten bereit ist („Beschäftigt" oder „Bereit")
Formats	Liefert eine Liste von Formaten, die Microsoft Access in die Zwischenablage kopieren kann

- Das Element „Topics" im Objekt „System" enthält keine umfassende Liste der in Microsoft Access verfügbaren Objekte, sondern listet nur die geöffneten Datenbanken auf. Eine vollständige Liste verfügbarer Objekte finden Sie in der Microsoft Access-Hilfe unter „Verwenden von Microsoft Access als DDE-Server".

- Genau wie Microsoft Excel enthält auch Microsoft Access eine Option, die eine andere Anwendung am Einleiten eines DDE-Dialogs hindert. Um die Einstellung dieser Option zu prüfen, wählen Sie in Microsoft Access aus dem Menü **Extras** den Befehl **Optionen**, und klicken Sie anschließend auf die Registerkarte **Weitere**. Wenn das Kontrollkästchen „DDE-Anfragen ignorieren" aktiviert ist, reagiert Microsoft Access nicht auf **DDEInitiate**(). Vor dem Einleiten eines DDE-Dialogs müssen Sie das Kontrollkästchen deaktivieren.

- Sie können mit der Anweisung **DDEExecute** einen Makro in der aktiven Datenbank starten oder eine Aktion in Visual Basic mit einer der Methoden des **DoCmd**-Objekts ausführen. Es ist gleichfalls möglich, die Aktionen **OpenDatabase** und **CloseDatabase** zum Öffnen oder Schließen einer Datenbank zu verwenden.

- Sie können die Anweisung **DDEPoke** nicht verwenden, um Informationen an Microsoft Access zu senden.

- Sie können keine Parameterabfrage an Microsoft Access senden.

Beispiele

Das folgende Beispiel fügt den Inhalt der Tabelle „Versandfirmen" in ein Word-Dokument ein. Die Tabelle „Versandfirmen" ist eine Tabelle in der Beispiel-Datenbank NORDWIND.MDB, die mit Microsoft Access, Version 7.0, geliefert wird. Beachten Sie, daß Microsoft Access seine eigene interne Syntax verwendet, um eine Tabelle in einer Datenbank als Objekt zu bezeichnen. Diese Syntax ist nicht identisch mit der Syntax, die Sie beispielsweise in Microsoft Excel zum Bezeichnen einer Tabelle verwenden. Die Syntax hierzu wird in der Microsoft Access-Hilfe unter „Verwenden von Microsoft Access als DDE-Server" beschrieben.

```
Sub MAIN
Kanal1 = DDEInitiate("MSAccess", "System")
DDEExecute Kanal1, \
    "[OpenDatabase C:\MSOffice\Access\Beispiele\NORDWIND.MDB]"
Kanal2 = DDEInitiate("MSAccess", "NORDWIND;TABLE Versandfirmen")
Zahlen$ = DDERequest$(Kanal2, "All")
Einfügen Zahlen$
DDETerminateAll
End Sub
```

Genau wie die Zahlen, die Sie aus Microsoft Excel-Tabellenblättern importieren, werden Felder durch Tabstopzeichen und Datensätze durch Absatzmarken getrennt (wobei der letzte Datensatz jedoch nicht mit einer Absatzmarke endet).

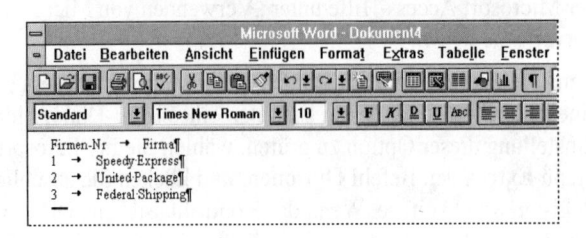

Sie können auch auf Abfragen in einer Microsoft Access-Datenbank mit dem Query-Objekt zugreifen. Ein Beispiel:

```
Kanal = DDEInitiate \
    ("MSAccess", "NORDWIND;QUERY Die zehn teuersten Produkte")
```

Das folgende Beispiel sendet eine SQL-Anweisung an die Datenbank NORDWIND.MDB, um eine Liste mit Kunden abzurufen, die in der Datenbank gespeichert sind:

```
Sub MAIN
Kanal1 = DDEInitiate("MSAccess", "System")
DDEExecute Kanal1, \
    "[OpenDatabase C:\MSOffice\Access\Beispiele\NORDWIND.MDB]"
Kanal2 = DDEInitiate \
    ("MSAccess", "NORDWIND;SQL SELECT DISTINCTROW" + \
    " Kunden.Firma FROM Kunden" + " ORDER BY Kunden.Firma;")
Liste$ = DDERequest$(Kanal2, "Data")
Insert Liste$
DDETerminateAll
End Sub
```

Sie können auf einfache Weise SQL-Instruktionen erstellen, indem Sie zunächst eine Abfrage in Microsoft Access erstellen und dann die SQL-Instruktion in Ihren Word-Makro kopieren. Um die SQL-Instruktion für eine Abfrage in Microsoft Access zu sehen, öffnen Sie die Abfrage im Entwurfsmodus und wählen aus dem Menü **Ansicht** den Befehl **SQL**, um das Dialogfeld **SQL** anzuzeigen.

Verwenden von Word als Server

Bisher wurde in diesem Kapitel beschrieben, wie Word als Client-Anwendung eingesetzt werden kann. Sie können Word jedoch auch als DDE-Server verwenden. Beachten Sie bei der Verwendung von Word als Server die folgenden Punkte:

- Der DDE-Anwendungsname für Word ist WinWord unter Windows und MSWord oder WinWord auf dem Macintosh.

- Word unterstützt das standardmäßige Objekt „System", das die folgenden Elemente beinhaltet:

Element	Beschreibung
SysItems	Liefert eine Liste der Elemente im Objekt „System"
Topics	Liefert eine Liste der zur Zeit gültigen Objekte, einschließlich aller geöffneten Dokumente
Formats	Liefert eine Liste aller von Word unterstützten Zwischenablageformate

- Word unterstützt als Objekt alle geöffneten Dokumente, Makros und Dokumentvorlagen. Eine Dokumentvorlage gilt als geöffnet, wenn sie einem geöffneten Dokument beigefügt, als globale Vorlage geladen oder in einem Dokumentfenster geöffnet ist. Wenn Sie ein Dokument oder eine Dokumentvorlage als Objekt angeben, empfiehlt es sich, den vollständigen Pfad anzugeben. Wenn sich das Dokument nicht im aktuellen Ordner befindet, kann Word es sonst nicht finden.

- In Dokumenten und Dokumentvorlagen unterstützt Word Textmarken als Elemente. Drei vordefinierte Textmarken werden als Elemente unterstützt: „\StartOfDoc", „\EndOfDoc" und „\Doc". Wenn eine Anwendung eine „leere" Textmarke (eine Textmarke, die keinen Text, sondern nur eine Position in einem Dokument markiert) anfordert, tritt ein Fehler auf. Die vordefinierte Textmarke „\StartOfDoc" markiert beispielsweise keinen Text; daher tritt ein Fehler auf, wenn eine Anwendung diese Textmarke anfordert. Sie können jedoch Informationen in eine leere Textmarke einfügen. Mit der Textmarke „\StartOfDoc" können Sie beispielsweise Informationen am Anfang eines Dokuments einfügen.

- Um Word als Server verwenden zu können, brauchen Sie keinen WordBasic-Code zu schreiben. Wenn Sie beispielsweise Microsoft Excel oderMicrosoft Access als Client und Word als Server einsetzen möchten, schreiben Sie eine Prozedur in Visual Basic. Ein Word-Makro ist nicht erforderlich.

- Die Client-Anwendung kann ihre Entsprechung der Anweisung **DDEExecute** verwenden, um WordBasic-Instruktionen an Word zu senden.

  Die folgende Visual Basic-Instruktion sendet beispielsweise Instruktionen zum Öffnen von zwei Dokumenten an Word:

  ```
  DDEExecute Kanal%, "[DateiÖffnen ""FEB.DOC""] \
      [DateiÖffnen ""BERICHT.DOC""]"
  ```

  Beachten Sie, daß die einzelnen WordBasic-Instruktionen in eckigen Klammern stehen und Sie mehrere WordBasic-Anweisungen mit einer einzigen **DDEExecute**-Anweisung senden können. Visual Basic verwendet doppelte Anführungszeichen, um innerhalb einer Zeichenfolge ein einzelnes Anführungszeichen darzustellen.

  Sie können auch Makronamen senden, um Word zum Starten eines Makros zu veranlassen. Die folgende Visual Basic-Instruktion führt beispielsweise den Word-Makro „SortiereÜberschriften" aus:

  ```
  DDEExecute kanal%, "[SortiereÜberschriften]")
  ```

  Senden Sie keine Instruktionen, die Dialogfelder in Word anzeigen. Dies führt zu einem Zeitablauffehler, da Word nicht zum aktiven Anwendungsfenster wird und der DDE-Dialog vergeblich auf eine Antwort des Benutzers auf das Dialogfeld wartet.

- Word kann einen DDE-Kanal zu einer weiteren Instanz von Word öffnen. Eine Word-Instanz kann zum Client und die weitere Instanz zum Server werden. Word kann sogar einen DDE-Kanal zu einer einzelnen Instanz (zu sich selbst) öffnen, doch können in diesem Fall keine Informationen in sich selbst eingefügt werden. Diese Fähigkeit ist vor allem beim Testen von Makros nützlich.

Beispiele

Die folgende Microsoft Excel-Prozedur öffnet ein Word-Dokument, ruft den Text ab, der durch eine Textmarke markiert ist, und fügt ihn in Zellen eines Tabellenblattes ein. Zuerst definiert sie `rückgabeliste` als Objektvariable, der sechs Zellen entsprechen. Dann öffnet sie einen DDE-Kanal zum Word-Objekt „System" und sendet mit der Methode **DDEExecute** die WordBasic-Instruktion `DateiÖffnen "TEST.DOC"`. Beachten Sie, daß die Instruktion in eckigen Klammern und `"TEST.DOC"` in doppelten Anführungszeichen steht; Visual Basic verwendet doppelte Anführungszeichen, um innerhalb einer Zeichenfolge ein Anführungszeichen zu kennzeichnen. Nachdem TEST.DOC geöffnet ist, schließt der Makro den DDE-Kanal zum Objekt „System" und öffnet einen neuen Kanal zum Objekt TEST.DOC. Anschließend wird mit der Methode **DDERequest**() der Text angefordert, der durch die Textmarke „Rückgabeliste" markiert ist und von der Objektvariablen `rückgabeliste` zurückgegeben wird.

```
Sub RückgabeWordTextmarkeText()
    Dim rückgabeliste As Object
    Set rückgabeliste = ActiveSheet.Range(Cells(1, 1), Cells(6, 1))
    kanalnummer = Application.DDEInitiate("WinWord", "System")
    Application.DDEExecute kanalnummer, "[DateiÖffnen ""TEST.DOC""]"
    Application.DDETerminate kanalnummer
    kanalnummer = Application.DDEInitiate("WinWord", "TEST.DOC")
    rückgabeliste.Value = Application.DDERequest _
        (kanalnummer, "Listenelemente")
    Application.DDETerminate kanalnummer
End Sub
```

Der folgende WordBasic-Makro richtet einen DDE-Dialog mit derselben Word-Instanz (d.h. mit sich selbst) ein und zeigt ein Meldungsfeld wie das weiter unten folgende an, das eine Liste der zur Zeit verfügbaren Objekte enthält. Die Schleife **While...Wend** ersetzt die Tabstopzeichen zwischen den Objekten durch Absatzmarken, so daß die Liste leichter lesbar ist. Beachten Sie, daß ein WordBasic-Meldungsfeld nicht mehr als 255 Zeichen anzeigen kann. Enthält der Makro mehr als 255 Zeichen, wird eine entsprechende Meldung angezeigt.

```
Sub MAIN
kanal = DDEInitiate("winword", "system")
objekte$ = DDERequest$(kanal, "topics")
tab$ = Chr$(9)
absatz$ = Chr$(13)
While InStr(objekte$, tab$)
    tab = InStr(objekte$, tab$)
    linkeseite$ = Left$(objekte$, tab - 1)
    rechteseite$ = Right$(objekte$, Len(objekte$) - tab)
    objekte$ = linkeseite$ + absatz$ + rechteseite$
Wend
msg$ = "Folgende Objekte sind verfügbar: " + absatz$ + absatz$ + \
    objekte$
If Len(msg$) > 255 Then
    MsgBox "Die Liste der Objekte ist länger als 255 Zeichen, " + \
        "deshalb kann Word sie nicht in einem Meldungsfeld anzeigen."
Else
    MsgBox msg$, "Word DDE-Objekte"
DDETerminate kanal
End Sub
```

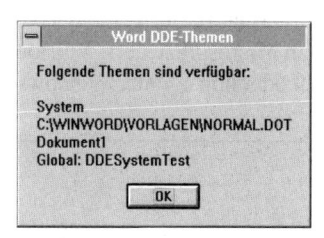

Einsatz der OLE-Automatisierung mit Word

OLE-Automatisierung ist ein Protokoll, das als Nachfolger für DDE konzipiert ist. Ähnlich wie mit DDE kann eine Anwendung durch die OLE-Automatisierung Daten gemeinsam mit einer anderen Anwendung verwenden oder eine andere Anwendung steuern.

Bei der OLE-Automatisierung stellt Word einem anderen Anwendungsprogramm (dem sogenannten „Container"-Programm) ein *Objekt* zur Verfügung. Bei diesem Objekt handelt es sich um eine Informationseinheit, die einem DDE-Objekt (Thema) ähnlich ist. Word unterstützt bei der OLE-Automatisierung ein einzelnes Objekt, das „WordBasic" genannt wird. Das „WordBasic"-Objekt dient dazu, WordBasic-Instruktionen an Word zu übergeben. Die hierbei verwendete Methode kommt dem Senden von Befehlen an Word durch DDE gleich, doch mit einem Unterschied: Bei der OLE-Automatisierung können WordBasic-Instruktionen

Ergebnisse in Form von numerischen Werten oder Zeichenfolgewerten direkt an das Container-Programm übergeben. Daher können WordBasic-Instruktionen wie eine Erweiterung der Makro- oder Programmiersprache des Container-Programms verwendet werden.

Es ist jedoch zu beachten, daß Word bei der OLE-Automatisierung zwar ein Objekt an ein anderes Anwendungsprogramm liefern, jedoch die OLE-Automatisierung nicht dazu verwenden kann, auf Objekte in anderen Programmen zuzugreifen. Das heißt, daß Anwendungen, die die OLE-Automatisierung unterstützen (wie Microsoft Excel oder Visual Basic), durch sie zwar auf Word zugreifen können, Word mit Hilfe der OLE-Automatisierung aber nicht auf sie zugreifen kann. (In DDE-Teminologie bedeutet dies, daß Word zwar als Server für eine andere Anwendung arbeiten kann, nicht jedoch als Client.)

Microsoft Visual FoxPro, Version 3.0, wird mit einem Beispiel für einen OLE-Automatisierungsclient geliefert. Informationen zum Ausführen und Anzeigen des zu diesem Beispiel gehörenden Codes finden Sie unter „OLE-Automatisierungsbeispiel" in der Online-Hilfe zu Microsoft Visual FoxPro.

Anmerkung Falls nicht anders angegeben, bezieht sich der Begriff „Visual Basic" in diesem Abschnitt entweder auf Visual Basic, Version 3.0 oder höher, unter Windows oder auf Visual Basic in Microsoft Access, Version 7.0, unter Windows und Microsoft Excel, Version 5.0 oder höher, unter Windows oder auf dem Macintosh.

Zugriff auf Word

Um das „WordBasic"-Objekt von Word einem Container-Programm verfügbar zu machen, müssen Sie zuerst eine Objektvariable definieren, die auf das „WordBasic"-Objekt in Word Bezug nimmt. In Visual Basic deklarieren Sie dazu eine Variable des Typs **Object**, wie zum Beispiel:

```
Dim WordObj As Object
```

Dann machen Sie das „WordBasic"-Objekt für die Container-Anwendung verfügbar, indem Sie es für die Anwendung „erstellen" und einer Objektvariablen zuweisen. In Visual Basic verwenden Sie dazu die Funktion **CreateObject** für die Erstellung eines Objekts und das Schlüsselwort **Set** für die Zuordnung der Objektvariablen. Die Syntax lautet dann wie folgt:

Set *ObjektVar* = **CreateObject**("*Anwendung.ObjektTyp*")

Die eigentliche Instruktion in Visual Basic könnte dann folgendermaßen aussehen:

```
Set WordObj = CreateObject("Word.Basic")
```

Mit dieser Instruktion wird das „WordBasic"-Objekt in Word der Container-Anwendung für die OLE-Automatisierung zur Verfügung gestellt.

Wenn ein anderes Anwendungsprogramm auf Word, Version 6.0, zugreifen muß und Word noch nicht läuft, startet die OLE-Automatisierung eine sichtbare Instanz von Word. Im Gegensatz zu DDE brauchen Sie dabei keine separate Instruktion zum Starten von Word anzugeben. Wenn Word nicht gefunden werden kann, tritt ein Fehler auf. Eine sichtbare Instanz ist zwar zum Debuggen einer Visual Basic-Prozedur nützlich, es ist jedoch sinnvoll, die Instanz im endgültigen Makro verborgen auszuführen. Dazu verwenden Sie die Anweisung **AnwVerbergen**.

```
Set WordObj = CreateObject("Word.Basic")
WordObj.AnwVerbergen
```

Wenn ein anderes Anwendungsprogramm auf Word, Version 7.0, zugreifen muß und Word noch nicht läuft, startet die OLE-Automatisierung eine verborgene Instanz von Word. Eine verborgene Instanz ist zwar für den endgültigen Makro nützlich, es ist jedoch sinnvoll, die Instanz beim Debuggen der Visual Basic-Prozedur sichtbar auszuführen. Dazu verwenden Sie die Anweisung **AnwAnzeigen**:

```
Set WordObj = CreateObject("Word.Basic")
WordObj.AnwAnzeigen
```

Anwendungsprogramme, die die OLE-Automatisierung voll unterstützen, machen ihre Dokumente als Objekte verfügbar. Da Word bei der OLE-Automatisierung nur das „WordBasic"-Objekt unterstützt, können Sie die OLE-Automatisierung nicht dazu verwenden, auf ein Word-Dokument direkt als Objekt zuzugreifen (es sei denn, das Dokument ist in die Container-Anwendung eingebettet; näheres hierzu erfahren Sie weiter unten in diesem Kapitel unter „Zugriff auf ein eingebettetes Word-Objekt"). Zum Beispiel ist es nicht möglich, die Visual Basic-Funktion **GetObject** für den Zugriff auf ein Word-Dokument einzusetzen. Statt dessen werden für den Zugriff auf Word und Vorgänge an Word-Dokumenten WordBasic-Instruktionen verwendet. Dieses Verfahren wird im folgenden Abschnitt näher erläutert.

Wenn die OLE-Automatisierung eine Word-Sitzung startet, wird Word beendet, sobald die Objektvariable, die auf das „WordBasic"-Objekt Bezug nimmt, ungültig wird. Dies ist dann der Fall, wenn die Prozedur oder die Container-Anwendung beendet ist. In Visual Basic können Sie die Anweisung **Set** zusammen mit dem Schlüsselwort **Nothing** verwenden, um eine Objektvariable zu löschen; dies hat die gleiche Wirkung wie das Beenden der Container-Anwendung.

Beachten Sie, daß das „WordBasic"-Objekt keine Methode unterstützt, mit der es sich selbst schließen könnte. Das heißt, falls Word beim Start der OLE-Automatisierung bereits läuft, können Sie es durch die OLE-Automatisierung nicht beenden. Sie können eine Word-Sitzung durch die OLE-Automatisierung nur beenden, wenn sie damit auch gestartet wurde.

Verwenden von WordBasic-Anweisungen und -Funktionen

Sobald Sie der Container-Anwendung das „WordBasic"-Objekt einmal verfügbar gemacht haben, können Sie die meisten WordBasic-Anweisungen und -Funktionen verwenden, um Vorgänge an Word und Word-Dokumenten auszuführen. Bei der OLE-Automatisierung werden WordBasic-Instruktionen genau wie in Word-Makros verwendet.

Zu den WordBasic-Anweisungen und -Fuktionen, die für die OLE-Automatisierung nicht verfügbar sind, gehören zum Beispiel:

- Steuerstrukturen wie **While…Wend** und **If…Then…Else**
- Deklarationsanweisungen wie **Dim**
- Anweisungen, die mit benutzerdefinierten Dialogfeldern zu tun haben
- die Anweisung **DateiBeenden**
- Anweisungen oder Funktionen, die als Argumente Datenfeldvariablen benötigen

Die Namen der WordBasic-Funktionen, die als Ergebnis Zeichenfolgen liefern, enden jeweils mit einem Dollarzeichen ($). Bei Verwendung dieser Funktionen in der OLE-Automatisierung können Sie das Dollarzeichen entweder auslassen oder die Funktion in eckige Klammern einschließen. Die folgende Instruktion veranschaulicht, wie die Funktion **AbrufenTextmarke$()** in einem WordBasic-Makro stehen könnte:

```
marke$ = AbrufenTextmarke$("Adresse")
```

Die gleiche Instruktion würde in Visual Basic auf eine der folgenden Arten geschrieben, wobei `marke` eine Zeichenfolgenvariable ist:

```
marke$ = WordObj.[AbrufenTextmarke$]("Adresse")
```

oder

```
marke$ = WordObj.AbrufenTextmarke("Adresse")
```

Anmerkung Die folgenden WordBasic-Funktionen, die als Ergebnis Zeichenfolgen liefern, benötigen ein Dollarzeichen ($) und müssen in Klammern eingeschlossen werden: **Schriftart$()**, **AbrufenSysteminfo$()** und **Sprache$()**. Sie haben die gleichen Namen wie WordBasic-Anweisungen (so gibt es z. B. die Anweisung **Schriftart** ebenso wie die Funktion **Schriftart$()**). Ohne das Dollarzeichen hat WordBasic keine Möglichkeit, gleichnamige Funktionen und Anweisungen zu unterscheiden.

Mit dem folgenden Beispiel wird zunächst das Word-Dokument BRIEF.DOC geöffnet. Anschließend ruft die WordBasic-Funktion **AbrufenTextmarke$()** den Inhalt der Textmarke „Adresse" in diesem Dokument ab und zeigt ihn in einem Meldungsfeld an:

```
Dim Mark as String
Dim WordObj As Object
Set WordObj = CreateObject("Word.Basic")
WordObj.DateiÖffnen Name:= "BRIEF.DOC"
Mark = WordObj.AbrufenTextmarke("Adresse")
MsgBox Mark
```

Im nachstehenden Beispiel wird die Liste der Textmarken für das aktive Dokument abgerufen und deren Inhalt einzeln nacheinander in einer Reihe von Meldungsfeldern angezeigt. Hier werden WordBasic-Instruktionen verwendet, als ob sie zur Visual Basic-Programmiersprache gehörten. In gewisser Weise sind daher die WordBasic-Instruktionen Erweiterungen zu Visual Basic. Sie unterscheiden sich von Visual Basic-Instruktionen nur in der Syntax (sowie in englischen bzw. deutschen Namen), da WordBasic keine objektorientierte Programmiersprache ist und daher nicht über damit verbundene Methoden und Eigenschaften verfügt.

```
Dim WordObj As Object
Set WordObj = CreateObject("Word.Basic")
Dim count As Integer, countmarks As Integer
countmarks = WordObj.ZählenTextmarken()
If countmarks <> 0 Then
    ReDim bmarks$(1 To countmarks)
    For count = 1 To countmarks
        bmarks$(count) = WordObj.[TextmarkeName$](count)
    Next count
    For count = 1 To countmarks
        MsgBox bmarks$(count)
    Next
End If
```

In diesem Beispiel schalten die Instruktionen den Fettdruck im markierten Absatz in Word ein bzw. aus:

```
Dim WordObj As Object
Set WordObj = CreateObject("Word.Basic")
WordObj.BearbeitenGeheZu "\Para"         'Markiere den aktuellen Absatz
If WordObj.Fett() <> 0 Then
    WordObj.Fett 0                        'Entferne Format FETT
Else
    WordObj.Fett 1                        'Weise Format FETT zu
End If
```

> ### Welchen Wirkungsbereich hat eine Instruktion?
>
> Ein wesentlicher Unterschied zwischen Visual Basic und WordBasic besteht darin, daß der Wirkungsbereich einer Anweisung oder Methode in Visual Basic in der Anweisung selbst angegeben wird. In WordBasic ist dies nicht immer der Fall. Zum Beispiel kann die WordBasic-Anweisung **BearbeitenAusschneiden** Elemente beliebiger Art ausschneiden – von einem einzelnen Zeichen bis zum Inhalt eines ganzen Dokuments. Die Anweisung wirkt sich einfach darauf aus, was bei ihrer Ausführung gerade im aktiven Dokument markiert ist. In WordBasic ist dies bei den meisten Bearbeitungs- und Formatierungsanweisungen der Fall. Wenn Sie also an die Arbeitsweise von Visual Basic gewöhnt sind, sollten Sie beim Gebrauch von WordBasic-Instruktionen immer auf die aktuelle Markierung oder Position der Einfügemarke achten.

Zugriff auf ein eingebettetes Word-Objekt

Bisher wurde beschrieben, wie man auf Word als separate Anwendung zugreift. Sie können aber auch auf ein Word-Objekt zugreifen, zum Beispiel ein Word-Dokument oder eine -Grafik, das in einer Container-Anwendung eingebettet ist. In Visual Basic verwenden Sie die „Object"-Eigenschaft zum Zugriff auf ein Dokument oder eine Grafik. Dann führen Sie mit WordBasic-Anweisungen und -Funktionen am Dokument oder der Grafik Aktionen aus. Die Syntax sieht für Visual Basic, Version 3.0 oder höher, (auf dem Macintosh nicht verfügbar) wie folgt aus:

Set *ObjektVar* = *OLESteuerung*.**Object.Application.WordBasic**

ObjektVar ist eine vorher deklarierte Objektvariable; *OLESteuerung* ist der Name der OLE-Steuerstruktur, in die das Word-Objekt eingebettet ist. Beispielsweise könnten Sie die folgenden Instruktionen erstellen, um auf ein Dokument zuzugreifen, das in einer OLE-Steuerstruktur namens OLE1 eingebettet ist:

```
Dim WordObj As Object
Set WordObj = OLE1.Object.Application.WordBasic
```

In Microsoft Excel-VBA verwenden Sie die **OLEObjects**-Methode, um das eingebettete Word-Objekt zurückzugeben. Im folgenden Beispiel wird auf ein Word-Dokument-Objekt mit dem Namen `Bild 1` (dieser Name wird dem Objekt in Microsoft Excel gegeben und ist kein Name einer Dokumentdatei) im aktiven Tabellenblatt zugegriffen.

```
Dim WordObj As Object
Set WordObj = AktiveSheet.OLEObjects("Bild 1")
```

In Microsoft Access Visual Basic verwenden Sie die **Object**-Eigenschaft, um auf ein eingebettetes Word-Dokument zuzugreifen. Beispielsweise könnten Sie die folgenden Instruktionen erstellen, um auf ein Dokument zuzugreifen, das in einer OLE-Steuerstruktur namens OLE1 eingebettet ist:

```
Dim WordObj As Object
Set WordObj = Me!OLE1.Object.Application.WordBasic
```

Um auf das eingebettete Objekt zugreifen zu können, müssen Sie es zuerst aktivieren. Sie können die OLE-Steuerstruktur mittels einer Instruktion oder auf andere Art aktivieren (zum Beispiel durch Doppelklick des Benutzers). In Visual Basic, Version 3.0, können Sie die **Action**-Eigenschaft zum Aktivieren der OLE-Steuerstruktur verwenden. Ein Beispiel dafür ist die Instruktion

```
OLE1.Action = 7
```

Hierbei ist OLE1 der Name der OLE-Steuerstruktur, in der das Word-Objekt eingebettet ist.

In Visual Basic, Version 4.0, können Sie eine OLE-Steuerstruktur mit der **Action**-Eigenschaft oder der **DoVerb**-Methode aktivieren. Die beiden folgenden Instruktionen sind z.B. äquivalent:

```
OLE1.DoVerb(vbOLEShow)
OLE1.Action = 7
```

In Microsoft Excel Visual Basic verwenden Sie zum Aktivieren des Word-Objekts die **Activate**-Methode. Im folgenden Beispiel ist WordObj eine Objektvariable, in der das Objekt des Word-Dokuments gespeichert ist.

```
WordObj.Activate
```

In Microsoft Access Visual Basic verwenden Sie die **Action**-Eigenschaft, um das Word-Objekt zu aktivieren. Ein Beispiel:

```
Me!OLE1.Action = acOLEActivate
```

Im nachstehenden Beispiel wird zunächst auf ein in einer Visual Basic 4.0-Container-Anwendung eingebettetes Word-Objekt zugegriffen. Anschließend wird die WordBasic-Anweisung **BearbeitenAllesMarkieren** zur Markierung des gesamten Texts verwendet, der dann mit der WordBasic-Anweisung **Fett** fett formatiert wird. Die Instruktion Check1.SetFocus deaktiviert das eingebettete Word-Objekt und gibt den Fokus an ein Kontrollkästchen namens „Check1" zurück.

```
Dim WordObj As Object
OLE1.DoVerb(vbOLEShow)
Set WordObj = OLE1.Object.Application.WordBasic
WordObj.BearbeitenAllesMarkieren
WordObj.Fett
Check1.SetFocus
Set WordObj = Nothing
```

Im folgenden wird Microsoft Excel Visual Basic für das gleiche Beispiel verwendet. Die letzte Instruktion Range("B6").Activate deaktiviert das eingebettete Word-Objekt und aktiviert Zelle B6 im aktiven Tabellenblatt.

```
Dim WordObj As Object
Set WordObj = ActiveSheet.OLEObjects("Bild 1")
WordObj.Activate
With WordObj.Object.Application.WordBasic
    .BearbeitenAllesMarkieren
    .Fett
End With
Range("B6").Activate
```

Hier dasselbe Beispiel mit Microsoft Access Visual Basic. Die letzte Instruktion, `DoCmd.GoToControl "Check1"`, aktiviert das Kontrollkästchen „Check1".

```
Dim WordObj As Object
Set WordObj = Me!OLE1.Object.Application.WordBasic
Me!OLE1.Action = acOLEActivate
WordObj.BearbeitenAllesMarkieren
WordObj.Fett
DoCmd.GoToControl "Check1"
Set WordObj = Nothing
```

Abrufen von Word-Dialogfeldeinstellungen

Bei Verwendung der OLE-Automatisierung können Sie zum Zugriff auf Word selbst (durch das Objekt „WordBasic") oder auf ein eingebettetes Word-Dokument

Word-Dialogfeldeinstellungen abrufen. Dazu erstellen Sie zuerst eine Objektvariable für die Einstellungen und belegen sie dann mit den Einstellungen, wie in folgendem Beispiel gezeigt wird:

```
Dim EOAvar As Object
Set EOAvar = WordObj.CurValues.DateiÖffnen
```

Die erste Instruktion definiert eine Objektvariable für die Dialogfeldeinstellungen. Die zweite Instruktion weist der Variablen die aktuellen Einstellungen des Dialogfelds zu, in diesem Fall die Einstellungen des Dialogfelds **Öffnen** (Menü **Datei**). `WordObj` ist die zum Zugriff auf WordBasic definierte Objektvariable. **CurValues** liefert die Dialogfeldeinstellungen des angegebenen Dialogfelds. Zur Angabe eines Dialogfelds dient der Name der WordBasic-Anweisung, die dem jeweiligen Dialogfeld in Word entspricht. **DateiÖffnen** ist beispielsweise der Name der WordBasic-Anweisung, die dem Dialogfeld **Öffnen** (Menü **Datei**) entspricht. Wenn Ihnen der einem Dialogfeld entsprechende Name nicht geläufig ist, finden Sie Hinweise darauf in Teil 2, „WordBasic – Anweisungen und Funktionen", unter „Anweisungen und Funktionen nach Kategorien" sowie „Anweisungen und Funktionen A – Z".

Sobald Sie eine Objektvariable mit den Dialogfeldeinstellungen belegt haben, greifen Sie über folgende Syntax darauf zu:

DialogObjektVar.DialogfeldEinstellungName

DialogfeldEinstellungName ist der Name eines Arguments der WordBasic-Anweisung, die dem Dialogfeld entspricht, mit dessen Einstellungen *DialogObjektVar* belegt ist. Eine Liste gültiger Argumente finden Sie im Eintrag der jeweiligen WordBasic-Anweisung in Teil 2, „WordBasic – Anweisungen und Funktionen".

Im folgenden Beispiel für Visual Basic wird die Einstellung „Konzeptschriftart" auf der Registerkarte **Ansicht** im Dialogfeld **Optionen** (Menü **Extras**) ein- und ausgeschaltet. Beachten Sie, daß Sie bei Verwendung der Visual Basic-Version 3.0 nicht mit `WordObj.ExtrasOptionenAnsicht KonzeptSchriftart = 0` arbeiten können, da `KonzeptSchriftart` ein benanntes Argument ist. Statt dessen geben Sie das Argument positionsgemäß an, wie weiter unten in diesem Kapitel unter „Verwendung von benannten Argumenten nach Position in Visual Basic, Version 3.0" beschrieben wird.

```
Dim WordObj As Object
Dim EOAvar As Object
Set WordObj = CreateObject("Word.Basic")
Set EOAvar = WordObj.CurValues.ExtrasOptionenAnsicht
If EOAvar.KonzeptSchriftart = 1 Then
    WordObj.ExtrasOptionenAnsicht KonzeptSchriftart := 0
Else
    WordObj.ExtrasOptionenAnsicht KonzeptSchriftart := 1
End If
```

Ausführen von Word-Makros und Anzeigen von Dialogfeldern

Die Ausführung eines Word-Makros im Rahmen der OLE-Automatisierung geschieht auf die gleiche Weise wie die Ausführung aus einem anderen Word-Makro heraus. Nach der Makroausführung wird die Steuerung an die aufrufende Prozedur zurückgegeben. Zum Ausführen eines Makros verwenden Sie die WordBasic-Anweisung **ExtrasMako**. Zum Beispiel wird durch folgende Instruktion ein Makro mit der Bezeichnung ZählenOffeneFenster ausgeführt:

```
WordObj.ExtrasMakro "ZählenOffeneFenster", True
```

Word muß die aktive Anwendung sein, wenn der Makro ein Dialog-, Meldungs-, Eingabefeld oder ein anderes Steuerelement anzeigt, das eine Reaktion des Benutzers vorsieht, ehe die Makroausführung fortgesetzt werden kann. Ist Word nicht die aktive Anwendung, wird die Makroausführung angehalten, und ein Fehler in der OLE-Automatisierung tritt auf. Sie machen Word zur aktiven Anwendung, indem Sie in der Makro- oder Programmiersprache der Container-Anwendung eine der WordBasic-Anweisung **AnwAktivieren** entsprechende Instruktion verwenden.

Mit der OLE-Automatisierung können Sie ein Dialogfeld nicht direkt definieren und anzeigen. Über einen Word-Makro ist das Anzeigen jedoch möglich. Handelt es sich dabei um ein in Word fest eingebautes Dialogfeld, können Sie dessen Einstellungen mit Hilfe der Methode **CurValues** abrufen. Handelt es sich dagegen um ein benutzerdefiniertes Dialogfeld, kann der Makro, mit dem das Dialogfeld angezeigt wird, dessen Einstellungen so speichern, daß sie auch nach der Makroausführung erhalten bleiben, z.B. in einer Initialisierungsdatei. Informationen über diese Art Datei erhalten Sie in Kapitel 9, „Weitere WordBasic-Verfahren", unter „Verwenden von Initialisierungsdateien und Dokumentvariablen".

Werteübergabe an einen Word-Makro

Mit der OLE-Automatisierung können Sie Argumente nicht direkt an einen Word-Makro oder eine Word-Makro-Unterroutine übergeben. In WordBasic können Sie zwar Unterroutinen in anderen Makros mit einer Instruktion der Syntax *Makroname.Unterroutine* [(*ArgumentListe*)] aufrufen und an diese Argumente übergeben. Diese Möglichkeit wird jedoch von der OLE-Automatisierung nicht unterstützt. Wenn Ihr Visual Basic-Code einen WordBasic-Makro ausführen und an diesen Werte übergeben soll, müssen Sie die Werte an einer Stelle speichern, auf die der Makro zugreifen kann. So können Sie die Werte beispielsweise in einer Initialisierungsdatei oder in Dokumentvariablen von Word speichern. Weitere Informationen hierzu finden Sie in Kapitel 9, „Weitere WordBasic-Verfahren", unter „Verwenden von Initialisierungsdateien und Dokumentvariablen".

Im folgenden Visual Basic-Beispiel wird ein Word-Makro namens „NeuDokErstellenUndSpeichern" ausgeführt; danach wird eine Meldung angezeigt. Vor der Makroausführung wird Word durch die Visual Basic-Anweisung **AppActivate** aktiviert, da im Verlauf der Makroausführung das Word-Dialogfeld **Speichern Unter** angezeigt wird.

```
Dim WordObj As Object
Set WordObj = CreateObject("Word.Basic")
AppActivate "Microsoft Word"
WordObj.ExtrasMakro "NeuDokErstellenUndSpeichern", True
MsgBox "Der Makro NeuDokErstellenUndSpeichern ist beendet."
```

Sie können dieses Beispiel auch in einer Visual Basic 3.0-Anwendung ausführen. Der Visual Basic 3.0-Anweisung **AppActivate** muß aber dann als Argument der Text hinzugefügt werden, der in der Fenstertitelleiste von Word erscheint. Dieser Text kann sich ändern, wenn das Dokumentfenster maximiert wird. Durch Hinzufügen einer **If**-Bedingung wird überprüft, ob Dokumentfenster maximiert sind und der unter **AppActivate** angegebene Text für die Fenstertitelleiste wird dann ggf. geändert. In der folgenden Bedingung werden die WordBasic-Funktionen **ZählenFenster()**, **DokumentMaximieren()** und **FensterName$()** verwendet, um diese Aufgaben auszuführen.

```
If WordObj.ZählenFenster() > 0 Then
    If WordObj.DokumentMaximieren() = True Then
        AppActivate "Microsoft Word - " + WordObj.FensterName$()
    Else
        AppActivate "Microsoft Word"
    End If
Else
    AppActivate "Microsoft Word"
End If
```

Der Makro für „NeuDokErstellenUndSpeichern" sieht folgendermaßen aus:

```
Sub MAIN
AnwMaximieren "Microsoft Word"
On Error Goto bye
DateiNeu
DateiSpeichern
AnwAktivieren "Microsoft Excel"
bye:
End Sub
```

Durch diesen Makro wird das Word-Fenster maximiert (falls Word beim Aufrufen des Makros minimiert ist), dann eine neue Datei erstellt und das Dialogfeld **Speichern unter** (Menü **Datei**) mit Hilfe der Anweisung **DateiSpeichern** angezeigt. (Dieses Dialogfeld wird deshalb angezeigt, weil das Dokument noch nie gespeichert wurde.) Die Instruktion **AnwAktivieren** am Ende des Makros aktiviert Microsoft Excel, so daß die Steuerung wieder an die Routine zurückgegeben wird, die den Makro aufgerufen hat. In Visual Basic, Version 4.0, können Sie die Anweisung **AppActivate** mit dem Text der Titelleiste der Anwendung verwenden (d.h. `AppActivate "Formular1"`).

Verwendung von benannten Argumenten nach Position in Visual Basic, Version 3.0

WordBasic-Anweisungen, die Word-Dialogfeldern entsprechen, verwenden benannte Argumente, also Argumente, deren Werte mit einem Namen verknüpft sind. In der folgenden Instruktion ist beispielsweise `.Schriftart` das benannte Argument:

```
FormatInitial .Schriftart = "Arial"
```

In Visual Basic, Version 4.0, Microsoft Excel Visual Basic und Microsoft Access Visual Basic können Sie WordBasic-Instruktionen mit benannten Argumenten aufrufen, wie im folgenden Beispiel dargestellt:

```
WordObj.FormatDropCap Font:="Arial"
```

Von Visual Basic, Version 3.0, aus können Sie WordBasic-Instruktionen nicht unter Verwendung von benannten Argumenten aufrufen. Statt dessen werden die Argumente durch ihre

Position angegeben. Das folgende Beispiel zeigt eine WordBasic-Instruktion, wie sie in einem Word-Makro aussieht:

```
FormatInitial .Position = 1, .Schriftart = "Arial", .InitialHöhe = 3, .AbstZumText = 6
```

Wenn Sie diese Instruktion in einer Visual Basic 3.0-Prozedur verwenden möchten, geben Sie folgendes ein:

```
WordObj.FormatInitial 1, "Arial", 3, 6
```

Hierbei ist `WordObj` eine auf WordBasic verweisende Objektvariable. Wenn Sie ein Argument auslassen möchten, müssen Sie das fehlende Argument durch ein Komma kennzeichnen:

```
WordObj.FormatInitial , "Arial", , 6
```

Kommas, die am Ende einer Instruktion stehen, brauchen nicht angegeben zu werden. (`WordObj.FormatInitial 1, "Arial"` ist also gültig; Sie brauchen nicht `WordObj.FormatInitial 1, "Arial", ,` einzugeben.)

Zum Festlegen der Befehlsschaltflächen werden Boolesche „True"(Wahr)- und „False"(Falsch)-Werte verwendet. Zum Beispiel wird durch folgende WordBasic-Instruktion der Makro „ZählenOffeneFenster" ausgeführt:

```
ExtrasMakro .Name = "ZählenOffeneFenster", .Ausführen
```

Hierbei ist .Ausführen das benannte Argument, das der Schaltfläche „Ausführen" im Dialogfeld **Makro** entspricht. In einer Visual Basic 3.0-Prozedur sieht die Instruktion folgendermaßen aus:

```
WordObj.ExtrasMakro "ZählenOffeneFenster", True
```

Der Wert „True" entspricht dem Wählen, „False" dagegen dem Nichtwählen der Befehlsschaltfläche. Durch folgende Instruktion wird der Makro ZählenOffeneFenster zur Bearbeitung geöffnet:

```
WordObj.ExtrasMakro "ZählenOffeneFenster", False, True
```

Da das dritte Argument in WordBasic **.Bearbeiten** ist, bedeutet in Visual Basic, Version 3.0, der Wert „True" an dritter Position, daß die Schaltfläche „Bearbeiten" gewählt wird. Das Auslassen eines Arguments für eine Befehlsschaltfläche ist gleichbedeutend mit der Zuordnung des Werts „False".

Anmerkung Die Syntaxzeile der meisten Anweisungs- und Funktionseinträge in der Online-Hilfe zu WordBasic spiegelt die richtige Anordnung von Argumenten wider. Es gibt jedoch ein paar Ausnahmen. Eine Zusammenstellung dieser Ausnahmen sowie die richtige Anordnung der jeweiligen Argumente finden Sie in der Datei POSITION.TXT auf der Diskette zum *Microsoft Word Developer's Kit* (Windows).

Verwenden von MAPI und AOCE

Durch MAPI (Messaging Application Programming Interface = Programmierschnittstelle für Nachrichtenanwendungen) verschaffen Sie unter Windows einem Makro denselben Zugriff auf Microsoft Mail (und andere elektronische Postanwendungen, die MAPI unterstützen), den er durch WordBasic auf Word erhält. Mit MAPI kann ein Makro Nachrichten extrahieren, Namen aus dem Adreßbuch von Microsoft Mail abrufen, Nachrichten senden oder lesen usw.

MAPI verwendet von WordBasic nicht unterstützte Datentypen. Diese sind den Dialogfeld-Datensätzen von WordBasic jedoch ähnlich, da auch sie Werte unterschiedlicher Typen (Zeichenfolgen, Zahlen und andere) in sich vereinen. WordBasic erfordert daher eine Erweiterung der MAPI-Funktionen, so daß die Daten in einem für WordBasic verständlichen Format bereitgestellt werden können. Diese Erweiterungen befinden sich in der Datei WBMAPI.DLL auf der Diskette zum *Microsoft Word Developer's Kit*. Weitere Informationen über das Integrieren von Word und Microsoft Mail mit WBMAPI.DLL finden Sie in Anhang A, „Workgroup-Erweiterungen für Microsoft Word (MAPI)", in Teil 3, „Anhänge".

Auf dem Macintosh können Sie die Dienste der Apple Open Collaboration Environment (AOCE) in WordBasic nutzen, indem Sie die dafür vorgesehenen WordBasic-Anweisungen und -Funktionen verwenden. Eine Liste der Anweisungen und Funktionen zur Nachrichtenübermittlung finden Sie in Teil 2, „WordBasic – Anweisungen und Funktionen" unter „WordBasic-Anweisungen und -Funktionen, nach Kategorien geordnet".

KAPITEL 9

Weitere WordBasic-Verfahren

Die ersten beiden Abschnitte dieses Kapitels stellen weitere Verfahren vor, mit deren Hilfe Makros Informationen speichern und abrufen können. Die im ersten Abschnitt beschriebenen Initialisierungsdateien, Dokumentvariablen, Dokumenteigenschaften und AutoText-Einträge stellen nach der Ausführung eines Makros eine Speicherposition für Variablenwerte zur Verfügung. Der im zweiten Abschnitt behandelte sequentielle Zugriff auf Dateien bietet schnellen Zugang zu Textdateien.

Im dritten Abschnitt wird beschrieben, wie Sie mit Hilfe von Makros Formulare automatisieren können. Im vierten Abschnitt wird die Vorlage „Start-Assistent" (START.WIZ unter Windows bzw. STARTER WIZARD auf dem Macintosh) dokumentiert, die auf der Diskette zum *Microsoft Word Developer's Kit* enthalten ist. Diese Vorlage dient als Ausgangspunkt beim Entwickeln von Assistenten und stellt die grundlegende Benutzeroberfläche, die allen Word-Assistenten gemeinsam ist, zur Verfügung.

Der fünfte Abschnitt dieses Kapitels behandelt die Techniken zum Aufrufen von Routinen in einer *Dynamic-Link Library* (DLL), mit denen Sie die Funktionalität Ihrer WordBasic-Makros verbessern können.

Die letzten Abschnitte beschreiben die Entwicklung von Makros, die auf allen Plattformen ausgeführt werden können, die WordBasic unterstützen (Windows 3.*x*, Windows 95, Windows NT und Macintosh) sowie Techniken zum Weitergeben und Optimieren von Makros.

In diesem Kapitel finden Sie Informationen zu folgenden Themen:

- Speichern von Werten beim Ende eines Makros
- Sequentieller Dateizugriff
- Automatisieren von Formularen
- Erstellen eines Assistenten
- Aufrufen von Routinen in DLLs und WLLs
- Entwickeln von Makros für mehrere Plattformen
- Weitergeben von Makros
- Optimieren von Makros

Speichern von Werten beim Ende eines Makros

Sobald die Ausführung eines Makros beendet ist, gehen die in seinen Variablen enthaltenen Werte verloren. Wenn ein Makro einen solchen Wert „aufbewahren" soll, muß er diesen Wert in einer externen Position speichern, von der er ihn idealerweise auch leicht wieder abrufen kann. Ein Beispiel: Ein Dokument-Numerierungsmakro weist jedem neuen Dokument eine eindeutige Nummer zu. Immer wenn ein neues Dokument erstellt wird, muß sich der Makro beim Zuweisen der Nummer daran „erinnern", welche Nummer er dem zuletzt erstellten Dokument zugewiesen hat. Anschließend muß der Makro die neue Nummer speichern, so daß sie bei der nächsten Ausführung des Makros wieder abgerufen werden kann.

Dieser Abschnitt beschreibt, wie ein Makro Informationen in einer Initialisierungsdatei, in Dokumentvariablen, Dokumenteigenschaften oder AutoText-Einträgen speichern kann.

Initialisierungsdateien

Eine Initialisierungsdatei ist eine Datei, die von Programmen und Makros verwendet wird, um Werte zu speichern. In der Sprache von Windows wird die Datei WIN.INI, die von Microsoft Windows 3.x und vielen 16-Bit-Windows-Anwendungen verwendet wird, eine „öffentliche" Initialisierungsdatei genannt, da sie von mehr als einer Anwendung verwendet werden kann. Initialisierungsdateien, die zur ausschließlichen Verwendung durch eine einzige Anwendung konzipiert sind, werden „private" Initialisierungsdateien genannt. Unter Windows sind Initialisierungsdateien Textdateien, die wie jede andere Textdatei mit einem Texteditor geöffnet werden können. Auf dem Macintosh sind Initialisierungsdateien keine Textdateien; sie können daher nur mit dem Programm ResEdit™ direkt bearbeitet werden.

WordBasic stellt zum Zugriff auf private Initialisierungsdateien die Anweisung **SetPrivateProfileString** und die Funktion **GetPrivateProfileString$()** zur Verfügung. Mit **SetPrivateProfileString** weisen Sie einer privaten Initialisierungsdatei eine Einstellung zu. Die zu verwendende Syntax lautet:

SetPrivateProfileString *Abschnitt$*, *Schlüssel$*, *Einstellung$*, *Dateiname$*

Abschnitt$* ist der Name eines Abschnitts innerhalb der Initialisierungsdatei. *Schlüssel$ ist der Name des „Schlüssels" – der Entsprechung eines Variablennamens. *Einstellung$* ist der Wert, den Sie dem Schlüssel zuordnen. *Dateiname$* ist der Name der Initialisierungsdatei. Wenn diese Datei noch nicht existiert, wird sie von **SetPrivateProfileString** erstellt. Eine typische Windows-Initialisierungsdatei, die mit einem Texteditor geöffnet wurde, sieht beispielsweise so aus:

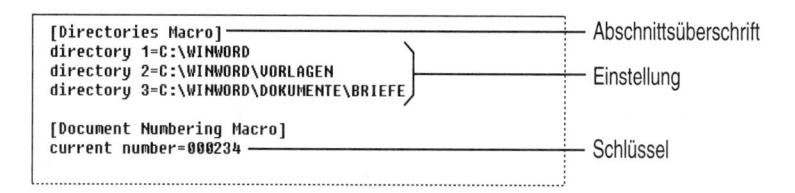

```
[Directories Macro]                           ─── Abschnittsüberschrift
directory 1=C:\WINWORD
directory 2=C:\WINWORD\VORLAGEN              ─── Einstellung
directory 3=C:\WINWORD\DOKUMENTE\BRIEFE

[Document Numbering Macro]
current number=000234 ─── Schlüssel
```

Die Initialisierungsdateien von Windows-basierten Anwendungen haben normalerweise Dateinamen mit der Erweiterung .INI („INI" steht für „Initialisierung"; Initialisierungsdateien werden von Anwendungen beim Start, d.h. bei der „Initialisierung", verwendet, um auf Einstellungen aus der vorangegangenen Sitzung zuzugreifen). Zwar können Sie den erstellten Windows-Initialisierungsdateien eine beliebige Dateinamenerweiterung zuweisen, doch macht die Erweiterung .INI den Zweck der Datei deutlich. Auf dem Macintosh ist es sinnvoll, in den Dateinamen das Wort „Einstellungen" aufzunehmen. Ein Vorteil des Erstellens einer Initialisierungsdatei mit **SetPrivateProfileString** besteht darin, daß die Datei unter Windows automatisch im Windows-Ordner bzw. im Ordner „Voreinstellungen" auf dem Macintosh gespeichert wird (sofern Sie für *Dateiname$* keinen anderen Pfad angeben). Da Sie den Namen des Windows-Ordners bzw. des Ordners „Voreinstellungen" nicht anzugeben brauchen, funktioniert Ihr Makro unabhängig von bestimmten Ordnernamen oder -strukturen, so daß Sie ihn auch an andere Benutzer ohne Modifikationen weitergeben können. WordBasic enthält keine Anweisungen oder Funktionen, die numerische Werte in Initialisierungsdateien speichern oder abrufen können. Damit numerische Werte als Zeichenfolgen gespeichert werden können, müssen Sie diese daher zuerst mit der Funktion **Str$()** umwandeln. Um den Wert wieder abrufen zu können, konvertieren Sie ihn mit der Funktion **Val()** in einen numerischen Wert zurück.

Mit der Funktion **GetPrivateProfileString$()** rufen Sie den Wert von *Schlüssel$*, der in einer Initialisierungsdatei gespeichert ist, ab. Die zu verwendende Syntax lautet:

**GetPrivateProfileString$**(*Abschnitt$*, *Schlüssel$*, *Dateiname$*)

Abschnitt$*, *Schlüssel$ und *Dateiname$* werden wie die Argumente der Anweisung **SetPrivateProfileString** verwendet.

Zwar ist die Anzahl von Initialisierungsdateien unbegrenzt, doch empfiehlt es sich, nicht zu viele zu erstellen. Sie können sogar eine einzige Initialisierungsdatei für alle Ihre Makros verwenden. Mit Abschnittsüberschriften können Sie einzelne Abschnitte gruppieren, so daß Namenskonflikte bei Schlüsselnamen ausgeschlossen werden. Zwei unterschiedliche Makros können beispielsweise beide den Schlüssel „Verzeichnis 1" enthalten, ohne daß dies zu einem Konflikt führt, solange beide Schlüsselnamen nicht dem gleichen Abschnitt zugeordnet sind. Unter Windows sind Sie beim Zugriff auf eine Initialisierungsdatei nicht nur auf WordBasic-Instruktionen beschränkt. Wenn Sie vergessen haben, was sich in der Datei befindet, können Sie die Windows-Initialisierungsdatei jederzeit in Word als Textdatei öffnen. Auf dem Macintosh bearbeiten Sie eine Initialisierungsdatei mit der Anwendung ResEdit.

Beispiele

Es folgt ein einfacher Makro, der Dokumente „zählt" und dabei jedem neuen Dokument eine Nummer zuweist. Der Makro ist ein AutoNew-Makro, der immer dann ausgeführt wird, wenn ein neues Dokument erstellt wird. Der Makro ruft mit der Funktion **GetPrivateProfileString$()** die aktuelle Dokumentnummer ab, inkrementiert sie um 1 und fügt dann mit **BestimmenFormularFeldergebnis** die Nummer in ein Formularfeld ein. Zuletzt speichert der Makro mit der Anweisung **SetPrivateProfileString** die neue Nummer in der Initialisierungsdatei.

```
Sub MAIN
doknummer$ = GetPrivateProfileString$("DokZähler", "DokNumm", \
      "MAKRO.INI")
doknummer$ = Str$((Val(doknummer$) + 1))
BestimmenFormularFeldergebnis "DokNummFeld", doknummer$
SetPrivateProfileString "DokZähler", "DokNumm", doknummer$, \
      "MAKRO.INI"
End Sub
```

Die Verwendung einer **For**...**Next**-Schleife ist eine nützliche Technik, wenn Sie eine große Anzahl von Einstellungen abrufen oder zuweisen wollen. Die folgende Unterroutine verwendet eine **For**...**Next**-Schleife, um eine Liste mit sieben Ordnernamen aus einer Initialisierungsdatei abzurufen und sie dann in ein Datenfeld zu laden. Die Schlüsselnamen für die Ordnernamen enthalten Zahlen: „Verz1" für den ersten Schlüssel, „Verz2" für den zweiten Schlüssel usw. Die Schleife verwendet diese Zahlen, um die Schlüsselnamen zu numerieren. Auf diese Weise erfordert die Schleife nur eine einzige Instruktion, statt für jeden Schlüsselnamen eine separate **GetPrivateProfileString$()**-Funktion verwenden zu müssen.

```
Sub AbrufenVerzNamen
For anzahl = 1 To 7
    verzListenname$ = "Verz" + LTrim$(Str$(anzahl - 1))
    verzNamen$(anzahl - 1) = GetPrivateProfileString$("VerzListe", \
        verzListenname$, "MAKRO.INI")
Next
End Sub
```

Diese Unterroutine wird im Makro „VerzeichnisWechseln" verwendet, der sich in der Dokumentvorlage BEISPIEL.DOT befindet. Die Dokumentvorlage befindet sich auf der Diskette, die Bestandteil des *Microsoft Word Developer's Kit* ist. Der Makro zeigt das in der folgenden Abbildung dargestellte Dialogfeld an. Wenn der Benutzer einen der aufgelisteten Ordner auswählt, kann er rasch zu diesem Ordner wechseln.

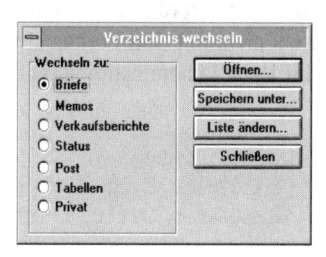

Verwenden der Datei WIN.INI

WIN.INI ist der Name der von Windows 3.*x* verwendeten „öffentlichen" Initialisierungsdatei. Mit der Anweisung **SetProfileString** und der Funktion **GetProfileString$()** können Sie Informationen in der Datei WIN.INI speichern und daraus abrufen, wie dies auch mit privaten Initialisierungsdateien möglich ist.

Außer Windows 3.*x* speichern auch 16-Bit-Windows-Anwendungen wie beispielsweise Word, Version 6.0 für Windows, Initialisierungsinformationen in der Datei WIN.INI, was zu einer umfangreichen, ineffizienten Datei führen kann. Deshalb ist es normalerweise am besten, keine privaten Einstellungen in der Datei WIN.INI zu speichern. **SetProfileString** und **GetProfileString$()** können jedoch zum Abrufen und Ändern von Windows-Umgebungseinstellungen in der Datei WIN.INI von Nutzen sein.

Anmerkung Windows 95 und Windows NT verwenden die Datei WIN.INI nicht. Statt dessen werden die Einstellungen in der Registrierung gespeichert. **SetProfileString** und **GetProfileString$()** sind unter Windows 95 und Windows NT zwar verfügbar, es gibt jedoch keinen Grund, sie dort zu verwenden, da sie keinen Einfluß auf die Einstellungen in der Registrierung haben. **SetPrivateProfileString** und **GetPrivateProfileString$()** sind unter Windows 95 und Windows NT in Wirklichkeit nur eingeschränkt verfügbar, denn sie können dort nur mit einer einzigen Initialisierungsdatei verwendet werden, die zufälligerweise WIN.INI heißt. Um in WordBasic auf Werte in der Registrierung zuzugreifen oder sie zu ändern, müssen Sie API-Funktionen deklarieren. Weitere Informationen sowie einige Beispiele für WordBasic-Unterroutinen finden Sie in der Datei REGISTRY.TXT im Verzeichnis WRDBASIC auf der Diskette des *Microsoft Word Developer's Kit*.

Beispiel

Dieses Beispiel für Word, Version 6.0, überprüft das Windows 3.*x*-Format „Datum lang". Wenn dieses Format nicht mit dem Format „tttt, t. MMMM jjjj" (beispielsweise „Sonntag, 23. Mai 1993") übereinstimmt, wird es durch **SetProfileString** geändert.

```
format$ = GetProfileString$("intl", "sLongDate")
If format$ <> "tttt, t. MMMM jjjj" Then
    SetProfileString "intl", "sLongDate", "tttt, t. MMMM jjjj"
End If
```

Zugreifen auf die Einstellungen in der Datei WINWORD6.INI bzw. Word-Einstellungen (6)

Die Einstellungen für Word, Version 6.0 für Windows, werden in der Initialisierungsdatei WINWORD6.INI gespeichert, auf dem Macintosh in der Datei Word-Einstellungen (6). Unter Windows können Sie die Einstellungen mit **GetPrivateProfileString$()** und **SetPrivateProfileString** abrufen und ändern, auf dem Macintosh verwenden Sie hierzu **GetProfileString$()** und **SetProfileString**. Die folgende Instruktion für Word, Version 6.0 für Windows, setzt beispielsweise die Einstellung „DDETimeOut" in WINWORD6.INI auf 100 Sekunden:

```
SetPrivateProfileString "Microsoft Word", "DDETimeOut", \
    "100", "WINWORD6.INI"
```

Die entsprechende Instruktion auf dem Macintosh lautet:

```
SetProfileString "Microsoft Word", "DDETimeOut", "100"
```

Zugreifen auf die Windows-Registrierung

Unter Windows 95 und Windows NT ist die Registrierung eine systemweite Datenbank, in der Konfigurationsinformationen zu Software und Hardware gespeichert werden. Die Registrierung wird bei der Installation des Systems erstellt und wird immer dann aktualisiert, wenn Software oder Hardware hinzugefügt bzw. entfernt wird. Windows 95 und Windows NT speichern Einstellungen in der Registrierung und nicht in der Datei WIN.INI. Sie können den Inhalt der Registrierung mit dem Registrierungseditor (REGEDIT.EXE unter Windows 95, REGEDT32.EXE unter Windows NT) anzeigen lassen und bearbeiten.

Der größte Teil der Einstellungen für Word, Version 6.0 für Windows, wird in der Datei WINWORD6.INI gespeichert, für Word, Version 6.0 für Windows NT, und Word, Version 7.0, hingegen in der Registrierung unter dem Schlüssel: HKEY_CURRENT_USER\Software\Microsoft\Word\6.0 (oder 7.0).

Aus WordBasic ist es möglich, auf die Registrierungsinformationen über die Funktion **GetPrivateProfileString$()** zuzugreifen. Dies geschieht mittels einer leeren Zeichenfolge ("") anstelle des Namens einer Initialisierungsdatei, um die Registrierung anzugeben. Die folgende Instruktion weist beispielsweise den Dokumentpfad von Word, Version 7.0, (DOC-PATH) aus der Registrierung der Variable a$ zu:

```
Schlüssel$ = "HKEY_CURRENT_USER\Software\Microsoft\Word\7.0\Options"
a$ = GetPrivateProfileString$(Schlüssel$, "DOC-PATH", "")
```

Außerdem können Sie Informationen in der Registrierung mit der Anweisung **SetPrivateProfileString** ändern. Obwohl es möglich ist, mit **SetPrivateProfileString** Schlüssel zur Registrierung hinzuzufügen, werden Einstellungen für Makros am sinnvollsten in einer privaten Initialisierungsdatei gespeichert, um wichtige Anwendungseinstellungen nicht zu beschädigen.

Beispiel

Die Registrierungseinstellung „DateFormat" legt das Standarddatumsformat für Word, Version 7.0, fest. Im folgenden Beispiel wird die Anweisung **SetPrivateProfileString** verwendet, um das Datumsformat auf "tttt, t. MMMM jjjj" festzulegen. Es wird ein zukünftiges Datum berechnet und das Ergebnis anschließend im neuen Datumsformat angezeigt.

```
Sub MAIN
Schlüssel$ = "HKEY_CURRENT_USER\Software\Microsoft\Word\7.0\Options"
SetPrivateProfileString(Schlüssel$, "DateFormat", "tttt, t. MMMM jjjj
", "")
MsgBox Date$(Jetzt() + 7)
End Sub
```

Dokumentvariablen

Eine Dokumentvariable ist eine Variable, die als Teil eines Dokuments gespeichert wird. Sie ist nur verfügbar, wenn das Dokument, in dem sie gespeichert ist, das aktive Dokument ist. Dokumentvariablen haben eine ähnliche Funktion wie die Schlüsselnamen in einer Initialisierungsdatei. Der Zugriff auf sie findet über die Anweisung **DokumentVariableBestimmen** und die Funktion **AbrufenDokumentVar$()** statt. Für **DokumentVariableBestimmen** gilt folgende Syntax:

DokumentVariableBestimmen *VariablenName$*, *Text$*

VariablenName$* ist der Name der Dokumentvariablen, und *Text$ ist der ihr zugewiesene Zeichenfolgewert. Dokumentvariablen können ausschließlich mit Zeichenfolgewerten belegt werden. Für **AbrufenDokumentVar$()** gilt folgende Syntax:

**AbrufenDokumentVar$**(*VariablenName$*)

Dokumentvariablen sind nur über WordBasic-Anweisungen verfügbar, so daß der Benutzer sie nicht versehentlich ändern kann. Da sie außerdem Bestandteil des Dokuments sind, bleiben sie mit dem Dokument verknüpft. Auch wenn Sie das Dokument beispielsweise auf einen anderen Computer übertragen, bleiben die Dokumentvariablen verfügbar. Ein Dokument kann eine beliebige Anzahl von Dokumentvariablen enthalten.

Wenn Sie Dokumentvariablen zu einer Dokumentvorlage hinzufügen, werden die Variablen, einschließlich ihrer Werte, in allen neuen Dokumenten gespeichert, die auf der Grundlage dieser Dokumentvorlage erstellt werden.

Anmerkung Dokumentvariablen werden nicht mitgespeichert, wenn das Dokument im Rich Text Format (RTF) gespeichert wird.

Wenn Sie eine Dokumentvariable in einem Dokument speichern möchten, das möglicherweise bereits andere Dokumentvariablen enthält, sollten Sie sich vergewissern, daß die zu verwendenden Variablennamen nicht bereits im Dokument vorhanden sind. Hierfür stehen zwei Funktionen zur Verfügung: **ZählenDokumentVariablen()** und **AbrufenDokumentVarName$()**. **ZählenDokumentVariablen()** liefert die Anzahl der Dokumentvariablen, die im aktiven Dokument gespeichert sind. Für eine Zahl zwischen 1 und dem von **ZählenDokumentVariablen()** gelieferten Wert liefert **AbrufenDokumentVarName$()** den Namen der entsprechenden Dokumentvariablen. Die folgenden Instruktionen stellen beispielsweise fest, ob in einem Dokument bereits eine Dokumentvariable mit dem Namen „DokNum" vorhanden ist:

```
For Anzahl = 1 To ZählenDokumentVariablen()
    If AbrufenDokumentVarName$(Anzahl) = "DokNum" Then
        MsgBox "DokNum ist bereits vorhanden."
        Goto ciao
    End If
Next
ciao:
```

Löschen einer Dokumentvariablen

WordBasic enthält keine Anweisung zum Löschen einer Dokumentvariablen. Eine Dokumentvariable wird jedoch entfernt, wenn Sie ihr eine leere Zeichenfolge zuweisen. Die folgende Instruktion entfernt beispielsweise die Dokumentvariable MeineDokVar:

```
DokumentVariableBestimmen MeineDokVar, ""
```

Die folgenden Instruktionen entfernen alle Dokumentvariablen aus einem Dokument:

```
For anzahl = 1 To ZählenDokumentVariablen()
    DokumentVariableBestimmen AbrufenDokumentVarName$(1), ""
Next
```

Eine andere Möglichkeit, alle Dokumentvariablen aus einem Dokument zu entfernen, besteht darin, das Dokument in Rich Text Format (RTF) zu speichern, da die Dokumentvariablen in diesem Fall nicht mitgespeichert werden und somit im Dokument nicht mehr vorhanden sind.

Beispiel

Dieser Makro zeigt ein Dialogfeld mit der Abfolge der durchgeführten Überarbeitungen eines Dokuments und ein Textfeld an, in dem der Benutzer einen neuen Eintrag eingeben kann. Jeder Eintrag in der Abfolge der Überarbeitungen wird in einer Dokumentvariablen gespeichert. Vor dem Anzeigen des Dialogfelds ruft der Makro die Überarbeitungseinträge aus den Dokumentvariablen ab und lädt diese in ein Datenfeld, das in einem Listenfeld angezeigt wird. Wenn der Benutzer einen neuen Überarbeitungseintrag erstellt, fügt der Makro das aktuelle Datum als Präfix hinzu und speichert den Eintrag in einer neuen Dokumentvariablen.

```
Sub MAIN
If ZählenDokumentVariablen() > 0 Then
    Dim dokVarDatenfeld$(ZählenDokumentVariablen() - 1)
    For anzahl = 1 To ZählenDokumentVariablen()
    dokVarDatenfeld$(anzahl - 1) = \
        AbrufenDokumentVar$(AbrufenDokumentVarName$(anzahl))
    Next
Else
    Dim dokVarDatenfeld$(0)
End If
Begin Dialog BenutzerDialog 508, 214, "Bisherige Überarbeitungen"
    Text 12, 133, 205, 13, "Neue Überarbeitungen:", .Text2
    TextBox 12, 149, 453, 18, .NeuÜberarb
    OKButton 380, 186, 95, 21
    CancelButton 282, 186, 95, 21
    ListBox 12, 21, 473, 106, dokVarDatenfeld$(), .ListBox1
    Text 12, 6, 80, 13, "Überarbeitungen:", .Text1
End Dialog
Dim dlg As BenutzerDialog
x = Dialog(dlg)
If dlg.NeuÜberarb <> "" Then
        überarbVarName$ = "überarb" + \
            LTrim$(Str$(ZählenDokumentVariablen()))
        überarbText$ = Date$() + " - " + dlg.NeuÜberarb
        DokumentVariableBestimmen überarbVarName$, überarbText$
End If
End Sub
```

Das folgende Dialogfeld zeigt einige Beispielüberarbeitungen an.

Dokumenteigenschaften

Dokumenteigenschaften ermöglichen es Ihnen, genau wie Dokumentvariablen, Informationen zusammen mit einem Dokument zu speichern. Dokumenteigenschaften lassen sich im Dialogfeld **Eigenschaften** (Menü **Datei**) anzeigen und ändern. Im Gegensatz zu Dokumentvariablen lassen sich Dokumenteigenschaften über das Feld DOKEIGENSCHAFT in ein Dokument einfügen.

Anmerkung Dokumenteigenschaften sind nur in Word, Version 7.0, verfügbar.

Dokumenteigenschaften werden mit der Anweisung **BestimmenDokumentEigenschaft** definiert. Die Syntax für **BestimmenDokumentEigenschaft** lautet wie folgt:

BestimmenDokumentEigenschaft *Name$*, *Typ*, *Wert[$]*, *BenutzerdefiniertOderStandard*

Name$ ist der Name der Dokumenteigenschaft, und *Typ* legt den Datentyp fest, der in der Dokumenteigenschaft gespeichert werden soll. *Wert[$]* ist die Zahl, die Zeichenfolge bzw. das Datum, das der Dokumenteigenschaft zugewiesen wird. *BenutzerdefiniertOderStandard* bestimmt, ob eine benutzerdefinierte oder eine Standardeigenschaft definiert wird. (Dokumenteigenschaften umfassen sowohl benutzerdefinierte Eigenschaften, die Sie hinzufügen können, als auch Standardeigenschaften, wie z.B. "Firma")

Beispiele

Im folgenden Beispiel wird der Benutzer aufgefordert, einen Firmennamen einzugeben. Anschließend werden die Ergebnisse in der Standarddokumenteigenschaft „Firma" gespeichert.

```
Firma$ = InputBox$("Geben Sie den Namen Ihrer Firma ein", "Firma")
SetDocumentProperty("Firma", 0, Firma$, 1)
```

Der eingegebene Text wird als Firmenname auf der Registerkarte **Datei-Info** im Dialogfeld **Eigenschaften** (Menü **Datei**) angezeigt.

Im folgenden Makro werden die benutzerdefinierten und die Standardeigenschaften für das aktive Dokument in einem Dialogfeld angezeigt. Bevor das Dialogfeld angezeigt wird, ruft der Makro die Namen der Dokumenteigenschaften ab und speichert sie in einem Datenfeld. Wählt der Benutzer „OK", wird der Inhalt der ausgewählten Eigenschaft in das Dokument eingefügt.

```
Sub MAIN
Dim Eigen$(ZählenDokumentEigenschaften() - 1)
For Anzahl = 1 To ZählenDokumentEigenschaften()
    Eigen$(Anzahl - 1) = DokumentEigenschaftName$(Anzahl)
Next
Begin Dialog UserDialog 340, 144, "Dokumenteigenschaften"
    OKButton 229, 104, 88, 21
    CancelButton 131, 104, 88, 21
    ListBox 24, 12, 293, 84, Eigen$(), .eigenschaft
End Dialog
Dim dlg As UserDialog
n = Dialog(dlg)
If Eigen$(dlg.eigenschaft) <> "" And n = - 1 Then
    Einfügen Eigen$(dlg.eigenschaft) + ":" + Chr$(9)
    Typ = DokumentEigenschaftTyp(Eigen$(dlg.eigenschaft))
    Select Case Typ
        Case 0, 2, 3
            Text$ = AbrufenDokumentEigenschaft$(Eigen$(dlg.eigenschaft))
            Einfügen Text$
        Case 1
            Num = AbrufenDokumentEigenschaft(Eigen$(dlg.eigenschaft))
            Einfügen LTrim$(Str$(Num))
        Case Else
    End Select
End If
End Sub
```

Im vorigen Makro werden Dokumenteigenschaften als unformatierter Text eingefügt. Sie können Dokumenteigenschaften auch mit dem Feld DOKEIGENSCHAFT einfügen. Die folgende Instruktion fügt beispielsweise ein Feld ein, das sich auf die Dokumenteigenschaft „Firma" bezieht:

```
EinfügenFeld .Feld = "DOKEIGENSCHAFT Firma"
```

Das Feld DOKEIGENSCHAFT stellt sicher, daß die neuesten Eigenschaftsinformationen in Ihrem Dokument angezeigt werden, wenn das Feld aktualisiert wird.

AutoText-Einträge

AutoText-Einträge können zum Speichern von Informationen in einer Vorlage verwendet werden. Die Anweisung **AutoTextBestimmen** definiert einen Nur-Text-AutoText-Eintrag. Die Syntax lautet wie folgt:

AutoTextBestimmen *Name$*, *Text$* [, *Kontext*]

Name$* ist der Name des AutoText-Eintrags, *Text$ ist der durch den AutoText-Eintrag definierte Text, und *Kontext* gibt an, wo der AutoText-Eintrag gespeichert wird (in der aktiven Dokumentvorlage oder der Dokumentvorlage „Normal"). Die komplementäre Funktion **AbrufenAutoText$( )** ruft den Inhalt eines AutoText-Eintrags ab.

Beispiel

Der folgende Makro definiert einen Eintrag namens RECHNUNGSNR in der aktiven Dokumentvorlage (einer anderen als der Dokumentvorlage „Normal"). Bei jedem Ausführen des Makros wird die Rechnungsnummer im AutoText-Eintrag RECHNUNGSNR um eins erhöht. Hieße der Makro „AutoNew" und wäre in einer besonderen Rechnungsvorlage gespeichert, würde der Makro automatisch bei jeder neu erstellten Rechnung eine Rechnungsnummer einfügen.

```
Sub MAIN
Nummer = Val(AbrufenAutoText$("RECHNUNGSNR", 1)) + 1
Rechnungsnr$ = LTrim$(Str$(Nummer))
AutoTextBestimmen "RECHNUNGSNR", Rechnungsnr$, 1
Einfügen "Rechnung: " + Rechnungsnr$
End Sub
```

Sequentieller Dateizugriff

WordBasic enthält eine Reihe von Anweisungen und Funktionen, mit denen Sie auf Textdateien zugreifen können, ohne diese in einem Dokumentfenster öffnen zu müssen. Diese Art der Interaktion wird *Datei-Ein- und -Ausgabe* oder *Datei-E/A* genannt. Bei der Dateieingabe kann ein Makro eine Datei lesen, um so Informationen aus ihr abzurufen („Eingabe" bedeutet in diesem Zusammenhang die Eingabe in den Makro aus der Datei). Bei der Dateiausgabe kann ein Makro in eine Datei schreiben, um so Informationen in ihr zu speichern („Ausgabe" bedeutet in diesem Zusammenhang die Ausgabe aus dem Makro in die Datei). WordBasic unterstützt *sequentielle* Datei-E/A oder sequentiellen Dateizugriff. Dies bedeutet, daß die Informationen in der Datei normalerweise der Reihe nach (in *Sequenz* vom Anfang bis zum Ende der Datei) gelesen oder geschrieben werden.

Sequentieller Dateizugriff wird zumeist verwendet, um den Makro mit Informationen zu versorgen. Ein Makro, der beispielsweise an einer Reihe von Dateien Aktionen vornimmt, kann mit sequentiellem Dateizugriff eine Liste von Dateinamen aus einer Textdatei abrufen.

Der Vorteil des sequentiellen Dateizugriffs besteht in seiner Geschwindigkeit. Wenn ein Makro Informationen lesen oder speichern muß, kann dies durch sequentiellen Dateizugriff schneller durchgeführt werden als durch Anweisungen, die eine Datei in einem Dokumentfenster öffnen. Der Nachteil besteht jedoch darin, daß der sequentielle Zugriff auf Dateien nicht so flexibel ist wie das Arbeiten mit einer Datei in einem Dokumentfenster. Es ist schwierig, direkt an eine bestimmte Position in einer Datei zu springen, und Sie können die Datei nicht gleichzeitig lesen und in sie schreiben.

Anmerkung Anweisungen und Funktionen für den sequentiellen Dateizugriff sind für Nur-Text-Dateien und nicht für Word-Dokumentdateien konzipiert. Zwar ist es möglich, ein Word-Dokument für den sequentiellen Zugriff zu öffnen, doch ist dies nicht sinnvoll, da sequentielle Schreib- und Lesevorgänge durch die in Word-Dokumenten enthaltenen Formatierungscodes sehr erschwert werden. Wenn Sie mit einem Word-Dokument arbeiten möchten, sollten Sie es in einem Dokumentfenster öffnen.

Öffnen einer Datei für sequentielle Zugriffe

Wenn Sie eine Datei für sequentielle Zugriffe öffnen, geben Sie an, ob Sie aus der Datei lesen oder in die Datei schreiben möchten. Wenn ein Makro sowohl aus einer Datei lesen als auch in eine Datei schreiben muß, müssen Sie die Datei öffnen, aus ihr lesen, sie schließen und anschließend erneut öffnen, um in sie zu schreiben. Ein Makro kann bis zu vier Dateien gleichzeitig für sequentielle Zugriffe geöffnet halten.

Zum Öffnen einer Datei für einen sequentiellen Zugriff verwenden Sie die Anweisung **Open**. Diese Anweisung hat die folgende Syntax:

Open *Name$* **For** *Modus* **As** [#]*Dateinummer*

Name$ ist der Name der zu öffnenden Datei. *Dateinummer* ist eine Zahl zwischen 1 und 4, die von anderen Instruktionen für sequentielle Dateizugriffe als Bezug auf die geöffnete Datei verwendet wird. *Modus* gibt an, wie die Datei verwendet werden soll: Zur Eingabe, zur Ausgabe oder zum Anfügen. Die Modi werden in der folgenden Tabelle beschrieben:

Modus	Erklärung
Input	Öffnet die Textdatei, so daß die Daten von der Datei in den Makro eingelesen werden können. Wenn Sie eine Datei zur Eingabe öffnen, können Sie mit den Anweisungen **Read**, **Input**, **Line Input** und **Input$**( ) aus der Datei lesen. Falls die angegebene Datei nicht gefunden wird, wird eine Fehlermeldung angezeigt.
Output	Öffnet die Textdatei, so daß Daten aus dem Makro in die Datei geschrieben werden können. Wenn Sie eine Datei zur Ausgabe öffnen, können Sie mit den Anweisungen **Write** und **Print** Daten in die Datei schreiben. Der bestehende Inhalt einer Datei, die zur Ausgabe geöffnet wurde, wird gelöscht, selbst wenn nicht in die Datei geschrieben wird. Falls die angegebene Datei nicht gefunden wird, wird eine neue Datei erstellt.
Append	Öffnet die Textdatei, so daß Daten aus dem Makro in die Datei geschrieben werden können. Wenn Sie eine Datei zum Anfügen öffnen, können Sie mit den Anweisungen **Write** und **Print** Daten in die Datei schreiben. Der bestehende Inhalt der Datei bleibt erhalten, und die geschriebenen Informationen werden am Ende der Datei angefügt. Falls die angegebene Datei nicht gefunden wird, wird eine neue Datei erstellt.

Die folgende Abbildung zeigt die Beziehung zwischen einem Makro und einer Textdatei in den verschiedenen Modi und listet außerdem die Anweisungen und Funktionen auf, die für den sequentiellen Dateizugriff verfügbar sind.

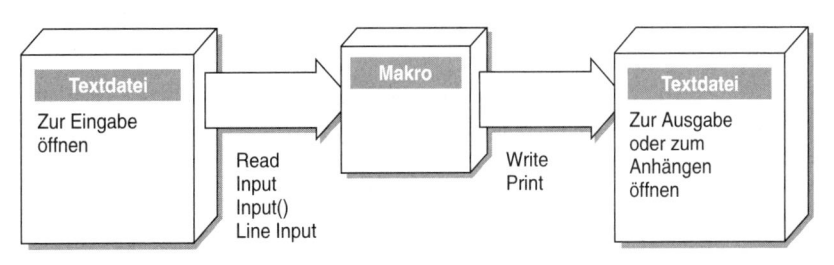

Textdatei		Makro		Textdatei
Zur Eingabe öffnen	→ Read Input Input() Line Input		Write Print →	Zur Ausgabe oder zum Anhängen öffnen

Schreiben in eine Datei

WordBasic enthält zwei Anweisungen zum Schreiben in eine Datei: **Write** und **Print**. Mit diesen Anweisungen können Sie sowohl Zeichenfolgen als auch Zahlen schreiben. Jede Anweisung erstellt eine einzelne Zeile in einer Textdatei. Unter Windows endet jede Zeile mit einem Wagenrücklauf- und einem Zeilenvorschubzeichen (Zeichencode 13 und 10), auf dem Macintosh nur mit einem Wagenrücklaufzeichen (Zeichencode 13). Sie können sich jede einzelne Zeile als einzelnen Datensatz vorstellen, der mehrere Felder mit unterschiedlichen Werten enthalten kann. Jede **Write**- und **Print**-Anweisung schreibt sequentiell eine Datenzeile nach der anderen in die Textdatei, solange diese geöffnet bleibt.

Write

Die Anweisung **Write** schreibt Daten, die von der komplementären **Read**-Anweisung leicht wieder gelesen werden können. Die Syntax von **Write** lautet:

Write #*Dateinummer*, *Ausdruck1*[$] [, *Ausdruck2*[$]] [, ...]

Dateinummer bezieht sich auf die Zahl, die Sie der Datei beim Öffnen zugewiesen haben. Ein *Ausdruck* enthält die Daten, die Sie in die Datei schreiben. Normalerweise ist dies eine Zeichenfolge oder eine numerische Variable, doch kann auch ein numerischer Ausdruck oder eine Funktion, die eine Zeichenfolge oder Zahl liefert, verwendet werden. Die folgende Instruktion schreibt beispielsweise den im Moment markierten Text in einer Datei:

```
Write #1, Markierung$()
```

Write setzt Zeichenfolgewerte (nicht jedoch numerische Werte) in Anführungszeichen und fügt zwischen die einzelnen Werte ein Komma als Trennzeichen ein. Ein Beispiel:

```
Write #1, Name$, Alter, PersonalNr
```

Durch die oben dargestellte Instruktion wird in der Textdatei eine Zeile wie die folgende eingefügt:

```
"Daniel Schneider", 29, 12345
```

Print

Im Gegensatz zu **Write** hat die Anweisung **Print** keine komplementäre Anweisung, die zum Lesen der geschriebenen Daten dient. **Print** eignet sich vor allem zum Schreiben von Daten in eine Datei, die möglicherweise von anderen Anwendungen gelesen wird. Mit **Print** können Sie außerdem Informationen schreiben, die von der Anweisung **Line Input** gelesen werden. Die Syntax von **Print** lautet:

Print #*Dateinummer*, *Ausdruck1*[$] [; *oder* , *Ausdruck2*[$]] [; *oder* , ...]

Dateinummer bezieht sich auf die Zahl, die Sie der Datei beim Öffnen zugewiesen haben. *Ausdruck* enthält die Daten, die Sie in die Datei schreiben. Normalerweise ist dies eine Variable, eine Zahl oder eine Zeichenfolge. Zeichenfolgewerte und numerische Werte können entweder durch ein Semikolon oder ein Komma voneinander getrennt werden. Wenn Werte durch ein Semikolon getrennt sind, werden sie in der Textdatei verbunden, doch wird vor Zahlen eine Leerstelle eingefügt. Ein Beispiel:

```
Print #1, Name$; Alter; PersonalNr
```

Durch die oben dargestellte Instruktion wird in der Textdatei eine Zeile wie die folgende eingefügt:

```
Daniel Schneider 29 12345
```

Werte, die durch ein Komma getrennt sind, werden in der Textdatei durch ein Tabstopzeichen getrennt. Ein Beispiel:

```
Print #1, "Schneider", "Hauptstraße 123"
```

Durch die oben dargestellte Instruktion wird in der Textdatei eine Zeile wie die folgende eingefügt, wobei sich zwischen „Schneider" und „Hauptstraße 123" ein Tabstopzeichen befindet:

```
Schneider    Hauptstraße 123
```

Beachten Sie, daß keine der WordBasic-Instruktionen für sequentiellen Dateizugriff Tabstopzeichen als Trennzeichen erkennt. Viele Anwendungen unterstützen jedoch Dateiformate, die Tabstopzeichen als Trennzeichen verwenden. Mit der Anweisung **Print** können Sie eine Datei erstellen, die Tabstopzeichen als Trennzeichen verwendet, und sie beispielsweise anschließend in einem Datenbankprogramm bearbeiten.

Lesen aus einer Datei

Die Anweisungen **Write** und **Print** dienen zum sequentiellen Zugriff auf Dateien. Sie schreiben Informationen sequentiell in eine Datei, wobei jeweils eine Zeile nach der anderen geschrieben wird, solange die Datei geöffnet ist. Das Lesen von Informationen vollzieht sich gleichermaßen: Nachdem durch eine Instruktion Informationen gelesen wurden, beginnt die darauffolgende Instruktion mit dem Lesen der nächsten Informationen in der entsprechenden Reihenfolge. Alle Anweisungen und Funktionen zum Lesen sequentieller Dateien lesen jeweils eine Zeile (die von der folgenden Zeile durch eine Absatzmarke getrennt ist). Eine Ausnahme bildet **Input$()**; diese Funktion liest eine angegebene Anzahl von Zeichen.

Read

Mit der Anweisung **Read** können Sie die mit **Write** geschriebenen Informationen lesen. Die zu verwendende Syntax lautet:

Read #*Dateinummer*, *Variable1*[$] [, *Variable2*[$]] [, *Variable3*[$]] [, ...]

Read kann sowohl numerische Werte als auch Zeichenfolgewerte lesen. Außerdem kann diese Anweisung mehrere Werte in einer einzelnen Zeile lesen, sofern die Werte jeweils durch ein Komma voneinander getrennt sind. **Read** entfernt die Anführungszeichen von Zeichenfolgewerten (die von **Write** hinzugefügt wurden) und kann auch Zeichenfolgen annehmen, die nicht in Anführungszeichen stehen. Die maximale Länge der von **Read** annehmbaren Zeichenfolgen beträgt 65.280 Zeichen. Alle Zeichenfolgen, die diese Grenze überschreiten, werden gekürzt. Das folgende Beispiel fügt Werte in eine Zeichenfolgevariable und zwei numerische Variablen ein:

```
Read #1 Name$, Alter, PersonalNr
```

Input

Auf ähnliche Weise wie **Read** kann auch die Anweisung **Input** mehrere Werte aus einer einzelnen Zeile lesen, wenn die Werte durch ein Komma getrennt sind. **Input** behält jedoch die Anführungszeichen von Zeichenfolgen bei. **Input** eignet sich daher nicht gut zur gemeinsamen Verwendung mit **Write**, da **Write** Zeichenfolgewerte in Anführungszeichen setzt. **Input** verwendet die gleiche Syntax wie **Read**, wie im folgenden Beispiel gezeigt wird:

```
Input #1 Name$, Alter, PersonalNr
```

Line Input

Die Anweisung **Line Input** liest eine ganze Zeile, einschließlich Kommas oder anderer Trennzeichen, und fügt sie in eine Zeichenfolgevariable ein. Die zu verwendende Syntax lautet:

Line Input #*Dateinummer*, *Variable*$

Variable muß eine Zeichenfolgevariable sein, auch wenn die Zeile nur Zahlenwerte enthält. Die einzelnen Zeilen müssen durch eine Absatzmarke voneinander getrennt sein. Die maximale Länge der von **Line Input** annehmbaren Zeichenfolgen beträgt 65.280 Zeichen. Alle Zeichenfolgen, die diese Grenze überschreiten, werden gekürzt.

Input$()

Mit der Anweisung **Input$()** können Sie genau angeben, wieviel Zeichen gelesen werden sollen. Die zu verwendende Syntax lautet:

Input$(*AnzahlZeichen*, [#]*Dateinummer*)

AnzahlZeichen ist die Anzahl der Zeichen, die **Input$()** aus der mit *Dateinummer* bezeichneten Datei liest. **Input$()** kann eine beliebige Anzahl von Zeilen lesen (so viele Zeilen, wie der angegebenen Anzahl von Zeichen entsprechen) und liefert jedes Zeichen innerhalb des angegebenen Zeichenbereichs, einschließlich Trennzeichen wie Kommas und Wagenrücklaufzeichen.

Input$() ist im allgemeinen nicht ganz so nützlich wie die anderen Anweisungen, mit denen Sie Dateien sequentiell lesen können. **Input$()** kann jedoch auch Dateien lesen, die Trennzeichen enthalten, welche von den anderen Anweisungen und Funktionen für sequentiellen Dateizugriff nicht unterstützt werden.

Im folgenden Beispiel wird mit **Input$()** eine Datei gelesen, in der die verschiedenen Werte durch Leerstellen getrennt sind. Die Datei enthält 20 Personalnummern, die **Input$()** in ein Datenfeld einliest. Jede Personalnummer besteht aus 5 Zeichen und ist von der nächsten Nummer durch eine Leerstelle getrennt. Immer wenn **Input$()** 5 Zeichen liest, wird der Punkt, an dem Daten gelesen werden, um 5 Zeichen nach vorn verschoben, so daß die nächste **Input$()**-Funktion die nächste Nummer liest. Da sich zwischen den einzelnen Nummern je eine Leerstelle befindet, enthält der Makro die Instruktion `Leerstelle$ = Input$(1, #1)`, deren Zweck darin besteht, die Leerstelle vor der nächsten Nummer zu lesen. Anderenfalls würde die zweite **Input$()**-Funktion das Lesen bei der Leerstelle beginnen und einen Teil der nächsten Personalnummer auslassen.

```
Dim anzMitarbeiter(19)
Open "PERSONAL.DAT" For Input As #1
    For anzahl = 0 To 19
        anzMitarbeiter(anzahl) = Val(Input$(5, #1))
        Leerstelle$ = Input$(1, #1)
    Next
Close #1
```

Schließen einer Datei

Wie bereits erwähnt wurde, müssen Sie nach dem Öffnen einer Datei in einem bestimmten Modus – zur Eingabe, zur Ausgabe oder zum Anfügen – die Datei wieder schließen, bevor Sie sie in einem anderen Modus wieder öffnen können. Wenn ein Makro beispielsweise eine Datei öffnet, um aus ihr Informationen zu lesen, und diese Informationen dann überschrieben oder durch Anfügen geändert werden sollen, müssen Sie die Datei zunächst schließen und anschließend im entsprechenden Modus erneut öffnen. Die Syntax für die Anweisung **Close** lautet:

Close [[#]*Dateinummer*]

Dateinummer ist die Nummer der zu schließenden Datei. Wenn Sie *Dateinummer* nicht angeben, werden alle Dateien, die mit der Anweisung **Open** geöffnet wurden, geschlossen.

Weitere Anweisungen und Funktionen für sequentiellen Zugriff

WordBasic enthält vier weitere Anweisungen und Funktionen zum sequentiellen Zugriff auf Dateien: **Eof()**, **Lof()**, **Seek** und **Seek()**.

Eof()

Eof() liefert den Wert –1, wenn das Ende einer Datei erreicht wurde. Normalerweise steuern Sie mit **Eof()** eine **While...Wend**-Schleife, die eine Datei so lange liest, bis das Ende der Datei erreicht ist. Die Syntax von **Eof()** lautet:

Eof([#]*Dateinummer***)**

Dateinummer ist die Nummer, die Sie der Datei beim Öffnen zugewiesen haben. Das folgende Beispiel liest eine Liste von Word-Dokumentnamen aus einer Textdatei. Für jeden Dokumentnamen wird folgendes durchgeführt: Die entsprechende Datei wird geöffnet, die Unterroutine AusführenFormatierungsRoutine führt verschiedene Formatierungen durch, und die Datei wird wieder geschlossen. Die Funktion **Eof()** steuert eine **While...Wend**-Schleife, so daß alle in DATEIEN.TXT enthaltenen Dateinamen gelesen werden, bis das Ende der Datei erreicht ist.

```
Sub MAIN
Open "DATEIEN.TXT" For Input As #1
While Not Eof(#1)
    Read #1, datei$
    DateiÖffnen datei$
    AusführenFormatierungsRoutine
    DateiSchließen 1
Wend
Close #1
End Sub
```

Lof()

Die Funktion **Lof()** liefert die Größe einer Datei (in Bytes), die mit der Anweisung **Open** geöffnet wurde. Jedes Byte entspricht einem Zeichen in der Datei. Mit **Lof()** können Sie unter anderem feststellen, ob eine Datei überhaupt Informationen enthält. Die Syntax von **Lof()** lautet:

Lof([#]*Dateinummer***)**

Dateinummer ist die Nummer, die Sie der Datei beim Öffnen zugewiesen haben. Das folgende Beispiel stellt fest, ob eine Datei überhaupt Informationen enthält, bevor sie zur Ausgabe geöffnet und überschrieben wird. Die Funktion **Lof()** wird hier verwendet, um nach dem Öffnen der Datei zur Eingabe festzustellen, ob sich in ihr bereits Informationen befinden. Wenn dies der Fall ist, wird im Meldungsfeld gefragt, ob die Datei überschrieben werden soll. Wählt der Benutzer die Schaltfläche „Ja", wird die Datei geschlossen und zur Ausgabe erneut geöffnet.

```
JA = - 1
Open "PERSONAL.DAT" For Input As #1
If Lof(#1) > 0 Then
    antwort = MsgBox("Möchten Sie die Datei überschreiben?", 4)
    If antwort = JA Then
        Close #1
        Open "PERSONAL.DAT For Output As #1
        'Reihe von Instruktionen, um Informationen in die Datei zu
        'schreiben
    End If
End If
Close #1
```

Seek, Seek()

Die Anweisung **Seek** geht zu der Stelle, an der in einer Datei Informationen abgerufen oder gespeichert werden. Die zu verwendende Syntax lautet:

Seek [#]*Dateinummer*, *Anzahl*

Die Funktion **Seek()** liefert die Stelle, an der als nächstes in der Datei Informationen abgerufen oder gespeichert werden. Die zu verwendende Syntax lautet:

Seek([#]*Dateinummer*)

Normalerweise werden die Anweisung **Seek** und die Funktion **Seek()** zusammen verwendet. Zunächst finden Sie mit der Funktion **Seek()** heraus, an welcher Stelle in einer Datei sich die gewünschten Daten befinden, bevor Sie mit der Anweisung **Seek** direkt zu dieser Stelle gehen.

Durch **Seek** in Verbindung mit anderen Anweisungen und Funktionen zum sequentiellen Zugriff können Sie Informationen in die Mitte einer Datei schreiben, statt sie an das Ende anfügen zu müssen. Diese Methode ist jedoch nur begrenzt sinnvoll: Alle Informationen, die in die Datei geschrieben werden, überschreiben die Zeichen, die sich an der entsprechenden Stelle in der Datei befinden.

Das folgende Beispiel ist Teil eines Makros, der Postnachrichten nach Absender und Thema sortiert. Die Textdatei NACHR.TXT enthält die Absendernamen und Themenkategorien. Dieses Beispiel sucht nach der Überschrift „Monatsberichte" in der Datei, zeichnet deren Position in der Variablen leseposition auf und schließt dann die Datei. Danach wird die Datei zum Anfügen von Informationen geöffnet und wieder geschlossen. Zum Abschluß wird die Datei erneut geöffnet, und der Makro verwendet die Instruktion Seek #1, leseposition, um direkt zu der Stelle zu gehen, an der sich die Überschrift „Monatsberichte" befindet.

```
Open "NACHR.TXT" For Input as #1
While Not Eof(#1) And suchtext$ <> "Monatsberichte"
    leseposition = Seek(#1)
    Line Input #1, suchtext$
Wend
Close #1
Open "NACHR.TXT" For Append As #1
        'Reihe von Instruktionen, um Informationen anzufügen
Close #1
Open "NACHR.TXT" For Append As #1
Seek #1, leseposition
```

Automatisieren von Formularen

Mit Makros können Sie das Ausfüllen von Word-Formularen automatisieren. Informationen, die normalerweise manuell eingegeben werden müßten, erscheinen dann automatisch. Außerdem können Sie benutzerdefinierte Befehle erstellen, die für ein bestimmtes Formular verwendet werden.

Zum Automatisieren von Formularen eignen sich vor allem die folgenden Makroarten:

- „Eintritt-" und „Verlassen"-Makros. Jedem Formularfeld in einem Formular kann ein Eintritt- und ein Verlassen-Makro zugeordnet werden. Der Eintritt-Makro wird ausgeführt, wenn das Feld aktiviert wird, und der Verlassen-Makro wird ausgeführt, wenn der Benutzer zu einem anderen Feld wechselt.

- Auto-Makros. Automatische Makros, wie beispielsweise AutoNew oder AutoClose, bilden leistungsfähige Ausgangspunkte für die Automatisierung. Ein AutoNew-Makro, der beim Erstellen eines neuen Formulardokuments gestartet wird, kann beispielsweise eine Reihe weiterer Makros aufrufen, die dem Benutzer Anleitungen zum Ausfüllen des Formulars liefern. Weitere Informationen über Auto-Makros finden Sie in Kapitel 2, „Erste Schritte mit Makros".

- Makros, die einem Menü oder einer Symbolleiste zugeordnet sind. Beim Ausfüllen von Formularen, die für eine bestimmte Aufgabe konzipiert wurden, kann der Benutzer oft von benutzerdefinierten Befehlen profitieren. Wenn Sie Makros in benutzerdefinierte Befehle verwandeln und in ein Menü oder eine Symbolleiste einfügen, sind sie sichtbar und leicht verwendbar.
- MAKROSCHALTFLÄCHE-Felder. Diese Felder starten Makros und stellen ein weiteres Verfahren dar, Makros in ein Formular einzubetten. Mit einem MAKROSCHALTFLÄCHE-Feld können Sie beispielsweise eine Bitmap einer Dialogfeld-Schaltfläche einfügen, deren Aufschrift „Zum Drucken hier klicken" lautet. Dadurch, daß Sie eine solche Schaltfläche in ein Formular einbetten, können Sie wichtige Befehle deutlich hervorheben.

Ein Formular sollte in eine Dokumentvorlage umgewandelt werden, so daß immer dann, wenn ein Benutzer ein neues Formular ausfüllen möchte, ein neues, auf dieser Formular-Dokumentvorlage basierendes Dokument erstellt wird. Das neue Formular erhält den feststehenden Text und die Formatierung der Formularvorlage. Alle Makros zum Automatisieren des Formulars können in der Dokumentvorlage gespeichert werden. Wenn die Dokumentvorlage mit Formularschutz versehen ist, sind auch die neuen Dokumente, die auf ihr basieren, geschützt.

Beachten Sie beim Automatisieren von Formularen auch die folgenden Punkte:

- Ein Dropdown-Formularfeld kann maximal 25 Elemente enthalten. Wenn Sie mehr als 25 Elemente anzeigen möchten, müssen Sie ein Dialogfeld verwenden.
- Mit der Anweisung **BearbeitenGeheZu** können Sie sich zu einem Formularfeld bewegen. Die folgende Instruktion wählt das Formularfeld „Kontrollkästchen1" aus:

```
BearbeitenGeheZu "Kontrollkästchen1"
```

„Kontrollkästchen1" ist der Standardtextmarkenname für das erste Kontrollkästchen, das als Formularfeld in ein Formular eingefügt wird. Ein Textmarkenname für ein Formularfeld läßt sich ändern, indem Sie den Formularschutz aufheben und auf das Feld doppelklicken.

- Um anzugeben, an welcher Stelle im Formular der Makro Elemente wie beispielsweise eine Rechnungs- oder Teilenummer in eine Rechnung einfügen soll, können Sie entweder Textmarken oder Formularfelder verwenden. Wenn Sie Formularfelder verwenden, können Sie mit der Anweisung **BestimmenFormularFeldergebnis** das Ergebnis eines Formularfelds bestimmen. Die folgende Instruktion fügt „Hallo" in das Formularfeld „Text1" ein.

```
BestimmenFormularFeldergebnis "Text1", "Hallo"
```

Ein Formularfeld ist nur dann nötig, wenn Sie dem Benutzer die Möglichkeit zur Eingabe von Informationen bieten möchten. Ein Makro kann Informationen in jeden beliebigen Teil des Dokuments schreiben, auch wenn ein Dokument mit Formularschutz versehen ist (im Gegensatz zu Benutzern, die Informationen lediglich in Formularfelder eingeben können). Die folgenden Instruktionen fügen beispielsweise „Hallo" am Anfang des Dokuments ein:

```
BeginnDokument
Einfügen "Hallo"
```

- Einige WordBasic-Anweisungen, wie z.B. **EinfügenFormularFeld**, sind nicht verfügbar, wenn ein Dokument mit Formularschutz versehen ist. In diesem Fall muß der Makro den Schutz aufheben, die Anweisung ausführen und abschließend den Formularschutz erneuern. Die folgenden Instruktionen heben den Dokumentschutz auf, fügen ein Textformularfeld am Anfang des Dokuments ein und erneuern danach den Formularschutz:

```
If DokumentSchutz() = 1 Then
    ExtrasDokumentschutzAufheben
    BeginnDokument
    EinfügenFormularFeld .TextArt = 0
    ExtrasDokumentSchützen .Art = 2, .KeineVorgabe = 1
End If
```

Wenn das Argument **.KeineVorgabe** in einer **ExtrasDokumentSchützen**-Anweisung nicht angegeben wird, werden beim Sperren und Wiederfreigeben eines Dokuments die Formularfelder auf die Standardergebnisse zurückgesetzt. Steht **.KeineVorgabe** auf 1, werden die Formularfelder nicht auf die Vorgabewerte zurückgesetzt, falls ein Dokument mit Formularschutz versehen ist (`.Art = 2`).

In Word, Version 7.0, liefert die Funktion **DokumentSchutz()** eine Zahl, die die Art des Dokumentschutzes angibt. In Word, Version 6.0, verwenden Sie die Funktion **BefehlGültig()**, um zu bestimmen, ob ein Dokument geschützt ist.

- Sie können ein Formular auf verschiedene Arten mit einer Datenbank verknüpfen. Das in diesem Abschnitt beschriebene Rechnungsformular verwendet beispielsweise DDE (Dynamic Data Exchange = Dynamischer Datenaustausch), um eine Microsoft Excel-Datenbank abzufragen und dann die Informationen (Kunden- und Produktnamen) in einem Dialogfeld anzuzeigen. Wenn Sie jedoch mit zahlreichen Elementen arbeiten, kann das Laden in ein Dialogfeld lange dauern. Eine andere Möglichkeit besteht darin, die Datenbank in Microsoft Excel selbst zu öffnen und Microsoft Excel so zur aktiven Anwendung zu machen. Auf diese Weise kann ein Microsoft Excel-Makro die in der Datenbank ausgewählten Informationen an das Formular in Word senden.

Eine weitere Methode zum Arbeiten mit einer Datenbank sind die ODBC (Open Database Connectivity)-Erweiterungen für WordBasic. Ein Word-Makro kann die ausgewählten Informationen dann in das entsprechende Feld im Formular einfügen. Weitere Informationen über die Verwendung von ODBC erhalten Sie in Teil 3, „Anhänge", in Anhang B, „ODBC-Erweiterungen für Microsoft Word". Beachten Sie, daß die in Anhang B beschriebenen ODBC-Erweiterungen auf dem Macintosh nicht verfügbar sind.

- Wenn die Option „In Formularen nur Daten speichern" (auf der Registerkarte **Speichern** des Dialogfelds **Optionen** im Menü **Extras**) gewählt ist, erstellt der Befehl **Speichern unter** (Menü **Datei**) einen Datensatz mit Kommas als Trennzeichen, der die Einstellung aller Formularfelder in einem Dokument enthält. Dieser Datensatz ist identisch mit einem Datensatz, der mit der Anweisung **Write** erstellt wird. Sie können einen Makro schreiben, der diesen Datensatz abruft und ihn zur Datenbankdatei hinzufügt.

- Mit der Anweisung **BestimmenFormularFeldergebnis** können Sie das Standardergebnis eines Formularfelds festlegen. Dieses Standardergebnis wird immer dann angezeigt, wenn ein Dokument mit Formularschutz versehen ist. Ein neu erstelltes Dokument, das auf einer geschützten Dokumentvorlage basiert, zeigt ebenfalls die Standardergebnisse der enthaltenen Formularfelder an.

- Wenn Sie das Argument *Ergebnis[$]* nicht angeben, können Sie die Anweisung **BestimmenFormularFeldergebnis** verwenden, um ein Berechnungs-Formularfeld zu aktualisieren. Die folgende Instruktion aktualisiert beispielsweise das Berechnungs-Formularfeld „Gesamt":

```
BestimmenFormularFeldergebnis "Gesamt"
```

Eine vollständige Liste der Formular-Anweisungen und -funktionen finden Sie unter „Anweisungen und Funktionen nach Kategorien" in Teil 2, „WordBasic – Anweisungen und Funktionen".

Beispiel

Dieses Formular, einschließlich der hier beschriebenen Makros, ist unter dem Namen RECHNUNG2.DOT (Windows) bzw. RECHNUNGS-VORLAGE (Macintosh) auf der Diskette enthalten, die dem *Microsoft Word Developer's Kit* beiliegt.

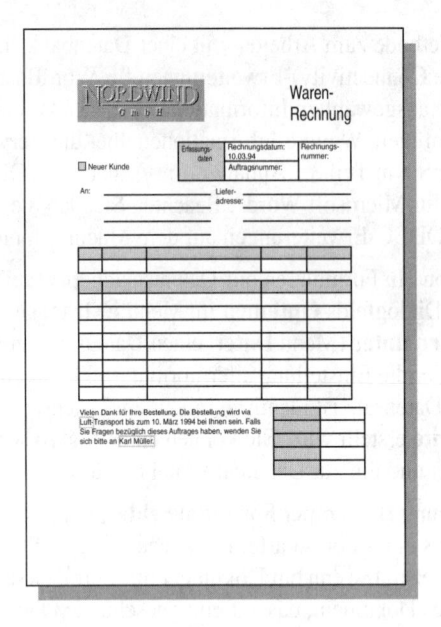

Wenn ein Verkäufer eine neue Rechnung ausstellt, fügt ein AutoNew-Makro eine Zahl für die Rechnungsnummer und Auftragsnummer des Kunden ein und aktualisiert die Felder, die das Rechnungs-, Bestell- und Versanddatum angeben.

Das neue Dokument ist mit Formularschutz versehen, so daß der Verkäufer die anderen Teile des Formulars nicht versehentlich ändern kann. Da das Formular geschützt ist, kann der Verkäufer mit der TAB-TASTE leicht von einem Formularfeld zum nächsten gehen.

Wenn eine neue Rechnung erstellt wird, wird das erste Formularfeld – das Kontrollkästchen „Neuer Kunde" – automatisch aktiviert. Ein Verlassen-Makro wird ausgeführt, wenn das Kontrollkästchen deaktiviert wird. Der Makro prüft, ob das Kontrollkästchen aktiviert oder deaktiviert ist. Wenn das Kontrollkästchen aktiviert ist, weist dies darauf hin, daß es sich um einen neuen Kunden handelt. In diesem Fall zeigt der Makro das Dialogfeld **Neuer Kunde** an.

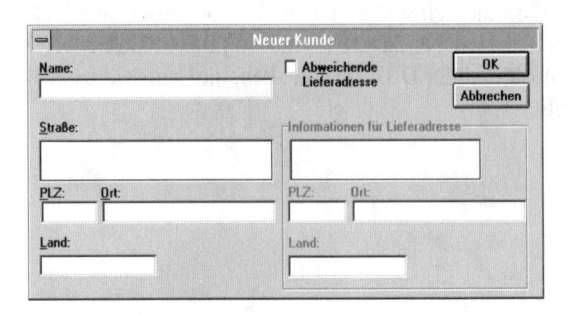

Das Dialogfeld **Neuer Kunde**

Wenn das Kontrollkästchen „Neuer Kunde" deaktiviert ist, weist dies darauf hin, daß es sich um einen bestehenden Kunden handelt. In diesem Fall zeigt der Makro ein Dialogfeld an, mit dem der Verkäufer eine Microsoft Excel-Datenbank nach der Adresse des Kunden abfragen kann. Er kann einen beliebigen Teil des Kundennamens eingeben, um eine Liste damit übereinstimmender Kundennamen anzuzeigen.

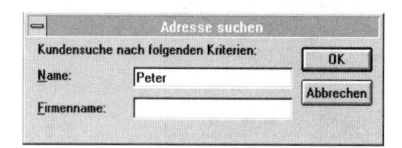

Wenn eine Übereinstimmung gefunden wird, zeigt der Makro ein Dialogfeld an, in dem der Verkäufer die gewünschte Adresse auswählen kann.

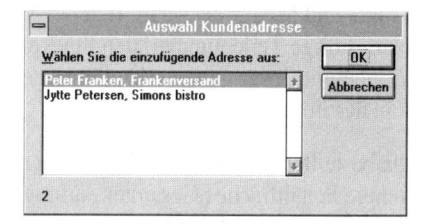

Anschließend fügt der Makro die Informationen in den Bereich „An" ein. Der Verkäufer kann Zahlungsart und Transportweg aus Dropdown-Listenfeldern auswählen.

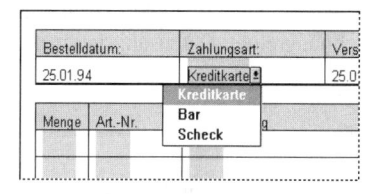

Wenn der Verkäufer zur Spalte „Menge" wechselt, zeigt ein Eintritt-Makro das folgende Dialogfeld an, das eine Liste der verfügbaren Artikel enthält:

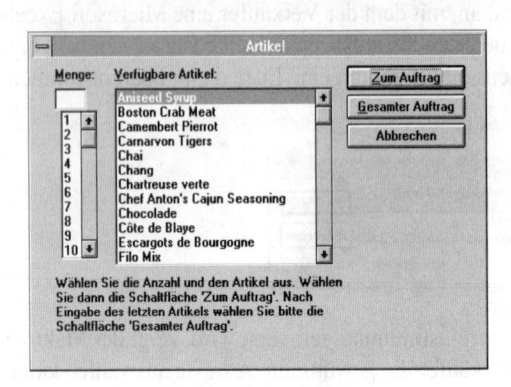

```
┌─────────────────────── Artikel ───────────────────────┐
│                                                        │
│  Menge:    Verfügbare Artikel:       ┌─────────────┐  │
│            ┌──────────────────────┐  │ Zum Auftrag │  │
│  ┌────┐    │ Aniseed Syrup      ↑ │  ├─────────────┤  │
│  │    │    │ Boston Crab Meat     │  │Gesamter Auftrag│ │
│  └────┘    │ Camembert Pierrot    │  ├─────────────┤  │
│   1        │ Carnarvon Tigers     │  │  Abbrechen  │  │
│   2        │ Chai                 │  └─────────────┘  │
│   3        │ Chang                │                    │
│   4        │ Chartreuse verte     │                    │
│   5        │ Chef Anton's Cajun Seasoning│              │
│   6        │ Chocolade            │                    │
│   7        │ Côte de Blaye        │                    │
│   8        │ Escargots de Bourgogne│                   │
│   9        │ Filo Mix           ↓ │                    │
│  10        └──────────────────────┘                    │
│                                                        │
│  Wählen Sie die Anzahl und den Artikel aus. Wählen     │
│  Sie dann die Schaltfläche 'Zum Auftrag'. Nach         │
│  Eingabe des letzten Artikels wählen Sie bitte die     │
│  Schaltfläche 'Gesamter Auftrag'.                      │
└────────────────────────────────────────────────────────┘
```

Wenn der Verkäufer Artikel und Menge auswählt, fügt der Makro diese Informationen und die zugehörige Teilenummer, den Stückpreis und den Gesamtpreis in das Formular ein. Jeder vom Verkäufer ausgewählte Artikel wird auf einer eigenen Zeile in das Formular eingefügt.

Wenn der Verkäufer alle bestellten Artikel in die Rechnung eingegeben hat, kann er im Dialogfeld **Artikel** die Schaltfläche „Gesamter Auftrag" wählen. Der Makro addiert die Zahlen in der Spalte „Betrag", berechnet gegebenenfalls die fällige Mehrwertsteuer und fügt die entprechenden Werte ein.

Wenn der Verkäufer das Ausfüllen des Formulars beendet hat, wird das Formular gedruckt, und die Daten werden gespeichert. Der modifizierte Befehl **Daten speichern** (Menü **Datei**) sendet die Formulardaten zu einer Microsoft Excel-Datenbank, die für jede Rechnung einen Datensatz speichert.

Erstellen eines Assistenten

Ein Assistent ist ein Makro (oder eine Gruppe von Makros), der dem Benutzer Fragen über das Ausführen einer bestimmten Aufgabe stellt und anschließend je nach Antwort des Benutzers die Aufgabe wie angegeben durchführt.

Wie die meisten Computerprogramme besteht auch ein Assistent aus zwei Teilen: der Benutzeroberfläche, die die Informationen vom Benutzer anfordert, und einem unsichtbaren Teil, der sich hinter den Kulissen abspielt und die Aktionen durchführt, die zur Durchführung der Aufgabe erforderlich sind. Der unsichtbare Teil hängt davon ab, welche Aufgabe der Assistent durchführen soll; in dieser Hinsicht sind alle Assistenten verschieden. Die mit Word gelieferten Assistenten haben jedoch eine einheitliche Benutzeroberfläche, die in diesem Abschnitt näher erläutert wird.

Auf der Diskette zum *Microsoft Word Developer's Kit* sind zwei Assistenten enthalten, der Start-Assistent (START.WIZ auf der Windows- bzw. START-WIZARD auf der Macintosh-Diskette) und der Bausatz-Assistent (BAUSATZ.WIZ auf der Windows- bzw. BAUSATZ-WIZARD auf der Macintosh-Diskette), die Ihnen beim Erstellen eigener Assistenten helfen können. Der Start-Assistent ist zunächst leer, enthält jedoch die bei allen Assistenten vorhandenen Routinen zur Verwaltung der Benutzeroberfläche. Der Bausatz-Assistent erstellt einen Assistenten mit den Routinen, die auch im Start-Assistenten vorhanden sind. Sie können dann diesen neuen Assistenten ausbauen, indem Sie die Assistenten-Dialogfelder um zusätzliche Steuerelemente erweitern und Routinen hinzufügen, die die dem Assistenten zugewiesenen Aufgaben ausführen.

Anmerkung   Bei diesem Abschnitt wird vorausgesetzt, daß Sie sich bereits mit benutzerdefinierten dynamischen Dialogfeldern auskennen. Ist dies nicht der Fall, sollten Sie sich zuerst Kapitel 5, „Arbeiten mit benutzerdefinierten Dialogfeldern", ansehen.

Assistent-Dokumentvorlagen

Assistenten werden in einer Dokumentvorlage gespeichert. Unter Windows werden diese jedoch statt mit der Dateinamenerweiterung .DOT mit der Erweiterung .WIZ versehen. Wenn Sie eine Dokumentvorlage mit der Erweiterung .WIZ in Ihrem Dokumentvorlagen-Ordner speichern, erkennt Word die Dokumentvorlage in der Liste der Dokumentvorlagen und Assistenten im Dialogfeld **Neu** (Menü **Datei**) als Assistent. Auf dem Macintosh ist ein Assistent eine Word-Dokumentvorlage mit dem Dateityp WIZ! (mit der Anweisung **BestimmenDateiErstelltVonUndTyp** können Sie den Dateityp einer Dokumentvorlage ändern). Der Dateiname des Assistenten entspricht dem Namen, der in der Liste der Dokumentvorlagen und Assistenten im Dialogfeld **Neu** (Menü **Datei**) angezeigt wird. Damit ein Assistent dort angezeigt wird, muß er im Dokumentvorlagen-Ordner gespeichert werden.

Jeder Assistent enthält einen AutoNew-Makro, der ausgeführt wird, wenn der Benutzer mit dem Assistenten ein neues Dokument erstellt. Der AutoNew-Makro ruft den Makro „StartWizard" auf, der alle Aufgaben des Assistenten durchführt. Im Grunde ist der Makro „StartWizard" der eigentliche Assistent. Die Dokumentvorlage dient nur als Container, in dem er gespeichert ist.

Der Makro StartWizard

Der Makro „StartWizard" ist Bestandteil der Dokumentvorlage „Start-Assistent". Er hat den gleichen Aufbau wie die entsprechenden Makros in den Assistent-Dokumentvorlagen, die mit Word geliefert werden. Strukturell untergliedert er sich in jene Teile des Makros, die für einen bestimmten Assistenten möglicherweise modifiziert werden müssen, und in die übrigen Teile, die ohne Änderungen von allen Assistenten verwendet werden. Das folgende Diagramm stellt dar, wie der Makrocode organisiert ist:

```
'Globale, von allen Assistenten verwendete Variablen
        'Variablendeklarationen
'Globale assistentenspezifische Variablen
        'Variablendeklarationen
```

```
Sub MAIN
        'Dialogfelddefinition
End Sub
```

```
'** Assistentenspezifische Unterroutinen und benutzerdefinierte Funktionen
        'Unterroutinen und Funktionen

'** Von allen Assistenten verwendete Unterroutinen und benutzerdefinierte
        'Funktionen
        'Unterroutinen und Funktionen
```

```
Function DialogCtrl(id$, action, sval)
        'Dialogfunktion
End Function
```

Viele als „assistentenspezifisch" bezeichnete Routinen werden von allen Assistenten verwendet und sind im Start-Assistenten enthalten. Bei diesen Routinen ist eine Anpassung zwar möglich, jedoch häufig nicht erforderlich. Einige dieser Routinen werden im weiteren Verlauf dieses Kapitels noch genauer beschrieben, doch brauchen Sie deren Verhalten nicht bis ins Detail zu kennen, um damit eigene Assistenten erstellen zu können.

In der nachfolgenden Tabelle sind alle assistentenspezifischen Routinen des Start- und anderer Word-Assistenten aufgeführt.

Name	Beschreibung
`DoButtonClick`	Reagiert auf das Wählen einer Schaltfläche oder Option im Dialogfeld-Bereich durch den Benutzer.
`GetHintName$()`	Gibt den AutoText-Namen für den aktuellen Bereichshinweis an. Diese Routine läßt sich so anpassen, daß verschiedene AutoText-Namen für verschiedene Steuerelemente im selben Bereich zurückgegeben werden.
`NextPanel`	Gibt an, welcher Bereich als nächstes anzeigt wird.
`PrevPanel`	Gibt an, welcher Bereich zuletzt angezeigt war.
`RstDialog`	Ruft die Einstellungen des Assistenten-Dialogfelds ab. Kann `RstDlgPref`, `RstDlgValPref` und `RstDlgMultiLinePref` aufrufen.
`SaveDialog`	Speichert die Einstellungen des Assistenten. Kann `SaveDlgPref`, `SaveDlgValPref` und `SaveDlgMultiLinePref` aufrufen.

In der folgenden Tabelle sind die Routinen des Start- und anderer Word-Assistenten aufgeführt, die in jedem Fall gleich sind und nicht angepaßt werden können.

Name	Beschreibung
`ChangePanel`	Ändert den Dialogfeld-Bereich des Assistenten. Ruft `ShowHideControls` auf.
`DisplayHint`	Zeigt einen Hinweis an, sobald der Benutzer die Schaltfläche „Hilfe" wählt. Ruft die Funktion `GetHintName$()` auf.
`EnableControls`	(De-)aktiviert Standardsteuerelemente von Assistenten. Wird zum Beispiel der letzte Bereich angezeigt, erscheint die Schaltfläche „Weiter" grau und ist somit nicht verfügbar.
`ItemsInPanel`	Speichert die Anzahl der Steuerelemente eines Bereichs sowie die Gesamtzahl der vorherigen Steuerelemente des Datenfelds `PanelControls`.
`RstDlgPref`	Ruft eine Zeichenfolgeneinstellung ab. Ruft `xFetchPref$()` auf.

Name	Beschreibung
`RstDlgMultiLinePref`	Ruft die Einstellung für ein mehrzeiliges Textfeld ab. Ruft `xFetchPref$()` auf.
`RstDlgValPref`	Ruft eine numerische Einstellung (z.B. eines Kontrollkästchens) ab. Ruft `xFetchPref$()` auf.
`SaveDlgPref`	Speichert eine Zeichenfolgeneinstellung. Ruft `xStorePref` auf.
`SaveDlgValPref`	Speichert eine numerische Einstellung (z.B. eines Kontrollkästchens). Ruft `xStorePref` auf.
`SaveDlgMultiLinePref`	Speichert die Einstellung für ein mehrzeiliges Textfeld. Ruft `xStorePref` auf.
`ShowHideControls`	Zeigt die Steuerelemente eines Bereichs an oder blendet sie aus (wird auf dem Macintosh und unter Windows NT nicht verwendet).
`xFetchPref$()`	Ruft Einstellungen aus einer Initialisierungsdatei ab.
`xStorePref`	Speichert Einstellungen in einer Initialisierungsdatei.

Anmerkung Die Namen einiger Routinen des Start-Assistenten unterscheiden sich geringfügig von den Namen der entsprechenden Routinen in den Word-Assistenten. So heißt beispielsweise die Routine `ShowHideControls` in den Word-Assistenten `SHControls`. Der Start-Assistent bezeichnet mit dem Ausdruck „Panel" („Bereich", der in diesem Buch verwendete Begriff) eine Anordnung von Dialogfeld-Steuerelementen, die alle zur gleichen Zeit angezeigt werden; in den Word-Assistenten wird dies als „State" („Zustand") bezeichnet. Die Unterroutinen des Start-Assistenten, wie etwa `NextPanel` und `PrevPanel`, werden demzufolge in Word-Assistenten `NextState` und `PrevState` genannt.

Die Benutzeroberfläche von Assistenten

Alle mit Word gelieferten Assistenten verwenden die gleiche Benutzeroberfläche. Diese besteht aus einem Dialogfeld mit mehreren Bereichen. Jeder Bereich im Dialogfeld enthält eine Gruppe von Steuerelementen. Außerdem befinden sich am unteren Rand des Dialogfelds weitere Steuerelemente, die von allen Bereichen gemeinsam verwendet werden und mit denen der Benutzer von einem Bereich zum nächsten gehen und das Dialogfeld schließen kann. Diese Standard-Steuerelemente sind in der folgenden Abbildung dargestellt.

Die Standardsteuerelemente für Assistenten

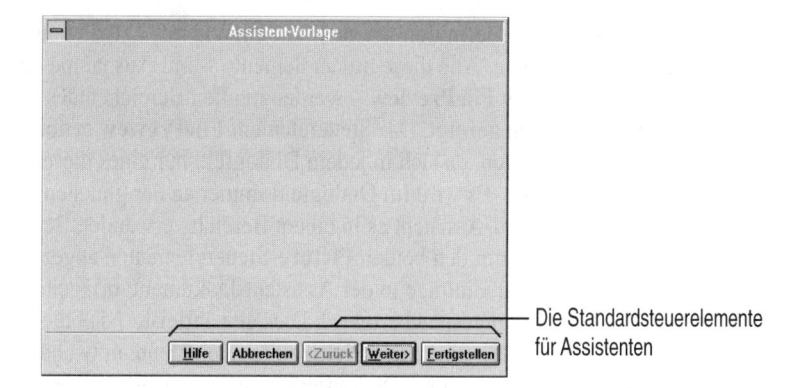

Die Definition von Assistenten-Dialogfeldern

Dialogfelddefinitionen definieren Steuerelemente in einem Dialogfeld. Sie können wie Assistenten-Dialogfelder mehrere Bereiche enthalten, sind aber umfangreich, da die Definition die Steuerelemente aller Dialogfeld-Bereiche enthalten muß.

In der Definition von Assistenten-Dialogfeldern werden zunächst die Instruktionen definiert, die die von allen Bereichen gemeinsam verwendeten Standard-Steuerelemente betreffen. Anschließend folgen die Steuerelemente für den ersten Bereich, dann die Steuerelemente für den zweiten Bereich usw.

Hier die Dialogfelddefinition im Makro „StartWizard", dem Makro in der Dokumentvorlage „Start-Assistent":

```
Begin Dialog BenutzerDialog 628, 276, wizname$, .DlgControl
'Angezeigte Steuerelemente in jedem Bereich: 0-8
    Picture 0, 238, 500, 11, "LinePic", 1, .LinePicA        '0
    Picture 128, 238, 500, 11, "LinePic", 1, .LinePicB      '1
    OKButton 11, 215, 73, 21                                '2
    PushButton 229, 250, 73, 19, "&Hilfe", .Hint            '3
    CancelButton 313, 250, 97, 19                           '4
    PushButton 401, 250, 71, 19, "<&Zurück", .Back          '5
    PushButton 471, 250, 71, 19, "&Weiter>", .Next          '6
    PushButton 550, 250, 75, 19, "&Fertigstellen", .FastForward '7
    FilePreview 16, 12, 250, 214, .Preview                  '8
    PanelItems(0) = 9
'Bereich 1
    'Steuerelemente für den 1. Bereich
    ItemsInPanel 0   'Anzahl der Steuerelemente im 1. Bereich
'Bereich 2
    'Steuerelemente für den 2. Bereich
    ItemsInPanel 0   'Anzahl der Steuerelemente im 2. Bereich
'Bereich 3
    'Steuerelemente für den 3. Bereich
    ItemsInPanel 0   'Anzahl der Steuerelemente im 3. Bereich
End Dialog
```

Die Dialogfelddefinition im Makro „StartWizard" enthält neun Standard-Steuerelemente. Alle diese Steuerelemente – mit Ausnahme der Schaltfläche „OK" und von **FilePreview** – werden in allen Bereichen des Assistenten-Dialogfelds angezeigt. Das Steuerelement **FilePreview** gehört zu den Standard-Steuerelementen, da sich in jedem Dialogfeld nur eines dieser Steuerelemente befinden kann. Es wird im Dialogfeld immer an der gleichen Stelle angezeigt, wenn ein Word-Assistent es in einem Bereich verwendet. Beachten Sie, daß unter Windows die mit den beiden **Picture**-Steuerelementen angezeigte Liniengrafik als zwei AutoText-Einträge in der Assistent-Dokumentvorlage und nicht in einer separaten Datei gespeichert wird. Dies gewährleistet, daß die Grafik immer verfügbar ist. (Es sind zwei **Picture**-Steuerelemente notwendig, um eine Linie zu erzeugen, die der vollen Dialogfeldbreite entspricht. Auf dem Macintosh ist nur ein **Picture**-Steuerelement erforderlich, und die Grafik wird in einem Macintosh Ressourcenzweig gespeichert.) Der restliche Teil der Dialogfelddefinition enthält Platzhalter für drei Bereiche, doch können Sie bei Bedarf weitere hinzufügen.

Zwei weitere Instruktionen in der Dialogfelddefinition erfordern eine zusätzliche Erklärung: `PanelItems(0) = 9` und `ItemsInPanel 0`.

Die Instruktion `PanelItems()` ist ein Datenfeld, das vor der Dialogfelddefinition definiert wird und für jeden Bereich des Dialogfelds je ein Element enthält. Jedes Element dieses Datenfelds enthält die Anzahl der Steuerelemente im entsprechenden Bereich und die gesamte Anzahl der Steuerelemente in den zuvor definierten Bereichen. Die Standard-Steuerelemente, die zuerst definiert wurden, werden im Element 0 (Null) gespeichert, die Steuerelemente des ersten Bereichs werden im Element 1 gespeichert usw. Die Instruktion `PanelItems(0) = 9` zeigt an, daß neun Standard-Steuerelemente (oder „Elemente") vorhanden sind.

Für die anderen Bereiche wird die Unterroutine `ItemsInPanel` verwendet, um dem Datenfeld `PanelItems()` die Anzahl der Elemente zuzuweisen. Die Unterroutine `ItemsInPanel` inkrementiert die Indexnummer des Datenfelds und addiert die Anzahl der Steuerelemente, die im aktuellen Bereich gespeichert sind, zur Gesamtzahl der bis zu diesem Punkt in der Dialogfelddefinition definierten Steuerelemente. Wenn sich beispielsweise im ersten Bereich zwei Steuerelemente befinden, wird zur Anzahl der Standard-Steuerelemente (9) der Wert 2 addiert, so daß insgesamt 11 Steuerelemente vorhanden sind. Andere Routinen im Makro können dieses Datenfeld manipulieren, um die Elemente in einem Bereich anzuzeigen oder auszublenden. Dies stellt die wichtigste Aufgabe bei der Verwaltung der verschiedenen Bereiche dar. Die Unterroutine `ItemsInPanel` sieht folgendermaßen aus:

```
Sub ItemsInPanel(howMany)
LastPanel = LastPanel + 1
PanelItems(LastPanel) = howMany + PanelItems(LastPanel - 1)
End Sub
```

Die globale Variable LastPanel enthält die Indexnummer des Datenfelds PanelItems(). Die Variable howMany enthält die Anzahl der Elemente im aktuellen Bereich. Sie wird an die Routine übergeben, wenn diese aufgerufen wird.

Numerische Bezeichner

Die Reihenfolge der Steuerelemente in der Dialogfelddefinition „StartWizard" ist wichtig, da die Anweisungen in der Dialogfeldfunktion, die diese Steuerelemente anzeigen oder ausblenden, numerische Bezeichner verwenden. Der numerische Bezeichner eines Steuerelements hängt von seiner Position innerhalb der Dialogfelddefinition ab. Numerische Bezeichner werden deshalb verwendet, weil sie in Dialogfeldern mit vielen Steuerelementen effizienter sind als Zeichenfolge-Bezeichner. Außerdem können Sie mit Schleifen eine ganze Gruppe von Steuerelementen bearbeiten. In Assistenten werden Schleifen verwendet, um alle Steuerelemente in einem Dialogfeld-Bereich auszublenden und anzuzeigen.

Während der Entwicklung eines Assistenten sollten Sie anstelle von numerischen Bezeichnern eher Zeichenfolgebezeichner verwenden, damit Sie der Dialogfelddefinition Steuerelemente hinzufügen bzw. entnehmen können, ohne alle Instruktionen ändern zu müssen, die diese Steuerelemente betreffen. Nachdem das Dialogfeld fertiggestellt ist, können Sie zur Leistungsoptimierung die Zeichenfolgen in numerische Bezeichner umändern.

Verwalten von Dialogfeld-Bereichen

Immer wenn der Benutzer eine Schaltfläche wählt, um zu einem anderen Bereich zu gehen, müssen die Steuerelemente des aktuellen Bereichs ausgeblendet und die Steuerelemente des neuen Bereichs angezeigt werden. Wenn der Benutzer zum ersten Bereich geht, muß darüber hinaus die Schaltfläche „Zurück" ausgeblendet werden; wenn der Benutzer zum letzten Bereich geht, muß die Schaltfläche „Weiter" ausgeblendet werden. Das Verwalten von Bereichen wird von den hier beschriebenen Unterroutinen gemeinsam durchgeführt.

Bevor Sie sich diese Unterroutinen anschauen, sollten Sie jedoch jenen Teil der Dialogfeldfunktion prüfen, der feststellt, welche Aktion beim Wählen einer standardmäßigen Assistent-Schaltfläche auszuführen ist. Jede **Case**-Anweisung in der folgenden **Select Case**-Steuerstruktur entspricht dem numerischen Bezeichner einer Standard-Schaltfläche des Assistenten. Beachten Sie, daß `Case 5` und `Case 6` dem Wählen der Schaltfläche „Zurück" bzw. „Weiter" entsprechen. In beiden Fällen wird die Unterroutine `ChangePanel` aufgerufen.

```
Select Case idnum
Case 3                      'Hilfe
    DisplayHint
Case 4                      'Abbrechen, Dialogfeld verlassen
    fRet = 0
Case 5                      '<Zurück
    ChangePanel(Panel, PrevPanel(Panel))
Case 6                      'Weiter>
    ChangePanel(Panel, NextPanel(Panel))
Case 7                      'Fertigstellen, Dialogfeld verlassen
    fRet = 0
Case Else
    'sollte nicht vorkommen...
End Select
```

Die Unterroutine `ChangePanel` hat zwei Argumente: `Panel` (die Nummer des aktuellen Bereichs) und `PrevPanel(Panel)`, wenn die Schaltfläche „Zurück" gewählt wird, bzw. `NextPanel(Panel)`, wenn die Schaltfläche „Weiter" gewählt wird. Die benutzerdefinierten Funktionen `PrevPanel()` und `NextPanel()` bestimmen, welcher Bereich der nächste ist. Normalerweise ist dies einfach `Panel + 1` oder `Panel - 1`. Die Funktion `NextPanel()` lautet:

```
Function NextPanel(oldPanel)         'Auf oldPanel folgenden Bereich
                                     'bestimmen
If oldPanel = LastPanel Then
    NextPanel = oldPanel             'Vorsichtsmaßnahme -- nicht verändern
Else
    NextPanel = oldPanel + 1         'Standardfall
End If
End Function
```

ChangePanel

Die Unterroutine `ChangePanel` ruft die Unterroutine `ShowHideControls` auf, die den aktuellen Bereich ausblendet und den neuen anzeigt. `ChangePanel` blendet außerdem das Steuerelement `FilePreview` aus bzw. zeigt es an und ruft die Unterroutine `EnableControls` auf. Das Argument `old` entspricht dem aktuellen (auszublendenden) Bereich, das Argument `new` entspricht dem neuen (anzuzeigenden) Bereich.

```
Sub ChangePanel(old, new)
ShowHideControls(PanelItems(old - 1), PanelItems(old), 0)
DlgSichtbar "preview", 1 - HideFilePreview(new)
ShowHideControls(PanelItems(new - 1), PanelItems(new), 1)
Panel = new
EnableControls
End Sub
```

ShowHideControls

Diese Unterroutine wird aufgerufen, um den aktuellen Bereich auszublenden und den neuen anzuzeigen. (Diese Unterroutine wird nur in Word, Version 6.0 für Windows, benötigt. In Word, Version 6.0 für den Macintosh und für Windows NT sowie in Word, Version 7.0, kann mit einer einzigen Instruktion **DlgSichtbar** ein ganzer Bereich von Steuerelementen aus- und eingeblendet werden.) Wenn ShowHideVal gleich 1 ist, werden die Steuerelemente angezeigt; wenn es gleich 0 (Null) ist, werden sie ausgeblendet. Die Variablen FirstControl und LastControl sind die Schlüsselwerte. Sie steuern die **For**...**Next**-Schleife, mit der alle Steuerelemente in einem Bereich ausgeblendet oder angezeigt werden: FirstControl entspricht dem numerischen Bezeichner des ersten Steuerelements in einem Bereich, (LastControl - 1) entspricht dem numerischen Bezeichner des letzten Steuerelements in einem Bereich.

Wenn die Unterroutine ChangePanel die Unterroutine ShowHideControls aufruft, um den aktuellen Bereich auszublenden, wird PanelItems(old - 1) als FirstControl übergeben. Wie Sie sich vielleicht noch erinnern, entspricht jedes Element im Datenfeld PanelItems() einem Bereich im Dialogfeld. Die Nummer, die jedem Element zugeordnet wird, ist die Gesamtzahl der Dialogfeld-Steuerelemente, die im entsprechenden Bereich bis hin zum letzten Steuerelement definiert wurden. Wenn für die ersten beiden Bereiche beispielsweise 25 Steuerelemente definiert sind, wird PanelItems(2) der Wert 25 zugeordnet. Wenn der dritte Bereich zehn Elemente enthält, wird PanelItems(3) der Wert 35 zugeordnet. Und noch ein letztes Mosaiksteinchen: Die numerischen Bezeichner, die WordBasic den Dialogfeld-Steuerelementen zuweist, beginnen mit dem Wert 0 (Null). Wenn also eine Dialogfelddefinition 35 Steuerelemente enthält, wird dem letzten Steuerelement der Wert 34 zugeordnet. Wenn Sie alle Steuerelemente im dritten Bereich ausblenden möchten, können Sie eine Schleife schreiben, die von 25 bis 35–1 läuft:

```
For i = 25 To (35 - 1)
    DlgSichtbar i, 0
Next
```

Genau dies führt die Unterroutine ShowHideControls durch:

```
Sub ShowHideControls (FirstControl, LastControl, ShowHideVal)
For i = FirstControl To LastControl - 1
    DlgSichtbar i, ShowHideVal
Next
End Sub
```

EnableControls

Diese Unterroutine steuert, welche Assistentenschaltfläche den Fokus hat und welche Schaltflächen aktiviert sind. Wenn der erste Bereich angezeigt wird, hat die Schaltfläche „Weiter" den Fokus und die Schaltfläche „Zurück" ist deaktiviert. Wird der letzte Bereich angezeigt, ist die Schaltfläche „Weiter" deaktiviert und die Schaltfläche „Fertigstellen" hat den Fokus. In den anderen Fällen bleiben die Schaltflächen „Zurück" und „Weiter" beide aktiviert, und den Fokus behält diejenige Schaltfläche, die als letzte gewählt wurde.

```
Sub EnableControls
    If Panel = 1 Then
        DlgFokus 6                'Fokus auf Schaltfläche Weiter>
        DlgAktivieren 5, 0        'Schaltfläche <Zurück deaktivieren
    ElseIf Panel = 2 Then
        DlgAktivieren 5, 1        'Schaltfläche <Zurück aktivieren
    ElseIf Panel = LastPanel - 1 Then
        DlgAktivieren 6, 1        'Schaltfläche Weiter> aktivieren
    ElseIf Panel = LastPanel Then
        DlgFokus 7                'Fokus auf Schaltfläche Fertigstellen
        DlgAktivieren 6, 0        'Schaltfläche Weiter> deaktivieren
    EndIf
End Sub
```

Speichern von Assistenteneinstellungen

Jeder Assistent enthält eine Gruppe von Unterroutinen, die Einstellungen speichern und abrufen. Auf diese Weise kann der Assistent die vom Benutzer gewählten Einstellungen speichern und sie erneut anzeigen, wenn der Benutzer den Assistenten das nächste Mal ausführt. Einige dieser Unterroutinen lassen sich für die Verwendung in unterschiedlichen Assistenten verändern, andere bleiben in allen Assistenten unverändert.

Auf dem Macintosh werden die Instruktionen **DlgWerteSpeichern** und **DlgWerteLaden()** verwendet, um mehrere Einstellungen zu speichern oder abzurufen. Diese Instruktionen sind unter Windows nicht verfügbar, so daß die Unterroutinen zum Speichern und Abrufen von Einstellungen dort komplexer sind. Dieser Abschnitt beschreibt die Windows-Unterroutinen.

Von der Unterroutine `SaveDialog` aus können Sie drei Unterroutinen aufrufen, um Einstellungen zu speichern: `SaveDlgValPref` speichert numerische Werte wie beispielsweise die Einstellungen von Kontrollkästchen, `SaveDlgPref` speichert den Inhalt eines Textfelds, und `SaveDlgMultiLinePref` speichert den Inhalt eines mehrzeiligen Textfelds. Jede dieser Unterroutinen hat als Argument den Zeichenfolgebezeichner des Steuerelements, dessen Einstellung gespeichert werden soll. Die folgende Instruktion speichert beispielsweise die Einstellung des Steuerelements mit dem Bezeichner `Panel4CheckBox`:

```
SaveDlgValPref "Panel4CheckBox"
```

Das Gerüst der Unterroutine SaveDialog sieht folgendermaßen aus:

```
Sub SaveDialog
'Panel 1
'Anweisungen, die die Einstellungen aus Panel 1 speichern
'Panel 2
'Anweisungen, die die Einstellungen aus Panel 2 speichern
'Panel 3
'Anweisungen, die die Einstellungen aus Panel 3 speichern
'Panel 4
'Anweisungen, die die Einstellungen aus Panel 4 speichern
End Sub
```

Gleichermaßen gibt es drei entsprechende Unterroutinen, die Sie von der Unterroutine RstDialog aus aufrufen können und die die Einstellungen eines neu geöffneten Assistenten-Dialogfelds wiederherstellen: RstDlgValPref, RstDlgPref und RstDlgMultiLinePref. Jede Unterroutine hat zwei Argumente: den Zeichenfolgebezeichner des Steuerelements, dessen Einstellungen Sie wiederherstellen möchten, und eine Standardeinstellung. Die Standardeinstellung wird nur dann verwendet, wenn kein wiederherzustellender Wert vorhanden ist (bei der erstmaligen Verwendung des Assistenten). Die folgende Instruktion stellt beispielsweise die Einstellung des Steuerelements mit dem Bezeichner Panel4CheckBox wieder her. Die Standardeinstellung ist 0 (Null), was bedeutet, daß das Kontrollkästchen deaktiviert ist:

```
RstDlgValPref "Panel4CheckBox", 0
```

Das folgende Beispiel stellt die Einstellung eines Textfelds mit dem Bezeichner „Panel2TextBox" wieder her. Als Standardtext wird eine leere Zeichenfolge verwendet (d.h., das Textfeld ist leer).

```
RstDlgPref "Panel2TextBox", ""
```

Das Gerüst der Unterroutine RstDialog sieht folgendermaßen aus:

```
Sub RstDialog
'Panel 1
'Anweisungen, die die Einstellungen in Panel 1 wiederherstellen
'Panel 2
'Anweisungen, die die Einstellungen in Panel 2 wiederherstellen
'Panel 3
'Anweisungen, die die Einstellungen in Panel 3 wiederherstellen
'Panel 4
'Anweisungen, die die Einstellungen in Panel 4 wiederherstellen
End Sub
```

Aufrufen von Routinen in DLLs

Unter Windows kann ein Makro Routinen in einer *Dynamic-Link Library* (DLL) oder Word Add-In Library (WLL) aufrufen, um auf Funktionen zuzugreifen, die in WordBasic nicht direkt verfügbar sind. Normalerweise gehen diese Aufrufe an Routinen des Windows-API (Application Programming Interface), manchmal jedoch auch an Routinen einer beliebigen DLL, auf deren Routinen andere Programme zugreifen können. Eine WLL ist eine speziell für Word geschriebene Sonderform einer DLL; WordBasic kann Routinen in einer WLL auf gleiche Weise aufrufen wie Routinen in einer DLL.

Auf dem Macintosh gibt es keine DLL-Dateien, Sie können dort aber Routinen aufrufen, die in WLLs gespeichert sind. In diesem Abschnitt wird die Bezeichnung „DLL" sowohl für DLLs unter Windows als auch für Word Add-In Libraries unter Windows oder auf dem Macintosh verwendet.

Anmerkung   Informationen zum Erstellen von Word Add-In Libraries mit Hilfe des Word-API finden Sie in Teil 3, „Anhänge", im Anhang C, „Microsoft Word-API".

Da sich DLL-Routinen in Word-externen Dateien befinden, müssen Sie in WordBasic genau angeben, wo die gewünschten Routinen zu finden sind. Hierzu verwenden Sie die Anweisung **Declare**. Nachdem Sie eine DLL-Routine „deklariert" haben, können Sie sie im Code wie jede andere Routine verwenden (bei der Übergabe von Argumenten an DLL-Routinen sollten Sie jedoch besonders sorgfältig vorgehen).

Beim Umgang mit DLL-Routinen sind zwei Schritte zu beachten:

1. Machen Sie WordBasic über die Anweisung **Declare** mit der Routine bekannt.
2. Rufen Sie die Routine auf.

Eine DLL-Routine wird im Makro nur ein einziges Mal deklariert. Danach kann sie von jeder Unterroutine oder benutzerdefinierten Funktion eines Makros beliebig oft aufgerufen werden.

Deklarieren einer DLL-Routine

Sie deklarieren eine DLL-Routine, indem Sie die Anweisung **Declare** außerhalb einer Unterroutine oder benutzerdefinierten Funktion einfügen, und zwar normalerweise am Anfang des Makros vor allen anderen Anweisungen.

Eine Routine, die keinen Ergebniswert zurückgibt, wird als Unterroutine deklariert. Beispiel:

```
Declare Sub SetWindowTextA Lib "User32" (hWnd As Long, \
    lpString As String)
```

Eine Routine, die einen Wert zurückgibt, wird als Funktion deklariert. Beispiel:

```
Declare Function GetSystemMetrics Lib "User32" (num As Long) \
    As Long
```

Unter Windows 95 und Windows NT wird bei Funktionsnamen zwischen Groß- und Kleinschreibung unterschieden. Sie müssen also dort genau so deklariert werden wie sie in der DLL geschrieben wurden.

Dieselben Deklarationen in Word, Version 6.0 für Windows:

```
Declare Sub SetWindowText Lib "User" (hWnd As Integer, \
    lpString As String)
```

```
Declare Function GetSystemMetrics Lib "User" (num As Integer) \
    As Integer
```

Beachten Sie das Schlüsselwort **Lib** in der Anweisung **Declare**. Die Anweisung **Declare** kann auch das optionale Schlüsselwort **Alias** enthalten. Die Verwendung dieser Schlüsselwörter wird weiter unten in diesem Abschnitt unter „Überlegungen beim Deklarieren von DLL-Routinen" näher erläutert.

Die vollständige Syntax der Anweisung **Declare** finden Sie in Teil 2, „WordBasic – Anweisungen und Funktionen".

Aufrufen einer DLL-Routine

Eine deklarierte Routine kann wie eine herkömmliche WordBasic-Anweisung oder -Funktion aufgerufen werden. Im folgenden Beispiel wird mit der Windows-API-Routine `GetSystemMetrics` untersucht, ob eine Maus installiert ist. Der SM_MOUSEPRESENT zugewiesene Wert 19 ist Teil einer Reihe von Werten, die an die Funktion `GetSystemMetrics` übergeben werden können. Diese Werte sind im *Microsoft Win32® Software Development Kit* aufgeführt.

```
Declare Function GetSystemMetrics Lib "User32" (num As Long) \
    As Long

Sub MAIN
    SM_MOUSEPRESENT = 19
    If GetSystemMetrics(SM_MOUSEPRESENT) Then MsgBox "Maus an Bord!"
End Sub
```

Wichtig WordBasic kann die Richtigkeit der an eine DLL-Routine übergebenen Werte nicht überprüfen. Wenn Sie die falschen Werte übergeben, wird die Routine vermutlich nicht richtig ausgeführt, was wiederum zu unerwartetem Verhalten oder Fehlern in Word oder im Betriebssystem führen kann. Seien Sie deshalb im Umgang mit DLL-Routinen besonders vorsichtig, und speichern Sie häufig.

Überlegungen beim Deklarieren von DLL-Routinen

Das Deklarieren von DLL-Routinen ist nicht immer ganz einfach. Auf der Windows-Diskette zum *Microsoft Word Developer's Kit* finden Sie die Textdateien WIN16API.TXT und WIN32API.TXT, in denen WordBasic-DLL-Routinen-Deklarationen für das Windows-API aufgeführt sind. Sie können die gewünschten Deklarationen in diesen Textdateien suchen, kopieren und in Ihren Makro einfügen.

Nachdem Sie die gewünschten Deklarationen für DLL-Routinen in den Code eingefügt haben, sind die Routinen wie alle anderen Routinen in Ihrer Anwendung aufrufbar. Da bei der Übergabe von Werten an DLL-Routinen jedoch besondere Vorsicht angebracht ist, sollten Sie zuerst den Abschnitt „Aufrufen von DLL-Routinen mit besonderen Variablentypen" weiter unten in diesem Kapitel lesen.

Ehe Sie versuchen, eine Routine in einer DLL aufzurufen, die nicht Teil der Betriebsumgebung ist, sollten Sie sich in der Dokumentation zu dieser DLL über die richtige Deklarationsart informieren.

Library-Angabe

Durch **Lib** *LibName$* in der Anweisung **Declare** wird WordBasic mitgeteilt, wo die DLL zu finden ist. Bei DLLs der Windows 95- und Windows NT-Betriebsumgebungen ist dies entweder „User32", „GDI32", „Kernel32" oder eine andere System-DLL, wie etwa „MMSystem". Für Windows 3.*x* ist dies entweder „User", „GDI", „Kernel" oder eine andere System-DLL. Bei den übrigen DLLs gibt *LibName$* eine Datei an (evtl. mit Pfad). Beispiel:

```
Declare Function EnvString Lib "C:\WIN\STRINGS.DLL" (stringbuffer$, \
    stringnum As Long) As Long
```

Beim Deklarieren einer Funktion in einer geladenen DLL oder WLL ist keine Pfadangabe erforderlich.

Verwendung von Alias

Mit dem Schlüsselwort **Alias** kann eine Routine innerhalb eines Makros unter einem anderen Namen aufgerufen werden. Dies ist u.U. erforderlich, wenn der Routinenname in WordBasic nicht als gültiger Unterroutinen- oder Funktionsname erkannt wird. Lange Routinennamen können mit Hilfe von **Alias** durch kürzere ersetzt werden. Im folgenden Beispiel wird durch die Anweisung **Declare** der lange Routinenname GetWindowsDirectoryA durch den kürzeren Namen WinDir ersetzt:

```
Declare Function WinDir Lib "Kernel32" Alias "GetWindowsDirectoryA" \
    (stringbuffer$, stringnum As Long) As Long
```

Beachten Sie, daß der ursprüngliche Routinenname (GetWindowsDirectoryA) auf das Schlüsselwort **Alias** folgt und daß der Aliasname WinDir, den die Routine im Makro erhält, auf das Schlüsselwort **Function** folgt.

Dieselbe **Declare**-Anweisung für Windows 3.*x* lautet:

```
Declare Function WinDir Lib "Kernel" Alias "GetWindowsDirectory" \
    (stringbuffer$, stringnum As Integer) As Integer
```

Mit diesem verkürzten Namen können Sie jetzt die Routine GetWindowsDirectory aufrufen:

```
WinPath$ = String$(145, "*")
worked = WinDir(WinPath$, Len(WinPath$))
MsgBox WinPath$
```

Aufrufen von DLL-Routinen mit besonderen Variablentypen

Viele Variablentypen, die bei DLL-Routinen erforderlich sind oder von ihnen zurückgegeben werden, werden in WordBasic nicht unterstützt. Dagegen erkennt WordBasic Zeichenfolgen variabler Länge, die wiederum von den meisten DLL-Routinen nicht unterstützt werden. Aus diesem Grund ist bei der Variablenübergabe an bzw. -übernahme von DLL-Routinen Vorsicht geboten.

DLL-Routinen zum Verwenden von Zeichenfolgen

Funktionen unter Windows 95 oder Windows NT, die Zeichenfolgen verwenden, sind im Allgemeinen in zwei Versionen verfügbar: ANSI und Unicode. Word, Version 7.0, und Word, Version 6.0 für Windows NT, sind ANSI-Anwendungen und müssen daher die ANSI-Versionen der API-Funktionen verwenden. Die ANSI-API-Funktionen haben ein zusätzliches „A" am Ende des Namens. Die Windows 3.*x*-Funktion „GetWindowsDirectory" heißt z.B. „GetWindowsDirectoryA" unter Windows 95 und Windows NT.

DLL-Routinen zur Änderung von Zeichenfolgen

Eine DLL-Routine kann eine an sie als Argument übergebene WordBasic-Zeichenfolgevariable ändern. (Zeichenfolgen werden an DLL-Routinen immer als Adresse übergeben.) Seien Sie beim Aufrufen einer DLL-Routine, die Zeichenfolgen ändert, jedoch vorsichtig. Eine DLL kann eine WordBasic-Zeichenfolge nicht verlängern; sie schreibt lediglich über das Ende einer zu kurzen Zeichenfolge hinaus. Dadurch werden andere Speicherbereiche nachteilig beeinflußt. Sie umgehen dieses Problem, indem Sie ein Zeichenfolgeargument übergeben, das so lang ist, daß die DLL-Routine nie über das Ende der Zeichenfolge hinaus schreibt.

Die Routine GetWindowsDirectoryA gibt z.B. im ersten Argument den Pfad des Windows-Ordners zurück:

```
Declare Function GetWindowsDirectoryA Lib "Kernel32" \
    (stringbuffer As String, stringnum As Long) As Long
```

Die sicherste Aufrufmethode für diese Routine besteht darin, dem zurückgegebenen Argument mindestens 255 Zeichen zuzuweisen (in diesem Fall Sternchen), ehe es als Adresse an die DLL-Routine übergeben wird:

```
path$ = String$(255, "*")
worked = GetWindowsDirectoryA(path$, Len(path$))
```

Die meisten DLL-Routinen (und alle Routinen des Windows-API) erwarten eine herkömmliche C-Zeichenfolge, d.h. eine Zeichenfolge, die mit einem NUL-Zeichen (ANSI 0) endet. Word konvertiert alle Zeichenfolgen, die es an DLL-Routinen übergibt, in eine mit einem NUL-Zeichen endende Zeichenfolge. Visual Basic verfügt über das Schlüsselwort **ByVal** (AlsWert), das angibt, daß eine Zeichenfolge als eine mit einem NUL-Zeichen endende Zeichenfolge übergeben werden soll. Dieses Schlüsselwort ist jedoch in WordBasic nicht erforderlich und wird daher nicht unterstützt.

Anmerkung Von DLL-Routinen in Windows zurückgegebene Zeichenfolgen sind normalerweise nicht länger als 255 Zeichen. Dies trifft auch auf viele andere Libraries (Bibliotheken) zu, doch sollten Sie zur Sicherheit immer zuerst in der jeweiligen Dokumentation nachsehen.

Die Variablentypen Double, Integer und Long

WordBasic unterstützt zwei Arten von Variablen: Zeichenfolgen und Zahlen (Gleitkommazahlen doppelter Genauigkeit). Nur in der Anweisung **Declare** unterstützt WordBasic zwei weitere Variablentypen: **Integer** und **Long**:

- Eine Variable des Typs **Integer** wird mit ganzzahligen Werten zwischen -32.768 und 32.767 oder zwischen 0 und 65.535 belegt.

- Eine Variable des Typs **Long** wird mit Werten zwischen -2.147.483.648 und -2.147.483.647 oder zwischen 0 und 4.294.967.295 belegt.

Mit **Integer**- und **Long**-Variablen werden Werte in WordBasic importiert bzw. daraus exportiert. Sobald WordBasic einen **Integer**- oder **Long**-Wert von einer DLL-Routine erhält, wird er in den standardmäßigen WordBasic-Zahlentyp, einen Gleitkommawert doppelter Genauigkeit, umgewandelt.

Wenn eine Funktion unter Windows 3.*x* den Typ **Integer** verwendet, ist die entsprechende Funktion unter Windows 95 und Windows NT vom Typ **Long**.

In **Declare**-Anweisungen ist außerdem der Variablentyp **Double** verfügbar. **Double** entspricht einer Gleitkommazahl doppelter Genauigkeit und somit dem herkömmlichen Zahlentyp in WordBasic. Das Definieren einer Variablen als **Double** in einer **Declare**-Anweisung ist gleichbedeutend mit dem Definieren einer numerischen Variablen an anderer Stelle in WordBasic.

Beschränkungen bei strukturierten Variablen

Einige DLL-Routinen können Variablen aufnehmen, die in C als „Strukturen", in Pascal als „Records" und in Visual Basic als „benutzerdefinierte Datentypen" bezeichnet werden. In DLL-Beschreibungen wird häufig die C-Terminologie verwendet. In WordBasic werden außer Dialogdatensätzen keine Strukturvariablen unterstützt, so daß Routinen, die DLL-Routinen dieser Art aufrufen, zu unvorhersehbaren Ergebnissen führen können.

Arrays (Datenfelder)

Einzelne Elemente eines Arrays können wie Variablen übergeben werden. Mit der Routine „sndPlaySound" können Sie zum Beispiel eine Reihe von .WAV-Dateien, die in einem Array gespeichert sind, abspielen.

```
Declare Function sndPlaySoundA Lib "WINMM"(sound$, flag As Integer) \
    As Long

Sub MAIN
WAVEFILECOUNT = 10
Dim WaveFile$(WAVEFILECOUNT - 1)
For i = 0 To WAVEFILECOUNT - 1
    worked = sndPlaySoundA(WaveFile$(i), 0)
Next i
End Sub
```

In WordBasic wird die Übergabe ganzer Arrays an DLL-Routinen nicht unterstützt.

Umwandeln häufig vorkommender Deklarationen

Die Routinen in DLLs sind meist in der Syntax der C-Sprache dokumentiert. Um sie aus WordBasic aufzurufen, müssen sie in gültige **Declare**-Anweisungen übersetzt und in der richtigen Form aufgerufen werden. Beim Übersetzen hilft Ihnen folgende Tabelle mit häufigen Deklarationen der C-Sprache und deren Entsprechung in WordBasic.

C-Deklaration	In WordBasic deklariert als	Aufruf mit
Zeiger auf Zeichenfolge (LPSTR)	S **As String** or S$	Zeichenfolgevariable
Zeiger auf Integer (ganze Zahl) (LPINT)	L **As Long**	Long-Variable
Zeiger auf Integer (lang) (LPDWORD)	L **As Long**	Long-Variable
Zeiger auf Struktur (z.B. LPRECT)	Keine Entsprechung	Keine Entsprechung
Integer (INT, UINT, WORD, BOOL)	L **As Long** (I **As Integer** unter Windows 3.*x*)	Long-Variable (Integer-Variable unter Windows 3.*x*)
Handle (hWnd, hDC, hMenu usw.)	h **As Long** (h **As Integer** unter Windows 3.*x*)	Long-Variable (Integer-Variable unter Windows 3.*x*)

C-Deklaration	In WordBasic deklariert als	Aufruf mit
Long (DWORD, LONG)	L **As Long**	Long-Variable
Zeiger auf ein Integer-Array	Keine Entsprechung	Keine Entsprechung
Zeiger auf void (void *)	Keine Entsprechung	Keine Entsprechung

Ist der Rückgabewert einer Routine „Void" (ohne Wert), sollte sie als Unterroutine deklariert werden (siehe „Deklarieren einer DLL-Routine" weiter oben in diesem Kapitel).

Entwickeln von Makros für mehrere Plattformen

Die Makrosprache WordBasic ist plattformunabhängig. Beim Entwickeln von plattformunabhängigen Makros müssen jedoch einige Punkte berücksichtigt werden, die in diesem Abschnitt in drei Bereiche untergliedert werden:

- Verwenden von plattformspezifischen Anweisungen und Argumenten
- Unterschiede zwischen Plattformen
- Portieren von plattformunabhängigen Makros

Dieser Abschnitt beschäftigt sich hauptsächlich mit den Unterschieden zwischen den Plattformen Windows und Macintosh. Die WordBasic betreffenden Unterschiede zwischen den Versionen von Word für Windows 3.*x*, Windows 95 und Windows NT sind sehr gering. In der Regel brauchen Sie sich über Unterschiede der Windows-Versionen keine Sorgen zu machen, zumindest solange Sie keine externen Funktionen deklarieren, die unter Windows 95 und Windows NT anders behandelt werden (siehe „Verwenden der Anweisung **Declare** zum Aufruf externer Routinen" unter „Unterschiede zwischen Plattformen").

Den Namen der aktuellen Plattform erhalten Sie über die Funktion **AnwInfo$()**. Unter Windows liefert AnwInfo$(1) die Zeichenfolge „Windows", „Windows 95" oder „Windows NT" und die Versionsnummer. Auf dem Macintosh gibt sie die Zeichenfolge „Macintosh" und die Versionsnummer der Systemsoftware zurück. Nachdem Sie die Plattform ermittelt haben, setzen Sie eine Steuerroutine ein, um den zu dieser Plattform gehörenden Instruktionsblock auszuführen.

Das folgende Beispiel verwendet **InStr()**, um zu bestimmen, ob die von AnwInfo$(1) gelieferte Zeichenfolge das Wort „Macintosh" enthält. Wenn dies der Fall ist, wird die Flag-Variable MacintoshFlag auf 1 gesetzt. Eine Steuerroutine untersucht dann den Wert von MacintoshFlag daraufhin, ob Instruktionen für Windows oder für den Macintosh ausgeführt werden sollen.

```
If InStr(AnwInfo$(1), "Macintosh") <> 0 Then MacintoshFlag = 1
If MacintoshFlag = 0 Then
    ChDir "C:\WINWORD6\VORLAGEN"
    DateiÖffnen "ARTIKEL.DOT"
Else
    ChDir "FP:MICROSOFT WORD 6:VORLAGEN"
    DateiÖffnen "ARTIKEL VORLAGE"
End If
```

Verwenden von plattformspezifischen Anweisungen und Argumenten

WordBasic enthält eine Reihe von Anweisungen und Funktionen, die für spezielle Plattformen vorgesehen sind. Wird eine für eine bestimmte Plattform geschriebene Anweisung oder Funktion auf einer anderen Plattform eingesetzt, so erzeugt sie dort einen Fehler. Außerdem benötigen einige auf Dialogfelder bezogene Anweisungen Argumente, die nur auf einer einzigen Plattform gültig sind. Nachdem Sie mit **AnwInfo()** festgestellt haben, auf welcher Plattform der Makro eingesetzt wird, können Sie über eine Steuerroutine sicherstellen, daß plattformspezifische Anweisungen, Funktionen und Argumente nur ausgeführt werden, wenn der Makro auf der entsprechenden Plattform abläuft.

Die folgenden Absätze beschreiben wichtige Bereiche, in denen sich die Anweisungen für Windows und den Macintosh unterscheiden. Eine vollständige Liste mit Macintosh- und Windows-spezifischen Anweisungen und Funktionen finden Sie in Teil 2, „WordBasic – Anweisungen und Funktionen" unter „Unterschiede in WordBasic auf verschiedenen Plattformen".

Unterschiede bei der Seiteneinrichtung

Aufgrund der Unterschiede zwischen Windows und dem Macintosh beim Drucken und bei der Seiteneinrichtung ist die Anweisung **DateiSeiteEinrichten** nur unter Windows verfügbar. Auf dem Macintosh ist dafür eine eigene Gruppe von Anweisungen vorgesehen: **DateiDokumentLayout**, **DateiMacSeiteEinrichten**, **DateiMacBenutzerSeiteEinrichtenGX** und **DateiMacSeiteEinrichtenGX**. Verwenden Sie auf einem Macintosh, wenn QuickDraw™ GX installiert ist, **DateiMacBenutzerSeiteEinrichtenGX** und **DateiMacSeiteEinrichtenGX** statt **DateiMacSeiteEinrichten**.

Sie können die Funktion **AbrufenSystemInfo$()** verwenden, um zu bestimmen, ob QuickDraw GX installiert ist. Der Rückgabewert von `AbrufenSystemInfo$(519)` ist „Ja", wenn QuickDraw GX installiert ist, andernfalls „Nein".

Shortcuts in benutzerdefinierten Dialogfeldern

Wenn auf dem Macintosh ein benutzerdefiniertes Dialogfeld angezeigt wird, werden Shortcuts, die bei der Definition des Dialogfelds festgelegt wurden, nicht unterstrichen dargestellt. Dennoch funktionieren die Shortcuts erwartungsgemäß. Nachdem der Benutzer die BEFEHLSTASTE gedrückt hat, werden die entsprechenden Buchstaben unterstrichen dargestellt.

Damit Shortcuts in einem Dialogfeld automatisch dargestellt werden (ohne daß der Benutzer die BEFEHLSTASTE drücken muß), fügen Sie dem Makro eine **MenüModus**-Instruktion hinzu, bevor das benutzerdefinierte Dialogfeld angezeigt wird, wie im folgenden Makro gezeigt wird:

```
Sub MAIN
MenüModus
Begin Dialog BenutzerDialog 320,144, "Microsoft Word"
    OKButton 10, 6, 88, 21
    CancelButton 10, 30, 88, 21
    CheckBox 150, 84, 100, 18, "K&ontrollkästchen", .CheckBox1
End Dialog
Dim dlg As BenutzerDialog
n = Dialog(dlg)
End Sub
```

Unterschiede in der Sortierreihenfolge bei WordBasic

Die Sortierreihenfolge der ANSI-Zeichen ist auf dem Macintosh und unter Windows unterschiedlich. Die jeweilige Sortierreihenfolge des ANSI-Zeichensatzes ist von Bedeutung, wenn Sie WordBasic-Makros mit Zeichenfolgevergleichen schreiben. Die Sortierreihenfolge läßt sich für alphabetische und numerische Zeichen leicht vorhersagen („A" kommt z.B. vor „B", und „3" kommt vor „4"). Bei den übrigen Zeichen ist dies jedoch anders. Um zu bestimmen, ob „!" auf der aktuellen Plattform größer oder kleiner als „?" ist, können Sie ein aus diesen Zeichen bestehendes Datenfeld erstellen und die Funktion **SortDatenfeld**() zum Sortieren verwenden.

Aktualisieren der Anzeige

Unter Windows schaltet die Anweisung **AnzeigeAktualisieren** die Aktualisierung der Anzeige ab, so daß Änderungen in Dokument- und Anwendungsfenstern nicht auf dem Bildschirm angezeigt werden. Auf dem Macintosh werden Änderungen innerhalb eines Dokumentfensters im Gegensatz zu Änderungen am Dokumentfensterrahmen nicht angezeigt. Wird beispielsweise ein Dokumentfenster bei ausgeschalteter Aktualisierung der Anzeige verschoben, so wird der Dokumentfensterrahmen in der neuen Position angezeigt. Genauso wird der Dokumentfensterrahmen angezeigt, wenn ein Dokument bei ausgeschalteter Aktualisierung der Anzeige geöffnet wird (das Dokument selbst erscheint so lange leer, bis die Aktualisierung der Anzeige wieder eingeschaltet oder das Ende des Makros erreicht wird).

Verwenden von SendKeys

Auf dem Macintosh kann eine Instruktion **SendKeys** nicht mehr als 10 Tastenanschläge senden und diese auch nur an Word; **SendKeys** kann nicht zum Senden von Tastenanschlägen an eine andere Anwendung verwendet werden. Sie können eine Tastenkombination mit der UMSCHALTTASTE senden, indem Sie das Pluszeichen (+) verwenden, es ist jedoch nicht möglich, Tastenkombinationen mit Hilfe der WAHLTASTE oder der BEFEHLSTASTE zu senden. Eine Liste der von **SendKeys** unterstützten Tastenanschläge finden Sie in Teil 2, „WordBasic – Anweisungen und Funktionen".

Unterschiedliche Fähigkeiten von benutzerdefinierten Dialogfeldern

Auf dem Macintosh läßt sich die in einem Dialogfeld-Steuerelement angezeigte Grafik in einem „Ressourcenzweig" (Resource fork) speichern (mit **Picture** oder **DlgGrafikSetzen** können Sie einen Ressourcenzweig als Speicherplatz festlegen). Ebenfalls auf dem Macintosh verfügbar sind die beiden Instruktionen **DlgWerteSpeichern** und **DlgWerteLaden( )**, mit denen Sie Einstellungen für benutzerdefinierte Dialogfelder speichern und laden können. In Word, Version 6.0 für den Macintosh, Word, Version 6.0 für Windows NT, und Word, Version 7.0, kann mit einer einzelnen **DlgSichtbar**-Anweisung ein Bereich von Steuerelementen verborgen oder angezeigt werden (unter Windows 3.*x* kann eine einzelne Anweisung **DlgSichtbar** nur ein einzelnes Steuerelement beeinflussen).

Die Anweisung **DlgFokus** ändert den Fokus in einem benutzerdefinierten Dialogfeld in Word, Version 6.0 für den Macintosh, nicht.

Die folgenden Befehle, die Größe oder Position von benutzerdefinierten dynamischen Dialogfeldern in den Windows-Versionen von Word steuern, sind in Word, Version 6.0 für den Macintosh, nicht verfügbar und führen zu Fehlern: **AnwFensterBreite**, **AnwFensterHöhe**, **AnwFensterLinks**, **AnwFensterOben**, **AnwGrößeÄndern**, **AnwVerschieben**.

Herstellen einer Netzwerkverbindung

Unter Windows läßt sich mit der Anweisung **Verbinden** eine Verbindung zu einem Netzlaufwerk herstellen. Auf dem Macintosh verwenden Sie dazu die Anweisung **VolumeAktivieren**. Mit **Verbinden** können Sie das Dialogfeld **Netzlaufwerk verbinden** anzeigen; **VolumeAktivieren** verfügt dagegen über kein entsprechendes Dialogfeld.

Unterschiede zwischen Plattformen

Der Code einer WordBasic-Anweisung oder -Funktion variiert unter Umständen sogar dann, wenn diese auf allen Plattformen dasselbe Ergebnis liefert. Plattformen unterscheiden sich in ihrer systemspezifischen Funktionalität, wie z.B. in den Konventionen zur Dateibenennung, die in plattformunabhängigen Makros berücksichtigt werden muß.

Festlegen von Dateinamen und Pfaden

Unter Windows verwenden Sie zur Bestimmung von Dateigruppen die Platzhalter Fragezeichen (?) und Sternchen (*). Platzhalter sind auf dem Macintosh nicht zulässig. Sie können aber über die Funktion **MacID$()** Dateien eines bestimmten Typs bezeichnen. Ein Dateityp auf dem Macintosh entspricht einer vier Zeichen langen Marke, die jeder von einer Macintosh-Anwendung erstellten Datei zugeordnet wird (den Dateityp ermitteln Sie mit der Funktion **DateiTyp$()**).

Das folgende Beispiel erzeugt eine Liste aller in einem Ordner vorhandenen Textdateien (die Variable MacintoshFlag wurde im Makro bereits früher gesetzt):

```
If MacintoshFlag = 0 Then
    textdateiname$ = Files$("*.TXT")
Else
    textdateiname$ = Files$(MacID$("TEXT"))
End If
Einfügen textdateiname$
While textdateiname$ <> ""
    textdateiname$ = Files$()
    Einfügen textdateiname$
Wend
```

MacID$() läßt sich zur Bestimmung von Dateitypen auch in Kombination mit **DateiÖffnen** und **Kill** einsetzen. Die folgenden Instruktionen zeigen das Dialogfeld **Öffnen** mit einer Liste aller Vorlagendateien in einem Ordner an (die Variable MacintoshFlag wurde im Makro bereits früher gesetzt):

```
Dim dlg as DateiÖffnen
GetCurValues dlg
If MacintoshFlag = 0 Then
    ChDir "C:\WINWORD\VORLAGEN"
    dlg.Name = "*.DOT"
Else
    ChDir "FP1:WORD:VORLAGEN"
    dlg.Name = MacID$("WTBN")
End If
wahl = Dialog(dlg)
If wahl Then DateiÖffnen dlg
```

Anmerkung Obwohl die Funktion **MacID$()** scheinbar eine Zeichenfolge zurückgibt, liefert sie in Wirklichkeit einen Wert, der keinem der WordBasic-Datentypen entspricht. Folglich sollte die Funktion **MacID$()** nur mit den hier beschriebenen Anweisungen verwendet werden, die ihren internen Rückgabewert akzeptieren. Zudem dürfen Sie den von **MacID$()** gelieferten Wert nicht an einen Pfadnamen anhängen. Benutzen Sie statt dessen **ChDir** zum Wechseln des aktuellen Ordners.

Um eine Anwendung zu bezeichnen, kann **MacID$()** mit der Signatur einer Macintosh-Anwendung eingesetzt werden. Dazu wird **MacID$()** mit einer der folgenden Instruktionen verwendet: **AnwAktiv()**, **AnwAktivieren**, **AnwNamenHolen**, **AnwNamenHolen()**, **AnwSchließen**, **AnwZählen** und **Shell**. Es ist zuverlässiger, eine Anwendung über **MacID$()** anzugeben als über den Anwendungsnamen, da ein Benutzer zwar mitunter den Anwendungsnamen, kaum aber die Signatur der Macintosh-Anwendung verändert. Das folgende Beispiel verwendet **MacID$()** mit **AnwAktiv()** und **Shell**, um zu bestimmen, ob Microsoft Excel bereits aktiv ist und es gegebenenfalls zu starten.

```
If AnwAktiv(MacID$("XCEL")) = 0 Then Shell MacID$("XCEL")
```

Beachten Sie, daß Sie keinen Pfad oder Ordner anzugeben brauchen, wenn Sie mit **MacID$()** eine Anwendung bezeichnen.

Verwenden von Initialisierungsdateien

Wenn Sie unter Windows 3.*x* und auf dem Macintosh mit Initialisierungsdateien arbeiten, sollten Sie folgende Unterschiede beachten:

- Wenn Sie im Dateinamen für **SetPrivateProfileString** oder **GetPrivateProfileString** keinen Pfad angeben, speichert oder sucht Word die Datei unter Windows im Windows-Programmordner und auf dem Macintosh im Ordner „Voreinstellungen".

- Unter Windows sind Initialisierungsdateien Textdateien, die in einem Texteditor wie jede andere Textdatei geöffnet werden können. Auf dem Macintosh sind Initialisierungsdateien keine Textdateien; sie können mit der Anweisung **ExtrasWeitereEinstellungen** oder dem Programm ResEdit direkt bearbeitet werden.

- Auf dem Macintosh gibt es kein Äquivalent der Windows-Datei WIN.INI, auf die mit **SetProfileString** und **GetProfileString$()** zugegriffen werden kann.

- Unter Word, Version 6.0 für Windows, werden die Einstellungen für Word in der Initialisierungsdatei WINWORD6.INI gespeichert; in Word, Version 6.0 für den Macintosh heißt diese Datei „Word-Einstellungen (6)". Sie können die Einstellungen in WINWORD6.INI bzw. Word-Einstellungen (6) mit **SetPrivateProfileString** und **GetPrivateProfileString$()** ändern. Ein Beispiel:

```
a$ = GetPrivateProfileString$("Microsoft Word", "USER-DOT-PATH", \
     "Word-Einstellungen (6)")
```

Anmerkung Windows 95 und Windows NT verwenden die Initialisierungsdateien WIN.INI und WINWORD6.INI nicht. Die Einstellungen werden statt dessen in der Registrierung abgelegt. Informationen über das Abfragen und Festlegen von Werten in der Registrierung finden Sie unter „Zugreifen auf die Windows-Registrierung" weiter oben in diesem Kapitel.

Arbeiten mit DDE

Eine Anwendung, die auf mehreren Plattformen ausführbar ist, kann unter Windows und auf dem Macintosh unterschiedliche Namen haben. So lautet der DDE-Anwendungsname für Microsoft Word unter Windows „WinWord", auf dem Macintosh hingegen „MSWord", wobei „WinWord" dort auch akzeptiert wird.

Die Instruktionen zum Einleiten eines DDE-Dialogs sind unter Windows und auf dem Macintosh zwar identisch; da sich aber die DDE-Anwendungsnamen auf verschiedenen Plattformen unterscheiden können, sind unter Umständen für jede Plattform eigene Instruktionen erforderlich. Auch ist es vorteilhaft, eine Anwendung auf dem Macintosh mit **MacID$( )** zu bezeichnen, falls beim Einleiten eines DDE-Dialogs die Instruktionen **AnwAktiv( )** und **Shell** verwendet werden. Im folgenden Beispiel wird für jede Plattform ein eigener Instruktionsblock verwendet, um einen DDE-Dialog mit Microsoft Excel einzuleiten (die Variable MacintoshFlag wurde im Makro bereits früher gesetzt). Beachten Sie, daß getrennte **DDEInitiate( )**-Instruktionen hier nicht nötig sind, da Microsoft Excel unter Windows und auf dem Macintosh denselben DDE-Anwendungsnamen hat.

```
If MacintoshFlag = 0 Then
    If AnwAktiv("Microsoft Excel") = 0 Then Shell "EXCEL.EXE", 4
    kanal = DDEInitiate("Excel", "System")
Else
    If AnwAktiv(MacID$("XCEL")) = 0 Then Shell MacID$("XCEL"), 4
    kanal = DDEInitiate("Microsoft Excel", "System")
End If
kanal = DDEInitiate("Excel", "System")
objekte$ = DDERequest$(kanal, "Topics")
Einfügen objekte$
```

Verwenden der Anweisung Declare zum Aufruf externer Routinen

Unter Windows können Sie mit der Anweisung **Declare** Routinen aufrufen, die in einer Dynamic Link Library (DLL) oder in einer Word Add-In Library (WLL) gespeichert sind. Auf dem Macintosh können nur Routinen aufgerufen werden, die in einer WLL abgelegt sind. Wenn ein in einer Windows-Version von Word erstellter Makro in Word, Version 6.0 für den Macintosh, konvertiert wird, liefern alle **Declare**-Anweisungen, die sich auf Windows-DLLs beziehen, den WordBasic-Fehler 543, „Angegebene Library kann nicht geöffnet werden.".

Declare-Anweisungen in Makros, die von Word, Version 6.0 für Windows auf Word, Version 7.0, oder Word, Version 6.0 für Windows NT, portiert worden sind, müssen geändert werden. Da Sie keine externe Routine in einer 16-Bit-Library von einer 32-Bit-Anwendung aus (wie z.B. Word, Version 7.0, oder Word, Version 6.0 für Windows NT) deklarieren können, müssen Sie Makros, die Routinen in 16-Bit-Libraries deklarieren, dahingehend aktualisieren, daß die 32-Bit-Versionen dieser Libraries identifiziert werden. Zudem haben sich die Namen, Pfade und Parameter vieler Windows 3.*x*-Betriebssystemroutinen (häufig auch API-Aufrufe genannt) in Windows 95 und Windows NT geändert. Sie müssen Makros, die Windows 3.*x*-API-Aufrufe deklarieren, dahingehend ändern, daß die in Windows 95 oder Windows NT korrekten Routinen deklariert werden. Windows 95- und Windows NT-Funktionsbibliotheken sind im *Microsoft Win32 Software Development Kit* dokumentiert.

Im Gegensatz zu Windows 3.*x* wird unter Windows 95 und Windows NT Groß- und Kleinschreibung in Routinennamen unterschieden. Zudem müssen unter Windows 95 und Windows NT einige Routinen mit anderen Variablentypen deklariert werden: Rückgabewerte oder Argumente vom Typ INT müssen ebenso wie Handles als LONG deklariert werden. Weitere Informationen über die Verwendung von **Declare** finden Sie unter „Aufrufen von Routinen in DLLs" weiter oben in diesem Kapitel.

Portieren von plattformunabhängigen Makros

Wenn Sie einen Makro mit plattformspezifischen Instruktionen zwischen Word, Version 6.0 für Windows, und Word, Version 6.0 für den Macintosh, portieren, können zwei Probleme auftreten. Diese Schwierigkeiten rühren daher, daß eine Word-Version Instruktionen nicht erkennt, die in einer anderen Version unterstützt werden. Speziell Word, Version 6.0, 6.0a und 6.0c für Windows, unterstützt die Macintosh-spezifischen Anweisungen und Funktionen nicht, die in Word, Version 6.0 für den Macintosh, verfügbar sind. Unter diesen Umständen können die beiden folgenden Probleme auftreten:

- Wenn Sie einen Makro in Word 6.0, 6.0a oder 6.0c für Windows entwickeln und diesen Makro dann nach Word 6.0 für den Macintosh übertragen, erzeugen die Instruktionen, die für die Macintosh-Version von Word spezifisch sind, den Fehler 124, „Unbekannte(r) Befehl, Subroutine oder Funktion", bis der Makro auf dem Macintosh bearbeitet worden ist (der Makro muß „kontaminiert" werden).

- Wenn Sie einen Makro in Word 6.0 für den Macintosh entwickeln, den Makro nach Word 6.0 oder 6.0a für Windows portieren und danach unter Windows bearbeiten und speichern, so werden die Macintosh-spezifischen Schlüsselwörter aus dem Makro entfernt und auch bei der Rückübertragung des Makros auf den Macintosh nicht wiederhergestellt. (Der Makro sollte unter Windows noch korrekt ablaufen, da die Macintosh-spezifischen Instruktionen auf der Windows-Plattform ohnehin keine Bedeutung haben. Der Makro läuft jedoch nicht mehr korrekt, nachdem er auf den Macintosh rückübertragen worden ist.) Beachten Sie, daß dieses Problem in Word 6.0c für Windows nicht auftritt.

Anmerkung Diese Probleme treten nicht auf, wenn Sie plattformunabhängige Makros in Word, Version 7.0, oder Word, Version 6.0 für Windows NT, entwickeln.

In der Regel werden plattformunabhängige Makros auf der einen Plattform geschrieben und dann auf einer anderen Plattform, für die sie eigentlich gedacht sind, getestet. Wenn Sie mit Word, Version 6.0 oder 6.0a für Windows, arbeiten, dann sollten Sie vermeiden, die Makros auf anderen Plattformen zu bearbeiten. Wenn Sie sich in dieser Situation also für eine bestimmte Plattform zur Entwicklung der Makros entscheiden, dann sollten Sie auch dabei bleiben, denn die Bearbeitung der Makros auf mehreren Plattformen dürfte Probleme mit sich bringen.

Wenn Sie plattformunabhängige Makros in Word für Windows entwickeln, so müssen Sie vor der Weitergabe sicherstellen, daß die Makros auf dem Macintosh einwandfrei funktionieren.

Es ist sinnvoll, die plattformunabhängigen Makros mit dem Attribut „Nur ausführen" weiterzugeben, damit sie nicht bearbeitet werden können (um einem Makro das Attribut „Nur ausführen" zuzuweisen, verwenden Sie die Anweisung **MakroKopieren**).

Möchten Sie die Makros jedoch nicht mit dem Attribut „Nur ausführen"
weitergeben (das heißt, daß Sie die Bearbeitung nicht unterbinden wollen), laufen
Sie Gefahr, daß ein Benutzer den Makro bearbeitet.

> ### Portieren eines Makros mit Sonderzeichen
>
> Unter Windows und auf dem Macintosh werden unterschiedliche
> Zeichensätze verwendet, um internationale Zeichen darzustellen. Wenn Sie
> einen Makro erstellen, der Zeichenfolgewerte mit internationalen Zeichen
> enthält (z.B. á, ç und ö), werden diese Zeichen geändert, wenn der Makro
> auf einer anderen Plattform geöffnet oder ausgeführt wird. Befolgen Sie die
> nachstehend beschriebenen Schritte zum Portieren eines Makros, um dies
> zu vermeiden:
>
> 1. Kopieren Sie den Makrotext aus dem Makrobearbeitungsfenster in ein
>   neues Dokument, und speichern Sie dieses.
>
> 2. Öffnen Sie das Dokument auf der anderen Plattform, speichern Sie es
>   als Dateityp „Nur Text", schließen Sie es, und öffnen Sie es erneut.
>
> 3. Kopieren Sie den Text aus dem Dokument in ein neues
>   Makrobearbeitungsfenster.
>
> Die Verwendung des Formats „Nur Ausführen" verhindert diese Probleme
> bei der Behandlung von Sonderzeichen nicht. Wenn Sie einen Makro mit
> Sonderzeichen in Zeichenfolgewerten weitergeben müssen, müssen Sie
> eigene Dokumentvorlagen mit eindeutigen Versionen des Makros für jede
> Plattform erstellen.

Weitergeben von Makros

Wenn Sie einmal einige Makros erstellt haben, möchten Sie sie möglicherweise
an andere Word-Benutzer weitergeben. Ihre Vorgehensweise hängt dabei davon
ab, auf welche Weise andere Benutzer die Makros speichern, ausführen oder
bearbeiten sollen. Außerdem gilt es, andere Aspekte zu bedenken, bevor Sie einen
Makro zum Verwenden in einer anderen Sprachversion von Word weitergeben.

Weitergeben von Makros mit einer lokalen Dokumentvorlage

Die Weitergabe Ihrer Makros an andere Benutzer kann so einfach sein wie das Weitergeben der Dokumentvorlage, in der die Makros gespeichert sind. Wenn Sie beispielsweise eine Dokumentvorlage für ein automatisiertes Formular oder einen Assistenten erstellt haben, können Sie Ihre Makros weitergeben, indem Sie anderen Benutzern die Dokumentvorlage zur Verfügung stellen. Diese können die Dokumentvorlage dann in die im Dialogfeld **Optionen** (Menü **Extras**) auf der Registerkarte **Dateiablage** angegebene Ablage für Benutzer-Vorlagen kopieren. Alternativ können Sie einen Setup-Makro bzw. ein Setup-Programm schreiben, die die Dokumentvorlage mit Hilfe der Anweisung **DateiKopieren** automatisch in die entsprechende Ablage kopieren. Sie können die Funktion **GetPrivateProfileString$()** verwenden, um die Ablage für Benutzer-Vorlagen aus der Initialisierungsdatei oder der Registrierung abzurufen.

Anmerkung Die meisten Benutzer haben eine Dokumentvorlage „Normal" auf ihrem Computer. Daher sollten Sie Ihre Makros, wenn diese zur Zeit in der Dokumentvorlage „Normal" gespeichert sind, nicht weitergeben, indem Sie anderen Benutzern diese Dokumentvorlage zur Verfügung stellen. Erstellen Sie statt dessen eine neue Vorlage, und verwenden Sie das Dialogfeld **Organisieren**, um die entsprechenden Makros in die neue Vorlage zu kopieren. Speichern Sie die neue Vorlage, und geben Sie sie anstelle der Dokumentvorlage „Normal" weiter.

Vor dem Weitergeben können Sie einem Makro das Attribut „Nur ausführen" zuweisen, so daß andere Benutzer Ihren Makro lediglich ausführen können. Ist das Attribut „Nur ausführen" gesetzt, ist die Schaltfläche „Bearbeiten" im Dialogfeld **Makro** (Menü **Extras**) nicht verfügbar (abgeblendet), wenn der Makroname markiert ist. Das Format „Nur ausführen" ist die beste Wahl, wenn Sie anderen Benutzern nicht erlauben wollen, den Makro anzuzeigen oder zu bearbeiten. Verwenden Sie die Anweisung **MakroKopieren** in einem anderen Makro, um einem Makro das Attribut „Nur ausführen" zuzuweisen. Erstellen Sie auf jeden Fall zunächst eine Sicherungskopie des Makros, bevor Sie das Format „Nur ausführen" festlegen. Ist dieses Format einmal festgelegt, können die Instruktionen weder angezeigt noch bearbeitet werden.

Wenn Sie in einer Arbeitsgruppenumgebung arbeiten und möchten, daß jedes Mitglied Zugriff auf Ihre Makros hat, können Sie die Dokumentvorlage in die im Dialogfeld **Optionen** (Menü **Extras**) auf der Registerkarte **Dateiablage** angegebene Ablage für Arbeitsgruppen-Vorlagen kopieren. Diese Ablage ermöglicht einer Vielzahl von Benutzern den Zugriff auf eine Gruppe von Vorlagen von einer Netzwerkfreigabe aus. Vorlagen, die von allen Arbeitsgruppenmitgliedern verwendet werden, werden in diese Ablage kopiert. Dokumentvorlagen aus den Ablagen für Benutzer-Vorlagen und Arbeitsgruppen-Vorlagen sind im Dialogfeld **Neu** (Menü **Datei**) verfügbar. Beim Aktualisieren Ihrer Makros können Sie die aktualisierte Vorlage in die Ablage für Arbeitsgruppen-Vorlagen kopieren. Diese Vorgehensweise stellt sicher, daß alle Benutzer über die neueste Version Ihres Makros verfügen.

Weitergeben von Makros mit einer globalen Dokumentvorlage

Wenn die Makros, die Sie weitergeben möchten, nicht speziell für eine bestimmte Dokumentart geschrieben wurden, möchten die Benutzer sie möglicherweise in allen Dokumenten ausführen können (ohne Rücksicht auf die zugehörige Vorlage). Damit dies möglich ist, muß der Makro in einer geladenen globalen Dokumentvorlage gespeichert sein. Globale Dokumentvorlagen können durch Auswählen der Vorlage im Dialogfeld **Globale Vorlagen und Add-Ins** (Menü **Datei**, Befehl **Dokumentvorlage**) temporär geladen werden. Alternativ dazu können Sie einen Setup-Makro schreiben, der die Anweisung **AddInHinzufügen** verwendet, um eine Vorlage als globale Vorlage zu laden. Die Vorlage wird jedoch nicht permanent als globale Vorlage geladen.

Im Startordner gespeicherte Dokumentvorlagen werden beim Starten von Word automatisch als globale Vorlagen geladen. Soll Ihre globale Dokumentvorlage automatisch geladen werden, sollten Sie die Benutzer bitten, die Datei in ihren Startordner zu kopieren; Sie können jedoch auch einen Setup-Makro schreiben. Dieser Makro kann die Vorlage mit Hilfe der Anweisung **DateiKopieren** in den Startordner kopieren (verwenden Sie die Funktion **GetPrivateProfileString$()**, um die Ablage des Startordners aus der Initialisierungsdatei oder der Registrierung abzurufen).

Das Laden globaler Dokumentvorlagen verbraucht Arbeitsspeicher. Eine Möglichkeit, dieses Problem in den Griff zu bekommen, besteht darin, dem Benutzer zu erlauben, die Vorlage mit einem Mausklick dynamisch zu laden und wieder aus dem Speicher zu entfernen. Dies bedeutet, daß die Vorlage nur dann in den Arbeitsspeicher geladen wird, wenn der Benutzer die in der Vorlage enthaltenen Makros ausführen muß. Der folgende Makro verwendet die Anweisung **AddInStatus**, um eine globale Dokumentvorlage in den Speicher zu laden und wieder daraus zu entfernen.

```
Sub MAIN
Status = AddInStatus("agenda.dot")        'aktuellen Status prüfen
If Status = 1 Then
    AddInStatus "agenda.dot", 0           'Dokumentvorlage laden
Else
    AddInStatus "agenda.dot", 1           'Dokumentvorlage entfernen
End If
End Sub
```

Während ein Installationsmakro ausgeführt wird, kann dieser Makro in die Dokumentvorlage „Normal" des Benutzers kopiert werden und einer Symbolleistenschaltfläche zugeordnet werden. Verwenden Sie die Anweisungen **MakroKopieren** oder **Organisieren**, um einen Makro in die Dokumentvorlage „Normal" zu kopieren, und verwenden Sie **SchaltflächeHinzufügen**, um eine Symbolleistenschaltfläche hinzuzufügen.

Eine weitere Verfahrensweise besteht darin, einen AutoOpen-Makro zu schreiben, der Makros aus der aktuellen Vorlage in die Dokumentvorlage „Normal" des Benutzers kopiert. Verwenden Sie die Anweisungen **MakroKopieren** oder **Organisieren**, um Makros von einer Vorlage in eine andere zu kopieren. Diese Methode ist jedoch nicht das empfohlene Verfahren zum Weitergeben von Makros, da Benutzer möglicherweise bereits eine Reihe von Makros in der Dokumentvorlage „Normal" gespeichert haben oder Makros, die denselben Namen haben, wie diejenigen, die Sie kopieren möchten.

Weitergeben eines Makros ohne Dokumentvorlage

Wenn Sie einen Makro ohne Dokumentvorlage weitergeben möchten, können Sie ihn als Textdatei speichern. Öffnen Sie Ihren Makro in einem Makrobearbeitungsfenster, und wählen Sie aus dem Menü **Datei** den Befehl **Kopie speichern unter**. Geben Sie einen Dateinamen ein, und wählen Sie dann **Speichern**. Sie können die Textdatei einem anderen Word-Benutzer schicken. Zum Ausführen des Makros kann der Benutzer die Instruktionen aus der Textdatei in einen neuen Makro kopieren.

Weitergeben von Makros weltweit

Microsoft Word ist in vielen verschiedenen Sprachen verfügbar. Vielleicht müssen Sie einmal einen Makro an jemanden weitergeben, der eine andere Sprachversion von Word verwendet. Die Funktionalität ist bei den Programmen dieselbe, das Weitergeben von Makros für andere Sprachversionen von Word erfordert jedoch einige Vorausplanung.

In Dokumentvorlagen gespeicherte WordBasic-Makros liegen in einem „Token"-Format vor. Makro-Schlüsselwörter (Anweisungen und Argumente wie **BearbeitenSuchen** und **.Name**) werden zu Drei-Bit-Token komprimiert und gespeichert. Wenn Sie einen Makro bearbeiten, werden die Token zu Schlüsselwörtern der aktuellen Sprache von Word dekodiert. Ist ein Makro z.B. in der englischen (US) Version von Word geschrieben und wird anschließend in der deutschen Version geöffnet, werden die WordBasic-Schlüsselwörter auf Deutsch angezeigt. Der Befehl zum Öffnen eines neuen Dokuments wird in der englischen Version von Word als **FileNew**, in der deutschen Version als **DateiNeu** angezeigt.

Im Gegensatz zu Makro-Schlüsselwörtern werden Zeichenfolgewerte nicht übersetzt. Die folgende Tabelle demonstriert, wie englische Instruktionen ins Deutsche übersetzt werden. Der in Anführungszeichen stehende Text bleibt unübersetzt.

Englische Instruktion	Ins Deutsche übersetzte Instruktion
`Insert "Hello World"`	`Einfügen "Hello World"`
`Style "Tag Line"`	`Formatvorlage "Tag Line"`
`EditGoTo "Bookmark2"`	`BearbeitenGeheZu "Bookmark2"`
`MsgBox "Insert Disk A"`	`MsgBox "Insert Disk A"`

Um in mehreren Sprachversionen von Word ausführbar zu sein, muß Ihr Makro die aktuelle Sprachversion bestimmen und dann die passenden Zeichenfolgewerte für diese Version verwenden. Verwenden Sie die Funktion **AnwInfo$()**, um die aktuelle Sprachversion zu bestimmen, wie im untenstehenden Beispiel dargestellt.

```
Sub MAIN
Sprache$ = AnwInfo$(16)              'Sprachversion bestimmen
Select Case Sprache$
Case "English (US)"                  'Englische Version
    Text$ = "Hello World"
Case "Deutsch"                       'Deutsche Version
    Text$ = "Hallo Welt"
Case Else
End Select
Einfügen Text$
End Sub
```

Eine Liste der von der Funktion **AnwInfo$()** gelieferten Sprachen finden Sie unter **ExtrasSprache** in Teil 2, „WordBasic – Anweisungen und Funktionen".

Tip Makros, die eine große Anzahl von Zeichenketten verwenden, können entweder Datenfelder zum Speichern von Zeichenketten für jede Sprache verwenden oder Zeichenketten in einer Textdatei unter Verwendung des sequentiellen Dateizugriffs verwenden.

Die auf der Registerkarte **Allgemein** im Dialogfeld **Optionen** (Menü **Extras**) angegebene Standardmaßeinheit sowie das Dezimaltrennzeichen unterscheiden sich in den meisten Sprachen vom Standard in der englischen (US) Version von Word. Aus diesem Grund besteht die Möglichkeit, daß in Anweisungen, wie z.B. **FormatAbsatz** und **DateiSeiteEinrichten**, angegebene Maßeinheiten anders funktionieren als vorgesehen oder Syntaxfehler hervorrufen, wenn der Makro in einer anderen Sprachversion von Word ausgeführt wird.

Die weiter oben beschriebene Vorgehensweise beim Erstellen von Zeichenfolgewerten für Meldungen können Sie auch bei Zeichenfolgewerten für Maßeinheiten anwenden.

```
Sub MAIN
Sprache$ = AnwInfo$(16)            'Sprachversion bestimmen
Select Case Sprache$
Case "English (US)"                'Englische Version
    punkt$ = "pt"
Case "Español"                     'Spanische Version
    punkt$ = "pto"
Case Else
End Select
FormatAbsatz .EinzugLinks = "36" + punkt$
End Sub
```

Eine Alternative besteht darin, einen numerischen Wert für Argumente anzugeben, die sowohl numerische als auch Zeichenfolgewerte annehmen können, da die Standardmaßeinheit eines numerischen Wertes für ein bestimmtes Argument für alle Sprachversionen von Word gleich ist. Beispielsweise ist die Standardeinheit für einen numerischen Wert, der für das Argument **.EinzugLinks** der Anweisung **FormatAbsatz** angegeben wird, Punkt. Daher funktioniert die folgende Anweisung in allen Sprachversionen von Word.

```
FormatAbsatz .EinzugLinks = 36        '36 Punkt in allen Sprachen
```

Informationen über die Standardmaßeinheiten numerischer Werte für ein Argument einer bestimmten Anweisung finden Sie unter dem entsprechenden Eintrag in Teil 2, „WordBasic – Anweisungen und Funktionen".

Die englische (US) Version von Word verwendet einen Punkt (.) als Dezimaltrennzeichen, wohingegen die meisten europäischen Länder ein Komma (,) verwenden. Sie können die Funktion **AnwInfo$()** verwenden, um das Dezimaltrennzeichen zu bestimmen. Wenn Ihnen das Zeichen bekannt ist, können Sie eine Zeichenfolge erstellen, die das Dezimaltrennzeichen enthält („12.5" oder „12,5" im nachstehenden Beispiel).

```
dez$ = AnwInfo$(18)                'Dezimaltrennzeichen bestimmen
FormatAbsatz .EinzugLinks = "12" + dez$ + "5 pt"
```

Unabhängig von der Sprachversion müssen Sie einen Punkt als Dezimaltrennzeichen verwenden, falls Sie einen numerischen Wert für ein Argument angeben, das sowohl numerische als auch Zeichenfolgewerte annehmen kann. Ein Komma als Dezimaltrennzeichen führt zu einem Syntaxfehler. Wenn beispielsweise die folgenden Anweisungen in einem englischen (US) Makro in der deutschen Version von Word geöffnet würden, wären die übersetzten Versionen äquivalent:

```
FormatParagraph .LeftIndent = "12,5 pt"
FormatParagraph .LeftIndent = 12.5
```

Optimieren von Makros

Wenn Sie zum ersten Mal Makros schreiben, sind Sie wahrscheinlich froh, wenn Sie den Makro überhaupt fertiggestellt haben. Wenn Sie jedoch einen Makro schreiben, der häufig oder von anderen Benutzern verwendet werden soll, sollten Sie eine *Optimierung* des Makros in Betracht ziehen, so daß er zur Ausführung weniger Zeit und Speicher benötigt. Die nachfolgend beschriebenen Methoden werden Ihnen dabei helfen, weniger umfangreiche und schnellere Makros zu schreiben.

- Geben Sie nur tatsächlich benötigte Argumente an. Der Makro-Recorder legt alle verfügbaren Argumente explizit fest. Die folgende Instruktion wird z.B. aufgezeichnet, wenn Sie das Dialogfeld **Absatz** schließen.

    ```
    FormatAbsatz .EinzugLinks = "0 cm", .EinzugRechts = "0 cm", .Vor = "0 pt", .Nach = "0 pt", .ZeilenabstandArt = 2, .Zeilenabstand = "", .Ausrichtung = 0, .AbsatzSteuerung = 1, .MitNächstemAbsatz = 0, .ZeilenNichtTrennen = 0, .Seitenwechsel = 0, .OhneZeilennumerierung = 0, .NichtTrennen = 0, .Registerkarte = "0", .ErstzeilenEinzug = "0 cm"
    ```

    Wenn Sie jedoch lediglich den Zeilenabstand auf „doppelt" setzen möchten, können Sie die zusätzlichen Argumente aus der Instruktion **FormatAbsatz** löschen. Ein Beispiel:

    ```
    FormatAbsatz .ZeilenabstandArt = 2
    ```

- Ein Makro, der das Aussehen eines Dokuments verändert—z.B. ein Makro, der die Formatierung sämtlicher Tabellen in einem umfangreichen Dokument ändert—wird schneller ausgeführt, wenn die Bildschirmaktualisierung deaktiviert ist. Verwenden Sie die Anweisung **AnzeigeAktualisieren** als erste Zeile Ihres Makros, um eine Bildschirmaktualisierung zu verhindern, solange der Makro ausgeführt wird. Mit der Anweisung **Print** können Sie dem Benutzer mitteilen, wie weit die Ausführung des Makros fortgeschritten ist (z.B., `Print "Wird ausgeführt..."`).

Wollen Sie Änderungen auf dem Bildschirm anzeigen, während der Makro ausgeführt wird, können Sie die Geschwindigkeit mit folgenden Methoden steigern: Umschalten in die Normalansicht, Verwenden von Platzhaltern für Grafiken, Deaktivieren des Seitenumbruchs im Hintergrund, Verwenden der Konzeptschriftart. Alle diese Techniken finden Sie in den folgenden Instruktionen wieder:

```
AnsichtNormal
ExtrasOptionenAnsicht .GrafikPlatzhalter = 1, .KonzeptSchriftart = 1
ExtrasOptionenAllgemein .Seitenumbruch = 0
```

Stellen Sie sicher, daß am Ende des Makros die Einstellungsänderungen wieder rückgängig gemacht werden.

- Verwenden Sie so wenig globale Variablen wie möglich. Verwenden Sie lokale oder temporäre Variablen mehrfach, statt zusätzliche Variablen zu definieren. Verwenden Sie außerdem Datenfelder und Dialogdatensätze erneut, indem Sie die Variablen mit der Anweisung **Redim** zurücksetzen.

- Halten Sie Variablennamen, Etikettennamen und Text in Anführungszeichen kurz. Diese Elemente werden beim Ausführen eines Makros nicht in ein „Token"-Format überführt und verlangsamen möglicherweise die Verarbeitung. Das gleiche gilt für Kommentaranweisungen (**REM**) und Leerzeilen.

Die obigen Ratschläge führen zwar eventuell zu einer schnelleren Verarbeitung, verringern jedoch die Lesbarkeit des Makros. Aus diesem Grund ist es ratsam, diese Änderungen erst kurz vor dem Weitergeben eines Makros einzufügen.

- Die Steuerstruktur **Select Case** ist schneller als eine komplexe **If...Then...Else**-Bedingung. Die **For...Next**-Schleife ist schneller als **While...Wend**.

- Mit der Funktion **AbrufenText$( )** kommen Sie schneller ans Ziel, als wenn Sie den Text markieren und dann die Funktion **Markierung$( )** verwenden. Oftmals können Sie **AbrufenMarkierungAnfangPosition()**, **AbrufenMarkierungEndePosition()** und **MarkierungsbereichBestimmen** an Stelle von Textmarken verwenden, da diese Befehle schneller sind.

- Das Aufrufen einer Unterroutine in einem anderen Makro ist langsamer als der gleiche Vorgang innerhalb desselben Makros. Es ist daher ratsam, häufig verwendete Unterroutinen in denselben Makro zu kopieren.

- Es ist weder möglich, die Befehle **Rückgängig** oder **Wiederholen** im Menü **Bearbeiten** zu deaktivieren, noch die maximale Anzahl der Aktionen zu ändern, die Word in der **Rückgängig** bzw. **Wiederholen**-Liste speichert (Word speichert bis zu ca. 100 bzw. die Gesamtzahl der Aktionen in einem Dokument). Wenn es zu Speichermangel oder langen Ausführungszeiten kommt, sollten Sie die **Rückgängig** bzw. **Wiederholen**-Liste periodisch löschen, indem Sie die folgende Unterroutine aufrufen.

```
Sub RückgängigListeLöschen
Dim Dlg As ExtrasÜberarbeiten
GetCurValues Dlg
ExtrasÜberarbeiten .Überarbeiten = Abs(Dlg.Überarbeiten - 1)
ExtrasÜberarbeiten .Überarbeiten = Dlg.Überarbeiten
End Sub
```

- Wenn beim Ausführen eines Makros, der große Teile eines Dokuments bearbeitet, zu wenig Speicher zur Verfügung steht, sollten Sie das Dokument bei deaktivierter Schnellspeicherung regelmäßig speichern. Beispielsweise ersetzt der nachfolgende Makro alle Semikola in einem Dokument durch Tabstops. Die **If**-Anweisung und die Variable „Anzahl" dienen dazu, das Dokument nach jeweils 50 Ersetzungen zu speichern.

```
Sub MAIN
ExtrasOptionenSpeichern .Schnellspeicherung = 0
BeginnDokument
Anzahl = 0
BearbeitenSuchenLöschenFormatierung
BearbeitenSuchen .Suchen = ";", .Richtung = 0
While BearbeitenSuchenGefunden()
    Anzahl = Anzahl + 1
    BearbeitenLöschen
    Einfügen Chr$(9)
    If Anzahl = 50 Then
        DateiSpeichern
        Anzahl = 0
    End If
    SuchenWiederholen
Wend
End Sub
```

- Speichern Sie häufig verwendete Routinen wenn möglich in einer Word Add-In Library (WLL). WLLs sind schneller und effizienter als die entsprechenden WordBasic-Makros. Informationen zum Erstellen von WLLs finden Sie im Anhang C, „Microsoft Word-API".

TEIL 2

WordBasic–Anweisungen und Funktionen

Sprachunterschiede in verschiedenen Versionen von Word

Der *Microsoft Word Developer's Kit* dokumentiert die Programmiersprache WordBasic für die folgenden Versionen von Microsoft Word:

- Microsoft Word, Versionen 6.0, 6.0a und 6.0c für Windows (bezeichnet als Microsoft Word, Version 6.0 für Windows)
- Microsoft Word, Version 6.0 für den Macintosh
- Microsoft Word, Version 6.0 für Windows NT
- Microsoft Word für Windows 95 (bezeichnet als Microsoft Word, Version 7.0)

Die meisten WordBasic-Funktionen können in allen genannten Versionen von Word verwendet werden. Es gibt jedoch einige Unterschiede in WordBasic zwischen den einzelnen Versionen. Zum Beispiel:

- In Word, Version 6.0 für den Macintosh, können Anweisungen wie **AnwAktivieren** und **AnwNachrichtSenden**, die auf Windows-Eigenschaften basieren, nicht ausgeführt werden. Ebenso können in den Windows-Versionen von Word auf Macintosh-Eigenschaften beruhende Anweisungen - beispielsweise **BearbeitenHerausgebenOptionen** und **BearbeitenAbonnierenOptionen** - nicht ausgeführt werden.
- Keine frühere Version als Word, Version 7.0, kann Anweisungen und Funktionen für Word-Eigenschaften ausführen, die erst in Word für Windows 95 hinzugefügt wurden.
- In Word, Version 6.0 für Windows NT, und Word, Version 7.0, wurden die Argumente für **GetPrivateProfileString$()** und **SetPrivateProfileString** geändert, um das Einstellen und Zurückgeben von Werten in der Registrierung zu ermöglichen.

In den folgenden Abschnitten werden diese und weitere Unterschiede detailliert aufgeführt. Sie können diese Informationen zusammen mit den Richtlinien zur plattformunabhängigen Programmierung in Kapitel 9, „Weitere WordBasic-Verfahren" (Teil 1, „Einstieg in WordBasic"), verwenden, um WordBasic-Makros zu entwickeln, die in jeder beliebigen obengenannten Version von Word fehlerlos ausgeführt werden können.

Nur in den Windows-Versionen von Word verwendete Anweisungen und Funktionen

In der folgenden Tabelle sind die WordBasic-Anweisungen und -Funktionen aufgelistet, die auf Windows-Eigenschaften beruhen und daher nicht in Word, Version 6.0 für den Macintosh, ausgeführt werden können.

Anweisung oder Funktion	Beschreibung
AnwAktiv(); AnwAktivieren; AnwAnzeigen; AnwFensterBreite, AnwFensterBreite(); AnwFensterHöhe, AnwFensterHöhe(); AnwFensterLinks, AnwFensterLinks(); AnwFensterOben, AnwFensterOben(); AnwGrößeÄndern; AnwMaximieren, AnwMaximieren(); AnwMinimieren, AnwMinimieren(); AnwNachrichtSenden; AnwNamenHolen, AnwNamenHolen(); AnwSchließen; AnwVerbergen; AnwVerschieben; AnwWiederherstellen, AnwWiederherstellen(); AnwZählen()	Steuerung von Anwendungsfenstern
AusführenDruckManager; MicrosoftAccess; MicrosoftPublisher; MicrosoftSchedule	Startet die angegebene Anwendung.
DateiDruckereinrichtung	Ändert den aktiven Drucker oder seine Optionen.
EndeWindows	Beendet Windows.
FreihandSchreibmodusUmschalten	Schaltet den PEN-Überarbeitungsmodus ein bzw. aus.
SteuerungAusführen	Führt die Systemsteuerung oder die Ablagemappe (Zwischenablage) aus.

Anweisung oder Funktion	Beschreibung
Umgebung$()	Gibt die einer MS-DOS®-Umgebungsvariablen zugeordnete Zeichenfolge zurück.
Verbinden	Stellt eine Netzwerkverbindung zu einer gemeinsam genutzten Festplatte oder einem gemeinsam genutzten Verzeichnis her.

Nur in Word, Version 6.0 für den Macintosh, verwendete Anweisungen und Funktionen

In der folgenden Tabelle sind die WordBasic-Anweisungen und -Funktionen aufgelistet, die auf Macintosh-Eigenschaften beruhen und daher in keiner Windows-Version von Word ausgeführt werden können.

Anweisung oder Funktion	Beschreibung
AOCEAbsenderHolen$(); AOCEBenutzerBestätigen(); AOCEBetreffBestimmen; AOCEBetreffHolen$(); AOCEEmpfängerHinzufügen; AOCEEmpfängerHolen$(); AOCEEmpfängerZählen(); AOCEFeldImAdreßfeldLöschen; AOCENachrichtSenden; DateiAOCEAdreßfeldEinblenden; DateiAOCEAdreßfeldHinzufügen; DateiAOCEAdreßfeldLöschen; DateiAOCEAllenAntwortenNachricht; DateiAOCENachrichtBeantworten; DateiAOCENachrichtSenden; DateiAOCENachrichtWeiterleiten; DateiAOCENächsterBrief	Senden und empfangen Nachrichten durch PowerTalk™ und geben Informationen über die aktive Nachricht zurück.
BearbeitenAbonnieren; BearbeitenAbonnierenOptionen; BearbeitenHerausgebenOptionen; BearbeitenNeuenVerlegerErstellen	Verwenden die Funktionen von „Herausgeben und Abonnieren" in Word für den Macintosh.
BearbeitenErsetzenPositionsrahmen; BearbeitenErsetzenRahmen; BearbeitenErsetzenTabstops; BearbeitenSuchenPositionsrahmen; BearbeitenSuchenRahmen; BearbeitenSuchenTabstops	Legen zusätzliche Formate in „Suchen und Ersetzen"-Operationen fest.
BearbeitenKopierenAlsGrafik	Kopiert den markierten Text oder das Objekt als Grafik in die Zwischenablage.

Anweisung oder Funktion	Beschreibung
BestimmenDateiErstelltVonUndTyp$(); DateiErstelltVon$(); DateiTyp$()	Setzen und bestimmen die aus vier Buchstaben bestehende Macintosh-Anwendungskennung und den Dateityp.
DateiBeenden	Beendet Word.
DateiDokumentLayout; DateiMacBenutzerSeiteEinrichtenGX; DateiMacSeiteEinrichten; DateiMacSeiteEinrichtenGX	Kontrollieren die Seiteneinrichtung für das gesamte Dokument oder bestimmte Abschnitte.
DateiDruckenEineKopie	Druckt eine (1) Kopie des aktiven Dokuments.
DlgWerteLaden, DlgWerteLaden(); DlgWerteSpeichern	Rufen Einstellungen aus benutzerdefinierten Dialogfeldern ab oder speichern diese.
Konturschrift, Konturschrift(); Schattiert, Schattiert()	Wenden zusätzliche Zeichenformate an.
MacID$()	Wandelt eine Macintosh-Anwendungskennung oder den Dateityp in einen Wert um, der von **AnwAktivieren**, **AnwSchließen**, **AnwZählen**, **AnwNamenHolen**, **AnwNamenHolen()**, **AnwAktiv()**, **Files$()**, **DateiÖffnen**, **Kill**, oder **Shell** verwendet werden kann.
MacScript, MacScript$()	Führt ein AppleScript-Skript aus.
VolumeAktivieren	Verbindet zu einem in einem Netzwerk gemeinsam genutzten Laufwerk oder Verzeichnis.
ZwischenablageAnzeigen	Zeigt die Zwischenablage und ihren Inhalt an.

Nur in Word, Version 7.0, verwendete Anweisungen und Funktionen

Die folgenden Anweisungen und Funktionen wurden Word, Version 7.0, hinzugefügt und können daher in früheren Versionen nicht ausgeführt werden. Genauere Auflistungen und Beschreibungen der einzelnen neuen WordBasic-Anweisungen und -Funktionen finden Sie unter „Neues in WordBasic" in der Online-Hilfe zu Word, Version 7.0.

Anweisung oder Funktion	Beschreibung
AbrufenAutoKorrekturAusnahme$(); ExtrasAutoKorrekturAusnahmen; ExtrasAutoKorrekturFeststelltasteAus(); ExtrasAutoKorrekturFeststelltasteAus; IstAutoKorrekturAusnahme(); ZählenAutoKorrekturAusnahmen()	Steuern neue AutoKorrektur-Funktionen.
AbrufenAdresse$(); AdresseHinzufügen; EinfügenAdresse; SeriendruckAdreßbuchVerwenden	Fügen dem Standard-MAPI-Adreßbuch Adressen hinzu bzw. geben Adressen daraus zurück.
AbrufenDokumentEigenschaft(); AbrufenDokumentEigenschaft$(); BestimmenDokumentEigenschaft; BestimmenDokumentEigenschaftVerknüpfung; DateiEigenschaften; DokumentEigenschaftLöschen; DokumentEigenschaftName$(); DokumentEigenschaftTyp(); DokumentEigenschaftVorhanden(); IstDokumentEigenschaftBenutzerdefiniert(); IstDokumentEigenschaftSchreibgeschützt(); ZählenDokumentEigenschaften()	Legen Standard- und benutzerdefinierte Dokumenteigenschaften fest und greifen darauf zu.
AutomatischÄndern; HilfeMSN; InfoAnzeigen; TipAssistent	Verwenden neue Eigenschaften der Online-Hilfe.
BearbeitenErsetzenHervorgehoben; BearbeitenErsetzenNichtHervorgehoben; BearbeitenSuchenHervorgehoben; BearbeitenSuchenNichtHervorgehoben	Geben zusätzliche Formate beim Suchen und Ersetzen an.
DateiAblegen	Legt das aktive Dokument in einem öffentlichen Ordner in Microsoft Exchange ab.
DokumentHatRechtschreibfehler(); ExtrasRechtschreibungErneutPrüfen; NächsterRechtschreibfehler; RechtschreibprüfungDurchgeführt, RechtschreibprüfungDurchgeführt()	Steuern im Hintergrund ausgeführte Rechtschreibfunktionen.
DokumentSchutz()	Zeigt den Schutzumfang für das aktive Dokument an.

Anweisung oder Funktion	Beschreibung
Hervorheben; HervorhebungsFarbe; HervorhebungsFarbe()	Heben markierten Text hervor.
MailAllenAntworten; MailAntworten; MailNachrichtEigenschaften; MailNachrichtenkopfVerbergen; MailNachrichtLöschen; MailNachrichtVerschieben; MailNachrichtWeiterleiten; MailNächsteNachricht; MailNamenAuswählen; MailNamenÜberprüfen; MailVorherigeNachricht	Verwalten Word Mail-Nachrichten.

Anweisungen mit versionsspezifischen Argumenten

Die folgenden Anweisungen entsprechen Dialogfeldern in Word und verwenden Argumente, die je nach Version ignoriert werden oder nicht in jeder Version von Word zur Verfügung stehen.

Anweisung	Versionsspezifische Argumente
AnsichtSymbolleisten	Das Argument **.QuickInfoMitShortcut** steht nur in Word, Version 7.0, zur Verfügung.
BearbeitenErsetzenZeichen	Die Argumente **.Konturschrift** und **.Schattiert** stehen nur in Word, Version 6.0 für den Macintosh, zur Verfügung.
BearbeitenSuchenZeichen	Die Argumente **.Konturschrift** und **.Schattiert** stehen nur in Word, Version 6.0 für den Macintosh, zur Verfügung.
DateiDrucken	Das Argument **.AusgabeDrucker** steht nur in Word, Version 6.0 für den Macintosh, zur Verfügung.
DateiDruckereinrichtung	Das Argument **.NichtAlsSystemStandardBestimmen** steht nur in Word, Version 7.0, zur Verfügung.
DateiManager	Das Argument **.OrdnerAnzeigen** steht nur in Word, Version 6.0 für den Macintosh, zur Verfügung.
	Die Argumente **.SuchenName**, **.Optionen**, **.Mustervergleich**, **.Ansicht**, **.SortNach**, **.AuflistenNach**, **.AusgewählteDatei**, **.OrdnerAnzeigen**, **.Hinzufügen** und **.Löschen** werden in Word, Version 7.0, ignoriert.
DlgSichtbar	Das Argument *LetzterBezeichner* steht in Word, Version 6.0 für Windows, nicht zur Verfügung.

Anweisung	Versionsspezifische Argumente
EinfügenObjekt	Die Argumente **.SymbolDateiname** und **.SymbolAnzeigen** werden in Word, Version 6.0 für den Macintosh, ignoriert.
ExtrasAutoKorrektur	Das Argument **.Feststelltaste** steht nur in Word, Version 7.0, zur Verfügung.
ExtrasOptionenAllgemein	Das Argument **.Effekte3D** steht in Word, Version 7.0, nicht zur Verfügung.
	Die Argumente **.UmwandlungBestätigen** und **.TipAssistentAktiv** stehen nur in Word, Version 7.0, zur Verfügung.
ExtrasOptionenAnsicht	Das Argument **.Hervorhebung** steht nur in Word, Version 7.0, zur Verfügung.
ExtrasOptionenAutoFormat	Die Argumente **.AufzählungZuweisen**, **.AufzählungszeichenErsetzen**, **.BrücheErsetzen**, **.RahmenZuweisen**, **.NumerierungZuweisen** und **.OptionenAnzeigenFür** stehen nur in Word, Version 7.0, zur Verfügung.
ExtrasOptionenBearbeiten	Das Argument **.TabEinzug** steht nur in Word, Version 7.0, zur Verfügung.
ExtrasOptionenDrucken	Die Argumente **.Konzept** und **.Hintergrund** stehen in Word, Version 6.0 für den Macintosh, nicht zur Verfügung.
ExtrasOptionenKompatibilität	Die Argumente **.WechselInPositionsrahmenAnzeigen**, **.GgbrSeitenRänderVertauschen**, **.UnterdrückenAbstandObenMac5**, **.AbstandInGanzenPunkten**, **.TextkörperVorKopfzeileDrucken**, **.KeinAbstandOben** und **.MWKapitälchen** stehen in Word, Version 6.0 für Windows, nicht zur Verfügung.
	Die Argumente **.KeinAbstandFürUnterstreichung**, **.KeinZusätzlicherZeilenabstand**, **.SchrifthöheAbschneiden** und **.SchriftartenNachGrößeErsetzen** stehen nur in Word, Version 7.0, zur Verfügung.
ExtrasOptionenRechtschreibung	Die Argumente **.AutomatischeRechtschreibprüfung**, **.RechtschreibKennzAusblenden** und **.ErneutPrüfen** stehen nur in Word, Version 7.0, zur Verfügung.

Anweisung	Versionsspezifische Argumente
ExtrasOptionenÜberarbeitung	Das Argument **.HervorhebungsFarbe** steht nur in Word, Version 7.0, zur Verfügung.
FormatRahmenSchattierung	Das Argument **.FeineSchattierung** wird in den Windows-Versionen von Word ignoriert.
FormatZeichen	Die Argumente **.Konturschrift** und **.Schattiert** stehen nur in Word, Version 6.0 für den Macintosh, zur Verfügung.
HilfeTipsUndTricks	Das Argument **.WordTips** steht in Word, Version 7.0, nicht zur Verfügung.
ObjektUmwandeln	Die Argumente **.SymbolDateiname** und **.SymbolAnzeigen** werden in Word, Version 6.0 für den Macintosh, ignoriert.

Anweisungen und Funktionen mit versionsspezifischem Verhalten

Die folgenden Anweisungen und Funktionen verhalten sich unterschiedlich, je nach der Version von Word, in der sie ausgeführt werden.

Anweisung oder Funktion	Versionsspezifisches Verhalten
AbrufenSysteminfo, AbrufenSysteminfo$()	In den Windows-Versionen von Word ist *Art* ein Wert zwischen 21 und 32, und die Größe des durch **AbrufenSysteminfo** gefüllten Datenfelds beträgt 12 Elemente. In Word, Version 6.0 für den Macintosh, ist *Art* ein Wert zwischen 512 und 523, und die Datenfeldgröße beträgt 15 Elemente.
	Die von den Werten 23, 25 und 27 gelieferten Zeichenfolgen sind nur in Word, Version 6.0 für Windows, das unter Windows 3.*x* ausgeführt wird, von Bedeutung.
AnwInfo$()	Die von den Werten 9 und 10 gelieferten Zeichenfolgen sind nur in Word, Version 6.0 für Windows, das unter Windows 3.*x* ausgeführt wird, sowie in Word, Version 6.0 für den Macintosh, von Bedeutung.
	Der Wert 26 steht nur in Word, Version 7.0, zur Verfügung.
AnzeigeAktualisieren	In Word, Version 6.0 für den Macintosh, wird der Inhalt von Dokumentfenstern nicht aktualisiert, wenn die Bildschirmaktualisierung ausgeschaltet ist. Dokumentrahmen bleiben jedoch sichtbar.

Anweisung oder Funktion	Versionsspezifisches Verhalten
AttributAbrufen()	In Word, Version 6.0 für den Macintosh, werden die Attribute System und Archiv nicht unterstützt.
AttributBestimmen	In Word, Version 6.0 für den Macintosh, werden die Attribute System und Archiv nicht unterstützt.
AuswInfo()	Der Wert 37 steht nur in Word, Version 7.0, zur Verfügung.
Beep	In den Windows-Versionen von Word wird der durch **Beep** erzeugte Signalton vom Argument *Fehlertyp* bestimmt; in Word, Version 6.0 für den Macintosh, erzeugt **Beep** stets den im Kontrollfeld „Ton" ausgewählten Signalton.
BefehleAuflisten	Diese Anweisung steht in Word, Version 6.0 für Windows, nicht zur Verfügung.
DateiManager	In Word, Version 6.0 für den Macintosh, verwenden Sie das Argument **.OrdnerAnzeigen**, um Dateinamen nach Ordnern zu gruppieren.
	In Word, Version 7.0, können Sie nicht mehrere Ordner mit **.Suchpfad** angeben. Außerdem ist es nicht möglich, das Dialogfeld **Datei suchen** mit Hilfe einer **Dialog**- oder **Dialog()**-Anweisung anzuzeigen.
DateiNameInfo$()	In Word, Version 6.0 für den Macintosh, liefern `DateiNameInfo$(3)` und `DateiNameInfo$(4)` denselben Wert, da Dateinamen auf dem Macintosh keine „Erweiterungen" besitzen.
	In Word, Version 6.0 für den Macintosh, liefert `DateiNameInfo$(6)` eine Zeichenfolge, die mit der Zone und dem Namen des Computers beginnt, wo die angegebene Datei gespeichert ist.

Anweisung oder Funktion	Versionsspezifisches Verhalten
DateiÖffnen	In Word, Version 6.0 für den Macintosh, können Sie mit dieser Anweisung immer nur eine Datei öffnen.
	Wenn Sie in Word, Version 6.0 für den Macintosh, ein Dokument mit **DateiÖffnen** öffnen, entspricht die Groß-/Kleinschreibung im Titel des Dokumentfensters dem durch das Argument **.Name** angegebenen Text. Beispielsweise öffnet die Instruktion `DateiÖffnen .Name = "meine datei"` ein Dokument namens „Meine Datei" in einem Dokumentfenster mit dem Titel „meine datei".
DDEExecute	In Word, Version 6.0 für den Macintosh, kann **DDEExecute** nicht verwendet werden, um Tastenfolgen an eine andere Anwendung zu senden.
Declare	In Word, Version 6.0 für Windows, können Sie lediglich externe Funktionen in 16-Bit-Bibliotheken deklarieren.
	In Word, Version 6.0 für den Macintosh, können Sie lediglich externe Funktionen in Word-Add-In-Libraries (WLLs) deklarieren.
	In Word, Version 6.0 für Windows NT, und Word, Version 7.0, können Sie lediglich externe Funktionen in 32-Bit-Bibliotheken deklarieren. Zudem wird bei den Namen externer Funktionen zwischen Groß- und Kleinschreibung unterschieden.
	Weitere Informationen zum Verwenden von **Declare** in allen Versionen von Word finden Sie unter „Aufrufen von Routinen in DLLs" in Kapitel 9, „Weitere WordBasic-Verfahren" (Teil 1, „Einstieg in WordBasic").
DlgGrafikSetzen	In Word, Version 6.0 für den Macintosh, verwendet *GrafikName$* einen Wert, der eine Datei im PICT-Format angibt, die im Ressourcenzweig der Vorlage, die den Makro enthält, gespeichert ist.
DOSNachWin$(), **WinNachDos$()**	In Word, Version 6.0 für den Macintosh, führen diese Anweisungen keine Übersetzung durch und liefern die ursprüngliche Zeichenfolge unverändert zurück.

Anweisung oder Funktion	Versionsspezifisches Verhalten
EinfügenKlang	In den Windows-Versionen von Word wird der Klangrecorder ausgeführt; in Word, Version 6.0 für den Macintosh, wird Microsoft Voice Annotation ausgeführt.
ExtrasAnpassenTastatur	Die Taste STRG unter Windows entspricht der BEFEHLSTASTE auf dem Macintosh. Die ALT-Taste unter Windows entspricht der WAHLTASTE auf dem Macintosh. Ein zusätzlicher Wert steht zur Verfügung, um ihn der CTRL-Taste auf dem Macintosh zuzuweisen.
ExtrasWeitereEinstellungen	In Word, Version 6.0 für Windows NT, und Word, Version 7.0, können Sie diese Anweisung nicht verwenden, um Einstellungen in der Registrierung zu ändern.
Files$()	In den Windows-Versionen von Word werden die Stellvertreterzeichen Fragezeichen (?) und Sternchen (*) als Dateibezeichner akzeptiert. Auf dem Macintosh werden keine Stellvertreterzeichen akzeptiert. Stattdessen wird **MacID$()** verwendet.
GetPrivateProfileString$()	In Word, Version 6.0 für Windows, und Word, Version 6.0 für den Macintosh, bezeichnen die Argumente Abschnitte und Schlüsselnamen in einer bestimmten Initialisierungsdatei. In Word, Version 6.0 für Windows NT, und Word, Version 7.0, können die Argumente Schlüssel und Werte in der Registrierung bezeichnen.
HilfeBeispieleUndDemos, **HilfeKurzübersicht**	In Word, Version 6.0 für Windows NT, und Word, Version 7.0, stehen die Beispiele, Demos und Vorschauen nicht zur Verfügung, und diese Anweisungen verursachen Fehler.
InputBox$()	Wenn der Benutzer in den Windows-Versionen von Word in einem Eingabefeld die EINGABETASTE drückt, liefert **InputBox$()** `Chr$(11)+Chr$(10)`; in Word, Version 6.0 für den Macintosh, wird `Chr$(13)` geliefert.
Kill	In den Windows-Versionen von Word werden die Stellvertreterzeichen Fragezeichen (?) und Sternchen (*) als Dateibezeichner akzeptiert. Auf dem Macintosh sind keine Stellvertreterzeichen zulässig. Stattdessen wird **MacID$()** verwendet.

Anweisung oder Funktion	Versionsspezifisches Verhalten
MsgBox, MsgBox()	In den Windows-Versionen von Word bewirkt der Wert 32 für *Art*, daß ein Fragezeichensymbol angezeigt wird. In Word, Version 6.0 für den Macintosh, wird ein Informationssymbol angezeigt.
	In Word, Version 6.0 für den Macintosh, hat ein Meldungsfeld keine Titelleiste, wenn *Titel$* eine leere Zeichenfolge (" ") ist.
Name	In den Windows-Versionen von Word können Sie diese Anweisung verwenden, um eine Datei in ein anderes Verzeichnis zu verschieben. In Word, Version 6.0 für den Macintosh, bietet **Name** diese Möglichkeit nicht.
Picture	In Word, Version 6.0 für den Macintosh, verwendet *GrafikName$* einen Wert, der eine Datei im PICT-Format angibt, die im Ressourcenzweig der Vorlage, die den Makro enthält, gespeichert ist.
SchattierungsMuster, SchattierungsMuster()	In Word, Version 6.0 für den Macintosh, wenden die Schattierungsmusterwerte von 35 bis 61 Schattierungsmuster in Schritten von 2,5% an.
SendKeys	In Word, Version 6.0 für den Macintosh, können Sie **SendKeys** verwenden, um Tastenfolgen (10 oder weniger) nur an Word zu senden; es ist nicht möglich, mit Hilfe von **SendKeys** Tastenfolgen an andere Anwendungen zu senden. Außerdem haben Sie die Möglichkeit, eine Tastenfolge zu senden, die die UMSCHALTTASTE enthält; verwenden Sie hierzu das Pluszeichen (+). Es ist jedoch nicht möglich, Tastenkombinationen, die die WAHLTASTE oder die BEFEHLSTASTE enthalten, zu senden.
SeriendruckDatenQuelleErstellen; SeriendruckDatenQuelle$(); SeriendruckDatenQuelleBearbeiten; SeriendruckÖffnenDatenQuelle; SeriendruckAbfrageOptionen	ODBC-Funktionen werden in Word, Version 6.0 für den Macintosh, nicht unterstützt.

Anweisung oder Funktion	Versionsspezifisches Verhalten
SetPrivateProfileString	In Word, Version 6.0 für Windows, und Word, Version 6.0 für den Macintosh, bezeichnen die Argumente Abschnitte und Schlüsselnamen in einer bestimmten Initialisierungsdatei. In Word, Version 6.0 für Windows NT, und Word, Version 7.0, können die Argumente Schlüssel und Werte in der Registrierung bezeichnen.
Shell	In den Windows-Versionen von Word bestimmt das Argument *FensterArt*, wie eine mit **Shell** gestartete Anwendung angezeigt wird. In Word, Version 6.0 für den Macintosh, bestimmt *FensterArt*, ob die Anwendung aktiviert ist oder nicht. In Word, Version 6.0 für den Macintosh, können Sie **MacID$()** verwenden, um einen Anwendungsnamen anzugeben.

WordBasic-Anweisungen und -Funktionen, nach Kategorien geordnet

In diesem Verzeichnis finden Sie alle WordBasic-Anweisungen und -Funktionen nach Kategorien angeordnet. Dieses Verzeichnis ist besonders praktisch, wenn Sie bereits Aktionen für Ihren Makro geplant haben, aber nicht genau wissen, welche Befehle für die Ausführung bestimmter Aufgaben zur Verfügung stehen. Das Verzeichnis bietet sich für Nachschlagezwecke an, um verwandte Anweisungen und Funktionen kennenzulernen. Innerhalb der einzelnen Kategorien sind die Namen der Anweisungen und Funktionen alphabetisch sortiert; einige Namen sind unter mehreren Kategorien zu finden.

Absatzformatierung

AbsatzAbstandSchließen
AbsatzAbstandVor
AbsatzBlock, AbsatzBlock()
AbsätzeNichtTrennen, AbsätzeNichtTrennen()
Absatzkontrolle, Absatzkontrolle()
AbsatzLinks, AbsatzLinks()
AbsatzRechts, AbsatzRechts()
AbsatzSeitenwOberhalb, AbsatzSeitenwOberhalb()
AbsatzZeilenNichtTrennen, AbsatzZeilenNichtTrennen()
AbsatzZentriert, AbsatzZentriert()
EinfügenAbsatz
Einzug
FormatAbsatz
FormatEinfügen
FormatFVDefAbsatz
FormatFVDefTab
FormatInitial
FormatKopieren
FormatTabulator
HängenderEinzug
NächsterTab()
RückEinzugAbsatz
RückEinzugSeitenrand
TabAusricht$()
TabstopArt()
VorgabeAbsatz, VorgabeAbsatz()
VorherigerTab()
Zeilenabstand1, Zeilenabstand1()
Zeilenabstand2, Zeilenabstand2()
ZeilenabstandEinsKommaFünf, ZeilenabstandEinsKommaFünf()

Abschnitts- und Dokumentformatierung

AnsichtFußzeile, AnsichtFußzeile()
AnsichtKopfFußzeileSchließen
AnsichtKopfzeile, AnsichtKopfzeile()
AnsichtNormalKopfzeileBereich
DateiDokumentLayout
DateiMacBenutzerSeiteEinrichtenGX
DateiMacSeiteEinrichten
DateiMacSeiteEinrichtenGX
EinblendenNächsteKopfFußzeile
EinblendenVorherigeKopfFußzeile
EinfügenAbschnittsWechsel
ExtrasOptionenAutoFormat
FormatAbschnitt
FormatAutoFormat
FormatSeitenzahl
FormatSpalten
FormatÜberschriftenNumerierung
FormatÜberschriftenNummer
GeheZuKopfFußzeile
HochFormatUmschalten
KopfFußzeilenVerknüpfungUmschalten
TextkörperUmschalten

Adreßbuch

AdresseHinzufügen
AbrufenAdresse$()
EinfügenAdresse
SeriendruckAdreßbuchVerwenden

Anpassung durch den Benutzer

BearbeitenSchaltflächenSymbol
BefehleAuflisten
EinfügenSchaltflächenSymbol
ExtrasAnpassen
ExtrasAnpassenMenü
ExtrasAnpassenMenüleiste
ExtrasAnpassenTastatur
GrößeSymbolleiste
MakroSchlüssel$()
MenüEintragMakro$()
MenüEintragText$()
MenüModus
MenüText$()
NeuBenennenMenü
NeueSymbolleiste
SchaltflächeHinzufügen
SchaltflächeLöschen
SchaltflächenSymbolKopieren
SchaltflächenSymbolWählen
SchaltflächeVerschieben
SymbolleistenName$()
SymbolleistenSchaltflächenMakro$()
SymbolleisteVerschieben
SymbolleistenStatus()
TastenSchlüssel()
VorgabeSchaltflächenSymbol
ZählenMenüEintrag()

ZählenMenüs()

ZählenSymbolleisten()

ZählenSymbolleistenSchaltflächen()

ZählenTasten()

Ansichtsarten

AlleAnzeigen, AlleAnzeigen()

AnsichtAnmerkungen, AnsichtAnmerkungen()

AnsichtEndnotenBereich, AnsichtEndnotenBereich()

AnsichtEndnotenFortsetzungsHinweis

AnsichtEndnotenFortsetzungsTrennlinie

AnsichtEndnotenTrennlinie

AnsichtFeldfunktionen, AnsichtFeldfunktionen()

AnsichtFormatierungsleiste, AnsichtFormatierungsleiste()

AnsichtFußnoten, AnsichtFußnoten()

AnsichtFußnotenBereich, AnsichtFußnotenBereich()

AnsichtFußnotenFortsetzungsHinweis

AnsichtFußnotenFortsetzungsTrennlinie

AnsichtFußnotenTrennlinie

AnsichtFußzeile, AnsichtFußzeile()

AnsichtGliederung, AnsichtGliederung()

AnsichtKonzept, AnsichtKonzept()

AnsichtKopfFußzeileSchließen

AnsichtKopfzeile, AnsichtKopfzeile()

AnsichtLayout, AnsichtLayout()

AnsichtLineal, AnsichtLineal()

AnsichtMenüs()

AnsichtNormal, AnsichtNormal()

AnsichtRahmenSymbolleiste

AnsichtStatusleiste, AnsichtStatusleiste()

AnsichtSymbolleisten

AnsichtZeichnungsSymbolleiste

AnsichtZentraldokument, AnsichtZentraldokument()

AnsichtZentraldokumentUmschalten

AnsichtZoom100

AnsichtZoom200

AnsichtZoom75

AnsichtZoom

AnsichtZoomGanzeSeite

AnsichtZoomSeitenbreite

DateiSeitenansicht, DateiSeitenansicht()

DateiSeitenansichtGanzerBildschirm

DateiSeitenansichtSeiten, DateiSeitenansichtSeiten()

EinblendenNächsteKopfFußzeile

EinblendenVorherigeKopfFußzeile

ExtrasOptionenAnsicht

GanzerBildschirmUmschalten

HochFormatUmschalten

Lupe, Lupe()

SeitenansichtSchließen

Anwendungssteuerung

AbrufenSysteminfo,
AbrufenSysteminfo$()

AnwAktiv()

AnwAktivieren

AnwAnzeigen

AnwFensterBreite, AnwFensterBreite()

AnwFensterHöhe, AnwFensterHöhe()

AnwFensterLinks, AnwFensterLinks()

AnwFensterOben, AnwFensterOben()

AnwGrößeÄndern

AnwInfo$()

AnwMaximieren, AnwMaximieren()

AnwMinimieren, AnwMinimieren()

AnwNachrichtSenden

AnwNamenHolen, AnwNamenHolen()

AnwSchließen

AnwVerbergen

AnwVerschieben

AnwWiederherstellen,
AnwWiederherstellen()

AnwZählen()

AusführenDruckManager

DateiBeenden

DDEExecute

DDEInitiate()

DDEPoke

DDERequest$()

DDETerminate

DDETerminateAll

DialogEditor

EndeWindows

MacID$()

MacScript, MacScript$()

Microsoft*Anwendung*

SendKeys

Shell

SteuerungAusführen

ZwischenablageAnzeigen

Aufzählungen und Numerierung

AufzählungNumerierungEntfernen

ExtrasAufzählungStandard

ExtrasNumerierungAufzählungen

ExtrasNumerierungStandard

FormatAufzählung

FormatAufzählungStandard,
FormatAufzählungStandard()

FormatAufzählungUndNumerierung

FormatFVDefNum

FormatGegliederteListe

FormatNumerierung

FormatNummerStandard,
FormatNummerStandard()

HöherstufenListe

NumerierungÜberspringen,
NumerierungÜberspringen()

TieferstufenListe

AutoKorrektur

AbrufenAutoKorrektur$()
AbrufenAutoKorrekturAusnahme$()
ExtrasAutoKorrektur
ExtrasAutoKorrektur
 AnfangsbuchstabenGroß,
ExtrasAutoKorrektur
 AnfangsbuchstabenGroß()
ExtrasAutoKorrektur
 AnfZeichenTypogr,
ExtrasAutoKorrektur
 AnfZeichenTypogr()

ExtrasAutoKorrekturAusnahmen
ExtrasAutoKorrekturFeststelltasteAus,
ExtrasAutoKorrekturFeststelltasteAus(
)
ExtrasAutoKorrekturSatzanfangGroß,
ExtrasAutoKorrekturSatzanfangGroß()
ExtrasAutoKorrekturTextErsetzen,
ExtrasAutoKorrekturTextErsetzen()
IstAutoKorrekturAusnahme()
ZählenAutoKorrekturAusnahmen()

AutoText

AbrufenAutoText$()
AutoText
AutoTextBestimmen
AutoTextName$()

BearbeitenAutoText
EinfügenAutoText
Organisieren
ZählenAutoTextEinträge()

Bearbeiten

Abbrechen
AutoFestlegenIndexEintrag
BearbeitenAusschneiden
BearbeitenEinfügen
BearbeitenErsetzen
BearbeitenGeheZu
BearbeitenGrafik
BearbeitenInhalteEinfügen
BearbeitenKopieren
BearbeitenKopierenAlsGrafik
BearbeitenLöschen
BearbeitenObjekt
BearbeitenRückgängig
BearbeitenSuchen

BearbeitenVerknüpfungen
BearbeitenWiederherstellen
BearbeitenWiederholen
Einfügen
EinfügenAbbildungsVerzeichnis
EinfügenAutoBeschriftung
EinfügenBeschriftung
EinfügenBeschriftungHinzu
EinfügenBeschriftungNumerierung
EinfügenIndex
EinfügenInhaltsverzeichnis
EinfügenManuellerWechsel
EinfügenQuerverweis
EinfügenSammlung

EinfügenSeitenwechsel
EinfügenSeitenzahlen
EinfügenSonderzeichen
EinfügenSpaltenwechsel
ExtrasOptionenBearbeiten
GroßKleinschreibungÄndern, GroßKleinschreibungÄndern()
IndexEintragFestlegen
InhaltsverzeichnisEintragAuswählen

LetztesWortLöschen
ModusErweitern()
OK
Sammlung
TextKopieren
TextVerschieben
Überschreiben, Überschreiben()
WortLöschen

Bewegen der Einfügemarke und Markieren

Abbrechen
AbrufenMarkierungAnfangPosition()
AbrufenMarkierungEndePosition()
AbrufenText$()
AbsatzOben, AbsatzOben()
AbsatzUnten, AbsatzUnten()
AmAnfangDesDokuments()
AmEndeDesDokuments()
AndererAusschnitt
BearbeitenAllesMarkieren
BeginnDokument, BeginnDokument()
BeginnFenster, BeginnFenster()
BeginnSpalte, BeginnSpalte()
BeginnTabellenzeile, BeginnTabellenzeile()
BeginnZeile, BeginnZeile()
BildAb, BildAb()
BildAuf, BildAuf()
Einfügen
EndeDokument, EndeDokument()
EndeFenster, EndeFenster()
EndeSpalte, EndeSpalte()
EndeTabellenzeile, EndeTabellenzeile()

EndeZeile, EndeZeile()
GeheZuAnmerkungsbereich
GeheZuKopfFußzeile
GeheZuNächstem*Element*
GeheZuVorherigem*Element*
HRollen, HRollen()
HSeite
HZeile
MarkierungAktuellAbstand
MarkierungAktuellAusrichtung
MarkierungAktuellEinzug
MarkierungAktuellFarbe
MarkierungAktuellSatz
MarkierungAktuellSchriftart
MarkierungAktuellTab
MarkierungAktuellWort
MarkierungArt, MarkierungArt()
MarkierungErweitern
MarkierungsbereichBestimmen
MarkierungVerkleinern
ModusErweitern()
NächsteSeite, NächsteSeite()
NächstesFeld, NächstesFeld()

NächstesFenster   VorherigesObjekt
NächstesObjekt   VorherigeZelle, VorherigeZelle()
NächsteZelle, NächsteZelle()   VRollen, VRollen()
SatzLinks, SatzLinks()   VSeite
SatzRechts, SatzRechts()   VZeile
SpalteMarkieren   WortLinks, WortLinks()
TabelleSpalteMarkieren   WortRechts, WortRechts()
TabelleTabelleMarkieren   ZeichenLinks, ZeichenLinks()
TabelleZeileMarkieren   ZeichenRechts, ZeichenRechts()
VorherigeSeite, VorherigeSeite()   ZeileOben, ZeileOben()
VorherigesFeld, VorherigesFeld()   ZeileUnten, ZeileUnten()
VorherigesFenster   ZurückEinfügemarke

Datei-Eingabe/Ausgabe

Close   Open
Eof()   Print
Input   Read
Input$()   Seek, Seek()
Line Input   Write
Lof()

Datenträgerzugriff und -verwaltung

AbrufenVerzeichnis$()   MkDir
AttributAbrufen()   Name
AttributBestimmen   PfadVonMacPfad$()
ChDefaultDir   PfadVonWinPfad$()
ChDir   RmDir
DateiKopieren   Verbinden
DefaultDir$()   VolumeAktivieren
Files$()   ZählenVerzeichnisse()
Kill

Datum und Uhrzeit

Date$()	Minute()
DatumSeriell()	Monat()
DatumWert()	OnTime
EinfügenDatumZeit	Sekunde()
EinfügenFeldDatum	Stunde()
EinfügenFeldZeit	Tag()
ExtrasÜberarbeitenDatum$()	Tage360()
ExtrasÜberarbeitenDatum()	Time$()
Heute()	Wochentag()
Jahr()	ZeitSeriell()
Jetzt()	ZeitWert()

Definition und Deklaration

Declare	Let
Dim	Redim

Dialogfelddefinitionen und Steuerelemente

Begin Dialog…End Dialog	DlgSichtbar, DlgSichtbar()
CancelButton	DlgText, DlgText$()
CheckBox	DlgWert, DlgWert()
ComboBox	DlgWerteLaden, DlgWerteLaden()
Dialog, Dialog()	DlgWerteSpeichern
DialogEditor	DropListBox
DlgAktivieren, DlgAktivieren()	FilePreview
DlgAktualDateiVorschau	GetCurValues
DlgDateiSeitenansicht, DlgDateiSeitenansicht$()	GroupBox
	InputBox$()
DlgFokus, DlgFokus$()	ListBox
DlgGrafikSetzen	MsgBox, MsgBox()
DlgKontrollKennung()	OKButton
DlgListenfeldDatenfeld, DlgListenfeldDatenfeld()	OptionButton
	OptionGroup

Picture Text
PushButton TextBox

Dokumenteigenschaften

AbrufenDokumentEigenschaft(),
AbrufenDokumentEigenschaft $()
BestimmenDokumentEigenschaft
BestimmenDokumentEigenschaft Verknüpfung
DokumentEigenschaftLöschen
DokumentEigenschaftName$()

DokumentEigenschaftTyp()
DokumentEigenschaftVorhanden()
IstDokumentEigenschaft Benutzerdefiniert()
IstDokumentEigenschaft Schreibgeschützt()
ZählenDokumentEigenschaften()

Dokumente, Dokumentvorlagen und Add-Ins

AbrufenAddInKennung()
AbrufenAddInName$()
AbrufenDokumentVar$()
AbrufenDokumentVarName$()
AddInHinzufügen, AddInHinzufügen()
AddInsLöschen
AddInStatus, AddInStatus()
AttributAbrufen()
AttributBestimmen
DateiAllesSchließen
DateiAllesSpeichern
DateiDateiInfo
DateiDokumentLayout
DateiDokVorlagen
DateiDrucken
DateiDruckenEineKopie
DateiDruckenStandard
DateiDruckereinrichtung
DateiErstelltVon$()
DateiKopieren
DateiListe

DateiMacBenutzerSeiteEinrichtenGX
DateiMacSeiteEinrichten
DateiMacSeiteEinrichtenGX
DateiManager
DateiName$()
DateiNameAusFenster$()
DateiNameInfo$()
DateiNeu
DateiNeuStandard
Datei*Nummer*
DateiÖffnen
DateiSchließen
DateiSeiteEinrichten
DateiSeitenansicht, DateiSeitenansicht()
DateiSeitenansichtGanzerBildschirm
DateiSeitenansichtSeiten, DateiSeitenansichtSeiten()
DateiSenden
DateiSpeichern
DateiSpeichernUnter
DateiTyp$()

DateiUmwandlungenBestätigen,
DateiUmwandlungenBestätigen()

DateiVerteiler

DokumentSchließen

DokumentSperren,
DokumentSperren()

DokumentStatistik

DokumentVariableBestimmen,
DokumentVariableBestimmen()

DokVorlageSpeichern

EinfügenDatei

EingabeUnterdrücken

ExtrasOptionenDateiablage

ExtrasOptionenDrucken

Files$()

GefundenDateiName$()

Kill

Konverter$()

KonverterSuchen()

LöschenAddIn

MakroDateiName$()

MarkierungDateiName$()

Name

Organisieren

PfadVonMacPfad$()

PfadVonWinPfad$()

ZählenAddIns()

ZählenDateien()

ZählenDokumentVariablen()

ZählenGefundeneDateien()

Dynamischer Datenaustausch (DDE)

BestimmenDateiErstelltVonUndTyp

DateiErstelltVon$()

DateiTyp$()

DDEExecute

DDEInitiate()

DDEPoke

DDERequest$()

DDETerminate

DDETerminateAll

MacID$()

SendKeys

Editierhilfen

DokumentHatRechtschreibfehler()

ExtrasGrammatik

ExtrasGrammatikStatistikDatenfeld

ExtrasOptionenGrammatik

ExtrasOptionenRechtschreibung

ExtrasRechtschreibAuswahl

ExtrasRechtschreibung

ExtrasRechtschreibungErneutPrüfen

ExtrasSilbentrennung

ExtrasSilbentrennungManuell

ExtrasThesaurus

NächsterRechtschreibfehler

RechtschreibprüfungDurchgeführt, ToolsGetSynonyms,
RechtschreibprüfungDurchgeführt() ToolsGetSynonyms()
ToolsGetSpelling, ToolsGetSpelling() ZählenExtrasGrammatikStatistik()

Elektronische Post und Routing

AOCEAbsenderHolen$()   DateiAOCENachrichtWeiterleiten

AOCEBenutzerBestätigen()   DateiAOCENächsterBrief

AOCEBetreffBestimmen   DateiSenden

AOCEBetreffHolen$()   DateiVerteiler

AOCEEmpfängerHinzufügen   MailAllenAntworten

AOCEEmpfängerHolen$()   MailAntworten

AOCEEmpfängerZählen()   MailNachrichtEigenschaften

AOCEFeldImAdreßfeldLöschen   MailNachrichtenkopfEinAusblenden

AOCENachrichtSenden   MailNachrichtLöschen

DateiAblegen   MailNachrichtVerschieben

DateiAOCEAdreßfeldEinblenden   MailNachrichtWeiterleiten

DateiAOCEAdreßfeldHinzufügen   MailNächsteNachricht

DateiAOCEAdreßfeldLöschen   MailNamenAuswählen

DateiAOCEAllenAntwortenNachricht   MailNamenÜberprüfen

DateiAOCENachrichtBeantworten   MailVorherigeNachricht

DateiAOCENachrichtSenden

Extras

DokumentSchutz()   ExtrasOptionenAllgemein

ExtrasAbschnittSchützen   ExtrasOptionenAnsicht

ExtrasAnpassen   ExtrasOptionenAutoFormat

ExtrasBerechnen, ExtrasBerechnen()   ExtrasOptionenBearbeiten

ExtrasBriefumschlagErstellen   ExtrasOptionenBenutzerInfo

ExtrasBriefumschlagUndEtiketten   ExtrasOptionenDateiablage

ExtrasDokumentschutzAufheben   ExtrasOptionenDrucken

ExtrasDokumentSchützen   ExtrasOptionenKompatibilität

ExtrasEtikettenErstellen   ExtrasOptionenSpeichern

ExtrasGrößeAnpassen   ExtrasOptionenÜberarbeitung

ExtrasOptionen   ExtrasSeitenumbruch

ExtrasSilbentrennung
ExtrasSilbentrennungManuell
ExtrasSprache
ExtrasÜberarbeiten
ExtrasÜberarbeitenArt()
ExtrasÜberarbeitenAutor$()
ExtrasÜberarbeitenDatum$()

ExtrasÜberarbeitenDatum()
ExtrasÜberarbeitenPrüfen
ExtrasÜberarbeitungVerbinden
ExtrasVersionsvergleich
ExtrasWeitereEinstellungen
ExtrasWörterZählen

Felder

AbrufenFeldDaten$()
AbrufenSeriendruckFeld$()
AktivierenFormularFeld
AnsichtFeldfunktionen, AnsichtFeldfunktionen()
DropDownFormularFeld
EinfügenDatumZeit
EinfügenFeld
EinfügenFeldDaten
EinfügenFeldDatum
EinfügenFeldSeite
EinfügenFeldzeichen
EinfügenFeldZeit
EinfügenFormularFeld
EinfügenSeriendruckFeld

ExtrasFeldManager
FeldaktionAusführen
FeldAnzeigeUmschalten
FelderAktualisieren
FeldFreigabe
FeldSperren
FormularFeldOptionen
KontrollkästchenFormularFeld
NächstesFeld, NächstesFeld()
QuelleAktualisieren
SeriendruckFeldName$()
TextFormularFeld
VerknüpfungLösenFelder
VorherigesFeld, VorherigesFeld()
ZählenSeriendruckFelder()

Fenster

Aktivieren
AndererAusschnitt
AnwAktivieren
AnwAnzeigen
AnwFensterBreite, AnwFensterBreite()
AnwFensterHöhe, AnwFensterHöhe()
AnwFensterLinks, AnwFensterLinks()

AnwFensterOben, AnwFensterOben()
AnwGrößeÄndern
AnwMaximieren, AnwMaximieren()
AnwMinimieren, AnwMinimieren()
AnwNamenHolen, AnwNamenHolen()
AnwSchließen
AnwVerbergen

AnwVerschieben
AnwWiederherstellen, AnwWiederherstellen()
AnwZählen()
AusschnittSchließen
DateiNameAusFenster$()
DokumentFensterBreite, DokumentFensterBreite()
DokumentFensterHöhe, DokumentFensterHöhe()
DokumentFensterPosLinks, DokumentFensterPosLinks()
DokumentFensterPosOben, DokumentFensterPosOben()
DokumentfensterTeilen, DokumentfensterTeilen()
DokumentGröße
DokumentMaximieren, DokumentMaximieren()
DokumentMinimieren, DokumentMinimieren()
DokumentSchließen
DokumentVerschieben
DokumentWiederherstellen
EndeWindows
Fenster()
FensterAlleAnordnen
FensterAusschnitt()
FensterListe
FensterName$()
FensterNeuesFenster
Fenster*Nummer*
HilfeAktivesFenster
IstMakro()
NächstesFenster
VorherigesFenster
ZählenFenster()

Formatvorlagen

FormatFormatvorlage
FormatFormatvorlagenGruppe
FormatFVDefAbsatz
FormatFVDefNum
FormatFVDefPosRahmen
FormatFVDefRahmen
FormatFVDefSprache
FormatFVDefTab
FormatFVDefZeichen
Formatvorlage
FVBeschreibung$()
FVName$()
Organisieren
StandardFV
ZählenFormatvorlagen()

Formulare

AbrufenFormularFeldergebnis(), AbrufenFormularFeldergebnis$()
AktivierenFormularFeld
AlleDropDownEinträgeEntfernen
BestimmenFormularFeldergebnis
DokumentSchutz()
DropDownEintragEntfernen
DropDownEintragHinzufügen

DropDownFormularFeld
EinfügenFormularFeld
ExtrasAbschnittSchützen
ExtrasDokumentschutzAufheben
ExtrasDokumentSchützen

FormularfelderSchattieren,
FormularfelderSchattieren( )
FormularFeldLeeren
FormularFeldOptionen
KontrollkästchenFormularFeld
TextFormularFeld

Fußnoten, Endnoten und Anmerkungen

AnmerkungsRefVonMarkierung$( )
AnsichtAnmerkungen, AnsichtAnmerkungen( )
AnsichtEndnotenBereich, AnsichtEndnotenBereich( )
AnsichtEndnotenFortsetzungsHinweis
AnsichtEndnotenFortsetzungsTrennlinie
AnsichtEndnotenTrennlinie
AnsichtFußnoten, AnsichtFußnoten( )
AnsichtFußnotenBereich, AnsichtFußnotenBereich( )
AnsichtFußnotenFortsetzungsHinweis
AnsichtFußnotenFortsetzungsTrennlinie

AnsichtFußnotenTrennlinie
EinblendenAnmerkungVon
EinfügenAnmerkung
EinfügenFußnote
EndnotenFußnotenVertauschen
EndnotenUmwZuFußnoten
FußEndnotenOptionen
FußnotenUmwZuEndnoten
GeheZuAnmerkungsbereich
UmwAlleFußnotenEndnoten
VorgabeFußnotenTrennlinie OderHinweis

Gliederungen und Zentraldokumente

AnsichtGliederung, AnsichtGliederung( )
AnsichtZentraldokument, AnsichtZentraldokument( )
AnsichtZentraldokumentUmschalten
EinblendenAlleÜberschriften
EinblendenEbene*Nummer*
FilialDokEinfügen
FilialDokEntfernen
FilialDokErstellen
FilialDokÖffnen
FilialDokTeilen

FilialDokVerbinden
GliederungAbsatzNachOben
GliederungAbsatzNachUnten
GliederungErsteZeileAnzeigen, GliederungErsteZeileAnzeigen( )
GliederungErweitern
GliederungFormatAnzeigen
GliederungHöherstufen
GliederungReduzieren
GliederungsEbene( )
GliederungTieferstufen
TieferstufenZuTextKörper

Hilfe

AutomatischÄndern	HilfeSoftwareService
Hilfe	HilfeSuchen
HilfeAktivesFenster	HilfeSymbol
HilfeBeispieleUndDemos	HilfeTastatur
HilfeIndex	HilfeTipsUndTricks
HilfeInfo	HilfeVerwenden
HilfeInhalt	InfoAnzeigen
HilfeKurzübersicht	TipAssistent
HilfeMSN	

Makros

AutoMakroUnterdrücken	MakroSchlüssel$( )
BefehlGültig( )	MenüEintragMakro$( )
ExtrasMakro	OnTime
IstMakro( )	Organisieren
IstNurAusführen( )	REM
MakroAufzeichnungUnterbrechen	SymbolleistenSchaltflächenMakro$( )
MakroBeschr$( )	VariablenAnzeigen
MakroDateiName$( )	WW2CallingConvention
MakroKopieren	WW2CallingConvention( )
MakroName$( )	ZählenMakros( )
MakroNameAusFenster$( )	

Objektverknüpfung und -einbettung

BearbeitenAbonnieren	BearbeitenVerknüpfungen
BearbeitenAbonnierenOptionen	DateiGrafikSchließen
BearbeitenGrafik	EinfügenDatenbank
BearbeitenHerausgebenOptionen	EinfügenDiagramm
BearbeitenInhalteEinfügen	EinfügenExcelTabelle
BearbeitenNeuenVerlegerErstellen	EinfügenFormel
BearbeitenObjekt	EinfügenGrafik

EinfügenKlang
EinfügenObjekt
EinfügenWordArt
ObjektAktivieren
ObjektUmwandeln

Rahmenlinien und Positionsrahmen

AnsichtRahmenSymbolleiste
EinfügenPosRahmen
EntfernenPosRahmen
FormatFVDefPosRahmen
FormatFVDefRahmen
FormatPosRahmen
FormatRahmenSchattierung
Kasten, Kasten()
OhneRahmenlinien, OhneRahmenlinien()

RahmenlinieInnen, RahmenlinieInnen()
RahmenlinieLinks, RahmenlinieLinks()
RahmenlinienArt, RahmenlinienArt()
RahmenlinieOben, RahmenlinieOben()
RahmenlinieRechts, RahmenlinieRechts()
RahmenlinieUnten, RahmenlinieUnten()
SchattierungsMuster, SchattierungsMuster()

Seriendruck

AbrufenSeriendruckFeld$()
EinfügenSeriendruckFeld
ExtrasDatensatzHinzufügen
ExtrasDatensatzLöschen
Seriendruck
SeriendruckAbfrageOptionen
SeriendruckAdreßbuchVerwenden
SeriendruckAnDrucker
SeriendruckAnfrageChevrons Umwandeln,
SeriendruckAnfrageChevrons Umwandeln()
SeriendruckAnsichtDaten, SeriendruckAnsichtDaten()
SeriendruckChevronsUmwandeln, SeriendruckChevronsUmwandeln()
SeriendruckDatenMaske

SeriendruckDatenQuelle$()
SeriendruckDatenQuelleBearbeiten
SeriendruckDatenQuelleErstellen
SeriendruckDatensatzGefunden()
SeriendruckDatensatzSuchen
SeriendruckEinfügenBestimmen
SeriendruckEinfügenDatensatz
SeriendruckEinfügenEingeben
SeriendruckEinfügenFrage
SeriendruckEinfügenNächster
SeriendruckEinfügenNächsterWenn
SeriendruckEinfügenSeq
SeriendruckEinfügenÜberspringen
SeriendruckEinfügenWenn
SeriendruckErsterDatensatz
SeriendruckFeldName$

WordBasic—Anweisungen und—Funktionen nach Kategorien geordnet

SeriendruckGeheZuDatensatz,
SeriendruckGeheZuDatensatz()
SeriendruckHauptdokumentArt,
SeriendruckHauptdokumentArt()
SeriendruckHauptdokumentBearbeiten
SeriendruckInDokument
SeriendruckLetzterDatensatz
SeriendruckLösen
SeriendruckManager

SeriendruckNächsterDatensatz
SeriendruckÖffnenDatenQuelle
SeriendruckÖffnenSteuersatzQuelle
SeriendruckPrüfen
SeriendruckStatus()
SeriendruckSteuersatzQuelleBearbeiten
SeriendruckSteuersatzQuelleErstellen
SeriendruckVorherigerDatensatz
ZählenSeriendruckFelder()

Suchen und Ersetzen

BearbeitenErsetzen
BearbeitenErsetzenAbsatz
BearbeitenErsetzenFV
BearbeitenErsetzenHervorgehoben
BearbeitenErsetzenLöschen
  Formatierung
BearbeitenErsetzenNicht
  Hervorgehoben
BearbeitenErsetzenPositionsrahmen
BearbeitenErsetzenRahmen
BearbeitenErsetzenSprache
BearbeitenErsetzenTabstops
BearbeitenErsetzenZeichen

BearbeitenSuchen
BearbeitenSuchenAbsatz
BearbeitenSuchenFV
BearbeitenSuchenGefunden()
BearbeitenSuchenHervorgehoben
BearbeitenSuchenLöschenFormatierung
BearbeitenSuchenNichtHervorgehoben
BearbeitenSuchenPositionsrahmen
BearbeitenSuchenRahmen
BearbeitenSuchenSprache
BearbeitenSuchenTabstops
BearbeitenSuchenZeichen
SuchenWiederholen

Tabellen

EinfügenExcelTabelle
FeldTrennzeichen$,
FeldTrennzeichen$()
NächsteZelle, NächsteZelle()
TabelleAktualisierenAutoFormat
TabelleAutoFormat
TabelleAutoSumme
TabelleFormel

TabelleGitternetzlinien,
TabelleGitternetzlinien()
TabelleInText
TabelleSortieren
TabelleSortierenANachZ
TabelleSortierenZNachA
TabelleSpalteEinfügen
TabelleSpalteLöschen

TabelleSpalteMarkieren
TabelleSpaltenBreite
TabelleTabelleEinfügen
TabelleTabelleMarkieren
TabelleTeilen
TabelleÜberschriften, TabelleÜberschriften( )
TabelleZeileEinfügen
TabelleZeileLöschen
TabelleZeileMarkieren
TabelleZeilenHöhe
TabelleZellenEinfügen
TabelleZellenLöschen
TabelleZellenTeilen
TabelleZellenVerbinden
TextInTabelle
VorherigeZelle, VorherigeZelle( )

Textmarken

AbrufenTextmarke$( )
BearbeitenTextmarke
BeginnTextmarkeBestimmen
EndeTextmarkeBestimmen
LeereTextmarke( )
TextmarkeKopieren
TextmarkeName$( )
TextmarkenVergleichen( )
TextmarkeVorhanden( )
ZählenTextmarken( )

Umgebung

AbrufenSysteminfo( ), AbrufenSysteminfo$( )
AnsichtMenüs( )
AnwInfo$( )
AnzeigeAktualisieren, AnzeigeAktualisieren( )
AnzeigeAktualisierung
AuswInfo( )
Beep
BefehlGültig( )
DokumentBearbeitetBestimmen
DokumentSperren, DokumentSperren( )
DokVorlageBearbeitetBestimmen
DOSNachWIN$( )
Err
Error
GetPrivateProfileString$( )
GetProfileString$( )
IstDokumentGeändert( )
IstDokVorlageGeändert( )
IstMakro( )
IstNurAusführen( )
MakroDateiName$( )
MarkierungArt, MarkierungArt( )
MicrosoftSysteminfo
Sanduhr
SetPrivateProfileString, SetPrivateProfileString( )
SetProfileString
Umgebung$( )
WinNachDOS$( )

Verzweigung und Steuerung

Call	OnTime
For…Next	Select Case
Function…End Function	Stop
Goto	Sub…End Sub
If…Then…Else	While…Wend
On Error	

Zeichenfolgen und numerische Werte

Abs()	Mid$()
Asc()	Right$()
Chr$()	Rnd()
InStr()	RTrim$()
Int()	Sgn()
LCase$()	SortDatenfeld
Left$()	Str$()
Len()	String$()
LöschenZeichen$()	UCase$()
LTrim$()	Val()
Markierung$()	

Zeichenformatierung

DoppeltUnterstreichen, DoppeltUnterstreichen()	FormatGroßKleinschreibung
	FormatKopieren
Durchstreichen, Durchstreichen()	FormatZeichen
EmpfängerAdreßSchriftart	Großbuchstaben, Großbuchstaben()
ExtrasSprache	Hervorheben
Fett, Fett()	HervorhebungsFarbe, HervorhebungsFarbe()
FormatAbsenderSchriftart	
FormatEinfügen	Hochgestellt, Hochgestellt()
FormatFVDefSprache	Kapitälchen, Kapitälchen()
FormatFVDefZeichen	Konturschrift, Konturschrift()

Kursiv, Kursiv()
PunktiertUnterstreichen, PunktiertUnterstreichen()
Schattiert, Schattiert()
Schriftart, Schriftart$()
SchriftartenErsetzung
Schriftgrad, Schriftgrad()
SchriftgradAuswahl
SchriftVergrößern
SchriftVergrößernEinPunkt
SchriftVerkleinern
SchriftVerkleinernEinPunkt
Sprache, Sprache$()

StandardZeichenLaufweite
StandardZeichenPosition
SymbolSchriftart
Tiefgestellt, Tiefgestellt()
Unterstrichen, Unterstrichen()
Verborgen, Verborgen()
VorgabeZeichen, VorgabeZeichen()
WortUnterstreichen, WortUnterstreichen()
ZählenSchriftarten()
ZählenSprachen()
ZeichenFarbe, ZeichenFarbe()

Zeichnen

AnsichtZeichnungsSymbolleiste
BearbeitenKopierenAlsGrafik
EinfügenZeichnung
FormatGrafik
FormatLegende
FormatZeichnungsElement
FreihandSchreibmodusUmschalten
MarkierungZeichnungsElement
ZeichnungAbgerundetesRechteck
ZeichnungAmRasterAusrichten
ZeichnungArtAbfragen()
ZeichnungAuflösenGrafik
ZeichnungAusrichten
ZeichnungBereichLöschen
ZeichnungBereichSetzen, ZeichnungBereichSetzen()
ZeichnungBewegenNachLinks
ZeichnungBewegenNachLinksPixel
ZeichnungBewegenNachOben

ZeichnungBewegenNachObenPixel
ZeichnungBewegenNachRechts
ZeichnungBewegenNachRechtsPixel
ZeichnungBewegenNachUnten
ZeichnungBewegenNachUntenPixel
ZeichnungBogen
ZeichnungDrehenLinks
ZeichnungDrehenRechts
ZeichnungEinfügemarke AnTextfeldSetzen
ZeichnungEinfügemarke AnVerankerungsPunktSetzen
ZeichnungEinfügenLinie
ZeichnungEinfügenWordGrafik
ZeichnungEllipse
ZeichnungFreihandVieleck
ZeichnungGruppierungAufheben
ZeichnungHinterText
ZeichnungHorizontalKippen
ZeichnungInHintergrund

ZeichnungInVordergrund
ZeichnungLegende
ZeichnungLegendenTextfeldAbfragen
ZeichnungLegendenTextfeldBestimmen
ZeichnungLinienPunkteAbfragen
ZeichnungLinienPunkteSetzen
ZeichnungLinienPunkteZählen()
ZeichnungMarkieren, ZeichnungMarkieren()
ZeichnungMarkierenNächste
ZeichnungMarkierenVorherige
ZeichnungMarkierungAufheben

ZeichnungMarkierungErweitern
ZeichnungNachHinten
ZeichnungNachVorne
ZeichnungRechteck
ZeichnungsGruppe
ZeichnungTextfeld
ZeichnungUmformen
ZeichnungVertikalKippen
ZeichnungVorText
ZeichnungWordGrafikVorgabe
ZeichnungZählen()

Anweisungen und Funktionen A – Z

Anweisungen und Funktionen werden in alphabetischer Reihenfolge angeführt. Der Name der Anweisung oder Funktion erscheint als fettgedruckte Überschrift am Seitenrand. Der Überschrift folgen die Angaben für die zu verwendende Syntax. Hier ist ein Beispiel für die Syntaxangabe:

ZeichenLinks [*Anzahl*] [, *Markieren*]

Nach dem Namen der Anweisung bzw. der Funktion stehen die Argumente. Alle fettgedruckten Argumente müssen genau wie angegeben in Ihre Makroinstruktion eingegeben werden. Argumente, die nicht in Klammern stehen, sind erforderlich und müssen in der Makroinstruktion enthalten sein; Argumente in Klammern sind wahlweise. Die Klammern dienen jedoch nur zur Unterscheidung der erforderlichen und der wahlweisen Argumente; in die Makroinstruktionen werden die Klammern nicht mit eingegeben. An kursiver Formatierung können Sie Argumentnamen oder Platzhalter erkennen, die Sie in Ihren Makroinstruktionen durch eigentliche Werte oder bereits definierte Variablen ersetzen müssen.

Die folgenden drei Beispiele sind gültige **ZeichenLinks**-Anweisungen in einem Makro:

```
ZeichenLinks
ZeichenLinks 1
ZeichenLinks 1, 1
```

Vorausgesetzt, Sie hätten den beiden numerischen Variablen `Verslchieben` und `Erweitern` gültige Werte zugewiesen, könnte die Anweisung **ZeichenLinks** folgendermaßen aussehen:

```
ZeichenLinks Verschieben, Erweitern
```

Beachten Sie, daß Argumente immer durch Kommas voneinander getrennt sein müssen. Die für die Argumente gültigen Werte finden Sie – zumeist in einer Tabelle – in der Beschreibung der Anweisung oder Funktion unter der Syntaxangabe. Wie oben erwähnt, enthalten einige Syntaxangaben erforderliche Argumente. Zum Beispiel:

BearbeitenErsetzenFV .Formatvorlage = *Text*

Um diese Anweisung zu verwenden, müssen Sie das Argument **.Formatvorlage** mit in Ihrer Instruktion angeben. Der fettgedruckte Text wird genauso wie in der Syntaxangabe in der Instruktion wiedergegeben; beachten Sie hierbei den Punkt vor dem Wort "Formatvorlage", der ebenfalls mit in die Instruktion eingegeben werden muß. Der Platzhalter *Text* wird in den folgenden Beispielen durch die Variablen Überschrift 1 und Standard ersetzt – den Namen von Formatvorlagen:

```
BearbeitenErsetzenFV .Formatvorlage = "Überschrift 1"
BearbeitenErsetzenFV .Formatvorlage = "Standard"
```

Andere Anweisungen und Funktionen können eine Mischung aus erforderlichen und wahlweisen Argumenten haben, zum Beispiel:

BearbeitenAutoText .Name = *Text* [, **.Kontext** = *Zahl*] [, **.EinfügenAls** = *Zahl*] [, **.Einfügen**] [, **.Hinzufügen**] [, **.Löschen**]

Dieser Syntax entsprechend, müssen Sie das erste Argument und seinen Wert angeben, brauchen aber die anderen Argumente nicht zu verwenden. Möchten Sie weitere hinzufügen, müssen Sie sie durch Kommas abtrennen. Zum Beispiel:

```
BearbeitenAutoText .Name = "Anrede", .Kontext = 1, .Hinzufügen
```

Weitere Informationen über die WordBasic-Syntax finden Sie in Teil 1, "Einstieg in WordBasic". Er enthält zahlreiche Beispiele zur korrekten Verwendung der WordBasic-Anweisungen und -Funktionen. Die WordBasic-Hilfe und die meisten Einträge in dem vorliegenden Teil 2, „Anweisungen und Funktionen", enthalten außerdem Beispiele zur Verwendung spezifischer Anweisungen oder Funktionen. Weitere Informationen über die in diesem Handbuch verwendeten Schreibweisen finden Sie unter „Hinweise zu diesem Handbuch", Typografische Konventionen.

Abbrechen

Syntax   Abbrechen

Bemerkungen   Bricht einen Modus ab, der durch die Anweisungen **SpalteMarkieren**, **FormatKopieren**, **TextKopieren** oder **MarkierungErweitern** aktiviert wurde.

Beispiel   Dieses Beispiel fügt den Inhalt der Zwischenablage in ein Dokument ein, markiert den eingefügten Text und weist dann den markierten Text einer Variablen zu.
Dazu fügt der Makro an der Einfügemarke eine Textmarke ein. Anschließend fügt er den Text aus der Zwischenablage ein und markiert dann mit **MarkierungErweitern** den eingefügten Text. Die Anweisung **Abbrechen** schaltet den Erweiterungsmodus wieder aus. Daher wird kein Text markiert, wenn die nächste Anweisung die Einfügemarke an das Ende des Dokuments verschiebt.

```
TextmarkeKopieren "\Sel", "temp"
BearbeitenEinfügen
MarkierungErweitern
BearbeitenGeheZu "temp"
Eingefügt$ = Markierung$()
Abbrechen
EndeDokument
```

Siehe auch   **OK**

AbrufenAddInKennung()

Syntax   **AbrufenAddInKennung**(*AddIn$*)

Bemerkungen   Liefert eine Zahl, die der Position der angegebenen Dokumentvorlage oder des angegebenen Add-Ins in der Liste globaler Vorlagen und Add-Ins im Dialogfeld **Dokumentvorlagen und Add-Ins** (Befehl **Dokumentvorlage**, Menü **Datei**) entspricht. 1 entspricht der ersten Dokumentvorlage oder dem ersten Add-In, 2 der bzw. dem zweiten usw. Wenn *AddIn$* keine aktuelle globale Dokumentvorlage und kein globales Add-In bezeichnet, liefert **AbrufenAddInKennung**() den Wert 0 (Null).

Argument	Erklärung
AddIn$	Der Pfadname (falls notwendig) und Dateiname der Dokumentvorlage oder Word Add-In-Library (WLL).

Beispiel   Dieses Beispiel zeigt eine von zwei möglichen Meldungen an, je nachdem, ob die angegebene Dokumentvorlage im Moment geladen ist. Geben Sie auf dem Macintosh einen Pfad- und Dateinamen wie zum Beispiel FP:VORLAGEN:MEINE VORLAGE an.

```
Kennung = AbrufenAddInKennung("C:\VORLAGEN\TEST.DOT")
If Kennung > 0 Then
    MsgBox "TEST.DOT ist eine globale Dokumentvorlage mit der Nummer " \
        + Str$(Kennung) + "."
Else
    MsgBox "TEST.DOT ist momentan keine globale Dokumentvorlage."
End If
```

Siehe auch AbrufenAddInName$(), AddInHinzufügen, AddInsLöschen, AddInStatus, LöschenAddIn, ZählenAddIns()

AbrufenAddInName$()

Syntax **AbrufenAddInName$**(*AddInKennung*)

Bemerkungen Liefert den Pfad- und Dateinamen der globalen Dokumentvorlage oder des globalen Add-Ins, deren bzw. dessen Position in der Liste globaler Vorlagen und Add-Ins im Dialogfeld **Dokumentvorlagen und Add-Ins** (Befehl **Dokumentvorlage**, Menü **Datei**) der *AddInKennung* entspricht. Hierbei entspricht 1 der ersten Dokumentvorlage bzw. dem ersten Add-In, 2 der/dem zweiten usw.

Beispiel Dieses Beispiel zeigt in einem Meldungsfeld eine Liste der aktuellen globalen Dokumentvorlagen und Add-Ins an:

```
Größe = ZählenAddIns() - 1
Dim GlobaleAddIns$(Größe)
For i = 0 To Größe
    GlobaleAddIns$(i) = AbrufenAddInName$(i + 1)
    Mldg$ = Mldg$ + GlobaleAddIns$(i) + Chr$(13)
Next
MsgBox Mldg$, "Aktuelle globale Dokumentvorlagen und Add-Ins"
```

Siehe auch AbrufenAddInKennung(), AddInHinzufügen, AddInsLöschen, AddInStatus, LöschenAddIn, ZählenAddIns()

AbrufenAdresse$()

Syntax **AbrufenAdresse$**([*Name$*], [*AdreßEigenschaften$*], [*AutoTextVerwenden*], [*AnzeigenNameAuswählenDialog*], [*NamenAuswählenModus*], [*NamenÜberprüfenDialog*], [*ZuletztVerwendetAuswahl*], [*ZuletztVerwendetAktualisieren*])

AbrufenAdresse$()

Bemerkungen Liefert eine Adresse aus dem Standard-Adreßbuch. **AbrufenAdresse$()** ist nur verfügbar, wenn Sie Windows 95 und entweder Microsoft Exchange oder Schedule+, Version 2.0, installiert haben. In Word, Version 6.0, ist **AbrufenAdresse$()** nicht verfügbar und erzeugt einen Fehler.

Hinweis Bitte beachten Sie, daß die Argumente von **AbrufenAdresse$()** nicht mit den angegebenen Namen angesprochen werden können. Verwenden Sie stattdessen die Werte für die Argumente in der angegebenen Reihenfolge.

Argument	Erklärung
Name$	Der Name des Adressaten, wie er im Dialogfeld **Namen suchen** im Adreßbuch festgelegt wurde.
AdreßEigenschaften$	Wenn *AutoTextVerwenden* auf 1 gesetzt ist, legt *AdreßEigenschaften$* den Namen eines AutoText-Eintrages fest, in dem eine Reihe von Adreßbuch-Eigenschaften definiert ist.
	Ist *AutoTextVerwenden* auf 0 (Null) gesetzt oder nicht angegeben, definiert *AdreßEigenschaften$* ein benutzerdefiniertes Layout. Gültige Namen für Adreßbuch-Eigenschaften oder Folgen von Eigenschaftsnamen werden in Winkelklammern eingeschlossen („<" und „>") und durch Leerzeichen oder Absatzmarken getrennt (z.B. „<PR_GIVEN_NAME> <PR_SURNAME>" + Char$(13) + „<PR_OFFICE_TELEPHONE_NUMBER>").
	Wird *AdreßEigenschaften$* nicht angegeben, sucht Word nach dem Standard-AutoText-Eintrag **AdreßLayout**. Ist **AdreßLayout** nicht definiert, verwendet Word für die Adresse folgende Layout-Definition: „<PR_GIVEN_NAME> <PR_SURNAME>" + Char$(13) + „<PR_STREET_ADDRESS>" + Chr$(13) + Chr$(13) + „<PR_POSTAL_CODE>" + „ " + „<PR_LOCALITY>" + Chr$(13) + „<PR_COUNTRY>".
	Eine Liste der gängigsten zulässigen Namen für Adreßbuch-Eigenschaften finden Sie unter **AdresseHinzufügen**.
AutoTextVerwenden	Gibt den durch *AdreßEigenschaften$* definierten Wert an:
	0 (Null) oder fehlt Definiert das Layout (Anordnung) der Adreßbucheigenschaften.
	1 Gibt den Namen des AutoText-Eintrags an, der das Layout der Adreßbucheigenschaften definiert.

Argument	Erklärung
AnzeigenNameAuswählen Dialog	Bestimmt, ob das Dialogfeld **Name auswählen** angezeigt wird:
	0 (Null) Das Dialogfeld **Name auswählen** wird nicht angezeigt.
	1 oder fehlt Das Dialogfeld **Name auswählen** wird angezeigt.
	2 Das Dialogfeld **Name auswählen** wird nicht angezeigt, es wird aber keine Suche nach einem bestimmten Namen durchgeführt. **AbrufenAdresse$**() liefert die zuvor ausgewählte Adresse.
NamenAuswählen Modus	Legt fest, wie das Dialogfeld **Name auswählen** angezeigt werden soll:
	0 (Null) oder fehlt Im Modus Durchsuchen
	1 Im Modus Erstellen, nur mit dem Feld An:
	2 Im Modus Erstellen, mit den Feldern An: und Cc:
	3 Im Modus Erstellen, mit den Feldern An:, Cc: und Bcc:.
NamenÜberprüfen Dialog	Legt fest, ob das Dialogfeld **Namen überprüfen** angezeigt wird, wenn der Wert von *Name$* nicht genügend spezifiziert ist:
	0 (Null) Das Dialogfeld **Namen überprüfen** wird nicht angezeigt.
	1 oder fehlt Das Dialogfeld **Namen überprüfen** wird angezeigt.
	Dieses Argument wird ignoriert, wenn *NameAuswählenDialog* ungleich 0 (Null) ist.
	Wenn *NamenAuswählenModus* auf 1 oder 2 gesetzt ist, werden alle Namen geprüft, bevor das Dialogfeld **Name auswählen** geschlossen wird.
ZuletztVerwendet Auswahl	Bestimmt, welche Liste zuletzt verwendeter Adressen als Adreßliste eingesetzt wird:
	0 (Null) oder fehlt Die Liste der Empfängeradressen
	1 Die Liste der Absenderadressen
ZuletztVerwendet Aktualisieren	Legt fest, ob die neue Adresse zur Liste der zuletzt verwendeten Adressen hinzugefügt wird:
	0 (Null) oder fehlt Die Adresse wird nicht hinzugefügt.
	1 Die Adresse wird hinzugefügt.
	Wenn *NamenAuswählenModus* auf 1 oder 2 gesetzt ist, wird *ZuletztVerwendetAktualisieren* ignoriert.

Beispiele

Dieses Beispiel weist der Variablen BriefAdresse$ die Adresse von Hans Müller (der Name, wie er im Adreßbuch angezeigt wird) zu, bewegt die Einfügemarke an den Anfang des Dokuments und fügt die Adresse dort ein. Die eingefügte Adresse umfaßt die Standard-Adreßbuch-Eigenschaften.

```
BriefAdresse$ = AbrufenAdresse$("Hans Müller", "", 0, 0)
BeginnDokument
Einfügen BriefAdresse$
```

Das folgende Beispiel fügt die Adresse von Hans Müller ein, wobei der AutoText-Eintrag „Mein Adreßlayout" als Layout-Definition verwendet wird. „Mein Adreßlayout" ist in der aktiven Dokumentvorlage definiert und enthält eine Reihe von Adreß-Eigenschaften, die der Variablen Text$ zugeordnet werden. Das Beispiel trägt die Adresse von Hans Müller außerdem in die Liste der zuletzt verwendeten Adressen ein.

```
Text$ = "<PR_GIVEN_NAME> <PR_SURNAME>" + Chr$(13) + \
    "<PR_STREET_ADDRESS>" + Chr$(13) + Chr$(13) + \
    "<PR_POSTAL_CODE>" + " " + "<PR_LOCALITY>" + \
    Chr$(13) + "<PR_OFFICE_TELEPHONE_NUMBER>"
AutoTextBestimmen "Mein Adreßlayout", Text$, 1
BriefAdresse$ = AbrufenAdresse$("Hans Müller", \
    "Mein Adreßlayout",1, , , , 1)
BeginnDokument
Einfügen BriefAdresse$
```

Das nächste Beispiel trägt Informationen aus derselben Adresse an zwei verschiedenen Stellen im aktiven Dokument ein, wobei es jeweils unterschiedliche Eigenschaften verwendet. Die zweite Instruktion **AbrufenAdresse$()** zeigt dabei das Dialogfeld **Name auswählen** des Adreßbuchs nicht an.

```
BriefAddresse$ = AbrufenAdresse$("Hans Müller", \
    "<PR_GIVEN_NAME> <PR_SURNAME>" + Chr$(13) + \
    "<PR_STREET_ADDRESS>" + Chr$(13) + Chr$(13) + \
    "<PR_POSTAL_CODE> <PR_LOCALITY>" + Chr$(13) + \
    "<PR_OFFICE_TELEPHONE_NUMBER>",0, 0)
BriefVorName$ = AbrufenAdresse$( , "<PR_GIVEN_NAME>" \
    , , 2)
BeginnDokument
Einfügen BriefAdresse$
EinfügenAbsatz
Einfügen "Lieber "
Einfügen BriefVorName$
EinfügenAbsatz
```

Siehe auch

AdresseHinzufügen, AutoText, EinfügenAdresse, ExtrasBriefumschlagErstellen, ExtrasEtikettenErstellen

AbrufenAutoKorrektur$()

Syntax AbrufenAutoKorrektur$(*AutoKorrekturEintrag$*)

Bemerkungen Liefert als Ergebnis den Text, der als Ersetzungstext im Dialogfeld **AutoKorrektur** (Menü Extras) unter „Durch" erscheint, wenn man den als *AutoKorrekturEintrag$* angegebenen Text im Feld „Ersetzen" wählt. Falls *AutoKorrekturEintrag$* nicht existiert, liefert **AbrufenAutoKorrektur$()** eine leere Zeichenfolge (" ").

Argument	Erklärung
AutoKorrekturEintrag$	Der Text, der im Dialogfeld **AutoKorrektur** unter „Ersetzen" angegeben und durch die AutoKorrektur durch anderen Text ersetzt wird. Groß- und Kleinschreibung spielen bei *AutoKorrekturEintrag$* keine Rolle. Beispielsweise könnten Sie den Eintrag „Uawg" („Um Antwort wird gebeten.") als „UAWG" oder „uawg" eingeben.

Beispiel Dieses Beispiel prüft den Ersetzungstext für den AutoKorrektur-Eintrag "UAwg". Stimmt der Ersetzungstext nicht mit "Um Antwort wird gebeten." überein, wird der AutoKorrekturEintrag dementsprechend geändert.

```
If AbrufenAutoKorrektur$("uawg") <> "Um Antwort wird gebeten." Then
    ExtrasAutoKorrektur .Ersetzen = "uawg", \
        .Durch = "Um Antwort wird gebeten.", .Hinzufügen
End If
```

Siehe auch ExtrasAutoKorrektur

AbrufenAutoKorrekturAusnahme$()

Syntax AbrufenAutoKorrekturAusnahme$(*Registerkarte, EintragNummer*)

Bemerkungen Liefert den Text der Ausnahme, die unter *EintragNummer* auf der festgelegten *Registerkarte* im Dialogfeld **AutoKorrektur-Ausnahmen** (Befehl **AutoKorrektur**, Menü **Extras**) gespeichert ist. In Word, Version 6.0, ist **AbrufenAutoKorrekturAusnahme$()** nicht verfügbar, und ein Fehler tritt auf.

	Argument	Erklärung
	Registerkarte	Die Registerkarte, auf der Word nach dem Ausnahmenlisteneintrag sucht:
		0 (Null) Erster Buchstabe
		1 WOrtanfang GRoß
	EintragNummer	Die Nummer des Eintrags in der Ausnahmenliste, die zwischen 1 und der von **ZählenAusnahmenListe Einträge()** gelieferten Anzahl liegt.

Beispiel

Dieses Beispiel erzeugt das Datenfeld Ausnahmen$(), das alle vorhandenen Ausnahmen auf der Registerkarte **WOrtanfang GRoß** im Dialogfeld **AutoKorrektur-Ausnahmen** (Befehl **AutoKorrektur**, Menü **Extras**) enthält:

```
Größe = ZählenAutoKorrekturAusnahmen(1) - 1
Dim Ausnahmen$(Größe)
For Zähler = 0 To Größe
    Ausnahmen$(Zähler) = AbrufenAutoKorrekturAusnahme$(1, Zähler + 1)
Next
```

Das folgende Beispiel löscht alle Ausnahmen aus der Registerkarte **WOrtanfang GRoß** im Dialogfeld **AutoKorrektur-Ausnahmen** (Befehl **AutoKorrektur**, Menü **Extras**):

```
For n = 1 To ZählenAutoKorrekturAusnahmen (1)
    ac$ = AbrufenAutoKorrekturAusnahme$ (1, 1)
    ExtrasAutoKorrekturAusnahmen .Registerkarte = 1, \
        .Name = ac$, .Löschen
Next
```

Siehe auch

ExtrasAutoKorrekturAusnahmen, IstAutoKorrekturAusnahme(), ZählenAutoKorrekturAusnahmen()

AbrufenAutoText$()

Syntax **AbrufenAutoText$**(*Name$* [, *Kontext*])

Bemerkungen Liefert als Ergebnis den angegebenen AutoText-Eintrag als unformatierten Text.

Argument	Erklärung
Name$	Der Name des AutoText-Eintrags.
Kontext	Die Speicherposition des AutoText-Eintrags:
	0 (Null) oder fehlt Die Dokumentvorlage „Normal" und andere geladene globale Dokumentvorlagen
	1 Die aktive Dokumentvorlage
	Anmerkung: Wenn *Kontext* gleich 1 und die aktuelle Dokumentvorlage „Normal" ist, dann liefert **AbrufenAutoText$**() eine leere Zeichenfolge (" ").

Beispiel Dieses Beispiel zeigt in einem Meldungsfeld den Inhalt des AutoText-Eintrags „Willkommen" an, der in der aktuellen Dokumentvorlage gespeichert wird:

```
MsgBox AbrufenAutoText$("Willkommen", 1)
```

Siehe auch **AutoText, AutoTextBestimmen, AutoTextName$(), BearbeitenAutoText, EinfügenAutoText, ZählenAutoTextEinträge()**

AbrufenDokumentEigenschaft(), AbrufenDokumentEigenschaft$()

Syntax **AbrufenDokumentEigenschaft**(*Name$* [, *BenutzerdefiniertOderStandard*])

**AbrufenDokumentEigenschaft$**(*Name$* [, *BenutzerdefiniertOderStandard*])

Bemerkungen **AbrufenDokumentEigenschaft**() liefert die im aktiven Dokument definierte Eigenschaft *Name$* in numerischer Darstellung. Diese kann eine benutzerdefinierte oder eine Standard-Eigenschaft sein. Ein Fehler tritt auf, wenn die Eigenschaft *Name$* eine Zeichenfolge, ein Datum oder nicht definiert ist. Die Eigenschaften Ja und Nein werden als 1 bzw. 0 (Null) zurückgegeben.

AbrufenDokumentEigenschaft$**() liefert die im aktiven Dokument definierte Eigenschaft *Name$* als Zeichenfolge. Diese kann eine benutzerdefinierte oder eine Standard-Eigenschaft sein. Bei **AbrufenDokumentEigenschaft$**() tritt ein Fehler auf, wenn die Eigenschaft *Name$* eine Zahl oder nicht definiert ist. Datumseigenschaften werden im Standard-Datumsformat, und die Eigenschaften Ja und Nein als „J" und „N" geliefert. Mit der Funktion **DokumentEigenschaftVorhanden() können Sie überprüfen, ob die Eigenschaft *Name$* existiert.

Eine Liste der in Word verfügbaren Standard-Eigenschaften finden Sie unter **DokumentEigenschaftName$**(). In Word, Version 6.0, sind **AbrufenDokumentEigenschaft**() und **AbrufenDokumentEigenschaft$**() nicht verfügbar und erzeugen einen Fehler.

Argument	Erklärung
Name$	Der Name der Eigenschaft.
Benutzerdefiniert OderStandard	Legt fest, ob *Name$* eine benutzerdefinierte oder eine Standard-Eigenschaft ist:
	0 (Null) oder fehlt Word durchsucht die Liste der Standard- und benutzerdefinierten Eigenschaften und gibt den ersten übereinstimmenden Wert zurück.
	1 *Name$* ist eine Standard-Eigenschaft. Ist *Name$* keine der Standard-Eigenschaften, so tritt ein Fehler auf.
	2 *Name$* ist eine benutzerdefinierte Eigenschaft, unabhängig davon, ob eine Standard-Eigenschaft gleichen Namens bereits existiert.

Siehe auch **BestimmenDokumentEigenschaft, DokumentEigenschaftName$(), DokumentEigenschaftTyp()**

AbrufenDokumentVar$()

Syntax **AbrufenDokumentVar$(***VariablenName$***)**

Bemerkungen Liefert die mit *VariablenName$* festgelegte Zeichenfolge, die zuvor mit der Anweisung **DokumentVariableBestimmen** für das aktive Dokument definiert wurde. Wenn sich die Einfügemarke nicht in einem Dokument befindet, weil beispielsweise das Makrobearbeitungsfenster aktiv ist, tritt ein Fehler auf.

Beispiel Dieser Makro kann als AutoOpen-Makro verwendet werden. Er stellt fest, ob eine Anmerkung vorhanden ist, und zeigt diese gegebenenfalls an:

```
Sub MAIN
Hinweis$ = AbrufenDokumentVar$("Anmerkung")
If Hinweis$ <> "" Then
    MsgBox Hinweis$, "Hinweis von der letzten Bearbeitung:"
End If
End Sub
```

Ein Beispiel, das den Benutzer vor dem Schließen eines Dokuments zum Eingeben einer Anmerkung auffordert, die anschließend mit dem Dokument gespeichert wird, finden Sie unter **DokumentVariableBestimmen**.

Siehe auch **DokumentVariableBestimmen**

AbrufenDokumentVarName$()

Syntax	**AbrufenDokumentVarName$**(*Variablennummer*)
Bemerkungen	Gibt den mit **DokumentVariableBestimmen** oder **DokumentVariableBestimmen**() festgelegten Namen einer Dokumentvariablen zurück.

Argument	Erklärung
Variablennummer	Die Nummer der Dokumentvariablen, im Bereich von 1 bis zur Gesamtzahl der im aktuellen Dokument gespeicherten Dokumentvariablen. (Sie können die Gesamtzahl mit **ZählenDokumentVariablen**() ermitteln.)

Ein Beispiel finden Sie unter **ZählenDokumentVariablen**().

Siehe auch	**AbrufenDokumentVar$**(), **DokumentVariableBestimmen**, **ZählenDokumentVariablen**()

AbrufenFeldDaten$()

Syntax	**AbrufenFeldDaten$**()
Bemerkungen	Ruft intern im Feld gespeicherte Textdaten ab, wenn sich die Einfügemarke in einem ADDIN-Feld befindet. In einem ADDIN-Feld gespeicherte Daten sind auch dann nicht sichtbar, wenn die Feldfunktionen angezeigt werden. Eine eventuelle Markierung muß bei einem ADDIN-Feld beginnen, sonst tritt ein Fehler auf.
Siehe auch	**EinfügenFeldDaten**

AbrufenFormularFeldergebnis(), AbrufenFormularFeldergebnis$()

Syntax	**AbrufenFormularFeldergebnis**(*Textmarkenname$*)
	**AbrufenFormularFeldergebnis$**(*Textmarkenname$*)

Bemerkungen	**AbrufenFormularFeldergebnis**() liefert als Ergebnis einen Wert, der der Einstellung eines Kontrollkästchen- oder Dropdown-Formularfelds entspricht, das durch die Textmarke *Textmarkenname$* gekennzeichnet ist. (Word definiert automatisch eine Textmarke, wenn Sie ein Formularfeld einfügen.) **AbrufenFormularFeldergebnis**() liefert die folgenden Werte:

- Für ein Kontrollkästchen-Formularfeld wird 0 (Null) geliefert, wenn das Kontrollkästchen nicht aktiviert ist, und 1, wenn es aktiviert ist.
- Für ein Dropdown-Formularfeld wird 0 (Null) geliefert, wenn das erste Element markiert ist, und 1, wenn das zweite Element markiert ist, usw.

Bitte beachten: Wenn Sie **AbrufenFormularFeldergebnis**() mit einem Text-Formularfeld verwenden, tritt ein Fehler auf.

AbrufenFormularFeldergebnis$**() liefert als Ergebnis eine Zeichenfolge, die der Einstellung des mit der Textmarke *Textmarkenname$* angegebenen Formularfelds entspricht. **AbrufenFormularFeldergebnis$() liefert die folgenden Werte:

- Für ein Kontrollkästchen-Formularfeld wird 0 (Null) geliefert, wenn das Kontrollkästchen nicht aktiviert ist, und 1, wenn es aktiviert ist.
- Für ein Dropdown-Formularfeld wird der Eintrag geliefert, der zur Zeit markiert ist.
- Für ein Text-Formularfeld wird der aktuelle Texteintrag geliefert.

Beispiel

Das folgende Beispiel zeigt einen **Verlassen**-Makro, der das markierte Element in einem Dropdown-Formularfeld prüft, sobald der Benutzer den Fokus an ein anderes Formularfeld übergibt, das heißt, zum nächsten Formularfeld weitergeht. Wenn das markierte Element „Paris" lautet, wird ein Meldungsfeld angezeigt. Der **Verlassen**-Makro ist dem durch die Textmarke „Dropdown1" gekennzeichneten Feld zugeordnet.

```
Sub MAIN
Ort$ = AbrufenFormularFeldergebnis$("Dropdown1")
If Ort$ = "Paris" Then
    MsgBox "Wir bieten tägliche Ausflüge nach Versailles an!"
End If
End Sub
```

Weitere Informationen über **Verlassen**-Makros finden Sie in Kapitel 9, „Weitere WordBasic-Verfahren" in Teil 1, „Einstieg in WordBasic".

Siehe auch   BestimmenFormularFeldergebnis

AbrufenMarkierungAnfangPosition()

Syntax	AbrufenMarkierungAnfangPosition()
Bemerkungen	Liefert die Zeichenposition des Markierungsanfangs relativ zum Anfang des Dokuments, wobei dem Anfang des Dokuments die Zeichenposition 0 (Null) zugeordnet ist. Der Anfang der Markierung ist die Textstelle, die am nächsten zum Anfang des Dokuments liegt. Alle Zeichen, einschließlich nichtdruckbarer Zeichen, werden mitgezählt. Verborgene Zeichen werden auch dann mitgezählt, wenn sie nicht angezeigt werden.
	Ein Beispiel finden Sie unter **AbrufenMarkierungEndePosition()**.
Siehe auch	**AbrufenMarkierungEndePosition()**, **AbrufenText$()**, **MarkierungsbereichBestimmen**

AbrufenMarkierungEndePosition()

Syntax	AbrufenMarkierungEndePosition()
Bemerkungen	Liefert die Zeichenposition des Markierungsendes relativ zum Anfang des Dokuments, wobei dem Anfang des Dokuments die Zeichenposition 0 (Null) zugeordnet ist. Das Ende der Markierung ist die Textstelle, die am weitesten vom Anfang des Dokuments entfernt ist. Alle Zeichen, einschließlich nichtdruckbarer Zeichen, werden mitgezählt. Verborgene Zeichen werden auch dann mitgezählt, wenn sie nicht angezeigt werden.
Beispiel	Dieser Makro zeigt ein Meldungsfeld an, wenn keine Markierung vorhanden ist. Die benutzerdefinierte Funktion MarkPrüf vergleicht die Zeichenposition des Markierungsanfangs mit der des Markierungsendes. Wenn die beiden Positionen identisch sind, ist keine Markierung vorhanden. In diesem Fall liefert die Funktion den Wert 0 (Null), und ein Meldungsfeld wird angezeigt.

```
Sub MAIN
    If MarkPrüf = 0 Then MsgBox "Keine Markierung vorhanden."
End Sub

Function MarkPrüf
    If AbrufenMarkierungAnfangPosition() = \
            AbrufenMarkierungEndePosition() Then
        MarkPrüf = 0
    Else
        MarkPrüf = 1
    End If
End Function
```

Siehe auch	AbrufenMarkierungAnfangPosition(), AbrufenText$(), MarkierungsbereichBestimmen

AbrufenSeriendruckFeld$()

Syntax	**AbrufenSeriendruckFeld$**(*SeriendruckFeldName$*)
Bemerkungen	Liefert den Inhalt des angegebenen Seriendruckfeldes im aktuellen Datensatz. Falls das Hauptdokument nicht das aktuelle Dokument ist oder *SeriendruckFeldName$* nicht existiert, liefert **AbrufenSeriendruckFeld$** eine leere Zeichenfolge (" ").
Beispiel	Dieses Beispiel zeigt den Inhalt des Felds „Vorname" für den aktuellen Datensatz an:

```
MsgBox AbrufenSeriendruckFeld$("Vorname")
```

Siehe auch	**SeriendruckFeldName$()**, **ZählenSeriendruckFelder()**

AbrufenSysteminfo, AbrufenSysteminfo$()

Syntax	**AbrufenSysteminfo** *Datenfeld$( )*
	AbrufenSysteminfo$(*Art*)
Bemerkungen	Die Anweisung **AbrufenSysteminfo** füllt ein zuvor definiertes Datenfeld mit allen verfügbaren Informationen über die Umgebung, in der Word ausgeführt wird. Unter Windows sollte die Größe des Datenfeldes 12, auf dem Macintosh 15 Felder betragen.
	Die Funktion **AbrufenSysteminfo$()** liefert eine Informationsart über die Umgebung, in der Word ausgeführt wird. *Art* ist eine der folgenden Nummern, die die Art der zu liefernden Information angeben. Unter Windows kann *Art* einen Wert von 21 bis 32 besitzen. Aussagefähige Werte für *Art* 23, 25 und 27 werden nur unter Windows 3.*x* zurückgegeben.

Art	Erklärung
21	Die Umgebung (beispielsweise „Windows" oder „Windows NT").
22	Die Art des Prozessors: „80286", „80386", „i486" oder „Unbekannt".
23	Die Versionsnummer von MS-DOS.

Art	Erklärung
24	Die Versionsnummer von Windows.
25	Der Prozentsatz der verfügbaren Systemressourcen.
26	Die Größe des verfügbaren Speicherplatzes auf dem Datenträger in Byte.
27	Der Modus, unter dem Windows ausgeführt wird: „Standard" oder „386-Erweitert".
28	Das Vorhandensein eines mathematischen Koprozessors: „Ja" oder „Nein".
29	Die Ländereinstellung.
30	Die Spracheneinstellung.
31	Die vertikale Bildschirmauflösung in Pixeln.
32	Die horizontale Bildschirmauflösung in Pixeln.

Auf dem Macintosh hat *Art* den Wert 512 bis 526.

Art	Erklärung
512	Die Umgebung („Macintosh").
513	Der Ordner, in dem Dateien für bestimmte Einstellungen abgelegt werden (z.B. „FP:Systemordner:Preferences:").
514	Aktuelle Bildschirmanzeige erfolgt in Farbe? „Ja" oder „Nein".
515	Der Prozessortyp (z.B. „68000", „68040" oder „PowerPC™").
516	Der Computertyp (z.B. „Macintosh IIci" oder „PowerBook™ 145").
517	Die Version der Systemsoftware (z.B. „7.1").
518	Der Name des Macintosh, wie er im Kontrollfeld **Gemeinschaftsfunktionen** unter **Gerätename** festgelegt wurde.
519	QuickDraw GX installiert? „Ja" oder „Nein".
520	Aktive Hilfe eingeschaltet? „Ja" oder „Nein".
521	Die Auflösung der senkrechten Bildschirmanzeige in Pixeln.
522	Die Auflösung der waagerechten Bildschirmanzeige in Pixeln.
523	Die Ländereinstellung.
524	Mathematischer Koprozessor installiert? „Ja" oder „Nein".
525	Gesamter verfügbarer Speicher, der Anwendungen zur Verfügung steht, in Bytes.
526	Freier Festplattenspeicher in Bytes.

Wenn Sie einen Makro erstellen, der unter Windows und auf dem Macintosh ausgeführt werden soll, verwenden Sie **AnwInfo$()** bevor Sie eine **AbrufenSysteminfo$()**-Anweisung ausführen.

Beispiele	Dieses Beispiel (Windows) erstellt eine Tabelle mit Systeminformationen in einem neuen Dokument. Zuerst definiert das Beispiel ein Datenfeld und füllt dieses mit Beschriftungen für jede Systeminformationsart. Anschließend öffnet das Beispiel ein neues Dokument und definiert das Datenfeld `Info$()`, das durch **AbrufenSysteminfo** mit Systeminformationen gefüllt wird. Zum Schluß wird die Informationstabelle mit einer **For**...**Next**-Schleife eingefügt. Dieses Beispiel kann leicht für den Macintosh angepaßt werden, indem das Datenfeld auf 14 vergrößert und die Beschriftungen entsprechend geändert werden.

```
Dim a$(11)
a$(0) = "Umgebung" : a$(1) = "Prozessor" : a$(2) = "MS-DOS"
a$(3) = "Windows" : a$(4) = "% Ressourcen" : a$(5) = "Speicherplatz"
a$(6) = "Modus" : a$(7) = "Koprozessor" : a$(8) = "Land"
a$(9) = "Sprache" : a$(10) = "Höhe (Pixel)" : a$(11) = "Breite (Pixel)"
Dim Info$(11)
AbrufenSysteminfo Info$()
DateiNeuStandard
FormatTabulator .Position = "4 cm", .Bestimmen
For i = 0 To 11
    Einfügen a$(i) + Chr$(9) + Info$(i)
    EinfügenAbsatz
Next
```

Das folgende Beispiel (Macintosh) zeigt die Größe des gesamten auf der Festplatte verfügbaren Speicherplatzes in einem Meldungsfeld an:

```
Platz$ = AbrufenSysteminfo$(526)
MsgBox "Freier Speicherplatz auf der Festplatte: " + Platz$ + " Bytes."
```

Siehe auch	**AnwInfo$()**

AbrufenText$()

Syntax	**AbrufenText$**(*ZeichPos1*, *ZeichPos2*)
Bemerkungen	Liefert den (unformatierten) Text aus dem durch *ZeichPos1* und *ZeichPos2* festgelegten Bereich. **AbrufenText$()** liefert keinen verborgenen Text, der nicht angezeigt wird, obwohl Word verborgene Zeichen beim Festlegen des zu liefernden Textbereiches mitzählt. Die Anweisung **AbrufenText$()** bietet sich an, wenn Dokumenttext geliefert werden soll, ohne die Markierung zu ändern. Allerdings können bestimmte Elemente von Dokumenten (beispielsweise Felder, Tabellen und Seitenumbrüche) im angegebenen Bereich zu unvorhersehbaren Ergebnissen führen.

	Argument	Erklärung
	ZeichPos1	Die Zeichenposition, die den Anfang des Bereiches definiert, relativ zum Anfang des Dokuments, der die Zeichenposition 0 (Null) besitzt.
	ZeichPos2	Die Zeichenposition, die das Ende des Bereichs definiert.

Beispiel Dieses Beispiel weist der Variablen a$ die ersten 10 Zeichen im Dokument zu:

```
a$ = AbrufenText$(0, 10)
```

Siehe auch **AbrufenMarkierungAnfangPosition()**, **AbrufenMarkierungEndePosition()**, **MarkierungsbereichBestimmen**

AbrufenTextmarke$()

Syntax **AbrufenTextmarke$(***Name$***)**

Bemerkungen Liefert als Ergebnis den Text, der durch die angegebene Textmarke gekennzeichnet ist, als unformatierten Text. Wenn *Name$* nicht mit dem Namen einer Textmarke im aktiven Dokument übereinstimmt, wird eine leere Zeichenfolge zurückgegeben (" ").

Beispiele Dieses Beispiel weist der Variablen Erste$ den Text der ersten Textmarke im Dokument zu:

```
Erste$ = AbrufenTextmarke$(TextmarkeName$(1))
```

Das folgende Beispiel weist der Variablen Abstext$ den Text des Absatzes zu, in dem sich die Einfügemarke befindet.

```
Abstext$ = AbrufenTextmarke$("\Para")
```

Die Textmarke „\Para" ist eine von mehreren vordefinierten Textmarken, die Word automatisch definiert und aktualisiert. Weitere Informationen finden Sie unter „Operatoren und vordefinierte Textmarken" weiter unten in diesem Abschnitt.

Siehe auch **BearbeitenTextmarke**, **TextmarkeName$()**, **ZählenTextmarken()**

AbrufenVerzeichnis$()

Syntax **AbrufenVerzeichnis$(**[*Verzeichnis$,*] *Nummer***)**

Bemerkungen	Liefert den Namen des mit *Nummer* angegebenen untergeordneten Ordners innerhalb des angegebenen Ordners.

Argument	Erklärung
Verzeichnis$	Der Pfad des Ordners, in dem sich der untergeordnete Ordner befindet. Wenn Sie nichts angeben, wird der aktuelle Ordner angenommen.
Nummer	Eine Zahl zwischen 1 und dem Ergebnis von **ZählenVerzeichnisse()**. 1 entspricht hierbei dem ersten untergeordneten Ordner, 2 dem zweiten, usw.

Beispiel	Dieses Beispiel definiert ein Datenfeld, das die Namen der dem aktuellen Ordner untergeordneten Ordner enthält. In einer Dialogfelddefinition können Sie dieses Datenfeld in der Anweisung **ListBox** verwenden, um eine Liste der untergeordneten Ordner anzuzeigen.

```
Dim Unterverz$(ZählenVerzeichnisse())
For i = 1 To ZählenVerzeichnisse()
    Unterverz$(i) = LCase$(AbrufenVerzeichnis$(i))
Next
```

Siehe auch	**ZählenVerzeichnisse()**

Abs()

Syntax	**Abs**(*n*)
Bemerkungen	Liefert den absoluten Betrag von *n*. `Abs(-5)` liefert beispielsweise den Wert 5.
Beispiel	Dieses Beispiel schaltet die Anzeige von verborgenem Text um und dient als Vorlage für das Umschalten eines beliebigen Word-Kontrollkästchens. In einem Word-Dialogfeld haben aktivierte Kontrollkästchen den Wert 1 und nicht aktivierte Kontrollkästchen den Wert 0 (Null). Das Beispiel kehrt den aktuellen Zustand des Kontrollkästchens um, indem es 1 vom Wert subtrahiert und anschließend mit der Funktion **Abs()** den absoluten Betrag des Ergebnisses liefert.

```
Dim Dlg As ExtrasOptionenAnsicht
GetCurValues Dlg
Dlg.Verborgen = Abs(Dlg.Verborgen - 1)
ExtrasOptionenAnsicht Dlg
```

Siehe auch	**Int()**, **Rnd()**, **Sgn()**

AbsatzAbstandSchließen

Syntax AbsatzAbstandSchließen

Bemerkungen Entfernt die Absatzformatierung, die vor den markierten Absätzen einen Abstand einfügt. **AbsatzAbstandSchließen** entspricht dem Einstellen der Option „Vor" auf der Registerkarte **Einzüge und Abstände** des Dialogfelds **Absatz** (Menü **Format**) auf 0 (Null).

Beispiel Dieser Makro schaltet den Abstand, der vor den markierten Absätzen eingefügt wird, zwischen einer Zeile und keiner Zeile um:

```
Sub MAIN
    Dim Dlg As FormatAbsatz
    GetCurValues Dlg
    If Val(Dlg.Vor) <> 0 Then
        AbsatzAbstandSchließen
    Else
        AbsatzAbstandVor
    End If
End Sub
```

Siehe auch **AbsatzAbstandVor**, **FormatAbsatz**

AbsatzAbstandVor

Syntax AbsatzAbstandVor

Bemerkungen Setzt die Option „Vor" auf der Registerkarte **Einzüge und Abstände** im Dialogfeld **Absatz** (Menü **Format**) auf 12 Punkte („12 pt").

Beispiel Wenn sich vor dem aktuellen Absatz kein Abstand befindet, setzt dieses Beispiel die Option „Vor" auf „12 pt":

```
Dim Dlg As FormatAbsatz
GetCurValues Dlg
If Dlg.Vor = "0 pt" Then AbsatzAbstandVor
```

Siehe auch **AbsatzAbstandSchließen**, **FormatAbsatz**

AbsatzBlock, AbsatzBlock( )

Syntax	**AbsatzBlock**
	AbsatzBlock( )
Bemerkungen	Die Anweisung **AbsatzBlock** richtet die markierten Absätze im Blocksatz aus. Die Funktion **AbsatzBlock( )** liefert die folgenden Werte:

Wert	Erklärung
0 (Null)	Keiner der markierten Absätze ist im Blocksatz ausgerichtet.
–1	Ein Teil der markierten Absätze ist im Blocksatz ausgerichtet.
1	Alle markierten Absätze sind im Blocksatz ausgerichtet.

Siehe auch	**AbsatzLinks, AbsatzRechts, AbsatzZentriert, FormatAbsatz**

AbsätzeNichtTrennen, AbsätzeNichtTrennen( )

Syntax	**AbsätzeNichtTrennen** [*Aktiv*]
	AbsätzeNichtTrennen( )
Bemerkungen	Die Anweisung **AbsätzeNichtTrennen** weist den markierten Absätzen das Absatzformat „Absätze nicht trennen" zu oder entfernt es. Ein Absatz, der mit „Absätze nicht trennen" formatiert ist, verbleibt auf der gleichen Seite wie der nachfolgende Absatz, wenn Word das Dokument neu umbricht.

Argument	Erklärung
Aktiv	Gibt an, ob das Format „Absätze nicht trennen" hinzugefügt oder entfernt werden soll: 1 Fügt das Format „Absätze nicht trennen" hinzu. 0 (Null) Entfernt das Format „Absätze nicht trennen". Fehlt Schaltet das Format „Absätze nicht trennen" um.

Die Funktion **AbsätzeNichtTrennen( )** liefert die folgenden Werte:

Wert	Erklärung
0 (Null)	Keiner der markierten Absätze ist mit dem Format „Absätze nicht trennen" formatiert.

Wert	Erklärung
–1	Ein Teil der markierten Absätze ist mit dem Format „Absätze nicht trennen" formatiert.
1	Alle markierten Absätze sind mit dem Format „Absätze nicht trennen" formatiert.

Siehe auch AbsatzSeitenwOberhalb, AbsatzZeilenNichtTrennen, FormatAbsatz

Absatzkontrolle, Absatzkontrolle()

Syntax Absatzkontrolle [*Aktiv*]

Absatzkontrolle()

Bemerkungen Die Anweisung **Absatzkontrolle** weist den markierten Absätzen das Absatzformat „Absatzkontrolle" zu oder entfernt es. Durch einen mit „Absatzkontrolle" formatierten Absatz wird verhindert, daß eine einzelne Zeile des Absatzes oben oder unten auf einer Seite verbleibt.

Argument	Erklärung
Aktiv	Gibt an, ob das Format „Absatzkontrolle" hinzugefügt oder entfernt werden soll:
	1 Fügt das Format „Absatzkontrolle" hinzu.
	0 (Null) Entfernt das Format „Absatzkontrolle".
	Fehlt Schaltet das Format „Absatzkontrolle" um.

Die Funktion **Absatzkontrolle()** liefert die folgenden Werte:

Wert	Erklärung
0 (Null)	Keiner der markierten Absätze ist mit dem Format „Absatzkontrolle" formatiert.
–1	Ein Teil der markierten Absätze ist mit dem Format „Absatzkontrolle" formatiert.
1	Alle markierten Absätze sind mit dem Format „Absatzkontrolle" formatiert.

Siehe auch AbsätzeNichtTrennen, AbsatzSeitenwOberhalb, AbsatzZeilenNichtTrennen, FormatAbsatz

AbsatzLinks, AbsatzLinks()

Syntax AbsatzLinks

AbsatzLinks()

Bemerkungen Die Anweisung **AbsatzLinks** richtet die markierten Absätze linksbündig aus.

Die Funktion **AbsatzLinks()** liefert die folgenden Werte:

Wert	Erklärung
0 (Null)	Keiner der markierten Absätze ist linksbündig ausgerichtet.
–1	Ein Teil der markierten Absätze ist linksbündig ausgerichtet, oder mehrere unterschiedliche Ausrichtungen sind vorhanden.
1	Alle markierten Absätze sind linksbündig ausgerichtet.

Siehe auch **AbsatzBlock, AbsatzRechts, AbsatzZentriert, FormatAbsatz**

AbsatzOben, AbsatzOben()

Syntax AbsatzOben [*Anzahl*] [, *Markierung*]

AbsatzOben([*Anzahl*] [, *Markierung*])

Bemerkungen Die Anweisung **AbsatzOben** verschiebt die Einfügemarke oder das aktive Ende der Markierung (das sich beim Drücken von STRG+UMSCHALT+NACH-OBEN (Windows) bzw. BEFEHLSTASTE+UMSCHALT+NACH-OBEN (Macintosh) bewegt) um die angegebene Anzahl von Absätzen nach oben.

Wenn sich die Einfügemarke am Anfang eines Absatzes befindet, verschiebt die Anweisung **AbsatzOben** die Einfügemarke an den Anfang des vorherigen Absatzes. Wenn sich die Einfügemarke nicht am Anfang eines Absatzes befindet, verschiebt die Anweisung **AbsatzOben** die Einfügemarke an den Anfang des aktuellen Absatzes. Wenn sich die aktuelle Markierung über mehrere Absätze erstreckt, verschiebt die Anweisung **AbsatzOben** die Einfügemarke an den Anfang des ersten markierten Absatzes.

Argument	Erklärung
Anzahl	Die Anzahl der Absätze, um die die Einfügemarke oder das aktive Ende der Markierung verschoben werden soll. Wenn Sie nichts angeben, wird der Wert 1 angenommen. Negative Werte bewirken nicht, daß die Einfügemarke bzw. das aktive Ende der Markierung nach unten verschoben werden.

Argument	Erklärung
Markierung	Gibt an, ob Text markiert wird:
	0 (Null) oder nicht angegeben Es wird kein Text markiert. Besteht bereits eine Markierung, so verschiebt **AbsatzOben** die Einfügemarke die durch *Anzahl* angegebene Anzahl von Absätzen nach oben.
	Ungleich Null Text wird markiert. Besteht bereits eine Markierung, so verschiebt **AbsatzOben** das aktive Ende der Markierung um die durch *Anzahl* angegebene Anzahl von Absatzmarken nach oben (zum Anfang des Dokuments).
	Bei einer typischen Markierung von links nach rechts ist das aktive Ende der Markierung dem Ende des Dokuments näher als das nicht aktive Ende. In diesem Fall verringert **AbsatzOben** die Markierung. Bei einer Markierung von rechts nach links wird die Markierung erweitert.

Die Funktion **AbsatzOben()** verhält sich genau wie die Anweisung **AbsatzOben** und liefert zusätzlich die folgenden Werte:

Wert	Erklärung
0 (Null)	Die Einfügemarke oder das aktive Ende der Markierung konnte nicht nach oben verschoben werden.
–1	Die Einfügemarke oder das aktive Ende der Markierung wurde verschoben. Dieser Wert wird auch dann geliefert, wenn die Einfügemarke nicht um die durch *Anzahl* angegebene Anzahl von Absätzen nach oben verschoben wurde. `AbsatzOben(2)` liefert beispielsweise auch dann -1, wenn sich die Einfügemarke am Ende des ersten Absatzes im Dokument befindet.

Beispiel Dieses Beispiel sucht das nächste Vorkommen des Textes „Drücken Sie F1 für Hilfe" und markiert den gesamten Text im umgebenden Absatz:

```
BearbeitenSuchen .Suche = "Drücken Sie F1 für Hilfe"
AbsatzOben
AbsatzUnten 1, 1
```

Sie können den Absatz, der die Einfügemarke oder Markierung enthält, auch mit der vordefinierten Textmarke „\Para" in der Anweisung `BearbeitenGeheZu` markieren. Weitere Informationen zu vordefinierten Textmarken finden Sie unter „Operatoren und vordefinierte Textmarken" weiter unten in diesem Abschnitt.

Siehe auch **AbsatzUnten, BildAuf, ZeileOben**

AbsatzRechts, AbsatzRechts()

Syntax   AbsatzRechts

AbsatzRechts()

Bemerkungen   Die Anweisung **AbsatzRechts** richtet die markierten Absätze rechtsbündig aus.

Die Funktion **AbsatzRechts()** liefert die folgenden Werte:

Wert	Erklärung
0 (Null)	Keiner der markierten Absätze ist rechtsbündig ausgerichtet.
–1	Ein Teil der markierten Absätze ist rechtsbündig ausgerichtet, oder mehrere unterschiedliche Ausrichtungen sind vorhanden.
1	Alle markierten Absätze sind rechtsbündig ausgerichtet.

Beispiel   Dieses Beispiel versieht alle rechtsbündig ausgerichteten Absätze mit einem linken Einzug von 5 cm:

```
BeginnDokument
While AbsatzUnten()               'Alle Absätze (auch den ersten)
    AbsatzOben                    'einzeln überprüfen und links
    If AbsatzRechts() = 1 Then    'einziehen, wenn rechtsbündig
                                  'formatiert
        FormatAbsatz .EinzugLinks = "5 cm"
    End If
    AbsatzUnten
Wend
```

Siehe auch   **AbsatzBlock, AbsatzLinks, AbsatzZentriert, FormatAbsatz**

AbsatzSeitenwOberhalb, AbsatzSeitenwOberhalb()

Syntax   **AbsatzSeitenwOberhalb** [*Aktiv*]

AbsatzSeitenwOberhalb()

Bemerkungen   Die Anweisung **AbsatzSeitenwOberhalb** weist den markierten Absätzen das Absatzformat „Seitenwechsel oberhalb" zu oder entfernt es. Ein Absatz, der mit „Seitenwechsel oberhalb" formatiert ist, erscheint beim Drucken des Dokuments immer ganz oben auf einer neuen Seite.

Argument	Erklärung
Aktiv	Gibt an, ob das Format „Seitenwechsel oberhalb" hinzugefügt oder entfernt werden soll:
	1 Fügt das Format „Seitenwechsel oberhalb" hinzu.
	0 (Null) Entfernt das Format „Seitenwechsel oberhalb".
	Fehlt Schaltet das Format „Seitenwechsel oberhalb" um.

Die Funktion **AbsatzSeitenwOberhalb()** liefert die folgenden Werte:

Wert	Erklärung
0 (Null)	Keiner der markierten Absätze ist mit dem Format „Seitenwechsel oberhalb" formatiert.
–1	Ein Teil der markierten Absätze ist mit dem Format „Seitenwechsel oberhalb" formatiert.
1	Alle markierten Absätze sind mit dem Format „Seitenwechsel oberhalb" formatiert.

Siehe auch **AbsätzeNichtTrennen, AbsatzZeilenNichtTrennen, FormatAbsatz**

AbsatzUnten, AbsatzUnten()

Syntax **AbsatzUnten** [*Anzahl*] [, *Markierung*]

AbsatzUnten([*Anzahl*] [, *Markierung*])

Bemerkungen Die Anweisung **AbsatzUnten** verschiebt die Einfügemarke oder das aktive Ende der Markierung (das sich beim Drücken von STRG+UMSCHALT+NACH-UNTEN (Windows) bzw. BEFEHLTSTASTE+UMSCHALT+NACH-UNTEN (Macintosh) bewegt) um die angegebene Anzahl von Absätzen nach unten.

Unabhängig von der Position innerhalb des Absatzes oder dem Vorhandensein einer Markierung verschiebt die Anweisung **AbsatzUnten** die Einfügemarke immer an den Anfang des nächsten Absatzes. Die einzige Ausnahme ist, wenn sich die Einfügemarke im letzten Absatz des Dokuments befindet. In diesem Fall verschiebt **AbsatzUnten** die Einfügemarke an das Ende des Absatzes. Wenn sich die aktuelle Markierung über mehrere Absätze erstreckt, verschiebt die Anweisung **AbsatzUnten** die Einfügemarke an den Anfang des Absatzes, der dem Ende der Markierung folgt.

Argument	Erklärung
Anzahl	Die Anzahl der Absätze, um die die Einfügemarke oder das aktive Ende der Markierung verschoben werden soll. Wenn Sie nichts angeben, wird der Wert 1 angenommen. Negative Werte bewirken nicht, daß die Einfügemarke bzw. das aktive Ende der Markierung nach oben verschoben werden.
Markierung	Gibt an, ob Text markiert wird:

0 (Null) oder nicht angegeben   Es wird kein Text markiert. Besteht bereits eine Markierung, so verschiebt **AbsatzUnten** die Einfügemarke die durch *Anzahl* angegebene Anzahl von Absätzen nach unten.

Ungleich Null   Text wird markiert. Besteht bereits eine Markierung, so verschiebt **AbsatzUnten** das aktive Ende der Markierung um die durch *Anzahl* angegebene Anzahl von Absatzmarken nach unten (zum Ende des Dokuments).

Bei einer typischen Markierung von links nach rechts ist das aktive Ende der Markierung dem Ende des Dokuments näher als das nicht aktive Ende. In diesem Fall erweitert **AbsatzUnten** die Markierung. Bei einer Markierung von rechts nach links wird die Markierung verkleinert.

Die Funktion **AbsatzUnten()** verhält sich genau wie die Anweisung **AbsatzUnten** und liefert zusätzlich die folgenden Werte:

Wert	Erklärung
0 (Null)	Die Einfügemarke oder das aktive Ende der Markierung konnte nicht nach unten verschoben werden.
–1	Die Einfügemarke oder das aktive Ende der Markierung wurde verschoben. Dieser Wert wird auch dann geliefert, wenn die Einfügemarke nicht um die durch *Anzahl* angegebene Anzahl von Absätzen nach unten verschoben wurde. `AbsatzUnten(2)` liefert beispielsweise auch dann -1, wenn sich die Einfügemarke am Anfang des letzten Absatzes des Dokuments befindet.

Beispiel   Dieses Beispiel fügt vor jedem Absatz des Dokuments drei Sternchen (***) ein. Die Anweisung `While AbsatzUnten()` verschiebt die Einfügemarke schließlich an das Ende des letzten Absatzes, wo aber keine Sternchen eingefügt werden sollen. Daher wird innerhalb der **If**-Steuerstruktur mit der Funktion **TextmarkenVergleichen()** festgestellt, ob dieser Fall eingetreten ist, und die **While...Wend**-Schleife gegebenenfalls beendet.

```
                BeginnDokument
                Einfügen "***"
                While AbsatzUnten()
                    If TextmarkenVergleichen("\Sel", "\EndOfDoc") <> 0 Then
                        Einfügen "***"
                    End If
                Wend
```

Siehe auch   **AbsatzOben**, **BildAb**, **ZeileUnten**

AbsatzZeilenNichtTrennen, AbsatzZeilenNichtTrennen()

Syntax   **AbsatzZeilenNichtTrennen** [*Aktiv*]

AbsatzZeilenNichtTrennen()

Bemerkungen   Die Anweisung **AbsatzZeilenNichtTrennen** weist den markierten Absätzen das Absatzformat „Zeilen nicht trennen" zu oder entfernt es. Alle Zeilen in einem Absatz, der mit „Zeilen nicht trennen" formatiert ist, verbleiben auf derselben Seite, wenn Word das Dokument neu umbricht.

Argument	Erklärung
Aktiv	Gibt an, ob das Format „Zeilen nicht trennen" hinzugefügt oder entfernt werden soll: 1 Fügt das Format „Zeilen nicht trennen" hinzu. 0 (Null) Entfernt das Format „Zeilen nicht trennen". Fehlt Schaltet das Format „Zeilen nicht trennen" um.

Die Funktion **AbsatzZeilenNichtTrennen**() liefert die folgenden Werte:

Wert	Erklärung
0 (Null)	Keiner der markierten Absätze ist mit dem Format „Zeilen nicht trennen" formatiert.
–1	Ein Teil der markierten Absätze ist mit dem Format „Zeilen nicht trennen" formatiert.
1	Alle markierten Absätze sind mit dem Format „Zeilen nicht trennen" formatiert.

Siehe auch   **AbsätzeNichtTrennen**, **AbsatzSeitenwOberhalb**, **FormatAbsatz**

AbsatzZentriert, AbsatzZentriert()

Syntax AbsatzZentriert

AbsatzZentriert()

Bemerkungen Richtet die markierten Absätze zentriert aus.

Die Funktion **AbsatzZentriert()** liefert die folgenden Werte:

Wert	Erklärung
0 (Null)	Keiner der markierten Absätze ist zentriert.
–1	Ein Teil der markierten Absätze ist zentriert oder mehrere unterschiedliche Ausrichtungen sind vorhanden.
1	Alle markierten Absätze sind zentriert.

Siehe auch AbsatzBlock, AbsatzLinks, AbsatzRechts, FormatAbsatz

AddInHinzufügen, AddInHinzufügen()

Syntax **AddInHinzufügen** *AddIn$* [, *Laden*]

AddInHinzufügen(*AddIn$* [, *Laden*])

Bemerkungen Die Anweisung **AddInHinzufügen** fügt eine Dokumentvorlage oder eine Word Add-In-Library (WLL) zur Liste der globalen Vorlagen und Add-Ins im Dialogfeld **Dokumentvorlagen und Add-Ins** (Befehl **Dokumentvorlage**, Menü **Datei**) hinzu.

Argument	Erklärung
AddIn$	Der Pfad- und Dateiname der Dokumentvorlage oder WLL.
Laden	Gibt an, ob die Vorlage oder das Add-In nach dem Hinzufügen zur Liste geladen werden soll: 0 (Null) Dokumentvorlage oder Add-In wird nicht geladen. 1 oder fehlt Dokumentvorlage oder Add-In wird geladen.

Die Funktion **AddInHinzufügen()** fügt ebenfalls die angegebene Vorlage oder das angegebene Add-In hinzu und liefert außerdem einen Rückgabewert, der die Position der globalen Dokumentvorlage oder des Add-Ins in der Liste angibt (1 entspricht der ersten Dokumentvorlage oder dem ersten Add-In, 2 der/dem zweiten, usw.). Der Wert kann in Kombination mit weiteren Add-In-Anweisungen und -Funktionen verwendet werden.

356 AddInsLöschen

Sie können die in einer geladenen WLL definierten Funktionen in einem Makro verwenden. Funktionen ohne Argumente können dabei genau wie WordBasic-Anweisungen verwendet werden. Sie können die Namen dieser Funktionen mit **ZählenMakros()** und **MakroName$()** zurückgeben. Funktionen in der WLL, die Argumente benötigen, müssen mit der Anweisung **Declare** deklariert werden.

Weitere Informationen über die Funktionen in WLLs finden Sie in Kapitel 9, „Weitere WordBasic-Verfahren" in Teil 1, „Einstieg in WordBasic".

Beispiel

Diese Beispiele laden mit der Funktion **AddInHinzufügen()** eine globale Dokumentvorlage und weisen der Variablen Nr die numerische Kennummer für die Dokumentvorlage zu:

```
Nr = AddInHinzufügen("c:\vorlagen\biblio1.dot", 1)      'Beispiel für
                                                         'Windows
Nr = AddInHinzufügen("HD:VORLAGEN:BIBLIO VORLAGE", 1)   'Beispiel für
                                                         'den Macintosh
```

Das folgende Beispiel füllt ein Datenfeld mit den Namen von Funktionen in geladenen WLLs, die von einem Makro wie Word-Befehle aufgerufen werden können.

```
NichtAddins = ZählenMakros(0) + ZählenMakros(1)
Geladen = ZählenMakros(0, 0, 1)
Größe = Geladen - 1
If Größe >= 0 Then
    Dim Geladen$(Größe)
    For Anzahl = 0 To Größe
        Pos = (Anzahl + 1) + NichtAddins
        Geladen$(Anzahl) = MakroName$(Pos, 0, 1)
    Next Anzahl
End If
```

Siehe auch

AbrufenAddInKennung(), AbrufenAddInName$(), AddInsLöschen, AddInStatus, LöschenAddIn, MakroName$(), ZählenAddIns(), ZählenMakros()

AddInsLöschen

Syntax

AddInsLöschen *AusListeEntfernen*

Bemerkungen

Die Anweisung **AddInsLöschen** deaktiviert alle globalen Dokumentvorlagen und Word Add-In-Libraries (WLLs), die im Dialogfeld **Dokumentvorlagen und Add-Ins** (Befehl **Dokumentvorlage**, Menü **Datei**) aufgeführt sind.

Argument	Erklärung
AusListeEntfernen	Gibt an, ob die globalen Dokumentvorlagen und Add-Ins neben dem Entladen auch aus der Liste entfernt werden sollen. 0 (Null) Globale Dokumentvorlagen und Add-Ins verbleiben in der Liste. 1 Globale Dokumentvorlagen und Add-Ins werden aus der Liste entfernt (mit Ausnahme der Vorlagen und Add-Ins im Startordner).

Siehe auch AbrufenAddInKennung(), AbrufenAddInName$(), AddInHinzufügen, LöschenAddIn, ZählenAddIns()

AddInStatus, AddInStatus()

Syntax AddInStatus *AddIn*, *Laden*

AddInStatus *AddIn$*, *Laden*

AddInStatus(*AddIn*)

AddInStatus(*AddIn$*)

Bemerkungen Die Anweisung **AddInStatus** lädt bzw. deaktiviert eine angegebene globale Dokumentvorlage oder ein angegebenes Add-In, die oder das im Dialogfeld **Dokumentvorlagen und Add-Ins** (Befehl **Dokumentvorlage**, Menü **Datei**) aufgeführt ist. Sie können die globale Dokumentvorlage oder das Add-In als Zahl oder Text angeben.

Argument	Erklärung
AddIn	Eine Zahl, die der Position der globalen Dokumentvorlage oder des Add-Ins in der Liste globaler Dokumentvorlagen und Add-Ins entspricht: 1 entspricht der ersten Dokumentvorlage oder dem ersten Add-In, 2 der/dem zweiten, usw.
AddIn$	Der Pfad- und Dateiname der globalen Dokumentvorlage oder des Add-Ins.
Laden	Gibt an, ob die globale Dokumentvorlage oder das Add-In geladen oder entladen werden soll: 0 (Null) Deaktiviert die Dokumentvorlage oder das Add-In. 1 Lädt die Dokumentvorlage oder das Add-In.

Die Funktion **AddInStatus**() liefert die Werte aus der folgenden Tabelle. Die Rückgabewerte sind kumulativ. Wenn beispielsweise das angegebene Add-In geladen ist, sich im Startordner befindet und außerdem eine WLL ist, liefert **AddInStatus**() den Wert 7 (die Summe von 1, 2 und 4).

Wert	Erklärung
0 (Null)	Keine der folgenden Beschreibungen trifft auf die globale Dokumentvorlage oder das Add-In zu.
1	Die globale Dokumentvorlage oder das Add-In ist geladen.
2	Das Add-In ist eine WLL (Word Add-In-Library).
4	Falls die globale Dokumentvorlage oder das Add-In automatisch geladen wird; Dokumentvorlagen und Add-Ins, die sich in dem Ordner befinden, der durch die Option **AutoStart** der Registerkarte **Dateiablage** des Dialogfelds **Optionen** (Menü **Extras**) bezeichnet wird, werden automatisch geladen.

Siehe auch AbrufenAddInKennung(), AbrufenAddInName$(), AddInHinzufügen, AddInsLöschen, LöschenAddIn, ZählenAddIns()

AdresseHinzufügen

Syntax **AdresseHinzufügen** *AdreßEigenschaften$( )*

Bemerkungen Fügt dem persönlichen Adreßbuch eine neue Adresse hinzu. **AdresseHinzufügen** ist nur verfügbar, wenn Windows 95 und entweder Microsoft Exchange oder Schedule+, Version 2.0, installiert sind. In Word, Version 6.0, ist **AdresseHinzufügen** nicht verfügbar und erzeugt einen Fehler.

Argument	Erklärung
AdreßEigenschaften$( )	Ein vordefiniertes zweidimensionales Datenfeld, das die Informationen für die neu einzutragende Adresse enthält.
	Das folgende Beispiel zeigt, wie das Datenfeld definiert werden sollte:
	`Dim AdrEig$(AnzEig - 1, 1)`
	wobei `AnzEig` die Anzahl der Eigenschaften angibt, die Sie für die Adresse festlegen möchten.
	Die erste Spalte jedes zweidimensionalen Elements (z. B. `AdrEig$(0, 0)`) legt einen zulässigen Eigenschaftsnamen fest. Die zweite Spalte (z.B. `AdrEig$(0, 1)`) enthält den dieser Eigenschaft zugehörigen Textwert.
	Eine Liste der gängigsten, im Persönlichen Adreßbuch von Microsoft Exchange verfügbaren Eigenschaftsnamen finden Sie in der Tabelle der Eigenschaften weiter unten in diesem Thema.
	Weitere Informationen über das Erstellen eines zweidimensionalen Datenfeldes finden Sie unter **Dim**.

Es folgt eine Liste der gängigsten Adreßbuch-Eigenschaften, die zum Abrufen oder Definieren von Adreßinformationen verwendet werden. Diese Eigenschaftsnamen entsprechen Optionen im Dialogfeld **Eigenschaften** des Persönlichen Adreßbuchs in Microsoft Exchange. Alternativ dazu können Sie den hexadezimalen Bezeichner für eine MAPI-Eigenschaft verwenden, falls diese in Microsoft Exchange oder einer anderen Anwendung, die MAPI-Adreßbücher unterstützt, zulässig ist. Eine vollständige Liste aller MAPI-Eigenschaften und die zugehörigen hexadezimalen Bezeichner finden Sie in der Dokumentation Ihres MAPI Software Development Kit.

Anmerkung

1. Die Eigenschaftsnamen werden nur in Großbuchstaben akzeptiert.

2. In der folgenden Liste sind nicht alle verfügbaren Eigenschaften aufgelistet, für die im Exchange Adreßbuch-Dialog ein Feld vorhanden ist.

3. Im Adreßbuch-Dialog ist nicht für jede verfügbare Eigenschaft ein Feld vorhanden.

Eigenschaft	Seriendruck-Feldname	Erklärung
PR_ADDRTYPE	EMailTyp	Der Typ der E-Mail-Adresse des Adressaten (z.B. SMTP).
PR_ASSISTANT	Sekretariat	Der Name der/des Sekretärin/Sekretärs des Adressaten.

Eigenschaft	Seriendruck-Feldname	Erklärung
PR_ASSISTANT_TELEPHONE_NUMBER	Sekretariat_Telefonnummer	Die Telefonnummer des Sekretariats des Adressaten.
PR_COMMENT	Wird nicht eingefügt	Der Text, der für den Adreßeintrag auf der Registerkarte **Anmerkungen** angegeben wurde.
PR_COMPANY_NAME	Firma	Der Firmenname (Firma) des Adressaten.
PR_COUNTRY	Land	Das Land (International) des Adressaten.
PR_DEPARTMENT_NAME	Abteilung	Der Abteilungsname des Adressaten innerhalb der Firma.
PR_DISPLAY_NAME	Wird nicht eingefügt	Der Name, der im Dialogfeld **Adreßbuch** angezeigt wird (Angezeigter Name). Wenn Sie einen Vornamen und Nachnamen festlegen, werden diese automatisch zu „Angezeigter Name" zusammengesetzt.
PR_EMAIL_ADDRESS	EMailAdresse	Die E-Mail-Adresse des Adressaten.
PR_GIVEN_NAME	Vorname	Der Vorname des Adressaten.
PR_HOME_FAX_NUMBER	Privat_Telefonnummer	Die private Telefonnummer des Adressaten.
PR_HOME_TELEPHONE_NUMBER	Privat_Telefonnummer2	Die zweite private Telefonnummer des Adressaten.
PR_LOCALITY	Ort	Die Stadt oder der Ort des Adressaten.
PR_MOBILE_TELEPHONE_NUMBER	Mobiltelefon_Telefonnummer	Die Mobiltelefonrufnummer des Adressaten.
PR_OFFICE_LOCATION	Büro	Das Büro des Adressaten (Büro-Nr.).
PR_OFFICE_TELEPHONE_NUMBER	Geschäft_Telefonnummer	Die Bürotelefonnummer des Adressaten.
PR_OFFICE2_TELEPHONE_NUMBER	Geschäft_Telefonnummer2	Die zweite Bürotelefonnummer des Adressaten.
PR_OTHER_TELEPHONE_NUMBER	Funkruf_Telefonnummer	Die Telefonnummer des Funkrufs (Piepser) des Adressaten.
PR_POSTAL_CODE	PLZ	Die Postleitzahl des Adressaten.
PR_PRIMARY_FAX_NUMBER	Telefax_Hauptnummer	Die Faxnummer des Adressaten.
PR_PRIMARY_TELEPHONE_NUMBER	Telefon_Hauptnummer	Die geschäftliche Telefon-Hauptnummer des Adressaten.
PR_STATE_OR_PROVINCE	Bundesland	Das Bundesland des Adressaten.

Eigenschaft	Seriendruck-Feldname	Erklärung
PR_STREET_ADDRESS	Straße	Die Straßenanschrift des Adressaten (Straße).
PR_SURNAME	Nachname	Der Nachname des Adressaten (Name).
PR_TITLE	Titel	Der Titel des Adressaten.

Beispiel Dieses Beispiel erzeugt ein zweidimensionales Datenfeld mit gültigen MAPI-Adreßbucheigenschaften sowie den zugehörigen Werten und trägt die neue Adresse in das Standard-Adreßbuch ein.

```
Dim AdreßText$(5,1)
AdreßText$(0,0) = "PR_SURNAME"
AdreßText$(0,1) = "Schmid"
AdreßText$(1,0) = "PR_GIVEN_NAME"
AdreßText$(1,1) = "Tom"
AdreßText$(2,0) = "PR_STREET_ADDRESS"
AdreßText$(2,1) = "Arcisstr. 00"
AdreßText$(3,0) = "PR_POSTAL_CODE"
AdreßText$(3,1) = "00000"
AdreßText$(4,0) = "PR_LOCALITY"
AdreßText$(4,1) = "München"
AdreßText$(5,0) = "PR_DISPLAY_NAME"
AdreßText$(5,1) = "Tom Schmid"
AdresseHinzufügen AdreßText$()
```

Siehe auch **AbrufenAdresse$()**, **EinfügenAdresse**, **ExtrasBriefumschlagErstellen**, **ExtrasEtikettenErstellen**

Aktivieren

Syntax **Aktivieren** *Fenstertitel$* [, *AusschnittNr*]

Bemerkungen Aktiviert das durch *Fenstertitel$* angegebene Fenster. Mit der Funktion **FensterName$()** können Sie den Namen eines Fensters in einer Variablen speichern und dann die Variable in der Anweisung **Aktivieren** verwenden, wenn das Fenster aktiviert werden soll. *Fenstertitel$* muß mit dem Namen eines Fensters im Menü **Fenster** übereinstimmen.

Argument	Erklärung
Fenstertitel$	Der Name des zu aktivierenden Fensters. Der Name muß genau mit der Anzeige im Menü **Fenster** übereinstimmen.
AusschnittNr	Die Nummer des zu aktivierenden Ausschnitts: 1 oder 2 Oberer Ausschnitt 3 oder 4 Unterer Ausschnitt

Beispiel Dieses Beispiel für Windows speichert den Namen des aktiven Fensters, öffnet ein Dokument und aktiviert dann das ursprüngliche Fenster erneut:

```
ErstesFenster$ = FensterName$()
DateiÖffnen "KAPITEL2.DOC"
Aktivieren ErstesFenster$
```

Siehe auch **AndererAusschnitt, DokumentfensterTeilen, FensterAusschnitt(), Fensterliste, FensterName$(), Fenster***Nummer***, NächstesFenster, VorherigesFenster**

AktivierenFormularFeld

Syntax **AktivierenFormularFeld** *Textmarkenname$, Aktivieren*

Bemerkungen Erlaubt oder verhindert Änderungen an dem angegebenen Formularfeld, während das Formular ausgefüllt wird.

Argument	Erklärung
Textmarkenname$	Die Textmarke, die das Formularfeld kennzeichnet.
Aktivieren	Gibt an, ob das Feld ausgefüllt oder anderweitig geändert werden kann: 0 (Null) Das Feld kann nicht geändert werden. 1 Das Feld kann geändert werden.

Beispiel Dieses Beispiel erlaubt oder verhindert Änderungen an einem Formularfeld, je nachdem, welcher Name auf der Registerkarte **Benutzer-Info** im Dialogfeld **Optionen** (Menü **Extras**) definiert ist. Dieser Makro könnte Teil eines AutoNew-Makros sein, der immer dann ausgeführt wird, wenn ein Dokument auf der Basis der Formular-Dokumentvorlage erstellt wird.

```
Dim dlg As ExtrasOptionenBenutzerInfo
GetCurValues dlg
If dlg.Name = "Stella Richards" Then
    AktivierenFormularFeld "Umsatz", 1
Else
    AktivierenFormularFeld "Umsatz", 0
End If
```

Siehe auch   **EinfügenFormularFeld**

AlleAnzeigen, AlleAnzeigen()

Syntax   **AlleAnzeigen** [*Aktiv*]

AlleAnzeigen( )

Bemerkungen   Zeigt alle nichtdruckbaren Zeichen, wie beispielsweise verborgenen Text, Tabstopzeichen, Leerstellen und Absatzmarken, an. **AlleAnzeigen** entspricht dem Aktivieren des Kontrollkästchens „Alle" auf der Registerkarte **Ansicht** im Dialogfeld **Optionen** (Menü **Extras**).

Argument	Erklärung
Aktiv	Gibt an, ob alle nichtdruckbaren Zeichen ein- oder ausgeblendet werden sollen:
	1 Zeigt nichtdruckbare Zeichen an.
	0 (Null) Blendet nichtdruckbare Zeichen aus.
	Fehlt Schaltet die Anzeige um.

Wenn die Ausführung Ihres Makros davon abhängt, daß nichtdruckbare Zeichen im Dokument sichtbar sind, sollten Sie `AlleAnzeigen 1` als eine der ersten Anweisungen ausführen.

Die Funktion **AlleAnzeigen( )** liefert die folgenden Werte:

Wert	Erklärung
0 (Null)	Das Kontrollkästchen „Alle" ist deaktiviert.
–1	Das Kontrollkästchen „Alle" ist aktiviert.

Beispiel	Dieses Beispiel zeigt nichtdruckbare Zeichen an und sucht dann nach verborgenem Text:

```
AlleAnzeigen 1
BearbeitenSuchenLöschenFormatierung
BearbeitenSuchenZeichen .Verborgen = 1
BearbeitenSuchen .Suche = "", .Format = 1
```

Siehe auch	ExtrasOptionenAnsicht

AlleDropDownEinträgeEntfernen

Syntax	**AlleDropDownEinträgeEntfernen** *Textmarkenname$*
Bemerkungen	Entfernt alle Einträge aus einem Dropdown-Formularfeld.

Argument	Erklärung
Textmarkenname$	Name der Textmarke, die das Dropdown-Formularfeld kennzeichnet. Wenn Sie eine Textmarke angeben, die kein Dropdown-Formularfeld kennzeichnet, tritt ein Fehler auf.

Siehe auch	**DropDownEintragEntfernen**, **DropDownEintragHinzufügen**, **DropDownFormularFeld**

AmAnfangDesDokuments()

Syntax	**AmAnfangDesDokuments()**
Bemerkungen	Liefert den Wert –1, wenn sich die Einfügemarke am Anfang des Dokuments befindet, andernfalls wird der Wert 0 (Null) geliefert. Der Befehl bezieht sich immer auf das aktive Fenster. Befindet sich die Einfügemarke z.B. in einem Makrobearbeitungsfenster oder in einem Fußnotenausschnitt, so bezieht sich der Befehl auf dieses Fenster. Im Gegensatz zur **BeginnDokument()**-Funktion verschiebt **AmAnfangDesDokuments()** die Einfügemarke nicht.
Siehe auch	**AmEndeDesDokuments()**, **BeginnDokument**

AmEndeDesDokuments()

Syntax AmEndeDesDokuments()

Bemerkungen Liefert den Wert –1, wenn sich die Einfügemarke am Ende des Dokuments befindet, andernfalls wird der Wert 0 (Null) geliefert. Der Befehl bezieht sich immer auf das aktive Fenster. Befindet sich die Einfügemarke z.B. in einem Makrobearbeitungsfenster oder in einem Fußnotenausschnitt, so bezieht sich der Befehl auf dieses Fenster. Im Gegensatz zur **EndeDokument()**-Funktion verschiebt **AmEndeDesDokuments()** die Einfügemarke nicht.

Siehe auch AmAnfangDesDokuments(), EndeDokument

AndererAusschnitt

Syntax AndererAusschnitt

Bemerkungen Bringt die Einfügemarke wieder an ihre letzte Position im nächsten Ausschnitt des aktiven Fensters. **AndererAusschnitt** wird oft in Makros verwendet, die einen Anmerkungs-, Fußnoten- oder Kopf-/Fußzeilenausschnitt öffnen.

Beispiel Dieses Beispiel fügt eine Fußnote ein und setzt dann die Einfügemarke wieder an das Fußnotenzeichen zurück. In der Layoutansicht, in der Fußnoten nicht in einem separaten Ausschnitt angezeigt werden, setzt die Anweisung ZurückEinfügemarke die Einfügemarke zum Fußnotenzeichen zurück. In der Normal- oder Gliederungsansicht setzt die Anweisung AndererAusschnitt die Einfügemarke zurück.

```
FußText$ = "Dies ist der Fußnotentext"
EinfügenFußnote .FußEndnotenArt = 0
Einfügen FußText$
If AnsichtLayout() Then
    ZurückEinfügemarke
Else
    AndererAusschnitt
End If
```

Siehe auch AusschnittSchließen, DokumentfensterTeilen, FensterAusschnitt()

AnmerkungsRefVonMarkierung$()

Syntax AnmerkungsRefVonMarkierung$()

Bemerkungen Liefert das Anmerkungszeichen, das mit der Einfügemarke oder dem Anfang der Markierung verknüpft ist. Die Einfügemarke muß sich unmittelbar vor dem Anmerkungszeichen im Dokumentfenster oder in einer Anmerkung im Anmerkungsausschnitt befinden. Anderenfalls werden die Zeichen „[0]" geliefert.

Da Word das gesamte Anmerkungszeichen als einzelnes Zeichen behandelt, können Sie die Zeichen innerhalb eines Anmerkungszeichens nicht mit der Funktion **Markierung$()** zurückgeben.

Beispiel Dieses Beispiel geht zum nächsten Anmerkungszeichen und weist der Variablen Mark$ die als Anmerkungszeichen verwendete Zeichenfolge zu:

```
BearbeitenGeheZu "n"
Mark$ = AnmerkungsRefVonMarkierung$()
```

Siehe auch BearbeitenGeheZu, EinblendenAnmerkungVon, GeheZuAnmerkungsbereich, GeheZuNächstem*Element*, GeheZuVorherigem*Element*

AnsichtAnmerkungen, AnsichtAnmerkungen()

Syntax AnsichtAnmerkungen [*Aktiv*]

AnsichtAnmerkungen()

Bemerkungen Die Anweisung **AnsichtAnmerkungen** öffnet oder schließt den Anmerkungsausschnitt. Wenn im aktiven Dokument keine Anmerkungen vorhanden sind, hat diese Anweisung keine Wirkung.

Argument	Erklärung
Aktiv	Gibt an, ob der Anmerkungsausschnitt geöffnet oder geschlossen werden soll:
	0 (Null) Schließt den Anmerkungsausschnitt.
	1 Öffnet den Anmerkungsausschnitt.
	Fehlt Schaltet die Anzeige des Anmerkungsausschnitts um.

Die Funktion **AnsichtAnmerkungen**() liefert die folgenden Werte:

Wert	Erklärung
0 (Null)	Der Anmerkungsausschnitt ist geschlossen.
–1	Der Anmerkungsausschnitt ist geöffnet.

Siehe auch AnsichtEndnotenBereich, AnsichtFußnotenBereich, AnsichtFußnoten, EinfügenAnmerkung

AnsichtEndnotenBereich, AnsichtEndnotenBereich()

Syntax AnsichtEndnotenBereich [*Aktiv*]

AnsichtEndnotenBereich()

Bemerkungen Die Anweisung **AnsichtEndnotenBereich** öffnet oder schließt den Endnotenausschnitt in den Ansichten „Normal" und „Gliederung". In der Layoutansicht verschiebt **AnsichtEndnotenBereich** die Einfügemarke zu oder vom Endnotenausschnitt. Wenn sich im aktiven Dokument keine Endnoten befinden, tritt ein Fehler auf.

Argument	Erklärung
Aktiv	Gibt an, ob der Endnotenausschnitt geöffnet oder geschlossen werden soll:
	0 (Null) In den Ansichten „Normal" und „Gliederung" wird der Endnotenausschnitt geschlossen. In der Layoutansicht keine Wirkung.
	1 In den Ansichten „Normal" und „Gliederung" wird der Endnotenausschnitt geöffnet. In der Layoutansicht wird die Einfügemarke zum Endnotenausschnitt verschoben.
	Fehlt In den Ansichten „Normal" und „Gliederung" wird die Anzeige des Endnotenausschnitts umgeschaltet. In der Layoutansicht wird die Einfügemarke zwischen Endnote und dem zugehörigen Zeichen im Dokument verschoben.

Die Funktion **AnsichtEndnotenBereich**() liefert die folgenden Werte:

Wert	Erklärung
0 (Null)	Der Endnotenausschnitt ist geschlossen.
–1	Der Endnotenausschnitt ist geöffnet.

Siehe auch AnsichtAnmerkungen, AnsichtFußnoten, AnsichtFußnotenBereich

AnsichtEndnotenFortsetzungsHinweis

Syntax AnsichtEndnotenFortsetzungsHinweis

Bemerkungen Öffnet einen Ausschnitt, in dem sich der Endnoten-Fortsetzungshinweis befindet. Dieser Hinweis zeigt an, daß eine Endnote auf der folgenden Seite fortgesetzt wird. Wenn sich im aktiven Dokument keine Endnoten befinden, tritt ein Fehler auf.

Siehe auch AnsichtEndnotenFortsetzungsTrennlinie, AnsichtEndnotenTrennlinie, AnsichtFußnotenFortsetzungsHinweis, VorgabeFußnotenTrennlinieOderHinweis

AnsichtEndnotenFortsetzungsTrennlinie

Syntax AnsichtEndnotenFortsetzungsTrennlinie

Bemerkungen Öffnet einen Ausschnitt, in dem sich die Endnoten-Fortsetzungstrennlinie befindet. Diese Trennlinie wird vor dem Endnotentext eingefügt, der von der vorhergehenden Seite fortgesetzt wird. Wenn sich im aktiven Dokument keine Endnoten befinden, tritt ein Fehler auf.

Siehe auch AnsichtEndnotenFortsetzungsHinweis, AnsichtEndnotenTrennlinie, AnsichtFußnotenFortsetzungsTrennlinie, VorgabeFußnotenTrennlinieOderHinweis

AnsichtEndnotenTrennlinie

Syntax AnsichtEndnotenTrennlinie

Bemerkungen Öffnet einen Ausschnitt, indem sich die Endnotentrennlinie befindet. Diese Trennlinie wird zwischen dem Dokumenttext und den Endnoten angezeigt. Wenn sich im aktiven Dokument keine Endnoten befinden, tritt ein Fehler auf.

Siehe auch AnsichtEndnotenFortsetzungsHinweis, AnsichtEndnotenFortsetzungsTrennlinie, AnsichtFußnotenTrennlinie, VorgabeFußnotenTrennlinieOderHinweis

AnsichtFeldfunktionen, AnsichtFeldfunktionen()

Syntax   **AnsichtFeldfunktionen** [*Aktiv*]

AnsichtFeldfunktionen()

Bemerkungen   Die Anweisung **AnsichtFeldfunktionen** steuert die Anzeige aller Felder im aktiven Dokument. Die Anzeige der Feldfunktionen wird mit dem Kontrollkästchen „Feldfunktionen" auf der Registerkarte **Ansicht** im Dialogfeld **Optionen** (Menü **Extras**) festgelegt. Mit der Anweisung **FeldAnzeigeUmschalten** können Sie die Anzeige markierter Felder festlegen.

Argument	Erklärung
Aktiv	Gibt an, wie Felder angezeigt werden sollen:
	0 (Null) Zeigt Feldergebnisse an.
	1 Zeigt Feldfunktionen an.
	Fehlt Schaltet die Anzeige von Feldern um.

Die Funktion **AnsichtFeldfunktionen**() liefert die folgenden Werte:

Wert	Erklärung
0 (Null)	In den Feldern werden Feldergebnisse angezeigt.
–1	In den Feldern werden Feldfunktionen angezeigt.

Siehe auch   **ExtrasOptionenAnsicht**, **FeldAnzeigeUmschalten**

AnsichtFormatierungsleiste, AnsichtFormatierungsleiste()

Syntax   **AnsichtFormatierungsleiste** [*Aktiv*]

AnsichtFormatierungsleiste()

Bemerkungen   Die Anweisung **AnsichtFormatierungsleiste** zeigt die Formatierungs-Symbolleiste an oder blendet sie aus. Diese Anweisung wurde aus Gründen der Kompatibilität mit der Vorgängerversion von Word aufgenommen.

Argument	Erklärung
Aktiv	Gibt an, ob die Formatierungs-Symbolleiste angezeigt oder ausgeblendet werden soll:
	0 (Null) Blendet die Formatierungs-Symbolleiste aus.
	1 Zeigt die Formatierungs-Symbolleiste an.
	Fehlt Schaltet die Anzeige der Formatierungs-Symbolleiste um.

Die Funktion **AnsichtFormatierungsleiste**() liefert die folgenden Werte:

Wert	Erklärung
0 (Null)	Die Formatierungs-Symbolleiste ist ausgeblendet.
–1	Die Formatierungs-Symbolleiste wird angezeigt.

Siehe auch **AnsichtLineal, AnsichtStatusleiste, AnsichtSymbolleisten, ExtrasOptionenAnsicht**

AnsichtFußnoten, AnsichtFußnoten()

Syntax **AnsichtFußnoten**

AnsichtFußnoten( )

Bemerkungen Die Anweisung **AnsichtFußnoten** öffnet oder schließt den Fußnotenausschnitt. Wenn im aktiven Dokument keine Fußnoten vorhanden sind, hat diese Anweisung keine Wirkung.

Argument	Erklärung
Aktiv	Gibt an, ob der Fußnotenausschnitt geöffnet oder geschlossen werden soll:
	0 (Null) In den Ansichten „Normal" und „Gliederung" wird der Fußnotenausschnitt geschlossen. In der Layoutansicht keine Wirkung.
	1 In den Ansichten „Normal" und „Gliederung" wird der Fußnotenausschnitt geöffnet. In der Layoutansicht wird die Einfügemarke zum Fußnotenausschnitt verschoben.
	Fehlt In der Normalansicht öffnet oder schließt die Anweisung **AnsichtFußnoten** den Fußnoten- oder Endnotenausschnitt gemäß den folgenden Regeln;
	• Wenn das Dokument Fußnoten enthält, wird der Fußnotenausschnitt geöffnet.
	• Wenn das Dokument Endnoten, jedoch keine Fußnoten enthält, wird der Endnotenauschnitt geöffnet.
	• Wenn der Fußnoten- oder Endnotenausschnitt bereits geöffnet ist, wird der Ausschnitt geschlossen.

In der Layoutansicht verschiebt die Anweisung **AnsichtFußnoten** die Einfügemarke gemäß den folgenden Regeln:

- Wenn das Dokument nur Fußnoten enthält, wird die Einfügemarke in den Fußnotenbereich verschoben.
- Wenn das Dokument nur Endnoten enthält, wird die Einfügemarke in den Endnotenbereich verschoben.
- Wenn das Dokument sowohl Fuß- als auch Endnoten enthält, erscheint ein Dialogfeld, in dem der Benutzer zwischen Fußnoten- und Endnotenbereich wählen kann.
- Wenn sich die Einfügemarke bereits in einem Fußnoten- oder Endnotenbereich befindet, wird sie in den Dokumentbereich vor das zugehörige Fuß-oder Endnotenzeichen verschoben.

Wenn das Dokument keine Fußnoten oder Endnoten enthält, hat die Anweisung **AnsichtFußnoten** keine Wirkung.

Die Funktion **AnsichtFußnoten()** liefert die folgenden Werte:

Wert	Erklärung
0 (Null)	Weder Fußnoten- noch Endnotenausschnitt ist geöffnet.
–1	Entweder Fußnoten- oder Endnotenausschnitt ist geöffnet.

Siehe auch   AnsichtEndnotenBereich, AnsichtFußnotenBereich

AnsichtFußnotenBereich, AnsichtFußnotenBereich()

Syntax   AnsichtFußnotenBereich [*Aktiv*]

AnsichtFußnotenBereich()

Bemerkungen   Die Anweisung **AnsichtFußnotenBereich** öffnet oder schließt den Fußnotenausschnitt (in Normalansicht) und verschiebt die Einfügemarke zwischen dem Dokumentbereich und dem Fußnotenbereich. Wenn sich im aktiven Dokument keine Fußnoten befinden, hat diese Anweisung keine Wirkung.

Argument	Erklärung
Aktiv	Gibt an, ob der Fußnotenausschnitt geöffnet oder geschlossen werden soll:
	0 (Null) Schließt den Fußnotenausschnitt (in Normalansicht) und verschiebt die Einfügemarke zur entsprechenden Referenzmarkierung im Dokumentbereich.
	1 Öffnet den Fußnotenausschnitt (in Normalansicht) und verschiebt die Einfügemarke in den Fußnotenbereich.
	Fehlt Schaltet die Anzeige des Fußnotenausschnitts um (in Normalansicht) und verschiebt die Einfügemarke vom Dokumentbereich zum Fußnotenbereich oder umgekehrt.

Die Funktion **AnsichtFußnotenBereich**() liefert die folgenden Werte:

Wert	Erklärung
0 (Null)	Der Fußnotenausschnitt ist geschlossen.
–1	Der Fußnotenausschnitt ist geöffnet.

Siehe auch AnsichtAnmerkungen, AnsichtEndnotenBereich, AnsichtFußnoten

AnsichtFußnotenFortsetzungsHinweis

Syntax AnsichtFußnotenFortsetzungsHinweis

Bemerkungen Öffnet einen Ausschnitt, der den Fußnoten-Fortsetzungshinweis enthält. Dieser Hinweis zeigt an, daß eine Fußnote auf der folgenden Seite fortgesetzt wird. Wenn sich im aktiven Dokument keine Fußnoten befinden, tritt ein Fehler auf.

Siehe auch AnsichtEndnotenFortsetzungsHinweis, AnsichtFußnotenFortsetzungsTrennlinie, AnsichtFußnotenTrennlinie, VorgabeFußnotenTrennlinieOderHinweis

AnsichtFußnotenFortsetzungsTrennlinie

Syntax AnsichtFußnotenFortsetzungsTrennlinie

Bemerkungen Öffnet einen Ausschnitt, der eine Fußnoten-Fortsetzungstrennlinie enthält. Diese Trennlinie erscheint vor einem Fußnotentext, der von der vorhergehenden Seite fortgesetzt wird. Wenn sich im aktiven Dokument keine Fußnoten befinden, tritt ein Fehler auf.

Siehe auch	AnsichtEndnotenFortsetzungsTrennlinie, AnsichtFußnotenFortsetzungsHinweis, AnsichtFußnotenTrennlinie, VorgabeFußnotenTrennlinieOderHinweis

AnsichtFußnotenTrennlinie

Syntax	AnsichtFußnotenTrennlinie
Bemerkungen	Öffnet einen Ausschnitt, der eine Fußnotentrennlinie enthält. Diese Trennlinie erscheint zwischen dem Dokumenttext und den Fußnoten. Wenn sich im aktiven Dokument keine Fußnoten befinden, tritt ein Fehler auf.
Siehe auch	AnsichtEndnotenTrennlinie, AnsichtFußnotenFortsetzungsHinweis, AnsichtFußnotenFortsetzungsTrennlinie, VorgabeFußnotenTrennlinieOderHinweis

AnsichtFußzeile, AnsichtFußzeile()

Syntax	AnsichtFußzeile
	AnsichtFußzeile()
Bemerkungen	Die Anweisung **AnsichtFußzeile** schaltet das aktive Dokument in die Layoutansicht, positioniert die Einfügemarke im Fußzeilenbereich und zeigt dann die Kopf- und Fußzeilen-Symbolleiste an. Wenn die Kopf- und Fußzeilen-Symbolleiste bereits angezeigt wird, blendet **AnsichtFußzeile** sie aus und verschiebt die Einfügemarke in den Dokumentbereich. Dabei wird das aktive Dokument wieder in Normalansicht zurückgeschaltet, wenn vor dem Wechsel in die Ansicht Fußzeile die Normalansicht eingestellt war.

Die Funktion **AnsichtFußzeile()** liefert die folgenden Werte:

Wert	Erklärung
0 (Null)	Die Einfügemarke befindet sich nicht im Fußzeilenbereich.
–1	Die Einfügemarke befindet sich im Fußzeilenbereich.

Siehe auch	AnsichtKopfFußzeileSchließen, AnsichtKopfzeile

AnsichtGliederung, AnsichtGliederung()

Syntax	**AnsichtGliederung**
	AnsichtGliederung( )
Bemerkungen	Die Anweisung **AnsichtGliederung** schaltet das aktive Dokument in die Gliederungsansicht um. Die Funktion **AnsichtGliederung()** liefert die folgenden Werte:

Wert	Erklärung
0 (Null)	Das aktive Dokument befindet sich nicht in der Gliederungsansicht.
–1	Das aktive Dokument befindet sich in der Gliederungsansicht.

Siehe auch	**AnsichtLayout, AnsichtNormal, AnsichtKonzept, AnsichtZentraldokument, DateiSeitenansicht**

AnsichtKonzept, AnsichtKonzept()

Syntax	**AnsichtKonzept** [*Aktiv*]
	AnsichtKonzept( )
Bemerkungen	Die Anweisung **AnsichtKonzept** schaltet die Konzeptansicht für das aktive Dokument oder Makrobearbeitungsfenster ein oder aus. Die Konzeptansicht wird mit dem Kontrollkästchen „Konzeptschriftart" auf der Registerkarte **Ansicht** im Dialogfeld **Optionen** (Menü **Extras**) aktiviert bzw. deaktiviert.

Argument	Erklärung
Aktiv	Gibt an, ob die Konzeptansicht aktiviert oder deaktiviert werden soll:
	0 (Null) Deaktiviert die Konzeptansicht.
	1 Aktiviert die Konzeptansicht.
	Fehlt Schaltet die Konzeptansicht um.

Die Funktion **AnsichtKonzept()** liefert die folgenden Werte:

Wert	Erklärung
0 (Null)	Die Konzeptansicht ist deaktiviert.
–1	Die Konzeptansicht ist aktiv.

Siehe auch	**ExtrasOptionenAnsicht**

AnsichtKopfFußzeileSchließen

Syntax AnsichtKopfFußzeileSchließen

Bemerkungen Verbirgt die Symbolleiste für Kopf- und Fußzeilen und verschiebt die Einfügemarke zur vorherigen Position im Dokumentbereich. Wenn sich die Einfügemarke nicht in einer Kopf- oder Fußzeile befindet, tritt ein Fehler auf.

Siehe auch **AnsichtKopfzeile, EinblendenNächsteKopfFußzeile, EinblendenVorherigeKopfFußzeile, GeheZuKopfFußzeile**

AnsichtKopfzeile, AnsichtKopfzeile()

Syntax AnsichtKopfzeile

AnsichtKopfzeile( )

Bemerkungen Die Anweisung **AnsichtKopfzeile** aktiviert die Layoutansicht für das aktive Dokument, positioniert die Einfügemarke im Kopfzeilenbereich und zeigt dann die Kopf- und Fußzeilen-Symbolleiste an. Wenn die Kopf- und Fußzeilen-Symbolleiste bereits angezeigt wird, blendet **AnsichtKopfzeile** sie aus und verschiebt die Einfügemarke in den Dokumentbereich. Dabei wird das aktive Dokument wieder in Normalansicht zurückgeschaltet, wenn vor dem Wechsel in die Ansicht Kopfzeile die Normalansicht eingestellt war.

Die Funktion **AnsichtKopfzeile( )** liefert die folgenden Werte:

Wert	Erklärung
0 (Null)	Die Einfügemarke befindet sich nicht im Kopfzeilenbereich.
–1	Die Einfügemarke befindet sich im Kopfzeilenbereich.

Siehe auch **AnsichtFußzeile**

AnsichtLayout, AnsichtLayout()

Syntax AnsichtLayout

AnsichtLayout( )

Bemerkungen Die Anweisung **AnsichtLayout** aktiviert die Layoutansicht für das aktive Dokument. Die Funktion **AnsichtLayout( )** liefert die folgenden Werte:

Wert	Erklärung
0 (Null)	Das aktive Dokument befindet sich nicht in der Layoutansicht.
–1	Das aktive Dokument befindet sich in der Layoutansicht.

Siehe auch AnsichtGliederung, AnsichtKonzept, AnsichtNormal, AnsichtZentraldokument, DateiSeitenansicht

AnsichtLineal, AnsichtLineal()

Syntax AnsichtLineal [*Aktiv*]

AnsichtLineal()

Bemerkungen Die Anweisung **AnsichtLineal** zeigt in der Normalansicht das horizontale Lineal an oder blendet es aus. In der Layoutansicht wird zusätzlich das vertikale Lineal angezeigt oder ausgeblendet, wenn das Kotrollkästchen „Vertikales Lineal" auf der Registerkarte **Ansicht** im Dialogfeld **Optionen** (Menü **Extras**) aktiviert ist. Wenn sich das aktive Dokument in der Gliederungs- oder Zentraldokumentansicht befindet, tritt ein Fehler auf.

Argument	Erklärung
Aktiv	Gibt an, ob die Lineale angezeigt oder ausgeblendet werden sollen:
	0 (Null) Blendet die Lineale aus.
	1 Zeigt die Lineale an.
	Fehlt Schaltet die Anzeige der Lineale um.

Die Funktion **AnsichtLineal()** liefert die folgenden Werte:

Wert	Erklärung
0 (Null)	Die Lineale sind ausgeblendet.
–1	Die Lineale werden angezeigt.

Siehe auch AnsichtFormatierungsleiste, AnsichtStatusleiste, AnsichtSymbolleisten, ExtrasOptionenAnsicht

AnsichtMenüs()

Syntax AnsichtMenüs()

Bemerkungen Liefert einen Wert, der angibt, welche Menüleiste angezeigt wird: die vollständige Menüleiste, die erscheint, wenn ein Dokumentfenster geöffnet ist, oder die kurze Menüleiste, die erscheint, wenn kein Dokumentfenster geöffnet ist. Sie können **AnsichtMenüs()** als Alternative zur Funktion **ZählenFenster()** verwenden, um festzustellen, ob mindestens ein Dokumentfenster geöffnet ist.

Wert	Erklärung
0 (Null)	Wenn die vollständige Menüleiste angezeigt wird.
1	Unter Windows, wenn nur die Menüs **Datei** und **Hilfe(?)** sowie das Systemmenü der Anwendung angezeigt werden. Auf dem Macintosh, wenn nur das Apple-Menü, die Menüs **Datei** und **Hilfe(?)** sowie das Menü der Anwendung angezeigt werden. Beachten Sie, daß weitere Menüs verfügbar sein können, wenn sie mit **ExtrasAnpassenMenüleiste** hinzugefügt wurden.

Anmerkung Diese Werte entsprechen den Werten, die das Argument **.MenüArt** beim Anpassen von Menüs mit den Anweisungen **ExtrasAnpassenMenü** und **ExtrasAnpassenMenüleiste** annehmen kann.

Siehe auch ExtrasAnpassenMenü, ExtrasAnpassenMenüleiste

AnsichtNormal, AnsichtNormal()

Syntax AnsichtNormal

AnsichtNormal()

Bemerkungen Die Anweisung **AnsichtNormal** aktiviert die Normalansicht für das aktive Dokument. Die Funktion **AnsichtNormal()** liefert die folgenden Werte:

	Wert	Erklärung
	0 (Null)	Das aktive Dokument befindet sich nicht in der Normalansicht.
	–1	Das aktive Dokument befindet sich in der Normalansicht.

Siehe auch AnsichtGliederung, AnsichtKonzept, AnsichtLayout, AnsichtZentraldokument, DateiSeitenansicht

AnsichtNormalKopfzeileBereich

Syntax AnsichtNormalKopfzeileBereich [.Art = *Zahl*] [, .ErsteSeite = *Zahl*] [, .GeradeUngeradeSeiten = *Zahl*] [, .AbstandKopfzeile = *Text*] [, .AbstandFußzeile = *Text*]

Bemerkungen Öffnet den Kopf-/Fußzeilenausschnitt (Normal- und Gliederungsansicht) oder zeigt den Kopf- oder Fußzeilenbereich an (Layoutansicht) und legt Optionen für Kopf- und Fußzeilen fest. Sie können den Kopf-/Fußzeilenausschnitt anzeigen, um jeden beliebigen Kopf- bzw. Fußzeilentyp ungeachtet der Seitenanzahl eines Dokuments zu bearbeiten.

Die Argumente der **AnsichtNormalKopfzeileBereich**-Anweisung entsprechen den Optionen im Dialogfeld **Kopf-/Fußzeile** in Word, Version 2.*x*. In Word, Version 6.0 und 7.0, werden diese Optionen normalerweise mit der Anweisung **DateiSeiteEinrichten** gesetzt. Obwohl Sie diese Informationen aus dem Dialogdatensatz **AnsichtNormalKopfzeileBereich** abrufen können, können Sie mit dieser Anweisung das Dialogfeld von Word, Version 2*x*, nicht anzeigen.

Argument	Erklärung
.Art	Gibt an, ob der Kopf- oder Fußzeilenbereich angezeigt werden soll. Die möglichen Werte von **.Art** hängen von den Einstellungen von **.ErsteSeite** und **.GeradeUngeradeSeiten** ab.
	Falls sowohl **.ErsteSeite** als auch **.GeradeUngeradeSeiten** auf 0 (Null) gesetzt ist:
	0 (Null) Kopfzeile
	1 Fußzeile
	Falls **.ErsteSeite** auf 1 und **.GeradeUngeradeSeiten** auf 0 (Null) gesetzt ist:
	0 (Null) Kopfzeile
	1 Fußzeile
	2 Erste Kopfzeile
	3 Erste Fußzeile
	Falls **.ErsteSeite** auf 0 (Null) und **.GeradeUngeradeSeiten** auf 1 gesetzt ist:
	0 (Null) Gerade Kopfzeile
	1 Gerade Fußzeile
	2 Ungerade Kopfzeile
	3 Ungerade Fußzeile
	Falls sowohl **.ErsteSeite** als auch **.GeradeUngeradeSeiten** auf 1 gesetzt sind:
	0 (Null) Erste Kopfzeile
	1 Erste Fußzeile
	2 Gerade Kopfzeile
	3 Gerade Fußzeile
	4 Ungerade Kopfzeile
	5 Ungerade Fußzeile
.ErsteSeite	Wenn 1, ist eine von den übrigen Seiten des Abschnittes abweichende Kopf- bzw. Fußzeile auf der ersten Seite möglich.
.Gerade UngeradeSeiten	Wenn 1, sind unterschiedliche Kopf- bzw. Fußzeilen für gerade und ungerade Seiten möglich.
.AbstandKopfzeile	Der Abstand zwischen oberem Seitenrand und Kopfzeile.
.AbstandFußzeile	Der Abstand zwischen unterem Seitenrand und Fußzeile.

Siehe auch   AnsichtFußzeile, AnsichtKopfzeile, DateiSeiteEinrichten

AnsichtRahmenSymbolleiste

Syntax AnsichtRahmenSymbolleiste

Bemerkungen Zeigt die Rahmen-Symbolleiste an, wenn sie ausgeblendet ist, oder blendet die Rahmen-Symbolleiste aus, wenn sie angezeigt wird.

Siehe auch AnsichtSymbolleisten, AnsichtZeichnungsSymbolleiste

AnsichtStatusleiste, AnsichtStatusleiste()

Syntax AnsichtStatusleiste [*Aktiv*]

AnsichtStatusleiste()

Bemerkungen Die Anweisung **AnsichtStatusleiste** zeigt die Statusleiste an oder blendet sie aus.

Argument	Erklärung
Aktiv	Gibt an, ob die Statusleiste angezeigt oder ausgeblendet werden soll:
	0 (Null) Blendet die Statusleiste aus.
	1 Zeigt die Statusleiste an.
	Fehlt Schaltet die Anzeige der Statusleiste um.

Die Funktion **AnsichtStatusleiste()** liefert die folgenden Werte:

Wert	Erklärung
0 (Null)	Die Statusleiste ist ausgeblendet.
–1	Die Statusleiste wird angezeigt.

Siehe auch AnsichtFormatierungsleiste, AnsichtLineal, AnsichtSymbolleisten, ExtrasOptionenAnsicht

AnsichtSymbolleisten

Syntax AnsichtSymbolleisten [.Symbolleiste = *Text*] [, .Kontext = *Zahl*] [, .FarbigeSchaltflächen = *Zahl*] [, .VergrößerteSchaltflächen = *Zahl*] [, .QuickInfo = *Zahl*] [, .QuickInfoMitShortcut = *Zahl*] [, .Vorgabe] [, .Löschen] [, .Anzeigen] [, .Verbergen]

Bemerkungen Die Argumente der Anweisung **AnsichtSymbolleisten** entsprechen den Optionen im Dialogfeld **Symbolleisten** (Menü **Ansicht**).

Argument	Erklärung
.Symbolleiste	Der Name der Symbolleiste, die angezeigt, ausgeblendet, angepaßt oder zurückgesetzt werden soll. Der Name muß mit einem der Namen im Dialogfeld **Symbolleisten** übereinstimmen.
.Kontext	Gibt eine Dokumentvorlage an, in der eine bestehende Symbolleiste zurückgesetzt werden soll. 0 (Null) oder fehlt Dokumentvorlage **Normal** 1 Aktive Dokumentvorlage
.Farbige Schaltflächen	Wenn 1, werden Schaltflächen auf der Symbolleiste farbig angezeigt.
.Vergrößerte Schaltflächen	Wenn 1, werden vergrößerte Symbolleisten-Schaltflächen angezeigt.
.QuickInfo	Wenn 1, wird der Name der Schaltfläche unterhalb der Schaltfläche angezeigt, wenn sich der Mauszeiger darüber befindet.
.QuickInfo MitShortcut	Wenn 1, wird der einer Symbolleisten-Schaltfläche zugeordnete Shortcut in der QuickInfo der jeweiligen Schaltfläche angezeigt.
.Vorgabe	Stellt die ursprüngliche Schaltflächenkonfiguration der angegebenen Symbolleiste wieder her.
.Löschen	Löscht die angegebene Symbolleiste, sofern sie vom Benutzer definiert wurde. Bei dem Versuch, eine der eingebauten Symbolleisten von Word zu löschen, tritt ein Fehler auf.
.Anzeigen	Zeigt die angegebene Symbolleiste an.
.Verbergen	Verbirgt die angegebene Symbolleiste.

Siehe auch   **AnsichtFormatierungsleiste**, **AnsichtLineal**, **AnsichtStatusleiste**, **ExtrasOptionenAnsicht**, **NeueSymbolleiste**

AnsichtZeichnungsSymbolleiste

Syntax   AnsichtZeichnungsSymbolleiste

Bemerkungen   Zeigt die Zeichnungs-Symbolleiste an, wenn sie ausgeblendet war, oder blendet sie aus, wenn sie angezeigt wurde, und schaltet außerdem in die Layoutansicht um.

Siehe auch   **AnsichtRahmenSymbolleiste**, **AnsichtSymbolleisten**

AnsichtZentraldokument, AnsichtZentraldokument()

Syntax   AnsichtZentraldokument

               AnsichtZentraldokument()

Bemerkungen   Die Anweisung **AnsichtZentraldokument** aktiviert die Zentraldokumentansicht für das aktive Dokument. Die Funktion **AnsichtZentraldokument()** liefert die folgenden Werte:

Wert	Erklärung
0 (Null)	Das aktive Dokument befindet sich nicht in der Zentraldokumentansicht.
–1	Das aktive Dokument befindet sich in der Zentraldokumentansicht.

Siehe auch   AnsichtGliederung, AnsichtZentraldokumentUmschalten

AnsichtZentraldokumentUmschalten

Syntax   AnsichtZentraldokumentUmschalten

Bemerkungen   Schaltet das aktive Dokument von der Gliederungsansicht in die Zentraldokumentansicht oder aus der Zentraldokumentansicht in die Gliederungsansicht um. Wenn sich das Dokument in der Normalansicht, Layoutansicht oder Seitenansicht befindet, tritt ein Fehler auf.

Siehe auch   AnsichtGliederung, AnsichtZentraldokument

AnsichtZoom

Syntax   AnsichtZoom [.OptimaleBreite] [, .ZweiSeiten] [, .GanzeSeite] [, .AnzSpalten = *Zahl*] [, .AnzTabZeilen = *Zahl*] [, .ZoomProzent = *Text*]

Bemerkungen   Ändert die Vergrößerung für das aktive Dokument und neue Dokumente in der aktuellen Ansicht. Die Argumente für **AnsichtZoom** entsprechen den Optionen im Dialogfeld **Zoom** (Menü **Ansicht**). Wenn sich das aktive Dokument nicht in der Layoutansicht befindet und Sie **.ZweiSeiten**, **.GanzeSeite**, **.AnzSpalten** oder **.AnzTabZeilen** angeben, tritt ein Fehler auf.

Argument	Erklärung
.OptimaleBreite	Legt die Vergrößerung so fest, daß die gesamte Breite der Seite sichtbar ist.
.ZweiSeiten	Legt in der Layoutansicht die Vergrößerung so fest, daß zwei Seiten vollständig sichtbar sind.
.GanzeSeite	Legt in der Layoutansicht die Vergrößerung so fest, daß die gesamte Seite sichtbar ist.
.AnzSpalten	Beim Anzeigen mehrerer Seiten in einem Raster gibt dieses Argument die Anzahl der Rasterspalten an.
.AnzTabZeilen	Beim Anzeigen mehrerer Seiten in einem Raster gibt dieses Argument die Anzahl der Rasterzeilen an.
.ZoomProzent	Der Vergrößerungsprozentsatz relativ zur Standardanzeige (100 Prozent).

Siehe auch AnsichtZoom75, AnsichtZoom100, AnsichtZoom200, AnsichtZoomGanzeSeite, AnsichtZoomSeitenbreite

AnsichtZoom75

Syntax AnsichtZoom75

Bemerkungen Aktiviert die Normalansicht und legt die Vergrößerung für das aktive Dokument und für neue Dokumente auf 75 Prozent fest.

Siehe auch AnsichtZoom, AnsichtZoom100, AnsichtZoom200, AnsichtZoomGanzeSeite, AnsichtZoomSeitenbreite

AnsichtZoom100

Syntax AnsichtZoom100

Bemerkungen Aktiviert die Normalansicht und legt die Vergrößerung für das aktive Dokument und für neue Dokumente auf 100 Prozent fest.

Siehe auch AnsichtZoom, AnsichtZoom75, AnsichtZoom200, AnsichtZoomGanzeSeite, AnsichtZoomSeitenbreite

AnsichtZoom200

Syntax	AnsichtZoom200
Bemerkungen	Aktiviert die Normalansicht und legt die Vergrößerung für das aktive Dokument und für neue Dokumente auf 200 Prozent fest.
Siehe auch	AnsichtZoom, AnsichtZoom75, AnsichtZoom100, AnsichtZoomGanzeSeite, AnsichtZoomSeitenbreite

AnsichtZoomGanzeSeite

Syntax	AnsichtZoomGanzeSeite
Bemerkungen	Setzt die Vergrößerung auf einen Faktor, mit dem die gesamte Seite in der Layoutansicht angezeigt werden kann. **AnsichtZoomGanzeSeite** aktiviert die Layoutansicht, wenn sich das aktive Dokument in einer anderen Ansicht befindet.
Siehe auch	AnsichtZoom, AnsichtZoom75, AnsichtZoom100, AnsichtZoom200, AnsichtZoomSeitenbreite

AnsichtZoomSeitenbreite

Syntax	AnsichtZoomSeitenbreite
Bemerkungen	Setzt die Vergrößerung auf einen Faktor, mit dem die gesamte Seitenbreite angezeigt werden kann.
Siehe auch	AnsichtZoom, AnsichtZoom75, AnsichtZoom100, AnsichtZoom200, AnsichtZoomGanzeSeite

AnwAktiv()

Syntax	**AnwAktiv**(*FensterName$*)
Bemerkungen	Liefert -1, wenn die angegebene Anwendung ausgeführt wird, oder 0 (Null), wenn dies nicht der Fall ist.

Argument	Erklärung
FensterName$	Unter Windows eine Zeichenfolge, die mit dem Anfang des Namens eines Anwendungsfensters übereinstimmt, wie dieser in der Titelleiste oder der Task-Liste angezeigt wird. Auf dem Macintosh liefert *FensterName$* entweder den Namen der Anwendung oder den Creator, der von der Funktion **MacID$()** zurückgegeben wird. Weitere Informationen über *FensterName$* finden Sie unter **AnwAktivieren**.

Ein Beispiel finden Sie unter **AnwAktivieren**.

Siehe auch   **AnwAktivieren, AnwSchließen, MacID$(), Microsoft***Anwendung*

AnwAktivieren

Syntax   **AnwAktivieren** *FensterName$* [, *Direkt*]

Bemerkungen   Aktiviert eine geöffnete Anwendung.

Argument	Erklärung
FensterName$	Unter Windows, der Name des zu aktivierenden Anwendungsfensters, wie er in der Titelleiste oder der Task-Liste angezeigt wird.
	Es ist nicht erforderlich, den gesamten Fensternamen anzugeben. Um beispielsweise ein Fenster mit dem Namen „Editor - DATEI.TXT" anzugeben, können Sie „Editor - DATEI.TXT", „Editor" oder auch nur „Edit" eingeben. Der erste Fenstername in der Task-Liste, dessen Anfang mit der eingegebenen Zeichenfolge übereinstimmt, wird aktiviert. Die Groß-/Kleinschreibung wird von *FensterName$* nicht beachtet.
	Auf dem Macintosh entspricht *FensterName$* dem Namen der Anwendung oder dem Creator der von der Funktion **MacID$()** zurückgegeben wird. Generell ist der Creator dem Namen der Anwendung vorzuziehen (z.B. `MacID$("XCEL")` anstatt `MacID$"Microsoft Excel"`), weil sich der Creator (im Gegensatz zum Namen der Anwendung) nie ändert.
Direkt	Gibt an, wann zu der anderen Anwendung gewechselt werden soll:
	0 (Null) oder fehlt Wenn Word nicht aktiv ist, blinkt die Word-Titelleiste oder das Word-Symbol. Word wartet, bis es vom Benutzer aktiviert wird, und aktiviert dann die andere Anwendung.
	1 Word aktiviert die andere Anwendung sofort, auch wenn Word nicht die aktive Anwendung ist.

Beispiel Dieses Beispiel (Windows) aktiviert den Datei-Manager, wenn er zuvor gestartet wurde, und startet ihn, wenn er noch nicht ausgeführt wird:

```
If AnwAktiv("Datei-Manager") Then
    AnwAktivieren "Datei-Manager"
Else
    Shell "WINFILE.EXE"
End If
```

Dieses Beispiel (Macintosh) aktiviert Microsoft Excel wenn es bereits ausgeführt wird, oder startet es, falls es noch nicht ausgeführt wurde.

```
If AnwAktiv(MacID$("XCEL")) Then
    AnwAktivieren MacID$("XCEL")
Else
    Shell MacID$("XCEL")
End If
```

Beachten Sie, daß das Beispiel (Macintosh) mit `Shell MacID$("XCEL")` verkürzt werden könnte. Auf dem Macintosh (im Gegensatz zu Windows) führt **Shell** nicht dazu, daß eine Anwendung ein zweites Mal gestartet wird, falls sie bereits ausgeführt wird.

Siehe auch **AnwAktiv()**, **AnwNamenHolen**, **AnwSchließen**, **MacID$()**, **Microsoft***Anwendung*, **Shell**

AnwAnzeigen

Syntax **AnwAnzeigen** [*FensterName$*]

Bemerkungen Unter Windows wird eine Anwendung, die zuvor mit **AnwVerbergen** verborgen wurde, sichtbar gemacht und aktiviert. Der Name des Anwendungsfensters erscheint nun wieder in der Task-Liste. Wenn die Anwendung nicht verborgen ist, ist **AnwAnzeigen** wirkungslos. Auf dem Macintosh steht **AnwAnzeigen** nicht zur Verfügung und erzeugt eine Fehlermeldung.

Argument	Erklärung
FensterName$	Eine Zeichenfolge, die mit dem Anfang des Namens eines Anwendungsfensters übereinstimmt. Der Name muß so eingegeben werden, wie er in der Task-Liste (Windows) oder der Titelleiste erscheinen würde, wenn die Anwendung sichtbar wäre. Wenn Sie dieses Argument nicht angeben, wird Word angenommen. Weitere Informationen über *FensterName$* finden Sie unter **AnwAktivieren**.

Siehe auch **AnwAktivieren**, **AnwVerbergen**

AnwFensterBreite, AnwFensterBreite()

Syntax	**AnwFensterBreite** [*FensterName$,*] *Breite*
	AnwFensterBreite([*FensterName$*])
Bemerkungen	Unter Windows paßt die Anweisung **AnwFensterBreite** die Breite eines Anwendungsfensters an die angegebene Punktzahl an. (Wenn Sie *FensterName$* nicht angeben, wird das Word-Fenster angenommen.) **AnwFensterBreite** ermöglicht Ihnen, die Breite eines Fensters zu ändern, ohne die Höhe zu beeinflussen (im Gegensatz zu **AnwGrößeÄndern**). Die Funktion **AnwFensterBreite**( ) liefert die Breite eines Anwendungsfensters in Punkt. Eine Beschreibung der Argumente finden Sie unter **AnwGrößeÄndern**.
	Auf dem Macintosh stehen **AnwFensterBreite** und **AnwFensterBreite**( ) nicht zur Verfügung und erzeugen daher Fehlermeldungen.
Siehe auch	**AnwFensterHöhe, AnwFensterLinks, AnwFensterOben, AnwGrößeÄndern**

AnwFensterHöhe, AnwFensterHöhe()

Syntax	**AnwFensterHöhe** [*FensterName$,*] *Höhe*
	AnwFensterHöhe([*FensterName$*])
Bemerkungen	Unter Windows paßt die Anweisung **AnwFensterHöhe** die Höhe eines Anwendungsfensters an die angegebene Punktzahl an. (Wenn Sie *FensterName$* nicht angeben, wird das Word-Fenster angenommen.) **AnwFensterHöhe** ermöglicht Ihnen, die Höhe eines Fensters zu ändern, ohne seine Breite zu beeinflussen (im Gegensatz zu **AnwGrößeÄndern**). Die Funktion **AnwFensterHöhe**( ) liefert die Höhe eines Anwendungsfensters, in Punkt. Eine Beschreibung der Argumente finden Sie unter **AnwGrößeÄndern**.
	Auf dem Macintosh stehen **AnwFensterHöhe** und **AnwFensterHöhe**( ) nicht zur Verfügung und erzeugen daher Fehlermeldungen.
Siehe auch	**AnwFensterBreite, AnwFensterLinks, AnwFensterOben, AnwGrößeÄndern**

AnwFensterLinks, AnwFensterLinks()

Syntax	**AnwFensterLinks** [*FensterName$,*] *HorizPos*
	AnwFensterLinks([*FensterName$*])

Bemerkungen	Unter Windows verschiebt die Anweisung **AnwFensterLinks** ein Anwendungsfenster an eine in Punkt ausgedrückte horizontale Position. (Wenn Sie *FensterName$* nicht angeben, wird das Word-Fenster angenommen.) Die Position entspricht der Entfernung zwischen der linken oberen Ecke des Bildschirms und der linken oberen Ecke des Anwendungsfensters. **AnwFensterLinks** ermöglicht Ihnen, die horizontale Position eines Fensters oder Symbols zu ändern, ohne seine vertikale Position zu beeinflussen (im Gegensatz zu **AnwVerschieben**). Die Funktion **AnwFensterLinks**() liefert die horizontale Position eines Anwendungsfensters oder -symbols, in Punkt. Eine Beschreibung der Argumente finden Sie unter **AnwVerschieben**. Auf dem Macintosh stehen **AnwFensterLinks** und **AnwFensterLinks**() nicht zur Verfügung und erzeugen daher Fehlermeldungen.
Siehe auch	**AnwFensterBreite**, **AnwFensterHöhe**, **AnwFensterOben**, **AnwVerschieben**

AnwFensterOben, AnwFensterOben()

Syntax	**AnwFensterOben** [*FensterName$*,] *VertPos* **AnwFensterOben**([*FensterName$*])
Bemerkungen	Unter Windows verschiebt die Anweisung **AnwFensterOben** ein Anwendungsfenster an eine in Punkt ausgedrückte vertikale Position. (Wenn Sie *FensterName$* nicht angeben, wird das Word-Fenster angenommen.) Die Position entspricht der Entfernung zwischen der linken oberen Ecke des Bildschirms und der linken oberen Ecke des Anwendungsfensters. **AnwFensterOben** ermöglicht Ihnen, die vertikale Position eines Fensters oder Symbols zu ändern, ohne seine horizontale Position zu beeinflussen (im Gegensatz zu **AnwVerschieben**). Die Funktion **AnwFensterOben**() liefert die vertikale Position eines Anwendungsfensters oder -symbols in Punkt. Eine Beschreibung der Argumente finden Sie unter **AnwVerschieben**. Auf dem Macintosh stehen **AnwFensterOben** und **AnwFensterOben**() nicht zur Verfügung und erzeugen daher Fehlermeldungen.
Siehe auch	**AnwFensterBreite**, **AnwFensterHöhe**, **AnwFensterLinks**, **AnwVerschieben**

AnwGrößeÄndern

Syntax AnwGrößeÄndern [*FensterName$,*] *Breite*, *Höhe*

Bemerkungen Unter Windows wird die Größe eines Anwendungsfensters auf die angegebene Breite und Höhe geändert. Wenn die Anwendung zum Vollbild vergrößert (maximiert) oder zum Symbol verkleinert (minimiert) ist, tritt ein Fehler auf. Auf dem Macintosh steht **AnwGrößeÄndern** nicht zur Verfügung und erzeugt daher eine Fehlermeldung.

Argument	Erklärung
FensterName$	Eine Zeichenfolge, die mit dem Anfang des Namens eines Anwendungsfensters übereinstimmt, wie dieser in der Titelleiste oder der Task-Liste angezeigt wird. Wenn Sie dieses Argument nicht angeben, wird Word angenommen. Weitere Informationen über *FensterName$* finden Sie unter **AnwAktivieren**.
Breite, Höhe	Die Breite und Höhe des Anwendungsfensters, in Punkt (1 Punkt = 0,376 mm).

Ein Beispiel finden Sie unter **AnwVerschieben**.

Siehe auch **AnwFensterBreite**, **AnwFensterHöhe**, **AnwVerschieben**, **AnwWiederherstellen**, **DokumentGröße**

AnwInfo$()

Syntax AnwInfo$(*Art*)

Bemerkungen Liefert eine von 24 Informationsarten über Word. Beachten Sie, daß die Funktion **AbrufenSysteminfo$()** ähnliche Informationen liefert. Darüber hinaus können Sie mit der Anweisung **AbrufenSysteminfo** die Systeminformationen in ein Datenfeld einfügen.

Art ist der numerische Code, der die Art der zu liefernden Informationen angibt.

Art	Erklärung
1	Die Umgebung (beispielsweise „Windows 3.10" oder „Macintosh 7.1").
2	Die Versionsnummer von Word (beispielsweise „6.0").
3	Rückgabewert ist -1, wenn sich Word in einem speziellen Modus befindet (beispielsweise **TextKopieren**- oder **TextVerschieben**-Modus).

Art	Erklärung
4	Unter Windows die Entfernung vom linken Bildschirmrand zum linken Rand des Word-Fensters, in Punkt (1 Punkt = 0,376 mm). Beachten Sie: Wenn Word in Vollbildgröße angezeigt wird, liefert `AnwInfo$(4)` einen negativen Wert. Dieser gibt an, daß die Fensterränder außerhalb des Bildschirmrands liegen. Der Wert ist je nach Breite der Ränder unterschiedlich. Auf dem Macintosh gibt `AnwInfo$(4)` den Wert –1 zurück.
5	Unter Windows die Entfernung vom oberen Bildschirmrand zum oberen Rand des Word-Fensters, in Punkt. Beachten Sie: Wenn Word in Vollbildgröße angezeigt wird, liefert `AnwInfo$(5)` einen negativen Wert. Dieser gibt an, daß die Fensterränder außerhalb des Bildschirmrands liegen. Der Wert ist je nach Breite der Ränder unterschiedlich. Auf dem Macintosh gibt `AnwInfo$(5)` den Wert 1 zurück.
6	Die Breite des Arbeitsbereichs in Punkt. Unter Windows nimmt die Breite zu, wenn Sie das Word-Fenster verbreitern. Beachten Sie, daß durch Vergrößern des Zoom-Faktors der gelieferte Wert verkleinert wird und umgekehrt.
7	Die Höhe des Arbeitsbereichs in Punkt. Die Höhe nimmt zu, wenn Sie Word-Bildschirmelemente verbergen oder (unter Windows) die Höhe des Word-Fensters vergrößern. Beachten Sie, daß durch Vergrößern des Zoom-Faktors der gelieferte Wert verkleinert wird und umgekehrt.
8	Rückgabewert ist -1, wenn die Anwendung in Vollbildgröße angezeigt wird (auf dem Macintosh ist dies immer der Fall).
9	Die Größe des gesamten Speichers in Kilobyte. Unter Windows 95 und Windows NT wird mit diesem Wert 0 (Null) zurückgegeben.
10	Die Größe des verfügbaren Speichers in Kilobyte. Unter Windows 95 und Windows NT wird mit diesem Wert 0 (Null) zurückgegeben.
13	Rückgabewert ist -1, wenn ein mathematischer Koprozessor installiert ist.
14	Rückgabewert ist -1, wenn eine Maus installiert ist.
15	Die Größe des verfügbaren Speicherplatzes, in Kilobyte.
16	Liefert als Ergebnis den Namen der Landessprache, für die die Word-Version ausgelegt ist (beispielsweise „Français" für die französische Version von Word). Eine Liste der Landessprachen finden Sie unter **ExtrasSprache**.
17	Liefert als Ergebnis die Einstellung für das Listentrennzeichen.
18	Liefert als Ergebnis die Einstellung für das Dezimalzeichen.
19	Liefert als Ergebnis die Einstellung für das Tausender-Trennzeichen.
20	Liefert als Ergebnis die Einstellung für das Währungssymbol.
21	Liefert als Ergebnis die Einstellung für das Uhrzeitformat.
22	Liefert als Ergebnis den Text für das amerikanische Uhrzeitformat A.M.
23	Liefert als Ergebnis den Text für das amerikanische Uhrzeitformat P.M.
24	Liefert als Ergebnis die Einstellung für das Uhrzeit-Trennzeichen.

Art	Erklärung
25	Liefert als Ergebnis die Einstellung für das Datum-Trennzeichen.
26	Unter Windows NT wird 1 zurückgegeben, falls die Zeichenfolge A.M. bzw. P.M. vor dem Wert für die Zeit angezeigt wird. 0 (Null) wird zurückgegeben, falls die Zeichenfolge A.M. bzw. P.M. hinter dem Wert für die Zeit angezeigt wird. Unter Windows 95 wird 0 (Null) zurückgegeben.
	In Word 6.0 ist dieser Wert nicht verfügbar und erzeugt einen Fehler.

Beispiel Dieses Beispiel zeigt in einem Meldungsfeld die Versionsnummer von Word an:

```
ver$ = AnwInfo$(2)
MsgBox ver$, "Microsoft Word Version", 64
```

Das folgende Beispiel zeigt Ihnen, wie Sie eine benutzerdefinierte Funktion verwenden könnten, um die aktuelle Umgebung zu überprüfen, bevor eine Anweisung ausgeführt wird. Dieses Verfahren eignet sich für Makros, die unter Windows ebenso wie auf dem Macintosh ausgeführt werden sollen.

```
Sub Main
    If fMac Then MsgBox "Aktuelle Umgebung ist Macintosh"
End Sub

Function fMac
    a = InStr(AnwInfo$(1), "Macintosh")
    If a Then fMac = -1
End Function
```

Siehe auch **AbrufenSysteminfo, AnwNamenHolen**

AnwMaximieren, AnwMaximieren()

Syntax **AnwMaximieren** [*FensterName$*] [*, Status*]

AnwMaximieren([*FensterName$*])

Bemerkungen Unter Windows zeigt die Anweisung **AnwMaximieren** die angegebene Anwendung in Vollbildgröße an. Wenn die Anwendung bereits zum Vollbild vergrößert (maximiert) ist, stellt diese Anweisung die ursprüngliche Fenstergröße wieder her.

Argument	Erklärung
FensterName$	Eine Zeichenfolge, die mit dem Anfang des Namens eines Anwendungsfensters übereinstimmt, wie dieser in der Titelleiste oder der Task-Liste (Windows) angezeigt wird. Wenn Sie dieses Argument nicht angeben, wird Word angenommen. Weitere Informationen über *FensterName$* finden Sie unter **AnwAktivieren**.
Status	Gibt an, ob Sie die Anwendung in Vollbildgröße anzeigen oder wiederherstellen möchten. 0 (Null) Stellt die vorherige Größe des Anwendungsfensters wieder her. 1 Vergrößert die Anwendung auf Vollbildgröße. Fehlt Schaltet zwischen Wiederherstellen und Vollbildgröße um. Wenn sich der Status einer Anwendung ändert, wird sie aktiviert. Wenn sich der Status nicht ändert (wenn Sie beispielsweise die Anweisung `AnwMaximieren "Microsoft Excel", 1` ausführen und Microsoft Excel bereits in Vollbildgröße angezeigt wird), wird die Anwendung nicht aktiviert.

Die Funktion **AnwMaximieren()** liefert die folgenden Werte:

Wert	Erklärung
–1	Die angegebene Anwendung wird in Vollbildgröße angezeigt.
0 (Null)	Die angegebene Anwendung wird nicht in Vollbildgröße angezeigt.

Auf dem Macintosh stehen **AnwMaximieren** und **AnwMaximieren()** nicht zur Verfügung und erzeugen daher Fehlermeldungen.

Siehe auch AnwGrößeÄndern, AnwMinimieren, AnwVerschieben, AnwWiederherstellen, DokumentMaximieren

AnwMinimieren, AnwMinimieren()

Syntax AnwMinimieren [*FensterName$*] [, *Status*]

AnwMinimieren([*FensterName$*])

Bemerkungen Unter Windows verkleinert die Anweisung **AnwMinimieren** die angegebene Anwendung auf Symbolgröße. Wenn die Anwendung bereits zum Symbol verkleinert (minimiert) ist, stellt diese Anweisung die ursprüngliche Fenstergröße wieder her.

Argument	Erklärung
FensterName$	Eine Zeichenfolge, die mit dem Anfang des Namens eines Anwendungsfensters übereinstimmt, wie dieser in der Titelleiste oder der Task-Liste angezeigt wird. Wenn Sie dieses Argument nicht angeben, wird Word angenommen. Weitere Informationen über *FensterName$* finden Sie unter **AnwAktivieren**.
Status	Gibt an, ob die Anwendung auf Symbolgröße reduziert oder wiederhergestellt werden soll.

0 (Null)   Stellt die vorherige Größe des Anwendungsfensters wieder her.

1   Reduziert die Anwendung auf Symbolgröße.

Fehlt   Schaltet zwischen Symbolgröße und Wiederherstellen um.

Wenn die Anwendung aus der Symbolgröße wiederhergestellt wird, wird sie aktiviert. Wenn sich der Status nicht ändert oder die Anwendung auf Symbolgröße reduziert wird, wird die Anwendung nicht aktiviert.

Anmerkung   Wenn in einem Makro ein nicht aufgefangener Fehler auftritt, während Word auf Symbolgröße reduziert ist, wird der Makro unterbrochen, und das Word-Symbol blinkt. Nachdem Word wiederhergestellt ist, wird in einer Meldung die Art des aufgetretenen Fehlers angezeigt.

Die Funktion **AnwMinimieren()** liefert die folgenden Werte:

Value	Erklärung
–1	Die Anwendung ist auf Symbolgröße reduziert.
0 (Null)	Die Anwendung ist nicht auf Symbolgröße reduziert.

Auf dem Macintosh stehen **AnwMinimieren** und **AnwMinimieren()** nicht zur Verfügung und erzeugen daher Fehlermeldungen.

Siehe auch   **AnwGrößeÄndern, AnwMaximieren, AnwVerschieben, AnwWiederherstellen, DokumentMinimieren**

AnwNachrichtSenden

Syntax   **AnwNachrichtSenden** [*FensterName$*,] *Nachricht*, *Wparam*, *Lparam*

Bemerkungen   Sendet (unter Windows) eine Nachricht und deren Parameter an die durch *FensterName$* bezeichnete Anwendung. Auf dem Macintosh steht **AnwNachrichtSenden** nicht zur Verfügung und erzeugt daher eine Fehlermeldung.

Argument	Erklärung
FensterName$	Eine Zeichenfolge, die mit dem Anfang des Namens eines Anwendungsfensters übereinstimmt, wie dieser in der Titelleiste oder der Task-Liste angezeigt wird. Wenn Sie dieses Argument nicht angeben, wird Word angenommen. Weitere Informationen über *FensterName$* finden Sie unter **AnwAktivieren**.
Nachricht	Eine Dezimalzahl, die der zu sendenden Nachricht entspricht. Wenn Sie den Microsoft Windows 3.1 bzw. Microsoft Win32 Software Development Kit zur Verfügung haben, können Sie den Namen der Nachricht in der Datei WINDOWS.H nachsehen und anschließend die entsprechende Hexadezimalzahl mit dem Rechner in eine Dezimalzahl konvertieren.
Wparam, Lparam	Parameter für die zu sendende Nachricht. Informationen über die Bedeutung dieser Werte finden Sie unter dem Thema der entsprechenden Nachricht im Handbuch *Microsoft Windows 3.1 Programmer's Reference, Volume 3*, das Bestandteil des Microsoft Windows 3.1 Software Development Kits ist bzw. im Handbuch *Programmer's API Reference, Volume 5*, im Microsoft Win32 Software Development Kit. Diese können von Microsoft Press bezogen werden. Um die entsprechenden Werte abrufen zu können, benötigen Sie möglicherweise das Dienstprogramm „Spy" (das im Lieferumfang des Microsoft Windows 3.1 SDK enthalten ist).

Beispiel

Dieses Beispiel (Windows 3.*x*) startet das Hilfeprogramm und sendet dann eine Nachricht an diese Anwendung, durch die das Dialogfeld **Öffnen** angezeigt wird. Die Zahl 273 ist der Dezimalwert, der der Nachricht WM_COMMAND entspricht, und 1101 ist der Parameter, der den Befehl **Öffnen** angibt. Im vorliegenden Beispiel wird *Lparam* ignoriert, doch muß dieser Parameter dennoch mit dem Wert 0 (Null) angegeben werden.

```
Shell "winhelp.exe"
AnwNachrichtSenden "Windows Hilfe", 273, 1101, 0
```

Siehe auch   **AnwAktiv( )**, **AnwAktivieren**, **DDEExecute**, **DDEPoke**

AnwNamenHolen, AnwNamenHolen()

Syntax   **AnwNamenHolen** *Datenfeld$( )*

AnwNamenHolen(*Datenfeld$( )*)

Bemerkungen	**AnwNamenHolen** füllt ein früher definiertes Datenfeld mit den Namen der offenen Anwendungsfenster (einschließlich verborgener Anwendungen, die nicht in der Task-Liste (Windows) oder im „Anwendungsmenü" bzw. Finder (Macintosh) erscheinen). Wenn *Datenfeld$( )* weniger Elemente hat, als die Anzahl der offenen Anwendungen, besitzt das Datenfeld so viele Namen wie es Elemente gibt, und es erscheint kein Fehler.

Die Funktion **AnwNamenHolen()** führt dieselbe Aktion aus. Sie liefert als Rückgabewert die Anzahl der offenen Anwendungen (einschließlich verborgener Anwendungen, die nicht in der Task-Liste (Windows) oder im „Anwendungsmenü" bzw. Finder (Macintosh) erscheinen). **AnwNamenHolen()** liefert denselben Wert wie **AnwZählen()**. |
| **Beispiel** | Dieses Beispiel fügt eine Liste mit den Namen der Anwendungsfenster an der Einfügemarke ein:

```
Größe = AnwZählen() - 1
Dim Fensternamen$(Größe)
AnwNamenHolen Fensternamen$()
For i = 0 To Größe
    Einfügen Fensternamen$(i)
    EinfügenAbsatz
Next
``` |
| **Siehe auch** | **AnwAktiv()**, **AnwAktivieren**, **AnwSchließen**, **AnwZählen()** |

AnwSchließen

Syntax	**AnwSchließen** [*FensterName$*]
Bemerkungen	Schließt die angegebene Anwendung.

Argument	Erklärung
FensterName$	Unter Windows, eine Zeichenfolge, die mit dem Anfang des Namens eines Anwendungsfensters übereinstimmt. Der eingegebene Name muß mit dem in der Titelleiste oder der Task-Liste angezeigten Namen übereinstimmen. Wenn Sie dieses Argument nicht angeben, wird Word angenommen. Auf dem Macintosh entspricht *FensterName$* entweder dem Namen der Anwendung oder dem Creator, der von **MacID$()** zurückgegeben wird. Weitere Informationen über *FensterName$* finden Sie unter **AnwAktivieren**.

Beispiel	Dieses Beispiel schließt Microsoft Excel, sofern es ausgeführt wird:

```
If AnwAktiv("Microsoft Excel") Then
    AnwSchließen "Microsoft Excel"
End If
``` |

Auf dem Macintosh können Sie das obige Beispiel wie folgt verändern. Verwenden Sie **MacID$()**, um den Microsoft Excel Creator festzulegen. Damit ist gewährleistet, daß das Beispiel auch funktioniert, falls der Benutzer den Dateinamen für Microsoft Excel geändert hat.

```
If AnwAktiv(MacID$("XCEL")) Then
    AnwSchließen MacID$("XCEL")
End If
```

Siehe auch **AnwAktiv(), AnwAktivieren, DateiBeenden, MacID$(), Shell**

AnwVerbergen

Syntax **AnwVerbergen** [*FensterName$*]

Bemerkungen Unter Windows: Verbirgt die angegebene Anwendung und entfernt ihren Namen aus der Task-Liste. Auf dem Macintosh steht **AnwVerbergen** nicht zur Verfügung und erzeugt daher eine Fehlermeldung.

Argument	Erklärung
FensterName$	Eine Zeichenfolge, die mit dem Anfang des Namens eines Anwendungsfensters übereinstimmt, wie dieser in der Titelleiste oder der Task-Liste angezeigt wird. Wenn Sie dieses Argument nicht angeben, wird Word angenommen. Weitere Informationen über *FensterName$* finden Sie unter **AnwAktivieren**.

Siehe auch **AnwAnzeigen, AnwSchließen**

AnwVerschieben

Syntax **AnwVerschieben** [*FensterName$*,] *HorizPos*, *VertPos*

Bemerkungen Unter Windows wird das angegebene Anwendungsfenster oder -symbol an eine Position relativ zur oberen linken Ecke des Bildschirms verschoben. Wenn die Anwendung auf Vollbildgröße erweitert ist, tritt ein Fehler auf. Auf dem Macintosh steht **AnwVerschieben** nicht zur Verfügung und erzeugt daher eine Fehlermeldung.

Argument	Erklärung
FensterName$	Eine Zeichenfolge, die mit dem Anfang des Namens eines Anwendungsfensters übereinstimmt, wie dieser in der Titelleiste oder der Task-Liste angezeigt wird. Wenn Sie dieses Argument nicht angeben, wird Word angenommen. Weitere Informationen über *FensterName$* finden Sie unter **AnwAktivieren**.
HorizPos, VertPos	Die horizontale (*HorizPos*) und vertikale (*VertPos*) Entfernung von der linken oberen Ecke des Bildschirms zur linken oberen Ecke des Anwendungsfensters, in Punkt (1 Punkt = 0,376 mm). Negative Maße sind nur dann erlaubt, wenn Sie *FensterName$* angegeben haben.

Beispiel   Dieses Beispiel (unter Windows) startet Microsoft Excel, wenn es nicht bereits ausgeführt wird, und ordnet dann Word und Microsoft Excel in zwei Fenstern an, die einander nicht überlappen und je eine halbe Bildschirmhöhe ausfüllen:

```
If AnwAktiv("Microsoft Excel") = 0 Then MicrosoftExcel
AnwWiederherstellen
AnwVerschieben 0, 0
AnwGrößeÄndern 480, 180
AnwWiederherstellen "Microsoft Excel"
AnwVerschieben "Microsoft Excel", 0, 180
AnwGrößeÄndern "Microsoft Excel", 480, 180
```

Siehe auch   **AnwFensterLinks, AnwFensterOben, AnwGrößeÄndern, AnwWiederherstellen, DokumentVerschieben**

AnwWiederherstellen, AnwWiederherstellen()

Syntax   **AnwWiederherstellen** [*FensterName$*]

AnwWiederherstellen([*FensterName$*])

Bemerkungen   Unter Windows stellt die Anweisung **AnwWiederherstellen** die vorherige Größe eines angegebenen Anwendungsfensters wieder her, wenn es vorher auf Vollbild vergrößert oder auf Symbolgröße verkleinert wurde, und aktiviert die Anwendung. Wenn das angegebene Anwendungsfenster bereits wiederhergestellt ist, hat **AnwWiederherstellen** keine Wirkung.

Argument	Erklärung
FensterName$	Eine Zeichenfolge, die mit dem Anfang des Namens eines Anwendungsfensters übereinstimmt, wie dieser in der Titelleiste oder der Task-Liste angezeigt wird. Wenn Sie dieses Argument nicht angeben, wird Word angenommen. Weitere Informationen über *FensterName$* finden Sie unter **AnwAktivieren**.

Die Funktion **AnwWiederherstellen()** liefert die folgenden Werte:

Value	Erklärung
–1	Die ursprüngliche Größe des Anwendungsfensters wurde wiederhergestellt.
0 (Null)	Die ursprüngliche Größe des Anwendungsfensters wurde nicht wiederhergestellt.

Ein Beispiel finden Sie unter **AnwVerschieben**.

Auf dem Macintosh stehen **AnwWiederherstellen** und **AnwWiederherstellen()** nicht zur Verfügung und erzeugen daher Fehlermeldungen.

Siehe auch **AnwGrößeÄndern, AnwMaximieren, AnwMinimieren, AnwVerschieben, DokumentWiederherstellen**

AnwZählen()

Syntax **AnwZählen()**

Bemerkungen Liefert die Anzahl der geöffneten Anwendungen (einschließlich verborgener Anwendungen, die nicht in der Task-Liste (Windows) oder im „Anwendungsmenü" bzw. Finder (Macintosh) erscheinen). Ein Beispiel finden Sie unter **AnwNamenHolen**.

Siehe auch **AnwNamenHolen**

AnzeigeAktualisieren, AnzeigeAktualisieren()

Syntax **AnzeigeAktualisieren** [*Aktiv*]

AnzeigeAktualisieren()

Bemerkungen Die Anweisung **AnzeigeAktualisieren** legt fest, wie die Aktualisierung des Bildschirms während einer Makroausführung gehandhabt werden soll. Wenn Sie die Aktualisierung ausschalten, bleiben Symbolleisten sichtbar und der Makro kann immer noch Informationen über die Statusleiste oder in Eingabeaufforderungen, Eingabe-, Dialog- und Meldungsfeldern anzeigen oder abrufen. Sie können die Ausführung einiger Makros beschleunigen, wenn Sie die Aktualisierung des Bildschirms unterbinden. Nachdem der Makro beendet ist oder durch einen Fehler abgebrochen wird, wird die Bildschirmaktualisierung wieder aktiviert.

Argument	Erklärung
Aktiv	Gibt an, ob Aktualisierungen des Bildschirms angezeigt werden:
	0 (Null) Der Bildschirm wird während der Ausführung des Makros nicht aktualisiert.
	1 Der Bildschirm wird während der Ausführung des Makros wie gewohnt aktualisiert.
	Fehlt Schaltet die Bildschirmaktualisierung um.

Die Funktion **AnzeigeAktualisieren( )** liefert die folgenden Werte:

Value	Erklärung
0 (Null)	Die Bildschirmaktualisierung ist deaktiviert.
1	Die Bildschirmaktualisierung ist aktiviert.

Beispiel

Dieses Beispiel ordnet Dokumentfenster auf drei verschiedene Arten an. Eine **AnzeigeAktualisieren**-Anweisung schaltet die Bildschirmaktualisierung aus, während die Fenster angeordnet werden. Wenn die Fenster angeordnet sind, werden sie durch eine **AnzeigeAktualisierung**-Anweisung angezeigt. Die Anweisungen DokumentfensterUntereinanderAnordnen und DokumentfensterÜberlappen rufen (hier nicht gezeigte) Unterroutinen auf, die Dokumentfenster nebeneinander und übereinander anordnen.

```
AnzeigeAktualisieren 0
DokumentfensterUntereinanderAnordnen
AnzeigeAktualisierung
MsgBox "Fenster sind untereinander angeordnet."
DokumentfensterÜberlappen
AnzeigeAktualisierung
MsgBox "Fenster sind übereinander angeordnet."
FensterAlleAnordnen
AnzeigeAktualisieren 1
MsgBox "Fenster sind horizontal nebeneinander angeordnet."
```

Siehe auch   **AnzeigeAktualisierung**

AnzeigeAktualisierung

Syntax AnzeigeAktualisierung

Bemerkungen Die Anweisung **AnzeigeAktualisierung** aktualisiert die Anzeige auf dem Bildschirm. Sie können **AnzeigeAktualisierung** in einem Makro verwenden, nachdem eine **AnzeigeAktualisieren**-Anweisung das Aktualisieren des Bildschirms deaktiviert hat. **AnzeigeAktualisierung** aktiviert das Aktualisieren des Bildschirms für die Dauer genau einer Anweisung und deaktiviert es dann wieder unmittelbar nach der Ausführung. Zum Aktualisieren des Bildschirms bei nachfolgenden Anweisungen muß eine weitere **AnzeigeAktualisieren**-Anweisung aktiviert werden. Mit **AnzeigeAktualisieren** und **AnzeigeAktualisierung** können Sie eine Reihe von Bildschirmanzeigen „einfrieren". In einem länger andauernden Vorgang kann der Bildschirm von Zeit zu Zeit aktualisiert werden, um das Fortschreiten des Makros anzuzeigen.

Anmerkung Auf dem Macintosh werden Dokumentfenster verborgen, wenn die Bildschirmaktualisierung ausgeschaltet ist. Eine **AnzeigeAktualisierung**-Anweisung zeigt aktualisierte Dokumentfenster zwar für einen Moment lang an, verbirgt sie dann aber sofort wieder. Es empfiehlt sich daher, auf dem Macintosh die Anweisung **AnzeigeAktualisieren** statt **AnzeigeAktualisierung** zum Ein- und Ausschalten der Bildschirmaktualisierung zu verwenden.

Ein Beispiel finden Sie unter **AnzeigeAktualisieren**.

Siehe auch AnzeigeAktualisieren

AOCEAbsenderHolen$()

Syntax AOCEAbsenderHolen$()

Bemerkungen Liefert die Adresse aus dem „Absender"-Feld des Adreßfelds, das dem aktiven Dokument beigefügt ist. **AOCEAbsenderHolen$()** ist nur auf dem Macintosh verfügbar und kann nur eingesetzt werden, wenn PowerTalk installiert ist.

Siehe auch AOCEBenutzerBestätigen(), AOCEBetreffHolen$(), AOCEEmpfängerHolen$()

AOCEBenutzerBestätigen()

Syntax	AOCEBenutzerBestätigen([*EingabeAufforderung*])
Bemerkungen	Liefert den Wert -1, wenn sich der Benutzer bei PowerTalk angemeldet hat, anderenfalls 0 (Null). Zur Ausführung dieser Funktion braucht dem aktiven Dokument kein Adreßfeld beigefügt zu werden. **AOCEBenutzerBestätigen()** ist nur auf dem Macintosh verfügbar und kann nur eingesetzt werden, wenn PowerTalk installiert ist.

Argument	Erklärung
Eingabe Aufforderung	Wenn sich der Benutzer nicht bei PowerTalk angemeldet hat, wird hiermit festgelegt, ob ein Dialogfeld angezeigt wird. Dieses fordert den Benutzer dazu auf, einen Zugriffscode zur Aufhebung der Schlüsselbund-Sperre einzugeben: 0 (Null) Es erscheint kein Dialogfeld. 1 oder fehlt Das Dialogfeld erscheint.

Siehe auch	AOCEAbsenderHolen$()

AOCEBetreffBestimmen

Syntax	**AOCEBetreffBestimmen** *Betreff$*
Bemerkungen	Fügt den angegebenen Text in das „Betreff"-Feld des Adreßfelds ein, das dem aktiven Dokument beigefügt ist. **AOCEBetreffBestimmen** ist nur auf dem Macintosh verfügbar und kann nur eingesetzt werden, wenn PowerTalk installiert ist.
Siehe auch	AOCEBetreffHolen$()

AOCEBetreffHolen$()

Syntax	AOCEBetreffHolen$()
Bemerkungen	Liefert den Text aus dem „Betreff"-Feld des Adreßfelds, das dem aktiven Dokument beigefügt ist. **AOCEBetreffHolen$()** ist nur auf dem Macintosh verfügbar und kann nur eingesetzt werden, wenn PowerTalk installiert ist.
Siehe auch	AOCEAbsenderHolen$(), AOCEBetreffBestimmen, AOCEEmpfängerHolen$()

AOCEEmpfängerHinzufügen

Syntax   **AOCEEmpfängerHinzufügen** *Empfänger$* [*, AdreßTyp*] [*, ZustellungsArt$*]

Bemerkungen   Trägt die angegebene Empfängeradresse in das Adreßfeld ein, das dem aktiven Dokument beigefügt ist. **AOCEEmpfängerHinzufügen** ist nur auf dem Macintosh verfügbar und kann nur eingesetzt werden, wenn PowerTalk™ installiert ist.

Argument	Erklärung
Empfänger$	Die Adresse des Empfängers.
AdreßTyp	Gibt die Liste an, in die der Empfänger eingetragen werden soll:
	13 oder fehlt „An"-Liste.
	14 „Cc"-Liste (Kopie).
	15 „Bcc"-Liste (Blindkopie, der Name des Empfängers erscheint weder in der „An"- noch in der „Kopie"-Liste).
Zustellungs Art$	Legt fest, auf welche Art der Benutzer das Dokument erhalten wird (beispielsweise „AppleTalk®" oder „Fax").

Siehe auch   **AOCEEmpfängerHolen$()**, **AOCEEmpfängerZählen()**, **DateiAOCEAdreßfeldHinzufügen**

AOCEEmpfängerHolen$()

Syntax   **AOCEEmpfängerHolen$**(*EmpfängerNummer* [*, AdreßTyp*])

Bemerkungen   Liefert die Adresse des angegebenen Empfängers. **AOCEEmpfängerHolen$()** ist nur auf dem Macintosh verfügbar und kann nur eingesetzt werden, wenn PowerTalk installiert ist.

Argument	Erklärung
Empfänger Nummer	Eine Zahl zwischen 1 und dem von **AOCEEmpfängerZählen**(*AdreßTyp*) gelieferten Wert. Sie legt den Empfänger fest, dessen Adresse zurückgegeben werden soll.
AdreßTyp	Legt die Liste fest, aus der Sie eine Adresse ermitteln möchten:
	13 oder fehlt „An"-Liste.
	14 „Cc"-Liste (Kopie).
	15 „Bcc"-Liste (Blindkopie).

Siehe auch   **AOCEAbsenderHolen$()**, **AOCEBetreffHolen$()**, **AOCEEmpfängerHinzufügen**, **AOCEEmpfängerZählen()**

AOCEEmpfängerZählen()

Syntax	AOCEEmpfängerZählen(*AdreßTyp*)
Bemerkungen	Liefert die Anzahl der Empfänger im Adreßfeld, das dem aktiven Dokument beigefügt ist. **AOCEEmpfängerZählen()** ist nur auf dem Macintosh verfügbar und kann nur eingesetzt werden, wenn PowerTalk installiert ist.

Argument	Erklärung
AdreßTyp	Der Typ der zu zählenden Empfänger:
	0 (Null) Alle Empfänger.
	13 „An"-Empfänger.
	14 „Cc"-Empfänger (Kopie).
	15 „Bcc"-Empfänger (Blindkopie).

Siehe auch	**AOCEEmpfängerHinzufügen**, **AOCEEmpfängerHolen$()**

AOCEFeldImAdreßfeldLöschen

Syntax	**AOCEFeldImAdreßfeldLöschen** *FeldNummer*
Bemerkungen	Löscht das entsprechende Feld im Adreßfeld, das dem aktiven Dokument beigefügt ist. **AOCEFeldImAdreßfeldLöschen** ist nur auf dem Macintosh verfügbar und kann nur eingesetzt werden, wenn PowerTalk installiert ist.

Argument	Erklärung
FeldNummer	Das Feld im Adreßfeld, das gelöscht werden soll:
	20 „Empfänger"-Feld.
	22 „Betreff"-Feld.
	26 „Anlagen"-Feld.
	Das „Absender"-Feld kann nicht gelöscht werden.

Siehe auch	**DateiAOCEAdreßfeldLöschen**

AOCENachrichtSenden

Syntax AOCENachrichtSenden [*BriefSignieren*] [, *Priorität*] [, *AppleMailSenden*] [, *BildSenden*] [, *WordDokSenden*] [, *Format$*]

Bemerkungen Sendet das aktive Dokument an die Empfänger, die im beigefügten Adreßfeld festgelegt sind. **AOCENachrichtSenden** ist nur auf dem Macintosh verfügbar und kann nur eingesetzt werden, wenn PowerTalk installiert ist.

Argument	Erklärung
BriefSignieren	Wenn 1, wird der Absender aufgefordert, eine Signaturdatei auszuwählen.
Priorität	Bestimmt die Priorität: 1 Normal 2 Gering 3 Hoch
Format$	Der Name des Formats, wenn *WordDokSenden* 1 ist. Er entspricht einem der Formatnamen, die im Dialogfeld **Speichern unter** (Menü **Datei**) im Feld „Dateityp" aufgelistet werden. Das Standardformat ist Word-Dokument.

Sie können eines oder mehrere der folgenden Formate festlegen.

Argument	Erklärung
AppleMail Senden	Wenn 1, kann der Empfänger die Nachricht im Standardformat „AppleMail™" öffnen.
BildSenden	Wenn 1, kann der Empfänger die Nachricht im „Bild"-Format öffnen.
WordDok Senden	Wenn 1, kann der Empfänger die Nachricht in dem Format öffnen, das mit *Format$* festgelegt wurde.

Siehe auch **DateiAOCENachrichtSenden**, **DateiAOCENachrichtWeiterleiten**, **DateiSenden**

Asc()

Syntax Asc(*a$*)

Bemerkungen	Liefert den Zeichencode des ersten Zeichens in *a$*. Zwar ist „Asc" die Abkürzung von ASCII, doch liefert **Asc()** Codes des ANSI-Zeichensatzes. Der Name der Funktion wurde aus Kompatibilitätsgründen beibehalten. Mit der Syntax **Asc(Markierung$())** erhalten Sie den Code für das Zeichen rechts der Einfügemarke (um beispielsweise zu prüfen, ob es sich um eine Absatzmarke handelt).
Beispiel	Dieses Beispiel verschiebt die Einfügemarke an den Anfang des nächsten Absatzes und untersucht das Zeichen, das sich rechts von der Einfügemarke befindet. Wenn dieses Zeichen eine Absatzmarke ist (was auf einen leeren Absatz hinweist), wird ein Meldungsfeld angezeigt.

```
AbsatzUnten
If Asc(Markierung$()) = 13 Then
    MsgBox "Leerer Absatz. Fortfahren?"
End If
```

Siehe auch	**Chr$()**, **Len()**

AttributAbrufen()

Syntax	**AttributAbrufen**(*Dateiname$*)
Bemerkungen	Liefert als Ergebnis einen Wert, der den Dateiattributen von *Dateiname$* entspricht. *Dateiname$* ist der Pfad- und Dateiname der Datei, über die Sie Informationen abrufen möchten. Die Attribute unter Windows entsprechen jenen, die Sie mit dem Befehl **Eigenschaften** (Menü **Datei**) im Datei-Manager (Windows 3.*x* und Windows NT) oder im Windows Explorer (Windows 95) festlegen können. Eine Definition der Attribute erhalten Sie, indem Sie im Datei-Manager von Windows das Dialogfeld **Eigenschaften** und dann die Schaltfläche „Hilfe" wählen. Auf dem Macintosh stehen nur die Attribute „Schreibgeschützt" und „Versteckt" zur Verfügung („Schreibgeschützt" entspricht dem Kontrollfeld „Geschützt" im Dialogfeld **Information** (Menü **Ablage**) im Finder). Die von **AttributAbrufen()** gelieferten Rückgabewerte stellen eine Summe dar. Wenn beispielsweise die beiden Attribute „Schreibgeschützt" und „Archiv" gesetzt sind, ist der Rückgabewert 33 (die Summe von 1 und 32).

Wert	Erklärung
0 (Null)	Es sind keine Dateiattribute gesetzt.
1	Das Attribut „Schreibgeschützt" wurde gesetzt.
2	Das Attribut „Versteckt" wurde gesetzt.

Wert	Erklärung
4	Das Attribut „System" wurde gesetzt (auf dem Macintosh nicht verfügbar).
32	Das Attribut „Archiv" wurde gesetzt (auf dem Macintosh nicht verfügbar).

Ein Beispiel finden Sie unter **AttributBestimmen**.

Siehe auch AttributBestimmen

AttributBestimmen

Syntax AttributBestimmen *Dateiname$, Eigenschaft*

Bemerkungen Setzt die Eigenschaften (auch „Attribute" genannt) der Datei *Dateiname$*. Unter Windows entsprechen die Eigenschaften jenen, die Sie mit dem Befehl **Eigenschaften** (Menü **Datei**) im Datei-Manager (Windows 3.*x* und Windows NT) oder im Explorer (Windows 95) setzen können. Um die Definition einer bestimmten Eigenschaft anzusehen, zeigen Sie das Dialogfeld **Eigenschaften** an, und wählen Sie die Schaltfläche „Hilfe". Auf dem Macintosh stehen nur die Attribute „Schreibgeschützt" und „Versteckt" zur Verfügung („Schreibgeschützt" entspricht dem Kontrollfeld „Geschützt" im Dialogfeld **Information** (Menü **Ablage**) im Finder). Die Datei, deren Eigenschaften Sie einstellen möchten, muß geschlossen sein. Ein Fehler tritt auf, wenn Sie versuchen, die Eigenschaften eines geöffneten Dokuments zu setzen.

Argument	Erklärung
Dateiname$	Der Pfad- und Dateiname der Datei, deren Eigenschaft Sie setzen möchten.
Eigenschaft	Gibt die Eigenschaft an:
	0 (Null) Löscht alle Eigenschaften außer „System".
	1 Schreibgeschützt.
	2 Versteckt.
	4 System (auf dem Macintosh nicht verfügbar).
	32 Archiv (auf dem Macintosh nicht verfügbar).

Anmerkung	Wenn Sie mehrere Eigenschaften setzen möchten, addieren Sie die entsprechenden Werte. Wenn Sie beispielsweise die Eigenschaften „Schreibgeschützt" und „Archiv" setzen möchten, geben Sie als *Eigenschaft* den Wert 33 ein (die Summe von 1 und 32). Der Wert 33 entfernt gleichzeitig die Eigenschaften „Versteckt" und „System". Bitte beachten: Das Attribut „System" kann nicht gleichzeitig mit „Archiv" gesetzt werden. Das Beispielmakro zeigt auf, wie Eigenschaften unabhängig voneinander gesetzt werden können.

Beispiel Dieses Beispiel versieht die Datei C:\TEST\TEST.DOC mit der Eigenschaft „Schreibgeschützt", ohne die anderen Eigenschaften der Datei zu beeinflussen. Zunächst liefert **AttributAbrufen( )** den aktuellen Wert von *Eigenschaft*. Anschließend dividiert die Bedingung **If** den Operator MOD, um festzustellen, ob der Wert *Eigenschaft* eine ungerade Zahl ist. Bei ungeradem Wert ist das Attribut „Schreibgeschützt" bereits aktiv. Ist dies der Fall, zeigt Word ein Meldungsfeld an. Ist Eigenschaft eine gerade Zahl oder 0 (Null), setzt die Anweisung **AttributBestimmen** das Attribut „Schreibgeschützt". Ersetzen Sie auf dem Macintosh den Verzeichnisnamen durch einen Ordnernamen, z.B. HD:TEST:TESTDOKUMENT.

```
Eigenschaft = AttributAbrufen("C:\TEST\TEST.DOC")
Print Eigenschaft
If Eigenschaft MOD 2 Then
        MsgBox "Die Datei ist bereits schreibgeschützt."
Else
        AttributBestimmen "C:\TEST\TEST.DOC", 1
End If
```

Siehe auch AttributAbrufen( )

AufzählungNumerierungEntfernen

Syntax AufzählungNumerierungEntfernen

Bemerkungen Entfernt Aufzählungs- oder Numerierungszeichen sowie die Listenformatierung markierter Absätze, deren Aufzählungs- bzw. Numerierungsliste mit dem Befehl **Numerierung und Aufzählungen** (Menü **Format**) erstellt wurde. Bei nachfolgenden Absätzen mit Aufzählungs- oder Numerierungszeichen wird mit einer neuen Liste und ggf. mit der Numerierung am Anfang begonnen. **AufzählungNumerierungEntfernen** entspricht der Schaltfläche „Entfernen" im Dialogfeld **Numerierung und Aufzählungen** (Menü **Format**).

Siehe auch **FormatAufzählungUndNumerierung**, **NumerierungÜberspringen**

AusführenDruckManager

Syntax	**AusführenDruckManager**
Bemerkungen	Unter Windows wird der Druck-Manager geöffnet, falls er nicht schon gestartet ist, oder zum Druck-Manager gewechselt, falls er bereits gestartet ist. Auf dem Macintosh steht **AusführenDruckManager** nicht zur Verfügung und erzeugt daher einen Fehler.
Siehe auch	**AnwAktiv( ), AnwAktivieren, SteuerungAusführen**

AusschnittSchließen

Syntax	**AusschnittSchließen**
Bemerkungen	Schließt einen Fensterausschnitt. Mit dieser Anweisung schließen Sie den unteren Fensterausschnitt in einem geteilten Dokumentfenster, einen Kopf-/Fußzeilenausschnitt, einen Fußnotenausschnitt oder einen beliebigen anderen Fensterausschnitt. **AusschnittSchließen** führt zu einem WordBasic-Fehler, wenn im aktiven Dokument kein Fensterausschnitt geöffnet ist. **AusschnittSchließen** schließt das Dokumentfenster nicht.
Beispiel	Dieses Beispiel schließt den unteren Fensterausschnitt im aktiven Dokument, wenn das Fenster geteilt ist:

```
If DokumentfensterTeilen() Then AusschnittSchließen
```

Siehe auch	**AndererAusschnitt, DokumentfensterTeilen, FensterAusschnitt( )**

AuswInfo()

Syntax	**AuswInfo**(*Art*)
Bemerkungen	Liefert eine von 37 Informationen über die Markierung, wobei *Art* einen der in der folgenden Tabelle beschriebenen Werte darstellt. In den Erklärungen ist mit dem aktiven Ende der Markierung das Ende gemeint, das sich verschiebt, wenn Sie UMSCHALT+PFEILTASTE drücken.

Art	Erklärung
1	Die Nummer der Seite, auf der sich das aktive Ende der Markierung befindet. Wenn Sie eine Anfangsseitenzahl festlegen oder andere manuelle Änderungen vornehmen, wird als Ergebnis die neue Seitenzahl geliefert (im Gegensatz zu `AuswInfo(3)`).
	Wenn sich die Markierung in einem Kopf- oder Fußzeilenausschnitt in der Normalansicht befindet, wird –1 geliefert. Wenn sich die Markierung in einem Fußnoten- oder Anmerkungsausschnitt befindet, wird als Ergebnis die Seitenzahl der ersten Fußnote oder Anmerkung in der Markierung geliefert.
2	Die Nummer des Abschnitts, der das aktive Ende der Markierung enthält.
3	Die Nummer der Seite, in der sich das aktive Ende der Markierung befindet, wobei ab dem Anfang des Dokuments gezählt wird. Im Gegensatz zu `AuswInfo(1)` bleiben manuelle Änderungen der Seitennummerierung unberücksichtigt.
4	Die Anzahl der Seiten im Dokument.

Art Nr. 5 ist nur in der Layoutansicht gültig. Art Nr. 6 ist in der Layoutansicht oder der Normalansicht gültig, wenn Sie auf der Registerkarte **Allgemein** das Kontrollkästchen „Seitenumbruch im Hintergrund" aktivieren und das Kontrollkästchen „Konzeptschriftart" auf der Registerkarte **Ansicht** deaktivieren. Beide Registerkarten befinden sich im Dialogfeld **Optionen** (Menü **Extras**).

Art	Erklärung
5	Die horizontale Position der Markierung. Gibt die Entfernung zwischen dem linken Rand der Markierung und dem linken Seitenrand in Twips an (1 Twip = 1/20 Punkt; 1 Punkt = 0,376 mm). Liefert –1, wenn die Markierung nicht sichtbar ist.
6	Die vertikale Position der Markierung. Gibt die Entfernung zwischen dem oberen Rand der Markierung und dem oberen Seitenrand in Twips an (1 Twip = 1/20 Punkt; 1 Punkt = 0,376 mm). Liefert –1, wenn die Markierung im Dokumentfenster nicht sichtbar ist.

Art Nr. 7 und Nr. 8 eignet sich am besten für die Layoutansicht. In dieser Ansicht können Sie Textbegrenzungen anzeigen, wenn Sie das Kontrollkästchen „Textbegrenzungen" auf der Registerkarte **Ansicht** des Dialogfelds **Optionen** (Menü **Extras**) aktivieren. Textbegrenzungen sind beispielsweise Tabellenzellen, Positionsrahmen, Seitenränder, Textspalten usw. Eine vollständige Liste der Textbegrenzungen finden Sie unter **NächstesObjekt**.

Art	Erklärung
7	Die horizontale Position der Markierung relativ zum linken Rand der nächstgelegenen Textbegrenzung, die sie einschließt, in Twips (1 Twip = 1/20 Punkt; 1 Punkt = 0,376 mm). Liefert −1, wenn die Markierung nicht sichtbar ist.
8	Die vertikale Position der Markierung relativ zum oberen Rand der nächstgelegenen Textbegrenzung, die sie einschließt, in Twips (1 Twip = 1/20 Punkt; 1 Punkt = 0,376 mm). Dies ist besonders beim Ermitteln der Einfügemarkeposition innerhalb eines Objektrahmens oder einer Tabellenzelle hilfreich. Eine vollständige Liste der Textbegrenzungen finden Sie unter **NächstesObjekt**. Liefert −1, wenn die Markierung nicht sichtbar ist.
9	Die Zeichenposition des ersten Zeichens in der Markierung. Wenn kein Text markiert ist, wird die Position des Zeichens rechts neben der Einfügemarke angezeigt (identisch mit der Spaltennummer, die in der Statusleiste im Anschluß an „Sp" angezeigt wird).
10	Die Zeilennummer des ersten Zeichens in der Markierung. Wenn das Kontrollkästchen „Seitenumbruch im Hintergrund" deaktiviert oder „Konzeptschriftart "aktiviert wurde, wird -1 geliefert.
11	Liefert −1, wenn die Markierung aus einem vollständigen Objektrahmen besteht.
12	Liefert −1, wenn sich die Markierung in einer Tabelle befindet.

Art Nr. 13 bis 18 trifft nur zu, wenn sich die Markierung innerhalb einer Tabelle befindet. Wenn die Markierung nicht in einer Tabelle ist, liefert die Funktion −1.

Art	Erklärung
13	Die Nummer der Zeile, in der sich der Anfang der Markierung befindet.
14	Die Nummer der Zeile, in der sich das Ende der Markierung befindet.
15	Die Anzahl der Zeilen in der Tabelle.
16	Die Nummer der Tabellenspalte, in der sich der Anfang der Markierung befindet.
17	Die Nummer der Tabellenspalte, in der sich das Ende der Markierung befindet.
18	Die größte Anzahl von Spalten in einer Zeile der Markierung.

Durch Art Nr. 19 bis 36 erhalten Sie allgemeine Informationen.

Art	Erklärung
19	Der aktuelle mit **AnsichtZoom** gewählte Vergrößerungsfaktor.
20	Der aktuelle Markierungsmodus: liefert 0 (Null) für normale Markierung, 1 für erweiterte Markierung und 2 für Spaltenmarkierung. Entspricht dem Feld in der Statusleiste, das entweder „Erw" oder „Sp" anzeigt.
21	Liefert −1, wenn die FESTSTELLTASTE aktiv ist.
22	Liefert −1, wenn die NUM-TASTE aktiv ist.
23	Liefert −1, wenn sich Word im Überschreibmodus befindet.
24	Liefert −1, wenn die Funktion zum Überarbeiten aktiv ist.
25	Liefert −1, wenn sich die Markierung im Fuß- oder Endnotenausschnitt oder in einer Fußnote oder Endnote in der Layoutansicht befindet (siehe auch Werte 35 und 36).
26	Liefert −1, wenn sich die Markierung in einem Anmerkungsausschnitt befindet.
27	Liefert −1, wenn sich die Markierung in einem Makrobearbeitungsfenster befindet.
28	Liefert −1, wenn sich die Markierung im Kopf- oder Fußzeilenausschnitt oder in einer Kopf- oder Fußzeile in der Layoutansicht befindet.
29	Die Nummer der Textmarke, die den Anfang der Markierung enthält; liefert 0 (Null), wenn keine oder keine gültige Textmarke vorhanden ist. Die Nummer entspricht der Position der Textmarke im Dokument: 1 entspricht der ersten Textmarke, 2 der zweiten usw.
30	Die Nummer der letzten Textmarke, die vor oder an der gleichen Stelle wie die Markierung beginnt; liefert 0 (Null), wenn keine oder keine gültige Textmarke vorhanden ist.
31	Liefert −1, wenn sich die Einfügemarke an der Zeilenendemarke in einer Tabelle befindet.
32	Liefert einen der folgenden Werte, abhängig von der Position der Markierung relativ zu einer Fußnote, Endnote oder einem Anmerkungszeichen:
	−1 Die Markierung enthält eine Fußnote, Endnote oder ein Anmerkungszeichen, ist aber nicht darauf begrenzt.
	0 (Null) Bei der Markierung handelt es sich nicht um eine Fußnote, Endnote oder ein Anmerkungszeichen.
	1 Bei der Markierung handelt es sich um ein Fußnotenzeichen.
	2 Bei der Markierung handelt es sich um ein Endnotenzeichen.
	3 Bei der Markierung handelt es sich um ein Anmerkungszeichen.

Art	Erklärung
33	Die Art der Kopf- oder Fußzeile, die die Markierung enthält:
	–1 Keine (Die Markierung befindet sich weder in einer Kopf- noch in einer Fußzeile.)
	0 (Null) Kopfzeile für gerade Seiten.
	1 Kopfzeile für ungerade Seiten (oder die einzige Kopfzeile, wenn kein Unterschied zwischen Kopfzeilen für gerade und ungerade Seiten gemacht wird).
	2 Fußzeile für gerade Seiten.
	3 Fußzeile für ungerade Seiten (oder die einzige Fußzeile, wenn kein Unterschied zwischen Fußzeilen für gerade und ungerade Seiten gemacht wird).
	4 Kopfzeile für die erste Seite.
	5 Fußzeile für die erste Seite.
34	Liefert –1, wenn das aktive Dokument ein Zentraldokument ist (also mindestens ein Filialdokument enthält).
35	Liefert –1, wenn sich die Markierung in einem Fußnotenausschnitt oder einer Fußnote in der Layoutansicht befindet.
36	Wie 35, aber für Endnoten.
37	Liefert einen der folgenden Werte, abhängig davon, ob sich die aktuelle Markierung in einer WordMail-Nachricht befindet:
	0 (Null) Die aktuelle Markierung befindet sich nicht in einer WordMail-Nachricht.
	1 Die aktuelle Markierung befindet sich in einem WordMail-Sendefenster.
	2 Die aktuelle Markierung befindet sich in einem WordMail-Lesefenster.

Beispiele

Dieses Beispiel stellt fest, ob sich die aktuelle Markierung über einen manuellen oder automatischen Seitenwechsel hinweg erstreckt. `AuswInfo(3)` wird zweimal verwendet: Das erste Mal liefert die Funktion die Seitenzahl des Markierungsendes und das zweite Mal die Seitenzahl des Markierunganfangs. Der Makro kann anschließend diese Werte vergleichen und feststellen, wie viele Seitenwechsel sich in der Markierung befinden.

```
ExtrasSeitenumbruch
BearbeitenTextmarke .Name = "Tmp"
EndeSeite = AuswInfo(3)
MarkierungArt 1
AnfangSeite = AuswInfo(3)
BearbeitenGeheZu .Ziel = "Tmp"
AnzWechsel = EndeSeite - AnfangSeite
```

```
            If AnzWechsel > 0 Then
                MsgBox "Die Markierung erstreckt sich über " + Str$(AnzWechsel) + \
                    " Seitenwechsel."
            End If
            BearbeitenTextmarke .Name = "Tmp", .Löschen
```

Das folgende Beispiel erhöht den Vergrößerungsfaktor um 10 Prozent:

```
n = AuswInfo(19)
If n < 190 Then
    AnsichtZoom .ZoomProzent = n + 10
ElseIf n = 200 Then
    MsgBox "Die maximale Vergrößerung ist bereits eingestellt."
Else
    AnsichtZoom .ZoomProzent = 200
End If
```

Siehe auch **Markierung$(), MarkierungArt**

AutoFestlegenIndexEintrag

Syntax **AutoFestlegenIndexEintrag** *KonkordanzdateiName$*

Bemerkungen Indiziert das aktive Dokument automatisch unter Verwendung von *KonkordanzdateiName$*, dem Pfad und Dateinamen einer Konkordanzdatei. Eine Konkordanzdatei ist ein Word-Dokument mit einer zweispaltigen Tabelle, von der die erste Spalte die zu indizierenden Begriffe und die zweite Spalte die zugehörigen Indexeinträge enthält. Die **AutoFestlegenIndexEintrag**-Anweisung fügt ein XE-Feld (für einen Indexeintrag) mit dem zugehörigen Text nach jedem Auftreten eines Begriffs ein, der in der ersten Spalte der Konkordanzdatei enthalten ist. Jeder Begriff wird pro Absatz nur einmal indiziert, d.h., wenn ein Wort innerhalb eines Absatzes mehrmals auftritt, wird nur das erste Vorkommen mit einem XE-Feld versehen.

Siehe auch **IndexEintragFestlegen**

AutoMakroUnterdrücken

Syntax **AutoMakroUnterdrücken** [*Deaktivieren*]

Bemerkungen Deaktiviert die Makros AutoOpen, AutoClose, AutoNew und AutoExit, bis sie mit der Instruktion `AutoMakroUnterdrücken 0` erneut aktiviert werden oder Word neu gestartet wird. Sie können eine Anweisung **AutoMakroUnterdrücken** vor die Zeile einfügen, in der ein automatischer Makro aufgerufen wird. Ein Beispiel dafür ist eine **DateiNeu**-Anweisung, die ein Dokument auf der Grundlage einer Dokumentvorlage erstellt, die einen AutoNew-Makro enthält.

Argument	Erklärung
Deaktivieren	Gibt an, ob Auto-Makros deaktiviert werden sollen:
	0 (Null) Auto-Makros sind aktiviert.
	1 (oder fehlt) Auto-Makros sind deaktiviert.

Mit **AutoMakroUnterdrücken** können Sie einen AutoExec-Makro oder einen momentan ausgeführten Makro jedoch nicht deaktivieren. Sie können beispielsweise keine **AutoMakroUnterdrücken**-Anweisung in einen AutoOpen-Makro einfügen, um AutoOpen zu deaktivieren. Einen AutoExec-Makro können Sie deaktivieren, indem Sie die UMSCHALTTASTE gedrückt halten, während Word startet, oder (unter Windows) in der Befehlszeile den Startschalter /m verwenden. Weitere Informationen erhalten Sie, wenn Sie in der WordBasic-Hilfe nach „Startschalter" suchen.

Beispiel Dieses Beispiel erstellt ein neues Dokument auf Grundlage der Dokumentvorlage MEMO unter der Annahme, daß die Dokumentvorlage MEMO einen AutoNew-Makro enthält, der eine Reihe von Dialogfeldern anzeigt. Die Anweisung **AutoMakroUnterdrücken** verhindert das Ausführen von AutoNew.

```
AutoMakroUnterdrücken
DateiNeu .DokVorlage = "MEMO"
```

AutomatischÄndern

Syntax **AutomatischÄndern**

Bemerkungen Führt eine vom Tip-Assistenten vorgeschlagene AutoFormat-Aktion durch. Die Anweisung **AutomatischÄndern** entspricht der Schaltfläche „Ändern" auf der **Tip-Assistent-Symbolleiste**. In Word, Version 6.0, ist **AutomatischÄndern** nicht verfügbar und erzeugt einen Fehler.

Siehe auch **Hilfe, InfoAnzeigen**

AutoText

Syntax   AutoText

Bemerkungen   Zeigt das Dialogfeld **AutoText** an, wenn eine Markierung vorhanden ist (wobei bis zu den ersten 32 Zeichen der Markierung als Name des AutoText-Eintrags vorgeschlagen werden). Wenn keine Markierung vorhanden ist, wird versucht, eine Übereinstimmung zwischen dem Text vor oder um die Einfügemarke herum und einem AutoText-Eintragsnamen zu finden und diesen Eintrag (mit Formatierung, falls vorhanden) einzufügen. Word sucht den AutoText-Eintrag zuerst in der aktiven Dokumentvorlage, dann in der Dokumentvorlage „Normal" und schließlich in jeder globalen Dokumentvorlage, entsprechend der Auflistung im Dialogfeld **Dokumentvorlagen und Add-Ins** (Befehl **Dokumentvorlage**, Menü **Datei**). Wenn keine Übereinstimmung gefunden werden kann, wird ein Fehler erzeugt. **AutoText** entspricht der Schaltfläche für "AutoText" in der Standard-Symbolleiste.

Siehe auch   **AbrufenAutoText$()**, **AutoTextBestimmen**, **AutoTextName$()**, **BearbeitenAutoText**, **EinfügenAutoText**, **ZählenAutoTextEinträge()**

AutoTextBestimmen

Syntax   **AutoTextBestimmen** Name$**,** Text$ [**,** Kontext]

Bemerkungen   Definiert einen aus unformatiertem Text bestehenden AutoText-Eintrag. Im Gegensatz zur Anweisung **BearbeitenAutoText**, die **.Hinzufügen** verwendet, benötigt **AutoTextBestimmen** keine Markierung.

Argument	Erklärung
Name$	Der Name des neuen AutoText-Eintrags.
Text$	Der dem AutoText-Eintrag zugeordnete Text.
Kontext	Die Verfügbarkeit des AutoTexts:
	0 (Null) oder fehlt Dokumentvorlage „Normal" (allen Dokumenten verfügbar).
	1 Aktive Dokumentvorlage (nur solchen Dokumenten verfügbar, die auf der aktiven Dokumentvorlage basieren).
	Anmerkung: Wenn Kontext gleich 1, und die aktuelle gleich der „Normal"-Dokumentvorlage ist, führt **AutoTextBestimmen** zu einem Fehler.

Beispiel   Dieses Beispiel definiert den AutoText „Haftung" in der aktiven Dokumentvorlage. „Haftung" enthält den durch text$ definierten Text:

```
                    text$ = "Es wird keine Haftung für Schäden übernommen."
                    AutoTextBestimmen "Haftung", text$, 1
```

Siehe auch **AbrufenAutoText$(), AutoText, AutoTextName$(), BearbeitenAutoText, EinfügenAutoText, ZählenAutoTextEinträge()**

AutoTextName$()

Syntax **AutoTextName$(***Nummer* [, *Kontext*]**)**

Bemerkungen Liefert den Namen eines AutoText-Eintrags im angegebenen Kontext.

Argument	Erklärung
Nummer	Die Nummer des AutoText-Eintrags gemäß seiner Position in der Liste der AutoText-Einträge. Dieser Wert liegt zwischen 1 und der Gesamtzahl der AutoText-Einträge, die im gegebenen Kontext definiert sind. (Sie können die Gesamtanzahl mit der Funktion **ZählenAutoTextEinträge()** abrufen). Die AutoText-Einträge werden alphabetisch aufgeführt.
Kontext	Der Kontext, in dem der Name eines AutoText-Eintrags geliefert wird: 0 (Null) oder fehlt Die Dokumentvorlage „Normal" und andere geladene globale Dokumentvorlagen. 1 Die aktive Dokumentvorlage. Anmerkung: Wenn *Kontext* gleich 1 und die aktuelle Dokumentvorlage „Normal" ist, dann führt **AutoTextName$()** zu einem Fehler.

Beispiel Dieses Beispiel erstellt ein neues Dokument, das alle globalen AutoText-Einträge auflistet. Die Eintragsnamen sind fett formatiert und stehen vor dem Inhalt des jeweiligen Eintrags.

```
DateiNeuStandard
For Nummer = 1 To ZählenAutoTextEinträge()
    a$ = AutoTextName$(Nummer)
    Fett 1 : Einfügen a$
    EinfügenAbsatz
    Fett 0 : BearbeitenAutoText .Name = a$, .Einfügen
    EinfügenAbsatz : EinfügenAbsatz
Next
```

Siehe auch **AbrufenAutoText$(), AutoText, AutoTextBestimmen, BearbeitenAutoText, EinfügenAutoText, ZählenAutoTextEinträge()**

BearbeitenAbonnieren

Syntax
BearbeitenAbonnieren .DateiName = *Text* [, .Format = *Zahl*]
[, .EinzelnHolen = *Zahl*]

Bemerkungen
Abonniert auf dem Macintosh eine herausgegebene Auflage. Unter Windows ist **BearbeitenAbonnieren** nicht verfügbar und führt zu einem Fehler.

Argument	Erklärung
.DateiName	Der Pfad- und Dateiname der Auflage.
.Format	Bestimmt ein Format zum Abonnieren der Auflage:
	0 (Null) oder fehlt Bestes Format
	1 Formatierter Text (RTF)
	2 Unformatierter Text
	3 Grafik
.EinzelnHolen	Legt fest, wie der Abonnent aktualisiert wird:
	0 (Null) oder fehlt Automatisch (der Abonnent wird jedesmal aktualisiert, wenn die Auflage geändert wird)
	1 Manuell (die Auflage wird auf Wunsch aktualisiert)

Siehe auch
BearbeitenAbonnierenOptionen, **BearbeitenHerausgebenOptionen**, **BearbeitenInhalteEinfügen**, **BearbeitenNeuenVerlegerErstellen**, **BearbeitenVerknüpfungen**

BearbeitenAbonnierenOptionen

Syntax
BearbeitenAbonnierenOptionen [.EinzelnHolen = *Zahl*]
[, .AuflageJetztHolen = *Zahl*] [, .Format = *Zahl*]
[, .FormatierungBeibehalten = *Zahl*]

Bemerkungen	Legt auf dem Macintosh Optionen für den ausgewählten Abonnenten fest. Die Argumente der Anweisung **BearbeitenAbonnierenOptionen** entsprechen den Optionen im Dialogfeld **Abonnent-Optionen** (Menü **Bearbeiten**, Befehl **Herausgeben**). Unter Windows ist **BearbeitenAbonnierenOptionen** nicht verfügbar und führt zu einem Fehler.

Argument	Erklärung
.EinzelnHolen	Legt fest, wie der Abonnent aktualisiert wird:
	0 (Null) oder fehlt Automatisch (der Abonnent wird jedesmal aktualisiert, wenn die Auflage geändert wird)
	1 Manuell (der Abonnent wird auf Befehl aktualisiert)
.AuflageJetztHolen	Wenn 1, wird der Abonnent sofort mit den Änderungen in der aktuellen Auflage aktualisiert.
.Format	Bestimmt ein Format zum Abonnieren der Auflage:
	0 (Null) oder fehlt Bestes Format
	1 Formatierter Text (RTF)
	2 Unformatierter Text
	3 Grafik
.FormatierungBeibehalten	Wenn 1, bleiben im Abonnenten durchgeführte Formatänderungen erhalten.

Siehe auch	**BearbeitenAbonnieren**, **BearbeitenHerausgebenOptionen**, **BearbeitenNeuenVerlegerErstellen**, **BearbeitenVerknüpfungen**

BearbeitenAllesMarkieren

Syntax	**BearbeitenAllesMarkieren**
Bemerkungen	Markiert den vollständigen Inhalt des aktiven Fensters.

BearbeitenAusschneiden

Syntax BearbeitenAusschneiden

Bemerkungen Entfernt den markierten Bereich aus dem Dokument und fügt ihn in die Zwischenablage ein. Wenn keine Markierung vorhanden ist, tritt ein Fehler auf.

Siehe auch BearbeitenEinfügen, BearbeitenInhalteEinfügen, BearbeitenKopieren, BearbeitenLöschen, Sammlung

BearbeitenAutoText

Syntax BearbeitenAutoText .Name = *Text* [.Kontext = *Nummer*] [, .EinfügenAls = *Zahl*] [, .Einfügen] [, .Hinzufügen] [, .Löschen]

Bemerkungen Fügt einen AutoText-Eintrag hinzu, löscht diesen oder fügt ihn ein. Die Argumente für die Anweisung **BearbeitenAutoText** entsprechen den Optionen im Dialogfeld **AutoText** (Menü **Bearbeiten**).

Argument	Erklärung
.Name	Der Name des AutoText-Eintrags.
.Kontext	Ein Kontext für den neuen AutoText-Eintrag: 0 (Null) oder fehlt Die Dokumentvorlage „Normal" 1 Die aktive Dokumentvorlage Anmerkung: **.Kontext** wird nur verwendet, wenn Word einen AutoText-Eintrag hinzufügt. Wird ein Eintrag in ein Dokument eingefügt oder aus den definierten Einträgen gelöscht, sucht Word automatisch zuerst in der aktuellen, dann in der Dokumentvorlage „Normal". Wird beim Einfügen eines Eintrags keine Entsprechung in der aktiven oder der Dokumentvorlage „Normal" gefunden, sucht Word in jeder geladenen globalen Dokumentvorlage, entsprechend der Auflistung im Dialogfeld **Dokumentvorlagen und Add-Ins** (Befehl **Dokumentvorlagen**, Menü **Datei**). Beachten Sie, daß aus einer geladenen globalen Dokumentvorlage kein AutoText-Eintrag gelöscht werden kann.
.EinfügenAls	Wird mit **.Einfügen** verwendet, um zu bestimmen, ob der AutoText-Eintrag mit Formatierung eingefügt werden soll: 0 (Null) oder fehlt Der AutoText-Eintrag wird samt seiner Formatierung eingefügt. 1 Der AutoText-Eintrag wird als unformatierter Text eingefügt.

Von den folgenden Argumenten können Sie jeweils nur eines angeben:

Argument	Erklärung
.Einfügen	Fügt den AutoText-Eintrag in das Dokument ein.
.Hinzufügen	Speichert den AutoText-Eintrag in der Dokumentvorlage. (Ist keine Markierung vorhanden, tritt ein Fehler auf.)
.Löschen	Löscht den AutoText aus der Dokumentvorlage.

Wenn Sie **.Einfügen**, **.Hinzufügen** oder **.Entfernen** nicht angeben, fügt Word den AutoText-Eintrag in das Dokument ein.

Beispiele

Dieses Beispiel markiert den Text im ersten Absatz (nicht jedoch die Absatzmarke) und definiert diesen als AutoText-Eintrag mit dem Namen „Haupttitel". Der AutoText-Eintrag wird in der Dokumentvorlage „Normal" gespeichert.

```
BeginnDokument
BearbeitenGeheZu "\Para"
ZeichenLinks 1, 1
BearbeitenAutoText .Name = "Haupttitel", .Kontext = 0, .Hinzufügen
```

Das folgende Beispiel fügt den AutoText-Eintrag „Haupttitel" als unformatierten Text ein:

```
BearbeitenAutoText .Name = "Haupttitel", .EinfügenAls = 1, .Einfügen
```

Siehe auch

AbrufenAutoText$(), AutoText, AutoTextBestimmen, AutoTextName$(), EinfügenAutoText, ZählenAutoTextEinträge()

BearbeitenEinfügen

Syntax BearbeitenEinfügen

Bemerkungen Fügt den Inhalt der Zwischenablage an der Einfügemarke ein.
BearbeitenEinfügen ersetzt die Markierung, wenn Sie das Kontrollkästchen „Eingabe ersetzt Markierung" auf der Registerkarte **Bearbeiten** des Dialogfelds **Optionen** (Menü **Extras**) markiert haben.

Siehe auch **BearbeitenAusschneiden, BearbeitenInhalteEinfügen, BearbeitenKopieren, TextKopieren, TextVerschieben**

BearbeitenErsetzen

Syntax   BearbeitenErsetzen [.Suchen = *Text*] [, .Ersetzen = *Text*] [, .Richtung = *Zahl*] [, .GroßKleinschreibung = *Zahl*] [, .GanzesWort = *Zahl*] [, .Mustervergleich = *Zahl*] [, .Weitersuchen] [, .EinenErsetzen] [, .AllesErsetzen] [, .Format = *Zahl*] [, .Textfluß = *Zahl*]

Bemerkungen   Ersetzt ein oder alle Vorkommen der angegebenen Textstelle und/oder Formatierung durch einen anderen Text oder eine andere Formatierung. Wenn eine Markierung vorhanden ist und Sie **.Textfluß** nicht angeben oder auf 0 (Null) setzen, wird der gefundene Text nur innerhalb der Markierung ersetzt. Die Argumente für **BearbeitenErsetzen** entsprechen den Optionen im Dialogfeld **Ersetzen**.

Argument	Erklärung
.Suchen	Der zu suchende Text. Wenn Sie nur nach einer Formatierung suchen möchten, geben Sie eine leere Zeichenfolge ("") ein. Sie können auch nach Sonderzeichen wie beispielsweise Absatzmarken suchen, indem Sie deren Zeichencode eingeben. „^a" ist beispielsweise der Code für eine Absatzmarke und „^t" der Code für ein Tabstopzeichen.
	Wenn Sie **.Mustervergleich** auf 1 setzen, können Sie Platzhalterzeichen und andere komplexe Suchkriterien angeben. „*(ung)" sucht beispielsweise nach allen Wörtern, die auf „ung" enden.
	Wenn Sie nach einem Sonderzeichen suchen möchten, geben Sie ein Caret-Zeichen (^), eine Null (0) und anschließend den Zeichencode des Sonderzeichens ein. „^0151" entspricht unter Windows beispielsweise einem langen Gedankenstrich (Em-Gedankenstrich).
.Ersetzen	Der Ersetzungstext. Wenn Sie den mit **.Suchen** angegebenen Text löschen möchten, geben Sie hier eine leere Zeichenfolge ("") ein. Genau wie bei **.Suchen** können Sie auch hier Sonderzeichen und komplexe Suchkriterien angeben.
	Wenn Sie als Ersetzungselement eine Grafik oder ein anderes Nicht-Textelement verwenden möchten, kopieren Sie das gewünschte Element in die Zwischenablage und geben für **.Ersetzen** „^c" an.
.Richtung	Die Suchrichtung:
	0 (Null) Durchsucht das Dokument von oben nach unten.
	1 Durchsucht das Dokument von unten nach oben.
	Standardmäßig wird das Dokument in der gleichen Richtung durchsucht, die bei der zuletzt durchgeführten Suche angegeben wurde. Wenn Sie den Befehl **Suchen** oder **Ersetzen** in einer Arbeitssitzung zum ersten Mal wählen, wird als Standardvorgabe 0 (Null) gesetzt.

Argument	Erklärung
.Groß Kleinschreibung	Wenn 1, entspricht dies dem Aktivieren des Kontrollkästchens „Groß-/Kleinschreibung beachten"
.GanzesWort	Wenn 1, entspricht dies dem Aktivieren des Kontrollkästchens „Nur ganzes Wort suchen".
.Mustervergleich	Wenn 1, wertet Word **.Suchen** als eine Zeichenfolge aus, die komplexe Suchkriterien wie beispielsweise die Platzhalterzeichen Sternchen (*) oder Fragezeichen (?) anwendet (entspricht dem Aktivieren des Kontrollkästchens „Mit Mustervergleich").
.Weitersuchen	Sucht das nächste Vorkommen des durch **.Suchen** angegebenen Textes.
.EinenErsetzen	Ersetzt das erste Vorkommen des durch **.Suchen** angegebenen Textes.
.AllesErsetzen	Ersetzt alle Vorkommen des durch **.Suchen** angegebenen Textes.
.Format	Sucht und ersetzt Formatierungen entweder zusätzlich zu oder anstelle von Suchtext: 0 (Null) Ignoriert Formatierungen. 1 Verwendet die angegebenen Formatierungen.
.Textfluß	Legt das Verhalten fest, wenn die Suche nicht am Anfang des Dokuments beginnt und das Ende des Dokuments erreicht wird (bzw. wenn der Anfang des Dokuments erreicht wird, falls Sie **.Richtung** auf 1 gesetzt haben). Das Argument **.Textfluß** legt auch das Verhalten für den Fall fest, wenn eine Markierung besteht und der Suchtext nicht in der Markierung gefunden wurde: 0 (Null) Die Ersetzungsoperation wird beendet und der Makro fortgesetzt. 1 Wenn Text markiert ist, wird die Ersetzungsoperation im restlichen Dokument fortgesetzt. Hat Word das Textende oder den Textanfang erreicht, wird die Ersetzungsoperation vom jeweils anderen Ende des Dokuments bis zum Ausgangspunkt der Suche fortgesetzt. 2 Wenn Text markiert ist, wird der Benutzer in einer Meldung gefragt, ob er die Ersetzungsoperation für das restliche Dokument fortsetzen will. Wenn der Anfang oder das Ende des Dokuments erreicht wird, fragt Word in einer Meldung, ob die Ersetzungsoperation am jeweils anderen Ende fortgesetzt werden soll.

Formatierungen werden nicht innerhalb der eigentlichen **BearbeitenErsetzen**-Anweisung angegeben. Statt dessen leiten Sie **BearbeitenErsetzen** durch eine oder mehrere der folgenden Anweisungen ein: **BearbeitenErsetzenAbsatz**, **BearbeitenErsetzenFV**, **BearbeitenErsetzenRahmen**, **BearbeitenErsetzenSprache**, **BearbeitenErsetzenTabstops**, **BearbeitenErsetzenZeichen**, **BearbeitenSuchenAbsatz**, **BearbeitenSuchenFV**, **BearbeitenSuchenRahmen**, **BearbeitenSuchenSprache**, **BearbeitenSuchenTabstops** oder **BearbeitenSuchenZeichen**. Setzen Sie anschließend in der Anweisung **BearbeitenErsetzen** das Argument **.Format** auf 1.

Beachten Sie, daß **BearbeitenSuchenRahmen**, **BearbeitenSuchenTabstops**, **BearbeitenErsetzenRahmen** und **BearbeitenErsetzenTabstops** nur auf dem Macintosh zur Verfügung stehen.

Die folgenden Hinweise helfen Ihnen, **BearbeitenSuchen** so rationell wie möglich einzusetzen:

- **BearbeitenErsetzen** behält die Einstellungen aus der zuletzt durchgeführten Such- oder Ersetzungsoperation bei. Wenn Sie in der letzten Ersetzungsoperation das Kontrollkästchen „Nur ganzes Wort suchen" im Dialogfeld **Ersetzen** aktiviert oder das Argument **.GanzesWort** auf 1 gesetzt haben, wird **.GanzesWort** automatisch auch in der nächsten Ersetzungsoperation auf 1 gesetzt, sofern Sie es nicht explizit auf 0 (Null) setzen. Bevor Sie eine Ersetzungsoperation beginnen, sollten Sie daher alle Optionen, die das Suchergebnis beeinflussen könnten, festlegen.

- Beim Suchen und Ersetzen von Formatierungen empfiehlt es sich, vor Angabe der zu suchenden oder zu ersetzenden Formatierungen die Anweisungen **BearbeitenSuchenLöschenFormatierung** und **BearbeitenErsetzenLöschenFormatierung** anzugeben. Auf diese Weise löschen Sie alle Formatierungsangaben, die von vorhergehenden Such- oder Ersetzungsoperationen möglicherweise noch vorhanden sind.

Beispiel

Dieses Beispiel sucht alle Vorkommen von unterstrichenem Text im Dokument und ersetzt dieses Format durch das Format „Kursiv". Die Instruktion `.Textfluß = 1` bedeutet, daß die Anweisung **BeginnDokument** nicht erforderlich ist, da der gesamte Text im Dokument (vor und nach der Einfügemarke) durchsucht und jedes Vorkommen von unterstrichenem Text ersetzt wird.

```
BearbeitenSuchenLöschenFormatierung
BearbeitenErsetzenLöschenFormatierung
BearbeitenSuchenZeichen .Unterstrichen = 1
BearbeitenErsetzenZeichen .Kursiv = 1, .Unterstrichen = 0
BearbeitenErsetzen .Suchen = "", .Ersetzen = "", .Format = 1, \
    .AllesErsetzen, .Textfluß = 1
```

Siehe auch	BearbeitenErsetzenAbsatz, BearbeitenErsetzenFV, BearbeitenErsetzenLöschenFormatierung, BearbeitenErsetzenPositionsrahmen, BearbeitenErsetzenRahmen, BearbeitenErsetzenSprache, BearbeitenErsetzenTabstops, BearbeitenErsetzenZeichen, BearbeitenSuchen

BearbeitenErsetzenAbsatz

Syntax	**BearbeitenErsetzenAbsatz** [**.EinzugLinks** = *Zahl oder Text*] [, **.EinzugRechts** = *Zahl oder Text*] [, **.Vor** = *Zahl oder Text*] [, **.Nach** = *Zahl oder Text*] [, **.ZeilenabstandArt** = *Zahl*] [, **.Zeilenabstand** = *Zahl oder Text*] [, **.Ausrichtung** = *Zahl*] [, **.AbsatzSteuerung** = *Zahl*] [, **.MitNächstemAbsatz** = *Zahl*] [, **.ZeilenNichtTrennen** = *Zahl*] [, **.Seitenwechsel** = *Zahl*] [, **.OhneZeilennumerierung** = *Zahl*] [, **.NichtTrennen** = *Zahl*] [, **.Registerkarte** = *Zahl*] [, **.ErstzeilenEinzug** = *Zahl oder Text*]
Bemerkungen	Wenn dieser Anweisung die Anweisung **BearbeitenErsetzen** folgt und dort **.Format** auf 1 gesetzt ist, gibt **BearbeitenErsetzenAbsatz** die Absatzformatierung des Ersetzungstexts an. Sie können **.AbsatzSteuerung**, **.MitNächstemAbsatz**, **.ZeilenNichtTrennen**, **.Seitenwechsel**, **.OhneZeilennumerierung** und **.NichtTrennen** auf einen der drei folgenden Werte setzen:

Wert	Aktion
–1	Behält das Format im gefundenen Text bei.
0 (Null)	Entfernt das Format vom gefundenen Text.
1	Weist dem gefundenen Text das Format zu.

Weitere Informationen über die Argumente finden Sie unter **FormatAbsatz**.

Beispiel	Dieses Beispiel weist allen Absätzen im aktiven Dokument, die bislang mit einem linken Einzug von 2 cm versehen waren, einen linken Einzug von 4 cm zu:

```
BeginnDokument
BearbeitenSuchenLöschenFormatierung
BearbeitenErsetzenLöschenFormatierung
BearbeitenSuchenAbsatz .EinzugLinks = "2 cm"
BearbeitenErsetzenAbsatz .EinzugLinks = "4 cm"
BearbeitenErsetzen .Suchen = "", .Ersetzen = "", \
    .AllesErsetzen, .Format = 1, .Textfluß = 0
```

Siehe auch	BearbeitenErsetzen, BearbeitenErsetzenFV, BearbeitenErsetzenLöschenFormatierung, BearbeitenErsetzenPositionsrahmen, BearbeitenErsetzenRahmen, BearbeitenErsetzenSprache, BearbeitenErsetzenTabstops, BearbeitenErsetzenZeichen, BearbeitenSuchenAbsatz, FormatAbsatz

BearbeitenErsetzenFV

Syntax	BearbeitenErsetzenFV .Formatvorlage = *Text*
Bemerkungen	Wenn dieser Anweisung die Anweisung **BearbeitenErsetzen** folgt und dort **.Format** auf 1 gesetzt ist, gibt **BearbeitenErsetzenFV** die Formatvorlage für den Ersetzungstext an. Wenn die angegebene Formatvorlage im aktiven Dokument nicht vorhanden ist oder die eingegebene Groß-/Kleinschreibung nicht mit der tatsächlichen Schreibweise des Formatvorlagennamens übereinstimmt, tritt ein Fehler auf.

Argument	Erklärung
.Formatvorlage	Der Name der Formatvorlage für den Ersetzungstext. Wenn Sie eine Formatvorlage von der Ersetzungsformatierung entfernen möchten, verwenden Sie eine leere Zeichenfolge ("").

Beispiel	Dieses Beispiel ändert alle mit „Überschrift 4" formatierten Absätze in Absätze mit der Formatierung „Überschrift 3":

```
BeginnDokument
BearbeitenSuchenLöschenFormatierung
BearbeitenErsetzenLöschenFormatierung
BearbeitenSuchenFV .Formatvorlage = "Überschrift 4"
BearbeitenErsetzenFV .Formatvorlage = "Überschrift 3"
BearbeitenErsetzen .Suchen = "", .Ersetzen = "", \
    .AllesErsetzen, .Format = 1, .Textfluß = 0
```

Siehe auch	BearbeitenErsetzen, BearbeitenErsetzenAbsatz, BearbeitenErsetzenLöschenFormatierung, BearbeitenErsetzenPositionsrahmen, BearbeitenErsetzenRahmen, BearbeitenErsetzenSprache, BearbeitenErsetzenTabstops, BearbeitenErsetzenZeichen, BearbeitenSuchenFV, FormatFormatvorlage

BearbeitenErsetzenHervorgehoben

Syntax BearbeitenErsetzenHervorgehoben

Bemerkungen Legt fest, daß der Ersetzungstext hervorgehoben wird, wenn eine Instruktion **BearbeitenErsetzen** nachfolgt, in der **.Format** auf 1 gesetzt ist. In Word, Version 6.0, ist **BearbeitenErsetzenHervorgehoben** nicht verfügbar, und ein Fehler tritt auf.

Beispiel Dieses Beispiel hebt im Dokument alle fett formatierten Textstellen zusätzlich farbig hervor.

```
BeginnDokument
BearbeitenSuchenLöschenFormatierung
BearbeitenErsetzenLöschenFormatierung
BearbeitenSuchenZeichen .Fett = 1
BearbeitenErsetzenHervorgehoben
BearbeitenErsetzen .Suchen = "", .Ersetzen = "", \
    .Format = 1 .AllesErsetzen
```

Siehe auch **BearbeitenErsetzen, BearbeitenSuchenHervorgehoben, ExtrasOptionenÜberarbeitung, Hervorheben, HervorhebungsFarbe**

BearbeitenErsetzenLöschenFormatierung

Syntax BearbeitenErsetzenLöschenFormatierung

Bemerkungen Entfernt alle Formatierungsangaben, die für den zu ersetzenden Text festgelegt wurden. Vor dem Angeben von Ersetzungsformatierungen mit **BearbeitenErsetzenZeichen, BearbeitenErsetzenAbsatz** und ähnlichen Anweisungen sollten Sie die Anweisung **BearbeitenErsetzenLöschenFormatierung** ausführen. Auf diese Weise stellen Sie sicher, daß keine unerwünschten Formatierungen in der Ersetzungsformatierung enthalten sind. Ein Beispiel finden Sie unter **BearbeitenErsetzen**.

Siehe auch **BearbeitenErsetzen, BearbeitenErsetzenAbsatz, BearbeitenErsetzenFV, BearbeitenErsetzenPositionsrahmen, BearbeitenErsetzenRahmen, BearbeitenErsetzenSprache, BearbeitenErsetzenTabstops, BearbeitenErsetzenZeichen, BearbeitenSuchenLöschenFormatierung**

BearbeitenErsetzenNichtHervorgehoben

Syntax   BearbeitenErsetzenNichtHervorgehoben

Bemerkungen   Legt fest, daß der Ersetzungstext nicht hervorgehoben wird, falls eine Instruktion **BearbeitenErsetzen** nachfolgt, in der **.Format** auf 1 gesetzt ist. In Word, Version 6.0, ist **BearbeitenErsetzenNichtHervorgehoben** nicht verfügbar, und ein Fehler tritt auf.

Siehe auch   BearbeitenErsetzen, BearbeitenSuchenNichtHervorgehoben, ExtrasOptionenÜberarbeitung, Hervorheben, HervorhebungsFarbe

---

BearbeitenErsetzenPositionsrahmen

Syntax   BearbeitenErsetzenPositionsrahmen [**.Textfluß** = *Zahl*]
[, **.BreiteAuswahl** = *Zahl*] [, **.BreiteMaß** = *Zahl oder Text*]
[, **.HöheAuswahl** = *Zahl*] [, **.HöheMaß** = *Zahl oder Text*]
[, **.PositionHoriz** = *Zahl oder Text*] [, **.PositionHorizGemVon** = *Zahl*]
[, **.AbstZumText** = *Zahl oder Text*] [, **.PositionVert** = *Zahl oder Text*]
[, **.PositionVertGemVon** = *Zahl*] [, **.AbstVertZumText** = *Zahl oder Text*]
[, **.MitTextVerschieben** = *Zahl*] [, **.VerankerungsPunktFixieren** = *Zahl*]

Bemerkungen   Legt auf dem Macintosh das Positionsrahmenformat des Ersetzungstexts fest, wenn als nächstes eine **BearbeitenSuchen**- oder **BearbeitenErsetzen**-Instruktion ausgeführt wird und in dieser **.Format** auf 1 gesetzt wurde. Die Beschreibung der Argumente finden Sie unter **FormatPosRahmen**. Unter Windows ist **BearbeitenErsetzenPositionsrahmen** nicht verfügbar und führt zu einem Fehler.

Siehe auch   BearbeitenErsetzen, BearbeitenErsetzenAbsatz, BearbeitenErsetzenFV, BearbeitenErsetzenRahmen, BearbeitenErsetzenSprache, BearbeitenErsetzenTabstops, BearbeitenErsetzenZeichen, BearbeitenSuchenPositionsrahmen, FormatPosRahmen

BearbeitenErsetzenRahmen

Syntax BearbeitenErsetzenRahmen [.AnwendenAuf = *Zahl*] [, .Schattiert = *Zahl*] [, .ObenRahmenlinie = *Zahl*] [, .LinksRahmenlinie = *Zahl*] [, .UntenRahmenlinie = *Zahl*] [, .RechtsRahmenlinie = *Zahl*] [, .HorizontalRahmenlinie = *Zahl*] [, .VertikalRahmenlinie = *Zahl*] [, .FarbeOben = *Zahl*] [, .FarbeLinks = *Zahl*] [, .FarbeUnten = *Zahl*] [, .FarbeRechts = *Zahl*] [, .FarbeHorizontal = *Zahl*] [, .FarbeVertikal = *Zahl*] [, .FeineSchattierung = *Zahl*] [, .VomText = *Zahl oder Text*] [, .Schattierung = *Zahl*] [, .Vordergrund = *Zahl*] [, .Hintergrund = *Zahl*] [, .Registerkarte = *Zahl*]

Bemerkungen Legt auf dem Macintosh das Format für Rahmenlinien und Schattierung des Ersetzungstextes fest, wenn als nächstes eine **BearbeitenErsetzen**-Instruktion ausgeführt wird und in dieser **.Format** auf 1 gesetzt wurde. Die Beschreibung der Argumente finden Sie unter **FormatRahmenSchattierung**. Unter Windows ist **BearbeitenErsetzenRahmen** nicht verfügbar und führt zu einem Fehler.

Siehe auch BearbeitenErsetzen, BearbeitenErsetzenAbsatz, BearbeitenErsetzenFV, BearbeitenErsetzenLöschenFormatierung, BearbeitenErsetzenPositionsrahmen, BearbeitenErsetzenSprache, BearbeitenErsetzenTabstops, BearbeitenSuchen, BearbeitenSuchenRahmen, FormatRahmenSchattierung

BearbeitenErsetzenSprache

Syntax BearbeitenErsetzenSprache .Sprache = *Text*

Bemerkungen Wenn dieser Anweisung die Anweisung **BearbeitenErsetzen** folgt und dort **.Format** auf 1 gesetzt ist, gibt **BearbeitenErsetzenSprache** die Sprachenformatierung des Ersetzungstextes an. Der Befehl **Sprache** (Menü **Extras**) listet die Sprachen zwar in ihrer deutschen Form auf, aber Sie müssen den Text für **.Sprache** in der entsprechenden Landessprache einschließlich der erforderlichen Akzentzeichen angeben (beispielsweise müssen Sie für Italienisch „Italiano" und für Französisch „Français" angeben). Eine Liste der gültigen Namen für Landessprachen finden Sie unter **ExtrasSprache**. Ein Beispiel finden Sie unter **BearbeitenSuchenSprache**.

Siehe auch BearbeitenErsetzen, BearbeitenErsetzenAbsatz, BearbeitenErsetzenFV, BearbeitenErsetzenLöschenFormatierung, BearbeitenErsetzenPositionsrahmen, BearbeitenErsetzenRahmen, BearbeitenErsetzenTabstops, BearbeitenErsetzenZeichen, BearbeitenSuchenSprache, ExtrasSprache

BearbeitenErsetzenTabstops

Syntax
: BearbeitenErsetzenTabstops [.Position = *Text*] [, .Ausrichten = *Zahl*] [, .Füllzeichen = *Zahl*]

Bemerkungen
: Legt auf dem Macintosh die Tabstopeinstellung für den Ersetzungstext fest, wenn als nächstes eine **BearbeitenErsetzen**-Instruktion ausgeführt wird und in dieser .**Format** auf 1 gesetzt wurde. Die Beschreibung der Argumente finden Sie unter **FormatTabulator**. Unter Windows ist **BearbeitenErsetzenTabstops** nicht verfügbar und führt zu einem Fehler.

Siehe auch
: BearbeitenErsetzen, BearbeitenErsetzenAbsatz, BearbeitenErsetzenFV, BearbeitenErsetzenLöschenFormatierung, BearbeitenErsetzenPositionsrahmen, BearbeitenErsetzenRahmen, BearbeitenErsetzenSprache, BearbeitenSuchenTabstops, FormatTabulator

BearbeitenErsetzenZeichen

Syntax
: BearbeitenErsetzenZeichen [.Punkt = *Zahl*] [, .Unterstrichen = *Zahl*] [, .Farbe = *Zahl*] [, .Durchstreichen = *Zahl*] [, .Hochgestellt = *Zahl*] [, .Tiefgestellt = *Zahl*] [, .Schattiert = *Zahl*] [, .Verborgen = *Zahl*] [, .Kapitälchen = *Zahl*] [, .Großbuchstaben = *Zahl*] [, .Konturschrift = *Zahl*] [, .Laufweite = *Zahl*] [, .Position = *Zahl oder Text*] [, .Unterschneidung = *Zahl*] [, .UnterschneidungMin = *Zahl oder Text*] [, .Standard] [, .Registerkarte = *Zahl*] [, .Schriftart = *Text*] [, .Fett = *Zahl*] [, .Kursiv = *Zahl*]

Bemerkungen
: Wenn dieser Anweisung die Anweisung **BearbeitenErsetzen** folgt und dort .**Format** auf 1 gesetzt ist, gibt **BearbeitenErsetzenZeichen** die Zeichenformatierung des Ersetzungstexts an. Sie können .**Durchstreichen**, .**Hochgestellt**, .**Schattiert**, .**Tiefgestellt**, .**Verborgen**, .**Kapitälchen**, .**Großbuchstaben**, .**Konturschrift**, .**Unterschneidung**, .**Fett** und .**Kursiv** auf einen der drei folgenden Werte setzen:

Wert	Aktion
–1	Behält das Format im gefundenen Text bei.
0 (Null)	Entfernt das Format vom gefundenen Text.
1	Weist dem gefundenen Text das Format zu.

Beachten Sie, daß **.Schattiert** und **.Konturschrift** nur auf dem Macintosh zur Verfügung stehen. Weitere Informationen über diese Argumente finden Sie unter **FormatZeichen**. Ein Beispiel finden Sie unter **BearbeitenSuchenSprache**.

Siehe auch **BearbeitenErsetzen, BearbeitenErsetzenAbsatz, BearbeitenErsetzenFV, BearbeitenErsetzenLöschenFormatierung, BearbeitenErsetzenRahmen, BearbeitenErsetzenSprache, BearbeitenErsetzenTabstops, BearbeitenSuchenZeichen, FormatZeichen**

BearbeitenGeheZu

Syntax BearbeitenGeheZu **.Ziel** = *Text*

Bemerkungen Verschiebt die Einfügemarke oder Markierung an die angegebene Position oder zum angegebenen Objekt, zum Beispiel zu einer Seite, Textmarke, Fußnote, Zeile oder zu einem Feld. Sie können die Einfügemarke zu einem der Ziele verschieben, die in der folgenden Tabelle aufgeführt sind. Verwenden Sie dabei das entsprechende Erkennungszeichen in Kombination mit einer Nummer, dem Pluszeichen (+), dem Minuszeichen (–) oder einer Zeichenfolge.

Ziel	Erkennungs-zeichen	Beispieltext für .Ziel
Seite	s (oder fehlt)	Der Text `"s5"` oder `"5"` geht zur fünften Seite.
Abschnitt	a	Der Text `"a"` geht zum nächsten Abschnitt, `"a3"` zum dritten Abschnitt.
Zeile	z	Der Text `"z+5"` geht zur fünften Zeile unterhalb der Einfügemarke. Das Plus-Zeichen (+) bedeutet, daß von der Einfügemarke an nach unten gezählt wird.
Textmarke	(kein)	Der Text `"Temp"` geht zur Textmarke „Temp".
Anmerkung	n	Der Text `"n'Anna Neumann'"` geht zur nächsten Markierung für eine Anmerkung von Anna Neumann.
Fußnote	f	Der Text `"f-"` geht zum vorhergehenden Fußnotenzeichen. Das Minus-Zeichen (–) bedeutet, daß von der Einfügemarke an nach oben gezählt wird.
Endnote	e	Der Text `"e5"` geht zum fünften Endnotenzeichen.
Feld	d	Der Text `"d'ZEIT'"` geht zum nächsten ZEIT-Feld. Die beiden Apostrophenzeichen trennen die Feldart vom Erkennungszeichen.
Tabelle	t	Der Text `"t"` geht zur nächsten Tabelle.
Grafik	g	Der Text `"g10"` geht zur zehnten Grafik im Dokument.

Ziel	Erkennungs-zeichen	Beispieltext für .Ziel
Formel	l	Der Text `"l-"` geht zur vorhergehenden Formel (zum vorhergehenden FORMEL-Feld).
Objekt	o	Der Text `"o-'MSWordArt'"` geht zum vorhergehenden Microsoft WordArt-Objekt. Die beiden Apostrophzeichen trennen die Objektart vom Erkennungszeichen. Erläuterungen zu den Bezeichnungen der einzelnen Objekttypen finden Sie unter **EinfügenObjekt**.

Die folgende Tabelle faßt die Verwendung von Nummern und das Plus- oder Minuszeichen mit Zielbezeichnern in **BearbeitenGeheZu**-Anweisungen zusammen. Nummern und das Plus- und Minuszeichen können für alle Zielarten außer für Textmarken verwendet werden.

Bezeichner in Kombination mit	Ergebnis
Nummer	Geht zu einem Element entsprechend seiner Position im Dokument. Beispielsweise geht `BearbeitenGeheZu "l30"` zur dreißigsten Zeile im Dokument und `BearbeitenGeheZu "f200"` zur zweihundertsten Fußnote.
+[*Nummer*] oder -[*Nummer*]	Geht zu einem Element gemessen an der aktuellen Position. Beispielsweise geht `BearbeitenGeheZu "l+2"` zur zweiten Zeile nach der aktuellen Zeile. Desgleichen geht `BearbeitenGeheZu "l-2"` zur zweiten Zeile vor der aktuellen Zeile. Die Instruktion `BearbeitenGeheZu "l-"` geht zur vorhergehenden Zeile und `BearbeitenGeheZu "l+"` geht zur nächsten Zeile.
Fehlt	Geht zum nächsten angegebenen Element. Beispielsweise geht `BearbeitenGeheZu "a"` zum nächsten Abschnitt im Dokument.

Beispiel   Dieses Beispiel zählt die Tabellen im Dokument. Die Textmarke „Temp" wird immer an der jeweils nächsten Position der Einfügemarke definiert, damit **TextmarkenVergleichen**() bestimmen kann, ob die letzte **BearbeitenGeheZu**-Anweisung (oder **SuchenWiederholen**-Anweisung) die Einfügemarke verschoben hat. Wenn **SuchenWiederholen** die Einfügemarke nicht mehr verschiebt (weil keine weiteren Tabellen vorhanden sind), beendet Word die **While…Wend**-Schleife.

```
                    BeginnDokument
                    BearbeitenTextmarke "Temp", .Hinzufügen
                    Anzahl = 0
                    If AuswInfo(12) = -1 Then Anzahl = 1
                    BearbeitenGeheZu .Ziel = "t"
                    While TextmarkenVergleichen("\Sel", "Temp") <> 0
                        BearbeitenTextmarke "Temp", .Hinzufügen
                        Anzahl = Anzahl + 1
                        SuchenWiederholen
                    Wend
                    BearbeitenTextmarke "Temp", .Löschen
                    MsgBox "Das Dokument enthält " + Str$(Anzahl) + " Tabellen."
```

Siehe auch   BearbeitenSuchen, GeheZuNächstem*Element*, GeheZuVorherigem*Element*
NächstesFeld, NächsteSeite, NächstesObjekt, SuchenWiederholen,
VorherigeSeite, VorherigesFeld, VorherigesObjekt, ZurückEinfügemarke

BearbeitenGrafik

Syntax   **BearbeitenGrafik**

Bemerkungen   Öffnet die markierte Grafik zum Bearbeiten.

Beispiel   Dieses Beispiel markiert die nächste Grafik und öffnet sie zum Bearbeiten.

```
                    AnsichtFeldfunktionen 0
                    BearbeitenGeheZu "g"
                    ZeichenRechts 1,1
                    BearbeitenGrafik
```

Siehe auch   **BearbeitenObjekt, EinfügenGrafik, FormatGrafik, Picture**

BearbeitenHerausgebenOptionen

Syntax   **BearbeitenHerausgebenOptionen** [**.EinzelnSenden=** *Zahl*]
[**, .AuflageJetztSenden =** *Zahl*] [**, .AuflageSendenNachBearbeiten =** *Zahl*]
[**, .Löschen**] [**, .Aussehen =** *Zahl*] [**, .Rtf =** *Zahl*] [**, .Pict =** *Zahl*]

Bemerkungen   Legt auf dem Macintosh Optionen für den ausgewählten Verleger fest. Die
Argumente der Anweisung **BearbeitenHerausgebenOptionen** entsprechen den
Optionen im Dialogfeld **Verleger-Optionen** (Menü **Bearbeiten**, Befehl
Herausgeben). Unter Windows ist **BearbeitenHerausgebenOptionen** nicht
verfügbar und führt zu einem Fehler.

Argument	Erklärung
.EinzelnSenden	Legt fest, wie die Auflage aktualisiert wird:
	0 (Null) oder fehlt Beim Sichern (die Auflage wird jedesmal aktualisiert, wenn der Verleger geändert wird)
	1 Manuell (die Auflage wird nur auf Befehl aktualisiert)
.AuflageJetztSenden	Wenn 1, wird die Auflage sofort mit den Änderungen im Verleger aktualisiert.
.AuflageSendenNachBearbeiten	Wenn 1, wird die Auflage jedesmal aktualisiert, wenn der Verleger geändert wird. **.EinzelnSenden** muß auf 0 (Null) gesetzt sein.
.Löschen	Entfernt den Verleger.
.Aussehen	Legt fest, wie der Verleger herausgegeben wird:
	0 (Null) oder fehlt Wie auf dem Bildschirm dargestellt
	1 Wie auf dem Ausdruck dargestellt
.Rtf	Wenn 1, kann der Verleger Rich Text Format (RTF) exportieren.
.Pict	Wenn 1, kann der Verleger ein Grafikformat (PICT) exportieren.

Siehe auch   BearbeitenAbonnieren, BearbeitenAbonnierenOptionen, BearbeitenNeuenVerlegerErstellen, BearbeitenVerknüpfungen

BearbeitenInhalteEinfügen

Syntax   **BearbeitenInhalteEinfügen** [**.SymbolNummer** = *Zahl*] [, **.Verknüpfung** = *Zahl*] [, **.SymbolAnzeigen** = *Zahl*] [, **.ObjektTyp** = *Text*] [, **.Datentyp** = *Text*] [, **.SymbolDateiname** = *Text*] [, **.Beschriftung** = *Text*]

BearbeitenInhalteEinfügen

Bemerkungen Fügt den Inhalt der Zwischenablage an der Einfügemarke ein. Die Argumente für **BearbeitenInhalteEinfügen** entsprechen den Optionen im Dialogfeld **Inhalte einfügen** (Menü **Bearbeiten**). Im Gegensatz zu **BearbeitenEinfügen** können Sie mit **BearbeitenInhalteEinfügen** das Format der eingefügten Daten festlegen und eine Verknüpfung mit der Informationsquelle (beispielsweise einem Microsoft Excel-Tabellenblatt) herstellen.

Argument	Erklärung
.SymbolNummer	Wenn .SymbolAnzeigen auf 1 gesetzt wurde, gibt der Wert von .SymbolNummer eine Nummer für das Symbol an, das anstelle des Inhalts der Verknüpfung oder des Objekts im Dokument angezeigt werden soll. Symbole erscheinen im Dialogfeld **Symbol auswählen** (Befehl **Objekt**, Menü **Einfügen**): 0 (Null) entspricht dem ersten Symbol, 1 dem zweiten usw. Bei Nichtangabe des Arguments wird das erste Symbol (Standardsymbol) verwendet. Auf dem Macintosh können Symbole für eingebettete Objekte nicht verändert werden, daher wird dieses Argument ignoriert.
.Verknüpfung	Gibt an, ob eine Verknüpfung erstellt werden soll: 0 (Null) oder fehlt Es wird keine Verknüpfung erstellt. 1 Es wird eine Verknüpfung erstellt.
.SymbolAnzeigen	Gibt an, ob eine Verknüpfung bzw. ein Objekt als Symbol angezeigt werden soll oder nicht. Dieses Argument entspricht dem Kontrollkästchen „Als Symbol" im Dialogfeld **Inhalte einfügen** (Menü **Bearbeiten**). Wenn eine Verknüpfung oder ein Objekt als Symbol angezeigt wird, so erscheint im Dokument statt des Inhalts des Objekts oder der Verknüpfung (z.B. einer Excel-Tabelle) ein Symbol für das entsprechende Programm. Beim Aktivieren des Objekts oder der Verknüpfung startet dann das entsprechende Programm und zeigt den Inhalt des Objekts oder der Verknüpfung an: 0 (Null) oder fehlt Verknüpfung bzw. Objekt wird nicht als Symbol angezeigt. 1 Verknüpfung bzw. Objekt wird als Symbol angezeigt.
.ObjektTyp	Der Objekttyp des Inhalts der Zwischenablage. Dieses Argument kann nicht gesetzt werden. Sie können allerdings einen Dialogdatensatz als **BearbeitenInhalteEinfügen** definieren und dann mit dem Dialogdatensatz den aktuellen Wert von .ObjektTyp zurückgeben.

Argument	Erklärung
.Datentyp	Gibt das Format des eingefügten Inhalts an:
	Bitmap Bitmap im Format von Windows, nur unter Windows verfügbar.
	DIB Geräteunabhängiges Bitmap im Format von Windows, nur unter Windows verfügbar.
	Objekt OLE-Objekt.
	Grafik (Pict) Metadatei im Format von Windows oder Word Picture (Macintosh).
	RTF Rich Text Format.
	Formatierter Text Formatierter Text, bei dem die Schriftformatierung beibehalten wird (nur auf dem Macintosh verfügbar).
	Text Unformatierter Text.
.Symbol Dateiname	Wenn .SymbolAnzeigen den Wert 1 hat, gibt .SymbolDateiname den Pfad und Dateinamen der Programmdatei an, in der das anzuzeigende Symbol gespeichert ist.
	Auf dem Macintosh können Symbole für eingebettete Objekte nicht verändert werden, daher wird dieses Argument ignoriert.
.Beschriftung	Wenn .SymbolAnzeigen den Wert 1 hat, wird die Beschriftung des Symbols angezeigt. Wird das Argument .Beschriftung nicht angegeben, fügt Word den Namen des Objekts ein.

Anmerkung Für jedes Element der Zwischenablage sind nicht alle Datentypen verfügbar. Wenn die Zwischenablage (unter Windows) beispielsweise Text aus einem Word-Dokument enthält, sind die verfügbaren Datentypen **Objekt**, **Grafik**, **RTF** und **Text**. Für ein Element aus einem Microsoft Excel-Tabellenblatt stehen die Formate **Bitmap**, **Objekt**, **Grafik**, **RTF** und **Text** zur Verfügung. Wenn Sie einen nicht verfügbaren Datentyp angeben, tritt ein Fehler auf.

Siehe auch **BearbeitenAbonnieren, BearbeitenAusschneiden, BearbeitenEinfügen, BearbeitenKopieren, BearbeitenNeuenVerlegerErstellen, BearbeitenVerknüpfungen, EinfügenFeld**

BearbeitenKopieren

Syntax	**BearbeitenKopieren**
Bemerkungen	Kopiert den markierten Bereich in die Zwischenablage. Wenn keine Markierung vorhanden ist, tritt ein Fehler auf.
Siehe auch	**BearbeitenAusschneiden, BearbeitenEinfügen, BearbeitenInhalteEinfügen**

BearbeitenKopierenAlsGrafik

Syntax	**BearbeitenKopierenAlsGrafik**
Bemerkungen	Kopiert auf dem Macintosh den markierten Text oder das markierte Objekt als Grafik in die Zwischenablage. Unter Windows ist **BearbeitenKopierenAlsGrafik** nicht verfügbar und führt zu einem Fehler.
Siehe auch	**BearbeitenInhalteEinfügen, BearbeitenKopieren**

BearbeitenLöschen

Syntax	**BearbeitenLöschen** [*Anzahl*]
Bemerkungen	Löscht die Markierung oder eine angegebene Anzahl von Zeichen. Im Gegensatz zu **BearbeitenAusschneiden** ändert **BearbeitenLöschen** den Inhalt der Zwischenablage nicht.

Argument	Erklärung
Anzahl	Gibt die Anzahl und die Position der zu löschenden Zeichen an: >0 (Null) Löscht Zeichen rechts der Einfügemarke. Fehlt Löscht die Markierung oder das Zeichen rechts der Einfügemarke. <0 (Null) Löscht Zeichen links der Einfügemarke. Wenn *Anzahl* nicht gleich 0 (Null) ist und eine Markierung vorhanden ist, so löscht Word die Markierung und zählt diese als ein Zeichen gegenüber *Anzahl*. `BearbeitenLöschen 0` hat keine Wirkung.

Anmerkung Wenn in Word, Version 6.0, eine Absatzmarke gelöscht wird, werden die zusammengefügten Absätze mit der in der verbleibenden Absatzmarke gespeicherten Formatvorlage formatiert. In Word, Version 7.0, werden dagegen die zusammengefügten Absätze mit der in der gelöschten Absatzmarke gespeicherten Formatvorlage formatiert. Aus Kompatibilitätsgründen muß in Makros aus Word, Version 6.0, die zu Word, Version 7.0 konvertiert werden, die Anweisung **BearbeitenLöschen** in **WW6_BearbeitenLöschen** geändert werden. Dadurch wird das Vehalten von Word, Version 6.0, beibehalten.

Beispiel Dieses Beispiel löscht fünf Zeichen rechts der Einfügemarke. Wenn eine Markierung vorhanden ist, werden die Markierung und vier weitere Zeichen gelöscht:

```
BearbeitenLöschen 5
```

Siehe auch BearbeitenAusschneiden

BearbeitenNeuenVerlegerErstellen

Syntax BearbeitenNeuenVerlegerErstellen .DateiName = *Text* [, .Aussehen = *Zahl*] [, .Rtf = *Zahl*] [, .Pict = *Zahl*]

Bemerkungen Übernimmt auf dem Macintosh den markierten Text in eine Auflage, die Sie dann in anderen Dokumenten abonnieren können. Die Argumente der Anweisung **BearbeitenNeuenVerlegerErstellen** entsprechen den Optionen im Dialogfeld **Neuer Verleger** (Menü **Bearbeiten**, Befehl **Herausgeben**). Unter Windows ist **BearbeitenNeuenVerlegerErstellen** nicht verfügbar und führt zu einem Fehler.

Argument	Erklärung
.DateiName	Der Pfad- und Dateiname für die neue Auflage.
.Aussehen	Legt fest, wie der markierte Text herausgegeben wird:
	0 (Null) oder fehlt Wie auf dem Bildschirm dargestellt
	1 Wie auf dem Ausdruck dargestellt
.Rtf	Wenn 1, kann der Verleger Rich Text Format (RTF) exportieren.
.Pict	Wenn 1, kann der Verleger ein Grafikformat (PICT) exportieren.

Siehe auch **BearbeitenAbonnieren, BearbeitenAbonnierenOptionen, BearbeitenHerausgebenOptionen, BearbeitenInhalteEinfügen, BearbeitenVerknüpfungen**

BearbeitenObjekt

Syntax	**BearbeitenObjekt**
Bemerkungen	Öffnet das markierte OLE-Objekt zur Bearbeitung in der Anwendung, die mit dem Objekt verknüpft ist. OLE-Objekte sind unter anderem mit dem Formel-Editor erstellte Formeln, mit WordArt erstellte Schriftarteneffekte, Microsoft Excel-Diagramme usw.
Beispiel	Dieses Beispiel wählt die nächste Formel im aktiven Dokument aus und öffnet sie zum Bearbeiten im Formel-Editor:

```
BearbeitenGeheZu .Ziel = "o'Equation.2'"
BearbeitenObjekt
```

Siehe auch	**BearbeitenGeheZu**, **EinfügenObjekt**, **ObjektAktivieren**

BearbeitenRückgängig

Syntax	**BearbeitenRückgängig**
Bemerkungen	Macht die letzte Handlung rückgängig, sofern dies möglich ist. Die meisten Bearbeitungen und Formatierungen können rückgängig gemacht werden. Einige Handlungen, wie beispielsweise das Bearbeiten einer Formatvorlage, können nicht rückgängig gemacht werden.
Siehe auch	**BearbeitenWiederherstellen**, **BearbeitenWiederholen**

BearbeitenSchaltflächenSymbol

Syntax	**BearbeitenSchaltflächenSymbol** *Symbolleiste$*, *Position* [, *Kontext*]
Bemerkungen	Führt den Schaltflächen-Editor aus, durch den das angegebene Schaltflächenbild geändert wird.

Argument	Erklärung
Symbolleiste$	Der Name der Symbolleiste, wie er im Dialogfeld **Symbolleisten** (Menü **Ansicht**) erscheint.
Position	Eine Zahl, die der Position der zu ändernden Schaltfläche entspricht; hierbei ist 1 die erste Position, 2 die zweite usw. Beachten Sie, daß ein Listenfeld oder eine Leerfläche als 1 Position gezählt werden.

Argument	Erklärung
Kontext	Legt fest, wo das neue Schaltflächenbild gespeichert wird: 0 (Null) oder fehlt In der Dokumentvorlage "Normal". 1 In der aktiven Dokumentvorlage.

Beispiel Dieses Beispiel öffnet den Schaltflächen-Editor und zeigt das erste Schaltflächenbild auf der Standardsymbolleiste zur Bearbeitung an:

```
BearbeitenSchaltflächenSymbol "Standard", 1, 0
```

Siehe auch **EinfügenSchaltflächenSymbol, SchaltflächenSymbolKopieren, SchaltflächenSymbolWählen, VorgabeSchaltflächenSymbol**

BearbeitenSuchen

Syntax BearbeitenSuchen [**.Suchen** = *Text*] [, **.Ersetzen** = *Text*] [, **.Richtung** = *Zahl*] [, **.GanzesWort** = *Zahl*] [, **.GroßKleinschreibung** = *Zahl*] [, **.Mustervergleich** = *Zahl*] [, **.Format** = *Zahl*] [, **.Textfluß** = *Zahl*]

Bemerkungen Sucht das nächste Vorkommen des angegebenen Texts, der angegebenen Formatierung oder beides. Die Argumente für die Anweisung **BearbeitenSuchen** entsprechen den Optionen im Dialogfeld **Suchen** (Menü **Bearbeiten**). Die Verwendung von **BearbeitenSuchen** in einer **While...Wend**-Schleife bietet sich an, wenn Sie eine Reihe von Anweisungen immer dann wiederholen möchten, wenn in Ihrem Dokument eine bestimmte Textstelle oder Formatierung auftritt. Viele Beispiele in „Anweisungen und Funktionen" veranschaulichen die Einsatzmöglichkeiten von **BearbeitenSuchen**.

Argument	Erklärung
.Suchen	Der zu suchende Text. Wenn Sie nur nach einer Formatierung suchen möchten, geben Sie eine leere Zeichenfolge (" ") ein. Sie können auch nach Sonderzeichen wie beispielsweise Absatzmarken suchen, indem Sie deren Zeichencode eingeben. „^a" ist beispielsweise der Code für eine Absatzmarke und „^t" der Code für ein Tabstopzeichen. Wenn Sie **.Mustervergleich** auf 1 setzen, können Sie Platzhalter und andere komplexe Suchkriterien angeben. „*(ung)" sucht beispielsweise nach allen Wörtern, die auf „ung" enden. Wenn Sie nach einem Sonderzeichen suchen möchten, geben Sie ein Caret-Zeichen (^), eine Null (0) und anschließend den ANSI-Wert des Sonderzeichens ein. „^0151" entspricht beispielsweise einem langen Gedankenstrich (–).

Argument	Erklärung
.Ersetzen	Eventuell müssen Sie **.Ersetzen** als leere Zeichenfolge (" ") definieren, um einem möglichen Fehler vorzubeugen. Ist zum Beispiel **.Mustervergleich** auf 1 gesetzt und der Ersatztext, der im Dialogfeld **Ersetzen** steht, ist für Mustervergleich nicht zulässig, tritt ein Fehler auf.
.Richtung	Die Suchrichtung: 0 (Null) Durchsucht das Dokument von oben nach unten. 1 Durchsucht das Dokument von unten nach oben. Standardmäßig wird das Dokument in der gleichen Richtung durchsucht, die bei der zuletzt durchgeführten Suche angegeben wurde. Wenn Sie den Befehl **Suchen** oder **Ersetzen** in einer Arbeitssitzung zum ersten Mal wählen, wird als Standardvorgabe 0 (Null) gesetzt.
.GanzesWort	Wenn 1, entspricht dies dem Aktivieren des Kontrollkästchens „Nur ganzes Wort suchen".
.Groß Kleinschreibung	Wenn 1, entspricht dies dem Aktivieren des Kontrollkästchens „Groß-/Kleinschreibung beachten".
.Mustervergleich	Wenn 1, wertet Word **.Suchen** als eine Zeichenfolge aus, die komplexe Suchkriterien wie beispielsweise die Platzhalterzeichen Sternchen (*) oder Fragezeichen (?) anwendet (entspricht dem Aktivieren des Kontrollkästchens „Mit Mustervergleich").
.Format	Sucht Formatierungen entweder zusätzlich zu oder anstelle von Suchtext: 0 (Null) Ignoriert Formatierungen. 1 Verwendet die angegebenen Formatierungen.
.Textfluß	Legt das Verhalten fest, wenn die Suche nicht am Anfang des Dokuments beginnt und das Ende des Dokuments erreicht wird (bzw. wenn der Anfang des Dokuments erreicht wird, falls Sie **.Richtung** auf 1 gesetzt haben). Das Argument **.Textfluß** legt auch das Verhalten für den Fall fest, wenn eine Markierung vorliegt und der Suchtext nicht in der Markierung gefunden wurde: 0 (Null) oder fehlt Die Suche wird beendet und der Makro fortgesetzt. 1 Wenn Text markiert ist, wird das restliche Dokument durchsucht. Wenn der Anfang oder das Ende des Dokuments erreicht wird, setzt Word die Suche am jeweils anderen Ende fort. 2 Wenn Text markiert ist, wird der Benutzer in einer Meldung gefragt, ob er das restliche Dokument durchsuchen will. Wenn der Anfang oder das Ende des Dokuments erreicht wird, fragt Word in einer Meldung, ob die Suche am jeweils anderen Ende fortgesetzt werden soll.

Formatierungen werden nicht innerhalb der eigentlichen **BearbeitenSuchen**-Anweisung angegeben. Statt dessen leiten Sie **BearbeitenSuchen** mit einer oder mehreren der Anweisungen **BearbeitenSuchenAbsatz**, **BearbeitenSuchenFV**, **BearbeitenSuchenSprache**, **BearbeitenSuchenTabstops** oder **BearbeitenSuchenZeichen** ein. Setzen Sie anschließend in der Anweisung **BearbeitenSuchen** das Argument **.Format** auf 1. Beachten Sie, daß die Anweisungen **BearbeitenSuchenRahmen** und **BearbeitenSuchenTabstops** nur auf dem Macintosh verfügbar sind.

Die folgenden Hinweise helfen Ihnen, **BearbeitenSuchen** so rationell wie möglich einzusetzen:

- **BearbeitenSuchen** behält die Einstellungen aus der zuletzt durchgeführten Such- oder Ersetzungsoperation bei. Wenn Sie im letzten Suchlauf beispielsweise das Kontrollkästchen „Nur ganzes Wort suchen" aktiviert oder das Argument **.GanzesWort** auf 1 gesetzt haben, hat **.GanzesWort** auch im nächsten Suchlauf den Wert 1, sofern Sie es nicht explizit auf 0 (Null) setzen. Bevor Sie einen Suchlauf beginnen, sollten Sie daher alle Optionen, die den Verlauf der Suche beeinflussen können, festlegen.

- Beim Suchen nach einer Formatierung empfiehlt es sich, vor Angabe der zu suchenden Formatierungen die Anweisung **BearbeitenSuchenLöschenFormatierung** anzugeben. Auf diese Weise löschen Sie Formatierungsangaben, die von vorhergehenden Such- oder Ersetzungsoperationen möglicherweise noch vorhanden sind.

- Wenn Sie eine Operation für jedes Vorkommen einer Textstelle oder Formatierung mit einer **While...Wend**-Schleife wiederholen, müssen Sie vor der ersten **BearbeitenSuchen**-Anweisung **BeginnDokument** angeben. Geben Sie das Argument **.Textfluß** nicht an, oder setzen Sie es auf 0 (Null). Wenn Sie **.Textfluß** auf 1 setzen, erzeugen Sie möglicherweise eine Endlosschleife. Wenn Sie **.Textfluß** auf 2 setzen, zeigt Word eine Meldung an und fragt, ob die Suche vom Anfang des Dokuments fortgesetzt werden soll. Sie müssen dann „Nein" wählen, um die Ausführung des Makros fortzusetzen.

Beispiele

Das folgende Beispiel sucht das nächste einfach unterstrichene Vorkommen von „Microsoft GmbH":

```
BearbeitenSuchenLöschenFormatierung  'Ggf. vorhandene Formate löschen
BearbeitenSuchenZeichen .Unterstrichen = 1
BearbeitenSuchen .Suchen = "Microsoft GmbH", .Richtung = 0, \
    .GanzesWort = 0, .GroßKleinschreibung = 0, .Format = 1, \
    .Textfluß = 1
```

Das folgende Beispiel fügt „Tip: " am Anfang aller Absätze ein, die als
„Überschrift 6" formatiert sind. Die Anweisungen `BeginnDokument` und `While
BearbeitenSuchenGefunden()` sind für alle Makros wichtig, die eine Reihe von
Handlungen immer dann wiederholen, wenn das angegebene Suchobjekt
gefunden wurde.

```
BeginnDokument
BearbeitenSuchenLöschenFormatierung
BearbeitenSuchenFV .Formatvorlage = "Überschrift 6"
BearbeitenSuchen .Suchen = "", .Richtung = 0, .Format = 1, .Textfluß = 0
While BearbeitenSuchenGefunden()
    BeginnZeile
    Einfügen "Tip: "
    BearbeitenSuchenFV .Formatvorlage = "Überschrift 6"
    BearbeitenSuchen .Suchen = "", .Richtung = 0, .Format = 1, \
        .Textfluß = 0
Wend
```

Siehe auch **BearbeitenErsetzen, BearbeitenSuchenAbsatz, BearbeitenSuchenFV, BearbeitenSuchenGefunden(), BearbeitenSuchenLöschenFormatierung, BearbeitenSuchenPositionsrahmen, BearbeitenSuchenRahmen, BearbeitenSuchenSprache, BearbeitenSuchenTabstops, BearbeitenSuchenZeichen**

BearbeitenSuchenAbsatz

Syntax **BearbeitenSuchenAbsatz** [**.EinzugLinks** = *Zahl oder Text*]
[, **.EinzugRechts** = *Zahl oder Text*] [, **.Vor** = *Zahl oder Text*] [, **.Nach** = *Zahl oder Text*] [, **.ZeilenabstandArt** = *Zahl*] [, **.Zeilenabstand** = *Zahl oder Text*]
[, **.Ausrichtung** = *Zahl*] [, **.AbsatzSteuerung** = *Zahl*]
[, **.MitNächstemAbsatz** = *Zahl*] [, **.ZeilenNichtTrennen** = Zahl]
[, **.Seitenwechsel** = *Zahl*] [, **.OhneZeilennumerierung** = *Zahl*]
[, **.NichtTrennen** = *Zahl*] [, **.Registerkarte** = *Zahl*] [, **.ErstzeilenEinzug** = *Zahl oder Text*]

Bemerkungen Gibt die Absatzformatierung des zu suchenden Textes an, wenn als nächste Anweisung **BearbeitenSuchen** oder **BearbeitenErsetzen** ausgeführt wird und in dieser Anweisung **.Format** = 1 gesetzt wurde. Sie können **.AbsatzSteuerung**, **.MitNächstemAbsatz**, **.ZeilenNichtTrennen**, **.Seitenwechsel**, **.OhneZeilennumerierung** und **.NichtTrennen** auf einen der drei folgenden Werte setzen:

Wert	Aktion
–1	Sucht Text unabhängig davon, ob ihm die Formatierung zugewiesen wurde.
0 (Null)	Sucht nur Text, dem die Formatierung nicht zugewiesen wurde.
1	Sucht nur Text, dem die Formatierung zugewiesen wurde.

Weitere Informationen über diese Argumente finden Sie unter **FormatAbsatz**. Ein Beispiel finden Sie unter **BearbeitenErsetzenAbsatz**.

Siehe auch BearbeitenErsetzen, BearbeitenErsetzenAbsatz, BearbeitenSuchen, BearbeitenSuchenFV, BearbeitenSuchenPositionsrahmen, BearbeitenSuchenRahmen, BearbeitenSuchenSprache, BearbeitenSuchenTabstops, BearbeitenSuchenZeichen, FormatAbsatz

BearbeitenSuchenFV

Syntax BearbeitenSuchenFV .Formatvorlage = *Text*

Bemerkungen Gibt die Formatvorlage des zu suchenden Textes an, wenn als nächste Anweisung **BearbeitenSuchen** oder **BearbeitenErsetzen** ausgeführt wird und in dieser Anweisung **.Format** = 1 gesetzt wurde. Wenn die angegebene Formatvorlage im aktiven Dokument nicht existiert oder die Groß-/Kleinschreibung nicht mit dem tatsächlichen Formatvorlagennamen übereinstimmt, tritt ein Fehler auf.

Argument	Erklärung
.Formatvorlage	Der Name der zu suchenden Formatvorlage. Um eine zuvor eingegebene Formatvorlage zu löschen, geben Sie eine leere Zeichenfolge (" ") ein.

Beispiele Dieses Beispiel sucht und markiert den nächsten Absatz, der mit der Formatvorlage „Überschrift 2" formatiert ist:

```
BearbeitenSuchenLöschenFormatierung
BearbeitenSuchenFV .Formatvorlage = "Überschrift 2"
BearbeitenSuchen .Suchen = "", .Format = 1
```

Das folgende Beispiel sucht das nächste Vorkommen des Wortes „Minze" in einem Absatz mit einer beliebigen Formatvorlage. Normalerweise verwenden Sie **BearbeitenSuchenLöschenFormatierung**, um Formatierungsangaben aus einer Suchoperation zu entfernen. Mit der Anweisung `BearbeitenSuchenFV .Formatvorlage = ""` können Sie die vorherige Angabe einer Formatvorlage entfernen und alle anderen angegebenen Suchformatierungen beibehalten.

```
                    BearbeitenSuchenFV .Formatvorlage = ""
                    BearbeitenSuchen .Suchen = "Minze", .Format = 1
```

Siehe auch BearbeitenErsetzen, BearbeitenErsetzenFV, BearbeitenSuchen,
BearbeitenSuchenAbsatz, BearbeitenSuchenPositionsrahmen,
BearbeitenSuchenRahmen, BearbeitenSuchenSprache,
BearbeitenSuchenTabstops, BearbeitenSuchenZeichen,
FormatFormatvorlage

BearbeitenSuchenGefunden()

Syntax BearbeitenSuchenGefunden()

Bemerkungen Liefert einen Wert, aus dem hervorgeht, ob die letzte **BearbeitenSuchen**-Operation erfolgreich war.

Wert	Erklärung
–1	Die Suchoperation war erfolgreich.
0 (Null)	Die Suchoperation war nicht erfolgreich.

Beispiel Dieser Makro zählt, wie oft das Wort „Rucksack" in einem Dokument vorkommt, und zeigt das Ergebnis in einem Meldungsfeld an.
BearbeitenSuchenGefunden() wird oft zusammen mit einer **While...Wend**-Schleife verwendet, um eine Reihe von Anweisungen so lange zu wiederholen, wie die angegebene Textstelle oder Formatierung gefunden wird.

```
Sub Main
Anzahl = 0
BeginnDokument
BearbeitenSuchen .Suchen = "Rucksack", .GanzesWort = 1, \
        .Format = 0, .Textfluß = 0
While BearbeitenSuchenGefunden()
    Anzahl = Anzahl + 1
    BearbeitenSuchen
Wend
MsgBox "Das Wort " + Chr$(34) + "Rucksack" + Chr$(34) + \
        " wurde" + Str$(Anzahl) + " Mal gefunden."
End Sub
```

Siehe auch BearbeitenErsetzen, BearbeitenSuchen, While...Wend

BearbeitenSuchenHervorgehoben

Syntax   BearbeitenSuchenHervorgehoben

Bemerkungen   Wenn in einer der Anweisungen **BearbeitenSuchen** oder **BearbeitenErsetzen**, die dem Befehl **BearbeitenSuchenHervorgehoben** folgt, das Argument **.Format** auf 1 gesetzt ist, legt **BearbeitenSuchenHervorgehoben** fest, daß die Suche sich nur auf hervorgehobene Textstellen bezieht. Word findet jeden hervorgehobenen Text, auch wenn in einem Dokument mehrere Farben zur Hervorhebung verwendet wurden. In Word, Version 6.0, ist **BearbeitenSuchenHervorgehoben** nicht verfügbar, und ein Fehler tritt auf.

Beispiel   Dieses Beispiel findet im Dokument alle Stellen mit hervorgehobenem Text, entfernt die Hervorhebung und formatiert diese Textstellen fett.

```
BearbeitenSuchenLöschenFormatierung
BearbeitenErsetzenLöschenFormatierung
BearbeitenSuchenHervorgehoben
BearbeitenErsetzenZeichen .Fett = 1
BearbeitenErsetzenNichtHervorgehoben
BearbeitenErsetzen .Suchen = "", \
    .Ersetzen = "", .Format = 1, .AllesErsetzen
```

Siehe auch   **BearbeitenErsetzenHervorgehoben, BearbeitenSuchen, ExtrasOptionenÜberarbeitung, Hervorheben, HervorhebungsFarbe**

BearbeitenSuchenLöschenFormatierung

Syntax   BearbeitenSuchenLöschenFormatierung

Bemerkungen   Löscht alle Formatierungsangaben, die für den zu suchenden Text eventuell vorhanden sind. Bevor Sie mit **BearbeitenSuchenZeichen**, **BearbeitenSuchenAbsatz** usw. eine Formatierung angeben, empfiehlt es sich, die Anweisung **BearbeitenSuchenLöschenFormatierung** zu verwenden. Auf diese Weise stellen Sie sicher, daß die Angabe keine unerwünschten Formatierungen enthält.

Beispiel   Die Anweisung **BearbeitenSuchenLöschenFormatierung** in diesem Beispiel gewährleistet, daß die einzigen angegebenen Formatierungen „Fett" und „Kursiv" sind:

```
BearbeitenSuchenLöschenFormatierung
BearbeitenSuchenZeichen .Fett = 1, .Kursiv = 1
BearbeitenSuchen .Suchen = "", .Format = 1
```

Siehe auch	BearbeitenErsetzen, BearbeitenErsetzenLöschenFormatierung, BearbeitenSuchen, BearbeitenSuchenAbsatz, BearbeitenSuchenFV, BearbeitenSuchenPositionsrahmen, BearbeitenSuchenRahmen, BearbeitenSuchenSprache, BearbeitenSuchenTabstops, BearbeitenSuchenZeichen

BearbeitenSuchenNichtHervorgehoben

Syntax	BearbeitenSuchenNichtHervorgehoben
Bemerkungen	Legt fest, daß nur in nicht hervorgehobenem Text gesucht wird, falls eine der Instruktionen **BearbeitenSuchen** oder **BearbeitenErsetzen** nachfolgt, in der .Format auf 1 gesetzt ist. In Word, Version 6.0, ist **BearbeitenSuchenNichtHervorgehoben** nicht verfügbar und erzeugt einen Fehler.
Siehe auch	BearbeitenSuchenHervorgehoben, ExtrasOptionenÜberarbeitung, Hervorhebung, HervorhebungsFarbe

BearbeitenSuchenPositionsrahmen

Syntax	BearbeitenSuchenPositionsrahmen [.**Textfluß** = *Zahl*] [, .**BreiteAuswahl** = *Zahl*] [, .**BreiteMaß** = *Zahl oder Text*] [, .**HöheAuswahl** = *Zahl*] [, .**HöheMaß** = *Zahl oder Text*] [, .**PositionHoriz** = *Zahl oder Text*] [, .**PositionHorizGemVon** = *Zahl*] [, .**AbstZumText** = *Zahl oder Text*] [, .**PositionVert** = *Zahl oder Text*] [, .**PositionVertGemVon** = *Zahl*] [, .**AbstVertZumText** = *Zahl oder Text*] [, .**MitTextVerschieben** = *Zahl*] [, .**VerankerungsPunktFixieren** = *Zahl*]
Bemerkungen	Legt auf dem Macintosh das Rahmenformat des zu findenden Texts fest, wenn als nächstes eine **BearbeitenSuchen**- oder **BearbeitenErsetzen**-Instruktion ausgeführt wird und in dieser .Format auf 1 gesetzt wurde. Informationen zu den Argumenten finden Sie unter **FormatPosRahmen**. Unter Windows ist **BearbeitenSuchenPositionsrahmen** nicht verfügbar und erzeugt einen Fehler.
Siehe auch	BearbeitenErsetzenPositionsrahmen, BearbeitenSuchen, BearbeitenSuchenAbsatz, BearbeitenSuchenFV, BearbeitenSuchenRahmen, BearbeitenSuchenSprache, BearbeitenSuchenTabstops, BearbeitenSuchenZeichen, FormatPosRahmen

BearbeitenSuchenRahmen

Syntax BearbeitenSuchenRahmen [.AnwendenAuf = *Zahl*] [, .Schattiert = *Zahl*]
[, .ObenRahmenlinie = *Zahl*] [, .LinksRahmenlinie = *Zahl*]
[, .UntenRahmenlinie = *Zahl*] [, .RechtsRahmenlinie = *Zahl*]
[, .HorizontalRahmenlinie = *Zahl*] [, .VertikalRahmenlinie = *Zahl*]
[, .FarbeOben = *Zahl*] [, .FarbeLinks = *Zahl*] [, .FarbeUnten = *Zahl*]
[, .FarbeRechts = *Zahl*] [, .FarbeHorizontal = *Zahl*] [, .FarbeVertikal = *Zahl*]
[, .FeineSchattierung = *Zahl*] [, .VomText = *Zahl oder Text*]
[, .Schattierung = *Zahl*] [, .Vordergrund = *Zahl*] [, .Hintergrund = *Zahl*]
[, .Registerkarte = *Zahl*]

Bemerkungen Legt auf dem Macintosh die Rahmenlinien oder die Schattierung des zu suchenden Textes fest, wenn als nächstes eine **BearbeitenSuchen**- oder **BearbeitenErsetzen**-Instruktion ausgeführt wird und in dieser **.Format** auf 1 gesetzt wurde. Eine Beschreibung der Argumente finden Sie unter **FormatRahmenSchattierung**. Unter Windows ist **BearbeitenSuchenRahmen** nicht verfügbar und führt zu einem Fehler.

Siehe auch **BearbeitenErsetzen, BearbeitenErsetzenRahmen, BearbeitenSuchen, BearbeitenSuchenAbsatz, BearbeitenSuchenFV, BearbeitenSuchenLöschenFormatierung, BearbeitenSuchenPositionsrahmen, BearbeitenSuchenSprache, BearbeitenSuchenTabstops, FormatRahmenSchattierung**

BearbeitenSuchenSprache

Syntax BearbeitenSuchenSprache .Sprache = *Text*

Bemerkungen Gibt die Sprachenformatierung des zu suchenden Textes an, wenn als nächste Anweisung **BearbeitenSuchen** oder **BearbeitenErsetzen** ausgeführt wird und in dieser Anweisung **.Format** auf 1 gesetzt wurde. Der Befehl **Sprache** (Menü **Extras**) listet die Sprachen zwar mit ihrem deutschen Namen auf, aber Sie müssen den Text für **.Sprache** in der entsprechenden Landessprache einschließlich der erforderlichen Akzentzeichen angeben (beispielsweise müssen Sie für Italienisch „Italiano" und für Französisch „Français" angeben). Eine Liste der gültigen Namen für Landessprachen finden Sie unter **ExtrasSprache**.

Beispiel Dieses Beispiel formatiert alle Vorkommen von italienischen Textstellen kursiv. Beachten Sie, daß die Anweisung `BearbeitenErsetzenSprache .Sprache = "Italiano"` erforderlich ist, um die Sprachenformatierung des gefundenen Textes beizubehalten.

```
BearbeitenSuchenLöschenFormatierung
BearbeitenErsetzenLöschenFormatierung
BearbeitenSuchenSprache .Sprache = "Italiano"
BearbeitenErsetzenSprache .Sprache = "Italiano"
BearbeitenErsetzenZeichen .Kursiv = 1
BearbeitenErsetzen .Suchen = "", .Ersetzen = "", .Format = 1, \
    .AllesErsetzen, .Textfluß = 1
```

Siehe auch   BearbeitenErsetzen, BearbeitenErsetzenSprache, BearbeitenSuchen, BearbeitenSuchenAbsatz, BearbeitenSuchenFV, BearbeitenSuchenPositionsrahmen, BearbeitenSuchenRahmen, BearbeitenSuchenTabstops, BearbeitenSuchenZeichen, ExtrasSprache, Sprache

BearbeitenSuchenTabstops

Syntax   BearbeitenSuchenTabstops [.Position = *Text*] [, .Ausrichten = *Zahl*] [, .Füllzeichen = *Zahl*]

Bemerkungen   Legt auf dem Macintosh die Tabstopeinstellung für den zu suchenden Text fest, wenn als nächstes eine **BearbeitenSuchen**- oder **BearbeitenErsetzen**-Instruktion ausgeführt wird und in dieser **.Format** auf 1 gesetzt wurde. Eine Beschreibung der Argumente finden Sie unter **FormatTabulator**. Unter Windows ist **BearbeitenSuchenTabstops** nicht verfügbar und führt zu einem Fehler.

Siehe auch   BearbeitenErsetzen, BearbeitenErsetzenTabstops, BearbeitenSuchen, BearbeitenSuchenAbsatz, BearbeitenSuchenFV, BearbeitenSuchenLöschenFormatierung, BearbeitenSuchenPositionsrahmen, BearbeitenSuchenRahmen, BearbeitenSuchenSprache, FormatTabulator

BearbeitenSuchenZeichen

Syntax   BearbeitenSuchenZeichen [.Punkt = *Zahl*] [, .Unterstrichen = *Zahl*] [, .Farbe = *Zahl*] [, .Durchstreichen = *Zahl*] [, .Hochgestellt = *Zahl*] [, .Tiefgestellt = *Zahl*] [, .Schattiert = *Zahl*] [, .Verborgen = *Zahl*] [, .Kapitälchen = *Zahl*] [, .Großbuchstaben = *Zahl*] [, .Konturschrift = *Zahl*] [, .Laufweite = *Zahl*] [, .Position = *Zahl oder Text*] [, .Unterschneidung = *Zahl*] [, .UnterschneidungMin = *Zahl oder Text*] [, .Standard] [, .Registerkarte = *Zahl*] [, .Schriftart = *Text*] [, .Fett = *Zahl*] [, .Kursiv = *Zahl*]

	BearbeitenSuchenZeichen 449
Bemerkungen	Gibt die Zeichenformatierung des zu suchenden Textes an, wenn als nächste Anweisung **BearbeitenSuchen** oder **BearbeitenErsetzen** ausgeführt wird und in dieser Anweisung **.Format** auf 1 gesetzt wurde. Sie können **.Durchstreichen**, **.Hochgestellt**, **.Tiefgestellt**, **.Schattiert**, **.Verborgen**, **.Kapitälchen**, **.Großbuchstaben**, **.Konturschrift**, **.Unterschneidung**, **.Fett** und **.Kursiv** auf einen der drei folgenden Werte setzen:

Wert	Aktion
–1	Sucht Text unabhängig davon, ob ihm die Formatierung zugewiesen wurde.
0 (Null)	Sucht nur Text, dem die Formatierung nicht zugewiesen wurde.
1	Sucht nur Text, dem die Formatierung zugewiesen wurde.

Beachten Sie, daß **.Schattiert** und **.Konturschrift** nur auf dem Macintosh zur Verfügung stehen. Weitere Informationen über diese Argumente finden Sie unter **FormatZeichen**.

Beispiele

Dieses Beispiel sucht das nächste Vorkommen einer fett formatierten Textstelle:

```
BearbeitenSuchenLöschenFormatierung
BearbeitenSuchenZeichen .Fett = 1
BearbeitenSuchen .Suchen = "", .Format = 1
```

Das folgende Beispiel sucht das nächste Vorkommen des Wortes „Anmerkung", das nicht fett formatiert ist:

```
BearbeitenSuchenLöschenFormatierung
BearbeitenSuchenZeichen .Fett = 0
BearbeitenSuchen .Suchen = "Anmerkung", .Format = 1
```

Das nächste Beispiel sucht das nächste Vorkommen von „Anmerkung", unabhängig davon, ob das Wort fett formatiert ist oder nicht. Normalerweise verwenden Sie **BearbeitenSuchenLöschenFormatierung**, um Formatierungsangaben vor einem Suchlauf zu entfernen. Mit der Anweisung `BearbeitenSuchenZeichen .Fett = -1` können Sie die Spezifikation für das Format „Fett" entfernen und alle anderen Suchformate beibehalten.

```
BearbeitenSuchenZeichen .Fett = -1
BearbeitenSuchen .Suchen = "Anmerkung", .Format = 1
```

Siehe auch

BearbeitenErsetzen, BearbeitenErsetzenZeichen, BearbeitenSuchen, BearbeitenSuchenAbsatz, BearbeitenSuchenFV, BearbeitenSuchenLöschenFormatierung, BearbeitenSuchenPositionsrahmen, BearbeitenSuchenRahmen, BearbeitenSuchenSprache, BearbeitenSuchenTabstops, FormatZeichen

BearbeitenTextmarke

Syntax **BearbeitenTextmarke** .Name = *Text* [, .SortNach = *Nummer*] [, .Hinzufügen] [, .Löschen] [, .GeheZu]

Bemerkungen Fügt die angegebene Textmarke hinzu, löscht oder markiert sie. Die Argumente für die Anweisung **BearbeitenTextmarke** entsprechen den Optionen im Dialogfeld **Textmarke** (Menü **Bearbeiten**).

Argument	Erklärung
.Name	Der Name der Textmarke.
.SortNach	Kontrolliert, wie die Liste für Textmarken sortiert ist, wenn Sie das Dialogfeld **Textmarke** mit der Anweisung **Dialog** oder **Dialog** () anzeigen. 0 (Null) Nach Namen 1 Nach Position

Sie können nur eines der folgenden Argumente angeben:

Argument	Erklärung
.Hinzufügen	Fügt eine Textmarke an der Einfügemarke oder Markierung hinzu.
.Löschen	Löscht die Textmarke.
.GeheZu	Verschiebt die Einfügemarke oder Markierung zu der angegebenen Textmarke.

Wenn Sie **.Hinzufügen**, **.Entfernen** oder **.GeheZu** nicht angeben, fügt Word die Textmarke hinzu.

Beispiel Dieses Beispiel sucht nach einem Absatz, der nur aus dem Wort „Index" besteht (also nach der Überschrift des Index) und fügt, falls diese Überschrift gefunden wird, vor ihr eine Textmarke ein. Diese Textmarke können Sie in einer weiteren **BearbeitenTextmarke**-Anweisung oder mit **BearbeitenGeheZu** verwenden, um die Einfügemarke zum Anfang des Index zu verschieben.

```
BeginnDokument
BearbeitenSuchen .Suche = "^pIndex^p", .GroßKleinSchreibung = 1, \
    .Richtung = 0, .Format = 0

If BearbeitenSuchenGefunden() Then
ZeichenLinks : ZeichenRechts
BearbeitenTextmarke .Name = "Index", .Hinzufügen
End If
```

Siehe auch **AbrufenTextmarke$()**, **BearbeitenGeheZu**, **BeginnTextmarkeBestimmen**, **EndeTextmarkeBestimmen**, **LeereTextmarke()**, **TextmarkeKopieren**, **TextmarkeName$()**, **TextmarkenVergleichen()**, **TextmarkeVorhanden()**, **ZählenTextmarken()**

BearbeitenVerknüpfungen

Syntax   BearbeitenVerknüpfungen [.ModusAktualisieren = *Zahl*] [, .Geschützt = *Zahl*] [, .GrafikSpeichernInDok = *Zahl*] [, .JetztAktualisieren] [, .QuelldateiÖffnen] [, .VerknüpfungAufheben] , .Verknüpfung = *Text*, .Anwendung = *Text*, .Element = *Text*, .Dateiname = *Text*

Bemerkungen   Legt Optionen für die angegebene Verknüpfung fest. Die Argumente für die Anweisung **BearbeitenVerknüpfungen** entsprechen den Optionen im Dialogfeld **Verknüpfungen** (Menü **Bearbeiten**).

Argument	Erklärung
.Modus Aktualisieren	Gibt an, wie die Verknüpfung aktualisiert wird: 0 (Null) Automatisch 1 Manuell
.Geschützt	Gibt an, ob die Verknüpfung gesperrt oder nicht gesperrt sein soll: 0 (Null) Hebt die Sperrung der Verknüpfung auf. 1 Sperrt die Verknüpfung.
.GrafikSpeichern InDok	Wenn 1, wird eine Kopie des verknüpften Objekts im Word-Dokument gespeichert.
.JetztAktualisieren	Aktualisiert die angegebene Verknüpfung.
.QuelldateiÖffnen	Öffnet die Quelle der angegebenen Verknüpfung (beispielsweise ein Microsoft Excel-Tabellenblatt).
.Verknüpfung Aufheben	Ersetzt die angegebene Verknüpfung durch ihr aktuellstes Ergebnis.
.Verknüpfung	Gibt die Verknüpfung an, die im Dialogfeld **Verknüpfungen** aufgeführt ist und deren Einstellungen festgelegt werden sollen. „1" entspricht der ersten Verknüpfung in der Liste, „2" der zweiten usw. Die Zahl muß in Anführungszeichen eingeschlossen sein. Sie können auch die vordefinierte Textmarke „\Sel" verwenden, um die momentan markierte Verknüpfung anzugeben.
.Anwendung	Die Art des Dokuments, das die Verknüpfung bereitstellt. Die Dokumentart muß genauso eingegeben werden, wie sie im Feld VERKNÜPFUNG erscheint. Für ein Word-Dokument z.B. „Word.Document.6", für ein Microsoft Excel-Tabellenblatt (Version 5.0) z.B. „Excel.Sheet.5".
.Element	Ein Text, der die verknüpften Informationen kennzeichnet (beispielsweise ein Textmarkenname wie „DDE_LINK2" in einem Word-Dokument oder ein Zellbereich wie Z1S1:Z5S3 in einem Microsoft Excel-Tabellenblatt).
.Dateiname	Der Pfad- und Dateiname des Quelldokuments, das das verknüpfte Element enthält.

Beispiele	Die drei letzten Argumente entsprechen den Optionen im Dialogfeld **Quelle ändern**, das durch Wählen der Schaltfläche „Quelle ändern" angezeigt wird.

Dieses Beispiel (Windows) hebt die Sperrung einer vorhandenen (markierten) Verknüpfung mit einem Microsoft Excel-Tabellenblatt (Version 5.0) auf und setzt die Aktualisierung auf automatisch. Ersetzen Sie auf dem Macintosh Verzeichnis- und Dateiname durch Ordner- und Dateiname, z.B. HD:EXCEL:BEISPIELE:UMSATZ. |

```
BearbeitenVerknüpfungen .ModusAktualisieren = 0, .Geschützt = 0, \
    .Verknüpfung = "\Sel", .Anwendung = "Excel.Sheet.5", \
    .Element = "Umsatzbericht!Z1S1:Z8S4", \
    .Dateiname = "C:\EXCEL\BEISPIEL\UMSATZ.XLS"
```

Das folgende Beispiel wählt alle Verknüpfungen zwischen dem aktiven Dokument und einem Microsoft Excel-Tabellenblatt aus und legt manuelle Aktualisierungen fest:

```
BeginnDokument
AnsichtFeldfunktionen 1
BearbeitenSuchen "^d VERKNÜPFUNG Excel.Sheet.5", \
    .Format = 0, .Textfluß = 0
While BearbeitenSuchenGefunden()
    Dim Dlg As BearbeitenVerknüpfungen
    GetCurValues Dlg
    Dlg.ModusAktualisieren = 1
    BearbeitenVerknüpfungen Dlg
    ZeichenRechts
    SuchenWiederholen
Wend
```

Siehe auch	**BearbeitenAbonnierenOptionen, BearbeitenHerausgebenOptionen, BearbeitenInhalteEinfügen, EinfügenFeld, FeldFreigabe, FeldSperren, VerknüpfungLösenFelder**

BearbeitenWiederherstellen

Syntax	**BearbeitenWiederherstellen**
Bemerkungen	Führt die zuletzt rückgängig gemachte Handlung erneut aus (kehrt **BearbeitenRückgängig** um).
Siehe auch	**BearbeitenRückgängig, BearbeitenWiederholen**

BearbeitenWiederholen

Syntax	**BearbeitenWiederholen**
Bemerkungen	Wiederholt die letzte Bearbeitung, sofern dies möglich ist.
Siehe auch	**BearbeitenRückgängig, BearbeitenWiederherstellen**

Beep

Syntax	**Beep** [*Fehlertyp*]
Bemerkungen	Erzeugt einen Signalton über den Lautsprecher des Computers. **Beep** wird häufig angewendet, um das Ende eines langen Prozesses oder das Auftreten eines Fehlers zu signalisieren.

Unter Windows erzeugt **Beep** einen mit dem angegebenen Fehlertyp verbundenen Ton. Die Verbindung zwischen Fehlertypen und Tonelementen wird in der Systemsteuerung mit der Option für akustische Signale hergestellt. Falls Ihr Computer nicht über Multimedia-Fähigkeiten verfügt, erzeugt **Beep** das Standardsignal durch den Lautsprecher des Computers, ungeachtet des mit *Fehlertyp* festgelegten Wertes. Auf dem Macintosh erzeugt **Beep** immer das im Kontrollfeld **Ton** gewählte Element, ungeachtet des mit *Fehlertyp* festgelegten Wertes.

Argument	Erklärung
Fehlertyp	Unter Windows der Typ des Signals, wie es in der Systemsteuerung festgelegt wurde.
	-1 liefert ein Standardsignal aus dem Lautsprecher Ihres Computers
	0 (Null) oder fehlt Standardsignal des Betriebssystems
	16 Kritischer Abbruch
	32 Frage-Signal
	48 Hinweis-Signal
	64 Stern-Signal
	Ist mit dem angegebenen Fehlertyp kein Tonelement verbunden, erzeugt Word das Standardsignal.

Anmerkung   Unter Windows 3.*x* wird kein Signalton erzeugt, wenn im Abschnitt [Windows] der Datei WIN.INI die Zeile `Beep = No` eingetragen ist. Unter Windows NT wird kein Signalton erzeugt, wenn die Einstellung für **Beep** in der Registrierung im Schlüssel HKEY_CURRENT_USER\Control Panel\Sounds den Wert „(Wert nicht gesetzt) 0" hat.

Beispiele

Das folgende Beispiel erzeugt einen Signalton unmittelbar bevor ein Feld für eine Benutzereingabe angezeigt wird:

```
Beep
Name$ = InputBox$("Die Ausführung des Makros ist beendet. " + \
                  "Dokument speichern unter:")
```

Das nächste Beispiel erzeugt drei aufeinanderfolgende Signaltöne. Die zweite **For**...**Next**-Schleife innerhalb der ersten Schleife sorgt für eine Verzögerung zwischen den einzelnen Signaltönen. Word zählt gewissermaßen von 1 bis 1000, bevor es den nächsten Ton erzeugt. Ohne diese Verzögerung ertönen die Signale so schnell hintereinander, daß sie sich wie ein einziger langer Signalton anhören. Sie können die Verzögerung zwischen den einzelnen Signaltönen variieren, indem Sie den Endwert der zweiten **For**...**Next**-Schleife vergrößern oder verkleinern. Wenn Sie den Endwert beispielsweise auf 5000 vergrößern, wird der Zeitraum zwischen den Signaltönen länger. Wenn Sie ihn auf 100 setzen, wird die Verzögerung kürzer.

```
Sub DreiSignaltöne
    For x = 1 to 3
        Beep
        For Warten = 1 To 1000    'Verzögerungsschleife
                                  'zwischen den Tönen.
        Next Warten
    Next x
End Sub
```

BefehleAuflisten

Syntax   **BefehleAuflisten**

Bemerkungen Erstellt ein neues Dokument und fügt dort eine Tabelle der eingebauten Word-Befehle ein, wobei auch die zugehörigen Shortcuts und die Menüzuordnungen angegeben werden. In Word, Version 6.0c, für Windows ist **BefehleAuflisten** nicht verfügbar und führt zu einem Fehler.

Siehe auch   **MakroName$()**, **ZählenMakros()**

BefehlGültig()

Syntax BefehlGültig(*Befehlsname$*)

Bemerkungen Zeigt an, ob *Befehlsname$* eine gültige WordBasic-Anweisung ist und ob es in diesem Fall im aktuellen Kontext verfügbar ist.

Die Funktion **BefehlGültig()** liefert die folgenden Werte:

Wert	Erklärung
-1	*Befehlsname$* ist gültig und im aktuellen Kontext verfügbar.
0 (Null)	*Befehlsname$* ist gültig, aber im aktuellen Kontext nicht verfügbar.
1	*Befehlsname$* ist nicht gültig.

Beispiel Dieses Beispiel prüft, ob der Befehl **Rückgängig** (Menü **Bearbeiten**) im aktuellen Kontext verfügbar ist. Wenn dies der Fall ist, wird der zuletzt ausgeführte Bearbeitungs- oder Formatierungsbefehl rückgängig gemacht.

```
If BefehlGültig("BearbeitenRückgängig") = -1 Then
    BearbeitenRückgängig
End If
```

Siehe auch IstMakro()

Begin Dialog...End Dialog

Syntax **Begin Dialog BenutzerDialog** [*HorizPos*, *VertPos*,] *Breite*, *Höhe*, *Titel$*
[, .*Dialogfunktion*]
    Anweisungen zur Dialogfelddefinition

End Dialog

Bemerkungen Schließt die Anweisungen ein, durch die Sie ein Dialogfeld in einem Makro definieren. Eine Dialogfelddefinition besteht aus einer Reihe von Anweisungen, die jeweils einzelne Elemente des Dialogfelds definieren, zum Beispiel die Schaltfläche „OK", die Schaltfläche „Abbrechen "usw. Die Bestandteile von Dialogfeldern werden auch *Dialogfeld-Steuerelemente* genannt.

Dialogfelder können am einfachsten mit dem Dialog-Editor erstellt werden. Im Dialog-Editor können Sie das Dialogfeld mit der Maus entwerfen. Der Dialog-Editor erstellt dann den WordBasic-Code, der zum Definieren des Dialogfelds erforderlich ist. Weitere Informationen über Dialogfunktionen finden Sie in Kapitel 5, „Arbeiten mit benutzerdefinierten Dialogfeldern", in Teil 1, „Einstieg in WordBasic".

Anmerkung Jedes benutzerdefinierte Dialogfeld muß mindestens eine Befehlsschaltfläche enthalten, mit der der Benutzer das Dialogfeld schließen kann. Aus diesem Grund muß eine Dialogfelddefinition entweder eine **OKButton**-, **CancelButton**- oder **PushButton**-Anweisung enthalten. Ist dies nicht der Fall, so tritt beim Ausführen des Makros ein WordBasic-Fehler auf.

Argument	Erklärung
HorizPos, *VertPos*	Die horizontale und vertikale Entfernung der linken oberen Dialogfeldecke von der linken oberen Ecke des Word-Fensters, ausgedrückt in Einheiten von 1/8 bzw. 1/12 der Systemschriftart (Windows) bzw. der Diaglogfeldschriftart (Macintosh). Werden *HorizPos* und *VertPos* nicht angegeben, erscheint das Dialogfeld im Word-Fenster zentriert.
Breite, *Höhe*	Die Breite und Höhe des Dialogfelds, ausgedrückt in Einheiten von 1/8 bzw. 1/12 der Systemschriftart (Windows) bzw. der Diaglogfeldschriftart (Macintosh).
Titel$	Der in der Titelleiste des Dialogfelds angezeigte Text. Werden *HorizPos* und *VertPos* nicht angegeben, oder wird *.Dialogfunktion* definiert, kann *Titel$* entfallen. Wird *Titel$* nicht angegeben, wird der Name der Anwendung verwendet.
.Dialogfunktion	Der Name einer mit dem Dialogfeld verbundenen Dialogfunktion. Sie wird für Dialogfelder verwendet, die dynamisch aktualisiert werden und dabei angezeigt bleiben.

Zwischen den Steuerelementen eines Dialogfelds können Sie sich mit der TAB-TASTE umherbewegen. Die Reihenfolge der Anweisungen in einer Dialogfelddefinition bestimmt die Tabulatorfolge im Dialogfeld. Standardmäßig ist das Dialogfeld-Steuerelement, das der ersten Anweisung in der Dialogfelddefinition entspricht, beim Anzeigen des Dialogfelds ausgewählt. Sie können diese Standardeinstellung jedoch außer Kraft setzen, indem Sie in einer Dialogfunktion die Anweisung **DlgFokus** verwenden. Außerdem können Sie mit der **Dialog**-Anweisung die Standardschaltfläche eines Dialogfelds festlegen.

Beispiel

Dieses Beispiel definiert ein Dialogfeld und zeigt dieses an (siehe Abbildung im Anschluß an die Anweisungen). Das Dialogfeld enthält alle verfügbaren Steuerelemente. Beachten Sie, daß sich die Anweisung **Picture** auf eine Grafikdatei im Windows Metafile-Format bezieht, die sich im Ordner „CLIPART" (Windows) befindet. Ersetzen Sie auf dem Macintosh den Pfad- und Dateinamen durch FP:WORD6:CLIPART:VOGEL. Nachdem Sie mit **Begin Dialog...End Dialog** ein Dialogfeld definiert haben, benötigen Sie zwei weitere Anweisungen, um es anzuzeigen: eine **Dim**-Anweisung, mit der Sie einen Dialogdatensatz definieren, in dem die Werte des Dialogfelds gespeichert werden, und eine **Dialog**-Anweisung, die das Dialogfeld anzeigt. Sie benötigen eine Dialogfunktion, um ein Dokument im Steuerelement **FilePreview** anzuzeigen. Weitere Informationen über Dialogfunktionen finden Sie in Kapitel 5, „Arbeiten mit benutzerdefinierten Dialogfeldern", in Teil 1, „Einstieg in WordBasic".

```
Sub MAIN
Dim TestListe$(2)
TestListe$(0) = "Blau"
TestListe$(1) = "Grün"
TestListe$(2) = "Rot"
Begin Dialog BenutzerDialog 612, 226, "Alle Steuerelemente", \
    .DlgFunktion
    ComboBox 8, 76, 176, 111, TestListe$(), .ComboBox1
    CheckBox 198, 79, 180, 16, "&Kontrollkästchen", .CheckBox1
    ListBox 195, 102, 189, 83, TestListe$(), .ListBox1
    DropListBox 417, 5, 179, 108, TestListe$(), .DropListBox1
    Text 417, 186, 35, 13, "&Text"
    TextBox 417, 199, 179, 18, .TextBox1$
    GroupBox 7, 4, 177, 65, "&Gruppenfeld"
    OptionGroup .OptionGroup1
        OptionButton 17, 16, 148, 16, "Optionsfeld &1"
        OptionButton 17, 33, 148, 16, "Optionsfeld &2"
        OptionButton 17, 50, 148, 16, "Optionsfeld &3"
    Picture 199, 7, 181, 62, "C:\WINWORD\CLIPART\VOGEL.WMF", 0, \
        .Picture1
    FilePreview 417, 31, 179, 148, .fileprev
    PushButton 10, 199, 108, 21, "&Schaltfläche"
    CancelButton 131, 199, 108, 21
    OKButton 253, 199, 108, 21
End Dialog
Dim BeispielDlg As BenutzerDialog
EingabeUnterdrücken 1
Schaltfläche = Dialog(BeispielDlg)
EingabeUnterdrücken 0
End Sub
```

```
Function DlgFunktion(Bezeichner$, Aktion, Zusatzwert)
    'Eine Dialogfunktion ist erforderlich, um ein Dokument
    'im Steuerelement FilePreview anzuzeigen.
End Function
```

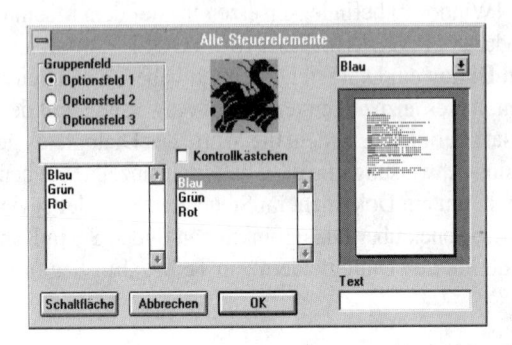

Siehe auch CancelButton, CheckBox, ComboBox, Dialog, Dim, DropListBox, FilePreview, GroupBox, ListBox, OKButton, OptionButton, OptionGroup, Picture, PushButton, Text, TextBox

BeginnDokument, BeginnDokument()

Syntax **BeginnDokument** [*Markierung*]

BeginnDokument([*Markierung*])

Bemerkungen Die Anweisung **BeginnDokument** verschiebt die Einfügemarke oder, wenn *Markierung* ungleich Null ist, das aktive Ende der Markierung (das sich beim Drücken von STRG+UMSCHALT+POS1 (Windows) bzw. BEFEHLSTASTE+UMSCHALT+POS1 (Macintosh) bewegt) an den Anfang des aktiven Fensters.

Die Funktion **BeginnDokument**() verhält sich genau wie die Anweisung **BeginnDokument** und liefert zusätzlich einen der folgenden Werte:

Wert	Erklärung
0 (Null)	Die Einfügemarke oder das aktive Ende der Markierung wurde nicht verschoben (befand sich also bereits am Anfang des aktiven Fensters).
–1	Die Einfügemarke oder das aktive Ende der Markierung wurde verschoben.

Beispiel	Dieses Beispiel verschiebt die Einfügemarke an den Anfang des aktiven Fensters und bereitet Word dann auf die Durchführung einer Ersetzungsoperation vor.

```
BeginnDokument
BearbeitenSuchenLöschenFormatierung
BearbeitenErsetzenLöschenFormatierung
'Hier folgen Anweisungen für eine Ersetzungsoperation
```

Siehe auch	**AmAnfangDesDokuments()**, **EndeDokument**

BeginnFenster, BeginnFenster()

Syntax	**BeginnFenster** [*Markierung*]
	BeginnFenster([*Markierung*])
Bemerkungen	Die Anweisung **BeginnFenster** verschiebt die Einfügemarke oder, wenn *Markierung* ungleich Null ist, das aktive Ende der Markierung (das sich beim Drücken von STRG+UMSCHALT+BILD-AUF (Windows) bzw. BEFEHLSTASTE+UMSCHALT+BILD-AUF (Macintosh) bewegt) zur oberen linken Ecke des momentan im Dokumentfenster sichtbaren Inhalts.
	Die Funktion **BeginnFenster()** verhält sich genau wie die Anweisung **BeginnFenster** und liefert zusätzlich einen der folgenden Werte:

Wert	Erklärung
0 (Null)	Die Einfügemarke oder das aktive Ende der Markierung wurde nicht verschoben (befand sich also bereits in der oberen linken Ecke des Fensters).
–1	Die Einfügemarke oder das aktive Ende der Markierung wurde verschoben.

Beispiel	Dieses Beispiel markiert den sichtbaren Inhalt des aktiven Dokumentfensters:

```
BeginnFenster
EndeFenster 1
```

Siehe auch	**BeginnDokument**, **EndeFenster**

BeginnSpalte, BeginnSpalte()

Syntax BeginnSpalte [*Markierung*]

BeginnSpalte([*Markierung*])

Bemerkungen Die Anweisung **BeginnSpalte** verschiebt die Einfügemarke oder erweitert die Markierung (wenn *Markierung* ungleich Null ist) bis an das obere Ende der Tabellenspalte, in der sich die Einfügemarke oder Markierung befindet. Wenn sich die Markierung über mehrere Spalten erstreckt, wird die Einfügemarke an das obere Ende der Spalte verschoben, die das Ende der Markierung enthält. Beachten Sie bei diesem Befehl die Richtung, in der Sie markiert haben.

Anmerkung Wenn die erste Zeile in der Tabelle keine Zelle in der Spalte mit der aktuellen Markierung enthält, weil Sie beispielsweise Zellen in der ersten Zeile gelöscht oder verbunden haben, verschiebt **BeginnSpalte** die Einfügemarke an das Ende der ersten Zeile in der Tabelle.

Die Funktion **BeginnSpalte()** verhält sich genau wie die Anweisung **BeginnSpalte** und liefert zusätzlich einen der folgenden Werte:

Wert	Erklärung
0 (Null)	Die Einfügemarke wurde nicht verschoben bzw. die Markierung nicht erweitert (d.h. sie befindet sich bereits am oberen Ende der Spalte).
–1	Die Einfügemarke wurde verschoben bzw. die Markierung wurde erweitert.

Wenn sich die Einfügemarke nicht in einer Tabelle befindet, führen **BeginnSpalte** und **BeginnSpalte()** zu einem Fehler.

Beispiel Dieses Beispiel verschiebt die Einfügemarke von einer beliebigen Stelle innerhalb der Tabelle zum Ende der ersten Zeile:

```
TabelleZeileMarkieren
BeginnSpalte
```

Siehe auch **BeginnTabellenzeile**, **EndeSpalte**

BeginnTabellenzeile, BeginnTabellenzeile()

Syntax BeginnTabellenzeile [*Markierung*]

BeginnTabellenzeile([*Markierung*])

Bemerkungen Die Anweisung **BeginnTabellenzeile** verschiebt die Einfügemarke oder erweitert die Markierung (wenn *Markierung* ungleich Null ist) zum Anfang der ersten Zelle der Tabellenzeile, in der sich die Einfügemarke befindet. Wenn sich die Markierung über mehrere Zeilen erstreckt, wird die Einfügemarke zur ersten Zelle der ersten Zeile in der Markierung verschoben bzw. die Markierung bis zu dieser Stelle erweitert. Wenn sich die Einfügemarke oder Markierung nicht in einer Tabelle befindet, tritt ein Fehler auf.

Die Funktion **BeginnTabellenzeile()** verhält sich genau wie die Anweisung **BeginnTabellenzeile** und liefert zusätzlich die folgenden Werte:

Wert	Erklärung
0 (Null)	Die Einfügemarke wurde nicht verschoben bzw. die Markierung nicht erweitert (sie befand sich also bereits am Anfang der Zeile).
–1	Die Einfügemarke wurde verschoben oder die Markierung erweitert.

Beispiel Dieses Beispiel verschiebt die Einfügemarke von einem beliebigen Punkt in der Tabelle an den Anfang der ersten Zeile:

```
BeginnTabellenzeile
BeginnSpalte
```

Siehe auch **BeginnSpalte**, **BeginnZeile**, **EndeTabellenzeile**

BeginnTextmarkeBestimmen

Syntax **BeginnTextmarkeBestimmen** *Textmarke1$* [, *Textmarke2$*]

Bemerkungen Setzt *Textmarke2$* an den Anfangspunkt von *Textmarke1$*. Wenn *Textmarke2$* fehlt, wird *Textmarke1$* auf ihren eigenen Anfangspunkt gesetzt.

Beispiel	Dieses Beispiel markiert Anfang und Ende des aktuellen Absatzes mit Textmarken:

```
BeginnTextmarkeBestimmen "\Para", "AbsatzAnfang"
EndeTextmarkeBestimmen "\Para", "AbsatzEnde"
```

Die Textmarke „\Para" ist eine von mehreren vordefinierten Textmarken, die Word automatisch definiert und aktualisiert. Weitere Informationen finden Sie unter „Operatoren und vordefinierte Textmarken".

Siehe auch   **BearbeitenTextmarke, EndeTextmarkeBestimmen, TextmarkeKopieren**

BeginnZeile, BeginnZeile()

Syntax   **BeginnZeile** [*Markierung*]

BeginnZeile ([*Markierung*])

Bemerkungen   Die Anweisung **BeginnZeile** verschiebt die Einfügemarke oder, wenn *Markierung* ungleich Null ist, das aktive Ende der Markierung (das sich beim Drücken von STRG+UMSCHALT+POS1 bewegt) an den Anfang der aktuellen Zeile oder der Zeile mit dem aktiven Ende der Markierung. Wenn sich die Einfügemarke in einer Tabellenzelle befindet, bezieht sich dieser Befehl auf die aktuelle Tabellenzelle.

Die Funktion **BeginnZeile()** verhält sich genau wie die Anweisung **BeginnZeile** und liefert zusätzlich einen der folgenden Werte:

Wert	Erklärung
0 (Null)	Die Einfügemarke oder das aktive Ende der Markierung wurde nicht verschoben (befand sich also bereits am Anfang der Zeile).
–1	Die Einfügemarke oder das aktive Ende der Markierung wurde verschoben.

	Geben Sie **BeginnZeile** nur in Kombination mit einer anderen Anweisung an, um die Einfügemarke an den Anfang eines Absatzes zu setzen, es sei denn, der Absatz besteht nur aus einer einzigen Zeile (beispielsweise einem Wort in einer Wörterliste).
Beispiel	Dieses Beispiel verschiebt die Einfügemarke an den Anfang des aktuellen Absatzes unabhängig von der Absatzlänge oder der Position der Einfügemarke innerhalb des Absatzes. Die erste Anweisung markiert den gesamten Absatz.

```
BearbeitenGeheZu "\Para"
BeginnZeile
```

Die Textmarke „\Para" ist eine von mehreren vordefinierten Textmarken, die Word automatisch definiert und aktualisiert. Weitere Informationen zu vordefinierten Textmarken finden Sie unter „Operatoren und vordefinierte Textmarken" weiter unten in diesem Abschnitt.

Siehe auch **AbsatzOben, BeginnTabellenzeile, EndeZeile**

BestimmenDateiErstelltVonUndTyp

Syntax **BestimmenDateiErstelltVonUndTyp** *Datei$***,** *Creator$* [**,** *Typ$*]

Bemerkungen Legt auf dem Macintosh den Creator (Signatur der Anwendung) und den Dateityp der angegebenen Datei fest.

Argument	Erklärung
Datei$	Der Pfad- und Dateiname der Datei, deren Creator und Typ Sie festlegen möchten.
Creator$	Eine vier Zeichen lange Signatur einer Anwendung (z.B. MSWD für Word) oder eine von der Funktion **MacID$()** gelieferte Zeichenfolge.
Typ$	Eine vier Zeichen lange Zeichenfolge für den Dateityp (z.B. W6BN für ein Word-Dokument) oder eine von der Funktion **MacID$()** gelieferte Zeichenfolge.

Unter Windows ist **BestimmenDateiErstelltVonUndTyp** nicht verfügbar und führt zu einem Fehler.

Siehe auch **DateiErstelltVon$()**, **DateiTyp$()**, **MacID$()**

BestimmenDokumentEigenschaft

Syntax **BestimmenDokumentEigenschaft** *Name$, Typ, Wert[$], BenutzerdefiniertOderStandard*

Bemerkungen Definiert eine Dokumenteigenschaft für das aktive Dokument. Ein Fehler tritt auf, wenn *Name$* eine benutzerdefinierte Eigenschaft bezeichnet, die nicht zum in *Typ* festgelegten Typ paßt, oder es sich um eine schreibgeschützte Eigenschaft handelt. Mit der Funktion **DokumentEigenschaftVorhanden**() können Sie feststellen, ob die Eigenschaft *Name$* bereits existiert.

Hinweis Wenn Sie Namen für benutzerdefinierte Eigenschaften festlegen, beachten Sie bitte, daß Sie eine benutzerdefinierte Eigenschaft mit dem gleichen Namen wie eine Standard-Eigenschaft nicht wieder löschen können.

Eine Liste der in Word verfügbaren Standard-Eigenschaften finden Sie unter **DokumentEigenschaftName$()**. In Word, Version 6.0, ist **BestimmenDokumentEigenschaft** nicht verfügbar, und ein Fehler tritt auf.

Argument	Erklärung
Name$	Der Name der Eigenschaft. *Name$* bezeichnet eine benutzerdefinierte oder eine Standard-Eigenschaft.
Typ	Der Typ der zu definierenden Eigenschaft:
	0 (null) Zeichenfolge
	1 Zahl
	2 Datum
	3 Ja oder Nein
	Ein Fehler tritt auf, wenn *Name$* eine benutzerdefinierte Eigenschaft bezeichnet, die nicht zum in *Typ* festgelegten Typ paßt.

Argument	Erklärung
Wert[$]	Der Wert der Eigenschaft. *Wert[$]* muß zu dem in *Typ* festgelegten Typ passen.
	Ein Fehler tritt auf, wenn *Wert[$]* nicht zu dem in *Typ* festgelegten Typ paßt.
Benutzerdefiniert OderStandard	Legt fest, ob *Name$* eine benutzerdefinierte oder eine Standard-Eigenschaft ist:
	0 (Null) oder fehlt *Name$* ist eine benutzerdefinierte Eigenschaft, sofern sich *Name$* nicht in der Liste der Standard-Eigenschaften befindet. Ist *Name$* eine Standard-Eigenschaft, so aktualisiert **BestimmenDokumentEigenschaft** deren Wert.
	1 *Name$* ist eine Standard-Eigenschaft. Ist *Name$* keine der Standard-Eigenschaften, so tritt ein Fehler auf.
	2 *Name$* ist eine benutzerdefinierte Eigenschaft, unabhängig davon, ob eine Standard-Eigenschaft gleichen Namens bereits existiert.

Beispiel

Dieses Beispiel fordert den Benutzer dazu auf, den Namen eines Kunden einzugeben, und weist diesen Namen dann der Variablen KundenName$ zu. Die Anweisung **BestimmenDokumentEigenschaft** legt die benutzerdefinierte Eigenschaft „Kunde" mit dem Wert von KundenName$ an. Beachten Sie, daß dies nur durchgeführt wird, falls die benutzerdefinierte Eigenschaft „Kunde" noch nicht existiert.

```
KundenName$ = InputBox$("Geben Sie bitte den Namen des Kunden ein", \
    "Kundenname")
If DokumentEigenschaftVorhanden("Kunde") = 0 Then
    BestimmenDokumentEigenschaft("Kunde", 0, \
        KundenName$, 2)
End If
```

Siehe auch	AbrufenDokumentEigenschaft(), BestimmenDokumentEigenschaftVerknüpfung, DokumentEigenschaftVorhanden(), IstDokumentEigenschaftBenutzerdefiniert(), IstDokumentEigenschaftSchreibgeschützt()

BestimmenDokumentEigenschaftVerknüpfung

Syntax	**BestimmenDokumentEigenschaftVerknüpfung** *Name$*, *Textmarke$*
Bemerkungen	Definiert eine benutzerdefinierte Eigenschaft für das aktive Dokument und verknüpft sie mit einer existierenden Textmarke namens *Textmarke$*. Wenn *Textmarke$* nicht existiert, tritt ein Fehler auf. Mit der Funktion **DokumentEigenschaftVorhanden**() können Sie überprüfen, ob die Eigenschaft *Name$* existiert. Eine Liste der in Word verfügbaren Standard-Eigenschaften finden Sie unter **DokumentEigenschaftName$**(). In Word, Version 6.0, ist **BestimmenDokumentEigenschaftVerknüpfung** nicht verfügbar, und ein Fehler tritt auf.

Argument	Erklärung
Name$	Der Name der Eigenschaft. *Name$* kann eine benutzerdefinierte oder eine (integrierte) Standard-Eigenschaft sein.
Textmarke$	Der Name der Textmarke. *Textmarke$* darf keine vordefinierte Textmarke sein.

Beispiel	Dieses Beispiel trägt an der Einfügemarke ein AKTUALDAT-Feld ein und definiert die Textmarke `BriefDatum` sowie eine benutzerdefinierte Eigenschaft für das aktive Dokument. Diese Eigenschaft wird mit der Textmarke `BriefDatum` verknüpft.

```
EinfügenFeld .Feld = "AKTUALDAT"
BearbeitenGeheZu .Ziel = "d- ' AKTUALDAT '"
FeldFreigabe
BearbeitenTextmarke .Name = "BriefDatum", .Hinzufügen
BestimmenDokumentEigenschaftVerknüpfung("Datum des Briefes", \
"BriefDatum")
```

Siehe auch   **AbrufenDokumentEigenschaft()**, **BestimmenDokumentEigenschaft**

BestimmenFormularFeldergebnis

Syntax   **BestimmenFormularFeldergebnis** *Textmarkenname$*, *Ergebnis[$]* [, *StandardErgebnis*]

Bemerkungen   Bestimmt das Ergebnis des durch die Textmarke *Textmarkenname$* gekennzeichneten Formularfelds oder aktualisiert die in dem angegebenen Formularfeld evtl. eingebetteten Felder. (Word fügt beim Einfügen eines Formularfelds automatisch eine Textmarke hinzu, die Sie jedoch umbenennen können.) Je nach der Art des Formularfelds geben Sie das Ergebnis wie folgt als Zeichenfolge oder numerischen Wert an:

- Für ein Kontrollkästchen-Formularfeld geben Sie 0 (Null) an, um das Kontrollkästchen zu deaktivieren, oder 1, um es zu aktivieren.

- Für ein Dropdown-Formularfeld geben Sie 0 (Null) an, um den ersten Eintrag zu markieren, 1 für den zweiten Eintrag usw. Sie können auch den Eintrag selbst als Zeichenfolge angeben.

- Für ein Text-Formularfeld geben Sie eine Zeichenfolge an.

Wenn *Ergebnis[$]* nicht angegeben wird, aktualisiert **BestimmenFormularFeldergebnis** alle in dem angegebenen Formularfeld . vorhandenen Felder.

Wenn *StandardErgebnis* mit dem Wert 1 hinzugefügt wird, werden die eingegebenen Werte für die Formularfelder als Standardergebnis festgelegt. Dies ist z.B. dann empfehlenswert, wenn das Formular anschließend mit der Anweisung **ExtrasDokumentSchützen** wieder geschützt wird, da dieser Befehl ein Zurücksetzen auf die Standardwerte bewirkt. Das Zurücksetzen auf die Standardwerte kann jedoch auch dadurch verhindert werden, daß die Anweisung **ExtrasDokumentSchützen** mit dem Wert 1 für das Argument **.KeineVorgabe** verwendet wird.

Beispiel Dieses Beispiel ist ein AutoNew-Makro, der jedesmal abläuft, wenn ein Formular erstellt wird. Dieser Makro bestimmt das Standardergebnis für das Text-Formularfeld „NameText", das Kontrollkästchen-Formularfeld „Alter" sowie für das Dropdown-Formularfeld „Bevorzugt". Anschließend wird das Dokument gegen Formularänderungen geschützt.

```
Sub MAIN
BestimmenFormularFeldergebnis "NameText", "Stella Richards", 1
BestimmenFormularFeldergebnis "Alter", 1, 1
BestimmenFormularFeldergebnis "Bevorzugt", 2, 1
ExtrasDokumentSchützen .Art = 2
End Sub
```

Das folgende Beispiel aktualisiert das durch die Textmarke „DatumFeld" angegebene Formularfeld. Das Formularfeld enthält ein Datumsfeld, das durch die Anweisung BestimmenFormularFeldergebnis aktualisiert wird.

```
BestimmenFormularFeldergebnis "DatumFeld"
```

Siehe auch **AbrufenFormularFeldergebnis( )**

BildAb, BildAb()

Syntax **BildAb** [*Anzahl*] [, *Markierung*]

BildAb([*Anzahl*] [, *Markierung*])

Bemerkungen Die Anweisung **BildAb** verschiebt die Einfügemarke oder das aktive Ende der Markierung (das sich beim Drücken von UMSCHALT+BILD-AB bewegt) um die angegebene Anzahl von Bildschirmseiten nach unten (eine Bildschirmseite entspricht der Höhe des aktiven Fensters). Falls sich keine ganze Bildschirmseite mehr zwischen der Einfügemarke oder dem aktiven Ende der Markierung und dem Ende des Dokuments befindet, verschiebt **BildAb** die Einfügemarke bzw. die Markierung an das Ende des Dokuments.

Argument	Erklärung
Anzahl	Die Anzahl der Bildschirmseiten, um die die Einfügemarke bzw. das aktive Ende der Markierung nach unten verschoben werden soll. Fehlt dieser Wert, so wird 1 angenommen. Negative Werte verschieben die Einfügemarke oder das aktive Ende der Markierung nach oben.
Markierung	Gibt an, ob Text markiert wird:
	0 (Null) oder nicht angegeben Es wird kein Text markiert. Besteht bereits eine Markierung, so verschiebt **BildAb** die Einfügemarke um *Anzahl* –1 Bildschirmseiten nach unten.
	Ungleich Null Text wird markiert. Besteht bereits eine Markierung, so verschiebt **BildAb** das aktive Ende der Markierung nach unten (zum Ende des Dokuments).
	Bei einer typischen Markierung von links nach rechts ist das aktive Ende der Markierung dem Ende des Dokuments näher als das nicht aktive Ende. In diesem Fall erweitert **BildAb** die Markierung. Bei einer Markierung von rechts nach links wird die Markierung verkleinert.

Die Funktion **BildAb( )** verhält sich genau wie die Anweisung **BildAb** und liefert zusätzlich die folgenden Werte:

Wert	Erklärung
0 (Null)	Die Einfügemarke oder das aktive Ende der Markierung konnte nicht nach unten verschoben werden.
–1	Die Einfügemarke oder das aktive Ende der Markierung wurde um eine beliebige Anzahl von Bildschirmseiten nach unten verschoben. Dieser Wert wird auch dann geliefert, wenn die Einfügemarke nicht genau um die durch *Anzahl* angegebene Anzahl von Bildschirmseiten nach unten verschoben wurde. `BildAb(2)` liefert beispielsweise auch dann –1, wenn sich die Einfügemarke nur eine Bildschirmseite über dem Ende des Dokuments befindet.

Beispiele Dieses Beispiel verschiebt die Einfügemarke zwei Bildschirmseiten nach unten und erweitert dabei die Markierung.

```
BildAb 2, 1
```

BildAuf, BildAuf()

Das folgende Beispiel zählt die Bildschirmseiten zwischen der Einfügemarke und dem Ende des Dokuments. Mit der Funktion **BildAb()** wird festgestellt, wann das Ende des Dokuments erreicht ist.

```
n = 0
While BildAb()
    n = n + 1
Wend
MsgBox "Anzahl der Bildschirmseiten: " + Str$(n)
```

Siehe auch   **BearbeitenGeheZu, BildAuf, HRollen, HSeite, NächsteSeite, VRollen, VSeite**

BildAuf, BildAuf()

Syntax   **BildAuf** [*Anzahl*] [, *Markierung*]

BildAuf([*Anzahl*] [, *Markierung*])

Bemerkungen   Die Anweisung **BildAuf** verschiebt die Einfügemarke oder das aktive Ende der Markierung (das sich beim Drücken von UMSCHALT+BILD-AUF bewegt) um die angegebene Anzahl von Bildschirmseiten nach oben (eine Bildschirmseite entspricht der Höhe des aktiven Fensters). Falls sich keine ganze Bildschirmseite mehr zwischen der Einfügemarke oder dem aktiven Ende der Markierung und dem Anfang des Dokuments befindet, verschiebt **BildAuf** die Einfügemarke bzw. die Markierung an den Anfang des Dokuments.

Argument	Erklärung
Anzahl	Die Anzahl der Bildschirmseiten, um die die Einfügemarke bzw. das aktive Ende der Markierung nach oben verschoben werden soll. Fehlt dieser Wert, so wird 1 angenommen. Negative Werte verschieben die Einfügemarke oder das aktive Ende der Markierung nach unten.
Markierung	Gibt an, ob Text markiert wird: 0 (Null) oder nicht angegeben Es wird kein Text markiert. Besteht bereits eine Markierung, so verschiebt **BildAuf** die Einfügemarke um *Anzahl* - 1 Bildschirmseiten nach oben. Ungleich Null Text wird markiert. Besteht bereits eine Markierung, so verschiebt **BildAuf** das aktive Ende der Markierung nach oben (zum Anfang des Dokuments). Bei einer typischen Markierung von links nach rechts ist das aktive Ende der Markierung dem Ende des Dokuments näher als das nicht aktive Ende. In diesem Fall verkleinert **BildAuf** die Markierung. Bei einer Markierung von rechts nach links wird die Markierung erweitert.

Die Funktion **BildAuf()** verhält sich genau wie die Anweisung **BildAuf** und liefert zusätzlich die folgenden Werte:

Wert	Erklärung
0 (Null)	Die Einfügemarke oder das aktive Ende der Markierung konnte nicht nach oben verschoben werden.
–1	Die Einfügemarke oder das aktive Ende der Markierung wurde um eine beliebige Anzahl von Bildschirmseiten nach oben verschoben. Dieser Wert wird auch dann geliefert, wenn die Einfügemarke nicht genau um die durch *Anzahl* angegebene Anzahl von Bildschirmseiten nach oben verschoben wurde. BildAuf(2) liefert beispielsweise auch dann -1, wenn der Anfang des Dokuments mit einer einzigen **BildAuf**-Anweisung erreicht wird.

Beispiel

Dieses Beispiel markiert von der Einfügemarke aus eine Bildschirmseite nach oben. Befindet sich weniger als eine Bildschirmseite oberhalb der Einfügemarke, so wird die Meldung „Markiert bis zum Anfang des Dokuments." in der Statusleiste angezeigt.

```
BildAuf 1, 1
If AmAnfangDesDokuments() Then
    Print "Markiert bis zum Anfang des Dokuments."
End If
```

Siehe auch

BearbeitenGeheZu, **BildAb**, **HRollen**, **HSeite**, **VorherigeSeite**, **VRollen**, **VSeite**

Call

Syntax [**Call**] [*MakroName.*]*UnterName* [*Argumentliste*]

Bemerkungen Übergibt die Steuerung an eine Unterroutine im augenblicklich ausgeführten bzw. in einem anderen Makro. Um eine Unterroutine in einem Makro anzugeben, der in der Dokumentvorlage „Normal", der aktuellen (falls nicht „Normal") oder jeder anderen geladenen globalen Dokumentvorlage gespeichert ist, muß vor dem Namen der Unterroutine der Makroname mit einem Punkt angegeben werden. **Call** ist optional; es kann beim Lesen und Bearbeiten von Makros zur leichteren Unterscheidung von Unterroutinennamen und WordBasic-Schlüsselwörtern dienen. Jede der durch Kommata voneinander getrennten Variablen in der *Argumentliste* muß einem Wert entsprechen, der auch in der Argumentliste der Unterroutine steht. Die Reihenfolge der Argumente in der **Call**-Anweisung muß mit der Reihenfolge der Argumente in der Sub *Unterroutinenname*-Zeile in der Unterroutine übereinstimmen.

Anmerkung: Wenn Sie einen anderen Makro aufrufen, sucht Word diesen Makro in verfügbaren Dokumentvorlagen in der folgenden Reihenfolge: in der Dokumentvorlage, die die Anweisung **Call** enthält, in der aktiven Dokumentvorlage, in der Dokumentvorlage **Normal** und in geladenen globalen Dokumentvorlagen. Nehmen Sie z.B. an, daß die Dokumentvorlagen BENUTZER.DOT und NORMAL.DOT beide einen Makro mit dem Namen **MeldungAnzeigen** enthalten. Der folgende Makro in BENUTZER.DOT,

```
DateiNeu .DokVorlage = "Normal"
MeldungAnzeigen
```

führt den Makro **MeldungAnzeigen** auch in der Dokumentvorlage BENUTZER.DOT aus, obwohl ein Dokument basierend auf der Dokumentvorlage **Normal** aktiv ist, wenn die Anweisung **Call** ausgeführt wird.

Weitere Informationen über die Verwendung von Unterroutinen, z.B. den Austausch von Variablen und die Übergabe von Argumenten zwischen Subroutinen, finden Sie in Kapitel 4, „WordBasic für Fortgeschrittene".

Beispiel Dieses Beispiel ruft die Unterroutine `SuchenName` zweimal auf. Beide Zeilen, einmal mit und einmal ohne **Call**, bewirken das selbe.

	`Call SuchenName`	`'Übertrage Steuerung an die Unterroutine SuchenName`
	`SuchenName`	`'Übertrage Steuerung an die Unterroutine SuchenName`

Siehe auch   **Sub...End Sub**

CancelButton

Syntax   **CancelButton** *HorizPos*, *VertPos*, *Breite*, *Höhe* [, *.Bezeichner*]

Bemerkungen   Erstellt eine Schaltfläche „Abbrechen" in einem benutzerdefinierten Dialogfeld, mit der der Benutzer das Dialogfeld schließen kann, ohne Aktionen auszuführen.

Argument	Erklärung
HorizPos, *VertPos*	Die horizontale und vertikale Entfernung der linken oberen Ecke der Schaltfläche von der linken oberen Dialogfeldecke, ausgedrückt in Einheiten von 1/8 bzw. 1/12 der Systemschriftart (Windows) bzw. der Diaglogfeldschriftart (Macintosh).
Breite, *Höhe*	Die Breite und Höhe der Schaltfläche, ausgedrückt in Einheiten von 1/8 bzw. 1/12 der Systemschriftart (Windows) bzw. der Diaglogfeldschriftart (Macintosh).
.Bezeichner	Eine optionale Kennung, die von Anweisungen in einer Dialogfunktion verwendet wird, die sich auf die Schaltfläche „Abbrechen" auswirken (beispielsweise **DlgAktivieren** und **DlgSichtbar**). Wenn Sie nichts angeben, ist „Abbrechen" der Standardbezeichner.

Wenn Sie das Dialogfeld mit der Anweisung **Dialog** anzeigen und der Benutzer die Schaltfläche „Abbrechen" wählt, erzeugt WordBasic einen Fehler, den Sie mit **On Error** auffangen können.

Wenn Sie das Dialogfeld mit der Funktion **Dialog( )** anzeigen und der Benutzer die Schaltfläche „Abbrechen" wählt, liefert die Funktion 0 (Null) und erzeugt keinen Fehler.

Ein Beispiel für **CancelButton** in einer Dialogfelddefinition finden Sie unter **Begin Dialog...End Dialog**.

Siehe auch   **Begin Dialog...End Dialog, Dialog, Err, Error, OKButton, On Error, PushButton**

ChDefaultDir

Syntax ChDefaultDir *Pfad$, Art*

Bemerkungen Setzt einen der Word-Standardordner auf den durch *Pfad$* angegebenen Pfad. Im Gegensatz zur Anweisung **ExtrasOptionenDateiablage**, die Änderungen an Standardordnern in einer der Dateien WINWORD6.INI (Windows 3.*x*), Word-Einstellungen (6) (Macintosh) oder Registrierung (Windows 95 und Windows NT) speichert, gelten die durch **ChDefaultDir** vorgenommenen Änderungen nur für die Dauer der aktuellen Word-Sitzung. Daher schlagen sich diese Änderungen auch nicht auf der Registerkarte **Dateiablage** im Dialogfeld **Optionen** (Menü **Extras**) nieder.

Argument	Erklärung
Pfad$	Der Pfad, auf den Sie den durch *Art* angegebenen Standardordner setzen möchten.
Art	Ein numerischer Wert, der dem jeweiligen Standardordner entspricht:

    0   DOC-PATH

    1   PICTURE-PATH

    2   USER-DOT-PATH

    3   WORKGROUP-DOT-PATH

    4   INI-PATH

    5   AUTOSAVE-PATH

    6   TOOLS-PATH

    7   CBT-PATH

    8   STARTUP-PATH

    15 Der Pfad zu den Dokumentvorlagen des Formatvorlagen-Katalogs (diese Einstellung wird in Word, Version 7.0, ignoriert).

Bitte beachten: Die Arten 9 bis 14 können von **ChDefaultDir** nicht geändert werden. Sie können diese jedoch für die aktuelle Word-Sitzung über die Funktion **DefaultDir$()** als Rückgabewerte erhalten.

Beispiel Dieses Beispiel erstellt den Ordner C:\BAK und setzt dann den AUTOSAVE-PATH auf diesen Ordner. Dabei verhindert die Anweisung `On Error Resume Next`, daß der Makro anhält, falls der Ordner bereits vorhanden ist. Ersetzen Sie C:\BAK auf dem Macintosh durch einen Ordnernamen wie z.B. FP:SICHERUNGSKOPIE.

```
On Error Resume Next
MkDir "C:\BAK"
Err = 0
ChDefaultDir "C:\BAK", 5
```

Siehe auch **AbrufenVerzeichnis, ChDir, DefaultDir$(), ExtrasOptionenDateiablage, Files$()**

ChDir

Syntax **ChDir** *Pfad$*

Bemerkungen Setzt den aktuellen Ordner auf das durch *Pfad$* angegebene Laufwerk oder den angegebenen Ordner. Wenn Sie kein Laufwerk angeben, wird die Suche nach dem angegebenen Pfad im aktuellen Ordner begonnen. Sie können mit **ChDir** den Ordner festlegen, so daß Sie beim Öffnen eines Dokuments mit **DateiÖffnen** keinen Ordner anzugeben brauchen.

Beispiele Dieses Beispiel ändert den Ordner und zeigt dann das Dialogfeld **Öffnen** an, so daß der Benutzer ein in diesem Ordner gespeichertes Dokument öffnen kann. Sie können einen solchen Makro für einen häufig verwendeten Ordner erstellen und dem Makro eine Schaltfläche auf einer Symbolleiste zuordnen, um direkten Zugriff auf den Ordner zu erhalten. Verwenden Sie auf dem Macintosh einen Ordnernamen wie z.B. FP:WORD6:Briefe.

```
ChDir "C:\WINWORD\BRIEFE\MEINE"
Dim dlg As DateiÖffnen
Schaltfl = Dialog(dlg)
If Schaltfl = -1 Then DateiÖffnen dlg
```

Das folgende Beispiel (Windows) prüft, ob der aktuelle Ordner C:\WINWORD lautet. Falls dies nicht der Fall ist, wird das Verzeichnis dahingehend geändert.

```
If Files$(".") <> "C:\WINWORD" Then ChDir "C:\WINWORD"
```

Hier das gleiche Beispiel für den Macintosh:

```
If Files$(":") <> "FP:WORD6" Then ChDir "FP:WORD6"
```

Siehe auch **AbrufenVerzeichnis$(), Files$(), MkDir, RmDir, Verbinden, ZählenVerzeichnisse()**

CheckBox

Syntax CheckBox *HorizPos*, *VertPos*, *Breite*, *Höhe*, *Beschriftung$*, *.Bezeichner*

Bemerkungen Erstellt ein Kontrollkästchen in einem benutzerdefinierten Dialogfeld.

Argument	Erklärung
HorizPos, VertPos	Die horizontale und vertikale Entfernung der linken oberen Ecke des Kontrollkästchens von der linken oberen Dialogfeldecke, ausgedrückt in Einheiten von 1/8 bzw. 1/12 der Systemschriftart (Windows) oder der Schriftart im Dialogfeld (Macintosh).
Breite, Höhe	Die Breite und Höhe des Kontrollkästchens, ausgedrückt in Einheiten von 1/8 bzw. 1/12 der Systemschriftart (Windows) oder der Schriftart im Dialogfeld (Macintosh).
Beschriftung$	Die Beschriftung des Kontrollkästchens. Ein Kaufmännisches Und-Zeichen (&) vor einem Zeichen in *Beschriftung$* legt dieses Zeichen als die Zugriffstaste fest, mit der das Kontrollkästchen aktiviert und deaktiviert werden kann.
.Bezeichner	In Kombination mit dem Namen des Dialogdatensatzes erstellt *.Bezeichner* eine Variable, deren Wert dem Zustand des Kontrollkästchens entspricht. Diese Variable setzt sich folgendermaßen zusammen: *DialogDatensatz.Bezeichner* (beispielsweise `Dlg.TestKontrollkästchen`). *DialogDatensatz.Bezeichner* kann als Ergebnis die folgenden Werte liefern: 0 (Null) Das Kontrollkästchen ist deaktiviert. 1 Das Kontrollkästchen ist aktiviert. -1 Das Kontrollkästchen ist abgeblendet (grau gefüllt). Die Bezeichnerzeichenfolge (*.Bezeichner* ohne Punkt) wird auch von Anweisungen in Dialogfunktionen verwendet, die sich auf das Kontrollkästchen auswirken (z.B. **DlgAktivieren** und **DlgSichtbar**).

Ein Beispiel für **CheckBox** in einer Dialogfelddefinition finden Sie unter **Begin Dialog...End Dialog**.

Siehe auch Begin Dialog...End Dialog

Chr$()

Syntax Chr$(*ZeichenCode*)

Bemerkungen Liefert das Zeichen, dessen Zeichencode dem eingegebenen *ZeichenCode* entspricht.

Zeichencodes im Bereich von 0 (Null) bis 31 (je einschließlich) sind mit den nichtdruckbaren Zeichen des normalen ASCII-Codes identisch. `Chr$(13)` ist beispielsweise ein Wagenrücklaufzeichen und `Chr$(9)` ein Tabstopzeichen. Mit `Chr$(13)` können Sie eine neue Zeile innerhalb einer Meldungszeichenfolge einfügen, die mit **MsgBox** (nicht jedoch mit **InputBox$()**) erstellt wurde.

Die folgende Tabelle enthält einige der Sonderzeichen, die Sie mit **Chr$()** erstellen können:

Wert	Geliefertes Zeichen
`Chr$(9)`	Tabstopzeichen
`Chr$(11)`	Zeilenendemarke (UMSCHALT+EINGABE)
`Chr$(13)`	Absatzmarke
	Beachten Sie, daß Absatzmarken in Textdateien im Format von Windows und Dateien im Format von Word für Windows, Version 2.0, solange den Wert `Chr$(13) + Chr$(10)` behalten, bis Sie sie im Dokumentformat von Word für Windows, Version 6.0, abspeichern.
`Chr$(30)`	Geschützter Bindestrich
`Chr$(31)`	Bedingter Trennstrich
`Chr$(32)`	Leerzeichen
`Chr$(34)`	Anführungszeichen
`Chr$(160)`	Geschütztes Leerzeichen (Windows)
`Chr$(202)`	Geschütztes Leerzeichen (Macintosh)

Das Aussehen des Symbols, das einem bestimmten Zeichencode zugeordnet ist, hängt von der verwendeten Schriftart ab. Zeichencodes im Bereich von 127 bis 255 (je einschließlich) liefern je nach Schriftart unterschiedliche Symbole.

Da in WordBasic ein Anführungszeichen den Anfang bzw. das Ende einer Zeichenfolge kennzeichnet, verwenden Sie `Chr$(34)`, um in eine Zeichenfolge ein Anführungszeichen einzuschließen. Sie können beispielsweise ein Meldungsfeld mit der Meldung „Geben Sie "Ja" oder "Nein" ein" anzeigen, indem Sie die folgende Anweisung ausführen:

```
MsgBox "Geben Sie " + Chr$(34) + "Ja" + Chr$(34) + " oder " + \
       Chr$(34) + "Nein" + Chr$(34) + " ein."
```

Hinweis Sie können in Anführungszeichen eingeschlossene Anweisungen verwenden. Word wandelt die Anführungszeichen in die korrekte Syntax `Chr$(34)` um, sobald Sie den Makro das erste Mal speichern oder ausführen. Word konvertiert z.B. den Ausdruck `MsgBox "Geben Sie ""Ja"" oder ""Nein"" ein."` zu der oben angegebenen Anweisung. Tabstopzeichen werden nach dem gleichen Schema zu `Chr$(9)` konvertiert.

Beispiele

Dieses Beispiel zeigt ein zwei Zeilen umfassendes Meldungsfeld an:

```
MsgBox "Die erste Zeile" + Chr$(13) + "Die zweite Zeile"
```

Das folgende Beispiel erstellt eine Tabelle der Sonderzeichen mit den Zeichencodes 127 bis 255 (diese Zeichen werden oft auch der erweiterte Zeichensatz genannt). Die erste Anweisung fordert den Benutzer auf, die Schriftart einzugeben, für die die Sonderzeichen angezeigt werden sollen.

```
Schriftwahl$ = InputBox$("Geben Sie die gewünschte Schriftart ein ", \
                "Symboltabelle", "Symbol")
For i = 127 To 255
    Schriftart "Times New Roman"
    Einfügen Str$(i) + Chr$(9)
    Schriftart Schriftwahl$
    Einfügen Chr$(i)
    EinfügenAbsatz
Next
```

Siehe auch Asc(), Str$()

Close

Syntax Close [[#]*DateiNummer*]

Bemerkungen Schließt eine sequentielle Datei; dabei entspricht *DateiNummer* der Datei, die mit einer **Open**-Anweisung für die Dateneingabe, -ausgabe oder Änderungen geöffnet wurde. Wenn Sie *DateiNummer* nicht angeben, werden alle mit **Open** geöffneten Dateien geschlossen.

Sequentielle Dateien, die mit **Open** geöffnet und mit **Close** geschlossen werden, erscheinen nicht in Dokumentfenstern. Zwar können Sie mit **Open** jede beliebige Datei öffnen, doch sind **Open** und **Close** für Textdateien vorgesehen. **Close** zeigt beim Schließen einer Datei keine Aufforderung zum Speichern von Änderungen an. Weitere Informationen über sequentielle Dateien finden Sie in Kapitel 9, „Weitere WordBasic-Verfahren".

Beispiel	Dieses Beispiel öffnet eine Datei, fügt eine Liste von AutoText-Eintragsnamen aus der Dokumentvorlage „Normal" sowie anderen globalen Dokumentvorlagen ein und schließt dann die Datei.

```
Open "AUTOTEXT.TXT" For Output As #1
For Zähler = 1 To ZählenAutoTextEinträge(0)
    Print #1, AutoTextName$(Zähler)
Next Zähler
Close #1
```

Siehe auch	**Eof()**, **Input**, **Input$()**, **Line Input**, **Lof()**, **Open**, **Print**, **Read**, **Seek**, **Write**

ComboBox

Syntax	**ComboBox** *HorizPos*, *VertPos*, *Breite*, *Höhe*, *Feldvariable$( )*, *.Bezeichner*[$]
Bemerkungen	Erstellt ein Kombinationsfeld (eine Kombination aus Listen- und Textfeld) in einem benutzerdefinierten Dialogfeld. Der Benutzer kann entweder ein Element aus einer Liste auswählen oder in einem Textfeld ein neues Element eingeben.

Argument	Erklärung
HorizPos, *VertPos*	Die horizontale und vertikale Entfernung der linken oberen Ecke des Kombinationsfelds von der linken oberen Dialogfeldecke, ausgedrückt in Einheiten von 1/8 bzw. 1/12 der Systemschriftart (Windows) oder der Schriftart im Dialogfeld (Macintosh).
Breite, *Höhe*	Die Breite und Höhe des Kombinationsfelds, ausgedrückt in Einheiten von 1/8 bzw. 1/12 der Systemschriftart (Windows) oder der Schriftart im Dialogfeld (Macintosh).
Feldvariable$( )	Ein Datenfeld mit Zeichenfolgen, das die im Kombinationsfeld aufzuführenden Elemente enthält.
.Bezeichner[$]	In Kombination mit dem Namen des Dialogdatensatzes erstellt *.Bezeichner*[$] eine Variable, deren Wert dem Text des im Kombinationsfeld gewählten Elements oder dem dort eingegebenen Text entspricht. Diese Variable setzt sich folgendermaßen zusammen:
	DialogDatensatz.Bezeichner[$] (beispielsweise `Dlg.TestKombiFeld$`).
	Das Dollarzeichen ($) ist optional. Sie können damit andeuten, daß es sich bei der Variablen um eine Zeichenfolge handelt.
	Die Bezeichnerzeichenfolge (*.Bezeichner*[$], jedoch ohne Punkt) wird auch von Anweisungen in Dialogfunktionen verwendet, die sich auf das Kombinationsfeld auswirken (z.B. **DlgAktivieren** und **DlgSichtbar**).

Vor dem Definieren des Dialogfelds mit dem Kombinationsfeld muß der Makro Werte definieren und den Elementen in *Feldvariable$( )* zuweisen. Ein Beispiel für **ComboBox** in einer Dialogfelddefinition finden Sie unter **Begin Dialog...End Dialog**.

Siehe auch **Begin Dialog...End Dialog, Dialog, Dim**

Date$()

Syntax Date$([*Seriennummer*])

Bemerkungen Liefert ein Datum, das *Seriennummer* oder einer dezimalen Darstellung des Datums und/oder der Uhrzeit entspricht. Wenn Sie keine *Seriennummer* angeben, liefert **Date$()** das heutige Datum. Weitere Informationen zu Seriennummern finden Sie unter **DatumSeriell()**.

Das verwendete Datumsformat hängt von der Zeile **DateFormat=** im Abschnitt [Microsoft Word] der Datei WINWORD6.INI (Windows 3.*x*), bzw. **Word-Einstellungen (6)** (Macintosh) bzw. in der Registrierung (Windows 95 und Windows NT) ab. (Wenn unter Windows 3.*x* die Zeile **DateFormat=** nicht vorhanden ist, verwendet **Date$()** das kurze Datumsformat **sShortDate** im Abschnitt [intl] der Datei WIN.INI). Sie können mit **SetPrivateProfileString** das aktuelle Datumsformat ändern.

Beispiel Dieses Beispiel (Windows) zeigt das aktuelle Datum in einem Meldungsfeld an. Das Datum hat das Format T. MMMM JJJJ, so daß eine Datumszeichenfolge wie beispielsweise „1. Januar 1994" erstellt wird. Die erste Anweisung speichert das ursprüngliche Datumsformat, das dann in der letzten Anweisung wiederhergestellt wird. Auf dem Macintosh ersetzen Sie bitte WINWORD.INI durch „Word-Einstellungen (6)".

```
OriginalFormat$ = GetPrivateProfileString$("Microsoft Word", \
    "DateFormat", "WINWORD6.INI")
SetPrivateProfileString "Microsoft Word", "DateFormat", \
    "T. MMMM JJJJ", "WINWORD6.INI"
MsgBox "Heute ist der " + Date$() + "."
SetPrivateProfileString "Microsoft Word", "DateFormat", \
    OriginalFormat$, "WINWORD6.INI"
```

Siehe auch **DatumSeriell()**, **DatumWert()**, **GetPrivateProfileString$()**, **Heute()**, **Jahr()**, **Jetzt()**, **Monat()**, **SetPrivateProfileString**, **Tag()**, **ZeitWert()**

DateiAblegen

Syntax DateiAblegen *Ziel$*

Bemerkungen Sendet das aktive Dokument an einen öffentlichen Ordner in Microsoft Exchange. Wenn der durch *Ziel$* bezeichnete Ordner kein gültiger öffentlicher Ordner ist, tritt ein Fehler auf.

Die Anweisung **DateiAblegen** ist nur in Microsoft Word für Windows 95 verfügbar und nur dann, wenn Microsoft Exchange Server ausgeführt wird.

Siehe auch DateiSenden, DateiVerteiler

DateiAllesSchließen

Syntax DateiAllesSchließen [*Speichern*]

Bemerkungen Schließt alle geöffneten Dokumentfenster.

Argument	Erklärung
Speichern	Legt fest, ob Word jedes Dokument vor dem Schließen speichern soll, wenn es seit dem letzten Speichern geändert wurde:
	0 (Null) oder fehlt Fordert den Benutzer auf, jedes geänderte Dokument zu speichern.
	1 Speichert jedes geänderte Dokument vor dem Schließen.
	2 Schließt alle Dokumente, ohne geänderte Dokumente zu speichern.
	Das Argument *Speichern* steuert auch die Anzeige einer Aufforderung, wenn ein Dokument einen Verteiler hat. Eine Aufforderung erscheint, wenn *Speichern* gleich 0 (Null) ist oder fehlt; sonst wird das Dokument ohne Weiterleitung geschlossen.

Siehe auch DateiBeenden, DateiSchließen, DokumentSchließen

DateiAllesSpeichern

Syntax DateiAllesSpeichern [*Speichern*] [, *Originalformat*]

Bemerkungen	Speichert alle geänderten Dateien, einschließlich der Dokumentvorlage „Normal" und aller anderen Dokumentvorlagen, die mit geöffneten Dokumenten verknüpft sind und geändert wurden. Es ist ratsam, eine **DateiAllesSpeichern**-Anweisung zu verwenden, wenn Ihr Makro Änderungen an AutoTexten, anderen Makros oder Tastatur-, Menü- und Symbolleistenzuordnungen macht.

Argument	Erklärung
Speichern	Gibt an, ob der Benutzer zum Speichern aller Dokumente und Dokumentvorlagen aufgefordert werden soll, wenn diese seit dem letzten Speichern geändert wurden:
	0 (Null) Fordert den Benutzer zum Speichern aller geänderten Dokumente und Dokumentvorlagen auf.
	1 Speichert alle geänderten Dokumente und Dokumentvorlagen automatisch.
Originalformat	Gibt an, ob ein Meldungsfeld angezeigt werden soll, wenn Änderungen in einem Dokument, das in einem fremden Dateiformat geöffnet wurde, nicht im Originalformat gespeichert werden können (z.B. wenn eine Nur-Text-Datei bearbeitet und dabei mit Formatierungen versehen wurde, die beim Abspeichern als Nur Text verloren gehen würden):
	0 (Null) Speichert das Dokument im Word-Format.
	1 Speichert das Dokument in seinem Originalformat.
	2 oder fehlt Fordert den Benutzer zum Speichern im Word-Format auf.

Siehe auch	**DateiSpeichern, DateiSpeichernUnter, IstDokumentGeändert(), IstDokVorlageGeändert()**

DateiAOCEAdreßfeldEinblenden

Syntax	**DateiAOCEAdreßfeldEinblenden**
Bemerkungen	Schaltet die Anzeige des dem aktuellen Dokument beigefügten Adreßfelds um zwischen dem vollständigen Adreßfeld und einer Leiste, die lediglich Absender und Betreff zeigt. **DateiAOCEAdreßfeldEinblenden** ist nur auf dem Macintosh verfügbar und kann nur eingesetzt werden, wenn PowerTalk installiert ist.
Siehe auch	**DateiAOCEAdreßfeldHinzufügen, DateiAOCEAdreßfeldLöschen**

DateiAOCEAdreßfeldHinzufügen

Syntax	**DateiAOCEAdreßfeldHinzufügen**
Bemerkungen	Fügt dem aktiven Dokument ein Adreßfeld hinzu. **DateiAOCEAdreßfeldHinzufügen** ist nur auf dem Macintosh verfügbar und kann nur eingesetzt werden, wenn PowerTalk installiert ist.
Siehe auch	**AOCEBetreffBestimmen, AOCEEmpfängerHinzufügen, DateiAOCEAdreßfeldEinblenden, DateiAOCEAdreßfeldLöschen**

DateiAOCEAdreßfeldLöschen

Syntax	**DateiAOCEAdreßfeldLöschen**
Bemerkungen	Entfernt das Adreßfeld aus dem aktuellen Dokument. **DateiAOCEAdreßfeldLöschen** ist nur auf dem Macintosh verfügbar und kann nur eingesetzt werden, wenn PowerTalk installiert ist.
Siehe auch	**AOCEFeldImAdreßfeldLöschen, DateiAOCEAdreßfeldEinblenden, DateiAOCEAdreßfeldHinzufügen**

DateiAOCEAllenAntwortenNachricht

Syntax	**DateiAOCEAllenAntwortenNachricht**
Bemerkungen	Fügt ein Adreßfeld zum Beantworten der aktiven Nachricht hinzu und legt den Absender und alle Empfänger der ursprünglichen Nachricht als Empfänger fest. Der Betreff-Text wird aus der ursprünglichen Nachricht kopiert und mit der vorangestellten Zeichenfolge „Re> " versehen. **DateiAOCEAllenAntwortenNachricht** ist nur auf dem Macintosh verfügbar und kann nur eingesetzt werden, wenn PowerTalk installiert ist.
Siehe auch	**DateiAOCENachrichtBeantworten**

DateiAOCENachrichtBeantworten

Syntax   DateiAOCENachrichtBeantworten

Bemerkungen   Fügt ein Adreßfeld zum Beantworten der aktiven Nachricht hinzu und legt den Absender der ursprünglichen Nachricht als Empfänger fest. Der Betreff-Text wird aus der ursprünglichen Nachricht kopiert und mit der vorangestellten Zeichenfolge „Re> " versehen. **DateiAOCENachrichtBeantworten** ist nur auf dem Macintosh verfügbar und kann nur eingesetzt werden, wenn PowerTalk installiert ist.

Siehe auch   DateiAOCEAllenAntwortenNachricht, DateiAOCENachrichtWeiterleiten

DateiAOCENachrichtSenden

Syntax   DateiAOCENachrichtSenden

Bemerkungen   Zeigt ein Dialogfeld an, in dem Optionen gewählt werden können, die beeinflussen, wie das aktive Dokument an die im beigefügten Adreßfeld festgelegten Empfänger gesendet wird. Verwenden Sie **AOCENachrichtSenden**, wenn Sie Optionen wählen und das Dokument senden möchten, ohne daß ein Dialogfeld angezeigt wird. **DateiAOCENachrichtSenden** ist nur auf dem Macintosh verfügbar und kann nur eingesetzt werden, wenn PowerTalk installiert ist.

Siehe auch   AOCENachrichtSenden, DateiAOCENachrichtWeiterleiten

DateiAOCENachrichtWeiterleiten

Syntax   DateiAOCENachrichtWeiterleiten

Bemerkungen   Fügt ein Adreßfeld zum Weiterleiten der aktuellen Nachricht hinzu. Der Betreff-Text wird in das neue Adreßfeld kopiert und mit der vorangestellten Zeichenfolge „Weiter> " versehen. **DateiAOCENachrichtWeiterleiten** ist nur auf dem Macintosh verfügbar und kann nur eingesetzt werden, wenn PowerTalk installiert ist.

Siehe auch   AOCENachrichtSenden, DateiAOCENachrichtBeantworten, DateiAOCENachrichtSenden

DateiAOCENächsterBrief

Syntax DateiAOCENächsterBrief

Bemerkungen Öffnet den nächsten vorhandenen Brief im Posteingang. Können keine weiteren Briefe geöffnet werden, erscheint eine Meldung. **DateiAOCENächsterBrief** ist nur auf dem Macintosh verfügbar und kann nur eingesetzt werden, wenn PowerTalk installiert ist.

DateiBeenden

Syntax DateiBeenden [*Speichern*]

Bemerkungen Beendet Word. **DateiBeenden** (Macintosh) verhält sich wie **DateiBeenden** (Windows).

Argument	Erklärung
Speichern	Legt fest, ob Word jedes Dokument vor dem Schließen speichern soll, wenn es seit dem letzten Speichern geändert wurde:
	0 (Null) oder fehlt Fordert den Benutzer auf, jedes geänderte Dokument zu speichern.
	1 Speichert jedes geänderte Dokument vor dem Beenden von Word.
	2 Beendet Word, ohne geänderte Dokumente zu speichern.
	Das Argument *Speichern* steuert ebenfalls, ob eine Meldung erscheint, falls das Dokument einen Verteiler besitzt oder falls Word im Hintergrund druckt. Meldungen erscheinen, wenn *Speichern* gleich 0 (Null) ist oder fehlt. Andernfalls wird Word beendet ohne Dokumente weiterzuleiten bzw. ohne Druckaufträge zu Ende auszuführen.

Siehe auch **AnwSchließen, DateiAllesSchließen, EndeWindows**

DateiDateiInfo

Syntax

DateiDateiInfo [.Titel = *Text*] [, .Betreff = *Text*] [, .Autor = *Text*]
[, .Stichwörter = *Text*] [, .Kommentar = *Text*] [, .DateiGröße = *Text*]
[, .Dateiname = *Text*] [, .Verzeichnis = *Text*] [, .DokVorlage = *Text*]
[, .ErstellDatum = *Text*] [, .LetztesSpeicherDatum = *Text*]
[, .ZuletztGespeichertVon = *Text*] [, .ÜberarbeitungsNummer = *Text*]
[, .ZuletztGedruckt = *Text*] [, .AnzSeiten = *Text*] [, .AnzWörter = *Text*]
[, .AnzZeichen = *Text*] [, .AnzAbsätze = *Text*] [, .AnzZeilen = *Text*]
[, .Aktualisieren]

Bemerkungen

Legt die Datei-Informationen fest und ermöglicht den Zugriff auf Statistiken für das aktive Dokument. In Word, Version 6.0, entsprechen die Argumente für die Anweisung **DateiDateiInfo** den Optionen in den Dialogfeldern **Datei-Info** (Menü **Datei**) und **Dokument-Statistik** (Schaltfläche **Statistik**, Befehl **Datei-Info**, Menü **Datei**). Alle Argumente, die den Optionen im Dialogfeld **Statistik** entsprechen, sind schreibgeschützt.

In Word, Version 7.0, ist diese Anweisung aus Gründen der Abwärtskompatibilität enthalten. Sie können die Anweisungen und Funktionen der Kategorie Dokumenteigenschaften—Anweisungen und Funktionen verwenden, um Datei-Informationen für das aktive Dokument festzulegen oder darauf zuzugreifen.

Argument	Erklärung
.Titel	Der Titel des Dokuments.
.Betreff	Das Thema des Dokuments.
.Autor	Der Autor des Dokuments.
.Stichwörter	Schlüsselwörter, mit denen das Dokument gekennzeichnet wird.
.Kommentar	Kommentare zum Dokument.
.Dateigröße	Die Größe des Dokuments in der Form „36.352 Bytes".
.Dateiname	Wenn Sie **DateiDateiInfo** als Anweisung verwenden, gibt dieses Argument den Namen der Datei an, deren Datei-Informationen geändert werden sollen (die Datei muß dazu geöffnet sein). Wenn Informationen vom Datensatz eines **DateiDateiInfo**-Dialogs geliefert werden, gibt das Argument den Dateinamen des aktiven Dokuments an (ohne den zugehörigen Pfad).
.Verzeichnis	Der Speicherort des Dokuments (schreibgeschützt).
.DokVorlage	Die Dokumentvorlage des Dokuments (schreibgeschützt)
.ErstellDatum	Das Erstelldatum (schreibgeschützt).

Argument	Erklärung
.LetztesSpeicherDatum	Das Datum, an dem das Dokument zuletzt gespeichert wurde (schreibgeschützt).
.ZuletztGespeichertVon	Der Name der Person, die das Dokument zuletzt gespeichert hat (schreibgeschützt).
.ÜberarbeitungsNummer	Die Anzahl der Speicherungen des Dokuments (schreibgeschützt).
.ZuletztGedruckt	Das Datum, an dem das Dokument zuletzt gedruckt wurde (schreibgeschützt.)
.AnzSeiten	Die Anzahl der Seiten (schreibgeschützt).
.AnzWörter	Die Anzahl der Wörter (schreibgeschützt).
.AnzZeichen	Die Anzahl der Zeichen (schreibgeschützt).
.AnzAbsätze	Die Anzahl der Absätze (schreibgeschützt).
.AnzZeilen	Die Anzahl der der Zeilen (schreibgeschützt).
.Aktualisieren	Aktualisiert die Datei-Informationen.

Anmerkung Damit die Informationen auf dem neuesten Stand sind, wenn Sie Datei-Informationen oder eine Dokument-Statistik aus einem Datensatz für den **DateiDateiInfo**-Dialog erhalten, sollten Sie die Anweisung `DateiDateiInfo.Aktualisieren` ausführen, bevor Sie den Dialog-Datensatz definieren.

Beispiele

Dieses Beispiel legt den Titel des aktiven Dokuments fest:

```
DateiDateiInfo .Titel = "Erforschung des Amazonas."
```

Das folgende Beispiel definiert die Variable `Autor$` als Autor des aktiven Dokuments).

```
Dim Dlg As DateiDateiInfo
GetCurValues Dlg
Autor$ = Dlg.Autor
```

Siehe auch   **DokumentStatistik**

DateiDokumentLayout

Syntax

DateiDokumentLayout [**.Registerkarte** = *Zahl*] [, **.SeitenrandOben** = *Zahl oder Text*] [, **.SeitenrandUnten** = *Zahl oder Text*] [, **.SeitenrandLinks** = *Zahl oder Text*] [, **.SeitenrandRechts** = *Zahl oder Text*] [, **.Bundsteg** = *Zahl oder Text*] [, **.SeitenBreite** = *Zahl oder Text*] [, **.Länge** = *Zahl oder Text*] [, **.HochQuer** = *Zahl*] [, **.ErsteSeite** = *Zahl*] [, **.ÜbrigeSeiten** = *Zahl*] [, **.AusrichtungVertikal** = *Zahl*] [, **.AnwAuf** = *Zahl*] [, **.Standard**] [, **.GgbrSeiten** = *Zahl*] [, **.AbstandKopfzeile** = *Zahl oder Text*] [, **.AbstandFußzeile** = *Zahl oder Text*] [, **.AbschnittsBeginn** = *Zahl*] [, **.GeradeUngeradeSeiten** = *Zahl*] [, **.ErsteSeiteAnders** = *Zahl*] [, **.Endnoten** = *Zahl*] [, **.ZeilenNr** = *Zahl*] [, **.AnfangsNr** = *Zahl*] [, **.VomText** = *Zahl oder Text*] [, **.Zählintervall** = *Zahl*] [, **.NUMModus** = *Zahl*]

Bemerkungen

Legt auf dem Macintosh Seitenattribute wie Seitenränder und Seitenbreite für das gesamte Dokument oder für Abschnitte innerhalb des Dokuments fest. Mit Ausnahme von **.Registerkarte** entsprechen die Argumente für **DateiDokumentLayout** den unter **DateiSeiteEinrichten** beschriebenen Argumenten. Verwenden Sie unter Windows die Anweisung **DateiSeiteEinrichten**.

Argument	Erklärung
.Registerkarte	Legt fest, welche Registerkarte angezeigt wird, wenn Sie das Dialogfeld **Dokument-Layout** mit der Anweisung **Dialog** oder **Dialog()** anzeigen:
	0 (Null) **Seitenränder**
	1 Wenn QuickDraw GX installiert ist, **Papierformat**; andernfalls **Seitenränder**.
	2 **Seitenränder**
	3 **Layout**

Beachten Sie bei der Verwendung von **DateiDokumentLayout** folgende Punkte:

- Beim Festlegen von Papierformat und Seitenausrichtung werden die Einstellungen nicht außer Kraft gesetzt, die der Benutzer im Dialogfeld **Seite einrichten** (vom Druckertreiber zur Verfügung gestellt) vorgenommen hat. Weitere Informationen finden Sie in der Anmerkung zu **DateiMacSeiteEinrichten**.

- Word hat keinen Zugriff auf Macintosh-Einstellungen für die Papierzufuhr. Obwohl die Einstellungen für **.ErsteSeite** und **.ÜbrigeSeiten** mit dem Dokument gespeichert werden, werden sie beim Drucken ignoriert. Beim Drucken des Dokuments unter Windows werden diese Optionen jedoch berücksichtigt.

Siehe auch	DateiMacBenutzerSeiteEinrichtenGX, DateiMacSeiteEinrichten, DateiMacSeiteEinrichtenGX, DateiSeiteEinrichten, FormatSpalten

DateiDokVorlagen

Syntax	DateiDokVorlagen [.DokVorlage = *Text*] [, .VerbindenFV = *Zahl*]
Bemerkungen	Ändert die mit dem aktiven Dokument verknüpfte Dokumentvorlage. Mit den Anweisungen **AddInHinzufügen**, **AddInStatus** und **LöschenAddIn** können Sie globale Dokumentvorlagen hinzufügen oder entfernen. Die Argumente für die Anweisung **DateiDokVorlagen** entsprechen den Optionen im Dialogfeld **Dokumentvorlagen und Add-Ins** (Befehl **Dokumentvorlage**, Menü **Datei**).

Argument	Erklärung
.DokVorlage	Der Pfad- und Dateiname der Dokumentvorlage, die angefügt werden soll.
.VerbindenFV	Wenn 1, werden die Formatvorlagen im aktiven Dokument mit der aktiven Dokumentvorlage verknüpft (Word kopiert Formatvorlagen aus der angefügten Dokumentvorlage, sobald das Dokument geöffnet wird).

Siehe auch	AddInHinzufügen, AddInStatus, DateiNeu, LöschenAddIn, Organisieren

DateiDrucken

Syntax	DateiDrucken [.Hintergrund = *Zahl*] [, .DruckDateiAnfügen = *Zahl*] [, .Bereich = *Zahl*] [, .InDateiUmleitenName = *Text*] [, .Von = *Text*] [, .Bis = *Text*] [, .Art = *Zahl*] [, .Exemplare = *Zahl*] [, .Seiten = *Text*] [, .Reihenfolge = *Zahl*] [, .InDateiUmleiten = *Zahl*] [, .KopienSortieren = *Zahl*] [, .DateiName = *Text*] [, .AusgabeDrucker = *Text*]
Bemerkungen	Druckt das aktive Dokument oder ein von Ihnen angegebenes Dokument ganz oder teilweise aus. Die Argumente für die Anweisung **DateiDrucken** entsprechen den Optionen im Dialogfeld **Drucken** (Menü **Datei**).

Argument	Erklärung
.Hintergrund	Wenn 1, wird der Makro fortgesetzt, während Word das Dokument druckt. Auf dem Macintosh ist dieses Argument nicht verfügbar und erzeugt einen Fehler.
.DruckDatei Anfügen	Legt beim Drucken in eine Datei fest, ob eine unter diesem Namen bereits vorhandene Datei überschrieben werden oder die Ausgabe an die Datei angefügt werden soll: 0 (Null) Überschreiben 1 Anfügen Auf dem Macintosh wird dieses Argument ignoriert, es sei denn, QuickDraw GX ist installiert.
.Bereich	Der Seitenbereich: 0 (Null) Druckt das gesamte Dokument. 1 Druckt den markierten Bereich. 2 Druckt die aktuelle Seite. 3 Druckt den durch **.Von** und **.Bis** bezeichneten Seitenbereich. 4 Druckt den von **.Seiten** bezeichneten Bereich.
.InDatei UmleitenName	Legt beim Drucken in eine Datei den Pfad und Dateinamen der Druckdatei fest. Auf dem Macintosh ist dieses Argument nicht verfügbar, es sei denn, QuickDraw GX ist installiert.
.Von	Die erste Seitennummer, wenn **.Bereich** den Wert 3 hat.
.Bis	Die letzte Seitennummer, wenn **.Bereich** den Wert 3 hat.
.Art	Das zu druckende Element: 0 (Null) Dokument 1 Datei-Info 2 Anmerkungen 3 Formatvorlagen 4 AutoText-Einträge 5 Tastenbelegungen
.Exemplare	Die Anzahl der zu druckenden Exemplare.
.Seiten	Die zu druckenden Seitenzahlen oder -bereiche. Diese werden jeweils durch Semikola voneinander getrennt. „2; 6-10" druckt beispielsweise die Seite 2 und die Seiten 6 bis 10.
.Reihenfolge	Definiert den zu druckenden Seitenbereich näher: 0 (Null) Druckt alle Seiten im angegebenen Bereich. 1 Druckt nur die ungeraden Seiten im Bereich. 2 Druckt nur die geraden Seiten im Bereich.

Argument	Erklärung
.InDateiUmleiten	Wenn 1, werden Druckeranweisungen an eine Datei gesandt. Geben Sie immer einen Dateinamen an, wenn Sie **.InDateiUmleiten** verwenden. Auf dem Macintosh ist dieses Argument nicht verfügbar, es sei denn, QuickDraw GX ist installiert.
.KopienSortieren	Bei 1 werden beim Ausdrucken mehrerer Exemplare die einzelnen Seiten sortiert.
.Dateiname	Gibt den Pfad und Dateinamen des auszudruckenden Dokuments an. Wird das Argument nicht angegeben, so druckt Word das aktive Dokument aus.
.Ausgabe Drucker	Gibt auf dem Macintosh (sofern QuickDraw GX installiert ist) den für die Druckausgabe bestimmten Drucker an. Ist der angegebene Drucker unzulässig, druckt Word auf dem im Dialogfeld **Drucken** festgelegten Drucker oder auf dem Standarddrucker des Schreibtischs.

Siehe auch   DateiDruckenEineKopie, DateiDruckenStandard, DateiDruckereinrichtung, ExtrasOptionenDrucken

DateiDruckenEineKopie

Syntax   DateiDruckenEineKopie

Bemerkungen   Druckt auf dem Macintosh eine Kopie des aktiven Dokuments, falls QuickDraw GX installiert ist. Diese Anweisung entspricht dem Befehl **Eine Kopie drucken**, der bei der Installation von QuickDraw GX dem Menü **Datei** hinzugefügt wird. In Windows ist **DateiDruckenEineKopie** nicht verfügbar und führt zu einem Fehler.

Siehe auch   DateiDrucken, DateiDruckenStandard

DateiDruckenStandard

Syntax   DateiDruckenStandard

Bemerkungen   Druckt das aktive Dokument unter Verwendung der aktuellen Einstellungen in den Dialogfeldern **Drucken** und **Druckereinrichtung** (Menü **Datei**, Word, Version 6.0) sowie der Registerkarte **Drucken** im Dialogfeld **Optionen** (Menü **Extras**).

Siehe auch   DateiDruckenEineKopie, DateiDrucken, DateiDruckereinrichtung, ExtrasOptionenDrucken

DateiDruckereinrichtung

Syntax DateiDruckereinrichtung [.Drucker = *Text*] [, .Optionen] [, .NichtAlsSystemStandardBestimmen = *Zahl*]

Bemerkungen Ändert den aktiven Drucker oder die Optionen eines Druckers. In Word, Version 6.0, entsprechen die Argumente für die Anweisung **DateiDruckereinrichtung** den Optionen im Dialogfeld **Druckereinrichtung** (Befehl **Drucken**, Menü **Datei**. Auf dem Macintosh ist **DateiDruckereinrichtung** nicht verfügbar und erzeugt einen Fehler.

Argument	Erklärung
.Drucker	Der Name des Druckers, der neu aktiviert werden soll. Geben Sie dieses Argument genauso ein, wie es im Dialogfeld **Druckereinrichtung** erscheint.
	Geben Sie eine leere Zeichenfolge ein (" "), um den System-Standarddrucker zu aktivieren.
.Optionen	Zeigt ein Dialogfeld an, das die Optionen für **.Drucker** enthält. Mit der Anweisung **SendKeys** können Sie Optionen anwählen.
.NichtAlsSystem StandardBestimmen	Wenn 0 (Null) oder nicht angegeben, wird der mit **.Drucker** angegebene Drucker zum System-Standarddrucker gemacht.
	In Word, Version 6.0, ist dieses Argument nicht verfügbar und erzeugt einen Fehler.

Beispiele Dieses Beispiel für Windows macht den an COM2 angeschlossenen PostScript-Drucker zum System-Standarddrucker :

```
DateiDruckereinrichtung .Drucker = "PostScript-Drucker an COM2:"
```

Das folgende Beispiel für Windows sendet mit der Anweisung **SendKeys** die Tastenfolge ALT + H, ALT + F, EINGABE an das Dialogfeld **Optionen** für den aktuellen Drucker. Die Anweisungen hängen vom Vorhandensein des Feldes **Format** ab, auf das in diesem Beispiel mit dem Tastenschlüssel ALT+H zugegriffen wird und der Option **Querformat**, auf die mit dem Tastenschlüssel ALT+F zugegriffen wird.

```
SendKeys "%h%f{eingabe}"
DateiDruckereinrichtung .Optionen
```

Siehe auch **DateiDrucken, ExtrasOptionenDrucken, SendKeys**

DateiEigenschaften

Syntax DateiEigenschaften

Bemerkungen Zeigt das Dialogfeld **Eigenschaften** für das aktive Dokument an. Eine Liste der in Word verfügbaren Standard-Eigenschaften finden Sie unter **DokumentEigenschaftName$()** In Word, Version 6.0, ist **DateiEigenschaften** nicht verfügbar, und ein Fehler tritt auf.

Mit den Anweisungen und Funktionen für Dokumenteigenschaften können Sie Eigenschaften selbst definieren und die Werte für verfügbare benutzerdefinierte sowie Standard-Eigenschaften ermitteln und ändern.

Siehe auch **DokumentEigenschaftName$()**, **AbrufenDokumentEigenschaft()**, **BestimmenDokumentEigenschaft**

DateiErstelltVon$()

Syntax DateiErstelltVon$(*Datei$*)

Bemerkungen Liefert auf dem Macintosh den aus vier Zeichen bestehenden Creator (Signatur) der Anwendung, die *Datei$* erstellt hat. *Datei$* besteht aus einem Pfad und einem Dateinamen. Unter Windows ist **DateiErstelltVon$()** nicht verfügbar und führt zu einem Fehler.

Beispiel Dieses Beispiel für den Macintosh überprüft den Creator (Signatur der Anwendung), bevor die durch öffne$ bezeichnete Datei geöffnet wird. Ist die Signatur nicht „MSWD", wird eine Meldung angezeigt.

```
öffne$ = "FP:SPIELE:SPIELREGELN"
If DateiErstelltVon$(öffne$) <> "MSWD" Then
    antw = MsgBox(öffne$ + \
        " wurde nicht durch Microsoft Word erstellt." \
        + "Trotzdem öffnen?", 4)
    If antw = 0 Then endmakro = -1
End If
If Not endmakro Then DateiÖffnen .Name = öffne$
```

Siehe auch **BestimmenDateiErstelltVonUndTyp**, **DateiTyp$()**, **MacID$()**

DateiGrafikSchließen

Syntax	**DateiGrafikSchließen**
Bemerkungen	Schließt das Grafikbearbeitungsfenster und bettet ein Word-Grafikobjekt in das Dokument ein.
Siehe auch	**ZeichnungWordGrafikVorgabe**

DateiKopieren

Syntax	**DateiKopieren .DateiName, .Verzeichnis**
Bemerkungen	Kopiert eine Datei in den angegebenen Ordner. **DateiKopieren** erlaubt es, beim Kopieren einen neuen Namen für die Datei festzulegen.

Argument	Erklärung
.DateiName	Der Name der zu kopierenden Datei. Wenn Sie keinen Pfad angeben, kopiert Word die Datei aus dem aktuellen Ordner.
.Verzeichnis	Der Pfad des Ordners, in den die Datei kopiert werden soll. Geben Sie gleichzeitig einen Dateinamen an, falls die kopierte Datei einen anderen Namen als das Original erhalten soll.

Beispiele

Dieses Beispiel kopiert das Dokument JULI.DOC in den Ordner C:\WINWORD\BERICHTE. Verwenden Sie auf dem Macintosh einen Ordnernamen wie z.B. FP:WORD 6:BERICHTE.

```
DateiKopieren "JULI.DOC", "C:\WINWORD\BERICHTE"
```

Dieses Beispiel zeigt ein Dialogfeld an, das die Angabe des Ordners erwartet, in den das aktive Dokument kopiert werden soll. Der vorgeschlagene Ordner ist C:\BAK. Verwenden Sie auf dem Macintosh einen Ordnernamen wie z.B. FP:SICHERUNGSKOPIE.

```
a$ = DateiName$()
Dim dlg As DateiKopieren
dlg.DateiName = a$
dlg.Verzeichnis = "C:\BAK"
x = Dialog(dlg)
If x = -1 Then CopyFile dlg
```

Siehe auch **DateiSpeichernUnter**, **Kill**, **Name**

DateiListe

Syntax DateiListe *Nummer*

Bemerkungen Öffnet eine der Dateien in der Liste der zuletzt benutzten Dateien. Diese Liste befindet sich unten im Menü **Datei** („Benutzt" bedeutet in diesem Zusammenhang „geöffnet" oder „gespeichert".). *Nummer* entspricht der laufenden Nummer (von 1 bis 9) neben dem Namen der im Menü **Datei** aufgeführten Datei, die geöffnet werden soll. Wenn *Nummer* größer als die Anzahl der aufgeführten Dateien ist, tritt ein Fehler auf. Wenn die angegebene Datei bereits geöffnet ist, aktiviert Word das Dokument.

Die Anzahl der im Menü **Datei** aufgeführten Dateien können Sie mit der Option „Liste der zuletzt benutzten Dateien" auf der Registerkarte **Allgemein** des Dialogfelds **Optionen** (Menü **Extras**) festlegen.

Beispiel Dieses Beispiel öffnet die zuletzt verwendete Datei. Sie können diese Anweisungen in einen AutoExec-Makro aufnehmen, damit bei jedem Starten von Word die zuletzt verwendete Datei automatisch geöffnet wird. Wenn im Menü **Datei** keine Dateien aufgeführt sind, verhindert die Zeile On Error Resume Next, daß Word eine Fehlermeldung anzeigt.

```
On Error Resume Next
DateiListe 1
```

Siehe auch **DateiName$()**, **Datei***Nummer*, **DateiÖffnen**, **ZählenDateien**

DateiMacBenutzerSeiteEinrichtenGX

Syntax **DateiMacBenutzerSeiteEinrichtenGX** [**.SeitenBreite** = *Zahl oder Text*] [, **.Länge** = *Zahl oder Text*] [, **.HochQuer** = *Zahl*] [, **.AnwAuf** = *Zahl*]

Bemerkungen Legt, wenn QuickDraw GX installiert ist, auf dem Macintosh Seitenbreite, Seitenlänge und Ausrichtung für das gesamte Dokument oder für Abschnitte innerhalb des Dokuments fest. Die Beschreibung der Argumente finden Sie unter **DateiSeiteEinrichten**.

Unter Windows und auf dem Macintosh, wenn QuickDraw GX nicht installiert ist, ist **DateiMacBenutzerSeiteEinrichtenGX** nicht verfügbar und führt zu einem Fehler.

Siehe auch **DateiDokumentLayout**, **DateiMacSeiteEinrichten**, **DateiMacSeiteEinrichtenGX**, **DateiSeiteEinrichten**

DateiMacSeiteEinrichten

Syntax
: DateiMacSeiteEinrichten [.SeitenBreite = *Zahl oder Text*] [, .Länge = *Zahl oder Text*] [, .HochQuer = *Zahl*] [, .AnwAuf = *Zahl*] [, .Standard]

Bemerkungen
: Legt auf dem Macintosh Seitenbreite, Seitenlänge und Ausrichtung für das gesamte Dokument oder für Abschnitte innerhalb des Dokuments fest. Die Beschreibung der Argumente finden Sie unter **DateiSeiteEinrichten**. Wenn QuickDraw GX installiert ist, führt **DateiMacSeiteEinrichten** zu einem Fehler. Verwenden Sie in diesem Fall **DateiMacSeiteEinrichtenGX** und **DateiMacBenutzerSeiteEinrichtenGX**.

> **Anmerkung** Das Ändern des Papierformats mit **DateiMacSeiteEinrichten** enspricht dem Einstellen eines benutzerdefinierten Papierformats im Dialogfeld **Benutzerdefiniertes Papierformat** (Menü **Datei**, Befehl **Seite einrichten**). In beiden Fällen setzen die benutzerdefinierten Einstellungen andere Einstellungen für das Papierformat im Dialogfeld **Seite einrichten** außer Kraft.

Siehe auch
: **DateiDokumentLayout, DateiMacBenutzerSeiteEinrichtenGX, DateiMacSeiteEinrichtenGX, DateiSeiteEinrichten**

DateiMacSeiteEinrichtenGX

Syntax
: DateiMacSeiteEinrichtenGX [.SeitenBreite = *Zahl oder Text*] [, .SeitenLänge = *Zahl oder Text*] [, .HochQuer = *Zahl*]

Bemerkungen
: Legt, wenn QuickDraw GX installiert ist, auf dem Macintosh die Seitenbreite, die Seitenlänge und die Ausrichtung der Standardseite fest. Beachten Sie dabei, daß nur Abschnitte im Standardseitenformat geändert werden. Abschnitte, deren Seitenformat mit **DateiDokumentLayout** oder **DateiMacBenutzerSeiteEinrichtenGX** geändert wurde, bleiben unberührt. Die Beschreibung der Argumente finden Sie unter **DateiSeiteEinrichten**.

  Unter Windows ist **DateiMacSeiteEinrichtenGX** nicht verfügbar und führt zu einem Fehler (ebenso auf dem Macintosh, wenn QuickDraw GX nicht installiert ist).

Siehe auch
: **DateiDokumentLayout, DateiMacBenutzerSeiteEinrichtenGX, DateiMacSeiteEinrichten, DateiSeiteEinrichten**

DateiManager

Syntax

DateiManager [SuchenName = *Text*] [, .Suchpfad = *Text*] [, .Name = *Text*]
[, .UnterVerzeichnis = *Zahl*] [, .Titel = *Text*] [, .Autor = *Text*]
[, .Stichwörter = *Text*] [, .Betreff = *Text*] [, .Optionen = *Zahl*]
[, .GroßKleinschreibung = *Zahl*] [, .Text = *Text*] [, .Mustervergleich = *Text*]
[, .SpeicherDatumVon = *Text*] [, .SpeicherDatumBis = *Text*]
[, .GespeichertVon = *Text*] [, .ErstellDatumVon = *Text*]
[, .ErstellDatumBis = *Text*] [, .Ansicht = *Zahl*] [, .SortNach = *Zahl*]
[, .AuflistenNach = *Zahl*] [, .AusgewählteDatei = *Zahl*]
[, .OrdnerAnzeigen = *Zahl*] [, .Hinzufügen] [, .Löschen]

Bemerkungen

Erstellt eine Liste von Dateien auf der Basis der Suchkriterien, die Sie mit einem oder mehreren der Argumente angeben. In Word, Version 6.0, entsprechen die Argumente für die Anweisung **DateiManager** den Optionen im Dialogfeld **Suche** (Befehl **Datei-Manager** im Menü **Datei**).

In Word, Version 7.0, werden die Argumente **.SuchenName**, **.Optionen**, **.Mustervergleich**, **.Ansicht**, **.SortNach**, **.AuflistenNach**, **.AusgewählteDatei**, **.OrdnerAnzeigen**, **.Hinzufügen** und **.Löschen** ignoriert. Ausserdem können Sie keine **Dialog**- bzw. **Dialog()**-Instruktion verwenden, um das Dialogfeld **Suche** von Word, Version 6.0, anzuzeigen.

Argument	Erklärung
.SuchenName	Ein Name für eine Gruppe von Suchkriterien, die Sie dem Dialogfeld **Suche** (mit **.Hinzufügen** oder **.Löschen**) hinzufügen bzw. daraus entfernen möchten. Beachten Sie dabei, daß Word **.SuchenName** während der Suche ignoriert; Sie müssen Kriterien mit **.Suchpfad**, **.Name** usw. angeben.
.Suchpfad	Ein Pfad oder eine Liste von Pfadbezeichnungen, in denen nach Dateien gesucht werden soll. In Word, Version 6.0, können Sie mehrere Pfade, durch Semikolon (;) getrennt, angeben. In Word, Version 7.0, können Sie nur einen Pfad angeben.
.Name	Der Dateiname des Dokuments oder, unter Windows, eine Dateiangabe. Um z.B. nach Dokumentvorlagen zu suchen, wäre die Dateiangabe `"*.DOT"` anzuwenden. Auf dem Macintosh verwenden Sie zu diesem Zweck die Anweisung **MacID$()** (z.B. `MacID$("WTBN")`), um nach Dokumentvorlagen zu suchen.
.Unter Verzeichnis	Hat dieses Argument den Wert 1, durchsucht Word die Ordner, die dem/den durch **.Suchpfad** angegebenen Ordner(n) untergeordnet sind.
.Titel	Der Titel im Dialogfeld **Datei-Info**.
.Autor	Der Autor im Dialogfeld **Datei-Info**.

Argument	Erklärung
.Stichwörter	Schlüsselwörter, mit denen das Dokument im Dialogfeld **Datei-Info** gekennzeichnet wird.
.Betreff	Das Thema im Dialogfeld **Datei-Info**.
.Optionen	Gibt an, wie gefundene Dateien aufgelistet werden: 0 (Null) Erstellt eine neue Liste. 1 Fügt Übereinstimmungen der vorhandenen Dateiliste hinzu. 2 Durchsucht nur die vorhandene Dateiliste.
.Groß Kleinschreibung	Gibt an, ob die Groß-/Klein-schreibung für jeden Buchstaben in **.Text** beachtet werden soll: 0 (Null) Groß-/Kleinschreibung wird nicht beachtet (Standardvorgabe). 1 Groß-/Kleinschreibung wird beachtet.
.Text	Der im Dokument zu suchende Text.
.Mustervergleich	Hat dieses Argument den Wert 1, so interpretiert Word **.Text** als Zeichenfolge mit Suchkriterien, beispielsweise den Platzhaltern Sternchen (*) und Fragezeichen (?). Weitere Informationen erhalten Sie, indem Sie in der Word-Hilfe nach „Suchoperatoren" suchen, und dann „Komplexe Suchkriterien" auswählen.
.SpeicherDatum Von	Das Speicherdatum, ab dem gesucht werden soll.
.SpeicherDatum Bis	Das Speicherdatum, bis zu dem gesucht werden soll.
.GespeichertVon	Der Name der Person, die das Dokument zuletzt gespeichert hat.
.ErstellDatum Von	Das Erstelldatum des Dokuments, ab dem gesucht werden soll. Die folgende Liste enthält einige mögliche Datumsformate: 08.07.94 8-Jul-94 8. Juli 1994
.ErstellDatumBis	Das Dokumenterstelldatum, bis zu dem gesucht werden soll.
.Ansicht	Gibt an, was auf der rechten Seite des Dialogfelds angezeigt werden soll, wenn Sie das Dialogfeld **Datei-Manager** mit der Anweisung **Dialog** oder **Dialog**() anzeigen: 0 (Null) Datei-Informationen (eine Zeile pro Datei). 1 Ein Vorschau-Fenster mit dem Inhalt der ausgewählten Datei. 2 Datei-Informationen für die ausgewählte Datei.

Argument	Erklärung
.SortNach	Gibt an, wie Dokumente sortiert werden, wenn Sie das Dialogfeld **Datei-Manager** mit der Anweisung **Dialog** oder **Dialog()** anzeigen: 0 (Null) Alphabetisch nach Autor. 1 Nach Erstelldatum, wobei die zuletzt erstellte Datei zuerst angezeigt wird. 2 Alphabetisch nach dem Namen der Person, die das Dokument zuletzt gespeichert hat. 3 Nach dem letzten Speicherdatum, wobei die zuletzt gespeicherte Datei zuerst angezeigt wird. 4 Alphabetisch nach Dateiname. 5 Nach Größe, wobei die kleinste Datei zuerst angezeigt wird.
.AuflistenNach	Legt fest, ob auf der linken Seite des Dialogfelds **Datei-Manager** Dateinamen oder Titel angezeigt werden sollen, wenn Sie dieses mit der Anweisung **Dialog** oder **Dialog()** anzeigen: 0 (Null) Dateinamen 1 Titel
.Ausgewählte Datei	Wenn Sie das Dialogfeld **Datei-Manager** mit der Anweisung **Dialog** oder **Dialog()** angezeigt haben und der Benutzer das Dialogfeld schließt, liefert dieses Argument eine Nummer, die der zuletzt ausgewählten Datei entspricht. Sie erhalten den Dateinamen, indem Sie diesen Wert der Funktion **GefundenDateiName$()** übergeben. Beispiel: `GefundenDateiName$(Dlg.AusgewählteDatei)`
.OrdnerAnzeigen	Wenn 1, werden Dateinamen nach Ordnern gruppiert, wenn das Dialogfeld **Datei-Manager** mit einer **Dialog**- oder **Dialog()**-Instruktion angezeigt wird.
.Hinzufügen	Speichert die angegebenen Suchkriterien unter dem Namen, der durch **.SuchenName** angegeben ist, und dient zum Erstellen oder Ändern einer Gruppe von Suchkriterien.
.Löschen	Entfernt die Gruppe der Suchkriterien, die durch **.SuchenName** angegeben ist.

Wenn Sie für **.Titel**, **.Betreff**, **.Autor**, **.Stichwörter**, **.Suchpfad** und **.Text** mehrere Wörter angeben, interpretiert Word das gesamte Argument nicht als eine Wortverbindung, sondern als einen logischen Ausdruck. Ein Komma dient als der logische Operator ODER, und Leerzeichen sowie Kaufmännische Und-Zeichen (&) dienen als logischer Operator UND.

Beispiele   Das folgende Beispiel für Windows durchsucht einen Ordner nach Dateien mit der Dateinamenerweiterung .BER, definiert ein Datenfeld zum Speichern der Dateinamen und verwendet **GefundenDateiName$()**, um die Dateinamen in das Datenfeld einzutragen.

```
DateiManager .Suchpfad = "C:\BERICHTE", .Name  = "*.BER"
Größe = ZählenGefundeneDateien() -1
If Größe >= 0 Then
    Dim MeineDoks$(Größe)
    For Anzahl = 0 To Größe
        MeineDoks$(Anzahl) = GefundenDateiName$(Anzahl + 1)
        Einfügen GefundenDateiName$(Anzahl + 1)
        EinfügenAbsatz
    Next
End If
```

Das folgende Beispiel für den Macintosh erstellt einen Dialogdatensatz für das Dialogfeld **Datei-Manager**, legt den Suchpfad und die Kriterien für den gesuchten Dateityp fest, aktiviert die Anzeige der Datei-Informationen für die gefundenen Dateien und zeigt dann die Liste der gefundenen Dateien an.

```
Dim Dlg As DateiManager
Dlg.Suchpfad = "FP:MEINE DOKUMENTE"
Dlg.Name = MacID$("W6BN")
Dlg.Ansicht = 2
x = Dialog(Dlg)
```

Siehe auch   GefundenDateiName$(), ZählenGefundeneDateien()

DateiName$()

Syntax   DateiName$([*Nummer*])

Bemerkungen   Liefert den Pfad- und Dateinamen des aktiven Dokuments oder einer Datei in der Liste der zuletzt verwendeten Dateien unten im Menü **Datei**.

Argument	Erklärung
Nummer	Die Nummer der Datei (1 bis 9) entsprechend der Auflistung im Menü **Datei**. Wenn Sie 0 (Null) oder keinen Wert angeben, liefert **DateiName$()** den Namen des aktiven Dokuments. Wenn kein aktives Dokument vorhanden ist, liefert die Funktion eine leere Zeichenfolge (""). Wenn *Nummer* größer als die Anzahl der im Menü **Datei** aufgelisteten Dateien ist, tritt ein Fehler auf.
	Die Anzahl der im Menü **Datei** aufgelisteten Dateien können Sie mit der Option „Liste der zuletzt benutzten Dateien" der Registerkarte **Allgemein** des Dialogfelds **Optionen** (Menü **Extras**) festlegen.

Beispiel	Wenn Sie das folgende Beispiel ausführen, sehen Sie den Unterschied zwischen **DateiName$()** und **FensterName$()**. **DateiName$()** liefert immer den vollständigen Pfad- und Dateinamen einer Datei. **FensterName$()** liefert den Namen des Fensters, der keine Pfadangaben enthält, dafür jedoch eventuell anderen Text, wie zum Beispiel „(Schreibgeschützt)" oder „:2" nach dem Dateinamen.

```
MsgBox "Datei = " + DateiName$() + Chr$(13) + \
    "Fenster = " + FensterName$()
```

Siehe auch	**DateiListe**, **DateiNameAusFenster$()**, **Datei***Nummer*, **FensterName$()**, **Files$()**, **ZählenDateien()**

DateiNameAusFenster$()

Syntax	**DateiNameAusFenster$(**[*Fensternummer*]**)**
Bemerkungen	Liefert den Pfad und Dateinamen des Dokuments im angegebenen Fenster.

Argument	Erklärung
Fensternummer	Die Position des Fensters im Menü **Fenster**. 1 entspricht der ersten Position, 2 der zweiten Position usw. Wenn *Fensternummer* den Wert 0 (Null) hat oder nicht angegeben wird, liefert **DateiNameAusFenster$()** den Pfad und Dateinamen des aktiven Dokuments zurück.

Siehe auch	**DateiName$()**, **FensterName$()**, **ZählenFenster**

DateiNameInfo$()

Syntax	**DateiNameInfo$(***Dateiname$*, *InfoTyp***)**
Bemerkungen	Liefert den Teil von *Dateiname$*, der durch *InfoTyp* angegeben wird.

Argument	Erklärung
Dateiname$	Der Pfad (sofern angegeben) und der Dateiname eines Dokuments. Der Pfadname muß existieren, aber der Dateiname muß nicht den Namen eines bereits bestehenden Dokuments angeben. Wenn der Pfad nicht existiert, tritt ein Fehler auf.

Argument	Erklärung
InfoTyp	Der Teil von *Dateiname$*, der als Ergebnis geliefert werden soll:
	1 Der vollständige Pfad und Dateiname unter Windows `DateiNameInfo$(Dateiname$(), 1)` kann zum Beispiel "C:\TEXTE\TEST.DOC" liefern. Wenn *Dateiname$* keinen Pfad enthält, liefert **DateiNameInfo$()** einen Pfad, der aus dem aktuellen Ordner und *Dateiname$* zusammengesetzt ist, auch wenn die dadurch angegebene Datei noch nicht existiert.
	2 Nur der Dateiname, wenn *Dateiname$* im aktuellen Ordner gespeichert ist. Ansonsten liefert die Funktion den vollständigen Pfad und Dateinamen
	3 Der Dateinamen. Zum Beispiel liefert , `DateiNameInfo$("FP:DOKUMENTE:TEST DOC", 3)` auf dem Macintosh "TEST DOC."
	4 Der Dateiname ohne Dateinamenerweiterung. Zum Beispiel liefert `DateiNameInfo$("C:\TEXTE\DOKUMENT.DOC", 4)` unter Windows „DOKUMENT." *InfoType* auf 4 gesetzt liefert auf dem Macintosh jedoch den ganzen Dateinamen (genauso wie bei der Einstellung *InfoType* 3).
	5 Der vollständige Pfad, einschließlich des danach folgenden umgekehrten Schrägstrichs (\) (Windows) oder des Doppelpunkts (:) (Macintosh). Auf dem Macintosh liefert `FileNameInfo$("FP:DOKUMENTE:TEST DOC", 5)` zum Beispiel „FP:DOKUMENTE:".
	6 Liefert unter Windows den Netzwerkpfad und Dateinamen gemäß UNC (Universal Naming Convention). Wenn TEST.DOC zum Beispiel auf einem Server mit dem Netzwerk-Freigabenamen \\TEXTE\ALLE gespeichert ist und der Server die Laufwerksbezeichnung D: hat, dann liefert `DateiNameInfo$("D:\TEXTE\TEST.DOC", 6)` die Zeichenfolge „\\TEXTE\ALLE\TEXTE\TEST.DOC".
	Liefert auf dem Macintosh eine Zeichenfolge beginnend mit der Zone und dem Computernamen. Wenn sich zum Beispiel INSTRUKTIONEN in einem Gemeinschaftsordner mit dem Namen ART TOOLS befindet, wird „PUBLIC:TOOLS:ART TOOLS:INSTRUKTIONEN," geliefert, wobei PUBLIC die Zone und TOOLS der Computername ist.
	Wenn *Dateiname$* nicht auf einer Netzwerk-Freigabe gespeichert ist, liefert die Funktion den vollständigen Pfad und Dateinamen zurück.

Beispiel

Dieses Beispiel für Windows verwendet **DateiNameInfo$()**, um die Dateinamenerweiterung aller Dateien im aktuellen Ordner mit der Erweiterung .DOC in .RTF zu ändern und dann die Dateien im Rich Text Format (RTF) zu speichern:

```
Datei$ = Files$("*.DOC")
While Datei$ <> ""
    DateiÖffnen .Name = Datei$
    KeineErweiterung$ = DateiNameInfo$(Datei$, 4)
    DateiSpeichernUnter .Name = KeineErweiterung$ + ".RTF", .Format = 6
    DateiSchließen 2
    Datei$ = Files$()
Wend
```

Siehe auch

DateiName$(), **DateiNameAusFenster$()**

DateiNeu

Syntax

DateiNeu [**.DokVorlage** = *Text*] [, **.DokVorlageNeu** = *Zahl*]

Bemerkungen

Erstellt ein neues Dokument oder eine neue Dokumentvorlage auf Basis der angegebenen Dokumentvorlage oder startet einen Assistenten. Die Argumente für die Anweisung **DateiNeu** entsprechen den Optionen im Dialogfeld **Neu** (Menü **Datei**).

Argument	Erklärung
.DokVorlage	Der Name der Dokumentvorlage oder des Dokuments, auf dem das neue Dokument oder die neue Dokumentvorlage basieren soll, oder der Name des auszuführenden Assistenten.
.DokVorlageNeu	Gibt an, ob ein neues Dokument oder eine neue Dokumentvorlage erstellt werden soll:
	0 (Null) oder fehlt Erstellt ein neues Dokument.
	1 Erstellt eine neue Dokumentvorlage.

Beispiele

Diese Beispiele erstellen ein neues Dokument, das auf einer Memo-Dokumentvorlage basiert. Die Dateinamenerweiterung .DOT ist optional, d.h. Sie können „MEMO1" oder „MEMO1.DOT" eingeben.

```
DateiNeu .DokVorlage = "MEMO1"        'Windows
DateiNeu. DokVorlage = "MEMO 1"       'Macintosh
```

Das folgende Beispiel erstellt eine neue Dokumentvorlage, die auf der bereits vorhandenen Vorlage Brief3 basiert:

```
DateiNeu .DokVorlageNeu = 1, .DokVorlage = "BRIEF3.DOT"   'Windows
DateiNeu. DokVorlageNeu = 1, .DokVorlage = "BRIEF 3"      'Macintosh
```

Das folgende Beispiel startet den Lebenslauf-Assistenten:

```
DateiNeu .DokVorlage = "LEBENSLF.WIZ"              'Windows
DateiNeu. DokVorlage = "LEBENSLAUF-ASSISTENT"      'Macintosh
```

Siehe auch **DateiNeuStandard, DateiÖffnen**

DateiNeuStandard

Syntax **DateiNeuStandard**

Bemerkungen Erstellt ein neues Dokument, das auf der Dokumentvorlage „Normal" basiert.

Siehe auch **DateiNeu**

Datei*Nummer*

Syntax **Datei***Nummer*

Bemerkungen Öffnet eine der Dateien in der Liste der zuletzt verwendeten Dateien. Diese Liste befindet sich unten im Menü **Datei**. („Verwendet" bedeutet in diesem Zusammenhang „geöffnet" oder „gespeichert".) **Datei1** öffnet das erste Dokument in der Liste (die zuletzt verwendete Datei), **Datei2** öffnet das zweite Dokument usw. bis **Datei9**. Maximal können sich neun Dateinamen im Menü **Datei** befinden. Wenn keine Datei aufgelistet oder *Nummer* größer als die Anzahl der aufgelisteten Dateien ist, tritt ein Fehler auf. Wenn die angegebene Datei bereits geöffnet ist, aktiviert Word das Dokument.

Die Anzahl der im Menü **Datei** aufgelisteten Dateien können Sie mit der Option „Liste der zuletzt benutzten Dateien" auf der Registerkarte **Allgemein** des Dialogfelds **Optionen** (Menü **Extras**) festlegen.

Siehe auch **DateiListe, DateiName$(), Fenster***Numme*, **ZählenDateien()**

DateiÖffnen

Syntax

DateiÖffnen **.Name** = *Text* [, **.UmwandlungBestätigen** = *Zahl*]
[, **.Schreibgeschützt** = *Zahl*] [, **.ZuletztBearbErweitern** = *Zahl*]
[, **.KennwortDok** = *Text*] [, **.KennwortDokVorlage** = *Text*]
[, **.Wiederherstellen** = *Zahl*] [, **.KennwortDokSchreiben** = *Text*]
[, **.KennwortDokVorlageSchreiben** = *Text*]

Bemerkungen

Öffnet das angegebene Dokument. Wenn das Dokument nicht existiert oder sich nicht im angegebenen Ordner befindet, tritt ein Fehler auf. Die meisten Argumente für die Anweisung **DateiÖffnen** entsprechen den Optionen im Dialogfeld **Öffnen** (Menü **Datei**).

Argument	Erklärung
.Name	Der Name des Dokuments (Pfadnamen können angegeben werden). Unter Windows und unter Windows NT können Sie mehrere Dateien angeben, indem Sie die Dateinamen durch Leerstellen voneinander trennen; auf dem Macintosh können Sie pro **DateiÖffnen**-Anweisung nur eine Datei angeben.
	Wenn Sie **Dialog** oder **Dialog()** zum Anzeigen des Dialogfelds **Öffnen** verwenden, können Sie Dateien eines bestimmten Typs anzeigen, indem Sie **.Name** als Dateiangabe definieren. Um zum Beispiel Textdateien anzuzeigen, würde die Dateiangabe `"*.TXT"` (Windows) oder `MacID$("TEXT")` (Macintosh) lauten. Ein Beispiel finden Sie unter **MacID$()**.
.Umwandlung Bestätigen	Wenn 1, wird das Dialogfeld **Datei konvertieren** angezeigt, falls die Datei nicht im Word-Format vorliegt.
.Schreibgeschützt	Wenn 1, wird eine schreibgeschützte Version des Dokuments geöffnet.
.ZuletztBearb Erweitern	Wenn 1, wird der Dateiname zur Dateiliste unten im Menü **Datei** hinzugefügt.
.KennwortDok	Das Kennwort, das gegebenenfalls zum Öffnen der Datei erforderlich ist.
.KennwortDok Vorlage	Das Kennwort, das gegebenenfalls zum Öffnen der Dokumentvorlage erforderlich ist.
.Wiederherstellen	Legt fest, was geschehen soll, wenn **.Name** der Dateiname eines bereits geöffneten Dokuments ist:
	0 (Null) Word aktiviert das geöffnete Dokument.
	1 Word öffnet das Dokument erneut, wobei nicht gespeicherte Änderungen verlorengehen.
.KennwortDok Schreiben	Das gegebenenfalls zum Speichern der Änderungen am Dokument erforderliche Kennwort.
.KennwortDok VorlageSchreiben	Das gegebenenfalls zum Speichern der Änderungen an der Dokumentvorlage erforderliche Kennwort.

Wenn unter Windows 95 und Windows NT ein Teil des Pfads oder Dateinamens einer durch **.Name** angegebenen Datei ein Leerzeichen enthält, muß der gesamte Pfad und Dateiname in `Chr$(34)`-Zeichen eingeschlossen sein, wie in folgendem Beispiel:

```
DateiÖffnen .Name = Chr$(34) + "C:\DOKUMENTE\AUGUST BERICHT" + Chr$(34)
```

Mit dieser Methode können Sie auch mehrere Dateien gleichzeitig angeben. Jeder Dateiname muß durch ein Leerzeichen abgetrennt werden, wie in folgendem Beispiel:

```
DateiÖffnen .Name = Chr$(34) + "JUNI BERICHT" + Chr$(34) + " " + \
        Chr$(34) + "JULI BERICHT" + Chr$(34) + " " + \
        Chr$(34) + "AUGUST BERICHT" + Chr$(34)
```

Auf dem Macintosh sollten Pfade und Dateinamen, die Leerzeichen enthalten, nicht in `Chr$(34)`-Zeichen eingeschlossen werden. Das folgende Beispiel für den Macintosh zeigt, wie in einer **DateiÖffnen**-Anweisung ein Pfad und Dateiname mit Leerzeichen richtig angegeben wird:

```
DateiÖffnen .Name = "FP:MONATSBERICHTE:AUGUST BERICHT"
```

Beispiele Dieses Beispiel für Windows wechselt den aktuellen Ordner und öffnet dann eine schreibgeschützte Kopie der Datei TESTDOK.DOC:

```
ChDir "C:\WINWORD\TEXTE"
DateiÖffnen .Name = "TESTDOK.DOC", .Schreibgeschützt = 1
```

Das folgende Beispiel für den Macintosh öffnet ebenfalls die Datei TEST DOKUMENT. Da jedoch ein vollständiger Pfad angegeben wird, ist vor der **DateiÖffnen**-Anweisung keine **ChDir**-Anweisung erforderlich:

```
DateiÖffnen .Name = "FP:WORD:TEST DOKUMENT", .Schreibgeschützt = 1
```

Siehe auch **DateiManager**, **DateiNeu**, **DateiUmwandlungenBestätigen**, **MacID$()**

DateiSchließen

Syntax **DateiSchließen** [*Speichern*]

Bemerkungen Schließt das aktive Dokument. Alle Dokumentfenster, die das aktive Dokument enthalten, werden geschlossen. Wenn das Dokument in mehreren Fenstern geöffnet ist und Sie nur das aktive Fenster schließen möchten, verwenden Sie **DokumentSchließen**.

Argument	Erklärung
Speichern	Legt fest, ob Word das Dokument vor dem Schließen speichern soll, wenn es seit dem letzten Speichern geändert wurde: 0 (Null) oder fehlt Fordert den Benutzer auf, das Dokument zu speichern. 1 Speichert das Dokument vor dem Schließen. 2 Schließt das Dokument, ohne es zu speichern. Das Argument *Speichern* steuert auch die Anzeige einer Aufforderung, wenn ein Dokument einen Verteiler hat. Eine Aufforderung erscheint, wenn *Speichern* gleich 0 (Null) ist oder fehlt; sonst wird das Dokument ohne Weiterleitung geschlossen.

Siehe auch AusschnittSchließen, DateiAllesSchließen, DateiBeenden, DokumentSchließen, IstDokumentGeändert()

DateiSeiteEinrichten

Syntax DateiSeiteEinrichten [.Registerkarte = *Zahl*] [, .PapierGröße = *Zahl*]
[, .SeitenrandOben = *Zahl oder Text*] [, .SeitenrandUnten = *Zahl oder Text*]
[, .SeitenrandLinks = *Zahl oder Text*] [, .SeitenrandRechts = *Zahl oder Text*]
[, .BundSteg = *Zahl oder Text*] [, .SeitenLänge = *Zahl oder Text*]
[, .SeitenBreite = *Zahl oder Text*] [, .HochQuer = *Zahl*] [, .ErsteSeite = *Zahl*]
[, .ÜbrigeSeiten = *Zahl*] [, .AusrichtungVertikal = *Zahl*] [, .AnwAuf = *Zahl*]
[, .Standard] [, .GgbrSeiten = *Zahl*] [, .AbstandKopfzeile = *Zahl oder Text*]
[, .AbstandFußzeile = *Zahl oder Text*] [, .AbschnittsBeginn = *Zahl*]
[, .GeradeUngeradeSeiten = *Zahl*] [, .ErsteSeiteAnders = *Zahl*]
[, .Endnoten = *Zahl*] [, .ZeilenNr = *Zahl*] [, .AnfangsNr = *Zahl*]
[, .VomText = *Zahl oder Text*] [, .Zählintervall = *Zahl*] [, .NumerierArt = *Zahl*]

Bemerkungen Legt unter Windows Seitenattribute wie die Seitenränder und -breite für das gesamte Dokument oder für Abschnitte innerhalb des Dokuments fest. Die Argumente für die Anweisung **DateiSeiteEinrichten** entsprechen den Optionen im Dialogfeld **Seite einrichten** (Menü **Datei**). Auf dem Macintosh, verwenden Sie **DateiDokumentLayout**.

Argument	Erklärung
.Registerkarte	Legt fest, welche Registerkarte angezeigt wird, wenn Sie das Dialogfeld **Seite einrichten** mit der Anweisung **Dialog** oder **Dialog( )** anzeigen: 0 (Null) Seitenränder 1 Papierformat 2 Papierzufuhr 3 Seitenlayout
.PapierGröße	Gibt die Papiergröße für das Dokument an. dieses Argument entspricht der Option „Papierformat" auf der Registerkarte **Papierformat** im Dialogfeld **Seite einrichten**.
.SeitenrandOben	Die Entfernung zwischen dem oberen Seitenrand und dem oberen Rand des Textkörpers in Punkten oder einer Text-Maßeinheit. Wenn keine Einheit angegeben wird und die Entfernung als Zahl engegeben wird (nicht in Anführungszeichen eingeschlossen), wird Punkt als Maßeinheit angenommen. Wenn die Zahl ohne Maßeinheit, aber als Zeichenkette angegeben wird (in Anführungszeichen eingeschlossen, z.B. „2"), so wird die eingestellte Standardeinheit als Maßeinheit angenommen. Dies gilt auch für **.SeitenrandUnten, .SeitenrandLinks, .SeitenrandRechts, .Bundsteg, .AbstandKopfzeile, .AbstandFußzeile.**
.SeitenrandUnten	Die Entfernung zwischen dem unteren Seitenrand und dem unteren Rand des Textkörpers in Punkten oder einer Text-Maßeinheit.
.SeitenrandLinks	Die Entfernung zwischen dem linken Seitenrand und dem linken Rand des Textkörpers in Punkten oder einer Text-Maßeinheit.
.SeitenrandRechts	Die Entfernung zwischen dem rechten Seitenrand und dem rechten Rand des Textkörpers in Punkten oder einer Text-Maßeinheit.
.Bundsteg	Zusätzlicher Raum entlang des Seitenrands, der das Binden des Dokuments ermöglicht, in Punkten oder einer Text-Maßeinheit.
.SeitenBreite	Die Breite der Seite in Punkten oder einer Text-Maßeinheit.
.SeitenLänge	Die Höhe der Seite in Punkten oder einer Text-Maßeinheit.
.HochQuer	Die Seitenausrichtung: 0 (Null) Hochformat 1 Querformat Im Gegensatz zur Anweisung **HochFormatUmschalten** werden das Seitenformat und die Ränder beim Angeben einer neuen Ausrichtung mit **DateiSeiteEinrichten** nicht automatisch angepaßt.

Argument	Erklärung
.ErsteSeite, .ÜbrigeSeiten	Wählt die Papierzufuhr für die erste Seite und die übrigen Seiten des Dokuments aus: 0 (Null) Standardschacht (wird vom Druckertreiber festgelegt) 1 Oberer Schacht 2 Unterer Schacht 4 Manuelle Papierzufuhr (wird oft für die erste Seite verwendet, um einen anderen als den Standardschacht zu verwenden) 5 Briefumschlag Je nach Druckertreiber sind möglicherweise auch andere Werte verfügbar. Sie können einen solchen Wert ermitteln, indem Sie einen Makro aufzeichnen, der die gewünschten Optionen auf der Registerkarte **Papierzufuhr** im Dialogfeld **Seite einrichten** auswählt. Sehen Sie sich anschließend im Makrofenster die Werte für .**ErsteSeite** und .**ÜbrigeSeiten** an.
.Ausrichtung Vertikal	Legt die Ausrichtung des Abschnitts auf der Seite fest: 0 (Null) Oben 1 Zentriert 2 Blocksatz
.AnwAuf	Der Teil des Dokuments, dem die Einstellungen zur Seiteneinrichtung zugewiesen werden sollen: 0 (Null) Aktueller Abschnitt 1 Dokument ab hier 2 Markierte Abschnitte 3 Markierter Text 4 Gesamtes Dokument
.Standard	Definiert die aktuellen Einstellungen zur Seiteneinrichtung als Standardvorgabe für neue Dokumente, die auf der Basis der aktiven Dokumentvorlage erstellt werden.
.GgbrSeiten	Wenn 1, entspricht dies dem Aktivieren des Kontrollkästchens „Gegenüberliegende Seiten".
.AbstandKopfzeile	Der Abstand zwischen der Kopfzeile und dem oberen Seitenrand.
.AbstandFußzeile	Der Abstand zwischen der Fußzeile und dem unteren Seitenrand.

Argument	Erklärung
.AbschnittsBeginn	Legt die Art der Abschnittswechsel fest:
	0 (Null) Fortlaufend
	1 Neue Spalte
	2 Neue Seite
	3 Gerade Seite
	4 Ungerade Seite
.GeradeUngerade Seiten	Wenn 1, entspricht dies dem Aktivieren des Kontrollkästchens „Gerade/ungerade anders".
.ErsteSeiteAnders	Wenn 1, entspricht dies dem Aktivieren des Kontrollkästchens „Erste Seite anders".
.Endnoten	Wenn 1, entspricht dies dem Aktivieren des Kontrollkästchens „Endnoten unterdrücken".
.ZeilenNr	Wenn 1, entspricht dies dem Aktivieren des Kontrollkästchens „Zeilennummern hinzufügen".
.AnfangsNr	Die Zahl, mit der die Zeilennumerierung beginnen soll.
.VomText	Der Abstand vom Text in Punkten oder einer anderen Text-Maßeinheit. Bei 0 (Null) legt Word einen automatischen Abstand fest.
.Zählintervall	Die beim Drucken von Zeilennummern verwendete numerische schrittweise Zunahme.
.NumerierArt	Legt fest, wie die Zeilen numeriert werden:
	0 (Null) Bei jeder Seite neu beginnen.
	1 Bei jedem Abschnitt neu beginnen.
	2 Fortlaufend.

Beispiele Dieses Beispiel für Windows setzt den oberen Seitenrand für das gesamte Dokument auf 2 cm.

```
DateiSeiteEinrichten .AnwAuf = 4, .SeitenrandOben = "2 cm"
```

Das folgende Beispiel für Windows zeigt die Registerkarte **Papierzufuhr** im Dialogfeld **Seite einrichten** an und weist anschließend die vom Benutzer gewählten Einstellungen zu:

```
Dim Dlg As DateiSeiteEinrichten
GetCurValues Dlg
Dlg.Registerkarte = 2
Dialog Dlg
DateiSeiteEinrichten Dlg
```

Siehe auch	DateiDokumentLayout, DateiMacBenutzerSeiteEinrichtenGX, DateiMacSeiteEinrichten, DateiMacSeiteEinrichtenGX, FormatAbschnitt, FormatSpalten

DateiSeitenansicht, DateiSeitenansicht()

Syntax	**DateiSeitenansicht**[*Aktiv*]
	DateiSeitenansicht( )
Bemerkungen	Die Anweisung **DateiSeitenansicht** schaltet das aktive Dokument zwischen der Seitenansicht und einer anderen Ansicht um.

Argument	Erklärung
Aktiv	Zeigt das Dokument in der Seitenansicht oder der vorherigen Ansicht an:
	Fehlt Schaltet die Seitenansicht um.
	0 (Null) Bricht die Seitenansicht ab.
	1 Wechselt zur Seitenansicht.

Die Funktion **DateiSeitenansicht**( ) liefert die folgenden Werte:

Wert	Erklärung
–1	Das aktive Dokument wird in der Seitenansicht angezeigt.
0 (Null)	Das aktive Dokument wird in einer anderen Ansicht angezeigt.

Siehe auch	**AnsichtZoom, DateiSeitenansichtGanzerBildschirm, DateiSeitenansichtSeiten, SeitenansichtSchließen**

DateiSeitenansichtGanzerBildschirm

Syntax	**DateiSeitenansichtGanzerBildschirm**
Bemerkungen	Schaltet die Anzeige von Lineal, Bildlaufleisten, Statusleiste und Menüleiste in der Seitenansicht um. Wenn sich das aktive Dokument nicht in der Seitenansicht befindet, tritt ein Fehler auf.
Siehe auch	**ExtrasOptionenAnsicht**

DateiSeitenansichtSeiten, DateiSeitenansichtSeiten()

Syntax   DateiSeitenansichtSeiten *Seiten*

                  DateiSeitenansichtSeiten()

Bemerkungen   Die Anweisung **DateiSeitenansichtSeiten** gibt an, ob eine oder zwei Seiten in der Layoutansicht oder Seitenansicht angezeigt werden. *Seiten* kann nur den Wert 1 oder 2 haben. Weitergehende Steuerungsmöglichkeiten zur Anzeige von Seiten in einem Raster erhalten Sie mit **AnsichtZoom**. Die Funktion **DateiSeitenansichtSeiten()** liefert die Anzahl der Seiten, die momentan angezeigt werden. Wenn sich das aktive Dokument nicht in der Layoutansicht oder Seitenansicht befindet, tritt ein Fehler auf.

Siehe auch   **AnsichtLayout, AnsichtZoom, DateiSeitenansicht**

DateiSenden

Syntax   DateiSenden

Bemerkungen   Öffnet ein Nachrichtenfenster, um das aktive Dokument mit Microsoft Mail zu senden. Mit der Anweisung **ExtrasOptionenAllgemein** und dem zugehörigen Argument **.NachrichtAlsAnlage** können Sie festlegen, ob das Dokument als Text im Nachrichtenfenster oder als Anlage gesendet wird. **DateiSenden** ist nur dann verfügbar, wenn Microsoft Mail installiert ist.

Siehe auch   **AOCENachrichtSenden, DateiAOCENachrichtSenden, DateiVerteiler, ExtrasOptionenAllgemein**

DateiSpeichern

Syntax   DateiSpeichern

Bemerkungen   Speichert das aktive Dokument oder die aktive Dokumentvorlage. Wenn das Dokument noch keinen Namen hat, zeigt **DateiSpeichern** das Dialogfeld **Speichern unter** (Menü **Datei**) an.

Siehe auch   **DateiAllesSpeichern, DateiSpeichernUnter, IstDokumentGeändert(), IstDokVorlageGeändert()**

DateiSpeichernUnter

Syntax   DateiSpeichernUnter [.Name = *Text*] [, .Format = *Zahl*]
[, .AnmerkungSperren = *Zahl*] [, .Kennwort = *Text*]
[, .ZuletztBearbErweitern = *Zahl*] [, .KennwortSchreiben = *Text*]
[, .SchreibschutzEmpfehlen = *Zahl*] [, .EinbettenSchriftarten = *Zahl*]
[, .UrsprungGrafikFormat = *Zahl*] [, .FormularDaten = *Zahl*]
[, .SpeichernAlsAOCEBrief = *Zahl*]

Bemerkungen   Speichert das aktive Dokument unter einem neuen Namen oder mit einem anderen Format. Die Argumente für die Anweisung **DateiSpeichernUnter** entsprechen den Optionen im Dialogfeld **Speichern unter** (Menü **Datei**).

Argument	Erklärung
.Name	Der neue Name. Wenn Sie **.Name** nicht angeben, werden der aktuelle Ordner und der aktuelle Name als Standardvorgabe verwendet. Wenn das Dokument noch nicht gespeichert wurde, verwendet Word einen Standardnamen (DOK1.DOC (Windows) oder DOKUMENT1 (Macintosh). Wenn ein Dokument mit dem neuen Namen oder einem Standardnamen bereits existiert, wird dieses von Word ohne Nachfrage überschrieben.
.Format	Gibt das neue Format an:
	0 (Null) Word-Dokument
	1 Dokumentvorlage
	2 Nur Text (Zeichen des erweiterten Zeichensatzes werden entsprechend dem ANSI-Zeichensatz gespeichert)
	3 Nur Text+Zeilenwechsel (Zeichen des erweiterten Zeichensatzes werden entsprechend dem ANSI-Zeichensatz gespeichert)
	4 MS-DOS-Text (Zeichen des erweiterten Zeichensatzes werden entsprechend dem IBM® PC-Zeichensatz gespeichert) (nur unter Windows)
	5 MS-DOS-Text+Zeilenwechsel (Zeichen des erweiterten Zeichensatzes werden entsprechend dem IBM PC-Zeichensatz gespeichert) (nur unter Windows)
	6 Rich Text Format (RTF)
	Sie können Werte, die anderen Formaten entsprechen, als Rückgabewerte liefern, indem Sie einen Formatnamen in einer **KonverterSuchen( )**-Instruktion angeben.
.AnmerkungSperren	Wenn 1, wird das Dokument für Anmerkungen gesperrt. Sie können ein Dokument auch mit **ExtrasDokumentSchützen** sperren.
.Kennwort	Legt ein Kennwort fest, das beim Öffnen des Dokuments eingegeben werden muß.

Argument	Erklärung
.ZuletztBearb Erweitern	Wenn 1, wird der Name des Dokuments an die oberste Stelle in der Liste der zuletzt verwendeten Dateien eingefügt. Diese Liste befindet sich unten im Menü **Datei**.
.KennwortSchreiben	Legt ein Kennwort fest, das beim Speichern von Änderungen an einem Dokument eingegeben werden muß.
.Schreibschutz Empfehlen	Wenn 1, wird beim Öffnen des Dokuments eine Meldung angezeigt, die empfiehlt, das Dokument schreibgeschützt zu öffnen.
.Einbetten Schriftarten	Wenn 1, werden TrueType-Schriftarten in das Dokument eingebettet.
.UrsprungGrafik Format	Wenn 1, wird nur die Windows-Version importierter Bilder gespeichert.
.FormularDaten	Wenn 1, werden die Daten, die ein Benutzer in einem Formular eingegeben hat, als Datensatz gespeichert. Das Formular darf nicht geschützt sein, da **DateiSpeichernUnter** sonst zu einem Fehler führt.
SpeichernAls AOCEBrief	Falls das aktive Dokument ein angefügtes Adreßfeld hat, gibt **.SpeichernAlsAOCEBrief** an, wie das Dokument gespeichert wird:
	0 (Null) Als Word-Dokument (das Adreßfeld wird nicht gespeichert)
	1 oder fehlt Als AOCE-Nachricht (das Adreßfeld wird gespeichert)
	Diese Option ist nur für den Macintosh verfügbar und nur dann, wenn PowerTalk installiert ist.

Beispiel   Dieses Beispiel für Windows speichert das aktive Dokument in RichText Format (RTF) unter dem Dateinamen TEST.RTF:

```
DateiSpeichernUnter .Name = "TEST.RTF", .Format = 6
```

Siehe auch   **DateiAllesSpeichern, DateiSpeichern, ExtrasDokumentSchützen, ExtrasOptionenSpeichern, Konverter$(), KonverterSuchen, Name**

DateiTyp$()

Syntax   **DateiTyp$(***Datei$***)**

Bemerkungen   Liefert auf dem Macintosh eine vier Zeichen lange Zeichenfolge, die den Dateityp von *Datei$* (einen Pfad und einen Dateinamen) bezeichnet. Unter Windows ist **DateiTyp$()** nicht verfügbar und führt zu einem Fehler.

516 DateiUmwandlungenBestätigen, DateiUmwandlungenBestätigen()

Beispiel Dieses Beispiel für den Macintosh zeigt ein Meldungsfeld an, in dem der Typ der durch prüfdatei$ bezeichneten Datei angegeben wird:

```
prüfdatei$ = "FP:PROJEKT:ARBEITSLISTE"
dtyp$ = DateiTyp$(prüfdatei$)
Select Case dtyp$
    Case "W6BN" : a$ = "ein Word-Dokument"
    Case "WDBN" : a$ = "ein Word 5.1-Dokument"
    Case "WTBN" : a$ = "eine Word-Dokumentvorlage"
    Case "TEXT" : a$ = "eine Textdatei "
    Case "XLS5" : a$ = "ein Microsoft Excel-Arbeitsblatt"
    Case "APPL" : a$ = "eine Anwendung"
    Case "WDLL" : a$ = "eine Word Add-In Library"
    Case "WIZ!" : a$ = "ein Assistent"
    Case Else : a$ = ""
End Select
If a$ <> "" Then
    MsgBox prüfdatei$ + " ist " + a$ + "."
Else
    MsgBox prüfdatei$ + " hat den Dateityp " + dtyp$ + "."
End If
```

Siehe auch BestimmenDateiErstelltVonUndTyp, DateiErstelltVon$( ), MacID$( )

DateiUmwandlungenBestätigen, DateiUmwandlungenBestätigen()

Syntax DateiUmwandlungenBestätigen [*Aktiv*]

DateiUmwandlungenBestätigen()

Bemerkungen Die Anweisung **DateiUmwandlungenBestätigen** legt fest, ob Word ein Dialogfeld mit einer Liste von Fremdformaten zur Bestätigung der Dateiumwandlung anzeigt, wenn eine Datei geöffnet wird, die nicht im Format „Word-Dokument" oder „Dokumentvorlagen" vorliegt. In Word, Version 6.0, aktiviert oder deaktiviert **DateiUmwandlungenBestätigen** das Kontrollkästchen „Konvertierungen bestätigen" im Dialogfeld **Öffnen** (Menü **Datei**). In Word, Version 7.0, aktiviert bzw. deaktiviert **DateiUmwandlungenBestätigen** das Kontrollkästchen „Konvertierung beim Öffnen bestätigen" auf der Registerkarte **Allgemein** im Dialogfeld **Optionen** (Menü **Extras**).

Argument	Erklärung
Aktiv	Gibt an, ob Word das Dialogfeld zur Bestätigung anzeigt: 0 (Null) Das Dialogfeld wird nicht angezeigt. 1 Das Dialogfeld wird angezeigt. Fehlt Schaltet das Kontrollkästchen „Konvertierungen bestätigen" um.

Die Funktion **DateiUmwandlungenBestätigen( )** liefert die folgenden Werte.

Wert	Erklärung
0 *(Null)*	Wenn das Kontrollkästchen „Konvertierungen bestätigen" deaktiviert ist.
–1	Wenn das Kontrollkästchen „Konvertierungen bestätigen" aktiviert ist.

Siehe auch   SeriendruckAnfrageChevronsUmwandeln

DateiVerteiler

Syntax   DateiVerteiler [.Betreff = *Text*] [, .Nachricht = *Text*] [, .Zugleich = *Zahl*] [, .ZurückWennBeendet = *Zahl*] [, .StatusVerfolgen = *Zahl*] [, .Zulassen = *Zahl*] [, .VerteilerHinzufügen] [, .DokumentWeiterleiten] [, .EmpfängerHinzufügen] [, .AlterEmpfänger] [, .VorgabeVerteiler] [, .VerteilerLöschen] [, .EmpfängerLöschen] [, .Adresse = *Text*]

Bemerkungen   Fügt den Verteiler für das aktive Dokument hinzu, ändert ihn, entfernt ihn oder verteilt das Dokument an die im Verteiler angegebenen Empfänger. Diese Anweisung ist nur dann verfügbar, wenn Microsoft Mail installiert ist. Die Argumente für **DateiVerteiler** entsprechen den Optionen im Dialogfeld **Verteiler** (Befehl **Verteiler erstellen**, Menü **Datei**).

Argument	Erklärung
.Betreff	Text für die Zeile „Betreff:" der E-Mail-Nachricht.
.Nachricht	Die Nachricht, die vor dem Symbol für die Dokumentanlage erscheinen soll.
.Zugleich	Gibt an, wie die Empfänger das Dokument erhalten sollen: 0 (Null) Sendet das Dokument an den ersten mit **.Adresse** angegebenen Empfänger. 1 Sendet eine Kopie des Dokuments an alle Empfänger gleichzeitig.

Argument	Erklärung
.ZurückWenn Beendet	Falls 1, wird das Dokument an den ursprünglichen Sender zurückgeschickt, wenn der letzte Empfänger aus dem Menü **Datei** den Befehl **Senden** wählt.
.Status Verfolgen	Falls 1, erhält der ursprüngliche Sender immer dann eine Nachricht, wenn das Dokument weitergeleitet wird.
.Zulassen	Gibt an, in welchem Umfang das Dokument geschützt ist: 0 (Null) Kein Schutz. 1 Alle Änderungen werden mit Korrekturmarkierungen versehen. 2 Empfänger können lediglich Anmerkungen hinzufügen. 3 Empfänger können Informationen lediglich in Formularfelder eingeben.
.Adresse	Die Adresse eines Empfängers für das weitergeleitete Dokument. Sie können mehrere Empfänger hinzufügen, indem Sie jeden Empfänger einzeln mit der Anweisung **DateiVerteiler** angeben. Wenn Sie das Dokument einzeln an Empfänger weiterleiten, fügen Sie die Namen der Empfänger in der Reihenfolge ein, in der das Dokument weitergeleitet werden soll.

Nur eines der folgenden Argumente kann für jeweils eine Anweisung **DateiVerteiler** angegeben werden.

Argument	Erklärung
.Verteiler Hinzufügen	Erstellt einen Verteiler für das aktive Dokument. Wenn Sie ein Dokument mit einem beigefügten Verteiler schließen, fragt Word Sie in einer Meldung, ob Sie das Dokument weiterleiten möchten. Sie können diese Meldung in einem Makro mit den Anweisungen **DokumentSchließen**, **DateiSchließen**, **DateiAllesSchließen** oder **DateiBeenden** unterdrücken, indem Sie das Argument **.Speichern** für diese Anweisungen auf den Wert 1 oder 2 setzen. Word schließt dann das Dokument oder die Dokumente, ohne sie weiterzuleiten.
.Dokument Weiterleiten	Leitet das aktive Dokument weiter.
.Empfänger Hinzufügen	Fügt die durch **.Adresse** angegebene Adresse zur Empfängerliste hinzu.
.Alter Empfänger	Fügt die durch **.Adresse** angegebene Adresse zur Empfängerliste hinzu, wenn das Dokument nicht bereits weitergeleitet wurde. Wenn Sie eine Änderung eines Verteilers für ein Dokument aufzeichnen, das bereits weitergeleitet wurde, werden **DateiVerteiler**-Anweisungen mit dem Argument **.AlterEmpfänger** für Empfänger aufgezeichnet, die das Dokument bereits erhalten haben.

Argument	Erklärung
.Vorgabe Verteiler	Bereitet das Dokument für eine erneute Verteilung an die Empfänger vor. Wenn die erste Verteilung des Dokuments noch nicht vollständig beendet wurde, zeigt Word eine Meldung an.
.Verteiler Löschen	Entfernt den Verteiler vom aktiven Dokument.
.Empfänger Löschen	Entfernt alle Adressen aus der Empfängerliste.

Beispiel

Dieses Beispiel fügt dem aktiven Dokument einen Verteiler hinzu (der das aktuelle Datum in der Betreff-Zeile enthält), fügt zwei Empfänger hinzu und leitet dann das Dokument weiter:

```
AktDatum$ = Date$(Jetzt())
DateiVerteiler .Betreff = "Statusdokument" + AktDatum$, \
    .Nachricht = "Geben Sie bitte Ihren Status an.", .Zugleich = 0, \
    .ZurückWennBeendet = 1, .StatusVerfolgen = 1, .Zulassen = 1, \
    .VerteilerHinzufügen
DateiVerteiler .Adresse = "Maria Berger", .EmpfängerHinzufügen
DateiVerteiler .Adresse = "Markus Müller", .EmpfängerHinzufügen
DateiVerteiler .DokumentWeiterleiten
```

Siehe auch DateiSenden

DatumSeriell()

Syntax **DatumSeriell**(*Jahr*, *Monat*, *Tag*)

Bemerkungen Liefert die Seriennummer des angegebenen Datums. Die Seriennummer entspricht der Anzahl der Tage zwischen dem 30. Dezember 1899 und dem angegebenen Datum (bis zum 31. Dezember 4095). Die Seriennummer 1 entspricht beispielsweise dem 31. Dezember 1899. **DatumSeriell**() erzeugt einen Fehler, wenn das angegebene Datum außerhalb des zulässigen Bereiches liegt.

Argument	Erklärung
Jahr	Eine Zahl im Bereich von 0 bis 4095 (je einschließlich) oder ein numerischer Ausdruck. Um ein Jahr zwischen 1900 und 1999 zu bezeichnen, brauchen Sie nur die beiden letzten Ziffern des Jahres anzugeben. Für Jahre vor 1900 oder nach 1999 müssen Sie alle vier Ziffern der Jahreszahl angeben.
Monat	Eine Zahl im Bereich von 1 bis 12 (je einschließlich) oder ein numerischer Ausdruck, der den Monat im Jahr repräsentiert.
Tag	Eine Zahl im Bereich von 1 bis 31 (je einschließlich) oder ein numerischer Ausdruck, der den Tag des Monats repräsentiert.

Beispiel Dieses Beispiel fordert den Benutzer auf, ein Datum einzugeben und zeigt anschließend ein Meldungsfeld mit dem Wochentag an, der dem eingegebenen Datum entspricht.

```
Dim tage$(7)
tage$(0) = "Sonntag"
tage$(1) = "Montag"
tage$(2) = "Dienstag"
tage$(3) = "Mittwoch"
tage$(4) = "Donnerstag"
tage$(5) = "Freitag"
tage$(6) = "Samstag"
datumstring$ = InputBox$("Bitte geben Sie ein Datum ein, dessen " \
    + "Wochentag Sie wissen möchten (tt.mm.jj):")
tagnum = Val(Left$(datumstring$, 2))
monatnum = Val(Mid$(datumstring$, 4, 2))
jahrnum = Val(Right$(datumstring$, 2))
tagderwoche = DatumSeriell(jahrnum, monatnum, tagnum)
MsgBox "Der Wochentag ist " + tage$(Wochentag(tagderwoche) - 1) + "."
```

Siehe auch **Date$()**, **DatumWert()**, **Heute()**, **Jahr()**, **Jetzt()**, **Monat()**, **Tag()**, **ZeitWert()**

DatumWert()

Syntax **DatumWert(**<i>Datumtext$</i>**)**

Bemerkungen Liefert die Seriennummer des Datums, das durch *Datumtext$* repräsentiert wird. Mit **DatumWert()** können Sie ein durch Text dargestelltes Datum in eine Seriennummer umwandeln. Eine Seriennummer ist eine dezimale Darstellung des Datums und/oder der Uhrzeit. Weitere Informationen über Seriennummern finden Sie unter **DatumSeriell()**.

Argument	Erklärung
Datumtext$	Eine Zeichenfolge, die ein Datum im Word-Datumsformat repräsentiert. Die folgende Liste enthält einige gültige Darstellungen des Datums 8.7.1993:
	8.7.93
	8-7-1993
	Juli 8, 1993
	8 Jul 93
	8-Jul-93
	8. Juli 1993
	Wenn *Datumtext$* nur aus Zahlen besteht, interpretiert **DatumWert()** die Komponenten für das Datum in der Reihenfolge Tag, Monat und Jahr.

Datumtext$ muß einem Datum im Bereich vom 30. Dezember 1899 bis zum 31. Dezember 4095 entsprechen. **DatumWert()** erzeugt einen Fehler, wenn sich *Datumtext$* nicht in diesem Bereich befindet. Wenn Sie in *Datumtext$* kein Jahr angeben, verwendet **DatumWert()** das aktuelle Jahr aus dem eingebauten Systemkalender. **DatumWert()** ignoriert Uhrzeitangaben in *Datumtext$*.

Beispiel

Dieses Beispiel fordert den Benutzer zur Eingabe eines Enddatums auf und zeigt anschließend die Anzahl der Tage zwischen dem heutigen Tag und dem eingegebenen Datum an:

```
Enddatum$ = InputBox$("Geben Sie ein Enddatum ein:")
SeriennummerEnddatum = DatumWert(Enddatum$)
AnzTage = SeriennummerEnddatum - Heute()
AnzTage = Abs(AnzTage)
MsgBox "Die Anzahl der Tage zwischen dem heutigen Tag und dem " + \
       Enddatum$ + " beträgt" + Str$(AnzTage) + "."
```

Siehe auch

Date$(), DatumSeriell(), Heute(), Jetzt(), ZeitWert()

DDEExecute

Syntax   **DDEExecute** *Kanalnummer*, *Befehl$*

Bemerkungen   Sendet einen Befehl oder eine Reihe von Befehlen an eine Anwendung über einen DDE-Kanal (DDE = Dynamic Data Exchange/Dynamischer Datenaustausch).

Argument	Erklärung
Kanalnummer	Die Nummer des Kanals für den DDE-Dialog, die von der Funktion **DDEInitiate( )** beim Öffnen des Kanals als Ergebnis geliefert wird. Entspricht die *Kanalnummer* keinem offenen Kanal, tritt ein Fehler auf.
Befehl$	Ein Befehl oder eine Reihe von Befehlen, die von der Server-Anwendung erkannt werden. Unter Windows können Sie auch das unter **SendKeys** beschriebene Format verwenden, um Tastenfolgen zu senden. Wenn die Server-Anwendung den angegebenen Befehl nicht ausführen kann, tritt ein Fehler auf.

In Microsoft Excel und vielen anderen Anwendungen, die DDE unterstützen, sollte *Befehl$* aus einer oder mehreren Anweisungen oder Funktionen der Makrosprache der Anwendung bestehen. In Microsoft Excel z.B. lautet die Makroanweisung zum Erstellen einer neuen Tabelle NEU(1). Um diesen Befehl über einen DDE-Kanal zu senden, verwenden Sie folgende Anweisung:

```
DDEExecute Kanal, "[NEU(1)]"
```

Beachten Sie, daß einige Anwendungen, darunter Microsoft Excel, voraussetzen, daß jeder über einen DDE-Kanal gesendete Befehl in eckigen Klammern steht.

Mit einer einzigen **DDEExecute**-Anweisung können Sie auch mehrere Befehle senden. Durch folgende Anweisung wird Microsoft Excel beispielsweise angewiesen, eine Tabelle zu öffnen und wieder zu schließen:

```
DDEExecute Kanal, "[NEU(1)][DATEI.SCHLIESSEN(0)]"
```

Beachten Sie, daß sich zwischen den in eckigen Klammern stehenden Befehlen keine Leerstelle befindet. Eine Leerstelle würde einen Fehler hervorrufen. Die obige Anweisung ist gleichbedeutend mit den beiden folgenden Anweisungen:

```
DDEExecute Kanal, "[NEU(1)]"
DDEExecute Kanal, "[DATEI.SCHLIESSEN 0)]"
```

DDEExecute

Viele Befehle erfordern Argumente in Form von Zeichenfolgen, die in Anführungszeichen stehen müssen. Da Anführungszeichen jedoch in WordBasic den Anfang und das Ende von Zeichenfolgen kennzeichnen, müssen Sie Anführungszeichen in Befehlszeichenfolgen mit Chr$(34) einfügen. Durch folgende Anweisung wird Microsoft Excel angewiesen, die UMSATZ.XLS zu öffnen:

```
DDEExecute Kanal, "[ÖFFNEN(" + Chr$(34) + "UMSATZ.XLS" + Chr$(34) + ")]"
```

Weitere Information über das Senden von Befehlen an Microsoft Excel und andere Anwendungen finden Sie in Kapitel 8, "Datenaustausch mit anderen Anwendungen" in Teil 1, "Einstieg in WordBasic."

Beispiel

Dieses Beispiel startet Microsoft Excel, wenn es nicht bereits ausgeführt wird, und öffnet dann einen Kanal zu Microsoft Excel und zum Objekt „System". (Weitere Informationen zum Objekt „System" finden Sie unter **DDERequest$()**.) Danach werden die entsprechenden Befehle gesendet, um UMSATZ.XLS (Windows) bzw. „Umsatz" (Macintosh) zu öffnen und zur Zelle Z4S2 zu gehen. Im Gegensatz zu Dokumenten, die geöffnet oder geschlossen sein können, ist das Objekt „System" immer verfügbar, solange Microsoft Excel ausgeführt wird. Hier die Version des Beispiels für Windows:

```
If AnwAktiv("Microsoft Excel") = 0 Then Shell "C:\EXCEL\EXCEL.EXE"
Kanal = DDEInitiate("Excel", "System")
q$ = Chr$(34)
Befehl1$ = "[ÖFFNEN(" + q$ + "C:\EXCEL\BEISPIEL\UMSATZ.XLS" + q$ +")]"
Befehl2$ = "[AUSWÄHLEN(" + q$ + "Z4S2" + q$ + ")]"
BeideBefehle$ = Befehl1$ + Befehl2$
DDEExecute Kanal, BeideBefehle$
```

Und hier die Version für den Macintosh:

```
If AnwAktiv(MacID$("XCEL")) = 0 Then Shell MacID$("XCEL")
Kanal = DDEInitiate("Excel", "System")
q$ = Chr$(34)
Befehl1$ = "[ÖFFNEN(" + q$ + "FP:Excel:Beispiele:Umsatz" + q$ +")]"
Befehl2$ = "[AUSWÄHLEN(" + q$ + "Z4S2" + q$ + ")]"
BeideBefehle$ = Befehl1$ + Befehl2$
DDEExecute Kanal, BeideBefehle$
```

Siehe auch **DDEInitiate(), DDEPoke, DDERequest$(), DDETerminate, DDETerminateAll**

DDEInitiate()

Syntax DDEInitiate(*Anwendung$*, *Objekt$*)

Bemerkungen Leitet einen DDE-Dialog mit einer Anwendung ein und öffnet einen DDE-Kanal, über den der Dialog stattfinden kann. Wenn **DDEInitiate()** einen Kanal öffnen kann, liefert es die Nummer des offenen Kanals, die aus einer ganzen Zahl größer Null besteht. (Der erste von Word in einer Sitzung geöffnete DDE-Kanal ist Kanal 1, der nächste Kanal 2 usw.) Alle nachfolgenden DDE-Anweisungen im Verlauf des DDE-Dialogs verwenden zur Angabe des Kanals diese Nummer. **DDEInitiate()** liefert 0 (Null), wenn das Öffnen eines Kanals mißlingt.

Anmerkung In Word, Version 6.0 für Windows NT, und Word, Version 7.0, ist nicht sichergestellt, daß der Ladevorgang eines mit **Shell** gestarteten Programms beendet ist, bevor die auf die **Shell**-Anweisung folgenden Instruktionen in Ihrem Makro ausgeführt werden. Eine **DDEInitiate**-Instruktion, die versucht, mit einer Anwendung zu kommunizieren, die noch nicht vollständig in den Speicher geladen wurde, verursacht Fehler. Zur Vermeidung dieses Problems können Sie eine **For...Next**-Schleife verwenden, um die Ausführung der Instruktion **DDEInitiate** zu verzögern, bis der Ladevorgang der anderen Anwendung beendet ist. Beispiel:

```
If AnwAktiv("Microsoft Access") = 0 Then Shell "MSACCESS.EXE", 0
For i = 1 to 2000
    x = i
Next i
Kanal = DDEInitiate("MSAccess", "System")
```

Argument	Erklärung
Anwendung$	Der Name einer Anwendung, die DDE als DDE-Server unterstützt. Unter Windows ist dies normalerweise der Name der .EXE-Datei einer Anwendung ohne die Dateinamenerweiterung .EXE. Ist die Anwendung nicht aktiv, kann **DDEInitiate()** keinen Kanal öffnen und liefert einen Fehler.
Objekt$	Der Name eines von *Anwendung$* erkannten Objekts. Ein typisches Objekt ist z.B. ein geöffnetes Dokument. (Wenn *Objekt$* der Name eines Dokuments ist, muß dieses Dokument geöffnet sein.) Wird *Objekt$* von *Anwendung$* nicht erkannt, führt **DDEInitiate()** zu einem Fehler.
	Viele DDE-Anwendungen unterstützen ein Objekt namens „System", das jederzeit verfügbar ist und mit dem Sie feststellen können, welche zusätzlichen Objekte verfügbar sind. Weitere Informationen über das Objekt „System" finden Sie unter **DDERequest$()**.

Die Höchstzahl der gleichzeitig geöffneten Kanäle hängt von Microsoft Windows sowie der Speicherkapazität und den Ressourcen Ihres Systems ab. Nicht verwendete offene Kanäle sollten zwecks Erhaltung der Systemressourcen durch **DDETerminate** oder **DDETerminateAll** geschlossen werden.

Beispiele

Dieses Beispiel öffnet einen Kanal zu Microsoft Excel und zur Datei UMSATZ.XLS (Windows) bzw. UMSATZ (Macintosh). Der Variablen `Kanal` wird die zurückgegebene Kanalnummer zugewiesen. Wenn Microsoft Excel nicht aktiv oder die Datei nicht geöffnet ist, liefert die Funktion als Ergebnis 0 (Null) und erzeugt einen Fehler. Hier die Version des Beispiels für Windows:

```
Kanal = DDEInitiate("EXCEL", "C:\EXCEL\BEISPIEL\UMSATZ.XLS")
```

Und hier die Version für den Macintosh:

```
Kanal = DDEInitiate("EXCEL", "FP:Excel:Beispiele:Umsatz")
```

Im folgenden Beispiel wird zunächst dafür gesorgt, daß Microsoft Excel ausgeführt wird, und danach ein Kanal zu Microsoft Excel und zum Objekt „System" geöffnet. Anschließend wird über **DDERequest$()** das Element „Topics" abgerufen. Das Element „Topics" ist ein Standardelement im jederzeit verfügbaren Objekt „System". Es enthält eine Liste der verfügbaren Objekte, einschließlich der Namen aller geöffneten Dokumente. Hier die Version des Beispiels für Windows:

```
If AnwAktiv("Microsoft Excel") = 0 Then
    Shell "C:\EXCEL\EXCEL.EXE"
    AnwAktivieren "Microsoft Word", 1
End If
Kanal = DDEInitiate("EXCEL", "System")
Objekte$ = DDERequest$(Kanal, "Topics")
If InStr(Objekte$, "TABELLE1") <> 0 Then MsgBox\
            "Tabelle1 ist in Excel geöffnet."
End If
DDETerminate Kanal
```

Und hier die Version für den Macintosh:

```
If AnwAktiv(MacID$("XCEL")) = 0 Then
    Shell MacID$("XCEL")
    AnwAktivieren MacID$("MSWD"), 1
End If
Kanal = DDEInitiate("EXCEL", "System")
Objekte$ = DDERequest$(Kanal, "Topics")
If InStr(Objekte$, "TABELLE1") <> 0 Then MsgBox\
            "Tabelle1 ist in Excel geöffnet."
DDETerminate Kanal
```

DDEPoke

Syntax DDEPoke *Kanalnummer*, *Element$*, *Daten$*

Bemerkungen Sendet Daten über einen geöffneten DDE-Kanal an eine Anwendung. Wenn Sie einen DDE-Dialog mit **DDEInitiate**() einleiten, öffnen Sie einen Kanal zu einem bestimmten Objekt, das die Server-Anwendung erkennt. In Microsoft Excel ist beispielsweise jedes geöffnete Dokument ein eigenes Objekt. Wenn Sie Daten an das Objekt in der Server-Anwendung senden, müssen Sie ein „Element" angeben, zu dem Sie die Informationen senden. In Microsoft Excel sind beispielsweise Zellen gültige Elemente, die entweder über das Format „Z1S1" oder über benannte Bezüge angesprochen werden können.

DDEPoke sendet Daten als Textzeichenfolge. Es ist nicht möglich, Text in einem anderen Format zu senden. Ebensowenig können grafische Daten gesendet werden.

Argument	Erklärung
Kanalnummer	Die von **DDEInitiate**() gelieferte DDE-Kanalnummer. Entspricht *Kanalnummer* keinem geöffneten Kanal, tritt ein Fehler auf.
Element$	Das Datenobjekt innerhalb eines DDE-Objekts. Erkennt die Server-Anwendung *Element$* nicht, tritt ein Fehler auf.
Daten$	Die Zeichenfolge, die die Daten enthält, die Sie an die Server-Anwendung senden möchten.

Beispiele Dieses Beispiel sendet den Inhalt der Variablen Gesamt$ an die zweite Zeile der dritten Spalte der Tabelle TABELLE1.XLS in Microsoft Excel. Auf dem Macintosh sollte innerhalb von **DDEInitiate**() statt dem Namen der Anwendung, "Excel", der Ausdruck „MacID$("XCEL")" verwendet werden.

```
Kanal = DDEInitiate ("Excel", "TABELLE1.XLS")
DDEPoke Kanal, "Z2S3", Gesamt$
```

Das folgende Beispiel sendet die Zeichenfolge Gesamt: 1434 DM an die Zelle mit dem Namen QuartalGesamt in TABELLE1.XLS. Auf dem Macintosh sollte innerhalb von **DDEInitiate**() statt dem Namen der Anwendung der Ausdruck „MacID$("XCEL")" verwendet werden.

```
Kanal = DDEInitiate("Excel", "TABELLE1.XLS")
DDEPoke Kanal, "QuartalGesamt", "Gesamt: 1434 DM"
```

Siehe auch	**DDEExecute, DDEInitiate(), DDERequest$(), DDETerminate, DDETerminateAll**

DDERequest$()

Syntax	**DDERequest$**(*Kanalnummer, Element$*)
Bemerkungen	Fordert über einen DDE-Kanal ein Datenelement von einer Anwendung an. Beim Einleiten eines DDE-Dialogs mit **DDEInitiate()** öffnen Sie einen Kanal zu einem bestimmten „Objekt", das die Server-Anwendung erkennt. In Microsoft Excel ist beispielsweise jedes geöffnete Dokument ein eigenes Objekt. Wenn Sie Daten von einem Objekt der Server-Anwendung anfordern, müssen Sie das „Element" angeben, dessen Inhalt Sie anfordern. In Microsoft Excel sind beispielsweise Zellen gültige Elemente, die entweder über das Format „Z1S1" oder benannte Bezüge angesprochen werden können.

DDERequest$() liefert Daten nur als unformatierten Text. Wurde die Funktion nicht erfolgreich ausgeführt, liefert sie eine leere Zeichenfolge (" "). Text in anderen Formaten sowie Grafiken können nicht übertragen werden.

Argument	Erklärung
Kanalnummer	Die von **DDEInitiate()** zurückgegebene DDE-Kanalnummer. Entspricht *Kanalnummer* keinem geöffneten Kanal, tritt ein Fehler auf.
Element$	Das Datenobjekt innerhalb eines DDE-Objekts, das von der Server-Anwendung erkannt wird. **DDERequest$()** liefert als Ergebnis den gesamten Inhalt des angegebenen Elements. Wird *Element$* von der Server-Anwendung nicht erkannt, tritt ein Fehler auf.

Microsoft Excel und andere DDE-Anwendungen unterstützen ein Objekt mit der Bezeichnung „System". Drei Standardelemente im Objekt „System" sind in der folgenden Tabelle beschrieben. Beachten Sie, daß Sie eine Liste der anderen Objekte durch Verwenden des Objekts „SysItems" erhalten.

Element im Objekt „System"	Wirkung
SysItems	Liefert eine Liste aller Elemente, die Sie mit dem Objekt „System" verwenden können.
Topics	Liefert eine Liste aller verfügbaren Objekte.
Formats	Liefert eine Liste aller Zwischenablageformate, die von der Server-Anwendung unterstützt werden.

Ein Beispiel für die Verwendung des Objekts „System" finden Sie unter **DDETerminate()**.

Beispiel

Dieses Beispiel (Windows) öffnet einen Kanal zu Microsoft Excel und zur Tabelle UMSATZ.XLS und fordert dann den Inhalt des Felds Z5S4 an. Hier die Version des Beispiels für Windows:

```
Kanal = DDEInitiate("Excel", "C:\EXCEL\BEISPIEL\UMSATZ.XLS")
a$ = DDERequest$(Kanal, "Z5S4")
MsgBox a$
```

Und hier die Version für den Macintosh:

```
Kanal = DDEInitiate("Excel", "FP:Excel:Beispiele:Umsatz")
a$ = DDERequest$(Kanal, "Z5S4")
MsgBox a$
```

Siehe auch **DDEExecute, DDEInitiate(), DDEPoke, DDETerminate, DDETerminateAll**

DDETerminate

Syntax **DDETerminate** *Kanalnummer*

Bemerkungen Schließt den angegebenen DDE-Kanal. Um Systemressourcen freizugeben, sollten Sie nicht benutzte Kanäle immer schließen.

Argument	Erklärung
Kanalnummer	Die von **DDEInitiate()** zurückgegebene Kanalnummer. Entspricht *Kanalnummer* keinem geöffneten Kanal, tritt ein Fehler auf.

Beispiel Dieses Beispiel öffnet einen DDE-Kanal, um eine Liste von Objekten von Microsoft Excel anzufordern. Durch die Anweisungen wird die angeforderte Liste in das aktive Word-Dokument eingefügt und der Kanal danach geschlossen. Auf dem Macintosh sollte innerhalb von **DDEInitiate()** statt dem Namen der Anwendung, `"Excel"`, der Ausdruck „`MacID$("XCEL")`" verwendet werden.

```
Kanal = DDEInitiate("EXCEL","System")
a$ = DDERequest$(Kanal, "Topics")
Einfügen a$
DDETerminate Kanal
```

Siehe auch **DDEExecute, DDEInitiate( ), DDEPoke, DDERequest$( ), DDETerminateAll**

DDETerminateAll

Syntax **DDETerminateAll**

Bemerkungen Schließt alle durch Word geöffneten DDE-Kanäle, jedoch nicht die von Client-Anwendungen zu Word geöffneten Kanäle. Diese Anweisung führt in einem Schritt zum selben Ergebnis wie die Ausführung der Anweisung **DDETerminate** bei jedem einzelnen geöffneten Kanal. **DDETerminateAll** führt zu keinem Fehler, wenn keine DDE-Kanäle geöffnet sind.

Wenn Sie einen Makro unterbrechen, der einen DDE-Kanal öffnet, kann es vorkommen, daß Sie Kanäle versehentlich geöffnet lassen. Offene Kanäle werden beim Beenden eines Makros nicht automatisch geschlossen, und jeder offene Kanal nimmt Systemressourcen in Anspruch. Aus diesem Grund empfiehlt es sich, **DDETerminateAll** beim Debuggen aller Makros, die einen oder mehrere DDE-Kanäle öffnen, einzusetzen.

Siehe auch **DDEExecute, DDEInitiate( ), DDEPoke, DDERequest$( ), DDETerminate**

Declare

Syntax **Declare Sub** *Unterroutine* **Lib** *Bibliothek$* [(*Argumentliste*)] [**Alias** *Routine$*]

Declare Function *Funktion*[$] **Lib** *Bibliothek$* [(*Argumentliste*)] [**Alias** *Routine$*] **As** *Typ*

Bemerkungen Stellt in Windows eine Routine, die in einer Windows-DLL, einer Word Add-In-Library (WLL) oder im Windows-Betriebssystem gespeichert ist, einem WordBasic-Makro als Funktion oder Unterroutine zur Verfügung. Stellt auf dem Macintosh nur eine Routine zur Verfügung, die in einer Word Add-In-Library (WLL) gespeichert ist. Die Deklarierung gibt den Namen der Routine, die Bibliotheksdatei, in der sie gespeichert ist, und alle für die Routine erforderlichen Argumente an. **Declare**-Anweisungen stehen normalerweise am Anfang des Makros vor der Hauptroutine. Sie dürfen sich nicht in einer Unterroutine oder Funktion befinden.

Windows enthält Standard-Funktionsbibliotheken wie USER.EXE und GDI.EXE, deren Funktionen im Handbuch *Microsoft Windows Programmer's Reference, Volume 2* dokumentiert sind. Dieses Handbuch ist im Microsoft Windows 3.1 Software Development Kit enthalten oder über Microsoft Press erhältlich. Eine Liste der entsprechenden Module und Bibliotheken für die einzelnen Funktionen finden Sie in *Volume 1*. Funktionen unter Windows NT sind in den Handbüchern *Microsoft Win32 Programmer's Reference, Volume 3* und *Volume 4* dokumentiert. Diese Handbücher sind im Microsoft Win32 Software Development Kit enthalten oder über Microsoft Press erhältlich. Einen Überblick über die Win32-Module und Bibliotheken (und die darin enthaltenen Funktionen) finden sie in *Volume 1* und *Volume 2*.

Vorsicht Beim Experimentieren mit externen Routinen sollten Sie Ihre Arbeit häufig speichern. Wenn Sie ein ungültiges Argument an eine Funktion übergeben, kann diese in Word oder anderen Anwendungen unvorhersehbare Folgen haben.

Sie können keine externe Routine in einer 16-Bit-Bibliothek (Library) von einer 32-Bit-Anwendung, wie z.B. Word für Windows 95 oder Word für Windows NT, aus deklarieren. Sie müssen Makros, die 16-Bit-Routinen deklarieren, auf den neuesten Stand bringen, damit sie die 32-Bit-Versionen der Bibliotheken erkennen.

Namen und Ablageorte vieler Windows 3.*x* Betriebssystemroutinen (oft API-Aufrufe genannt) wurden in Windows 95 und Windows NT geändert. Sie müssen Makros, die Windows API-Aufrufe deklarieren, auf den neuesten Stand bringen, damit sie die entsprechenden Routinen in Windows 95 oder Windows NT deklarieren können. Windows 3.*x* API-Funktionsbibliotheken sind im *Microsoft Windows 3.1 Software Development Kit* dokumentiert. Windows 95 und Windows NT-Funktionsbibliotheken sind im *Microsoft Win32 Software Development Kit* dokumentiert.

Argument	Erklärung
Sub oder **Function**	Verwenden Sie **Function**, wenn die von Ihnen deklarierte Funktion einen Wert liefert. Verwenden Sie **Sub**, wenn sie keinen Wert liefert.
Unterroutine oder *Funktion*[$]	Der im Makro zum Aufrufen der Funktion verwendete Name. Dieser Name muß nicht dem tatsächlichen Namen der Funktion in der DLL entsprechen. Sie können den eigentlichen Namen im Teil **Alias** der Anweisung definieren. Wenn eine *Funktion* eine Zeichenfolge liefert, müssen Sie ihr wie allen anderen Funktionen in WordBasic ein Dollarzeichen ($) anfügen. In Windows 95 und Windows NT muß bei Routinennamen die Groß-/Kleinschreibung beachtet werden. Wenn es sich bei dem Namen um den tatsächlichen Namen der Routine in der Bibliothek handelt, sollte er mit der dokumentierten Schreibweise übereinstimmen.

Argument	Erklärung
Bibliothek$	Der Dateiname der Bibliothek, die die Routine enthält (in Anführungszeichen). Verwenden Sie in Windows den vollständigen Dateinamen, einschließlich der Dateinamenerweiterung, um Mehrdeutigkeiten vorzubeugen.
	Unter Windows sucht Word die Datei im aktuellen Ordner, im Windows-Ordner, im Windows System-Ordner, im Word Programm-Ordner und in den in der PATH-Anweisung aufgelisteten Verzeichnissen. Wenn die Datei in keinem dieser Ordner gespeichert ist bzw. es sich um keine geladene WLL handelt, fügen Sie den vollständigen Pfad mit dem Dateinamen ein. Auf dem Macintosh sucht Word die Datei im aktuellen Ordner, im System-Ordner, im Word Programm-Ordner, im Word Wörterbücher-Ordner und im Microsoft-Ordner. Wenn die Datei in keinem dieser Ordner gespeichert ist bzw. es sich um keine geladene WLL handelt, fügen Sie den vollständigen Pfad mit dem Dateinamen ein.
Argumentliste	Eine Liste der Variablen für die Argumente, die Sie an die Routine übergeben. Die Syntax für die *Argumentliste* finden Sie in der nachstehenden Tabelle.
Alias *Routine$*	Der tatsächliche Name der Routine in der DLL (in Anführungszeichen). Dieser Parameter ist nur erforderlich, wenn der nach **Sub** oder **Function** angegebene Name nicht der tatsächliche Name der Routine ist. In Windows 95 und Windows NT muß bei Routinennamen die Groß-/Kleinschreibung beachtet werden.
As *Typ*	Deklariert den Datentyp des von einer Funktion gelieferten Wertes. Folgende Typen sind möglich: **As Integer**, wenn eine ganze Zahl oder ein logischer Wert (BOOL) geliefert wird; **As String**, wenn eine Zeichenfolge (LPSTR) geliefert wird; **As Long**, wenn eine lange ganze Zahl geliefert wird; **As Double**, wenn ein Wert mit doppelter Genauigkeit geliefert wird.

Das Argument *Argumentliste* hat die folgende Syntax:

(*Variable*[*$*] [**As** *Typ*] [, *Variable*[*$*] [**As** *Typ*]] [, ...])

Die folgende Tabelle beschreibt die Teile der *Argumentliste*.

Teil	Erklärung
Variable[$]	Der Name einer WordBasic-Variablen. Wenn Sie zum Namen einer Zeichenfolgenvariablen ein Dollarzeichen ($) hinzufügen, ist dies gleichbedeutend mit dem Angeben von **As String**. `DateiName$` ist beispielsweise gleichbedeutend mit `DateiName As String`. Wenn Sie **As** *Typ* nicht angeben und der Name der Variablen nicht mit einem Dollarzeichen endet, wird standardmäßig eine numerische WordBasic-Variable angenommenable (Gleitkommazahl mit doppelter Genauigkeit).

Teil	Erklärung
As *Typ*	Deklariert den Datentyp des Arguments, das die Routine benötigt: **As Integer** für ganzzahlige oder logische (BOOL) Argumente; **As String** (oder ein **$** am Ende des Variablennamens) für Zeichenfolgenargumente (LPSTR); **As Long** für lange ganze Zahlen als Argumente; **As Double** für Argumente mit doppelter Genauigkeit.

Beispiel

In diesem Beispiel für Windows wird der markierte Text als Suchstichwort in der Online-Hilfe verwendet. Findet sich eine genaue Übereinstimmung, zeigt der Makro das Thema an. Wenn mehrere Übereinstimmungen gefunden wurden, zeigt er das Dialogfeld **Suchen** (Windows 3.*x*-Hilfe) bzw. das Dialogfeld **Hilfethemen** (Windows 95-Hilfe) an, wobei das Stichwort markiert ist. Wenn keine Übereinstimmung gefunden werden kann, zeigt der Makro das Dialogfeld **Suchen** bzw. das Dialogfeld **Hilfethemen** an, wobei in der Liste das Stichwort angezeigt wird, dessen Schreibweise am ehesten der des markierten Worts entspricht.

```
' Windows 95 und Windows NT Deklarationen
Declare Function WinHelp Lib "USER32"(hWnd As Integer, lpHelpFile \
    As String, wCmd As Integer, dwData As String) Alias "WinHelpA" As
Integer
Declare Function GetActiveWindow Lib "USER32"() As Integer

' Windows 3.x Deklarationen
' Declare Function WinHelp Lib "USER.EXE"(hWnd As Integer, lpHelpFile \
'     As String, wCmd As Integer, dwData As String) As Integer
' Declare Function GetActiveWindow Lib "USER.EXE"() As Integer

Sub MAIN
    hWnd = GetActiveWindow
    HilfeDatei$ = "WINWORD.HLP"
    wCmd = 261              'Der Dezimalwert für HELP_PARTIALKEY
    Schlüsselwort$ = Markierung$()
    Erfolg = WinHelp(hWnd, HilfeDatei$, wCmd, Schlüsselwort$)
    If Erfolg = 0 Then MsgBox "Hilfe-Datei kann nicht geöffnet werden"
End Sub
```

Siehe auch Dim

DefaultDir$()

Syntax DefaultDir$(*Art*)

Bemerkungen Liefert als Ergebnis den aktuellen Pfad des durch *Art* angegebenen Standardordners (die Zahl für *Art* entspricht einem Standardordner, wie in der folgenden Tabelle aufgeführt).

Art	Erklärung
0	DOC-Pfad
1	PICTURE-Pfad
2	USER-DOT-Pfad
3	WORKGROUP-DOT-Pfad
4	INI-Pfad
5	AUTOSAVE-Pfad
6	TOOLS-Pfad
7	CBT-Pfad
8	STARTUP-Pfad
9	Der Pfad für Programmdateien (PROGRAMDIR)
10	Der Pfad für Grafikfilter (fest; kann nicht geändert werden)
11	Der Pfad für Text-Konvertierungsprogramme (fest; kann nicht geändert werden)
12	Der Pfad für Editierhilfen (fest; kann nicht geändert werden)
13	Der Pfad für temporäre Dateien
14	Der aktuelle Ordner
15	Der Pfad zu den Dokumentvorlagen des Formatvorlagen-Katalogs (kann durch **ChDefaultDir** geändert werden)
16	Der Papierkorb (nur auf dem Macintosh verfügbar)
17	Der Microsoft-Ordner (nur auf dem Macintosh verfügbar)

Beispiel	Dieses Beispiel prüft, ob der TOOLS-PATH-Pfad gesetzt ist. Ist dies noch nicht der Fall, wird er auf C:\TOOLS gesetzt. Ersetzen Sie auf dem Macintosh den Verzeichnisnamen durch einen Ordnernamen, z.B. HD:TOOLS.

```
If DefaultDir$(6) = "" Then
    ChDefaultDir "C:\TOOLS", 6
End If
```

Siehe auch	**ChDefaultDir**, **ChDir**

Dialog, Dialog()

Syntax	**Dialog** *DialogDatensatz* [, *Standardschaltfläche*] [, *Zeitüberschreitung*]
	Dialog(*DialogDatensatz* [, *Standardschaltfläche*] [, *Zeitüberschreitung*])
Bemerkungen	Mit der Anweisung **Dialog** und der Funktion **Dialog**() können Sie das Dialogfeld anzeigen, das zuvor in einer **Dim**-Anweisung mit *DialogDatensatz* angegeben wurde. Bei dem angezeigten Dialogfeld kann es sich um ein Word-Dialogfeld oder ein von Ihnen in einem Makro definiertes Dialogfeld handeln.
	Wenn Sie mit der Anweisung **Dialog** ein Dialogfeld anzeigen und der Benutzer die Schaltfläche „Abbrechen" wählt, erzeugt Word einen Fehler, den Sie mit einer **On Error**-Anweisung auffangen können. Wenn Sie den Fehler nicht auffangen wollen oder brauchen, können Sie das Dialogfeld mit der Funktion **Dialog**() anzeigen. **Dialog**() zeigt nicht nur das jeweilige Dialogfeld an, sondern liefert auch einen Wert für die gewählte Schaltfläche. Die gelieferten Werte entsprechen den Werten, die zum Angeben von *Standardschaltfläche* verwendet wurden.
	Wenn Sie ein dynamisches Dialogfeld anzeigen möchten, verwenden Sie **EingabeUnterdrücken**, damit die ESC-TASTE das Dialogfeld wie vorgesehen schließt. Weitere Informationen finden Sie unter **EingabeUnterdrücken**.

Argument	Erklärung
DialogDatensatz	Der Name, den Sie dem Dialogdatensatz mit der **Dim**-Anweisung gegeben haben.

Argument	Erklärung
Standardschaltfläche	Die Standard-Befehlsschaltfläche
	-2 Keine Standard-Befehlsschaltfläche
	-1 Die Schaltfläche „OK"
	0 (Null) Die Schaltfläche „Abbrechen"
	> 0 (Null) Eine Befehlsschaltfläche (1 für die erste **PushButton**-Anweisung in der Definition, 2 für die zweite usw.)
	Die Standard-Befehlsschaltfläche wird gewählt, wenn der Benutzer EINGABE drückt, solange ein Steuerelement den Fokus hat, das keine Befehlsschaltfläche ist. Wenn nicht anders angegeben, ist „OK" die Standardschaltfläche.
	Standardschaltfläche wird nur in Verbindung mit benutzerdefinierten Dialogfeldern verwendet. *Standardschaltfläche* hat nur dann eine Wirkung, wenn in der Dialogfelddefinition vor der Anweisung für die jeweilige Schaltfläche eine Anweisung für ein Steuerelement steht, das keine Schaltfläche ist und den Fokus erhalten kann, z.B. ein Listenfeld oder Kontrollkästchen. (Ein Text-Steuerelement kann den Fokus nicht erhalten und erfüllt daher diese Bedingung nicht.). Andernfalls wird die erste Schaltfläche in der Dialogfelddefinition zur Standardschaltfläche. Wenn der Dialogfelddefinition eine Dialogfunktion zugeordnet ist, kann *Standardschaltfläche* durch eine **DlgFokus$**-Anweisung geändert werden. Weitere Informationen über Dialogfunktionen finden Sie in Kapitel 5, „Arbeiten mit benutzerdefinierten Dialogfeldern", in Teil 1, „Einstieg in WordBasic".
Zeitüberschreitung	Die Zeit (in Millisekunden), die das Dialogfeld angezeigt wird. Ist dieser Wert 0 (Null) oder wird er nicht angegeben, so erscheint das Dialogfeld so lange, bis es vom Benutzer geschlossen wird.

Anmerkung Ein Makro kann mehrere benutzerdefinierte Dialogfelder enthalten, doch unterstützt WordBasic jeweils nur einen benutzerdefinierten Dialogdatensatz (für Word-Dialogfelder können Sie beliebig viele Dialogdatensätze definieren). Sie können daher nicht mehrere Dialogdatensätze definieren mit der Absicht, sie später in einem Makro zu verwenden. Jeder benutzerdefinierte Dialogdatensatz überschreibt den vorhergehenden. Wenn Ihr Makro mehrere benutzerdefinierte Dialogfelder verwendet und Werte in einem Dialogdatensatz vor dem Überschreiben gespeichert werden müssen, können Sie die Werte gewöhnlichen Variablen zuweisen. Weitere Informationen über Dialogdatensätze finden Sie in Kapitel 5, „Arbeiten mit benutzerdefinierten Dialogfeldern", in Teil 1, „Einstieg in WordBasic".

Beispiele

Dieses Beispiel zeigt mit der Funktion **Dialog()** das Dialogfeld **Zeichen** (Menü **Format**) an, so daß der Benutzer verschiedene Einstellungen zur Zeichenformatierung auswählen kann. Die Anweisung `x = Dialog(Dlg)` liefert einen Wert, der der vom Benutzer gewählten Schaltfläche entspricht, und macht Fehlerauffangroutinen überflüssig. Wenn der Benutzer die Schaltfläche „OK" wählt, legt die letzte Anweisung in diesem Beispiel, `If x = -1 Then FormatZeichen Dlg`, die vom Benutzer im Dialogfeld ausgewählten Einstellungen fest. Wenn der Benutzer die Schaltfläche „Abbrechen" wählt, werden die ausgewählten Optionen ignoriert. Ohne diese Anweisung ist das Beispiel wirkungslos, selbst wenn das Dialogfeld angezeigt wird und der Benutzer die Schaltfläche „OK" wählt.

```
Dim Dlg As FormatZeichen
GetCurValues Dlg
x = Dialog(Dlg)
If x = -1 Then FormatZeichen Dlg
```

Das folgende Beispiel unterscheidet sich vom obigen Beispiel nur durch die Tatsache, daß es das Dialogfeld mit Hilfe der Anweisung **Dialog** anzeigt und eine Fehlerbehandlung enthält. Wenn der Benutzer die Schaltfläche „Abbrechen" wählt, wid der dann auftretende Fehler aufgefangen und eine Meldung angezeigt.

```
Dim Dlg As FormatZeichen
GetCurValues Dlg
On Error Goto Auffang
Dialog Dlg
FormatZeichen Dlg
Goto Makroende
Auffang:
MsgBox "Das Dialogfeld wurde geschlossen. Keine Änderungen."
Makroende:
```

Das folgende Beispiel zeigt ein einfaches benutzerdefiniertes Dialogfeld mit Textfeld und Befehlsschaltflächen an. Da die Anweisung für das Textfeld-Steuerelement in der Dialogfelddefinition an erster Stelle steht, erhält es den Fokus, wenn das Dialogfeld erscheint. Durch die Anweisung `x = Dialog(Dlg, 1)` wird die Schaltfläche „Suchen" zur Standardschaltfläche (statt der Schaltfläche „OK").

```
Begin Dialog BenutzerDialog 346, 90, "Postleitzahl-Makro"
    TextBox 9, 22, 192, 18, .PLZ
    Text 9, 6, 183, 13, "Neue Postleitzahl:"
    OKButton 249, 4, 94, 21
    CancelButton 249, 28, 94, 21
    PushButton 249, 52, 94, 21, "Suchen..."
End Dialog
Dim Dlg As BenutzerDialog
x = Dialog(Dlg, 1)
```

Siehe auch Begin Dialog…End Dialog, Dim, GetCurValues

DialogEditor

Syntax DialogEditor

Bemerkungen Startet den Dialog-Editor (sofern er nicht bereits ausgeführt wird) und macht ihn zur aktiven Anwendung. Wird der Dialog-Editor bereits ausgeführt, so wird er durch die Anweisung **DialogEditor** aktiviert. Ist der Dialog-Editor auf Symbolgröße verkleinert, so wird er durch die Anweisung **DialogEditor** wieder hergestellt und aktiviert. Weitere Informationen über den Dialog-Editor finden Sie in Kapitel 5, „Arbeiten mit benutzerdefinierten Dialogfeldern".

Dim

Syntax **Dim [Shared]** *Var1* [(*Größe1* [, *Größe2*] [, ...])] [, *Var2* [(*Größe1* [, *Größe2*] [, ...])]] [, ...]

Dim *DialogDatensatz* **As** *Dialogname*

Dim *DialogDatensatz* **As BenutzerDialog**

Dim

Bemerkungen Deklariert Variablen zur gemeinsamen Verwendung durch mehrere Unterroutinen, definiert Datensatzvariablen oder definiert einen Dialogfeld-Datensatz. **Dim**-Anweisungen, die gemeinsam genutzte Variablen deklarieren, müssen sich außerhalb der Unterroutinen des Makros befinden, und zwar normalerweise vor der Hauptunterroutine.

Syntax	Zweck
Dim *Var(Größe1* [, *Größe2*] [, ...])	Definiert eine Datenfeldvariable. Für ein-dimensionale Datenfelder ist *Größe1* der Index des letzten Datenfeldelements.
	In mehrdimensionalen Datenfeldern stellt jedes Argument *Größe* den Index für das letzte Element der Dimension im zu definierenden Datenfeld dar.
	In WordBasic ist die Voreinstellung für die untere Grenze eines Datenfelds immer 0 (Null), d.h., das erste Element eines Datenfelds erhält immer den Index 0 (Null). Wenn Sie ein eindimensionales Datenfeld mit 7 Elementen definieren (beispielsweise für die 7 Wochentage), erhält daher *Größe1* den Wert 6. Um ein zweidimensionales Datenfeld mit 12 Reihen und 31 Spalten zu definieren - zum Beispiel die Tage des Jahres eingeteilt nach Monaten - würden *Größe1* mit 11 und *Größe2* mit 30 festgelegt.
Dim Shared *Var*[(*Größe1* [, *Größe2*] [, ...])]	Deklariert eine numerische oder eine Zeichenfolgen- oder Datenfeldvariable, so daß sie von mehreren Unterroutinen gemeinsam verwendet werden kann. Die **Dim**-Anweisung muß sich außerhalb der Unterroutinen befinden. Normalerweise werden Deklarationen für gemeinsam genutzte Variablen am Anfang des Makros vor der Hauptunterroutine angegeben.
Dim *DialogDatensatz* **As** *Dialogname*	Definiert eine Dialogfeld-Datensatzvariable für ein Word-Dialogfeld. *Dialogname* kann eine beliebige WordBasic-Anweisung sein, die einem Word-Befehl oder -Dialogfeld entspricht. **FormatZeichen** oder **DateiÖffnen** sind Beispiele für gültige Dialognamen.
Dim *DialogDatensatz* **As BenutzerDialog**	Definiert einen Dialogfeld-Datensatz für ein benutzerdefiniertes Dialogfeld.

Beispiele Dieses Beispiel deklariert drei Variablen zur gemeinsamen Verwendung durch mehrere Unterroutinen. Normalerweise wird die Deklaration vor die Anweisung `Sub MAIN` eingefügt.

```
Dim Shared AnzahlDok, DokumentName$, PfadSpeichern$
```

Das folgende Beispiel speichert die Namen der Wochentage im Datenfeld Tage$ und zeigt dann in der Statusleiste das dritte Element des Datenfelds („Mittwoch") an.

```
Dim Tage$(6)
Tage$(0) = "Montag" : Tage$(1) = "Dienstag" : Tage$(2) = "Mittwoch"
Tage$(3) = "Donnerstag" : Tage$(4) = " Freitag" :
Tage$(5) = "Samstag" : Tage$(6) = "Sonntag"
Print Tage$(2)
```

Im folgenden Beispiel werden die Namen der Wochentage und ihre spanische Übersetzung im zweidimensionalen Array Tage$ gespeichert. Die letzte Anweisung zeigt „Martes", das Element in der dritten Zeile der zweiten Spalte des Arrays, in der Statuszeile an:

```
Dim Tage$(6, 1)
Tage$(0, 0) = "Sonntag" : Tage$(0, 1) = "Domingo" : Tage$(1, 0) =
"Montag"
Tage$(1, 1) = "Lunes" : Tage$(2, 0) = "Dienstag" : Tage$(2, 1) =
"Martes"
Tage$(3, 0) = "Mittwoch" : Tage$(3, 1) = "Miércoles" : Tage$(4, 0) =
"Donnerstag"
Tage$(4, 1) = "Jueves" : Tage$(5, 0) = "Freitag" : Tage$(6, 1) =
"Viernes"
Tage$(5, 1) = "Samstag" : Tage$(6, 0) = "Sábado"
Print Tage$(2, 1)
```

Das folgende Beispiel deklariert die Variable Nummer zur gemeinsamen Verwendung, weist ihr den Wert 6 zu und ruft dann die Unterroutine TestRoutine auf. Die Unterroutine addiert 10 zum Wert von Nummer, und die Hauptunterroutine zeigt dann den neuen Wert an. Beachten Sie, daß die Anweisung Dim Shared Nummer außerhalb der beiden Unterroutinen stehen muß.

```
Dim Shared Nummer          'Deklariert Nummer als gemeinsam verwendbar
Sub MAIN
    Nummer = 6             'Wert von Nummer festlegen
    TestRoutine            'Routine aufrufen
    Print Nummer           'Neuen Wert von Nummer anzeigen
End Sub

Sub TestRoutine
    Nummer = Nummer + 10   'Wert von Nummer erhöhen
End Sub
```

Im folgenden Beispiel definiert **Dim** einen Dialogfeld-Datensatz (EOASatz), in dem die Werte der Registerkarte **Ansicht** im Dialogfeld **Optionen** (Menü **Extras**) gespeichert werden. Dieser Makro schaltet den Zustand des Kontrollkästchens **Absatzmarken** um.

```
Dim EOASatz As ExtrasOptionenAnsicht   'Dialogfelddatensatz definieren
GetCurValues EOASatz                   'Aktuellen Status abfragen
If EOASatz.Absatz = 1 Then             'Wenn aktiviert
    EOASatz.Absatz = 0                 'dann deaktivieren;
Else                                   'andernfalls
    EOASatz.Absatz = 1                 'aktivieren.
End If
ExtrasOptionenAnsicht EOASatz          'Neue Einstellung vornehmen
```

Im folgenden Beispiel definiert **Dim** einen Dialogfeld-Datensatz (Dlg) für ein benutzerdefiniertes Dialogfeld:

```
Begin Dialog BenutzerDialog 438, 64, "Ein einfaches Dialogfeld"
    Text 14, 21, 250, 13, "Dies ist ein einfaches Dialogfeld."
    OKButton 307, 7, 100, 21
    CancelButton 307, 32, 100, 21
End Dialog
Dim Dlg As BenutzerDialog              'Dialogfelddatensatz definieren
Dialog Dlg                             'Dialogfeld anzeigen
End Sub
```

| Siehe auch | **Declare, Dialog, Let, ReDim** |

DlgAktivieren, DlgAktivieren()

Syntax	**DlgAktivieren** *Bezeichner*[$] [, *Aktiv*]
	DlgAktivieren(*Bezeichner*[$])
Bemerkungen	Die Anweisung **DlgAktivieren** wird innerhalb einer Dialogfunktion verwendet, um das mit *Bezeichner*[$] bezeichnete Dialogfeld-Steuerelement zu aktivieren oder zu deaktivieren, während das Dialogfeld angezeigt wird. Wenn ein Dialogfeld-Steuerelement deaktiviert ist, wird es im Dialogfeld zwar angezeigt, erscheint jedoch abgeblendet und ist nicht funktionsfähig.

Weitere Informationen über Dialogfeldfunktionen finden Sie in Kapitel 5, „Arbeiten mit benutzerdefinierten Dialogfeldern".

Argument	Erklärung
Bezeichner[$]	Zeichenfolgen- oder numerische Kennung des Dialogfeld-Steuerelements.
Aktiv	Aktiviert oder deaktiviert ein Dialogfeld-Steuerelement:
	1 Aktiviert das Steuerelement.
	0 (Null) Deaktiviert das Steuerelement.
	Fehlt Schaltet das Steuerelement um.

Die Funktion **DlgAktivieren**() liefert die folgenden Werte:

Wert	Erklärung
–1	Das Steuerelement ist aktiviert.
0 (Null)	Das Steuerelement ist deaktiviert.

Beispiel Dieses Beispiel deaktiviert das Dialogfeld-Steuerelement mit dem Bezeichner „Setzen", wenn das Dialogfeld eingeblendet wird. (Die Hauptunterroutine, die die Dialogfelddefinition enthält, ist hier nicht dargestellt.)

```
Function DlgTest(Bezeichner$, Aktion, Zusatzwert)
    Select Case Aktion
        Case 1              'Das Dialogfeld wird angezeigt
            DlgAktivieren "Setzen", 0
        Case 2              'Der Benutzer wählt ein Steuerelement
                            'Hier stehen Anweisungen, die je nach
                            'gewähltem Steuerelement eine Aktion ausführen
        Case 3              'Textänderung (nicht zutreffend)
        Case Else
    End Select
End Function
```

Siehe auch DlgSichtbar

DlgAktualDateiVorschau

Syntax **DlgAktualDateiVorschau** [*Bezeichner$*]

Bemerkungen Wird in einer Dialogfunktion zur Aktualisierung des Dateivorschaufeldes verwendet, das durch eine **FilePreview**-Anweisung in einer Dialogfelddefinition erstellt wurde. Da ein Dialogfeld nur ein Dateivorschaufeld enthalten kann, ist die Angabe von *Bezeichner$* optional.

Beispiel   Dieses Beispiel aktualisiert ein Dateivorschaufeld, nachdem der Benutzer für den markierten Text einen bestimmten linken Einzug ausgewählt hat. Das Dateivorschaufeld zeigt dann die Änderung des Einzugs an. Die Anweisung Val(DlgText$("DropListBox1") ist erforderlich, um die Zeichenfolge „cm" aus dem Maß zu entfernen. Die Anweisung **FormatAbsatz** akzeptiert „cm" nicht als gültige Maßeinheit.

```
Sub MAIN
Dim Einzüge$(3)
Einzüge$(0) = "0,5 cm" : Einzüge$(1) = "1 cm"
Einzüge$(2) = "1,5 cm" : Einzüge$(3) = "2 cm"
Begin Dialog BenutzerDialog 354, 258, "Einzüge ändern", .DlgTest
    PushButton 255, 10, 88, 21, "Schließen", .Schließen
    Text 15, 8, 151, 25, "Linker Einzug:", .Text1
    FilePreview 15, 58, 219, 183, .Fileprev
    DropListBox 15, 29, 179, 30, Einzüge$(), .DropListBox1
End Dialog
Dim Dlg As BenutzerDialog
EingabeUnterdrücken 1
x = Dialog(Dlg)
EingabeUnterdrücken 2
End Sub


Function DlgTest(Bezeichner$, Aktion, Zusatzwert)
Select Case Aktion
Case 1          'Dialogfeld wird angezeigt
Case 2          'Benutzer wählt ein Steuerelement aus
    If Bezeichner$ = "DropListBox1" Then
        Einzug$ = Str$(Val(DlgText$("DropListBox1")))
        FormatAbsatz .EinzugLinks = Einzug$
        DlgAktualDateiVorschau
    End If
Case Else
End Select
End Function
```

Siehe auch   **DlgDateiSeitenansicht, FilePreview**

DlgDateiSeitenansicht$, DlgDateiSeitenansicht$()

Syntax   **DlgDateiSeitenansicht$** [*Bezeichner*[$]] [, *Dateiname$*]

DlgDateiSeitenansicht$()

Bemerkungen	Die Anweisung **DlgDateiSeitenansicht$** wird innerhalb einer Dialogfunktion verwendet, um eine Vorschau der ersten Seite des durch *Dateiname$* angegebenen Dokuments zu erhalten (das Dokument braucht dazu nicht geöffnet sein). Wenn Sie *Dateiname$* nicht angeben, zeigt **DlgDateiSeitenansicht$** eine Vorschau der ersten Seite des aktiven Dokuments an. Das Dokument wird in dem Feld angezeigt, das Sie mit einer **FilePreview**-Anweisung in der Dialogfelddefinition erstellt haben. Da ein benutzerdefiniertes Dialogfeld nur ein Vorschaufeld enthalten kann, ist die Verwendung von *Bezeichner[$]* zum Bezeichnen des Felds optional.
	Die Funktion **DlgDateiSeitenansicht$()** liefert den Pfad und Dateinamen des Dokuments, das im Dateivorschaufeld angezeigt wird. Wenn das aktive Dokument noch nicht als Datei gespeichert wurde (beispielsweise ein neues Dokument wie Dokument2 oder ein zum Bearbeiten geöffneter Makro), liefert **DlgDateiSeitenansicht$()** statt des Pfads und Dateinamens den Namen des Fensters.
	Weitere Informationen über das Verwenden von Dialogfunktionen finden Sie in Kapitel 5, „Arbeiten mit benutzerdefinierten Dialogfeldern" in Teil 1, „Einstieg in WordBasic."
Beispiel	Dieses Beispiel aktualisiert das Dateivorschaufeld entsprechend der Markierungl in einem Listenfeld mit Dateinamen. (Die Hauptunterroutine, die die Dialogfelddefinition enthält, ist hier nicht dargestellt.)

```
Function DateiVorschau(Bezeichner$, Aktion, Zusatzwert)
If Aktion = 1 Then                      'Vorschau auf erste Datei in Liste
    VorschauDateiname$ = DlgText$("ListBox1")
    DlgDateiSeitenansicht$ VorschauDateiname$
ElseIf Aktion = 2 Then                  'Ein Steuerelement wurde gewählt
    If Bezeichner$ = "ListBox1" Then            'Vorschau auf
                                                'ausgewählte Datei
        VorschauDateiname$ = DlgText$("ListBox1")
        DlgDateiSeitenansicht$ VorschauDateiname$
    End If
End If
End Function
```

Siehe auch	**DlgAktualDateiVorschau**, **DlgGrafikSetzen**, **FilePreview**, **Picture**

DlgFokus, DlgFokus$()

Syntax   **DlgFokus** *Bezeichner[$]*

DlgFokus$()

Bemerkungen   Die Anweisung **DlgFokus** wird innerhalb einer Dialogfunktion verwendet, um den Fokus auf das durch *Bezeichner[$]* bezeichnete Dialogfeld-Steuerelement zu setzen, während das Dialogfeld angezeigt wird. Wenn ein Dialogfeld-Steuerelement den Fokus hat, ist es aktiv und reagiert auf Tastatureingaben. In einem Textfeld mit Fokus erscheint z.B. der eingegebene Text.

Die Funktion **DlgFokus$()** liefert als Ergebnis die Bezeichnerzeichenfolge für das Dialogfeld-Steuerelement, das gegenwärtig den Fokus besitzt.

Weitere Informationen über das Verwenden von Dialogfunktionen finden Sie in Kapitel 5, „Arbeiten mit benutzerdefinierten Dialogfeldern".

Beispiel   Dieses Beispiel setzt den Fokus auf das Steuerelement „TestSteuerelement1", wenn das Dialogfeld eingeblendet wird. (Die Hauptunterroutine, die die Dialogfelddefinition enthält, ist hier nicht dargestellt.)

```
Function DlgTest(Bezeichner$, Aktion, Zusatzwert)
    Select Case Aktion
        Case 1                  'Das Dialogfeld wird angezeigt
            DlgFokus "TestSteuerelement1"
        Case 2                  'Der Benutzer wählt ein Steuerelement
                                'Hier stehen Anweisungen, die je nach
                                'gewähltem Steuerelement eine Aktion ausführen
        Case 3                  'Textänderung (nicht zutreffend)
        Case Else
    End Select
End Function
```

Siehe auch   **DlgAktivieren, DlgSichtbar**

DlgGrafikSetzen

Syntax   **DlgGrafikSetzen** *Bezeichner[$]*, *GrafikName$*, *Grafiktyp*

Bemerkungen   Wird in einer Dialogfunktion verwendet, um die durch ein Dialogfeld-Steuerelement **Picture** angezeigte Grafik mit dem Bezeichner *Bezeichner[$]* festzulegen.

Argument	Erklärung
Bezeichner[$]	Zeichenfolgen- oder numerische Kennung des Dialogfeld-Steuerelements.
GrafikName$	Der Name der Grafikdatei, der Textmarke oder des AutoText-Eintrags, die/der die anzuzeigende Grafik enthält. Wenn die Grafik nicht existiert, Zeigt Word den Text „(keine Grafik vorhanden)" innerhalb des Rechtecks an, das den Grafikbereich definiert.
Grafiktyp	Ein Wert, der angibt, wie die Grafik gespeichert ist:

    0 *GrafikName$* ist eine Datei.

    1 *GrafikName$* ist ein AutoText-Eintrag.

    2 *GrafikName$* ist eine Textmarke.

    3 *GrafikName$* wird ignoriert, die Grafik wird aus der Zwischenablage eingefügt.

    4 *GrafikName$* ist eine Datei im PICT-Format. Sie ist im Ressourcenzweig (resource fork) der Vorlage, die den Makro enthält, gespeichert (nur Macintosh). Sie können das Programm ResEdit dazu verwenden, dem Ressourcenzweig einer Vorlage Dateien im PICT-Format hinzuzufügen.

Beispiel

In diesem Beispiel wählt der Benutzer den Namen einer Person aus einem Listenfeld aus, woraufhin ein Bild dieser Person im Dialogfeld angezeigt wird. Für die Anweisungen muß die Grafikdatei im Ordner C:\PHOTOS gespeichert sein, und der Dateiname muß aus dem gewählten Namen und der Dateinamenerweiterung .PIC bestehen. Ändern Sie auf dem Macintosh die Anweisung die die Variable GrafikName$ festlegt, in: "FP:PHOTOS:" + Name$. Die Unterroutine, die die Definition des Dialogfelds enthält, ist hier nicht dargestellt.

```
Function DlgTest(Bezeichner$, Aktion, Zusatzwert)
Select Case Aktion
    Case 1                      ' Das Dialogfeld wird angezeigt
    Case 2                      ' Der Benutzer wählt eine Einstellung
        If Bezeichner$ = "Name" Then
            Name$ = DlgText$("Name")
            GrafikName$ = "c:\photos\" + Name$ + ".PIC"
            DlgGrafikSetzen "Photo", GrafikName$, 0
        End If
    Case 3                      'Textänderung (nicht zutreffend)
    Case Else
End Select
End Function
```

Siehe auch   **Picture**

DlgKontrollKennung()

Syntax DlgKontrollKennung(*Bezeichner$*)

Bemerkungen Wird innerhalb einer Dialogfunktion verwendet und liefert die numerische Entsprechung von *Bezeichner$*, der Variablen, der der Bezeichner eines Dialogfeld-Steuerelements als Zeichenfolge zugewiesen ist. Numerische Bezeichner sind Zahlen, die (beginnend bei Null) der Position der Anweisungen für Dialogfeld-Steuerelemente in einer Dialogfelddefinition entsprechen. Eine Beispieldefinition für ein Dialogfeld wäre:

```
CheckBox 97, 54, 36, 12, "&Aktualisieren", .TestKontrollkästchen
```

Die Anweisung `DlgKontrollKennung("TestKontrollkästchen")` liefert 0 (Null), wenn die Anweisung **CheckBox** die erste Anweisung innerhalb der Dialogfelddefinition ist, 1, wenn es sich um die zweite Anweisung handelt usw.

In den meisten Fällen führen Ihre Dialogfunktionen Aktionen aus, die auf der Bezeichnerzeichenfolge des ausgewählten Steuerelements basieren. Mit numerischen Bezeichnern können Dialogfunktionen jedoch eine große Anzahl von Steuerelementen schneller beeinflussen. Wenn Sie die Reihenfolge der Anweisungen in einer Dialogfelddefinition ändern, ändern sich die numerischen Bezeichner für die entsprechenden Steuerelemente ebenfalls.

Weitere Informationen über Dialogdatensätze finden Sie in Kapitel 5, „Arbeiten mit benutzerdefinierten Dialogfeldern", in Teil 1, „Einstieg in WordBasic".

Beispiel Dieser Makro zeigt ein einfaches Dialogfeld an, das die Schaltflächen „OK" und „Abbrechen" sowie ein Kontrollkästchen mit der Bezeichnung „Test" enthält. Die Dialogfunktion prüft, ob `Aktion` den Wert 2 hat (d.h., ein Steuerelement wurde gewählt). In diesem Fall prüft die Dialogfunktion, ob das gewählte Steuerelement das erste definierte Steuerelement ist, d.h., ob der von **DlgKontrollKennung**() gelieferte numerische Bezeichner 0 (Null) ist. Wenn dies zutrifft, wird vor dem Dialogfeld (das weiterhin auf dem Bildschirm angezeigt wird) eine Meldung eingeblendet.

```
Sub MAIN
Begin Dialog BenutzerDialog 320, 50, "Test", .DlgTest
    CheckBox 212, 10, 94, 19, "Test", .Test          '0
    OKButton 7, 10, 94, 21                           '1
    CancelButton 109, 10, 94, 21                     '2
End Dialog
Dim Dlg As BenutzerDialog
EingabeUnterdrücken 1
Schaltfläche = Dialog(Dlg)
EingabeUnterdrücken 0
End Sub
```

```
Function DlgTest(Bezeichner$, Aktion, Zusatzwert)
If Aktion = 2 Then
    If DlgKontrollKennung(Bezeichner$) = 0 Then
        MsgBox "Sie haben das erste Steuerelement " + \
            "in der Dialogfelddefinition gewählt."
    End If
End If
End Function
```

Siehe auch   **DlgFokus, DlgWert**

DlgListenfeldDatenfeld, DlgListenfeldDatenfeld()

Syntax   **DlgListenfeldDatenfeld** *Bezeichner[$]***,** *Feldvariable$( )*

DlgListenfeldDatenfeld(*Bezeichner[$]* [, *Feldvariable$( )*])

Bemerkungen   Die Anweisung **DlgListenfeldDatenfeld** wird innerhalb einer Dialogfunktion verwendet, um ein Listen- oder Kombinationsfeld mit dem Inhalt von *Feldvariable$( )* zu füllen. Mit dieser Anweisung können Sie den Inhalt von Listenfeldern, Kombinations- oder Dropdown-Listenfeldern in einem benutzerdefinierten Dialogfeld ändern, während das Dialogfeld angezeigt wird.

Weitere Informationen über das Verwenden von Dialogfunktionen finden Sie in Kapitel 5, „Arbeiten mit benutzerdefinierten Dialogfeldern".

Argument	Erklärung
Bezeichner[$]	Die Kennung des Dialogfeld-Steuerelements. Beim Steuerelement muß es sich um ein Listen-, Kombinations- oder Dropdown-Listenfeld handeln.
Feldvariable$( )	Ein Datenfeld mit Zeichenfolgen für die Elemente, die im angegebenen Listen-, Kombinations- oder Dropdown-Listenfeld angezeigt werden sollen.

Die Funktion **DlgListenfeldDatenfeld**( ) füllt *Feldvariable$( )* mit dem Inhalt des Listen-, Kombinations- oder Dropdown-Listenfelds, das durch *Bezeichner[$]* angegeben wurde, und liefert die Anzahl der Einträge im Listen-, Kombinations- oder Dropdown-Listenfeld. *Feldvariable$( )* ist beim Aufruf der Funktion **DlgListenfeldDatenfeld**() optional. Wenn Sie *Feldvariable$( )* nicht angeben, liefert **DlgListenfeldDatenfeld**() die Anzahl der Einträge im angegebenen Steuerelement.

Beispiel	Dieses Beispiel ändert den Inhalt eines Listenfelds, während das Dialogfeld angezeigt wird. Die Dialogfelddefinition in der Hauptroutine (nicht dargestellt) definiert ein Dialogfeld, das ein Listenfeld, die Schaltflächen „OK" und „Abbrechen" sowie die Schaltfläche „Ändern" enthält. Wenn der Benutzer auf die Schaltfläche „Ändern" klickt, wird die **If**-Steuerstruktur in Case 2 der Dialogfunktion ausgeführt: sie definiert ein neues Datenfeld mit Zeichenfolgen, der Inhalt des Listenfelds wird mit **DlgListenfeldDatenfeld** ersetzt, und die Schaltfläche „Ändern" wird deaktiviert. Normalerweise wird das benutzerdefinierte Dialogfeld geschlossen, wenn der Benutzer einen Befehl (wie beispielsweise die Schaltfläche „Ändern") wählt. In diesem Beispiel führen die Anweisungen WeiterAnzeigen = 1 und DlgTest = WeiterAnzeigen jedoch dazu, daß das Dialogfeld weiterhin angezeigt wird (wenn eine Dialogfunktion den Wert 1 liefert, bleibt das Dialogfeld angezeigt).

```
Function DlgTest(Bezeichner$, Aktion, Zusatzwert)
Select Case Aktion
    Case 1                   ' Das Dialogfeld wird angezeigt
    Case 2                   ' Der Benutzer wählt ein Steuerelement
        If Bezeichner$ = "Ändern" Then
            Dim TestDatenfeld2$(1)
            TestDatenfeld2$(0) = "Neues erstes Element"
            TestDatenfeld2$(1) = "Neues zweites Element"
            DlgListenfeldDatenfeld "TestListenfeld", TestDatenfeld2$()
            DlgFokus "TestListenfeld"
            DlgAktivieren "Ändern", 0
            WeiterAnzeigen = 1
        End If
    Case 3                   ' Textänderung (nicht zutreffend)
    Case Else
End Select
DlgTest = WeiterAnzeigen
End Function
```

Siehe auch	**DlgAktivieren, DlgFokus, DlgText**

DlgSichtbar, DlgSichtbar()

Syntax	**DlgSichtbar** *Bezeichner*[$] [, *Aktiv*]
	DlgSichtbar *ErsterBezeichner*[$], *LetzterBezeichner*[$], *Aktiv*
	DlgSichtbar(*Bezeichner*[$])

Bemerkungen	Mit der Anweisung **DlgSichtbar** in einer Dialogfunktion wird unter Windows 3.*x* das durch *Bezeichner[$]* bezeichnete Dialogfeld-Steuerelement ein- oder ausgeblendet. Auf dem Macintosh oder unter Windows 95 bzw. Windows NT kann die Anweisung **DlgSichtbar** dazu verwendet werden, einen Bereich von Dialogfeld-Steuerelementen ein- oder auszublenden. Sie können mit **DlgSichtbar** selten benötigte Steuerelemente so lange ausblenden, bis sie benötigt werden, oder Sie können Dialogfelder mit mehreren Fenstern erstellen.

Argument	Erklärung
Bezeichner[$]	Eine Zeichenfolge- oder numerische Kennung des Dialogfeld-Steuerelements.
ErsterBezeichner[$]	Eine Zeichenfolge oder numerische Kennung des ersten Elements eines Bereichs von Dialogfeld-Steuerelementen.
LetzterBezeichner[$]	Eine Zeichenfolge oder numerische Kennung des letzten Elements eines Bereichs von Dialogfeld-Steuerelementen. *LetzterBezeichner[$]* kann mit *ErsterBezeichner[$]* übereinstimmen.
Aktiv	Blendet ein Dialogfeld-Steuerelement aus bzw. ein: 1 Blendet das Steuerelement bzw. den Bereich von Steuerelementen ein 0 (Null) Blendet das Steuerelement bzw. den Bereich von Steuerelementen aus Fehlt Schaltet zwischen dem Ein- und Ausblenden des Steuerelements um. Beachten Sie, daß das Argument *Aktiv* nicht fehlen darf, wenn *ErsterBezeichner[$]* und *LetzterBezeichner[$]* angegeben werden.

Die Funktion **DlgSichtbar( )** liefert die folgenden Werte.

Wert	Erklärung
–1	Das Steuerelement ist sichtbar.
0 (Null)	Das Steuerelement ist nicht sichtbar.

Ein Beispiel für den Einsatz von **DlgSichtbar** finden Sie unter **DlgText**.

Siehe auch	**DlgAktivieren, DlgFokus, DlgText**

DlgText, DlgText$()

Syntax DlgText *Bezeichner*[$], *Text$*

DlgText$(*Bezeichner*[$])

Bemerkungen Die Anweisung **DlgText** wird in Dialogfunktionen verwendet, um den Text oder die Textbeschriftung des Dialogfeld-Steuerelements mit dem Bezeichner *Bezeichner*[$] festzulegen. Die Anweisung **DlgText** ändert nicht den Zeichenfolgen-Bezeichner eines Dialogfeld-Steuerelements.

Bei Text- oder Kombinationsfeldern definiert **DlgText** den Text innerhalb des Textfelds. Bei mit Beschriftung versehenen Dialogfeld-Steuerelementen, wie beispielsweise Kontrollkästchen, Optionsfeldern, Gruppenfeldern und Befehlsschaltflächen, legt **DlgText** die Beschriftung fest. Bei Listenfeldern setzt **DlgText** die Markierung auf *Text$* oder auf das erste Element, das mit *Text$* beginnt.

Weitere Informationen über den Einsatz von Dialogfunktionen finden Sie in Kapitel 5, „Arbeiten mit benutzerdefinierten Dialogfeldern", in Teil 1, „Einstieg in WordBasic".

Argument	Erklärung
Bezeichner[$]	Zeichenfolgen- oder numerische Kennung des Dialogfeld-Steuerelements
Text$	Der zu definierende Text oder die zu definierende Text-Beschriftung

Die Funktion **DlgText$()** liefert den Text oder die Beschriftung des Dialogfeld-Steuerelements, das durch *Bezeichner*[$] definiert wird. Wenn das Dialogfeld-Steuerelement ein Listenfeld ist, liefert **DlgText$()** den Text des markierten Elements. Wenn das Dialogfeld-Steuerelement ein Text- oder Kombinationsfeld ist, liefert **DlgText$()** den im Textfeld erscheinenden Text.

Beispiel Dieses Beispiel blendet ein Steuerelement in einem Dialogfeld ein und aus und schaltet dementsprechend die Beschriftung einer Befehlsschaltfläche zwischen „Steuerelement ausblenden" und „Steuerelement anzeigen" um (Die Unterroutine mit der Definition des Dialogfeldes wird nicht dargestellt.). Normalerweise wird das benutzerdefinierte Dialogfeld geschlossen, wenn der Benutzer einen Befehl wählt. In diesem Beispiel bleibt durch die Anweisungen `WeiterAnzeigen = 1` und `DlgTest = WeiterAnzeigen` das Dialogfeld jedoch weiterhin angezeigt (wenn eine Dialogfunktion den Wert 1 als Ergebnis liefert, bleibt das Dialogfeld angezeigt).

```
Function DlgTest(Bezeichner$, Aktion, Zusatzwert)
Select Case Aktion
    Case 1                          ' Das Dialogfeld wird angezeigt
    Case 2                          ' Der Benutzer wählt eine Schaltfläche
        If Bezeichner$ = "Ausblenden" Then
            If DlgText$("Ausblenden") = "&Steuerelement ausblenden" Then
                DlgSichtbar "Option1", 0
                DlgText$ "Ausblenden", "&Steuerelement anzeigen"
            Else
                DlgSichtbar "Option1", 1
                DlgText$ "Ausblenden", "&Steuerelement ausblenden"
            End If
            WeiterAnzeigen = 1
        End If
    Case 3                          ' Textänderung (nicht zutreffend)
    Case Else
End Select
DlgTest = WeiterAnzeigen
End Function
```

Siehe auch DlgWert

DlgWert, DlgWert()

Syntax **DlgWert** *Bezeichner[$]*, *Wert*

DlgWert(*Bezeichner[$]*)

Bemerkungen Mit der Anweisung **DlgWert** in einer Dialogfunktion wird ein Dialogfeld-Steuerelement aktiviert oder deaktiviert, indem der numerische Wert für das durch *Bezeichner[$]* bezeichnete Dialogfeld-Steuerelement gesetzt wird. `DlgWert "TestKontrollkästchen", 1` aktiviert beispielsweise ein Kontrollkästchen, `DlgWert "TestKontrollkästchen", 0` deaktiviert ein Kontrollkästchen, und `DlgWert "TestKontrollkästchen", -1` blendet das Kontrollkästchen grau ab. Diese Anweisung führt zu einem Fehler, wenn *Bezeichner[$]* ein Dialogfeld-Steuerelement wie beispielsweise ein Textfeld oder ein Optionsfeld bezeichnet, für das kein numerischer Wert gesetzt werden kann.

Weitere Informationen über das Verwenden von Dialogfunktionen finden Sie in Kapitel 5, „Arbeiten mit benutzerdefinierten Dialogfeldern".

Argument	Erklärung
Bezeichner[$]	Zeichenfolgen- oder numerische Kennung des Dialogfeld-Steuerelements. Die Anweisung **DlgWert** und die Funktion **DlgWert()** können in Kombination mit Bezeichnern verwendet werden, die durch die folgenden Anweisungen erstellt wurden: **CheckBox**, **ComboBox**, **DropListBox**, **ListBox** und **OptionGroup**.
Wert	Der numerische Wert, mit dem das durch *Bezeichner$* bezeichnete Dialogfeld-Steuerelement gesetzt wird.

Die Funktion **DlgWert()** liefert den numerischen Wert des Kontrollkästchens, des Listen-, Kombinations- oder Dropdown-Listenfeldes oder des Gruppenfeldes, das mit *Bezeichner[$]* bezeichnet ist. `DlgWert("TestKontrollkästchen")` liefert beispielsweise 1, wenn das Kontrollkästchen aktiviert ist, 0 (Null), wenn es deaktiviert ist, und –1, wenn es abgeblendet ist. Die Anweisung `DlgWert("TestListenfeld")` liefert 0 (Null), wenn das erste Element im Listenfeld ausgewählt ist, 1, wenn das zweite Element ausgewählt ist usw.

Beispiel

Dieses Beispiel ist ein Teil einer Dialogfunktion, der ausgeführt wird, wenn das Kontrollkästchen mit dem Bezeichner „TestKontrollkästchen" ausgewählt wird. Die Funktion **DlgWert()** stellt fest, ob das Kontrollkästchen aktiviert oder deaktiviert wurde. Wenn es aktiviert wurde, definieren die Anweisungen ein neues Datenfeld und füllen ein Listenfeld mit den Elementen des Datenfelds.

```
Case 2                   ' Der Benutzer wählt eine Schaltfläche
    If Bezeichner$ = "TestKontrollkästchen" Then
        If DlgWert("TestKontrollkästchen") = 1 Then
            ReDim TestDatenfeld$(1)
            TestDatenfeld$(0) = "Anette"
            TestDatenfeld$(1) = "Dirk"
            DlgListenfeldDatenfeld "TestListenfeld", TestDatenfeld$()
        End If
    End If
```

Siehe auch   **DlgText**

DlgWerteLaden, DlgWerteLaden()

Syntax DlgWerteLaden *WerteDatei$, Bezeichner$*

DlgWerteLaden(*WerteDatei$, Bezeichner$*)

Bemerkungen Die Anweisung **DlgWerteLaden** ruft auf dem Macintosh Werte für Steuerelemente in einem benutzerdefinierten Dialogfeld ab, die mit einer **DlgWerteSpeichern**-Instruktion gespeichert wurden.

Argument	Erklärung
WerteDatei$	Der Name der Datei, in der die Werte gespeichert wurden. *WerteDatei$* kann einen Pfadnamen enthalten. Ist kein Pfad angegeben, sucht Word im Ordner „Preferences" nach *WerteDatei$*. Ist *WerteDatei$* nicht vorhanden, tritt kein Fehler auf, sondern es werden leere Zeichenfolgen und Nullwerte an das Dialogfeld weitergegeben.
Bezeichner$	Eine Zeichenfolge, die den Satz gespeicherter Werte bezeichnet (unter demselben Bezeichner werden die Werte mit **DlgWerteSpeichern** gespeichert).

DlgWerteLaden() verhält sich wie die Anweisung, liefert aber zusätzlich die folgenden Werte:

Wert	Erklärung
0 (Null)	*WerteDatei$* oder *Bezeichner$* existiert nicht, oder gespeicherte Werte können nicht abgerufen werden (dieser Fall kann eintreten, wenn sich die Dialogfelddefinition seit dem letzten Speichern der Werte geändert hat).
-1	Die Werte wurden erfolgreich geladen.

In Windows sind **DlgWerteLaden** und **DlgWerteLaden()** nicht verfügbar und führen zu einem Fehler.

Beispiel Dieser Macintosh-Makro zeigt, wie **DlgWerteSpeichern** und **DlgWerteLaden** in einer Dialogfunktion eingesetzt werden können, um die Einstellungen für die verschiedensten Steuerelemente in einem Dialogfeld zu speichern. Während der Initialisierung des Dialogfeldes läuft eine **DlgWerteLaden**-Instruktion ab. Klickt der Anwender auf „OK", wird die **DlgWerteSpeichern**-Instruktion ausgeführt. Beachten Sie, daß der Bezeichner für das erste Kontrollkästchen auf 0 (Null) endet. Dies hindert Word daran, die Einstellung für das Kontrollkästchen standardmäßig zu speichern. Die Datei mit den Einstellungen (DLGWERTE) existiert beim erstmaligen Anzeigen des Dialogfeldes noch nicht. Sie wird beim ersten Ablauf der **DlgWerteSpeichern**-Instruktion angelegt.

```
Sub MAIN
Begin Dialog BenutzerDialog 225, 167, "Test", .MeineDlgFunktion
    CheckBox 11, 48, 88, 19, "Test 1", .ErsteBox0
    CheckBox 97, 48, 88, 19, "Test 2", .ZweiteBox
    OKButton 118, 124, 88, 21
    CancelButton 11, 124, 88, 21
    TextBox 11, 24, 197, 18, .TextFeld1
    Text 11, 7, 46, 12, "Name:", .Text1
    GroupBox 11, 71, 197, 41, "Gruppenfeld"
    OptionGroup .OptionsGruppe1
        OptionButton 17, 84, 89, 18, "Option A", .OptionA
        OptionButton 110, 84, 89, 18, "Option B", .OptionB
End Dialog
Dim dlg As BenutzerDialog
EingabeUnterdrücken 1
schaltfläche = Dialog(dlg)
EingabeUnterdrücken 0
End Sub

Function MeineDlgFunktion(bezeichner$, aktion, zuswert)
Select Case aktion
    Case 1                  'Initialisierung
        DlgWerteLaden "DLGWERTE", "MeineDlgFunktion"
    Case 2                  'Schaltfläche gewählt oder Einstellung
                            'geändert
        If bezeichner$ = "OK" Then
            DlgWerteSpeichern "DLGWERTE", "MeineDlgFunktion"
        End If
    Case Else
End Select
End Function
```

Siehe auch DlgWerteSpeichern

DlgWerteSpeichern

Syntax **DlgWerteSpeichern** *WerteDatei$*, *Bezeichner$*

Bemerkungen Speichert auf dem Macintosh Zeichenfolgen und numerische Werte für Steuerelemente in benutzerdefinierten Dialogfeldern. Diese können dann mit **DlgWerteLaden** abgerufen werden. Beim Erstellen eines komplexen Assistenten können Sie die Ausführungszeiten spürbar verringern, wenn Sie zum Speichern und Abrufen von Benutzereingaben statt **SetPrivateProfileString** und **GetPrivateProfileString$()** die Anweisungen **DlgWerteSpeichern** und **DlgWerteLaden** verwenden.

Argument	Erklärung
WerteDatei$	Der Name der Datei, in der die Werte gespeichert werden. *WerteDatei$* kann einen Pfadnamen enthalten. Ist kein Pfad angegeben, sucht Word *WerteDatei$* im Ordner „Preferences".
Bezeichner$	Eine Zeichenfolge, die den Satz gespeicherter Werte bezeichnet (unter diesem Bezeichner werden die Werte auch mit **DlgWerteLaden** abgerufen).
	Sie können die Wertesätze zu verschiedenen Dialogfeldern zwar in einer einzigen Datei ablegen, sollten davon jedoch absehen und je Dialogfeld eine separate Wertedatei verwenden, um zukünftige Kompatibilität zwischen unterschiedlichen Plattformen zu gewährleisten.

Die folgenden Regeln legen fest, welche Werte Word speichert:

- Werte für folgende Elemente werden standardmäßig gespeichert: Kontrollkästchen, Optionsgruppen, Textfelder, Listenfelder, Dropdown-Listenfelder und Kombinationsfelder. Werte für andere Elemente werden *nicht* automatisch gespeichert.

- Bei den meisten Elementen ist dieses Standardverhalten umkehrbar, indem dem Element ein Bezeichner zugewiesen wird, der auf 0 (Null) endet. Sie können so beispielsweise den Wert eines Text-Steuerelements (wie einen Hinweis in einem Assistenten) speichern oder verhindern, daß der Wert für ein Kontrollkästchen gespeichert wird. Beachten Sie dabei, daß „.Element0" und „.Element000" Beispiele für gültige auf 0 (Null) endende Bezeichner sind, „.Element100" jedoch *nicht*.

- Werte für Steuerelemente zu Grafiken, Dateivorschaufeldern, Optionsfeldern und Befehlsschaltflächen können nicht gespeichert werden.

Unter Windows ist **DlgWerteSpeichern** nicht verfügbar und führt zu einem Fehler.

Ein Beispiel finden Sie unter **DlgWerteLaden**.

Siehe auch   **DlgWerteLaden**

DokumentBearbeitetBestimmen

Syntax   **DokumentBearbeitetBestimmen** [*Verändert*]

Bemerkungen   Legt fest, ob Word ein Dokument als verändertes Dokument behandelt, d.h. wie ein Dokument, das seit dem letzten Speichern bearbeitet wurde. Beim Schließen eines veränderten Dokuments zeigt Word eine Eingabeaufforderung an und fragt, ob die Änderungen gespeichert werden sollen.

Wenn Sie ein Dokument ändern und dann *Verändert* auf 0 (Null) setzen, behandelt Word das Dokument so, als sei es nicht geändert worden. Beim Schließen wird keine Eingabeaufforderung angezeigt, und die Änderungen werden nicht gespeichert.

Argument	Erklärung
Verändert	Gibt an, ob angenommen werden soll, daß das aktive Dokument geändert wurde:
	0 (Null) Das Dokument wird als unverändert behandelt.
	1 oder fehlt Das Dokument wird als verändert behandelt.

Beispiel Dieses Beispiel geht davon aus, daß das Hauptdokument für einen Seriendruck aktiv ist. Die Anweisungen erstellen Serienbriefe in einem Dokument, das anschließend als unverändert markiert wird. Beim Schließen des Dokuments zeigt Word keine Eingabeaufforderung an und speichert die Änderungen nicht.

```
SeriendruckInDokument
DokumentBearbeitetBestimmen 0
```

Siehe auch **DokVorlageBearbeitetBestimmen, IstDokumentGeändert(), IstDokVorlageGeändert()**

DokumentEigenschaftLöschen

Syntax **DokumentEigenschaftLöschen** *Name$*

Bemerkungen Entfernt die benutzerdefinierte Eigenschaft *Name$* aus der Liste der benutzerdefinierten Eigenschaften auf der Registerkarte **Anpassen** im Dialogfeld **Eigenschaften** (Befehl **Eigenschaften**, Menü **Datei**). Ein Fehler tritt auf, wenn *Name$* keine benutzerdefinierte Eigenschaft bezeichnet. Mit der Funktion **DokumentEigenschaftVorhanden()** können Sie überprüfen, ob die Eigenschaft *Name$* existiert.

Hinweis   Bevor Sie Namen für benutzerdefinierte Eigenschaften festlegen, beachten Sie bitte, daß Sie eine benutzerdefinierte Eigenschaft mit dem gleichen Namen wie eine Standard-Eigenschaft nicht wieder löschen können.

Eine Liste der in Word verfügbaren Standard-Eigenschaften finden Sie unter **DokumentEigenschaftName$()**. In Word, Version 6.0, ist **DokumentEigenschaftLöschen** nicht verfügbar, und ein Fehler tritt auf.

Siehe auch **AbrufenDokumentEigenschaft()**, **BestimmenDokumentEigenschaft**, **DokumentEigenschaftVorhanden()**, **IstDokumentEigenschaftBenutzerdefiniert()**

DokumentEigenschaftName$()

Syntax DokumentEigenschaftName$(*EigenschaftNummer*)

Bemerkungen Liefert den Namen der durch *EigenschaftNummer* festgelegten Dokumenteigenschaft. Word listet die Standard-Eigenschaften zuerst auf. Die benutzerdefinierten Eigenschaften werden an das Listenende angefügt. Mit der Funktion **DokumentEigenschaftVorhanden()** können Sie überprüfen, ob die durch *EigenschaftNummer* festgelegte Eigenschaft existiert. In Word, Version 6.0, ist **DokumentEigenschaftName$()** nicht verfügbar, und ein Fehler tritt auf.

Es folgt eine Liste der Standard-Eigenschaften, die in Word zur Verwendung im aktiven Dokument zur Verfügung stehen. Es wird angegeben, welche dieser Eigenschaften schreibgeschützt ist.

Eigenschaftsname	Erklärung
Titel	Der Titel des Dokuments.
Thema	Das Thema des Dokuments.
Autor	Der Autor des Dokuments.
Manager	Der Name des Managers.
Firma	Der Name der Firma.
Kategorie	Die Kategorie des Dokuments.
Stichwörter	Die Stichwörter, die zur Kennzeichnung des Dokuments verwendet werden.
Kommentar	Der Kommentar zum Dokument.
DokumentVorlage	Die Dokumentvorlage (schreibgeschützt).
ErstellDatum	Das Erstellungsdatum (schreibgeschützt).
ZuletztGespeichertZeit	Das Datum, an dem das Dokument zuletzt gespeichert wurde (schreibgeschützt).
ZuletztGedruckt	Das Datum, an dem das Dokument zuletzt ausgedruckt wurde (schreibgeschützt).
ZuletztGespeichertVon	Der Name der Person, die das Dokument zuletzt gespeichert hat.

DokumentEigenschaftName$()

Eigenschaftsname	Erklärung
VersionsNummer	Eine Zahl, die angibt, wie oft das Dokument gespeichert wurde (schreibgeschützt).
Seiten	Die Anzahl der Seiten (schreibgeschützt).
Absätze	Die Anzahl der Absätze (schreibgeschützt).
Zeilen	Die Anzahl der Zeilen (schreibgeschützt).
Wörter	Die Anzahl der Wörter (schreibgeschützt).
Zeichen	Die Anzahl der Zeichen (schreibgeschützt).
Bytes	Die Größe des Dokuments, in der Form „36.352 Bytes" (schreibgeschützt).
AnwendungsName	Der Name der assoziierten Anwendung, z.B. „Microsoft Word for Windows 95" (schreibgeschützt).
Schutz	Die Art des Dokumentschutzes (schreibgeschützt).

Beispiel   Dieses Beispiel trägt am Ende des aktuellen Dokuments eine Liste aller Dokumenteigenschaften ein. Eigenschaftsnamen werden fett formatiert, und hinter jedem Namen wird der zugehörige Wert eingetragen.

```
EndeDokument
EinfügenAbsatz
For Zähler = 1 To ZählenDokumentEigenschaften()
    a$ = DokumentEigenschaftName$(Zähler)
    Fett 1 : Einfügen a$
    EinfügenAbsatz
    If DokumentEigenschaftTyp(a$) = 1 Then
        b = AbrufenDokumentEigenschaft(a$)
        Fett 0 : Einfügen LTrim$ (Str$(b))
        EinfügenAbsatz : EinfügenAbsatz
    Else
        b$ = AbrufenDokumentEigenschaft$(a$)
        Fett 0 : Einfügen b$
        EinfügenAbsatz : EinfügenAbsatz
    End If
Next
```

Siehe auch   **AbrufenDokumentEigenschaft(), BestimmenDokumentEigenschaft, DokumentEigenschaftTyp(), IstDokumentEigenschaftSchreibgeschützt(), ZählenDokumentEigenschaften()**

DokumentEigenschaftTyp()

Syntax DokumentEigenschaftTyp(*Name$*)

Bemerkungen Liefert eine Zahl, die den Typ der Eigenschaft *Name$* anzeigt. Ist *Name$* keine zulässige Eigenschaft, so tritt ein Fehler auf. Mit der Funktion **DokumentEigenschaftVorhanden**() können Sie überprüfen, ob die Eigenschaft *Name$* existiert.

Eine Liste der in Word verfügbaren Eigenschaften finden Sie unter **DokumentEigenschaftName$**(). In Word, Version 6.0, ist **DokumentEigenschaftTyp**() nicht verfügbar, und ein Fehler tritt auf.

Die Funktion **DokumentEigenschaftTyp**() liefert folgende Werte.

Wert	Erklärung
0	Die Eigenschaft ist eine Zeichenfolge.
1	Die Eigenschaft ist eine Zahl.
2	Die Eigenschaft ist ein Datum.
3	Die Eigenschaft ist ein Ja (1)- oder Nein (0, Null)-Wert.

Siehe auch **DokumentEigenschaftName$**(), **DokumentEigenschaftVorhanden**(), **IstDokumentEigenschaftBenutzerdefiniert**(), **IstDokumentEigenschaftSchreibgeschützt**()

DokumentEigenschaftVorhanden()

Syntax DokumentEigenschaftVorhanden(*Name$*)

Bemerkungen Liefert den Wert 1, falls *Name$* eine existierende Eigenschaft bezeichnet, andernfalls den Wert 0 (Null). Eine Liste der in Word verfügbaren Standard-Eigenschaften finden Sie unter **DokumentEigenschaftName$**(). In Word, Version 6.0, ist **DokumentEigenschaftVorhanden**() nicht verfügbar, und ein Fehler tritt auf. Ein Beispiel hierzu finden Sie unter **BestimmenDokumentEigenschaft, Beispiel**.

Siehe auch **DokumentEigenschaftLöschen**, **DokumentEigenschaftName$**(), **DokumentEigenschaftTyp**(), **IstDokumentEigenschaftBenutzerdefiniert**()

DokumentFensterBreite, DokumentFensterBreite()

Syntax	**DokumentFensterBreite** *Breite*
	DokumentFensterBreite()
Bemerkungen	Die Anweisung **DokumentFensterBreite** paßt die Breite des aktiven Dokumentfensters an die angegebene *Breite* in Punkt an (1 Punkt = 0,376 mm), ohne die Höhe zu ändern. Wenn das aktive Dokument maximiert oder minimiert ist, kann Word diese Aktion nicht durchführen und erzeugt einen Fehler. Die Funktion **DokumentFensterBreite**() liefert die Breite des aktiven Dokumentfensters in Punkten.
Beispiel	Dieses Beispiel maximiert das Word-Fenster (Windows) und stellt die Dokumentfenster wieder her. Wenn zwei geöffnete Dokumentfenster existieren, wird deren Breite jeweils auf 240 Punkte (1 Punkt = 0,376 mm) festgelegt. Anschließend werden sie nebeneinander angezeigt:

```
If InStr(AnwInfo$(1), "Macintosh") = 0 Then
    If AnwMaximieren() = 0 Then AnwMaximieren
If ZählenFenster() = 2 Then
    If DokumentMaximieren() or DokumentMinimieren() Then \
DokumentWiederherstellen
    DokumentVerschieben 0,0
    DokumentFensterBreite 240
    NächstesFenster
    If DokumentMaximieren() or DokumentMinimieren()Then \
DokumentWiederherstellen
    DokumentVerschieben 240, 0
    DokumentFensterBreite 240
End If
```

Siehe auch	**AnwFensterBreite, DokumentFensterHöhe, DokumentGröße**

DokumentFensterHöhe, DokumentFensterHöhe()

Syntax	**DokumentFensterHöhe** *Höhe*
	DokumentFensterHöhe()

Bemerkungen	Die Anweisung **DokumentFensterHöhe** paßt die Höhe des aktiven Dokumentfensters an die angegebene *Höhe* in Punkt an (1 Punkt = 0,376 mm), ohne die Breite zu ändern. Wenn das aktive Dokument maximiert oder minimiert ist, kann Word diese Aktion nicht durchführen und erzeugt einen Fehler. Die Funktion **DokumentFensterHöhe( )** liefert die Höhe des aktiven Dokumentfensters in Punkt.
Beispiel	Dieses Beispiel stellt das aktive Dokumentfenster wieder her, wenn es maximiert oder minimiert war, verschiebt es an die obere linke Ecke des Arbeitsbereichs und legt dann die Höhe des Fensters auf 267 Punkt fest:

```
If DokumentMaximieren() or DokumentMinimieren() Then \
    DokumentWiederherstellen
DokumentVerschieben 0,0
DokumentFensterHöhe 267
```

Siehe auch	**AnwFensterHöhe, DokumentFensterBreite, DokumentGröße**

DokumentFensterPosLinks, DokumentFensterPosLinks()

Syntax	**DokumentFensterPosLinks** *Position*
	DokumentFensterPosLinks( )
Bemerkungen	Die Anweisung **DokumentFensterPosLinks** verschiebt das aktive Dokumentfenster oder Symbol an eine in Punkt ausgedrückte horizontale *Position*. Wenn das aktive Dokument maximiert ist, kann Word diese Aktion nicht durchführen und erzeugt einen Fehler. Die Funktion **DokumentFensterPosLinks( )** liefert die horizontale Position in Punkt.
Beispiel	Dieses Beispiel zeigt die horizontalen und vertikalen Positionen des aktiven Dokumentfensters relativ zum Rand des Arbeitsbereichs an:

```
Hor = DokumentFensterPosLinks()
Vert = DokumentFensterPosOben()
MsgBox "Punkt von links: " + Str$(Hor) + Chr$(13) + \
    "Punkt von rechts: " + Str$(Vert), \
    "Position Dokumentfenster"
```

Siehe auch	**AnwFensterLinks, DokumentFensterBreite, DokumentFensterHöhe, DokumentFensterPosOben, DokumentGröße, DokumentVerschieben**

DokumentFensterPosOben, DokumentFensterPosOben()

Syntax — DokumentFensterPosOben *Position*

DokumentFensterPosOben( )

Bemerkungen — Die Anweisung **DokumentFensterPosOben** verschiebt das aktive Dokumentfenster oder Symbol an eine in Punkt ausgedrückte vertikale *Position*. Wenn das aktive Dokument maximiert ist, kann Word diese Aktion nicht durchführen und erzeugt einen Fehler. Die Funktion **DokumentFensterPosOben( )** liefert die vertikale Position in Punkt. Ein Beispiel finden Sie unter **DokumentFensterPosLinks**.

Siehe auch — **AnwFensterOben, DokumentFensterBreite, DokumentFensterHöhe, DokumentGröße, DokumentVerschieben**

DokumentfensterTeilen, DokumentfensterTeilen()

Syntax — DokumentfensterTeilen *Prozent*

DokumentfensterTeilen( )

Bemerkungen — Die Anweisung **DokumentfensterTeilen** teilt das aktive Dokumentfenster an der angegebenen Höhe, wobei die Höhe als Prozentsatz der Entfernung zwischen dem oberen und dem unteren Rand des Dokumentfensters ausgedrückt wird.

Die Funktion **DokumentfensterTeilen( )** liefert die Position, an der die Teilung durchgeführt wurde, als Prozentsatz der Höhe des aktiven Dokumentfensters. Sie liefert 0 (Null), wenn das Dokumentfenster nicht geteilt wurde.

Die Anweisung **DokumentfensterTeilen** nimmt Werte zwischen 0 (Null) und 100 an. Werte, die sich in der Nähe dieser beiden Endwerte befinden, führen je nach angezeigten Symbolleisten und der Fenstergröße möglicherweise nicht zu einer Teilung des Dokumentfensters. Mit der Funktion **FensterAusschnitt( )** können Sie prüfen, ob ein Fenster geteilt wurde.

Beispiel — Dieses Beispiel teilt das aktive Dokumentfenster in der Mitte:

```
DokumentfensterTeilen 50
```

Siehe auch — **AndererAusschnitt, AusschnittSchließen, FensterAusschnitt( )**

DokumentGröße

Syntax **DokumentGröße** *Breite*, *Höhe*

Bemerkungen Versieht das aktive Dokument mit der in Punkten angegebenen *Breite* und *Höhe* (1 Punkt = 0,376 mm). Wenn das aktive Dokument maximiert oder minimiert ist, kann Word diese Funktion nicht ausführen und erzeugt einen Fehler. Diese Anweisung benötigt Argumente sowohl für die Breite als auch die Höhe des Fensters. Wenn Sie nur die Breite oder Höhe eines Fensters ändern möchten, müssen Sie **DokumentFensterBreite** oder **DokumentFensterHöhe** verwenden.

Beispiel Dieses Beispiel sorgt dafür, daß das aktive Dokumentfenster wiederhergestellt wird, und definiert dann eine Breite, die der Hälfte des Arbeitsbereichs entspricht.

```
If DokumentMaximieren() <> 0 Then DokumentWiederherstellen
DokumentGröße(Val(AnwInfo$(6)) / 2), Val(AnwInfo$(7))
```

Siehe auch **AnwGrößeÄndern**, **AnwInfo$()**, **DokumentFensterBreite**, **DokumentFensterHöhe**

DokumentHatRechtschreibfehler()

Syntax **DokumentHatRechtschreibfehler**()

Bemerkungen Liefert Informationen über den Status der automatischen Rechtschreibprüfung im aktiven Dokument. In Word, Version 6.0, ist **DokumentHatRechtschreibfehler**() nicht verfügbar, und ein Fehler tritt auf.

Die Funktion **DokumentHatRechtschreibfehler**() liefert folgende Werte.

Wert	Erklärung
-1	Die automatische Rechtschreibprüfung ist ausgeschaltet, noch nicht beendet, oder das Dokument ist leer.
0 (Null)	Das Dokument wurde vollständig überprüft und enthält keine Rechtschreibfehler oder das Dokument ist leer.
1	Das Dokument wurde vollständig überprüft und enthält mindestens einen Rechtschreibfehler.

Beispiel Dieses Beispiel aktiviert die automatische Rechtschreibprüfung und sucht im aktiven Dokument das nächste falsch geschriebene Wort. (Rechtschreibkennzeichnungen werden angezeigt, wenn das Dokument nicht auf Rechtschreibfehler überprüft wurde oder zwar vollständig überprüft wurde, aber Rechtschreibfehler enthält.) Wenn das Beispiel ein fehlerhaftes Wort entdeckt, öffnet es das Kontextmenü mit den Korrekturvorschlägen zur Rechtschreibung.

```
            If DokumentHatRechtschreibfehler() <> 1 Then
                ExtrasOptionenRechtschreibung \
                    .AutomatischeRechtschreibprüfung = 1, \
                    .RechtschreibKennzAusblenden = 0
            End If
            NächsterRechtschreibfehler
```

Siehe auch **ExtrasOptionenRechtschreibung, ExtrasSprache,
NächsterRechtschreibfehler, ToolsOptionsSpelling**

DokumentMaximieren, DokumentMaximieren()

Syntax DokumentMaximieren [*Zustand*]

DokumentMaximieren()

Bemerkungen Die Anweisung **DokumentMaximieren** zeigt alle Dokumentfenster entsprechend des Wertes von *Zustand* an: 1 maximiert die Fenster und 0 (Null) stellt die Fenster wieder her. Wenn Sie *Zustand* nicht angeben, schaltet **DokumentMaximieren** die Dokumentfenster zwischen maximiertem und wiederhergestelltem Zustand um.

Die Funktion **DokumentMaximieren()** liefert die folgenden Werte:

Wert	Erklärung
–1	Die Dokumentfenster sind maximiert.
0 (Null)	Die Dokumentfenster sind nicht maximiert.

Siehe auch **AnwMaximieren, DokumentMinimieren, DokumentWiederherstellen**

DokumentMinimieren, DokumentMinimieren()

Syntax **DokumentMinimieren**

DokumentMinimieren()

Bemerkungen Die Anweisung **DokumentMinimieren** minimiert das aktive Dokumentfenster auf Symbolgröße. Im Gegensatz zu **DokumentMaximieren** hat **DokumentMinimieren** keinen Parameter, der angibt, ob das Dokumentfenster minimiert oder wiederhergestellt werden soll.

Die Funktion **DokumentMinimieren()** liefert die folgenden Werte:

Wert	Erklärung
–1	Das aktive Dokumentfenster ist minimiert.
0 (Null)	Das aktive Dokumentfenster ist nicht minimiert.

Siehe auch **AnwMinimieren, DokumentMaximieren, DokumentWiederherstellen**

DokumentSchließen

Syntax **DokumentSchließen**[*Speichern*]

Bemerkungen Schließt das Fenster mit dem aktiven Dokument. **DokumentSchließen** hat eine andere Funktionalität als **DateiSchließen**: **DateiSchließen** schließt das aktive Dokument und alle zugehörigen Fenster, während **DokumentSchließen** nur das aktive Dokumentfenster schließt. Wenn ein Dokument nur in einem Fenster geöffnet ist, haben **DokumentSchließen** und **DateiSchließen** dieselbe Wirkung.

Argument	Erklärung
Speichern	Gibt an, ob das Dokument gespeichert wird oder nicht:
	0 (Null) oder fehlt Fordert den Benutzer zum Speichern auf, wenn seit dem letzten Speichern des Dokuments Änderungen vorgenommen wurden.
	1 Speichert das Dokument ohne Aufforderung, bevor es geschlossen wird.
	2 Schließt das Fenster, ohne das Dokument vorher zu speichern.
	Das Argument *Speichern* steuert auch die Anzeige einer Aufforderung, wenn ein Dokument einen Verteiler hat. Eine Aufforderung erscheint, wenn *Speichern* gleich 0 (Null) ist oder fehlt; sonst wird das Dokument ohne Weiterleitung geschlossen.

Beispiel Dieses Beispiel schließt alle geöffneten Dokumentfenster und fordert den Benutzer auf, alle nicht gespeicherten Änderungen zu speichern:

```
While Fenster() <> 0
    DokumentSchließen 0
Wend
```

Siehe auch **AusschnittSchließen, DateiSchließen**

DokumentSchutz()

Syntax DokumentSchutz()

Bemerkungen Liefert einen Wert, der den Schutzmodus des aktiven Dokuments festlegt. Um den aktuellen Schutzmodus zu ändern, verwenden Sie **ExtrasDokumentSchützen**. In Word, Version 6.0, ist **DokumentSchutz()** nicht verfügbar und erzeugt einen Fehler.

Wert	Erklärung
0 (Null)	Das Dokument ist nicht geschützt.
1	Benutzer können nur Text in Formularfeldern markieren und ändern.
2	Benutzer können nur Anmerkungen hinzufügen.
3	Benutzer können Text markieren und bearbeiten, die Änderungen werden jedoch mit Korrekturmarkierungen dargestellt.

Siehe auch ExtrasDokumentSchützen, ExtrasDokumentschutzAufheben

DokumentSperren, DokumentSperren()

Syntax DokumentSperren [*Schutz*]

DokumentSperren()

Bemerkungen Die **DokumentSperren**-Anweisung aktiviert oder entfernt einen Schreibschutz für ein Zentral- oder ein Filialdokument. Befindet sich die Einfügemarke innerhalb eines Zentraldokumentes, aber nicht innerhalb eines Filialdokumentes, dann schützt **DokumentSperren** das gesamte Dokument bzw. hebt den Schutz für das gesamte Dokument auf. Befindet sich die Einfügemarke innerhalb eines Filialdokumentes, dann schützt **DokumentSperren** nur dieses Filialdokument bzw. hebt nur den Schutz für dieses Filialdokument auf.

Argument	Erklärung
Schutz	Gibt an, ob ein Schreibschutz für ein Filial- oder Zentraldokument aktiviert oder aufgehoben werden soll:
	0 (Null) Hebt den Schreibschutz auf. Falls der Schutz eines gesamten Zentraldokumentes aufgehoben wird, hebt Word auch den Schutz aller Filialdokumente auf, die vorher geschützt waren.
	1 Aktiviert den Schreibschutz.
	Fehlt Schaltet den Schreibschutz um.

	Die Funktion **DokumentSperren( )** liefert –1, wenn das Filial- oder Zentraldokument schreibgeschützt ist, und anderenfalls den Wert 0 (Null). Wenn sich die Einfügemarke in einem Filialdokument befindet, liefert **DokumentSperren( )** lediglich Informationen über den Schreibschutz-Status des Filialdokuments, nicht über den Status des Zentraldokuments.
Siehe auch	**ExtrasAbschnittSchützen, ExtrasDokumentschutzAufheben, ExtrasDokumentSchützen**

DokumentStatistik

Syntax	**DokumentStatistik** [**.DateiGröße** = *Text*] [, **.Dateiname** = *Text*] [, **.Verzeichnis** = *Text*] [, **.DokVorlage** = *Text*] [, **.Titel** = *Text*] [, **.Erstellt** = *Text*] [, **.ZuletztGespeichert** = *Text*] [, **.ZuletztGespeichertVon** = *Text*] [, **.Überarbeitung** = *Text*] [, **.DruckDat** = *Text*] [, **.Seiten** = *Text*] [, **.Wörter** = *Text*] [, **.Zeichen** = *Text*] [, **.Absätze** = *Text*] [, **.Zeilen** = *Text*]
Bemerkungen	Mit einem Dialogdatensatz verwendet, liefert **DokumentStatistik** Informationen über das aktive Dokument. In Word, Version 6.0, entsprechen die Argumente für die **DokumentStatistik**-Anweisung den Informationen, die im Dialogfeld **Dokument-Statistik** (Befehl **Datei-Info**, Menü **Datei**) zur Verfügung stehen. Die Argumente sind schreibgeschützt, d.h. im Gegensatz zu anderen WordBasic-Anweisungen können Sie mit **DokumentStatistik** keinen Wert festlegen. Statt dessen verwenden Sie den Dialogdatensatz **DokumentStatistik** wie eine Funktion: um Informationen zu erhalten.

In Word, Version 7.0, ist diese Anweisung aus Gründen der Rückwärtskompatibilät noch vorhanden. Sie können die Dokumenteigenschaften-Anweisungen und -Funktionen verwenden, um im aktiven Dokument auf Daten der Dokumentstatistik zuzugreifen. Weitere Informationen finden Sie unter **AbrufenDokumentEigenschaft( )**. |

Argument	Erklärung
.DateiGröße	Die Größe des Dokuments in der Form „36.352 Bytes"
.DateiName	Der Name des Dokuments (ohne Pfad)
.Verzeichnis	Der Pfad, unter dem das Dokument gespeichert ist
.DokVorlage	Der Pfad und Dateiname der Dokumentvorlage, die beigefügt ist
.Titel	Der Titel des Dokuments
.Erstellt	Der Zeitpunkt (Datum und Uhrzeit), an dem das Dokument erstellt wurde
.Zuletzt Gespeichert	Der Zeitpunkt (Datum und Uhrzeit), an dem das Dokument zuletzt gespeichert wurde

Argument	Erklärung
.ZuletztGespeichertVon	Der Autor des Dokuments
.Überarbeitung	Gibt an, wie oft das Dokument gespeichert wurde
.DruckDat	Der Zeitpunkt (Datum und Uhrzeit), an dem das Dokument zuletzt gedruckt wurde
.Seiten	Die Anzahl der Seiten im Dokument
.Wörter	Die Anzahl der Wörter im Dokument
.Zeichen	Die Anzahl der Zeichen im Dokument
.Absätze	Die Anzahl der Absätze im Dokument
.Zeilen	Die Anzahl der Zeilen im Dokument

Anmerkung Damit Sie aktuelle Informationen erhalten, wenn Sie den **DokumentStatistik**-Dialogdatensatz verwenden, sollten Sie vor der Definition des Dialogdatensatzes die Anweisung `DateiDateiInfo .Aktualisieren` ausführen.

Beispiel

Dieses Beispiel verwendet den **DokumentStatistik**-Dialogdatensatz, um die Anzahl der Wörter im aktiven Dokument zu bestimmen. Verwenden Sie dieses Beispiel als Muster, um die Werte anderer **DokumentStatistik**-Argumente zu bestimmen:

```
DateiDateiInfo .Aktualisieren      'Dokument-Statistik aktualisieren
Dim Dlg As DokumentStatistik       'Dialogdatensatz erstellen
GetCurValues Dlg                   'Werte in Datensatz eintragen
MsgBox "Anzahl der Wörter: " + Dlg.Wörter
```

Siehe auch **AuswInfo( )**, **DateiDateiInfo**

DokumentVariableBestimmen, DokumentVariableBestimmen()

Syntax **DokumentVariableBestimmen** *Variablenname$*, *Variablentext$*

DokumentVariableBestimmen(*Variablenname$*, *Variablentext$*)

Bemerkungen	Die Anweisung **DokumentVariableBestimmen** verknüpft die Zeichenfolge *Variablentext$* mit dem aktiven Dokument und weist ihr den Namen *Variablenname$* zu. Sie können das Argument *Variablenname$* in Kombination mit der Funktion **AbrufenDokumentVar$()** verwenden, um die mit einem bestimmten Namen verknüpfte Zeichenfolge zu liefern, wenn das Dokument aktiv ist. Die Variable wird zusammen mit dem Dokument gespeichert. Für ein Dokument können Sie mehrere Dokumentvariablen festlegen. Um eine Dokumentvariable zu löschen, geben Sie für *Variablenname$* eine leere Zeichenfolge (" ") an.Wenn sich die Einfügemarke nicht in einem Dokument befindet, weil beispielsweise das Makrobearbeitungsfenster aktiv ist, tritt ein Fehler auf.

Die Funktion **DokumentVariableBestimmen**() verhält sich genau wie die Anweisung und liefert darüber hinaus den Wert -1, wenn die Variable erfolgreich gesetzt wurde. |
| **Beispiel** | Dieses Beispiel fordert den Benutzer auf, vor dem Schließen eines Dokuments eine Anmerkung einzugeben, die dann zusammen mit dem Dokument gespeichert wird. Wenn Sie den Makro DateiSchließen nennen, wird er jedesmal ausgeführt, wenn der Benutzer aus dem Menü **Datei** den Befehl **Schließen** wählt (die Anweisung DateiSchließen führt den integrierten Befehl aus).

Die Anweisung On Error Goto JetztSchließen gewährleistet, daß kein WordBasic-Fehler angezeigt wird, wenn der Benutzer das mit **InputBox$()** angezeigte Dialogfeld abbricht. Die Anweisungen Err = 0 und On Error Resume Next deaktivieren die Fehlerbehandlung und sorgen dafür, daß kein Fehler angezeigt wird, wenn der Benutzer die Aufforderung zum Speichern der Änderungen abbricht.

```
On Error Goto JetztSchließen
Hinweis$ = InputBox$("Geben Sie eine Anmerkung für \
    die nächste Bearbeitung ein:")
DokumentVariableBestimmen "Anmerkung", Hinweis$
JetztSchließen:
Err = 0
On Error Resume Next
DateiSchließen
```

Ein Beispiel eines AutoOpen-Makros, der bei jedem Öffnen die aktuelle Anmerkung anzeigt, finden Sie unter **AbrufenDokumentVar$()**. |
| **Siehe auch** | **AbrufenDokumentVar$()** |

DokumentVerschieben

Syntax	**DokumentVerschieben** *HorizPos*, *VertPos*
Bemerkungen	Verschiebt das aktive Dokumentfenster oder Symbol an die angegebene Position. Wenn das aktive Dokument maximiert ist, kann Word diese Anweisung nicht ausführen und erzeugt einen Fehler.

Argument	Erklärung
HorizPos, *VertPos*	Die Entfernung zwischen dem Dokumentfenster und dem linken (*HorizPos*) bzw. oberen (*VertPos*) Rand des Arbeitsbereichs. Die eingegebenen Werte haben die Maßeinheit Punkt (1 Punkt = 0,376 mm). Negative Werte sind zulässig.

Beispiel	Dieses Beispiel verschiebt das Dokumentfenster an eine Position 20 Punkt rechts und 40 Punkt unterhalb der linken oberen Ecke des Arbeitsbereichs.

```
If DokumentMaximieren() = 0 Then \
    DokumentVerschieben 20, 40
```

Siehe auch	**AnwVerschieben, DokumentFensterPosLinks, DokumentFensterPosOben, DokumentGröße**

DokumentWiederherstellen

Syntax	**DokumentWiederherstellen**
Bemerkungen	Stellt die vorherige Größe des aktiven maximierten oder minimierten Dokumentfensters wieder her. **DokumentMaximieren** maximiert wiederhergestellte Dokumentfenster und stellt maximierte Fenster wieder her. Im Gegensatz dazu stellt **DokumentWiederherstellen** Dokumentfenster lediglich wieder her. Wenn das aktive Dokument bereits wiederhergestellt ist, führt dies zu einem Fehler.
	Für DokumentWiederherstellen existiert keine entsprechende Funktion. Im folgenden Beispiel wird jedoch gezeigt, wie Sie mit den Funktionen **DokumentMaximieren()** und **DokumentMinimieren()** feststellen können, ob Dokumentfenster wiederhergestellt sind.
Beispiel	Dieses Beispiel stellt Dokumentfenster wieder her, wenn sie maximiert oder minimiert sind:

```
If DokumentMaximieren() Or DokumentMaximieren() Then
    DokumentWiederherstellen
```

Siehe auch	**AnwWiederherstellen, DokumentMaximieren, DokumentMinimieren**

DokVorlageBearbeitetBestimmen

Syntax   **DokVorlageBearbeitetBestimmen** [*Verändert*]

Bemerkungen   Legt fest, ob Word eine Dokumentvorlage als verändert behandelt, d.h. wie eine Dokumentvorlage, die seit dem letzen Speichern bearbeitet wurde. Beim Schließen einer veränderten Dokumentvorlage zeigt Word eine Eingabeaufforderung an und fragt, ob die Änderungen gespeichert werden sollen.

Wenn Sie eine Dokumentvorlage ändern und dann *Verändert* auf 0 (Null) setzen, behandelt Word die Dokumentvorlage so, als sei sie nicht geändert worden. Beim Schließen einer geänderten Dokumentvorlage zeigt Word keine Eingabeaufforderung an und speichert keine Änderungen.

Argument	Erklärung
Verändert	Gibt an, ob angenommen werden soll, daß die aktuelle Dokumentvorlage geändert wurde:
	0 (Null) Die Dokumentvorlage wird als unverändert behandelt.
	1 oder fehlt Die Dokumentvorlage wird als verändert behandelt.

Beispiel   Dieses Beispiel nimmt an den Tastenbelegungen der aktiven Dokumentvorlage vorübergehende Änderungen vor (es weist dem Befehl **Kapitälchen** den Shortcut STRG+UMSCHALT+C (Windows) oder BEFEHL+UMSCHALT+C (Macintosh) zu und markiert dann die Dokumentvorlage als unverändert. Wenn die Dokumentvorlage geschlossen wird, zeigt Word keine Aufforderung zum Speichern an und speichert die Änderungen nicht.

```
ExtrasAnpassenTastatur .TastenSchlüssel = 835, .Kontext = 1, \
    .Name = "Kapitälchen", .Hinzufügen
DokVorlageBearbeitetBestimmen 0
```

Siehe auch   **DokumentBearbeitetBestimmen, IstDokumentGeändert(), IstDokVorlageGeändert()**

DokvorlageSpeichern

Syntax DokvorlageSpeichern

Bemerkungen Speichert die Änderungen an der aktiven Dokumentvorlage, wenn nicht „Normal" die aktuelle Dokumentvorlage ist. Wenn ein Makro AutoText-Einträge oder Tastatur-, Symbolleisten- und Menübelegungen (oder ähnliche Elemente) in einer Dokumentvorlage ändert und es sich nicht um die Dokumentvorlage „Normal" handelt, sollten Sie die Anweisung **DokvorlageSpeichern** ausführen, um die Änderungen zu speichern. Änderungen an allen Dokumenten und Dokumentvorlagen (die Vorlage „Normal" eingeschlossen) können Sie mit der Anweisung **DateiAllesSpeichern** speichern.

DokvorlageSpeichern erwartet keine Bestätigung vor dem Speichern von Änderungen. Sie sollten daher mit einer **MsgBox()**-Anweisung das Speichern von Änderungen bestätigen lassen, bevor Sie **DokvorlageSpeichern** in einem Makro verwenden.

Siehe auch DateiAllesSpeichern, DateiSpeichern

DoppeltUnterstreichen, DoppeltUnterstreichen()

Syntax DoppeltUnterstreichen [*Aktiv*]

DoppeltUnterstreichen()

Bemerkungen Die Anweisung **DoppeltUnterstreichen** weist dem markierten Text die Zeichenformatierung „Doppelte Unterstreichung" hinzu, entfernt dieses Format oder steuert das Format für Zeichen, die an der Einfügemarke eingegeben werden.

Argument	Erklärung
Aktiv	Gibt an, ob die doppelte Unterstreichung hinzugefügt oder entfernt wird: 1 Formatiert den markierten Text mit doppelter Unterstreichung. 0 (Null) Entfernt die doppelte Unterstreichung. Fehlt Schaltet die doppelte Unterstreichung um (ein bzw. aus).

Die Funktion **DoppeltUnterstreichen**() liefert als Ergebnis die folgenden Werte:

Wert	Erklärung
0 (Null)	Kein Teil des markierten Textes ist doppelt unterstrichen.
–1	Ein Teil des markierten Textes ist doppelt unterstrichen.
1	Der gesamte markierte Text ist doppelt unterstrichen.

Siehe auch FormatRahmenSchattierung, FormatZeichen, PunktiertUnterstreichen Unterstrichen

DOSNachWIN$()

Syntax DOSNachWIN$(*Zu übersetzende Zeichenfolge$*)

Bemerkungen Übersetzt unter Windows eine Zeichenfolge vom OEM-Zeichensatz in den Windows-Zeichensatz. Auf dem Macintosh findet mit **DOSNachWIN$**() keine Übersetzung statt, und die angegebene Zeichenfolge wird unverändert zurückgegeben.

Der OEM-Zeichensatz wird normalerweise von MS-DOS-Anwendungen verwendet. Die Zeichen 32 bis 127 sind im OEM- und Windows-Zeichensatz normalerweise identisch. Die übrigen Zeichen im OEM-Zeichensatz (0 bis 31 und 128 bis 255) unterscheiden sich in der Regel von den Windows-Zeichen.

Beispiel Das folgende Beispiel öffnet eine sequentielle Datei, die von einer MS-DOS-Anwendung erstellt wurde, wandelt anschließend jede einzelne Zeile in den Windows-Zeichensatz um und speichert dann das Ergebnis in einer neuen sequentiellen Datei.

```
ChDir "C:\TMP"
Open "DOS.TXT" For Input As #1
Open "WINDOWS.TXT" For Output As #2
While Not Eof(1)
    Line Input #1, Temp$
    Print #2, DOSNachWin$(Temp$)
Wend
Close
```

Siehe auch WinNachDOS$()

DropDownEintragEntfernen

Syntax **DropDownEintragEntfernen** *Textmarkenname$*, *EintragText$*

Bemerkungen Entfernt einen Eintrag aus einem Dropdown-Formularfeld.

Argument	Erklärung
Textmarkenname$	Name der Textmarke, die ein Dropdown-Formularfeld kennzeichnet. Wenn Sie eine Textmarke angeben, die kein Dropdown-Formularfeld kennzeichnet, tritt ein Fehler auf.
EintragText$	Der Eintrag, der aus dem Dropdown-Formularfeld entfernt wird.

Beispiel Dieses Beispiel entfernt drei Einträge aus einem Dropdown-Formularfeld, das durch die Textmarke „Dropdown1" gekennzeichnet ist.

```
DropDownEintragEntfernen "Dropdown1", "Rot"
DropDownEintragEntfernen "Dropdown1", "Blau"
DropDownEintragEntfernen "Dropdown1", "Grün"
```

Siehe auch **AlleDropDownEinträgeEntfernen**, **DropDownEintragHinzufügen**, **DropDownFormularFeld**

DropDownEintragHinzufügen

Syntax **DropDownEintragHinzufügen** *Textmarkenname$*, *ElementText$*

Bemerkungen Fügt einem Dropdown-Formularfeld ein Element hinzu. Ein solches Feld kann bis zu 25 Elemente aufnehmen. Wenn Sie versuchen, einem Dropdown-Formularfeld mehr als 25 Elemente hinzuzufügen, tritt ein Fehler auf.

Argument	Erklärung
Textmarkenname$	Der Name der Textmarke, die das Formularfeld kennzeichnet. Wenn Sie eine Textmarke angeben, die kein Formularfeld kennzeichnet, tritt ein Fehler auf.
ElementText$	Das Element, das Sie dem Formularfeld hinzufügen möchten.

Beispiel Dieses Beispiel fügt dem Dropdown-Formularfeld, das durch die Textmarke „Dropdown1" gekennzeichnet ist, drei Elemente hinzu:

```
DropDownEintragHinzufügen "Dropdown1", "Rot"
DropDownEintragHinzufügen "Dropdown1", "Blau"
DropDownEintragHinzufügen "Dropdown1", "Grün"
```

Siehe auch	AlleDropDownEinträgeEntfernen, DropDownFormularFeld, DropDownEintragEntfernen

DropDownFormularFeld

Syntax	**DropDownFormularFeld**
Bemerkungen	Fügt an der Position der Einfügemarke ein Dropdown-Formularfeld ein. **DropDownFormularFeld** entspricht der Schaltfläche **DropDown-Formularfeld** auf der Formular-Symbolleiste.
Siehe auch	AlleDropDownEinträgeEntfernen, DropDownEintragEntfernen, DropDownEintragHinzufügen, EinfügenFormularFeld, KontrollkästchenFormularFeld, TextFormularFeld

DropListBox

Syntax	**DropListBox** *HorizPos*, *VertPos*, *Breite*, *Höhe*, *Feldvariable$( )*, *.Bezeichner*
Bemerkungen	Erstellt ein Dropdown-Listenfeld, aus dem der Benutzer innerhalb eines benutzerdefinierten Dialogfelds ein Element auswählen kann. **DropListBox** hat dieselbe Syntax wie **ListBox**. Wenn ein Dropdown-Listenfeld geöffnet wird, kann der dann angezeigte Teil andere Steuerelemente im Dialogfeld überdecken oder über das Dialogfeld hinausragen.

Argument	Erklärung
HorizPos, *VertPos*	Der Abstand der linken oberen Ecke des Listenfelds von der linken oberen Dialogfeldecke, ausgedrückt in Einheiten von 1/8 bzw. 1/12 der Systemschriftart (Windows) bzw. der Diaglogfeldschriftart (Macintosh).
Breite, *Höhe*	Die Breite und Höhe des Listenfelds, ausgedrückt in 1/8 bzw. 1/12 der Systemschriftart (Windows) bzw. der Dialogfeldschriftart (Macintosh). *Höhe* entspricht der Höhe des geöffneten Listenfeldes.
Feldvariable$( )	Ein Datenfeld aus Zeichenfolgen, das die in der Liste aufzuführenden Elemente enthält, wobei jedes Listenfeldelement einem Datenfeldelement entspricht.

Argument	Erklärung
.Bezeichner	In Kombination mit dem Namen des Dialogdatensatzes erstellt .*Bezeichner* eine Variable, deren Wert dem ausgewählten Listenfeldelement entspricht. Diese Variable setzt sich folgendermaßen zusammen: *Dialogfelddatensatz.Bezeichner* (beispielsweise `Dlg.TestListe`).
	Der Bezeichner (.*Bezeichner* ohne Punkt) wird auch von Anweisungen in einer Dialogfunktion verwendet, die sich auf das Listenfeld auswirken (z.B. **DlgAktivieren** und **DlgSichtbar**).

Ein Beipiel für ein Listenfeld finden Sie unter **ListBox**.

Damit das Beispiel statt eines Listenfelds ein Dropdown-Listenfeld darstellt, ändern Sie die Anweisung **ListBox** in die Anweisung **DropListBox.** Geben Sie für das Argument *Höhe* die Höhe des geöffneten Dropdown-Listenfelds an.

Ein Beispiel für die Verwendung von **DropListBox** in einer vollständigen Dialogfelddefinition finden Sie unter **Begin Dialog...End Dialog**.

Siehe auch   Begin Dialog...End Dialog, ComboBox, DlgListenfeldDatenfeld, ListBox

---

Durchstreichen, Durchstreichen()

Syntax   **Durchstreichen** [*Aktiv*]

Durchstreichen( )

Bemerkungen   Die Anweisung **Durchstreichen** weist dem markierten Text das Zeichenformat „Durchstreichen" zu, entfernt das Format oder steuert das Format „Durchstreichen" für Zeichen, die an der Einfügemarke eingegeben werden.

Argument	Erklärung
Aktiv	Gibt an, ob das Format „Durchstreichen" zugewiesen oder entfernt wird:
	1 Weist dem markierten Text das Format „Durchstreichen" zu.
	0 (Null) Entfernt das Format „Durchstreichen".
	Fehlt Schaltet das Format „Durchstreichen" um (ein bzw. aus).

Die Funktion **Durchstreichen()** liefert die folgenden Werte:

Wert	Erklärung
0 (Null)	Kein Teil des markierten Textes ist mit dem Format „Durchstreichen" formatiert.
–1	Ein Teil des markierten Textes ist mit dem Format „Durchstreichen" formatiert.
1	Der gesamte markierte Text ist mit dem Format „Durchstreichen" formatiert.

Wenn Sie in Word mit eingeschalteter die Korrekturmarkierung arbeiten, kennzeichnet Durchstreichung gelöschten Text. Word interpretiert Text, der mit der Anweisung **Durchstreichen** formatiert wurde, nicht als gelöschten Text. Wenn Sie den markierten Text für die Korrekturmarkierung als gelöscht kennzeichnen möchten, verwenden Sie die folgenden Anweisungen:

```
ExtrasÜberarbeiten .Überarbeiten = 1
BearbeitenLöschen
```

Siehe auch   **ExtrasÜberarbeiten, FormatZeichen**

EinblendenAlleÜberschriften

Syntax   **EinblendenAlleÜberschriften**

Bemerkungen   Schaltet in der Gliederungsansicht zwischen der Anzeige des gesamten Textes (Überschriften und Textkörper) und der Anzeige der Überschriften um. Um sicherzustellen, daß aller Text angezeigt wird, fügen Sie die Anweisung **EinblendenEbene9** vor **EinblendenAlleÜberschriften** ein; dadurch werden alle Überschriften angezeigt, während der Textkörper ausgeblendet wird.

EinblendenAlleÜberschriften steht nur in der Gliederungs- und Zentraldokumentansicht zur Verfügung. Wird die Anweisung in einer anderen Ansicht ausgeführt, so tritt ein Fehler auf.

Beispiel   Dieses Beispiel wechselt zur Gliederungsansicht und zeigt den gesamten Text an:

```
AnsichtGliederung
EinblendenEbene9
EinblendenAlleÜberschriften
```

Siehe auch   **EinblendenEbene**_Nummer_, **GliederungErsteZeileAnzeigen**, **GliederungErweitern**, **GliederungReduzieren**

EinblendenAnmerkungVon

Syntax   **EinblendenAnmerkungVon** _Prüfer$_

Bemerkungen   Zeigt bei geöffnetem Anmerkungsausschnitt die vom _Prüfer$_ hinzugefügten Anmerkungen an. _Prüfer$_ muß mit einem der Prüfer (Bearbeiter) übereinstimmen, die in der Liste oben im Anmerkungsausschnitt aufgeführt sind. Wenn Sie alle Anmerkungen anzeigen möchten, müssen Sie für _Prüfer$_ „Alle Bearbeiter" angeben. Falls _Prüfer$_ nicht mit einem Bearbeiter in der Liste oben im Anmerkungsausschnitt übereinstimmt, zeigt Word alle Anmerkungen an.

Beispiel	Dieses Beispiel weist Word an, nur die von Sarah Levine hinzugefügten Anmerkungen anzuzeigen, und blendet dann den Anmerkungsausschnitt ein:

```
EinblendenAnmerkungVon "Sarah Levine"
AnsichtAnmerkungen 1
```

Siehe auch	**AnsichtAnmerkungen**

EinblendenEbene*Nummer*

Syntax	**EinblendenEbene***Nummer*
Bemerkungen	Zeigt in der Gliederungsansicht alle Überschriften bis zur angegebenen Überschriftsebene an und blendet untergeordnete Überschriften und Textkörper aus. *Nummer* ist eine Ganzzahl von 1 bis 9, die nicht durch eine Variable ersetzt werden kann.
	EinblendenEbene*Nummer* steht nur in der Gliederungs- und Zentraldokumentansicht zur Verfügung. Wird die Anweisung in einer anderen Ansicht ausgeführt, so tritt ein Fehler auf.
Beispiel	Dieses Beispiel nutzt die Tatsache, daß in der Gliederungsansicht die Abschnitte eines Dokuments leicht umgeordnet werden können. In einer alphabetischen Referenz kann zum Beispiel die Sortierung der Überschriften (als „Überschrift 1"-Absätze formatiert) durcheinander geraten. Mit dem folgenden Makro können Sie die Abschnitte wieder alphabetisch sortieren. Die ausgeblendeten (reduzierten) untergeordneten Überschriften und Textkörper werden mit den „Überschrift 1"-Absätzen verschoben.

```
AnsichtGliederung
EinblendenEbene1
BearbeitenAllesMarkieren
TabelleSortieren .Reihenfolge = 0
```

Siehe auch	**EinblendenAlleÜberschriften**, **GliederungErsteZeileAnzeigen**, **GliederungErweitern**, **GliederungReduzieren**

EinblendenNächsteKopfFußzeile

Syntax EinblendenNächsteKopfFußzeile

Bemerkungen Wenn sich die Einfügemarke in einer Kopfzeile befindet, wird sie in die nächste Kopfzeile innerhalb des aktiven Abschnitts (zum Beispiel von einer Kopfzeile für eine ungerade Seite in eine Kopfzeile für eine gerade Seite) oder in die erste Kopfzeile des folgenden Abschnitts verschoben. Wenn sich die Einfügemarke in einer Fußzeile befindet, verschiebt **EinblendenNächsteKopfFußzeile** sie in die nächste Fußzeile. Wenn sich die Einfügemarke in der letzten Kopf- oder Fußzeile im letzten Abschnitt des Dokuments oder überhaupt nicht in einer Kopf- oder Fußzeile befindet, tritt ein Fehler auf.

Siehe auch **AnsichtFußzeile, AnsichtKopfFußzeileSchließen, AnsichtKopfzeile, EinblendenVorherigeKopfFußzeile, FormatKopfFußzeileVerknüpfen, GeheZuKopfFußzeile, KopfFußzeilenVerknüpfungUmschalten**

EinblendenVorherigeKopfFußzeile

Syntax EinblendenVorherigeKopfFußzeile

Bemerkungen Wenn sich die Einfügemarke in einer Kopfzeile befindet, wird sie in die vorhergehende Kopfzeile innerhalb des aktiven Abschnitts (zum Beispiel von einer Kopfzeile für eine gerade Seite in eine Kopfzeile für eine ungerade Seite) oder in die letzte Kopfzeile des vorhergehenden Abschnitts verschoben. Wenn sich die Einfügemarke in einer Fußzeile befindet, verschiebt **EinblendenVorherigeKopfFußzeile** sie in die vorhergehende Fußzeile. Wenn sich die Einfügemarke in der ersten Kopf- oder Fußzeile im ersten Abschnitt des Dokuments oder überhaupt nicht in einer Kopf- oder Fußzeile befindet, tritt ein Fehler auf.

Siehe auch **AnsichtFußzeile, AnsichtKopfFußzeileSchließen, AnsichtKopfzeile, EinblendenNächsteKopfFußzeile, FormatKopfFußzeileVerknüpfen, GeheZuKopfFußzeile, KopfFußzeilenVerknüpfungUmschalten**

Einfügen

Syntax **Einfügen** *Text$*

Bemerkungen Fügt den angegebenen Text an der Einfügemarke ein. Mit der Funktion **Chr$()** und der Anweisung **Einfügen** können Sie Zeichen wie beispielsweise Anführungszeichen, Tabstopzeichen, bedingte Trennstriche und Zeilenendemarken einfügen. Sie können auch Zahlen einfügen, indem Sie sie zunächst mit der Funktion **Str$()** in Text umwandeln.

Beispiele Dieses Beispiel fügt den Text „Hamlet" (ohne die Anführungszeichen) an der Einfügemarke ein:

```
Einfügen "Hamlet"
```

Das folgende Beispiel fügt den Text „Hamlet" (mit Anführungszeichen) an der Einfügemarke ein:

```
Einfügen Chr$(34) + "Hamlet" + Chr$(34)
```

Dieses Beispiel fügt den Text „GruppeA:35" an der Einfügemarke ein. Um den numerischen Teil der Zeichenfolge zu erstellen, wandelt **Str$()** eine numerische Variable in eine Zeichenfolge um, und **LTrim$()** entfernt die führenden Leerstellen, die **Str$()** automatisch hinzufügt.

```
Zahl = 35
Zahl$ = LTrim$(Str$(Zahl))
Einfügen "GruppeA:" + Zahl$
```

Siehe auch **Chr$()**, **EinfügenAbsatz**, **LTrim$()**, **Str$()**

EinfügenAbbildungsVerzeichnis

Syntax **EinfügenAbbildungsVerzeichnis** [, **.Gliederung** = *Zahl*] [, **.Von** = *Zahl*] [, **.Bis** = *Zahl*] [, **.Beschriftung** = *Text*] [, **.BeschrKategorie** = *Zahl*] [, **.SeitenzahlenRechtsbündig** = *Zahl*] [, **.Ersetzen** = *Zahl*]

Bemerkungen Stellt Beschriftungen der angegebenen Kategorie zusammen und fügt diese an der Einfügemarke ein.

Argument	Erklärung
.Gliederung	Wenn 1, werden Einträge im Abbildungsverzeichnis aus Überschriften der Gliederungsebenen zusammengestellt. Wenn 0 (Null), werden nur Überschriften der höchsten Ebene (Hauptüberschriften) verwendet.
.Von	Wenn .Gliederung auf 1 gesetzt ist, gibt dieses Argument die höchste Ebene der Gliederungsüberschriften an, die in das Verzeichnis aufgenommen werden soll.
.Bis	Wenn .Gliederung auf 1 gesetzt ist, gibt dieses Argument die niedrigste Ebene der Gliederungsüberschriften an, die in das Verzeichnis aufgenommen werden soll.
.Beschriftung	Die Kategorie, die die Elemente bezeichnet, für die Sie ein Verzeichnis erstellen möchten.
.BeschrKategorie	Wenn 1, werden Kategorien und Numerierungsfolgen im Abbildungsverzeichnis mit den Beschriftungen verwendet.
.Seitenzahlen Rechtsbündig	Wenn 1, werden Seitenzahlen am rechten Seitenrand ausgerichtet.
.Ersetzen	Gibt an, ob ein zuvor zusammengestelltes Abbildungsverzeichnis ersetzt werden soll: 0 (Null) oder fehlt Das bestehende Abbildungsverzeichnis wird nicht ersetzt (die einzige Wirkung dieser Anweisung besteht darin, das Abbildungsverzeichnis zu markieren). 1 Das vorhandene Abbildungsverzeichnis wird ersetzt.

Beispiel Dieses Beispiel fügt ein Verzeichnis der Abbildungen ein, die durch Beschriftungen der Kategorie „Diagramm" markiert sind. Wenn bereits ein Abbildungsverzeichnis für Diagramme vorhanden ist, wird es ersetzt.

```
EinfügenAbbildungsVerzeichnis .Gliederung = 0, \
    .Beschriftung = "Diagramm", .BeschrKategorie = 1, \
    .SeitenzahlenRechtsbündig = 1, .Ersetzen = 1
```

Siehe auch **EinfügenAutoBeschriftung**, **EinfügenBeschriftung**, **EinfügenInhaltsverzeichnis**

EinfügenAbsatz

Syntax EinfügenAbsatz

Bemerkungen Fügt an der Einfügemarke eine Absatzmarke ein.

Siehe auch **Chr$()**, **Einfügen**

EinfügenAbschnittsWechsel

Syntax	EinfügenAbschnittsWechsel
Bemerkungen	Fügt einen Abschnittswechsel mit der Formatierung ein, die der Formatierung des Abschnitts mit der Einfügemarke entspricht.
Siehe auch	**EinfügenManuellerWechsel, EinfügenSeitenwechsel, EinfügenSpaltenwechsel**

EinfügenAdresse

Syntax	EinfügenAdresse
Bemerkungen	Öffnet das Adreßbuch-Fenster des als Standard eingestellten Persönlichen Adreßbuchs und trägt die ausgewählte Adresse an der Einfügemarke ein.
	EinfügenAdresse ist nur verfügbar, wenn Windows 95 und entweder Microsoft Exchange oder Schedule+, Version 2.0, installiert sind.
	In Word, Version 6.0, ist **EinfügenAdresse** nicht verfügbar, und ein Fehler tritt auf.
Siehe auch	**AbrufenAdresse$(), AdresseHinzufügen, ExtrasBriefumschlagErstellen, ExtrasEtikettenErstellen**

EinfügenAnmerkung

Syntax	EinfügenAnmerkung
Bemerkungen	Fügt an der Einfügemarke ein Anmerkungszeichen ein, öffnet den Anmerkungsausschnitt und verschiebt die Einfügemarke in den Anmerkungsausschnitt. Wenn Text markiert ist, wird das Anmerkungszeichen unmittelbar hinter dem markierten Text eingefügt. Der markierte Text erscheint schattiert, wenn sich die Einfügemarke im Anmerkungsausschnitt in der mit ihm verknüpften Anmerkung befindet. Wenn das Dokumentfenster zu klein ist, um den Anmerkungsausschnitt anzuzeigen, tritt ein Fehler auf.
Siehe auch	**AnsichtAnmerkungen, EinfügenFußnote, EinblendenAnmerkungVon, GeheZuAnmerkungsbereich**

EinfügenAutoBeschriftung

Syntax	**EinfügenAutoBeschriftung** [**.Lösch**] [, **.AlleLösch**] [, **.Objekt** = *Text*] [, **.BeschrKategorie** = *Text*] [, **.Position** = *Zahl*]
Bemerkungen	Gibt eine Beschriftung an, die automatisch zusammen mit einem Objekt der angegebenen Art eingefügt wird. Die Argumente für die **EinfügenAutoBeschriftung**-Anweisung entsprechen den Optionen im Dialogfeld **AutoBeschriftung** (Befehl **Beschriftung**, Menü **Einfügen**).

Argument	Erklärung
.Lösch	Bricht das automatische Hinzufügen von Beschriftungen für die durch **.Objekt** angegebene Objektart ab.
.AlleLösch	Bricht das automatische Hinzufügen von Beschriftungen für alle Objektarten ab.
.Objekt	Der Name der Objektart, für die automatische Beschriftungen definiert werden sollen. Dieser Name muß mit einem der Namen übereinstimmen, die im Feld „Automatisch beschriften" angezeigt werden.
.BeschrKategorie	Die Kategorie für die automatisch einzufügende Beschriftung. Wurde die Kategorie noch nicht definiert, hat das Argument keine Auswirkung. Definieren Sie neue Kategorien mit der Anweisung **EinfügenBeschriftungHinzu**.
.Position	Die Position der Beschriftung: 0 (Null) Über dem Objekt 1 Unter dem Objekt

Beispiel	Dieses Beispiel erstellt die neue Beschriftungskategorie „Grafik" und gibt an, daß bei jedem Einfügen eines Objekts vom Typ „Microsoft Word 6.0 Grafik" diese Kategorie automatisch eingefügt werden soll:

```
EinfügenBeschriftungHinzu .Name = "Grafik"
EinfügenAutoBeschriftung .Objekt = " Word.Picture.6", \
        .BeschrKategorie = "Grafik"
```

Siehe auch	**EinfügenBeschriftung, EinfügenBeschriftungHinzu, EinfügenBeschriftungNumerierung**

EinfügenAutoText

Syntax	**EinfügenAutoText**
Bemerkungen	Versucht, eine Übereinstimmung zwischen der Markierung oder dem Text vor der Einfügemarke bzw. um die Einfügemarke herum und dem Namen eines AutoText-Eintrags zu finden. Ist eine Übereinstimmung vorhanden, wird der AutoText-Eintrag (samt seiner Formatierung, falls vorhanden) in das Dokument eingefügt. Word sucht den AutoText-Eintrag zuerst in der aktiven, dann in der Dokumentvorlage „Normal" und schließlich in jeder geladenen globalen Dokumentvorlage, und zwar in der Reihenfolge entsprechend der Auflistung im Dialogfeld **Dokumentvorlagen und Add-Ins** (Befehl **Dokumentvorlagen**, Menü **Datei**). Wenn keine Übereinstimmung gefunden wird, tritt ein Fehler auf.
Siehe auch	**AbrufenAutoText$(), AutoText, AutoTextBestimmen, AutoTextName$(), BearbeitenAutoText, ZählenAutoTextEinträge()**

EinfügenBeschriftung

Syntax	**EinfügenBeschriftung** [.BeschrKategorie = *Text*] [, .TitelAutoText = *Text*] [, .Titel = *Text*] [, .Löschen] [, .Position = *Zahl*]
Bemerkungen	Fügt über oder unter einem markierten Element eine Beschriftung ein. Die Argumente für die Anweisung **EinfügenBeschriftung** entsprechen den Optionen im Dialogfeld **Beschriftung** (Menü **Einfügen**).

Argument	Erklärung
.BeschrKategorie	Die Kategorie für die einzufügende Beschriftung. Wurde die Kategorie noch nicht definiert, tritt ein Fehler auf. Definieren Sie neue Kategorien mit der Anweisung **EinfügenBeschriftungHinzu**.
.TitelAutoText	Der AutoText, der nach Angabe der Kategorie in die Beschriftung eingefügt werden soll (setzt den für **.Titel** angegebenen Text außer Kraft).
.Titel	Der Text, der nach Angabe der Kategorie in die Beschriftung eingefügt werden soll (wird ignoriert, wenn Sie **.TitelAutoText** angeben).

Argument	Erklärung
.Löschen	Entfernt die angegebene Kategorie aus dem Kategoriefeld. Eingebaute Kategorien (z.B. „Abbildung") sind nicht löschbar; verweist **.BeschrKategorie** auf eine solche Kategorie, tritt ein Fehler auf.
.Position	Wenn ein Element markiert ist, gibt dieses Argument an, ob die Beschriftung über oder unter dem Element eingefügt werden soll: 0 (Null) Über dem markierten Element 1 Unter dem markierten Element

Beispiel   Dieses Beispiel fügt im aktiven Dokument hinter jedem WordArt 2.0-Objekt eine Beschriftung für die Kategorie „Abbildung" und mit dem Titel „: WordArt 2.0-Objekt" hinzu. **AbrufenMarkierungAnfangPosition()** liefert die Zeichenposition der Einfügemarke vor und nach der Anweisung **BearbeitenGeheZu**. Wenn sich die Zeichenpositionen nicht ändern, sind keine weiteren WordArt-Objekte mehr vorhanden, und die **While...Wend**-Schleife wird beendet.

```
BeginnDokument
ZPos1 = AbrufenMarkierungAnfangPosition()
BearbeitenGeheZu "o'MSWordArt.2'"
ZPos2 = AbrufenMarkierungAnfangPosition()
While ZPos1 <> ZPos2
    ZeichenRechts 1, 1
    EinfügenBeschriftung .BeschrKategorie = "Abbildung", \
        .Titel = ": WordArt 2.0-Objekt", .Position = 1
    ZPos1 = AbrufenMarkierungAnfangPosition()
    BearbeitenGeheZu "o'MSWordArt.2'"
    ZPos2 = AbrufenMarkierungAnfangPosition()
Wend
```

Siehe auch   **EinfügenAutoBeschriftung**, **EinfügenBeschriftungHinzu**, **EinfügenBeschriftungNumerierung**

EinfügenBeschriftungHinzu

Syntax   **EinfügenBeschriftungHinzu** [**.Name** = *Text*]

Bemerkungen   Fügt dem Feld „Beschriftung" im Dialogfeld **Beschriftung** (Menü **Einfügen**) ein neues Element hinzu. Das neue Element wird zu einer gültigen Zeichenfolge für das Argument **.BeschrKategorie** in der Anweisung **EinfügenBeschriftung**.

	Argument	Erklärung
	.Name	Bezeichnung der Beschriftungskategorie.

Beispiel Dieses Beispiel fügt das Element „Diagramm" zur Liste der verfügbaren Beschriftungskategorien hinzu:

```
EinfügenBeschriftungHinzu .Name = "Diagramm"
```

Siehe auch **EinfügenAutoBeschriftung**, **EinfügenBeschriftung**, **EinfügenBeschriftungNumerierung**

EinfügenBeschriftungNumerierung

Syntax **EinfügenBeschriftungNumerierung** [**.BeschrKategorie** = *Text*]
[, **.FormatNumerierung** = *Zahl*] [, **.KapitelNummer** = *Zahl*] [, **.Ebene** = *Zahl*]
[, **.TrennZeichen** = *Text*]

Bemerkungen Definiert ein Format für Folgenzahlen in Beschriftungen für eine bestimmte Elementart. Die Argumente für die Anweisung **EinfügenBeschriftungNumerierung** entsprechen den Optionen im Dialogfeld **Beschriftung** (Befehl **Beschriftung**, Menü **Einfügen**).

Argument	Erklärung
.BeschrKategorie	Die Kategorie, für die Sie ein Numerierungsfolge-Format definieren möchten. Wurde die Kategorie noch nicht definiert, tritt ein Fehler auf. Definieren Sie neue Kategorien mit der Anweisung **EinfügenBeschriftungHinzu**.
.FormatNumerierung	Gibt ein Standardformat für die Numerierungsfolge in Beschriftungen der angegebenen Kategorie an: 0 (Null) 1, 2, 3, … 1 a, b, c, … 2 A, B, C, … 3 i, ii, iii, … 4 I, II, III, …
.KapitelNummer	Wenn 1, wird in Beschriftungen, die die angegebene Kategorie enthalten, standardmäßig eine Kapitelnummer eingefügt. Die Kapitel hängen von der Formatvorlage der durch **.Ebene** definierten Gliederungsebene ab.

Argument	Erklärung
.Ebene	Eine Nummer, die der Formatvorlage der Gliederungsebene entspricht, die für Kapitelüberschriften im aktuellen Dokument verwendet wird: 1 entspricht Überschrift 1; 2 entspricht Überschrift 2 usw.
.TrennZeichen	Das Zeichen, das als Trennzeichen zwischen der Kapitelnummer und der fortlaufenden Numerierung eingefügt werden soll.

Beispiel Dieses Beispiel definiert ein Zahlenformat für Beschriftungen der Kategorie „Abbildung". Kapitelnummern werden bei der fortlaufenden Numerierung nicht verwendet.

```
EinfügenBeschriftungNumerierung .BeschrKategorie = "Abbildung", \
        .FormatNumerierung = 3, .KapitelNummer = 0
```

Siehe auch EinfügenAutoBeschriftung, EinfügenBeschriftung, EinfügenBeschriftungHinzu

EinfügenDatei

Syntax EinfügenDatei .Name = *Text* [, .Bereich = *Text*] [, .UmwandlungBestätigen = *Zahl*] [, .Verknüpfung = *Zahl*]

Bemerkungen Fügt die angegebene Datei ganz oder teilweise an der Einfügemarke ein.

Argument	Erklärung
.Name	Der Pfad- und Dateiname der einzufügenden Datei. Wenn Sie keinen Pfad angeben, wird der aktuelle Ordner angenommen.
.Bereich	Wenn es sich bei der durch **.Name** angegebenen Datei um ein Word-Dokument handelt, ist **.Bereich** eine Textmarke. Wenn es sich um eine Datei eines anderen Typs (beispielsweise ein Microsoft Excel-Tabellenblatt) handelt, bezieht sich **.Bereich** auf einen benannten Bereich oder einen Zellbereich (beispielsweise Z1S1:Z3S4). Wenn Word den Wert von **.Bereich** nicht interpretieren kann, tritt ein Fehler auf.
.Umwandlung Bestätigen	Gibt an, ob Word das Dialogfeld **Datei konvertieren** anzeigen soll, wenn Dateien eingefügt werden, die nicht das Format von Word-Dokumenten haben.
.Verknüpfung	Wenn 1, wird ein EINFÜGENTEXT-Feld statt des Inhalts der eigentlichen Datei eingefügt.

Beispiele	Dieses Beispiel für Windows fügt den Inhalt der Datei PREISE.DOC in das aktive Dokument ein. Geben Sie auf dem Macintosh einen Pfad- und Dateinamen wie zum Beispiel FP:PREISE:PREISLISTE an.

```
EinfügenDatei .Name = "C:\PREISE\PREISE.DOC"
```

Das folgende Beispiel für Windows fügt den Teil der Datei PREISE.DOC in das aktive Dokument ein, der mit der Textmarke „Sportwagen" gekennzeichnet ist:

```
EinfügenDatei .Name = "PREISE.DOC", .Bereich = "Sportwagen"
```

Das folgende Beispiel für Windows erstellt ein neues Dokument und fügt dann ein EINFÜGENTEXT-Feld für alle Dateien ein, die im Ordner C:\TMP gespeichert sind und die Dateinamenerweiterung .TXT besitzen:

```
DateiNeuStandard
ChDir "C:\TMP"
Name$ = Files$("*.txt")
While Name$ <> ""
    EinfügenDatei Name$, .Verknüpfung = 1, .UmwandlungBestätigen = 0
    EinfügenAbsatz
    Name$ = Files$()
Wend
```

Ersetzen Sie auf den Macintosh die zweite bzw. dritte Anweisung durch `ChDir "FP:TEMPORÄRE DATEIEN"` bzw. `Name$ = Files$(MacID$("TEXT"))`.

Siehe auch   **EinfügenDatenbank, EinfügenFeld**

EinfügenDatenbank

Syntax   **EinfügenDatenbank** [**.Format** = *Zahl*] [, **.Formatvorlage** = *Zahl*] [, **.QuelleVerknüpfen** = *Zahl*] [, **.Verbindung** = *Text*] [, **.SQLAnweisung** = *Text*] [, **.SQLAnweisung1** = *Text*] [, **.KennwortDok** = *Text*] [, **.KennwortDokVorlage** = *Text*] [, **.Datenquelle** = *Text*] [, **.Von** = *Text*] [, **.Bis** = *Text*] [, **.EinbeziehenFelder** = *Zahl*]

Bemerkungen   Ruft Daten aus einer Datenquelle ab (beispielsweise einem zweiten Word-Dokument, einem Microsoft Excel-Tabellenblatt oder einer Microsoft Access-Datenbankdatei) und fügt die Daten als Tabelle in das aktive Dokument ein.

Argument	Erklärung
.Format	Gibt eines der Formate an, die unter „Formate" im Dialogfeld **Tabelle AutoFormat** (Menü **Tabelle**) aufgeführt sind: 0 (Null) entspricht dem ersten Format in der Liste („ohne"), 1 entspricht dem zweiten Format usw.
.Formatvorlage	Gibt an, welche Eigenschaften des Formats, das durch das Argument **.Format** angegeben wird, der Tabelle zugewiesen werden sollen. Verwenden Sie die Summe einer beliebigen Kombination der folgenden Werte: 0 Keine Formatierung 1 Rahmen 2 Schattierung 4 Schriftart 8 Farbe 16 Optimale Breite 32 Überschriftenzeilen 64 Letzte Zeile 128 Erste Spalte 256 Letzte Spalte
.Quelle Verknüpfen	Wenn 1, wird eine Verknüpfung zwischen der neuen Tabelle und der Datenquelle eingerichtet.
.Verbindung	Gibt einen Bereich an, in dem die durch **.SQLAnweisung** festgelegte Abfrage durchgeführt wird. Wie der Bereich angegeben wird, hängt von der Art der Datenabfrage ab: • Wenn Sie Daten mit Hilfe von ODBC (nur unter Windows verfügbar) abrufen, legen Sie hiermit die Verbindungszeichenfolge fest. • Wenn Sie Daten aus Microsoft Excel mit Hilfe des Dynamischen Datenaustausches (DDE) abrufen, legen Sie hiermit einen benannten Bereich fest. • Wenn Sie Daten aus Microsoft Access (nur unter Windows verfügbar) abrufen, legen Sie hiermit das Wort „TABLE" oder „QUERY" fest, gefolgt vom Namen einer Tabelle oder Abfrage.
.SQLAnweisung	Eine optionale Abfragezeichenfolge, die eine Untergruppe der Daten einer Hauptdatenquelle abruft und diese in das Dokument einfügt (nur unter Windows verfügbar).
.SQLAnweisung1	Wenn die Abfragezeichenfolge mehr als 255 Zeichen enthält, gibt **.SQLAnweisung** den ersten Teil der Zeichenfolge und **.SQLAnweisung1** den zweiten Teil an (nur unter Windows verfügbar).

Argument	Erklärung
.KennwortDok	Das Kennwort (falls vorhanden), das zum Öffnen der Datenquelle angegeben werden muß.
.KennwortDokVorlage	Wenn es sich bei der Datenquelle um ein Word-Dokument handelt, ist dies das Kennwort (falls vorhanden), das zum Öffnen der verbundenen Dokumentvorlage angegeben werden muß.
.Datenquelle	Der Pfad- und Dateiname der Datenquelle.
.Von	Die Nummer des ersten Datensatzes im Bereich der einzufügenden Datensätze.
.Bis	Die Nummer des letzten Datensatzes im Bereich der einzufügenden Datensätze.
.EinbeziehenFelder	Wenn 1, werden Feldnamen aus der Datenquelle in der ersten Zeile der neuen Tabelle angezeigt.

Anmerkung Sie können die Verbindungs- und Abfragezeichenfolgen automatisch erstellen lassen. Starten Sie dazu zunächst die Makroaufzeichnung. Öffnen Sie dann das Dialogfeld **Datenbank** (Menü **Einfügen**) und führen alle weiteren Schritte durch.

Siehe auch EinfügenExcelTabelle, SeriendruckDatenquelleErstellen

EinfügenDatumZeit

Syntax EinfügenDatumZeit [.DatumZeitAusw = *Text*] [, .EinfügenAlsFeld = *Zahl*]

Bemerkungen Fügt das aktuelle Datum und/oder die aktuelle Uhrzeit als Text oder als ZEIT-Feld ein.

Argument	Erklärung
.DatumZeitAusw	Eine Zeichenfolge, die das Format für die Anzeige des Datums und/oder der Uhrzeit beschreibt. Wenn Sie nichts angeben, verwendet Word das Format, das durch **DateFormat=** im Abschnitt [Microsoft Word] der Datei WINWORD6.INI (Windows 3.*x*) bzw. **Word-Einstellungen (6)** (Macintosh) bzw. in der Registrierung (Windows 95 und Windows NT) angegeben ist. Wenn unter Windows 3.*x* **DateFormat** nicht angegeben ist, verwendet Word das Format, das durch **sShortDate** im Abschnitt [intl] der Datei WIN.INI angegeben wird.

Argument	Erklärung	
.EinfügenAlsFeld	Gibt an, ob Word die Informationen als ZEIT-Feld einfügt:	
	0 (Null)	Word fügt die Informationen als Text ein.
	1	Word fügt die Informationen als ZEIT-Feld ein.
	Fehlt	Word fügt die Informationen entsprechend der aktuellen Einstellung des Kontrollkästchens **Als Feld einfügen** im Dialogfeld **Datum und Uhrzeit** (Menü **Einfügen**) ein.

Beispiel Dieses Beispiel fügt ein ZEIT-Feld für das aktuelle Datum in der Form „3. September 1993" ein:

```
EinfügenDatumZeit .EinfügenAlsFeld = 1, .DatumZeitAusw = "t. MMMM jjjj"
```

Siehe auch **EinfügenFeld, EinfügenFeldDatum, EinfügenFeldSeite**

EinfügenDiagramm

Syntax EinfügenDiagramm

Bemerkungen Startet Microsoft Graph und zeigt ein Standarddiagramm an, das bearbeitet werden kann. Wenn der Benutzer Microsoft Graph beendet, wird das Diagramm in das aktive Dokument eingebettet. Die Anweisung `EinfügenDiagramm` entspricht der Anweisung `EinfügenObjekt .ObjektTyp = "MSGraph"`.

Siehe auch **EinfügenExcelTabelle, EinfügenObjekt, EinfügenZeichnung**

EinfügenExcelTabelle

Syntax EinfügenExcelTabelle

Bemerkungen Startet Microsoft Excel und zeigt ein neues Arbeitsblatt an. Wenn der Benutzer Microsoft Excel beendet, wird das Arbeitsblatt in das aktive Dokument eingebettet. Die Anweisung `EinfügenExcelTabelle` ist identisch mit der Anweisung `EinfügenObjekt .Objekttyp = "Excel.Sheet.5"`.

Siehe auch **EinfügenDatenbank, EinfügenDiagramm, EinfügenObjekt**

EinfügenFeld

Syntax   **EinfügenFeld .Feld =** *Text*

Bemerkungen   Fügt das angegebene Feld an der Einfügemarke ein.

Argument	Erklärung
.Feld	Die Feldart und die Anweisungen, die Sie einfügen möchten. Weitere Informationen über die einzelnen Felder mit Syntax und Beispielen erhalten Sie, indem Sie im Dialogfeld **Feld** (Menü **Einfügen**) den Feldnamen auswählen und anschließend F1 (Windows) bzw. Hilfe (Macintosh) drücken. Das Argument **.Feld** kann bis zu 255 Zeichen aufnehmen.

Geben Sie die Feldzeichen ({}) nicht an, doch befolgen Sie alle anderen Syntaxregeln für Feldfunktionen. Zum Einfügen von Anführungszeichen in Feldfunktionen können Sie Chr$(34) verwenden.

Beispiele   Dieses Beispiel fügt ein AUTOR-Feld ein:

```
EinfügenFeld .Feld = "Autor"
```

Das folgende Beispiel verschachtelt ein EINGEBEN-Feld in einem KOMMENTAR-Feld (wie dies im Eintrag für das KOMMENTAR-Feld dargestellt wird). Die Anweisungen zeigen alle Feldfunktionen an und fügen unter Verwendung von **EinfügenFeld** ein KOMMENTAR-Feld ein. Anschließend wird ein EINGEBEN-Feld unter Verwendung von **EinfügenFeldzeichen** eingefügt.

```
ExtrasOptionenAnsicht .Feldfunktionen = 1
EinfügenFeld .Feld = "KOMMENTAR"
ZeichenLinks
EinfügenFeldzeichen
Einfügen "EINGEBEN " + Chr$(34) + "Geben Sie Ihren Kommentar ein" + \
    Chr$(34)
```

Siehe auch   **EinfügenFeldzeichen**

EinfügenFeldDaten

Syntax   **EinfügenFeldDaten** *Felddaten$*

Bemerkungen	Speichert die durch *Felddaten$* angegebenen Textdaten im ADDIN-Feld, wenn sich die Einfügemarke in diesem Feld befindet. Die Daten werden intern im Feld gespeichert und sind auch dann nicht sichtbar, wenn die Feldfunktionen angezeigt werden. Eine eventuelle Markierung muß bei einem ADDIN-Feld beginnen, sonst tritt ein Fehler auf.
Siehe auch	**AbrufenFeldDaten$()**

EinfügenFeldDatum

Syntax	**EinfügenFeldDatum**
Bemerkungen	Fügt an der Einfügemarke ein AKTUALDAT-Feld ein. Das Datumsformat entspricht dem zuletzt mit dem Befehl **Datum und Uhrzeit** aus dem Menü **Einfügen** gewählten Format.
Siehe auch	**EinfügenDatumZeit, EinfügenFeld, EinfügenFeldSeite, EinfügenFeldZeit**

EinfügenFeldSeite

Syntax	**EinfügenFeldSeite**
Bemerkungen	Fügt an der Einfügemarke ein SEITE-Feld ohne zusätzliche Feldanweisungen ein.
Siehe auch	**EinfügenFeld, EinfügenFeldDatum, EinfügenFeldZeit, EinfügenSeitenzahlen**

EinfügenFeldzeichen

Syntax	**EinfügenFeldzeichen**
Bemerkungen	Fügt Feldzeichen ({}) an der Einfügemarke ein und setzt dann die Einfügemarke zwischen die Feldzeichen.
Siehe auch	**EinfügenFeld**

EinfügenFeldZeit

Syntax   EinfügenFeldZeit

Bemerkungen   Fügt an der Einfügemarke ein ZEIT-Feld ohne Feldanweisungen ein.

Siehe auch   **EinfügenDatumZeit, EinfügenFeld, EinfügenFeldDatum, EinfügenFeldSeite**

EinfügenFormel

Syntax   EinfügenFormel

Bemerkungen   Wenn der Microsoft Formel-Editor auf dem Computer installiert ist, wird er durch diese Anweisung gestartet. Wenn der Benutzer den Formel-Editor beendet, wird die Formel in das aktive Dokument eingebettet. Die Anweisung `EinfügenFormel` entspricht der Anweisung `EinfügenObjekt .ObjektTyp = "Equation"`.

Siehe auch   **ObjektAktivieren, BearbeitenObjekt, EinfügenDiagramm, EinfügenZeichnung, EinfügenExcelTabelle, EinfügenWordArt**

EinfügenFormularFeld

Syntax   EinfügenFormularFeld [.Eintrag = *Text*] [, .Verlassen = *Text*] [, .Name = *Text*] [, .Aktivierung = *Zahl*] [, .TextArt = *Zahl*] [, .TextBreite = *Text oder Zahl*] [, .TextStandard = *Text*] [, .TextFormat = *Text*] [, .KontrollGröße = *Zahl*] [, .KontrollBreite = *Text oder Zahl*] [, .KontrollStandard = *Zahl*] [, .Art = *Zahl*] [, .HilfeGehörtZu = *Zahl*] [, .HilfeText = *Text*] [, .StatGehörtZu = *Zahl*] [, .StatusleisteText = *Text*]

Bemerkungen   Fügt an der Einfügemarke ein Formularfeld ein. Die Argumente für die Anweisung **EinfügenFormularFeld** entsprechen den Optionen in den Dialogfeldern **Formularfeld** und **Optionen für Textformularfelder** (Menü **Einfügen**).

Argument	Erklärung
.Eintrag	Der Makro, der ausgeführt wird, wenn das Formularfeld den Fokus erhält. Dieses Argument, das aus technischen Gründen in der WordBasic-Sprache „Eintrag" heißen muß, entspricht der Dialogfeldoption „Eintritt".
.Verlassen	Der Makro, der ausgeführt wird, wenn das Formularfeld den Fokus abgibt.

Argument	Erklärung
.Name	Der Name einer Textmarke, die das Formularfeld kennzeichnen wird.
.Aktivierung	Ist der Wert gleich 1, kann das Formularfeld geändert werden, während das Formular ausgefüllt wird.
.TextArt	Wenn Sie ein Textformularfeld einfügen, gibt dieses Argument die Art an: 0 (Null) Normaler Text 1 Zahl 2 Datum 3 Aktuelles Datum 4 Aktuelle Uhrzeit 5 Berechnung
.TextBreite	Gibt beim Einfügen eines Textformularfelds die Maximalbreite an: 0 (Null) Unbegrenzt > 0 Eine maximale Breite, in Zeichen
.TextStandard	Der Standardtext für ein Textformularfeld.
.TextFormat	Wenn Sie ein Textformularfeld einfügen, gibt dieses Argument das Format für **.TextArt** an. Wenn **.TextArt** auf 0 (Null) gesetzt ist, sind die folgenden Werte verfügbar: Grossbuchstaben Kleinbuchstaben Satzanfang groß Erster Buchstabe groß Die für andere Textarten verfügbaren Formate finden Sie, indem Sie die Liste der Formate für den jeweiligen Typ im Dialogfeld **Optionen für Textformularfelder** durchsehen.
.KontrollGröße	Beim Einfügen eines Kontrollkästchen-Formularfelds gibt dieses Argument an, ob eine feste Größe verwendet werden soll: 0 (Null) Auto (die Größe hängt vom Schriftgrad des umgebenden Texts ab). 1 Genau (die Breite entspricht genau der durch **.KontrollBreite** angegebenen Breite).
.KontrollBreite	Wenn Sie ein Kontrollkästchen-Formularfeld einfügen und **.KontrollGröße** auf 1 gesetzt ist, gibt dieses Argument eine feste Höhe und Breite an. Hierbei wird als Maßeinheit Punkt oder eine andere Textmaßeinheit verwendet.

Argument	Erklärung
.KontrollStandard	Wenn Sie ein Kontrollkästchen-Formularfeld einfügen, gibt dieses Argument an, ob das Kontrollkästchen standardmäßig aktiviert ist oder nicht aktiviert ist: 0 (Null) Nicht aktiviert 1 Aktiviert
.Art	Gibt die Art des einzufügenden Formularfelds an: 0 (Null) oder fehlt Textformularfeld 1 Kontrollkästchen-Formularfeld 2 Dropdown-Formularfeld
.HilfeGehörtZu	Gibt die Quelle für den Text an, der für das angegebene Formularfeld angezeigt wird, wenn das Formularfeld den Fokus besitzt und die F1-TASTE gedrückt wird: 0 (Null) Nicht vorhanden 1 Der durch **.HilfeText** festgelegte AutoText-Eintrag. Ist mit **.HilfeText** eine leere Zeichenfolge (" ") angegeben, wird kein Meldungsfeld angezeigt. 2 Der durch **.HilfeText** angegebene Text.
.HilfeText	Wenn **.HilfeGehörtZu** auf 1 gesetzt ist, bezeichnet dieses Argument den Namen eines AutoText-Eintrags, der Hilfetext für das Formularfeld enthält. Wenn **.HilfeGehörtZu** auf 2 gesetzt ist, enthält das Argument den eigentlichen Hilfetext.
.StatGehörtZu	Gibt die Quelle für den Text an, der für das angegebene Formularfeld in der Statusleiste angezeigt wird, wenn das Formularfeld den Fokus besitzt: 0 (Null) Nicht vorhanden 1 Der durch **.StatusleisteText** festgelegte AutoText-Eintrag. Ist mit **.StatusleisteText** eine leere Zeichenfolge (" ") angegeben, wird kein Text angezeigt. 2 Der durch **.StatusleisteText** angegebene Text.
.StatusleisteText	Wenn **.StatGehörtZu** auf 1 gesetzt ist, bezeichnet dieses Argument den Namen eines AutoText-Eintrags, der Statusleistentext für das Formularfeld enthält. Wenn **.StatGehörtZu** auf 2 gesetzt ist, enthält das Argument den eigentlichen, in der Statusleiste anzuzeigenden Text.

Beispiele

Dieses Beispiel fügt ein Dropdown-Formularfeld ein, für das ein Statusleistentext angegeben wird. Anschließend werden die Namen von drei Städten in das Formularfeld eingefügt.

```
EinfügenFormularFeld .Name = "Städte", .Aktivierung = 1, \
    .Art = 2, .StatGehörtZu = 1, .StatusleisteText = "Wählen Sie \
    eine Stadt."
DropDownEintragHinzufügen "Städte", "Bonn"
DropDownEintragHinzufügen "Städte", "Paris"
DropDownEintragHinzufügen "Städte", "Tokio"
```

Das folgende Beispiel fügt ein Kontrollkästchen-Formularfeld ein, das 8 Punkte hoch und 8 Punkte breit ist und das standardmäßig aktiviert ist. Der „Verlassen"-Makro, der ausgeführt wird, wenn das Kontrollkästchen den Fokus abgibt, heißt „EinstAngabe". In einem Makro könnten diese Instruktionen zum Beispiel vor **AbrufenFormularFeldergebnis()** und **SetPrivateProfileString** stehen, um in einer Textdatei festzuhalten, ob der Benutzer das Kontrollkästchen aktiviert oder nicht.

```
EinfügenFormularFeld .Verlassen = "EinstAngabe", .Name = \
    "Kontroll1", .Aktivierung = 1, .KontrollGröße = 1, \
    .KontrollBreite = "8 pt", .KontrollStandard = 1, .Art = 1
```

Das folgende Beispiel fügt ein Textformularfeld ein. Das Argument .TextArt = 1 gibt an, daß der Text eine Zahl ist, und .TextFormat = "0%" gibt an, daß die Zahl als Prozentwert angezeigt werden soll. Der Standard-Prozentsatz ist 100 Prozent.

```
EinfügenFormularFeld .Name = "ProzentFertig", .Aktivierung = 1, \
    .TextArt = 1, .TextGröße = 1, .TextBreite = "4", \
    .TextStandard = "100", .TextFormat = "0%", .Art = 0
```

Siehe auch   **AktivierenFormularFeld, AlleDropDownEinträgeEntfernen, DropDownEintragEntfernen, DropDownEintragHinzufügen, DropDownFormularFeld, FormularFeldOptionen, KontrollkästchenFormularFeld, TextFormularFeld**

EinfügenFußnote

Syntax   **EinfügenFußnote [.FußnotenZeichen = *Text*] [, .FußEndnotenArt = *Zahl*]**

Bemerkungen   Fügt an der Einfügemarke ein Fußnoten- oder Endnotenzeichen ein, öffnet den Fußnoten- oder Endnotenausschnitt und positioniert die Einfügemarke im Ausschnitt. Die Argumente für die Anweisung **EinfügenFußnote** entsprechen den Optionen im Dialogfeld **Fußnote und Endnote** (Befehl **Fußnote**, Menü **Einfügen**).

Argument	Erklärung
.Fußnoten Zeichen	Ein benutzereigenes Fußnotenzeichen. Wenn Sie nichts angeben, fügt Word ein automatisch numeriertes Fußnotenzeichen ein.
	Sie können ein Sonderzeichen angeben, indem Sie die Syntax {*Schriftart Zeichennummer*} verwenden. *Schriftart* ist der Name einer Schriftart, die das Sonderzeichen enthält. Die Namen von dekorativen Schriftarten erscheinen im Feld **Schriftart** des Dialogfelds **Sonderzeichen** (Menü **Einfügen**). *Zeichennummer* ist die Summe aus 31 und der Nummer, die der Position des einzufügenden Zeichens entspricht. Die Position ergibt sich durch Zählen der Zeichen im Verzeichnis der Sonderzeichen von links nach rechts. Wenn Sie beispielsweise ein Omega () angeben möchten, das sich im Verzeichnis der Sonderzeichen mit der Schriftart **Symbol** an der Position 56 befindet, geben Sie das Argument .FußnotenZeichen = "{Symbol 87}" an.
.FußEndnoten Art	Gibt an, ob eine Fußnote oder eine Endnote eingefügt werden soll:
	0 (Null) Fußnote
	1 Endnote
	Fehlt Die Art, die zuletzt eingefügt wurde

Beispiel   Dieses Beispiel fügt an der Einfügemarke ein automatisch numeriertes Fußnotenzeichen hinzu, fügt eine Fußnote ein und schließt dann den Fußnotenausschnitt:

```
EinfügenFußnote .FußEndnotenArt = 0
Einfügen "Sarah Levine, "
Kursiv 1 : Einfügen "Der Weidenbaum"
Kursiv 0 : Einfügen " (Rauschenbach-Verlag, 1993)."
AusschnittSchließen
```

Siehe auch   **AnsichtFußnoten, AnsichtFußnotenBereich, EinfügenAnmerkung, FußEndnotenOptionen**

EinfügenGrafik

Syntax   **EinfügenGrafik .Name** = *Text* [, **.DateiVerknüpfen** = *Zahl*] [, **.Neu**]

Bemerkungen   Fügt an der Einfügemarke eine Grafik ein. Wenn Sie **.DateiVerknüpfen** auf 1 oder 2 setzen, wird die Grafik als EINFÜGENGRAFIK-Feld eingefügt, das bei Änderung der Grafikdatei aktualisiert werden kann.

Argument	Erklärung
.Name	Der Pfad- und Dateiname der einzufügenden Grafik. Wenn Sie keinen Pfad angeben, wird der aktuelle Ordner angenommen.
.Datei Verknüpfen	Gibt an, ob die Grafik als Feld eingefügt werden soll und ob Sie die Grafikdaten im Dokument speichern möchten:
	0 (Null) oder fehlt Fügt die mit dem Argument **.Name** bezeichnete Grafik ein
	1 Fügt an der Einfügemarke ein EINFÜGENGRAFIK-Feld ein und speichert die Grafikdaten im Dokument
	2 Fügt an der Einfügemarke ein EINFÜGENGRAFIK-Feld ein und verhindert, daß Grafikdaten im Dokument gespeichert werden, indem der Schalter \d hinzugefügt wird
.Neu	Fügt eine leere Metafile-Grafik als Quadrat mit der Seitenlänge 2,54 cm (1 Zoll) ein und versieht sie mit einem Rahmen.

Beispiel   Dieses Beispiel (Windows) fügt ein EINFÜGENGRAFIK-Feld ein, dessen Ergebnis die Grafik WINLOGO.BMP ergibt:

```
EinfügenGrafik .Name = "winlogo.bmp", .DateiVerknüpfen = 1
```

Dieses Beispiel (Macintosh) fügt ein EINFÜGENGRAFIK-Feld ein, dessen Ergebnis die Grafik „Artist" (PICT-Format) ergibt:

```
EinfügenGrafik .Name = "Artist", .DateiVerknüpfen = 1
```

Siehe auch   **EinfügenDatei, EinfügenObjekt, EinfügenZeichnung**

EinfügenIndex

Syntax   **EinfügenIndex [.Unterteilung** = *Zahl*] [, **.Ersetzen** = *Zahl*] [, **.Art** = *Zahl*] [, **.SeitenzahlenRechtsbündig** = *Zahl*] [, **.Spalten** = *Zahl*]

Bemerkungen   Stellt einen Index zusammen und fügt diesen an der Einfügemarke ein oder ersetzt einen vorhandenen Index. Der Index ist das Ergebnis eines INDEX-Felds, das Sie aktualisieren können, wenn Indexeinträge geändert werden.

Argument	Erklärung
.Unterteilung	Gibt die Art der Unterteilung an: 0 (Null) oder fehlt Keine 1 Leere Zeile 2 Buchstabe
.Ersetzen	Gibt an, ob ein bereits vorhandener Index ersetzt werden soll: 0 (Null) oder fehlt Der vorhandene Index wird nicht ersetzt (die einzige Wirkung dieser Anweisung besteht darin, den Index zu markieren). 1 Der vorhandene Index wird ersetzt.
.Art	Gibt die Art des Indexes an: 0 (Null) oder fehlt Eingezogen 1 Fortlaufend
.Seitenzahlen Rechtsbündig	Wenn 1, werden die Seitenzahlen am rechten Rand der Spalte ausgerichtet.
.Spalten	Die Anzahl der Spalten, aus denen der Index bestehen soll.

Beispiel Dieses Beispiel fügt einen einfachen, eingezogenen Index ein, der einen eventuell vorhandenen Index ersetzt:

```
EinfügenIndex .Art = 0, .Unterteilung  = 0, .Ersetzen = 1
```

Siehe auch **AutoFestlegenIndexEintrag, IndexEintragFestlegen**

EinfügenInhaltsverzeichnis

Syntax **EinfügenInhaltsverzeichnis** [, **.Gliederung** = *Zahl*] [, **.Felder** = *Zahl*] [, **.Von** = *Zahl*] [, **.Bis** = *Zahl*] [, **.VerzeichnisKennung** = *Text*] [**.VerfügbareFormatvorlagen** = *Text*] [, **.Ersetzen** = *Zahl*] [, **.SeitenzahlenRechtsbündig** = *Zahl*]

Bemerkungen Stellt Inhaltsverzeichniseinträge aus den Überschriften und/oder INHALT-Feldern zusammen und fügt an der Einfügemarke ein VERZEICHNIS-Feld ein.

Argument	Erklärung
.Gliederung	Wenn 1, werden Inhaltsverzeichniseinträge aus Überschriften zusammengestellt.
.Felder	Wenn 1, werden Inhaltsverzeichniseinträge aus INHALT-Feldern zusammengestellt.

Argument	Erklärung
.Von	Wenn **.Gliederung** auf 1 gesetzt ist, gibt dieses Argument die höchste Ebene der Gliederungsüberschriften an, die in das Verzeichnis aufgenommen werden soll.
.Bis	Wenn **.Gliederung** auf 1 gesetzt ist, gibt dieses Argument die niedrigste Ebene der Gliederungsüberschriften an, die in das Verzeichnis aufgenommen werden soll.
.Verzeichnis Kennung	Die Kennzeichnung für den Eintrag, der in den INHALT-Feldern angegeben ist, die in das Inhaltsverzeichnis aufgenommen werden sollen.
.Verfügbare Formatvorlagen	Formatvorlagen, die zusätzlich zu den mit **.Von** und **.Bis** angegebenen Überschriften in das Verzeichnis aufgenommen werden sollen. Geben Sie **.VerfügbareFormatvorlagen** mit der folgenden Syntax an: *AufzunehmendeFormatvorlage1,VERZEICHNIS [, AufzunehmendeFormatvorlage2,VERZEICHNIS][, ...]* Sie können eine beliebige Anzahl an zusätzlichen Formatvorlagen angeben, solange die Länge der Zeichenfolge 256 Zeichen nicht überschreitet. Durch `.VerfügbareFormatvorlagen = "Notizen;3"` wird beispielsweise ein Text, der mit der Formatvorlage „Notizen" formatiert wurde, in ein Inhaltsverzeichnis aufgenommen und mit der Formatvorlage „Verzeichnis 3" formatiert.
.Ersetzen	Gibt an, ob ein zuvor zusammengestelltes Inhaltsverzeichnis ersetzt werden soll: 0 (Null) oder fehlt Das vorhandene Inhaltsverzeichnis wird nicht ersetzt (die einzige Wirkung dieser Anweisung besteht darin, das Inhaltsverzeichnis zu markieren). 1 Das vorhandene Inhaltsverzeichnis wird ersetzt.
.Seitenzahlen Rechtsbündig	Wenn 1, werden Seitenzahlen am rechten Seitenrand ausgerichtet.

Beispiele

Dieses Beispiel fügt ein Inhaltsverzeichnis ein, in dem die Formatvorlagen „Überschrift 1" bis „Überschrift 3" verwendet werden. Eventuell vorhandene INHALT-Felder werden nicht in das Inhaltsverzeichnis aufgenommen.

```
EinfügenInhaltsverzeichnis .Gliederung = 1, .Von = 1, .Bis = 3, \
    .Felder = 0, .SeitenzahlenRechtsbündig = 1, .Ersetzen = 1
```

Das folgende Beispiel fügt ein Inhaltsverzeichnis unter Verwendung der Formatvorlagen „Überschrift 1" bis „Überschrift 3" und „Überschrift 5" ein (die Formatvorlage „Überschrift 4" wird übersprungen). Mit der Formatvorlage „Überschrift 5" formatierte Überschriften erhalten die Formatvorlage „Verzeichnis 4" im Inhaltsverzeichnis.

```
EinfügenInhaltsverzeichnis .Gliederung = 1, .Von = 1, .Bis = 3, \
        .VerfügbareFormatvorlagen = "Überschrift 5;4", .Felder = 0, \
        .SeitenzahlenRechtsbündig = 1, .Ersetzen = 0
```

Das folgende Beispiel fügt ein Inhaltsverzeichnis auf der Grundlage von Text ein, der mit den Formatvorlagen „Einführung", „Hauptüberschrift", „ZusFassung" und „Normale Überschrift" formatiert wurde. Mit den Formatvorlagen „Einführung", „Hauptüberschrift" und „ZusFassung" formatierter Text erhält die Formatvorlage „Verzeichnis 1", und mit der Formatvorlage „Normale Überschrift" formatierter Text erhält die Formatvorlage „Verzeichnis 2".

```
BenDef$ = \
"Einführung;1;ZusFassung;1;Hauptüberschrift;1;Normale Überschrift;1"
EinfügenInhaltsverzeichnis .Gliederung = 0, \
        .VerfügbareFormatvorlagen = BenDef$, \
        .SeitenzahlenRechtsbündig = 1, .Ersetzen = 0
```

Siehe auch **EinfügenAbbildungsVerzeichnis, InhaltsverzeichnisEintragAuswählen**

EinfügenKlang

Syntax **EinfügenKlang**

Bemerkungen Startet den Klangrecorder (Windows) bzw. Microsoft Audio-Anmerkung (Macintosh), so daß der Benutzer einen Klang aufzeichnen oder einfügen kann. Wenn der Benutzer die Audio-Anwendung beendet, wird der Klang in das aktive Dokument eingebettet. Wenn im Computer keine Hardware installiert ist, die Klänge unterstützt, tritt ein Fehler auf.

Siehe auch **EinfügenDiagramm, EinfügenExcelTabelle, EinfügenObjekt, EinfügenZeichnung**

EinfügenManuellerWechsel

Syntax EinfügenManuellerWechsel [.Art = *Zahl*]

Bemerkungen Fügt an der Einfügemarke einen Seiten-, Spalten- oder Abschnittswechsel ein. Die für das Argument **.Art** verfügbaren Werte entsprechen den Optionen im Dialogfeld **Manueller Wechsel** (Menü **Einfügen**).

Argument	Erklärung
.Art	Die Art des einzufügenden Wechsels:
	0 (Null) oder fehlt Seitenwechsel
	1 Spaltenwechsel
	2 Abschnittswechsel auf die nächste Seite
	3 Fortlaufender Abschnittswechsel
	4 Abschnittswechsel; neuer Abschnitt beginnt auf der nächsten geraden Seite.
	5 Abschnittswechsel; neuer Abschnitt beginnt auf der nächsten ungeraden Seite.
	6 Zeilenwechsel (Zeilenendemarke)

Beispiel Dieses Beispiel fügt vor jedem Absatz mit der Formatvorlage „Überschrift 1" im aktiven Dokument einen Seitenwechsel ein:

```
BeginnDokument
BearbeitenSuchenLöschenFormatierung
BearbeitenSuchenFV .Formatvorlage = "Überschrift 1"
BearbeitenSuchen .Suchen = "", .Richtung = 0, .Textfluß = 0
While BearbeitenSuchenGefunden()
    ZeichenLinks
    EinfügenManuellerWechsel .Art = 0
    BearbeitenSuchen .Suchen = "", .Richtung = 0, .Textfluß = 0
Wend
```

Siehe auch **AbsatzSeitenwOberhalb, EinfügenAbschnittsWechsel, EinfügenSeitenwechsel, EinfügenSpaltenwechsel, TabelleTeilen**

EinfügenObjekt

Syntax	**EinfügenObjekt** [**.SymbolNummer** = *Zahl*] [, **.DateiName** = *Text*] [, **.Verknüpfung** = *Zahl*] [, **.SymbolAnzeigen** = *Zahl*] [, **.Registerkarte** = *Zahl*] [, **.ObjektTyp** = *Text*] [, **.SymbolDateiname** = *Zahl*] [, **.Beschriftung** = *Text*]
Bemerkungen	Startet eine OLE-Anwendung (OLE = Objekte verknüpfen und einbetten), in der der Benutzer ein Objekt erstellt, oder erstellt ein eingebettetes Objekt direkt aus einer angegebenen Datei. In beiden Fällen fügt **EinfügenObjekt** an der Einfügemarke ein EINBETTEN-Feld ein.

Argument	Erklärung
.SymbolNummer	Wenn **.SymbolAnzeigen** auf 1 gesetzt wurde, gibt der Wert von **.SymbolNummer** eine Nummer für das Symbol an, das anstelle des Inhalts der Verknüpfung oder des Objekts im Dokument angezeigt werden soll. Symbole erscheinen im Dialogfeld **Symbol auswählen** (Befehl **Objekt**, Menü **Einfügen**): 0 (Null) entspricht dem ersten Symbol, 1 dem zweiten usw. Bei Nichtangabe des Arguments wird das erste Symbol (Standardsymbol) verwendet. Das gewählte Symbol wird im Dialogfeld **Objekt** (Menü **Einfügen**) unterhalb des Kontrollkästchens „Als Symbol" angezeigt, wenn dieses aktiviert ist.

Auf dem Macintosh können Symbole für eingebettete Objekte nicht geändert werden. Daher wird dieses Argument ignoriert. |
| **.DateiName** | Der Pfad- und Dateiname der Datei, die Sie als eingebettetes Objekt im aktiven Dokument speichern möchten.

Wenn Sie **.Dateiname** angeben, müssen Sie **.Registerkarte** auf 1 setzen und **.ObjektTyp** angeben. Wie Sie eine Datei als Objekt einfügen können, entnehmen Sie dem zweiten Beispiel in diesem Eintrag. |
| **.Verknüpfung** | Wenn 1, wird das eingebettete Objekt mit der durch **.DateiName** angegebenen Datei verknüpft. Wenn die Datei geändert wird, aktualisiert Word das eingebettete Objekt. |
| **.SymbolAnzeigen** | Gibt an, ob eine Verknüpfung bzw. ein Objekt als Symbol angezeigt werden soll oder nicht:

0 (Null) oder fehlt   Verknüpfung wird nicht als Symbol bzw. Objekt angezeigt.

1   Verknüpfung wird als Symbol bzw. Objekt angezeigt. |

Argument	Erklärung
.Registerkarte	Gibt an, welche Registerkarte ausgewählt wird, wenn Sie das Dialogfeld **Objekt** mit Hilfe von **Dialog** oder **Dialog()** anzeigen: 0 (Null) Registerkarte **Neu erstellen**. 1 Registerkarte **Aus Datei erstellen**.
.ObjektTyp	Der Name des Objekttyps eines neuen Objekts, das eingefügt werden soll. Sie können sich Namen für Objekttypen ansehen, indem Sie ein Objekt in ein Dokument einfügen und sich die Feldfunktionen anzeigen lassen. Der Objekttyp des Objektes erscheint dann hinter dem Wort „EINBETTEN".
.Symbol Dateiname	Wenn **.SymbolAnzeigen** den Wert 1 hat, gibt **.SymbolDateiname** den Pfad und Dateinamen der Programmdatei an, in der das anzuzeigende Symbol gespeichert ist. Auf dem Macintosh können Symbole für eingebettete Objekte nicht geändert werden. Daher wird dieses Argument ignoriert.
.Beschriftung	Wenn **.SymbolAnzeigen** den Wert 1 hat, wird die Beschriftung des Symbols angezeigt. Wird das Argument **.Beschriftung** nicht angegeben, fügt Word den Namen des Objekts ein.

Beispiele

Dieses Beispiel (Windows) startet Microsoft Paintbrush. Wenn der Benutzer im Menü **Datei** den Befehl **Beenden und Zurück zu** *Dokumentname* wählt, fügt Word an der Einfügemarke das folgende Feld ein: {EINBETTEN PBrush * MERGEFORMAT}.

```
EinfügenObjekt .ObjektTyp = "PBrush"
```

Das folgende Beispiel (Windows) fügt ein eingebettetes Objekt ein, das mit der Datei LOGO.BMP verknüpft ist:

```
EinfügenObjekt .DateiName = "C:\GRAFIK\LOGO.BMP", .Verknüpfung = 1, \
    .Registerkarte = 1, .ObjektTyp = "PBrush"
```

Das folgende Beispiel (Macintosh) fügt ein eingebettetes Objekt ein, das mit der Datei „Umsatz Mai" verknüpft ist:

```
EinfügenObjekt .DateiName = "FP:MICROSOFT WORD:Diagramme:Umsatz Mai", \
    .Verknüpfung = 1, .Registerkarte = 1, .ObjektTyp = "MSGraph"
```

Siehe auch

BearbeitenObjekt, EinfügenDiagramm, EinfügenExcelTabelle, EinfügenZeichnung, ObjektAktivieren

EinfügenPosRahmen

Syntax EinfügenPosRahmen

Bemerkungen Fügt einen leeren Positionsrahmen ein oder fügt dem markierten Text und/oder der markierten Grafik einen Positionsrahmen hinzu. Wenn keine Markierung vorhanden ist, fügt Word an der Einfügemarke einen Rahmen hinzu, der 2,5 cm lang und breit ist und in der Layoutansicht als Quadrat erscheint. Mit der Anweisung **FormatPosRahmen** können Sie die Maße des Positionsrahmens ändern.

Beispiel Bei diesem Beispiel wird ein Positionsrahmen hinzugefügt und dann am Seitenrand links des aktuellen Absatzes positioniert, so daß der Benutzer einen Seitenrandhinweis einfügen kann. Befindet sich das aktive Dokument nicht in der Layoutansicht, zeigt Word ein Meldungsfeld an, mit dem der Benutzer aufgefordert wird, in die Layoutansicht zu wechseln.

```
MarkierungArt 1
If AnsichtLayout() = 0 Then
    antw = MsgBox("In die Layoutansicht umschalten?", \
            "Seitenrandhinweis einfügen", 36)
    If antw = - 1 Then AnsichtLayout
End If
EinfügenPosRahmen
FormatPosRahmen .Textfluß = 1, .BreiteAuswahl = 1, .BreiteMaß = "2 cm",\
        .PositionHoriz = "Links", .PositionHorizGemVon = 1, \
        .AbstZumText = "0,3 cm", .PositionVert = "0", \
        .PositionVertGemVon = 2, .AbstVertZumText = "0"
MarkierungArt 1 : Schriftgrad 8 : Kursiv 1
ExtrasOptionenAnsicht .HRollen = 1
HRollen 0
```

Siehe auch EntfernenPosRahmen, FormatPosRahmen

EinfügenQuerverweis

Syntax EinfügenQuerverweis [.VerweisArt = *Text*] [, .VerweisFür = *Text*] [, .VerweisAuf = *Text*]

Bemerkungen Fügt einen Querverweis auf eine Überschrift, eine Textmarke, eine Fußnote, eine Endnote oder ein Element ein, für das eine Beschriftungskategorie definiert wurde (beispielsweise eine Gleichung, Abbildung oder Tabelle). Die Argumente für die Anweisung **EinfügenQuerverweis** entsprechen den Optionen im Dialogfeld **Querverweis** (Menü **Einfügen**).

Argument	Erklärung
.VerweisArt	Der Elementtyp, für den ein Querverweis eingefügt werden soll. Die Verweisart muß mit einer der im Feld „Verweistyp" angezeigten Arten übereinstimmen.
.VerweisFür	Eine Zahl, die als Text angegeben wird und die den Informationen entspricht, die der Querverweis enthalten soll. Eine Liste der verfügbaren Werte finden Sie in der nachfolgenden Tabelle.
.VerweisAuf	Wenn .VerweisArt gleich „Textmarke" ist, der Name einer Textmarke. Für alle anderen Verweisarten eine Zahl, die als Text angegeben wird und die einem Element im Feld „Für welche [Verweistyp]" entspricht: „1" entspricht dem ersten Element, „2" dem zweiten Element usw.

Die folgende Tabelle enthält die Werte, die für das Argument .VerweisFür je nach Einstellung des Arguments .VerweisArt verfügbar sind.

.VerweisArt	Gültige Werte für .VerweisFür	
Überschrift	0 (Null)	Überschrifttext
	7	Seitenzahlen
	8	Überschriftnummer
Textmarke	1	Textmarkeninhalt
	7	Seitenzahl
	9	Absatznummer
Fußnote	5	Fußnotenzeichen
	7	Seitenzahl
Endnote	6	Endnotenzeichen/nummer
	7	Seitenzahl
Ein Element, für das eine Beschriftungskategorie definiert wurde	2	Gesamte Beschriftung
	3	Nur Kategorie und Nummer
	4	Nur Beschriftungstext
	7	Seitenzahl

Beispiel Dieses Beispiel fügt einen Satz ein, der zwei Querverweise auf eine grafische Darstellung enthält: der erste Querverweis bezieht sich auf die Beschriftung, der zweite auf die Seite, auf der sich die Darstellung befindet. Ein typischer Satz, der mit diesen Anweisungen eingefügt wird, ist beispielsweise: „Eine Darstellung des Modells finden Sie unter 'Abbildung 1: Typisches Fahrzeugmodell' auf Seite 5."

```
Einfügen "Eine Darstellung des Modells finden Sie unter " + Chr$(34)
EinfügenQuerverweis .VerweisArt = "Abbildung", \
        .VerweisFür = "2", .VerweisAuf = "1"
Einfügen Chr$(34) + " auf Seite "
EinfügenQuerverweis .VerweisArt = "Abbildung", \
        .VerweisFür = "7", .VerweisAuf = "1"
Einfügen "."
```

Siehe auch	**EinfügenBeschriftung**

EinfügenSammlung

Syntax	**EinfügenSammlung**
Bemerkungen	Leert den speziellen AutoText „Sammlung" und fügt seinen Inhalt an der Einfügemarke ein. Ein Beispiel finden Sie unter **Sammlung**.
Siehe auch	**BearbeitenAutoText, EinfügenAutoText, Sammlung**

EinfügenSchaltflächenSymbol

Syntax	**EinfügenSchaltflächenSymbol** *Symbolleiste$*, *Schaltfläche* [, *Kontext*]
Bemerkungen	Versieht die Oberfläche der angegebenen Symbolleisten-Schaltfläche mit der Grafik in der Zwischenablage.

Argument	Erklärung
Symbolleiste$	Der Name der Symbolleiste, wie er im Dialogfeld **Symbolleisten** (Menü **Ansicht**) angezeigt wird.
Schaltfläche	Eine Zahl, die der zu ändernden Schaltflächenoberseite entspricht: 0 ist die erste Schaltfläche der angegebenen Symbolleiste, 1 die zweite usw.
Kontext	Die Dokumentvorlage, in der die Änderung gespeichert werden soll: 0 (Null) oder fehlt In der Dokumentvorlage „Normal". 1 In der aktiven Dokumentvorlage.

Ein Beispiel, in dem **EinfügenSchaltflächenSymbol** verwendet wird, finden Sie unter **SchaltflächenSymbolKopieren**.

Siehe auch	**BearbeitenSchaltflächenSymbol, SchaltflächenSymbolKopieren, SchaltflächenSymbolWählen, VorgabeSchaltflächenSymbol**

EinfügenSeitenwechsel

Syntax　　EinfügenSeitenwechsel

Bemerkungen　　Fügt an der Einfügemarke einen Seitenwechsel ein. Die Anweisung `EinfügenSeitenwechsel` ist identisch mit der Anweisung `EinfügenManuellerWechsel .Art = 0`.

Siehe auch　　**AbsatzSeitenwOberhalb, EinfügenAbschnittsWechsel, EinfügenManuellerWechsel, EinfügenSpaltenwechsel, TabelleTeilen**

EinfügenSeitenzahlen

Syntax　　EinfügenSeitenzahlen [.Art = *Zahl*] [, .Position = *Zahl*] [, .ErsteSeite = *Zahl*]

Bemerkungen　　Fügt ein SEITE-Feld innerhalb eines Positionsrahmens in die Kopf- oder Fußzeile ein und positioniert den Positionsrahmen wie angegeben. Die Argumente für die Anweisung **EinfügenSeitenzahlen** entsprechen den Optionen im Dialogfeld **Seitenzahlen** (Menü **Einfügen**).

Argument	Erklärung
.Art	Gibt die Position an, an der das SEITE-Feld hinzugefügt werden soll (aus technischen Gründen mußte an dieser Stelle das Argument **.Art** verwendet werden):
	0 (Null)　In der Kopfzeile
	1　In der Fußzeile
.Position	Gibt die Position des umrahmten SEITE-Felds an:
	0 (Null)　Links
	1　Zentriert
	2　Rechts
	3　Innen (links auf ungeraden und rechts auf geraden Seiten)
	4　Außen (rechts auf ungeraden und links auf geraden Seiten)
.ErsteSeite	Wenn 1, wird das Feld auch in die Kopf- oder Fußzeile der ersten Seite eingefügt.

Beispiel　　Dieses Beispiel fügt eine rechts ausgerichtete Seitenzahl in die Kopfzeile ein und gibt an, daß die Seitenzahl auf der ersten Seite nicht angezeigt werden soll:

```
EinfügenSeitenzahlen .Art = 0, .Position = 2, .ErsteSeite = 0
```

Siehe auch　　**AnsichtKopfzeile, EinfügenFeldSeite, FormatSeitenzahl**

EinfügenSeriendruckFeld

Syntax   EinfügenSeriendruckFeld [.SeriendruckFeld = *Text*]
[, .Bedingungsfeld = *Zahl*]

Bemerkungen   Fügt ein SERIENDRUCKFELD-Feld ein, das Word bei einer Serienbrieferstellung in jedem Seriendruckdokument aktualisiert. Wenn das aktive Dokument kein Hauptdokument ist, tritt ein Fehler auf.

Argument	Erklärung
.SeriendruckFeld	Der Name eines Seriendruckfelds. Feldnamen erscheinen im ersten Datensatz der Datenquelle (Steuerdatei) oder in der Steuersatzquelle (wenn dem Hauptdokument eine Steuersatzquelle zugeordnet ist).
.Bedingungsfeld	Fügt ein Bedingungsfeld ein. Wenn **.SeriendruckFeld** angegeben ist, hat die Angabe von **.Bedingungsfeld** keine Auswirkung. 0 (Null) FRAGE-Feld 1 EINGEBEN-Feld 2 WENN-Feld (mit Platzhaltertext für ein Feld der Struktur Wenn...Dann). 3 WENN-Feld (mit Platzhaltertext für ein Feld der Struktur Wenn...Dann...Sonst) 4 DATENSATZ-Feld 5 NÄCHSTER-Feld 6 NWENN-Feld 7 ANGEBEN-Feld 8 BESTIMMEN-Feld 9 ÜBERSPRINGEN-Feld

Beispiel   Dieses Beispiel fügt ein SERIENDRUCKFELD-Feld ein, das bei einer Serienbrieferstellung mit dem Namen einer Stadt aus der Datenquelle aktualisiert wird:

```
EinfügenSeriendruckFeld .SeriendruckFeld = "Ort"
```

Siehe auch   **EinfügenFeld, SeriendruckEinfügenBestimmen, SeriendruckEinfügenDatensatz, SeriendruckEinfügenEingeben, SeriendruckEinfügenFrage, SeriendruckEinfügenNächster, SeriendruckEinfügenNächsterWenn, SeriendruckEinfügenSeq, SeriendruckEinfügenÜberspringen, SeriendruckEinfügenWenn**

EinfügenSonderzeichen

Syntax	**EinfügenSonderzeichen** **.Schriftart** = *Text*, **.Registerkarte** = *Zahl*, **.ZeichenNum** = *Zahl oder Text*
Bemerkungen	Fügt an der Einfügemarke ein Sonderzeichen ein. Beachten Sie, daß **EinfügenSonderzeichen** kein SONDZEICHEN-Feld einfügt, wie dies in Word für Windows, Version 2.*x*, der Fall war. Die Argumente für die Anweisung **EinfügenSonderzeichen** entsprechen den Optionen im Dialogfeld **Sonderzeichen** (Menü **Einfügen**).

Argument	Erklärung
.Schriftart	Der Name der Schriftart, die das Sonderzeichen enthält. Die Namen von dekorativen Schriftarten werden im Feld „Schriftart" des Dialogfelds **Sonderzeichen** (Menü **Einfügen**) aufgelistet.
.Registerkarte	Gibt die Registerkarte an, die ausgewählt werden soll, wenn Sie das Dialogfeld **Sonderzeichen** mit einer **Dialog**- oder **Dialog**()- Anweisung anzeigen. 0 (Null) Registerkarte für Sonderzeichen („Auswahl 1") 1 Registerkarte für spezielle Zeichen („Auswahl 2")
.ZeichenNum	Die Nummer des Zeichens im ANSI-Zeichensatz, d.h. die Summe aus 31 und der Nummer, die der Position des einzufügenden Zeichens in der Auflistung auf der Registerkarte entspricht. Die Position ergibt sich durch Zählen der Zeichen im Verzeichnis der Sonderzeichen von links nach rechts. Wenn Sie beispielsweise ein Omega () angeben möchten, das sich im Verzeichnis der Sonderzeichen mit der Schriftart „Symbol" an Position 56 befindet, setzen Sie **.ZeichenNum** auf 87.

Beispiel	Dieses Beispiel fügt einen Doppelpfeil an der Einfügemarke ein:

```
EinfügenSonderzeichen .Schriftart = "Symbol", .ZeichenNum = "171"
```

Siehe auch	**Chr$()**

EinfügenSpaltenwechsel

Syntax EinfügenSpaltenwechsel

Bemerkungen Fügt an der Einfügemarke einen Spaltenwechsel ein. Wenn sich die Einfügemarke in einer Tabelle befindet, teilt **EinfügenSpaltenwechsel** die Tabelle mit einer Absatzmarke, die über der Zeile eingefügt wird, in der sich die Einfügemarke befindet. Die Anweisung `EinfügenSpaltenwechsel` ist identisch mit der Anweisung `EinfügenManuellerWechsel .Art = 1`.

Siehe auch **EinfügenAbschnittsWechsel, EinfügenManuellerWechsel, EinfügenSeitenwechsel, TabelleTeilen**

EinfügenWordArt

Syntax EinfügenWordArt

Bemerkungen Wenn Microsoft WordArt auf dem Computer installiert ist, wird es gestartet. Wenn der Benutzer WordArt beendet, wird das WordArt-Objekt in das aktive Dokument eingebettet. Die Anweisung `EinfügenWordArt` entspricht der Anweisung `EinfügenObjekt .ObjektTyp = "MSWordArt.2"`.

Siehe auch **BearbeitenObjekt, EinfügenDiagramm, EinfügenExcelTabelle, EinfügenFormel, EinfügenZeichnung, ObjektAktivieren**

EinfügenZeichnung

Syntax EinfügenZeichnung

Bemerkungen Falls Microsoft Draw auf Ihrem Computer installiert ist, wird es durch diese Anweisung gestartet. Ein leeres Fenster wird angezeigt, in dem eine Grafik erstellt und dann in das aktive Dokument eingebettet werden kann. Die Anweisung `EinfügenZeichnung` entspricht der Anweisung `EinfügenObjekt .ObjektTyp = "MSDraw"`.

Siehe auch **EinfügenDiagramm, EinfügenExcelTabelle, EinfügenFormel, EinfügenGrafik, EinfügenKlang, EinfügenObjekt, EinfügenWordArt, ZeichnungEinfügenWordGrafik**

EingabeUnterdrücken

Syntax EingabeUnterdrücken[*Gesperrt*]

Bemerkungen Verhindert, daß ein Makro durch Drücken von ESC unterbrochen werden kann. **EingabeUnterdrücken** hat keine Auswirkungen auf das Drücken von ESC zum Abbrechen einer Dialogfeldoperation.

Argument	Erklärung
Gesperrt	Gibt an, ob die ESC-TASTE gesperrt ist oder nicht:
	0 (Null) ESC ist aktiviert und kann den Makro abbrechen.
	1 oder fehlt ESC kann nicht verwendet werden, um den Makro abzubrechen.

Anmerkung Wenn der Benutzer die ESC-TASTE drückt, während ein dynamisches Dialogfeld angezeigt wird, erscheint eine Meldung, daß der Makro unterbrochen wurde, und das Dialogfeld bleibt auf dem Bildschirm. Um das normale Verhalten der ESC-TASTE zu wahren, setzen Sie der **Dialog**- oder **Dialog()**-Anweisung die Anweisung EingabeUnterdrücken 1 voran und schließen Sie sie mit der Anweisung EingabeUnterdrücken 0 ab. Damit wird das normale Verhalten der ESC-TASTE wiederhergestellt.

Beispiel Dieses Beispiel demonstriert, wie Sie die Anweisung **EingabeUnterdrücken** vor und nach einer Instruktion, die ein dynamisches Dialogfeld anzeigt, einsetzen können.

```
EingabeUnterdrücken 1
Schaltfläche = Dialog(MeinDynDlg)
EingabeUnterdrücken 0
```

Einzug

Syntax Einzug

Bemerkungen Zieht die markierten Absätze bis zum nächsten Tabstop des ersten markierten Absatzes in der Markierung ein (bei Absätzen ohne Absatzeinzug ist dies der erste Tabstop, bei bereits bestehendem Absatzeinzug die erste Tabstop-Position nach dem Einzug).. **Einzug** ändert die Einstellung des Erstzeileneinzugs oder den hängenden Einzug nicht.

Siehe auch **FormatAbsatz, HängenderEinzug, RückEinzugAbsatz**

EmpfängerAdreßSchriftart

Syntax	**EmpfängerAdreßSchriftart** [**.Punkt** = *Zahl*] [, **.Unterstrichen** = *Zahl*] [, **.Farbe** = *Zahl*] [, **.Durchstreichen** = *Zahl*] [, **.Hochgestellt** = *Zahl*] [, **.Tiefgestellt** = *Zahl*] [, **.Verborgen** = *Zahl*] [, **.Kapitälchen** = *Zahl*] [, **.Großbuchstaben** = *Zahl*] [, **.Laufweite** = *Zahl oder Text*] [, **.Position** = *Zahl oder Text*] [, **.Unterschneidung** = *Zahl*] [, **.UnterschneidungMin** = *Zahl*] [, **.Standard**] [, **.Registerkarte** = *Zahl*] [, **.Schriftart** = *Text*] [, **.Fett** = *Zahl*] [, **.Kursiv** = *Zahl*] [, **.Gliederung** = *Zahl*] [, **.Schattiert** = *Zahl*]
Bemerkungen	Legt die Zeichenformatierung für die Anschrift auf einem Briefumschlag fest. Verwenden Sie **EmpfängerAdreßSchriftart** vor der Anweisung **ExtrasBriefumschlagErstellen**, um Optionen festzulegen, die denen im Dialogfeld **Zeichen** (Menü **Format**) entsprechen. Mit **.Standard** können Sie die angegebenen Optionen als Standard-Zeichenformatierung für Anschriften festlegen. Eine Beschreibung der Argumente finden Sie unter **FormatZeichen**.
Siehe auch	**FormatAbsenderSchriftart**, **ExtrasBriefumschlagErstellen**, **FormatZeichen**

EndeDokument, EndeDokument()

Syntax	**EndeDokument** [*Markierung*]
	EndeDokument([*Markierung*]**)**
Bemerkungen	Die Anweisung **EndeDokument** verschiebt die Einfügemarke oder, wenn *Markierung* ungleich Null ist, das aktive Ende der Markierung (das beim Drücken von STRG+UMSCHALT+ENDE bewegt wird) an das Ende des Dokuments.
	Die Funktion **EndeDokument( )** verhält sich genau wie die Anweisung **EndeDokument** und liefert außerdem einen der folgenden Werte:

Wert	Erklärung
0 (Null)	Die Einfügemarke wurde nicht verschoben oder die Markierung nicht erweitert (sie befand sich zum Beispiel bereits am Ende des Dokuments).
1	Die Einfügemarke wurde verschoben oder die Markierung erweitert.

Siehe auch	**AmEndeDesDokuments( )**, **BeginnDokument**

EndeFenster, EndeFenster()

Syntax   **EndeFenster** [*Markierung*]

EndeFenster([*Markierung*])

Bemerkungen   Die Anweisung **EndeFenster** verschiebt die Einfügemarke oder, wenn *Markierung* ungleich Null ist, das aktive Ende der Markierung (das sich beim Drücken von STRG+UMSCHALT+BILD-AB bewegt) zur unteren rechten Ecke des im Dokumentfenster gegenwärtig sichtbaren Inhalts.

Die Funktion **EndeFenster**() verhält sich genau wie die Anweisung **EndeFenster** und liefert außerdem einen der folgenden Werte:

Wert	Erklärung
0 (Null)	Die Einfügemarke wurde nicht verschoben oder die Markierung nicht erweitert (sie befand sich also bereits in der unteren rechten Ecke des Fensters).
−1	Die Einfügemarke wurde verschoben oder die Markierung erweitert.

Ein Beispiel finden Sie unter **BeginnFenster**.

Siehe auch   **BeginnFenster, EndeDokument**

EndeSpalte, EndeSpalte()

Syntax   **EndeSpalte** [*Markierung*]

EndeSpalte([*Markierung*])

Bemerkungen   Die Anweisung **EndeSpalte** verschiebt die Einfügemarke oder erweitert die Markierung (wenn *Markierung* ungleich Null ist) bis an das untere Ende der Tabellenspalte, in der sich die Einfügemarke oder die Markierung befindet. Wenn sich die Markierung über mehrere Spalten erstreckt, wird die Einfügemarke an das untere Ende der rechten Spalte in der Markierung verschoben bzw. die Markierung bis zu diesem Punkt erweitert. Wenn sich die Einfügemarke oder Markierung nicht in einer Tabelle befinden, tritt ein Fehler auf. Die Anweisung **EndeSpalte** bezieht sich immer auf das Ende der Markierung. Dabei wird die Markierungsrichtung beachtet.

Anmerkung	Wenn die letzte Zeile in der Tabelle keine Zelle in der Spalte mit der aktuellen Markierung enthält, weil beispielsweise Zellen in der letzten Zeile gelöscht oder verbunden wurden, verschiebt **EndeSpalte** die Einfügemarke an das Ende der letzten Zeile in der Tabelle bzw. erweitert die Markierung bis an diese Stelle.

Die Funktion **EndeSpalte**() verhält sich genau wie die Anweisung **EndeSpalte** und liefert außerdem einen der folgenden Werte:

Wert	Erklärung
0 (Null)	Die Einfügemarke wurde nicht verschoben oder die Markierung nicht erweitert (sie befand sich also bereits am unteren Ende der Spalte).
–1	Die Einfügemarke wurde verschoben oder die Markierung erweitert.

Beispiel Dieses Beispiel verschiebt die Einfügemarke von einer beliebigen Stelle in der Tabelle an den Anfang der letzten Zelle in der letzten Zeile:

```
EndeTabellenzeile
EndeSpalte
```

Siehe auch BeginnSpalte, EndeTabellenzeile

EndeTabellenzeile, EndeTabellenzeile()

Syntax **EndeTabellenzeile** [*Markierung*]

EndeTabellenzeile ([*Markierung*])

Bemerkungen Die Anweisung **EndeTabellenzeile** verschiebt die Einfügemarke oder erweitert die Markierung (wenn *Markierung* ungleich Null ist) zur letzten Zelle der Tabellenzeile, in der sich die Einfügemarke oder die Markierung befindet. Wenn sich die Markierung über mehrere Zeilen erstreckt, wird die Einfügemarke zur letzten Zelle der letzten Zeile in der Markierung verschoben bzw. die Markierung bis zu dieser Stelle erweitert. Wenn sich die Einfügemarke oder Markierung nicht in einer Tabelle befinden, tritt ein Fehler auf.

Die Funktion **EndeTabellenzeile**() verhält sich genau wie die Anweisung **EndeTabellenzeile** und liefert zusätzlich einen der folgenden Werte:

Wert	Erklärung
0 (Null)	Die Einfügemarke wurde nicht verschoben bzw. die Markierung nicht erweitert (sie befand sich also bereits am Ende der Zeile).
–1	Die Einfügemarke wurde verschoben oder die Markierung erweitert.

Beispiel Dieses Beispiel löscht die markierten Zellen oder die Zelle mit der Einfügemarke und alle rechts davon liegenden Zellen:

```
EndeTabellenzeile 1
TabelleZellenLöschen
```

Siehe auch **BeginnTabellenzeile, EndeSpalte, EndeZeile**

EndeTextmarkeBestimmen

Syntax **EndeTextmarkeBestimmen** *Textmarke1$* [, *Textmarke2$*]

Bemerkungen Setzt *Textmarke2$* an den Endpunkt von *Textmarke1$*. Wenn *Textmarke2$* fehlt, wird *Textmarke1$* auf ihren eigenen Endpunkt gesetzt.

Beispiel Dieses Beispiel kennzeichnet das Ende der aktuellen Markierung durch die Textmarke „Endpunkt":

```
EndeTextmarkeBestimmen "\Sel", "Endpunkt"
```

Die Textmarke „\Sel" ist eine von mehreren vordefinierten Textmarken, die Word automatisch definiert und aktualisiert. Weitere Informationen finden Sie unter „Operatoren und vordefinierte Textmarken".

Siehe auch **BearbeitenTextmarke, BeginnTextmarkeBestimmen, TextmarkeKopieren**

EndeWindows

Syntax EndeWindows

Bemerkungen Unter Windows 3.*x* werden alle geöffneten Anwendungen geschlossen und Windows beendet. Unter Windows 95 und Windows NT wird der aktuelle Benutzer abgemeldet. **EndeWindows** speichert keine Änderungen an Word-Dokumenten und zeigt auch keine Aufforderung dazu an. Aufforderungen zum Speichern werden jedoch für andere geöffnete Anwendungen unter Windows angezeigt.

EndeWindows ist nützlich, wenn mit Hilfe einer MS-DOS-Stapelverarbeitungsdatei Word gestartet und ein Makro mit Hilfe des **/m** *Makroname* Startschalters ausgeführt werden soll. Indem Sie **EndeWindows** als letzte Anweisung in den Makro einbauen, geben Sie die Steuerung wieder an die MS-DOS-Stapelverarbeitungsdatei zurück. Falls Sie eine Stapelverarbeitungsdatei benutzen, um Word von der MS-DOS-Eingabeaufforderung innerhalb von Windows 3.*x*, Windows 95 oder Windows NT zu starten, verwenden Sie `DateiBeenden 2` anstatt `EndeWindows`.

Auf dem Macintosh steht **EndeWindows** nicht zur Verfügung und erzeugt einen Fehler.

Siehe auch DateiBeenden

EndeZeile, EndeZeile()

Syntax **EndeZeile** [*Markierung*]

EndeZeile([*Markierung*])

Bemerkungen Die Anweisung **EndeZeile** verschiebt die Einfügemarke oder, wenn *Markierung* ungleich Null ist, das aktive Ende der Markierung (das beim Drücken von UMSCHALT+ENDE bewegt wird) an das Ende der aktuellen Zeile oder das Ende der letzten Zeile in der Markierung. Wenn sich am Ende der Zeile eine Absatzmarke befindet, positioniert `EndeZeile` die Einfügemarke links neben der Absatzmarke. Wenn sich die Einfügemarke in einer Tabellenzelle befindet, bezieht sich die Anweisung auf die aktuelle Tabellenzelle. `EndeZeile 1` erweitert die Markierung so, daß sie auch die Absatzmarke einschließt.

Die Funktion **EndeZeile()** verhält sich genau wie die Anweisung **EndeZeile** und liefert außerdem einen der folgenden Werte:

Wert	Erklärung
0 (Null)	Die Einfügemarke wurde nicht verschoben oder die Markierung nicht erweitert (sie befand sich also bereits am Ende der Zeile).
–1	Die Einfügemarke wurde verschoben oder die Markierung erweitert.

Verwenden Sie **EndeZeile** nur in Kombination mit einer weiteren Anweisung, um die Einfügemarke am Ende eines Absatzes zu positionieren, es sei denn, der Absatz besteht nur aus einer einzigen Zeile (beispielsweise einem Wort in einer Liste von Wörtern). Verwenden Sie statt dessen die folgenden Anweisungen:

```
AbsatzUnten      'Einfügemarke an den Anfang des nächsten Absatzes
ZeichenLinks     'Einfügemarke ein Zeichen zurück
```

Beispiele Dieses Beispiel markiert die aktuelle Zeile und die Absatzmarke (wenn sich am Zeilenende eine Absatzmarke befindet). Die Anweisung `BearbeitenGeheZu "\Line"` hat dieselbe Wirkung.

```
BeginnZeile
EndeZeile 1
```

Das folgende Beispiel markiert die aktuelle Zeile ohne die Absatzmarke (wenn sich am Zeilenende eine Absatzmarke befindet):

```
EndeZeile
BeginnZeile 1
```

Siehe auch **AbsatzUnten, BeginnZeile, EndeTabellenzeile**

EndnotenFußnotenVertauschen

Syntax EndnotenFußnotenVertauschen

Bemerkungen Wandelt die markierten Fußnoten in Endnoten um und umgekehrt. Wenn sich die Einfügemarke oder Markierung nicht im Fußnoten- oder Endnotenausschnitt befindet oder im Ausschnitt keine Fuß- oder Endnoten vorhanden sind, tritt ein Fehler auf.

Siehe auch **EndnotenUmwZuFußnoten, FußnotenUmwZuEndnoten, UmwAlleFußnotenEndnoten**

EndnotenUmwZuFußnoten

Syntax EndnotenUmwZuFußnoten

Bemerkungen Wandelt alle Endnoten im aktiven Dokument in Fußnoten um. Wenn keine Endnoten vorhanden sind, tritt ein Fehler auf.

Beispiel Dieses Beispiel wandelt alle Endnoten in Fußnoten um. Wenn der WordBasic-Fehler 509 („Der Befehl … ist nicht verfügbar, weil…") eintritt, zeigt die Fehlerbehandlungsroutine statt der standardmäßigen WordBasic-Fehlermeldung die Meldung „Keine umzuwandelnden Endnoten vorhanden" an. Alle anderen Fehlerbedingungen führen zu Standard-Fehlermeldungen.

```
On Error Goto Auffang
EndnotenUmwZuFußnoten
Auffang:
Select Case Err
    Case 509 : MsgBox "Keine umzuwandelnden Endnoten vorhanden."
    Case Else : Error Err
End Select
```

Siehe auch **EndnotenFußnotenVertauschen, FußnotenUmwZuEndnoten, UmwAlleFußnotenEndnoten**

EntfernenPosRahmen

Syntax EntfernenPosRahmen

Bemerkungen Entfernt alle Positionsrahmen aus dem markierten Bereich. Rahmenlinien, die beim Hinzufügen eines Positionsrahmens um Text automatisch hinzugefügt wurden, werden nicht entfernt.

Beispiel Bei diesem Beispiel werden alle Positionsrahmen aus dem gesamten Dokument entfernt:

```
BearbeitenAllesMarkieren
EntfernenPosRahmen
```

Siehe auch **EinfügenPosRahmen, FormatPosRahmen, FormatRahmenSchattierung**

Eof()

Syntax Eof([#]*Dateinummer*)

Bemerkungen Stellt fest, ob das Ende einer geöffneten sequentiellen Datei erreicht wurde. *DateiNummer* entspricht der Datei, die mit einer **Open**-Anweisung für die Eingabe geöffnet wurde. Weitere Informationen über sequentielle Dateien finden Sie in Kapitel 9, „Weitere WordBasic-Verfahren".

Diese Funktion können Sie jedoch nicht verwenden, um das Ende eines in einem Dokumentfenster geöffneten Word-Dokuments festzustellen. Hierzu verwenden Sie die Funktion **AmEndeDesDokuments()** oder die vordefinierte Textmarke „\ Endofdoc" zusammen mit der Funktion **TextmarkenVergleichen()**. Weitere Informationen über vordefinierte Textmarken finden Sie unter „Operatoren und vordefinierte Textmarken".

Eof() liefert die folgenden Rückgabewerte:

Wert	Erklärung
–1	Das Ende der durch *DateiNummer* angegebenen Datei wurde erreicht.
0 (Null)	Das Ende der Datei wurde nicht erreicht.

Ein Beispiel hierzu finden Sie unter **Read**.

Siehe auch **Close, Input, Input$(), Line Input, Lof(), Open, Print, Read, Seek, Write**

Err

Syntax **Err = 0**

Error Err

Fehlernummer = **Err**

Bemerkungen **Err** ist eine besondere Variable, die als Wert den Fehlercode der zuletzt aufgetretenen Fehlerbedingung enthält.

- **Err = 0** setzt die Fehlerauffangroutine nach dem Auftreten eines Fehlers zurück und wird normalerweise am Ende einer Fehlerauffangroutine angegeben.

- **Error Err** zeigt die Meldung an, die mit der zuletzt aufgetretenen Fehlerbedingung verknüpft ist, und beendet die Makroausführung.
- *Fehlernummer* = **Err** weist der Variablen *Fehlernummer* den Wert von **Err** zu.

Weitere Informationen über das Auffangen von Fehlern finden Sie unter **On Error**.

Beispiel

Dieser Makro fordert den Benutzer zur Eingabe eines Formatvorlagennamens auf, der anschließend den markierten Absätzen zugewiesen wird. Der Makro enthält eine Fehlerbehandlungsroutine, die die Verwendung von **Err** innerhalb einer **Select Case**-Steuerstruktur veranschaulicht. Die **Select Case**-Steuerstruktur in diesem Makro kann folgendermaßen beschrieben werden:

- Wenn der Fehlercode 102 auftritt (weil das Anzeigen des Dialogfelds **InputBox$** abgebrochen wird), unterbindet der Makro das Erscheinen der Fehlermeldung „Befehl mißlungen".
- Wenn der Fehlercode 24 auftritt (weil der Formatvorlagenname nicht existiert), zeigt Word statt der Fehlermeldung „Falscher Parameter" eine genauere Meldung an. Anschließend wird die Fehlerbehandlung mit der Anweisung `Err = 0` zurückgesetzt, und das Dialogfeld **InputBox$** wird erneut angezeigt, damit der Benutzer einen anderen Formatvorlagennamen eingeben kann. `Case 24` ist der einzige Fall, bei dem die Fehlerbehandlungsroutine zurückgesetzt werden muß. In allen anderen Fällen wird die Ausführung des Makros beendet, so daß keine weitere Fehlerbehandlung erforderlich ist.
- Wenn weder Fehlercode 102 noch Fehlercode 24 auftritt, zeigt die Anweisung `Error Err` den Fehler an.

```
Sub MAIN
On Error Goto Auffang
Start:
Zuordnen$ = InputBox$("Gewünschte Formatvorlage?", "Vorlage zuweisen")
Formatvorlage Zuordnen$
Auffang:
Select Case Err
    Case 102            'Die Anzeige des Eingabefelds wurde abgebrochen
    Case 24             'Unzulässiger Parameter
        MsgBox "Die Formatvorlage existiert nicht. " + \
            "Geben Sie einen neuen Namen ein . "
        Err = 0
        Goto Start
    Case Else           'Alle anderen Fehlerbedingungen
        Error Err
End Select
End Sub
```

Siehe auch   **Error, Goto, On Error**

Error

Syntax Error Err

Error *Fehlernummer*

Bemerkungen **Error Err** zeigt die Meldung für die zuletzt aufgetretene Fehlerbedingung an und beendet die Ausführung des Makros. **Error** *Fehlernummer* erzeugt die mit der *Fehlernummer* verbundene WordBasic-Fehlerbedingung. Bei WordBasic-Fehlerbedingungen mit einem Wert kleiner als 1000 zeigt **Error** eine Fehlermeldung an. Bei Word-Fehlern mit einem Wert größer oder gleich 1000 erzeugt **Error** eine Fehlerbedingung, zeigt aber keine Fehlermeldung an. **Error** kann zum Testen einer Fehlerbehandlungsroutine verwendet werden.

Weitere Informationen über das Auffangen von Fehlern finden Sie unter **On Error** und **Err**. Eine Liste der Fehler und der zugehörigen Werte finden Sie unter „Fehlermeldungen".

Beispiel Dieses Beispiel erzeugt die WordBasic-Fehlerbedingung 53, um die Behandlung dieses Fehlers zu testen. Wenn die Fehlerbedingung 53 eintritt, zeigt Word ein selbstdefiniertes Meldungsfeld an. Alle anderen auftretenden Fehler rufen die Anweisung `Error Err` auf, die die mit der Fehlernummer verbundene interne Meldung anzeigt.

```
On Error Goto Auffang
Error 53              'Erzeuge eine Fehlerbedingung
Auffang:
If Err = 53 Then
    MsgBox "Fehler 53 wurde erfolgreich aufgefangen"
    Err = 0
Else
    Error Err
End If
```

Siehe auch **Err, Goto, On Error**

ExtrasAbschnittSchützen

Syntax **ExtrasAbschnittSchützen .Zulassen** = *Zahl* [, **.Abschnitt** = *Zahl*]

Bemerkungen Aktiviert oder deaktiviert den Schutz für einzelne Abschnitte, wenn dem Dokument bereits durch die Anweisung **ExtrasDokumentSchützen** Formularschutz zugewiesen wurde. **ExtrasAbschnittSchützen** hat keine Auswirkung auf ein für Anmerkungen oder Korrekturmarkierungen geschütztes Dokument.

Argument	Erklärung
.Zulassen	Gibt an, ob der Schutz für alle angegebenen Abschnitte aktiviert bzw. deaktiviert werden soll: 0 (Null) oder fehlt Deaktiviert den Schutz. 1 Aktiviert den Schutz.
.Abschnitt	Der Abschnitt, für den der Schutz aktiviert bzw. deaktiviert werden soll: 1 entspricht dem ersten Abschnitt, 2 dem zweiten Abschnitt usw.

Beispiel   Dieses Beispiel weist einem Dokument Formularschutz zu, aber deaktiviert den Schutz für den zweiten Abschnitt des Dokuments:

```
ExtrasDokumentSchützen .Art = 2
ExtrasAbschnittSchützen .Abschnitt = 2, .Zulassen = 0
```

Siehe auch   **ExtrasDokumentschutzAufheben, ExtrasDokumentSchützen**

ExtrasAnpassen

Syntax   ExtrasAnpassen [.Registerkarte = *Zahl*]

Bemerkungen   Zeigt das Dialogfeld **Anpassen** (Menü **Extras**) und die angegebene Registerkarte an.

Argument	Erklärung
.Registerkarte	Die Registerkarte, die ausgewählt werden soll: 0 (Null) Symbolleisten 1 Menüs 2 Tastatur

Siehe auch   **ExtrasAnpassenMenü, ExtrasAnpassenTastatur, ExtrasAnpassenMenüleiste, SchaltflächeHinzufügen**

ExtrasAnpassenMenü

Syntax ExtrasAnpassenMenü [.MenüArt = *Zahl*] [, .Position = *Zahl*]
[, .Kategorie = *Zahl*] [, .Name = *Text*] [, .Menü = *Text*]
[, .AmEndeZufügen = *Text*] [, .MenüText = *Text*] [, .Umbenennen]
[, .Hinzufügen] [, .Entfernen] [, .VorgabeAlles] [, .BefehlWert = *Text*]
[, .Kontext = *Zahl*]

Bemerkungen Ändert die Menüzuweisungen für eingebaute Befehle, Makros, Schriftarten, AutoText-Einträge und Formatvorlagen. Die Argumente der Anweisung **ExtrasAnpassenMenü** entsprechen den Optionen auf der Registerkarte **Menüs** des Dialogfelds **Anpassen** (Menü **Extras**).

Argument	Erklärung
.MenüArt	Die Art des zu ändernden Menüs:
	0 (Null) oder fehlt Menüs auf der Menüleiste, wenn ein Dokument geöffnet ist.
	1 Menüs auf der Menüleiste, wenn kein Dokument geöffnet ist.
	2 Kontextmenüs
.Position	Die Position auf dem Menü, an der Sie ein Element hinzufügen oder entfernen möchten:
	-1 oder fehlt Geeignete Elementposition wird automatisch festgelegt.
	-2 Fügt das Element am Menüende ein.
	n Fügt das Element an der angegebenen Position hinzu, entfernt es oder benennt es um; 1 ist die erste Position, 2 die zweite usw. Liegt n über der Anzahl der vorhandenen Menüelemente + 1, wird das Element am Menüende eingefügt.
	Trennlinien werden als Elemente gezählt und in einigen Fällen wird eine Liste von Menüelementen als ein Element gezählt. Weitere Informationen finden Sie unter **ZählenMenüEintrag**.
.Kategorie	Die Art des zuzuweisenden Elements:
	1 oder fehlt Integrierte Befehle
	2 Makros
	3 Schriftarten
	4 AutoText-Einträge
	5 Formatvorlagen
.Name	Der Name des eingebauten Befehls, Makros, AutoText-Eintrags bzw. der eingebauten Schriftart oder Formatvorlage, dessen/deren Menüzuordnung geändert werden soll. Geben Sie beim Hinzufügen oder Entfernen einer Trennlinie **Trennlinie** an.

Argument	Erklärung
.Menü	Das zu ändernde Menü. Menünamen sind im Listenfeld **Menü ändern** aufgeführt.
	Das Einfügen eines &-Zeichens vor dem unterstrichenen Buchstaben des Menünamens (dem Shortcut) ist optional (Sie können **Datei** oder **&Datei** angeben). Geben Sie jedoch nicht die Ausdrücke **Kein Dokument** oder **Shortcut** an, selbst wenn dieser Text im Dialogfeld **Anpassen** angezeigt wird.
.AmEnde Zufügen	Der Text oder Befehlsname, der dem Menüeintrag zugeordnet ist, an den der neue Eintrag anschließen soll.
	Beachten Sie, daß dieses Argument bei Angabe von **.Position** überflüssig ist. Bei Angabe beider Argumente hat **.AmEndeZufügen** Vorrang.
.MenüText	Der Text, wie er im Menü erscheinen wird. Fügen Sie ggf. vor dem als Shortcut vorgesehenen Buchstaben ein Kaufmännisches Und-Zeichen (&) ein. Auf dem Macintosh sind Shortcuts nur im Menümodus sichtbar. Dieser kann durch das Drücken von BEFEHLSTASTE+TABULATORTASTE aktiviert werden.
	Soll das &-Zeichen im Menü sichtbar sein, müssen Sie zwei &-Zeichen einfügen. Wenn Sie für **.MenüText** z.B. **&Beispiele && Übungen** angeben, erscheint im Menü **Beispiele & Übungen**.
.Umbenennen	Ersetzt das durch **.Menü** und **.Name** (und ggf. **.Position**) bezeichnete Menüelement mit dem durch **.MenüText** angegebenen Namen.
.Hinzufügen	Fügt einem Menü ein Element hinzu.
.Entfernen	Entfernt ein Element aus einem Menü.
.VorgabeAlles	Setzt alle Menüzuweisungen auf die Vorgabewerte zurück. Beachten Sie, daß durch dieses Argument Änderungen zurückgesetzt werden, die sowohl mit **ExtrasAnpassenMenü** als auch mit **ExtrasAnpassenMenüleiste** vorgenommen wurden.
.BefehlWert	Zusatztext für den ggf. durch **.Name** angegebenen Befehl. Ist **.Name** z.B. auf **Farbe** gesetzt, gibt **.BefehlWert** die Farbe an. Weitere Hinweise finden Sie in der Tabelle mit den Einstellungen zu **.BefehlWert**.
.Kontext	Legt fest, wo die neue Menüzuweisung gespeichert wird.
	0 (Null) oder fehlt In der Dokumentvorlage „Normal".
	1 In der aktiven Dokumentvorlage.

Beim Entfernen und Umbenennen von Menüelementen müssen Sie **.Name** und **.Menü** angeben. Word beginnt am Ende des angegebenen Menüs und sucht von unten nach oben, bis es ein Element findet, das die durch **.Name** bezeichnete Aktion ausführt. Sie können auch **.Position** und **.MenüText** angeben, wenn Sie sicherstellen wollen, daß das zu ändernde Element an einer bestimmten Position vorkommt und einen ganz bestimmten Menütext aufweist. Beachten Sie, daß ein Fehler auftritt, wenn Word kein Element findet, das allen angegebenen Kriterien entspricht.

In der linken Spalte der folgenden Tabelle sind Befehle aufgeführt, die einen Befehlswert erfordern. In der rechten Spalte wird die Angabe von **.BefehlWert** erläutert. Um im Dialogfeld **Anpassen** (Menü **Extras**) **.BefehlWert** entsprechend anzugeben, markieren Sie ein Element im Listenfeld, das erscheint, sobald Sie im Feld **Befehle** einen der folgenden Befehle markiert haben.

.Name	.BefehlWert
Rahmenlinien, Farbe oder **Schattierung**	Eine Zahl (angegeben als Text), die der Position der Einstellung im Listenfeld mit Werten entspricht; hierbei ist 0 (Null) das erste Element, 1 das zweite usw.
Spalten	Eine Zahl zwischen 1 und 45 (angegeben als Text), die der Anzahl der Spalten entspricht.
Schmal	Ein Textmaß zwischen 0,1 und 12,75 Punkt
Gesperrt	Ein Textmaß zwischen 0,1 und 12,75 Punkt
DateiDatei Öffnen	Der Pfad und Name der zu öffnenden Datei. Wurde der Pfad nicht angegeben, wird der aktuelle Ordner vorausgesetzt.
Schriftgrad	Ein positives Textmaß, angegeben in Schritten von 0,5 Punkt
Tiefer-/Höhergestellt	Ein Textmaß zwischen 1 und 64 Punkt, angegeben in Schritten von 0,5 Punkt
Sonderzeichen	Eine Zeichenfolge, die durch Verkettung einer **Chr$()**-Anweisung mit dem Namen einer Symbol-Schriftart (z.B. `Chr$(167) + "Symbol"`) entsteht.

Beispiel

Dieses Beispiel fügt dem Hilfe-Menü (**?**) den Makro „TestMakro" hinzu. Das Menüelement für diesen Makro lautet „Test" und folgt direkt im Anschluß an „Index". Aufgrund der Angabe von **.AmEndeZufügen** ist **.Position** nicht erforderlich.

```
ExtrasAnpassenMenü .Kategorie = 2, .Name = "TestMakro", \
    .MenüArt = 0, .Menü = "?", .MenüText = "&Test", \
    .AmEndeZufügen = "Index", .Kontext = 0, .Hinzufügen
```

Siehe auch

ExtrasAnpassenMenüleiste, MenüEintragMakro$(), MenüText$(), ZählenMenüEintrag()

ExtrasAnpassenMenüleiste

Syntax ExtrasAnpassenMenüleiste [.Kontext = *Zahl*] [, .Position = *Zahl*] [, .MenüArt = *Zahl*] [, .MenüText = *Text*] [, .Menü = *Text*] [, .Hinzufügen] [, .Entfernen] [, .Umbenennen]

Bemerkungen Zum Hinzufügen, Entfernen und Umbenennen von Menüs auf der Menüleiste. Die Argumente der Anweisung **ExtrasAnpassenMenüleiste** entsprechen den Optionen im Dialogfeld **Menüleiste anpassen** (Registerkarte **Menüs**, Befehl **Anpassen**, Menü **Extras**).

Argument	Erklärung
.Kontext	Legt fest, wo die Menüänderung gespeichert wird: 0 (Null) oder fehlt In der Dokumentvorlage „Normal". 1 In der aktiven Dokumentvorlage.
.Position	Gibt an, wo das neue Menü hinzugefügt werden soll: 0 (Null) entspricht der ersten Position (ganz links), 1 der zweiten usw. Setzen Sie **.Position** auf -1, um ein Menü an der am weitesten rechts liegenden Stelle der Menüleiste hinzuzufügen.
.MenüArt	Gibt die zu ändernde Menüleiste an: 0 (Null) oder fehlt Die Menüleiste, wenn ein Dokument geöffnet ist. 1 Die Menüleiste, wenn kein Dokument geöffnet ist.
.MenüText	Neuer Name des Menüs; wird zusammen mit **.Hinzufügen** und **.Umbenennen** verwendet. Vor dem als Shortcut vorgesehenen Buchstaben wird ggf. ein Kaufmännisches Und-Zeichen (&) eingefügt. Auf einer Menüleiste kann jeweils nur ein Menü eines bestimmten Namens vorhanden sein, egal, wie die &-Zeichen verteilt wurden.
.Menü	Der Name des zu ändernden Menüs; wird zusammen mit **.Umbenennen** und **.Entfernen** verwendet. Das Einfügen eines &-Zeichens vor dem unterstrichenen Buchstaben des Menünamens (dem Shortcut) ist optional (Sie können „Datei" oder „&Datei" angeben).
.Hinzufügen	Fügt der Menüleiste das durch **.MenüText** bezeichnete Element hinzu.
.Entfernen	Entfernt das angegebene Menü.
.Umbenennen	Benennt das angegebene Menü um.

Wird keines der Argumente **.Hinzufügen**, **.Entfernen** oder **.Umbenennen** angegeben, fügt Word das Menü hinzu.

Beispiel   Um Menüleisten auf ihre Vorgabewerte zurückzusetzen, verwenden Sie das Argument **.VorgabeAlles** mit der Anweisung **ExtrasAnpassenMenü**. Dadurch werden alle Menüzuordnungen auf ihre Standardwerte zurückgesetzt.

Beispiel   Dieses Beispiel fügt rechts neben dem Hilfe-Menü (Windows) bzw. Fenster-Menü (Macintosh) ein neues Menü („Makros") hinzu.

```
ExtrasAnpassenMenüleiste .MenüText = "&Makros", .Hinzufügen, .Position = -1
```

Siehe auch   **ExtrasAnpassenMenü**

ExtrasAnpassenTastatur

Syntax   ExtrasAnpassenTastatur [.TastenSchlüssel = *Zahl*] [, .TastenSchlüssel2 = *Zahl*] [, .Kategorie = *Zahl*] [, .Name = *Text*] [, .Hinzufügen] [, .Entfernen] [, .VorgabeAlles] [, .BefehlWert = *Text*] [, .Kontext = *Zahl*]

Bemerkungen   Weist eingebauten Befehlen, Makros, Schriftarten, AutoText-Einträgen, Formatvorlagen oder Befehlsschaltflächen Shortcuts zu. Die Argumente der Anweisung **ExtrasAnpassenTastatur** entsprechen den Optionen der Registerkarte **Tastatur** des Dialogfelds **Anpassen** (Menü **Extras**).

Argument	Erklärung
.TastenSchlüssel	Diese Zahl gibt den Shortcut (d.h. die Tastenkombination) an.
.TastenSchlüssel2	Diese Zahl gibt den zweiten Shortcut in einer Folge an. Um der Formatvorlage „Überschrift 1" die Tastenfolge STRG+S, 1 (auf dem Macintosh, BEFEHLSTASTE+S, 1) zuzuordnen, setzen Sie **.TastenSchlüssel** auf 339 (für STRG+S bzw. BEFEHLSTASTE+S) und **.TastenSchlüssel2** auf 49 (für 1).
.Kategorie	Gibt die Elementart an, der ein Shortcut zugewiesen wird:
	1 oder fehlt Eingebaute Befehle
	2 Makros
	3 Schriftarten
	4 AutoText-Einträge
	5 Formatvorlagen
	6 Befehlsschaltflächen

Argument	Erklärung
.Name	Der Name des Befehls, Makros oder anderen Elements. Ist .**Kategorie** auf 6 gesetzt, können Sie eine Schaltfläche angeben, indem Sie sie direkt in das Makrobearbeitungsfenster eingeben oder dort einfügen. Sie können auch die Anweisung **Chr$()**, wie etwa `Chr$(167)`, verwenden
.Hinzufügen	Ordnet dem angegebenen Element den jeweiligen Shortcut zu.
.Entfernen	Ist der angegebene Tastenschlüssel zum jeweiligen Zeitpunkt vergeben, wird die Zuordnung entfernt, so daß der zugewiesene Shortcut außer Kraft gesetzt wird. Ist der angegebene Tastenschlüssel zum jeweiligen Zeitpunkt nicht zugewiesen, setzt **.Entfernen** ihn wieder auf die Vorgabe zurück. Die Angabe von **.Name** ist beim Entfernen oder Zurücksetzen einer Tastenzuordnung nicht erforderlich.
.VorgabeAlles	Setzt alle Tastenzuordnungen auf ihre Vorgabewerte zurück.
.BefehlWert	Zusatztext für den ggf. durch **.Name** angegebenen Befehl. Ist **.Name** z.B. auf „Farbe" gesetzt, gibt **.BefehlWert** die Farbe an. Weitere Hinweise finden Sie in der Tabelle mit den Einstellungen zu **.BefehlWert** unter **ExtrasAnpassenMenü**.
Kontext	Legt fest, wo die neuen Tastenzuordnungen gespeichert werden:
	0 (Null) oder fehlt In der Dokumentvorlage „Normal".
	1 In der aktiven Dokumentvorlage.

In den nachfolgenden zwei Tabellen sind die Werte aufgeführt, die Sie zum Angeben von **.TastenSchlüssel** brauchen. Die erste Tabelle enthält Werte, die Sie Werten in der zweiten Tabelle beim Angeben eines Shortcuts hinzufügen (z.B. STRG+S (auf dem Macintosh, BEFEHLSTASTE+S) als die Summe aus 256 und 83, d.h. 339.)

Hinzufügen	Bei Kombination mit
256	STRG (Windows) bzw. BEFEHLSTASTE (Macintosh)
512	UMSCHALT
1024	ALT (Windows) bzw. WAHLTASTE (Macintosh)
2048	CTRL (Macintosh)

Unter Windows entsprechen die Funktionstasten F11 bis F16 den Tastenkombinationen ALT+F1 bis Alt+F6. Daher hat der Tastenschlüssel, der F11 entspricht, dieselbe Wirkung wie ein Tastenschlüssel, der ALT+F1 entspricht. (Dies gilt für Tastaturen, bei denen bestimmte Funktionstasten, wie etwa F16, nicht vorhanden sind.)

Die Tasten 186 - 222 entsprechen den länderspezifischen Tasten auf einer deutschen Tastatur. Auf anderen Tastaturen sind andere spezifische Tasten mit anderen Tastenschlüsseln verfügbar.

Tastenschlüssel	entspricht
8	RÜCKTASTE
9	TAB
12	5 auf der Zehnertastatur, wenn NUM ausgeschaltet ist.
13	EINGABETASTE
19	PAUSE
27	ESC
32	LEERTASTE
33	BILD-AUF
34	BILD-AB
35	ENDE
36	POS1
45	EINFG
46	ENTF
48	0
49	1
50	2
51	3
52	4
53	5
54	6
55	7
56	8
57	9
65	A
66	B
67	C
68	D
69	E
70	F
71	G
72	H
73	I
74	J
75	K
76	L

Tastenschlüssel	entspricht
77	M
78	N
79	O
80	P
81	Q
82	R
83	S
84	T
85	U
86	V
87	W
88	X
89	Y
90	Z
96	0 auf der Zehnertastatur
97	1 auf der Zehnertastatur
98	2 auf der Zehnertastatur
99	3 auf der Zehnertastatur
100	4 auf der Zehnertastatur
101	5 auf der Zehnertastatur
102	6 auf der Zehnertastatur
103	7 auf der Zehnertastatur
104	8 auf der Zehnertastatur
105	9 auf der Zehnertastatur
106	* auf der Zehnertastatur
107	+ auf der Zehnertastatur
109	– auf der Zehnertastatur
110	. auf der Zehnertastatur
111	/ auf der Zehnertastatur
112	F1
113	F2
114	F3
115	F4
116	F5
117	F6

Tastenschlüssel	entspricht
118	F7
119	F8
120	F9
121	F10
122	F11
123	F12
124	F13
125	F14
126	F15
127	F16
145	ROLLEN-FESTSTELLTASTE
186	ü
187	+
188	,
189	-
190	.
191	#
192	`
219	[
220	^
221	_
222	ä

Beispiele

Dieses Beispiel weist dem Befehl **DateiManager** den Shortcut STRG+UMSCHALT+F (Windows) bzw. BEFEHLSTASTE+UMSCHALT+F (Macintosh) zu:

```
ExtrasAnpassenTastatur .Kategorie = 1, .Name = "DateiManager", \
    .Tastenschlüssel = 838, .Hinzufügen
```

Das folgende Beispiel entfernt die Zuordnung von **DateiManager**:

```
ExtrasAnpassenTastatur .Kategorie = 1, .Name = "DateiManager ", \
    .Tastenschlüssel = 838, .Entfernen
```

Siehe auch **MakroSchlüssel$()**, **TastenSchlüssel()**, **ZählenTasten()**

ExtrasAufzählungStandard

Syntax   ExtrasAufzählungStandard

Bemerkungen   Fügt den markierten Absätzen Aufzählungszeichen und Tabstopzeichen hinzu und formatiert die Absätze mit einem hängenden Einzug. Aufzählungszeichen werden als SONDZEICHEN-Felder eingefügt.

Anmerkung Die Anweisung **ExtrasAufzählungStandard** entspricht dem Aufzählungssymbol in Word für Windows, Version 2.*x*. In Word, Version 6.0, befindet sich die Schaltfläche für Aufzählungszeichen auf der Formatierungs-Symbolleiste. Die ihr entsprechende WordBasic-Anweisung ist **FormatAufzählungStandard**.

Siehe auch   ExtrasNumerierungAufzählungen, ExtrasNumerierungStandard, FormatAufzählungStandard, FormatAufzählungUndNumerierung, FormatNummerStandard

ExtrasAutoKorrektur

Syntax   ExtrasAutoKorrektur [.AnfangsbuchstabenGroß = *Zahl*]
[, .SatzAnfangGroß = *Zahl*] [, .Feststelltaste = *Zahl*] [, .TextErsetzen = *Zahl*]
[, .Formatierung = *Zahl*] [, .Ersetzen = *Text*] [, .Durch = *Text*] [, .Hinzufügen]
[, .Löschen] [, .AnfZeichenTypogr = *Zahl*]

Bemerkungen   Legt die AutoKorrektur-Optionen fest. Die Argumente der Anweisung **ExtrasAutoKorrektur** entsprechen den Optionen im Dialogfeld **AutoKorrektur** (Menü **Extras**).

Argument	Erklärung
.Anfangsbuchstaben Groß	Wenn 1, korrigiert Word alle Wörter, in denen die ersten beiden Buchstaben groß geschrieben wurden. Aus „WOrd" wird beispielsweise „Word".
.SatzAnfangGroß	Wenn 1, formatiert Word den ersten Buchstaben eines neuen Satzes als Großbuchstaben.
.Feststelltaste	Wenn 1, korrigiert Word Text, der mit eingeschalteter Feststelltaste geschrieben wurde.
.TextErsetzen	Wenn 1, wird das automatische Ersetzen von Text aktiviert.
.Formatierung	Wenn 1, wird die Formatierung des Ersetzungstexts gespeichert. Dieses Argument ist nur gültig, wenn vor dem Ausführen von **ExtrasAutoKorrektur** Text markiert wurde.

Argument	Erklärung
.Ersetzen	Der Text, der automatisch durch den durch .**Durch** angegebenen Text ersetzt werden soll (beispielsweise die Initialen einer Person).
.Durch	Der Text, der automatisch eingegeben werden soll, wenn der durch .**Ersetzen** angegebene Text eingegeben wird (beispielsweise der volle Name einer Person).
.Hinzufügen	Fügt den durch .**Ersetzen** und .**Durch** angegebenen Text zur Liste der AutoKorrektur-Einträge hinzu.
.Löschen	Löscht den durch .**Ersetzen** angegebenen Ersetzungseintrag.
.AnfZeichenTypogr	Wenn 1, fügt Word typographische Anführungszeichen („ ") und Apostrophe (' ') ein.

Beispiel Dieses Beispiel fügt einen AutoKorrektur-Eintrag hinzu und aktiviert das automatische Ersetzen von Text:

```
ExtrasAutoKorrektur .TextErsetzen = 1, .Ersetzen = "sr", \
    .Durch = "Stella Richards", .Hinzufügen
```

Siehe auch **ExtrasAutoKorrekturAnfangsbuchstabenGroß,
ExtrasAutoKorrekturAnfZeichenTypogr,
ExtrasAutoKorrekturSatzanfangGroß, ExtrasAutoKorrekturTextErsetzen**

ExtrasAutoKorrekturAnfangsbuchstabenGroß, ExtrasAutoKorrekturAnfangsbuchstabenGroß()

Syntax **ExtrasAutoKorrekturAnfangsbuchstabenGroß** [*Aktiv*]

ExtrasAutoKorrekturAnfangsbuchstabenGroß()

Bemerkungen Die Anweisung **ExtrasAutoKorrekturAnfangsbuchstabenGroß** aktiviert bzw. deaktiviert das Kontrollkästchen „ZWei GRoßbuchstaben am WOrtanfang korrigieren" im Dialogfeld **AutoKorrektur** (Menü **Extras**), oder sie schaltet es in den jeweils anderen Zustand um.

Argument	Erklärung
Aktiv	Gibt an, ob das Kontrollkästchen aktiviert oder deaktiviert wird:
	1 Aktiviert das Kontrollkästchen.
	0 (Null) Deaktiviert das Kontrollkästchen.
	Fehlt Schaltet das Kontrollkästchen um (ein bzw. aus).

Die Funktion **ExtrasAutoKorrekturAnfangsbuchstabenGroß**() liefert als Ergebnis Informationen über den Status des Kontrollkästchens „ZWei GRoßbuchstaben am WOrtanfang korrigieren":

Wert	Erklärung
0 (Null)	Das Kontrollkästchen ist deaktiviert.
–1	Das Kontrollkästchen ist aktiviert.

Siehe auch   ExtrasAutoKorrektur

ExtrasAutoKorrekturAnfZeichenTypogr, ExtrasAutoKorrekturAnfZeichenTypogr()

Syntax   **ExtrasAutoKorrekturAnfZeichenTypogr** [*Aktiv*]

ExtrasAutoKorrekturAnfZeichenTypogr( )

Bemerkungen   Die Anweisung **ExtrasAutoKorrekturAnfZeichenTypogr** aktiviert bzw. deaktiviert das Kontrollkästchen „'Gerade' Anführungszeichen durch 'typographische' ersetzen" im Dialogfeld **AutoKorrektur** (Menü **Extras**), oder sie schaltet es in den jeweils anderen Zustand um.

Argument	Erklärung
Aktiv	Gibt an, ob das Kontrollkästchen aktiviert oder deaktiviert wird: 1 Aktiviert das Kontrollkästchen. 0 (Null) Deaktiviert das Kontrollkästchen. Fehlt Schaltet das Kontrollkästchen um (ein bzw. aus).

Die Funktion **ExtrasAutoKorrekturAnfZeichenTypogr**() liefert als Ergebnis Informationen über den Status des Kontrollkästchens „'Gerade' Anführungszeichen durch 'typographische' ersetzen":

Wert	Erklärung
0 (Null)	Das Kontrollkästchen ist deaktiviert.
–1	Das Kontrollkästchen ist aktiviert.

Siehe auch   ExtrasAutoKorrektur

ExtrasAutoKorrekturAusnahmen

Syntax   ExtrasAutoKorrekturAusnahmen [.Registerkarte = *Zahl*] [, .Name = *Text*] [, .AutomatischHinzufügen = *Zahl*] [, .Hinzufügen] [, .Löschen]

Bemerkungen   Trägt Wörter in die Liste der AutoKorrektur-Ausnahmen ein oder löscht sie daraus. Die Argumente für die Anweisung **ExtrasAutoKorrekturAusnahmen** entsprechen den Optionen im Dialogfeld **Autokorrektur-Ausnahmen** (Befehl **AutoKorrektur**, Menü **Extras**). In Word, Version 6.0, ist **ExtrasAutoKorrekturAusnahmen** nicht verfügbar, und ein Fehler tritt auf.

Argument	Erklärung
.Registerkarte	Die Registerkarte, in der die Ausnahme hinzugefügt oder gelöscht wird: 0 (Null) Erster Buchstabe 1 WOrtanfang GRoß
.Name	Der Name für den Eintrag in der Ausnahmen-Liste, der hinzugefügt oder gelöscht werden soll.
.Automatisch Hinzufügen	Wenn gleich 1, trägt Word alle Wörter in die Ausnahmen-Liste ein, für die der Anwender die automatische Korrektur rückgängig macht und die ursprüngliche Schreibweise oder Großschreibung wiederhergestellt hat.
.Hinzufügen	Fügt **.Name** in die durch **.Registerkarte** festgelegte Ausnahmen-Liste ein.
.Löschen	Löscht **.Name** aus der durch **.Registerkarte** festgelegten Ausnahmen-Liste.

Siehe auch   AbrufenAutoKorrekturAusnahme$(), IstAutoKorrekturAusnahme(), ZählenAutoKorrekturAusnahmen()

ExtrasAutoKorrekturFeststelltasteAus, ExtrasAutoKorrekturFeststelltasteAus()

Syntax   ExtrasAutoKorrekturFeststelltasteAus [*Ein*]

ExtrasAutoKorrekturFeststelltasteAus()

	Die Anweisung **ExtrasAutoKorrekturFeststelltasteAus** aktiviert oder deaktiviert das Kontrollkästchen **Unbeabsichtigtes Verwenden der fESTSTELLTASTE korrigieren** im Dialogfeld **AutoKorrektur** (Menü **Extras**). Diese Anweisung zeigt nur Wirkung, wenn Großschreibung durch erneutes Drücken der FESTSTELLTASTE ausgeschaltet werden muß (d.h., Großschreibung wird nicht durch Drücken der UMSCHALTTASTE ausgeschaltet).
	Die Funktion **ExtrasAutoKorrekturFeststelltasteAus**( ) liefert Informationen über den Status des Kontrollkästchens.
Bemerkungen	In Word, Version 6.0, sind **ExtrasAutoKorrekturFeststelltasteAus** und **ExtrasAutoKorrekturFeststelltasteAus**( ) nicht verfügbar und führen zu einem Fehler.
Siehe auch	**ExtrasAutoKorrektur, ExtrasAutoKorrekturAnfangsbuchstabenGroß, ExtrasAutoKorrekturAnfZeichenTypogr, ExtrasAutoKorrekturSatzanfangGroß, ExtrasAutoKorrekturTextErsetzen**

ExtrasAutoKorrekturSatzanfangGroß, ExtrasAutoKorrekturSatzanfangGroß()

Syntax	**ExtrasAutoKorrekturSatzanfangGroß** [*Aktiv*]
	ExtrasAutoKorrekturSatzanfangGroß( )
Bemerkungen	Die Anweisung **ExtrasAutoKorrekturSatzanfangGroß** aktiviert bzw. deaktiviert das Kontrollkästchen „Jeden Satz mit einem Großbuchstaben beginnen" im Dialogfeld **AutoKorrektur** (Menü **Extras**), oder sie schaltet es in den jeweils anderen Zustand um.

Argument	Erklärung
Aktiv	Gibt an, ob das Kontrollkästchen aktiviert oder deaktiviert wird:
	1 Aktiviert das Kontrollkästchen.
	0 (Null) Deaktiviert das Kontrollkästchen.
	Fehlt Schaltet das Kontrollkästchen um (ein bzw. aus).

Die Funktion **ExtrasAutoKorrekturSatzanfangGroß**() liefert als Ergebnis Informationen über den Status des Kontrollkästchens „Jeden Satz mit einem Großbuchstaben beginnen":

Wert	Erklärung
0 (Null)	Das Kontrollkästchen ist deaktiviert.
–1	Das Kontrollkästchen ist aktiviert.

Siehe auch   ExtrasAutoKorrektur

ExtrasAutoKorrekturTextErsetzen, ExtrasAutoKorrekturTextErsetzen()

Syntax   **ExtrasAutoKorrekturTextErsetzen** [*Aktiv*]

ExtrasAutoKorrekturTextErsetzen()

Bemerkungen   Die Anweisung **ExtrasAutoKorrekturTextErsetzen** aktiviert bzw. deaktiviert das Kontrollkästchen „Während der Eingabe ersetzen" im Dialogfeld **AutoKorrektur** (Menü **Extras**), oder sie schaltet es in den jeweils anderen Zustand um.

Argument	Erklärung
Aktiv	Gibt an, ob das Kontrollkästchen aktiviert oder deaktiviert wird: 1 Aktiviert das Kontrollkästchen. 0 (Null) Deaktiviert das Kontrollkästchen. Fehlt Schaltet das Kontrollkästchen um (ein bzw. aus).

Die Funktion **ExtrasAutoKorrekturTextErsetzen( )** liefert als Ergebnis Informationen über den Status des Kontrollkästchens „Während der Eingabe ersetzen".

Wert	Erklärung
0 (Null)	Das Kontrollkästchen ist deaktiviert.
–1	Das Kontrollkästchen ist aktiviert.

Siehe auch   ExtrasAutoKorrektur

ExtrasBerechnen, ExtrasBerechnen()

Syntax ExtrasBerechnen

ExtrasBerechnen([*Ausdruck$*])

Bemerkungen Die Anweisung **ExtrasBerechnen** wertet die Markierung als mathematischen Ausdruck aus und zeigt dann das Ergebnis in der Statusleiste an. Das Ergebnis wird gleichzeitig in die Zwischenablage kopiert.

Wenn Sie *Ausdruck$* nicht angeben, verhält sich die Funktion **ExtrasBerechnen()** genau wie die Anweisung, liefert aber das Ergebnis, statt es in der Statusleiste anzuzeigen und in die Zwischenablage zu kopieren. Wenn Sie *Ausdruck$* angeben, wird *Ausdruck$* wie ein mathematischer Ausdruck ausgewertet. Die Werte in *Ausdruck$* können Namen für Textmarken oder Bezüge auf Tabellenzellen (z.B. a5) sein.

Beispiel In diesem Beispiel addiert die Funktion **ExtrasBerechnen()** zwei Werte und speichert das Ergebnis in der Variablen Gesamt. Die Einfügemarke muß sich innerhalb der Tabelle mit den Werten befinden.

```
Gesamt = ExtrasBerechnen("a5 + b5")
```

Siehe auch **TabelleAutoSumme**, **TabelleFormel**

ExtrasBriefumschlagErstellen

Syntax ExtrasBriefumschlagErstellen [**.AdresseSuchen** = *Zahl*]
[, **.EmpfAdresse** = *Text*] [, **.BriefumschlagOhneAbsAdresse** = *Zahl*]
[, **.BriefumschlagAbsAdresse** = *Text*] [, **.BriefumschlagBreite** = *Zahl oder Text*]
[, **.BriefumschlagHöhe** = *Zahl oder Text*] [, **.Briefumschlaggröße** = *Zahl*]
[, **.EtikettAutoText** = *Text*][, **.UmschlagSchachtBenutzen** = *Zahl*]
[, **.AdrVonLinks** = *Zahl oder Text*] [, **.AdrVonOben** = *Zahl oder Text*]
[, **.AbsenderVonLinks** = *Zahl oder Text*] [, **.AbsenderVonOben** = *Zahl oder Text*] [, **.DruckenBriefumschlagEtikett**] [, **.HinzufügenZuDokument**]

Bemerkungen Erstellt einen Briefumschlag, der zusammen mit dem aktiven Dokument gedruckt wird. Die Argumente für **ExtrasBriefumschlagErstellen** entsprechen den Optionen auf der Registerkarte **Umschläge** im Dialogfeld **Umschläge und Etiketten** (Menü **Extras**). Verwenden Sie die Anweisungen **EmpfängerAdreßSchriftart** und **FormatAbsenderSchriftart**, wenn Sie eine Schriftart für die Adresse angeben möchten.

Argument	Erklärung
.AdresseSuchen	Gibt an, ob der durch die Textmarke „BriefumschlagAdresse" (eine benutzereigene Textmarke) definierte Text als Empfängeradresse verwendet werden soll: 0 (Null) Die Textmarke „BriefumschlagAdresse" wird nicht verwendet. 1 Die Textmarke „BriefumschlagAdresse" wird verwendet.
.EmpfAdresse	Text, der die Adresse des Empfängers angibt (wird ignoriert, wenn **.AdresseSuchen** angegeben wird).
.Briefumschlag OhneAbsAdresse	Gibt an, ob die Absenderadresse gedruckt werden soll: 0 Die Absenderadresse wird gedruckt. 1 Die Absenderadresse wird nicht gedruckt.
.Briefumschlag AbsAdresse	Text, der die Adresse des Absenders angibt.
.Briefumschlag Breite, .Briefumschlag Höhe	Die Breite und Höhe des Briefumschlags in Punkt oder einer Text-Maßeinheit, wenn für **.Briefumschlaggröße** ein benutzereigenes Format verwendet wird.
.Briefumschlag größe	Entspricht einer der Größen im Feld „Umschlagformat" im Dialogfeld **Optionen für Umschläge**: 0 (Null) entspricht der ersten Größe, 1 der zweiten Größe usw.
.EtikettAutoText	Der Name eines AutoText-Eintrags, in dem die Adreßfelder für eine Datenquelle gespeichert sind (wird nur beim Erstellen von Briefumschlägen für den Seriendruck aufgezeichnet).
.UmschlagSchacht Benutzen	Eine Zahl, die der Briefumschlagzufuhr im Feld „Einzugsschacht" entspricht: 0 (Null) entspricht der ersten Zufuhr, 1 der zweiten Zufuhr usw.
.AdrVonLinks	Die Entfernung zwischen dem linken Rand des Briefumschlags und der Empfängeradresse in der eingestellten Standardeinheit oder einer Text-Maßeinheit.
.AdrVonOben	Die Entfernung zwischen dem oberen Rand des Briefumschlags und der Empfängeradresse in der eingestellten Standardeinheit oder einer Text-Maßeinheit.
.AbsenderVonLinks	Die Entfernung zwischen dem linken Rand des Briefumschlags und der Absenderangabe in der eingestellten Standardeinheit oder einer Text-Maßeinheit.
.AbsenderVonOben	Die Entfernung zwischen dem oberen Rand des Briefumschlags und der Absenderangabe in der eingestellten Standardeinheit oder einer Text-Maßeinheit.
.DruckenBrief umschlagEtikett	Druckt den Briefumschlag.
.HinzufügenZu Dokument	Fügt am Anfang des Dokuments einen Abschnitt mit der Adresse des Empfängers und des Absenders hinzu.

Beispiel	Dieses Beispiel fügt zum aktiven Dokument einen Briefumschlag hinzu, dessen Adressen mit den beiden Variablen An$ und Von$ angegeben werden. Die Empfängeradresse wird fett formatiert.

```
Zeilenumbruch$ = Chr$(13) + Chr$(10)
An$ = "Gustav Karl" + Zeilenumbruch$ + "Hauptstr. 1" + Zeilenumbruch$ \
    + "77777 Neustadt"
Von$ = "Alice Müller" + Zeilenumbruch$ + "Marktplatz 45" \
    + Zeilenumbruch$ + "77778 Altenburg"
EmpfängerAdreßSchriftart .Fett = 1
ExtrasBriefumschlagErstellen .EmpfAdresse = An$, \
        .BriefumschlagAbsAdresse = Von$, .HinzufügenZuDokument
```

Siehe auch	**EmpfängerAdreßSchriftart**, **ExtrasEtikettenErstellen**, **FormatAbsenderSchriftart**

ExtrasBriefumschlagUndEtiketten

Um mit Hilfe von WordBasic Briefumschläge zu erstellen oder zu bedrucken, verwenden Sie die Anweisung **ExtrasBriefumschlagErstellen**. Gleichermaßen sollten Sie **ExtrasEtikettenErstellen** zum Erstellen oder Drucken von Adreßetiketten verwenden.

ExtrasDatensatzHinzufügen

Syntax	**ExtrasDatensatzHinzufügen**
Bemerkungen	Fügt am Ende einer Datenquelle einen leeren Datensatz hinzu. **ExtrasDatensatzHinzufügen** fügt beispielsweise am unteren Ende einer Tabelle mit Seriendruckdaten in einem Word-Dokument eine leere Tabellenzeile hinzu. **ExtrasDatensatzHinzufügen** kann mit jedem Dokument, das als Datenquelle beim Seriendruck dienen kann, verwendet werden.
Siehe auch	**ExtrasDatensatzLöschen**, **SeriendruckDatenQuelleBearbeiten**

ExtrasDatensatzLöschen

Syntax ExtrasDatensatzLöschen

Bemerkungen Löscht den Datensatz, in dem sich die Einfügemarke befindet (entfernt beispielsweise die Zeile, in der sich die Einfügemarke befindet, aus einer Tabelle). **ExtrasDatensatzLöschen** kann mit jedem Dokument, das als Datenquelle bei einem Seriendruck dienen kann, verwendet werden.

Siehe auch ExtrasDatensatzHinzufügen, SeriendruckDatenQuelleBearbeiten

ExtrasDokumentschutzAufheben

Syntax ExtrasDokumentschutzAufheben [.DokumentKennwort = *Text*]

Bemerkungen Entfernt den Schutz vom aktiven Dokument. War das Dokument nicht geschützt, tritt ein Fehler auf.

Argument	Erklärung
.DokumentKennwort	Das Kennwort (falls vorhanden), mit dem das Dokument geschützt wird. Beachten Sie, daß Kennwörter zwischen Groß- und Kleinschreibung unterscheiden.
	Wenn das Dokument mit einem Kennwort geschützt ist und Sie .**DokumentKennwort** nicht angeben, fordert ein Dialogfeld den Benutzer zur Eingabe des Kennworts auf.

Siehe auch ExtrasAbschnittSchützen, ExtrasDokumentSchützen

ExtrasDokumentSchützen

Syntax ExtrasDokumentSchützen [.DokumentKennwort = *Text*] [, .KeineVorgabe = *Zahl*] [, .Art = *Zahl*]

Bemerkungen Schützt das Dokument vor Änderungen. Je nach dem Wert von **.Art** kann der Benutzer in beschränktem Umfang Änderungen am Dokument vornehmen (beispielsweise Anmerkungen oder Korrekturmarkierungen hinzufügen). Wenn das Dokument bereits geschützt ist, tritt ein Fehler auf.

Argument	Erklärung
.DokumentKennwort	Das Kennwort, das zum Aufheben des Dokumentschutzes eingegeben werden muß, nachdem aus dem Menü **Extras** der Befehl **Dokumentschutz aufheben** gewählt wurde.
.KeineVorgabe	Wenn 1, setzt Word Formularfelder nicht zurück auf ihre Standardergebnisse, wenn ein Formular mit **ExtrasDokumentSchützen** geschützt ist. (Dies trifft jedoch nur zu, wenn **.Art** auf 2 gesetzt ist.) Diese Option ermöglicht dem Formular-Designer, ein Eintritt oder Verlassen-Makro zu schreiben, der den Formularschutz aufhebt, das Formular ändert und dann den Schutz wieder einstellt, ohne dabei Einstellungen zurückzusetzen. Beachten Sie bitte: Normalerweise werden Formularfelder immer wieder auf ihre Vorgabe zurückgesetzt, wenn Sie über die Formular-Symbolleiste oder das Dialogfeld **Dokument schützen** (Menü **Extras**) Formularschutz hinzufügen.
.Art	Die Art des Formularschutzes: 0 (Null) oder fehlt Benutzer können Text markieren und bearbeiten, Änderungen werden jedoch mit Korrekturmarkierungen festgehalten. 1 Benutzer können nur Anmerkungen hinzufügen. 2 Benutzer können Text nur in Formularfeldern markieren und bearbeiten. Um in einem aus mehreren Abschnitten bestehenden Formular zu bestimmen, welche Abschnitte geschützt bzw. nicht geschützt werden sollen, verwenden Sie **ExtrasAbschnittSchützen**.

Im Gegensatz zu den Anweisungen **DateiSpeichernUnter** oder **ExtrasEinstellungenSpeichern**, mit denen Sie ein Dokument vor dem Öffnen oder Speichern schützen können, steuert **ExtrasDokumentSchützen**, welche Aktionen der Benutzer am geöffneten Dokument ausführen kann.

Siehe auch   **DateiSpeichernUnter, ExtrasAbschnittSchützen, ExtrasDokumentschutzAufheben, ExtrasEinstellungenSpeichern**

ExtrasEtikettenErstellen

Syntax

ExtrasEtikettenErstellen [.AdresseSuchen = *Zahl*]
[, .EtikettListenIndex = *Zahl*] [, .EtikettIndex = *Zahl*]
[, .EtikettDotMatrix = *Zahl*] [, .EtikettSchacht = *Zahl*]
[, .EtikettenNebeneinander = *Zahl*] [, .EtikettenUntereinander = *Zahl*]
[, .EinzelEtikett = *Zahl*] [, .EtikettZeile = *Zahl*] [, .EtikettSpalte = *Zahl*]
[, .EtikettAutoText = *Text*] [, .EtikettText = *Text*]
[, .DruckenBriefumschlagEtikett] [, .HinzufügenZuDokument]
[, .EtikettRandOben = *Zahl oder Text*] [, .EtikettRandSeite = *Zahl oder Text*]
[, .EtikettVertAbstand = *Zahl oder Text*] [, .EtikettHorizAbstand = *Zahl oder Text*] [, .EtikettHöhe = *Zahl oder Text*] [, .EtikettBreite = *Zahl oder Text*]

Bemerkungen

Erstellt ein Etikett oder einen Etikettenbogen, das bzw. der zusammen mit dem aktiven Dokument ausgedruckt wird. Die Argumente der Anweisung **ExtrasEtikettenErstellen** entsprechen den Optionen auf der Registerkarte **Etiketten** im Dialogfeld **Umschläge und Etiketten** (Menü **Extras**).

Argument	Erklärung
.AdresseSuchen	Gibt an, ob der durch die Textmarke „BriefumschlagAdresse" (eine benutzereigene Textmarke) definierte Text als Empfängeradresse verwendet werden soll:
	0 (Null) Die Textmarke „BriefumschlagAdresse" wird nicht verwendet.
	1 Die Textmarke „BriefumschlagAdresse" wird verwendet, es sei denn, daß **.EmpfAdresse** angegeben wurde.
.EtikettListenIndex	Entspricht einem Element im Feld „Etikettenmarke" des Dialogfelds **Etiketten einrichten** (Schaltfläche „Optionen", Dialogfeld **Umschläge und Etiketten**):
	Für Nadeldrucker lauten die Werte:
	1 Zweckform
	3 2. Eintrag
	4 3. Eintrag
	6 4. Eintrag
	Für Laserdrucker lauten die Werte:
	0 (Null) Zweckform
	2 2. Eintrag
	5 Andere
.EtikettIndex	Entspricht einem Element im Feld „Bestellnummer" im Dialogfeld **Etiketten einrichten**: 0 (Null) entspricht dem ersten Element, 1 dem zweiten Element usw.

Argument	Erklärung
.Etikett DotMatrix	Gibt die Art des verwendeten Druckers an: 0 (Null) Laserdrucker 1 Nadeldrucker
.EtikettSchacht	Entspricht einem Schacht im Listenfeld „Schacht" des Dialogfelds **Etiketten einrichten**: 0 (Null) entspricht dem ersten Schacht in der Liste, 1 dem zweiten Schacht usw. Dieses Argument ist nur verfügbar, wenn **.EtikettDotMatrix** auf 0 (Null) gesetzt wurde.
.EinzelEtikett	Wenn 1, können Sie ein einziges Etikett eines Etikettbogens bedrucken, indem Sie **.EtikettZeile** und **.EtikettSpalte** angeben.
.EtikettZeile	Wenn **.EinzelEtikett** auf 1 gesetzt ist, definiert dieses Argument die Zeile, in der sich das zu bedruckende Etikett befindet.
.EtikettSpalte	Wenn **.EinzelEtikett** auf 1 gesetzt ist, definiert dieses Argument die Spalte, in der sich das zu bedruckende Etikett befindet.
.EtikettAutoText	Der Name eines Autotextes, in dem der Etikettentext gespeichert ist.
.EtikettText	Der auf den Etiketten zu druckende Text (wird ignoriert, wenn Sie **.EtikettAutoText** angeben).
.DruckenBrief umschlagEtikett	Druckt die Etiketten.
.HinzufügenZu Dokument	Erstellt ein neues Dokument mit einem Etikettentext, der ausgedruckt werden kann.

Die folgenden Argumente dienen zum Erstellen von benutzereigenen Etiketten. Sie brauchen nicht angegeben zu werden (und werden ignoriert), wenn die Kombination aus **.EtikettListenIndex**, **.EtikettIndex** und **.EtikettDotMatrix** gültige Etiketten bezeichnet.

Argument	Erklärung
.EtikettenNeben einander	Die Anzahl der Etiketten pro Zeile.
.EtikettenUnter einander	Die Anzahl der Etiketten pro Spalte.
.EtikettRand Oben	Die Breite des oberen Seitenrands auf dem Etikettbogen, in der eingestellten Standardeinheit oder einer Text-Maßeinheit.
.EtikettRand Seite	Die Breite der Seitenränder auf dem Etikettbogen, in der eingestellten Standardeinheit oder einer Text-Maßeinheit.
.EtikettVert Abstand	Die Entfernung zwischen dem oberen Rand eines Etiketts und dem oberen Rand des darunterliegenden Etiketts, in der eingestellten Standardeinheit oder einer Text-Maßeinheit.
.EtikettHoriz Abstand	Die Entfernung zwischen dem linken Rand eines Etiketts und dem linken Rand des danebenliegenden Etiketts, in der eingestellten Standardeinheit oder einer Text-Maßeinheit.

Argument	Erklärung
.EtikettHöhe	Die Höhe der Etiketten, in der eingestellten Standardeinheit oder einer Text-Maßeinheit.
.EtikettBreite	Die Breite der Etiketten, in der eingestellten Standardeinheit oder einer Text-Maßeinheit.

Beispiel

Dieses Beispiel erstellt ein neues Dokument mit dem Etikettentext, der zum Bedrucken eines Etikettbogens der Marke Zweckform angeordnet ist. Das Argument `.EtikettListenIndex = 0` gibt als Etikettprodukt „Zweckform" und `.EtikettIndex = 4` gibt als Produktnummer 3423 an. Der Etikettentext wird aus dem AutoText „Etikettadr" abgerufen.

```
ExtrasEtikettenErstellen .EtikettListenIndex = 0, .EtikettIndex = 10, \
    .EtikettDotMatrix = 0, .EtikettSchacht = 1, .HinzufügenZuDokument, \
    .EtikettAutoText = "Etikettadr"
```

Siehe auch ExtrasBriefumschlagErstellen

ExtrasFeldManager

Syntax ExtrasFeldManager [.FeldName = *Text*] [, .Hinzufügen] [, .Entfernen] [, .Umbenennen] [, .NeuerName = *Text*]

Bemerkungen Fügt im Rahmen einer Serienbrieferstellung einen Feldnamen in eine Daten- oder Steuersatzquelle ein bzw. entfernt einen vorhandenen Feldnamen oder benennt diesen neu. Wenn das aktive Dokument keine Tabelle mit dem angegebenen Feld in der ersten Zeile enthält, tritt ein Fehler auf.

Argument	Erklärung
.FeldName	Der Feldname, den Sie hinzufügen, löschen oder umbenennen möchten.
.Hinzufügen	Fügt den angegebenen Feldnamen einer neuen Tabellenspalte hinzu.
.Entfernen	Entfernt den angegebenen Feldnamen und die dazugehörige Tabellenspalte.
.Umbenennen	Benennt den angegebenen Feldnamen um.
.NeuerName	Ein neuer Name für das Feld (wird zusammen mit **.Umbenennen** verwendet).

Beispiel	Dieses Beispiel ändert den Namen des Felds „Name1" in „Vorname":

```
ExtrasFeldManager .FeldName = "Name1", .NeuerName = "Vorname", \
    .Umbenennen
```

Siehe auch	**SeriendruckDatenQuelleBearbeiten**

ExtrasGrammatik

Syntax	**ExtrasGrammatik**
Bemerkungen	Zeigt das Dialogfeld **Grammatik** (Menü **Extras**) an und prüft die Grammatik im aktiven Dokument. (***Bitte beachten:*** Diese Anweisung/Funktion ist nur durchführbar, wenn Sie den zu prüfenden Text in einer Sprache formatieren, für die eine Grammatikprüfung installiert ist. Die mit Word 6.0 gelieferte Grammatikprüfung ist nur auf englische Texte anwendbar.)
Beispiel	Dieses Beispiel zeigt ein Meldungsfeld an, in dem Sie gefragt werden, ob Sie die Grammatik überprüfen möchten. Wenn Sie die Schaltfläche „Ja" wählen (was den Wert –1 liefert), beginnt Word mit der Grammatikprüfung.

```
Antwort = MsgBox("Grammatik überprüfen?", 3)
If Antwort = -1 Then ExtrasGrammatik
```

Siehe auch	**ExtrasRechtschreibung**

ExtrasGrammatikStatistikDatenfeld

Syntax	**ExtrasGrammatikStatistikDatenfeld** *ZweidimensionalesDatenfeld$( )*
Bemerkungen	Führt eine Grammatikprüfung durch und füllt anschließend ein zweidimensionales Datenfeld mit der Grammatik-Statistik für den überprüften Bereich aus. (***Bitte beachten:*** Diese Anweisung/Funktion ist nur durchführbar, wenn Sie den zu prüfenden Text in einer Sprache formatieren, für die eine Grammatikprüfung installiert ist. Die mit Word 6.0 gelieferte Grammatikprüfung ist nur auf englische Texte anwendbar.)

Argument	Erklärung
Zweidimensionales Datenfeld$( )	Das zweidimensionale Datenfeld in das die Namen von Zählungen, Mittelwerten und Indizes (erste Dimension) und deren Statistiken (zweite Dimension) eingefügt werden. Die Variable muß vor dem Ausführen von **ExtrasGrammatikStatistikDatenfeld** definiert werden.

Beispiel   Dieses Beispiel definiert ein zweidimensionales Datenfeld. Darin werden Grammatik-Statistiken für das aktive Dokument gespeichert. Nach dem Speichern der Statistiken in das Datenfeld wird an der Einfügemarke eine zweispaltige Liste in das Dokument eingefügt. Die Namen von Zählungen, Mittelwerten und Indizes befinden sich in der linken Spalte. In der rechten Spalte, die durch Anspringen eines Tabulators von der linken Spalte getrennt wird, befinden sich die entsprechenden statistischen Werte.

```
Stat = ZählenExtrasGrammatikStatistik()
Größe = Stat - 1
Dim Dokustat$(Größe, 1)
ExtrasGrammatikStatistikDatenfeld Dokustat$()
For Anzahl = 0 To Größe
    EinfügenAbsatz
    Einfügen Dokustat$(Anzahl, 0) + Chr$(9) + Dokustat$(Anzahl, 1)
Next
```

Siehe auch   ZählenExtrasGrammatikStatistik()

ExtrasGrößeAnpassen

Syntax   ExtrasGrößeAnpassen

Bemerkungen   Versucht, die Schriftgröße soweit zu verkleinern, daß für das aktive Dokument eine Seite weniger als zum jetzigen Zeitpunkt benötigt wird.
ExtrasGrößeAnpassen kann Papier sparen, wenn die letzte Seite nur einige wenige Textzeilen enthält. Wenn Word diese Aktion nicht durchführen kann, wird ein Meldungsfeld angezeigt.

Siehe auch   AnsichtZoomGanzeSeite

ExtrasMakro

Syntax ExtrasMakro .Name = *Text* [, .Ausführen] [, .Bearbeiten] [, .Anzeigen = *Zahl*] [, .Löschen] [, .Umbenennen] [, .Beschreibung = *Text*] [, .NeuerName = *Text*] [, .BeschriftungBestimmen]

Bemerkungen Führt einen Makro aus, zeichnet einen Makro auf, legt die Beschreibung eines Makros fest, benennt einen Makro um oder öffnet einen neuen oder bereits vorhandenen Makro in einem Makrobearbeitungsfenster. Die Argumente für die Anweisung **ExtrasMakro** entsprechen den Optionen im Dialogfeld **Makro** (Menü **Extras**). Die Argumente **.Umbenennen** und **.NeuerName** dienen der Kompatibilität mit früheren Word-Versionen.

Argument	Erklärung
.Name	Der Name des Makros.
.Ausführen	Führt den Makro aus.
.Bearbeiten	Öffnet ein Makrobearbeitungsfenster, das den mit **.Name** bezeichneten Makro enthält.
.Anzeigen	Gibt den Kontext an:
	0 (Null) Alle verfügbaren Makros. Dies umfaßt Makros in geladenen globalen Dokumentvorlagen.
	1 Makros in der Dokumentvorlage „Normal"
	2 Integrierte Befehle
	3 Makros in der aktiven Dokumentvorlage, wenn diese nicht auf der Vorlage „Normal" basiert. Ansonsten Makros in der ersten geladenen globalen Dokumentvorlage (globale Dokumentvorlagen werden in alphabetischer Reihenfolge aufgeführt).
	>3 Makros in den verbleibenden globalen Dokumentvorlagen (in alphabetischer Reihenfolge)
	Fehlt Word sucht den Makro zunächst in der Dokumentvorlage, (wenn es sich nicht um „Normal" handelt), dann in der Vorlage „Normal", danach in allen geladenen globalen Dokumentvorlagen (in alphabetischer Reihenfolge) und schließlich in den integrierten Befehlen.
.Löschen	Löscht den angegebenen Makro.
.Umbenennen	Benennt den angegebenen Makro um.
.Beschreibung	Legt eine neue Beschreibung für den Makro fest (wird zusammen mit **.BeschriftungBestimmen** verwendet). Wenn der Makro einem Menü oder einer Symbolleiste zugeordnet wurde und markiert ist oder mit der Maus auf ihn gezeigt wird, erscheint diese Beschreibung in der Statusleiste.

Argument	Erklärung
.NeuerName	Ein neuer Name für den Makro (wird zusammen mit .Umbenennen verwendet).
.Beschriftung Bestimmen	Legt eine neue Beschreibung für den Makro fest.

Beispiel Dieses Beispiel öffnet ein Makrobearbeitungsfenster für den Makro „Test", der in der Dokumentvorlage „Normal" gespeichert ist:

```
ExtrasMakro .Name = "Test", .Anzeigen = 1, .Bearbeiten
```

Siehe auch **IstMakro(), MakroAufzeichnungUnterbrechen, MakroBeschr$(), MakroDateiname$(), MakroNameAusFenster$(), MakroSchlüssel$(), MenüEintragMakro$(), Organisieren, ZählenMakros()**

ExtrasNumerierungAufzählungen

Syntax **ExtrasNumerierungAufzählungen** [**.Ersetzen** = *Zahl*] [, **.Schriftart** = *Text*]
[, **.ZeichenNum** = *Text*] [, **.Art** = *Zahl*] [, **.FormatGliederung** = *Text*]
[, **.AutoAktualisierung** = *Zahl*] [, **.FormatNumerierung** = *Zahl*]
[, **.TrennZeich** = *Text*] [, **.BeginnenMit** = *Text*] [, **.Punkt** = *Zahl oder Text*]
[, **.HängEinzug** = *Zahl*] [, **.Einzug** = *Zahl oder Text*] [, **.Entfernen**]

Bemerkungen Legt die Formatierung für Absätze fest, die mit Aufzählungszeichen, Numerierung oder Gliederungsnummern versehen sind. Diese Anweisung wurde aus Gründen der Kompatibilität mit früheren Versionen von Word für Windows aufgenommen. Die Argumente der Anweisung **ExtrasNumerierungAufzählungen** entsprechen den Optionen im Dialogfeld **Numerierung/Aufzählungen** (Menü **Extras**) in Word für Windows, Version 2.*x*. Die einzelnen Argumente gelten nicht in jedem Fall für alle Listenarten.

Argument	Erklärung
.Ersetzen	Bei 1 aktualisiert Word die Aufzählungszeichen nur in Absätzen, die bereits mit Aufzählungszeichen versehen wurden, bzw. aktualisiert Nummern nur in Absätzen, die bereits mit einer Numerierung versehen wurden.
.Schriftart	Die Schriftart der Nummern und Aufzählungszeichen in einer Liste.
.ZeichenNum	Der Zeichen- oder ANSI (American National Standards Institute)-Code des als Aufzählungszeichen zu verwendenden Zeichens. Aufzählungszeichen werden als SONDZEICHEN-Felder eingefügt.

Argument	Erklärung
.Art	Die Kategorie der zu erstellenden Liste: 0 (Null) Aufzählung 1 Numerierte Liste 2 Liste mit Gliederungsnummern
.Format Gliederung	Ein für Gliederungen zu verwendendes Format. Verfügbare Formate sind: „Dezimal", „Gliederung", „Reihenfolge", „Übernahme aus der Markierung" und „Ausführliche Gliederung". Durch „Übernahme aus der Markierung" wird jeweils das Format der ersten Nummer jeder Ebene in der Markierung zugewiesen.
.Auto Aktualisierung	Bei 1 werden die Nummern als Felder eingefügt, die automatisch aktualisiert werden, sobald sich die Reihenfolge der Absätze ändert.
.Format Numerierung	Gibt ein Format zur Listennumerierung an: 0 (Null) 1, 2, 3, 4 1 I, II, III, IV 2 i, ii, iii, iv 3 A, B, C, D 4 a, b, c, d
.TrennZeich	Das oder die Trennzeichen für die Nummern einer Liste. Wenn Sie nur ein Zeichen angeben, folgt dieses Zeichen jeder Nummer. Wenn Sie zwei Zeichen angeben, wird die Nummer darin eingeschlossen.
.BeginnenMit	Die erste Nummer bzw. der erste Buchstabe der Liste.
.Punkt	Die Schriftgröße des Aufzählungszeichens in einer Aufzählung (in Punkt).
.HängEinzug	Bei 1 wird die Liste mit einem hängenden Einzug (in Word für Windows 2.*x*: Negativer Erstzeileneinzug) versehen.
.Einzug	Wenn **.HängEinzug** auf 1 gesetzt wurde, legt dieses Argument das Maß des linken Einzugs in Punkt oder einem Textmaß fest.
.Entfernen	Löscht vorhandene Aufzählungszeichen oder Nummern.

Beispiel

Bei diesem Beispiel wird die Markierung als Aufzählung formatiert, wobei für die Aufzählungszeichen der Zeichencode 183 in der Schriftart „Symbol" und eine Schriftgröße von 10 Punkt definiert wird:

```
ExtrasNumerierungAufzählungen .Art = 0, .Ersetzen = 0, \
    .HängEinzug = 1, .Einzug = "0,5 cm", .ZeichenNum = "183", \
    .Schriftart = "Symbol", .Punkt = "10"
```

Siehe auch

ExtrasAufzählungStandard, ExtrasNumerierungStandard, FormatAufzählungStandard, FormatAufzählungUndNumerierung, FormatNummerStandard

ExtrasNumerierungStandard

Syntax ExtrasNumerierungStandard

Bemerkungen Fügt den markierten Absätzen Zahlen und Tabstopzeichen hinzu und formatiert die Absätze mit einem hängenden Einzug.

> **Anmerkung** Die Anweisung **ExtrasNumerierungStandard** entspricht dem Numerierungssymbol in Word für Windows, Version 2.x. In Word, Version 6.0, befindet sich die Schaltfläche für Numerierung in der Formatierungs-Symbolleiste. Die entsprechende WordBasic-Anweisung ist **FormatNummerStandard**.

Siehe auch ExtrasAufzählungStandard, ExtrasNumerierungAufzählungen, FormatAufzählungStandard, FormatAufzählungUndNumerierung, FormatNummerStandard

ExtrasOptionen

Syntax ExtrasOptionen .Registerkarte = *Zahl*

Bemerkungen Zeigt das Dialogfeld **Optionen** (Menü **Extras**) und die angegebene Registerkarte an. Sofern Sie vor **ExtrasOptionen** nicht die Anweisung **On Error** ausführen, zeigt Word eine Fehlermeldung an, wenn der Benutzer das Dialogfeld abbricht.

Argument	Erklärung
.Registerkarte	Die anzuzeigende Registerkarte:
	0 (Null) Ansicht
	1 Allgemein
	2 Bearbeiten
	3 Drucken
	4 Speichern
	5 Rechtschreibung
	6 Grammatik
	7 AutoFormat

	Argument	Erklärung
	.Registerkarte	Die anzuzeigende Registerkarte: 8 Überarbeiten 9 Benutzer-Info 10 Kompatibilität 11 Dateiablage
Beispiel		Dieses Beispiel zeigt die Registerkarte **Ansicht** im Dialogfeld **Optionen** (Menü **Extras**) an. Die Anweisung `On Error Resume Next` verhindert, daß Word eine Fehlermeldung anzeigt, wenn der Benutzer die Schaltfläche „Abbrechen" wählt.

```
On Error Resume Next
ExtrasOptionen .Registerkarte = 0
```

Siehe auch   ExtrasAnpassen

ExtrasOptionenAllgemein

Syntax   ExtrasOptionenAllgemein [.Seitenumbruch = *Zahl*]
[, .BlauerBildschirm = *Zahl*] [, .FehlerSignal = *Zahl*] [, .Effekte3D = *Zahl*]
[, .VerknüpfungAktualisieren = *Zahl*] [, .NachrichtAlsAnlage = *Zahl*]
[, .ZuletztGeöffneteDateien = *Zahl*] [, .ZuletztGeöffneteDateienAnzahl = *Zahl*]
[, .Maße = *Zahl*] [, .SchaltflächeBetätigen = *Zahl*]
[, .MenünamenInKurzform = *Zahl*] [, .RTFInZwischenablage = *Zahl*]
[, .UmwandlungBestätigen = *Zahl*] [, .TipAssistentAktiv = *Zahl*]

Bemerkungen   Legt allgemeine Optionen fest. Die Argumente für die Anweisung **ExtrasOptionenAllgemein** entsprechen den Optionen auf der Registerkarte **Allgemein** im Dialogfeld **Optionen** (Menü **Extras**).

Argument	Erklärung
.Seitenumbruch	Wenn 1, ist der Seitenumbruch im Hintergrund möglich
.BlauerBildschirm	Wenn 1, zeigt das Dokumentfenster weißen Text auf einem blauen Hintergrund an.
.FehlerSignal	Wenn 1, ertönt bei Operationen, die zu einem Fehler führen, ein Warnton.
.Effekte3D	Wenn 1, stellt Word Dialogfelder mit dreidimensionalen Effekten dar. Dieses Argument wird in Word, Version 7.0, ignoriert.
.Verknüpfung Aktualisieren	Wenn 1, werden verknüpfte Informationen beim Öffnen eines Dokuments automatisch aktualisiert.

Argument	Erklärung
.AlsAnlageSenden	Wenn 1, sendet der Befehl **Senden** (Menü **Datei**) das aktive Dokument als Anlage und nicht als Text in einer elektronischen Nachricht.
.ZuletztGeöffnete Dateien	Wenn 1, werden zuletzt geöffnete Dateien über dem Befehl **Beenden** im Menü **Datei** angezeigt.
.ZuletztGeöffnete DateienAnzahl	Eine Zahl im Bereich von 1 bis 9, die die Maximalanzahl der aufgeführten zuletzt verwendeten Dateien angibt.
.Maße	Legt die Standard-Maßeinheit fest: 0 (Null) Zoll 1 Zentimeter 2 Punkt 3 Pica
.Schaltfläche Betätigen	Legt die Anzahl der Klicks (1 oder 2) fest, die erforderlich sind, um einen Makro mit dem Feld MAKROSCHALTFLÄCHE auszuführen. Aufgezeichnet wird dieses Argument mit dem Wert -1. Dies entspricht dem zuletzt festgelegten Wert für diese Einstellung. Auf der Registerkarte **Allgemein** gibt es keine Option, die diesem Argument entspricht.
.MenüNamenIn Kurzform	Wenn 1, werden in der Menüleiste (auf dem Macintosh) die Menüs **Einfügen** durch **Einf.**, **Format** durch **Fmt.** und **Fenster** durch **Fenst.** ersetzt. Unter Windows erzeugt dieses Argument einen Fehler.
.RTF InZwischenablage	Wenn 1, behält Text, der in die Zwischenablage kopiert wurde, seine Zeichen- und Absatzformatierung (auf dem Macintosh). Unter Windows erzeugt dieses Argument einen Fehler.
.Umwandlung Bestätigen	Wenn 1, wird das Dialogfeld **Datei konvertieren** angezeigt, falls es sich bei der zu öffnenden Datei nicht um eine Datei im Word-Dateiformat handelt.
.TipAssistentAktiv	Wenn 1, wird der Tip-Assistent aktiviert. Ist der Tip-Assistent bereits aktiv, wird er zurückgesetzt (der Tip-Assistent zeigt möglicherweise Tips an, die Sie schon gesehen haben). Dieses Argument ist nur in Word, Version 7.0, verfügbar.

Beispiel

Bevor die Datei TEST.DOC geöffnet wird, sorgt dieses Beispiel (Windows) dafür, daß kein Dateiname aus der Liste der zuletzt verwendeten Dateien entfernt wird, wenn Änderungen in der Datei TEST.DOC gespeichert werden (es sei denn, die Liste enthält bereits das Maximum von neun Dateinamen):

```
            Dim Dlg As ExtrasOptionenAllgemein
            GetCurValues Dlg
            Anz = ZählenDateien()
            If Anz < 9 Then
                Anz$ = LTrim$(Str$(Anz))
                If Dlg.ZuletztGeöffneteDateienAnzahl = Anz$ Then
                    Dlg.ZuletztGeöffneteDateienAnzahl = Anz + 1
                    ExtrasOptionenAllgemein Dlg
                End If
            End If
            DateiÖffnen .Name = "TEST.DOC"
```

Siehe auch   **Beep, ExtrasSeitenumbruch, ZählenDateien()**

ExtrasOptionenAnsicht

Syntax   **ExtrasOptionenAnsicht** [**.KonzeptSchriftart** = *Zahl*]
[, **.TextflußImFenster** = *Zahl*] [, **.GrafikPlatzhalter** = *Zahl*]
[, **.Feldfunktionen** = *Zahl*] [, **.Textmarken** = *Zahl*] [, **.FeldSchattierung** = *Zahl*]
[, **.Statusleiste** = *Zahl*] [, **.HRollen** = *Zahl*] [, **.VRollen** = *Zahl*]
[, **.BreiteFVAnzeige** = *Zahl oder Text*] [, **.TabStops** = *Zahl*]
[, **.Leerzeichen** = *Zahl*] [, **.Absatz** = *Zahl*] [, **.Bindestriche** = *Zahl*]
[, **.Verborgen** = *Zahl*] [, **.AlleAnzeigen** = *Zahl*] [, **.Zeichnungen** = *Zahl*]
[, **.VerankerungsPunkte** = *Zahl*] [, **.TextBegrenzung** = *Zahl*]
[, **.VLineal** = *Zahl*] [, **.Hervorhebung** = *Zahl*]

Bemerkungen   Zeigt verschiedene Elemente im aktiven Dokument oder Makrobearbeitungsfenster und im Word-Fenster an oder blendet diese aus. Mit Ausnahme von **.StatusLeiste** (das die Anzeige des Statusleiste unabhängig vom Fenster steuert) steuern die Argumente für **ExtrasOptionenAnsicht** die Anzeige von Elementen jeweils für einzelne Fenster. Die Argumente entsprechen den Optionen auf der Registerkarte **Ansicht** im Dialogfeld **Optionen** (Menü **Extras**). Wie Sie aus der folgenden Tabelle entnehmen können, sind nicht alle Argumente für alle Ansichten oder das Makrobearbeitungsfenster verfügbar. Das Angeben eines Arguments, das für die aktuelle Ansicht nicht zur Verfügung steht, führt zu einem Fehler.

Argument	Erklärung	Betroffene Ansichtsarten
.Konzeptschriftart	Wenn 1, wird der gesamte Text in derselben Schriftart angezeigt. Zeichenformatierungen werden unterstrichen dargestellt.	Normal, Gliederung, Makro
.TextflußIm Fenster	Wenn 1, wird der Text im Dokumentfenster umbrochen. Die Spaltenformatierung wird ignoriert.	Normal, Gliederung, Makro
.GrafikPlatzhalter	Wenn 1, werden Platzhalter für Grafiken angezeigt.	Normal, Gliederung, Layout
.Feldfunktionen	Wenn 1, werden Feldfunktionen angezeigt.	Normal, Gliederung, Layout
.Textmarken	Wenn 1, erscheint Text, dem eine Textmarke zugeordnet ist, innerhalb von fett formatierten eckigen Klammern.	Normal, Gliederung, Layout
.FeldSchattierung	Gibt an, wann Felder mit Schattierung angezeigt werden sollen: 0 (Null) Niemals 1 Immer 2 Wenn ausgewählt	Normal, Gliederung, Layout
.Statusleiste	Wenn 1, wird die Statusleiste angezeigt.	Alle
.HRollen	Wenn 1, werden horizontale Bildlaufleisten in Dokumentfenstern angezeigt.	Alle
.VRollen	Wenn 1, werden vertikale Bildlaufleisten in Dokumentfenstern angezeigt	Alle
.BreiteFVAnzeige	Legt die Breite des Formatvorlagen-Anzeigebereichs in Twips (20 Twips = 1 Punkt, 1 Punkt = 0,376 mm) oder einer Text-Maßeinheit fest.	Normal, Gliederung
.TabStops	Wenn 1, werden TabStops angezeigt.	Alle
.Leerzeichen	Wenn 1, werden Leerzeichen angezeigt.	Alle
.Absatz	Wenn 1, werden Absatzmarken angezeigt.	Alle

Argument	Erklärung	Betroffene Ansichtsarten
.Bindestriche	Wenn 1, werden wahlweise Trennstriche angezeigt.	Alle
.Verborgen	Wenn 1, wird verborgener Text angezeigt.	Alle
.AlleAnzeigen	Wenn 1, werden alle nicht druckbaren Zeichen angezeigt.	Alle
.Zeichnungen	Wenn 0 (Null), werden alle Zeichnungsobjekte ausgeblendet, die Sie in Ihren Dokumenten erstellt haben.	Layout
.VerankerungsPunkte	Wenn 1, werden Verankerungspunkte neben Elementen angezeigt, die positioniert werden können.	Layout
.TextBegrenzung	Wenn 1, werden Textbegrenzungen angezeigt.	Layout
.VLineal	Wenn 1, wird das vertikale Lineal angezeigt.	Layout
.Hervorhebung	Wenn 1, wird hervorgehoben formatierter Text angezeigt. Dieses Argument ist nur in Word, Version 7.0, verfügbar.	Normal, Gliederung, Layout

Beispiel Dieses Beispiel schaltet die Anzeige von verborgenem Text um:

```
Dim Dlg As ExtrasOptionenAnsicht
GetCurValues Dlg
Dlg.AlleAnzeigen = 0
If Dlg.Verborgen Then
    Dlg.Verborgen = 0
Else
    Dlg.Verborgen = 1
End If
ExtrasOptionenAnsicht Dlg
```

Siehe auch **AlleAnzeigen, AnsichtFormatierungsleiste, AnsichtKonzept, AnsichtLineal, AnsichtStatusleiste, ExtrasOptionenKompatibilität, GanzerBildschirmUmschalten, TabelleGitternetzlinien**

ExtrasOptionenAutoFormat

Syntax ExtrasOptionenAutoFormat [**.FVSchützen** = *Zahl*]
[, **.FVÜberschriftenZuweisen** = *Zahl*] [, **.FVAufzählZuweisen** = *Zahl*]
[, **.FVAllenAbsätzenZuweisen** = *Zahl*] [, **.AbsatzAusrichten** = *Zahl*]
[, **.TabAusrichten** = *Zahl*] [, **.LeereAbsätzeAusrichten** = *Zahl*]
[, **.AnführungszeichenErsetzen** = *Zahl*] [, **.SymbolErsetzen** = *Zahl*]
[, **.AufzählungszeichenErsetzen** = *Zahl*] [, **.AufzählungZuweisen** = *Zahl*]
[, **.BrücheErsetzen** = *Zahl*] [, **.RahmenZuweisen** = *Zahl*]
[, **.NumerierungZuweisen** = *Zahl*] [, **.OptionenAnzeigenFür** = *Zahl*]

Bemerkungen Legt Optionen für die automatische Formatierung mit der Anweisung **FormatAutoFormat** oder der Funktion **AutoFormat während der Eingabe** (nur Word, Version 7.0) fest. Die Argumente für die Anweisung **ExtrasOptionenAutoFormat** entsprechen den Optionen auf der Registerkarte **AutoFormat** im Dialogfeld **Optionen** (Menü **Extras**). Die Argumente **.AufzählungszeichenErsetzen**, **.AbsatzAusrichten**, **.TabAusrichten**, **.LeereAbsätzeAusrichten** wurden in Word 7.0 beibehalten, um die Rückwärtskompatibilität mit Word 6.0-Makros sicherzustellen.

Argument	Erklärung
.FVSchützen	Wenn 1, werden die zuvor zugewiesenen Formatvorlagen beibehalten.
	In Word, Version 7.0, wird dieses Argument ignoriert, wenn **.OptionenAnzeigenFür** auf 0 (Null) gesetzt ist.
.FVÜberschriftenZuweisen	Wenn 1, werden Überschriften automatische Formatvorlagen zugewiesen.
	In Word, Version 7.0, wird dieses Argument ignoriert, wenn **.OptionenAnzeigenFür** auf 0 (Null) gesetzt ist.
.FVAufzählZuweisen	Wenn 1, werden Aufzählungen automatische Formatvorlagen zugewiesen.
	In Word, Version 7.0, wird dieses Argument ignoriert, wenn **.OptionenAnzeigenFür** auf 0 (Null) gesetzt ist.
.FVAllenAbsätzenZuweisen	Wenn 1, werden Absätzen automatische Formatvorlagen zugewiesen.
.AbsatzAusrichten	Wenn 1, werden Absatzmarken in einem Dokument hinzugefügt bzw. entfernt (z.B. werden überflüssige Absatzmarken aus Textzeilen entfernt, die aus einer Elektronische Post-Nachricht kopiert wurden).
.TabAusrichten	Wenn 1, werden Tabstopeinstellungen und Leerstellen automatisch ausgerichtet.
.LeereAbsätzeAusrichten	Wenn 1, werden leere Absätze entfernt, die zum Vergrößern des Leerraums zwischen Absätzen verwendet wurden.

Argument	Erklärung
.AnführungszeichenErsetzen	Wenn 1, werden gerade Anführungszeichen (" ") und Apostrophe (') durch typographische Anführungszeichen („ ") und Apostrophe (' ') ersetzt.
.SymbolErsetzen	Wenn 1, werden „(r)", „(c)" und „(tm)" durch die Sonderzeichen ®, © und ™ aus dem Dialogfeld **Sonderzeichen** (Menü **Einfügen**) ersetzt.
.AufzählungszeichenErsetzen	Wenn 1, werden Aufzählungszeichen durch Aufzählungszeichen aus dem Dialogfeld **Numerierung und Aufzählungen** (Menü **Format**) ersetzt.
	Wenn -1, wird die mit **.AufzählungZuweisen** zugewiesene Einstellung verwendet.
	Dieses Argument wird ignoriert, wenn **.OptionenAnzeigenFür** auf 0 (Null) gesetzt ist.
.AufzählungZuweisen	Wenn 1, werden, entsprechend dem eingegebenen Zeichen, manuell eingefügte Aufzählungszeichen durch Aufzählungszeichen aus dem Dialogfeld **Numerierung und Aufzählungen** (Menü **Format**) ersetzt. Z.B. wird „=>" durch „➪" ersetzt.
	Dieses Argument ist nur in Word, Version 7.0 verfügbar.
.BrücheErsetzen	Wenn 1, werden manuell eingegebene Brüche durch Brüche aus dem aktuellen Zeichensatz ersetzt. Z.B. wird 1/2 durch ½ ersetzt.
.RahmenZuweisen	Wenn 1, werden Rahmen hinzugefügt, indem eine Reihe von drei oder mehr Minuszeichen (-), Gleichheitszeichen (=) oder Unterstreichungszeichen (_) durch eine bestimmte Rahmenlinie ersetzt wird. Beispielsweise wird eine Reihe von drei oder mehr Gleichheitszeichen (=) durch eine doppelte Rahmenlinie ersetzt.
	Dieses Argument ist nur in Word, Version 7.0 verfügbar. Es wird ignoriert, wenn **.OptionenAnzeigenFür** auf 1 gesetzt ist oder fehlt.
.NumerierungZuweisen	Wenn 1, werden Absätze, entsprechend der Eingabe, als Numerierungen mit einem Format aus dem Dialogfeld **Numerierung und Aufzählungen** (Menü **Format**) interpretiert und formatiert. Wenn beispielsweise ein Absatz mit „1.1" und einem Tabstop beginnt, fügt Word automatisch „1.2" und einen Tabstop ein, wenn EINGABE gedrückt wird.
	Dieses Argument ist nur in Word, Version 7.0 verfügbar. Es wird ignoriert, wenn **.OptionenAnzeigenFür** auf 1 gesetzt ist oder fehlt.

Argument	Erklärung
.OptionenAnzeigenFür	Gibt an, welche Optionsgruppen durch die Anweisung **ExtrasOptionenAutoFormat** festgelegt werden:
	0 (Null) Funktion **AutoFormat während der Eingabe**
	1 oder fehlt Anweisung **FormatAutoFormat**
	Dieses Argument ist nur in Word, Version 7.0 verfügbar.

Siehe auch   ExtrasAutoKorrektur, FormatAutoFormat

ExtrasOptionenBearbeiten

Syntax   ExtrasOptionenBearbeiten [.MarkierungErsetzen = *Zahl*]
[, .DragUndDrop = *Zahl*] [, .AutoWortMarkierung = *Zahl*]
[, .EINFGfürEinfügen = *Zahl*] [, .Überschreiben = *Zahl*]
[, .MitLeerzeichenAusschneidenEinfügen = *Zahl*]
[, .GroßbuchstabenAkzentZulassen = *Zahl*] [, .GrafikEditor = *Text*]
[, .TabEinzug = *Zahl*]

Bemerkungen   Legt die Bearbeitungsoptionen fest. Die Argumente für die Anweisung **ExtrasOptionenBearbeiten** entsprechen den Optionen auf der Registerkarte **Bearbeiten** im Dialogfeld **Optionen** (Menü **Extras**).

Argument	Erklärung
.MarkierungErsetzen	Wenn 1, wird der markierte Text durch eingegebenen Text ersetzt.
.DragUndDrop	Wenn 1, wird die Editierfunktion Drag & Drop ermöglicht.
.AutoWortMarkierung	Wenn 1, wird durch Ziehen mit der Maus je ein Wort (statt je eines Zeichens) markiert.
.EINFGfürEinfügen	Wenn 1, kann die EINFG-TASTE zum Einfügen des Zwischenablageninhalts verwendet werden.
.Überschreiben	Wenn 1, wird der Text, der der Einfügemarke folgt, durch den eingegebenen Text ersetzt.
.MitLeerzeichen AusschneidenEinfügen	Wenn 1, wird der Abstand zwischen Worten und Satzzeichen beim Ausschneiden und Einfügen automatisch angepaßt.
.GroßbuchstabenAkzent Zulassen	Wenn 1, können Editierhilfen und die Funktion zum Ändern der Groß-/Kleinschreibung vorschlagen, daß Word einem großgeschriebenen Wort ein Akzentzeichen hinzufügt.

Argument	Erklärung
.GrafikEditor	Der Name der Anwendung, mit der Sie Grafiken bearbeiten wollen. Verwenden Sie einen der Namen, die im Feld **Bild-Editor** erscheinen.
.TabEinzug	Wenn 1, kann die TABTASTE bzw. die RÜCKTASTE verwendet werden, um Listenformatierung hinzuzufügen oder zu entfernen.
	Dieses Argument steht nur in Word, Version 7.0, zur Verfügung.

Beispiel Dieses Beispiel schaltet das Kontrollkästchen „Textbearbeitung durch Drag & Drop" um:

```
Dim Dlg As ExtrasOptionenBearbeiten
GetCurValues Dlg
If Dlg.DragUndDrop Then
    Dlg.DragUndDrop = 0
Else
    Dlg.DragUndDrop = 1
End If
ExtrasOptionenBearbeiten Dlg
```

Siehe auch Überschreiben

ExtrasOptionenBenutzerInfo

Syntax ExtrasOptionenBenutzerInfo [.Name = *Text*] [, .Initialen = *Text*] [, .Adresse = *Text*]

Bemerkungen Ändert die Benutzer-Informationen. Die Argumente für die Anweisung **ExtrasOptionenBenutzerInfo** entsprechen den Optionen auf der Registerkarte **Benutzer-Info** im Dialogfeld **Optionen** (Menü **Extras**).

Argument	Erklärung
.Name	Der Name des aktuellen Benutzers.
.Initialen	Die Initialen des aktuellen Benutzers.
.Adresse	Die Anschrift des aktuellen Benutzers.

Beispiel Dieses Beispiel legt den Namen und die Initialen des aktuellen Benutzers fest:

```
ExtrasOptionenBenutzerInfo .Name = "Robert Müller", \
    .Initialen = "RM"
```

Siehe auch **DateiDateiInfo, DokumentStatistik**

ExtrasOptionenDateiablage

Syntax ExtrasOptionenDateiablage **.Pfad** = *Text*, **.Einstellung** = *Text*

Bemerkungen Legt Standardordner fest. Die Argumente für die Anweisung **ExtrasOptionenDateiablage** entsprechen den Optionen auf der Registerkarte **Dateiablage** des Dialogfelds **Optionen** (Menü **Extras**). Die neuen Einstellungen treten unmittelbar in Kraft.

Argument	Erklärung
.Pfad	Eine der folgenden Einstellungen im Abschnitt [Microsoft Word] der Datei WINWORD6.INI (Windows 3.*x*), Word-Einstellungen (6) (Macintosh), oder in der Registrierung (Windows 95 und Windows NT):
	DOC-PATH
	PICTURE-PATH
	USER-DOT-PATH
	WORKGROUP-DOT-PATH
	INI-PATH
	AUTOSAVE-PATH
	TOOLS-PATH
	CBT-PATH
	STARTUP-PATH
.Einstellung	Der Pfad für den Standardordner. Wenn Sie eine leere Zeichenfolge (" ") angeben, wird die entsprechende Einstellung aus WINWORD6.INI (Windows), Word-Einstellungen (6) (Macintosh) oder der Registrierung (Windows 95 und Windows NT) entfernt.

Beispiel Dieses Beispiel setzt den Standardordner für Dokumente auf C:\TEXTE . Geben Sie auf dem Macintosh einen Ordnernamen wie zum Beispiel FP:WORD-DOKUMENTE an.

```
ExtrasOptionenDateiablage .Pfad = "DOC-PATH", \
    .Einstellung = "C:\TEXTE"
```

Siehe auch **SetPrivateProfileString**

ExtrasOptionenDrucken

Syntax ExtrasOptionenDrucken [.Konzept = *Zahl*] [, .Umgekehrt = *Zahl*]
[, .FelderAktualisieren = *Zahl*] [, .DateiInfo = *Zahl*]
[, .FeldfunktionenAnzeigen = *Zahl*] [, .Anmerkungen = *Zahl*]
[, .EinblendenTextVerborgen = *Zahl*] [, .BriefumschlagZufuhr = *Zahl*]
[, .VerknüpfungAktualisieren = *Zahl*] [, .Hintergrund = *Zahl*]
[, .Zeichnungselemente = *Zahl*] [, .FormularDaten = *Zahl*]
[, .StandardEinzug = *Text*] [, .HoheAuflösung = *Zahl*] [, .PSÜberText = *Zahl*]

Bemerkungen Legt Optionen zum Drucken eines Dokuments fest. Die Argumente für die Anweisung **ExtrasOptionenDrucken** entsprechen den Optionen auf der Registerkarte **Drucken** im Dialogfeld **Optionen** (Menü **Extras**).

Argument	Erklärung
.Konzept	Wenn 1, erfolgt der Ausdruck in der Konzeptschriftart (wird auf dem Macintosh ignoriert).
.Umgekehrt	Wenn 1, werden die Seiten in umgekehrter Reihenfolge gedruckt.
.FelderAktualisieren	Wenn 1, werden beim Drucken alle Felder im Dokument aktualisiert.
.DateiInfo	Wenn 1, werden Datei-Informationen zusammen mit dem Dokument ausgedruckt.
.FeldfunktionenAnzeigen	Wenn 1, werden statt der Feldergebnisse Feldfunktionen ausgedruckt.
.Anmerkungen	Wenn 1, werden Anmerkungen zusammen mit dem Dokument ausgedruckt.
.EinblendenTextVerborgen	Wenn 1, wird verborgener Text zusammen mit dem Dokument ausgedruckt.
.BriefumschlagZufuhr	Wenn 1, ist eine Zufuhr für Briefumschläge installiert.
.VerknüpfungAktualisieren	Wenn 1, werden verknüpfte Informationen beim Drucken von Dokumenten automatisch aktualisiert.
.Hintergrund	Wenn 1, erfolgt das Drucken im Hintergrund (wird auf dem Macintosh ignoriert).
.Zeichnungselemente	Wenn 1, werden Word-Zeichnungselemente zusammen mit dem Dokument ausgedruckt.
.FormularDaten	Wenn 1, werden nur diejenigen Daten auf ein vorgedrucktes Formular gedruckt, die der Benutzer in einem Online-Formular eingegeben hat.
.StandardEinzug	Legt den Standard-Einzugsschacht fest, wie er im Feld **Standardschacht** angezeigt wird.

Argument	Erklärung
.HoheAuflösung	Wenn 1, wird beim Ausdruck auf einen Laserdrucker der Zeichenabstand bei Proportionalschrift verbessert (nur auf dem Macintosh verfügbar).
.PSÜberText	Wenn 1, werden beim Ausdruck auf einen Laserdrucker Ergebnisse aus DRUCK-Feldanweisungen (z.B. PostScript-Befehle) am Anfang von Texten oder Grafiken gedruckt (nur auf dem Macintosh verfügbar).

Beispiel Dieses Beispiel legt fest, daß die Seiten des Dokuments in umgekehrter Reihenfolge ausgedruckt werden sollen:

```
ExtrasOptionenDrucken .Umgekehrt = 1
```

Siehe auch **DateiDrucken, DateiDruckereinrichtung**

ExtrasOptionenGrammatik

Syntax ExtrasOptionenGrammatik [.**Optionen** = *Zahl*] [, .**RechtschreibungPrüfen** = *Zahl*] [, .**EinblendenDokStatistik** = *Zahl*]

Bemerkungen Legt Einstellungen zur Überprüfung der Grammatik fest. Die Argumente für die Anweisung **ExtrasOptionenGrammatik** entsprechen den Optionen auf der Registerkarte **Grammatik** im Dialogfeld **Optionen** (Menü **Extras**). (*Bitte beachten:* Diese Anweisung/Funktion betrifft nur die in Word mitgelieferte Grammatikprüfung für englische Texte.)

Argument	Erklärung
.Optionen	Gibt an, welche Grammatikregeln beachtet werden sollen: 0 (Null) Alle Regeln 1 Regeln für geschäftliche Korrespondenz 2 Regeln für private Korrespondenz 3 Benutzereigene Einstellungen 1 4 Benutzereigene Einstellungen 2 5 Benutzereigene Einstellungen 3 Bei der mitgelieferten Grammatikprüfung für britisch-englische Texte erscheinen die Grammatikregeln auf der Registerkarte **Grammatik** im Dialogfeld **Optionen** (Menü **Extras**) in englischer Sprache.

Argument	Erklärung
.Rechtschreibung Prüfen	Wenn 1, wird während der Grammatikprüfung auch die Rechtschreibung überprüft.
.EinblendenDok Statistik	Wenn 1, wird nach der Grammatikprüfung eine Statistik zur Lesbarkeit angezeigt.

Beispiel Dieses Beispiel legt fest, daß zusammen mit der Grammatik auch die Rechtschreibung geprüft werden soll, und startet dann die Grammatikprüfung:

```
ExtrasOptionenGrammatik .RechtschreibungPrüfen = 1, \
        .EinblendenDokStatistik = 1
ExtrasGrammatik
```

Siehe auch ExtrasGrammatik

ExtrasOptionenKompatibilität

Syntax ExtrasOptionenKompatibilität [.Produkt = *Text*] [, .Standard]
[, .KeinTabHängenderEinzug = *Zahl*]
[, .KeinAbstandHochTiefgestellt = *Zahl*] [, .DruckFarbeSchwarz = *Zahl*]
[, .AnschließendeLeerzeichenUmbrechen = *Zahl*]
[, .KeinSpaltenausgleich = *Zahl*] [, .BehandelnSeriendruckZeichen = *Zahl*]
[, .UnterdrückenAbstandVorNachSeitenwechsel = *Zahl*]
[, .UnterdrückenAbstandOben = *Zahl*] [, .OrigWordTabellenRegeln = *Zahl*]
[, .TransparenteMetafiles = *Zahl*]
[, .WechselInPositionsrahmenAnzeigen = *Zahl*]
[, .GgbrSeitenRänderVertauschen = *Zahl*]
[, .BackslashNichtBerücksichtigen = *Zahl*]
[, .ErweiternUmschaltReturn = *Zahl*]
[, .KeineUnterstreichungFührenderLeerzeichen = *Zahl*]
[, .KeinAusgleichSbDbZeichenbreite = *Zahl*]
[, .UnterdrückenAbstandObenMac5 = *Zahl*]
[, .AbstandInGanzenPunkten = *Zahl*]
[, .TextkörperVorKopfzeileDrucken = *Zahl*] [, .KeinAbstandOben = *Zahl*]
[, .KeinAbstandFürUnterstreichung = *Zahl*] [, .MWKapitälchen = *Zahl*]
[, .KeinZusätzlicherZeilenabstand = *Zahl*] [, .SchrifthöheAbschneiden = *Zahl*]
[, .SchriftartenNachGrößeErsetzen = *Zahl*]

Bemerkungen Modifiziert das Erscheinungsbild bestimmter Elemente des aktiven Dokuments so, daß sie wie in anderen Textverarbeitungsprogrammen erscheinen. Sie können beispielsweise angeben, daß Leerstellen am Ende einer Zeile in die nächste Zeile umbrochen werden sollen, wie dies evtl. bei anderen Textverarbeitungsprogrammen der Fall ist. Die Argumente für die Anweisung **ExtrasOptionenKompatibilität** entsprechen den Optionen auf der Registerkarte **Kompatibilität** im Dialogfeld **Optionen** (Menü **Extras**).

Argument	Erklärung
.Produkt	Der Name des Produkts, dessen Anzeige Sie imitieren möchten. Der Name muß mit einem im Feld **Empfohlene Optionen für** angezeigten Namen übereinstimmen. Wenn Sie **.Produkt** angeben, werden die Anzeigeoptionen automatisch festgelegt.
.Standard	Macht die gewählten Anzeigeoptionen zur Standardeinstellung für neue Dokumente, die auf der aktiven Dokumentvorlage basieren.
.KeinTab HängenderEinzug	Wenn 1, wird einem Absatz, der mit einem hängenden Einzug formatiert ist, nicht automatisch ein Tabstop hinzugefügt
.KeinAbstand HochTiefgestellt	Wenn 1, wird für hoch- und tiefgestellte Zeichen kein zusätzlicher Zeilenabstand hinzugefügt
.DruckFarbe Schwarz	Wenn 1, werden Farben auf Druckern, die keine Farben unterstützen, schwarz ausgedruckt
.Anschließende LeerzeichenUmbrechen	Wenn 1, werden Leerstellen am Ende einer Zeile in die nächste Zeile umbrochen
.KeinSpaltenausgleich	Wenn 1, werden Textspalten über fortlaufenden Abschnittswechseln nicht ausgeglichen.
.BehandelnSeriendruck Zeichen	Wenn 1, werden Zeichen, denen ein umgekehrter Schrägstrich (\) vorangestellt ist, in Datenquellen für Serienbriefe von Word, Version 2.*x*, richtig interpretiert. Die Zeichen \" werden zum Beispiel als " interpretiert.
.UnterdrückenAbstand VorNachSeitenwechsel	Wenn 1, wird ein Leerraum vor oder hinter erzwungenen Seiten- und Spaltenumbrüchen entfernt.
.UnterdrückenAbstand Oben	Wenn 1, wird zusätzlicher Zeilenabstand am oberen Rand der Seite entfernt.
.OrigWordTabellen Regeln	Wenn 1, werden Tabellenränder kombiniert, wie bei Word für den Macintosh, Version 5*x*.
.TransparenteMetafiles	Wenn 1, wird der Bereich hinter Metafile-Bildern nicht ausgeblendet (d.h. das Bild erscheint durchsichtig).
.WechselIn PositionsrahmenAnzeigen	Wenn 1, zeigt Word manuelle oder „harte" Seiten- bzw. Spaltenwechsel in jedem Positionsrahmen an, in dem sie vorhanden sind.

Argument	Erklärung
.GgbrSeitenRänder Vertauschen	Wenn 1, druckt Word einen linken Absatzrahmen (keinen Kasten) auf der rechten Seite von Seiten mit ungerader Seitenzahl, wenn eines der Kontrollfelder **Gegenüberliegende Seiten** oder **Gerade/ungerade anders** aktiviert ist (Menü **Datei**, Befehl **Seite einrichten**).
.UnterdrückenAbstand ObenMac5	Wenn 1, wird eine zusätzliche Leerzeile am oberen Seitenrand wie in Word für den Macintosh, Version 5.x, behandelt.
.AbstandInGanzen Punkten	Wenn 1, werden Angaben für Zeichenabstände zur nächsten ganzen Zahl gerundet.
.TextkörperVor KopfzeileDrucken	Wenn 1, wird der Bereich des Haupttextkörpers vor den Bereichen der Kopf-/Fußzeile gedruckt (Umkehrung der Standardeinstellung). Dies erlaubt es Word, PostScript®-Codes innerhalb des Haupttextkörpers genauso wie in Word für den Macintosh, Version 5.x, zu behandeln.
.KeinAbstandOben	Wenn 1, werden Textzeilen ohne Abstand gedruckt (so wie in Word für den Macintosh, Version 5.x).
.KeinAbstandFür Unterstreichung	Wenn 1, wird kein zusätzliches Leerzeichen für Unterstreichungen hinzugefügt.
	Dieses Argument ist nur in Word, Version 7.0, verfügbar.
.MWKapitälchen	Wenn 1, wird das Zeichenformat **Kapitälchen** wie in Word für den Macintosh, Version 5.x, angewendet (die Kapitälchen sind dann etwas größer).
.KeinZusätzlZeilenabstand	Wenn 1, wird der Zeilenabstand wie in WordPerfect®, Version 5.x, behandelt.
	Dieses Argument ist nur in Word, Version 7.0, verfügbar.
.SchrifthöheAbschneiden	Wenn 1, wird der Schriftgrad wie in WordPerfect, Version 6.x für Windows, auf- oder abgerundet.
	Dieses Argument ist nur in Word, Version 7.0, verfügbar.
.SchriftartNachGröße Ersetzen	Wenn 1, werden die Schriftarten nach dem Schriftgrad in WordPerfect 6.0-Dokumenten ersetzt.
	Dieses Argument ist nur in Word, Version 7.0, verfügbar.

Anmerkung Die Argumente **.BackslashNichtBerücksichtigen**, **.ErweiternUmschaltReturn**, **.KeineUnterstreichungFührenderLeerzeichen** und **.KeinAusgleichSbDbZeichenbreite** haben nur bei der japanischen Version von Word eine Auswirkung und werden andernfalls ignoriert.

Wenn Sie sowohl **.Produkt** als auch mindestens eine zusätzliche Anzeigeoption angeben, haben die Einstellungen für die Anzeigeoption Vorrang.

Siehe auch   SchriftartenErsetzung

ExtrasOptionenRechtschreibung

Syntax ExtrasOptionenRechtschreibung [, .ImmerVorschlagen = *Zahl*]
[, .NurStandardWbuch = *Zahl*] [, .GroßschreibungIgnorieren = *Zahl*]
[, .WortMitZahlenIgnorieren = *Zahl*] [, .BenutzerWBuch*n* = *Text*]
[.AutomatischeRechtschreibprüfung = *Zahl*]
[, .RechtschreibKennzAusblenden = *Zahl*] [, .VorgabeAlleIgnorieren]
[, .ErneutPrüfen]

Bemerkungen Legt Einstellungen für die Rechtschreibprüfung eines Dokuments fest. Die Argumente für die Anweisung **ExtrasOptionenRechtschreibung** entsprechen den Optionen auf der Registerkarte **Rechtschreibung** im Dialogfeld **Optionen** (Menü **Extras**). Das evtl. aufgezeichnete Argument **.Art** hat in der deutschen Version keine Wirkung, da keine speziellen Fachwörterbücher angeboten werden.

Argument	Erklärung
.ImmerVorschlagen	Wenn 1, wird für jedes falsch geschriebene Wort immer ein Korrekturvorschlag angezeigt.
.NurStandardWbuch	Wenn 1, werden Korrekturvorschläge nur aus dem Standardwörterbuch abgerufen.
.GroßschreibungIgnorieren	Wenn 1, werden Worte, die nur aus Großbuchstaben bestehen, ignoriert.
.WortMitZahlenIgnorieren	Wenn 1, werden Worte, die Zahlen enthalten, ignoriert.
.BenutzerWBuch*n*	Der Pfad- und Dateiname eines Benutzerwörterbuchs, zu dem Worte hinzugefügt werden sollen. Geben Sie für jedes Benutzerwörterbuch jeweils einmal das Argument **.BenutzerWBuch***n* an. Sie können hier bis zu 10 Wörterbücher angeben.
.Automatische Rechtschreibprüfung	Wenn 1, wird die automatische Rechtschreibprüfung im aktiven Dokument aktiviert. Dieses Argument ist nur in Word, Version 7.0, verfügbar.
.RechtschreibKennz Ausblenden	Wenn 1, werden Unterstreichungen von Rechtschreibfehlern im aktiven Dokument nicht angezeigt. Dieses Argument ist nur in Word, Version 7.0, verfügbar.
.VorgabeAlleIgnorieren	Setzt die Nie ändern-Liste zurück, damit Word keine Wörter ignoriert, für die Sie in der aktuellen Word-Sitzung während der Rechtschreibprüfung **Nie ändern** gewählt haben.

ExtrasOptionenSpeichern 671

Argument	Erklärung
.ErneutPrüfen	Prüft das gesamte Dokument erneut auf Rechtschreibfehler. Dadurch wird sichergestellt, daß Wörter, die bereits überprüft und korrigiert wurden, noch einmal nach Rechtschreibfehlern durchsucht werden.
	Dieses Argument ist nur in Word, Version 7.0, verfügbar.

Beispiel

Dieses Beispiel führt eine Rechtschreibprüfung durch, wobei Wörter, die nur aus Großbuchstaben bestehen, und Wörter, die Zahlen enthalten, nicht überprüft werden. Das Benutzerwörterbuch WORTSAMM.DIC wird nach Wunsch erstellt und zusammen mit dem Standardwörterbuch verwendet. Ersetzen Sie auf dem Macintosh den Pfad- und Dateinamen, etwa FP:WORD:WORTSAMMLUNG.

```
ExtrasOptionenRechtschreibung .GroßschreibungIgnorieren = 1, \
        .WortMitZahlenIgnorieren = 1, \
        .BenutzerWBuch1 = "C:\MSOFFICE\WINWORD\WORTSAMM.DIC"
ExtrasRechtschreibung
```

Siehe auch ExtrasRechtschreibAuswahl, ExtrasRechtschreibung

ExtrasOptionenSpeichern

Syntax

ExtrasOptionenSpeichern [.ErstellenSicherungskopie = *Zahl*]
[, .Schnellspeicherung = *Zahl*] [, .DateiInfoAufforderung = *Zahl*]
[, .GlobalDotAbfrage = *Zahl*] [, .UrsprungGrafikFormat = *Zahl*]
[, .EinbettenSchriftarten = *Zahl*] [, .FormularDaten = *Zahl*]
[, .AutoSpeichern = *Zahl*] [, .SpeicherIntervall = *Text*] [, .Kennwort = *Text*]
[, .KennwortSchreiben = *Text*] [, .SchreibschutzEmpfohlen = *Zahl*]

Bemerkungen

Legt Optionen zum Speichern von Dokumenten fest. Die Argumente für die Anweisung **ExtrasOptionenSpeichern** entsprechen den Optionen auf der Registerkarte **Speichern** im Dialogfeld **Optionen** (Menü **Extras**).

Argument	Erklärung
.Erstellen Sicherungskopie	Wenn 1, wird bei jedem Speichern eine Sicherungskopie angelegt, und die Schnellspeicherung ist nicht erlaubt.
.Schnellspeicherung	Wenn 1, kann das Dokument mit der Schnellspeicherungsfunktion gespeichert werden.
.DateiInfo Aufforderung	Wenn 1, werden Sie beim Speichern eines neuen Dokuments zum Eingeben von Datei-Informationen aufgefordert.

Argument	Erklärung
.GlobalDotAbfrage	Wenn 1, und wenn Sie Änderungen an der Dokumentvorlage **Normal** vornehmen, werden Sie in einem Meldungsfeld gefragt, ob die Änderungen beim Verlassen von Word gespeichert werden sollen. Wenn 0 (Null), werden Änderungen an der Dokumentvorlage **Normal** automatisch gespeichert.
.UrsprungGrafik Format	Wenn 1, werden importierte Grafiken im Format der aktuellen Plattform gespeichert (unter Windows wird z.B. von vom Macintosh importierten Grafiken nur eine Version im Format von Windows gespeichert).
.Einbetten Schriftarten	Wenn 1, werden beim Speichern TrueType-Schriftarten eingebettet.
.FormularDaten	Wenn 1, werden die Daten, die ein Benutzer in ein Formular eingegeben hat, als mit Tabstopzeichen getrennte Datensätze zur Verwendung in einer Datenbank gespeichert.
.AutoSpeichern	Wenn 1, ist die automatische Zwischenspeicherung aktiviert.
.SpeicherIntervall	Gibt das Zeitintervall (in Minuten) für das automatische Speichern von Dokumenten an. Nur verfügbar, wenn **.AutoSpeichern** auf 1 gesetzt wurde.
.Kennwort	Das Kennwort, das zum Öffnen des Dokuments erforderlich ist.
.KennwortSchreiben	Das Kennwort, das zum Speichern von Änderungen am Dokument erforderlich ist.
.Schreibschutz Empfohlen	Wenn 1, wird beim Öffnen des Dokuments eine Meldung angezeigt, die empfiehlt, das Dokument schreibgeschützt zu öffnen.

Beispiel Dieses Beispiel legt ein Zeitintervall von 10 Minuten zwischen automatischen Speicherungen fest:

```
ExtrasOptionenSpeichern .AutoSpeichern = 1, .SpeicherIntervall = "10"
```

Siehe auch **DateiAllesSpeichern**, **DateiSpeichern**, **DateiSpeichernUnter**

ExtrasOptionenÜberarbeitung

Syntax ExtrasOptionenÜberarbeitung [**.NeuerTextMarkierung** = *Zahl*] [, **.NeuerTextFarbe** = *Zahl*] [, **.GelöschterTextMarkierung** = *Zahl*] [, **.GelöschterTextFarbe** = *Zahl*] [, **.ÜberarbeitenZeilenMarkierung** = *Zahl*] [, **.ÜberarbeitenZeilenFarbe** = *Zahl*] [, **.HervorhebungsFarbe** = *Zahl*]

Bemerkungen Legt Optionen zum Markieren der Korrekturen eines Dokuments fest. Die Argumente für die Anweisung **ExtrasOptionenÜberarbeitung** entsprechen den Optionen auf der Registerkarte **Überarbeiten** im Dialogfeld **Optionen** (Menü **Extras**). Die Optionen gelten für Dokumente, in denen Korrekturfunktionen aktiviert sind, sowie für Dokumente, die Sie mit der Anweisung **ExtrasVersionsVergleich** mit anderen Dokumenten vergleichen.

Argument	Erklärung
.NeuerTextMarkierung	Das Format für eingefügten Text:
	0 (Null)　Kein Format
	1　Fett
	2　Kursiv
	3　Unterstrichen
	4　Doppelt unterstrichen
.GelöschterTextMarkierung	Das Format für gelöschten Text:
	0 (Null)　Verborgen
	1　Durchstreichen
.ÜberarbeitenZeilenMarkierung	Die Position für die Markierung von überarbeiteten Zeilen:
	0 (Null)　Keine Markierung
	1　Am linken Seitenrand
	2　Am rechten Seitenrand
	3　Am äußeren Rand
.NeuerTextFarbe, **.GelöschterTextFarbe**, **.ÜberarbeitenZeilenFarbe**	Die Farben für eingefügten Text, gelöschten Text und Zeilenmarkierungen. Wenn Sie keine Farben angeben, werden diese auf **Auto** gesetzt.
	Eine Liste gültiger Werte finden Sie unter **ZeichenFarbe**.
.HervorhebungsFarbe	Die Farbe für Hervorhebungen. Diese Farbe bleibt solange die aktuelle Farbe, bis eine andere angegeben wird. Wird **.HervorhebungsFarbe** auf 0 (Null) gesetzt, wird der Text nicht hervorgehoben.
	Eine Liste gültiger Werte finden Sie unter **ZeichenFarbe**.
	Dieses Argument ist nur in Word, Version 7.0, verfügbar.

Beispiel	Wenn die Korrekturfunktion aktiv ist, weist dieses Beispiel Word an, eingefügten Text doppelt unterstrichen zu formatieren und am linken Seitenrand blaue Zeilenmarkierungen einzufügen:

```
ExtrasOptionenÜberarbeitung .NeuerTextMarkierung = 4, \
    .ÜberarbeitenZeilenMarkierung = 1, \
    .ÜberarbeitenZeilenFarbe = 2
```

Siehe auch	ExtrasÜberarbeiten, ExtrasVersionsVergleich

ExtrasRechtschreibAuswahl

Syntax	ExtrasRechtschreibAuswahl
Bemerkungen	Prüft die Rechtschreibung in der aktuellen Markierung. Wenn die Markierung nur einen Teil eines Wortes umfaßt oder sich die Einfügemarke in einem Wort befindet, wird die Markierung erweitert, so daß sie das gesamte Wort umfaßt. Wenn sich die Einfügemarke nicht in einem Wort befindet oder einem Wort nicht unmittelbar folgt, wird das nächste Wort überprüft.
Beispiel	Dieses Beispiel fragt, ob die Rechtschreibung für die aktuelle Markierung geprüft werden soll. Wenn der Benutzer die Schaltfläche „Ja" wählt, wird mit der Rechtschreibprüfung begonnen.

```
Antw = MsgBox("Rechtschreibung des markierten Bereichs prüfen?", 3)
If Antw = - 1 Then ExtrasRechtschreibAuswahl
```

Siehe auch	ExtrasOptionenRechtschreibung, ExtrasRechtschreibung

ExtrasRechtschreibung

Syntax	ExtrasRechtschreibung
Bemerkungen	Prüft die Rechtschreibung in der aktuellen Markierung. Wenn keine Markierung vorhanden ist, wird die Rechtschreibung von der Position der Einfügemarke bis zum Ende des Dokuments geprüft.
Beispiel	Dieses Beispiel fragt, ob die Rechtschreibung geprüft werden soll. Wenn der Benutzer die Schaltfläche „Ja" wählt, wird mit der Rechtschreibprüfung begonnen.

```
Antw = MsgBox("Rechtschreibung prüfen?", 3)
If Antw = - 1 Then
    BeginnDokument
    ExtrasRechtschreibung
End If
```

Siehe auch	**ExtrasOptionenRechtschreibung, ExtrasRechtschreibAuswahl**

ExtrasRechtschreibungErneutPrüfen

Syntax	**ExtrasRechtschreibungErneutPrüfen**
Bemerkungen	Überprüft das gesamte Dokument erneut auf Rechtschreibfehler, um sicherzustellen, daß bereits untersuchte und korrigierte Wörter noch einmal überprüft werden. In Word, Version 6.0, ist **ExtrasRechtschreibungErneutPrüfen** nicht verfügbar, und ein Fehler tritt auf.
Siehe auch	**DokumentHatRechtschreibfehler(), ExtrasRechtschreibAuswahl, ExtrasRechtschreibung, NächsterRechtschreibfehler, RechtschreibprüfungDurchgeführt**

ExtrasSeitenumbruch

Syntax	**ExtrasSeitenumbruch**
Bemerkungen	Veranlaßt einen Seitenumbruch für das gesamte Dokument.
Beispiel	Dieses Beispiel führt den Seitenumbruch im Dokument durch, wenn es seit dem letzten Speichern geändert wurde:

```
If IstDokumentGeändert() Then ExtrasSeitenumbruch
```

Siehe auch	**ExtrasOptionenAllgemein**

ExtrasSilbentrennung

Syntax	**ExtrasSilbentrennung [.AutoSilbentrennung =** *Zahl*] [**, .GroßbuchstabenTrennen =** *Zahl*] [**, .SilbentrennZone =** *Zahl oder Text*] [**, .MaximaleBindestriche =** *Zahl*]

Bemerkungen Führt eine Silbentrennung für den markierten Text oder das gesamte Dokument durch. Die Argumente für die Anweisung **ExtrasSilbentrennung** entsprechen den Optionen im Dialogfeld **Silbentrennung** (Menü **Extras**).

Argument	Erklärung
.AutoSilbentrennung	Wenn 1, werden Trennstriche ohne Aufforderung zur Bestätigung eingefügt.
.Großbuchstaben Trennen	Wenn 1, erfolgt die Silbentrennung auch für Worte, die ausschließlich aus Großbuchstaben bestehen.
.SilbentrennZone	Ein Maß für die Silbentrennzone in Punkt oder einer Text-Maßeinheit. Dies ist der maximal zulässige Leerraum zwischen dem Ende einer Zeile und dem rechten Seitenrand.
.MaximaleBindestriche	Die maximale Anzahl von aufeinanderfolgenden Zeilen, die mit einem Trennstrich enden können (0 bedeutet keine Einschränkung).

Beispiel Dieses Beispiel beginnt mit der Silbentrennung, wobei auch Worte aus Großbuchstaben getrennt werden und eine Trennzone von 24 Punkt definiert wird:

```
ExtrasSilbentrennung .AutoSilbentrennung = 1, \
    .GroßbuchstabenTrennen = 1, .SilbentrennZone = "24 pt"
```

Siehe auch ExtrasSilbentrennungManuell

ExtrasSilbentrennungManuell

Syntax ExtrasSilbentrennungManuell

Bemerkungen Führt eine Silbentrennung des Dokuments durch und zeigt das Dialogfeld **Manuelle Silbentrennung** (Schaltfläche „Manuell", Dialogfeld **Silbentrennung**, Menü **Extras**) an, wenn Word einen Trennvorschlag für ein Wort hat, in dem der Benutzer die Position des Trennstrichs manuell ändern kann. Sie können die Einstellungen für die Silbentrennung vor dem Ausführen von **ExtrasSilbentrennungManuell** festlegen, indem Sie die Anweisung **ExtrasSilbentrennung** verwenden und **.AutoSilbentrennung** auf 0 (Null) setzen.

Beispiel Dieses Beispiel legt eine Silbentrennzone von 16 Punkt fest, bevor **ExtrasSilbentrennungManuell** ausgeführt wird. Eine Fehlerbehandlungsroutine verhindert, daß der Fehler 102 („Befehl mißlungen") auftritt, wenn der Benutzer das Dialogfeld **Manuelle Silbentrennung** abbricht.

```
                    ExtrasSilbentrennung .AutoSilbentrennung = 0, \
                        .SilbentrennZone = 16
                    On Error Goto Behandlung
                    ExtrasSilbentrennungManuell
                    Behandlung:
                    If Err = 102 Then Goto Ciao Else Error Err
                    Ciao:
```

Siehe auch   **ExtrasSilbentrennung**

ExtrasSprache

Syntax   **ExtrasSprache .Sprache =** *Text* [**, .Standard**]

Bemerkungen   Legt das Sprachformat des markierten Textes fest. Das Sprachformat kennzeichnet einen Text für die Korrekturhilfen von Word, so daß die für die jeweilige Sprache gültigen Regeln befolgt werden können.

Argument	Erklärung
.Sprache	Der Name der Sprache
.Standard	Fügt das angegebene Sprachformat zur Definition der Formatvorlage **Normal** der aktiven Dokumentvorlage hinzu

Die folgende Liste enthält gültige Werte für das Argument **.Sprache**. Die mit einem Sternchen (*) bezeichneten Sprachen stehen nur in Word, Version 7.0, zur Verfügung.

Zu verwendende Sprache	Wert für das Argument .Sprache
Keine Überprüfung	0 (Null)
	Geben Sie den Text „(Null)" nicht mit an.
Baskisch *	Euskera
Dänisch	Dansk
Deutsch	Deutsch
Deutsch (Schweiz)	Deutsch (Schweiz)
Englisch (Australien)	English (AUS)
Englisch (Großbritannien)	English (UK)
Englisch (Nordamerika)	English (US)
Finnisch	Suomi
Französisch	Français
Französisch (Kanada)	Canadien Français

Zu verwendende Sprache	Wert für das Argument .Sprache
Griechisch *	ÅëëçíêÜ
Holländisch	Nederlands
Holländisch (alternativ)	Nederlands (voorkeur)
Italienisch	Italiano
Katalanisch	Català
Norwegisch (Bokmål)	Norsk Bokmål
Norwegisch (Nynorsk)	Norsk Nynorsk
Polnisch *	Polski
Portugiesisch	Português (POR)
Portugiesisch (Brasilien)	Português (BR)
Russisch *	Ðóññêèé
Schwedisch	Svenska
Slovenisch *	Slovenian
Spanisch	Español
Tschechisch *	Èeština
Türkisch *	Türkçe
Ungarisch *	Magyar

Beispiel Dieses Beispiel macht brasilianisches Portugiesisch zu einem Bestandteil der Formatvorlage „Normal":

```
ExtrasSprache .Sprache = "Português (BR)", .Standard
```

Siehe auch FormatFVDefSprache, Sprache, ZählenSprachen()

ExtrasThesaurus

Syntax ExtrasThesaurus

Bemerkungen Zeigt das Dialogfeld **Thesaurus** (Menü **Extras**) an, in dem Alternativen für das Wort aufgelistet werden, das markiert ist oder in dem sich die Einfügemarke befindet.

Siehe auch ToolsGetSynonyms

ExtrasÜberarbeiten

Syntax　　ExtrasÜberarbeiten [.Überarbeiten = *Zahl*] [, .AnsichtÜberarbeitung = *Zahl*] [, .DruckÜberarbeitung = *Zahl*] [, .AllesAnnehmen] [, .AlleAblehnen]

Bemerkungen　　Gibt an, wie Überarbeitungen im aktiven Dokument markiert und bearbeitet werden. Die Argumente für die Anweisung **ExtrasÜberarbeiten** entsprechen den Optionen im Dialogfeld **Überarbeiten** (Menü **Extras**).

Argument	Erklärung
.Überarbeiten	Wenn 1, wird die Korrekturfunktion aktiviert.
.Ansicht Überarbeitung	Wenn 1, werden Korrekturmarkierungen im Dokument angezeigt, sofern Sie mit aktivierter Korrekturfunktion daran arbeiten.
.Druck Überarbeitung	Gibt an, ob Korrekturmarkierungen im gedruckten Dokument erscheinen sollen: 0 (Null)　Korrekturmarkierungen werden nicht ausgedruckt (Überarbeitungen erscheinen so, als wären sie angenommen worden). 1　Korrekturmarkierungen werden ausgedruckt.
.AllesAnnehmen	Nimmt alle Überarbeitungen im aktiven Dokument an.
.AlleAblehnen	Lehnt alle Überarbeitungen im aktiven Dokument ab.

Beispiel　　Dieses Beispiel aktiviert die Korrekturfunktion im aktiven Dokument, doch werden Korrekturmarkierungen während der Dokumentbearbeitung nicht angezeigt:

```
ExtrasÜberarbeiten .Überarbeiten = 1, .AnsichtÜberarbeitung = 0
```

Siehe auch　　**ExtrasOptionenÜberarbeitung**, **ExtrasÜberarbeitenArt()**, **ExtrasÜberarbeitenPrüfen**, **ExtrasÜberarbeitungVerbinden**, **ExtrasVersionsVergleich**

ExtrasÜberarbeitenArt()

Syntax　　ExtrasÜberarbeitenArt()

Bemerkungen　　Liefert einen der folgenden Werte, die der Art der am markierten Text vorgenommenen Überarbeitung entsprechen:

Wert	Erklärung
0 (Null)	Die Markierung enthält keine Überarbeitungen.
1	Ein Teil der Markierung (oder die gesamte Markierung) enthält Text, der als eingefügter Text markiert ist.

Wert	Erklärung
2	Ein Teil der Markierung (oder die gesamte Markierung) enthält Text, der als gelöschter Text markiert ist.
3	Die Markierung enthält eine Ersetzung (eingefügter Text, dem ein als gelöscht markierter Text unmittelbar folgt).
4	Die Markierung enthält mehrere Überarbeitungen.

Ein Beispiel finden Sie unter **ExtrasÜberarbeitenDatum$()**.

Siehe auch **ExtrasÜberarbeiten, ExtrasÜberarbeitenAutor$(), ExtrasÜberarbeitenDatum(), ExtrasÜberarbeitenDatum$(), ExtrasÜberarbeitenPrüfen**

ExtrasÜberarbeitenAutor$()

Syntax ExtrasÜberarbeitenAutor$()

Bemerkungen Liefert den Namen der Person, die die markierte Überarbeitung vorgenommen hat. Wenn die Markierung keine Korrekturmarkierungen enthält, liefert **ExtrasÜberarbeitenAutor$()** eine leere Zeichenfolge („"). Wenn der markierte Text mehr als eine Überarbeitung enthält, wird ebenfalls eine leere Zeichenfolge zurückgegeben.

Beispiel Dieses Beispiel sucht die nächste Überarbeitung und überprüft den Namen des Autors. Wenn der Name des Autors „Thomas Schulze" lautet, wird die Überarbeitung angenommen.

```
ExtrasÜberarbeiten .AnsichtÜberarbeitung = 1
ExtrasÜberarbeitenPrüfen .Weitersuchen
If ExtrasÜberarbeitenAutor$() = "Thomas Schulze" Then
    ExtrasÜberarbeitenPrüfen .ÜberarbeitungAnnehmen
End If
```

Siehe auch **ExtrasÜberarbeiten, ExtrasÜberarbeitenArt(), ExtrasÜberarbeitenDatum$(), ExtrasÜberarbeitenPrüfen**

ExtrasÜberarbeitenDatum$()

Syntax	**ExtrasÜberarbeitenDatum$()**
Bemerkungen	Liefert ein Datum und eine Uhrzeit, die angeben, wann die markierte Überarbeitung vorgenommen wurde. Wenn die Markierung keine Korrekturmarkierungen oder mehr als eine Überarbeitung enthält, liefert **ExtrasÜberarbeitenDatum$()** eine leere Zeichenfolge.
Beispiel	Dieses Beispiel verwendet die Funktion **ExtrasÜberarbeitenArt()**, um festzustellen, ob die Markierung eine Überarbeitung enthält. Wenn dies der Fall ist, wird in einem Meldungsfeld ein Datum und eine Uhrzeit angezeigt, aus denen hervorgeht, wann die markierte Überarbeitung vorgenommen wurde. Wenn der markierte Text keine Überarbeitungen enthält, wird eine entsprechende Meldung angezeigt.

```
If ExtrasÜberarbeitenArt() <> 0 Then
    MsgBox "Es wurden Korrekturen vorgenommen am " + \
        ExtrasÜberarbeitenDatum$() + "."
Else
    MsgBox "Es wurden keine Korrekturen markiert."
End If
```

Siehe auch	**ExtrasÜberarbeiten**, **ExtrasÜberarbeitenArt()**, **ExtrasÜberarbeitenAutor$()**, **ExtrasÜberarbeitenDatum()**, **ExtrasÜberarbeitenPrüfen**

ExtrasÜberarbeitenDatum()

Syntax	**ExtrasÜberarbeitenDatum()**
Bemerkungen	Liefert eine Seriennummer, die angibt, an welchem Datum und zu welcher Uhrzeit die markierte Überarbeitung vorgenommen wurde. Wenn die Markierung keine Korrekturmarkierungen oder mehr als eine Überarbeitung enthält, liefert die Funktion den Wert –1. Weitere Informationen über Seriennummern finden Sie unter **DatumSeriell()**.
Beispiel	Dieses Beispiel sucht die nächste Überarbeitung und überprüft das Überarbeitungsdatum. Wenn die Überarbeitung älter als zehn Tage ist, wird sie abgelehnt.

```
            ExtrasÜberarbeiten .AnsichtÜberarbeitung = 1
            ExtrasÜberarbeitenPrüfen .Weitersuchen
            If (Jetzt() - ExtrasÜberarbeitenDatum()) > 10 Then
                ExtrasÜberarbeitenPrüfen .ÜberarbeitungAblehnen
            End If
```

Siehe auch ExtrasÜberarbeiten, ExtrasÜberarbeitenArt(), ExtrasÜberarbeitenAutor$(), ExtrasÜberarbeitenDatum$(), ExtrasÜberarbeitenPrüfen

ExtrasÜberarbeitenPrüfen

Syntax ExtrasÜberarbeitenPrüfen [.EinblendenKorrekturMarkierung] [, .VerbergenKorrekturmarkierung] [, .Textfluß = *Zahl*] [, .VorherigesSuchen] [, .Weitersuchen] [, .ÜberarbeitungAnnehmen] [, .ÜberarbeitungAblehnen]

Bemerkungen Sucht nach Korrekturmarkierungen bzw. nimmt die markierten Korrekturen an oder lehnt sie ab. Die Argumente für **ExtrasÜberarbeitenPrüfen** entsprechen den Optionen im Dialogfeld **Änderungen überprüfen** (Befehl **Überarbeiten**, Menü **Extras**).

Für jede verwendete **ExtrasÜberarbeitenPrüfen**-Anweisung können Sie nur eines der folgenden Argumente angeben:

Argument	Erklärung
.Einblenden Korrekturmarkierung	Zeigt die Korrekturmarkierungen im aktiven Dokument an.
.Verbergen Korrekturmarkierung	Verbirgt die Korrekturmarkierungen im aktiven Dokument.
.Textfluß	Legt Einstellungen fest, wenn die Suche nicht am Anfang des Dokuments beginnt und das Ende des Dokuments erreicht wurde:
	0 (Null) oder keine Angabe Die Suchoperation wird beendet, und der Makro wird fortgesetzt. Wenn nach der Position der Einfügemarke keine Korrekturmarkierungen gefunden werden, tritt ein Fehler auf.
	1 Die Suche wird am Anfang des Dokuments fortgesetzt, bis zu dem Punkt, an dem die Suche begann.
	2 Word zeigt ein Meldungsfeld an, in dem Sie gefragt werden, ob die Suche am Anfang des Dokuments fortgesetzt werden soll.

Argument	Erklärung
.Vorheriges Suchen	Durchsucht das Dokument rückwärts und markiert die erste gefundene Textstelle, die mit Korrekturmarkierungen versehen ist.
.Weitersuchen	Durchsucht das Dokument vorwärts und markiert die erste gefundene Textstelle, die mit Korrekturmarkierungen versehen ist.
.Überarbeitung Annehmen	Nimmt die Überarbeitungen am markierten Text an.
.Überarbeitung Ablehnen	Macht die Überarbeitungen am markierten Text rückgängig.

Beispiel Dieses Beispiel zeigt Korrekturmarkierungen an, markiert die nächste Korrekturmarkierung und nimmt die Überarbeitungen an:

```
ExtrasÜberarbeitenPrüfen .EinblendenKorrekturMarkierung
ExtrasÜberarbeitenPrüfen .Weitersuchen
ExtrasÜberarbeitenPrüfen .ÜberarbeitungAnnehmen
```

Siehe auch **ExtrasOptionenÜberarbeitung**, **ExtrasÜberarbeiten**, **ExtrasÜberarbeitenArt()**, **ExtrasVersionsVergleich**

ExtrasÜberarbeitungVerbinden

Syntax ExtrasÜberarbeitungVerbinden .Name = *Text*

Bemerkungen Verbindet die Korrekturmarkierungen des aktiven Dokuments mit dem angegebenen Dokument, das von Word geöffnet wird, falls es nicht bereits geöffnet ist. Dabei werden die Korrekturmarkierungen des aktiven Dokuments in das unter **.Name** angegebene Dokument übernommen. Wenn das aktive Dokument (abzüglich Korrekturmarkierungen) nicht mit dem angegebenen Dokument (abzüglich dessen Korrekturmarkierungen) identisch ist, tritt ein Fehler auf. Sie können eine Reihe von **DateiÖffnen**-Anweisungen gefolgt von **ExtrasÜberarbeitungVerbinden**-Anweisungen verwenden, um Korrekturmarkierungen mehrerer überarbeiteter Versionen eines Dokuments in einem Dokument zu vereinen.

Argument	Erklärung
.Name	Der Pfad- und Dateiname des Dokuments, dessen Korrekturmarkierungen mit dem aktiven Dokument verbunden werden sollen.

Beispiel Dieses Beispiel (Windows) öffnet das Dokument REVI1.DOC, verbindet die Korrekturmarkierungen mit ORIGINAL.DOC und führt anschließend dieselbe Operation mit REVI2.DOC durch:

```
DateiÖffnen .Name = "REVI1.DOC"
ExtrasÜberarbeitungVerbinden .Name = "ORIGINAL.DOC"
DateiÖffnen .Name = "REVI2.DOC"
ExtrasÜberarbeitungVerbinden .Name = "ORIGINAL.DOC"
```

Siehe auch ExtrasOptionenÜberarbeitung, ExtrasÜberarbeiten, ExtrasÜberarbeitenPrüfen, ExtrasVersionsVergleich

ExtrasVersionsVergleich

Syntax ExtrasVersionsVergleich .Name = *Text*

Bemerkungen Zeigt im aktiven Dokument Korrekturmarkierungen an, aus denen hervorgeht, wo das aktive Dokument von dem angegebenen Vergleichsdokument abweicht. **ExtrasVersionsVergleich** entspricht dem Dialogfeld **Versionsvergleich** (Befehl **Überarbeiten**, Menü **Extras**).

Argument	Erklärung
.Name	Der Name des Dokuments, mit dem das aktive Dokument verglichen werden soll. Wenn sich das Dokument nicht im aktuellen Ordner befindet, müssen Sie einen Pfad angeben.

Beispiel Dieses Beispiel vergleicht das aktive Dokument mit dem Dokument C:\ENTWURF\REVIS1.DOC. Ersetzen Sie auf dem Macintosh den Pfad beispielsweise durch FP:ENTWURF:REVISION 1.

```
ExtrasVersionsVergleich .Name = "C:\ENTWURF\REVIS1.DOC"
```

Siehe auch **ExtrasOptionenÜberarbeitung, ExtrasÜberarbeiten**

ExtrasWeitereEinstellungen

Syntax **ExtrasWeitereEinstellungen** .Anwendung = *Text*, .Option = *Text*, .Einstellung = *Text* [, .Löschen] [, .Setzen]

Bemerkungen Ändert Einträge in einer Initialisierungsdatei, wie beispielsweise WINWORD6.INI (Windows 3.*x*) oder WORD-EINSTELLUNGEN (6) (Macintosh) oder einer benutzereigenen Initialisierungsdatei. Die Argumente für **ExtrasWeitereEinstellungen** entsprechen den Optionen im Dialogfeld **Weitere Einstellungen**, das Sie anzeigen können, indem Sie aus dem Menü **Extras** den Befehl **Makro** wählen und dann den Word-Befehl **ExtrasWeitereEinstellungen** ausführen. Unter Windows 95 und Windows NT sind die Einstellungen in der Registrierung gespeichert und können nicht mit **ExtrasWeitereEinstellungen** geändert werden.

Argument	Erklärung
.Anwendung	Der Name eines Abschnittes in einer Initialisierungsdatei, wie er im Feld **Anwendung** erscheint.
	Sie können einen Eintrag in einer beliebigen Initialisierungsdatei festlegen, indem Sie im Anschluß an den Abschnittsnamen ein Leerzeichen und den Namen der gewünschten Initialisierungsdatei eingeben. Unter Windows z.B. gibt `"Makroeinstellungen (TEST.INI)"` den Abschnitt [Makroeinstellungen] in der Datei TEST.INI im Ordner von Windows an. Auf dem Macintosh z.B. gibt `"Makroeinstellungen (TEST FÜR EINSTELLUNGEN)"` den Abschnitt [Makroeinstellungen] in der Datei TEST FÜR EINSTELLUNGEN im SYSTEMORDNER:PREFERENCES an.
.Option	Der zu ändernde Eintrag.
.Einstellung	Die Einstellung für den Eintrag.
.Löschen	Entfernt den Eintrag.
.Setzen	Legt den Eintrag fest.

Weitere Informationen über das Ändern von Einstellungen in einer Initialisierungsdatei finden Sie unter **SetPrivateProfileString**.

Beispiel Dieses Beispiel legt das Datumsformat im Abschnitt [Microsoft Word] der Datei für die Word-Einstellungen fest:

```
ExtrasWeitereEinstellungen .Anwendung = "Microsoft Word", \
     .Option = "DateFormat", .Einstellung = "T/M/JJJJ", .Setzen
```

Siehe auch **ExtrasOptionenDateiablage, GetPrivateProfileString$(), GetProfileString$(), GetPrivateProfileString, SetProfileString**

ExtrasWörterZählen

Syntax ExtrasWörterZählen [.ZählenFußnoten = *Zahl*] [, .Seiten = *Text*]
[, .Wörter = *Text*] [, .Zeichen = *Text*] [, .Absätze = *Text*] [, .Zeilen = *Text*]

Bemerkungen Zählt die Seiten, Wörter, Zeichen, Absätze und Zeilen im aktiven Dokument. Das Argument **.ZählenFußnoten** ist das einzige Argument, das gesetzt werden kann; alle anderen Argumente sind schreibgeschützt und liefern lediglich Informationen über das aktive Dokument. Weitere Informationen finden Sie im Beispiel zu diesem Eintrag.

Argument	Erklärung
.ZählenFußnoten	Wenn 1, wird Text in Fußnoten und Endnoten bei der Zählung berücksichtigt.
.Seiten	Die Anzahl der Seiten im Dokument.
.Wörter	Die Anzahl der Wörter im Dokument.
.Zeichen	Die Anzahl der Zeichen im Dokument.
.Absätze	Die Anzahl der Absätze im Dokument.
.Zeilen	Die Anzahl der Zeilen im Dokument.

Beispiel Dieses Beispiel zählt die Seiten, Wörter, Zeichen, Absätze und Zeilen im aktiven Dokument (einschließlich des Textes in Fußnoten und Endnoten) und zeigt dann die Anzahl der Wörter in einem Meldungsfeld an:

```
ExtrasWörterZählen .ZählenFußnoten = 1
Dim Dlg As ExtrasWörterZählen
GetCurValues Dlg
MsgBox "Aktuelle Anzahl der Wörter: " + Dlg.Wörter
```

Siehe auch **DateiDateiInfo**, **DokumentStatistik**

FeldaktionAusführen

Syntax FeldaktionAusführen

Bemerkungen Verschiebt die Einfügemarke an die Position, die in einem GEHEZU-Feld angegeben wird, oder führt den Makro aus, der in einem MAKROSCHALTFLÄCHE-Feld bezeichnet wird. Dies entspricht dem Doppelklicken der linken Maustaste oder dem Drücken der Tastenkombination ALT+UMSCHALT+F9 innerhalb des Feldergebnisses.

FeldAnzeigeUmschalten

Syntax FeldAnzeigeUmschalten

Bemerkungen Schaltet die Anzeige der Felder in der Markierung zwischen Feldfunktionen und Feldergebnissen um. Wenn die Markierung nicht mindestens ein Feld enthält, tritt ein Fehler auf. Eine Ausnahme hierzu gilt in der Layoutansicht: hier schaltet **FeldAnzeigeUmschalten** die Anzeige aller Felder um.

Beispiel Dieses Beispiel ändert mit der Anweisung **AnsichtFeldfunktionen** die Anzeige aller Felder, so daß sie Feldergebnisse anzeigen. Anschließend werden im aktuellen Absatz (der mit Hilfe der vordefinierten Textmarke „\Para" markiert wird) Feldfunktionen wieder aktiviert.

```
AnsichtFeldfunktionen 0
BearbeitenGeheZu .Ziel = "\Para"
FeldAnzeigeUmschalten
```

Siehe auch **AnsichtFeldfunktionen**

FelderAktualisieren

Syntax FelderAktualisieren

Bemerkungen Aktualisiert die markierten Felder.

Siehe auch **FeldFreigabe, FeldSperren, VerknüpfungLösenFelder**

FeldFreigabe

Syntax	FeldFreigabe
Bemerkungen	Erlaubt das Aktualisieren von markierten Feldern, die zuvor mit **FeldSperren** gesperrt wurden.
Siehe auch	**FelderAktualisieren, FeldSperren, VerknüpfungLösenFelder**

FeldSperren

Syntax	FeldSperren
Bemerkungen	Verhindert das Aktualisieren der Felder innerhalb des markierten Bereichs.
Beispiel	Dieses Beispiel fügt ein AKTUALDAT-Feld ein und sperrt unmittelbar darauf das Feld. Dies ist dann nützlich, wenn Word das Datum für Sie einfügen, aber nicht bei jedem Drucken des Dokuments aktualisieren soll.

```
EinfügenFeldDatum
VorherigesFeld
FeldSperren
```

Siehe auch	**FelderAktualisieren, FeldFreigabe, VerknüpfungLösenFelder**

FeldTrennzeichen$, FeldTrennzeichen$()

Syntax	**FeldTrennzeichen$** *Trennzeichen$*
	FeldTrennzeichen$()
Bemerkungen	Die **FeldTrennzeichen$**-Anweisung setzt das Trennzeichen *Trennzeichen$*, das von Word erkannt wird, wenn Text mit einer **TextInTabelle**-Operation in Zellen aufgeteilt wird. Wenn Sie beispielsweise Daten besitzen, in denen die einzelnen Informationen durch das Prozentzeichen (%) getrennt sind, können Sie die Anweisung `FeldTrennzeichen$ "%"` vor dem Umwandeln der Daten in eine Tabelle ausführen. Die Funktion **FeldTrennzeichen$()** liefert das aktuelle Trennzeichen als Ergebnis.
Siehe auch	**TextInTabelle**

Fenster()

Syntax Fenster()

Bemerkungen Liefert eine Zahl, die der Position des aktiven Fensters im Menü **Fenster** entspricht: 1 entspricht der ersten Position, 2 der zweiten Position usw. Wenn keine Fenster geöffnet sind, liefert **Fenster()** den Wert 0 (Null). Word zeigt die Fenster im Menü **Fenster** in alphabetischer Reihenfolge an.

Siehe auch **FensterAusschnitt()**, **FensterListe**, **FensterName$()**, **Fenster**_Nummer_

FensterAlleAnordnen

Syntax FensterAlleAnordnen

Bemerkungen Ordnet alle geöffneten Fenster so an, daß sie sich nicht gegenseitig verdecken.

Siehe auch **DokumentGröße**, **DokumentVerschieben**, **DokumentWiederherstellen**

FensterAusschnitt()

Syntax FensterAusschnitt()

Bemerkungen Liefert die folgenden Werte:

Wert	Erklärung
1	Das aktive Fenster ist nicht geteilt oder die Einfügemarke befindet sich im oberen Ausschnitt des aktiven Fensters.
3	Die Einfügemarke befindet sich im unteren Ausschnitt des aktiven Fensters (beispielsweise im Fußnotenausschnitt, im Anmerkungsausschnitt oder im unteren von zwei Dokumentausschnitten).

Beispiel Dieses Beispiel verschiebt die Einfügemarke in den oberen Ausschnitt des aktiven Dokuments, wenn das aktive Fenster geteilt ist und die Einfügemarke sich im unteren Ausschnitt befindet:

```
If FensterAusschnitt() = 3 Then AndererAusschnitt
```

Siehe auch **AndererAusschnitt**, **AnsichtAnmerkungen()**, **AnsichtFußnotenBereich()**, **DokumentfensterTeilen**

FensterListe

Syntax FensterListe *Nummer*

Bemerkungen Aktiviert ein Fenster, das im Menü **Fenster** aufgeführt ist. `FensterListe 1` aktiviert das erste Fenster der Liste, `FensterListe 2` aktiviert das zweite Fenster usw. Entsprechendes gilt für alle geöffneten Fenster. Wenn keine Fenster aufgeführt sind oder *Nummer* größer als die Anzahl der geöffneten Fenster ist, tritt ein Fehler auf.

Beispiel Dieses Beispiel (Windows) aktiviert das erste Fenster, in dem das Dokument TEST.DOC enthalten ist. Die **InStr()** Anweisung prüft, ob die Zeichenkette „TEST.DOC" im Fensternamen enthalten ist. Der Fenstername könnte noch weiteren Text bergen, z.B. „(Schreibgeschützt)", falls das Dokument schreibgeschützt ist, oder „:2" falls das Dokument in mehr als einem Fenster geöffnet ist.

```
AnzFenst = ZählenFenster()
If AnzFenst <> 0 Then
    i = 1
    While i <= AnzFenst And Weiter <> 1
        FenName$ = FensterName$(i)
        If InStr(FenName$, "TEST.DOC") Then Weiter = 1
        If Weiter <> 1 Then i = i + 1
    Wend
End If
If InStr(FenName$, "TEST.DOC") Then
    FensterListe i
Else
    MsgBox "Keines der Fenster enthält TEST.DOC."
End If
```

Siehe auch **Fenster()**, **FensterAusschnitt()**, **FensterName$()**, **Fenster***Nummer*, **ZählenFenster()**

FensterName$()

Syntax FensterName$(*Nummer*)

Bemerkungen Liefert den Titel des geöffneten Fensters, das an der Position *Nummer* im Menü **Fenster** aufgeführt ist: 1 entspricht der ersten Position, 2 entspricht der zweiten Position usw. Wenn *Nummer* gleich 0 (Null) ist oder nicht angegeben wurde, liefert **FensterName$()** den Titel des aktiven Fensters.

	Ein Beispiel finden Sie unter **FensterListe**.
Siehe auch	**Fenster()**, **FensterAusschnitt()**, **FensterListe**, **Fenster***Nummer*, **ZählenFenster()**

FensterNeuesFenster

Syntax	**FensterNeuesFenster**
Bemerkungen	Öffnet ein neues Fenster, in dem das aktive Dokument angezeigt wird. Word fügt einen Doppelpunkt (:) und eine Zahl zu den Titeln der Fenster hinzu, deren Dokument in mehreren Fenstern geöffnet ist. Wenn der Fenstertitel des aktiven Dokuments beispielsweise TEST.DOC lautet und Sie **FensterNeuesFenster** ausführen, öffnet Word ein neues Fenster mit dem Titel TEST.DOC:2 und ändert den ursprünglichen Fenstertitel in TEST.DOC:1.
Siehe auch	**DokumentfensterTeilen**, **FensterAlleAnordnen**, **FensterName$()**

Fenster*Nummer*

Syntax	**Fenster***Nummer*
Bemerkungen	Aktiviert ein Fenster, das im Menü **Fenster** aufgeführt ist. **Fenster1** aktiviert das erste Fenster in der Liste, **Fenster2** das zweite Fenster usw. bis **Fenster9**. Wenn keine Fenster aufgeführt sind oder wenn *Nummer* größer als die Anzahl der aufgeführten Fenster ist, tritt ein Fehler auf.

> **Anmerkung** Statt *Nummer* kann keine Variable verwendet werden. Sie müssen eine ganze Zahl angeben. **FensterListe** funktioniert ähnlich wie **Fenster***Nummer*, nur daß **FensterListe** auch eine numerische Variable annehmen kann, mit der Sie das zu aktivierende Fenster angeben können.

Siehe auch	**Aktivieren**, **Fenster()**, **FensterAusschnitt()**, **FensterListe**, **FensterName$()**, **ZählenFenster()**

Fett, Fett()

Syntax Fett [*Aktiv*]

Fett()

Bemerkungen Die Anweisung **Fett** fügt zum markierten Text die Zeichenformatierung „Fett" hinzu bzw. entfernt diese Formatierung. Sie legt außerdem fest, ob neue an der Einfügemarke einzugebende Zeichen fett formatiert werden.

Argument	Erklärung
Aktiv	Gibt an, ob das Format „Fett" hinzugefügt oder entfernt wird:
	1 Weist dem markierten Text das Format „Fett" zu.
	0 (Null) Entfernt das Format „Fett".
	Fehlt Schaltet das Format „Fett" um (ein bzw. aus).

Die Funktion **Fett()** liefert als Ergebnis die folgenden Werte.

Wert	Erklärung
0 (Null)	Kein Teil des markierten Textes ist mit „Fett" formatiert.
–1	Ein Teil des markierten Textes ist mit „Fett" formatiert.
1	Der gesamte markierte Text ist mit „Fett" formatiert.

Beispiel Dieses Beispiel formatiert die gesamte Markierung fett, wenn ein Teil bereits fett formatiert ist:

```
If Fett() = -1 Then Fett 1
```

Siehe auch FormatZeichen

FilePreview

Syntax **FilePreview** *HorizPos, VertPos, Breite, Höhe, .Bezeichner*

Bemerkungen Erstellt ein Dateivorschaufeld wie im Dialogfeld **Datei-Manager** (Menü **Datei**) in einem benutzerdefinierten Dialogfeld. Ein benutzerdefiniertes Dialogfeld kann nur ein Dateivorschaufeld enthalten.

Eine **FilePreview**-Anweisung kann nicht mit dem Dialog-Editor erstellt werden. Statt dessen können Sie ein anderes Steuerelement als Stellvertreter verwenden und seine Position und Größe mit dem Dialog-Editor auf die gewünschten Werte für das Dateivorschaufeld festlegen. Nachdem Sie diese Dialogfelddefinition in den Makro eingefügt haben, können Sie die Stellvertreter-Anweisung in eine **FilePreview**-Anweisung ändern.

Das Dateivorschaufeld zeigt die erste Seite des Dokuments an, das aktiv ist, wenn das Dialogfeld angezeigt wird. Mit der Anweisung **DlgDateiSeitenansicht** in einer Dialogfunktion können Sie angeben, welches Dokument im Dateivorschaufeld angezeigt wird. Weitere Informationen über den Einsatz von Dialogfunktionen finden Sie in Kapitel 5, „Arbeiten mit benutzerdefinierten Dialogfeldern", in Teil 1, „Einstieg in WordBasic."

Argument	Erklärung
HorizPos, VertPos	Der Abstand der linken oberen Ecke des Dateivorschaufelds von der linken oberen Dialogfeldecke, ausgedrückt in Einheiten von 1/8 bzw. 1/12 der Systemschriftart (Windows) bzw. der Diaglogfeldschriftart (Macintosh).
Breite, Höhe	Die Breite und Höhe des Dateivorschaufelds, ausgedrückt in 1/8 bzw. 1/12 der Systemschriftart (Windows) bzw. der Diaglogfeldschriftart (Macintosh).
.Bezeichner	Eine Kennung, mit der eine **DlgDateiSeitenansicht**-Anweisung in einer Dialogfunktion das im Dateivorschaufeld angezeigte Dokument ändern kann.

Ein Beispiel finden Sie unter **DlgAktualDateiVorschau**.

Siehe auch   **DlgAktualDateiVorschau, DlgDateiSeitenansicht, Picture**

Files$()

Syntax   **Files$(***DateiAngabe$***)**

Bemerkungen   Liefert den ersten Dateinamen, der mit *DateiAngabe$* übereinstimmt. Wenn Sie als *DateiAngabe$* einen Punkt (.) (Windows) bzw. Doppelpunkt (:) (Macintosh) angeben, liefert **Files$()** als Ergebnis den aktuellen Pfad. Zum Bezeichnen von Dateien unter Windows können Sie auch die MS-DOS-Platzhalterzeichen Sternchen (*) und Fragezeichen (?) verwenden. Auf dem Macintosh können Sie bestimmte Dateibezeichnungen mit **MacID$()** festlegen.

Argument	Erklärung
DateiAngabe$	Die Dateibezeichnung. Wenn Sie diese Angabe auslassen, wird ein Dateiname geliefert, der mit der zuletzt verwendeten *DateiAngabe$* übereinstimmt. Unter Windows können Sie einen Pfad als Teil der Dateibezeichnung angeben, z.B. `C:\DOCS\*.TXT`. Auf dem Macintosh erhalten Sie das gleiche Ergebnis, wenn Sie den aktuellen Ordner mit **ChDir** ändern und dann **MacID$()** zur Festlegung einer bestimmten Dateibezeichnung verwenden, z.B. `MacID$("TEXT")`.

In einem der Beispiele zu dieser Funktion wird gezeigt, wie Sie mit **Files$()** eine Liste von Dateien erstellen können, die mit *DateiAngabe$* übereinstimmen. Dabei geben Sie nur beim ersten Aufruf von **Files$()** einen Wert für *DateiAngabe$* an. Bei den folgenden Aufrufen rufen Sie **Files$()** ohne Angabe von *DateiAngabe$* auf. Wenn keine übereinstimmenden Dateinamen gefunden werden, wird als Ergebnis eine leere Zeichenfolge ("") geliefert.

Falls der von **Files$()** zurückgegebene Pfad bzw. Dateiname ein oder mehrere Leerzeichen enthält, wird der gesamte zurückgegebene Wert in Anführungszeichen eingeschlossen.

Beispiele

Dieses Beispiel (Windows) liefert die erste Datei, die die Dateinamenerweiterung .DOC hat und im aktuellen Ordner gespeichert ist:

```
a$ = Files$("*.DOC")
```

Es folgt das gleiche Beispiel für den Macintosh. „W6BN" ist die vierstellige Zeichenfolge, die die Dateibezeichnung für Word Dokumente festlegt (Die Zeichenfolge wird auch als „Creator" bezeichnet).

```
a$ = Files$(MacID$("W6BN"))
```

Das folgende Beispiel liefert den aktuellen Pfad (beispielsweise „C:\WINWORD" bzw. „FP:WORD 6:"):

```
AktVerz$ = Files$(".")    'Beispiel für Windows
AktVerz$ = Files$(":")    'Beispiel für den Macintosh
```

Wenn BRIEF.DOC im aktuellen Ordner gespeichert ist, öffnet das folgende Beispiel das Dokument. Wenn BRIEF.DOC nicht vorhanden ist, wird ein Meldungsfeld angezeigt. Ersetzen Sie auf dem Macintosh den Dateinamen durch BRIEF und passen Sie den Text in der MsgBox-Anweisung entsprechend an.

```
If Files$("BRIEF.DOC") <> "" Then
    DateiÖffnen "BRIEF.DOC"
Else
    MsgBox "Die Datei wurde im aktuellen Ordner nicht gefunden."
End If
```

Das folgende Beispiel füllt ein Datenfeld mit den Namen aller Dateien im aktuellen Ordner. Die Anweisungen zählen zunächst die Dateien, um die Größe des Datenfelds festzustellen, und bestimmen anschließend die Größe (die Anzahl der Elemente) des Datenfelds `Liste$`. Danach wird das Datenfeld mit den Dateinamen gefüllt, und zum Schluß werden die Elemente im Datenfeld noch sortiert. Sie könnten dieses Datenfeld dazu verwenden, eine Dateiliste in einem selbsterstellten Dialogfeld anzuzeigen oder die einzelnen Dateien im Datenfeld zu öffnen, um an ihnen eine Aktion durchzuführen. Ersetzen Sie auf dem Macintosh `Files$("*.*")` durch `Files$(MacID$("****"))`, um die Dateibezeichnung entsprechend anzupassen. Ändern Sie den Text in der `MsgBox`-Anweisung entsprechend.

```
Temp$ = Files$("*.*")
Zähler = -1
While Temp$ <> ""
    Zähler = Zähler + 1
    Temp$ = Files$()
Wend
If Zähler > -1 Then
    Dim Liste$(Zähler)
    Liste$(0) = Files$("*.*")
    For i = 1 To Zähler
        Liste$(i) = Files$()
    Next i
    SortDatenfeld Liste$()
    MsgBox Str$(Zähler+1) + " Dateien. Die erste Datei ist " + Liste$(0)
Else
    MsgBox "Der aktuelle Ordner enthält keine Dateien."
End If
```

Siehe auch   **DateiManager, MacID$()**

FilialDokEinfügen

Syntax   **FilialDokEinfügen .Name** = *Text* [, **.UmwandlungBestätigen** = *Zahl*]
[, **.Schreibgeschützt** = *Zahl*] [, **.KennwortDok** = *Text*]
[, **.KennwortDokVorlage** = *Text*] [, **.Wiederherstellen** = *Zahl*]
[, **.KennwortDokSchreiben** = *Text*] [, **.KennwortDokVorlageSchreiben** = *Text*]

Bemerkungen   Fügt die angegebene Datei als Filialdokument in das aktive Zentraldokument ein. Wenn das aktive Dokument nicht in der Gliederungs- oder Zentraldokumentansicht angezeigt wird, tritt ein Fehler auf. Informationen über die Argumente finden Sie unter **DateiÖffnen**.

Beispiel	Dieses Beispiel fügt das Dokument FILIAL1.DOC am Anfang des aktiven Dokuments als schreibgeschütztes (oder gesperrtes) Filialdokument hinzu. Ersetzen Sie auf dem Macintosh den Pfad- und Dateinamen entsprechend, etwa: FP:DOKU:FILIAL1.

```
BeginnDokument
AnsichtZentraldokument
FilialDokEinfügen .Name = "c:\doku\filial1.doc", .Schreibgeschützt = 1
```

Siehe auch	**AnsichtZentraldokument, DateiÖffnen, FilialDokEntfernen, FilialDokErstellen, FilialDokÖffnen, FilialDokTeilen, FilialDokVerbinden**

FilialDokEntfernen

Syntax	**FilialDokEntfernen**
Bemerkungen	Fügt die Inhalte der markierten Filialdokumente in das Zentraldokument ein und entfernt die Filialdokumente. **FilialDokEntfernen** entfernt keine Filialdokument-Dateien. Wenn das aktive Dokument nicht in der Gliederungs- oder Zentraldokumentansicht angezeigt wird oder die Einfügemarke sich nicht in einem Filialdokument befindet, tritt ein Fehler auf.
Siehe auch	**AnsichtZentraldokument, FilialDokEinfügen, FilialDokÖffnen, FilialDokTeilen, FilialDokErstellen, FilialDokVerbinden**

FilialDokErstellen

Syntax	**FilialDokErstellen**
Bemerkungen	Wandelt die markierten Gliederungsüberschriften in Filialdokumente um. Befindet sich das aktive Dokument nicht in der Zentraldokument- oder Gliederungsansicht, oder reicht die Markierung über eine Filialdokumentbegrenzung hinaus, so tritt ein Fehler auf. Wenn es sich beim ersten markierten Absatz nicht um eine Überschrift handelt, wird ebenfalls ein Fehler erzeugt.
Siehe auch	**AnsichtZentraldokument, FilialDokEinfügen, FilialDokEntfernen, FilialDokÖffnen, FilialDokTeilen, FilialDokVerbinden**

FilialDokÖffnen

Syntax | FilialDokÖffnen

Bemerkungen | Öffnet das Filialdokument, das durch die Position der Einfügemarke oder den Anfang der Markierung im Zentraldokument gekennzeichnet ist, in einem separaten Dokumentfenster. Wenn das aktive Dokument kein Zentraldokument ist, oder wenn sich das Zentraldokument nicht in der Zentraldokument- oder Gliederungsansicht befindet, tritt ein Fehler auf.

Siehe auch | **AnsichtZentraldokument, DateiÖffnen, FilialDokEinfügen, FilialDokEntfernen, FilialDokTeilen, FilialDokErstellen, FilialDokVerbinden**

FilialDokTeilen

Syntax | FilialDokTeilen

Bemerkungen | Unterteilt in der Zentraldokument- oder Gliederungsansicht ein vorhandenes Filialdokument in zwei Filialdokumente, die sich beide auf derselben Ebene befinden. Die Unterteilung wird an der Einfügemarke (oder am Anfang einer eventuell vorhandenen Markierung) vorgenommen. Die Einfügemarke muß sich am Beginn eines Absatzes befinden, damit der Befehl ausgeführt werden kann. Wenn das aktive Dokument nicht in der Zentraldokument- oder Gliederungsansicht angezeigt wird oder sich die Einfügemarke nicht in einem Filialdokument befindet, tritt ein Fehler auf.

Siehe auch | **AnsichtZentraldokument, FilialDokEinfügen, FilialDokEntfernen, FilialDokÖffnen, FilialDokErstellen, FilialDokVerbinden**

FilialDokVerbinden

Syntax | FilialDokVerbinden

Bemerkungen | Führt die markierten Filialdokumente eines Zentraldokuments in einem Filialdokument zusammen. Die Filialdokumente müssen vollständig markiert sein. Wenn nur ein Filialdokument markiert ist, wenn die Markierung außer den Filialdokumenten auch noch anderen Text umfaßt, oder wenn sich das aktive Dokument nicht in der Zentraldokument- oder Gliederungsansicht befindet, tritt ein Fehler auf.

Siehe auch	AnsichtZentraldokument, FilialDokEinfügen, FilialDokEntfernen, FilialDokÖffnen, FilialDokTeilen, FilialDokErstellen

For...Next

Syntax	**For** *Zählvariable* = *Start* **To** *Ende* [**Step** *Intervall*] *Anweisungen* **Next** [*Zählvariable*]
Bemerkungen	Wiederholt die *Anweisungen* zwischen **For** und **Next**, wobei für jede Wiederholung die *Zählvariable* um 1 (Standardvorgabe) oder um *Intervall* erhöht wird, bis die *Zählvariable* größer als *Ende* ist. Ist *Start* größer als *Ende*, muß *Intervall* ein negativer Wert sein. *Zählvariable* nimmt dann um *Intervall* ab, bis sie kleiner ist als *Ende*. Wenn Sie eine oder mehrere **For**...**Next**-Schleifen ineinander verschachteln, müssen Sie jede *Zählvariable* in jeder Schleife eindeutig angeben. Dies wird im folgenden Beispiel veranschaulicht:

```
For I = 1 To 10
    For J = 1 To 10
        For K = 1 To 10
            Reihe von Anweisungen
        Next K
    Next J
Next I
```

Weitere Informationen über **For**...**Next** finden Sie in Kapitel 4, „WordBasic für Fortgeschrittene".

Beispiele	Dieses Beispiel zeigt hintereinander fünf Meldungsfelder an, wobei jedes Feld den aktuellen Wert von zähler anzeigt:

```
For Zähler = 1 To 5
    MsgBox "Der aktuelle Wert von Zähler ist" + Str$(Zähler)
Next Zähler
```

Das folgende Beispiel hat genau die gleiche Wirkung wie das obige Beispiel, nur wird der Wert von zähler in Schritten von je –1 verkleinert:

```
For Zähler = 5 To 1 Step -1
    MsgBox "Der aktuelle Wert von Zähler ist" + Str$(Zähler)
Next
```

Das folgende Beispiel zeigt, wie Sie mit einer **For**...**Next**-Schleife die Zählfunktionen von WordBasic verwenden können, um an allen Elementen in einer bestimmten Kategorie eine Operation durchzuführen. Bei diesem Beispiel werden alle im aktiven Dokument definierten Textmarken im Datenfeld `Marken$()` gespeichert.

```
AnzTextmarken = ZählenTextmarken()
DatenfeldGröße = AnzTextmarken - 1
Dim Marken$(DatenfeldGröße)
For n = 0 To DatenfeldGröße
    Marken$(n) = TextmarkeName$(n + 1)
Next
```

Siehe auch Goto, If...Then...Else, SelectCase, While...Wend

FormatAbsatz

Syntax FormatAbsatz [**.EinzugLinks** = *Zahl oder Text*]
[, **.EinzugRechts** = *Zahl oder Text*] [, **.Vor** = *Zahl oder Text*]
[, **.Nach** = *Zahl oder Text*] [, **.ZeilenabstandArt** = *Zahl*]
[, **.Zeilenabstand** = *Zahl oder Text*] [, **.Ausrichtung** = *Zahl*]
[, **.AbsatzSteuerung** = *Zahl*] [, **.MitNächstemAbsatz** = *Zahl*]
[, **.ZeilenNichtTrennen** = *Zahl*] [, **.Seitenwechsel** = *Zahl*]
[, **.OhneZeilennumerierung** = *Zahl*] [, **.NichtTrennen** = *Zahl*]
[, **.Registerkarte** = *Zahl*] [, **.ErstzeilenEinzug** = *Zahl oder Text*]

Bemerkungen Weist den markierten Absätzen Absatzformate zu. Die Argumente für **FormatAbsatz** entsprechen den Optionen im Dialogfeld **Absatz** (Menü **Format**).

Argument	Erklärung
.EinzugLinks	Der linke Einzug in Punkt oder einer Text-Maßeinheit. Wenn keine Einheit angegeben wird und die Entfernung als Zahl angegeben wird (nicht in Anführungszeichen eingeschlossen), wird Punkt als Maßeinheit angenommen. Wenn die Zahl ohne Maßeinheit, aber als Zeichenkette angegeben wird (in Anführungszeichen eingeschlossen, z.B. „2"), so wird die eingestellte Standardeinheit als Maßeinheit angenommen. Dies gilt auch für **.EinzugRechts**.
.EinzugRechts	Der rechte Einzug in Punkt oder einer Text-Maßeinheit.
.Vor	Abstand vor dem Absatz in Punkt oder einer Text-Maßeinheit. Falls keine Einheit angegeben wird, wird Punkt angenommen.
.Nach	Abstand nach dem Absatz in Punkt oder einer Text-Maßeinheit. Falls keine Einheit angegeben wird, wird Punkt angenommen.

Argument	Erklärung
.Zeilenabstand Art	Die Regel zum Ermitteln des Zeilenabstands: 0 (Null) oder fehlt Einfach 1 1,5 Zeilen 2 Doppelt 3 Mindestens 4 Genau 5 Mehrfach Wenn Sie Einfach, 1,5 Zeilen oder Doppelt und außerdem einen Wert für **.Zeilenabstand** angeben, hat der Wert für **.Zeilenabstand** Vorrang.
.Zeilenabstand	Der Zeilenabstand für alle Zeilen im Absatz (wird verwendet, wenn Sie **.ZeilenabstandArt** auf Mindestens, Genau oder Mehrfach setzen).
.Ausrichtung	Legt die Ausrichtung des Absatzes fest: 0 (Null) Linksbündig 1 Zentriert 2 Rechtsbündig 3 Blocksatz
.Absatz Steuerung	Wenn 1, wird verhindert, das bei einem Seitenwechsel eine einzelne Zeile des Absatzes am oberen oder unteren Ende einer Seite verbleibt (entspricht dem Aktivieren des Kontrollkästchens „Absatzkontrolle").
.MitNächstem Absatz	Wenn 1, erscheint der Absatz auf derselben Seite wie der folgende Absatz (entspricht dem Aktivieren des Kontrollkästchens „Absätze nicht trennen").
.ZeilenNicht Trennen	Wenn 1, verbleiben alle Zeilen im Absatz auf derselben Seite (entspricht dem Aktivieren des Kontrollkästchens „Zeilen nicht trennen").
.SeitenWechsel	Wenn 1, erscheint der Absatz immer oben auf einer neuen Seite (entspricht dem Markieren des Kontrollkästchens „Seitenwechsel oberhalb").
.OhneZeilen numerierung	Wenn 1, wird die Zeilennumerierung für den Absatz deaktiviert (entspricht dem Aktivieren des Kontrollkästchens „Zeilennummern unterdrücken").
.NichtTrennen	Wenn 1, wird der Absatz von der automatischen Silbentrennung ausgenommen (entspricht dem Markieren des Kontrollkästchens „Keine Silbentrennung").

	Argument	Erklärung
	.Registerkarte	Gibt die Registerkarte an, die ausgewählt werden soll, wenn das Dialogfeld **Absatz** mit einer **Dialog-** oder **Dialog()**-Anweisung angezeigt wird.
		0 (Null) Registerkarte **Einzüge und Abstände**
		1 Registerkarte **Textfluß**
	.ErstzeilenEinzug	Der linke Erstzeileneinzug in Punkten oder einer Text-Maßeinheit.

Beispiel   Dieses Beispiel weist dem markierten Bereich das Absatzformat „Blocksatz" zu und fügt über und unter jedem Absatz innerhalb des markierten Bereichs einen 2 cm hohen Abstand ein:

```
FormatAbsatz .Ausrichtung = 3, .Vor = "2 cm", .Nach = "2 cm"
```

Siehe auch   AbsätzeNichtTrennen, Absatzkontrolle, AbsatzSeitenwOberhalb, AbsatzZeilenNichtTrennen, BearbeitenErsetzenAbsatz, BearbeitenSuchenAbsatz, FormatFormatvorlage, FormatFVDefAbsatz, FormatRahmenSchattierung, FormatTabulator, Formatvorlage

FormatAbschnitt

Syntax   FormatAbschnitt [.Abschnittsbeginn = *Zahl*] [, .AusrichtungVertikal = *Zahl*] [, .Endnoten = *Zahl*] [, .ZeilenNr = *Zahl*] [, .Anfangsnr = *Zahl*] [, .VomText = *Text*] [, .Zählintervall = *Text*] [, .NumerierArt = *Zahl*]

Bemerkungen   Weist den markierten Abschnitten ein Abschnittsformat zu. Dieser Befehl ist aus Gründen der Kompatibilität mit früheren Versionen von Word enthalten. Alle Argumente entsprechen denen in **DateiSeiteEinrichten**.

Siehe auch   DateiSeiteEinrichten

FormatAbsenderSchriftart

Syntax   FormatAbsenderSchriftart [.Punkt = *Zahl*] [, .Durchstreichen = *Zahl*] [, .Verborgen = *Zahl*] [, .Kapitälchen = *Zahl*] [, .Großbuchstaben = *Zahl*] [, .Hochgestellt = *Zahl*] [, .Tiefgestellt = *Zahl*] [, .Unterstrichen = *Zahl*] [, .Farbe = *Zahl*] [, .Laufweite = *Zahl oder Text*] [, .Position = *Zahl oder Text*] [, .UnterschneidungMin = *Zahl*] [, .Unterschneidung = *Zahl*] [, .Schriftart = *Text*] [, .Fett = *Zahl*] [, .Kursiv = *Zahl*] [, .Standard] [, .Registerkarte = *Zahl*]

Bemerkungen	Legt die Zeichenformatierung für die Absenderangabe auf einem Briefumschlag fest. Fügen Sie **FormatAbsenderSchriftart** vor der Anweisung **ExtrasBriefumschlagErstellen** ein, um Optionen festzulegen, die denen im Dialogfeld **Zeichen** (Menü **Format**) entsprechen. Fügen Sie **.Standard** hinzu, um die angegebenen Optionen als Standard-Zeichenformatierung für Absenderangaben zu verwenden. Eine Beschreibung der Argumente finden Sie unter **FormatZeichen**.
Siehe auch	**EmpfängerAdreßSchriftart, ExtrasBriefumschlagErstellen, FormatZeichen**

FormatAufzählung

Syntax	**FormatAufzählung** [**.Punkt** = *Zahl*] [, **.Farbe** = *Zahl*] [, **.Ausrichtung** = *Zahl*] [, **.Einzug** = *Zahl oder Text*] [, **.Abstand** = *Zahl oder Text*] [, **.HängEinzug** = *Zahl*] [, **.ZeichenNum** = *Zahl*] [, **.Schriftart** = *Text*]
Bemerkungen	Versieht die markierten Absätze mit Aufzählungszeichen. Die Argumente der **FormatAufzählung**-Anweisung entsprechen den Optionen im Dialogfeld **Aufzählung bearbeiten** (Schaltfläche „Bearbeiten", Registerkarte **Aufzählungen**, Befehl **Numerierung und Aufzählungen**, Menü **Format**). Sie können dieses Dialogfeld nicht mit der **Dialog**-Anweisung oder -Funktion anzeigen.

Argument	Erklärung
.Punkt	Die Größe der Aufzählungszeichen in Punkten.
.Farbe	Die Farbe der Aufzählungszeichen (eine Farbliste finden Sie unter **ZeichenFarbe**).
.Ausrichtung	Legt die Ausrichtung der Aufzählungszeichen im Bereich zwischen dem linken Einzug und der ersten Textzeile fest. Nur wirksam, wenn **.Abstand** auf 0 (Null) gesetzt ist: 0 (Null) oder fehlt Links 1 Zentriert 2 Rechts
.Einzug	Der Abstand zwischen dem linken Einzug und der ersten Textzeile, in Punkten oder einer Text-Maßeinheit. Wenn keine Einheit angegeben wird und die Entfernung als Zahl angegeben wird (nicht in Anführungszeichen eingeschlossen), wird Punkt als Maßeinheit angenommen. Wenn die Zahl ohne Maßeinheit, aber als Zeichenkette angegeben wird (in Anführungszeichen eingeschlossen, z.B. „2"), so wird die eingestellte Standardeinheit als Maßeinheit angenommen.
.Abstand	Der Abstand zwischen dem Aufzählungszeichen und der ersten Textzeile, in Punkten oder einer Text-Maßeinheit.

	Argument	Erklärung
	.HängEinzug	Wenn 1, wird dem markierten Absatz ein hängender Einzug zugewiesen.
	.ZeichenNum	Die Summe aus 31 und der Zahl, die dem Symbol im Dialogfeld **Symbol** (Menü **Einfügen**) entspricht. Sie können beispielsweise ein Omega (Ω) mit der Nummer 56 in der Symboltabelle der Symbolschriftarten angeben, indem Sie **.ZeichenNum** auf den Wert 87 setzen.
	.Schriftart	Der Name der Schriftart, die das Symbol enthält. Namen von dekorativen Schriftarten erscheinen im Feld „Schriftart" des Dialogfelds **Symbol**.

Siehe auch FormatAufzählungUndNumerierung, FormatGegliederteListe, FormatNumerierung, FormatÜberschriftenNummer, ZeichenFarbe

FormatAufzählungStandard, FormatAufzählungStandard()

Syntax FormatAufzählungStandard [*Hinzufügen*]

FormatAufzählungStandard()

Bemerkungen Die Anweisung **FormatAufzählungStandard** fügt den markierten Absätzen Aufzählungszeichen hinzu oder entfernt diese.

Argument	Erklärung
Hinzufügen	Bestimmt, ob Aufzählungszeichen hinzugefügt oder entfernt werden: 0 (Null) Entfernt Aufzählungszeichen. Ist der der Markierung vorangehende oder folgende Absatz nicht als Listenabsatz formatiert, wird das Listenformat innerhalb der Markierung einschließlich der Aufzählungszeichen entfernt. 1 Fügt Aufzählungszeichen hinzu. Wurden dem der Markierung vorausgehenden Absatz mit dem Befehl **Numerierung und Aufzählungen** (Menü **Format**) bereits Aufzählungszeichen zugewiesen, werden die markierten Absätze mit den entsprechenden Aufzählungszeichen formatiert; andernfalls wird die Standardeinstellung des Dialogfelds **Numerierung und Aufzählungen** verwendet. Fehlt Aufzählungszeichen ein/aus.

Die Funktion **FormatAufzählungStandard()** liefert folgende Werte:

Wert	Erklärung
0 (Null)	Wenn keiner der markierten Absätze Aufzählungszeichen enthält oder numeriert ist.
–1	Wenn nicht alle markierten Absätze Aufzählungszeichen enthalten, übersprungen werden oder auf derselben Ebene formatiert sind.
1	Wenn alle markierten Absätze Aufzählungszeichen enthalten.

Siehe auch **FormatAufzählungUndNumerierung**, **FormatNummerStandard**

FormatAufzählungUndNumerierung

Syntax **FormatAufzählungUndNumerierung** [**.Entfernen**] [, .**HängEinzug** = *Zahl*] [**.Registerkarte** = *Zahl*] [**.Voreinstellung** = *Zahl*]

Bemerkungen Fügt den markierten Absätzen Aufzählungs- oder Numerierungszeichen hinzu oder entfernt diese. Als Grundlage dient das von Ihnen zuvor festgelegte Aufzählungszeichen- oder Numerierungsformat. Die Argumente der Anweisung **FormatAufzählungUndNumerierung** entsprechen den Optionen im Dialogfeld **Numerierung und Aufzählungen** (Menü **Format**). Unter Windows ist es nicht möglich, dieses Dialogfeld mit Hilfe der Anweisung **Dialog** oder der Funktion **Dialog()** anzuzeigen. Auf dem Macintosh ist dies möglich, allerdings erscheint die Registerkarte **Gliederung** nicht.

Argument	Erklärung
.Entfernen	Entfernt Aufzählungs- und Numerierungszeichen aus dem markierten Bereich.
.HängEinzug	Bei 1 werden die markierten Absätze mit einem hängenden Einzug versehen.
.Registerkarte	Gibt an, welche Registerkarte ausgewählt ist, wenn Sie das Dialogfeld **Numerierung und Aufzählungen** durch die Anweisung **Dialog** oder die Funktion **Dialog()** anzeigen lassen. 0 (Null) Registerkarte **Aufzählungen** 1 Registerkarte **Numerierung** 2 Registerkarte **Gliederung**

Argument	Erklärung
.Voreinstellung	Eine Zahl, die einem Aufzählungs- oder Numerierungsformat im Dialogfeld **Numerierung und Aufzählungen** (Menü **Format**) entspricht.
	Um die entsprechende Zahl festzustellen, zeigen Sie das Dialogfeld **Numerierung und Aufzählungen** an und wählen dann die Registerkarte mit dem gewünschten Format aus. Die Zahlenbelegung der Formate von links nach rechts lautet folgendermaßen:
	1 bis 6 für die Formate der Registerkarte **Aufzählungen**
	7 bis 12 für die Formate der Registerkarte **Numerierung**
	13 bis 18 für die Formate der Registerkarte **Gliederung**

Beispiel   Bei diesem Beispiel werden den markierten Absätzen karoförmige Aufzählungszeichen hinzugefügt und die Absätze mit einem hängenden Einzug formatiert:

```
FormatAufzählungUndNumerierung .HängEinzug = 1, .Voreinstellung = 3
```

Siehe auch   **AufzählungNumerierungEntfernen, FormatAufzählungStandard, FormatNummerStandard, NumerierungÜberspringen**

FormatAutoFormat

Syntax   **FormatAutoFormat**

Bemerkungen   Formatiert ein Dokument gemäß den mit **ExtrasOptionenAutoFormat** festgelegten Optionen. Sie können das Aussehen des Dokumentes festlegen, indem Sie mit **FormatFormatvorlagenGruppe** Formatvorlagen in das aktive Dokument kopieren, bevor oder nachdem Sie **FormatAutoFormat** ausführen.

Beispiel   Dieses Beispiel (Windows) formatiert das aktive Dokument automatisch mit den Formatvorlagen aus MEMO1.DOT. Ersetzen Sie auf dem Macintosh MEMO1 durch MEMO 1.

```
FormatFormatvorlagenGruppe .DokVorlage = "MEMO1"
FormatAutoFormat
```

Siehe auch   **ExtrasOptionenAutoFormat, FormatFormatvorlagenGruppe**

FormatEinfügen

Syntax **FormatEinfügen**

Bemerkungen Weist einer Markierung das mit **FormatKopieren** kopierte Format zu. Wenn beim Ausführen von **FormatKopieren** eine Absatzmarke markiert war, weist Word sowohl die Zeichenformatierung als auch die Absatzformatierung zu.

Beispiel Dieses Beispiel kopiert das Zeichen- und Absatzformat des aktuellen Absatzes (markiert durch die vordefinierte Textmarke „\Para") und weist anschließend dem nächsten Absatz nur die Absatzformatierung zu. Zeichenformatierungen werden nicht zugewiesen, da beim Ausführen von FormatEinfügen kein Text markiert ist. **VorgabeZeichen** gewährleistet, daß der an der Einfügemarke eingegebene Text die Schriftartattribute der aktuellen Formatvorlage erhält.

```
MarkierungArt 1              'Eventuell vorhandene Markierungen
                             'abbrechen
BearbeitenGeheZu "\ Para"
FormatKopieren
AbsatzUnten
FormatEinfügen
VorgabeZeichen
```

Siehe auch **FormatKopieren, VorgabeAbsatz, VorgabeZeichen**

FormatFormatvorlage

Syntax **FormatFormatvorlage** .Name = *Text* [, **.Löschen**] [, **.Verbinden**] [, **.NeuerName** = *Text*] [, **.BasiertAuf** = *Text*] [, **.NächsteFV** = *Text*] [, **.Art** = *Zahl*] [, **.Dateiname** = *Text*] [, **.Quelle** = *Zahl*] [, **.ZurDokVorlage** = *Zahl*] [, **.Definieren**] [, **.Umbenennen**] [, **.Zuweisen**]

Bemerkungen Erstellt, ändert oder löscht die angegebene Formatvorlage bzw. definiert sie neu oder weist sie zu. Mit **FormatFormatvorlage** können Sie auch die Formatvorlagen aus der Dokumentvorlage des aktiven Dokuments mit dem Dokument verbinden. Die Argumente für **FormatFormatvorlage** entsprechen den Optionen im Dialogfeld **Formatvorlage** (Menü **Format**).

Zur Definition von Formaten für die Formatvorlage fügen Sie im Anschluß an die Anweisung **FormatFormatvorlage** eine oder mehrere der folgenden Anweisungen hinzu: **FormatFVDefRahmen, FormatFVDefZeichen, FormatFVDefPosRahmen, FormatFVDefSprache, FormatFVDefNum, FormatFVDefAbsatz, FormatFVDefTab.**

FormatFormatvorlage

Zum Kopieren oder Umbenennen von Formatvorlagen können Sie **Organisieren** verwenden.

Argument	Erklärung
.Name	Der Name der Formatvorlage.
.Löschen	Löscht die angegebene Formatvorlage.
.Verbinden	Verbindet Formatvorlagen mit oder aus dem Dokument (oder der Dokumentvorlage), die mit **.Dateiname** angegeben wurden, abhängig vom für **.Quelle** definierten Wert.
.NeuerName	Gibt einen neuen Namen für die Formatvorlage an, wird in Kombination mit **.Umbenennen** verwendet.
.BasiertAuf	Gibt eine vorhandene Formatvorlage an, auf der die angegebene Formatvorlage basieren soll.
.NächsteFV	Gibt die Formatvorlage an, die dem neuen Absatz automatisch zugewiesen werden soll, nachdem Sie in einem Absatz, der mit der durch **.Name** bezeichneten Formatvorlage formatiert ist, die EINGABETASTE gedrückt haben.
.Art	Gibt die Art der neu zu erstellenden Formatvorlage an: 0 (Null) oder fehlt Absatz 1 Zeichen
.Dateiname	Das Dokument oder die Dokumentvorlage, mit dem/der oder aus dem/der die Formatvorlagen verbunden werden sollen. Wenn **.Dateiname** nicht angegeben wird und **.Quelle** den Wert 1 hat, werden Formatvorlagen aus der aktiven Dokumentvorlage mit dem aktiven Dokument verbunden.
.Quelle	Gibt an, ob Formatvorlagen von oder mit dem aktiven Dokument verbunden werden sollen: 0 (Null) Aus dem aktiven Dokument in die durch **.Dateiname** angegebene Datei. 1 Aus der durch **.Dateiname** angegebenen Datei in das aktive Dokument.
.ZurDokVorlage	Wenn 1, entspricht dies dem Aktivieren des Kontrollkästchens „Zur Dokumentvorlage hinzufügen".
.Definieren	Ändert die Definition einer vorhandenen Formatvorlage oder erstellt eine neue Vorlage mit den in den nachfolgenden Anweisungen angegebenen Formaten.
.Umbenennen	Gibt der durch **.Name** angegebenen Formatvorlage den durch **.NeuerName** angegebenen Namen.
.Zuweisen	Weist den markierten Absätzen die Formatvorlage zu.

Beispiele

Dieses Beispiel weist den markierten Absätzen die Formatvorlage „Standard" zu. Dies hat dieselbe Wirkung wie die Anweisung **StandardFV**:

```
FormatFormatvorlage .Name = "Standard", .Zuweisen
```

Das folgende Beispiel definiert das Zeichenformat der Formatvorlage
„Testvorlage" mit Schriftgröße 10 Punkt, fett und Kapitälchen. Word erstellt die
Formatvorlage, wenn sie nicht bereits vorhanden ist.

```
FormatFormatvorlage .Name = "Testvorlage", .Definieren
FormatFVDefZeichen .Punkt = "10", .Fett = 1, .Kapitälchen = 1
```

Siehe auch   FormatFVDefAbsatz, FormatFVDefNum, FormatFVDefPosRahmen,
FormatFVDefRahmen, FormatFVDefSprache, FormatFVDefTab,
FormatFVDefZeichen, FVName$(), Organisieren, StandardFV,
ZählenFormatvorlagen()

FormatFormatvorlagenGruppe

Syntax   FormatFormatvorlagenGruppe .DokVorlage = *Text* [, .Vorschau = *Zahl*]

Bemerkungen   Kopiert die Formatvorlagen aus der angegebenen Dokumentvorlage in das aktive
Dokument. Vorhandene Formatvorlagen werden aktualisiert.

Argument	Erklärung
.DokVorlage	Die Dokumentvorlage, die die zu verwendenden Formatvorlagen enthält. Sie können hier auch einen Pfadnamen eingeben. Die Angabe der Dateinamenerweiterung .DOT ist nicht erforderlich.
.Vorschau	Gibt an, was im Dialogfeld **Formatvorlagen-Katalog** als Vorschau angezeigt werden soll, wenn Sie den Dialog mit der Anweisung **Dialog** oder **Dialog( )** anzeigen.
	0 (Null) Aktives Dokument
	1 Beispieldokument
	2 Liste der Formatvorlagen und Beispiele

Ein Beispiel finden Sie unter **FormatAutoFormat**.

Siehe auch   ExtrasOptionenAutoFormat, FormatAutoFormat, FormatFormatvorlage

FormatFVDefAbsatz

Syntax FormatFVDefAbsatz [**.EinzugLinks** = *Zahl oder Text*]
[, **.EinzugRechts** = *Zahl oder Text*] [, **.Vor** = *Zahl oder Text*]
[, **.Nach** = *Zahl oder Text*] [, **.ZeilenabstandArt** = *Zahl*]
[, **.Zeilenabstand** = *Zahl oder Text*] [, **.Ausrichtung** = *Zahl*]
[, **.AbsatzSteuerung** = *Zahl*] [, **.MitNächstemAbsatz** = *Zahl*]
[, **.ZeilenNichtTrennen** = Zahl] [, **.Seitenwechsel** = *Zahl*]
[, **.OhneZeilennumerierung** = *Zahl*] [, **.NichtTrennen** = *Zahl*]
[, **.Registerkarte** = *Zahl*] [, **.ErstzeilenEinzug** = *Zahl oder Text*]

Bemerkungen Legt die Absatzformate für die aktuelle Formatvorlage oder eine Formatvorlage fest, die Sie in einer **FormatFormatvorlage**-Anweisung mit dem Argument **.Definieren** angeben. Beim Ändern der mit **FormatFormatvorlage** angegebenen Formatvorlage folgt die Anweisung **FormatFVDefAbsatz** auf die Anweisung **FormatFormatvorlage**.

Die Argumente für die Anweisung **FormatFVDefAbsatz** entsprechen den Optionen im Dialogfeld **Absatz** (Menü **Format**). Eine Beschreibung der Argumente finden Sie unter **FormatAbsatz**.

Beispiel Dieses Beispiel fügt zur Definition der Formatvorlage „Testvorlage" 4 Punkt Vor-Formatierung und 4 Punkt Nach-Formatierung hinzu:

```
FormatFormatvorlage .Name = "Testvorlage", .Definieren
FormatFVDefAbsatz .Vor = "4 pt", .Nach = "4 pt"
```

Siehe auch **FormatAbsatz**, **FormatFormatvorlage**

FormatFVDefNum

Syntax FormatFVDefNum [**.Punkt** = *Text*] [, **.Farbe** = *Zahl*] [, **.Vor** = *Text*]
[, **.Art** = *Zahl*] [, **.Nach** = *Text*] [, **.BeginnenBei** = *Text*] [, **.Einfügen** = *Zahl*]
[, **.Ausrichtung** = *Zahl*] [, **.Einzug** = *Text*] [, **.Abstand** = *Zahl oder Text*]
[, **.HängEinzug** = *Zahl*] [, **.Ebene** = *Text*] [, **.ZeichenNum** = *Text*]
[, **.Schriftart** = *Text*] [, **.Durchstreichen** = *Zahl*] [, **.Fett** = *Zahl*]
[, **.Kursiv** = *Zahl*] [, **.Unterstrichen** = *Zahl*]

Bemerkungen Legt die Zahlenformate für die aktuelle Formatvorlage oder eine Formatvorlage fest, die Sie in einer **FormatFormatvorlage**-Anweisung mit dem Argument **.Definieren** angeben. Beim Ändern der mit **FormatFormatvorlage** angegebenen Formatvorlage folgt die Anweisung **FormatFVDefNum** auf die Anweisung **FormatFormatvorlage**.

	Die Argumente für die Anweisung **FormatFVDefNum** entsprechen den Optionen im Dialogfeld **Numerierung bearbeiten** (Schaltfläche „Bearbeiten", Befehl **Numerierung und Aufzählungen**, Menü **Format**). Eine Beschreibung der Argumente finden Sie unter **FormatAufzählung**, **FormatGegliederteListe** und **FormatNumerierung**. Beispiele zur Definition einer Formatvorlage mit ähnlichen Anweisungen finden Sie unter **FormatFVDefZeichen** und **FormatFVDefAbsatz**.
Siehe auch	**FormatAufzählung**, **FormatFormatvorlage**, **FormatFVDefAbsatz**, **FormatFVDefZeichen**, **FormatGegliederteListe**, **FormatNumerierung**

FormatFVDefPosRahmen

Syntax	**FormatFVDefPosRahmen** [**.Textfluß** = *Zahl*] [, **.BreiteAuswahl** = *Zahl*] [, **.BreiteMaß** = *Zahl oder Text*] [, **.HöheAuswahl** = *Zahl*] [, **.HöheMaß** = *Zahl oder Text*] [, **.PositionHoriz** = *Zahl oder Text*] [, **.PositionHorizRel** = *Zahl*] [, **.AbstZumText** = *Zahl oder Text*] [, **.PositionVert** = *Zahl oder Text*] [, **.PositionVertRel** = *Zahl*] [, **.AbstVertZumText** = *Zahl oder Text*] [, **.MitTextVerschieben** = *Zahl*] [, **.VerankerungsPunktFixieren** = *Zahl*] [, **.PosRahmenEntfernen**]
Bemerkungen	Legt die Positionsrahmenformate für die aktuelle Formatvorlage oder eine Formatvorlage fest, die Sie in einer **FormatFormatvorlage**-Anweisung mit dem Argument **.Definieren** angeben. Beim Ändern der mit **FormatFormatvorlage** angegebenen Formatvorlage folgt die Anweisung **FormatFVDefPosRahmen** auf die Anweisung **FormatFormatvorlage**.
	Die Argumente für die Anweisung **FormatFVDefPosRahmen** entsprechen den Optionen im Dialogfeld **Positionsrahmen** (Menü **Format**). Eine Beschreibung der Argumente finden Sie unter **FormatPosRahmen**. Beispiele zur Definition einer Formatvorlage unter Verwendung ähnlicher Anweisungen finden Sie unter **FormatFVDefZeichen** und **FormatFVDefAbsatz**.
Siehe auch	**FormatFormatvorlage**, **FormatFVDefAbsatz**, **FormatFVDefZeichen**, **FormatPosRahmen**

FormatFVDefRahmen

Syntax   FormatFVDefRahmen [.AnwendenAuf = *Zahl*] [, .Schattiert = *Zahl*]
[, .ObenRahmenlinie = *Zahl*] [, .LinksRahmenlinie = *Zahl*]
[, .UntenRahmenlinie = *Zahl*] [, .RechtsRahmenlinie = *Zahl*]
[, .HorizontalRahmenlinie = *Zahl*] [, .VertikalRahmenlinie = *Zahl*]
[, .FarbeOben = *Zahl*] [, .FarbeLinks = *Zahl*] [, .FarbeUnten = *Zahl*]
[, .FarbeRechts = *Zahl*] [, .FarbeHorizontal = *Zahl*] [, .FarbeVertikal = *Zahl*]
[, .FeineSchattierung = *Zahl*] [, .VomText = *Zahl oder Text*]
[, .Schattierung = *Zahl*] [, .Vordergrund = *Zahl*] [, .Hintergrund = *Zahl*]
[, .Registerkarte = *Zahl*]

Bemerkungen   Legt die Rahmen- und Schattierungsformate für die aktuelle Formatvorlage oder eine Formatvorlage fest, die Sie in einer **FormatFormatvorlage**-Anweisung mit dem Argument **.Definieren** angeben. Beim Ändern der mit **FormatFormatvorlage** angegebenen Formatvorlage folgt die Anweisung **FormatFVDefRahmen** auf die Anweisung **FormatFormatvorlage**.

Die Argumente für die Anweisung **FormatFVDefRahmen** entsprechen den Optionen im Dialogfeld **Rahmen und Schattierung** (Menü **Format**). Eine Beschreibung der Argumente finden Sie unter **FormatRahmenSchattierung**. Beispiele zur Definition einer Formatvorlage mit ähnlichen Anweisungen finden Sie unter **FormatFVDefZeichen** und **FormatFVDefAbsatz**.

Siehe auch   FormatFormatvorlage, FormatFVDefAbsatz, FormatFVDefZeichen, FormatRahmenSchattierung

---

FormatFVDefSprache

Syntax   FormatFVDefSprache .Sprache = *Text* [, .Standard]

Bemerkungen   Legt das Sprachformat für die aktuelle Formatvorlage oder eine Formatvorlage fest, die Sie in einer **FormatFormatvorlage**-Anweisung mit dem Argument **.Definieren** angeben. Beim Ändern der mit **FormatFormatvorlage** angegebenen Formatvorlage folgt die Anweisung **FormatFVDefSprache** auf die Anweisung **FormatFormatvorlage**.

Die Argumente für die Anweisung **FormatFVDefSprache** entsprechen den Optionen im Dialogfeld **Sprache** (Menü **Extras**). Eine Beschreibung der Argumente finden Sie unter **ExtrasSprache**. Beispiele zur Definition einer Formatvorlage unter Verwendung ähnlicher Anweisungen finden Sie unter **FormatFVDefZeichen** und **FormatFVDefAbsatz**.

Siehe auch   ExtrasSprache, FormatFormatvorlage, FormatFVDefAbsatz, FormatFVDefZeichen

FormatFVDefTab

Syntax FormatFVDefTab [.Position = *Text*] [, .StandardTabs = *Zahl oder Text*] [, .Ausrichtung = *Zahl*] [, .Füllzeichen = *Zahl*] [, .Bestimmen] [, .Lösch] [, .AlleLösch]

Bemerkungen Legt Tabstop-Formate für die aktuelle Formatvorlage oder eine Formatvorlage fest, die Sie in einer **FormatFormatvorlage**-Anweisung mit dem Argument **.Definieren** angeben. Beim Ändern der mit **FormatFormatvorlage** angegebenen Formatvorlage folgt die Anweisung **FormatFVDefTab** auf die Anweisung **FormatFormatvorlage**.

Die Argumente für die Anweisung **FormatFVDefTab** entsprechen den Optionen im Dialogfeld **Tabulator** (Menü **Format**). Eine Beschreibung der Argumente finden Sie unter **FormatTabulator**. Beispiele zur Definition einer Formatvorlage mit ähnlicher Anweisungen finden Sie unter **FormatFVDefZeichen** und **FormatFVDefAbsatz**.

Siehe auch FormatFormatvorlage, FormatFVDefAbsatz, FormatFVDefZeichen, FormatTabulator

---

FormatFVDefZeichen

Syntax FormatFVDefZeichen [.Punkt = *Zahl*] [, .Unterstrichen = *Zahl*] [, .Farbe = *Zahl*] [, .Durchstreichen = *Zahl*] [, .Hochgestellt = *Wert*] [, .Tiefgestellt = *Wert*] [, .Verborgen = *Zahl*] [, .Kapitälchen = *Zahl*] [, .Großbuchstaben = *Zahl*] [, .Laufweite = *Wert*] [, .Position = *Zahl oder Text*] [, .Unterschneidung = *Zahl*] [, .UnterschneidungMin = *Zahl oder Text*] [, .Standard] [, .Registerkarte = *Zahl*] [, .Schriftart = *Text*] [, .Fett = *Zahl*] [, .Kursiv = *Zahl*]

Bemerkungen Legt die Zeichenformatierung für die aktuelle Formatvorlage oder eine Formatvorlage fest, die Sie in einer **FormatFormatvorlage**-Anweisung mit dem Argument **.Definieren** angeben. Beim Ändern der mit **FormatFormatvorlage** angegebenen Formatvorlage folgt die Anweisung **FormatFVDefZeichen** auf die Anweisung **FormatFormatvorlage**.

Die Argumente für die Anweisung **FormatFVDefZeichen** entsprechen den Optionen im Dialogfeld **Zeichen** (Menü **Format**). Eine Beschreibung der Argumente finden Sie unter **FormatZeichen**.

Beispiel Dieses Beispiel definiert die Zeichenformatierung der Formatvorlage „Testvorlage" mit Schriftgröße 10 Punkt, fett und Kapitälchen. Wenn diese Formatvorlage noch nicht vorhanden ist, wird sie von Word erstellt.

```
                    FormatFormatvorlage .Name = "Testvorlage", .Definieren
                    FormatFVDefZeichen .Punkt = "10", .Fett = 1, .Kapitälchen = 1
```

Siehe auch   **FormatFormatvorlage, FormatZeichen**

FormatGegliederteListe

Syntax   **FormatGegliederteListe** [**.Punkt** = *Zahl*] [, **.Farbe** = *Zahl*] [, **.Vor** = *Text*]
                    [, **.Art** = *Zahl*] [, **.Nach** = *Text*] [, **.BeginnenMit** = *Zahl*] [, **.Einbeziehen** = *Zahl*]
                    [, **.Ausrichtung** = *Zahl*] [, **.Einzug** = *Zahl oder Text*]
                    [, **.Abstand** = *Zahl oder Text*] [, **.HängEinzug** = *Zahl*] [, **.Ebene** = *Zahl*]
                    [, **.Schriftart** = *Text*] [, **.Durchstreichen** = *Zahl*] [, **.Fett** = *Zahl*]
                    [, **.Kursiv** = *Zahl*] [, **.Unterstrichen** = *Zahl*]

Bemerkungen   Weist den markierten Absätzen eine Gliederungsebenennumerierung zu oder
                    ändert die Numerierungsoptionen einer angegebenen Gliederungsebene. Die
                    Argumente der **FormatGegliederteListe**-Anweisung entsprechen den Optionen
                    im Dialogfeld **Gliederung bearbeiten** (Schaltfläche „Bearbeiten", Registerkarte
                    Gliederung, Befehl **Numerierung und Aufzählungen**, Menü **Format**). Sie
                    können dieses Dialogfeld nicht mit der **Dialog**-Anweisung oder **Dialog**()-
                    Funktion anzeigen.

Argument	Erklärung
.Ebene	Eine Zahl von 1 bis 9, die der Überschriftsebene entspricht, deren Numerierungsoptionen geändert werden sollen.
	Wenn Sie **.Ebene** angeben, werden die in der **FormatGegliederteListe**-Anweisung gesetzten Optionen nicht zugewiesen. Verwenden Sie zum Zuweisen eine zweite **FormatGegliederteListe**-Anweisung, in der **.Ebene** nicht angegeben ist.
.Punkt, .Farbe, .Schriftart, .Durchstreichen, .Fett, .Kursiv, .Unterstrichen	Weist den Nummern in der angegebenen Ebene eine Zeichenformatierung zu. Argumentbeschreibungen finden Sie unter **FormatZeichen**.
.Vor, .Nach, .Ausrichten, .Einzug, .Abstand, .HängEinzug	Legt Optionen für die Nummern der angegebenen Ebene fest. Argumentbeschreibungen finden Sie unter **FormatNumerierung**.

	.Art	Gibt das Format der Überschriftsnumerierung in der betreffenden Ebene an.

0 (Null)	1, 2, 3, 4
1	I, II, III, IV
2	i, ii, iii, iv
3	A, B, C, D
4	a, b, c, d
5	1., 2. ...
6	Eins, Zwei, ...
7	Erste, Zweite, ...

.BeginnenMit	Die Nummer der ersten Überschrift jeder Überschriftenfolge der angegebenen Ebene. Falls .Art 3 oder 4 ist, entspricht .BeginnenMit der Position, die der erste Buchstabe im Alphabet einnimmt.
.Einbeziehen	Gibt an, ob Nummern und Positionsoptionen aus vorhergehenden Überschriften vor Nummern der angegebenen Ebene eingefügt werden:

0 (Null)	Fügt weder Nummern noch Positionsoptionen ein.
1	Fügt vor den Nummern der angegebenen Ebene eine Reihe von Überschriftsnummern aus übergeordneten Überschriftsebenen ein.
2	Fügt sowohl Nummern aus übergeordneten Überschriftsebenen als auch Positionsoptionen der vorangegangenen Ebene ein. Positionsoptionen sind die Optionen unter „Nummernposition" im Dialogfeld **Gliederung bearbeiten** (Schaltfläche „Bearbeiten", Registerkarte **Gliederung**, Befehl **Numerierung und Aufzählungen**, Menü **Format**).

Siehe auch	FormatAufzählung, FormatAufzählungUndNumerierung, FormatNumerierung, FormatÜberschriftenNumerierung

---

FormatGrafik

Syntax	**FormatGrafik** [**.GrößeBestimmen** = *Zahl*] [**, .RahmenÄndernLinks** = *Zahl oder Text*] [**, .RahmenÄndernRechts** = *Zahl oder Text*] [**, .RahmenÄndernOben** = *Zahl oder Text*] [**, .RahmenÄndernUnten** = *Zahl oder Text*] [**, .SkalierenX** = *Zahl oder Text*] [**, .SkalierenY** = *Zahl oder Text*] [**, .GrößeX** = *Zahl oder Text*] [**, .GrößeY** = *Zahl oder Text*]
Bemerkungen	Weist der markierten Grafik Formate zu. Wenn die aktuelle Markierung keine Grafik oder eine Mischung aus Text und Grafik enthält, tritt ein Fehler auf. Die Argumente für **FormatGrafik** entsprechen den Optionen im Dialogfeld **Grafik** (Menü **Format**).

Argument	Erklärung
.GrößeBestimmen	Legt fest, welche Argumente zum Bestimmen der Größe der Grafik verwendet werden sollen, wenn sowohl eine Skalierung als auch eine Größe angegeben wird: 0 (Null) Die Grafik wird gemäß **.SkalierenX** und **.SkalierenY** formatiert. 1 Die Grafik wird gemäß **.GrößeX** und **.GrößeY** formatiert.
.RahmenÄndernLinks, .RahmenÄndernRechts, .RahmenÄndernOben, .RahmenÄndernUnten	Maß für die Größenänderung des Grafikrahmens in Punkt (1 Punkt = 0,376 mm) oder einer Textmaßeinheit. Wenn Sie einen negativen Wert angeben, wird der Rahmen und damit der Abstand zur Grafik vergrößert. Wenn keine Einheit angegeben wird und die Entfernung als Zahl angegeben wird (nicht in Anführungszeichen eingeschlossen), wird Punkt als Maßeinheit angenommen. Wenn die Zahl ohne Maßeinheit, aber als Zeichenkette angegeben wird (in Anführungszeichen eingeschlossen, z.B. „2"), so wird die eingestellte Standardeinheit als Maßeinheit angenommen. Dies gilt auch für **.GrößeX** und **.GrößeY**.
.SkalierenX, .SkalierenY	Die horizontalen und vertikalen Proportionen der Grafik als Prozentsatz der Originalbreite und -höhe.
.GrößeX, .GrößeY	Die horizontalen und vertikalen Maße der Grafik in Punkt oder einer Textmaßeinheit.

Beispiel   Dieses Beispiel ändert die Größe der markierten Grafik auf 75 Prozent ihrer Originalbreite und -höhe.

```
FormatGrafik .SkalierenX = "75%", .SkalierenY = "75%"
```

Siehe auch   **EinfügenGrafik**

FormatGroßKleinschreibung

Syntax   **FormatGroßKleinschreibung** [**.Art** = *Zahl*]

Bemerkungen   Ändert die Schreibweise des markierten Textes entsprechend der angegebenen Art. Die Argumente für die Anweisung **FormatGroßKleinschreibung** entsprechen den Optionen im Dialogfeld **Groß-/Kleinschreibung** (Menü **Format**).

Argument	Erklärung
.Art	Die Art der anzuwendenden Schreibweise:
	0 (Null) oder fehlt Schreibt den ersten Buchstaben in jedem Satz groß.
	1 Ändert alle markierten Zeichen in Kleinbuchstaben um.
	2 Ändert alle markierten Zeichen in Großbuchstaben um.
	3 Schreibt den ersten Buchstaben in jedem Wort groß.
	4 Kehrt die Groß-/Kleinschreibung jedes einzelnen Zeichens um.

Siehe auch **Großbuchstaben, GroßKleinschreibungÄndern, Kapitälchen, LCase$(), UCase$()**

FormatInitial

Syntax **FormatInitial [.Position = *Zahl*] [, .Schriftart = *Text*] [, .InitialHöhe = *Zahl oder Text*] [, .AbstZumText = *Zahl oder Text*]**

Bemerkungen Fügt einen Positionsrahmen für das erste Zeichen des aktuellen Absatzes ein, so daß aus diesem Zeichen ein Initial wird. Die Argumente für die Anweisung **FormatInitial** entsprechen den Optionen im Dialogfeld **Initial** (Menü **Format**).

Argument	Erklärung
.Position	Gibt die Position des Initials an oder entfernt die Initialformatierung:
	0 (Null) oder fehlt Keine Formatierung von Initialzeichen.
	1 Im Text (die Zeilen im Absatz umfließen das Initial).
	2 Im Rand (die Zeilen im Absatz bleiben weiterhin bündig).
.Schriftart	Die Schriftart für das Initial.
.InitialHöhe	Die Höhe des Initials (angegeben in Anzahl Zeilen des umgebenden Texts).
.AbstZumText	Der Abstand zwischen dem Initial und dem verbleibenden Teil des Absatzes in Punkten oder einer Text-Maßeinheit. Wenn keine Einheit angegeben wird und die Entfernung als Zahl angegeben wird (nicht in Anführungszeichen eingeschlossen), wird Punkt als Maßeinheit angenommen. Wenn die Zahl ohne Maßeinheit, aber als Zeichenkette angegeben wird (in Anführungszeichen eingeschlossen, z.B. „2"), so wird die eingestellte Standardeinheit als Maßeinheit angenommen.

Beispiel	Dieses Beispiel macht das erste Zeichen jedes Abschnitts zu einem Initial. Dabei wird jeweils an den Anfang des aktuellen Abschnitts eine temporäre Textmarke mit Namen `"Tmp"` gesetzt. Die Anweisung `.BearbeitenGeheZu .Ziel = "a"` bewegt die Einfügemarke an den Anfang des folgenden Abschnitts. Sobald die Funktion `TextmarkenVergleichen("Tmp", "\Sel")` den Wert 0 (Null) liefert, (d.h. die Einfügemarke wurde nicht weiterbewegt, und es sind keine weiteren Abschnitte mehr vorhanden), wird die temporäre Textmarke gelöscht und der Makro beendet.

```
BeginnDokument
FormatInitial .Position = 1, .InitialHöhe = "3"
BearbeitenTextmarke .Name = "Tmp", .Hinzufügen
BearbeitenGeheZu .Ziel = "a"
While TextmarkenVergleichen("Tmp", "\Sel") <> 0
    FormatInitial .Position = 1, .InitialHöhe = "3"
    ZeichenLinks
    BearbeitenTextmarke .Name = "Tmp", .Hinzufügen
    BearbeitenGeheZu .Ziel = "a"
Wend
BearbeitenTextmarke .Name = "Tmp", .Löschen
```

Siehe auch	**EinfügenPosRahmen, FormatPosRahmen**

FormatKopfFußzeileVerknüpfen

Syntax	**FormatKopfFußzeileVerknüpfen**
Bemerkungen	Ersetzt die aktuelle Kopf- oder Fußzeile durch die entsprechende Kopf- oder Fußzeile des vorherigen Abschnitts. Falls der vorherige Abschnitt keine entsprechende Kopf- bzw. Fußzeile enthält oder die Einfügemarke nicht in einer Kopf- bzw. Fußzeile steht, tritt ein Fehler auf.
Siehe auch	**AnsichtKopfzeile, EinblendenNächsteKopfFußzeile, EinblendenVorherigeKopfFußzeile, KopfFußzeilenVerknüpfungUmschalten**

FormatKopieren

Syntax	**FormatKopieren**

Bemerkungen	Kopiert die Zeichenformatierung des ersten Zeichens des markierten Textes in einen anderen markierten Textbereich. Wenn eine Absatzmarke markiert ist, kopiert Word zusätzlich zur Zeichenformatierung auch die Absatzformatierung mit. **FormatKopieren** funktioniert nur, wenn Makroanweisungen unmittelbar vor dem Verwenden der Anweisung **FormatKopieren** einen Bereich markiert haben. Direkt anschließend an **FormatKopieren** muß ein neuer Bereich markiert werden, und danach wird mit der Anweisung **FormatEinfügen** die kopierte Formatierung zugewiesen.
Beispiel	Dieses Beispiel kopiert die Zeichenformatierung des ersten Zeichens im aktuellen Absatz in den darüberstehenden Absatz (die Markierung wird mit der vordefinierten Textmarke „\Para" erstellt). :

```
BearbeitenGeheZu "\Para"
FormatKopieren
AbsatzOben 2
AbsatzUnten 1, 1
FormatEinfügen
```

Siehe auch	**FormatEinfügen, TextKopieren**

FormatLegende

Syntax	**FormatLegende** [**.Art** = *Zahl*] [, **.Abst** = *Zahl oder Text*] [, **.Winkel** = *Zahl*] [, **.Ansatz** = *Text*] [, **.Länge** = *Zahl oder Text*] [, **.RahmenLinie** = *Zahl*] [, **.AutoVerbinden** = *Zahl*] [, **.LeisteHinzufügen** = *Zahl*]
Bemerkungen	Legt Optionen für Legenden, die in Word als Zeichnungselement erstellt wurden, fest. Die Argumente für die **FormatLegende**-Anweisung entsprechen den Optionen im Dialogfeld **Legende formatieren** (Schaltfläche für „Legende formatieren", Zeichnungs-Symbolleiste).

Argument	Erklärung
.Art	Legt den Typ der Legende fest:
	0 (Null) Ein Liniensegment (vertikal oder horizontal) (Typ EINS im Dialogfeld **Legende formatieren** (Schaltfläche für „Legende formatieren", Zeichnungs-Symbolleiste))
	1 Ein Liniensegment (vertikal, horizontal oder diagonal) (Typ ZWEI)
	2 Zwei Liniensegmente
	3 Drei Liniensegmente

Argument	Erklärung
.Abst	Legt den Abstand zwischen der Legendenlinie und der rechteckigen Begrenzung des Textbereiches fest. Wenn keine Einheit angegeben wird und die Entfernung als Zahl angegeben wird (nicht in Anführungszeichen eingeschlossen), wird Punkt als Maßeinheit angenommen. Wenn die Zahl ohne Maßeinheit, aber als Zeichenkette angegeben wird (in Anführungszeichen eingeschlossen, z.B. „2"), so wird die eingestellte Standardeinheit als Maßeinheit angenommen. Dies gilt auch für **.Absatz**
.Winkel	Legt den Winkel der Legendenlinie fest. Das Argument ist nur wirksam, wenn unter **.Art** 0, 1 oder 2 gewählt wurde:
	0 (Null) Beliebig. Word paßt den Winkel automatisch an, wenn Sie die Legende verschieben oder ihre Größe ändern.
	1 30 Grad
	2 45 Grad
	3 60 Grad
	4 90 Grad
.Ansatz	Legt die Anfangsposition der Legendenlinie in Bezug auf die rechteckige Begrenzung des Textbereichs der Legende fest:
	Oben Oberer Rand des Textbereich (oder die rechte Kante des Textbereichs, wenn **.Art** auf 0 gesetzt wurde und das Liniensegment horizontal ist).
	Mitte Mitte des Textbereichs.
	Unten Unterer Rand des Textbereichs (oder die linke Kante des Textbereichs, wenn **.Art** auf 0 gesetzt wurde und das Liniensegment horizontal ist).
	Sie können auch eine positive Textmaßeinheit für den Abstand zwischen dem oberen Rand des Textbereiches und der Anfangsposition der Legendenlinie angeben.
.Länge	Wenn **.Art** auf 2 oder 3 gesetzt wurde, gibt dieses Argument die Länge des ersten Segmentes der Legendenlinie (vom Textbereich aus gesehen) in Twips (1 Twip = 1/20 Punkt; 1 Punkt = 0,376 mm) oder einer Textmaßeinheit an. Die Option „Optimal" weist Word an, die Länge automatisch anzupassen, wenn die Größe oder Position der Legende geändert werden.
.RahmenLinie	Wenn 1, wird ein Textrahmen um den Legendentext gezogen.
.AutoVerbinden	Wenn 1, wird die Anfangsposition der Legendenlinie automatisch geändert, wenn der Legendenursprung oder der Legendentext von links nach rechts umgestellt werden.
.LeisteHinzufügen	Hat das Argument den Wert 1, so wird eine vertikale Linie neben dem Textbereich hinzugefügt.

Beispiel	Ein Beispiel finden Sie unter **ZeichnungLegende**.
Siehe auch	FormatZeichnungsElement, ZeichnungLegende, ZeichnungLegendenTextfeldAbfragen, ZeichnungLegendenTextfeldBestimmen

FormatNumerierung

Syntax	**FormatNumerierung** [**.Punkt** = *Zahl*] [, **.Farbe** = *Zahl*] [, **.Vor** = *Text*] [, **.Art** = *Zahl*] [, **.Nach** = *Text*] [, **.BeginnenMit** = *Zahl*] [, **.Einbeziehen** = *Zahl*] [, **.Ausrichtung** = *Zahl*] [, **.Einzug** = *Zahl oder Text*] [, **.Abstand** = *Zahl oder Text*] [, **.HängEinzug** = *Zahl*] [, **.Ebene** = *Zahl*] [, **.Schriftart** = *Text*] [, **.Durchstreichen** = *Zahl*] [, **.Fett** = *Zahl*] [, **.Kursiv** = *Zahl*] [, **.Unterstrichen** = *Zahl*]
Bemerkungen	Numeriert die markierten Absätze. Die Argumente der **FormatNumerierung**-Anweisung entsprechen den Optionen im Dialogfeld **Numerierung bearbeiten** (Schaltfläche „Bearbeiten", Registerkarte **Numerierung**, Befehl **Numerierung und Aufzählungen**, Menü **Format**). Sie können dieses Dialogfeld nicht mit der **Dialog**-Anweisung oder -Funktion anzeigen.

Argument	Erklärung
.Punkt, **.Farbe** **.Schriftart**, **.Durchstreichen**, **.Fett**, **.Kursiv**, **.Unterstrichen**	Weist den Nummern in der angegebenen Ebene eine Zeichenformatierung zu. Argumentbeschreibungen finden Sie unter **FormatZeichen**. Für das Argument **.Farbe** finden Sie eine Liste der verfügbaren Farben unter **ZeichenFarbe**.
.Vor	Der Text, der ggf. vor jeder Nummer erscheinen soll.
.Art	Gibt das Format für eine Listennumerierung an: 0 (Null) 1, 2, 3, 4 1 I, II, III, IV 2 i, ii, iii, iv 3 A, B, C, D 4 a, b, c, d 5 1. 2. ... 6 Eins, Zwei, ... 7 Erste, Zweite, ...
.Nach	Der Text, der ggf. nach jeder Nummer erscheinen soll.
.BeginnenMit	Die Nummer des ersten markierten Absatzes. Falls **.Art** 3 oder 4 ist, entspricht **.BeginnenMit** der Position, die der erste Buchstabe im Alphabet einnimmt.

Argument	Erklärung
.Einbeziehen	Gibt an, ob Nummern und Positionsoptionen aus vorhergehenden Überschriften vor Nummern der angegebenen Ebene eingefügt werden:
	0 (Null) Fügt weder Nummern noch Positionsoptionen ein.
	1 Fügt vor den Nummern der angegebenen Ebene eine Reihe von Überschriftsnummern aus übergeordneten Überschriftsebenen ein.
	2 Fügt sowohl Nummern aus übergeordneten Überschriftsebenen als auch Positionsoptionen der vorangegangenen Ebene ein. Positionsoptionen sind die Optionen unter „Nummernposition" im Dialogfeld **Numerierung bearbeiten** (Schaltfläche „Bearbeiten", Registerkarte **Numerierung**, Befehl **Numerierung und Aufzählungen**, Menü **Format**,).
.Ausrichtung	Legt die Ausrichtung der Nummern im Bereich zwischen dem linken Einzug und der ersten Textzeile fest. Nur wirksam, wenn **.Abstand** auf 0 (Null) gesetzt ist:
	0 (Null) oder fehlt Links
	1 Zentriert
	2 Rechts
.Einzug	Der Abstand zwischen dem linken Einzug und der ersten Textzeile, in Punkten oder einer Text-Maßeinheit. Wenn keine Einheit angegeben wird und die Entfernung als Zahl angegeben wird (nicht in Anführungszeichen eingeschlossen), wird Punkt als Maßeinheit angenommen. Wenn die Zahl ohne Maßeinheit, aber als Zeichenkette angegeben wird (in Anführungszeichen eingeschlossen, z.B. „2"), so wird die eingestellte Standardeinheit als Maßeinheit angenommen. Dies gilt auch für **.Abstand**.
.Abstand	Der Abstand zwischen der Nummer und der ersten Textzeile, in Punkt oder einer Text-Maßeinheit.
.HängEinzug	Wenn 1, wird den markierten Absätzen ein hängender Einzug zugewiesen.
.Schriftart	Die Schriftart, die den Nummern zugewiesen werden soll.

Siehe auch **FormatAufzählung, FormatAufzählungUndNumerierung, FormatGegliederteListe, FormatÜberschriftenNummer**

FormatNummerStandard, FormatNummerStandard()

Syntax FormatNummerStandard [*Aktiv*]

FormatNummerStandard()

Bemerkungen Die Anweisung **FormatNummerStandard** numeriert die markierten Absätze oder entfernt die Numerierung.

Argument	Erklärung
Aktiv	Bestimmt, ob eine Numerierung hinzugefügt oder entfernt wird:
	0 (Null) Entfernt die Numerierung. Ist der der Markierung vorausgehende oder folgende Absatz nicht als Listenabsatz formatiert, wird das Listenformat innerhalb der Markierung einschließlich der Numerierung entfernt.
	1 Fügt eine Numerierung hinzu. Wurde dem der Markierung vorausgehenden oder folgenden Absatz mit dem Befehl **Numerierung und Aufzählungen** (Menü **Format**) bereits eine Numerierung zugewiesen, werden die markierten Absätze mit der entsprechenden Numerierung formatiert; andernfalls wird die Standardeinstellung des Dialogfelds **Numerierung und Aufzählungen** verwendet.
	Fehlt Numerierung ein/aus.

Die Funktion **FormatNummerStandard()** liefert folgende Werte:

Wert	Erklärung
0 (Null)	Wenn keiner der markierten Absätze Aufzählungszeichen enthält oder numeriert ist.
–1	Wenn nicht alle markierten Absätze Aufzählungszeichen enthalten, übersprungen werden oder auf derselben Ebene numeriert sind.
1-9	Wenn alle markierten Absätze dieselbe Numerierungsebene in einer mehrgliedrigen Liste aufweisen.
10	Wenn alle markierten Absätze mit einer der sechs Möglichkeiten der Registerkarte **Numerierung** im Dialogfeld **Numerierung und Aufzählungen** numeriert sind.
11	Wenn alle markierten Absätze Aufzählungszeichen enthalten.
12	Wenn alle markierten Absätze übersprungen werden.

Siehe auch **FormatAufzählungStandard**, **FormatAufzählungUndNumerierung**, **NumerierungÜberspringen**

FormatPosRahmen

Syntax FormatPosRahmen [.Textfluß = *Zahl*] [, .BreiteAuswahl = *Zahl*] [, .BreiteMaß = *Zahl oder Text*] [, .HöheAuswahl = *Zahl*] [, .HöheMaß = *Zahl oder Text*] [, .PositionHoriz = *Zahl oder Text*] [, .PositionHorizGemVon = *Zahl*] [, .AbstZumText = *Zahl oder Text*] [, .PositionVert = *Zahl oder Text*] [, .PositionVertGemVon = *Zahl*] [, .AbstVertZumText = *Zahl oder Text*] [, .MitTextVerschieben = *Zahl*] [, .VerankerungsPunktFixieren = *Zahl*] [, .PosRahmenEntfernen]

Bemerkungen Positioniert den markierten Positionsrahmen und legt dessen Optionen fest. Befindet sich die Einfügemarke oder Markierung nicht in einem Positionsrahmen, tritt ein Fehler auf. Die Argumente für **FormatPosRahmen** entsprechen den Optionen im Dialogfeld **Positionsrahmen** (Menü **Format**).

Argument	Erklärung
.Textfluß	Legt eine Textflußoption fest: 0 (Null) Text umfließt den Positionsrahmen nicht. 1 Text umfließt den Positionsrahmen.
.BreiteAuswahl	Die zum Bestimmen der Positionsrahmenbreite angegebene Option: 0 (Null) Auto (Breite hängt von der Absatzbreite ab). 1 Genau (Breite entspricht genau **.BreiteMaß**).
.BreiteMaß	Die Breite des Positionsrahmens in Punkt oder oder einer anderen Maßeinheit, wenn **.BreiteAuswahl** 1 ist.
.HöheAuswahl	Die zum Bestimmen der Positionsrahmenhöhe angegebene Option: 0 (Null) Auto (Höhe hängt von der Absatzhöhe ab). 1 Mindestens (Höhe ist mindestens **.HöheMaß**). 2 Genau (Höhe entspricht genau **.HöheMaß**).
.HöheMaß	Die Höhe des Positionsrahmens in Punkt oder einer anderen Maßeinheit (72 Punkt = 1 Zoll), wenn **.HöheAuswahl** 1 oder 2 ist.
.PositionHoriz	Der horizontale Abstand in Punkt oder einem Textmaß, gemessen vom Rand des mit **.PositionHorizGemVon** definierten Elements. Als Textargumente können Sie außerdem „Links", „Rechts", „Zentriert", „Innen" und „Außen" angeben.
.PositionHorzRel	Gibt an, daß die horizontale Position bezogen auf folgendes Element gemessen wird: 0 (Null) Seitenrand 1 Seite 2 Spalte

Argument	Erklärung
.AbstZumText	Der Abstand zwischen dem Positionsrahmen und dem Text, links und/oder rechts des Positionsrahmens, gemessen in Punkt oder einem Textmaß.
.PositionVert	Der vertikale Abstand, in Punkt oder einem Textmaß, gemessen vom Rand des mit **.PositionVertGemVon** definierten Elements. Als Textargumente können Sie außerdem „Oben", „Unten" und „Zentriert" angeben.
.PositionVert GemVon	Gibt an, daß die vertikale Position bezogen auf folgendes Element gemessen wird: 0 (Null) Seitenrand 1 Seite 2 Absatz
.AbstVertZumText	Der Abstand zwischen dem Positionsrahmen und dem Text, über und/oder unter dem Positionsrahmens, gemessen in Punkt oder einem Textmaß.
.MitText Verschieben	Bei Einstellung auf 1 paßt sich der Positionsrahmen entsprechend dem hinzugefügten oder entfernten Text an.
.Verankerungs PunktFixieren	Bei Einstellung auf 1 bleiben die Rahmenverankerungspunkte (die angeben, wo der Positionsrahmen in Normalansicht erscheint) an einer Stelle fixiert, wenn der zugehörige Positionsrahmen umgestellt wird. Ein fixierter Positionsrahmen kann nicht umgestellt werden.
.PosRahmen Entfernen	Entfernt das Positionsrahmenformat um den markierten Text oder die markierte Grafik.

Beispiel

In diesem Beispiel wird der aktuelle Absatz markiert und mit einem Positionsrahmen versehen. Anschließend wird der Positionsrahmen linksbündig, relativ zur aktuellen Spalte formatiert, wobei sich zwischen dem Positionsrahmen und dem Text darüber und darunter ein Abstand von 0,5 cm befindet:

```
BearbeitenGeheZu "\Para"
EinfügenPosRahmen
FormatPosRahmen .PositionHoriz = 0, .PositionHorizGemVon = 2, \
    .AbstVertZumText = "0,5 cm"
```

Siehe auch

BearbeitenErsetzenRahmen, BearbeitenSuchenRahmen, EinfügenPosRahmen, EntfernenPosRahmen, FormatFVDefPosRahmen

FormatRahmenSchattierung

Syntax FormatRahmenSchattierung [.AnwendenAuf = *Zahl*] [, .Schattiert = *Zahl*]
[, .ObenRahmenlinie = *Zahl*] [, .LinksRahmenlinie = *Zahl*]
[, .UntenRahmenlinie = *Zahl*] [, .RechtsRahmenlinie = *Zahl*]
[, .HorizontalRahmenlinie = *Zahl*] [, .VertikalRahmenlinie = *Zahl*]
[, .FarbeOben = *Zahl*] [, .FarbeLinks = *Zahl*] [, .FarbeUnten = *Zahl*]
[, .FarbeRechts = *Zahl*] [, .FarbeHorizontal = *Zahl*] [, .FarbeVertikal = *Zahl*]
[, .VomText = *Zahl oder Text*] [, .Schattierung= *Zahl*] [, .Vordergrund = *Zahl*]
[, .Hintergrund = *Zahl*] [, .Registerkarte = *Text*] [, .FeineSchattierung = *Zahl*]

Bemerkungen Legt Rahmenlinien und Schattierungsformate der markierten Absätze, Grafiken oder Tabellenzellen fest. Die Argumente der Anweisung
FormatRahmenSchattierung entsprechen den Optionen im Dialogfeld **Rahmen und Schattierung - Absatz** (Menü **Format**).

Argument	Erklärung
.AnwendenAuf	Besteht der markierte Bereich aus mehreren der folgenden Elemente, gibt dieses Argument an, welchen Elementen das Rahmenformat zugewiesen werden soll: 0 (Null) Absätze 1 Grafik 2 Zellen 3 Gesamte Tabelle Wenn Sie **.AnwendenAuf** nicht angeben, wird die Standardvorgabe für den markierten Bereich angenommen.
.Schattiert	Gibt an, ob der Rahmen von Absätzen und Grafiken mit einem Schatten hinterlegt werden soll: 0 (Null) Weist keinen Schatten zu. 1 Weist einen Schatten zu. Tabellen oder Tabellenzellen können nicht mit einem Schatten hinterlegt werden. Damit ein Absatz oder eine Grafik mit einem Schatten hinterlegt werden kann, müssen die rechte, linke, obere und untere Rahmenlinie übereinstimmen; anderenfalls tritt ein Fehler auf.
.ObenRahmenlinie, .LinksRahmenlinie, .UntenRahmenlinie, .RechtsRahmenlinie	Die Art der Rahmenlinien entlang des oberen, unteren, linken und rechten Rands von Absätzen bzw. Grafiken oder Zellen. Gültige Werte liegen zwischen 0 (Null), was keinem Rahmen entspricht, und 11. Eine Liste der Linienarten und ihrer Werte finden Sie unter **RahmenlinienArt**.

Argument	Erklärung
.HorizontalRahmenlinie	Die Art horizonaler Rahmenlinien zwischen Absätzen oder Tabellenzellen. Gültige Werte liegen zwischen 0 (Null), wobei keine Rahmenlinien gesetzt werden, und 11. Die Rahmenlinien werden nur angezeigt, wenn sie mindestens zwei aufeinanderfolgenden Absätzen oder Tabellenzellen zugewiesen werden.
.VertikalRahmenlinie	Die Art vertikaler Rahmenlinien zwischen Tabellenzellen. Gültige Werte liegen zwischen 0 (Null), wobei keine Rahmenlinien gesetzt werden, und 11. Die Rahmenlinien werden nur angezeigt, wenn die Markierung in der Tabelle mindestens zwei Zellen breit ist. (Wenn Sie **.VertikalRahmenlinie** einem Absatz zuweisen, hat dies dieselbe Wirkung wie **.LinksRahmenlinie**.)
.FarbeOben, .FarbeLinks, .FarbeUnten, .FarbeRechts .FarbeHorizontal, .FarbeVertikal	Die der angegebenen Rahmenlinie zuzuweisende Farbe. Gültige Werte liegen zwischen 0 (Null), was einer automatischen Farbzuweisung entspricht, und 16. Eine Liste der Farben und ihrer Werte finden Sie unter **ZeichenFarbe**.
.VomText	Der Abstand zwischen der Rahmenlinie und dem unmittelbar angrenzenden Text, und zwar in Punkt oder einer von Ihnen angegebenen Maßeinheit. Nur für Absätze gültig; in allen anderen Fällen muß **.VomText** eine leere Zeichenfolge (" ") sein oder ausgelassen werden, da sonst ein Fehler auftritt.
.Schattierung	Das auf den markierten Bereich anzuwendende Schattierungsformat. Gültige Werte liegen zwischen 0 (Null), was der Option „Transparent" entspricht, und 25. Eine Liste der Schattierungsmuster und der dazugehörigen Werte finden Sie unter **SchattierungsMuster**.
.Vordergrund	Die Farbe, die dem Vordergrund der Schattierung zugewiesen werden soll. Gültige Werte liegen zwischen 0 (Null), was einer automatischen Formatierung entspricht, und 16. Eine Liste der Farben und ihrer Werte finden Sie unter **ZeichenFarbe**.
.Hintergrund	Die Farbe, die dem Hintergrund der Schattierung zugewiesen werden soll. Gültige Werte liegen zwischen 0 (Null), was einer automatischen Formatierung entspricht, und 16.

Argument	Erklärung
.Registerkarte	Gibt an, welche Registerkarte beim Anzeigen des Dialogfelds **Rahmen und Schattierung - Absatz** mit Hilfe der Anweisung **Dialog** oder der Funktion **Dialog** () ausgewählt sein soll. 0 (Null) Registerkarte **Rahmen** 1 Registerkarte **Schattierung**
.FeineSchattierung	Ein Schattierungmuster zwischen 0 (Null) und 40 in Schritten zu jeweils 2,5%. Wenn **.FeineSchattierung** einen anderen Wert als 0 (Null) aufweist, wird **.Schattierung** nicht beachtet.

Siehe auch BearbeitenErsetzenRahmen, BearbeitenSuchenRahmen, Kasten, OhneRahmenlinien, RahmenlinieInnen, RahmenlinieLinks, RahmenlinienArt, RahmenlinieOben, RahmenlinieRechts, RahmenlinieUnten, SchattierungsMuster

FormatSeitenzahl

Syntax FormatSeitenzahl [.NumFormat = *Zahl*] [, .KapitelNummer = *Zahl*] [, .Ebene = *Zahl*] [, .TrennZeichen = *Zahl*] [, .NumNeuBeginnen = *Zahl*] [, .AnfangsNr = *Zahl*]

Bemerkungen Bestimmt das Format der Seitenzahlen im markierten Bereich. Die Argumente für **FormatSeitenzahl** entsprechen den Optionen im Dialogfeld **Seitenzahlen-Format** (Befehl **Seitenzahlen**, Menü **Einfügen**).

Argument	Erklärung
.NumFormat	Das Format für die Seitenzahlen: 0 (Null) 1 2 3… 1 a b c… 2 A B C… 3 i ii iii… 4 I II III…
.KapitelNummer	Wenn 1, wird die Kapitelnummer mit der Seitenzahl angezeigt.
.Ebene	Eine Zahl, die der Überschriftenebene des ersten Absatzes in jedem Kapitel entspricht (dient zum Anzeigen der Kapitelnummer mit der Seitenzahl). Dabei entspricht 0 der Überschriftenebene 1, 1 entspricht der Überschriftenebene 2 usw.

Argument	Erklärung
.TrennZeichen	Wenn **.Ebene** angegeben wird, gibt das Argument das Trennzeichen zwischen der Kapitelnummer und der Seitenzahl an.
	0 (Null) Bindestrich
	1 Punkt
	2 Doppelpunkt
	3 Langer Gedankenstrich (Em-Gedankenstrich)
	4 Gedankenstrich
.NumNeuBeginnen	Bestimmt, ob ein anderer Anfangswert festgelegt werden kann oder nicht:
	0 (Null) Wählt die Option „Fortsetzung vom vorhergehenden Abschnitt" aus (die Einstellung für **.Anfangsnr** hat keine Wirkung).
	1 Wählt die Option „Beginnen mit" aus (die Numerierung beginnt bei dem mit **.Anfangsnr** angegebenem Wert).
.Anfangsnr	Die Anfangsseitenzahl des aktuellen Abschnitts (wenn **.NumNeuBeginnen** auf 1 gesetzt ist).

Siehe auch   EinfügenSeitenzahlen

FormatSpalten

Syntax   FormatSpalten [**.Spalten** = *Zahl oder Text*] [, **.SpaltenNr** = *Text*] [, **.SpaltenBreite** = *Text*] [, **.SpaltenAbstand** = *Text*] [, **.GleicherSpaltenabstand** = *Zahl*] [, **.SpaltenZuweisen** = *Zahl*] [, **.Zwischenlinie** = *Zahl*] [, **.BeginneNeueSpalte** = *Zahl*]

Bemerkungen   Formatiert ein Dokument oder einen Teil eines Dokumentes mit der angegebenen Anzahl von Spalten oder ändert die Breite und den Zwischenraum von vorhandenen Spalten. Die Argumente der Anweisung **FormatSpalten** entsprechen den Optionen im Dialogfeld **Spalten** (Menü **Format**).

Argument	Erklärung
.Spalten	Die Anzahl der Spalten, die dem durch .**SpaltenZuweisen** definierten Teil des Dokuments zugewiesen werden sollen.
.SpaltenNr	Wenn .**GleicherSpaltenabstand** auf 0 (Null) gesetzt ist, gibt das Argument die Nummer der zu formatierenden Spalte an. Wenn Informationen aus einem **FormatSpalten**-Dialogdatensatz geliefert werden, gibt es die Spalte an, deren Breite geliefert werden soll.
	Wenn Sie die Breite einer Spalte unabhängig von anderen Spalten festlegen wollen, müssen Sie eine zusätzliche **FormatSpalten**-Anweisung angeben, um die Breite der letzten Spalte festzulegen. Falls nur eine **FormatSpalten**-Anweisung angegeben wird, entspricht die endgültige Spaltenanzahl dem durch .**SpaltenNr** angegebenen Wert. Wird beispielsweise die Breite der ersten Spalte eines dreispaltigen Abschnitts geändert, so enthält dieser Abschnitt nach Ausführen der Anweisung nur noch eine Spalte. Sie können das dreispaltige Format beibehalten, indem Sie eine zusätzliche **FormatSpalten**-Anweisung angeben und .**SpaltenNr** auf 3 setzen.
.SpaltenBreite	Die Breite der durch .**SpaltenNr** bezeichneten Spalte oder, wenn Sie .**GleicherSpaltenabstand** auf 1 setzen, die Breite aller Spalten in dem mit .**SpaltenZuweisen** definierten Teil des Dokuments.
.SpaltenAbstand	Der Zwischenraum zwischen den einzelnen Spalten.
.Gleicher Spaltenabstand	Wenn 1, erhalten alle Spalten die gleiche Breite.
.SpaltenZuweisen	Gibt an, welchem Teil des Dokuments die Spaltenformatierung zugewiesen werden soll: 0 (Null) Aktueller Abschnitt 1 Dem Dokument ab der aktuellen Position 2 Markierten Abschnitten 3 Markiertem Text 4 Dem gesamten Dokument
.Zwischenlinie	Wenn 1, wird zwischen den Spalten eine Linie eingefügt.
.BeginneNeueSpalte	Wenn 1, entspricht dies dem Aktivieren des Kontrollkästchens „Neue Spalte beginnen". Dies ist nur wirksam, wenn Sie für .**SpaltenZuweisen** 1 („Dokument ab hier") gewählt haben.

Beispiel	Dieses Beispiel formatiert den aktuellen Abschnitt mit drei gleichbreiten Spalten, wobei zwischen den Spalten eine Linie angezeigt wird:FormatSpalten .Spalten = "3", .GleicherSpaltenabstand \ = 1, .Zwischenlinie = 1
Siehe auch	**TabelleSpaltenbreite**

FormatTabulator

Syntax	**FormatTabulator** [**.Position** = *Text*] [, **.StandardTabs** = *Zahl oder Text*] [, **.Ausrichten** = *Zahl*] [, **.Füllzeichen** = *Zahl*] [, **.Bestimmen**] [, **.Lösch**] [, **.AlleLösch**]
Bemerkungen	Bestimmt und löscht Tabstops für die markierten Absätze. Die Argumente für **FormatTabulator** entsprechen den Optionen im Dialogfeld **Tabulator** (Menü **Format**).

Argument	Erklärung
.Position	Die Position des Tabstops, in einer Text-Maßeinheit.
.StandardTabs	Die Position der Standard-Tabstops im Dokument, in Punkt oder einer Text-Maßeinheit.
.Ausrichten	Die Ausrichtung des Tabstops: 0 (Null)　Links 1　Zentriert 2　Rechts 3　Dezimal 4　Vertikale Linie
.Füllzeichen	Das Füllzeichen für den Tabstop: 0 (Null)　Ohne 1　Punkt 2　Trennstrich 3　Unterstreichungszeichen
.Bestimmen	Legt den angegebenen benutzerdefinierten Tabstop fest.
.Lösch	Löscht den benutzerdefinierten Tabstop.
.AlleLösch	Löscht alle benutzerdefinierten Tabstops.

Beispiele　　Das folgende Beispiel setzt einen rechtsbündigen Tabstop bei 4 cm:

```
FormatTabulator .Position = "4 cm", .Ausrichten = 2, .Bestimmen
```

Das folgende Beispiel entfernt alle benutzerdefinierten Tabstops:

```
FormatTabulator .AlleLösch
```

Siehe auch BearbeitenSuchenTabstops, BearbeitenErsetzenTabstops, FormatFVDefTab, NächsterTab(), TabAusricht$(), TabstopArt(), VorherigerTab()

FormatÜberschriftenNumerierung

Syntax FormatÜberschriftenNumerierung [.Entfernen] [, .Voreinstellung = *Zahl*]

Bemerkungen Fügt den Überschriften im markierten Text Nummern hinzu oder entfernt sie. Eine Überschrift ist ein Absatz, der mit einer der neun vordefinierten Überschrift-Formatvorlagen formatiert ist.

Argument	Erklärung
.Entfernen	Entfernt Nummern aus den Überschriften im markierten Text.
.Voreinstellung	Eine Nummer, die einem Numerierungsschema im Dialogfeld **Überschriften numerieren** (Menü **Format**) entspricht.
	Sie können eine Nummer bestimmen, indem Sie das Dialogfeld **Überschriften numerieren** öffnen und ein Numerierungsschema auswählen. Die vordefinierten Schemata sind von links nach rechts durchnumeriert (1 bis 6).

Siehe auch FormatAufzählungUndNumerierung

FormatÜberschriftenNummer

Syntax FormatÜberschriftenNummer [.Punkt = *Zahl*] [, .Farbe = *Zahl*] [, .Vor = *Text*]
[, .Art = *Zahl*] [, .Nach = *Text*] [, .BeginnenMit = *Zahl*] [, .Einbeziehen = *Zahl*]
[, .Ausrichtung = *Zahl*] [, .Einzug = *Zahl oder Text*]
[, .Abstand = *Zahl oder Text*] [, .HängEinzug = *Zahl*]
[, .Neunumerierung = *Zahl*] [, .Ebene = *Zahl*] [, .Schriftart = *Text*]
[, .Durchstreichen = *Zahl*] [, .Fett = *Zahl*] [, .Kursiv = *Zahl*]
[, **Unterstrichen** = *Zahl*]

Bemerkungen Numeriert alle Absätze im Dokument, die mit einer der neun integrierten Formatvorlagen für Überschriftsebenen formatiert wurden, oder ändert die Numerierungseinstellungen für eine bestimmte Überschriftsebene. Die Argumente der **FormatÜberschriftenNummer**-Anweisung entsprechen den Optionen im Dialogfeld **Überschriftennumerierung bearbeiten** (Befehl **Überschriften numerieren**, Menü **Format**)

Argument	Erklärung
.Punkt, .Farbe, .Schriftart, .Durchstreichen, .Fett, .Kursiv, .Unterstrichen	Weist den Nummern in der angegebenen Ebene eine Zeichenformatierung zu. Argumentbeschreibungen finden Sie unter **FormatZeichen**.
.Vor, .Nach, .Ausrichten, .Einzug, .Abstand, .HängEinzug	Legt Optionen für die Nummern der angegebenen Ebene fest. Argumentbeschreibungen finden Sie unter **FormatNumerierung**.
.Art	Gibt das Format der Überschriftsnumerierung in der betreffenden Ebene an. 0 (Null) 1, 2, 3, 4 1 I, II, III, IV 2 i, ii, iii, iv 3 A, B, C, D 4 a, b, c, d 5 1., 2. ... 6 Eins, Zwei, ... 7 Erste, Zweite, ... –1 Ein Aufzählungszeichen wurde zur Numerierung verwendet. Um das Zeichen anzugeben, tragen Sie unter **.Vor** den Buchstaben ein, der in der Standardschriftart dieselbe Nummer hat wie das gewünschte Zeichen in der Sonderzeichenschriftart. So steht z.B. die nach rechts zeigende Hand in der Sonderzeichenschrift „Wingdings" an derselben Position wie der Buchstabe „F" in der Standardschriftart. Die Schriftart geben Sie dann unter **.Schriftart** an.
.BeginnenMit	Die Nummer der ersten Überschrift jeder Überschriftenfolge der angegebenen Ebene. Falls **.Art** 3 oder 4 ist, entspricht **.BeginnenMit** der Position, die der erste Buchstabe im Alphabet einnimmt.

Argument	Erklärung
.Einbeziehen	Gibt an, ob Nummern und Positionsoptionen aus vorhergehenden Überschriften vor Nummern der angegebenen Ebene eingefügt werden:
	0 (Null) Fügt weder Nummern noch Positionsoptionen ein.
	1 Fügt vor den Nummern der angegebenen Ebene eine Reihe von Überschriftsnummern aus übergeordneten Überschriftsebenen ein.
	2 Fügt sowohl Nummern aus übergeordneten Überschriftsebenen als auch Positionsoptionen der vorangegangenen Ebene ein. Positionsoptionen sind die Optionen unter „Nummernposition" im Dialogfeld **Überschriftennumerierung bearbeiten** (Menü **Format**, Dialogfeld **Überschriften numerieren**, Schaltfläche „Bearbeiten").
.Neu numerierung	Wenn 1, beginnt die Überschriftsnumerierung in jedem neuen Abschnitt von vorn.
.Ebene	Eine Zahl von 1 bis 9, die der Überschriftsebene entspricht, deren Numerierungsoptionen geändert werden sollen.

Siehe auch FormatAufzählung, FormatGegliederteListe, FormatNumerierung, FormatÜberschriftenNumerierung

Formatvorlage

Syntax **Formatvorlage** *Formatvorlage$*

Bemerkungen Weist den markierten Absätzen eine Formatvorlage zu. Wenn die *Formatvorlage$* nicht vorhanden ist, tritt ein Fehler auf. Sie können eine Formatvorlage mit **FormatFormatvorlage** erstellen.

Beispiel Dieses Beispiel sucht das erste Vorkommen des Wortes „Übersicht", auf das eine Absatzmarke folgt, und weist ihm die Formatvorlage „Überschrift 1" zu:

```
BeginnDokument
BearbeitenSuchen .Suche = "Übersicht^p", .Richtung = 0, \
    .GroßKleinSchreibung = 1, .Format = 0
If BearbeitenSuchenGefunden() Then Formatvorlage "Überschrift 1"
```

Siehe auch **FormatFormatvorlage**, **FVName$()**, **StandardFV**

FormatZeichen

Syntax FormatZeichen [**.Punkt** = *Zahl*] [, **.Durchstreichen** = *Zahl*]
[, **.Verborgen** = *Zahl*] [, **.Kapitälchen** = *Zahl*] [, **.Großbuchstaben** = *Zahl*]
[, **.Hochgestellt** = *Zahl*] [, **.Tiefgestellt** = *Zahl*] [, **.Schattiert** = *Zahl*]
[, **.Unterstrichen** = *Zahl*] [, **.Konturschrift** = *Zahl*] [, **.Farbe** = *Zahl*]
[, **.Laufweite** = *Zahl*] [, **.Position** = *Zahl oder Text*]
[, **.UnterschneidungMin** = *Zahl oder Text*] [, **.Unterschneidung** = *Zahl*]
[, **.Schriftart** = *Text*] [, **.Fett** = *Zahl*] [, **.Kursiv** = *Zahl*] [, **.Standard**]
[, **.Registerkarte** = *Zahl*]

Bemerkungen Weist dem markierten Text Zeichenformate zu. Die Argumente für **FormatZeichen** entsprechen den Optionen im Dialogfeld **Zeichen** (Menü **Format**).

Argument	Erklärung
.Punkt	Der Schriftgrad in Punkt
.Unterstrichen	Weist eine Unterstreichungsart zu: 0 (Null) Keine, entspricht „(ohne)" 1 Einfach 2 Nur Wörter 3 Doppelt 4 Punktiert
.Farbe	Die Farbe des Textes. Eine Liste der verfügbaren Farben finden Sie unter **ZeichenFarbe**.
.Durchstreichen	Wenn 1, wird das Format „Durchstreichen" zugewiesen.
.Hochgestellt	Wenn 1, wird das Format „Hochgestellt" zugewiesen.
.Schattiert	Wenn 1, wird das Format „Schattiert" zugewiesen (nur auf dem Macintosh verfügbar).
.Tiefgestellt	Wenn 1, wird das Format „Tiefgestellt" zugewiesen.
.Verborgen	Wenn 1, wird das Format „Verborgen" zugewiesen.
.Kapitälchen	Wenn 1, wird das Format „Kapitälchen" zugewiesen.
.Großbuchstaben	Wenn 1, wird das Format „Großbuchstaben" zugewiesen.
.Konturschrift	Wenn 1, wird das Format „Konturschrift" angewendet. (Nur auf dem Macintosh verfügbar.)
.Laufweite	Der Abstand zwischen zwei Zeichen in sogenannten „twips" (20 twips entsprechen 1 Punkt) oder einer für Text verwendeten Maßeinheit: 0 (Null) Standard >0 Erweitert um das angegebene Maß <0 Vermindert um das angegebene Maß

Argument	Erklärung
.Position	Die Position von Zeichen relativ zur Grundlinie, in halben Punkt oder einer anderen für Text verwendeten Maßeinheit:
	0 (Null) Standard
	>0 Hochgestellt um das angegebene Maß
	<0 Tiefgestellt um das angegebene Maß
.Unterschneidung	Wenn 1, aktiviert die Unterschneidung (Regelung des Zeichenabstands bei bestimmten Buchstabenpaaren)
.Unterschneidung Min	Wenn **.Unterschneidung** auf 1 gesetzt ist, legt dieses Argument den Minimum-Schriftgrad für die automatische Unterschneidung in Punkt fest.
.Standard	Legt die Zeichenformatierung für die Formatvorlage „Standard" fest.
.Registerkarte	Legt fest, was im Register ausgewählt wird, wenn Sie das Dialogfeld **Zeichen** mit einer **Dialog-** oder **Dialog**()-Anweisung anzeigen.
	0 (Null) Registerkarte **Zeichen**
	1 Registerkarte **Abstand**
.Schriftart	Der Name der Schriftart
.Fett	Wenn 1, wird das Format „Fett" zugewiesen.
.Kursiv	Wenn 1, wird das Format „Kursiv" zugewiesen.

Beispiel

Dieses Beispiel zeigt, wie Sie in **FormatZeichen**-Anweisungen statt Punkt auch andere Maße angeben können, indem Sie einen Wert und eine Maßeinheit eingeben. Die folgende Anweisung positioniert die markierten Zeichen 0,25 cm über der Grundlinie.

```
FormatZeichen .Position = "0,25 cm"
```

Siehe auch

BearbeitenErsetzenZeichen, BearbeitenSuchenZeichen, DoppeltUnterstreichen, Durchstreichen, Fett, FormatFVDefZeichen, FormatGroßKleinschreibung, Großbuchstaben, Hochgestellt, Kapitälchen, Konturschrift, Kursiv, Schattiert, Schriftart, Schriftgrad, SchriftVergrößern, SchriftVerkleinern, Tiefgestellt, Unterstrichen, Verborgen, VorgabeZeichen, WortUnterstreichen, ZeichenFarbe

FormatZeichnungsElement

Syntax FormatZeichnungsElement [**.Registerkarte** = *Zahl*] [, **.Füllfarbe** = *Zahl oder Text*] [, **.LinieFarbe** = *Zahl oder Text*] [, **.FüllmusterFarbe** = *Zahl oder Text*] [, **.Füllmuster** = *Zahl oder Text*] [, **.LinienDef** = *Zahl*] [, **.LinienArt** = *Zahl*] [, **.LinienStärke** = *Zahl oder Text*] [, **.PfeilArt** = *Zahl*] [, **.PfeilBreite** = *Zahl*] [, **.PfeilLänge** = *Zahl*] [, **.Schattiert** = *Zahl*] [, **.AbgerundeteEcken** = *Zahl*] [, **.HorizontalPos** = *Zahl oder Text*] [, **.HorizontalVon** = *Zahl*] [, **.VertikalPos** = *Zahl oder Text*] [, **.VertikalVon** = *Zahl*] [, **.VerankerungsPunktFixieren** = *Zahl*] [, **.Höhe** = *Zahl oder Text*] [, **.Breite** = *Zahl oder Text*] [, **.Innenrand** = *Zahl oder Text*]

Bemerkungen Ändert Muster, Linienart, Größe und Position eines ausgewählten Zeichnungsobjektes. Die Argumente für die Anweisung **FormatZeichnungsElement** entsprechen den Optionen im Dialogfeld **Zeichnungselement** (Menü **Format**).

Argument	Erklärung
.Registerkarte	Gibt die Registerkarte an, die ausgewählt werden soll, wenn das Dialogfeld **Zeichnungselement** mit **Dialog** oder **Dialog()** angezeigt wird: 0 (Null) Registerkarte **Ausfüllen** 1 Registerkarte **Linie** 2 Registerkarte **Größe und Position**
.Füllfarbe	Gibt eine Füllbereichsfarbe an. Geben Sie für den Grauanteil das Doppelte des gewünschten Prozentsatzes als negative Zahl an (Beispiel: Für eine Grauanteil von 5 Prozent geben Sie –10 an. Für 37,5 Prozent Grauanteil geben Sie –75 an). Eine Farbe können Sie mit einem Wert von 1 bis 16 angeben (wie unter **ZeichenFarbe** beschrieben). Der Wert 0 (Null) bedeutet, daß keine Farbe gewählt wird.
.LinieFarbe	Gibt eine Linienfarbe an. Die Werte entsprechen den Werten unter **.Füllfarbe**.
.FüllmusterFarbe	Gibt die Musterfarbe an. Die Werte entsprechen den Werten unter **.Füllfarbe**.
.Füllmuster	Gibt das Muster an: 0 (Null) Legt sowohl **.Füllfarbe** als auch **.Füllmuster** auf „Ohne" fest. 1 bis 25 Gibt ein Element im Feld „Muster" der Registerkarte **Ausfüllen** an: 1 entspricht dem ersten Kästchen („Ohne"), 2 dem zweiten usw.

Argument	Erklärung
.LinienDef	Gibt an, ob die Linie sichtbar sein soll:
	0 (Null) Blendet die Linie aus. Nur der Füllbereich und gegebenenfalls die Pfeilspitzen werden angezeigt.
	1 Zeigt die durch **.LinieFarbe**, **.LinienArt** und **.LinienStärke** definierte Linie an.
.LinienArt	Gibt eine der Linienarten aus dem Listenfeld „Art" der Registerkarte **Linie** an. 0 (Null) entspricht dem ersten Element der Liste, 1 dem zweiten usw. bis 4.
.LinienStärke	Die Breite der Linie in Punkt oder einer Textmaßeinheit.
.PfeilArt	Gibt die Pfeilart für ein Linien-Zeichnungsobjekt an: 0 (Null) entspricht dem ersten Element (keine Pfeilspitzen) im Listenfeld „Art" unter „Pfeilspitze", 1 dem zweiten und so weiter bis 6.
.PfeilBreite	Gibt die Breite der Pfeilspitze für ein Linien-Zeichnungsobjekt an:
	0 (Null) Schmal
	1 Mittel
	2 Breit
.PfeilLänge	Gibt die Länge der Pfeilspitze für ein Linien-Zeichnungsobjekt an:
	0 (Null) Kurz
	1 Mittel
	2 Lang
.Schattiert	Wenn 1, wird das Zeichnungsobjekt mit einem Schatten hinterlegt.
.AbgerundeteEcken	Wenn 1, werden die Ecken eines rechteckigen Zeichnungsobjektes abgerundet.
.HorizontalPos	Der Abstand zwischen dem durch **.HorizontalVon** angegebenen Bezugspunkt und dem Zeichnungsobjekt. Wenn keine Einheit angegeben wird und die Entfernung als Zahl angegeben wird (nicht in Anführungszeichen eingeschlossen), wird Punkt als Maßeinheit angenommen. Wenn die Zahl ohne Maßeinheit, aber als Zeichenkette angegeben wird (in Anführungszeichen eingeschlossen, z.B. „2"), so wird die eingestellte Standardeinheit als Maßeinheit angenommen. Dies gilt sinngemäß auch für **.VertikalPos**.
.HorizontalVon	Gibt den Bezugspunkt an, von dem aus die horizontale Position des Zeichnungsobjekts gemessen wird:
	0 (Null) Seitenrand
	1 Seite
	2 Spalte

Argument	Erklärung
.VertikalPos	Der Abstand, in Punkt oder einer Textmaßeinheit, zwischen dem durch .VertikalVon angegebenen Bezugspunkt und dem Zeichnungsobjekt.
.VertikalVon	Gibt den Bezugspunkt an, von dem aus die vertikale Position des Zeichnungsobjekts gemessen wird: 0 (Null) Seitenrand 1 Seite 2 Absatz
.VerankerungsPunktFixieren	Wenn 1, bleibt der Verankerungspunkt des Zeichnungsobjekts an derselben Stelle, wenn das entsprechenden Zeichnungsobjekt verschoben wird. Ein fixierter Verankerungspunkt kann nicht verschoben werden.
.Höhe	Die Höhe des Zeichnungsobjekts in Punkt oder einer Textmaßeinheit.
.Breite	Die Breite des Zeichnungsobjekts in Punkt oder einer Textmaßeinheit.
.Innenrand	Eine Maßangabe, in Twips (1 Twip = 1/20 Punkt; 1 Punkt = 0,376 mm) oder einer Textmaßeinheit, für den Innenrand in einem Textfeld- oder Legenden-Zeichnungsobjekt.

Beispiel Dieses Beispiel veschiebt das markierte Zeichnungsobjekt 2 cm nach unten und 2 cm nach rechts. Der Makro setzt voraus, daß auf der Registerkarte **Allgemein** im Dialogfeld **Optionen** (Menü **Extras**) als Maßeinheit „Zentimeter" ausgewählt ist. Ist an dieser Stelle „Punkt" ausgewählt, dann ist die Umwandlung in eine Stringvariable nicht notwendig:

```
Dim Dlg As FormatZeichnungsElement
GetCurValues Dlg
HorizontalPos = Val(Dlg.HorizontalPos) + 2
Dlg.HorizontalPos = Str$(HorizontalPos)
VertikalPos = Val(Dlg.VertikalPos) + 2
Dlg.VertikalPos = Str$(VertikalPos)
FormatZeichnungsElement Dlg
```

Siehe auch ZeichnungAmRasterAusrichten, ZeichnungAusrichten, ZeichnungUmformen

FormularfelderSchattieren, FormularfelderSchattieren()

Syntax FormularfelderSchattieren [*Aktiv*]

FormularfelderSchattieren()

Bemerkungen	Die Anweisung **FormularfelderSchattieren** legt die Schattierung von Formularfeldern im aktiven Dokument fest.

Argument	Erklärung
Aktiv	Gibt an, ob Formularfelder mit oder ohne Schattierung angezeigt werden.
	1 Zeigt Formularfelder mit Schattierung an.
	0 (Null) Zeigt Formularfelder ohne Schattierung an.
	Fehlt Schaltet die Schattierung um.

Die Funktion **FormularfelderSchattieren()** liefert 0 (Null), wenn Formularfelder nicht schattiert sind, und anderenfalls den Wert –1.

Siehe auch **FormularFeldOptionen**

FormularFeldLeeren

Syntax **FormularFeldLeeren**

Bemerkungen Löscht den Text in einem Text-Formularfeld, das in einem geschützten Formulardokument ausgewählt wurde. **FormularFeldLeeren** hat denselben Effekt wie das Drücken der RÜCKTASTE. In einem nicht geschützten Formulardokument löscht **FormularFeldLeeren** das ausgewählte Text-Formularfeld (es sei denn, das Formularfeld wurde bereits ausgewählt, während das Dokument geschützt war. In diesem Fall wird der Text im Formularfeld gelöscht, das Formularfeld selbst jedoch nicht). Wenn kein Text-Formularfeld ausgewählt wurde, tritt ein Fehler auf. Der Inhalt eines Dropdown- oder Kontrollkästchen-Formularfelds kann mit dieser Anweisung nicht gelöscht werden.

Beispiel Dieses Beispiel soll ausgeführt werden, wenn der Fokus auf ein Text-Formularfeld verschoben wird. Wenn der Benutzer mit der TAB-Taste auf das Formularfeld springt und dabei dessen Inhalt markiert, ist die Bedingung `AbrufenMarkierungAnfangPosition() <> AbrufenMarkierungEndePosition()` wahr, und Word löscht den Inhalt des Formularfelds. Wenn der Benutzer mit der Maus auf das Formularfeld klickt, ist die Bedingung falsch, und Word führt keine Handlung aus.

```
If AbrufenMarkierungEndePosition() <> \
    AbrufenMarkierungAnfangPosition() Then FormularFeldLeeren
```

Siehe auch **BestimmenFormularFeldergebnis, TextFormularFeld**

FormularFeldOptionen

Syntax
: FormularFeldOptionen [**.Eintrag** = *Text*] [, **.Verlassen** = *Text*] [, **.Name** = *Text*] [, **.Aktivierung** = *Zahl*] [, **.TextArt** = *Zahl*] [, **.TextStandard** = *Text*] [, **.TextBreite** = *Text oder Zahl*] [, **.TextFormat** = *Text*] [, **.KontrollGröße** = *Zahl*] [, **.KontrollBreite** = *Text oder Zahl*] [, **.KontrollStandard** = *Zahl*] [, **.Art** = *Zahl*] [, **.HilfeGehörtZu** = *Zahl*] [, **.HilfeText** = *Text*] [, **.StatGehörtZu** = *Zahl*] [, **.StatusleisteText** = *Text*]

Bemerkungen
: Ändert die Eigenschaften eines markierten Formularfelds. Die Argumente für die Anweisung **FormularFeldOptionen** entsprechen den Optionen im Dialogfeld, das angezeigt wird, wenn Sie ein Formularfeld markieren und anschließend in der Formular-Symbolleiste auf die Schaltfläche für „Formularfeld-Optionen" klicken oder aus dem Kontextmenü den Befehl **Formularfeld** wählen. Falls mehr als ein Formularfeld markiert ist, ändert **FormularFeldOptionen** nur das erste in der Markierung. Ist kein Formluarfeld markiert, tritt ein Fehler auf.

Argument	Erklärung
.Eintrag	Der Makro, der ausgeführt wird, wenn das Formularfeld den Fokus erhält.
.Verlassen	Der Makro, der ausgeführt wird, wenn das Formularfeld den Fokus abgibt.
.Name	Der Name der Textmarke, die das Formularfeld kennzeichnet.
.Aktivierung	Wenn 1, erlaubt das Ändern des Formularfelds beim Ausfüllen des Formulars.
.TextArt	Für ein Textformularfeld gibt dieses Argument die Art an: 0 (Null) Normaler Text 1 Zahl 2 Datum 3 Aktuelles Datum 4 Aktuelle Uhrzeit 5 Berechnung
.TextBreite	Für ein Textformularfeld gibt dieses Argument die maximale Breite an: 0 (Null) Unbegrenzt > 0 Eine maximale Breite, in Zeichen
.TextStandard	Der Standardtext für ein Textformularfeld.

Argument	Erklärung
.TextFormat	Für ein Textformularfeld gibt dieses Argument das Format für **.TextArt** an. Wenn **.TextArt** für einfachen Text auf 0 (Null) gesetzt ist, sind die folgenden Werte verfügbar: Grossbuchstaben Kleinbuchstaben Satzanfang gross Erster Buchstabe gross Die für andere Textarten verfügbaren Formate finden Sie in der Liste der Formate für den jeweiligen Typ im Dialogfeld **Optionen für Textformularfelder**.
.KontrollGröße	Für ein Kontrollkästchen-Formularfeld gibt dieses Argument an, ob eine feste Größe verwendet werden soll: 0 (Null) Auto (die Größe hängt vom Schriftgrad des umgebenden Texts ab). 1 Genau (die Breite entspricht genau der durch **.KontrollBreite** angegebenen Breite).
.KontrollBreite	Für ein Kontrollkästchen-Formularfeld, und wenn **.KontrollGröße** auf 1 gesetzt wurde, gibt dieses Argument eine feste Höhe und Breite an. Hierbei wird als Maßeinheit Punkt oder eine andere Textmaßeinheit verwendet.
.KontrollStandard	Für ein Kontrollkästchen-Formularfeld gibt dieses Argument an, ob das Kontrollkästchen standardmäßig aktiviert oder nicht aktiviert ist: 0 (Null) Nicht aktiviert 1 Aktiviert
.Art	Gibt die Art des einzufügenden Formularfelds an: 0 (Null) oder fehlt Textformularfeld 1 Kontrollkästchen-Formularfeld 2 Dropdown-Formularfeld
.HilfeGehörtZu	Gibt die Quelle für den Text an, der in einem Meldungsfeld angezeigt wird, wenn das Formularfeld den Fokus besitzt und die F1-TASTE gedrückt wird: 0 (Null) Der Inhalt des durch **.HilfeText** angegebenen AutoText-Eintrags. Gibt **.HilfeText** eine leere Zeichenfolge (" ") an, wird kein Meldungsfeld angezeigt. 1 Der durch **.HilfeText** angegebene Text.

Argument	Erklärung
.HilfeText	Der Text, der in einem Meldungsfeld angezeigt wird, wenn das Formularfeld den Fokus hat und der Benutzer die F1-TASTE drückt (Windows) bzw. BEFEHL + 1 oder HILFE (Macintosh). Wenn **.HilfeGehörtZu** auf 0 gesetzt ist, der Name des AutoText-Eintrags, der den Hilfetext für das Formularfeld enthält. Ist **.HilfeGehörtZu** auf 1 gesetzt, der Hilfetext.
.StatGehörtZu	Gibt die Quelle für den Text an, der in der Statusleiste angezeigt wird, wenn das Formularfeld den Fokus besitzt: 0 (Null) Der Inhalt des durch **.StatusleisteText** angegebenen AutoText-Eintrags. Gibt **.StatusleisteText** eine leere Zeichenfolge (" ") an, wird kein Text angezeigt. 1 Der durch **.StatusleisteText** angegebene Text
.StatusleisteText	Wenn **.StatGehörtZu** auf 0 gesetzt ist, der Name des AutoText-Eintrags, der den Statusleistentext für das Formularfeld enthält. Ist **.StatGehörtZu** auf 1 gesetzt, der Text, der in der Statusleiste angezeigt wird.

Sie können **FormularFeldOptionen** dazu verwenden, Informationen über ein bestimmtes Formularfeld anhand der im Dialogfeld enthaltenen Einstellungen abzurufen. Sehen Sie dazu das zweite Beispiel dieses Abschnitts.

Beispiel

Dieses Beispiel gibt den Hilfetext für das markierte Formularfeld an. Sie können Hilfetext sowohl für die Statusleiste als auch für ein Meldungsfeld, das beim Drücken von F1 angezeigt wird, angeben.

```
FormularFeldOptionen .HilfeGehörtZu = 1, .HilfeText = \
    "Bevorzugte Freizeitbeschäftigung? Beschreiben Sie sie bitte.", \
    .StatusleisteText = 1, .StatGehörtZu = \
    "Was machen Sie am liebsten?"
```

Das folgende Beispiel verwendet den **FormularFeldOptionen**-Datensatz, um die Variable AktuellArt mit einer Zahl zu definieren, die der Einstellung **.Art** des markierten Formularfelds entspricht. Sie können dieses Beispiel als Vorlage für andere Makros verwenden, um Optionseinstellungen abzurufen, die mit **FormularFeldOptionen** vorgenommen werden können.

```
Dim dlg As FormularFeldOptionen
GetCurValues dlg
AktuellArt = dlg.Art
```

Siehe auch

AktivierenFormularFeld, **EinfügenFormularFeld**

FreihandSchreibmodusUmschalten

Syntax FreihandSchreibmodusUmschalten

Bemerkungen Schaltet unter Windows den manuellen Editiermodus ein oder aus. Wenn Sie den manuellen Editiermodus aktivieren, wechselt Word für das aktive Dokument in die Seitenansicht. Diese Anweisung kann nur mit Windows für Pen Computing verwendet werden. Auf dem Macintosh steht **FreihandSchreibmodusUmschalten** nicht zur Verfügung und erzeugt daher einen Fehler.

Function...End Function

Syntax **Function** *Funktionsname*[$][(*Argumentliste*)]
Reihe von Anweisungen zur Wertermittlung
Funktionsname[$] = *Wert*
End Function

Bemerkungen Definiert eine Funktion, d.h. eine Reihe von Anweisungen, die als Ergebnis einen einzelnen Wert liefert. Wenn die Funktion einen Zeichenfolgenwert liefern soll, muß sie am Ende mit einem Dollarzeichen ($) versehen werden. Beachten Sie, daß auf benutzereigene Funktionen ohne Angabe von *Argumentliste* im Gegensatz zu den Namen eingebauter WordBasic-Funktionen kein Paar leere runde Klammern ( ) folgt. Falls Sie ein Paar leere runde Klammern einfügen, tritt ein Fehler auf.

Argumentliste besteht aus einer Liste von Variablen, die durch Kommas voneinander getrennt sind und durch die Anweisung, die die Funktion aufruft, an die Funktion übergeben werden. Am Ende von Zeichenfolgenvariablen muß ein Dollarzeichen stehen. Die *Argumentliste* kann keine Werte enthalten; Konstanten sollten als Variablen deklariert und über Variablennamen an die Funktion übergeben werden.

Weitere Informationen über das Erstellen von Funktionen finden Sie in Kapitel 4, „WordBasic für Fortgeschrittene".

Beispiel In diesem Beispiel wird der Benutzer aufgefordert, eine Temperatur in Grad Fahrenheit einzugeben. Der Wert wird durch die Variable Fahrenheit an die Funktion KonvertierTemp() übergeben. Die Funktion wandelt Fahrenheit in Celsius um, und die Hauptunterroutine zeigt diesen Wert in einem Meldungsfeld an.

```
Sub MAIN
    On Error Resume Next
    Tmp$ = InputBox$("Geben Sie eine Temperatur in Grad Fahrenheit" \
        + " ein:")
    Fahrenheit = Val(Tmp$)
    Celsius = KonvertierTemp(Fahrenheit)
    MsgBox Tmp$ + " Fahrenheit = " + Str$(Celsius) + " Celsius"
End Sub

Function KonvertierTemp(Fahrenheit)
    Tmp = Fahrenheit
    Tmp = ((Tmp - 32) * 5) / 9
    Tmp = Int(Tmp)
    KonvertierTemp = Tmp
End Function
```

Siehe auch   Sub...End Sub

FußEndnotenOptionen

Syntax   FußEndnotenOptionen [.FußnotenPosition = *Zahl*]
[, .FußnotenNumerierungAls = *Zahl*] [, .FußnotenBeginnenMit = *Text*]
[, .FußnotenNeuBeginnenMit = *Zahl*] [, .EndnotenPosition = *Zahl*]
[, .EndnotenNumerierungAls = *Zahl*] [, .EndnotenNumerierungMit = *Text*]
[, .EndnotenNeuBeginnenMit = *Zahl*]

Bemerkungen   Legt Position und Formatierung für Fußnoten und Endnoten fest. Die Argumente für die Anweisung **FußEndnotenOptionen** entsprechen den Optionen im Dialogfeld **Optionen für Fußnoten/Endnoten** (Befehl **Fußnote**, Menü **Einfügen**).

Argument	Erklärung
.Fußnoten Position	Gibt die Position von Fußnoten an: 0 (Null) Seitenende 1 Textende
.Fußnoten NumerierungAls	Gibt das Format der Fußnotenzeichen an: 0 (Null) 1, 2, 3,... 1 a, b, c, ... 2 A, B, C, ... 3 i, ii, iii, ... 4 I, II, III, ... 5 *, †, ‡, §,...

Argument	Erklärung
.Fußnoten BeginnenMit	Die Nummer der ersten Fußnote. Wenn **.FußnotenBeginnenMit** nicht 1 ist, muß **.FußnotenNeuBeginnenMit** auf 0 (Null) gesetzt werden.
.FußnotenNeu BeginnenMit	Gibt die Numerierung für Fußnoten nach Seiten- oder Abschnittswechseln an: 0 (Null) Fortlaufend 1 Bei jedem Abschnitt neu beginnen 2 Bei jeder Seite neu beginnen
.Endnoten Position	Gibt die Position von Endnoten an: 0 (Null) Abschnittsende 1 Dokumentende
.Endnoten NumerierungAls	Gibt das Format der Endnotenzeichen an. Die entsprechenden Werte finden Sie in der Beschreibung des Arguments **.FußnotenNumerierungAls**.
.Endnoten BeginnenMit	Die Nummer der ersten Endnote. Wenn **.EndnotenBeginnenMit** nicht 1 ist, muß **.EndnotenNeuBeginnenMit** auf 0 (Null) gesetzt werden.
.EndnotenNeu BeginnenMit	Gibt die Numerierung für Endnoten nach Abschnittswechseln an: 0 (Null) Fortlaufend 1 Bei jedem Abschnitt neu beginnen

Beispiel Dieses Beispiel fügt unter dem Text Fußnoten im Format „A, B, C" ein und fängt mit „A" an. Die Numerierung der Fußnotenzeichen beginnt bei jedem Abschnitt neu.

```
FußEndnotenOptionen .FußnotenPosition = 1, \
    .FußnotenNumerierungAls = 2, .FußnotenBeginnenMit = "1", \
    .FußnotenNeuBeginnenMit = 1
```

Siehe auch EinfügenFußnote

FußnotenUmwZuEndnoten

Syntax FußnotenUmwZuEndnoten

Bemerkungen Wandelt alle Fußnoten im aktiven Dokument in Endnoten um. Wenn keine Fußnoten vorhanden sind, tritt ein Fehler auf. Ein Beispiel mit einer ähnlichen Anweisung finden Sie unter **EndnotenUmwZuFußnoten**.

Siehe auch **EndnotenFußnotenVertauschen, EndnotenUmwZuFußnoten, UmwAlleFußnotenEndnoten**

FVBeschreibung$()

Syntax	**FVBeschreibung$**(*Formatvorlage$*)
Bemerkungen	Liefert die Beschreibung der angegebenen Formatvorlage im aktiven Dokument. Eine typische Beschreibung der Formatvorlage „Überschrift 1" ist beispielsweise „Standard + Schriftart: Arial, 14 pt, Fett, Abstand vor 12 pt Nach 3 pt". Wenn *Formatvorlage$* nicht existiert, liefert **FVBeschreibung$**() eine leere Zeichenfolge (" ").
Beispiel	Dieses Beispiel zeigt die Beschreibung der Formatvorlage „Überschrift 1" in einem Meldungsfeld an:

```
InfoVorlage$ = "Überschrift 1"
MsgBox FVBeschreibung$(InfoVorlage$), "Beschreibung für " \
    + InfoVorlage$
```

Siehe auch	**FormatFormatvorlage**, **FVName$()**, **ZählenFormatvorlage**

FVName$()

Syntax	**FVName$**([*Nummer*,][*Kontext*,][*Alle*])
Bemerkungen	Liefert den Namen der angegebenen Formatvorlage oder, falls keine Formatvorlage angegeben wird, den Namen der Formatvorlage, die dem ersten Absatz in der Markierung zugewiesen wurde. Wenn sich die Einfügemarke oder die Markierung innerhalb eines Textes befindet, dem eine Zeichenformatvorlage zugewiesen wurde, gibt **FVName$**() den Namen dieser Zeichenformatvorlage zurück; nicht aber den Namen der zugrundeliegenden (Basis) Absatzformatvorlage. Ein Beispiel, wie Sie die Absatzformatvorlage auch in diesem Fall zurückgeben können, finden Sie im zweiten Beispiel.

Argument	Erklärung
Nummer	Die Position der Formatvorlage in einer alphabetisch sortierten Liste von Formatvorlagen für das Dokument oder die Dokumentvorlage (entsprechend dem Wert von *Kontext*). Die Zahl kann im Bereich von 1 bis zum von **ZählenFormatvorlagen**() zurückgegebenen Wert (die Gesamtanzahl der Formatvorlagen (Zeichen- und Absatzformatvorlagen) im angegebenen Kontext) liegen. Wenn *Nummer* den Wert 0 hat oder fehlt, wird der Name der aktuellen Formatvorlage zurückgegeben.
Kontext	Die Liste der zu verwendenden Formatvorlagen: 0 (Null) oder fehlt Aktives Dokument 1 Aktive Dokumentvorlage

Argument	Erklärung
Alle	Gibt an, ob vorgegebene Formatvorlagen eingeschlossen sind.
	0 (Null) oder fehlt Vorgegebene Formatvorlagen sind nicht eingeschlossen.
	1 Vorgegebene Formatvorlagen sind eingeschlossen.
	Word enthält 75 vorgegebene Formatvorlagen, von denen zwei standardmäßig definiert sind: „Standard" und „Absatz-Standardschriftart".

Beispiele Dieses Beispiel überprüft, ob die erste Formatvorlage in der Liste der Dokument-Formatvorlagen im Dokument verwendet wird. Wenn sie nicht verwendet wird, wird ein Dialogfeld angezeigt:

```
ErsteVorlage$ = FVName$(1)
BeginnDokument
BearbeitenSuchenLöschenFormatierung
BearbeitenSuchenFV .Formatvorlage = ErsteVorlage$
BearbeitenSuchen .Suche = "", .Richtung = 0, .Format = 1
If BearbeitenSuchenGefunden() = 0 Then
    MsgBox "Formatvorlage " + ErsteVorlage$ + " wird nicht verwendet."
End If
```

Das folgende Beispiel stellt sicher, daß **FVName$()** die Basis-Absatzformatvorlage zurückgibt und ein Einfluß durch etwaige Zeichenformatvorlagen innerhalb der aktuellen Markierung dabei unberücksichtigt bleibt.

```
BearbeitenTextmarke "tmarke"
MarkierungArt 1
Vorgabe$ = FVName$()
Formatvorlage "Absatz-Standardschriftart"
BasisAbsatzformatvorlage$ = FVName$()
Formatvorlage Vorgabe$
BearbeitenGeheZu "tmarke"
BearbeitenTextmarke "tmarke", .Löschen
```

Siehe auch **FormatFormatvorlage, FVBeschreibung$(), ZählenFormatvorlagen**

GanzerBildschirmUmschalten

Syntax	**GanzerBildschirmUmschalten**
Bemerkungen	Schaltet den Vollbildschirmmodus ein oder aus.
Siehe auch	**AnsichtSymbolleisten, ExtrasOptionenAnsicht**

GefundenDateiName$()

Syntax	**GefundenDateiName$**(*Nummer*)
Bemerkungen	Liefert den Namen einer Datei, die in der zuletzt durchgeführten **DateiManager**-Operation gefunden wurde. Das Argument *Nummer* ist eine Zahl im Bereich zwischen 1 und dem Rückgabewert von **ZählenGefundeneDateien**(). Ein Beispiel finden Sie unter **DateiManager**.
Siehe auch	**DateiManager, ZählenGefundeneDateien**()

GeheZuAnmerkungsbereich

Syntax	**GeheZuAnmerkungsbereich**
Bemerkungen	Markiert den Bereich des Dokumenttextes, der mit der Anmerkung, in der sich die Einfügemarke befindet, verknüpft ist. Wenn sich die Einfügemarke nicht in einer Anmerkung im Anmerkungsausschnitt befindet, tritt ein Fehler auf.
	Der Bereich der Anmerkung wird als der Text definiert, der beim Einfügen des Anmerkungszeichens markiert war. Dieser Text wird schattiert angezeigt, wenn sich die Einfügemarke in der Anmerkung im Anmerkungsausschnitt befindet. Wenn kein Text markiert war, als das Anmerkungszeichen eingefügt wurde, verschiebt **GeheZuAnmerkungsbereich** die Einfügemarke an die Stelle unmittelbar vor dem Anmerkungszeichen im Dokumenttext.

Beispiel	Dieses Beispiel kopiert den Dokumenttext, der mit der Anmerkung, in der sich die Einfügemarke befindet, verknüpft ist, in die Zwischenablage. Die erste **If**-Anweisung sorgt dafür, daß der Anmerkungsausschnitt geöffnet ist und sich die Einfügemarke darin befindet. Anschließend markiert **GeheZuAnmerkungsbereich** den entsprechenden Dokumenttext. Die zweite **If**-Bedingung sorgt dafür, daß vor dem Ausführen von **BearbeitenKopieren** Text markiert ist.

```
If AnsichtAnmerkungen() = -1 And FensterAusschnitt() = 3 Then
    GeheZuAnmerkungsbereich
    If MarkierungArt() = 2 Then
        BearbeitenKopieren
    Else
        MsgBox "Kein Text markiert."
    End If
    AndererAusschnitt
Else
    MsgBox "Setzen Sie die Einfügemarke in eine Anmerkung."
End If
```

Siehe auch	**AndererAusschnitt, AnsichtAnmerkungen(), FensterAusschnitt(), GeheZuNächstem***Element***, GeheZuNächster***Element***, GeheZuVorherigem***Element***, GeheZuVorheriger***Element*

GeheZuKopfFußzeile

Syntax	**GeheZuKopfFußzeile**
Bemerkungen	Verschiebt die Einfügemarke von der Kopfzeile in die Fußzeile und umgekehrt. Wenn sich die Einfügemarke nicht in einer Kopf- oder Fußzeile befindet, tritt ein Fehler auf.
Siehe auch	**AnsichtFußzeile, AnsichtKopfFußzeileSchließen, AnsichtKopfzeile, EinblendenNächsteKopfFußzeile, EinblendenVorherigeKopfFußzeile**

GeheZuNächstem*Element*

Syntax GeheZuNächstem*Element*

Bemerkungen Verschiebt die Einfügemarke zum nächsten mit *Element* angegebenen Element. Die Einfügemarke wird an den Beginn des entsprechenden Elements verschoben. Diese Anweisung kann nicht als Funktion aufgerufen werden. Die Erweiterung der Markierung zum vorherigen Element kann über **MarkierungErweitern** durchgeführt werden.

Argument	Erklärung
Element	Das Element, zu dem die Einfügemarke verschoben werden soll. Die folgenden Anweisungen sind möglich: **GeheZuNächsterAnmerkung** **GeheZuNächsterEndnote** **GeheZuNächsterFußnote** **GeheZuNächsterSeite** **GeheZuNächstemAbschnitt** **GeheZuNächstemFilialDok**

Siehe auch **BearbeitenGeheZu**, **GeheZuKopfFußzeile**, **GeheZuVorherigem***Element*, **MarkierungErweitern**

GeheZuVorherigem*Element*

Syntax GeheZuVorherigem*Element*

Bemerkungen Verschiebt die Einfügemarke zu dem vorherigen mit *Element* angegebenen Element. Die Einfügemarke wird an den Beginn des entsprechenden Elements verschoben. Diese Anweisung kann nicht als Funktion aufgerufen werden. Die Erweiterung der Markierung zum vorherigen Element kann über **MarkierungErweitern** durchgeführt werden.

Argument	Erklärung
Element	Das Element, zu dem die Einfügemarke verschoben werden soll. Die folgenden Anweisungen sind möglich
	GeheZuVorherigerAnmerkung
	GeheZuVorherigerEndnote
	GeheZuVorherigerFußnote
	GeheZuVorherigerSeite
	GeheZuVorherigemAbschnitt
	GeheZuVorherigemFilialDok

Siehe auch   **BearbeitenGeheZu**, **GeheZuNächstem***Element*, **MarkierungErweitern**, **ZurückEinfügemarke**

GetCurValues

Syntax   **GetCurValues** *DialogDatensatz*

Bemerkungen   Speichert die aktuellen Werte eines zuvor definierten Dialogdatensatzes für ein Word-Dialogfeld im *DialogDatensatz*. Mit **Dim** definieren Sie den Dialogdatensatz (beispielsweise `Dim Dlg As ExtrasOptionenSpeichern`), mit **GetCurValues** speichern Sie die Einstellungen (beispielsweise `GetCurValues Dlg`), und die Syntax *DialogDatensatz.ArgumentName* liefert die einzelnen Einstellungen (beispielsweise `Speichern = Dlg.Schnellspeicherung`). In Kombination mit einem Dialogdatensatz für ein benutzerdefiniertes Dialogfeld benötigen Sie **GetCurValues** nicht. Wenn Sie **GetCurValues** dennoch verwenden, hat diese Anweisung keine Wirkung.

Beispiel   Dieses Word, Version 6.0, -Beispiel ermittelt mit **GetCurValues** das Datum, an dem das aktuelle Dokument erstellt wurde, aus dem Dialogfeld **Dokument-Statistik** (Befehl **Datei-Info**, Menü **Datei**). Anschließend berechnen die Anweisungen mit Datumsfunktionen die Anzahl der Tage, die seit dem Erstellen des Dokuments vergangen sind. Je nach Ergebnis wird dann ein entsprechendes Meldungsfeld angezeigt.

```
                    Dim Dlg As DokumentStatistik
                    GetCurValues Dlg
                    Dokdatum$ = Dlg.Erstellt
                    Alter = Jetzt() - DatumWert(Dokdatum$)
                    Alter = Int(Alter)
                    Select Case Alter
                       Case 0
                          MsgBox "Dokument ist weniger als einen Tag alt."
                       Case Is > 0
                          MsgBox "Dokument wurde vor" + Str$(Alter) + " Tag(en) erstellt."
                       Case Else
                          MsgBox "Überprüfen Sie Datum und Uhrzeit Ihres Computers."
                    End Select
```

Ein Beispiel zur Verwendung von **GetCurValues** und zum Umschalten von Kontrollkästchen finden Sie unter **Abs**().

Siehe auch   **Dim**, **Dialog**

GetPrivateProfileString$()

Syntax   **GetPrivateProfileString$**(*Abschnitt$*, *Eintrag$*, *Dateiname$*)

Bemerkungen   Liefert eine Einstellung in einer Initialisierungsdatei—einer Datei, in denen Makros Einstellungen speichern und abrufen können. Sie können beispielsweise beim Beenden von Word den Namen des aktiven Dokuments speichern, damit es beim nächsten Starten von Word automatisch geöffnet wird. Unter Windows handelt es sich bei einer Initialisierungsdatei um eine Textdatei, wie zum Beispiel WIN.INI. Auf dem Macintosh ist eine Initialisierungsdatei eine Ressourcenschutzdatei, wie zum Beispiel „Word-Einstellungen (6)".

Unter Windows 95 und Windows NT gibt **GetPrivateProfileString$**() eine Einstellung in der Registrierung zurück.

Argument	Erklärung
Abschnitt$	Der Name des Abschnitts in der Initialisierungsdatei, in dem sich *Eintrag$* befindet. Abschnittsnamen erscheinen unter Windows in eckigen Klammern vor den entsprechenden Einträgen (geben Sie beim Argument *Abschnitt$* jedoch keine eckigen Klammern ein).
	Wenn Sie unter Windows 95 oder Windows NT **GetPrivateProfileString$**() zum Zurückgeben einer Einstellung in der Registrierung verwenden, sollte in *Abschnitt$* der vollständige Pfad zu dem entsprechenden Eintrag angegeben werden (z.B. HKEY_CURRENT_USER\Software\Microsoft\Word\7.0\Options).

Argument	Erklärung
Eintrag$	Der Eintrag, dessen Einstellung abgerufen werden soll. Unter Windows folgen dem Eintrag in einer Initialisierungsdatei ein Gleichheitszeichen (=) und die Einstellung.
	Wenn Sie unter Windows 95 oder Windows NT **GetPrivateProfileString$()** zum Zurückgeben einer Einstellung in der Registrierung verwenden, sollte *Eintrag$* der Name des Wertes sein, der für den Eintrag unter *Abschnitt$* angegeben wurde.
Dateiname$	Der Pfad- und Dateiname der Initialisierungsdatei. Wird kein Pfad angegeben, wird der Ordner WINDOWS (Windows) bzw. der Ordner „Preferences" (Macintosh) angenommen.
	Wenn Sie unter Windows 95 oder Windows NT **GetPrivateProfileString$()** zum Zurückgeben einer Einstellung in der Registrierung verwenden, muß für *Dateiname$* eine leere Zeichenfolge (" ") angegeben werden.

Wenn der angegebene Abschnitt oder Eintrag oder die angegebene Datei nicht vorhanden ist, liefert **GetPrivateProfileString$** eine leere Zeichenfolge (" ").

Beispiel Dieses Beispiel setzt die Variable GrafikVerz$ auf den Pfad, der durch den Eintrag PICTURE-PATH im Abschnitt [Microsoft Word] der Datei WINWORD6.INI angegeben wird. Wenn diese Einstellung vorhanden ist, wird der aktuelle Ordner in diesen Ordner geändert. Die beiden letzten Anweisungen zeigen das Dialogfeld **Grafik einfügen** (Befehl **Grafik**, Menü **Einfügen**) an. Wenn Sie auf dem Macintosh arbeiten, fügen Sie anstelle von WINWORD6.INI die Angabe Word-Einstellungen (6) ein. Unter Windows 95 und Windows NT geben Sie anstelle von „Microsoft Word" den vollständigen Pfad zum Eintrag unter **Optionen** an. Anstelle von WINWORD6.INI geben Sie eine leere Zeichenfolge (" ") an.

```
GrafikVerz$ = GetPrivateProfileString$("Microsoft Word", \
        "PICTURE-PATH", "WINWORD6.INI")
If GrafikVerz$ <> "" Then ChDir GrafikVerz$
Dim Dlg As EinfügenGrafik
x = Dialog(Dlg)
```

Ein weiteres Beispiel finden Sie unter **SetPrivateProfileString**.

Siehe auch **GetProfileString$(), SetPrivateProfileString, SetProfileString**

GetProfileString$()

Syntax   **GetProfileString$(**[*Abschnitt$,*] *Eintrag$***)**

Bemerkungen   Liefert unter Windows 3.*x* eine der Einstellungen in der Datei WIN.INI. Wenn Sie für *Abschnitt$* **Microsoft Word 2.0**, **Microsoft Word**, **MSWord Text Converters** oder **MSWord Editable Sections** eingeben, wird statt dessen die Einstellung aus der Datei WINWORD6.INI geliefert. Diese Ausnahmen bestehen aus Gründen der Kompatibilität mit Makros der Word für Windows-Version 2.*x*. Auf dem Macintosh liefert **GetProfileString$()** Einstellungen aus der Datei „Word-Einstellungen (6)". Sowohl unter Windows als auch auf dem Macintosh empfiehlt es sich im allgemeinen, **GetPrivateProfileString$()** zu verwenden. Diese Funktion ermöglicht es Ihnen, eine Initialisierungsdatei anzugeben, aus der Informationen zurückgegeben werden können.

Argument	Erklärung
Abschnitt$	Der Name des Abschnitts in der Initialisierungsdatei, in dem sich *Eintrag$* befindet. Abschnittsnamen erscheinen unter Windows in eckigen Klammern vor den entsprechenden Einträgen (geben Sie beim Argument *Abschnitt$* jedoch keine eckigen Klammern ein). Wenn Sie nichts angeben, wird „Microsoft Word" vorausgesetzt.
Eintrag$	Der Eintrag, dessen Einstellung abgerufen werden soll. Unter Windows folgen dem Eintrag ein Gleichheitszeichen (=) und die Einstellung.

Wenn ein angegebener Abschnitt oder Eintrag nicht vorhanden ist, liefert **GetProfileString$()** eine leere Zeichenfolge (" ").

Anmerkung   Unter Windows 95 und Windows NT werden Einstellungen in der Registrierung gespeichert. Sie können **SetProfileString** und **GetProfileString$()** zwar trotzdem verwenden, um Einstellungen aus einer Textdatei namens WIN.INI zu setzen oder abzurufen; jedoch benutzt weder das System noch Word diese Einstellungen. Um aus WordBasic heraus auf Werte in der Registrierung zuzugreifen, oder um diese zu ändern, müssen Sie die Anweisungen **SetPrivateProfileString** und **GetPrivateProfileString$()** verwenden.

Siehe auch   **GetPrivateProfileString$()**, **SetPrivateProfileString**, **SetProfileString**

GliederungAbsatzNachOben

Syntax	GliederungAbsatzNachOben
Bemerkungen	Verschiebt die markierten Absätze über den nächsten sichtbaren Absatz. Textkörper wird nur dann mit einer Überschrift verschoben, wenn er markiert oder reduziert (ausgeblendet) ist.
Siehe auch	GliederungAbsatzNachUnten, GliederungTieferstufen

GliederungAbsatzNachUnten

Syntax	GliederungAbsatzNachUnten
Bemerkungen	Verschiebt die markierten Absätze unter den nächsten sichtbaren Absatz. Textkörper wird nur dann mit einer Überschrift verschoben, wenn er markiert oder reduziert (ausgeblendet) ist.
Siehe auch	GliederungAbsatzNachOben, GliederungTieferstufen

GliederungErsteZeileAnzeigen, GliederungErsteZeileAnzeigen()

Syntax	GliederungErsteZeileAnzeigen [*Aktiv*]
	GliederungErsteZeileAnzeigen()
Bemerkungen	Die Anweisung **GliederungErsteZeileAnzeigen** steuert die Anzeige des Textkörpers in der Gliederungsansicht. Mit dieser Anweisung können Sie alle Zeilen bis auf die jeweils erste Zeile von jedem Absatz des Textkörpers ausblenden, so daß das Dokument schnell überflogen werden kann. Wenn das aktive Dokument nicht in der Gliederungs- oder Zentraldokumentansicht angezeigt wird, tritt ein Fehler auf.

Argument	Erklärung
Aktiv	Gibt an, ob nur die erste Zeile von jedem Textkörperabsatz angezeigt werden soll.
	0 (Null) Der gesamte Textkörper wird angezeigt.
	1 oder fehlt Nur die erste Zeile jedes Textkörperabsatzes wird angezeigt.

Die Funktion **GliederungErsteZeile( )** liefert die folgenden Werte:

Wert	Erklärung
0 (Null)	Alle Zeilen des Textkörpers werden angezeigt.
–1	Nur die erste Zeile jedes Textkörperabsatzes wird angezeigt.

Siehe auch GliederungFormatAnzeigen, GliederungReduzieren

GliederungErweitern

Syntax GliederungErweitern

Bemerkungen Erweitert die Ansicht durch Einblenden einer Überschriften- oder Textkörperebene unter den markierten Überschriften. Voraussetzung dafür ist, daß vorher Überschriftenebenen ausgeblendet (reduziert) wurden, zum Beispiel mit der Anweisung **EinblendenEbene**_Nummer_. Wenn das aktive Dokument nicht in der Zentraldokument- oder Gliederungsansicht angezeigt wird, tritt ein Fehler auf.

Beispiel Dieses Beispiel blendet unter allen Überschriften im Dokument jeweils eine Ebene mehr ein:

```
AnsichtGliederung
BearbeitenAllesMarkieren
GliederungErweitern
```

Siehe auch EinblendenAlleÜberschriften, GliederungReduzieren

GliederungFormatAnzeigen

Syntax GliederungFormatAnzeigen

Bemerkungen Zeigt die Überschriftenabsätze in der korrekten Zeichenformatierung in der Gliederungsansicht an. Wenn die Zeichenformatierung bereits angezeigt wird, wird sie ausgeblendet, und alle Überschriften werden in der Standardschrift des Dokuments angezeigt. Wenn das aktive Dokument nicht in der Gliederungs- oder Zentraldokumentansicht angezeigt wird, tritt ein Fehler auf.

Siehe auch AnsichtKonzept, GliederungErsteZeileAnzeigen

GliederungHöherstufen

Syntax GliederungHöherstufen

Bemerkungen Weist den markierten Überschriften oder dem markierten Textkörper die Formatvorlage der vorhergehenden Gliederungsebene (Überschrift 2 bis Überschrift 9) zu. Textkörper wird dabei höhergestuft zur nächsten Gliederungsebene, die im Dokument vor dem markierten Text zu finden ist. Sind vor dem markierten Textkörper keine Überschriften zu finden, so wird dieser als Überschriftenebene 1 eingestuft.

Beispiel Dieses Beispiel stuft die Formatvorlage der Gliederungsebene des aktuellen Absatzes höher, wenn alle Zeichen im Absatz, einschließlich der Absatzmarken, fett formatiert sind.

```
AnsichtGliederung
BearbeitenGeheZu "\Para"
If Fett() = 1 Then GliederungHöherstufen
```

Siehe auch **GliederungAbsatzNachOben**, **GliederungTieferstufen**

GliederungReduzieren

Syntax GliederungReduzieren

Bemerkungen Reduziert die Ansicht durch Ausblenden einer Überschriften- oder Textkörperebene unter den markierten Überschriften. Wenn das aktive Dokument nicht in der Zentraldokument- oder Gliederungsansicht angezeigt wird, tritt ein Fehler auf.

Beispiel Dieses Beispiel reduziert die Anzeige der Überschriften in der Gliederungsansicht um eine Ebene:

```
AnsichtGliederung
BearbeitenAllesMarkieren
GliederungReduzieren
```

Siehe auch **EinblendenAlleÜberschriften**, **GliederungErweitern**

GliederungsEbene()

Syntax GliederungsEbene()

Bemerkungen Liefert eine Zahl, die der Überschriftenebene des markierten Absatzes entspricht. Liefert 0 (Null), wenn die Formatvorlage des markierten Absatzes keine integrierte Formatvorlage einer Gliederungsebene ist. Wenn mehrere Absätze markiert sind, liefert **GliederungsEbene()** die Überschriftenebene des ersten Absatzes im markierten Bereich.

Beispiel Dieses Beispiel löscht alle Absätze in einem Dokument, die nicht mit einer vorgegebenen Formatvorlage einer Gliederungsebene formatiert sind.

```
BeginnDokument
AnsichtNormal
While AbsatzUnten()
    AbsatzOben                          'Nacheinander alle Absätze bearbeiten
    If GliederungsEbene() = 0 Then      'Keine Überschrift, dann
        AbsatzUnten 1, 1                'Absatz markieren
        BearbeitenLöschen               'und löschen
    Else                                'Wenn es eine Überschrift ist,
        AbsatzUnten                     'mit nächstem Absatz fortfahren
    End If
Wend                                    'Schleife erneut durchlaufen
```

Siehe auch FormatFormatvorlage, FVName$()

GliederungTieferstufen

Syntax GliederungTieferstufen

Bemerkungen Weist den markierten Überschriften oder dem markierten Textkörper die Formatvorlage der nächsttieferen Gliederungsebene zu. Dies gilt für die Gliederungsebenen Überschrift 1 bis Überschrift 8. Überschrift 9 und Textkörper können nicht tiefergestuft werden.

Beispiel Dieses Beispiel stuft alle Absätze im Dokument, die einer Überschrift 2 folgen, eine Stufe tiefer.

```
BeginnDokument : AnsichtGliederung
BearbeitenSuchenLöschenFormatierung
BearbeitenSuchenFv .Formatvorlage = "Überschrift 2"
BearbeitenSuchen .Suche = "", .Richtung = 0, .Format = 1, \
    .Textfluß = 0
While BearbeitenSuchenGefunden()
    AbsatzUnten
    GliederungTieferstufen
    BearbeitenSuchen .Richtung = 0
Wend
```

Siehe auch   GliederungAbsatzNachUnten, GliederungHöherstufen

Goto

Syntax   Goto *Marke*

Bemerkungen   Leitet die Ausführung eines Makros von der Anweisung **Goto** zur der angegebenen *Marke* um, die sich an einer beliebigen Stelle innerhalb der gleichen Unterroutine oder Funktion befinden kann. Der Makro setzt die Ausführung mit der Anweisung, die auf die Marke folgt, fort. Beachten Sie beim Einfügen einer Marke in einen Makro folgendes:

- Die Marke muß den ersten Text in der entsprechenden Zeile bilden. Sie darf nicht von Leerstellen oder Tabstops eingeleitet werden.

- Auf die Marke muß ein Doppelpunkt folgen. (Geben Sie den Doppelpunkt in der Anweisung **Goto** jedoch nicht an.)

- Marken, die Buchstaben enthalten, müssen mit einem Buchstaben beginnen und können maximal 40 Buchstaben und Zahlen umfassen, wobei der Doppelpunkt nicht mitgezählt wird.

- Anstelle der Marke können Sie an den Zeilenanfang auch eine Zahl setzen. Dies wird hauptsächlich aus Gründen der Kompatibilität mit Basic-Programmen in älteren Versionen der Programmiersprache Basic unterstützt. Die Zahl kann maximal 32759 betragen; ein Doppelpunkt am Ende ist nicht erforderlich.

Beispiel   Dieser Makro zeigt ein Meldungsfeld mit den Schaltflächen „Ja", „Nein" und „Abbrechen" an. Der Benutzer wird gefragt, ob er die Ausführung des Makros fortsetzen möchte. Wählt der Benutzer „Nein", springt der Makro zur Marke Adieu, die sich unmittelbar vor End Sub befindet, und der Makro wird beendet.

```
Sub MAIN
Antw = MsgBox("Makro fortsetzen?", 3)
If Antw = 0 Then Goto Adieu
    'Anweisungen, die ausgeführt werden,
    'wenn der Benutzer Ja wählt
Adieu:
End Sub
```

Siehe auch For...Next, If...Then...Else, Select Case, While...Wend

Großbuchstaben, Großbuchstaben()

Syntax Großbuchstaben [*Aktiv*]

Großbuchstaben()

Bemerkungen Die Anweisung **Großbuchstaben** weist der aktuellen Markierung das Zeichenformat „Großbuchstaben" zu oder entfernt dieses Format bzw. steuert das Zeichenformat für Zeichen, die an der Einfügemarke eingegeben werden.

Argument	Erklärung
Aktiv	Gibt an, ob das Format „Großbuchstaben" zugewiesen oder entfernt wird:
	1 Weist dem markierten Text das Format „Großbuchstaben" zu.
	0 (Null) Entfernt das Format „Großbuchstaben".
	Fehlt Schaltet das Format „Großbuchstaben" um (ein bzw. aus).

Die Funktion **Großbuchstaben()** liefert als Ergebnis die folgenden Werte:

Wert	Erklärung
0 (Null)	Kein Teil des markierten Textes ist mit „Großbuchstaben" formatiert.
–1	Ein Teil des markierten Textes ist mit „Großbuchstaben" formatiert.
1	Der gesamte markierte Text ist mit „Großbuchstaben" formatiert.

Beispiel Dieses Beispiel weist der gesamten Markierung das Format „Großbuchstaben" zu, wenn ein Teil der Markierung bereits als Großbuchstaben formatiert ist:

```
If Großbuchstaben() = -1 Then Großbuchstaben 1
```

Siehe auch FormatZeichen

GrößeSymbolleiste

Syntax	**GrößeSymbolleiste** *Symbolleiste$*, *Breite*
Bemerkungen	Ändert die Größe einer frei beweglichen Symbolleiste auf die Größe, die der angegebenen Größe am nächsten kommt. Ist die angegebene Symbolleiste am oberen oder unteren Ende oder einer Seite des Word-Fensters verankert, hat **GrößeSymbolleiste** keine Auswirkung.

Argument	Erklärung
Symbolleiste$	Der Name der Symbolleiste, wie er im Dialogfeld **Symbolleisten** (Menü **Ansicht**) erscheint.
Breite	Die Breite der Symbolleiste in Pixel.

Beispiel	Dieses Beispiel ändert die Standard-Symbolleiste so, daß die Schaltflächen in zwei waagrechten Reihen angezeigt werden.

```
SymbolleisteVerschieben "Standard", 0, 0, 40
GrößeSymbolleiste "Standard", 368
```

Siehe auch	**SymbolleisteVerschieben**

GroßKleinschreibungÄndern, GroßKleinschreibungÄndern()

Syntax	**GroßKleinschreibungÄndern** [*Art*]
	GroßKleinschreibungÄndern( )
Bemerkungen	Die Anweisung **GroßKleinschreibungÄndern** wandelt die Schreibweise des markierten Texts in Großschreibung am Satzanfang, Klein- oder Großschreibung oder in Kleinschreibung mit großen Anfangsbuchstaben um. **GroßKleinschreibungÄndern** ändert nicht die mit dem markierten Text verknüpfte Zeichenformatierung, wie dies bei den Anweisungen **Kapitälchen** und **Großbuchstaben** der Fall ist. **GroßKleinschreibungÄndern** entspricht dem Befehl **Groß-/Kleinschreibung** (Menü **Format**).

Argument	Erklärung
Art	Gibt die Änderung der Groß-/Kleinschreibung an:
	Fehlt Wenn die Markierung aus einem Satz oder weniger besteht, wechselt die Formatierung zwischen Kleinschreibung, Großschreibung und Kleinschreibung mit großen Anfangsbuchstaben. Wenn die Markierung aus mehr als einem Satz besteht, wechselt die Formatierung zwischen Kleinschreibung, Großschreibung und Großschreibung am Satzanfang.
	0 (Null) Wandelt den Text in ausschließlich Kleinbuchstaben um.
	1 Wandelt den Text in ausschließlich Großbuchstaben um.
	2 Versieht jedes Wort im Text mit großen Anfangsbuchstaben.
	3 Versieht den ersten Buchstaben des markierten Texts mit einem Großbuchstaben.
	4 Versieht jeden markierten Satz mit einem Großbuchstaben am Satzanfang.
	5 Kehrt die Schreibweise jedes einzelnen Zeichens in der Markierung um („Word" wird somit zu „wORD").

Wenn keine Markierung vorgenommen wurde, markiert Word das Wort, das sich am nächsten an der Einfügemarke befindet, und ändert dann die Schreibweise des markierten Wortes.

Die Funktion **GroßKleinschreibungÄndern**() liefert als Ergebnis die folgenden Werte:

Wert	Erklärung
0 (Null)	Der markierte Text enthält keine Großbuchstaben.
1	Der gesamte markierte Text besteht aus Großbuchstaben.
2	Der Text besteht aus einer Mischung von Groß- und Kleinbuchstaben.

Beispiel   Dieses Beispiel geht zu der vordefinierten Textmarke „\Para", markiert den aktuellen Absatz und versieht jeden Satz mit einem großen Anfangsbuchstaben:

```
BearbeitenGeheZu "\ Para"
GroßKleinschreibungÄndern 4
```

Siehe auch   **FormatGroßKleinschreibung**, **Großbuchstaben**, **Kapitälchen**, **LCase$**(), **UCase$**()

GroupBox

Syntax GroupBox *HorizPos, VertPos, Breite, Höhe, Beschriftung$* [, *.Bezeichner*]

Bemerkungen Erstellt ein Feld in einem benutzerdefinierten Dialogfeld, in das Sie eine Gruppe zusammengehörender Optionsfelder oder Kontrollkästchen einfügen können.

Argument	Erklärung
HorizPos, VertPos	Die horizontale und vertikale Entfernung zwischen der linken oberen Dialogfelddecke und der linken oberen Ecke des Gruppenfelds, ausgedrückt in Einheiten von 1/8 und 1/12 der Systemschriftart (Windows) bzw. der Diaglogfeldschriftart (Macintosh).
Breite, Höhe	Die Breite und Höhe des Gruppenfelds, in Einheiten von 1/8 und 1/12 der Systemschriftart (Windows) bzw. der Diaglogfeldschriftart (Macintosh).
Beschriftung$	Die Beschriftung, die in der linken oberen Ecke des Gruppenfelds angezeigt wird. Ein Kaufmännisches Und-Zeichen (&) steht vor dem Zeichen in *Beschriftung$*, das als Zugriffstaste zum Wechseln in das Gruppenfeld verwendet wird.
.Bezeichner	Eine optionale Kennung, die von den Anweisungen in einer Dialogfunktion verwendet wird, die sich auf das Gruppenfeld auswirken. Sie können diesen Bezeichner in Verbindung mit **DlgText** in einer Dialogfunktion verwenden, um *Beschriftung$* zu ändern, während das Dialogfeld angezeigt wird.

Ein Beispiel finden Sie unter **OptionGroup**.

Siehe auch **Begin Dialog...End Dialog, DlgText, OptionGroup**

HängenderEinzug

Syntax HängenderEinzug

Bemerkungen Weist den markierten Absätzen einen hängenden Einzug zu oder vergrößert den aktuellen hängenden Einzug zum nächsten Tabstop des ersten Absatzes in der Markierung (bei Absätzen ohne Absatzeinzug ist dies der erste Tabstop innerhalb des Absatzes, bei bestehendem Absatzeinzug die erste Tabstop-Position nach dem Einzug).

Siehe auch **Einzug, RückEinzugAbsatz, RückEinzugSeitenrand**

Hervorheben

Syntax Hervorheben

Bemerkungen Hebt den markierten Text hervor. Ist die Markierung bereits hervorgehoben, so entfernt **Hervorheben** die Hervorhebung. Ist kein Text markiert, hat **Hervorheben** keine Auswirkung. In Word, Version 6.0, ist **Hervorheben** nicht verfügbar, und ein Fehler tritt auf.

Mit der Anweisung **HervorhebungsFarbe** können Sie die Farbe ändern, die zur Hervorhebung des markierten Textes verwendet wird. Die Farbe, die für die Hervorhebung standardmäßig verwendet wird, verändern Sie mit der Anweisung **ExtrasOptionenÜberarbeitung**.

Siehe auch **BearbeitenErsetzenHervorgehoben**, **BearbeitenSuchenHervorgehoben**, **ExtrasOptionenÜberarbeitung**, **HervorhebungsFarbe**

HervorhebungsFarbe, HervorhebungsFarbe()

Syntax **HervorhebungsFarbe** *Farbe*

HervorhebungsFarbe()

Bemerkungen Die Anweisung **HervorhebungsFarbe** legt die Farbe fest, die zur Hervorhebung des markierten Textes verwendet wird. Ist kein Text markiert, hat die Anweisung **HervorhebungsFarbe** keine Auswirkung. Mit der Anweisung **ExtrasOptionenÜberarbeitung** können Sie die Farbe ändern, die standardmäßig für die Hervorhebung verwendet wird.

In Word, Version 6.0, sind **HervorhebungsFarbe** und **HervorhebungsFarbe()** nicht verfügbar, und ein Fehler tritt auf.

Argument	Erklärung
Farbe	Die Farbe für die Hervorhebung. Eine Liste aller Farben und die zugehörigen Werte finden Sie unter **ZeichenFarbe**.
	Wird *Farbe* auf 0 (Null) gesetzt, wird die Hervorhebung aufgehoben.
	Wird *Farbe* auf 1 gesetzt, wird die Hervorhebung schwarz (invers) formatiert, d.h. Sie können schwarzen Text innerhalb der Hervorhebung nicht wahrnehmen.

Die Funktion **HervorhebungsFarbe()** liefert folgende Werte.

Wert	Erklärung
-1	Die Markierung enthält Text, der mit unterschiedlichen Farben hervorgehoben ist.
0 (Null)	Die Markierung enthält keinen hervorgehobenen Text.
n	Eine Zahl, die die Farbe der Hervorhebung angibt. Eine Liste aller Farben und die zugehörigen Zahlenwerte finden Sie unter **ZeichenFarbe**.

Siehe auch BearbeitenErsetzenHervorgehoben, BearbeitenSuchenHervorgehoben, ExtrasOptionenÜberarbeitung, Hervorheben

Heute()

Syntax Heute()

Bemerkungen Liefert eine Seriennummer, die das aktuelle Systemdatum des Computers repräsentiert. Im Gegensatz zu **Jetzt()**, das eine Seriennummer mit Nachkommastellen liefert und somit auch die aktuelle Uhrzeit als Bruchteil eines Tages repräsentiert, liefert **Heute()** nur ganze Zahlen. Weitere Informationen über Seriennummern finden Sie unter **DatumSeriell()**.

Beispiel Dieses Beispiel zeigt in einem Meldungsfeld an, wie viele Tage bis zum Jahreswechsel noch verstreichen. Die Anzahl der Tage wird berechnet, indem die Seriennummer des aktuellen Datums von der Seriennummer für den 1. Januar des folgenden Jahres subtrahiert wird.

```
Jahreszahl = Jahr(Heute())
JetzigerZeitpunkt = Heute()
ErsterJan = DatumSeriell(Jahreszahl + 1, 1, 1)
MsgBox "Bis Neujahr sind es noch" + \
    Str$(ErsterJan - JetzigerZeitpunkt) + " Tage."
```

Siehe auch Date$(), DatumSeriell(), DatumWert(), Jahr(), Jetzt(), Monat(), Tag(), Time$(), ZeitSeriell(), ZeitWert()

Hilfe

Syntax	**Hilfe**
Bemerkungen	Zeigt in Word, Version 6.0, die Online-Hilfe für den gewählten Kontext an. Wenn kein Kontext aktiv ist (wenn sich die Einfügemarke beispielsweise in einem Word-Dokument und nicht in einem Feld befindet), zeigt **Hilfe** den Bildschirm mit dem Inhalt der Word-Hilfe an. In Word, Version 7.0, zeigt **Hilfe** die Registerkarte **Hilfe-Assistent** im Dialogfeld **Hilfethemen** an.
Siehe auch	**HilfeAktivesFenster**, **HilfeSymbol**

HilfeAktivesFenster

Syntax	**HilfeAktivesFenster**
Bemerkungen	Zeigt ein Thema der Online-Hilfe an, in dem die aktuelle Ansichtsart oder der aktuelle Ausschnitt beschrieben wird.
Siehe auch	**Hilfe**, **HilfeSymbol**

HilfeBeispieleUndDemos

Syntax	**HilfeBeispieleUndDemos**
Bemerkungen	Zeigt einen Bildschirm an, von dem aus Sie auf alle Beispiele und Demos in der Online-Hilfe zugreifen können. Unter Windows 95 und Windows NT stehen die Beispiele und Übungen nicht zur Verfügung; die Anweisung **HilfeBeispieleUndDemos** erzeugt daher einen Fehler.
Siehe auch	**HilfeKurzübersicht**

HilfeIndex

Syntax HilfeIndex

Bemerkungen Zeigt entweder das Dialogfeld **Hilfethemen** (Word, Version 7.0) oder den Index der Online-Hilfe an (Word, Version 6.0).

Siehe auch **Hilfe, HilfeInhalt**

HilfeInfo

Syntax HilfeInfo [.AnwName = *Text*] [, .AnwCopyright = *Text*]
[, .AnwBenutzerName = *Text*] [, .AnwOrganisation = *Text*]
[, .AnwSeriennummer = *Text*]

Bemerkungen Werden keine Argumente angegeben, zeigt diese Anweisung das Dialogfeld **Info** (unter Windows Menü **Hilfe**, auf dem Macintosh Apple Menü) an, in dem die Versionsnummer von Word, die Seriennummer, urheberrechtliche Informationen und der Name des registrierten Benutzers angezeigt werden.

Die Argumente für **HilfeInfo** sind schreibgeschützt, das heißt, daß diese im Gegensatz zu anderen WordBasic-Anweisungen nicht zum Festlegen von Werten verwendet werden kann. Statt dessen können Sie jedoch einen Dialogfeld-Datensatz als **HilfeInfo** definieren und diesen dann genau wie eine Funktion verwenden: zur Rückgabe von Informationen. Auf diese Weise kann der Dialogfeld-Datensatz Informationen aus dem Dialogfeld **Info** liefern.

Argument	Erklärung
.AnwName	Der Name und die Versionsnummer von Word, genau wie diese Angaben im Dialogfeld **Info** stehen.
.AnwCopyright	Die Copyright- oder Urheberrechtsangaben für Word.
.AnwBenutzerName	Der Name des für die aktive Word-Version lizenzierten Benutzers.
.AnwBenutzerName	Der beim Installieren angegebene Firmenname.
.AnwSeriennummer	Die Seriennummer der aktiven Word-Version.

Beispiel Dieses Beispiel für Windows definiert einen Dialogfeld-Datensatz für das Dialogfeld **Info** und speichert die aktuellen Werte im Datensatz. Anschließend wird die Seriennummer in einem Meldungsfeld angezeigt:

```
Dim dlg As HilfeInfo
GetCurValues dlg
MsgBox "Seriennummer: " + dlg.AnwSeriennummer
```

Siehe auch	AbrufenSystemInfo, AnwInfo$(), DokumentStatistik, MicrosoftSysteminfo

HilfeInhalt

Syntax	HilfeInhalt
Bemerkungen	Zeigt entweder das Dialogfeld **Hilfethemen** (Word, Version 7.0) oder den Inhalt der Online-Hilfe an (Word, Version 6.0).
Siehe auch	Hilfe, HilfeIndex

HilfeKurzübersicht

Syntax	HilfeKurzübersicht
Bemerkungen	Startet ein Lernprogramm, das Microsoft Word vorstellt. Unter Windows 95 und Windows NT steht das Lernprogramm nicht zur Verfügung; die Anweisung **HilfeKurzübersicht** erzeugt daher einen Fehler.
Siehe auch	HilfeBeispieleUndDemos

HilfeMSN

Syntax	HilfeMSN
Bemerkungen	Zeigt das Dialogfeld **The Microsoft Network** an, von dem aus sich Benutzer im Microsoft Network mit Foren verbinden können, um Informationen über Microsoft Word zu erhalten. **HilfeMSN** ist nur in Word für Windows 95 verfügbar, vorausgesetzt, MSN™, The Microsoft Network ist installiert.
Siehe auch	Hilfe

HilfeSoftwareService

Syntax   HilfeSoftwareService

Bemerkungen   Zeigt Informationen aus der Online-Hilfe über den Microsoft Software Service an.

HilfeSuchen

Syntax   HilfeSuchen

Bemerkungen   Zeigt entweder das Dialogfeld **Hilfethemen** (Word, Version 7.0) oder das Dialogfeld **Suchen** der Online-Hilfe an (Word, Version 6.0). Von diesen Dialogfeldern aus können Hilfe-Themen anhand von Stichwörtern gesucht werden.

HilfeSymbol

Syntax   HilfeSymbol

Bemerkungen   Ändert die Form des Mauszeigers in das Hilfe-Symbol, ein Fragezeichen. Für den nächsten Befehl, den Sie wählen, oder die nächste Stelle, auf die Sie klicken, wird kontextbezogene Hilfe angezeigt. Wird auf Text geklickt, zeigt Word ein Dialogfeld an, in dem die aktuellen Absatz- und Zeichenformate angegeben werden.

Siehe auch   Hilfe, HilfeAktivesFenster

HilfeTastatur

Syntax   HilfeTastatur

Bemerkungen   Zeigt eine Liste der Hilfe-Themen über Shortcuts und Mausverfahren an.

HilfeTipsUndTricks

Syntax	HilfeTipsUndTricks .WordTips = *Zahl*
Bemerkungen	Diese Anweisung steuert, ob das Dialogfeld **Tips und Tricks** bei jedem Starten von Word angezeigt wird oder nicht. Die Anweisung **HilfeTipsUndTricks** wird in Word, Version 7.0, ignoriert.

Argument	Erklärung
.WordTips	Wenn 1, wird das Dialogfeld **Tips und Tricks** bei jedem Starten von Word angezeigt. Dieses Argument steht in Word, Version 7.0, nicht zur Verfügung.

HilfeVerwenden

Syntax	HilfeVerwenden
Bemerkungen	Zeigt eine Liste der Themen an, die sich mit der Verwendung der Online-Hilfe in Word befassen.

HochformatUmschalten

Syntax	HochformatUmschalten
Bemerkungen	Schaltet die Seitenausrichtung für die markierten Abschnitte zwischen Hoch- und Querformat um. Wenn die markierten Abschnitte unterschiedliche Seitenausrichtungen haben, tritt ein Fehler auf.
Siehe auch	DateiSeiteEinrichten

Hochgestellt, Hochgestellt()

Syntax	Hochgestellt [*Aktiv*]
	Hochgestellt()

Bemerkungen Die Anweisung **Hochgestellt** weist dem markierten Text das Zeichenformat „Hochgestellt" zu, entfernt das Format oder steuert das Format „Hochgestellt" für Zeichen, die an der Einfügemarke eingegeben werden. Dabei wird der markierte Text hochgestellt und proportional zur ursprünglichen Schriftgröße verkleinert. Um Text hochzustellen und die Schriftgröße beizubehalten, verwenden Sie die Anweisung **FormatZeichen** und geben dort als Wert des Arguments **.Position** die gewünschte Positionsveränderung ein.

Argument	Erklärung
Aktiv	Gibt an, ob das Format „Hochgestellt" zugewiesen oder entfernt wird:
	1 Weist dem markierten Text das Format „Hochgestellt" zu.
	0 (Null) Entfernt das Format „Hochgestellt".
	Fehlt Schaltet das Format „Hochgestellt" um (ein bzw. aus).

Die Funktion **Hochgestellt( )** liefert die folgenden Werte:

Wert	Erklärung
0 (Null)	Kein Teil des markierten Textes ist hochgestellt.
–1	Ein Teil des markierten Textes ist hochgestellt.
1	Der gesamte markierte Text ist hochgestellt.

Siehe auch FormatZeichen, Tiefgestellt

HöherstufenListe

Syntax HöherstufenListe

Bemerkungen Setzt die markierten Absätze in einer mehrgliedrigen Liste um eine Ebene nach oben. Wurden die markierten Absätze als Liste mit Aufzählungs- oder Numerierungszeichen formatiert, die sich alle auf einer Ebene befinden, verkleinert die Anweisung **HöherstufenListe** den Zeileneinzug. Sind die markierten Absätze noch nicht als Aufzählungs- oder Numerierungsliste formatiert, tritt ein Fehler auf.

Siehe auch FormatAufzählungUndNumerierung, TieferstufenListe

HRollen, HRollen()

Syntax	**HRollen** *Prozent*
	HRollen( )
Bemerkungen	Die Anweisung **HRollen** führt einen horizontalen Bildlauf um den angegebenen Prozentsatz der Dokumentbreite durch. **HRollen** entspricht dem Ziehen des Bildlauffelds in der horizontalen Bildlaufleiste.
	Die Funktion **HRollen( )** liefert die aktuelle horizontale Bildlaufposition als Prozentsatz der Dokumentbreite. **HRollen( )** liefert keine negativen Werte. Wenn der Bildlauf das Dokument in den linken Seitenrand verschiebt, liefert **HRollen( )** den Wert 0.
Siehe auch	**HSeite, HZeile, VRollen**

HSeite

Syntax	**HSeite** [*Anzahl*]
Bemerkungen	Führt einen horizontalen Bildlauf durch das aktive Dokument durch. **HSeite** entspricht dem Klicken auf die horizontale Bildlaufleiste links oder rechts des Bildlauffelds.

Argument	Erklärung
Anzahl	Der Umfang des durchzuführenden Bildlaufs, in Dokumentfensterbreiten:
	Nicht angegeben Eine Breite nach rechts
	> 0 (Null) Die angegebene Anzahl von Breiten nach rechts
	< 0 (Null) Die angegebene Anzahl von Breiten nach links

Siehe auch	**HRollen, HZeile, VSeite**

HZeile

Syntax	**HZeile** [*Anzahl*]
Bemerkungen	Führt einen horizontalen Bildlauf durch das aktive Dokument durch, d.h. das Bild wird „zeilenweise" nach rechts oder links verschoben. Eine „Zeile" entspricht dabei dem einmaligen Klicken auf einen Bildlaufpfeil in der horizontalen Bildlaufleiste.

Argument	Erklärung
Anzahl	Der Umfang des durchzuführenden Bildlaufs, in Zeilen:
	Nicht angegeben Eine Zeile nach rechts
	> 0 (Null) Führt einen Bildlauf um die angegebenen Zeilen nach rechts durch
	< 0 (Null) Führt einen Bildlauf um die angegebenen Zeilen nach links durch. Der Bildlauf erstreckt sich nur dann auch auf den linken Seitenrand, wenn sich dort Text befindet.

Siehe auch   **HRollen, HSeite, Vzeile**

If...Then...Else

Syntax

If *Bedingung* **Then** *Anweisung* [**Else** *Anweisung*]

If *Bedingung1* **Then**
    Reihe von Anweisungen
[**ElseIf** *Bedingung2* **Then**
    Reihe von Anweisungen]
[**Else**
    Reihe von Anweisungen]
End If

Bemerkungen

Führt Anweisungen aus, wenn die angegebenen Bedingungen erfüllt sind. Im einfachsten Fall führt **If** (**If** *Bedingung* **Then** *Anweisung*) die *Anweisung* aus, wenn die *Bedingung* wahr ist. In WordBasic bedeutet „wahr", daß die Bedingung zu –1 evaluiert (den Wert –1 ergibt); „falsch" bedeutet, daß die Bedingung zu 0 (Null) evaluiert (den Wert 0 ergibt).

Sie können die gesamte **If**-Bedingung in eine einzelne Zeile schreiben, wenn Sie im Anschluß an **If** nur eine einzige Bedingung und im Anschluß an **Then** und an **Else**, sofern Sie es verwenden, nur eine einzige Anweisung angeben. Diese Art der Bedingungsangabe darf nicht mit **End If** enden. Sie können in dieser Form auch mehrere Anweisungen angeben, sofern Sie sie jeweils durch einen Doppelpunkt voneinander trennen. Ein Beispiel:

```
If Fett() = 1 Then Fett 0 : Kursiv 1
```

Wenn Sie eine Reihe von bedingten Anweisungen angeben, ist es normalerweise besser, die vollständige Syntax zu verwenden, statt die Anweisungen durch Doppelpunkte zu trennen. Mit der vollständigen Syntax können Sie **ElseIf** auch verwenden, um innerhalb einer **If**-Bedingung eine weitere Bedingung zu verschachteln. Sie können einer **If**-Bedingung so viele **ElseIf**-Anweisungen wie nötig hinzufügen.

Weitere Informationen über **If…Then…Else** finden Sie in Kapitel 3, „WordBasic Grundlagen".

Beispiele

Dieses Beispiel weist der gesamten Markierung das Format „Fett" zu, wenn sie teilweise bereits im Fettdruck formatiert ist:

```
If Fett() = -1 Then Fett 1
```

Das folgende Beispiel weist der Markierung das Format „Kursiv" zu, wenn sie vollständig fett formatiert ist; anderenfalls wird das Format „Unterstrichen" zugewiesen:

```
If Fett() = 1 Then Kursiv 1 Else Unterstrichen 1
```

Das folgende Beispiel zeigt, wie Sie einen Verbundausdruck als Bedingung verwenden können (in diesem Fall gilt die Bedingung als wahr, wenn die Markierung sowohl fett als auch kursiv formatiert ist):

```
If Fett() = 1 And Kursiv() = 1 Then VorgabeZeichen
```

Das folgende Beispiel verwendet die vollständige Syntax der **If**-Bedingung. Die Bedingung läßt sich folgendermaßen beschreiben: Ist die Markierung vollständig fett formatiert, wird sie nun kursiv. Ist sie nur teilweise fett formatiert, wird die Zeichenformatierung auf die Vorgabe zurückgesetzt. Andernfalls wird die Markierung fett formatiert.

```
If Fett() = 1 Then
    Kursiv 1
ElseIf Fett() = -1 Then
    VorgabeZeichen
Else
    Fett 1
End If
```

Siehe auch   For…Next, Goto, Select Case, While…Wend

IndexEintragFestlegen

Syntax   IndexEintragFestlegen [.IndexEintragAlle] [, .Eintrag = *Text*]
[, .AutoTextEintrag = *Text*] [, .QuerverweisAutoText = *Text*]
[, .Querverweis = *Text*] [, .Bereich = *Text*] [, .Fett = *Zahl*] [, .Kursiv = *Zahl*]

Bemerkungen   Fügt neben dem markierten Text oder neben jedem Vorkommen des markierten Textes ein XE-Feld (Indexeintragfeld) ein. Die Argumente für die Anweisung **IndexEintragFestlegen** entsprechen den Optionen im Dialogfeld **Indexeintrag festlegen** (Registerkarte **Index**, Befehl **Index und Verzeichnisse**, Menü **Einfügen**).

Argument	Erklärung
.IndexEintragAlle	Fügt nach jedem Vorkommen des markierten Texts ein XE-Feld ein. Jeder Begriff wird pro Absatz nur einmal indiziert, d.h., wenn ein Wort innerhalb eines Absatzes mehrmals auftritt, wird nur das erste Vorkommen mit einem XE-Feld versehen.
.Eintrag	Der Text, der im Index in der Form *Haupteintrag*[:*Untereintrag*] erscheinen soll.
.AutoTextEintrag	Der Name eines AutoTextes mit dem Text, der im Index erscheinen soll (**.Eintrag** wird ignoriert).

Argument	Erklärung
.QuerverweisAutoText	Der Name eines AutoTextes, der den Text für einen Querverweis enthält (**.Querverweis** wird ignoriert).
.Querverweis	Ein Querverweis, der im Index erscheinen soll.
.Bereich	Der Name einer Textmarke, die den Seitenbereich kennzeichnet, der im Index erscheinen soll. Wenn Sie keinen **.Bereich** angeben, erscheint im Index die Seitenzahl der Seite, auf der sich das XE-Feld befindet.
.Fett	Wenn 1, wird die Seitenzahl für den Eintrag im Index fett formatiert.
.Kursiv	Wenn 1, wird die Seitenzahl für den Eintrag im Index kursiv formatiert.

Siehe auch EinfügenIndex, InhaltsverzeichnisEintragAuswählen

InfoAnzeigen

Syntax InfoAnzeigen

Bemerkungen Zeigt die Hilfe an, falls weitere Informationen verfügbar sind. Die Anweisung **InfoAnzeigen** entspricht der Schaltfläche **InfoAnzeigen** in der **Tip-Assistent-Symbolleiste**. In Word, Version 6.0, ist **InfoAnzeigen** nicht verfügbar, und ein Fehler tritt auf.

Siehe auch AutomatischÄndern, Hilfe

InhaltsverzeichnisEintragAuswählen

Syntax InhaltsverzeichnisEintragAuswählen [**.Eintrag** = *Text*] [, **.AutoTextEintrag** = *Text*] [, **.VerzeichnisKennung** = *Text*] [, **.Ebene** = *Text*]

Bemerkungen Fügt neben dem markierten Text ein INHALT-Feld (Inhaltsverzeichniseintrag) ein.

Argument	Erklärung
.Eintrag	Der Text, der im Inhaltsverzeichnis erscheinen soll.
.AutoTextEintrag	Der Name eines AutoTexts mit dem Text, der im Inhaltsverzeichnis erscheinen soll (**.Eintrag** wird ignoriert).

Argument	Erklärung
.VerzeichnisKennung	Eine aus einem Buchstaben bestehende Kennung für die Art des Elements (beispielsweise „A" für Abbildung).
.Ebene	Eine Ebene für den Eintrag im Inhaltsverzeichnis.

Siehe auch EinfügenInhaltsverzeichnis, IndexEintragFestlegen

Input

Syntax Input #*DateiNummer*, *Variable1*[$] [, *Variable2*[$]] [, *Variable3*[$]] [, ...]

Input [*Aufforderung$*,] *Variable1*[$] [, *Variable2*[$]] [, *Variable3*[$]] [, ...]

Bemerkungen Ruft Zeichenfolgen oder numerische Werte aus einer sequentiellen Datei ab und ordnet den Variablen Werte zu. Die Zeile, die ausgelesen wird, wird in einzelne Werte geteilt, die dann den einzelnen Variablen zugewiesen werden. Dabei wird ein Komma in der Zeile als Trennzeichen zwischen den einzelnen Werten angesehen. Die sequentielle Datei enthält normalerweise Daten, die mit der Anweisung **Print** eingefügt wurden. *DateiNummer* ist die Nummer, die der Datei mit der Anweisung **Open** beim Öffnen zur Eingabe zugewiesen wurde. Weitere Informationen über sequentielle Dateien finden Sie in Kapitel 9, „Weitere WordBasic-Verfahren", in Teil 1, „Einstieg in WordBasic".

Input gleicht der Anweisung **Read**: Beide Anweisungen rufen aus sequentiellen Dateien durch Kommas getrennte Werte ab. Im Gegensatz zu **Read** werden durch **Input** jedoch die Anführungszeichen aus den Zeichenfolgenwerten nicht gelöscht. **Input** kann Zeichenfolgen mit bis zu 65.280 Zeichen akzeptieren. Zeichenfolgen mit mehr als 65.280 Zeichen werden abgeschnitten. Weitere Informationen finden Sie unter **Read**.

Wenn Sie *DateiNummer* nicht angeben, wird der Benutzer durch ein in der Statusleiste angezeigtes Fragezeichen aufgefordert, einen oder mehrere (durch Kommas getrennte) Werte einzugeben. Der Benutzer drückt die EINGABETASTE, um die Tastatureingabe zu beenden. Das Fragezeichen folgt der durch *Aufforderung$* festgelegten Zeichenfolge (falls diese angegeben wurde).

Beispiele Dieses Beispiel für Windows öffnet zur Eingabe eine Reihe von Dateien, um sie in Rich Text Format (RTF) zu speichern. Das Beispiel setzt voraus, daß DATEIEN.TXT eine Textdatei ist, die in jedem Absatz zwei Zeichenfolgenwerte enthält: den Namen der zu öffnenden Datei und den Namen der zu speichernden Datei. Die Anweisungen öffnen die Dateien der Reihe nach und speichern sie im RTF-Format. Geben Sie auf dem Macintosh Ordnernamen wie zum Beispiel FP:WORD-DOKUMENTE: bzw. FP:RTF-DOKUMENTE: an.

```
Open "C:\DOKU\DATEIEN.TXT" For Input As #1
While Not Eof(#1)
    Input #1, Dokname$, Rtfname$
    DateiÖffnen "C:\DOKU\" + Dokname$
    DateiSpeichernUnter .Name = "C:\RTF\" + Rtfname$, .Format = 6
    DateiSchließen 2
Wend
Close #1
```

Das folgende Beispiel zeigt die Eingabeaufforderung „RTF-Dateiname?" in der Statusleiste an und definiert die Variable Rtfname$ als den vom Benutzer eingegebenen Text:

```
Input "RTF-Dateiname", Rtfname$
```

Siehe auch **Close, Eof(), Input$(), InputBox$(), Line Input, Lof(), Open, Read, Print, Seek, Write**

Input$()

Syntax **Input$**(*AnzZeichen,* [#]*Dateinummer*)

Bemerkungen Liest *AnzZeichen* Zeichen (maximal 32.767) aus der mit *Dateinummer* angegebenen sequentiellen Datei ein. *Dateinummer* ist die Nummer, die der Datei beim Öffnen zur Eingabe mit der Anweisung **Open** zugewiesen wurde.

Beispiel Dieses Beispiel für Windows definiert die Variable Dateicode$ als die ersten zehn Zeichen in der Textdatei INFO.TXT:

```
Open "INFO.TXT" For Input As #1
Dateicode$ = Input$(10, #1)
Close #1
```

Siehe auch **Close, Eof(), Input, InputBox$(), Line Input, Lof(), Open, Print, Read, Seek, Write**

InputBox$()

Syntax   InputBox$(*Aufforderung$* [, *Titel$*] [, *Standardwert$*])

Bemerkungen   Zeigt ein Dialogfeld an, in dem der Benutzer zur Eingabe einer Information aufgefordert wird. Wenn der Benutzer anschließend die Schaltfläche „OK" wählt, wird der in das Dialogfeld eingegebene Text als Ergebnis geliefert. Wählt der Benutzer die Schaltfläche „Abbrechen", so tritt ein Fehler auf, der mit einer **On Error**-Anweisung aufgefangen werden kann.

Argument	Erklärung
Aufforderung$	Der Text, der im Dialogfeld angezeigt wird und der die Art der angeforderten Informationen angibt. Wenn *Aufforderung$* länger als 255 Zeichen ist, tritt ein Fehler auf.
Titel$	Der Text, der in der Titelleiste des Dialogfelds angezeigt wird (wenn Sie dieses Argument nicht verwenden, wird „Microsoft Word" angezeigt).
Standardwert$	Der Text, der zu Beginn beim Anzeigen des Dialogfelds im Textfeld angezeigt wird. Dieser Wert wird geliefert, wenn der Benutzer vor dem Wählen von „OK" keine Informationen eingibt. Wenn *Standardwert$* mehr als 255 Zeichen enthält, tritt ein Fehler auf.

Wenn der Benutzer unter Windows während der Anzeige des Dialogfelds die EINGABETASTE drückt, um eine neue Zeile zu beginnen, liefert **InputBox$()** den Text Chr$(11) + Chr$(10) (eine Zeilenendemarke und eine Absatzmarke) an der Stelle, an der der Zeilenumbruch vorgenommen wurde. Im dritten Beispiel wird beschrieben, wie Sie die Zeilenendemarke entfernen können. Wenn der Benutzer auf dem Macintosh die EINGABETASTE drückt, wird Chr$(13) zurückgegeben.

Um in einem Dialogfeld mit Hilfe der Tastatur die Schaltfläche „OK" zu wählen, drücken Sie die EINGABETASTE (Macintosh), oder bewegen Sie sich mit TAB zu der Schaltfläche und drücken dann die EINGABETASTE (Windows).

Beispiele   Dieses Beispiel fordert den Benutzer zur Eingabe eines Wortes auf, das anschließend der Variable Wort$ zugewiesen wird. Sie können diese Variable in einem Makro verwenden, um die Vorkommen eines bestimmten Wortes im aktiven Dokument zu zählen (wie im Beispiel für die Anweisung **BearbeitenSuchenGefunden()**).

```
Wort$ = InputBox$("Zu zählendes Wort:", "Wörterzählung")
```

Das folgende Beispiel fordert den Benutzer dazu auf, eine Zahl zwischen 1 und 10 einzugeben. **InputBox$()** liefert den vom Benutzer eingegebenen Wert als Zeichenfolge, die dann von der Funktion **Val()** in eine Zahl umgewandelt und anschließend der numerischen Variable Num zugewiesen wird. Wenn der Benutzer statt der Zahl „10" das Wort „zehn" eingibt, liefert **Val()** den Wert 0.

```
Num = Val(InputBox$("Geben Sie eine Zahl zwischen 1 und 10 ein:"))
```

Das folgende Beispiel fordert den Benutzer dazu auf, mehrere Zeilen mit Text einzugeben, die der Variablen a$ zugewiesen werden. Die Funktion **LöschenZeichen$()** entfernt alle zusätzlichen Zeilenendemarken (werden unter Windows zurückgegeben), so daß nur Zeilenwechsel erhalten bleiben, die der Benutzer tatsächlich eingegeben hat.

```
a$ = InputBox$("Geben Sie mehrere Zeilen ein: ")
a$ = LöschenZeichen$(a$)
```

Siehe auch　　**Input, MsgBox, On Error, Val()**

InStr()

Syntax　　**InStr(**[*Index,*] *Quelle$, SuchText$***)**

Bemerkungen　　Liefert die Zeichenposition in *Quelle$*, an der der *SuchText$* beginnt. 1 entspricht hierbei dem ersten Zeichen, 2 dem zweiten Zeichen usw. Wenn *SuchText$* in *Quelle$* nicht enthalten ist, liefert **InStr()** den Wert 0 (Null).

Argument	Erklärung
Index	Die Zeichenposition in *Quelle$*, an der die Suche beginnen soll.
Quelle$	Der zu durchsuchende Text.
SuchText$	Der zu suchende Text.

Beispiele　　Dieses Beispiel setzt die Variable Pos auf 7:

```
Liste$ = "Bonn, Paris, Tokyo"
Ort$ = "Paris"
Pos = InStr(Liste$, Ort$)
```

Das folgende Beispiel setzt Pos auf 15. Wenn *Index* nicht angegeben würde, hätte Pos den Wert 2.

```
Pos = InStr(3, "Bonn, Paris, Tokyo", "o")
```

Das folgende Beispiel weist Name$ einen MS-DOS-Dateinamen mit einer Erweiterung zu und definiert Stamm$ als Dateiname ohne die Erweiterung:

```
Name$ = "ZUSAMMEN.DOC"
Punkt = InStr(Name$, ".")
If Punkt > 1 Then Stamm$ = Left$(Name$, Punkt - 1)
```

Siehe auch　　**Left$(), Len(), LTrim$(), Mid$(), Right$(), RTrim$()**

Int()

Syntax **Int**(*n*)

Bemerkungen Liefert den ganzzahligen Teil der Dezimalzahl *n*. Wenn *n* größer als 32 768 oder kleiner als -32 768 ist, tritt ein Fehler auf.

Beispiele Dieses Beispiel setzt die Variable x auf 98:

```
x = Int(98.6)
```

Das folgende Beispiel setzt x auf -9.

```
x = Int(-9.6)
```

Die folgende Funktion rundet eine Dezimalzahl zur nächsten ganzen Zahl auf oder ab.

```
Function Aufrunden(x)
    Aufrunden = Int(x + 0.5 * Sgn(x))
End Function
```

Siehe auch **Abs()**, **Rnd()**, **Sgn()**

IstAutoKorrekturAusnahme()

Syntax **IstAutoKorrekturAusnahme**(*Registerkarte*, *Ausnahme$*)

Bemerkungen Gibt einen Wert zurück, der anzeigt, ob *Ausnahme$* in der Liste der AutoKorrektur-Ausnahmen auf der angegebenen Registerkarte im Dialogfeld **AutoKorrektur-Ausnahmen** (Befehl **AutoKorrektur**, Menü **Extras**) enthalten ist. In Word, Version 6.0, ist **IstAutoKorrekturAusnahme()** nicht verfügbar und führt zu einem Fehler.

Argument	Erklärung
Registerkarte	Die Registerkarte, in der Word nach *Ausnahme$* sucht:
	0 (Null) Erster Buchstabe
	1 WOrtanfang GRoß
Ausnahme$	Der zu suchende Eintrag auf der angegebenen Registerkarte.

Die Funktion **IstAutoKorrekturAusnahme()** gibt die folgenden Werte zurück.

Wert	Erklärung
—1	*Ausnahme$* ist ein Eintrag in der Liste der Ausnahmen.
0	*Ausnahme$* ist kein Eintrag in der Liste der Ausnahmen.

Siehe auch   **AbrufenAutoKorrekturAusnahme$()**, **ExtrasAutoKorrekturAusnahmen**, **ZählenAutoKorrekturAusnahmen()**

IstDokumentEigenschaftBenutzerdefiniert()

Syntax   **IstDokumentEigenschaftBenutzerdefiniert**(*Name$*)

Bemerkungen   Liefert den Wert 1, falls *Name$* eine benutzerdefinierte Eigenschaft bezeichnet, und den Wert 0 (Null), wenn *Name$* keine benutzerdefinierte oder eine nicht definierte Eigenschaft ist. Mit der Funktion **DokumentEigenschaftVorhanden()** können Sie überprüfen, ob die Eigenschaft *Name$* existiert.

Eine Liste der in Word verfügbaren Standard-Eigenschaften finden Sie unter **DokumentEigenschaftName$()**. In Word, Version 6.0, ist **IstDokumentEigenschaftBenutzerdefiniert()** nicht verfügbar, und ein Fehler tritt auf.

Siehe auch   **DokumentEigenschaftTyp()**, **DokumentEigenschaftVorhanden()**, **IstDokumentEigenschaftSchreibgeschützt()**, **ZählenDokumentEigenschaften()**

IstDokumentEigenschaftSchreibgeschützt()

Syntax   **IstDokumentEigenschaftSchreibgeschützt**(*Name$* [, *BenutzerdefiniertOderStandard*])

Bemerkungen   Liefert den Wert 1, falls die Eigenschaft *Name$* schreibgeschützt ist. Wenn *Name$* keine zulässige Eigenschaft bezeichnet, tritt ein Fehler auf. Mit der Funktion **DokumentEigenschaftVorhanden()** können Sie überprüfen, ob die Eigenschaft *Name$* existiert.

Eine Liste der in Word verfügbaren Standard-Eigenschaften finden Sie unter **DokumentEigenschaftName$()**. In Word, Version 6.0, ist **IstDokumentEigenschaftSchreibgeschützt()** nicht verfügbar, und ein Fehler tritt auf.

Argument	Erklärung
Name$	Der Name der Eigenschaft.
Benutzerdefiniert OderStandard	Gibt an, ob *Name$* eine benutzerdefinierte oder eine Standard-Eigenschaft ist:
	0 (Null) oder fehlt *Name$* ist eine benutzerdefinierte Eigenschaft, es sei denn, daß *Name$* in der Liste der Standard-Eigenschaften erscheint.
	1 *Name$* ist eine Standard-Eigenschaft. Falls *Name$* keine Standard-Eigenschaft ist, tritt ein Fehler auf.
	2 *Name$* ist eine benutzerdefinierte Eigenschaft, unabhängig davon, ob eine Standard-Eigenschaft mit dem gleichen Namen bereits existiert.

Siehe auch   **DokumentEigenschaftName$()**, **DokumentEigenschaftTyp()**, **DokumentEigenschaftVorhanden()**, **IstDokumentEigenschaftBenutzerdefiniert()**

IstDokumentGeändert()

Syntax   IstDokumentGeändert( )

Bemerkungen   Liefert einen Wert, der angibt, ob das aktive Dokument seit dem letzten Speichern geändert wurde. Wenn ein Dokument geändert wurde, zeigt Word beim Schließen des Dokuments eine Eingabeaufforderung an, in der Sie gefragt werden, ob die Änderungen gespeichert werden sollen.

Wert	Erklärung
0 (Null)	Das Dokument wurde seit dem letzten Speichern nicht geändert.
–1	Das Dokument wurde seit dem letzten Speichern geändert.

Beispiel   Dieses Beispiel speichert das aktive Dokument, wenn dieses noch nicht gespeicherte Änderungen enthält:

```
If IstDokumentGeändert() = -1 Then DateiSpeichern
```

Siehe auch   **DokumentBearbeitetBestimmen**, **DokVorlageBearbeitetBestimmen**, **IstDokVorlageGeändert()**

IstDokVorlageGeändert()

Syntax IstDokVorlageGeändert()

Bemerkungen Liefert einen Wert, der angibt, ob die aktive Dokumentvorlage seit dem letzten Speichern geändert wurde. Wenn eine Dokumentvorlage geändert wurde, zeigt Word beim Schließen der Dokumentvorlage eine Eingabeaufforderung an, in der Sie gefragt werden, ob die Änderungen gespeichert werden sollen.

Wert	Erklärung
0 (Null)	Die Dokumentvorlage wurde seit dem letzten Speichern nicht geändert.
–1	Die Dokumentvorlage wurde seit dem letzten Speichern geändert.

Beispiel Dieses Beispiel speichert die aktive Dokumentvorlage, wenn diese noch nicht gespeicherte Änderungen enthält:

```
If IstDokVorlageGeändert() = -1 Then DokVorlageSpeichern
```

Siehe auch **DokumentBearbeitetBestimmen(), DokVorlageBearbeitetBestimmen, DokVorlageSpeichern, IstDokumentGeändert**

IstMakro()

Syntax IstMakro([*Fensternummer*])

Bemerkungen Liefert –1, wenn das durch *Fensternummer* angegebene Fenster ein Makrobearbeitungsfenster ist, und 0 (Null), wenn dies nicht der Fall ist.

Argument	Erklärung
Fensternummer	Gibt ein Fenster im Menü **Fenster** an: 1 entspricht dem ersten Fenster, 2 dem zweiten Fenster usw. Wenn *Fensternummer* 0 (Null) ist oder fehlt, wird das aktive Fenster angenommen. Wenn *Fensternummer* nicht der Nummer eines Fensters im Menü **Fenster** entspricht, tritt ein Fehler auf.

Beispiel Dieses Beispiel erstellt ein neues Dokument, wenn das aktive Fenster ein Makrobearbeitungsfenster ist:

```
If IstMakro() = -1 Then DateiNeuStandard
```

Siehe auch **AuswInfo(), MakroDateiName$(), MakroNameAusFenster$()**

IstNurAusführen()

Syntax	**IstNurAusführen**([*Makro$*])
Bemerkungen	Liefert 0 (Null), wenn der angegebene Makro bearbeitet werden kann, oder -1, wenn der Makro nur ausgeführt werden kann. Makros, die nicht bearbeitet werden können, werden auch *verschlüsselte* Makros genannt. Mit der Anweisung **MakroKopieren** können Sie einen Makro verschlüsseln, so daß er von diesem Zeitpunkt an nur ausgeführt werden kann.

Argument	Erklärung
Makro$	Der Name eines Makros. Verwenden Sie die Syntax: [*DokumentvorlageName***:**] *MakroName$*
	Wenn Sie nichts angeben, werden die aktive Dokumentvorlage und der aktive Makro vorausgesetzt. Die durch *DokumentvorlageName* angegebene Dokumentvorlage wird in diesem Fall nicht berücksichtigt. Word sucht den Makro in der Dokumentvorlage „Normal" und in geladenen globalen Dokumentvorlagen. Die durch *DokumentvorlageName* angegebene Dokumentvorlage muß in einem Dokumentfenster geöffnet, an ein geöffnetes Dokument angefügt oder als globale Dokumentvorlage geladen sein. Ist dies nicht der Fall, löst **IstNurAusführen**() einen Fehler aus.

Beispiel	Dieses Beispiel stellt fest, ob der globale Makro „Test" nur ausgeführt werden kann. Wenn dies nicht der Fall ist, zeigt Word den Makro im Makrobearbeitungsfenster an.

```
Verschlüsselt = IstNurAusführen("NORMAL:Test")
If Verschlüsselt = 0 Then ExtrasMakro .Name = "Test", \
        .Anzeigen = 1, .Bearbeiten
```

Siehe auch	**IstMakro**(), **MakroKopieren**

Jahr()

Syntax	**Jahr**(*Seriennummer*)
Bemerkungen	Liefert eine Ganzzahl im Bereich von 1899 bis 4095 (je einschließlich), die der Jahres-Komponente von *Seriennummer* entspricht. *Seriennummer* repräsentiert das aktuelle Datum und/oder die aktuelle Uhrzeit. Weitere Informationen über Seriennummern finden Sie unter **DatumSeriell**().
Beispiel	Dieses Beispiel liefert die Jahreskomponente des aktuellen Datums, wandelt sie in eine Zeichenfolge um und verkürzt dann die Zeichenfolge auf die beiden letzten Stellen:

```
Jahre = Jahr(Jetzt())
Jahre$ = Str$(Jahre)
Jahre$ = Right$(Jahre$, 2)
```

Siehe auch	**DatumSeriell**(), **Heute**(), **Jetzt**(), **Minute**(), **Monat**(), **Sekunde**(), **Stunde**(), **Tag**(), **Wochentag**()

Jetzt()

Syntax	**Jetzt**()
Bemerkungen	Liefert eine Seriennummer, die das aktuelle Datum und die aktuelle Uhrzeit darstellt. Diese beruhen auf dem internen Systemdatum und der Systemzeit des Computers. Die Vorkommastellen repräsentieren die Anzahl der Tage zwischen dem 30. Dezember 1899 und dem aktuellen Datum, und die Nachkommastellen repräsentieren die Uhrzeit als Bruchteil eines Tages. Weitere Informationen über Seriennummern finden Sie unter **DatumSeriell**().
Beispiel	Dieses Beispiel zeigt in einem Meldungsfeld an, wie viele Tage bis zum Jahreswechsel noch verstreichen. Die Anzahl der Tage wird berechnet, indem die Seriennummer des aktuellen Datums und der aktuellen Uhrzeit von der Seriennumer für den 1. Januar des folgenden Jahres subtrahiert wird.

```
Jahreszahl = Jahr(Jetzt())
JetzigerZeitpunkt = Jetzt()
ErsterJan = DatumSeriell(Jahreszahl + 1, 1, 1)
MsgBox "Anzahl der Tage bis Neujahr:" + \
    Str$(ErsterJan - JetzigerZeitpunkt)
```

Teile eines Tages werden im Ergebnis als Nachkommastellen angezeigt. Wenn Sie nur die Anzahl der Tage ohne einen Bruchteil anzeigen möchten, können Sie **Jetzt()** durch die Funktion **Heute()** ersetzen.

Siehe auch　　　**Date$()**, **DatumSeriell()**, **DatumWert()**, **Heute()**

Kapitälchen, Kapitälchen()

Syntax   **Kapitälchen** [*Aktiv*]

Kapitälchen()

Bemerkungen Die Anweisung **Kapitälchen** weist dem markierten Text das Zeichenformat „Kapitälchen" zu, entfernt das Format, oder steuert das Format „Kapitälchen" für Zeichen, die an der Einfügemarke eingegeben werden.

Argument	Erklärung
Aktiv	Gibt an, ob das Format „Kapitälchen" zugewiesen oder entfernt wird:
	1 Weist das Format „Kapitälchen" zu.
	0 (Null) Entfernt das Format „Kapitälchen".
	Fehlt Schaltet das Format „Kapitälchen" um (ein bzw. aus).

Die Funktion **Kapitälchen**() liefert als Ergebnis die folgenden Werte:

Wert	Erklärung
0 (Null)	Kein Teil des markierten Textes ist als „Kapitälchen" formatiert.
–1	Nur ein Teil des markierten Textes ist als „Kapitälchen" formatiert.
1	Der gesamte markierte Text ist als „Kapitälchen" formatiert.

Beispiel   Wenn der aktuelle Absatz (markiert durch die vordefinierte Textmarke „\Para") Kapitälchen enthält, formatiert dieser Makro den gesamten Absatz als Kapitälchen:

```
MarkierungArt 1                    'Eventuell vorhandene Markierung aufheben
BearbeitenGeheZu "\ Para"
If Kapitälchen() = -1 Then Kapitälchen 1
```

Siehe auch **FormatZeichen, Großbuchstaben, GroßKleinschreibungÄndern, UCase$()**

Kasten, Kasten()

Syntax   **Kasten** [*Aktiv*]

Kasten()

Bemerkungen Die Anweisung **Kasten** fügt den markierten Absätzen, Tabellenzellen oder Grafiken einen äußeren Rahmen hinzu oder entfernt diesen. Die folgenden

Abbildungen zeigen die äußeren Rahmenlinien einer Reihe von Absätzen und einer vollständigen Tabelle:

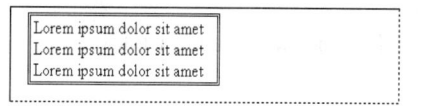

| Lorem ipsum dolor sit amet |
| Lorem ipsum dolor sit amet |
| Lorem ipsum dolor sit amet |

Innere Rahmenlinie bei Absätzen

Lorem ipsum	Lorem ipsum
Lorem ipsum	Lorem ipsum
Lorem ipsum	Lorem ipsum

Innere Rahmenlinie in einer Tabelle

Die Funktion **Kasten( )** liefert entweder das Ergebnis 0 (Null) oder 1, je nachdem, ob die markierte Grafik oder alle markierten Absätze bzw. Tabellenzellen mit einem äußeren Rahmen formatiert sind.

Eine ausführliche Beschreibung der Argumente und Rückgabewerte finden Sie unter **RahmenlinieUnten**.

Siehe auch   **FormatRahmenSchattierung, OhneRahmenlinien, RahmenlinieInnen, RahmenlinieLinks, RahmenlinienArt, RahmenlinieOben, RahmenlinieRechts, RahmenlinieUnten, SchattierungsMuster**

Kill

Syntax   **Kill** *Dateiname$*

Bemerkungen   Löscht die angegebene(n) Datei(en). Wenn *Dateiname$* ein geöffnetes Dokument angibt, tritt ein Fehler auf.

Argument	Erklärung
Dateiname$	Die Dateibezeichnung. Unter Windows können Sie zum Bezeichnen von Dateien auch die MS-DOS-Platzhalterzeichen Sternchen (*) und Fragezeichen (?) verwenden. Sie können ebenfalls eine Pfadangabe in die Dateibezeichnung einschließen, z.B. `C:\DOCS\*.TXT`.
	Auf dem Macintosh können Sie **MacID$( )** verwenden, um Dateien eines bestimmten Typs zu bezeichnen (z. B. `MacID$("TEXT")`). Stellen Sie der Anweisung **Kill** die Anweisung **ChDir** voran, um den entsprechenden Ordner festzulegen.

Beispiele   Dieses Beispiel löscht eine Datei im Verzeichnis C:\WORD\BRIEFE. Ersetzen Sie auf dem Macintosh den Verzeichnisnamen durch einen Ordnernamen, z.B. FP:Word 6:Briefe.

```
Kill "C:\WINWORD\BRIEFE\ENTWURF.DOC"
```

Das folgende Beispiel für Windows löscht alle Dateien im Ordner C:\LÖSCHEN:

```
Kill "C:\LÖSCHEN\*.*"
```

Hier das obige Beispiel, angepaßt für den Macintosh:

```
ChDir "FP:LÖSCHEN"
Kill MacID$("****")
```

Siehe auch   **DateiKopieren, MacID$(), RmDir**

KontrollkästchenFormularFeld

Syntax   **KontrollkästchenFormularFeld**

Bemerkungen   Fügt an der Position der Einfügemarke ein Kontrollkästchen-Formularfeld ein. **KontrollkästchenFormularFeld** entspricht der Schaltfläche **Kontrollkästchen-Formularfeld** auf der Formular-Symbolleiste.

Siehe auch   **DropDownFormularFeld, EinfügenFormularFeld, TextFormularFeld**

Konturschrift, Konturschrift()

Syntax   **Konturschrift** [*Aktiv*]

Konturschrift()

Bemerkungen   Auf dem Macintosh weist die Anweisung **Konturschrift** der aktuellen Markierung das Zeichenformat „Konturschrift" zu bzw. entfernt dieses Format oder legt das Format „Konturschrift" für Zeichen fest, die an der Einfügemarke eingegeben werden.

Argument	Erklärung
Aktiv	Gibt an, ob das Format „Konturschrift" hinzugefügt oder entfernt wird: 1 Weist der Markierung das Format „Konturschrift" zu. 0 (Null) Entfernt das Format „Konturschrift". Fehlt Schaltet das Format „Konturschrift" um (ein bzw. aus).

Die Funktion **Konturschrift**() liefert die folgenden Werte.

Value	Erklärung
0 (Null)	Kein Teil der Markierung ist mit „Konturschrift" formatiert.
–1	Ein Teil der Markierung ist mit „Konturschrift" formatiert.
1	Die gesamte Markierung ist mit „Konturschrift" formatiert.

Unter Windows sind **Konturschrift** und **Konturschrift**() nicht verfügbar und führen zu einem Fehler.

Siehe auch FormatZeichen

Konverter$()

Syntax **Konverter$**(*Formatnummer*)

Bemerkungen Liefert den Klassennamen des Dateiformats, das *Formatnummer* zugeordnet ist.

Argument	Erklärung
Formatnummer	Eine Nummer, die einem Dateiformat entspricht, das unter „Dateityp" im Dialogfeld **Speichern unter** (Menü **Datei**) aufgeführt ist: 0 (Null) entspricht dem ersten Typ, 1 dem zweiten Typ usw.
	Formatnummer kann auch als Wert von **KonverterSuchen**() geliefert werden. In manchen Situationen stimmt der von **KonverterSuchen**() gelieferte Wert jedoch nicht mit der Position des Formatnamens in der Liste überein. Der folgende Aufruf liefert (unter Windows) zum Beispiel den Wert 6:

```
KonverterSuchen("Rich Text Format")
```

Beispiel Dieses Beispiel fügt an der Einfügemarke eine Liste der in Word verfügbaren Klassennamen für Dateitypen ein. Die Ausführung wird beendet, wenn a$ eine leere Zeichenfolge (" ") enthält. Das Ende der Liste aller verfügbaren Formatnamen ist dann erreicht.

```
x = 0
a$ = Konverter$(x)
While a$ <> ""
    Einfügen a$ + Chr$(13)
    x = x + 1
    a$ = Konverter$(x)
Wend
```

Siehe auch DateiSpeichernUnter, KonverterSuchen()

KonverterSuchen()

Syntax KonverterSuchen(*Formatname$*)

Bemerkungen Liefert eine Zahl, die dem durch *Formatname$* angegebenen Dateityp entspricht. Sie können diese Zahl in einer **DateiSpeichernUnter**-Anweisung mit dem Argument **.Format** verwenden, um eine Datei unter einem anderen Format zu speichern. Wenn das angegebene Format nicht existiert, liefert **KonverterSuchen()** den Wert –1.

Argument	Erklärung
Formatname$	Der Klassenname für das Format, wie es von **Konverter$()** zurückgegeben wird, oder der Name eines Dateityps, wie er im Feld „Dateityp" des Dialogfelds **Speichern unter** (Menü **Datei**) erscheint.

Beispiele Dieses Beispiel für Windows speichert das aktive Dokument im Rich-Text-Format (RTF) und verwendet den Klassennamen „MSRTF", um das Format anzugeben.

```
DateiSpeichernUnter .Name = "C:\RTF\TEST.RTF", \
    .Format = KonverterSuchen("MSRTF")
```

Das folgende Beispiel für den Macintosh speichert das aktive Dokument ebenfalls im Rich-Text-Format (RTF), gibt aber für das Format anstelle des Klassennamens den Namen an, der im Feld „Dateityp" des Dialogfelds **Speichern unter** erscheint.

```
DateiSpeichernUnter .Name = "FP:RTF:RTF-TEST", \
    .Format = KonverterSuchen("Rich Text Format")
```

Siehe auch **DateiSpeichernUnter, Konverter$()**

KopfFußzeilenVerknüpfungUmschalten

Syntax KopfFußzeilenVerknüpfungUmschalten

Bemerkungen Ersetzt die im Kopf-/Fußzeilenausschnitt angezeigte Kopf- oder Fußzeile durch die entsprechende Kopf- oder Fußzeile des vorhergehenden Abschnitts und stellt eine Verknüpfung her. Besteht bereits eine Verknüpfung, so hebt **KopfFußzeilenVerknüpfungUmschalten** diese auf, so daß die Kopf- oder Fußzeilen unabhängig bearbeitet werden können. Wenn sich die Einfügemarke nicht in einer Kopf- oder Fußzeile befindet, tritt ein Fehler auf. Falls keine vorhergehende Kopf- oder Fußzeile vorhanden ist (z.B. im ersten Abschnitt eines Dokuments), tritt ebenfalls ein Fehler auf.

Siehe auch	AnsichtKopfzeile, EinblendenNächsteKopfFußzeile, EinblendenVorherigeKopfFußzeile, FormatKopfFußzeileVerknüpfen

Kursiv, Kursiv()

Syntax	**Kursiv** [*Aktiv*]
	Kursiv( )
Bemerkungen	Die Anweisung **Kursiv** weist dem markierten Text das Zeichenformat „Kursiv" zu oder entfernt dieses Format, oder legt das Format „Kursiv" für Zeichen, die an der Einfügemarke eingegeben werden, fest.

Argument	Erklärung
Aktiv	Gibt an, ob das Format „Kursiv" hinzugefügt oder entfernt wird:
	1 Weist dem markierten Text das Format „Kursiv" zu.
	0 (Null) Entfernt das Format „Kursiv".
	Fehlt Schaltet das Format „Kursiv" um (ein bzw. aus).

Die Funktion **Kursiv**( ) liefert die folgenden Werte:

Wert	Erklärung
0 (Null)	Kein Teil des markierten Textes ist kursiv formatiert.
–1	Ein Teil des markierten Textes ist kursiv formatiert.
1	Der gesamte markierte Text ist kursiv formatiert.

Siehe auch	**FormatZeichen**

LCase$()

Syntax LCase$(*Quelle$*)

Bemerkungen Liefert eine Zeichenfolge, in der alle Zeichen von *Quelle$* in Kleinbuchstaben umgewandelt wurden.

Beispiel Dieses Beispiel zeigt die Zeichenfolge, die der Variable Name$ zugeordnet ist, in Kleinschreibung an:

```
Name$ = "Vera Hoffmann"
MsgBox LCase$(Name$)
```

Siehe auch **GroßKleinschreibungÄndern**, **UCase$()**

LeereTextmarke()

Syntax LeereTextmarke(*Name$*)

Bemerkungen Stellt fest, ob *Name$* eine „leere" Textmarke ist. Eine leere Textmarke markiert nur die Position der Einfügemarke in einem Dokument und keinen Text. Mit **LeereTextmarke()** können Sie prüfen, ob eine Textmarke (beispielsweise eine Textmarke, auf die in einem REF-Feld Bezug genommen wird) tatsächlich eine Textstelle markiert.

LeereTextmarke() liefert als Ergebnis die folgenden Werte:

Wert	Erklärung
–1	Textmarke ist leer (sie markiert also keinen Text).
0 (Null)	Textmarke ist nicht leer oder nicht vorhanden.

Beispiel Dieses Beispiel prüft, ob die Textmarke, auf die in einem REF-Feld Bezug genommen wird, vorhanden und nicht leer ist. Wenn ein Bezug auf eine nicht vorhandene oder leere Textmarke gefunden wird, erscheint eine entsprechende Meldung.

```
BeginnDokument
AnsichtFeldfunktionen 1
BearbeitenSuchen .Suche = "^d REF", .Format = 0, .Textfluß = 0
While BearbeitenSuchenGefunden()
    ZeichenLinks
    WortRechts 2
    WortRechts 1, 1
    Marke$ = RTrim$ (Markierung$())
    If Not TextmarkeVorhanden(Marke$) Then
        MsgBox Marke$ + " ist keine Textmarke."
    ElseIf LeereTextmarke(Marke$) Then
        MsgBox Marke$ + " ist eine leere Textmarke."
    End If
    ZeichenRechts
    BearbeitenSuchen .Suche = "^d REF", .Format = 0, .Textfluß = 0
Wend
```

Siehe auch **AbrufenTextmarke$()**, **BearbeitenTextmarke**, **TextmarkeName$()**, **TextmarkenVergleichen()**, **TextmarkeVorhanden()**, **ZählenTextmarken()**

Left$()

Syntax **Left$**(*Quelle$*, *Anzahl*)

Bemerkungen Liefert die am weitesten links befindlichen Zeichen von *Quelle$*. *Anzahl* gibt die Anzahl der zu liefernden Zeichen an.

Beispiele Das folgende Beispiel zeigt in der Statusleiste den Text „Gültig" an:

```
a$ = "Gültige Dateiliste"
Print Left$(a$, 6)
```

Das folgende Beispiel verwendet **Left$()**, um den ersten Teil eines durch Bindestrich getrennten Wortes zu liefern. Zunächst bestimmt **InStr()** die Positiondes Bindestriches (-). Anschließend liefert **Left$()** alle Zeichen links des Bindestriches.

```
GanzesWort$ = "Baden-Württemberg"
Bindestrich = InStr(GanzesWort$, "-")
ErstesWort$ = Left$(GanzesWort$, (Bindestrich - 1))
MsgBox "Der erste Teil des Wortes ist: " + ErstesWort$
```

Eine ähnliche Gruppe von Anweisungen kann verwendet werden, um die Zeichen vor der Dateinamenerweiterung in einem MS-DOS-Dateinamen zu liefern. Statt die Position des Bindestriches festzustellen, können Sie mit **InStr()** die Position des Punktes (.) ermitteln. Damit könnten Sie beispielsweise eine Kopie des aktiven Dokuments mit einer anderen Dateinamenerweiterung speichern. Ein Beispiel finden Sie unter **InStr()**.

Siehe auch **InStr()**, **Len()**, **LTrim$()**, **Mid$()**, **Right$()**, **RTrim$()**

Len()

Syntax **Len**(*Quelle$*)

Bemerkungen Liefert die Anzahl der Zeichen in *Quelle$*.

Beispiel Dieses Beispiel fordert den Benutzer dazu auf, einen Namen für einen AutoText-Eintrag einzugeben, und prüft dann mit **Len()**, ob der Name die Höchstgrenze von 32 Zeichen überschreitet. Die Anweisung **On Error** verhindert, daß die Meldung „Befehl mißlungen" angezeigt wird, wenn der Benutzer das durch **InputBox$()** angezeigte Dialogfeld abbricht.

```
On Error Goto Ende
Start:
a$ = InputBox$("Geben Sie einen Namen für den AutoText-Eintrag ein.")
If Len(a$) > 32 Then
    MsgBox "Bitte höchstens 32 Zeichen eingeben."
    Goto Start
End If
Ende:
```

Siehe auch **Instr()**, **Left$()**, **LTrim$()**, **Mid$()**, **Right$()**, **RTrim$()**

Let

Syntax [**Let**] *Var* = *Ausdruck*

Bemerkungen Weist einer Variablen den Wert eines Ausdrucks zu. **Let** ist optional.

Beispiel Die beiden folgenden Anweisungen weisen der Variablen A den Wert 100 zu:

```
Let A = 100
A = 100
```

Siehe auch **Dim**

LetztesWortLöschen

Syntax LetztesWortLöschen

Bemerkungen Löscht das Wort unmittelbar vor der Einfügemarke oder Markierung, ohne es in die Zwischenablage einzufügen.

Wenn eine Textstelle markiert ist, wird die Markierung von **LetztesWortLöschen** wie eine Einfügemarke interpretiert. Die Anweisung löscht also nicht die Markierung, sondern das Wort unmittelbar vor der Markierung. Wenn sich die Einfügemarke mitten in einem Wort befindet, löscht **LetztesWortLöschen** die Zeichen zwischen der Einfügemarke und dem Wortanfang.

Wenn sich zwischen dem Wort und der Einfügemarke eine Leerstelle befindet, löscht **LetztesWortLöschen** die Leerstelle und das Wort. Wenn die Einfügemarke auf ein Satzzeichen wie etwa einen Punkt oder ein Komma folgt, löscht **LetztesWortLöschen** nur das Satzzeichen.

Siehe auch **BearbeitenAusschneiden, BearbeitenLöschen, WortLinks, WortLöschen**

Line Input

Syntax Line Input #*Dateinummer*, *Variable*$

Line Input [*Eingabeaufforderung$*,] *Variable*$

Bemerkungen Liest eine ganze Zeile aus einer sequentiellen Datei ein und übergibt sie an eine Zeichenfolgenvariable. In sequentiellen Dateien werden Zeilen durch Wagenrücklaufzeichen (ANSI 13) und Zeilenvorschubzeichen (ANSI 11) beendet. Das Argument *DateiNummer* ist die Nummer, die in der Anweisung **Open** zum Öffnen der Datei verwendet wurde. Weitere Informationen über sequentielle Dateien finden Sie in Kapitel 9, „Weitere WordBasic-Verfahren".

Line Input gleicht den Anweisungen **Input** und **Read**, doch unterteilt **Line Input** die Zeile nicht in einzelne Werte mit den darin enthaltenen Kommata als Trennzeichen, sondern die ganze Zeile wird an die Zeichenfolgenvariable übergeben. **Line Input** kann Zeilen mit bis zu 65.280 Zeichen akzeptieren. Längere Zeilen werden abgeschnitten. Im Gegensatz zu **Read**, das nur in Anführungszeichen stehenden Text übernimmt, unterscheidet **Line Input** nicht zwischen Anführungszeichen und anderen Zeichen.

Wenn Sie #*DateiNummer* nicht angeben, wird der Benutzer mit einem Fragezeichen (?) in der Statusleiste aufgefordert, einen Wert einzugeben. Nach dem Eingeben der Nummer schließt der Benutzer die Eingabe durch Drücken der EINGABETASTE ab. Wahlweise können Sie auch eine Zeichenfolge für eine Aufforderung angeben. Wenn *Eingabeaufforderung$* angegeben wurde, wird das Fragezeichen in der Statusleiste nicht angezeigt.

Beispiele

Dieses Beispiel fügt eine Zeile aus der Datei mit der Dateinummer 1 in die Variable Muster$ ein:

```
Line Input #1, Muster$
```

Das folgende Beispiel zeigt in der Statusleiste die Standardaufforderung (ein Fragezeichen) an. Anschließend wird der hinter dem Fragezeichen eingegebene Text als Variable Taste$ definiert.

```
Line Input Taste$
```

Das folgende Beispiel zeigt in der Statusleiste die Eingabeaufforderung „Suchtext:" an. Anschließend wird der hinter der Aufforderung eingegebene Text als Variable Ziel$ definiert.

```
Line Input "Suchtext: ", Ziel$
```

Siehe auch **Close, Eof(), Input, Input$(), Lof(), Open, Print, Read, Seek, Write**

ListBox

Syntax **ListBox** *HorizPos, VertPos, Breite, Höhe, Feldvariable$( ), .Bezeichner*

Bemerkungen Erstellt ein Listenfeld, aus dem der Benutzer innerhalb eines benutzerdefinierten Dialogfelds ein Element auswählen kann.

Argument	Erklärung
HorizPos, VertPos	Der Abstand der linken oberen Ecke des Listenfelds von der linken oberen Dialogfeldecke, ausgedrückt in Einheiten von 1/8 bzw. 1/12 der Systemschriftart (Windows) bzw. der Diaglogfeldschriftart (Macintosh).
Breite, Höhe	Die Breite und Höhe des Listenfelds, ausgedrückt in 1/8 bzw. 1/12 der Systemschriftart (Windows) bzw. der Diaglogfeldschriftart (Macintosh).

Argument	Erklärung
Feldvariable$( )	Ein Datenfeld aus Zeichenfolgen, das die Liste enthält, wobei jedes Listenfeldelement einem Datenfeldelement entspricht.
.Bezeichner	In Kombination mit dem Namen des Dialogdatensatzes erstellt *.Bezeichner* eine Variable, deren Wert dem ausgewählten Listenfeldelement entspricht. Diese Variable setzt sich folgendermaßen zusammen: *DialogDatensatz.Bezeichner* (beispielsweise Dlg.TestListe).
	Der Bezeichner (*.Bezeichner* ohne Punkt) wird auch von Anweisungen in einer Dialogfunktion verwendet, die sich auf das Listenfeld auswirken (z.B. **DlgAktivieren** und **DlgSichtbar**).

Beispiel

Dieser Makro zeigt eine Liste mit Menünamen an. Zuerst erstellt er ein Datenfeld mit Menünamen, die in einem Listenfeld angezeigt werden sollen. Anschließend definiert er ein Dialogfeld mit dem Listenfeld und zeigt danach das Dialogfeld an:

```
Sub MAIN
Dim TestListe$(ZählenMenüs(1) - 1)
For i = 1 To ZählenMenüs(1)
    TestListe$(i - 1) = Menütext$(1, i)
Next i
Begin Dialog BenutzerDialog 320, 118, "Listenfeldbeispiel"
    Text 27, 8, 170, 13, "Dies ist ein Listenfeld:"
    ListBox 29, 25, 160, 84, TestListe$(), .TestListe
    OKButton 220, 65, 95, 21
    CancelButton 220, 89, 95, 21
End Dialog
Dim Dlg As BenutzerDialog
x = Dialog(dlg)
End Sub
```

Siehe auch Begin Dialog...End Dialog, ComboBox, DlgListenfeldDatenfeld, DropListBox

Lof()

Syntax **Lof(**[#]*DateiNummer***)**

Bemerkungen Liefert die Länge (in Byte) einer geöffneten sequentiellen Datei. Das Argument *DateiNummer* ist die Nummer, die in der Anweisung **Open** zum Öffnen der Datei verwendet wurde. Weitere Informationen über sequentielle Dateien finden Sie in Kapitel 9, „Weitere WordBasic-Verfahren".

Beispiel Dieses Beispiel verwendet **Open**, um die Datei DATEN.TXT zur sequentiellen Eingabe vorzubereiten, und zeigt anschließend die Größe der Datei DATEN.TXT in der Statusleiste an:

```
Open "DATEN.TXT" For Input As #1
    Größe = Lof(1)
    Print Größe; " Bytes"
Close #1
```

Siehe auch Close, Eof(), Input, Input$(), Line Input, Open, Print, Read, Seek, Write

LöschenAddIn

Syntax LöschenAddIn *AddIn*

LöschenAddIn *AddIn$*

Bemerkungen Entfernt eine globale Dokumentvorlage oder eine Word Add-In Library (WLL) aus der Liste globaler Dokumentvorlagen und Add-Ins im Dialogfeld **Dokumentvorlagen und Add-Ins** (Menü **Datei**, Befehl **Dokumentvorlage**). Vorlagen, die sich in dem Verzeichnis befinden, auf das die Einstellung STARTUP-PATH in der Datei WINWORD6.INI zeigt, können nicht entfernt werden. Diese Einstellung kann unter der Option „AutoStart" auf der Registerkarte **Dateiablage** im Dialogfeld **Optionen** (Menü **Extras**) geändert werden.

Argument	Erklärung
AddIn	Eine Zahl, die der Position der globalen Dokumentvorlage oder des Add-Ins in der Liste entspricht: 1 entspricht der ersten Dokumentvorlage oder dem ersten Add-In, 2 der/dem zweiten usw.
AddIn$	Der Pfad- und Dateiname der globalen Dokumentvorlage oder des Add-Ins.

Siehe auch AbrufenAddInKennung(), AbrufenAddInName$(), **AddInHinzufügen**, **AddInsLöschen**, AddInStatus(), ZählenAddIns()

LöschenZeichen$()

Syntax LöschenZeichen$(*Quelle$*)

Bemerkungen Entfernt nichtdruckbare Zeichen und spezielle Word-Zeichen aus *Quelle$* oder ändert sie in Leerzeichen (Zeichencode 32).

Unter Windows und auf dem Macintosh werden die folgenden Zeichen in Leerzeichen geändert, soweit nicht anders angegeben.

Zeichencode	Beschreibung
1–29	Nichtdruckbare Zeichen. Zeichen 13 (Absatzmarke) wird nicht entfernt. Zeichen 10 wird in Zeichen 13 umgewandelt, sofern es nicht auf Zeichen 13 folgt (in diesem Fall wird Zeichen 10 entfernt). Zeichen 7 wird entfernt, sofern es nicht auf Zeichen 13 folgt (in diesem Fall wird es in Zeichen 9, das Tabstopzeichen, umgewandelt).
31	Bedingter Trennstrich. Zeichen 31 wird nicht in ein Leerzeichen umgewandelt, sondern entfernt.

Unter Windows werden die Zeichen wie folgt geändert:

Zeichencode	Beschreibung
160	Geschütztes Leerzeichen, wird in ein Leerzeichen geändert
172	Symbol für bedingten Trennstrich, wird entfernt
176	Geschütztes Leerzeichen, wird in ein Leerzeichen geändert
182	Zeichen für Absatzmarke, wird entfernt
183	Aufzählungszeichen, wird in ein Leerzeichen geändert

Auf dem Macintosh werden die Zeichen wie folgt geändert:

Zeichencode	Beschreibung
194	Bedingter Trennstrich, wird entfernt
202	Geschütztes Leerzeichen, wird in ein Leerzeichen geändert

Wenn ein Feld in der Markierung enthalten ist und die Feldfunktionen angezeigt werden, ändert **LöschenZeichen$()** die Feldzeichen in Leerzeichen.

Beispiel Dieses Beispiel verwendet **LöschenZeichen$()**, um alle nichtdruckbaren Zeichen (außer Zeichen 13) im markierten Text zu entfernen:

```
Temp$ = Markierung$()
Gelöscht$ = LöschenZeichen$(Temp$)
```

Siehe auch **LTrim$()**, **RTrim$()**

LTrim$()

Syntax LTrim$(*Quelle$*)

Bemerkungen Entfernt führende Leerstellen von *Quelle$*. **LTrim$()** eignet sich besonders zum Entfernen führender Leerstellen von numerischen Werten, die in Zeichenfolgen umgewandelt wurden, und zum Aufbereiten von Benutzereingaben.

Beispiel Dieses Beispiel wandelt die numerische Variable Code in eine Zeichenfolge um und entfernt dann die führende Leerstelle, die **Str$()** automatisch hinzufügt. Die Variable Nachname$ wird anschließend mit Code$ verbunden und in der Variablen Lizenz$ gespeichert.

```
Nachname$ = "Peterson"
Code = 1234
Code$ = Str$(Code)
Code$ = LTrim$(Code$)
Lizenz$ = Nachname$ + Code$
```

Siehe auch **InStr()**, **Left$()**, **Mid$()**, **Right$()**, **RTrim$()**

Lupe, Lupe()

Syntax **Lupe** [*Aktiv*]

Lupe()

Bemerkungen Die **Lupe**-Anweisung ändert den Mauszeiger in der Seitenansicht vom Standardzeiger in einen lupenähnlichen Zeiger (oder umgekehrt). Wenn der Mauszeiger als Lupe erscheint, kann der Benutzer einen bestimmten Seitenausschnitt vergrößern oder die Ansicht verkleinern, um eine oder mehrere ganze Seiten anzusehen.

Argument	Erklärung
Aktiv	Legt das Aussehen des Mauszeigers in der Seitenansicht fest:
	0 (Null) Zeigt den Standardzeiger an.
	1 Zeigt den lupenähnlichen Zeiger an.
	Fehlt Schaltet zwischen beiden Mauszeigern hin und her.

Die Funktion **Lupe()** liefert –1, wenn der Mauszeiger als Lupe erscheint, und 0 (Null), wenn er als Standardzeiger erscheint.

Siehe auch **AnsichtZoom**, **DateiSeitenansicht**

MacID$()

Syntax   **MacID$**(*Bezeichner$*)

Bemerkungen   Konvertiert auf dem Macintosh die Signatur einer Anwendung oder einen Dateityp in einen Wert, der in Instruktionen (wie z.B. **AnwSchließen**, **Files$**() oder **Shell**) verwendet werden kann, die entweder einen Anwendungsdateinamen oder einen Dateityp benötigen. Unter Windows ist **MacID$**() nicht verfügbar und führt zu einem Fehler.

MacID$**() ermöglicht es, eine Anwendung ohne Angabe des Anwendungsdateinamens (den der Benutzer ändern kann) zu bezeichnen. Zum Festlegen einer Anwendung kann **MacID$() mit den folgenden Instruktionen eingesetzt werden: **AnwAktiv**(), **AnwAktivieren**, **AnwNamenHolen**, **AnwNamenHolen**(), **AnwSchließen**, **AnwZählen**, **Shell**.

Zum Festlegen eines Macintosh-Dateityps kann **MacID$**() mit **Files$**(), **DateiÖffnen** und **Kill** verwendet werden. Da der Macintosh die MS-DOS-Platzhalterzeichen Sternchen (*) und Fragezeichen (?) nicht unterstützt, wird zum Bezeichnen von Dateigruppen ein Dateityp benutzt. Die folgende Anweisung liefert beispielsweise einen Textdateinamen aus dem aktuellen Ordner:

```
textdatei1$ = Files$(MacID$("TEXT"))
```

Anmerkung Es ist nicht möglich, mehrere Dateien in einem Ordner anzugeben, indem ein **MacID$**()-Dateityp an einen Pfad angehängt wird. Die folgende Anweisung beispielsweise liefert unvorhersehbare Ergebnisse:

```
textdatei1$ = Files$("FP:TEXTDATEIEN:" + MacID$("TEXT"))
```

Wechseln Sie statt dessen zuerst mit der Anweisung **ChDir** den aktuellen Ordner, und verwenden Sie dann in einer Instruktion **MacID$**() zum Festlegen des Dateityps.

Argument	Erklärung
Bezeichner$	Die Signatur einer Anwendung oder ein Dateityp.
	Die Signatur einer Anwendung besteht aus einer Folge von vier Zeichen, die eine Anwendung eindeutig bezeichnet. Zum Beispiel ist MSWD die Anwendungssignatur für Word, XCEL die Anwendungssignatur für Microsoft Excel.
	Ein Dateityp ist eine Folge von vier Zeichen, die ein Dateiformat bezeichnet. W6BN ist beispielsweise der Dateityp für Dateien, die von Microsoft Word 6.0 für den Macintosh erstellt wurden, während TEXT der Dateityp für Textdateien ist (sowie für Dateien, die unter Windows z.B. mit Word 6.0 für Windows erzeugt wurden). Mit „****" werden alle Dateien in einem Ordner angegeben.
	Beachten Sie, daß bei Anwendungssignaturen und Dateitypen Groß- und Kleinschreibung berücksichtigt wird. „MSWD" ist die Signatur für Word, „Mswd" jedoch nicht. Mit **DateiErstelltVon$()** können Sie zu einem Dateinamen die Signatur der Anwendung ermitteln, die die Datei angelegt hat und mit **DateiTyp$()** können Sie den Dateityp bestimmen.

Beispiele

Dieses Beispiel verwendet **MacID$()** gemeinsam mit **AnwAktiv()** und **Shell**, um zu ermitteln, ob Microsoft Excel aktiv ist. Wenn dies nicht der Fall ist, wird Microsoft Excel gestartet.

```
If AnwAktiv(MacID$("XCEL")) = 0 Then Shell MacID$("XCEL")
```

Das folgende Beispiel setzt **MacID$()** mit **DateiÖffnen** ein, um das Dialogfeld **Öffnen** anzuzeigen und die Word-Dokumentvorlagen im aktuellen Ordner aufzulisten.

```
Dim Dödlg As DateiÖffnen
GetCurValues Dödlg
Dödlg.Name = MacID$("WTBN")
wahl = Dialog(Dödlg)
If wahl = -1 Then DateiÖffnen Dödlg
```

Das nächste Beispiel verwendet **MacID$()** zusammen mit **Files$()**, um eine Liste von Textdateien im aktuellen Ordner in das aktive Fenster einzufügen.

```
textdateiname$ = Files$(MacID$("TEXT"))
While textdateiname$ <> ""
    Einfügen textdateiname$
    textdateiname$ = Files$()
    EinfügenAbsatz
Wend
```

Siehe auch

AnwAktiv(), AnwAktivieren, AnwNamenHolen, AnwSchließen, AnwZählen(), BestimmenDateiErstelltVonUndTyp, DateiErstelltVon$(), DateiÖffnen, DateiTyp$(), Files$(), Kill, Shell

MacScript, MacScript$()

Syntax　　**MacScript** *Skript$*

　　　　　　**MacScript$**(*Skript$*)

Bemerkungen　Die Anweisung **MacScript** führt eine vorhandene AppleScript-Skriptressource aus oder übergibt die angegebene Zeichenfolge zum Kompilieren und Ausführen an die Standard-Programmiersprache.

Argument	Erklärung
Skript$	Der Pfad und der Dateiname einer Skript-Datei oder eine zu kompilierende und auszuführende Zeichenfolge. Wenn Sie eine Skript-Datei angeben, lädt Word die Datei und führt die erste Skriptressource aus.

Die Funktion **MacScript$()** verhält sich wie die Anweisung, liefert aber zusätzlich eine Zeichenfolge, die dem Wert entspricht, der vom angegebenen Skript zurückgegeben wurde. Liefert das Skript eine Zahl, so wird diese in eine Zeichenfolge konvertiert. Gibt das Skript keinen Wert zurück, so liefert **MacScript$()** eine leere Zeichenfolge (" ").

Unter Windows sind **MacScript** und **MacScript$()** nicht verfügbar und führen zu einem Fehler.

Beispiel　Der folgende Makro bezieht sich auf ein Skript namens „BerechneZeichenfolge". Es wird davon ausgegangen, daß das Skript eine markierte Zeichenfolge aus einem Word-Dokument an Microsoft Excel sendet. Microsoft Excel versucht dann, die Zeichenfolge als Formel auszuwerten. Wenn dies gelingt, gibt das Skript den Wert als Zeichenfolge an Word zurück. Word kann dann die Markierung durch das Ergebnis ersetzen.

```
Sub MAIN
ergebnis$ = MacScript$("FP:APPLESCRIPT:SKRIPTS:BERECHNEZEICHENFOLGE")
If ergebnis$ <> "" Then
    BearbeitenAusschneiden
    Einfügen ergebnis$
End If
End Sub
```

Weitere Informationen darüber, wie Sie Word und WordBasic um AppleScript-Skriptressourcen erweitern können, finden Sie im Anhang D, „AppleScript", in Teil 3, „Anhänge".

Siehe auch　**Call**, **Declare**

MailAllenAntworten

Syntax	MailAllenAntworten
Bemerkungen	Öffnet eine neue WordMail-Nachricht mit dem Absender und, je nach Bedarf, den Adressen aller anderen Empfänger in der An:- und Cc:-Zeile, um auf die aktive Nachricht zu antworten. **MailAllenAntworten** ist nur in Word für Windows 95 verfügbar und nur dann, wenn Microsoft Exchange installiert ist.
Siehe auch	**MailAntworten**, **MailNachrichtWeiterleiten**

MailAntworten

Syntax	MailAntworten
Bemerkungen	Öffnet eine neue WordMail-Nachricht mit der Adresse des Absenders in der An:-Zeile, um auf die aktive Nachricht zu antworten. **MailAntworten** ist nur in Word für Windows 95 verfügbar und nur dann, wenn Microsoft Exchange installiert ist.
Siehe auch	**MailAllenAntworten**, **MailNachrichtWeiterleiten**

MailNachrichtEigenschaften

Syntax	MailNachrichtEigenschaften
Bemerkungen	Zeigt das Dialogfeld **Eigenschaften** für die aktive WordMail-Nachricht an. **MailNachrichtEigenschaften** ist nur in Word für Windows 95 verfügbar und nur dann, wenn Microsoft Exchange installiert ist.
Siehe auch	**DateiEigenschaften**

MailNachrichtenkopfEinAusblenden

Syntax	MailNachrichtenkopfEinAusblenden
Bemerkungen	Schaltet die Anzeige des Nachrichtenkopfes in der aktiven WordMail-Nachricht ein oder aus. **MailNachrichtenkopfEinAusblenden** ist nur in Word für Windows 95 verfügbar und nur dann, wenn Microsoft Exchange installiert ist.
Siehe auch	**MailNamenAuswählen**, **MailNamenÜberprüfen**

MailNachrichtLöschen

Syntax	**MailNachrichtLöschen**
Bemerkungen	Löscht die aktive WordMail-Nachricht. **MailNachrichtLöschen** ist nur in Word für Windows 95 verfügbar und nur dann, wenn Microsoft Exchange installiert ist.
Siehe auch	**MailNachrichtVerschieben, MailNächsteNachricht, MailVorherigeNachricht**

MailNachrichtVerschieben

Syntax	**MailNachrichtVerschieben**
Bemerkungen	Zeigt das Dialogfeld **Verschieben** an, in dem der Benutzer einen neuen Pfad für die aktive WordMail-Nachricht in einem verfügbaren Nachrichtenspeicher angeben kann. **MailNachrichtVerschieben** ist nur in Word für Windows 95 verfügbar und nur dann, wenn Microsoft Exchange installiert ist.
Siehe auch	**MailNachrichtLöschen, MailNächsteNachricht, MailVorherigeNachricht**

MailNachrichtWeiterleiten

Syntax	**MailNachrichtWeiterleiten**
Bemerkungen	Öffnet eine neue WordMail-Nachricht mit einer leeren An:-Zeile zum Weiterleiten der aktiven Nachricht. **MailNachrichtWeiterleiten** ist nur in Word für Windows 95 verfügbar und nur dann, wenn Microsoft Exchange installiert ist.
Siehe auch	**MailAllenAntworten, MailAntworten**

MailNächsteNachricht

Syntax	**MailNächsteNachricht**
Bemerkungen	Schließt die aktive WordMail-Nachricht und zeigt, falls vorhanden, die nächste Nachricht an. **MailNächsteNachricht** ist nur in Word für Windows 95 verfügbar und nur dann, wenn Microsoft Exchange installiert ist.
Siehe auch	**MailNachrichtLöschen, MailNachrichtVerschieben, MailVorherigeNachricht**

MailNamenAuswählen

Syntax	MailNamenAuswählen
Bemerkungen	Zeigt das Dialogfeld **Adreßbuch** an, in dem der Benutzer der An:-, Cc:- und Bcc:-Zeile der aktiven, noch nicht gesendeten WordMail-Nachricht Adressen hinzufügen kann. **MailNamenAuswählen** ist nur in Word für Windows 95 verfügbar und nur dann, wenn Microsoft Exchange installiert ist.
Siehe auch	**MailNachrichtenkopfEinAusblenden**, **MailNamenÜberprüfen**

MailNamenÜberprüfen

Syntax	MailNamenÜberprüfen
Bemerkungen	Überprüft die Adressen, die in der An-:, Cc:- und Bcc:-Zeile der aktiven WordMail-Nachricht angezeigt werden. **MailNamenÜberprüfen** ist nur in Word für Windows 95 verfügbar und nur dann, wenn Microsoft Exchange installiert ist.
Siehe auch	**MailNachrichtenkopfEinAusblenden**, **MailNamenAuswählen**

MailVorherigeNachricht

Syntax	MailVorherigeNachricht
Bemerkungen	Schließt die aktive WordMail-Nachricht und zeigt, falls vorhanden, die vorherige Nachricht an. **MailVorherigeNachricht** ist nur in Word für Windows 95 verfügbar und nur dann, wenn Microsoft Exchange installiert ist.
Siehe auch	**MailNachrichtLöschen**, **MailNachrichtVerschieben**, **MailNächsteNachricht**

MakroAufzeichnungUnterbrechen

Syntax	MakroAufzeichnungUnterbrechen
Bemerkungen	Unterbricht die Makroaufzeichnung oder setzt sie fort. **MakroAufzeichnungUnterbrechen** ist der integrierte Word-Befehl, der ausgeführt wird, wenn der Benutzer die Schaltfläche für „Unterbrechen" in der Makro-Symbolleiste wählt. Diese Anweisung erscheint normalerweise nicht in Makros.

MakroBeschr$()

Syntax MakroBeschr$(*Name$*)

Bemerkungen Liefert die dem Makro *Name$* zugeordnete Beschreibung. Dieser Text erscheint auch im Feld „Beschreibung", wenn Sie den Makro im Dialogfeld **Makro** (Menü **Extras**) auswählen, sowie in der Statusleiste, wenn Sie einen Makro auswählen, der einem Menü oder einer Symbolleiste zugeordnet wurde.
Makrobeschreibungen können Sie mit **ExtrasMakro** definieren. Wenn der Makro *Name$* keine Beschreibung hat, liefert **MakroBeschr$()** eine leere Zeichenfolge ("").

Wenn *Name$* in der aktiven Dokumentvorlage oder der Dokumentvorlage „Normal" nicht vorhanden ist, tritt ein Fehler auf. Wenn *Name$* sowohl in der aktiven Dokumentvorlage als auch der Dokumentvorlage „Normal" vorhanden ist, wird die Beschreibung des Makros in der aktiven Dokumentvorlage geliefert.

Beispiel Dieses Beispiel gibt eine Liste von Makros, die in der Dokumentvorlage „Normal" gespeichert sind, sowie deren Beschreibung aus. Wenn Sie eine entsprechende Liste für die aktive Dokumentvorlage ausdrucken möchten, setzen Sie `ZählenMakros(1)` und `MakroName$(Anzahl, 1)` in der ersten bzw. zweiten Anweisung.

```
For Anzahl = 1 To ZählenMakros(0)
    Name$ = MakroName$(Anzahl, 0)
    Fett 1
    Einfügen Name$ + Chr$(9)
    Fett 0
    Einfügen MakroBeschr$(Name$)
    EinfügenAbsatz
Next Anzahl
```

Siehe auch **ExtrasMakro, MakroName$(), MakroSchlüssel$(), MenüEintragMakro$(), ZählenMakros()**

MakroDateiName$()

Syntax MakroDateiName$([*MakroName$*])

Bemerkungen Liefert den Pfad- und Dateinamen der Dokumentvorlage, in der der Makro *MakroName$* gespeichert ist. Word sucht nach dem Makro zuerst in der aktiven Dokumentvorlage (sofern es sich nicht um „Normal" handelt), dann in der Dokumentvorlage „Normal", anschließend in allen geladenen globalen Dokumentvorlagen (in alphabetischer Reihenfolge) und schließlich in den integrierten Befehlen. Diese Reihenfolge entspricht der Reihenfolge, die beim Ausführen eines Makros verwendet wird. Wenn Sie *MakroName$* nicht angeben, liefert **MakroDateiName$()** den Pfad- und Dateinamen der Dokumentvorlage, die den momentan ausführenden Makro enthält. Wenn *MakroName$* nicht existiert, liefert **MakroDateiname$()** eine leere Zeichenfolge (" ") zurück.

Siehe auch **MakroBeschr$()**, **MakroName$()**, **MakroNameAusFenster$()**

MakroKopieren

Syntax **MakroKopieren** [*Vorlage1:*]*Makro1$*, [*Vorlage2:*]*Makro2$* [, *NurAusführen*]

Bemerkungen Kopiert einen Makro von einer geöffneten Dokumentvorlage in einer andere. **MakroKopieren** kann einen geöffneten Makro nicht ersetzen. Eine Dokumentvorlage ist geöffnet, wenn sie einem geöffneten Dokument zugeordnet ist, in einem Dokumentfenster geöffnet wird oder als globale Dokumentvorlage geladen wird. Wenn Sie den neuen Makro mit „Nur ausführen" kennzeichnen, kann er nicht bearbeitet werden.

Argument	Erklärung
Vorlage1, Vorlage2	Die geöffnete Dokumentvorlage, die den zu kopierenden Makro enthält, und die geöffnete Dokumentvorlage, in die Sie den Makro kopieren möchten. Wenn Sie unter Windows die Dateinamenerweiterung für die Dokumentvorlage nicht angeben, wird .DOT angenommen.
	Geben Sie Pfadbezeichnungen an, wenn sich die Dokumentvorlagen nicht in dem Ordner befinden, der durch „Benutzer-Vorlagen" im Feld „Dateiart" auf der Registerkarte **Dateiablage** im Dialogfeld **Optionen** (Menü **Extras**) bezeichnet ist.
Makro1$, Makro2$	Der Name des zu kopierenden Makros und der Name des neuen Makros.
NurAusführen	Wenn dieser Wert ungleich Null ist, wird dem Zielmakro das Attribut „Nur ausführen" zugewiesen, so daß er nicht bearbeitet werden kann. Dieser Vorgang kann nicht rückgängig gemacht werden. Bevor Sie einem Makro das Attribut „Nur ausführen" zuweisen, sollten Sie daher eine Kopie des Makros erstellen.

	Wenn Sie keine Quell- oder Ziel-Dokumentvorlage angeben, wird die Dokumentvorlage „Normal" angenommen. Die Dokumentvorlage „Normal" können Sie mit der Syntax **Global:**_MakroName($)_ als Quelle oder Ziel in einer **MakroKopieren**-Anweisung angeben. Ein Beispiel:

```
MakroKopieren "Vorlage1:LöscheVorlageTest", "Global:LöscheVorlage"
```

Der Schlüssel „Global:" ist zwar nicht erforderlich, doch werden dadurch die **MakroKopieren**-Anweisungen, die sich auf die Dokumentvorlage „Normal" beziehen, besser lesbar.

Beispiel	Das folgende Beispiel kopiert den Makro „Testmakro" aus der Dokumentvorlage TEST.DOT in die Dokumentvorlage „Normal". Der neue Makro erhält den Namen „KopierterMakro".

```
MakroKopieren "TEST:TESTMAKRO", "Global:KopierterMakro",
```

Siehe auch	**IstNurAusführen( )**

MakroName$()

Syntax	**MakroName$(**_Anzahl_ [, _Kontext_] [, _Alle_] [, _Global_]**)**
Bemerkungen	Liefert den Namen des Makros, der im angegebenen Kontext definiert ist.

Argument	Erklärung
Anzahl	Eine Zahl, die die Position in der internen Makroliste des angegebenen Kontextes repräsentiert. Im Gegensatz zu den Listen im Dialogfeld **Makro** (Menü **Extras**) ist die Reihenfolge nicht alphabetisch. Die Anzahl kann im Bereich von 1 bis zur von der Funktion **ZählenMakros( )** im gegebenen Kontext gelieferten Anzahl liegen.
	Wenn Sie für _Anzahl_ 0 (Null) angeben, liefert **MakroName$( )** den Namen des Makros im aktiven (oder zuletzt aktiv gewesenen) Makrofenster.
Kontext	Gibt die Dokumentvorlage an, aus der die interne Liste der Makros erstellt wird:
	0 (Null) Normal
	1 Aktive Dokumentvorlage
	Wenn Sie 1 angeben, das aktive Dokument auf der Dokumentvorlage „Normal" basiert und _Anzahl_ größer als Null ist, tritt ein Fehler auf.

Argument	Erklärung
Alle	Wenn 1, sind alle verfügbaren Makros, Add-In-Befehle und integrierten Befehle in der Liste enthalten, und zwar in der folgenden Reihenfolge: Makros in der aktiven Dokumentvorlage, Makros in der Dokumentvorlage „Normal", Makros aus geladenen globalen Dokumentvorlagen, Add-In-Befehle und integrierte Befehle.
Global	Wenn 1, werden nur Makros aus geladenen globalen Dokumentvorlagen und Add-In-Befehle aufgeführt.

Ein Beispiel zur Verwendung von **MakroName$()** finden Sie unter **MakroBeschr$()**.

Siehe auch **BefehleAuflisten**, **ZählenMakros()**

MakroNameAusFenster$()

Syntax **MakroNameAusFenster$(**[*Fensternummer*]**)**

Bemerkungen Liefert den Namen des Makros im angegebenen Makrobearbeitungsfenster. Wenn das angegebene Fenster kein Makrobearbeitungsfenster ist, liefert **MakroNameAusFenster$()** eine leere Zeichenfolge ("").

Argument	Erklärung
Fensternummer	Gibt ein Fenster aus dem Menü **Fenster** an. 1 entspricht dem ersten Fenster, 2 dem zweiten usw. Wenn *Fensternummer* den Wert 0 (Null) hat, wird das aktive Fenster angenommen. Wenn *Fensternummer* mit keiner Nummer im Menü **Fenster** übereinstimmt, tritt ein Fehler auf.

Siehe auch **IstMakro()**, **MakroDateiname$()**, **MakroName$()**

MakroSchlüssel$()

Syntax **MakroSchlüssel$(***Nummer* [, *Kontext*]**)**

Bemerkungen Liefert den Namen eines Makros oder integrierten Befehls, dem eine von der Standardbelegung abweichende Tastenbelegung zugeordnet wurde.

Argument	Erklärung
Nummer	Eine Nummer im Bereich von 1 bis zum Rückgabewert von **ZählenTasten()**, die die benutzereigene Tastenbelegung bezeichnet, für die der Befehls- oder Makroname zurückgegeben werden soll.
Kontext	Die Dokumentvorlage, in der die benutzereigene Tastenbelegung gespeichert ist.
	0 (Null) oder fehlt Normal
	1 Die Dokumentvorlage des aktiven Dokuments

Ein Beispiel finden Sie unter **TastenSchlüssel()**.

Siehe auch   **MenüEintragMakro$()**, **TastenSchlüssel()**, **ZählenTasten()**

Markierung$()

Syntax   Markierung$( )

Bemerkungen   Liefert den unformatierten Text der Markierung. **Markierung$( )** kann bis zu 65.280 Zeichen oder die im verfügbaren Speicher maximal speicherbare Anzahl von Zeichen liefern. Wenn die Markierung zu groß ist, tritt ein Fehler auf, und es wird kein Text geliefert. Wenn kein Text markiert ist, liefert **Markierung$( )** das Zeichen, das der Einfügemarke folgt.

Beispiel   Dieses Beispiel markiert die erste Überschrift im Dokument und verwendet dann die Funktion **Markierung$( )**, um der Variablen Überschrift$ den markierten Text zuzuweisen:

```
BeginnDokument
BearbeitenSuchenLöschenFormatierung
BearbeitenSuchenFv .Formatvorlage = "Überschrift 1"
BearbeitenSuchen .Suchen = "", .Richtung = 0, .Format = 1
If BearbeitenSuchenGefunden() <> 0 Then
    Überschrift$ = Markierung$()
End If
```

Siehe auch   **AuswInfo()**, **MarkierungArt**, **MarkierungErweitern**, **MarkierungVerkleinern**

MarkierungAktuellAbstand

Syntax MarkierungAktuellAbstand

Bemerkungen Erweitert die Markierung von der Einfügemarke in Richtung Dokumentende, bis ein Absatz mit einem anderen Zeilenabstand gefunden wird.

Beispiel Dieser Makro zeigt, wie Sie vom aktuellen Absatz zum Anfang des nächsten mit einem anderen Zeilenabstand formatierten Absatz springen können. Wenn sich der Abstand bis zum Ende des Dokuments nicht ändert, wird ein Meldungsfeld angezeigt.

```
MarkierungAktuellAbstand
ZeichenRechts
If TextmarkenVergleichen("\ Sel", "\ EndOfDoc") = 0 Then
    MsgBox "Keine Abweichung des Zeilenabstands gefunden."
End If
```

Siehe auch **FormatAbsatz, MarkierungAktuellAusrichtung, MarkierungAktuellEinzug, MarkierungAktuellTab, Zeilenabstand1, Zeilenabstand2, ZeilenabstandEinsKommaFünf**

MarkierungAktuellAusrichtung

Syntax MarkierungAktuellAusrichtung

Bemerkungen Erweitert die Markierung in Richtung Dokumentende, bis eine unterschiedliche Absatzausrichtung gefunden wird. Es wird zwischen vier Arten von Absatzausrichtungen unterschieden: linksbündig, zentriert, rechtsbündig und Blocksatz.

Beispiel Dieses Beispiel positioniert die Einfügemarke am Anfang des ersten nachfolgenden Absatzes, der eine andere Ausrichtung als der aktuelle Absatz aufweist. Wenn sich die Ausrichtung bis zum Ende des Dokuments nicht ändert, wird ein Meldungsfeld angezeigt.

```
MarkierungAktuellAusrichtung
ZeichenRechts
If TextmarkenVergleichen("\ Sel", "\ EndOfDoc") = 0 Then
    MsgBox "Keine abweichende Ausrichtung gefunden."
End If
```

Siehe auch **AbsatzBlock, AbsatzLinks, AbsatzRechts, AbsatzZentriert, FormatAbsatz, MarkierungAktuellAbstand, MarkierungAktuellEinzug, MarkierungAktuellTab**

MarkierungAktuellEinzug

Syntax MarkierungAktuellEinzug

Bemerkungen Erweitert die Markierung von der Einfügemarke in Richtung Dokumentende, bis Text mit einem anderen linken oder rechten Absatzeinzug gefunden wird.

Beispiel Dieses Beispiel stellt fest, ob alle Absätze im Dokument mit demselben linken und rechten Einzug formatiert sind, und zeigt dann das Ergebnis in einem Meldungsfeld an:

```
BeginnDokument
MarkierungAktuellEinzug
ZeileUnten
If ZeileUnten() = 0 Then
    MsgBox "Alle Absätze weisen den gleichen linken " \
        + "und rechten Einzug auf."
Else
    MsgBox "Die Absätze weisen unterschiedliche linke "\
        + "und rechte Einzüge auf."
End If
```

Siehe auch **Einzug, FormatAbsatz, MarkierungAktuellAbstand, MarkierungAktuellAusrichtung, MarkierungAktuellTab, RückEinzugAbsatz**

MarkierungAktuellFarbe

Syntax MarkierungAktuellFarbe

Bemerkungen Erweitert die Markierung in Richtung Dokumentende, bis Text in einer anderen Farbe gefunden wird.

Beispiel Dieses Beispiel erweitert die Markierung vom Anfang des Dokuments bis zum ersten andersfarbig formatierten Zeichen, und zeigt dann die Anzahl der Zeichen in der Markierung an:

```
BeginnDokument
MarkierungAktuellFarbe
n = Len(Markierung$())
MsgBox "Anzahl der zusammenhängenden gleichfarbigen Zeichen:" + Str$(n)
```

Siehe auch **FormatZeichen, MarkierungAktuellSchriftart, ZeichenFarbe**

MarkierungAktuellSatz

Syntax MarkierungAktuellSatz

Bemerkungen Markiert den ganzen Satz, in dem sich die Einfügemarke oder Markierung befindet, einschließlich des anschließenden Leerzeichens. Umfaßt die bereits bestehende Markierung mehr als einen Satz, wenn **MarkierungAktuellSatz** ausgeführt wird, so tritt ein Fehler auf.

Beispiel Dieses Beispiel weist der Variablen a$ den Text des aktuellen Satzes zu. Die erste Anweisung hebt eine gegebenenfalls bestehende Markierung über mehr als einen Satz auf, um einen Fehler zu vermeiden.

```
If MarkierungArt() = 2 Then MarkierungArt 1  'ggf. Markierung aufheben
MarkierungAktuellSatz
a$ = Markierung$()
```

Siehe auch **MarkierungAktuellWort, SatzLinks, SatzRechts**

MarkierungAktuellSchriftart

Syntax MarkierungAktuellSchriftart

Bemerkungen Erweitert die Markierung in Richtung Dokumentende, bis Text mit einer anderen Schriftart oder Schriftgröße gefunden wird.

Beispiel Dieses Beispiel erweitert die Markierung bis zum ersten Zeichen, das mit einer anderen Schriftart oder Schriftgröße formatiert ist, und vergrößert dann die Schriftgröße zur nächstgrößeren verfügbaren Einstellung:

```
MarkierungAktuellSchriftart
SchriftVergrößern
```

Siehe auch **FormatZeichen, MarkierungAktuellFarbe, Schriftart, Schriftgrad**

MarkierungAktuellTab

Syntax MarkierungAktuellTab

Bemerkungen Erweitert die Markierung vom Anfang des aktuellen Absatzes in Richtung Dokumentende, bis ein Absatz mit unterschiedlichen Tabstops gefunden wird.

Beispiel	Dieses Beispiel stellt die Position des ersten Tabstops im aktuellen Absatz fest und setzt dann den gleichen Tabstop für die nächsten Absätze, deren Tabstopeinstellungen von denen des aktuellen Absatzes abweichen. Da **NächsterTab()** eine Position in der Maßeinheit Punkt liefert, wird diese Maßeinheit auch in der Anweisung **FormatTabulator** verwendet.

```
n = NächsterTab(0)
MarkierungAktuellTab
ZeichenRechts
MarkierungAktuellTab
FormatTabulator .Position = Str$(n) + "pt"
```

Siehe auch	**FormatTabulator, MarkierungAktuellAbstand, MarkierungAktuellAusrichtung, MarkierungAktuellEinzug**

MarkierungAktuellWort

Syntax	**MarkierungAktuellWort**
Bemerkungen	Markiert das ganze Wort, in dem sich die Einfügemarke oder Markierung befindet. Während durch Doppelklicken das Wort einschließlich des anschließenden Leerzeichens (falls vorhanden) markiert wird, markiert **MarkierungAktuellWort** das Leerzeichen nicht. Umfaßt die bereits bestehende Markierung mehr als ein Wort, wenn **MarkierungAktuellWort** ausgeführt wird, so tritt ein Fehler auf.
Beispiel	Dieses Beispiel weist der Variablen a$ die Zeichen des aktuellen Wortes zu. Die erste Anweisung hebt eine eventuell bestehende Markierung auf, d.h. a$ wird das erste Wort in der Markierung zugewiesen.

```
'ggf. vorhandene Markierung aufheben
If MarkierungArt() = 2 Then MarkierungArt 1
MarkierungAktuellWort
a$ = Markierung$()
```

Siehe auch	**MarkierungAktuellSatz, WortLinks, WortRechts**

MarkierungArt, MarkierungArt()

Syntax MarkierungArt *Art*

MarkierungArt()

Bemerkungen Die Anweisung **MarkierungArt** gibt an, wie die Einfügemarke oder der markierte Text in Ihrem Dokument angezeigt wird. Sie können beispielsweise festlegen, daß markierter Text statt in invertierter Farbdarstellung punktiert unterstrichen werden soll, was auf einigen Monitoren möglicherweise besser aussieht.

MarkierungArt wird aber in der Regel dazu verwendet, die Einfügemarke an den Anfang der aktuellen Markierung zu setzen. **MarkierungArt** ist dafür besser geeignet als **ZeichenLinks**, da **MarkierungArt** die Einfügemarke nicht nach links verschiebt, wenn keine Markierung vorhanden ist.

Argument	Erklärung
Art	Die Art der Hervorhebung:
	1 Ununterbrochene Einfügemarke (Standardvorgabe)
	2 Ununterbrochene Markierung (Standardvorgabe)
	4 Punktierte Markierung oder Einfügemarke (je nachdem, was aktuell ist)
	Die Funktion **MarkierungArt()** liefert diesen Wert nie, da 5 und 6 genauere Informationen liefern.
	5 Gepunktete Einfügemarke (sichtbar im **TextKopieren**- und **TextVerschieben**-Modus)
	6 Gepunktete Markierung (sichtbar im **TextKopieren**- und **TextVerschieben**-Modus)

Die Funktion **MarkierungArt()** liefert einen Zahlenwert, der die Art der Hervorhebung angibt.

Beispiel Dieses Beispiel markiert das nächste Vorkommen des Wortes „Hintergrund" und bricht dann die Markierung ab, wobei die Einfügemarke am Wortanfang stehenbleibt:

```
BearbeitenSuchen .Suchen = "Hintergrund", .Richtung = 0
If BearbeitenSuchenGefunden() Then MarkierungArt 1
```

Siehe auch AuswInfo(), Markierung$()

MarkierungDateiName$()

Syntax **MarkierungDateiName$()**

Bemerkungen Liefert den vollständigen Pfad und Dateinamen des aktiven Dokuments, sofern das Dokument gespeichert wurde. Wenn das Dokument noch nicht gespeichert wurde oder das aktive Fenster ein Makrobearbeitungsfenster ist, liefert **MarkierungDateiName$()** den aktuellen Pfad gefolgt von einem umgekehrten Schrägstrich (\) (Windows) bzw. einem Doppelpunkt (:) (Macintosh).

Beispiel Dieses Beispiel prüft, ob das aktive Fenster ein Makrobearbeitungsfenster ist. Ist das nicht der Fall, so wird das letzte Zeichen im Text, das von **MarkierungDateiName$()** zurückgegeben wurde, untersucht. Wenn dieses Zeichen ein umgekehrter Schrägstrich (\) oder ein Doppelpunkt (:) ist, wurde das Dokument noch nicht gespeichert, und es wird eine Meldung angezeigt.

```
a$ = MarkierungDateiName$()
If AuswInfo(27) = -1 Then
    MsgBox "Ein Makrobearbeitungsfenster ist aktiv."
    Goto ciao
End If
Ende$ = Right$ (a$, 1)
If Ende$ = "\" Or Ende$ = ":" Then
    MsgBox "Das aktive Dokument wurde noch nicht gespeichert."
End If
ciao:
```

Siehe auch **DateiName$()**, **DateiNameInfo$()**, **AbrufenVerzeichnis$()**

MarkierungErweitern

Syntax **MarkierungErweitern** [*Zeichen$*]

Bemerkungen Führt eine der folgenden Operationen durch:

- Wenn der Erweiterungsmodus deaktiviert ist, wird er aktiviert (im Erweiterungsmodus verschieben die Handlungen, die normalerweise die Einfügemarke verschieben, das aktive Ende der Markierung).

- Wenn der Erweiterungsmodus bereits aktiv ist, wird die Markierung zur nächsten Texteinheit erweitert (die Folge der Texteinheiten lautet: Wort, Satz, Absatz, Abschnitt, ganzes Dokument).
- Wenn Sie ein *Zeichen$* angeben, wird die Markierung von der Einfügemarke oder dem feststehenden Ende der aktuellen Markierung (das nicht mit UMSCHALT+RICHTUNGSTASTE verschoben werden kann) bis zum nächsten Vorkommen dieses Zeichens erweitert, ohne daß dabei der Erweiterungsmodus aktiviert oder deaktiviert wird.

Sie können **MarkierungErweitern** in Kombination mit **BearbeitenGeheZu** und **BearbeitenSuchen** verwenden, um die Markierung bis zu einer bestimmten Position oder Textstelle zu erweitern. Mit der Anweisung **Abbrechen** können Sie den Erweiterungsmodus deaktivieren.

Beispiel Dieses Beispiel markiert den gesamten Text zwischen der Einfügemarke und der Textmarke „TestMarke" (einschließlich):

```
MarkierungErweitern
BearbeitenGeheZu "TestMarke"
Abbrechen
```

Siehe auch **Abbrechen**, **GeheZuVorherigem***Element*, **GeheZuNächstem***Element*, **MarkierungVerkleinern**, **ModusErweitern()**, **SpalteMarkieren**

MarkierungsbereichBestimmen

Syntax **MarkierungsbereichBestimmen** *Pos1*, *Pos2*

Bemerkungen Markiert die Zeichen zwischen den Zeichenpositionen *Pos1* und *Pos2*. Zeichenposition gibt die Zahl ab dem Anfang des Dokuments an. Der Wert in *Pos2* muß immer größer sein als der Wert in *Pos1*. Die Zeichenposition am Anfang des Dokuments ist 0 (Null), die Position nach dem ersten Zeichen ist 1, die nach dem zweiten Zeichen ist 2 usw. Alle Zeichen, einschließlich nicht druckbarer Zeichen, werden gezählt. Verborgen formatierte Zeichen werden auch dann gezählt, wenn sie nicht angezeigt werden. Es wird kein Bildlauf im Dokument durchgeführt, auch wenn die markierten Zeichen nicht im Dokumentfenster zu sehen sind.

Beispiel Dieses Beispiel markiert die ersten 20 Zeichen im Dokument:

```
MarkierungsbereichBestimmen 0, 20
```

Siehe auch **AbrufenMarkierungAnfangPosition()**, **AbrufenMarkierungEndePosition()**, **AbrufenText$()**

MarkierungVerkleinern

Syntax   **MarkierungVerkleinern**

Bemerkungen   Verkleinert die Markierung auf die nächstkleinere Texteinheit. Die Folge der Texteinheiten lautet: gesamtes Dokument, Abschnitt, Absatz, Satz, Wort, Einfügemarke. Die Einfügemarke stellt den Anfang der ursprünglichen Markierung dar. Wenn Sie **MarkierungVerkleinern** ausführen, ohne daß eine Markierung vorhanden ist, ertönt ein Warnton.

Im Gegensatz zu **MarkierungErweitern** wird der Erweiterungsmodus von **MarkierungVerkleinern** weder aktiviert noch benötigt.

Siehe auch   **MarkierungErweitern, ModusErweitern()**

MarkierungZeichnungsElement

Syntax   **MarkierungZeichnungsElement**

Bemerkungen   Schaltet die Form des Mauszeigers zwischen der Normalform und dem Zeiger zum Markieren von Zeichnungsobjekten um. Um Zeichnungsobjekte auszuwählen, können Sie ein punktiertes Rechteck um die gewünschten Zeichnungsobjekte ziehen.

Siehe auch   **ZeichnungMarkieren, ZeichnungMarkierungErweitern**

MenüEintragMakro$()

Syntax   **MenüEintragMakro$**(*Menü$*, *Art*, *Element* [, *Kontext*])

Bemerkungen   Liefert den Namen des Makros oder integrierten Befehls, der mit dem angegebenen Menübefehl verknüpft ist. Beachten Sie, daß dieser Befehl nicht dem Befehl **MenüMakro$** von Word 2.0 entspricht. Der entsprechende Befehl ist **WW2_MenüMakro$()**.

MenüEintragMakro$()

Argument	Erklärung
Menü$	Der Name eines Menüs oder Kontextmenüs. Menünamen sind im Listenfeld „Menü ändern" auf der Registerkarte **Menüs** im Dialogfeld **Anpassen** (Menü **Extras**) aufgeführt.
	Sie können ein Kaufmännisches-Und-Zeichen (&) vor dem Buchstaben einfügen, der im Menünamen unterstrichen werden soll (Sie können zum Beispiel entweder „Datei" oder „&Datei" angeben). Geben Sie die in Klammern stehenden Ausdrücke „(Kein Dokument)" und „(Shortcut)" nicht an, auch wenn diese im Dialogfeld **Anpassen** erscheinen.
Art	Die Art des Menüs:
	0 Menüs in der Menüleiste, wenn ein Dokument geöffnet ist.
	1 Menüs in der Menüleiste, wenn kein Dokument geöffnet ist.
	2 Kontextmenüs
Element	Eine Zahl, die die Position des Elements im Menü repräsentiert. Die Zahl kann im Bereich von 1 bis zum von **ZählenMenüEintrag**() gelieferten Wert liegen. Trennlinien zwischen den Befehlen werden als Elemente behandelt. Wenn *Element* die Position einer Trennlinie repräsentiert, liefert **MenüEintragMakro$**() die Zeichenfolge „(Trennlinie)".
	Listen wie die Liste der zuletzt verwendeten Dateien im Menü **Datei** oder die Editierhilfen im Menü **Extras** entsprechen einem einzelnen Element. Wenn Sie die Position einer Liste angeben, liefert **MenüEintragMakro$**() eine leere Zeichenfolge ("").
Kontext	Gibt die Art der Menübelegung an, deren Makro- oder Befehlsnamen zurückgegeben werden soll:
	0 (Null) oder fehlt Die zur Verfügung stehende Belegung, wenn ein Dokument auf Grundlage der Dokumentvorlage „Normal" aktiv ist.
	1 Die momentan verfügbare Belegung
	Die verfügbare Belegung hängt von benutzerdefinierten Einstellungen ab (sofern vorhanden), die an der aktiven Dokumentvorlage, geladenen globalen Dokumentvorlagen und der Dokumentvorlage „Normal" vorgenommen wurden.

Beispiel   Dieses Beispiel definiert eine Datenfeldvariable für Namen von Befehlen und Makros, die dem Menü **Datei** in der aktuellen Arbeitsumgebung zugewiesen sind. Wenn Sie ein ähnliches Datenfeld für das Menü **Datei** der aktiven Dokumentvorlage definieren möchten, verwenden Sie `ZählenMenüEintrag("Datei", 0, 1)` in der ersten Anweisung und `MenüEintragMakro$("Datei", 0, Anzahl, 1)` in der vierten Anweisung.

```
            AnzElemente = ZählenMenüEintrag("Datei", 0, 0)
            Dim DateiElem$(AnzElemente - 1)
            For Anzahl = 1 To AnzElemente
                DateiElem$(Anzahl - 1) = MenüEintragMakro$("Datei", 0, \
                    Anzahl, 0)
            Next Anzahl
```

Siehe auch   ExtrasAnpassenMenü, MakroBeschr$(), MakroName$(), MakroSchlüssel$(), MenüEintragText$(), ZählenMakros()

MenüEintragText$()

Syntax   MenüEintragText$(*Menü$*, *Art*, *Element* [, *Kontext*])

Bemerkungen   Liefert den mit einem Makro verbundenen Menütext oder den integrierten Befehl, der dem angegebenen Menü zugeordnet ist. Sie können den Menütext mit der Anweisung **ExtrasAnpassenMenü** ändern.

Anmerkung   Der Menütext für eine bestimmte Untergruppe eingebauter Befehle ändert sich abhängig vom Zustand der Word-Umgebung. Bei diesen Befehlen liefert **MenüEintragText$()** als Ergebnis den Befehlsnamen, nicht den Menütext. Hierzu gehören: **BearbeitenEinfügen**, **BearbeitenKopieren**, **BearbeitenRückgängig**, **BearbeitenWiederherstellenOderWiederholen**, **DateiAllesSchließen**, **DateiAllesSpeichern**, **DateiBeenden**, **DateiSchließen**, **DateiSchließenOderAllesSchließen**, **DateiSpeichern**, **DateiSpeichernUnter**, **ExtrasDokSchützenEinAus**, **FormatGrafikPosRahmen**, **TabelleEinfügenGesamt**, **TabelleInOderAusText**, **TabelleLöschenGesamt** und **TabelleSortieren**.

Argument	Erklärung
Menü$	Der Name eines Menüs oder Kontextmenüs. Menünamen werden im Listenfeld „Menü ändern" auf der Registerkarte **Menüs** des Dialogfelds **Anpassen** (Menü **Extras**) aufgelistet.
	Das Einfügen eines &-Zeichens vor dem unterstrichenen Buchstaben des Menünamens ist optional (Sie können „Datei" oder „&Datei" angeben). Geben Sie jedoch nicht die Ausdrücke „(Kein Dokument)" oder „(Shortcut)" an, selbst wenn dieser Text im Dialogfeld **Anpassen** angezeigt wird.

Argument	Erklärung
Art	Die Art des Menüs:
	0 (Null) Menüs in der Menüleiste, wenn ein Dokument geöffnet ist.
	1 Menüs in der Menüleiste, wenn kein Dokument geöffnet ist.
	2 Kontextmenüs
Element	Eine Zahl, die die Position des Elements im Menü repräsentiert. Die Zahl kann im Bereich zwischen 1 und dem von **ZählenMenüEintrag**() gelieferten Wert liegen. Trennlinien zwischen den Befehlen werden als Elemente behandelt. Wenn *Element* die Position einer Trennlinie repräsentiert, liefert **MenüEintragText$**() als Ergebnis die Zeichenfolge „(Trennlinie)".
	Beachten Sie, daß Listen, etwa die zuletzt geöffneten Dateien im Menü **Datei** oder die Editierhilfen im Menü **Extras**, einem einzelnen Element entsprechen. Wenn Sie die Position einer Liste angeben, liefert **MenüEintragText$**() einen Ausdruck in Klammern, der die Liste beschreibt, z.B. „(Liste der Editierhilfen)".
Kontext	Gibt die Menüzuordnungen an, deren Menütext Sie erhalten möchten:
	0 (Null) oder fehlt Die Zuordnungen, die verfügbar sind, wenn ein Dokument aktiv ist, das auf der Dokumentvorlage „Normal" basiert.
	1 Die Zuordnungen, die gerade verfügbar sind.
	Beachten Sie, daß die möglichen Zuordnungen ggf. von den benutzerdefinierten Einstellungen der aktiven, jeder geladenen globalen sowie der Dokumentvorlage „Normal" abhängen.

Beispiel   Dieses Beispiel zeigt in einem Meldungsfeld einen Menütext an. Der Menütext entspricht dem ersten Word-spezifischem Element im Menü **?** (Hilfe-Menü), wenn kein Dokument geöffnet ist. Auf dem Macintosh ist dies das erste Menüelement nach den Befehlen für die Aktive Hilfe.

```
MsgBox MenüEintragText$("?", 1, 1, 0)
```

Siehe auch   **ExtrasAnpassenMenü, MenüEintragMakro$(), MenüText$(), ZählenMenüEintrag(), ZählenMenüs()**

MenüModus

Syntax **MenüModus**

Bemerkungen Aktiviert die Menüleiste und entspricht dem Drücken der ALT-TASTE (Windows) oder von BEFEHLSTASTE+TAB (Macintosh).

MenüText$()

Syntax **MenüText$**(*Art*, *MenüNummer* [, *Kontext*])

Bemerkungen Liefert als Ergebnis den Namen eines Kontextmenüs oder eines Menüs in der Menüleiste. Enthält der Menüname einen unterstrichenen Buchstaben, wird in dem von **MenüText$()** gelieferten Ergebnis vor dem entsprechenden Buchstaben ein &-Zeichen angezeigt. (Auf dem Macintosh erscheinen die unterstrichenen Buchstaben in Menü- und Befehlsnamen nur im Menümodus. Dieser läßt sich durch Drücken der Tasten BEFEHLSTASTE+TABULATORTASTE erreichen.)

Argument	Erklärung
Art	Die Art des Menüs:
	0 (Null) Menüs in der Menüleiste, wenn ein Dokument geöffnet ist.
	1 Menüs in der Menüleiste, wenn kein Dokument geöffnet ist.
	2 Kontextmenüs
MenüNummer	Eine Zahl zwischen 1 und dem von **ZählenMenüs**() für die angegebene Menüart gelieferten Wert. Ist *Art* 0 oder 1, gibt die *MenüNummer* eine Position in der Menüleiste an, wobei die Menüs von links nach rechts durchnumeriert werden (1 entspricht dem Menü **Datei**). Ist *Art* 2, entspricht die *MenüNummer* einer Position in der Reihe von Kontextmenüs im Feld „Menü ändern" auf der Registerkarte **Menüs** des Dialogfelds **Anpassen** (Menü **Extras**): Das erste Kontextmenü in der Reihe ist 1, das zweite 2 usw.
Kontext	Gibt die Dokumentvorlage an, die den Namen des zu liefernden Menüs *MenüNummer* enthält:
	0 (Null) oder fehlt Dokumentvorlage „Normal"
	1 Aktive Dokumentvorlage

Beispiel Dieses Beispiel definiert ein Datenfeld, das mit den Namen der in der Dokumentvorlage „Normal" verfügbaren Kontextmenüs gefüllt wird:

```
Größe = ZählenMenüs(2, 0) - 1
Dim Kontextmenüs$(Größe)
For Anzahl = 0 To Größe
    Kontextmenüs$(Anzahl) = MenüText$(2, Anzahl + 1, 0)
Next Anzahl
```

Siehe auch **ExtrasAnpassenMenü**, **MenüEintragMakro$()**, **MenüEintragText$()**, **ZählenMenüEintrag()**, **ZählenMenüs()**

Microsoft*Anwendung*

Syntax Microsoft*Anwendung*

Bemerkungen Startet die angegebene Microsoft-Anwendung, sofern sie noch nicht gestartet wurde, oder wechselt zu dieser Anwendung, wenn sie bereits aktiv ist.

Argument	Erklärung
Anwendung	Die Anwendung, zu der Sie wechseln möchten. Es stehen folgende Anweisungen zur Verfügung:
	MicrosoftAccess (auf dem Macintosh nicht verfügbar)
	MicrosoftExcel
	MicrosoftFoxPro
	MicrosoftMail
	MicrosoftPowerPoint
	MicrosoftProject
	MicrosoftPublisher (auf dem Macintosh nicht verfügbar)
	MicrosoftSchedule (auf dem Macintosh nicht verfügbar)
	MicrosoftSystemInfo

Siehe auch **AnwAktiv()**, **AnwAktivieren**

Mid$()

Syntax   **Mid$**(*Quelle$*, *Start* [, *Anzahl*])

Bemerkungen   Liefert einen Teil von *Quelle$*, der an einer bestimmten Zeichenposition beginnt.

Argument	Erklärung
Quelle$	Die ursprüngliche Zeichenfolge
Start	Die Zeichenposition in *Quelle$*, an der die Zeichenfolge beginnt, die zurückgegeben werden soll.
Anzahl	Die Anzahl der Zeichen in der Zeichenfolge, die zurückgegeben werden sollen. Wenn Sie *Anzahl* nicht angeben, werden alle Zeichen bis zum Ende der Zeichenfolge zurückgegeben.

Beispiel   Dieses Beispiel liefert das zweite Wort in einer Zeichenfolge mit zwei Wörtern.

```
GanzerName$ = "Ursula Schwalbe"
Leerzeichen = InStr(GanzerName$, " ")
Nachname$ = Mid$(GanzerName$, Leerzeichen + 1)
```

Siehe auch   **InStr$()**, **Left$()**, **Len()**, **LTrim$()**, **Right$()**, **RTrim$()**

Minute()

Syntax   **Minute**(*Seriennummer*)

Bemerkungen   Liefert eine ganze Zahl im Bereich von 0 (Null) bis 59 (je einschließlich), die der Minuten-Komponente von *Seriennummer* entspricht. *Seriennummer* repräsentiert das aktuelle Datum und/oder die aktuelle Uhrzeit. Weitere Informationen über Seriennummern finden Sie unter **DatumSeriell()**.

Beispiel   Dieses Beispiel zeigt die Minuten-Komponente der aktuellen Uhrzeit an:

```
Min = Minute(Jetzt())
MsgBox "Es ist jetzt" + Str$(min) + " Minute(n) nach der vollen Stunde."
```

Siehe auch   **DatumSeriell()**, **Heute()**, **Jahr()**, **Jetzt()**, **Monat()**, **Sekunde()**, **Stunde()**, **Tag()**, **Wochentag()**

MkDir

Syntax MkDir *Name$*

Bemerkungen Erstellt den durch *Name$* angegebenen Ordner. Wenn der Ordner bereits vorhanden ist, tritt ein Fehler auf. Wenn Sie keinen Pfad angeben, wird die Position von *Name$* als relativ zum aktuellen Ordner interpretiert. Beachten Sie auf dem Macintosh folgendes: Beginnt *Name$* mit einem Doppelpunkt, wird diese Angabe als relative Pfadangabe interpretiert. Enthält *Name$* an anderer Stelle einen Doppelpunkt, wird die Angabe als absolut angesehen.

Beispiele Dieses Beispiel erstellt den Ordner AUSGABE im angegebenen Pfad. Beachten Sie, daß der Ordner TEST bereits vorhanden sein muß. **MkDir** kann nicht beide Ordner gleichzeitig erstellen. Verwenden Sie auf dem Macintosh einen Ordnernamen wie z.B. FP:TEST:AUSGABE.

```
MkDir "C:\TEST\AUSGABE"
```

Jedes der folgenden Beispiele erstellt einen untergeordneten Ordner innerhalb des aktuellen Ordners:

```
MkDir "AUSGABE"      'Windows und Macintosh
MkDir ".\AUSGABE"    'Windows
MkDir ":AUSGABE"     'Macintosh
```

Das folgende Beispiel für Windows erstellt einen Ordner auf derselben Ebene wie der aktuelle Ordner:

```
MkDir "..\AUSGABE"
```

Hier das gleiche Beispiel für den Macintosh:

```
MkDir "::AUSGABE"
```

Siehe auch **AbrufenVerzeichnis$()**, **ChDir**, **Files$()**, **Name**, **RmDir**, **ZählenVerzeichnisse()**

ModusErweitern()

Syntax ModusErweitern()

Bemerkungen Liefert –1, wenn der Erweiterungsmodus aktiv ist. Im Erweiterungsmodus wird nicht die Einfügemarke verschoben, sondern statt dessen die Markierung erweitert. **ModusErweitern()** gibt nicht an, ob der Spaltenmarkierungsmodus aktiv ist.

Beispiel	Dieses Beispiel schaltet den Status des Erweiterungsmodus um:

```
If ModusErweitern() = 0 Then MarkierungErweitern Else Abbrechen
```

Siehe auch   Abbrechen, MarkierungErweitern, SpalteMarkieren

Monat()

Syntax   **Monat**(*Seriennummer*)

Bemerkungen   Liefert eine Ganzzahl im Bereich von 1 bis 12 (je einschließlich), die der Monats-Komponente von *Seriennummer* entspricht. *Seriennummer* ist eine Dezimalzahl, die das aktuelle Datum und/oder die aktuelle Uhrzeit repräsentiert. Weitere Informationen über Seriennummern finden Sie unter **DatumSeriell**().

Beispiel   Dieses Beispiel zeigt die Anzahl der vollen Monate zwischen dem aktuellen Monat und dem Ende des Jahres an.

```
Monate = Monat(Jetzt())
MsgBox "Dieses Jahr enthält noch " + Str$(12 - Monate) \
    + " volle Monate."
```

Siehe auch   **DatumSeriell**(), **Heute**(), **Jahr**(), **Jetzt**(), **Minute**(), **Sekunde**(), **Stunde**(), **Tag**(), **Wochentag**()

MsgBox, MsgBox()

Syntax   **MsgBox** *Meldung$* [, *Titel$*] [, *Art*]

MsgBox(*Meldung$* [, *Titel$*] [, *Art*])

Bemerkungen   Die Anweisung **MsgBox** zeigt eine Meldung in einem Meldungsfeld an. Sie können eine Meldung auch mit der Funktion **MsgBox**() anzeigen, die einen Wert für die vom Benutzer im Meldungsfeld gewählte Befehlsschaltfläche liefert. Verwenden Sie **MsgBox**(), wenn Ihr Makro auf die Eingabe des Benutzers in einer bestimmten Weise reagieren soll.

Argument	Erklärung
Meldung$	Die im Meldungsfeld anzuzeigende Meldung. Wenn *Meldung$* mehr als 255 Zeichen enthält, tritt ein Fehler auf.
Titel$	Der Titel des Meldungsfelds. Wenn *Titel$* unter Windows fehlt oder eine leere Zeichenfolge ("") ist, wird „Microsoft Word" als Standardtitel verwendet. Wenn *Title$* auf dem Macintosh eine leere Zeichenfolge ("") ist, erscheint in dem Meldungsfeld keine Titelleiste.
Art	Ein Wert, der die im Meldungsfeld angezeigten Symbole und Schaltflächen repräsentiert.

Art ist die Summe von drei Werten (je einer aus jeder der folgenden Gruppen):

Gruppe	Wert	Bedeutung
Schaltfläche	0 (Null)	Die Schaltfläche „OK" (Standardvorgabe)
	1	Die Schaltflächen „OK" und „Abbrechen"
	2	Die Schaltflächen „Abbrechen", „Wiederholen" und „Ignorieren"
	3	Die Schaltflächen „Ja", „Nein" und „Abbrechen"
	4	Die Schaltflächen „Ja" und „Nein"
	5	Die Schaltflächen „Wiederholen" und „Abbrechen"
Symbol	0 (Null)	Kein Symbol (Standardvorgabe)
	16	Stopzeichen
	32	Fragezeichen (Windows) bzw. Ausrufezeichen (Macintosh)
	48	Ausrufezeichen
	64	Informationszeichen
Standard-Schaltfläche	0 (Null)	Die erste Schaltfläche ist die Standardvorgabe
	256	Die zweite Schaltfläche ist die Standardvorgabe
	512	Die dritte Schaltfläche ist die Standardvorgabe

Wenn Sie für *Art* den Wert -1, -2 oder -8 angeben, können Sie die Meldung in der Statusleiste statt in einem Meldungsfeld anzeigen. Dies ist der Anweisung **Print** ähnlich, aber Sie können angeben, wie lange die Meldung angezeigt werden soll. Wenn Sie für *Art* den Wert -1 angeben, wird die Meldung solange angezeigt, bis sie durch eine andere Meldung ersetzt wird. Wenn Sie -2 angeben, wird die Meldung angezeigt, bis eine Handlung mit der Maus oder Tastatur durchgeführt wird. Wenn Sie -8 angeben, wird die Meldung über die gesamte Breite der Statusleiste angezeigt, bis eine Handlung mit der Maus oder Tastatur durchgeführt wird.

Da die Anweisung **MsgBox** keinen Wert liefert, wird die Verwendung von Schaltflächenwerten ungleich 0 (Null) nicht empfohlen. Wenn Sie außer der Schaltfläche „OK" andere Schaltflächen verwenden wollen, sollten Sie die Funktion **MsgBox()** verwenden. **MsgBox()** liefert die folgenden Werte:

Gelieferter Wert	Gewählte Schaltfläche	Text auf der Schaltfläche
–1	Erste Schaltfläche (ganz links)	OK
		Ja
		Abbrechen
0 (Null)	Zweite Schaltfläche	Abbrechen
		Nein
		Wiederholen
1	Dritte Schaltfläche	Abbrechen
		Ignorieren

Wenn *Art* ein negativer Wert ist, d.h. wenn mit **MsgBox()** eine Meldung in der Statusleiste angezeigt wird, liefert **MsgBox()** immer 0 (Null).

Beispiele

In diesem Beispiel zeigt die Anweisung **MsgBox** ein Meldungsfeld an, das die Meldung „Datei konnte nicht gefunden werden" anzeigt. Das Meldungsfeld hat den Titel „Testmakro" und enthält die Schaltfläche „OK" und das Stopzeichen (0 + 16 + 0 = 16).

```
MsgBox "Datei konnte nicht gefunden werden.", "Testmakro", 16
```

Im folgenden Makro prüft die **If**-Bedingung vor dem Fortfahren, ob eine Markierung vorhanden ist. Wenn kein Text markiert ist, zeigt die Funktion **MsgBox()** ein Meldungsfeld an und fragt den Benutzer, ob er dennoch fortfahren möchte. Die zweite **If**-Bedingung prüft den gelieferten Wert. Wenn er 0 (Null) ist, bedeutet dies, daß die zweite Schaltfläche („Nein") gewählt wurde. In diesem Fall wird der Makro beendet, ohne die nachfolgenden Anweisungen auszuführen.

```
Sub MAIN
'Anweisungen, die Text markieren
If MarkierungArt() <> 2 Then
    SF= MsgBox("Keine Markierung vorhanden. Trotzdem fortfahren?", 36)
    If SF = 0 Then Goto ciao
End If
'Reihe von Anweisungen, die an der Markierung eine Handlung vornehmen
ciao:
End Sub
```

Siehe auch   **InputBox$(), Print**

NächsterRechtschreibfehler

Syntax	**NächsterRechtschreibfehler**
Bemerkungen	Sucht das nächste falsch geschriebene Wort. Ist die automatische Rechtschreibprüfung eingeschaltet, öffnet **NächsterRechtschreibfehler** das Kontextmenü mit den Vorschlägen zur Rechtschreibung. Ein Beispiel hierzu finden Sie unter **DokumentHatRechtschreibfehler()**, **Beispiel**. In Word, Version 6.0, ist **NächsterRechtschreibfehler** nicht verfügbar, und ein Fehler tritt auf.
Siehe auch	**DokumentHatRechtschreibfehler()**, **ExtrasOptionenRechtschreibung**, **ExtrasSprache**, **ToolsGetSpelling**

NächsterTab

Syntax	**NächsterTab**(*Position*)
Bemerkungen	Liefert die Position des nächsten benutzerdefinierten Tabstops rechts der angegebenen *Position* für den ersten Absatz des markierten Bereichs, in Punkt. *Position* wird in Punkt angegeben.

Die folgende Liste dient als Hilfe bei der Konvertierung zwischen Punkt und anderen Maßen.

- 1 Zoll = 72 Punkt
- 1 cm = 28,35 Punkt
- 1 Pica= 12 Punkt

Beispiel	Dieses Beispiel liefert mit **NächsterTab()** mit **TabstopArt()** einen Wert, der der Ausrichtung des ersten benutzerdefinierten Tabstops im markierten Bereich entspricht:

```
ErsteTabstopArt = TabstopArt(NächsterTab(0))
```

Siehe auch	**FormatTabulator**, **TabAusricht$()**, **TabstopArt()**, **VorherigerTab()**

NächsteSeite

Syntax   **NächsteSeite**

NächsteSeite( )

Bemerkungen   Die Anweisung **NächsteSeite** führt in der Layoutansicht einen Bildlauf um eine Seite nach unten durch, ohne dabei die Einfügemarke zu verschieben (entspricht dem Klicken auf die Schaltfläche für einen Bildlauf nach unten am unteren Ende der vertikalen Bildlaufleiste in der Layoutansicht). Sie können die Einfügemarke nach dem Durchführen des Bildlaufs verschieben, indem Sie in Ihren Makro im Anschluß an **NächsteSeite** die Anweisung **BeginnFenster** ausführen.

NächsteSeite führt einen Bildlauf von der aktuellen Position auf einer Seite zur entsprechenden relativen Position auf der folgenden Seite durch. Sie können unabhängig vom momentan angezeigten Teil der aktuellen Seite einen Bildlauf zum Anfang der folgenden Seite durchführen, indem Sie statt **NächsteSeite** die Anweisung `BearbeitenGeheZu` `.Ziel = "s"` verwenden. Allerdings verschiebt **BearbeitenGeheZu** auch die Einfügemarke.

Die Funktion **NächsteSeite( )** verhält sich genau wie die Anweisung und liefert zusätzlich die folgenden Werte:

Wert	Erklärung
0 (Null)	Es ist keine folgende Seite vorhanden (es wurde also kein Bildlauf durch das Dokument durchgeführt).
1	Es wurde ein Bildlauf durch das Dokument durchgeführt.

Anmerkung   **NächsteSeite** und **NächsteSeite( )** sind nur in der Layoutansicht verfügbar und führen in anderen Ansichten zu einem Fehler.

Beispiel   Dieses Beispiel führt einen Bildlauf um eine Seite nach unten durch und positioniert die Einfügemarke am oberen Ende des Dokumentfensters. Wenn sich die Einfügemarke auf der letzten Seite befindet, wird eine Meldung angezeigt.

```
AnsichtLayout
If NächsteSeite() = 0 Then
    MsgBox "Letzte Seite!"
Else
    BeginnFenster
End If
```

Siehe auch   **AnsichtLayout, BearbeitenGeheZu, BildAb, VorherigeSeite, VSeite**

NächstesFeld

Syntax NächstesFeld

NächstesFeld()

Bemerkungen Die Anweisung **NächstesFeld** markiert das nächste Feld, unabhängig davon, ob das Feld Codes oder Ergebnisse anzeigt. **NächstesFeld** überspringt die folgenden Felder, die als verborgener Text formatiert sind: XE-Felder (Indexeintrag), INHALT-Felder (Inhaltsverzeichniseintrag) und RD-Felder (für Dateien, auf die Bezug genommen wird).

Die Funktion **NächstesFeld()** verhält sich genau wie die Anweisung und liefert zusätzlich die folgenden Werte:

Wert	Erklärung
0 (Null)	Es gibt kein nächstes Feld (d.h. die Markierung wird nicht verschoben).
–1	Die Markierung wird verschoben

Wenn Feldfunktionen angezeigt werden, können Sie die Einfügemarke mit **BearbeitenSuchen** in das nächste Feld eines beliebigen Typs setzen (einschließlich XE-, INHALT- und RD-Felder, wenn verborgener Text sichtbar ist). Geben Sie als Text für das Argument .Suchen „^d" an (den Code für ein Feldzeichen), wie in den folgenden Anweisungen:

```
AnsichtFeldfunktionen 1
BearbeitenSuchen  .Suchen = "^d", .Richtung = 0, \
    .Format = 0
```

Wenn Sie nur nach XE-Feldern suchen möchten, geben Sie als Suchtext „^dXE" an.

Beispiel Das folgende Beispiel zählt die Felder im Dokument (außer den XE-, INHALT- und RD-Feldern) und zeigt das Ergebnis in einem Meldungsfeld an. Beachten Sie, daß die **While…Wend**-Schleife keine **NächstesFeld**-Anweisung enthält, da die Anweisung While NächstesFeld() auch die Markierung verschiebt.

```
BeginnDokument
Anzahl = 0
While NächstesFeld()
    Anzahl = Anzahl + 1
Wend
MsgBox "Die Anzahl der Felder im Dokument beträgt:" \
    + Str$(Anzahl)
```

Siehe auch VorherigesFeld

NächstesFenster

Syntax NächstesFenster

Bemerkungen Verschiebt das Fenster im Vordergrund in der Reihenfolge der geöffneten Fenster an die letzte Stelle. Diese Anweisung hat keine Wirkung, wenn nur ein Fenster geöffnet ist.

Siehe auch Aktivieren, ChDir, Fenster(), FensterListe, FensterName$(), Fenster*Nummer*, VorherigesFenster

---

NächstesObjekt

Syntax NächstesObjekt

Bemerkungen Verschiebt in der Layoutansicht die Einfügemarke zum nächsten Dokumentobjekt auf der aktuellen Seite (entspricht dem Drücken von ALT+NACH-UNTEN (Windows) bzw. WAHLTASTE+NACH-UNTEN (Macintosh). Dokumentobjekte umfassen Textspalten, Tabellenzellen, Fußnoten und Positionsrahmen.

Vom Anfang der ersten Textspalte auf einer Seite verschiebt die Anweisung **NächstesObjekt** die Einfügemarke in der folgenden Reihenfolge von einem Dokumentobjekt zum nächsten:

- Von der ersten bis zur letzte Textspalte (falls es mehrere gibt), wobei sich die Einfügemarke zuerst durch alle Tabellenzellen und danach durch alle Fußnoten in jeder Textspalte bewegt.
- Positionsrahmen, falls vorhanden, in der Reihenfolge, in der sie in der Normalansicht erscheinen, und zwar vom vorherigen bis zum folgenden Seitenwechsel.

NächstesObjekt kehrt abschließend wieder zum Anfang der ersten Textspalte zurück, bevor die Dokumentobjekte erneut durchlaufen werden.

Beachten Sie beim Verwenden von **NächstesObjekt** die folgenden Punkte:

- Sie können Dokumentobjekte durch Aktivieren des Kontrollkästchens „Textbegrenzungen" auf der Registerkarte **Ansicht** im Dialogfeld **Optionen** (Menü **Extras**) kennzeichnen, wenn sich das aktive Dokument in der Layoutansicht befindet.
- OLE-Objekte, z.B. eingebettete Zeichnungen und Diagramme, werden von Word nur dann als Dokumentobjekte interpretiert, wenn sie sich in einem Positionsrahmen befinden.

- Befindet sich die Einfügemarke in einer Kopf- oder Fußzeile, so wechselt **NächstesObjekt** zwischen der Kopf- und Fußzeile.
- Vor der Verwendung von **NächstesObjekt** müssen Sie in die Layoutansicht wechseln.

Beispiel Dieses Beispiel verschiebt die Einfügemarke zum ersten Dokumentobjekt auf der aktuellen Seite. Die Anweisung `BearbeitenGeheZu "\Page"` markiert die aktuelle Seite, und `MarkierungArt 1` hebt die Markierung auf. Die Einfügemarke erscheint am Anfang der Seite. Die Anweisung `NächstesObjekt` verschiebt die Einfügemarke zum ersten Dokumentobjekt.

```
AnsichtLayout
BearbeitenGeheZu "\Page"
MarkierungArt 1
NächstesObjekt
```

Siehe auch VorherigesObjekt

NächsteZelle

Syntax NächsteZelle

NächsteZelle( )

Bemerkungen Die Anweisung **NächsteZelle** markiert den Inhalt der nächsten Tabellenzelle (entspricht dem Drücken von TAB in einer Tabelle). Wenn mehrere Zellen markiert sind, wählt **NächsteZelle** den Inhalt der ersten Zelle in der Markierung aus. Wenn sich die Einfügemarke oder Markierung in der letzten Zelle der Tabelle befindet, fügt **NächsteZelle** eine neue Zeile ein.

Die Funktion **NächsteZelle( )** verhält sich genau wie die Anweisung, es sei denn, die Einfügemarke oder Markierung befindet sich vollständig in der letzten Zelle. In diesem Fall liefert die Funktion 0 (Null), ohne den Abschnitt zu vergrößern, die Anweisung fügt jedoch eine neue Zeile hinzu.

Anmerkung Mit `BearbeitenGeheZu .Ziel = "\Cell"` können Sie den Inhalt der aktuellen Zelle markieren. Die vordefinierte Textmarke „\Cell" und eine Reihe anderer Textmarken werden automatisch gesetzt und aktualisiert. Weitere Informationen über vordefinierte Textmarken finden Sie in diesem Teil unter „Operatoren und vordefinierte Textmarken".

Beispiele	Dieses Beispiel verschiebt die Markierung zur nächsten Zelle und verwendet anschließend die Funktion **MarkierungArt()**, um festzustellen, ob die Zelle leer ist. Wenn **MarkierungArt()** den Wert 1 liefert (den Wert für die Einfügemarke, d.h. die Zelle ist leer), wird ein Meldungsfeld angezeigt.

```
NächsteZelle
If MarkierungArt() = 1 Then MsgBox "Die Zelle ist leer!"
```

Das folgende Beispiel verwendet die Funktion **NächsteZelle()**, um festzustellen, ob sich die Einfügemarke in der letzten Zelle befindet. Ist die aktuelle Zelle die letzte Zelle, so wird die gesamte Tabelle markiert. Ist die aktuelle Zelle nicht die letzte Zelle, so wird die nächste Zelle markiert.

```
If NächsteZelle() = 0 Then TabelleTabelleMarkieren
```

Siehe auch	VorherigeZelle

Name

Syntax	**Name** *AlterName$* **As** *NeuerName$*
Bemerkungen	Benennt eine Datei um. Wenn Sie in den Argumenten *AlterName$* und *NeuerName$* keinen Pfad angeben, nimmt **Name** den aktuellen Ordner an, der im Dialogfeld **Öffnen** (Menü **Datei**) ausgewählt ist. Unter Windows können Sie eine Datei in einen anderen Ordner verschieben, indem Sie in *NeuerName$* einen anderen Pfad angeben. Das Verschieben von Ordnern oder das Verschieben einer Datei auf ein anderes Laufwerk ist mit **Name** nicht möglich. Auf dem Macintosh muß der Pfad für *AlterName$* mit dem Pfad für *NeuerName$* übereinstimmen; andernfalls tritt ein Fehler auf.

Argument	Erklärung
AlterName$	Der ursprüngliche Name der Datei. Wenn der durch *AlterName$* angegebene Dateiname nicht existiert oder die Datei geöffnet ist, tritt ein Fehler auf.
NeuerName$	Der neue Name der Datei. Wenn der durch *NeuerName$* angegebene Dateiname bereits existiert, tritt ein Fehler auf.

In den Argumenten *AlterName$* und *NeuerName$* können Sie keine Platzhalter angeben. Platzhalter sind das Sternchen (*) und das Fragezeichen (?).

Beispiele	Das folgende Beispiel für Windows legt mit der Anweisung **ChDir** den aktuellen Ordner fest und benennt dann die Datei KOSTEN.DOC in diesem Ordner in KOSTEN92.DOC um. Ohne **ChDir** müßte der vollständige Pfad für beide Dateinamen in der **Name**-Anweisung angegeben werden. Ersetzen Sie auf dem Macintosh den Windows-Ordnernamen in der Anweisung **ChDir** durch einen Macintosh-Ordnernamen, z.B. FP:Word 6:Texte:Juli.

```
ChDir "C:\ TEXTE\MEMOS\JULI"
Name "KOSTEN.DOC" As "KOSTEN92.DOC"
```

Das folgende Beispiel für Windows verschiebt die Datei KOSTEN.DOC in einen anderen Ordner und läßt den Dateinamen unverändert:

```
Name "C:\TMP\KOSTEN.DOC" As "C:\TEXTE\KOSTEN.DOC"
```

Siehe auch	**ChDir, DateiKopieren, DateiSpeichernUnter, Kill, MkDir, RmDir**

NeuBenennenMenü

Syntax	**NeuBenennenMenü** *Menü$*, *NeuerName$*, *Art* [, *Kontext*]

Bemerkungen	Benennt das angegebene Menü in der Menüleiste um. Ist *Menü$* kein Menü der angegebenen *Art*, tritt ein Fehler auf.

Argument	Erklärung
Menü$	Der Name eines Menüs, wie er in der Menüleiste erscheint. Das Einfügen eines &-Zeichens vor dem Buchstaben, der im Menünamen unterstrichen angezeigt wird (der Shortcut), ist optional (Sie können z.B. „Datei" oder „&Datei" angeben).
NeuerName$	Der neue Menüname. Ein Kaufmännisches Und-Zeichen (&) vor einem Zeichen im Menünamen definiert die unterstrichene Zugriffstaste, die zum Anzeigen des Menüs verwendet wird (Shortcut).

Argument	Erklärung
Art	Die Art des Menüs:
	0 (Null) Menüs in der Menüleiste, wenn ein Dokument geöffnet ist.
	1 Menüs in der Menüleiste, wenn kein Dokument geöffnet ist.
	Kontextmenüs können nicht umbenannt werden.
Kontext	Gibt an, wo der neue Menüname gespeichert wird:
	0 (Null) oder fehlt In der Dokumentvorlage „Normal" (der neue Menüname erscheint immer, unabhängig von der aktiven Dokumentvorlage, außer das Menü wurde in der aktiven Vorlage aus der Menüleiste entfernt).
	1 In der aktiven Dokumentvorlage (der neue Menüname erscheint nur, wenn diese Dokumentvorlage aktiv ist).

Beispiel   Das folgende Beispiel benennt das Menü **Extras** in **Werkzeuge** um, wobei als Shortcut zum Aktivieren des Menüs ALT, W (Windows) bzw. BEFEHLSTASTE+TABULATORTASTE, W (Macintosh) definiert wird.

```
NeuBenennenMenü "E&xtras", "&Werkzeuge", 0
```

Siehe auch   **ExtrasAnpassenMenü, MenüText$()**

NeueSymbolleiste

Syntax   **NeueSymbolleiste .Name** = *Text* [**, .Kontext** = *Zahl*]

Bemerkungen   Erstellt eine neue Symbolleiste, der Sie mit den Anweisungen **SchaltflächeHinzufügen** und **SchaltflächeVerschieben** Schaltflächen hinzufügen können.

Argument	Erklärung
.Name	Ein Name für die neue Symbolleiste (Leerstellen sind möglich).
.Kontext	Die Dokumentvorlage, in der die Symbolleiste gespeichert werden soll:
	0 (Null) oder fehlt Die Dokumentvorlage „Normal", so daß die Symbolleiste immer im Dialogfeld **Symbolleisten** (Menü **Ansicht**) angezeigt wird.
	1 Die aktive Dokumentvorlage; auf diese Weise wird die Symbolleiste im Dialogfeld **Symbolleisten** nur angezeigt, wenn diese Dokumentvorlage aktiv ist.

Siehe auch	AnsichtSymbolleisten, SchaltflächeHinzufügen, SchaltflächeVerschieben, SymbolleistenName$(), ZählenSymbolleisten()

NumerierungÜberspringen, NumerierungÜberspringen()

Syntax	**NumerierungÜberspringen** **NumerierungÜberspringen()**
Bemerkungen	Mit der Anweisung **NumerierungÜberspringen** werden Aufzählungs- oder Numerierungszeichen markierter Absätze in einer Aufzählungs- oder Numerierungsliste übersprungen, die mit dem Befehl **Numerierung und Aufzählungen** (Menü **Format**) erstellt wurde. Bei nachfolgenden Absätzen mit Aufzählungs- oder Numerierungszeichen wird die aktuelle Liste fortgesetzt und nicht mit einer neuen Liste bzw. mit der Numerierung am Anfang begonnen. Die Funktion **NumerierungÜberspringen()** liefert als Ergebnis folgende Werte:

Wert	Erklärung
0 (Null)	Die markierten Absätze werden nicht übersprungen. Sie können Teil einer Aufzählungs- oder Numerierungsliste sein oder auch nicht.
–1	Einige der markierten Absätze werden übersprungen und andere nicht, oder der markierte Bereich enthält mehrere Ebenen einer Gliederungsliste.
1	Alle markierten Absätze werden übersprungen.

Beispiel	Bei diesem Beispiel wird der aktuelle Absatz markiert und mit der Funktion **NumerierungÜberspringen()** bestimmt, ob der Absatz übersprungen wird. Ist dies der Fall, erhält der Absatz die Numerierung zurück.

```
BearbeitenGeheZu "\Para"
If NumerierungÜberspringen() = 1 Then
    FormatAufzählungUndNumerierung
End If
```

Siehe auch	**AufzählungNumerierungEntfernen, FormatAufzählungUndNumerierung, HöherstufenListe, TieferstufenListe**

ObjektAktivieren

Syntax	**ObjektAktivieren**
Bemerkungen	Aktiviert das ausgewählte eingebettete Objekt zur Bearbeitung oder spielt die Klang- oder Videodatei ab, die mit dem markierten Symbol verknüpft ist (beispielsweise eine mit dem Mikrophon-Symbol verknüpfte Klangdatei). **ObjektAktivieren** entspricht dem Doppelklicken auf das markierte eingebettete Objekt.
Beispiel	Dieses Beispiel verschiebt die Einfügemarke zum nächsten Microsoft WordArt-Objekt und aktiviert es, so daß es bearbeitet werden kann.

```
BearbeitenGeheZu "o'MSWordArt.2'"
ObjektAktivieren
```

Siehe auch	**BearbeitenGeheZu**, **BearbeitenObjekt**

ObjektUmwandeln

Syntax	**ObjektUmwandeln** [**.SymbolNummer** = *Zahl*] [, **.AktivierenAls** = *Zahl*] [, **.SymbolDateiname** = *Text*] [, **.Beschriftung** = *Text*] [, **.ObjektTyp** = *Text*] [, **.SymbolAnzeigen** = *Zahl*]
Bemerkungen	Wandelt das markierte eingebettete Objekt von einer Klasse in eine andere um, ermöglicht einer anderen Server-Anwendung das Bearbeiten des Objektes oder ändert die Anzeige des Objekts im Dokument. Die Argumente für die **ObjektUmwandeln**-Anweisung entsprechen den Optionen im Dialogfeld **Umwandeln** (Untermenü **Objekt**, Menü **Bearbeiten**).

Argument	Erklärung
.SymbolNummer	Wenn **.SymbolAnzeigen** auf 1 gesetzt ist, gibt dieses Argument eine Zahl an, die dem Symbol entspricht, das in der durch **.SymbolDateiname** angegebenen Programmdatei verwendet werden soll. Symbole erscheinen im Dialogfeld **Symbol auswählen** (Befehl **Objekt**, Menü **Einfügen**): 0 (Null) entspricht dem ersten Symbol, 1 dem zweiten usw. Wird dieses Argument nicht angegeben, so wird das erste (Standard-) Symbol verwendet. Das Symbol wird im Dialogfeld **Inhalte einfügen** (Menü **Bearbeiten**) unterhalb des Kontrollkästchens „Als Symbol" angezeigt, wenn dieses aktiviert ist. Auf dem Macintosh können Symbole für eingebettete Objekte nicht geändert werden; das Argument wird daher ignoriert.

Argument	Erklärung
.AktivierenAls	Gibt an, ob Word das markierte Objekt umwandelt oder die Server-Anwendung dafür festlegt:
	0 (Null) Wandelt das markierte Objekt in den von **.ObjektTyp** angegebenen Objekttyp um.
	1 Verwendet die von **.ObjektTyp** angegebene Server-Anwendung zur Bearbeitung des Objekts. Diese Einstellung betrifft alle Objekte vom markierten Typ. Word verwendet beim Einfügen von Objekten des markierten Typs die entsprechende Server-Anwendung.
.Symbol Dateiname	Wenn **.SymbolAnzeigen** auf 1 gesetzt ist, gibt dieses Argument den Pfad und Dateinamen der Programmdatei an, in der das anzuzeigende Symbol gespeichert ist.
	Auf dem Macintosh können Symbole für eingebettete Objekte nicht geändert werden; das Argument wird daher ignoriert.
.Beschriftung	Wenn **.SymbolAnzeigen** auf 1 gesetzt ist, gibt **.Beschriftung** die Beschriftung des anzuzeigenden Symbols an. Wird dieses Argument nicht angegeben, so fügt Word den Namen des Objektes ein.
.ObjektTyp	Ein Name, der den Objekttyp, in den das Objekt umgewandelt werden soll, oder die Server-Anwendung zum Bearbeiten des Objektes angibt, entsprechend der Einstellung für **.AktivierenAls**. Der Name für ein Word-Dokument lautet Word.Document.6, für eine Word-Grafik Word.Picture.6.
	Weitere Namen erhalten Sie, indem Sie ein Objekt des Typs, in den umgewandelt werden soll, in ein Dokument einfügen und die Feldfunktionen anzeigen. Der Name des Objektes steht hinter dem Wort „EINBETTEN".
.SymbolAnzeigen	Gibt an, ob das Objekt als Symbol angezeigt werden soll oder nicht:
	0 (Null) oder fehlt Das Objekt wird nicht als Symbol angezeigt.
	1 Das Objekt wird als Symbol angezeigt.

Beispiel

Dieses Beispiel für Windows ändert die Anzeige des markierten eingebetteten Objektes in ein Symbol, das in PROGMAN.EXE gespeichert ist.

```
ObjektUmwandeln .SymbolNummer = 28, .SymbolDateiname = "PROGMAN.EXE", \
    .Beschriftung = "Beschriftungstext", .SymbolAnzeigen = 1
```

Siehe auch   **EinfügenObjekt**

OhneRahmenlinien, OhneRahmenlinien()

Syntax OhneRahmenlinien [*Ja/Nein*]

OhneRahmenlinien()

Bemerkungen Die Anweisung **OhneRahmenlinien** entfernt alle vorhanden Rahmenlinien (links, rechts, oben, unten und innen) markierter Elemente oder fügt sie ein. Sie können alle Rahmenlinien einer Reihe von Absätzen oder Tabellenzeilen entfernen oder hinzufügen. Dies trifft jedoch nicht auf eine Kombination derselben zu. Um eine Rahmenlinie von einer Grafik zu entfernen oder sie ihr hinzuzufügen, müssen Sie zunächst ausschließlich die Grafik markieren.

Argument	Erklärung
Ja/Nein	Legt fest, ob alle Rahmenlinien der Markierung entfernt bzw. hinzugefügt werden.
	0 (Null) Fügt Rahmenlinien hinzu.
	1 oder ohne Angabe Entfernt Rahmenlinien.

Die Funktion **OhneRahmenlinien**() liefert das Ergebnis 0 (Null), wenn die Markierung mindestens eine Rahmenlinie aufweist, und 1, wenn die Markierung keine Rahmenlinie enthält.

Siehe auch **FormatRahmenSchattierung, Kasten, RahmenlinieInnen, RahmenlinieLinks, RahmenlinienArt, RahmenlinieOben, RahmenlinieRechts, RahmenlinieUnten, SchattierungsMuster**

OK

Syntax OK

Bemerkungen Führt die Operation **TextKopieren** oder **TextVerschieben** zu Ende (entspricht dem Drücken der EINGABETASTE, während die Operation ausgeführt wird).

Beispiel Dieses Beispiel kopiert die Zeile, in der sich die Einfügemarke befindet, an den Anfang des Dokuments, ohne den Inhalt der Zwischenablage zu ändern.

```
BeginnZeile
EndeZeile 1
TextKopieren
BeginnDokument
OK
```

Siehe auch **Abbrechen, TextKopieren, TextVerschieben**

OKButton

Syntax OKButton *HorizPos*, *VertPos*, *Breite*, *Höhe* [, *.Bezeichner*]

Bemerkungen Erstellt in einem benutzerdefinierten Dialogfeld eine Schaltfläche „OK". Wenn der Benutzer „OK" wählt, wird das Dialogfeld geschlossen, und die darin angegebenen Einstellungen werden zugewiesen.

Argument	Erklärung
HorizPos, *VertPos*	Die Entfernung zwischen der oberen linken Ecke der Schaltfläche „OK" und der oberen linken Dialogfeldecke, ausgedrückt in Einheiten von 1/8 bzw. 1/12 der Systemschriftart (Windows) bzw. der Diaglogfeldschriftart (Macintosh).
Breite, *Höhe*	Die Breite und Höhe des Dialogfelds, ausgedrückt in Einheiten von 1/8 bzw. 1/12 der Systemschriftart (Windows) bzw. der Diaglogfeldschriftart (Macintosh).
.Bezeichner	Eine optionales Kennunngszeichen, das von Anwendungen in einer Dialogfunktion verwendet wird, die sich auf die Schaltfläche „OK" auswirken (z.B. **DlgAktivieren** und **DlgSichtbar**). Wenn Sie *.Bezeichner* nicht angeben, wird „OK" als Standardbezeichner verwendet.

In einem benutzerdefinierten Dialogfeld wird beim Wählen der Schaltfläche „OK" immer -1 und beim Wählen der Schaltfläche „Abbrechen" immer 0 (Null) geliefert. Wenn Sie beispielsweise in einem Dialogfeld, das mit der Anweisung `x = Dialog(Dlg)` angezeigt wird, die Schaltfläche „OK" wählen, erhält x den Wert-1. Der gelieferte Wert anderer Schaltflächen hängt von der Reihenfolge der **PushButton**-Anweisungen in der Dialogfelddefinition ab.

Ein Beispiel für **OKButton** in einer vollständigen Dialogfelddefinition finden Sie unter **Begin Dialog...End Dialog**.

Siehe auch Begin Dialog...End Dialog, CancelButton, PushButton

---

On Error

Syntax On Error Goto *Marke*

On Error Resume Next

On Error Goto 0

Bemerkungen Definiert eine Fehlerbehandlungsroutine, normalerweise eine Reihe von Anweisungen, die dann ausgeführt werden, wenn ein Fehler auftritt. Tritt in einem Makro, der keine **On Error**-Anweisung enthält, ein Fehler auf, wird eine Fehlermeldung angezeigt, und die Ausführung des Makros wird beendet.

Art	Ausgeführte Handlung
On Error Goto *Marke*	Springt von der Zeile, in der der Fehler auftrat, zur angegebenen Marke. Die auf die Marke folgenden Anweisungen können anschließend mit der Sondervariable **Err** die Fehlerart feststellen und eine Aktion zur Fehlerkorrektur durchführen. Weitere Informationen finden Sie unter **Err**.
On Error Resume Next	Nimmt die Ausführung des Makros in der Zeile wieder auf, die auf die fehlerhafte Zeile folgt, und setzt **Err** wieder auf 0 (Null). Der Fehler wird folglich ignoriert.
On Error Goto 0	Deaktiviert die Fehlerauffangroutine, die in einer zuvor angegebenen **On Error Goto**- oder **On Error Resume Next**-Anweisung definiert wurde, und setzt **Err** auf 0.

Nachdem ein Fehler eine Fehlerbehandlungsroutine ausgelöst hat, wird so lange keine weitere Fehlerbehandlung durchgeführt, bis **Err** wieder auf 0 (Null) gesetzt wird. Daher sollten Sie am Ende Ihrer Fehlerbehandlungsroutine die Anweisung `Err = 0` einfügen. Fügen Sie `Err = 0` nicht in die Mitte einer Fehlerbehandlungsroutine ein, da sonst möglicherweise eine Endlosschleife auftritt, wenn es innerhalb der Fehlerbehandlungsroutine zu einem Fehler kommt.

Beachten Sie, daß eine Fehlerbehandlungsroutine, die Sie in der Hauptunterroutine definieren, nicht mehr aktiv ist, wenn die Steuerung an eine andere Unterroutine übergeht. Wenn Sie alle Fehler auffangen möchten, müssen Sie die Anweisung **On Error** und eine Fehlerbehandlungsroutine in jede einzelne Unterroutine einfügen. Nachdem die Steuerung wieder an die Hauptunterroutine übergeben wurde, ist die **On Error**-Anweisung der Hauptunterroutine wieder aktiv.

WordBasic erzeugt Fehler, die mit Nummern kleiner als 1000 versehen werden. Die von Word erzeugten Fehler tragen die Nummer 1000 und darüber. Fehlerbehandlungsroutinen können sowohl WordBasic- als auch Word-Fehler auffangen. Bei Auftreten eines Word-Fehlers wird eine Fehlermeldung angezeigt, und der Benutzer muß reagieren, bevor der Makro fortgesetzt werden kann. Wenn der Benutzer die Schaltfläche „OK" wählt, geht die Steuerung an die Fehlerbehandlungsroutine über.

Eine vollständige Liste aller WordBasic- und Word-Fehlermeldungen finden Sie unter „Fehlermeldungen" weiter unten in diesem Abschnitt.

Beispiele

Das folgende Beispiel zeigt eine gebräuchliche Verwendung von **On Error Resume Next**. Mit ihr wird der WordBasic-Fehler 102, „Befehl mißlungen", verhindert, wenn ein Benutzer die Anzeige eines Dialogfelds oder eine Eingabeaufforderung abbricht:

```
On Error Resume Next
A$ = InputBox$("Geben Sie bitte Ihren Namen ein:")
```

Der folgende Makro fordert den Benutzer auf, eine sequentielle Datei zur Eingabe anzugeben (beispielsweise eine Textdatei, die eine Liste von Word-Dokumenten enthält). Wird die Datei nicht gefunden, sorgen die Anweisungen, die auf die mit **On Error Goto** *Marke* bezeichnete Marke folgen dafür, daß je nach Fehlernummer eine mögliche Fehlerursache angezeigt wird.

```
Sub MAIN
On Error Goto Fehlerbehandlung
DokuName$ = InputBox$("Dateiname zur Eingabe:", "", DokuName$)
Open DokuName$ For Input As #1
'Hier folgen Anweisungen, die die Eingabe verwenden
Close #1
Goto Fertig              'Wenn kein Fehler auftritt, kann die
                         'Fehlerbehandlungsroutine übergangen werden
Fehlerbehandlung:
    Select Case Err
        Case 53 : MsgBox "Die Datei " + DokuName$ + " existiert nicht."
        Case 64 : MsgBox "Das angegebene Laufwerk ist nicht verfügbar."
        Case 76 : MsgBox "Der angegebene Ordner existiert nicht."
        Case 102 : End Select : Goto Fertig  'Wenn der Benutzer das
                                             'Dialogfeld abbricht
        Case Else : MsgBox "Fehlernummer" + Str$(Err) + " trat ein."
    End Select
    Err = 0
Fertig:
End Sub
```

Siehe auch   **Err, Error, Goto, Select Case**

OnTime

Syntax   **OnTime** Zeit[$], *Name$* [, *Toleranz*]

Bemerkungen   Definiert einen Hintergrund-Zeitgeber, der zu dem mit *Zeit*[$] angegebenen Zeitpunkt einen Makro ausführt. Ist Word zur angegebenen Zeit nicht bereit, weil beispielsweise ein Dialogfeld angezeigt oder eine umfangreiche Sortierung durchgeführt wird, so wird der Makro ausgeführt, sobald Word wieder bereit ist.

Wenn Sie Word schließen, bevor der durch *Zeit*[$] angegebene Zeitpunkt eingetreten ist, wird der Zeitgeber deaktiviert und beim erneuten Starten von Word nicht wieder aktiviert. Wenn Sie den Zeitgeber bei jedem Starten von Word erneut setzen möchten – um beispielsweise in Ihrer nächsten Word-Sitzung automatisch einen Alarm-Makro zu aktivieren – müssen Sie dem Makro mit der **OnTime**-Anweisung den Namen „AutoExec" geben. Weitere Informationen über AutoExec und weitere automatische Makros finden Sie in Kapitel 2, „Erste Schritte mit Makros".

Argument	Erklärung
Zeit[$]	Die Uhrzeit, zu der der Makro ausgeführt werden soll, ausgedrückt als Text im 24-Stunden-Format (*Stunden:Minuten:Sekunden*) oder als Seriennummer (einer dezimalen Darstellung von Datum und/oder Uhrzeit). Weitere Informationen zu Seriennummern finden Sie unter **DatumSeriell()**. Die Angabe der *Sekunden* ist optional. 14 Uhr 37 wird beispielsweise als „14:37" und 2 Uhr 37 als „02:37" oder „2:37" angegeben. Mitternacht entspricht „00:00:00".
	Sie können vor der Uhrzeit auch eine Zeichenfolge angeben, die ein Datum bezeichnet. Je nach den Einstellungen im Abschnitt [intl] Ihrer WIN.INI-Datei sind mehrere Datumsformate möglich. Sie können das Standard-Datumsformat festlegen, indem Sie in der Windows-Systemsteuerung die Option „Ländereinstellungen" wählen. Wenn Sie kein Datum angeben, wird der Makro ausgeführt, sobald die angegebene Uhrzeit zum ersten Mal erreicht wird.
Name$	Der Name des auszuführenden Makros. Damit der Makro ausgeführt werden kann, muß er sowohl beim Ausführen der **OnTime**-Anweisung als auch beim Eintreten des angegebenen Zeitpunkts verfügbar sein. Sie sollten daher einen Makro angeben, der in der globalen Dokumentvorlage NORMAL.DOT gespeichert ist. Das Format *MakroName.Unterroutinenname* ist nicht zulässig.
Toleranz	Word führt den Makro *Name$* nicht aus, wenn er innerhalb der mit *Toleranz* angegebenen Anzahl von Sekunden nach Ablauf von *Zeit[$]* noch nicht gestartet werden konnte. Wenn *Toleranz* den Wert 0 (Null) hat oder fehlt, führt Word den Makro in jedem Fall aus, unabhängig von der Anzahl der Sekunden, die verstreichen, bevor Word zur Ausführung des Makros bereit ist.

Anmerkung Word kann zu einem gegebenen Zeitpunkt nur jeweils einen **OnTime**-Makro ausführen. Wenn Sie einen zweiten **OnTime**-Makro starten, wird der erste abgebrochen.

Beispiel

Das folgende Beispiel definiert eine einfache Weckerfunktion in Word. Der erste Makro im Beispiel definiert den Hintergrund-Zeitgeber.

```
'Weckerprogramm: Fordert den Benutzer auf, eine Uhrzeit
'für das Wecksignal einzugeben
'Die aktuelle Uhrzeit erscheint in der Titelleiste des Eingabefeldes
Sub MAIN
    Wecker$ = InputBox$("Alarmzeit? (SS:MM:ss), 24-Std-Format", \
        "Wecker " + Time$())
    'Hintergrund-Zeitgeber anweisen, den Makro "Signal" auszuführen
    'Keine Toleranz, damit das Wecksignal auf jeden Fall ertönt
    OnTime Wecker$, "Signal"
End Sub
```

Der folgende Makro erzeugt einen Signalton und zeigt eine Meldung an, wenn der im vorigen Beispiel definierte Zeitpunkt erreicht ist. Der Makro muß den Namen „Signal" erhalten, damit er in Kombination mit dem obigen Makro funktioniert.

```
Sub MAIN                              'Weckerprogramm
    For Zähler = 1 To 7
        Beep
        Beep
        For Warten = 1 To 100    'Verzögerung zwischen den Signaltönen
        Next
    Next
    MsgBox "Eingestellte Uhrzeit ist erreicht", "Signal " + Time$(), 48
End Sub
```

Siehe auch Date$(), DatumSeriell(), DatumWert(), Heute(), Jahr(), Jetzt(), Monat(), Tag(), ZeitWert()

Open

Syntax **Open** *Name$* **For** *Modus$* **As** [#]*DateiNummer*

Bemerkungen Öffnet eine sequentielle Datei zur Ein- oder Ausgabe von Text. Sie können aus einer sequentiell geöffneten Datei Werte auslesen und diese Werte z.B. Makrovariablen zuweisen oder in Makros erzeugte Daten (z.B. Variableninhalte) in einer sequentiell geöffneten Datei speichern.

Sequentielle Dateien, die mit der Anweisung **Open** geöffnet und mit **Close** geschlossen werden, erscheinen nicht in Dokumentfenstern. Zwar können Sie mit **Open** jede beliebige Dateiart öffnen, doch sind **Open** und **Close** für den Gebrauch mit Textdateien vorgesehen. Weitere Informationen über sequentielle Dateien finden Sie in Kapitel 9, „Weitere WordBasic-Verfahren", in Teil 1, „Einstieg in WordBasic".

Argument	Erklärung
Name$	Der Name einer zu öffnenden Datei
Modus$	Der Modus, in dem die Datei geöffnet wird:
	Input Öffnet die Textdatei, so daß Daten aus der Datei in den Makro eingelesen werden können. Wenn Sie eine Datei zur Eingabe öffnen, können Sie **Read**, **Input**, **Line Input** und **Input$( )** verwenden, um Daten aus der Datei zu lesen. Ist die Datei *Name$* nicht vorhanden, tritt ein Fehler auf.
	Output Öffnet die Textdatei, so daß Daten aus dem Makro in die Datei geschrieben werden können. Wenn Sie eine Datei zur Ausgabe öffnen, können Sie **Write** und **Print** verwenden, um in die Datei zu schreiben. Ist die Datei *Name$* nicht vorhanden, wird sie von Word erstellt. Besteht sie bereits, wird ihr Inhalt von Word gelöscht.
	Append Öffnet die Textdatei, so daß Daten aus dem Makro in die Datei geschrieben werden können. Wenn Sie eine Datei öffnen, um Daten anzufügen, können Sie **Write** und **Print** verwenden, um in die Datei zu schreiben. Der ursprüngliche Inhalt der Datei bleibt bestehen, und die zusätzlichen Informationen werden an das Ende der Datei angefügt. Wenn die Datei *Name$* nicht vorhanden ist, wird sie von Word erstellt.
DateiNummer	Eine der Datei zugeordnete Dateinummer (eine Zahl von 1 bis 4)

Beispiel

Dieser Beispielmakro für Windows speichert eine RTF (Rich Text Format)-Kopie jedes Dokuments, das in der Textdatei KONVERT.TXT aufgelistet ist. Die Anweisung **Open** öffnet KONVERT.TXT als sequentielle Datei, um daraus Daten auszulesen. Die Anweisungen in der **While...Wend**-Schleife werden für jedes Dokument je einmal ausgeführt. Die Anweisungen weisen AktuellDok$ den in KONVERT.TXT als nächstes aufgelisteten Dateinamen zu, öffnen das Dokument, speichern es in RTF (Rich Text Format) und schließen das Dokument.

```
Sub MAIN
Open "KONVERT.TXT" For Input As #1
While Not Eof(1)
    Line Input #1, AktuellDok$
    DateiÖffnen .Name = AktuellDok$
    DateiSpeichernUnter .Name = AktuellDok$, .Format = 6
    DateiSchließen 2
Wend
Close #1
End Sub
```

Siehe auch

Close, Eof(), Input, Input$(), Line Input, Lof(), Print, Read, Seek, Write

OptionButton

Syntax OptionButton *HorizPos*, *VertPos*, *Breite*, *Höhe*, *Beschriftung$* [, *.Bezeichner*]

Bemerkungen Erstellt ein Optionsfeld innerhalb eines benutzerdefinierten Dialogfelds. Eine **OptionGroup**-Anweisung wird für zusammengehörige **OptionButton**-Anweisungen benötigt, die direkt der **OptionGroup**-Anweisung folgen müssen. Innerhalb einer Gruppe von Optionsfeldern kann jeweils nur eine Option gleichzeitig gewählt sein.

Argument	Erklärung
HorizPos, *VertPos*	Die horizontale und vertikale Entfernung zwischen der oberen linken Ecke des Optionsfelds und der oberen linken Dialogfeldecke, ausgedrückt in Einheiten von 1/8 bzw. 1/12 der Systemschriftart (Windows) bzw. der Diaglogfeldschriftart (Macintosh).
Breite, *Höhe*	Die Breite und Höhe des Rechtecks, in Einheiten von 1/8 bzw. 1/12 der Systemschriftart (Windows) bzw. der Diaglogfeldschriftart (Macintosh).
Beschriftung$	Die dem Optionsfeld zugeordnete Beschriftung. Ein Kaufmännisches Und-Zeichen (&) vor einem Zeichen im Argument *Beschriftung$* legt dieses Zeichen als Zugriffstaste fest, mit der Sie das Optionsfeld wählen können.
.Bezeichner	Eine optionale Kennung, die von Anwendungen in einer Dialogfunktion verwendet wird, die sich auf das Optionsfeld auswirken. Wenn Sie nichts angeben, werden als Standardbezeichner die ersten beiden Wörter in *Beschriftung$* (oder die gesamte Zeichenfolge, wenn *Beschriftung$* nur aus einem Wort besteht) verwendet. Sie sollten jedoch *.Bezeichner* angeben, da der zugewiesene Bezeichner bestehen bleibt, auch wenn Sie an *Beschriftung$* Änderungen vornehmen.

Ein Beispiel für **OptionButton** in einer vollständigen Dialogfelddefinition finden Sie unter **OptionGroup**.

Siehe auch **CheckBox, GroupBox, OptionGroup, PushButton**

OptionGroup

Syntax OptionGroup *.Bezeichner*

OptionGroup

Bemerkungen Definiert eine Reihe zusammengehöriger Optionsfelder in einer Dialogfelddefinition. Eine **OptionGroup**-Anweisung wird für zusammengehörige **OptionButton**-Anweisungen benötigt, die direkt auf die **OptionGroup**-Anweisung folgen müssen. Innerhalb des Gruppenfeldes kann jeweils nur ein Optionsfeld gleichzeitig gewählt sein. Der Bezeichner von **OptionGroup** liefert als Ergebnis einen Wert, der dem gewählten Optionsfeld entspricht.

Argument	Erklärung
.Bezeichner	In Kombination mit dem Namen des Dialogdatensatzes erstellt *.Bezeichner* eine Variable, deren Wert dem gewählten Optionsfeld entspricht. 0 (Null) entspricht dem ersten Optionsfeld, in der Gruppe, 1 dem zweiten usw. Diese Variable setzt sich folgendermaßen zusammen: *DialogDatensatz.Bezeichner* (zum Beispiel Dlg.Wechsel).
	Der Bezeichner (*.Bezeichner* ohne Punkt) wird auch von Anweisungen in einer Dialogfunktion verwendet, die sich auf das Gruppenfeld auswirken (z.B. **DlgAktivieren** und **DlgSichtbar**).

Beispiel Dieser Makro erstellt das unten abgebildete Dialogfeld und fügt dann entweder einen Seitenwechsel oder einen Spaltenwechsel ein, je nachdem, welches Optionsfeld der Benutzer wählt. Der für die Optionsgruppe definierte Bezeichner ist .Wechsel. Die zweite Bedingung führt eine Anweisung abhängig vom Wert der Variable Dlg.Wechsel aus.

```
Sub MAIN
Begin Dialog BenutzerDialog 300, 78, "Beispiel"
    OKButton 198, 14, 95, 21
    CancelButton 198, 38, 95, 21
    GroupBox 12, 6, 180, 60, "Wechsel"
    OptionGroup .Wechsel
        OptionButton 22, 23, 136, 16, "&Seitenwechsel"
        OptionButton 22, 41, 143, 16, "S&paltenwechsel"
End Dialog
Dim Dlg As BenutzerDialog
If Dialog(Dlg) Then
    If Dlg.Wechsel = 0 Then EinfügenSeitenwechsel Else \
    EinfügenManuellerWechsel.Art = 1
End If
End Sub
```

Siehe auch Begin Dialog...End Dialog, GroupBox, ListBox, OptionButton

Organisieren

Syntax Organisieren [.Kopieren] [, .Löschen] [, .Umbenennen] [, .Quelle = *Text*] [, .Ziel = *Text*] [, .Name = *Text*] [, .NeuerName = *Text*] [, .Registerkarte = *Zahl*]

Bemerkungen Dient zum Löschen und Umbenennen von Formatvorlagen, AutoText-Einträgen, Symbolleisten und Makros sowie zum Kopieren dieser Elemente zwischen Dokumentvorlagen. Die Argumente für die Anweisung **Organisieren** entsprechen den Optionen im Dialogfeld **Organisieren** (Befehl **Makro**, Menü **Extras**).

Argument	Erklärung
.Kopieren	Kopiert das angegebene Element von der Quelle zum Ziel.
.Löschen	Löscht das angegebene Element aus der Quelle.
.Umbenennen	Benennt das angegebene Element in der Quelle um.
.Quelle	Der Dateiname des Dokuments oder der Dokumentvorlage mit dem Element, das kopiert, gelöscht oder umbenannt werden soll. Sie können auch Pfadnamen angeben.
.Ziel	Der Dateiname des Dokuments oder der Dokumentvorlage, in die das Element kopiert werden soll. Sie können auch Pfadnamen angeben.
.Name	Der Name des Elements (Formatvorlage, AutoText-Eintrag, Symbolleiste oder Makro), das kopiert, gelöscht oder umbenannt werden soll.
.NeuerName	Ein neuer Name für das angegebene Element. Wird in Kombination mit **.Umbenennen** verwendet.
.Registerkarte	Die Art des Elements, das kopiert, gelöscht oder umbenannt werden soll: 0 (Null) Formatvorlagen 1 AutoText 2 Symbolleisten 3 Makros Sie verwenden diese Werte auch zum Angeben der auszuwählenden Registerkarte, wenn das Dialogfeld **Organisieren** mit einer Anweisung **Dialog** oder **Dialog()** angezeigt werden soll.

Anmerkung Wenn Sie mit **Organisieren** eine Änderung an einer nicht geöffneten Datei vornehmen, öffnet Word die Datei im Hintergrund, speichert die Änderungen, und schließt die Datei. Wenn Sie viele Änderungen vornehmen müssen, wird der Makro schneller ausgeführt, wenn er die Datei zuerst öffnet, die **Organisieren**-Anweisungen ausführt und dann die Datei mit der Instruktion `DateiSchließen 1` schließt, um die Änderungen zu speichern.

Beispiel Dieser Makro für Word für Windows kopiert die AutoText-Einträge aus der aktiven Dokumentvorlage in die Dokumentvorlage „Normal". Zunächst wird der Name der aktiven Dokumentvorlage aus dem Dialogfeld **Dokumentvorlagen und Add-Ins** (Befehl **Dokumentvorlage**, Menü **Datei**) abgerufen. Wenn das Textfeld „Dokumentvorlage" leer ist (was bedeutet, daß das aktive Dokument eine Dokumentvorlage ist), wird der Dateiname der Dokumentvorlage aus dem Dialogfeld **Dokument-Statistik** (Schaltfläche „Statistik", Befehl **Datei-Info**, Menü **Datei**) abgerufen. Anschließend wird die Anzahl der in der aktiven Dokumentvorlage gespeicherten AutoText-Einträge geliefert. Schließlich wird die **Organisieren**-Anweisung mit einer **For...Next**-Schleife für jeden AutoText-Eintrag je einmal wiederholt.

```
Sub MAIN
Dim Dlg As DateiDokVorlagen
GetCurValues Dlg
Vorlage$ = Dlg.DokVorlage
If Vorlage$ = "" Then
    Redim Dlg As DokumentStatistik
    GetCurValues Dlg
    Vorlage$ = Dlg.Verzeichnis + "\" + Dlg.DateiName
End If
Anz = ZählenAutoTextEinträge(1)
If Anz = 0 Then Goto Ciao
For Zähler = 1 To Anz
    Organisieren .Kopieren, .Quelle = Vorlage$, \
        .Ziel = "C:\WINWORD\VORLAGEN\NORMAL.DOT", \
        .Name = AutoTextName$(Zähler, 1), .Registerkarte = 1
Next Zähler
Ciao:
End Sub
```

Siehe auch **BearbeitenAutoText, DateiDokVorlagen, ExtrasMakro, FormatFormatvorlage, NeueSymbolleiste**

PfadVonMacPfad$()

Syntax   **PfadVonMacPfad$**(*Pfad$*)

Bemerkungen   Wandelt den in *Pfad$* angegebenen Macintosh-Pfad und -Dateinamen in einen gültigen Pfad und Dateinamen für das aktuelle Betriebssystems um.

In Windows 3.*x* kann jeder Datei- oder Ordnername aus bis zu acht Zeichen bestehen, gefolgt von einer optionalen Dateinamenerweiterung (ein Punkt sowie bis zu drei Zeichen). Wenn eine Macintosh-Pfadangabe in eine gültige Windows 3.*x* -Pfadangabe umgewandelt werden soll, geht Word folgendermaßen vor:

- Leerzeichen werden entfernt.
- Ein Ausrufezeichen (!) wird vor dem Datei- oder Ordnernamen hinzugefügt, falls Leerzeichen oder überzählige Zeichen entfernt wurden.
- Falls der Datei- oder Ordnername acht Zeichen überschreitet, werden ein Punkt eingefügt und überzählige Zeichen entfernt, um einen unter Windows 3.*x* gültigen Datei- oder Ordnernamen mit Erweiterung zu erhalten. Beispielsweise würde aus dem Macintosh-Ordnernamen „Umsatz Januar" der Windows 3.*x*-Ordnername „!UmsatzJ.anu" entstehen.
- Mit dem ersten Punkt (sofern vorhanden) wird bestimmt, wo die Erweiterung im Windows 3.*x* Datei- oder Ordnernamen beginnt. Alle nicht verwendeten Zeichen werden entfernt. Der Macintosh-Dateiname „PC Text Datei.text" würde z.B. in den Windows-Dateinamen „!PCtextd.tex" umgewandelt.
- Wenn mehrere Punkte vorhanden sind, werden alle Zeichen zwischen dem ersten und dem letzten Punkt entfernt. Der Macintosh-Dateiname „kapitel1.rev.3" würde z.B. in den Windows-Dateinamen „!kapitel.3" umgewandelt.

Beispiel   In Word für Windows liefert dieses Beispiel den Pfad und Dateinamen „\FP\BERICHTE\!BERICHT.GES".

```
Winpfad$ = PfadVonMacPfad$("FP:Berichte:Bericht Gesamt")
```

Siehe auch   **PfadVonWinPfad$()**

PfadVonWinPfad$()

Syntax   **PfadVonWinPfad$()**(*Pfad$*)

Bemerkungen   Wandelt den in *Pfad$* angegebenen Windows-Pfad und -Dateinamen in einen gültigen Pfad und Dateinamen für das aktuelle Betriebssystem um.

Auf dem Macintosh werden die Namen für Laufwerke, Ordner und Dateien durch Doppelpunkte (:) und nicht durch umgekehrte Schrägstriche (\) voneinander getrennt. Bei der Umwandlung einer Windows-Pfadangabe in eine gültige Macintosh-Pfadangabe geht Word folgendermaßen vor:

- Umgekehrte Schrägstriche werden durch Doppelpunkte ersetzt.
- Laufwerksbuchstaben und Hauptordnerangaben werden in Macintosh-Laufwerksnamen umgewandelt: „C:" wird durch den Namen des Startlaufwerks ersetzt, während „A:" und „B:" durch den Namen des Datenträgers im ersten bzw. zweiten Diskettenlaufwerk ersetzt werden. „D:", „E:", „F:" usw. werden durch die Namen weiterer Festplatten ersetzt. C:\DOKU\SCHWANK.DOC und \DOKU\SCHWANK.DOC werden beispielsweise in FP:DOKU:SCHWANK.DOC umgewandelt.
- Servernamen werden entfernt. \\ALLE\EXTRAS\BILD wird beispielsweise in EXTRAS:BILD umgewandelt.
- Doppelpunkte (:) werden eingefügt, um relative Pfadnamen darzustellen (BRIEFE\FEE.DOC wird z.B. in :BRIEFE:FEE.DOC und ..\BRIEFE\FEE.DOC in ::BRIEFE:FEE.DOC umgewandelt).

Da alle Windows-Dateinamen auf dem Macintosh gültig sind, ändert **PfadVonWinPfad$()** die Dateinamen selbst nicht.

Siehe auch PfadVonMacPfad$()

Picture

Syntax **Picture** *HorizPos*, *VertPos*, *Breite*, *Höhe*, *GrafikName$*, *Art*, *.Bezeichner*

Bemerkungen Zeigt eine Grafik in einem benutzerdefinierten Dialogfeld an. Word paßt die Größe der Grafik automatisch an, um sie in der von Ihnen angegebenen *Breite* und *Höhe* anzuzeigen.

Argument	Erklärung
HorizPos, VertPos	Der horizontale und vertikale Abstand der oberen linken Ecke des Rechtecks, das die Grafik enthält, von der oberen linken Dialogfeldecke, in Einheiten von 1/8 und 1/12 der Systemschriftart (Windows) bzw. der Dialogfeldschriftart (Macintosh).
Breite, Höhe	Die Breite und Höhe des Rechtecks, in Einheiten von 1/8 und 1/12 der Systemschriftart (Windows) bzw. der Dialogfeldschriftart (Macintosh).

Argument	Erklärung
GrafikName$	Der Name der Grafikdatei, des AutoText-Eintrags oder der Textmarke, in dem bzw. in der die Grafik zu Beginn angezeigt wird. Wenn das Dialogfeld angezeigt wird, können Sie *GrafikName$* mit **DlgGrafikSetzen** in einer Dialogfunktion neu festlegen.
Art	Ein Wert, der angibt, wie die Grafik gespeichert ist.
	0 (Null) *GrafikName$* ist eine Grafikdatei. Pfadnamen sind zulässig.
	1 *GrafikName$* ist ein AutoText-Eintrag. Der AutoText-Eintrag darf nur eine einzige Grafik enthalten (ohne Text oder Absatzmarken) und muß entweder in der Dokumentvorlage NORMAL.DOT (Windows) bzw. NORMAL (Macintosh) oder der dem aktiven Dokument zugeordneten Dokumentvorlage gespeichert sein.
	2 *GrafikName$* ist eine Textmarke im aktiven Dokument. Die Textmarke darf nur eine einzige Grafik markieren (ohne Text oder Absatzmarken).
	3 *GrafikName$* wird ignoriert, und die Grafik wird aus der Zwischenablage eingefügt. Geben Sie statt *GrafikName$* eine leere Zeichenfolge ("") an. Die Zwischenablage darf nur eine einzige Grafik enthalten. Wenn in der Zwischenablage Text aus einem Word-Dokument gespeichert ist, wird im Dialogfeld das Symbol für Microsoft Word angezeigt.
	4 *GrafikName$* ist eine Datei im PICT-Format. Sie ist im Ressourcenzweig (resource fork) der Vorlage, die den Makro enthält, gespeichert (nur Macintosh). Sie können das Programm ResEdit dazu verwenden, dem Ressourcenzweig einer Vorlage Dateien im PICT-Format hinzuzufügen.
.Bezeichner	Eine Kennung, die von Anweisungen in einer Dialogfunktion verwendet wird, die sich auf die Grafik auswirken. Beispielsweise können Sie **.Bezeichner** zusammen mit **DlgGrafikSetzen** verwenden, um eine andere Grafik anzuzeigen.

Anmerkung Falls die angegebene Grafik nicht existiert, zeigt den Word den Text „keine Grafik vorhanden)" in dem Rechteck an, das den Grafikbereich definiert. Sie können dies ändern, indem Sie 16 zum Wert für *Art* hinzuaddieren. Wenn *Art* den Wert 16, 17, 18 oder 19 hat und die angegebene Grafik nicht existiert, erzeugt Word einen Fehler (der mit **On Error** aufgefangen werden kann) und zeigt weder den Text „(keine Grafik vorhanden)" noch ein Rechteck im Dialogfeld an.

Beispiel	Dieses Beispiel definiert einen quadratischen Bereich in der oberen linken Dialogfeldecke und fügt die im AutoText-Eintrag „Smiley" gespeicherte Grafik ein. Das Dialogfeld-Steuerelement wird durch .Grafik gekennzeichnet. Ein Beispiel einer vollständigen Dialogfelddefinition finden Sie unter **Begin Dialog...End Dialog**.

```
Picture 7, 7, 50, 50, "Smiley", 1, .Grafik
```

Siehe auch	DlgGrafikSetzen

Print

Syntax	**Print** [#*DateiNummer*,] *Ausdruck1*[$] [; oder , *Ausdruck2*[$] [; oder , ...]]
Bemerkungen	Zeigt die angegebenen Ausdrücke in der Statusleiste an. Wenn Sie *DateiNummer* angeben, werden die Ausdrücke an die mit dieser Nummer verknüpfte sequentielle Datei übergeben. Im Gegensatz zur Anweisung **MsgBox**, die nur Zeichenfolgen annehmen kann, nimmt **Print** Zeichenfolgen, Zeichenfolgenvariablen, Zahlen und numerische Variablen an, wobei Sie diese sogar mischen können.

Mit dem Pluszeichen (+) können Sie Zeichenfolgen und Zeichenfolgenvariablen miteinander verknüpfen. Um Zeichenfolgen und numerische Variablen miteinander zu verknüpfen, verwenden Sie ein Semikolon (;) oder Komma (,). Ein Komma fügt ein Tabstopzeichen zwischen den einzelnen Werten ein.

Anmerkung **Print** fügt vor positiven numerischen Werten automatisch eine Leerstelle ein. Sie brauchen also in Zeichenfolgen, die einer positiven numerischen Variable in *Ausdruck*[$] vorangehen, keine zusätzliche Leerstelle einzufügen. **Print** fügt vor negativen Zahlenwerten keine Leerstelle ein.

Ähnlich wie **Print** kann auch die Anweisung **Write** Ausdrücke an eine sequentielle Datei übergeben. Der Ausdruck wird in der Datei dabei unterschiedlich formatiert, wie dies aus der folgenden Tabelle hervorgeht.

WordBasic-Anweisung	Zeile in der sequentiellen Datei #1
`Print #1, "Kurt", "Lehrer"`	Kurt [Tabstopzeichen] Lehrer
`Write #1, "Kurt", "Lehrer"`	"Kurt","Lehrer"

Beispiele

Dieses Beispiel zeigt in der Statusleiste den folgenden Satz an: „Der Umsatz betrug im März 2500 und im Mai 3600, insgesamt also 6100."

```
Mrz=2500
Mai=3600
Print "Der Umsatz betrug im März"; Mrz ; " und im Mai" \
    ; Mai ; ", insgesamt also" ; Mrz + Mai ; "."
```

Das folgende Beispiel zeigt in der Statusleiste diese Zeile an: „Juan Garcia 32 1234".

```
Name$ = "Juan Garcia"
Alter = 32
Karteinr = 1234
Print Name$; Alter; Karteinr
```

Das folgende Beispiel definiert eine sequentielle Datei zur Verwendung als Steuerdatei im Format „Nur Text". Die erste **Print**-Anweisung fügt Spaltenüberschriften, die zweite einen Datensatz hinzu. Die Elemente jeder einzelnen **Print**-Anweisung werden in einen einzigen Absatz eingefügt und durch Tabstops voneinander getrennt. Wenn Sie sich das Ergebnis ansehen möchten, müssen Sie die sequentielle Datei jedoch wie ein gewöhnliches Word-Dokument öffnen.

```
Open "DATEN.TXT" For Output As #1
Print #1, "Name", "Adresse", "Beruf"
Print #1, "Heinz Schneider", "Abenberger Str. 17", "Selbständig"
Close #1
```

Siehe auch **Close**, **Eof()**, **Input**, **Input$()**, **Line Input**, **Lof()**, **MsgBox**, **Open**, **Read**, **Seek**, **Write**

PunktiertUnterstreichen, PunktiertUnterstreichen()

Syntax **PunktiertUnterstreichen** [*Aktiv*]

PunktiertUnterstreichen()

Bemerkungen Die Anweisung **PunktiertUnterstreichen** weist der aktuellen Markierung das Format „Punktierte Unterstreichung" zu, entfernt dieses Format oder steuert das Format für Zeichen, die an der Einfügemarke eingegeben werden.

Argument	Erklärung
Aktiv	Gibt an, ob die punktierte Unterstreichung hinzugefügt oder entfernt wird:
	1 Formatiert den markierten Text mit einer punktierten Unterstreichung.
	0 (Null) Entfernt die punktierte Unterstreichung.
	Fehlt Schaltet die punktierte Unterstreichung um (ein bzw. aus).

Die Funktion **PunktiertUnterstreichen( )** liefert als Ergebnis die folgenden Werte:

Wert	Erklärung
0 (Null)	Kein Teil des markierten Textes ist punktiert unterstrichen.
–1	Ein Teil des markierten Textes ist punktiert unterstrichen.
1	Der gesamte markierte Text ist punktiert unterstrichen.

Siehe auch   **DoppeltUnterstreichen**, **FormatRahmenSchattierung**, **FormatZeichen**, **Unterstreichen**

PushButton

Syntax   **PushButton** *HorizPos*, *VertPos*, *Breite*, *Höhe*, *Beschriftung$* [, *.Bezeichner*]

Bemerkungen   Erstellt eine Befehlsschaltfläche in einem benutzerdefinierten Dialogfeld. Wenn die Befehlsschaltfläche gewählt wird, liefert die **Dialog**() Anweisung, die das Dialogfeld anzeigt (beispielsweise `Schaltfläche = Dialog(Dlg)`) einen Wert, der der Position dieser **PushButton**-Anweisung in der Reihenfolge der anderen **PushButton**-Anweisungen entspricht: 1 für die erste Befehlsschaltfläche, 2 für die zweite usw.

Argument	Erklärung
HorizPos, *VertPos*	Die horizontale und vertikale Entfernung zwischen der oberen linken Ecke der Befehlsschaltfläche und der oberen linken Dialogfeldecke, ausgedrückt in Einheiten von 1/8 bzw. 1/12 der Systemschriftart (Windows) bzw. der Diaglogfeldschriftart (Macintosh).
Breite, *Höhe*	Die Breite und Höhe der Befehlsschaltfläche, ausgedrückt in Einheiten von 1/8 bzw. 1/12 der Systemschriftart (Windows) bzw. der Diaglogfeldschriftart (Macintosh).

Argument	Erklärung
Beschriftung$	Die mit der Befehlsschaltfläche verknüpfte Beschriftung. Ein Kaufmännisches Und-Zeichen (&), das einem der Zeichen in *Beschriftung$* vorangeht, legt dieses Zeichen als Zugriffstaste zum Wählen der Befehlsschaltfläche fest.
.Bezeichner	Eine optionale Kennung, die von Anweisungen in einer Dialogfunktion verwendet wird, die sich auf die Befehlsschaltfläche auswirken. Wenn Sie nichts angeben, werden als Standardbezeichner die ersten beiden Wörter in *Beschriftung$* (oder die gesamte Zeichenfolge, wenn *Beschriftung$* nur aus einem Wort besteht) verwendet. Sie sollten *.Bezeichner* angeben, da der zugewiesene Bezeichner bestehen bleibt, auch wenn Sie an *Beschriftung$* Änderungen vornehmen.

Beispiel Dieses Beispiel erstellt eine Befehlsschaltfläche mit der Beschriftung „Verknüpfung erstellen" und dem Bezeichner „Verknüpfung". Ein Beispiel für die Verwendung von **PushButton** in einer vollständigen Dialogfelddefinition finden Sie unter **Begin Dialog...End Dialog**.

```
PushButton 10, 54, 180, 21, "Verknüpfung &erstellen", .Verknüpfung
```

Siehe auch **Begin Dialog...End Dialog, CancelButton, OKButton, OptionButton**

QuelleAktualisieren

Syntax QuelleAktualisieren

Bemerkungen Speichert die Änderungen, die am Ergebnis eines EINFÜGENTEXT-Feldes vorgenommen wurden, im Quelldokument. Das Quelldokument muß als Word-Dokument formatiert sein.

Siehe auch **FelderAktualisieren**

RahmenlinieInnen, RahmenlinieInnen()

Syntax RahmenlinieInnen [*Aktiv*]

RahmenlinieInnen()

Bemerkungen Die Anweisung **RahmenlinieInnen** fügt den markierten Absätzen oder Tabellenzellen eine innere Rahmenlinie hinzu oder entfernt diese. Die folgenden Abbildungen zeigen eine innere Rahmenlinie innerhalb einer Reihe von Absätzen und einer Tabelle.

Innere Rahmenlinie bei Absätzen   Innere Rahmenlinie in einer Tabelle

Die Funktion **RahmenlinieInnen()** liefert entweder das Ergebnis 0 (Null) oder 1, je nachdem, ob alle markierten Absätze oder Tabellenzellen mit einer inneren Rahmenlinie formatiert sind. Beachten Sie, daß **RahmenlinieInnen()** 0 (Null) ergibt, wenn nur eine Tabellenzelle markiert ist, und zwar unabhängig von den Rahmenlinien der umgebenden Zellgruppen. Eine einzele Tabellenzelle kann eine rechte, linke, untere oder obere, jedoch keine innere Rahmenlinie haben.

Eine ausführliche Beschreibung der Argumente und Rückgabewerte finden Sie unter **RahmenlinieUnten**.

Siehe auch **FormatRahmenSchattierung, Kasten, OhneRahmenlinien, RahmenlinieLinks, RahmenlinienArt, RahmenlinieOben, RahmenlinieRechts, RahmenlinieUnten, SchattierungsMuster**

RahmenlinieLinks, RahmenlinieLinks()

Syntax RahmenlinieLinks [*Aktiv*]

RahmenlinieLinks()

Bemerkungen Die Anweisung **RahmenlinieLinks** fügt den markierten Absätzen, Tabellenzellen oder Grafiken eine linke Rahmenlinie hinzu oder entfernt diese. Die Funktion **RahmenlinieLinks()** liefert entweder das Ergebnis 0 (Null) oder 1, je nachdem, ob alle markierten Absätze oder Tabellenzellen mit einer linken Rahmenlinie formatiert sind.

	Eine ausführliche Beschreibung der Argumente und Rückgabewerte finden Sie unter **RahmenlinieUnten**.
Siehe auch	**FormatRahmenSchattierung, Kasten, OhneRahmenlinien, RahmenlinieInnen, RahmenlinienArt, RahmenlinieOben, RahmenlinieRechts, RahmenlinieUnten, SchattierungsMuster**

RahmenlinienArt, RahmenlinienArt()

Syntax	**RahmenlinienArt** *Art*
	RahmenlinienArt()
Bemerkungen	Die Anweisung **RahmenlinienArt** legt bei nachfolgenden Anweisungen des Typs **RahmenlinieUnten, RahmenlinieInnen, RahmenlinieLinks, Kasten, RahmenlinieRechts** und **RahmenlinieOben** die verwendete Linienart fest.

Argument	Erklärung
Art	Eine von 13 Linienarten:
	0 (Null) Ohne
	1 ───
	2 ───
	3 ━━━
	4 ━━━
	5 ▬▬▬
	6 ▬▬▬
	7 ═══
	8 ═══
	9 ═══
	10 ········
	11 ------
	12 ───
	Art 12, die der Option „Haarlinie" entspricht, steht nur auf dem Macintosh zur Verfügung.

Ein Beispiel für **RahmenlinienArt** finden Sie unter **RahmenlinieUnten**.

	Die Funktion **RahmenlinienArt**( ) liefert als Ergebnis eine Zahl von 0 (Null) bis 12, die der Linienart entspricht, die bei nachfolgenden Rahmenlinienanweisungen hinzugefügt wird. Beachten Sie, daß diese Linienart nicht unbedingt der Rahmenlinienart in markierten Absätzen, Tabellenzellen oder Grafiken entspricht.
Siehe auch	**FormatRahmenSchattierung, Kasten, OhneRahmenlinien, RahmenlinieInnen, RahmenlinieLinks, RahmenlinieOben, RahmenlinieRechts, RahmenlinieUnten, SchattierungsMuster**

RahmenlinieOben, RahmenlinieOben()

Syntax	**RahmenlinieOben** [*Aktiv*]
	RahmenlinieOben( )
Bemerkungen	Die Anweisung **RahmenlinieOben** fügt den markierten Absätzen, Tabellenzellen oder Grafiken eine obere Rahmenlinie hinzu oder entfernt diese. Beachten Sie, daß die einer Reihe von Absätzen oder mehreren Tabellenzellen hinzugefügte obere Rahmenlinie nur über dem ersten Absatz bzw. der ersten Zeile erscheint. Wenn Sie eine Rahmenlinie einfügen möchten, um die einzelnen Absätze oder Zeilen voneinander abzusetzen, verwenden Sie **RahmenlinieInnen**.
	Die Funktion **RahmenlinieOben**( ) liefert entweder das Ergebnis 0 (Null) oder 1, je nachdem, ob die markierte Grafik oder alle markierten Absätze bzw. Tabellenzellen mit einer oberen Rahmenlinie formatiert sind.
	Eine ausführliche Beschreibung der Argumente und Rückgabewerte finden Sie unter **RahmenlinieUnten**.
Siehe auch	**FormatRahmenSchattierung, Kasten, OhneRahmenlinien, RahmenlinieInnen, RahmenlinieLinks, RahmenlinienArt, RahmenlinieRechts, RahmenlinieUnten, SchattierungsMuster**

RahmenlinieRechts, RahmenlinieRechts()

Syntax	**RahmenlinieRechts** [*Aktiv*]
	RahmenlinieRechts( )

Bemerkungen	Die Anweisung **RahmenlinieRechts** fügt den markierten Absätzen, Tabellenzellen oder Grafiken eine rechte Rahmenlinie hinzu oder entfernt diese. Die Funktion **RahmenlinieRechts()** liefert entweder das Ergebnis 0 (Null) oder 1, je nachdem, ob die markierte Grafik oder alle markierten Absätze bzw. Tabellenzellen mit einer rechten Rahmenlinie formatiert sind.
	Eine ausführliche Beschreibung der Argumente und Rückgabewerte finden Sie unter **RahmenlinieUnten**.
Siehe auch	FormatRahmenSchattierung, Kasten, OhneRahmenlinien, RahmenlinieInnen, RahmenlinieLinks, RahmenlinienArt, RahmenlinieOben, RahmenlinieUnten, SchattierungsMuster

RahmenlinieUnten, RahmenlinieUnten()

Syntax	**RahmenlinieUnten** [*Aktiv*]
	RahmenlinieUnten()
Bemerkungen	Die Anweisung **RahmenlinieUnten** fügt den markierten Absätzen, Tabellenzellen oder Grafiken eine untere Rahmenlinie hinzu oder entfernt diese. Beachten Sie, daß die einer Reihe von Absätzen oder mehreren Tabellenzellen hinzugefügte untere Rahmenlinie nur unter dem letzten Absatz bzw. der letzten Zeile erscheint. Wenn Sie eine Rahmenlinie einfügen möchten, um die einzelnen Absätze oder Zeilen voneinander abzusetzen, verwenden Sie **RahmenlinieInnen**.

Argument	Erklärung
Aktiv	Gibt an, ob die Rahmenlinie hinzugefügt oder entfernt werden soll.
	1 Fügt eine Rahmenlinie hinzu.
	0 (Null) Entfernt die Rahmenlinie.
	Fehlt Schaltet die Rahmenlinie um.

Die Funktion **RahmenlinieUnten()** liefert als Ergebnis die folgenden Werte:

Wert	Erklärung
0 (Null)	Mindestens eines der markierten Elemente hat keine untere Rahmenlinie, oder die Markierung enthält verschiedenartige Elemente (z.B. einen Absatz und eine Tabellenzelle).
1	Alle Elemente in der Markierung sind vom gleichen Typ und haben eine untere Rahmenlinie.

Beispiel

Dieses Beispiel fügt eine untere Rahmenlinie hinzu. Hierbei wird eine von zwei möglichen Linienarten angewandt, je nachdem, ob sich die Markierung in einer Tabelle befindet oder nicht. Befindet sie sich in einer Tabelle, wird eine doppelte Rahmenlinie, anderenfalls ein dicke einzelne Rahmenlinie hinzugefügt.

```
If AuswInfo(12) = - 1 Then
    RahmenlinienArt 8
    RahmenlinieUnten 1
Else
    RahmenlinienArt 4
    RahmenlinieUnten 1
End If
```

Siehe auch

FormatRahmenSchattierung, Kasten, OhneRahmenlinien, RahmenlinieInnen, RahmenlinieLinks, RahmenlinienArt, RahmenlinieOben, RahmenlinieRechts, SchattierungsMuster

Read

Syntax

Read #*DateiNummer*, *Variable1*[$] [, *Variable2*[$]] [, *Variable3*][$] [, ...]

Bemerkungen

Ruft Zeichenfolgen- oder numerische Werte aus der mit *DateiNummer* bezeichneten sequentiellen Datei ab und weist die Werte Variablen zu. Normalerweise enthält diese Datei Daten, die mit einer **Write**-Anweisung hinzugefügt wurden. *DateiNummer* ist die Nummer der sequentiellen Datei, die mit einer **Open**-Anweisung geöffnet wurde. Weitere Informationen über sequentielle Dateien finden Sie in Kapitel 9, „Weitere WordBasic-Verfahren", in Teil 1, „Einstieg in WordBasic".

Read verhält sich ähnlich wie **Input**, doch entfernt es die Anführungszeichen aus den Zeichenfolgen. Zum Beispiel könnte ein mit **Write** erstellter Absatz wie folgt aussehen:

```
"Michelle Levine", "26", "Tänzerin"
```

Input interpretiert den ersten Wert als `"Michelle Levine"`, **Read** dagegen übernimmt nur den Text innerhalb der Anführungszeichen: `Michelle Levine`.

Beispiel

Dieses Beispiel für Windows liest alle Absätze in der sequentiellen Datei der Reihe nach ein und definiert `Name$` als erstes und `Alter$` als zweites Element. Für jeden Absatz werden die Werte in einer Reihe von Meldungsfeldern angezeigt.

```
Open "DATEN.TXT" For Input As #1
While Not Eof(1)
    Read #1, Name$, Alter$
    MsgBox Name$ + " ist " + Alter$ + " Jahre alt."
Wend
Close #1
```

Siehe auch Close, Eof(), Input, Input$(), Line Input, Lof(), Open, Print, Seek, Write

RechtschreibprüfungDurchgeführt, RechtschreibprüfungDurchgeführt()

Syntax RechtschreibprüfungDurchgeführt [*Ein*]

RechtschreibprüfungDurchgeführt()

Bemerkungen Die Anweisung **RechtschreibprüfungDurchgeführt** kennzeichnet den markierten Text als auf Rechtschreibfehler überprüft oder nicht. Ist kein Text markiert, haben **RechtschreibprüfungDurchgeführt** und **RechtschreibprüfungDurchgeführt**() keine Auswirkung.

In Word, Version 6.0, sind **RechtschreibprüfungDurchgeführt** und **RechtschreibprüfungDurchgeführt**() nicht verfügbar und führen zu einem Fehler.

Argument	Erklärung
Ein	Gibt an, ob die Markierung als auf Rechtschreibfehler geprüft oder nicht geprüft gekennzeichnet werden soll:
	1 Gibt an, daß die Markierung überprüft wurde
	0 (Null) Gibt an, daß die Markierung nicht überprüft wurde
	Keine Angabe Schaltet die Einstellung um

Die Funktion **RechtschreibprüfungDurchgeführt()** liefert folgende Werte:

Wert	Erklärung
0 (Null)	Die Markierung wurde nicht auf Rechtschreibfehler überprüft.
-1	Die Markierung wurde nur teilweise auf Rechtschreibfehler überprüft.
1	Die gesamte Markierung wurde auf Rechtschreibfehler überprüft.

Siehe auch **DokumentHatRechtschreibfehler()**, **ExtrasRechtschreibung**

Redim

Syntax

Redim [Shared] *Variable1*[(*Größe1* [, *Größe2*] [, ...])] [, *Variable2*[(*Größe1* [, *Größe2*] [, ...])]]

Redim *Variable* **As** *Dialogname*

Redim *Variable* **As BenutzerDialog**

Bemerkungen

Löscht den Inhalt von Datenfeldvariablen, so daß die Elemente des Datenfelds neu definiert werden können. **Redim** ist die Abkürzung von „Redimensionieren", d.h., Sie können beim Neudefinieren der Datenfeldvariablen neue *Größen* angeben. Der bestehende Inhalt eines Datenfelds geht verloren, wenn Sie **Redim** verwenden. **Redim** kann außerdem einen Dialogfelddatensatz für ein Word-Dialogfeld oder ein benutzerdefiniertes Dialogfeld neu definieren. Eine Beschreibung der Argumente für **Redim** finden Sie unter **Dim**.

Beispiele

Dieses Beispiel veranschaulicht, wie Sie mit **Redim** den Speicherplatz in einer Datenfeldvariablen wiederverwenden können, nachdem Sie die erste Wertegruppe nicht mehr benötigen. Auf diese Weise können Sie Systemressourcen sparen.

```
Dim GroßDatenfeld$(100)
GroßDatenfeld$(0) = "Eine lange Textzeichenfolge"
'Hier stehen Anweisungen, die die Datenfeldelemente 1 bis 99
'definieren
GroßDatenfeld$(100) = "Eine weitere lange Textzeichenfolge"
'Hier stehen Anweisungen, die die Werte in GroßDatenfeld$()
'verwenden
Redim GroßDatenfeld$(100)
'Hier stehen Anweisungen, die die neuen Elemente definieren
'und verwenden
```

Der folgende Makro ruft den Namen des Autors aus dem Dialogfeld **Datei-Info** (Menü **Datei**) und den Namen des Benutzers auf der Registerkarte **Benutzer-Info** im Dialogfeld **Optionen** (Menü **Extras**) ab. Anschließend vergleicht er die beiden Werte und zeigt ein Meldungsfeld an, wenn die Werte nicht identisch sind.

Die **Dim**-Anweisung speichert das Wertedatenfeld aus dem Dialogfeld **Datei-Info** in der Variablen Dlg. Nachdem der Name des Autors abgerufen und in der Variablen Autor$ gesichert wurde, sind diese Werte nicht mehr erforderlich. **Redim** kann die Variable Dlg daher wiederverwenden und darin die Werte aus der Tabelle „Benutzer-Info" im Dialogfeld **Optionen** speichern.

```
                    Sub MAIN
                    Dim Dlg As DateiDateiInfo
                    GetCurValues Dlg
                    Autor$ = Dlg.Autor
                    Redim Dlg As ExtrasOptionenBenutzerInfo
                    GetCurValues Dlg
                    BenutzerName$ = Dlg.Name
                    If Autor$ <> BenutzerName$ Then
                        MsgBox "Autor und Benutzer sind nicht identisch."
                    End If
                    End Sub
```

Siehe auch   **Dim**, **Let**

REM

Syntax

REM *Kommentare*

'*Kommentare*

Bemerkungen   Kennzeichnet Kommentare und Erklärungen, die von Word beim Ausführen des Makros ignoriert werden. Anstelle von **REM** können Sie einen Apostroph (') verwenden. Beide Schreibweisen haben Vor- und Nachteile: **REM**-Kommentare sind leichter von WordBasic-Anweisungen zu unterscheiden, erfordern aber mehr Platz als ein Apostroph.

Beispiel   Dieses Beispiel zeigt vier Methoden zum Einfügen eines Kommentars in einen Makro.

```
REM TestMakr-Titel -- Name des Autors
' Zusätzliche Informationen zum Makro
AbsatzUnten            'Einfügemarke an den Anfang des nächsten
                       'Absatzes
AbsatzOben             REM und wieder an den Anfang des vorherigen
                       REM Absatzes zurück
```

Right$()

Syntax   **Right$**(*Quelle$*, *Anzahl*)

Bemerkungen   Liefert die am weitesten rechts befindlichen Zeichen von *Quelle$*. *Anzahl* gibt die Anzahl der zu liefernden Zeichen an.

Beispiel	Dieses Beispiel fordert den Benutzer auf, seinen Vor- und Nachnamen in ein **InputBox$()**-Dialogfeld einzugeben. Die Anweisungen subtrahieren die Position der Leerstelle (zwischen dem Vor- und Nachnamen) von der Länge des gesamten Namens und stellen damit die Anzahl der Zeichen nach der Leerstelle fest. **Right$()** kann so aus der Zeichenfolge den Nachnamen auslesen.

```
GanzerName$ = InputBox$("Geben Sie bitte Ihren Vor- und Nachnamen ein.")
Länge = Len(GanzerName$)
Leerzeichen = InStr(GanzerName$, " ")
Nachname$ = Right$(GanzerName$, Länge - Leerzeichen)
MsgBox "Der Nachname ist " + Nachname$ + "."
```

Siehe auch	**InStr()**, **Left$()**, **Len()**, **LTrim$()**, **Mid$()**, **RTrim$()**

RmDir

Syntax	**RmDir** *Name$*
Bemerkungen	Löscht den angegebenen Ordner. *Name$* kann ein vollständiger oder ein relativer Pfad sein. Diese Anweisung kann nur dann verwendet werden, wenn der Ordner keine Dateien oder untergeordnete Ordner enthält. **RmDir** kann den aktuellen Ordner nicht löschen.
Beispiele	Dieses Beispiel (Windows) löscht alle Dateien aus einem Ordner und löscht anschließend den Ordner:

```
Kill "C:\WINWORD\PROJEKT\*.*"
RmDir "C:\WINWORD\PROJEKT"
```

Hier das gleiche Beispiel für den Macintosh:

```
AktuellerOrdner$ = Files$(":")
ChDir "FP:WORD:PROJEKT"
Kill MacID$("****")
ChDir AktuellerOrdner$
RmDir "FP:WORD:PROJEKT"
```

Das folgende Beispiel löscht einen untergeordneten Ordner im aktuellen Ordner:

```
RmDir "PROJEKT"
```

Das folgende Beispiel löscht einen Ordner auf der gleichen Ebene wie der aktuelle Ordner:

```
RmDir "..\PROJEKT"    'Windows
RmDir "::PROJEKT"     'Macintosh
```

Siehe auch **ChDir**, **Files$()**, **Kill**, **MacID$()**, **MkDir**

Rnd()

Syntax **Rnd()**

Bemerkungen Liefert eine reelle Zufallszahl, die größer oder gleich 0 (Null) und kleiner als 1 ist. Sie können einen ganzzahligen Zufallswert im Bereich von a bis b generieren, indem Sie die folgende Syntax verwenden:

Int(Rnd() * ((b+1)-a) + a)

Beispiel Dieses Beispiel definiert die Variable Num als ganzzahligen Zufallswert zwischen 50 und 100 und zeigt den Wert anschließend in einem Meldungsfeld an:

```
a = 50
b = 100
Num = Int(Rnd() * ((b + 1) - a) + a)
MsgBox "Die Zufallszahl lautet" + Str$(Num)
```

RTrim$()

Syntax **RTrim$(***Quelle$***)**

Bemerkungen Liefert *Quelle$* ohne die anschließenden Leerzeichen, die rechts des letzten Zeichens eventuell vorhanden sind. **RTrim$()** eignet sich besonders zum Aufbereiten von benutzerdefinierten Variablen, bevor sie an andere Teile des Makros übergeben werden.

Beispiel Dieses Beispiel fordert den Benutzer dazu auf, seinen Nachnamen einzugeben. Anschließend werden alle Leerzeichen entfernt, die der Benutzer im Anschluß an seinen Namen möglicherweise eingegeben hat:

```
Nachname$ = InputBox$("Geben Sie bitte Ihren Nachnamen ein.")
Nachname$ = RTrim$(Nachname$)
```

Siehe auch **InStr()**, **Left$()**, **LTrim$()**, **Mid$()**, **Right$()**

RückEinzugAbsatz

Syntax RückEinzugAbsatz

Bemerkungen Verschiebt den linken Einzug der markierten Absätze um einen Tabstop nach links. **RückEinzugAbsatz** behält den Erstzeileneinzug oder den hängenden Einzug bei.

Siehe auch Einzug, RückEinzugSeitenrand

RückEinzugSeitenrand

Syntax RückEinzugSeitenrand

Bemerkungen Entfernt den hängenden Einzug der markierten Absätze oder verkürzt den hängenden Einzug auf den vorhergehenden Tabstop des ersten Absatzes in der Markierung.

Wenn der erste markierte Absatz einen hängenden Einzug hat, der kleiner oder gleich der ersten Tabstop-Position in diesem Absatz ist, wird der hängende Einzug in allen markierten Absätzen entfernt.

Wenn der erste markierte Absatz einen hängenden Einzug hat, der größer ist als die erste Tabstop-Position in diesem Absatz ist, wird der hängende Einzug auf die vorhergehende Tabstop-Position in diesem Absatz zurückgesetzt.

Wenn der erste markierte Absatz einen Einzug von links, aber keinen hängenden Einzug hat, hat, wird die erste Zeile der markierten Absätze auf die erste Tabstop-Position nach dem Absatzeinzug des ersten Absatzes eingezogen. Der Einzug von links wird dabei auf 0 zurückgesetzt.

Wenn der erste markierte Absatz einen Absatzeinzug von links hat und der hängende Einzug im ersten markierten Absatz kleiner ist als der erste Tabstop innerhalb dieses Absatzes, wird die erste Zeile der markierten Absätze auf die erste Tabstop-Position nach dem Absatzeinzug des ersten Absatzes eingezogen. Der Einzug von links wird dabei auf 0 zurückgesetzt.

Siehe auch HängenderEinzug, RückEinzugAbsatz

Sammlung

Syntax **Sammlung**

Bemerkungen Löscht die aktuelle Markierung und fügt sie in einen eingebauten AutoText-Eintrag mit dem Namen „Sammlung" ein. Die der Sammlung hinzugefügten Elemente werden durch Absatzmarken voneinander getrennt.

In der Sammlung können Sie Text und Grafiken aus verschiedenen Stellen in einem oder mehreren Dokumenten zusammentragen und sie dann gleichzeitig mit der Anweisung **EinfügenSammlung** einfügen, wodurch der Inhalt des AutoText-Eintrags „Sammlung" wieder gelöscht wird. Wenn der Inhalt der Sammlung eingefügt werden soll, ohne den AutoText „Sammlung" zu löschen, können Sie **BearbeitenAutoText** verwenden.

Beispiel Dieses Beispiel öffnet FORSCHEN.DOC, sammelt mit der Anweisung **Sammlung** alle Absätze mit der Formatvorlage „Überschrift 1", schließt dann FORSCHEN.DOC, ohne die Änderungen zu speichern, und fügt die Überschriften in das aktive Dokument ein. Ersetzen Sie auf dem Macintosh den Verzeichnisnamen durch einen Ordnernamen und ändern Sie den Dateinamen, z.B. HD:TEXTE:FORSCHUNGSBERICHT.

```
DateiÖffnen .Name = "C:\TEXTE\FORSCHEN.DOC", .Schreibgeschützt = 1
BearbeitenSuchenLöschenFormatierung
BearbeitenSuchenFV .Formatvorlage = "Überschrift 1"
BearbeitenSuchen .Suchen = "", .Richtung = 0, .Format = 1
While BearbeitenSuchenGefunden()
    Sammlung
    AbsatzUnten
    BearbeitenSuchen .Suchen = "", .Richtung = 0, .Format = 1
Wend
DateiSchließen 2             'Schließen ohne Speichern
EinfügenSammlung             'Sammlung an Einfügemarke ausgeben
```

Siehe auch **BearbeitenAusschneiden, BearbeitenAutoText, EinfügenSammlung**

Sanduhr

Syntax **Sanduhr** *Warten*

Bemerkungen Ändert die Form des Mauszeigers von der aktuellen Form in eine Sanduhr bzw. Armbanduhr und umgekehrt. Nach der Ausführung von **Sanduhr** übernimmt Word wieder die Steuerung der Mauszeigerform.

Argument	Erklärung
Warten	Gibt an, wie der Mauszeiger angezeigt werden soll:
	0 (Null) Aktueller Mauszeiger
	1 Sanduhr-Mauszeiger (Windows) oder Armbanduhr-Mauszeiger (Macintosh)

Beispiel   Dieses Beispiel unterdrückt die Anzeige der Sanduhr (Windows) bzw. der Armbanduhr (Macintosh) während der ersten Hälfte des Durchlaufens der **For...Next**-Schleife und zeigt während der zweiten Hälfte die Sanduhr bzw. Armbanduhr an:

```
Sanduhr 0
For i = 1 To 1000
    If i = 500 Then Sanduhr 1
Next i
```

SatzLinks, SatzLinks()

Syntax   **SatzLinks** [*Anzahl*,] [*Markierung*]

SatzLinks([*Anzahl*,] *Markierung*])

Bemerkungen   Die Anweisung **SatzLinks** verschiebt die Einfügemarke oder das aktive Ende der Markierung (das sich beim Drücken von UMSCHALT+RICHTUNGSTASTE bewegt) um die angegebene Anzahl von Sätzen nach links.

Argument	Erklärung
Anzahl	Die Anzahl der Sätze, um die die Einfügemarke oder das aktive Ende der Markierung verschoben werden soll. Wird ein Wert kleiner als eins oder gar keiner angegeben, wird 1 angenommen.
Markierung	Gibt an, ob Text markiert werden soll:
	0 (Null) oder nicht angegeben Es wird kein Text markiert. Besteht bereits eine Markierung, so verschiebt **SatzLinks** die Einfügemarke um *Anzahl* - 1 Sätze nach links vor der Markierung.
	Ungleich Null Es wird Text markiert. Besteht bereits eine Markierung, so verschiebt **SatzLinks** das aktive Ende der Markierung nach links (zum Anfang des Dokuments).
	Bei einer typischen Markierung von links nach rechts ist das aktive Ende der Markierung dem Ende des Dokuments näher als das nicht aktive Ende. In diesem Fall verkleinert **SatzLinks** die Markierung. Bei einer Markierung von rechts nach links wird die Markierung erweitert.

Beachten Sie, daß leere Tabellenzellen als „Sätze" gezählt werden und daß Word jeden Absatz, ungeachtet seiner Länge oder Interpunktion, als mindestens einen Satz interpretiert.

Die Funktion **SatzLinks()** verhält sich genau wie die Anweisung **SatzLinks** und liefert zusätzlich die folgenden Werte.

Wert	Erklärung
0 (Null)	Die Einfügemarke oder das aktive Ende der Markierung konnte nicht nach links verschoben werden.
–1	Die Einfügemarke oder das aktive Ende der Markierung wurde nach links verschoben. Dieser Wert wird auch dann geliefert, wenn die Einfügemarke nur um weniger als die durch *Anzahl* angegebene Anzahl von Sätzen verschoben werden kann. SatzLinks(10) liefert also auch dann –1, wenn die Einfügemarke nur drei Sätze vom Anfang des Dokuments entfernt ist.

Beispiel Dieses Beispiel löscht alle Sätze im Dokument, die den Text „siehe Seite" enthalten. Word löscht also alle Querverweise auf andere Seiten. Die Kombination der Anweisungen SatzLinks und SatzRechts 1,1 kann durch die Anweisung MarkierungAktuellSatz ersetzt werden.

```
BeginnDokument
BearbeitenSuchen .Suche = "siehe Seite", \
    .GanzesWort = 1, .Richtung = 0, .Format = 0
While BearbeitenSuchenGefunden()
    SatzLinks
    SatzRechts 1, 1
    BearbeitenLöschen
    BearbeitenSuchen .Suche = "siehe Seite", \
        .GanzesWort = 1, .Richtung = 0, .Format = 0
Wend
```

Siehe auch **AbsatzOben, BeginnZeile, MarkierungAktuellSatz, SatzRechts, WortLinks, ZeichenLinks**

SatzRechts, SatzRechts()

Syntax **SatzRechts** [*Anzahl,*] [*Markierung*]

SatzRechts([*Anzahl,*] [*Markierung*])

Bemerkungen Die Anweisung **SatzRechts** verschiebt die Einfügemarke oder das aktive Ende der Markierung (das sich beim Drücken von UMSCHALT+RICHTUNGSTASTE bewegt) um die angegebene Anzahl von Sätzen nach rechts.

Argument	Erklärung
Anzahl	Die Anzahl der Sätze, um die die Einfügemarke oder das aktive Ende der Markierung verschoben werden soll. Wenn Sie keinen Wert oder eine Zahl kleiner als 1 angeben, wird 1 angenommen.
Markierung	Gibt an, ob Text markiert werden soll:
	0 (Null) oder nicht angegeben Es wird kein Text markiert. Besteht bereits eine Markierung, so verschiebt **SatzRechts** die Einfügemarke um *Anzahl* - 1 Sätze nach rechts.
	Nicht Null Es wird Text markiert. Besteht bereits eine Markierung, verschiebt **SatzRechts** das aktive Ende der Markierung nach rechts (zum Ende des Dokuments).
	Bei einer typischen Markierung von links nach rechts ist das aktive Ende der Markierung dem Ende des Dokuments näher als das nicht aktive Ende. In diesem Fall erweitert **SatzRechts** die Markierung. Bei einer Markierung von rechts nach links wird die Markierung verkleinert.

Beachten Sie, daß leere Tabellenzellen als „Sätze" gezählt werden und daß Word jeden Absatz, ungeachtet seiner Länge oder Interpunktion, als mindestens einen Satz interpretiert.

Die Funktion **SatzRechts( )** verhält sich genau wie die Anweisung **SatzRechts** und liefert zusätzlich die folgenden Werte.

Wert	Erklärung
0 (Null)	Die Einfügemarke oder das aktive Ende der Markierung konnte nicht nach rechts verschoben werden.
–1	Die Einfügemarke oder das aktive Ende der Markierung wurde nach rechts verschoben. Dieser Wert wird auch dann geliefert, wenn die Einfügemarke nur um weniger als die durch *Anzahl* angegebene Anzahl von Sätzen verschoben werden kann. SatzRechts(10) liefert also auch dann -1, wenn die Einfügemarke nur drei Sätze vom Ende des Dokuments entfernt ist.

Beispiel   Dieses Beispiel zählt die Anzahl der Sätze im Dokument und zeigt das Ergebnis in einem Meldungsfeld an:

```
BeginnDokument
Anzahl = 0
While SatzRechts(1, 1) <> 0
    If Right$(Markierung$(), 1) <> Chr$(13) Then Anzahl = Anzahl + 1
Wend
MsgBox "Die Anzahl der Sätze im Dokument beträgt:" + Str$(Anzahl)
```

Siehe auch   **AbsatzUnten, EndeZeile, MarkierungAktuellSatz, SatzLinks, WortRechts, ZeichenRechts**

SchaltflächeHinzufügen

Syntax **SchaltflächeHinzufügen** *Symbolleiste$*, *Position*, *Kategorie*, *Name$* [, *SchaltflOberfläche($)*] [, *Kontext*] [, *Befehlswert$*]

Bemerkungen Fügt auf einer Symbolleiste eine Schaltfläche ein, die einen Word-Befehl bzw. Makro ausführt, eine Schriftart oder Formatvorlage zuweist oder einen AutoText-Eintrag einsetzt.

Argument	Erklärung
Symbolleiste$	Der Name der Symbolleiste, wie er im Dialogfeld **Symbolleisten** (Menü **Ansicht**) erscheint.
Position	Eine Zahl, die der Position der neuen Schaltfläche auf der Symbolleiste entspricht. Dabei ist 1 die erste Position, 2 die zweite usw. Beachten Sie, daß ein Listenfeld oder eine Leerfläche auf der Symbolleiste als 1 Position gezählt wird.
Kategorie	Die Kategorie, die dieser Schaltfläche zugewiesen wird: 1 Word-Befehle 2 Makros 3 Schriftarten 4 AutoText-Einträge 5 Formatvorlagen
Name$	Der Name des Word-Befehls, des Makros, der Schriftart, des AutoText-Eintrags oder der Formatvorlage, mit dem/der diese Schaltfläche verbunden ist. Wenn Sie eine leere Fläche auf einer Symbolleiste einfügen möchten, geben Sie eine leere Zeichenfolge (" ") an.
SchaltflOberfläche[$]	Der Text, der auf der Schaltflächenoberfläche erscheinen soll, oder eine Nummer, die der gewünschten Schaltflächengrafik in der Liste der mit Word gelieferten Grafiken entspricht. Dabei ist 0 (Null) eine leere Schaltfläche, 1 entspricht der ersten Grafik, 2 der zweiten usw. Eine Auflistung der Schaltflächengrafiken und der zugehörigen Nummern finden Sie unter „Grafiken für Symbolleisten-Schaltflächen" in der WordBasic-Hilfe.
Kontext	Legt fest, wo die neue Symbolleistenzuordnung gespeichert wird: 0 (Null) oder fehlt In der Dokumentvorlage „Normal". 1 In der aktiven Dokumentvorlage.
Befehlswert$	Falls erforderlich, zusätzlicher Text für den durch *Name$* angegebenen Befehl. Ist *Name$* zum Beispiel „Farbe", gibt *Befehlswert$* die Farbe an. Weitere Informationen finden Sie in der zweiten Tabelle unter **ExtrasAnpassenMenü**.

Beispiel	Dieses Beispiel setzt die 11. Schaltfläche in der Symbolleiste „Formatierung" zurück und fügt dort dann eine Schaltfläche mit der Beschriftung (Text) „Blau" ein, der der Befehl **Farbe** mit dem zusätzlich erforderlichen Befehlswert für Blau zugewiesen wird.

```
SchaltflächeLöschen "Formatierung", 11, 0
SchaltflächeHinzufügen "Formatierung", 11, 1, "Farbe", \
    "Blau", 0, "2"
```

Siehe auch	**BearbeitenSchaltflächenSymbol, EinfügenSchaltflächenSymbol, SchaltflächeLöschen, SchaltflächenSymbolKopieren, SchaltflächenSymbolWählen, SchaltflächeVerschieben, VorgabeSchaltflächenSymbol**

SchaltflächeLöschen

Syntax	**SchaltflächeLöschen** *Symbolleiste$, Position* [, *Kontext*]
Bemerkungen	Entfernt eine Schaltfläche, ein Listenfeld oder eine Leerfläche von einer Symbolleiste.

Argument	Erklärung
Symbolleiste$	Der Name der Symbolleiste, wie er im Dialogfeld **Symbolleisten** (Menü **Ansicht**) aufgeführt ist.
Position	Eine Zahl, die der Position des zu löschenden Elements entspricht. Dabei ist 1 die erste Position auf der Symbolleiste, 2 die zweite usw. Beachten Sie, daß Listenfelder und Leerflächen jeweils als 1 Position gezählt werden.
Kontext	Legt fest, in welchem Kontext die Symbolleistenänderung gespeichert wird: 0 (Null) oder fehlt In der Dokumentvorlage „Normal". 1 In der aktiven Dokumentvorlage.

Ein Beispiel für die Anwendung dieser Anweisung finden Sie unter **SchaltflächeHinzufügen**.

Siehe auch	**BearbeitenSchaltflächenSymbol, EinfügenSchaltflächenSymbol, SchaltflächeHinzufügen, SchaltflächenSymbolKopieren, SchaltflächenSymbolWählen, SchaltflächeVerschieben, VorgabeSchaltflächenSymbol**

SchaltflächensymbolKopieren

Syntax SchaltflächensymbolKopieren *Symbolleiste$*, *Schaltfläche* [, *Kontext*]

Bemerkungen Kopiert die Oberfläche der festgelegten Symbolleisten-Schaltfläche. Auf diese Weise kann das Oberflächenbild mittels **EinfügenSchaltflächenSymbol** auf eine andere Schaltfläche kopiert werden.

Argument	Erklärung
Symbolleiste$	Der Name der Symbolleiste, wie er auch im Dialogfeld **Symbolleisten** (Menü **Ansicht**) erscheint.
Schaltfläche	Eine Zahl, die der zu kopierenden Schaltflächenoberfläche entspricht: 1 für das erste Symbol in der angegebenen Symbolleiste, 2 für das zweite Symbol usw.
Kontext	Gibt an, welche Schaltflächenoberfläche Word kopiert:
	0 (Null) oder fehlt Die Schaltflächenoberfläche, die angezeigt wird, wenn ein Dokument aktiv ist, das auf der Dokumentvorlage „Normal" basiert.
	1 Die Schaltflächenoberfläche, die gerade angezeigt wird.
	Beachten Sie, daß die angezeigte Schaltflächenoberfläche ggf. von den benutzerdefinierten Einstellungen der aktiven Dokumentvorlage, jeder geladenen globalen sowie der Dokumentvorlage „Normal" abhängt.

Beispiel Dieses Beispiel fügt die Oberfläche des dritten Symbols (das Symbol für Speichern) der Standard-Symbolleiste auf der ersten Schaltfläche einer benutzerdefinierten Symbolleiste („Testleiste") ein.

```
SchaltflächensymbolKopieren "Standard", 3
EinfügenSchaltflächenSymbol "Testleiste", 1
```

Siehe auch **BearbeitenSchaltflächenSymbol, EinfügenSchaltflächenSymbol, SchaltflächeHinzufügen, SchaltflächenSymbolWählen, SchaltflächeVerschieben, VorgabeSchaltflächenSymbol**

SchaltflächenSymbolWählen

Syntax SchaltflächenSymbolWählen [.Aussehen = *Zahl*,] .Schaltfläche = *Zahl*, [.Kontext = *Zahl*,] [.Text = *Text*,] .Symbolleiste = *Text*

Bemerkungen Ändert das Bild oder den Text auf der festgelegten Symbolleisten-Schaltfläche.

Argument	Erklärung
.Aussehen	Eine Zahl, die einer Schaltflächengrafik in der Liste der mit Word gelieferten Grafiken entspricht. Dabei ist 0 (Null) eine leere Schaltfläche, 1 entspricht der ersten Grafik, 2 der zweiten usw. Eine Auflistung der Schaltflächengrafiken und der zugehörigen Nummern finden Sie unter "Grafiken für Symbolleisten-Schaltflächen".
.Schaltfläche	Eine Zahl, die der Position der zu ändernden Schaltfläche auf der angegebenen Symbolleiste entspricht. Dabei ist 1 die erste Position auf der Symbolleiste, 2 die zweite usw. Beachten Sie, daß Listenfelder und Leerflächen jeweils als 1 Position gezählt werden. Wenn Sie als **.Schaltfläche** die Position einer Leerfläche angeben, ändert Word die Schaltfläche rechts der Leerfläche.
.Kontext	Legt fest, in welchem Kontext die Symbolleistenänderung(en) gespeichert werden: 0 (Null) oder fehlt In der Dokumentvorlage „Normal". 1 In der aktiven Dokumentvorlage.
.Text	Der Text, der auf der Schaltfläche erscheinen soll. Wenn Sie sowohl **.Aussehen** als auch **.Text** angeben, hat **.Text** Vorrang.
.Symbolleiste	Der Name der Symbolleiste, wie er im Dialogfeld **Symbolleisten** (Menü **Ansicht**) erscheint.

Anmerkung Sie können eine Schaltfläche auch für ein Listenfeld auf einer Symbolleiste wählen. Diese wird allerdings nur dann angezeigt, wenn die Symbolleiste vertikal ausgerichtet ist.

Beispiele Das folgende Beispiel ändert die Grafik auf der Schaltfläche für „Anhalten" auf der Makro-Symbolleiste in die Grafik mit der Nummer 50 um:

```
SchaltflächenSymbolWählen .Aussehen = 50, .Schaltfläche = 9, \
    .Kontext = 0, .Symbolleiste = "Makro"
```

Dieses Beispiel erstellt einen Dialogfeld-Datensatz für das Dialogfeld **Benutzerdefinierte Schaltfläche** (das über das Kontextmenü **Symbolleiste anpassen** aufgerufen werden kann) und zeigt dann das Dialogfeld an, damit Sie die dritte Schaltfläche auf der Standard-Symbolleiste ändern können. Beachten Sie hierbei folgendes: Die Instruktionen, die Werte in einem **SchaltflächenSymbolWählen**-Datensatz festlegen, müssen, im Gegensatz zu anderen Dialogfeld-Datensätzen, *vor* der Anweisung **GetCurValues** stehen.

```
Dim dlg As SchaltflächenSymbolWählen
dlg.Symbolleiste = "Standard"
dlg.Schaltfläche = 3
GetCurValues dlg
Dialog dlg
SchaltflächenSymbolWählen dlg
```

Siehe auch	BearbeitenSchaltflächenSymbol, EinfügenSchaltflächenSymbol, SchaltflächeHinzufügen, SchaltflächenSymbolKopieren, SchaltflächeVerschieben, VorgabeSchaltflächenSymbol

SchaltflächeVerschieben

Syntax	**SchaltflächeVerschieben** *QuellSymbolleiste$*, *QuellPosition*, *ZielSymbolleiste$*, *ZielPosition* [, *Kopieren*] [, *Kontext*]
Bemerkungen	Verschiebt oder kopiert eine Schaltfläche, ein Listenfeld oder eine Leerfläche auf eine andere Symbolleiste oder an eine andere Position auf derselben Symbolleiste.

Argument	Erklärung
QuellSymbolleiste$	Der Name der Symbolleiste, auf der sich das zu kopierende bzw. verschiebende Element befindet. Der Name muß so eingegeben werden, wie er im Dialogfeld **Symbolleisten** (Menü **Ansicht**) erscheint.
QuellPosition	Die Position des Elements, das kopiert bzw. verschoben werden soll. Dabei entspricht 1 der ersten Position auf der Symbolleiste, 2 der zweiten usw. Beachten Sie, daß Listenfelder und Leerflächen jeweils als 1 Position gezählt werden.
ZielSymbolleiste$	Der Name der Symbolleiste, auf die das Element kopiert oder verschoben werden soll.
ZielPosition	Die Position, an der das kopierte bzw. verschobene Element auf der Zielsymbolleiste erscheinen soll.
Kopieren	Bei 1 wird das Symbolleistenelement kopiert statt verschoben.
Kontext	Legt fest, in welchem Kontext die Symbolleistenänderungen gespeichert werden: 0 (Null) oder fehlt In der Dokumentvorlage „Normal". 1 In der aktiven Dokumentvorlage.

Beispiel	Dieses Beispiel kopiert die Schaltfläche für „¶ anzeigen/verbergen" von der Standard-Symbolleiste auf die Makro-Symbolleiste. (Hierbei wird davon ausgegangen, daß die Konfiguration dieser Symbolleisten der Word-Vorgabe entspricht.)

```
SchaltflächeVerschieben "Standard", 26, "Makro", 18, 1, 0
```

Siehe auch	BearbeitenSchaltflächenSymbol, EinfügenSchaltflächenSymbol, SchaltflächeHinzufügen, SchaltflächeLöschen, SchaltflächenSymbolKopieren, SchaltflächenSymbolWählen, VorgabeSchaltflächenSymbol

Schattiert, Schattiert()

Syntax	**Schattiert** [*Aktiv*]
	Schattiert()
Bemerkungen	Auf dem Macintosh weist die Anweisung **Schattiert** der aktuellen Markierung das Zeichenformat „Schattiert" zu bzw. entfernt dieses Format oder legt das Format „Schattiert" für Zeichen fest, die an der Einfügemarke eingegeben werden.

Argument	Erklärung
Aktiv	Gibt an, ob das Format „Schattiert" hinzugefügt oder entfernt wird:
	1 Weist der Markierung das Format „Schattiert" zu.
	0 (Null) Entfernt das Format „Schattiert".
	Fehlt Schaltet das Format „Schattiert" um (ein bzw. aus).

Die Funktion **Schattiert**() liefert die folgenden Werte.

Wert	Erklärung
0 (Null)	Kein Teil der Markierung ist mit „Schattiert" formatiert.
–1	Ein Teil der Markierung ist mit „Schattiert" formatiert.
1	Die gesamte Markierung ist mit „Schattiert" formatiert.

Unter Windows sind **Schattiert** und **Schattiert**() nicht verfügbar und führen zu einem Fehler.

Siehe auch	FormatZeichen

SchattierungsMuster, SchattierungsMuster()

Syntax	**SchattierungsMuster** *Art*
	SchattierungsMuster()
Bemerkungen	Die Anweisung **SchattierungsMuster** wendet ein Schattierungsformat auf die markierten Absätze, Tabellenzellen oder Positionsrahmen an.

Argument	Erklärung
Art	Das anzuwendende Schattierungsformat:

0	☐	13	■
1	■	14	☰
2	☐	15	⫴
3	☐	16	▨
4	☐	17	▨
5	☐	18	▩
6	☐	19	▩
7	▨	20	☰
8	▨	21	⫴
9	▨	22	▨
10	▨	23	▨
11	■	24	▦
12	■	25	▩

Auf dem Macintosh werden den Formaten 35 bis 61 die Schattierungsmuster in Schritten von 2,5% zugewiesen.

35	2.5%	49	55%
36	7.5%	50	57.5%
37	12.5%	51	62.5%
38	15%	52	65%
39	17.5%	53	67.5%
40	22.5%	54	72.5%
41	27.5%	55	77.5%
42	32.5%	56	82.5%
43	35%	57	85%
44	37.5%	58	87.5%
45	42.5%	59	92.5%
46	45%	60	95%
47	47.5%	61	97.5%
48	52.5%		

Die Funktion **SchattierungsMuster()** liefert folgende Werte:

Wert	Erklärung
0 (Null)	Wenn keine der Markierungen schattiert ist (das Schattierungsmuster ist „Transparent").
–1	Wenn die Markierung eine Mischung der Schattierungsmuster enthält.
1 bis 25 oder 35 bis 61	Wenn die gesamte Markierung das gleiche Schattierungsmuster enthält.

Siehe auch FormatRahmenSchattierung

Schriftart, Schriftart$()

Syntax **Schriftart** *Name$* [, *Schriftgrad*]

Schriftart$()

Schriftart$(*Nummer*)

Bemerkungen Die Anweisung **Schriftart** weist dem markierten Text die angegebene Schriftart zu.

Argument	Erklärung
Name$	Der Name der anzuwendenden Schriftart.
Schriftgrad	Die Größe der Schriftart in Punkten (der Schriftgrad). Sie können dieses Argument verwenden, anstatt im Anschluß an die Anweisung **Schriftart** eine **Schriftgrad**-Anweisung anzufügen.

Die Funktion **Schriftart$()** liefert als Ergebnis den Namen der Schriftart, mit der ein markierter Textteil formatiert ist. Wenn die Markierung mehrere Schriftarten enthält, ist das Ergebnis eine leere Zeichenfolge (" "). Wenn Sie *Nummer* angeben, liefert **Schriftart$()** den Namen der Schriftart an der Position *Nummer* in der aktuellen Schriftartenliste. Dabei kann Nummer ein Wert zwischen 1 und dem Ergebnis der Funktion **ZählenSchriftarten()** sein.

Beispiele Dieses Beispiel markiert den Absatz, in dem sich die Einfügemarke befindet (indem die vordefinierte Textmarke „\Para" verwendet wird), und weist die Schriftart Couricr im Schriftgrad 8-Punkt zu:

```
BearbeitenGeheZu "\Para"
Schriftart "Courier", 8
```

Das folgende Beispiel zeigt ein Meldungsfeld an, wenn der Absatz, in dem sich die Einfügemarke befindet, mehr als eine Schriftart enthält:

```
BearbeitenGeheZu "\ Para"
If Schriftart$() = "" Then
    MsgBox "Der Absatz enthält mehrere Schriftarten."
End If
```

Siehe auch FormatZeichen, Schriftgrad, ZählenSchriftarten()

SchriftartenErsetzung

Syntax SchriftartenErsetzung .SchriftartNichtVerfügbar = *Text*, .SchriftartErsetzen = *Text*

Bemerkungen Stellt Optionen für die Schriftartersetzung im aktiven Dokument ein. Die Argumente für **SchriftartenErsetzung** entsprechen den Optionen im Dialogfeld **Schriftarten-Ersetzung** (Registerkarte **Kompatibilität**, Dialogfeld **Optionen**, Menü **Extras**).

Argument	Erklärung
.SchriftartNicht Verfügbar	Der Name einer Schriftart, die auf Ihrem Computer nicht verfügbar ist, und die Sie für Anzeige- und Druckzwecke durch eine andere ersetzen möchten.
.SchriftartErsetzen	Der Name einer Schriftart, die auf Ihrem Computer verfügbar ist, und die Sie statt der nichtverfügbaren verwenden möchten.

Siehe auch ExtrasOptionenKompatibilität

Schriftgrad, Schriftgrad()

Syntax Schriftgrad *Größe*

Schriftgrad()

Bemerkungen Die Anweisung **Schriftgrad** legt den Schriftgrad des markierten Textes fest (in Punkten).

Die Funktion **Schriftgrad()** liefert als Ergebnis den Schriftgrad des markierten Textes. Wenn die Markierung mehrere Schriftgrade enthält, ist das Ergebnis 0 (Null).

Siehe auch FormatZeichen, Schriftart, SchriftgradAuswahl

SchriftgradAuswahl

Syntax SchriftgradAuswahl

Bemerkungen Wenn die Formatierungs-Symbolleiste angezeigt wird, setzt diese Anweisung die Einfügemarke in das Schriftgradfeld auf der Formatierungs-Symbolleiste.

Anderenfalls wird das Dialogfeld **Zeichen** (Menü **Format**) angezeigt, im Register **Schrift** gewählt und die Einfügemarke in das Textfeld „Schriftgrad" gesetzt.

Siehe auch **FormatZeichen, Schriftart, Schriftgrad**

SchriftVergrößern

Syntax SchriftVergrößern

Bemerkungen Vergrößert den Schriftgrad des markierten Textes (oder des an der Einfügemarke einzugebenden Textes) auf die nächste Größe, die der ausgewählte Drucker unterstützt bzw. die in der Liste im Schriftgradfeld auf der Formatierungs-Symbolleiste angezeigt wird. Wenn die Markierung mehrere Schriftgrade enthält, wird jede einzelne Größe auf die nächstgrößere Einstellung erhöht. Ist keine Markierung vorhanden, wird die nächste Größe auf neuen Text angewandt.

Siehe auch **FormatZeichen, Schriftgrad, SchriftVergrößernEinPunkt, SchriftVerkleinern, SchriftVerkleinernEinPunkt**

SchriftVergrößernEinPunkt

Syntax SchriftVergrößernEinPunkt

Bemerkungen Vergrößert den Schriftgrad des markierten Textes (oder des an der Einfügemarke einzugebenden Textes) um einen Punkt, und zwar unabhängig davon, ob diese neue Größe vom ausgewählten Drucker unterstützt wird oder nicht. Wenn die Markierung mehrere Schriftgrade enthält, wird jede einzelne Größe um einen Punkt erhöht.

Siehe auch **FormatZeichen, Schriftgrad, SchriftVergrößern, SchriftVerkleinern, SchriftVerkleinernEinPunkt**

SchriftVerkleinern

Syntax SchriftVerkleinern

Bemerkungen Verkleinert die Größe des markierten Textes auf den nächstgrößeren verfügbaren Schriftgrad, der vom ausgewählten Drucker unterstützt wird bzw. in der Liste im Schriftgradfeld auf der Formatierungs-Symbolleiste angezeigt wird. Wenn die Markierung Zeichen mit unterschiedlichem Schriftgrad enthält, wird jede einzelne Größe zur nächsten verfügbaren Einstellung verkleinert. Wenn keine Markierung vorhanden ist, wird der kleinere Schriftgrad dem neu eingegebenen Text zugewiesen.

Beispiel Dieses Beispiel fügt eine Zeile immer kleiner werdender Z-Zeichen ein. Beachten Sie, daß Sie mehrere Anweisungen auf dieselbe Zeile schreiben können, indem Sie sie jeweils mit einem Doppelpunkt voneinander trennen. In diesem Makro wird **SchriftVerkleinern** dreimal hintereinander in derselben Zeile ausgeführt.

```
Sub MAIN
Schriftgrad 45
For Nummer = 1 To 15
    Einfügen "Z"
    SchriftVerkleinern : SchriftVerkleinern : SchriftVerkleinern
Next Nummer
End Sub
```

Siehe auch **FormatZeichen, Schriftart, Schriftgrad, SchriftVergrößern, SchriftVerkleinernEinPunkt, VorgabeZeichen**

SchriftVerkleinernEinPunkt

Syntax SchriftVerkleinernEinPunkt

Bemerkungen Verkleinert den Schriftgrad des markierten Textes oder des Textes, der an der Einfügemarke eingegeben wird, um 1 Punkt. Dies ist unabhängig davon, ob die neue Größe vom ausgewählten Drucker unterstützt wird. Wenn mehr als ein Schriftgrad in die Markierung vorhanden ist, wird jede Größe um einen Punkt verkleinert.

Siehe auch **SchriftVergrößernEinPunkt, SchriftVerkleinern**

Seek, Seek()

Syntax Seek [#]*DateiNummer*, *Zahl*

Seek([#]*DateiNummer*)

Bemerkungen Die Anweisung **Seek** steuert, wo die aus einer zur Eingabe geöffneten, sequentiellen Datei abgerufenen Daten gespeichert oder in einer zur Ausgabe (oder Anfügung) geöffneten Datei eingefügt werden. Weitere Informationen über sequentielle Dateien finden Sie in Kapitel 9, „Weitere WordBasic-Verfahren", in Teil 1, „Einstieg in WordBasic".

Argument	Erklärung
DateiNummer	Die Nummer, die der sequentiellen Datei in der Anweisung **Open**, mit der die Datei geöffnet wurde, zugewiesen wurde.
Zahl	Die Zeichenposition, an der das Abrufen oder Einfügen von Daten stattfindet. Beachten Sie, daß Zeilenwechsel oder andere Trennzeichen (zum Beispiel Semikola) wie normale Zeichen gezählt werden.

Die Funktion **Seek()** liefert die aktuelle Zeichenposition in der sequentiellen Datei. Mit der Funktion **Seek()** können Sie die aktuelle Zeichenposition vor dem Schließen einer sequentiellen Datei speichern. Mit der Anweisung **Seek** können Sie dann beim erneuten Öffnen der Datei zu dieser Position gehen.

Beispiel Dieses Beispiel für Windows sucht in der Datei DATEN.TXT nach der ersten Zeile, die mit dem Buchstaben „P" beginnt. Anschließend wird ein Meldungsfeld angezeigt, das den Eintrag und seine Zeichenposition in der Datei darstellt.

```
Open "DATEN.TXT" For Input As #1
Input #1, Name$
While Left$(Name$, 1) <> "P"
    If Eof(1) Then
        MsgBox "Keine mit P beginnenden Namen in der Datei vorhanden."
        Goto Ende
    End If
    n = Seek(#1)
    Input #1, Name$
Wend
MsgBox "Der erste mit P beginnende Name ist " + Name$ + \
    " an der Position" + Str$(n)
Ende:
Close #1
```

Siehe auch **Close**, **Eof()**, **Input**, **Input$()**, **Line Input**, **Lof()**, **Open**, **Print**, **Read**, **Write**

SeitenansichtSchließen

Syntax SeitenansichtSchließen

Bemerkungen Stellt für ein Dokument in Seitenansicht die vorherige Ansicht wieder her. Wenn sich das aktive Dokument nicht in der Seitenansicht befindet, tritt ein Fehler auf.

Siehe auch **DateiSeitenansicht**

Sekunde()

Syntax **Sekunde**(*Seriennummer*)

Bemerkungen Liefert eine ganze Zahl im Bereich von 0 bis 59 (je einschließlich), die der Sekundenkomponente der *Seriennummer* (einer dezimalen Darstellung von Datum und/oder Uhrzeit) entspricht. Weitere Informationen über Seriennummern finden Sie unter **DatumSeriell**().

Beispiel Dieses Beispiel erzeugt einen Signalton fünf Sekunden nach dem Starten des Makros. Sekunde(Jetzt()) liefert die Sekundenkomponente der aktuellen Uhrzeit gemäß der Systemzeit des Computers.

```
n = Sekunde(Jetzt())
Signalzeit = n + 5
If Signalzeit > 59 Then Signalzeit = Signalzeit - 60
While Sekunde(Jetzt()) <> Signalzeit
Wend
Beep
```

Siehe auch **DatumSeriell**(), **Heute**(), **Jahr**(), **Jetzt**(), **Minute**(), **Monat**(), **Stunde**(), **Tag**(), **Wochentag**()

Select Case

Syntax

Select Case *Ausdruck*
    Case *CaseAusdruck*
        Reihe von Anweisungen
    [**Case Else**
        Reihe von Anweisungen]
End Select

Bemerkungen

Führt je nach Wert von *Ausdruck* einen von mehreren Anweisungsblöcken aus. Der Wert von *Ausdruck* wird mit jedem *CaseAusdruck* verglichen. Wenn eine Übereinstimmung vorliegt, werden die Anweisungen ausgeführt, die auf den übereinstimmenden *CaseAusdruck* folgen. Anschließend wird die Steuerung an die Anweisung übergeben, die auf **End Select** folgt. Wenn keine Übereinstimmung gefunden wird, werden die Anweisungen ausgeführt, die auf **Case Else** folgen. Wenn keine Übereinstimmung gefunden wird und auch keine **Case Else**-Anweisung vorhanden ist, tritt ein Fehler auf.

Die Steuerstruktur **Select Case** ist ein wichtiger Bestandteil der meisten Dialogfunktionen. Weitere Informationen über Dialogfunktionen finden Sie in Kapitel 5, „Arbeiten mit benutzerdefinierten Dialogfeldern".

Beachten Sie beim Verwenden von **Select Case** die folgenden Punkte:

- Beim Vergleich von *CaseAusdruck* mit *Ausdruck* durch relationale Operatoren müssen Sie das Schlüsselwort **Is** verwenden. Die Anweisung `Case Is > 8` prüft auf alle Werte größer als 8. Verwenden Sie das Schlüsselwort **Is** jedoch nicht ohne relationale Operatoren, da sonst ein Fehler ausgelöst wird (z.B. ruft `Case Is 8` einen Fehler hervor).

- Verwenden Sie das Schlüsselwort **To**, um zu prüfen, ob ein Wert in einem bestimmten Bereich vorhanden ist. Die Anweisung `Case 4 To 8` prüft beispielsweise, ob ein Wert größer oder gleich 4 und kleiner oder gleich 8 vorhanden ist.

- Wenn Sie versuchen, mit einer **Goto**-Anweisung zu einer Marke außerhalb der Steuerstruktur **Select Case** zu gehen, tritt ein Fehler auf.

Beispiele

Dieses Beispiel geht zu jedem Absatz im Dokument und fügt ein Aufzählungszeichen oder einen Bindestrich ein, je nachdem, ob die Formatvorlage des Absatzes „Listenelement1" oder „Listenelement2" heißt. Trifft der Makro auf einen Absatz, der nicht mit einer dieser beiden Formatvorlagen formatiert ist, wird durch die auf **Case Else** folgende Anweisung ein Meldungsfeld angezeigt.

```
BeginnDokument
While TextmarkenVergleichen("\ Sel", "\ EndOfDoc") <> 0
    Select Case FVName$()
        Case "Listenelement1"
            ExtrasNumerierungAufzählungen .Art = 0
        Case "Listenelement2"
            Einfügen "-" + Chr$(9)
        Case Else
            MsgBox "Keine Listen-Formatvorlage"
    End Select
    AbsatzUnten
Wend
```

Das folgende Beispiel veranschaulicht, wie Sie mit **Select Case** numerische Ausdrücke auswerten können. Die Anweisung **Select Case** erzeugt eine Zahl zwischen –5 und 5, und die nachfolgenden **Case**-Anweisungen werden je nach Wert des Ausdrucks ausgeführt.

```
Select Case Int(Rnd() * 10) - 5
Case 1,3
    Print "Eins oder drei"
Case Is > 3
    Print "Größer als drei"
Case -5 To 0
    Print "Zwischen -5 und 0 (je einschließlich)"
Case Else
    Print "Muß 2 sein"
End Select
```

Siehe auch For…Next, Goto, If…Then…Else, While…Wend

SendKeys

Syntax **SendKeys** *Tasten$*, *Warten*

Bemerkungen Übergibt die durch *Tasten$* bezeichneten Anschläge an die aktive Anwendung und hat die gleiche Wirkung, als wären die Tasten auf der Tastatur betätigt worden. Um die Anschläge an ein Word-Dialogfeld zu übergeben, muß **SendKeys** den Anweisungen vorausgehen, die das Dialogfeld aufrufen, so daß sich die Anschläge bereits im Speicher befinden, wenn die Ausführung des Makros angehalten wird.

Auf dem Macintosh kann **SendKeys** nicht mehr als 10 Anschläge senden. Außerdem können diese nur an Microsoft Word gesendet werden. **SendKeys** kann nicht mit anderen Anwendungen verwendet werden.

Anmerkung Steuern Sie andere Anwendungen mit **SendKeys** nur dann, wenn keine andere Möglichkeit zur Verfügung steht, und gehen Sie äußerst vorsichtig dabei vor. Generell kann Word über den dynamischen Datenaustausch (DDE) besser mit anderen Anwendungen zusammenarbeiten, da DDE einen Kanal zum beidseitigen Austausch zwischen Anwendungen und einen Pfad zum Erkennen von Fehlern in der anderen Anwendung bereitstellt. Sie sollten die einfachste Verwendung von **SendKeys** unter verschiedenen Bedingungen testen, um unvorhersehbaren Ergebnissen, wie etwa Datenverlust, vorzubeugen.

Wenn Sie sich schrittweise durch einen Makro bewegen (mit Hilfe der Schaltflächen für Schrittweise prüfen bzw. Subs prüfen) der eine **SendKeys** Anweisung enthält, kann es vorkommen, daß sich der Makro nicht wie vorgesehen verhält. Die **SendKeys** Anweisung und die Anweisung, die die Zielanwendung oder ein Dialogfeld aktiviert, müssen sich daher in der gleichen Zeile befinden, getrennt durch einen Doppelpunkt.

Argument	Erklärung
Tasten$	Eine Taste oder Tastenfolge, wie beispielsweise `"a"` für den Buchstaben a oder `"{Eingabe}{Tab}"` für die EINGABETASTE und daran anschließend die TABULATORTASTE.
Warten	Wenn Word nicht die aktive Anwendung und *Warten* auf -1 gesetzt ist, wartet Word die Verarbeitung aller eingegebenen Tastenfolgen ab, bevor es die Ausführung des Makros fortsetzt.
	Wenn Sie beispielsweise unter Windows die folgenden Anweisungen ausführen, um *Tasten$* an Microsoft Excel zu senden, ertönt das Signal in Word erst, nachdem der Text in alle zehn Zellen eingefügt wurde. Ist *Warten* auf 0 (Null) gesetzt, ertönt das Signal, nachdem der Text in die erste Zelle eingefügt wurden.
| | ```
AnwAktivieren "Microsoft Excel"
For i = 1 To 10
   SendKeys "Test{Unten}", -1
Next i
Beep
``` |

Die folgende Tabelle listet Tasten (ausgenommen Tasten, die ein Zeichen erzeugen) auf, die unter Windows und auf dem Macintosh zum Senden zur Verfügung stehen.

Taste	Code
EINGABETASTE	`{Eingabe}`
ESC	`{Escape}` oder `{Esc}`
LEERTASTE	`( )`
TAB	`{Tab}`
```

Die folgende Tabelle listet Tasten (ausgenommen Tasten, die ein Zeichen erzeugen) auf, die nur unter Windows zum Senden zur Verfügung stehen.

Taste	Code
BILD-AB	{BildU}
BILD-AUF	{BildO}
DRUCK	{Druck}
EINFG	{Einfügen}
ENDE	{Ende}
ENTF	{Entfernen} oder {Entf}
F1, F2, F3,...F16	{F1}, {F2}, {F3},...{F16}
FESTSTELLTASTE	{Feststelltaste}
HILFE	{Hilfe}
NACH-LINKS-TASTE	{Links}
NACH-OBEN-TASTE	{Oben}
NACH-RECHTS-TASTE	{Rechts}
NACH-UNTEN-TASTE	{Unten}
NUM	{Num}
POS1	{Pos1}
RÜCKTASTE	{Rück}
UNTBR	{Untbr}

Neben den aufgelisteten Tastencodes können Sie auch die unter **ExtrasAnpassenTastatur** aufgeführten Tastencodes verwenden. Verwenden Sie hierzu die Syntax *{Code}*. Beispielsweise sendet die Anweisung SendKeys "{13}" den Tastencode für EINGABE, und die Anweisung SendKeys "{32}" sendet den Tastencode für LEERTASTE.

Wenn Sie ein Zeichen mehrmals verwenden möchten, verwenden Sie die Syntax *{Zeichen Anzahl}*. SendKeys "{s 10}" wiederholt beispielsweise das Zeichen s zehnmal. Fügen Sie zwischen die Taste und die Anzahl eine Leerstelle ein. Wenn Sie eine Taste, deren Code bereits eine geschweifte Klammer enthält, wiederholen möchten, fügen Sie die Leerstelle und die Anzahl innerhalb der geschweiften Klammer ein, beispielsweise SendKeys "{Eingabe 10}".

Um eine Tastenkombination zu übergeben, die die UMSCHALT-, ALT- oder STRG-TASTE (Windows) bzw. UMSCHALT-, BEFEHLS-, WAHL- oder CTRL-TASTE (Macintosh) enthält, verwenden Sie die folgenden Sonderzeichen:

SendKeys

Kombination mit	Zeichen vor dem Tastencode
UMSCHALT	+ (Plus-Zeichen)
ALT (Windows) bzw. BEFEHLSTASTE (Macintosh)	% (Prozentzeichen)
STRG (Windows) bzw. CTRL (Macintosh)	^ (Caret-Zeichen)
WAHLTASTE (Macintosh)	# (Pfund-Zeichen)

Unter Windows übergibt z.B. `"%{Eingabe}"` den Code für ALT+EINGABETASTE. Sie können Tasten auch mit runden Klammern gruppieren und vor der Gruppe den Tastencode für die UMSCHALT-, ALT- oder STRG-TASTE einfügen. Der Code `"+(wordbasic)"` gibt beispielsweise WORDBASIC an (doch können Sie auch einfach WORDBASIC in Großbuchstaben ohne das Plus-Zeichen eingeben). Um ein Plus-Zeichen (+), Prozentzeichen (%), Pfund-Zeichen (#) oder Caret-Zeichen (^) als Text zu übergeben, schließen Sie das Zeichen in geschweifte Klammern ein. Wenn Sie beispielsweise ein Plus-Zeichen übergeben möchten, verwenden Sie die Anweisung SENDKEYS `"{+}"`. In geschweiften Klammern können Sie auch runde Klammern übergeben.

Anmerkung Beim Übergeben von Tastenkombinationen unter Windows, die die ALT-TASTE enthalten, sollten Sie es sich zur Gewohnheit machen, die Zeichen mit Kleinbuchstaben zu schreiben. Um beispielsweise das Menü **Datei** (ALT, D) zu öffnen, geben Sie „%d" an. „%D" entspricht dem Drücken von ALT+UMSCHALT+D.

Beispiele

Eine Verwendungsmöglichkeit von **SendKeys** besteht darin, in einem Word-Dialogfeld Text einzugeben oder Elemente auszuwählen (um z.B. eine Standardtextvorgabe zur Verfügung zu stellen oder zu Anfang ein ganz bestimmtes Element auszuwählen). In diesem Beispiel (Windows) wird das Dialogfeld **Öffnen** (Menü **Datei**) angezeigt und im Feld „Dateiname" die Standardvorgabe „TESTDAT" eingefügt. Die Anweisung SendKeys `"%dfTESTDAT"` hat dieselbe Wirkung:

```
SendKeys "TESTDAT"
Dim Dlg As DateiÖffnen
x = Dialog(Dlg)
```

Das folgende Beispiel (Windows) startet Microsoft Excel sowie die Tabelle APRIL.XLS und führt dann eine Aktion aus, die dem zwanzigmaligen Drücken der BILD-AB-TASTE entspricht:

```
SendKeys "{BildU 20}"
Shell "APRIL.XLS", 1
```

Siehe auch **AnwAktivieren**, **DDEExecute**, **DDEInitiate()**, **DDEPoke**

Seriendruck

Syntax Seriendruck [.FehlerPrüfen = *Zahl*][.Ziel = *Zahl*]
[, .SeriendruckDatensatz = *Zahl*] [, .Von = *Text*] [, .Bis = *Text*]
[, .Unterdrücken = *Zahl*] [, .Seriendruck] [, .MailBetreff = *Text*]
[, .AlsAnlageSenden = *Zahl*] [, .SerienbriefAdresse = *Text*]

Bemerkungen Legt die Optionen für eine Serienbrieferstellung fest und/oder verbindet das Hauptdokument mit den angegebenen Datensätzen. Wenn das aktive Dokument kein Hauptdokument ist, tritt ein Fehler auf.

Argument	Erklärung
.FehlerPrüfen	Legt fest, wie Seriendruckfehler überprüft und gemeldet werden sollen:
	0 (Null) Simuliert die Serienbrieferstellung und zeigt einen Fehlerbericht in einem neuen Dokument an.
	1 Führt einen Seriendruck durch und hält bei jedem Fehler an, um ihn anzuzeigen.
	2 Führt einen Seriendruck durch und zeigt einen Fehlerbericht in einem neuen Dokument an.
.Ziel	Legt fest, wohin die Seriendruckdokumente gesandt werden sollen:
	0 (Null) Neues Dokument
	1 Drucker
	2 Elektronische Post (Electronic Mail, E-Mail). Unterstützt werden die Schnittstellen MAPI und VIM.
	3 Telefaxgerät
.Seriendruck Datensatz	Legt fest, ob eine Untergruppe der Datensätze verbunden werden soll:
	0 (Null) Verbindet alle Datensätze.
	1 Verbindet den mit **.Von** und **.Bis** definierten Datensatzbereich.
.Von	Die Nummer des ersten zu verbindenden Datensatzes.
.Bis	Die Nummer des letzten zu verbindenden Datensatzes.
.Unterdrücken	Legt fest, ob Leerzeilen für leere Seriendruckfelder gedruckt werden sollen:
	0 (Null) Druckt keine Leerzeilen.
	1 Druckt Leerzeilen.
.Seriendruck	Führt den Seriendruck durch. Geben Sie dieses Argument nicht an, wenn Sie lediglich Optionen einstellen wollen.
.MailBetreff	Wenn Sie als Ziel „Electronic Mail" angeben, gibt dies den Text für das Thema an.

Argument	Erklärung
.AlsAnlage Senden	Wenn Sie als Ziel „Electronic Mail" oder „Telefaxgerät" angeben und diesen Parameter auf 1 setzen, werden die Seriendruckdokumente als Anlagen gesendet.
.Serienbrief Adresse	Wenn Sie als Ziel „Electronic Mail" oder „Telefaxgerät" angeben, gibt dieser Parameter den Namen des Seriendruckfelds an, das die E-Mail-Adresse oder Faxnummer enthält.

Beispiel Dieses Beispiel führt das Hauptdokument mit den Datensätzen 50-100 zusammen und sendet die Seriendruckdokumente an ein neues Dokument:

```
Seriendruck .FehlerPrüfen = 2, .Ziel = 0, .SeriendruckDatensatz = 1, \
    .Von = "50", .Bis = "100", .Seriendruck
```

Siehe auch **SeriendruckAbfrageOptionen, SeriendruckAnDrucker, SeriendruckInDokument, SeriendruckPrüfen**

SeriendruckAbfrageOptionen

Syntax **SeriendruckAbfrageOptionen .SQLAnweisung** = *Text* [, **.SQLAnweisung1** = *Text*]

Bemerkungen Gibt die Abfrageoptionen für eine Serienbrieferstellung an. Mit **SeriendruckAbfrageOptionen** können Sie die mit einer Anweisung **SeriendruckDatenquelleErstellen** oder **SeriendruckÖffnenDatenquelle** eingerichteten Abfrageoptionen ändern. Ist das aktive Dokument kein Hauptdokument, tritt ein Fehler auf.

Argument	Erklärung
.SQLAnweisung	Eine optionale Abfragezeichenfolge, die eine Datenuntergruppe aus einer Hauptdatenquelle abruft.
.SQLAnweisung1	Falls die Zeichenfolge über 255 Zeichen enthält, gibt **.SQLAnweisung** den ersten Teil der Zeichenfolge und **.SQLAnweisung1** den zweiten Teil an.

Anmerkung Zur Bestimmung der Verbindungs- und Abfragezeichenfolgen legen Sie die Abfrageoptionen manuell fest, und verwenden dann **SeriendruckDatenquelle$()** zur Rückgabe der Zeichenfolgen.

Siehe auch **SeriendruckDatenquelle$(), SeriendruckDatenquelleErstellen, SeriendruckÖffnenDatenquelle**

SeriendruckAdreßbuchVerwenden

Syntax	**SeriendruckAdreßbuchVerwenden** .**AdreßbuchTyp** = *Text*
Bemerkungen	Wählt das Adreßbuch aus, das als Datenquelle für einen Seriendruck verwendet wird.
	SeriendruckAdreßbuchVerwenden ist nur verfügbar, wenn Windows 95 und entweder Microsoft Exchange oder Schedule+, Version 2.0, installiert sind. In Word, Version 6.0, ist **SeriendruckAdreßbuchVerwenden** nicht verfügbar, und ein Fehler tritt auf.

Argument	Erklärung
.**AdreßbuchTyp**	Legt das Adreßbuch fest, das als Datenquelle verwendet wird:
	scd Liste der Kontakte aus Schedule+
	pab Persönliches Adreßbuch von Microsoft Exchange

Siehe auch	**AbrufenAdresse$( )**, **AdresseHinzufügen**

SeriendruckAnDrucker

Syntax	**SeriendruckAnDrucker**
Bemerkungen	Verbindet die Datensätze mit dem Hauptdokument und druckt die resultierenden Seriendruckdokumente. Wenn in der zuletzt durchgeführten Serienbrieferstellung ein Bereich für die zu verbindenden Datensätze definiert wurde, werden nur diese Datensätze verbunden.
Siehe auch	**Seriendruck**, **SeriendruckInDokument**

SeriendruckAnfrageChevronsUmwandeln, SeriendruckAnfrageChevronsUmwandeln( )

Syntax	**SeriendruckAnfrageChevronsUmwandeln** [*Eingabeaufforderung*]
	SeriendruckAnfrageChevronsUmwandeln( )

Bemerkungen	Wenn Sie ein Dokument öffnen, das mit Word für den Macintosh, Version 5.*x* oder Version 4.0, erstellt wurde, und dieses Dokument Chevrons (« ») enthält, legt die Anweisung **SeriendruckAnfrageChevronsUmwandeln** fest, ob Sie in einer Meldung bestätigen müssen, daß der in Chevrons eingeschlossene Text in Seriendruckfelder umgewandelt werden soll.

Argument	Erklärung
Eingabeaufforderung	Legt fest, ob eine Eingabeaufforderung angezeigt wird: 0 (Null) Es wird keine Eingabeaufforderung angezeigt. Die Umwandlung von Seriendruckfeldern wird von **SeriendruckChevronsUmwandeln** gesteuert. 1 Zeigt eine Eingabeaufforderung an. Fehlt Schaltet die Option zum Anzeigen der Eingabeaufforderung um.

Die Funktion **SeriendruckAnfrageChevronsUmwandeln( )** liefert -1, wenn Word die Eingabeaufforderung anzeigt, und 0 (Null), wenn sie nicht angezeigt wird.

Siehe auch	**SeriendruckChevronsUmwandeln**

SeriendruckAnsichtDaten

Syntax	**SeriendruckAnsichtDaten** [*ErgebnisAnzeigen*] **SeriendruckAnsichtDaten( )**
Bemerkungen	Die Anweisung **SeriendruckAnsichtDaten** steuert die Anzeige von Seriendruckfeldern in einem Hauptdokument. Wenn das aktive Dokument kein Hauptdokument ist, tritt ein Fehler auf.

Argument	Erklärung
ErgebnisAnzeigen	Gibt an, ob die Namen von Seriendruckfeldern in Chevrons (« ») oder Informationen vom aktuellen Datensatz anstelle der Seriendruckfelder angezeigt werden soll: 0 (Null) Namen von Seriendruckfeldern 1 Informationen vom aktuellen Datensatz Fehlt Schaltet die Anzeige von Seriendruckfeldern um.

Die Funktion **SeriendruckAnsichtDaten( )** liefert 0 (Null), wenn Namen von Seriendruckfeldern angezeigt werden, und 1, wenn Informationen vom aktuellen Datensatz angezeigt werden.

SeriendruckChevronsUmwandeln, SeriendruckChevronsUmwandeln()

Syntax	**SeriendruckChevronsUmwandeln** [*Umwandeln*] **SeriendruckChevronsUmwandeln**()
Bemerkungen	Wenn Sie ein Dokument öffnen, das mit Word für den Macintosh, Version 5.*x* oder 4.0, erstellt wurde und Chevrons (« ») enthält, und **SeriendruckAnfrageChevronsUmwandeln**() den Wert 0 (Null) liefert, steuert die Anweisung **SeriendruckChevronsUmwandeln**, ob Word den in Chevrons eingeschlossenen Text in Serienduckfelder umwandelt. Wenn **SeriendruckAnfrageChevronsUmwandeln**() den Wert 1 liefert, gibt **SeriendruckChevronsUmwandeln** die Standardschaltfläche für das Meldungsfeld an, in dem Sie von Word gefragt werden, ob Chevrons umgewandelt werden sollen.

Argument	Erklärung
Umwandeln	Legt fest, ob Chevrons umgewandelt werden (bzw. welche Schaltfläche im Meldungsfeld die Standardschaltfläche ist): 0 (Null) Chevrons werden nicht umgewandelt (bzw. die Standardschaltfläche ist „Nein"). 1 Chevrons werden umgewandelt (bzw. die Standardschaltfläche ist „Ja"). Fehlt Schaltet die Option zum Umwandeln der Chevrons (bzw. die Standardschaltfläche im Meldungsfeld) um.

Die Funktion **SeriendruckChevronsUmwandeln**() liefert 0, wenn die Standardschaltfläche „Nein" ist, und -1, wenn sie „Ja" ist.

Siehe auch	**SeriendruckAnfrageChevronsUmwandeln**

SeriendruckDatenMaske

Syntax	**SeriendruckDatenMaske**
Bemerkungen	Zeigt das Dialogfeld **Datenmaske** zum Eingeben eines neuen Datensatzes an. Sie können **SeriendruckDatenMaske** in einem Hauptdokument oder einer Datenquelle verwenden oder in jedem beliebigen Dokument, das Daten enthält, die durch Tabllenzellen oder Trennzeichen getrennt sind.
Siehe auch	**SeriendruckDatenQuelleBearbeiten**

SeriendruckDatenquelle$()

Syntax SeriendruckDatenquelle$(*Art*)

Bemerkungen Liefert Informationen über die Daten- oder Steuersatzquelle, die Art der Datenabfrage oder die aktuelle Abfragen- oder Verbindungszeichenfolge.

Art	**Werte und Beschreibungen**
0	Pfad und Dateiname der Datenquelle
1	Pfad und Dateiname der Steuersatzquelle
2	Eine als Text gelieferte Zahl, die anzeigt, wie Daten für die Seriendruckoperation geliefert werden:
	0 Aus einem Word-Dokument oder über einen Word-Dateikonverter.
	1 Dynamischer Datenaustausch (DDE) mit Microsoft Access (nur unter Windows verfügbar).
	2 Dynamischer Datenaustausch (DDE) mit Microsoft Excel.
	3 Dynamischer Datenaustausch (DDE) mit Microsoft Query (nur unter Windows verfügbar).
	4 ODBC (Open Database Connectivity), (nur unter Windows verfügbar).
3	Eine als Text gelieferte Zahl, die anzeigt, wie die Steuersatzquelle für die Seriendruckoperation geliefert wird. Die Werte und Beschreibungen finden Sie unter „Art 2".
4	Die Verbindungszeichenfolge für die Datenquelle.
5	Die Abfragenzeichenfolge (SQL-Anweisung).

Siehe auch SeriendruckDatenquelleBearbeiten, SeriendruckDatenquelleErstellen, SeriendruckÖffnenDatenquelle

---

SeriendruckDatenquelleBearbeiten

Syntax SeriendruckDatenquelleBearbeiten

Bemerkungen Führt eine der folgenden Aktionen durch, wenn ein Hauptdokument aktiv ist:

- Wenn die Datenquelle ein Word-Dokument ist, wird sie geöffnet (bzw. aktiviert, wenn sie bereits geöffnet ist).

- Wenn Word auf die Daten über DDE (dynamischen Datenaustausch) zugreift, beispielsweise mit Microsoft Excel oder Microsoft Access, wird die Datenquelle in dieser Anwendung angezeigt.
- Wenn Word auf die Daten über ODBC (Open Database Connectivity, nur unter Windows verfügbar) zugreift, werden die Daten in einen Word-Dokument angezeigt. Falls Microsoft Query installiert ist, wird durch eine Meldung die Option gegeben, Microsoft Query anzuzeigen, statt die Daten umzuwandeln.

Siehe auch SeriendruckDatenquelleErstellen, SeriendruckHauptdokumentBearbeiten, SeriendruckÖffnenDatenquelle

SeriendruckDatenquelleErstellen

Syntax SeriendruckDatenquelleErstellen .DateiName = *Text* [, .KennwortDok = *Text*] [, .Steuersatz = *Text*] [, .MSQuery] [, .SQLAnweisung = *Text*] [, .SQLAnweisung1 = *Text*] [, .Verbindung = *Text*] [, .QuelleVerknüpfen = *Zahl*]

Bemerkungen Erstellt ein Word-Dokument, das Daten für eine Serienbrieferstellung speichert. **SeriendruckDatenquelleErstellen** fügt die neue Datenquelle dem aktiven Dokument bei, so daß dieses zu einem Hauptdokument wird (falls es nicht bereits ein Hauptdokument ist).

Wenn Sie eine neue Datenquelle erstellen möchten, die nur eine leere und zu einem späteren Zeitpunkt auszufüllende Tabelle enthält, geben Sie nur **.DateiName** und **.Steuersatz** (und ggf. **.KennwortDok** zum Schützen der neuen Datenquelle) an.

Argument	Erklärung
.DateiName	Der Pfad- und Dateiname der neuen Datenquelle.
.KennwortDok	Ein Kennwort, das die neue Datenquelle schützt.
.Steuersatz	Feldnamen für den Steuersatz. Wenn Sie diesen Parameter nicht angeben, wird der Standard-Steuersatz verwendet: „Anrede, Vorname, Name, Position, Firma, Adresse1, Adresse2, PLZ, Ort, Bundesland, Land, Telefon_privat, Telefon_geschäftlich". Trennen Sie die Feldnamen unter Windows mit dem durch den Eintrag „sList" im Abschnitt [intl] in der Datei WIN.INI angegebenen Trennzeichen. Unter Windows 95 und Windows NT befindet sich diese Angabe in der Registrierung.
.MSQuery	Startet Microsoft Query, falls diese Anwendung installiert ist (nur unter Windows). Die Argumente **.DateiName**, **.KennwortDok** und **.Steuersatz** werden ignoriert.

	Die Argumente **.SQLAnweisung**, **.SQLAnweisung1** und **.Verbindung** haben in **SeriendruckDatenquelleErstellen** keine Auswirkung. Sie können die Werte dieser Argumente abfragen, indem Sie das Dialogfeld **Datenquelle erstellen** mit Hilfe einer Dialogaufzeichnung und den Anweisungen **Dialog** bzw. **Dialog()** aufrufen. Weitere Informationen über das Abfragen dieser Werte finden Sie unter **SeriendruckDatenquelle$()**. Das Argument **.QuelleVerknüpfen** wird ignoriert.
Siehe auch	**SeriendruckDatenquelle$()**, **SeriendruckDatenquelleBearbeiten**, **SeriendruckÖffnenDatenquelle**, **SeriendruckSteuersatzquelleErstellen**

SeriendruckDatensatzGefunden()

Syntax	**SeriendruckDatensatzGefunden**( )
Bemerkungen	Liefert einen Wert, der anzeigt, ob die letzte **SeriendruckDatensatzSuchen**-Operation erfolgreich war.

Wert	Erklärung
–1	Die Suchoperation war erfolgreich.
0 (Null)	Die Suchoperation war nicht erfolgreich.

Beispiel	Ein Beispiel finden Sie unter **SeriendruckDatensatzSuchen**.
Siehe auch	**SeriendruckDatensatzSuchen**

SeriendruckDatensatzSuchen

Syntax	**SeriendruckDatensatzSuchen .Suchen** = *Text*, **.Feld** = *Text*
Bemerkungen	Zeigt ein Seriendruckdokument für den ersten Datensatz an, der im entsprechenden Feld den angegebenen Text enthält, wenn ein Hauptdokument aktiv ist und zusammengeführte Daten sichtbar sind. Ist eine Datenquelle aktiv und besteht sie aus einem Word-Dokument, so markiert **SeriendruckDatensatzSuchen** die erste Tabellenzeile, die den angegebenen Kriterien entspricht. Sie können **SeriendruckDatensatzSuchen** in einem Hauptdokument oder einer Datenquelle verwenden oder in einem beliebigen Dokument, das Daten enthält, die durch Tabellenzellen oder Trennzeichen getrennt sind.

Argument	Erklärung
.Suchen	Der im unter .Suchen angegebenen Feld zu suchende Text.
.Feld	Das Feld, in dem der Text gesucht werden soll.

Beispiel Dieses Beispiel zeigt eine Seriendruckdokument für den ersten Datensatz an, in dem das zweite Feld (in diesem Fall der Nachname) „Bonge" lautet:

```
SeriendruckDatensatzSuchen .Suchen = "Bonge" [, .Feld = "Name"
If SeriendruckDatensatzGefunden() Then
    NumDatensatz = SeriendruckGehezuDatensatz()
End If
```

Siehe auch SeriendruckAnsichtDaten, SeriendruckDatensatzGefunden(), SeriendruckErsterDatensatz, SeriendruckGeheZuDatensatz, SeriendruckLetzterDatensatz, SeriendruckNächsterDatensatz, SeriendruckVorherigerDatensatz

SeriendruckEinfügenBestimmen

Syntax SeriendruckEinfügenBestimmen .Name = *Text* [, .TextWert = *Text*] [, .AutoTextWert = *Text*]

Bemerkungen Fügt an der Einfügemarke ein BESTIMMEN-Feld in ein Hauptdokument ein. Ein BESTIMMEN-Feld weist einem Text die angegebene Textmarke zu.

Argument	Erklärung
.Name	Der Name der zu definierenden Textmarke.
.TextWert	Der Text, dem die Textmarke zugewiesen wird.
.AutoTextWert	Der AutoText, dem Sie die Textmarke zuweisen möchten (.TextWert wird ignoriert).

Weitere Informationen über das BESTIMMEN-Feld finden Sie unter „BESTIMMEN-Feld".

Siehe auch EinfügenFeld, SeriendruckEinfügenEingeben, SeriendruckEinfügenFrage

SeriendruckEinfügenDatensatz

Syntax	SeriendruckEinfügenDatensatz
Bemerkungen	Fügt an der Einfügemarke ein DATENSATZ-Feld in ein Hauptdokument ein. Ein DATENSATZ-Feld fügt bei einer Serienbrieferstellung die Nummer des aktuellen Datensatzes (d.h. die Position des Datensatzes bezogen auf die durch die aktuelle Abfrage ausgewählten Datensätze) ein. Weitere Informationen über das DATENSATZ-Feld finden Sie unter „DATENSATZ-Feld".
Siehe auch	EinfügenFeld, SeriendruckEinfügenSeq

SeriendruckEinfügenEingeben

Syntax	SeriendruckEinfügenEingeben [.Eingabeaufforderung = *Text*] [, .StandardEingebenText = *Text*] [, .FrageEinmal = *Zahl*]
Bemerkungen	Fügt an der Einfügemarke ein EINGEBEN-Feld in ein Hauptdokument ein. Wenn das EINGEBEN-Feld aktualisiert wird, zeigt es ein Dialogfeld an. Sie können dann in dieses Dialogfeld Text eingeben, der an der Position des Felds in das Dokument eingefügt wird.

Argument	Erklärung
.Eingabeaufforderung	Eine im Dialogfeld angezeigte Eingabeaufforderung (beispielsweise „Ihre Initialen:").
.StandardEingebenText	Der Text, der beim Aktualisieren des Felds als Standardtext angeboten wird.
.FrageEinmal	Wenn 1, wird dem Feld der Feldschalter \o hinzugefügt. Dadurch zeigt Word die Eingabeaufforderung nur einmal zu Beginn der Serienbrieferstellung an, statt sie für jeden Datensatz erneut anzuzeigen.

Weitere Informationen über EINGEBEN-Felder finden unter „EINGEBEN-Feld".

Siehe auch	EinfügenFeld, SeriendruckEinfügenBestimmen, SeriendruckEinfügenFrage

SeriendruckEinfügenFrage

Syntax SeriendruckEinfügenFrage .Name = *Text* [, .Eingabeaufforderung = *Text*] [, .StandardTextmarkeText = *Text*] [, .FrageEinmal = *Zahl*]

Bemerkungen Fügt an der Einfügemarke ein FRAGE-Feld in ein Hauptdokument ein. Wenn das FRAGE-Feld aktualisiert wird, zeigt es ein Dialogfeld an. Sie können dann in dieses Dialogfeld Text eingeben, der der angegebenen Textmarke zugewiesen wird.

Argument	Erklärung
.Name	Der Name der Textmarke, der Sie den im Dialogfeld eingegebenen Text zuweisen möchten.
.Eingabeaufforderung	Eine Eingabeaufforderung, die im Dialogfeld angezeigt wird (beispielsweise „Ihre Initialen:").
.StandardTextmarkeText	Der Standardtext für die Textmarke.
.FrageEinmal	Wenn 1, wird dem Feld der Feldschalter \o hinzugefügt. Dadurch zeigt Word die Eingabeaufforderung nur einmal zu Beginn der Serienbrieferstellung an, statt sie für jeden Datensatz erneut anzuzeigen.

Weitere Informationen über FRAGE-Felder finden Sie unter „FRAGE-Feld".

Siehe auch **EinfügenFeld, SeriendruckEinfügenBestimmen, SeriendruckEinfügenEingeben**

SeriendruckEinfügenNächster

Syntax SeriendruckEinfügenNächster

Bemerkungen Fügt an der Einfügemarke ein NÄCHSTER-Feld in ein Hauptdokument ein. Ein NÄCHSTER-Feld geht zum nächsten Datensatz weiter, so daß Daten aus mehreren Datensätzen in einem Serienduckdokument zusammengeführt werden können (beispielsweise für einen Bogen mit Adreßaufklebern). Weitere Informationen über das NÄCHSTER-Feld finden Sie unter „NÄCHSTER-Feld".

Siehe auch **EinfügenFeld, SeriendruckEinfügenNächsterWenn**

SeriendruckEinfügenNächsterWenn

Syntax	**SeriendruckEinfügenNächsterWenn .SeriendruckFeld** = *Text*, **.Vergleich** = *Zahl*, **.VergleichenMit** = *Text*
Bemerkungen	Fügt an der Einfügemarke ein NWENN-Feld in ein Hauptdokument ein. Wenn der Vergleich im NWENN-Feld wahr ist, führt Word den nächsten Datensatz mit den Seriendruckfeldern im aktuellen Seriendruckdokument zusammen, die auf das NWENN-Feld folgen. Das heißt, alle Datenfelder, die im Hauptdokument auf das NWENN-Feld folgen, werden beim Seriendruck mit den entsprechenden Daten aus dem nächsten Datensatz belegt. Andernfalls führt Word den nächsten Datensatz mit einem neuen Seriendruckdokument zusammen. In der Regel sollte das Angeben von Abfrageoptionen der Verwendung von NWENN-Feldern vorgezogen werden. Eine Beschreibung der Argumente finden Sie unter **SeriendruckEinfügenWenn**. Weitere Informationen über das NWENN-Feld finden Sie unter „NWENN-Feld".
Siehe auch	**EinfügenFeld, SeriendruckEinfügenNächster, SeriendruckEinfügenÜberspringen, SeriendruckEinfügenWenn**

SeriendruckEinfügenSeq

Syntax	**SeriendruckEinfügenSeq**
Bemerkungen	Fügt an der Einfügemarke ein SERIENDRUCKSEQ-Feld in ein Hauptdokument ein. Ein SERIENDRUCKSEQ-Feld fügt bei einer Serienbrieferstellung eine Nummer ein, die auf der Reihenfolge des Verbindens der Datensätze basiert (Wenn Sie beispielsweise die Datensätze 50 bis 100 verbinden, wird beim Verbinden von Datensatz 50 die Nummer 1 angezeigt). Weitere Informationen über das SERIENDRUCKSEQ-Feld finden Sie unter „SERIENDRUCKSEQ-Feld".
Siehe auch	**EinfügenFeld, SeriendruckEinfügenDatensatz**

SeriendruckEinfügenÜberspringen

Syntax	**SeriendruckEinfügenÜberspringen .SeriendruckFeld** = *Text* , **.Vergleich** = *Zahl* [, **.VergleichenMit** = *Text*]

Bemerkungen	Fügt an der Einfügemarke ein ÜBERSPRINGEN-Feld in ein Hauptdokument ein. Wenn der Vergleich im ÜBERSPRINGEN-Feld wahr ist, bricht Word das aktuelle Seriendruckdokument ab und springt zum nächsten Datensatz. In der Regel sollte das Angeben von Abfrageoptionen der Verwendung von ÜBERSPRINGEN-Feldern vorgezogen werden. Eine Beschreibung der Argumente finden Sie unter **SeriendruckEinfügenWenn**. Weitere Informationen über das ÜBERSPRINGEN-Feld finden Sie unter „ÜBERSPRINGEN-Feld".
Siehe auch	**EinfügenFeld**, **SeriendruckEinfügenNächster**, **SeriendruckEinfügenNächsterWenn**, **SeriendruckEinfügenWenn**

SeriendruckEinfügenWenn

Syntax	**SeriendruckEinfügenWenn .SeriendruckFeld** = *Text*, **.Vergleich** = *Zahl* [, **.VergleichenMit** = *Text*] [, **.AutoTextVorhanden** = *Text*] [, **.TextVorhanden** = *Text*] [, **.UngültigerAutoText** = *Text*] [, **.UngültigerText** = *Text*]
Bemerkungen	Fügt an der Einfügemarke ein WENN-Feld in ein Hauptdokument ein. Wenn das WENN-Feld aktualisiert wird, vergleicht es ein Feld in einem Datensatz mit dem angegebenen Wert und fügt dann je nach Ergebnis des Vergleichs den entsprechenden Text ein.

Argument	Erklärung
.SeriendruckFeld	Das Seriendruckfeld, das Sie mit dem durch **.VergleichenMit** bezeichneten Text vergleichen möchten.
.Vergleich	Gibt den Vergleichsoperator an: 0 (Null) = (gleich) 1 <> (ungleich) 2 < (kleiner als) 3 > (größer als) 4 <= (kleiner oder gleich) 5 >= (größer oder gleich) 6 = "" (leer) 7 <> "" (nicht leer)
.VergleichenMit	Der mit dem Seriendruckfeld zu vergleichende Text. Dieses Argument ist erforderlich, es sei denn, **.Vergleich** ist auf 6 (leer) oder 7 (nicht leer) gesetzt.
.AutoText Vorhanden	Ein AutoText, der den Text enthält, der eingefügt wird, wenn der Vergleich wahr ist (**.TextVorhanden** wird ignoriert).

Argument	Erklärung
.TextVorhanden	Der einzufügende Text, wenn der Vergleich wahr ist.
.Ungültiger AutoText	Ein AutoText, der den Text enthält, der eingefügt wird, wenn der Vergleich falsch ist (.**UngültigerText** wird ignoriert).
.UngültigerText	Der einzufügende Text, wenn der Vergleich falsch ist.

Weitere Informationen über WENN-Felder finden Sie unter „WENN-Feld".

Siehe auch   **EinfügenFeld, SeriendruckEinfügenNächster, SeriendruckEinfügenNächsterWenn, SeriendruckEinfügenÜberspringen**

SeriendruckErsterDatensatz

Syntax   **SeriendruckErsterDatensatz**

Bemerkungen   Sind zusammengeführte Daten im Hauptdokument sichtbar, zeigt diese Anweisung ein Seriendruckdokument für den ersten Datensatz im Abfrageergebnis (oder den ersten Datensatz in der Datenquelle, wenn keine Abfrageoptionen aktiv sind) an. Diese Anweisung gilt nur, wenn ein Hauptdokument aktiv ist.

Siehe auch   **SeriendruckAnsichtDaten, SeriendruckDatensatzSuchen, SeriendruckGeheZuDatensatz, SeriendruckLetzterDatensatz, SeriendruckNächsterDatensatz, SeriendruckVorherigerDatensatz**

SeriendruckFeldName$()

Syntax   **SeriendruckFeldName$**(*Nummer*)

Bemerkungen   Liefert einen Feldnamen in einer Daten- oder Steuersatzquelle. In einer als Word-Tabelle definierten Datenquelle befinden sich die Feldnamen in der ersten Zeile als Spaltenüberschriften. In einer Datenquelle, die als eine durch Trennzeichen getrennte Liste definiert ist, befinden sich die Feldnamen im ersten Absatz. Ein Fehler tritt auf, wenn Sie **SeriendruckFeldName$()** ausführen und das aktive Dokument kein Hauptdokument ist.

Argument	Erklärung
Nummer	Die Nummer, die dem Feldnamen in der Daten- oder Steuersatzquelle entspricht: 1 steht für den ersten Feldnamen, 2 für den zweiten usw.

Beispiel Dieses Beispiel definiert ein Datenfeld mit den Feldnamen, die im Hauptdokument verfügbar sind. (Das Hauptdokument muß beim Ausführen des Beispiels aktiv sein.)

```
AnzFelder = ZählenSeriendruckFelder()
Dim SDFelder$(AnzFelder -1)
For Anzahl = 1 To AnzFelder
    SDFelder$(Anzahl -1) = SeriendruckFeldName$(Anzahl)
Next Anzahl
```

Siehe auch EinfügenSeriendruckFeld, ZählenSeriendruckFelder()

SeriendruckGeheZuDatensatz, SeriendruckGeheZuDatensatz()

Syntax SeriendruckGeheZuDatensatz *Datensatznummer*

SeriendruckGeheZuDatensatz()

Bemerkungen Die Anweisung **SeriendruckGeheZuDatensatz** zeigt ein Seriendruckdokument für den Datensatz an, der der *Datensatznummer* entspricht, wenn zusammengeführte Daten im Hauptdokument angezeigt werden. Beachten Sie, daß *Datensatznummer* die Position des Datensatzes im durch die aktuellen Abfrageoptionen gelieferten Abfrageergebnis darstellt und nicht unbedingt mit der Position des Datensatzes in der Datenquelle übereinstimmt.

Die Funktion **SeriendruckGeheZuDatensatz()** liefert die Nummer des Datensatzes, der im Moment angezeigt wird. Wenn das aktive Dokument kein Hauptdokument ist, führen die Anweisung und die Funktion zu einem Fehler.

Ein Beispiel zu **SeriendruckGeheZuDatensatz()** finden Sie unter **SeriendruckDatensatzSuchen**.

Siehe auch SeriendruckAnsichtDaten, SeriendruckDatensatzSuchen, SeriendruckErsterDatensatz, SeriendruckLetzterDatensatz, SeriendruckNächsterDatensatz, SeriendruckVorherigerDatensatz

SeriendruckHauptdokumentArt, SeriendruckHauptdokumentArt()

Syntax	**SeriendruckHauptdokumentArt** *Art*
	SeriendruckHauptdokumentArt( )
Bemerkungen	Die Anweisung **SeriendruckHauptdokumentArt** macht das aktive Fenster zu einem Hauptdokument. Wenn das aktive Dokument bereits ein Hauptdokument ist, entfernt Word die Verbindung zur beigefügten Datenquelle, falls bereits eine Datenquelle beigefügt war.

Argument	Erklärung
Art	Die Art der mit dem Hauptdokument zu erstellenden Serienbriefdokumente:
	0 (Null) oder fehlt Serienbriefe
	1 Adreßetiketten
	2 Briefumschläge
	3 Kataloge

Die Funktion **SeriendruckHauptdokumentArt( )** liefert einen der *Art*-Werte, wenn das aktive Dokument ein Hauptdokument ist, oder sie liefert –1, wenn es ein normales Word-Dokument ist.

Siehe auch	**SeriendruckDatenQuelleErstellen**, **SeriendruckLösen**, **SeriendruckÖffnenDatenQuelle**

SeriendruckHauptdokumentBearbeiten

Syntax	**SeriendruckHauptdokumentBearbeiten**
Bemerkungen	Aktiviert das mit der aktiven Steuersatz- oder Datenquelle verbundene Serienbriefdruck-Hauptdokument. Wenn mit der aktiven Steuersatz- oder Datenquelle kein Hauptdokument verbunden oder dieses nicht geöffnet ist, tritt ein Fehler auf.
Siehe auch	**SeriendruckDatenQuelleBearbeiten**

SeriendruckInDokument

Syntax	SeriendruckInDokument
Bemerkungen	Verbindet Datensätze mit dem Hauptdokument und sendet die resultierenden Seriendruckdokumente an ein neues Dokument. Wenn in der zuletzt durchgeführten Serienbrieferstellung ein Bereich für die zu verbindenden Datensätze definiert wurde, werden nur diese Datensätze verbunden.
Siehe auch	Seriendruck, SeriendruckAnDrucker

SeriendruckLetzterDatensatz

Syntax	SeriendruckLetzterDatensatz
Bemerkungen	Zeigt ein Seriendruckdokument für den letzten Datensatz im aktuellen Abfrageergebnis an, wenn zusammengeführte Daten im Hauptdokument sichtbar sind. Diese Anweisung ist nur gültig, wenn ein Hauptdokument aktiv ist.
Siehe auch	SeriendruckAnsichtDaten, SeriendruckDatensatzSuchen, SeriendruckErsterDatensatz, SeriendruckGeheZuDatensatz, SeriendruckNächsterDatensatz, SeriendruckVorherigerDatensatz

SeriendruckLösen

Syntax	SeriendruckLösen
Bemerkungen	Löst die Verbindung zwischen den Daten- und Steuersatzquellen und dem Hauptdokument und macht aus ihm wieder ein normales Word-Dokument. Ist das aktive Dokument kein Hauptdokument, tritt ein Fehler auf.
Siehe auch	SeriendruckHauptdokumentArt

SeriendruckManager

Syntax   SeriendruckManager

Bemerkungen   Zeigt in Verbindung mit **Dialog** oder **Dialog**() das Dialogfeld **Seriendruck-Manager** (Befehl **Seriendruck**, Menü **Extras**) an. Mit diesem Dialogfeld können Sie ein Hauptdokument einrichten, eine Datenquelle erstellen und bearbeiten und einen Seriendruck durchführen.

Beispiel   Dieses Beispiel zeigt das Dialogfeld **Seriendruck-Manager** an.

```
Dim Dlg As SeriendruckManager
GetCurValues Dlg
x = Dialog(Dlg)
```

Siehe auch   Seriendruck

SeriendruckNächsterDatensatz

Syntax   SeriendruckNächsterDatensatz

Bemerkungen   Sind zusammengeführte Daten im Hauptdokument sichtbar, zeigt diese Anweisung ein Seriendruckdokument für den nächsten Datensatz im aktuellen Abfrageergebnis an (oder den nächsten Datensatz in der Datenquelle, wenn keine Abfrageoptionen aktiv sind). Diese Anweisung ist nur gültig, wenn ein Hauptdokument aktiv ist.

Siehe auch   SeriendruckAnsichtDaten, SeriendruckDatensatzSuchen, SeriendruckErsterDatensatz, SeriendruckGeheZuDatensatz, SeriendruckLetzterDatensatz, SeriendruckVorherigerDatensatz

SeriendruckÖffnenDatenquelle

Syntax   SeriendruckÖffnenDatenquelle .Name = *Text*
                      [, .UmwandlungBestätigen = *Zahl*] [, .Schreibgeschützt = *Zahl*]
                      [, .QuelleVerknüpfen = *Zahl*] [, .ZuletztBearbErweitern = *Zahl*]
                      [, .KennwortDok = *Text*] [, .KennwortDokVorlage = *Text*]
                      [, .Wiederherstellen = *Zahl*] [, .KennwortDokSchreiben = *Text*]
                      [, .KennwortDokVorlageSchreiben = *Text*] [, .Verbindung = *Text*]
                      [, .SQLAnweisung = *Text*] [, .SQLAnweisung1 = *Text*]

Bemerkungen	Fügt die angegebene Datenquelle dem aktiven Dokument bei, das zu einem Hauptdokument wird (falls es nicht bereits ein Hauptdokument ist).

Argument	Erklärung
.Name	Der Name der Datenquelle. Anstatt eine Datenquelle, eine Verbindungs- und eine Abfragezeichenfolge anzugeben, können Sie unter Windows eine Microsoft Query-Datei (.QRY) angeben.
.Quelle Verknüpfen	Wenn 1, wird die durch **.Verbindung** und **.SQLAnweisung** angegebene Abfrage bei jedem Öffnen des Hauptdokuments durchgeführt.
.Verbindung	Gibt einen Bereich an, in dem die durch **.SQLAnweisung** festgelegte Abfrage durchgeführt wird. Wie der Bereich angegeben wird, hängt von der Art der Datenabfrage ab. • Wenn Sie Daten mit Hilfe von ODBC (nur unter Windows verfügbar) abrufen, legen Sie hiermit die Verbindungszeichenfolge fest. • Wenn Sie Daten aus Microsoft Excel mit Hilfe des Dynamischen Datenaustausches (DDE) abrufen, legen Sie hiermit einen benannten Bereich fest. • Wenn Sie Daten aus Microsoft Access (nur unter Windows verfügbar) abrufen, legen Sie hiermit das Wort „TABLE" oder „QUERY"an, gefolgt vom Namen einer Tabelle oder Abfrage.
.SQLAnweisung	Definiert Abfrageoptionen zum Abrufen von Daten.
.SQLAnweisung1	Falls die Abfragezeichenfolge über 255 Zeichen enthält, gibt **.SQLAnweisung** den ersten Teil der Zeichenfolge an und **.SQLAnweisung1** den zweiten Teil.

Anmerkung Zur Bestimmung der Verbindungs- und Abfragezeichenfolgen legen Sie die Abfrageoptionen manuell fest, und verwenden dann **SeriendruckDatenquelle$()** zur Rückgabe der Zeichenfolgen.

Die Beschreibung weiterer Argumente finden Sie unter **DateiÖffnen**

Siehe auch	**DateiÖffnen, SeriendruckDatenquelleBearbeiten, SeriendruckDatenquelleErstellen, SeriendruckÖffnenSteuersatzquelle**

SeriendruckÖffnenSteuersatzQuelle

Syntax
SeriendruckÖffnenSteuersatzQuelle .Name = *Text*
[, .UmwandlungBestätigen = *Zahl*] [, .Schreibgeschützt = *Zahl*]
[, .ZuletztBearbErweitern = *Zahl*] [, .KennwortDok = *Text*]
[, .KennwortDokVorlage = *Text*] [, .Wiederherstellen = *Zahl*]
[, .KennwortDokSchreiben = *Text*] [, .KennwortDokVorlageSchreiben = *Text*]

Bemerkungen
Fügt die angegebene Steuersatzquelle dem aktiven Dokument hinzu, so daß es zu einem Hauptdokument wird (falls es nicht bereits ein Hauptdokument ist). Der Steuersatz in der Steuersatzquelle wird anstelle des Steuersatzes in der Datenquelle verwendet. Die Daten in der ersten Zeile der Datenquelle werden folglich als erster Datensatz interpretiert, nicht als Feldnamen. Eine Beschreibung der Argumente finden Sie unter **DateiÖffnen**.

Siehe auch
SeriendruckÖffnenDatenQuelle, SeriendruckSteuersatzQuelleBearbeiten, SeriendruckSteuersatzQuelleErstellen

SeriendruckPrüfen

Syntax
SeriendruckPrüfen .FehlerPrüfen = *Zahl*

Bemerkungen
Prüft, ob Fehler vorhanden sind, und zeigt gefundene Fehler an. Sie können Fehler auch suchen, ohne eine Serienbrieferstellung durchzuführen.

Argument	Erklärung
.FehlerPrüfen	Gibt an, ob bei der Fehlersuche gleichzeitig eine Serienbrief-erstellung durchgeführt werden soll:
	0 (Null) Simuliert die Serienbrieferstellung und zeigt einen Fehlerbericht in einem neuen Dokument an.
	1 Führt die Serienbrieferstellung durch und hält bei jedem Fehler an, um ihn anzuzeigen.
	2 Führt die Serienbrieferstellung durch und zeigt einen Fehlerbericht in einem neuen Dokument an.

Siehe auch
Seriendruck

SeriendruckStatus()

Syntax SeriendruckStatus(*Art*)

Bemerkungen Liefert eine von vier möglichen Informationsarten über den aktuellen Status der Serienbriefeinrichtung. *Art* 1, *Art* 2 und *Art* 3 liefern jeweils –1, wenn das aktive Dokument kein Hauptdokument, keine Datenquelle oder keine Steuersatzquelle ist.

Art	Werte und Beschreibungen
0 (Null)	Liefert Informationen über das aktive Dokument:
	0 (Null) Ein normales Word-Dokument
	1 Ein Hauptdokument ohne angefügte Daten- oder Steuersatzquelle
	2 Ein Hauptdokument mit angefügter Datenquelle
	3 Ein Hauptdokument mit angefügter Steuersatzquelle
	4 Ein Hauptdokument mit angefügter Daten- und Steuersatzquelle
	5 Daten- oder Steuersatzquelle; das angefügte Hauptdokument ist geöffnet.
1	Liefert die Art des Hauptdokuments:
	0 (Null) Serienbriefe
	1 Adreßetiketten
	2 Briefumschläge
	3 Katalog
2	Liefert Informationen über die ausgewählten Optionen für die Serienbrieferstellung:
	0 (Null) Weder Leerzeilenunterdrückung noch Abfrageoptionen wurden aktiviert.
	1 Leerzeilenunterdrückung wurde aktiviert.
	2 Abfrageoptionen wurden aktiviert.
	3 Leerzeilenunterdrückung und Abfrageoptionen wurden aktiviert.
3	Liefert das Ziel der Serienbrieferstellung:
	0 Neues Dokument
	1 Drucker
	2 Elektronische Post (E-Mail, Electronic Mail)
	4 Faxgerät

Beispiel	Dieses Beispiel überprüft den Status des aktiven Dokuments, bevor eine Serienbrieferstellung durchgeführt wird. Ist das aktive Dokument kein Hauptdokument, zeigt Word eine Meldung an. Wenn das Dokument ein Hauptdokument, jedoch keine Datenquelle damit verbunden ist, wird eine Datenquelle hinzugefügt. In allen anderen Fällen wird sofort mit der Serienbrieferstellung begonnen.

```
Select Case SeriendruckStatus(0)
    Case 0
        MsgBox "Kein Seriendruck-Hauptdokument."
        BeendeMakro = 1
    Case 1, 3
        SeriendruckÖffnenDatenQuelle .Name = "C:\ DATEN\ DATEN.DOC"
    Case Else
End Select
If BeendeMakro = 1 Then Goto ciao
SeriendruckAnDrucker
ciao:
```

Siehe auch	**SeriendruckHauptdokumentArt**

SeriendruckSteuersatzQuelleBearbeiten

Syntax	**SeriendruckSteuersatzQuelleBearbeiten**
Bemerkungen	Öffnet die dem Hauptdokument beigefügte Steuersatzquelle oder aktiviert die Steuersatzquelle, wenn sie bereits geöffnet ist. Ist das geöffnete Dokument kein Hauptdokument oder ist keine Steuersatzquelle beigefügt, so tritt ein Fehler auf.
Siehe auch	**SeriendruckDatenQuelleBearbeiten**, **SeriendruckÖffnenSteuersatzQuelle**, **SeriendruckSteuersatzQuelleErstellen**

SeriendruckSteuersatzquelleErstellen

Syntax	**SeriendruckSteuersatzquelleErstellen** [**.DateiName** = *Text*] [**, .KennwortDok** = *Text*] [**, .Steuersatz** = *Text*]
Bemerkungen	Erstellt ein Word-Dokument, das einen Steuersatz speichert, welcher statt des Steuersatzes der Datenquelle in einer Serienbrieferstellung verwendet wird. **SeriendruckSteuersatzquelleErstellen** fügt die neue Steuersatzquelle dem aktiven Dokument bei, das dadurch zu einem Hauptdokument wird (falls es nicht bereits ein Hauptdokument ist).

Argument	Erklärung
.DateiName	Der Pfad- und Dateiname der neuen Steuersatzquelle.
.KennwortDok	Ein Kennwort zum Schutz der neuen Steuersatzquelle.
.Steuersatz	Feldnamen für den Steuersatz. Wenn Sie diesen Parameter nicht angeben, wird der Standard-Steuersatz verwendet: „Anrede, Vorname, Name, Position, Firma, Adresse1, Adresse2, PLZ, Ort, Bundesland, Land, Telefon_privat, Telefon_geschäftlich". Trennen Sie die Feldnamen unter Windows mit dem durch den Eintrag „sList" im Abschnitt [intl] in der Datei WIN.INI angegebenen Trennzeichen. Unter Windows 95 und Windows NT befindet sich diese Angabe in der Registrierung.

Siehe auch SeriendruckDatenquelleErstellen, SeriendruckÖffnenSteuersatzquelle, SeriendruckSteuersatzquelleBearbeiten

SeriendruckVorherigerDatensatz

Syntax SeriendruckVorherigerDatensatz

Bemerkungen Sind zusammengeführte Daten im Hauptdokument sichtbar, zeigt diese Anweisung ein Seriendruckdokument für den vorhergehenden Datensatz im aktuellen Abfrageergebnis (oder den vorherigen Datensatz in der Datenquelle, wenn keine Abfrageoptionen aktiv sind) an. Diese Anweisung ist nur gültig, wenn ein Hauptdokument aktiv ist.

Siehe auch SeriendruckDatensatzSuchen, SeriendruckErsterDatensatz, SeriendruckGeheZuDatensatz, SeriendruckLetzterDatensatz, SeriendruckNächsterDatensatz

SetPrivateProfileString, SetPrivateProfileString()

Syntax SetPrivateProfileString *Abschnitt$, Eintrag$, Einstellung$, Dateiname$*

SetPrivateProfileString(*Abschnitt$, Eintrag$, Einstellung$, Dateiname$*)

Bemerkungen Definiert eine Einstellung in einer Initialisierungsdatei neu oder um. Es handelt sich dabei um eine Datei, die von Makros zum Speichern und Abrufen von Einstellungen verwendet werden kann. Sie können beispielsweise beim Beenden von Word den Namen des aktiven Dokuments speichern, damit es beim nächsten Starten von Word automatisch geöffnet wird. Unter Windows handelt es sich bei einer Initialisierungsdatei um eine Textdatei, wie zum Beispiel WIN.INI. Auf dem Macintosh ist eine Initialisierungsdatei eine Ressourcenschutzdatei, wie zum Beispiel „Word-Einstellungen (6)". Bitte beachten: Unter Windows 95 und Windows NT speichert Word Einstellungen in der Registrierung, die nicht mit **SetProfileString** geändert werden können. Sie können jedoch trotzdem in benutzereigene Initialisierungsdateien schreiben.

Unter Windows 95 und Windows NT können Sie mit **SetProfileString** einem Wert in der Registrierung eine Einstellung zuweisen.

Argument	Erklärung
Abschnitt$	Der Name des Abschnitts in der Initialisierungsdatei, der den zu bestimmenden Schlüssel enthält. Dieser Name erscheint unter Windows in eckigen Klammern vor den entsprechenden Einträgen (geben Sie beim Argument *Abschnitt$* jedoch keine eckigen Klammern ein).
	Wenn Sie unter Windows 95 oder Windows NT mit **SetPrivateProfileString** einem Wert in der Registrierung eine Einstellung zuweisen, sollte *Abschnitt$* den vollständigen Pfad zum Schlüssel (einschließlich Hauptverzeichnis) enthalten, beispielsweise: „HKEY_CURRENT_USER\Software\Microsoft\Word\7.0\Options").
Eintrag$	Der zu definierende Eintrag. Unter Windows folgen dem Eintrag in der Initialisierungsdatei ein Gleichheitszeichen (=) und die Einstellung.
	Wenn Sie unter Windows 95 oder Windows NT mit **SetPrivateProfileString** einem Wert in der Registrierung eine Einstellung zuweisen, sollte *Eintrag$* der Name des Werts in dem durch *Abschnitt$* angegebenen Schlüssel sein, beispielsweise „Signalton".
Einstellung$	Die neue Einstellung.
Dateiname$	Der Pfad- und Dateiname der Initialisierungsdatei. Wenn kein Pfad angegeben wird, wird unter Windows der Ordner WINDOWS und auf dem Macintosh der Ordner „Preferences" angenommen. Wenn die Datei nicht bereits vorhanden ist, wird sie von Word erstellt.
	Wenn Sie unter Windows 95 oder Windows NT mit **SetPrivateProfileString** einem Wert in der Registrierung eine Einstellung zuweisen, muß *Dateiname$* eine leere Zeichenfolge ("") sein.

Die Funktion **SetPrivateProfileString()** verhält sich genau wie die Anweisung und liefert außerdem einen Wert, aus dem hervorgeht, ob die Ausführung erfolgreich war: -1 bedeutet, daß der Eintrag gesetzt wurde, 0 (Null) bedeutet, daß der Eintrag nicht gesetzt wurde. Einträge können nicht gesetzt werden, wenn die Initialisierungsdatei schreibgeschützt ist.

Beispiel	Diese beiden AutoMakros öffnen automatisch das Dokument, das beim letzten Beenden von Word aktiv war. Wenn Sie auf dem Macintosh arbeiten, verwenden Sie statt MEINE.INI eine Initialisierungsdatei wie zum Beispiel „Meine Einstellungen".

Die folgenden Anweisungen definieren den AutoExit-Makro. Falls es sich beim aktiven Fenster um ein Makrobearbeitungsfenster handelt, verhindert die **If**-Bedingung, daß Word den Makronamen in die Initialisierungsdatei schreibt. Damit wird einem Fehler im AutoExec-Makro vorgebeugt. |

```
Sub MAIN
If AuswInfo(27) <> -1 Then a$ = DateiName$()
Test = SetPrivateProfileString("Word Info", "LastActive", a$, \
    "MEINE.INI")
If Test = 0 Then MsgBox "INI-Eintrag konnte nicht gesetzt werden."
End Sub
```

Die folgenden Anweisungen definieren den AutoExec-Makro:

```
Sub MAIN
Name$ = GetPrivateProfileString$("Word Info", "LastActive", \
    "MEINE.INI")
If Name$ <> "" Then DateiÖffnen .Name = Name$
End Sub
```

Siehe auch	**ExtrasWeitereEinstellungen**, **GetProfileString$()**, **GetPrivateProfileString$()**, **SetProfileString**

SetProfileString

Syntax	**SetProfileString** *Abschnitt$*, *Eintrag$*, *Einstellung$*
Bemerkungen	Erstellt und definiert einen Eintrag in der Datei WIN.INI (Windows) oder definiert einen vorhandenen Eintrag neu. Wenn Sie für *Abschnitt$* **Microsoft Word 2.0**, **Microsoft Word**, **MSWord Text Converters** oder **MSWord Editable Sections** eingeben, definiert **SetProfileString** stattdessen die Einstellung aus der Datei WINWORD6.INI. Diese Ausnahmen bestehen aus Gründen der Kompatibilität mit Makros der Word für Windows-Version 2.*x*. Auf dem Macintosh definiert **SetProfileString** Einstellungen in der Initialisierungsdatei „Word-Einstellungen (6)". Im allgemeinen empfiehlt es sich, **SetPrivateProfileString** zu verwenden, da Sie mit dieser Anweisung eine Initialisierungsdatei angeben können.

Argument	Erklärung
Abschnitt$	Der Name des Abschnitts in der Initialisierungsdatei, der den zu definierenden Eintrag enthält. Dieser Name erscheint unter Windows in eckigen Klammern vor den entsprechenden Einträgen (geben Sie beim Argument *Abschnitt$* jedoch keine eckigen Klammern ein).
Eintrag$	Der zu definierende Eintrag. Unter Windows folgen dem Eintrag ein Gleichheitszeichen (=) und die Einstellung.
Einstellung$	Die neue Einstellung.

Anmerkung Unter Windows 95 und Windows NT werden Einstellungen in der Registrierung gespeichert. Sie können **SetProfileString** und **GetProfileString$()** zwar trotzdem verwenden, um Einstellungen aus einer Textdatei namens WIN.INI zu setzen oder abzurufen; jedoch benutzt weder das System noch Word diese Einstellungen. Um aus WordBasic heraus auf Werte in der Registrierung zuzugreifen, oder um diese zu ändern, müssen Sie **GetPrivateProfileString$()** oder **SetPrivateProfileString** verwenden.

Beispiel

Das folgende Beispiel für Windows verwendet **AbrufenSysteminfo$()**, um die Einstellung für „sCountry" im Abschnitt [intl] der Datei WIN.INI zu ermitteln. **SetProfileString** ändert die Einstellung des Eintrags in „Schweden", sofern der Eintrag nicht bereits diese Einstellung hat.

```
If AbrufenSysteminfo$(29) <> "Schweden" Then
    SetProfileString "intl", "sCountry", "Schweden"
End If
```

Siehe auch

ExtrasWeitereEinstellungen, **GetPrivateProfileString$()**, **GetProfileString$()**, **SetPrivateProfileString**

Sgn()

Syntax **Sgn(***n***)**

Bemerkungen Stellt fest, ob ein numerischer Wert positiv, negativ oder 0 (Null) ist.

Wert	Erklärung
0 (Null)	*n* ist 0 (Null)
–1	*n* ist eine negative Zahl
1	*n* ist eine positive Zahl

Beispiel	Dieses Beispiel vergleicht zwei Werte. Wenn die Differenz negativ ist, wird ein Meldungsfeld angezeigt.

```
MaiUmsatz = 12000
JuniUmsatz = 10000
Differenz = JuniUmsatz - MaiUmsatz
If Sgn(Differenz) = -1 Then
    MsgBox "Der Umsatz fiel um "+Str$(Abs(Differenz))+" DM!"
End If
```

Siehe auch	**Abs()**, **Int()**, **Rnd()**

Shell

Syntax	**Shell** *Anwendung$* [, *Fensterart*]
Bemerkungen	Startet ein anderes Anwendungsprogramm (beispielsweise Microsoft Excel) oder einen anderen Vorgang (beispielsweise ein MS-DOS-Stapelverarbeitungsprogramm oder eine ausführbare Datei). Unter Windows startet **Shell** für den Fall daß die angegebene Anwendung bereits ausgeführt wird, die Anwendung ein zweites Mal. Auf dem Macintosh aktiviert **Shell** die bereits laufende Anwendung.
	Anmerkung In Word, Version 6.0 für Windows NT, und Word, Version 7.0, ist nicht sichergestellt, daß ein mit **Shell** gestartetes Programm vollständig geladen ist, bevor die Anweisungen im Anschluß an die **Shell**-Anweisung in Ihrem Makro ausgeführt werden. Anweisungen, die versuchen, mit einer nicht vollständig geladenen Anwendung zu kommunizieren, führen zu Fehlern oder fehlerhaften Ergebnissen. Um dieses Problem zu vermeiden, können Sie eine **For...Next**-Schleife verwenden, um die Ausführung der Anweisungen zu verzögern, bis die andere Anwendung geladen ist. Ein Beispiel finden Sie unter **DDEInitiate**.

Argument	Erklärung
Anwendung$	Unter Windows der Pfad- und Dateiname, der zum Auffinden der Anwendung erforderlich ist, sowie alle gewünschten gültigen Schalter oder Argumente. Geben Sie dies genau wie im Dialogfeld **Ausführen** ein. WennSie ein Befehlsfenster anzeigen möchten, geben Sie für *Anwendung$* `Umgebung$("COMSPEC")` (Windows 3.*x*), `Umgebung$("COMMAND")` (Windows 95) oder `Umgebung$("CMD")` (Windows NT) an.
	Auf dem Macintosh ist *Anwendung$* entweder der Name der Anwendung oder der Creator, der von der Funktion **MacID$( )** zurückgegeben wird. Generell ist der Creator dem Namen der Anwendung vorzuziehen (z.B. MacID$("XCEL") anstatt „Microsoft Excel"), da sich im Gegensatz zum Namen der Anwendung der Creator nie ändert.
	Anwendung$ kann auch ausschließlich aus dem Namen einer Dokumentdatei bestehen, sofern der Dateiname mit einer Anwendung verknüpt ist. Unter Windows ist das der Fall, wenn die Dateinamenerweiterung im Abschnitt [Extensions] der Datei WIN.INI (bzw. unter Windows 95 und Windows NT in der Registrierung) eingetragen ist. Auf dem Macintosh werden Verknüpfungen zwischen Dateinamen und Anwendungen automatisch hergestellt. Sie können Verknüpfungen mit Hilfe von **BestimmenDateiErstelltVonUndTyp** ändern. **Shell** startet die mit dem Dateinamen verknüpfte Anwendung und öffnet das Dokument.
	Um unter Windows NT einen Dateinamen mit Leerzeichen anzugeben, schließen Sie diesen in `Chr$(34)`-Zeichen ein, wie in folgendem Beispiel:
	`Shell Chr$(34)+"Augustbericht .DOC"+Chr$(34)`
	Wenn Sie in einer einzigen Shell-Anweisung einen Anwendungs- und einen Dokumentnamen verwenden, müssen Sie die Namen durch Leerzeichen trennen.

Argument	Erklärung
Fensterart	Unter Windows die Art des Fensters, in dem die Anwendung angezeigt wird (einige Anwendungen ignorieren diesen Parameter):
	0 (Null) Ein auf Symbolgröße reduziertes (minimiertes) Fenster
	1 Ein normales Fenster (in der aktuellen Fenstergröße oder, falls das Fenster auf Symbolgröße reduziert ist, in der vorhergehenden Größe)
	2 Ein auf Symbolgröße reduziertes Fenster (um Kompatibilität mit Microsoft Excel zu wahren)
	3 Ein Fenster in Vollbildgröße
	4 Ein inaktives Fenster
	Auf dem Macintosh sind *Fensterart* 0 (Null), 1, 2 und 3 identisch: Das Anwendungsfenster (das in nur einer Größe vorhanden ist) wird aktiviert. Mit *Fensterart* 4 wird eine Anwendung gestartet, Word bleibt allerdings aktiviert.

Beispiele

Dieses Beispiel (Windows) startet den Editor und öffnet das Dokument TORTE.TXT:

```
Shell "NOTEPAD TORTE.TXT"
```

Das folgende Beispiel (Macintosh) startet Microsoft Excel, läßt Word aber aktiv:

```
Shell MacID$("XCEL"), 4
```

Das folgende Beispiel (Windows) erstellt eine Textdatei (DOKLISTE.TXT), die alle Dokumente im Ordner C:\WINWORD auflistet, die die Erweiterung .DOC haben. Mit einer solchen Anweisung können Sie eine Datei erstellen, die Sie zu einem späteren Zeitpunkt zur sequentiellen Eingabe öffnen können. Der Schalter „/c" sorgt dafür, daß die Steuerung wieder an Word übergeht, nachdem die Befehlszeile im Anschluß an „/c" ausgeführt wurde.

```
Shell Umgebung$("COMSPEC") + "/c dir /b c:\winword\*.doc > DOKLISTE.TXT"
```

Siehe auch

AnwAktivieren, BestimmenDateiErstelltVonUndTyp, DDEInitiate(), MacID$(), Umgebung$()

SortDatenfeld

Syntax **SortDatenfeld** *DatenfeldName*[$]() [, *Reihenfolge*] [, *Von*] [, *Zu*] [, *SortierTyp*] [, *SortierSchlüssel*]

Bemerkungen Sortiert die Elemente im angegebenen numerischen oder Zeichenfolgen-Datenfeld alphanumerisch. **SortDatenfeld** eignet sich besonders für das Sortieren von Datenfeldern, die Werte in Listenfelder benutzereigener Dialogfelder eintragen. **SortDatenfeld** kann ein- oder zweidimensionale Datenfelder sortieren. Falls das angegebene Datenfeld mehr als zwei Dimensionen aufweist, tritt ein Fehler auf.

Argument	Erklärung
Datenfeld Name[$]()	Das zu sortierende ein- oder zweidimensionale Datenfeld. Datenfelder mit mehr als zwei Dimensionen werden nicht sortiert.
Reihenfolge	Die Sortierreihenfolge: 0 (Null) oder nicht angegeben Aufsteigend 1 Absteigend
Von	Nummer des ersten zu sortierenden Elements. Die Standardvorgabe ist 0 (Null).
Zu	Nummer des letzten zu sortierenden Elements (muß größer sein als *Von*).
SortierTyp	Der Typ der durchzuführenden Sortierung (trifft nur auf zweidimensionale Datenfelder zu): 0 (Null) oder nicht angegeben Sortiert die „Zeilen" in der Datenfeldmatrix. 1 Sortiert die „Spalten" in der Datenfeldmatrix.
SortierSchlüssel	Die Nummer der Zeile oder Spalte, nach der sortiert werden soll (trifft nur auf zweidimensionale Datenfelder zu): 0 (Null) kennzeichnet die erste Zeile oder Spalte, 1 die zweite usw. Die Standardvorgabe ist 0 (Null). Wenn *SortierTyp* den Wert 0 (Null) hat und eine Sortierung nach Zeilen durchgeführt wird, gibt *SortierTyp* die Spalte an, durch die die Sortierung festgelegt wird. Wenn *SortierTyp* den Wert 1 hat und eine Sortierung nach Spalten durchgeführt wird, gibt *SortierTyp* die Zeile an, durch die die Sortierung festgelegt wird.

Die folgende Tabelle enthält einige Beispiele für **SortDatenfeld**-Anweisungen mit einer Beschreibung der Auswirkungen.

Anweisung	Beschreibung
`SortDatenfeld TestFeld()`	Sortiert alle Elemente im Datenfeld `TestFeld()` in aufsteigender Reihenfolge. Die Sortierung beginnt mit den Elementen mit der Nummer 0 (Null). In einem zweidimensionalen Datenfeld werden die Zeilen der Datenfeldmatrix sortiert, wobei die erste Spalte als Sortierschlüssel verwendet wird.
`SortDatenfeld Liste$(), 0, 0, 9`	Sortiert die ersten 10 Elemente (Nummer 0 bis 9) im Datenfeld `Liste$()` in aufsteigender Reihenfolge.
`SortDatenfeld AdressenListe$(), 1, 0, 19, 0, 1`	Sortiert die ersten 20 Elemente (Nummer 0 bis 19) im zweidimensionalen Datenfeld `AdressenListe$()` in absteigender Reihenfolge. Sortiert werden die Zeilen, wobei die zweite Spalte als Sortierschlüssel verwendet wird.
`SortDatenfeld Tabelle(), 0, 0, 9, 1, 3`	Sortiert die Elemente Nummer 0 bis 9 im zweidimensionalen Datenfeld `Tabelle$()` in aufsteigender Reihenfolge. Sortiert werden die Spalten, wobei die vierte Zeile als Sortierschlüssel verwendet wird.

Anmerkung Obwohl bis auf *DatenfeldName*[$]() alle Argumente von **SortDatenfeld** optional sind, müssen Sie alle Argumente zwischen angegebenen Argumenten ebenfalls angeben. `SortDatenfeld Test(), 0, 0, 2, 0, 1` ist beispielsweise eine gültige Anweisung, aber `SortDatenfeld Test(), 0, , , , 1` ist nicht gültig und sortiert das Datenfeld nicht.

Beispiel

Dieses Beispiel erstellt ein Datenfeld mit den Namen aller Textmarken im aktiven Dokument und sortiert dann diese Namen. Beim Definieren von `Marken$(0)` repräsentiert diese Variable den Namen der ersten Textmarke, die dem Dokument hinzugefügt wird. Nachdem das Datenfeld sortiert wurde, repräsentiert `Marken$(0)` den ersten Namen in der alphabetischen Liste der Textmarkennamen.

```
Größe = ZählenTextmarken() - 1
Dim Marken$(Größe)
For Anzahl = 0 To Größe
    Marken$(Anzahl) = TextmarkeName$(Anzahl + 1)
Next
SortDatenfeld Marken$()
```

Das folgende Beispiel öffnet eine Textdatei mit 100 Namen und Adressen. Es gibt fünf Felder für Namen und Adressen: das erste Feld nimmt den Namen, das zweite die Straße, das dritte die Stadt, das vierte das Land und das fünfte die Postleitzahl auf. Das Datenfeld AdressenListe$() wird definiert, um die Namen und Adressen aufzunehmen, die in das Datenfeld eingelesen werden. Das Datenfeld wird anschließend nach Postleitzahl in absteigender Reihenfolge sortiert (d.h. die Zeilen mit den höchsten Postleitzahlen erscheinen zuerst). Die sortierten Namen und Adressen werden anschließend sortiert zurück in die Datei geschrieben. Dasselbe Ergebnis erhalten Sie, wenn Sie die Datei in einem Dokumentfenster öffnen und die Anweisung **TabelleSortieren** verwenden.

```
Open "LISTE.TXT" For Input As 1
Dim AdressenListe$(99, 4)
For x = 0 To 99
    Read #1, AdressenListe$(x, 0), AdressenListe$(x, 1), \
    AdressenListe$(x, 2), AdressenListe$(x, 3), AdressenListe$(x, 4)
Next
Close 1
SortDatenfeld AdressenListe$(), 1, 0, 99, 0, 4
Open "NEUELIST.TXT" For Output As 1
For x = 0 To 99
    Write #1, AdressenListe$(x, 0), AdressenListe$(x, 1), \
    AdressenListe$(x, 2), AdressenListe$(x, 3), AdressenListe$(x, 4)
Next
Close 1
```

Siehe auch **Dim, TabelleSortieren**

SpalteMarkieren

Syntax SpalteMarkieren

Bemerkungen Aktiviert den Spaltenmarkierungsmodus, um eine Textspalte zu markieren (beispielsweise Zahlen, die in zwei oder mehr Textzeilen am gleichen Tabstop ausgerichtet sind). Sie können den Modus mit **Abbrechen** oder einem anderen Befehl, der sich auf die Spaltenmarkierung auswirkt, wieder deaktivieren. **SpalteMarkieren** markiert keine Spalten in einer Word-Tabelle, statt dessen wird, bei Verschieben der Einfügemarke, die Markierung erweitert. Verwenden Sie dazu die Anweisung **TabelleSpalteMarkieren**. Es ist nicht möglich, eine Spaltenmarkierung innerhalb einer Tabellenzelle durchzuführen.

Beispiel	Dieses Beispiel markiert die Zahlen und Tabstopzeichen in der aktuellen Zeile und den beiden folgenden Zeilen einer Liste. Dies wird in der untenstehenden Abbildung veranschaulicht.

```
BeginnZeile
SpalteMarkieren
WortRechts 2
ZeileUnten 2
```

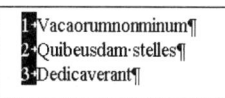

> 1→Vacaorumnonminum¶
> 2→Quibeusdam·stelles¶
> 3→Dedicaverant¶

Siehe auch	**Abbrechen, MarkierungErweitern**

Sprache, Sprache$()

Syntax	**Sprache** *Sprache$*
	Sprache$([*Nummer*])
Bemerkungen	Die Anweisung **Sprache** definiert eine bestimmte Sprache für den markierten Text. Die Editierhilfen verwenden dann für diesen Text die Wörterbücher der angegebenen Sprache. Das Dialogfeld **Sprache** (Menü **Extras**) listet die Sprachennamen zwar in ihrer deutschen Form auf, doch muß *Sprache$* in der entsprechenden Landessprache und in der für das Land üblichen Schreibweise eingegeben werden. Für Italienisch müssen Sie beispielsweise „Italiano" eingeben. Eine Liste der gültigen Fremdsprachennamen finden Sie unter **ExtrasSprache**.
	Wird bei der Funktion **Sprache$()** *Nummer* als 0 (Null) angegeben oder ausgelassen, liefert diese als Ergebnis das Sprachformat des ersten Zeichens in einer Markierung. Wenn kein Text markiert ist, liefert **Sprache$()** das Sprachformat des Zeichens links neben der Einfügemarke.
	Ist *Nummer* größer als 0 (Null), liefert **Sprache$()** als Ergebnis den Namen der durch Nummer festgelegten Sprache. Dabei entspricht *Nummer* der Position der Sprache in der alphabetischen Auflistung der unübersetzten Sprachennamen. Beachten Sie hierbei, daß die Reihenfolge in der Liste der unübersetzten Sprachennamen nicht mit der in der Liste im Dialogfeld **Sprache** (Menü **Extras**) übereinstimmt, da die Sprachennamen in diesem Dialogfeld ins Deutsche übersetzt sind und somit in einer anderen alphabetischen Reihenfolge erscheinen. Das Argument *Nummer* liegt im Bereich zwischen 1 und dem Rückgabewert der Funktion **ZählenSprachen()**.

Beispiele	Die folgenden Anweisungen zeigen drei Verwendungsmöglichkeiten für die Anweisung **Sprache**. Die erste weist die Sprache des markierten Bereichs als britisches Englisch, die zweite als die zwölfte Sprache in der Liste und die dritte als „(keine Überprüfung)" aus. Die Editierhilfen überspringen Abschnitte, die mit „(keine Überprüfung)" gekennzeichnet wurden.

```
Sprache "English (UK)"
Sprache Sprache$(12)
Sprache "0"
```

Der folgende Makro erstellt eine zweispaltige Liste im aktiven Dokument, die alle gültigen **Sprache$**(*Nummer*)-Anweisungen und deren entsprechende Sprachennamen (die jeder Wert von *Nummer* liefert) enthält. Alle als Ergebnis gelieferten Sprachennamen sind gültige Argumente für die Anweisung **Sprache**.

```
Sub MAIN
For i = 1 To ZählenSprachen()
    If i > 1 Then EinfügenAbsatz
    Einfügen "Sprache$(" + Right$(Str$(i), Len(Str$(i)) -1) + ")" \
        + Chr$(9) + Sprache$(i)
Next
End Sub
```

Siehe auch	**ExtrasSprache, ZählenSprachen()**

StandardFV

Syntax	**StandardFV**
Bemerkungen	Weist den markierten Absätzen die Formatvorlage „Standard" zu. Für **StandardFV** gibt es keine entsprechende Funktion, doch können Sie die aktuelle Formatvorlage mit der Funktion **FVName$()** ermitteln. Die Anweisung `If FVName$() = "Standard" Then MsgBox "Standard-Absatz"` zeigt beispielsweise eine Meldung an, wenn der aktuelle Absatz mit der Formatvorlage „Standard" formatiert ist.
Beispiel	Dieses Beispiel markiert den aktuellen Absatz. Wenn er die Zeichenfolge „Kommentare:" enthält, wird ihm die Formatvorlage „Standard" zugewiesen. In der ersten Anweisung ist `\Para` eine der vordefinierten Textmarken, die Word automatisch setzt und aktualisiert. Weitere Informationen über vordefinierte Textmarken finden Sie unter „Vordefinierte Textmarken".

```
BearbeitenGeheZu .Ziel="\Para"
If InStr(Markierung$(), "Kommentare:") Then StandardFV
```

Siehe auch	**FormatFormatvorlage, Formatvorlage, FVName$(), VorgabeAbsatz**

StandardZeichenLaufweite

Syntax	**StandardZeichenLaufweite**
Bemerkungen	Stellt die markierten Zeichen wieder mit normalem Zeichenabstand her, wenn ihr aktueller Abstand gesperrt oder schmal ist.
Siehe auch	**FormatZeichen**, **StandardZeichenPosition**

StandardZeichenPosition

Syntax	**StandardZeichenPosition**
Bemerkungen	Stellt die markierten Zeichen wieder auf die Grundlinie, wenn Sie zuvor hoch- oder tiefgestellt wurden. Dies gilt nur für Zeichen, die mit der Option „Höherstellen" oder „Tieferstellen" auf der Registerkarte **Abstand** (Option „Position", Dialogfeld **Zeichen**, Menü **Format**) hoch- oder tiefgestellt wurden. Es gilt *nicht* für Zeichen, die mit der Option „Hochgestellt" oder „Tiefgestellt" auf der Registerkarte **Schrift** (im gleichen Dialogfeld) formatiert wurden. Ferner gilt es auch nicht für Zeichen, die mit einem Makro mit Hilfe der Anweisungen **Hochgestellt** oder **Tiefgestellt** hoch- bzw. tiefgestellt wurden.
Siehe auch	**FormatZeichen**, **StandardZeichenLaufweite**

SteuerungAusführen

Syntax	**SteuerungAusführen .Anwendung** = *Nummer*
Bemerkungen	Unter Windows wird entweder die Zwischenablage oder die Systemsteuerung aufgerufen. Wenn Sie ein anderes Programm ausführen möchten, verwenden Sie die Anweisung **Shell**. Auf dem Macintosh steht **SteuerungAusführen** nicht zur Verfügung und erzeugt daher einen Fehler.

Argument	Erklärung
.Anwendung	Die Nummer der Anwendung:
	0 (Null) Zwischenablage (dieser Wert steht unter Windows 95 nicht zur Verfügung und verursacht einen Fehler)
	1 Systemsteuerung von Windows

Beispiel	Dieses Beispiel ruft die Systemsteuerung auf.
	`SteuerungAusführen .Anwendung = 1`
Siehe auch	**Shell**, **ZwischenablageAnzeigen**

Stop

Syntax	**Stop** [*MeldungUnterdrücken*]
Bemerkungen	Hält die Ausführung eines Makros an. Ist *MeldungUnterdrücken* –1, erscheint keine Meldung. Andernfalls wird ein Feld mit der Meldung, daß der Makro unterbrochen wurde, angezeigt. Wenn Word in einem Makro, der in einem Makrobearbeitungsfenster geöffnet ist, auf die Anweisung **Stop** trifft, können Sie in der Makro-Symbolleiste auf die Schaltfläche für „Fortsetzen" klicken, um die Ausführung des Makros fortzusetzen.
Siehe auch	**VariablenAnzeigen**

Str$()

Syntax	**Str$**(*n*)
Bemerkungen	Liefert die Zeichenfolgendarstellung des Wertes *n*. Wenn *n* eine positive Zahl ist, liefert **Str$**() eine Zeichenfolge mit einem führenden Leerzeichen. Sie können das Leerzeichen mit **LTrim$**() entfernen.
Beispiele	Dieses Beispiel macht mit der Funktion **Str$**() eine numerische Variable zu einem verwertbaren Bestandteil einer Zeichenfolge in einer Meldung. Beachten Sie, daß zwischen `betrug` und `a$` keine Leerstelle erforderlich ist, da **Str$**() vor `a$` eine Leerstelle einfügt.

```
Umsatz = 2400
a$ = Str$(Umsatz)
MsgBox "Der Umsatz dieser Woche betrug" + a$ + " DM."
```

Die folgende Funktion liefert Zeichenfolgendarstellungen von numerischen Variablen ohne führende Leerstellen:

```
Function Zeichenfolge$(Num)
    If Num >= 0 Then
        Zeichenfolge$ = LTrim$(Str$(Num))
    Else
        Zeichenfolge$ = Str$(Num)
    End If
End Function
```

In einer anderen Unterroutine kann beispielsweise mit der Anweisung `Zeichenfolge1$ = Zeichenfolge$(25)` die vorhergehende Funktion aufgerufen werden.

Siehe auch Chr$(), InStr(), Left$(), LTrim$(), Mid$(), Right$(), RTrim$(), String$(), Val()

String$()

Syntax **String$** (*Anzahl*, *Quelle$*)

String$ (*Anzahl*, *Zeichencode*)

Bemerkungen Liefert das erste Zeichen in *Quelle$* oder das Zeichen, das durch *Zeichencode* im entsprechenden Zeichencode dargestellt wird. Das Zeichen wird so oft wiederholt, wie durch *Anzahl* angegeben. *Anzahl* kann maximal den Wert 65 280 besitzen.

Beispiele Diese Anweisung zeigt den Text „ddddd" in der Statusleiste an:

```
Print String$(5, 100)
```

Dieses Beispiel fügt vor dem ersten markierten Absatz eine Zeile ein, die 40 Zeichen des Zeichencodes 164 enthält:

```
MarkierungArt 1 : AbsatzUnten : AbsatzOben    'Zum Absatzanfang
Einfügen String$(40, 164)                     'Zeichenfolge einfügen
Einfügen Absatz                               'Einen Absatz einfügen
```

Siehe auch Asc(), Chr$(), InStr(), Str$()

Stunde()

Syntax	**Stunde**(*Seriennummer*)
Bemerkungen	Liefert eine ganze Zahl im Bereich von 0 (Null) bis 23, die der Stunden-Komponente von *Seriennummer* oder einer dezimalen Darstellung des Datums und/oder der Uhrzeit entspricht. Weitere Informationen über Seriennummern finden Sie unter **DatumSeriell()**.
Beispiel	Dieses Beispiel legt die Variable AktuelleStunde auf die Stunden-Komponente der aktuellen Uhrzeit fest:

```
AktuelleStunde = Stunde(Jetzt())
```

Siehe auch	**DatumSeriell()**, **Heute()**, **Jahr()**, **Jetzt()**, **Minute()**, **Monat()**, **Sekunde()**, **Tag()**, **Wochentag()**

Sub...End Sub

Syntax	**Sub** *UnterName*[(*Argumentliste*)] *Reihe von Anweisungen* **End Sub**
Bemerkungen	Definiert eine Unterroutine. Eine Unterroutine ist ein Block von Anweisungen, auf die von der Hauptunterroutine aus mehrfach zugegriffen werden kann. Durch Unterroutinen werden Makros verkürzt, und das Debuggen wird vereinfacht.

Argument	Erklärung
UnterName	Der Name der Unterroutine.
Argumentliste	Eine Liste von Argumenten, die jeweils durch Kommas voneinander getrennt sind. Sie können diese Argumente in der Unterroutine verwenden. Werte, Zeichenfolgen- und numerische Variablen sowie Datenfeldvarialben sind gültige Argumente.

Unterroutinen müssen außerhalb der Hauptunterroutine angeführt werden. Normalerweise werden sie unterhalb der Anweisung **End Sub**, mit der die Hauptunterroutine endet, angeführt. Unterroutinen können nicht nur von der Hauptunterroutine des Makros, sondern auch von anderen Unterroutinen und sogar anderern Makros aus aufgerufen werden. Weitere Informationen über Unterroutinen, z.B. den Austausch von Variablen und die Übergabe von Argumenten, finden Sie in Kapitel 4, „WordBasic für Fortgeschrittene".

Beispiele	Im folgenden Beispiel ruft die Hauptunterroutine die Unterroutine Signal auf, wobei die Anzahl der zu erzeugenden Signaltöne durch die Variable AnzSignale übergeben wird.

```
Sub MAIN
    AnzSignale = 3
    Signal(AnzSignale)
End Sub

Sub Signal(Anzahl)
    For n = 1 To Anzahl
        Beep
        For t = 1 To 100 : Next     'Zeitintervall zwischen Signaltönen
    Next
End Sub
```

Würde sich die Unterroutine Signal in einem Makro namens Makrobiblio befinden, würde sie folgendermaßen aufgerufen:

```
Sub MAIN
    AnzSignale = 3
    Makrobiblio.Signal(AnzSignale)
End Sub
```

Weitere Informationen über das Verwenden von Unterroutinen in verschiedenen Makros finden Sie in Kapitel 4, „WordBasic für Fortgeschrittene".

Siehe auch	**Call, Function…End Function**

SuchenWiederholen

Syntax	**SuchenWiederholen**
Bemerkungen	Wiederholt die letzte Operation, die Sie mit **BearbeitenSuchen** oder **BearbeitenGeheZu** durchgeführt haben. Beachten Sie, daß beim Wiederholen einer **BearbeitenSuchen**-Anweisung auch alle Einstellungen für **.Richtung**, **.GanzesWort**, **.GroßKleinschreibung**, **.Mustervergleich**, **.Format** und **.Textfluß** wiederholt werden.
Beispiel	Dieses Beispiel zählt, wie oft das Wort „Erfolg" im aktiven Dokument vorkommt, und zeigt anschließend das Ergebnis in einem Meldungsfeld an.

```
            BeginnDokument
            BearbeitenSuchen .Suchen = "Erfolg", .Richtung = 0, .GanzesWort = 1,\
                    .GroßKleinschreibung = 0, .Format = 0, .Textfluß = 0
            While BearbeitenSuchenGefunden()
                Anzahl = Anzahl + 1
                SuchenWiederholen
            Wend
            MsgBox "Das Wort " + Chr$(34) + "Erfolg" + Chr$(34) \
                    + " kommt" + Str$(Anzahl) + " Mal vor."
```

Siehe auch   **BearbeitenGeheZu, BearbeitenSuchen, BearbeitenWiederholen**

SymbolleistenName$()

Syntax   **SymbolleistenName**(*Schaltfläche* [, *Kontext*])

Bemerkungen   Liefert als Ergebnis den Namen der angegebenen Symbolleiste, wie er im Dialogfeld **Symbolleisten** des Menüs **Ansicht** aufgeführt ist.

Argument	Erklärung
Schaltfläche	Eine Zahl im Bereich von 1 bis **ZählenSymbolleisten**(), die der Symbolleiste entspricht, deren Name als Ergebnis erwartet wird.
Kontext	Bezeichnet die Liste der Symbolleisten, aus der ein Name für *Schaltfläche* zurückgegeben werden soll:
	0 (Null) Die Liste der Symbolleisten, die für alle Dokumente verfügbar sind (einschließlich der geladener globaler Dokumentvorlagen).
	1 oder fehlt Die Liste aller zum jeweiligen Zeitpunkt verfügbaren Symbolleisten, einschließlich der, die nur Dokumenten zugänglich sind, die auf der Dokumentvorlage „Normal" basieren.

Ein Beispiel finden Sie unter **ZählenSymbolleisten**().

Siehe auch   **SymbolleistenSchaltflächenMakro$(), ZählenSymbolleisten(), ZählenSymbolleistenSchaltflächen()**

SymbolleistenSchaltflächenMakro$()

Syntax   SymbolleistenSchaltflächenMakro$(*Symbolleiste$*, *Position* [, *Kontext*])

Bemerkungen   Liefert den Namen des bereits eingebauten Befehls, Makros, AutoText-Eintrags oder der bereits eingebauten Schriftart oder Dokumentvorlage, dem/der die angegebene Symbolleisten-Schaltfläche zugewiesen ist. Bei Angabe einer Position, die einer Leerfläche entspricht, liefert **SymbolleistenSchaltflächenMakro$()** als Ergebnis eine leere Zeichenfolge ("").

Argument	Erklärung
Symbolleiste$	Der Name der Symbolleiste, wie er im Dialogfeld **Symbolleisten** (Menü **Ansicht**) erscheint.
Position	Eine Zahl, die der Position der Schaltfläche auf der angegebenen Symbolleiste entspricht. 1 entspricht der ersten Position, 2 der zweiten usw. Beachten Sie, daß ein Listenfeld oder eine Leerfläche als 1 Position gezählt werden.
Kontext	Gibt die Schaltfläche an, für die der Name geliefert werden soll:

0 (Null)   Die auf der Symbolleiste angezeigte Schaltfläche, wenn ein Dokument aktiv ist, das auf der Dokumentvorlage „Normal" basiert.

1 oder fehlt   Die gerade angezeigte Symbolleiste.

Beachten Sie, daß die auf der Symbolleiste angezeigte Schaltfläche ggf. von den benutzerdefinierten Einstellungen der aktiven, jeder geladenen globalen sowie der Dokumentvorlage „Normal" abhängt.

Beispiel   Dieses Beispiel füllt ein Datenfeld mit den Namen von Befehlen, die der Standardsymbolleiste zugewiesen sind, wenn ein auf der Dokumentvorlage „Normal" basierendes Dokument aktiv ist.

```
Größe = ZählenSymbolleistenSchaltflächen("Standard", 0) - 1
Dim StndMakro$(Größe)
For i = 0 To Größe
    StndMakro$(i) = SymbolleistenSchaltflächenMakro$("Standard", \
        i + 1, 0)
Next i
```

Siehe auch   **SymbolleistenName$()**, **ZählenSymbolleisten()**, **ZählenSymbolleistenSchaltflächen()**

SymbolleistenStatus()

Syntax	**SymbolleistenStatus**(*Symbolleiste$*)
Bemerkungen	Liefert als Ergebnis –1, wenn die mit *Symbolleiste$* angegebene Symbolleiste angezeigt wird, und 0 (Null), wenn sie nicht angezeigt wird.
Beispiel	Dieses Beispiel wechselt zur Layout-Ansicht, wenn die Zeichnungs-Symbolleiste angezeigt ist.

```
If SymbolleistenStatus ("Zeichnung") Then AnsichtLayout
```

Siehe auch	**AnsichtFormatierungsleiste, AnsichtLineal, AnsichtStatusleiste, AnsichtSymbolleisten, SymbolleistenName$()**

SymbolleisteVerschieben

Syntax	**SymbolleisteVerschieben** *Symbolleiste$, Anker, HorizPos, VertPos*
Bemerkungen	Verschiebt die angegebene Symbolleiste. Ist die angegebene Symbolleiste nicht angezeigt, tritt ein Fehler auf.

Argument	Erklärung
Symbolleiste$	Der Name der zu verschiebenden Symbolleiste, wie er im Dialogfeld **Symbolleisten** (Menü **Ansicht**) erscheint.
Anker	Gibt an, ob die Symbolleiste am oberen oder unteren Ende oder an den Seiten des Word-Fensters verankert oder ob sie als eine über dem Dokumentfenster frei bewegliche (unverankerte) Symbolleiste eingefügt werden soll:
	0 (Null) Die Symbolleiste ist über das gesamte Dokumentfenster bewegbar.
	1 Die Symbolleiste wird am oberen Ende des Word-Fensters verankert.
	2 Die Symbolleiste wird am linken Rand des Word-Fensters verankert.
	3 Die Symbolleiste wird am rechten Rand des Word-Fensters verankert.
	4 Die Symbolleiste wird am unteren Ende des Word-Fensters verankert.

Argument	Erklärung
HorizPos, *VertPos*	Hat *Anker* den Wert 0, wird hiermit die horizontale (*HorizPos*) und vertikale (*VertPos*) Entfernung von der linken oberen Ecke des Word-Fensters zur linken oberen Ecke der Symbolleiste in Pixel angegeben.
	Ist *Anker* ungleich 0 (Null), muß *HorizPos* und *VertPos* trotzdem angegeben werden. Word verschiebt die Symbolleiste dann an die nächste verfügbare Stelle in der Reihe der verankerten Symbolleisten.

Beispiel Dieses Beispiel zeigt die Formular-Symbolleiste an und verschiebt sie in die untere rechte Ecke des Word-Fensters. Die **IF**-Bedingung verhindert, daß auf dem Macintosh die Anweisung **AnwMaximieren** ausgeführt wird. Sie würde sonst einen Fehler erzeugen.

```
If InStr(AnwInfo$(1), "Macintosh") = 0 Then AnwMaximieren (1)
AnsichtSymbolleisten .Symbolleiste = "Formular", .Anzeigen
SymbolleisteVerschieben "Formular", 0, 520, 410
```

Siehe auch **AnsichtSymbolleisten, SymbolleistenName$(), SymbolleistenStatus()**

SymbolSchriftart

Syntax **SymbolSchriftart** [*EinzufügenderText$*]

Bemerkungen Formatiert den markierten Text mit der Schriftart „Symbol" oder fügt den angegebenen Text, mit der Schriftart „Symbol" formatiert, an der Einfügemarke ein. Ist kein Text markiert oder als Argument angegeben, ist die Anweisung **SymbolSchriftart** wirkungslos.

Siehe Auch **EinfügenSonderzeichen, FormatZeichen**

TabAusricht$()

Syntax   TabAusricht$(*Pos*)

Bemerkungen   Liefert das Füllzeichen des benutzerdefinierten Tabstops an der Position *Pos*. Die Position wird in Punkten angegeben (1 Punkt = 0,376 mm). Wenn mehrere Absätze markiert sind, wertet **TabAusricht$()** die Einstellungen des ersten Absatzes aus.

TabAusricht$() liefert eine leere Zeichenfolge (""), wenn sich an der Position *Pos* kein Tabstop befindet. Wenn es sich bei dem angegebenen Tabstop um einen Standard-Tabstop handelt, liefert es eine Zeichenfolge zurück, die nur aus einem Leerzeichen besteht. Wenn sich das Dokument in der Gliederungsansicht befindet, schaltet **TabAusricht$()** in die Normalansicht zurück, bevor es das Füllzeichen ausliest. Wenn sich an der Position *Pos* ein benutzerdefinierter Tabstop befindet, liefert **TabAusricht$()** einen der folgenden Werte:

Wert	Erklärung
(Leerstelle)	Kein Füllzeichen vorhanden (entspricht der Füllzeicheneinstellung „Ohne")
.	Punkt
-	Bindestrich
_	Unterstreichungszeichen

Sie können das Tabulator-Füllzeichen mit der Anweisung **FormatTabulator** ändern.

Beispiel   Dieses Beispiel prüft, ob der Tabstop an der Position 65 pt als Füllzeichen das Unterstreichungszeichen verwendet. Wenn dies der Fall ist, ändert die Anweisung **FormatTabulator** das Füllzeichen in „Ohne".

```
AnsichtNormal
If TabAusricht$(65) = "_" Then
    FormatTabulator .Position = "65 pt", .Füllzeichen = 0
End If
```

Siehe auch   **FormatTabulator**, **NächsterTab()**, **TabstopArt()**, **VorherigerTab()**

TabelleAktualisierenAutoFormat

Syntax   TabelleAktualisierenAutoFormat

Bemerkungen	Aktualisiert die Tabelle, die die Einfügemarke enthält, mit den Merkmalen eines vordefinierten Tabellenformats. Wenn Sie zum Beispiel eine Tabelle mit **TabelleAutoFormat** formatieren und anschließend Zeilen und Spalten einfügen, erscheint die Tabelle möglicherweise nicht mehr vollständig im vordefinierten Format. **TabelleAktualisierenAutoFormat** stellt das Format wieder her.
Siehe auch	TabelleAutoFormat

TabelleAutoFormat

Syntax	TabelleAutoFormat [.Format = *Zahl*] [, .Rahmen = *Zahl*] [, .Schattierung = *Zahl*] [, .Schriftart = *Zahl*] [, .Farbe = *Zahl*] [, .OptimaleBreite = *Zahl*] [, .Zeilenüberschriften = *Zahl*] [, .ErsteSpalte = *Zahl*] [, .LetzteZeile = *Zahl*] [, .LetzteSpalte = *Zahl*]
Bemerkungen	Weist einer Tabelle ein vordefiniertes Aussehen zu. Die Argumente der Anweisung **TabelleAutoFormat** entsprechen den Optionen im Dialogfeld **Tabelle AutoFormat** (Menü **Tabelle**).

Argument	Erklärung
.Format	Das zuzuweisende Format: 0 (Null) entspricht dem ersten Format, das im Listenfeld „Formate" aufgelistet ist („ohne"), 1 entspricht dem zweiten Format usw.
.Rahmen	Wenn 1, werden die Rahmeneigenschaften des angegebenen Formats zugewiesen.
.Schattierung	Wenn 1, werden die Schattierungseigenschaften des angegebenen Formats zugewiesen.
.Schriftart	Wenn 1, werden die Schriftarteigenschaften des angegebenen Formats zugewiesen.
.Farbe	Wenn 1, werden die Farbeigenschaften des angegebenen Formats zugewiesen.
.OptimaleBreite	Wenn 1, wird die Breite der Spalten dem darin enthaltenen Text angepaßt. Wenn die Spaltenbreite breiter ist als der breiteste Text in der Spalte, wird die Spaltenbreite so weit wie möglich reduziert, ohne den Textumbruch in den Zellen zu ändern. Wenn die Spaltenbreite zu schmal fuer den darin enthaltenen Text ist, so daß z.B. Wörter in der Mitte einer Zeile auf die nächste Zeile umbrochen werden, so wird sie erhöht.
.Zeilenüberschriften	Wenn 1, werden die Zeilenüberschriften-Eigenschaften des angegebenen Formats zugewiesen.

Argument	Erklärung
.ErsteSpalte	Wenn 1, werden die Eigenschaften für die erste Spalte des angegebenen Formats zugewiesen.
.LetzteZeile	Wenn 1, werden die Eigenschaften für die letzte Zeile des angegebenen Formats zugewiesen.
.LetzteSpalte	Wenn 1, werden die Eigenschaften für die letzte Spalte des angegebenen Formats zugewiesen.

Beispiel Dieses Beispiel weist der Tabelle, in der sich die Einfügemarke befindet, alle Eigenschaften des Tabellenformats „Einfach 2" zu. Wenn sich die Einfügemarke nicht in einer Tabelle befindet, wird ein Meldungsfeld angezeigt.

```
If AuswInfo(12) = -1 Then    'Einfügemarke in Tabelle?
    TabelleAutoFormat .Format = 2, .Rahmen = 1, \
        .Schattierung = 1, .Schriftart = 1, \
        .Farbe = 1, .OptimaleBreite = 1, \
        .Zeilenüberschriften = 1, .ErsteSpalte = 1, \
        .LetzteZeile = 1, .LetzteSpalte = 1
Else
    MsgBox "Die Einfügemarke befindet sich nicht in \
        einer Tabelle."
End If
```

Siehe auch **TabelleAktualisierenAutoFormat, TabelleSpaltenBreite, TabelleÜberschriften, TabelleZeilenHöhe**

TabelleAutoSumme

Syntax **TabelleAutoSumme**

Bemerkungen Fügt ein =(Ausdruck)-Feld ein, das die Summe der Werte in den Tabellenzellen oberhalb oder links der Zelle mit der Einfügemarke berechnet und anzeigt. Weitere Informationen darüber, wie Word feststellt, welche Werte addiert werden sollen, finden Sie unter **TabelleFormel**.

Siehe auch **TabelleFormel**

TabelleFormel

Syntax TabelleFormel [**.TabellenFormel** = *Text*] [, **.NumFormat** = *Text*]

Bemerkungen Fügt an der Einfügemarke ein =(Ausdruck)-Feld ein, das die angegebene Formel enthält. Wenn sich die Einfügemarke in einer Tabellenzelle befindet, in der bereits ein =(Ausdruck)-Feld vorhanden ist, wird das vorhandene Feld durch ein Feld mit der angegebenen Formel ersetzt.

Argument	Erklärung
.TabellenFormel	Die mathematische Formel, die das =(Ausdruck)-Feld berechnen soll. Zellbezüge im Format für Kalkulationstabellen sind gültig. `"=SUMME(a4:c4)"` bezeichnet beispielsweise die ersten drei Werte in der vierten Zeile. Weitere Informationen über gültige Formeln finden Sie unter dem Eintrag „=(Ausdruck)".
.NumFormat	Ein Format für das Ergebnis des =(Ausdruck)-Felds. Eine Liste mit Formatbeispielen erhalten Sie, wenn Sie im Menü **Tabelle** den Befehl **Formel** wählen und sich dann die Liste im Feld „Zahlenformat" ansehen.

Wenn sich die Einfügemarke in einer Tabelle befindet, brauchen Sie das Argument **.TabellenFormel** nicht anzugeben, solange sich mindestens eine Zelle, die einen Wert enthält, oberhalb oder links der Zelle mit der Einfügemarke befindet. Wenn die Zellen oberhalb der Einfügemarke Werte enthalten, lautet das eingefügte Feld {=SUMME(ÜBER)}. Wenn die Zellen links der Einfügemarke Werte enthalten, lautet das eingefügte Feld {=SUMME(LINKS)}. Wenn sowohl die Zellen oberhalb der Einfügemarke als auch die Zellen links davon Werte enthalten, wird die einzufügende SUMME-Funktion nach folgenden Kriterien bestimmt:

- Wenn die Zelle unmittelbar oberhalb der Einfügemarke einen Wert enthält, fügt Word das Feld {=SUMME(ÜBER)} ein.

- Wenn die Zelle unmittelbar oberhalb der Einfügemarke leer ist und die unmittelbar links davon liegende Zelle einen Wert enthält, fügt Word {=SUMME(LINKS)} ein.

- Wenn beide benachbarten Zellen leer sind, fügt Word {=SUMME(ÜBER)} ein.

Wenn Sie **.TabellenFormel** nicht angeben und alle Zellen oberhalb und links der Einfügemarke leer sind, wird ein =(Ausdruck)-Feld eingefügt, das nur ein Gleichheitszeichen enthält. Dieses Feld hat als Ergebnis die Fehlermeldung „Unerwartetes Ende des Ausdrucks".

Beispiel	Dieses Beispiel fügt am Ende der Tabelle eine Zeile hinzu, verschiebt die Einfügemarke in die letzte Zelle und fügt dann ein =(Ausdruck)-Feld ein, das die Werte in der letzten Spalte addiert:

```
TabelleTabelleMarkieren
EndeTabellenzeile
NächsteZelle
EndeTabellenzeile
TabelleFormel .TabellenFormel = "=SUMME(ÜBER)"
```

Siehe auch	**EinfügenFeld**, **ExtrasBerechnen**, **TabelleAutoSumme**

TabelleGitternetzlinien, TabelleGitternetzlinien()

Syntax	**TabelleGitternetzlinien** [*Aktiv*]
	TabelleGitternetzlinien()
Bemerkungen	Die Anweisung **TabelleGitternetzlinien** zeigt Gitternetzlinien in Tabellen an oder blendet diese aus.

Argument	Erklärung
Aktiv	Gibt an, ob Gitternetzlinien angezeigt oder ausgeblendet werden sollen:
	0 (Null) Blendet Gitternetzlinien aus.
	1 Zeigt Gitternetzlinien an.
	Fehlt Schaltet die Option um.

Die Funktion **TabelleGitternetzlinien**() liefert die folgenden Werte:

Wert	Erklärung
0 (Null)	Die Gitternetzlinien der Tabelle sind ausgeblendet.
–1	Die Gitternetzlinien der Tabelle werden angezeigt.

Beispiel	Dieses Beispiel zeigt Gitternetzlinien in einer Tabelle ein, sofern sie nicht bereits angezeigt werden. Sie können diese Anweisung als Teil eines AutoOpen-Makros verwenden, um beim Öffnen von Dokumenten, die auf einer bestimmten Dokumentvorlage basieren, die Gitternetzlinien anzuzeigen.

```
If Not TabelleGitternetzlinien() Then TabelleGitternetzlinien 1
```

Siehe auch	**ExtrasOptionenAnsicht**

TabelleInText

Syntax   TabelleInText [.UmwandelnIn = *Zahl*]

Bemerkungen   Wandelt die markierten Zeilen in normalen Text um. Alle Zellen in den umzuwandelnden Zeilen müssen markiert sein, sonst tritt ein Fehler auf. Das Argument für die Anweisung **TabelleInText** entspricht der Option im Dialogfeld **Tabelle in Text** (Menü **Tabelle**).

Argument	Erklärung
.UmwandelnIn	Legt das Trennzeichen fest, mit dem der Inhalt der einzelnen Zellen getrennt werden soll: 0 (Null) Absatzmarken 1 oder fehlt Tabstops (am Ende jeder Zeile befindet sich eine Absatzmarke) 2 Semikola (am Ende jeder Zeile befindet sich eine Absatzmarke) 3 Andere (das Zeichen, das im Feld „Andere" im Dialogfeld **Tabelle in Text umwandeln** erscheint). Dieses Zeichen kann im Makro mit der Anweisung **FeldTrennzeichen$** festgelegt werden. Das aktuell eingestellte Zeichen kann mit der Funktion **FeldTrennzeichen$**() ausgelesen werden.

Beispiel   Dieses Beispiel wandelt die markierten Zellen in eine durch Tabstops getrennte Tabelle um:

```
TabelleInText
```

Siehe auch   **TabelleTabelleEinfügen, TextInTabelle**

TabelleSortieren

Syntax   TabelleSortieren [.NichtÜberschrSortieren = *Zahl*] [, .SortSchlüssel = *Zahl*] [, .Art = *Zahl*] [, .Reihenfolge = *Zahl*] [, .SortSchlüssel2 = *Zahl*] [, .Art2 = *Zahl*] [, .Reihenfolge2 = *Zahl*] [, .SortSchlüssel3 = *Zahl*] [, .Art3 = *Zahl*] [, .Reihenfolge3 = *Zahl*] [, .TrennZeichen = *Zahl*] [, .SortSpalte = *Zahl*] [, .GroßKlein = *Zahl*]

Bemerkungen   Sortiert die markierten Absätze oder Tabellenzeilen. Wenn Sie Absätze innerhalb einer Tabellenzelle sortieren möchten, dürfen Sie nur die Absätze und nicht die Zellenendemarke markieren. Wenn Sie die Zellenendemarke markieren und dann sortieren, zeigt Word in einer Meldung an, daß keine gültigen sortierbaren Datensätze gefunden wurden. Die Argumente der Anweisung **TabelleSortieren** entsprechen den Optionen im Dialogfeld **Sortieren** (Menü **Tabelle**).

Argument	Erklärung
.NichtÜberschrSortieren	Wenn 1, wird der erste Absatz bzw. die erste Tabellenzeile aus dem Sortiervorgang ausgeschlossen.
.SortSchlüssel, .SortSchlüssel2, .SortSchlüssel3	Die Nummer der Felder (Text oder Tabellenspalten), nach denen sortiert werden soll. Word sortiert zuerst nach .SortSchlüssel, dann nach .SortSchlüssel2 und anschließend nach .SortSchlüssel3.
.Art, .Art2, .Art3	Die Sortierarten für .SortSchlüssel, .SortSchlüssel2 und .SortSchlüssel3: 0 (Null) Text 1 Zahl 2 Datum
.Reihenfolge, .Reihenfolge2, .Reihenfolge3	Die beim Sortieren von .SortSchlüssel, .SortSchlüssel2 und .SortSchlüssel3 zu verwendende Reihenfolge: 0 (Null) Aufsteigend 1 Absteigend
.TrennZeichen	Die Art des Trennzeichens (trifft auf Tabellenzeilen nicht zu) 0 (Null) Tabstopzeichen 1 Semikolon (sofern das in der Systemsteuerung eingestellte Dezimal-Trennzeichen ein Komma ist) 2 Andere (das Zeichen, das im Feld **Andere** im Dialogfeld **Optionen für Sortieren** erscheint)
.SortSpalte	Wenn 1, wird nur die markierte Spalte sortiert (erfordert eine Spaltenmarkierung).
.GroßKlein	Wenn 1, wird bei der Sortierung die Groß-/Kleinschreibung berücksichtigt.

Beispiel Dieses Beispiel sortiert die Tabellenzeilen in aufsteigender alphanumerischer Reihenfolge, und zwar zuerst nach der ersten Spalte, dann nach der zweiten Spalte. Die erste Zeile wird vom Sortiervorgang ausgeschlossen.

```
Select Case AuswInfo(15)
    Case -1
        MsgBox "Die Einfügemarke muß sich in einer \
            Tabelle befinden."
    Case 1
        MsgBox "Einzeilige Tabellen können nicht sortiert werden."
    Case Else
        TabelleTabelleMarkieren
        TabelleSortieren .Reihenfolge = 0, .SortSchlüssel = "1", \
            .Art = 0, .Reihenfolge2 = 0, .SortSchlüssel2 = "2", \
            .Art2 = 0, .NichtÜberschrSortieren = 1
End Select
```

Die folgende Abbildung stellt dar, wie eine Tabelle vor dem Sortieren und nach dem Sortieren mit den im obigen Beispiel angeführten Anweisungen aussieht.

Name	Vorname
Fritsch	Martin
Schmitt	Peter
Müller	Sabine
Schmitt	Elisabeth
Müller	Heinrich

Name	Vorname
Fritsch	Martin
Müller	Heinrich
Müller	Sabine
Schmitt	Elisabeth
Schmitt	Peter

Eine Tabelle vor dem Sortieren...   und danach.

Siehe auch   TabelleSortierenANachZ, TabelleSortierenZNachA

TabelleSortierenANachZ

Syntax   TabelleSortierenANachZ

Bemerkungen   Sortiert die Absätze oder Tabellenzeilen im aktiven Dokument in aufsteigender alphanumerischer Reihenfolge. Wenn der erste Absatz oder die erste Tabellenzeile einen gültigen Steuerdatensatz darstellt, wird er oder sie nicht in den Sortiervorgang eingeschlossen. **TabelleSortierenANachZ** ist für das Sortieren der Datenquellen für Serienbriefe gedacht.

Siehe auch   **SeriendruckDatenQuelleBearbeiten, TabelleSortieren, TabelleSortierenZNachA**

TabelleSortierenZNachA

Syntax TabelleSortierenZNachA

Bemerkungen Sortiert die Absätze oder Tabellenzeilen im aktiven Dokument in absteigender alphanumerischer Reihenfolge. Wenn der erste Absatz oder die erste Tabellenzeile einen gültigen Steuerdatensatz darstellt, wird er oder sie nicht in den Sortiervorgang eingeschlossen. **TabelleSortierenZNachA** ist für das Sortieren der Datenquellen für Serienbriefe gedacht.

Siehe auch SeriendruckDatenQuelleBearbeiten, TabelleSortieren, TabelleSortierenANachZ

TabelleSpalteEinfügen

Syntax TabelleSpalteEinfügen

Bemerkungen Fügt links der Spalte, in der sich die Einfügemarke befindet, eine Spalte ein, oder fügt links der Markierung eine Anzahl neuer Spalten ein, die der Anzahl der markierten Spalten entspricht. Wenn sich die Einfügemarke oder Markierung nicht in einer Tabelle befindet, tritt ein Fehler auf.

Beispiel Dieses Beispiel fügt am Ende der Tabelle, in der sich die Einfügemarke befindet, eine Spalte hinzu:

```
TabelleTabelleMarkieren      'Gesamte Tabelle markieren
BeginnSpalte                 'Einfügemarke an Ende der
                             'ersten Zeile
TabelleSpalteEinfügen        'Eine neue Spalte hinzufügen
```

Siehe auch TabelleZeileEinfügen, TabelleZellenEinfügen

TabelleSpalteLöschen

Syntax TabelleSpalteLöschen

Bemerkungen Löscht die Tabellenspalte, in der sich die Einfügemarke befindet, oder alle Spalten, die einen Teil der Markierung enthalten. Wenn sich die Einfügemarke oder Markierung nicht in einer Tabelle befindet, tritt ein Fehler auf.

Beispiel	Dieses Beispiel löscht die erste Spalte in einer Tabelle.

```
BeginnTabellenzeile
TabelleSpalteLöschen
```

Siehe auch   AuswInfo(), TabelleZeileLöschen, TabelleZellenLöschen

---

TabelleSpalteMarkieren

Syntax   TabelleSpalteMarkieren

Bemerkungen   Markiert die Tabellenspalte, in der sich die Einfügemarke befindet, oder markiert alle Spalten, die die Markierung enthalten. Wenn sich die Einfügemarke oder Markierung nicht in einer Tabelle befindet, tritt ein Fehler auf.

Beispiel   Dieses Beispiel fügt vor der ersten Spalte in einer Tabelle zwei neue Spalten ein:

```
TabelleTabelleMarkieren       'Gesamte Tabelle markieren
BeginnTabellenzeile           'Einfügemarke in erste Zelle
TabelleSpalteMarkieren        'Erste Spalte markieren
ZeichenRechts 1, 1            'Markierung zur zweiten Spalte
                              'erweitern
TabelleSpalteEinfügen         'Zwei neue Spalten einfügen
```

Siehe auch   TabelleTabelleMarkieren, TabelleZeileMarkieren

TabelleSpaltenBreite

Syntax   **TabelleSpaltenBreite** [**.SpaltenBreite** = *Zahl oder Text*]
[, **.AbstandZwischenSpalten** = *Zahl oder Text*] [, **.VorherigeSpalte**]
[, **.NächsteSpalte**] [, **.OptimaleBreite**] [, **.LinealArt** = *Zahl*]

Bemerkungen   Legt für die markierten Zellen die Spaltenbreite und den Zwischenraum zwischen den Spalten fest. Die Argumente für die Anweisung **TabelleSpaltenBreite** entsprechen den Optionen auf der Registerkarte **Spalte** des Dialogfelds **Zellenhöhe und -breite** (Menü **Tabelle**).

Argument	Erklärung
.SpaltenBreite	Die den markierten Zellen oder Spalten zuzuweisende Breite in Punkten oder einer Text-Maßeinheit (.**LinealArt** legt fest, ob andere Spalten angepaßt werden).
.AbstandZwischenSpalten	Der Abstand zwischen dem Text in den einzelnen Spalten in Punkten oder einer Text-Maßeinheit.
.VorherigeSpalte	Markiert die vorherige Spalte, nachdem die mit den vorhergehenden Argumenten eventuell ausgeführten Handlungen abgeschlossen sind.
.NächsteSpalte	Markiert die nächste Spalte, nachdem die mit den vorhergehenden Argumenten eventuell ausgeführten Handlungen abgeschlossen sind.
.OptimaleBreite	Reduziert die Breite der Spalten so weit wie möglich, ohne den Textumbruch in den Zellen zu beeinflussen.
.LinealArt	Gibt an, wie Word die Tabelle anpaßt: 0 (Null) Wenn eine Markierung vorhanden ist, werden nur die markierten Zeilen geändert. Wenn keine Markierung vorhanden ist, ändert Word die Größe aller Zellen in der markierten Spalte. 1 Word behält die Zeilenbreite bei und paßt alle Zellen rechts der Markierung proportional zu ihren Breiten an. 2 Word behält die Zeilenbreite bei und paßt lediglich die Zellen in der Spalte an, die rechts auf die Markierung folgt. 3 Word behält die Zeilenbreite bei und paßt alle Zellen rechts der Markierung an, wobei allen dieselbe Breite zugewiesen wird. 4 Nur die Zelle mit der Einfügemarke (oder die erste Zelle in der Markierung) wird geändert. Die Zeilenbreite wird nicht beibehalten.

Beispiel Dieses Beispiel ändert in allen Tabellen im Dokument die Breite der ersten Spalte auf 5 cm und die der zweiten Spalte auf 7 cm. Die erste Anweisung **TabelleSpaltenBreite** formatiert die erste Spalte und verschiebt dann die Markierung zur zweiten Spalte.

```
            BeginnDokument
            While AbsatzUnten()
                If AuswInfo(12) = -1 Then          'Einfügemarke in Tabelle?
                    BeginnTabellenzeile
                    TabelleSpalteMarkieren
                    TabelleSpaltenBreite .SpaltenBreite = "5 cm", \
                        .LinealArt = 0, .NächsteSpalte
                    If AuswInfo(18) > 1 Then       'Wenn mehrere Spalten
                                                   'markiert sind
                        TabelleSpaltenBreite .SpaltenBreite = "7 cm", \
                        .LinealArt = 0
                    End If
                    ZeileUnten
                End If
            Wend
```

Siehe auch AuswInfo(), TabelleSpalteLöschen, TabelleSpalteMarkieren, TabelleZeilenHöhe

TabelleTabelleEinfügen

Syntax TabelleTabelleEinfügen [.UmwandelnVon = *Zahl*] [, .AnzSpalten = *Zahl*] [, .AnzTabZeilen = *Zahl*] [, .AnfSpaltenbreite = *Zahl oder Text*] [, .Assistent] [, .Format = *Zahl*] [, .Anwenden = *Zahl*]

Bemerkungen Wandelt eine Reihe von markierten Absätzen in eine Tabelle um oder fügt eine leere Tabelle ein, wenn keine Markierung vorhanden ist. Wenn sich die Einfügemarke bereits in einer Tabelle befindet, tritt ein Fehler auf.

Argument	Erklärung
.UmwandelnVon	Gibt das Zeichen an, das zum Trennen der Textelemente verwendet wurde, die in Zellinhalte umgewandelt werden sollen:
	0 (Null) Absatzmarken (Word positioniert jeden zweiten Absatz in der zweiten Spalte)
	1 Tabstopzeichen
	2 Semikola
.AnzSpalten	Die Anzahl der Spalten in der Tabelle.
.AnzTabZeilen	Die Anzahl der Zeilen in der Tabelle.
.AnfSpaltenbreite	Die anfängliche Breite der einzelnen Spalten, ausgedrückt in Punkten oder einer Text-Maßeinheit. Wenn Sie nichts angeben, wird die Spaltenbreite derart berechnet, daß sich die Tabelle von einem Seitenrand zum anderen erstreckt.
.Assistent	Führt den Tabellen-Assistenten aus.

Argument	Erklärung
.Format	Eines der vordefinierten Formate, die im Dialogfeld **Tabelle AutoFormat** (Menü **Tabelle**) aufgeführt sind: 0 (Null) entspricht dem ersten im Feld „Formate" aufgeführten Format („ohne"), 1 entspricht dem zweiten Format usw.
.Anwenden	Gibt an, welche Attribute des durch .Format angegebenen Formats in der Tabelle übernommen werden sollen. Verwenden Sie die Summe einer beliebigen Kombination der folgenden Werte:

0	Kein Attribut
1	Rahmen
2	Schattierung
4	Schriftart
8	Farbe
16	Optimale Breite
32	Überschriftenzeilen
64	Letzte Zeile
128	Erste Spalte
256	Letzte Spalte

Beispiel

Dieses Beispiel fügt eine Tabelle mit drei Spalten und fünf Zeilen ein:

```
TabelleTabelleEinfügen .AnzSpalten = 3, \
    .AnzTabZeilen = 5, .AnfSpaltenbreite = "5 cm"
```

Siehe auch **TabelleAutoFormat, TabelleInText, TextInTabelle**

TabelleTabelleMarkieren

Syntax **TabelleTabelleMarkieren**

Bemerkungen Markiert die gesamte Tabelle, in der sich die Einfügemarke befindet. Wenn sich die Einfügemarke oder Markierung nicht in einer Tabelle befindet, tritt ein Fehler auf. Wie Sie in den Beispielen zu dieser Anweisung sehen, können Sie **TabelleTabelleMarkieren** zusammen mit anderen WordBasic-Anweisungen verwenden, um die Einfügemarke zuverlässig in die erste Zelle einer Tabelle oder zum ersten Zeichen nach einer Tabelle zu verschieben.

Beispiele Dieses Beispiel verschiebt die Einfügemarke in die erste Zelle einer Tabelle:

```
TabelleTabelleMarkieren
BeginnTabellenzeile
```

Das folgende Beispiel verschiebt die Einfügemarke zur Zeilenendemarke in der ersten Zeile einer Tabelle. Wenn sich die Einfügemarke an dieser Position befindet, können Sie mit der Anweisung **TabelleSpalteEinfügen** am Ende der Tabelle eine weitere Spalte hinzufügen.

```
TabelleTabelleMarkieren
BeginnSpalte
```

Das folgende Beispiel verschiebt die Einfügemarke zum ersten Zeichen nach einer Tabelle:

```
TabelleTabelleMarkieren
ZeichenRechts
```

Siehe auch **TabelleSpalteMarkieren, TabelleZeileMarkieren**

TabelleTeilen

Syntax **TabelleTeilen**

Bemerkungen Fügt oberhalb der aktuellen Zeile in der Tabelle einen leeren Absatz ein. Sie können die Anweisung **TabelleTeilen** neben dem Teilen einer Tabelle dazu verwenden, einen leeren Absatz oberhalb einer Tabelle einzufügen, wenn die Tabelle das erste Element im Dokument ist. Wenn sich die Einfügemarke oder Markierung nicht in einer Tabelle befindet, tritt ein Fehler auf.

Beispiel Dieses Beispiel teilt eine Tabelle unmittelbar über der vierten Zeile, wenn die Tabelle mehr als drei Zeilen enthält.

```
If AuswInfo(15) > 3 Then
    BeginnSpalte
    For i = 1 To 3
        TabelleZeileMarkieren
        ZeileUnten
    Next
    TabelleTeilen
End If
```

Siehe auch **TabelleZellenTeilen**

TabelleÜberschriften, TabelleÜberschriften()

Syntax   TabelleÜberschriften [*Aktiv*]

TabelleÜberschriften()

Bemerkungen   Die Anweisung **TabelleÜberschriften** weist den markierten Zeilen das Tabellenüberschriftenformat zu oder entfernt dieses Format. Zeilen, die als Tabellenüberschriften formatiert sind, werden zu Beginn der nächsten Seite wiederholt, wenn sich eine Tabelle über mehrere Seiten erstreckt.

Argument	Erklärung
Aktiv	Gibt an, ob das Tabellenüberschriftenformat zugewiesen oder entfernt werden soll: 1 Weist das Tabellenüberschriftenformat zu. 0 (Null) Entfernt das Tabellenüberschriftenformat. Fehlt Schaltet das Tabellenüberschriftenformat um.

Die Funktion **TabelleÜberschriften()** liefert die folgenden Werte:

Wert	Erklärung
0 (Null)	Keine der markierten Zeilen wurde als Tabellenüberschrift formatiert.
–1	Eine oder mehrere der markierten Zeilen (jedoch nicht alle) wurden als Tabellenüberschrift formatiert.
1	Alle markierten Zeilen wurden als Tabellenüberschrift formatiert.

Siehe auch   TabelleZeilenHöhe

TabelleZeileEinfügen

Syntax   TabelleZeileEinfügen [**.AnzTabZeilen** = *Zahl*]

Bemerkungen   Fügt oberhalb der markierten Zeilen oder der Zeile, in der sich die Einfügemarke befindet, eine neue Zeile ein. Wenn sich die Einfügemarke oder ein Teil der Markierung nicht in einer Tabelle befindet, tritt ein Fehler auf. Wenn sich die Einfügemarke unmittelbar unter einer Tabelle befindet, fügt **TabelleZeileEinfügen** am Ende der Tabelle eine Zeile hinzu.

Argument	Erklärung
.AnzTabZeilen	Die Anzahl der hinzuzufügenden Zeilen. Wenn **.AnzTabZeilen** den Wert 0 (Null) hat oder fehlt, fügt **TabelleZeileEinfügen** oberhalb der Markierung eine Anzahl neuer Zeilen hinzu, die der Anzahl der markierten Zeilen entspricht.

Beispiele Das folgende Beispiel fügt am Ende einer Tabelle eine Zeile hinzu:

```
TabelleTabelleMarkieren
ZeichenRechts
TabelleZeileEinfügen
```

Dieses Beispiel fügt am Anfang einer Tabelle zwei neue Zeilen hinzu:

```
TabelleTabelleMarkieren
BeginnTabellenzeile
TabelleZeileEinfügen .AnzTabZeilen = 2
```

Siehe auch **TabelleSpalteEinfügen**, **TabelleZellenEinfügen**

TabelleZeileLöschen

Syntax TabelleZeileLöschen

Bemerkungen Löscht die Tabellenzeile mit der Einfügemarke oder alle Zeilen, die einen Teil der Markierung enthalten. Wenn sich die Einfügemarke oder Markierung nicht in einer Tabelle befindet, tritt ein Fehler auf.

Beispiel Dieses Beispiel löscht die letzte Zeile in einer Tabelle, wenn die Tabelle mehr als zwei Zeilen enthält:

```
If AuswInfo(15) > 2 Then
    EndeSpalte
    TabelleZeileLöschen
End If
```

Siehe auch **AuswInfo()**, **TabelleSpalteLöschen**, **TabelleZellenLöschen**

TabelleZeileMarkieren

Syntax	**TabelleZeileMarkieren**
Bemerkungen	Markiert die Tabellenzeile, in der sich die Einfügemarke befindet, oder markiert alle Zeilen, die einen Teil der Markierung enthalten. Wenn sich die Einfügemarke oder Markierung nicht in einer Tabelle befindet, tritt ein Fehler auf.
Siehe auch	**TabelleSpalteMarkieren, TabelleTabelleMarkieren**

TabelleZeilenHöhe

Syntax	**TabelleZeilenHöhe** [**.LinealArt** = *Text*] [, **.ZeilenabstandArt** = *Zahl*] [, **.Zeilenabstand** = *Zahl oder Text*] [, **.EinzugLinks** = *Zahl oder Text*] [, **.Ausrichtung** = *Zahl*] [, **.ZeilenTrennenZulassen** = *Zahl*] [, **.VorherigeZeile**] [, **.NächsteZeile**]
Bemerkungen	Legt das Format der markierten Zeilen einer Tabelle fest. Die Argumente der Anweisung **TabelleZeilenHöhe** entsprechen den Optionen im Dialogfeld **Zellenhöhe und -breite** (Menü **Tabelle**).

Argument	Erklärung
.LinealArt	Legt fest, wie die Tabelle geändert werden soll, wenn der linke Einzug verändert wird:
	0 (Null) Word verschiebt Zellen nach rechts.
	1 Word behält die Position des rechten Tabellenrands bei, indem die Breite aller Zellen in den markierten Zeilen proportional zu ihrer Breite verringert wird.
	2 Word behält die Position des rechten Tabellenrands bei, indem nur die Breite der Zellen in der ersten Spalte verringert wird.
	3 Word behält die Position des rechten Tabellenrands bei, indem die Breite aller Zellen derart verringert wird, daß alle Zellen dieselbe Breite erhalten.
	4 Word zieht nur die Zeile mit der Einfügemarke ein (oder die erste Zeile in der Markierung).
.LinealArt	Wenn die Zeilenhöhe geändert wird, gibt dieses Argument an, welche Zeilen davon berührt sind:
	0 (Null), 1, 2 oder 3 Ist eine Markierung vorhanden, so sind nur die markierten Zeilen davon berührt. Ist keine Markierung vorhanden, so sind alle Zeilen berührt.
	4 Nur die Zeile mit der Einfügemarke oder die erste Zeile der Markierung ist berührt.

Argument	Erklärung
.ZeilenabstandArt	Die Regel, die zum Bestimmen der Zeilenhöhe angewandt werden soll: 0 (Null) Auto 1 Mindestens 2 Genau
.Zeilenabstand	Die Höhe der Zeilen in Punkten oder einer Text-Maßeinheit.
.EinzugLinks	Die Entfernung zwischen dem linken Rand des Texts und dem linken Seitenrand in Punkten oder einer Text-Maßeinheit.
.Ausrichtung	Die Ausrichtung der Zeilen: 0 (Null) Linksbündig 1 Zentriert 2 Rechtsbündig
.ZeilenTrennen Zulassen	Wenn 1, kann der Text innerhalb einer Tabellenzeile an einem Seitenwechsel geteilt werden.
.VorherigeZeile	Markiert die vorherige Zeile für Formatierungszwecke.
.NächsteZeile	Markiert die nächste Zeile für Formatierungszwecke.

Beispiel Dieses Beispiel definiert für die markierten Zeilen eine Mindesthöhe von 3 cm und weist ihnen einen Einzug von 2 cm vom linken Seitenrand zu:

```
TabelleZeilenHöhe .LinealArt = "0", .EinzugLinks = \
    "2 cm", .ZeilenabstandArt = 1, .Zeilenabstand = \
    "3 cm", .Ausrichtung = 0
```

Siehe auch TabelleSpaltenBreite, TabelleÜberschriften, TabelleZeileMarkieren

TabelleZellenEinfügen

Syntax TabelleZellenEinfügen [.FelderVerschieben = *Zahl*]

Bemerkungen Fügt oberhalb oder links des markierten Zellbereichs einer Tabelle neue Zellen ein. Wenn sich die Einfügemarke oder Markierung nicht in einer Tabelle befindet, tritt ein Fehler auf.

Argument	Erklärung
.FelderVerschieben	Legt die Richtung fest, in der die Zellen des markierten Bereichs verschoben werden sollen:
	0 (Null) Verschiebt die Zellen nach rechts.
	1 oder fehlt Verschiebt die Zellen nach unten.
	2 Fügt eine gesamte Zeile ein.
	3 Fügt eine gesamte Spalte ein.

Beispiel Dieses Beispiel markiert die aktuelle Zelle (mit der vordefinierten Textmarke \Cell) und die darunterliegende Zelle und fügt dann zwei neue Zellen ein. Die vorhandenen Zellen werden nach rechts verschoben. Die **If**-Steuerstruktur sorgt dafür, daß sich vor dem Ausführen von **TabelleZellenEinfügen** die gesamte Markierung innerhalb einer Tabelle befindet.

```
BearbeitenGeheZu "\Cell"
ZeileUnten 1, 1
If AuswInfo(12) = -1 Then
    TabelleZellenEinfügen .FelderVerschieben = 0
Else
    MsgBox "Die Markierung ist nicht vollständig \
        in einer Tabelle."
End If
```

Siehe auch **AuswInfo( ), TabelleSpalteEinfügen, TabelleZeileEinfügen**

TabelleZellenLöschen

Syntax TabelleZellenLöschen .FelderVerschieben = *Zahl*

Bemerkungen Löscht die markierten Zellen. Wenn sich die Einfügemarke oder Markierung nicht in einer Tabelle befindet, tritt ein Fehler auf.

Argument	Erklärung
.FelderVerschieben	Legt die Richtung fest, in die die verbleibenden Zellen verschoben werden sollen:
	0 (Null) oder fehlt Verschiebt die Zellen nach links.
	1 Verschiebt die Zellen nach oben.
	2 Löscht die gesamte Zeile.
	3 Löscht die gesamte Spalte.

Beispiel	Dieses Beispiel löscht die erste Zelle in einer Tabelle, wenn die Tabelle mehr als zwei Zeilen enthält:

```
If AuswInfo(15) > 2 Then
    TabelleTabelleMarkieren
    BeginnTabellenzeile
    TabelleZellenLöschen
End If
```

Siehe auch	**AuswInfo()**, **TabelleSpalteLöschen**, **TabelleZeileLöschen**

TabelleZellenTeilen

Syntax	**TabelleZellenTeilen** [**.AnzSpalten** = *Text*]
Bemerkungen	Teilt jede markierte Tabellenzelle. Word erzeugt einen Fehler, wenn sich die Markierung oder Einfügemarke nicht innerhalb einer Tabelle befindet.

Argument	Erklärung
.AnzSpalten	Legt die Anzahl der Spalten fest, in die jede markierte Tabellenzelle aufgeteilt werden soll. Wenn Sie dieses Argument auslassen, wird jede Zelle in zwei geteilt.

Siehe auch	**TabelleTeilen**, **TabelleZellenVerbinden**

TabelleZellenVerbinden

Syntax	**TabelleZellenVerbinden**
Bemerkungen	Verbindet die markierten Tabellenzellen in einer Zeile zu einer einzigen Zelle. Die Markierung kann sich zwar über mehrere Zeilen erstrecken, aber Word verbindet nur die Zellen, die sich in derselben Zeile befinden. **TabelleZellenVerbinden** erzeugt einen Fehler, wenn Word die Zellen nicht verbinden kann, weil beispielsweise nur eine Zelle markiert ist.
Beispiel	Dieses Beispiel verbindet die markierten Zellen oder zeigt ein Meldungsfeld an, wenn der Befehl nicht ausgeführt werden kann:

```
On Error Goto Nein
TabelleZellenVerbinden
Nein:
If Err = 509 Then
    MsgBox "Die Zellen können nicht verbunden werden."
End If
```

Siehe auch   **TabelleZellenTeilen**

TabstopArt()

Syntax   **TabstopArt**(*Pos*)

Bemerkungen   Liefert die Ausrichtung des benutzerdefinierten oder Standard-Tabstops, der sich an der Position *Pos* befindet. Die Position wird in Punkten angegeben (1 Punkt = 0,376 mm). Wenn mehrere Absätze markiert sind, wertet **TabstopArt()** die Einstellung im ersten Absatz aus.

Wenn sich an der Position *Pos* kein Tabstop befindet, liefert **TabstopArt()** den Wert –1. Wenn sich an der Position *Pos* ein Tabstop befindet, liefert **TabstopArt()** einen der folgenden Werte:

Wert	Erklärung
0 (Null)	Linksbündig oder Standard-Tabstop
1	Zentriert
2	Rechtsbündig
3	Dezimal
4	Vertikale Linie

Beispiel   Dieses Beispiel prüft, ob der Tabstop an der Position 65 pt die Ausrichtung „Zentriert" aufweist. Wenn dies der Fall ist, ändert die Anweisung **FormatTabulator** die Ausrichtung in „Linksbündig".

```
If TabstopArt(65) = 1 Then
    FormatTabulator .Position = "65 pt", .Ausrichten = 0
End If
```

Siehe auch   **FormatTabulator, NächsterTab(), TabAusricht$(), VorherigerTab()**

Tag()

Syntax Tag(*Seriennummer*)

Bemerkungen Liefert eine ganze Zahl im Bereich von 1 bis 31 (je einschließlich), die der Tag-Komponente von *Seriennummer* oder einer dezimalen Darstellung des Datums und/oder der Uhrzeit entspricht. Weitere Informationen zu Seriennummern finden Sie unter **DatumSeriell()**.

Argument	Erklärung
Seriennummer	Die Seriennummer, die Word für Datums- und Zeitberechnungen verwendet. Die *Seriennummer* kann ein Datum oder eine Uhrzeit (oder beides) zwischen dem 30. Dezember 1899 und dem 31. Dezember 4095 (je einschließlich) darstellen, wobei dem 31. Dezember 1899 der Wert 0 (Null) zugeordnet wird.

Beispiel Dieses Beispiel stellt mit der Funktion **Tag()** das Datum innerhalb des Monats fest und zeigt dann das Ergebnis in einem Meldungsfeld an.

```
TagNummer = Tag(Jetzt())
MsgBox "Heute ist der" + Str$(TagNummer) + ". Tag des Monats."
```

Siehe auch **DatumSeriell()**, **Heute()**, **Jahr()**, **Jetzt()**, **Minute()**, **Monat()**, **Sekunde()**, **Stunde()**, **Wochentag()**

Tage360()

Syntax Tage360(*Startdatum*[$], *Enddatum*[$])

Bemerkungen Liefert die Anzahl der Tage zwischen zwei Datumsangaben, wobei die Berechnung auf einem Jahr mit 360 Tagen und zwölf Monaten zu je 30 Tagen basiert. Mit dieser Funktion können Sie Zahlungen berechnen, wenn Ihr Buchhaltungssystem auf zwölf Monaten zu je 30 Tagen basiert. Die Argumente *Startdatum* und *Enddatum* stellen die beiden Datumsangaben dar, für die das Zeitintervall (in Tagen) berechnet werden soll. Wenn *Startdatum* ein Datum nach *Enddatum* bezeichnet, liefert **Tage360()** eine negative Zahl.

Argument	Erklärung
Startdatum[$]	Eine Zeichenfolge oder Seriennummer, die das Anfangsdatum repräsentiert. Weitere Informationen über die in Word verfügbaren Datumsformate finden Sie unter **DatumWert()**. Informationen über Seriennummern finden Sie unter **DatumSeriell()**.
Enddatum[$]	Eine Textzeichenfolge oder Seriennummer, die das Enddatum repräsentiert.

Beispiel	Dieses Beispiel stellt mit **Tage360()** fest, wie viele Tage zwischen dem 1. Januar 1992 und dem 1. Februar 1993 liegen, wobei von einem Jahr mit 360 Tagen ausgegangen wird: `AnzTage = Tage360("1.1.92","1.2.93")`
Siehe auch	**DatumSeriell()**, **DatumWert()**, **Tag()**

TastenSchlüssel()

Syntax	**TastenSchlüssel(***Zahl* [, *Kontext*] [, *ErsteOderZweite*]**)**
Bemerkungen	Liefert eine Zahl, die eine von der Standardbelegung abweichende Tastenzuordnung angibt. Eine Tabelle der Tastencodes und der Tasten, die sie repräsentieren, finden Sie unter **ExtrasAnpassenTastatur**.

Argument	Erklärung
Zahl	Eine Zahl im Bereich zwischen 1 und **ZählenTasten()**, die die benutzerdefinierte Tastenzuordnung angibt, für die Sie einen Tastencode erhalten möchten.
Kontext	Die Dokumentvorlage, in der die benutzerdefinierte Tastenzuordnung gespeichert ist. 0 (Null) oder fehlt Dokumentvorlage „Normal" 1 Aktive Dokumentvorlage
ErsteOderZweite	Besteht die Tastenzuordnung aus zwei Shortcuts hintereinander (wenn Sie z.B. **StandardFV** STRG+S,N zugewiesen haben), gibt dieser Wert an, auf welchen Shortcut die Funktion zutrifft: 1 Den ersten Shortcut in der Reihe 2 Den zweiten Shortcut in der Reihe Wenn Sie 2 angeben, obwohl die Tastenzuordnung keine Shortcut-Folge darstellt, liefert **TastenSchlüssel()** als Ergebnis 255 (den Tastenschlüssel 0 (Null)).

Beispiel	Dieses Beispiel fügt eine Tabelle mit Tastenschlüsseln und Makronamen für Tastenzuordnungen, die von der Standardtastenzuordnung abweichen, aus der aktiven Dokumentvorlage ein:

```
            If ZählenTasten(1) = 0 Then
                MsgBox "Keine benutzerdefinierten Tastenbelegungen in der \
                    aktiven Dokumentvorlage vorhanden."
                Goto ciao
            End If
            FormatTabulator .AlleLösch
            FormatTabulator .Position = "2cm", .Bestimmen
            Fett 1 : Unterstrichen 1
            Einfügen "Tastencode" + Chr$(9) + "Makro"
            Fett 0 : Unterstrichen 0
            For i = 1 To ZählenTasten(1)
                Einfügen Chr$(13)) + Str$(TastenSchlüssel(i, 1))
                Combo2 = TastenSchlüssel (i, 1, 2)
                If Combo2 <> 255 Then Einfügen "," + Str$(Combo2)
                Insert Chr$(9) + MakroSchlüssel$(i, 1)
            Next i
            ciao:
```

Siehe auch MakroSchlüssel$(), ZählenTasten()

Text

Syntax Text *HorizPos*, *VertPos*, *Breite*, *Höhe*, *Beschriftung$* [, *.Bezeichner*]

Bemerkungen Erstellt einen Beschriftungstext in einem benutzerdefinierten Dialogfeld. Wenn Sie mit Hilfe des Text-Steuerelements eine Zugriffstaste für ein Listen- oder Textfeld definieren möchten, muß die Anweisung **Text** vor der Anweisung für das Listenfeld- oder Textfeld-Steuerelement angegeben werden.

Obwohl es im Dialog Editor nicht möglich ist, mehrzeilige Beschriftungen einzugeben, können Sie die Größe des Beschriftungsfeldes auf mehrere Zeilen vergrößern und dann für *Beschriftung$* eine Variable definieren, die mehr als eine Zeile Text enthält. Verwenden Sie Chr$(13), um innerhalb einer Zeichenfolge einen Zeilenwechsel einzufügen.

Argument	Erklärung
HorizPos, *VertPos*	Die horizontale und vertikale Entfernung zwischen der oberen linken Ecke des Rechtecks für das Text-Steuerelement und der oberen linken Dialogfeldecke, in Einheiten von je 1/8 und 1/12 der Systemschriftart (Windows) bzw. der Diaglogfeldschriftart (Macintosh).
Breite, *Höhe*	Die Breite und Höhe des Rechtecks in Einheiten von je 1/8 und 1/12 der Systemschriftart (Windows) bzw. der Diaglogfeldschriftart (Macintosh).

Argument	Erklärung
Beschriftung$	Die im Dialogfeld anzuzeigende Beschriftung. Ein kaufmännisches Und-Zeichen (&), das einem der Zeichen von *Beschriftung$* vorangeht, legt dieses Zeichen als Zugriffstaste für das auf die **Text**-Anweisung folgende Steuerelement fest. Wenn *Beschriftung$* länger als 255 Zeichen ist, tritt ein Fehler auf.
.Bezeichner	Eine optionale Kennung, die von Anweisungen in einer Dialogfunktion verwendet wird, die sich auf das Text-Steuerelement auswirken. Sie können diesen Bezeichner zusammen mit **DlgText** in einer Dialogfunktion verwenden, um *Beschriftung$* zu ändern, während das Dialogfeld angezeigt wird.

Beispiele

In diesem Beispiel erzeugt die Anweisung **Text** die Beschriftung „Beispieltext". In der Beschriftung ist erkennbar, daß „B" die Zugriffstaste für das Textfeld ist, das in der darauffolgenden Anweisung definiert wird.

```
Begin Dialog BenutzerDialog 320, 84, "Makro für Beispiel-Dialog"
    Text 10, 6, 160, 12, "&Beispieltext", .Textfeld
    TextBox 10, 21, 236, 18, .TestTextSteuerelement
    OKButton 9, 58, 95, 21
    CancelButton 115, 58, 95, 21
End Dialog
```

Das folgende Beispiel zeigt die ersten 255 Zeichen der aktuellen Markierung als Beschriftung des Textes an:

```
Textbeschriftung$ = Left$(Markierung$(), 255)
Begin Dialog BenutzerDialog 621, 251, "Markierten Text anzeigen"
    OKButton 409, 220, 95, 21
    CancelButton 509, 220, 95, 21
    Text 10, 6, 586, 203, Textbeschriftung$, .Text1
End Dialog
```

Siehe auch Begin Dialog…End Dialog, TextBox

TextBox

Syntax **TextBox** *HorizPos, VertPos, Breite, Höhe, .Bezeichner*[$] [, *Mehrzeilig*]

Bemerkungen Erstellt ein ein- oder mehrzeiliges Textfeld in einem benutzerdefinierten Dialogfeld, in das der Benutzer Informationen eingeben kann. Sie können bis zu 255 Zeichen in ein Textfeld-Steuerelement einfügen.

Argument	Erklärung
HorizPos, *VertPos*	Die horizontale und vertikale Entfernung zwischen der oberen linken Ecke des Textfelds und der oberen linken Dialogfeldecke in Einheiten von je 1/8 und 1/12 der Systemschriftart (Windows) bzw. der Diaglogfeldschriftart (Macintosh).
Breite, *Höhe*	Die Breite und Höhe des Textfelds in Einheiten von je 1/8 und 1/12 der Systemschriftart (Windows) bzw. der Diaglogfeldschriftart (Macintosh).
.Bezeichner[$]	In Kombination mit dem Namen des Dialogdatensatzes erstellt *.Bezeichner*[$] eine Variable, deren Wert dem Text im Textfeld entspricht. Diese Variable setzt sich folgendermaßen zusammen: *Dialogfelddatensatz.Bezeichner*[$] (beispielsweise `Dlg.TestTextfeld$`). Das Dollarzeichen ($) ist optional. Sie können damit anzeigen, daß es sich bei der Variablen um eine Zeichenfolgenvariable handelt. Der Bezeichner (*.Bezeichner*[$] ohne Punkt) wird auch von Anweisungen verwendet, die sich auf das Textfeld auswirken (z.B. **DlgAktivieren** und **DlgSichtbar**).
Mehrzeilig	Gibt an, ob es sich um ein einzeiliges oder mehrzeiliges Textfeld handelt: 0 (Null) Einzeiliges Textfeld 1 Mehrzeiliges Textfeld In mehrzeiligen Textfeldern kann der Benutzer beim Eingeben von Text die EINGABETASTE oder UMSCHALT+EINGABETASTE drücken, um eine neue Zeile zu beginnen. Mehrzeilige Textfelder enthalten jedoch keine Bildlaufleisten. Ein Bildlauf ist mit den Richtungstasten möglich. Wenn der Benutzer die EINGABETASTE oder UMSCHALT+EINGABETASTE drückt, enthält die vom Bezeichner gelieferte Zeichenfolge eine Absatzmarke.

Beispiel

Dieses Beispiel erstellt ein mehrzeiliges Textfeld mit der Anweisung **TextBox**. Der eingegebene Text wird in der Variable `Dlg.Textfeld1` gespeichert.

```
Begin Dialog BenutzerDialog 390, 152, "Makro für Beispiel-Dialogfeld"
    Text 10, 6, 360, 12, "&Beispiel: Drücken Sie UMSCHALT+EINGABE,"
    Text 10, 22, 360, 12, "um eine neue Zeile zu beginnen."
    TextBox 10, 43, 236, 64, .Textfeld1, 1
    OKButton 10, 117, 95, 21
    CancelButton 117, 117, 95, 21
End Dialog
Dim Dlg As BenutzerDialog
Dialog Dlg
```

Siehe auch   **Begin Dialog…End Dialog, Text**

TextFormularFeld

Syntax	**TextFormularFeld**
Bemerkungen	Fügt an der Einfügemarke ein Textformularfeld ein. **TextFormularFeld** ist mit der Schaltfläche **Text-Formularfeld** auf der Formular-Symbolleiste identisch.
Siehe auch	**DropDownFormularFeld**, **EinfügenFormularFeld**, **KontrollkästchenFormularFeld**

TextInTabelle

Syntax	**TextInTabelle** [**.UmwandelnVon** = *Zahl*] [, **.AnzSpalten** = *Zahl*] [, **.AnzTabZeilen** = *Zahl*] [, **.AnfSpaltenbreite** = *Zahl oder Text*] [, **.Format** = *Zahl*] [, **.Anwenden** = *Zahl*]
Bemerkungen	Wandelt den markierten Text auf der Grundlage des angegebenen Trennzeichens in eine Tabelle um. Wenn Sie **TextInTabelle** ohne Argumente ausführen, verwendet Word die folgenden Trennzeichen: Tabstops (wenn keine Semikola vorhanden sind), Semikola (wenn keine Tabstops vorhanden sind) oder Absatzmarken (wenn weder Tabstops noch Semikola oder sowohl Tabstops als auch Semikola vorhanden sind). Die Argumente für die Anweisung **TextInTabelle** entsprechen den Optionen im Dialogfeld **Text in Tabelle umwandeln** (Menü **Tabelle**).

Argument	Erklärung
.UmwandelnVon	Gibt das Zeichen an, das zum Trennen der Textelemente verwendet wurde: 0 (Null) Absatzmarken 1 Tabstopzeichen 2 Semikola 3 Andere (das Zeichen, das im Feld „Andere" im Dialogfeld **Text in Tabelle umwandeln** erscheint). Dieses Zeichen kann im Makro mit der Anweisung **FeldTrennzeichen$** festgelegt werden. Das aktuell eingestellte Zeichen kann mit der Funktion **FeldTrennzeichen$()** ausgelesen werden.
.AnzSpalten	Die Anzahl der zu erstellenden Spalten.
.AnzTabZeilen	Die Anzahl der zu erstellenden Zeilen.
.AnfSpaltenbreite	Die Breite der Spalten in Punkten oder einer Text-Maßeinheit. Wird dieses Argument nicht angegeben, so wird die Spaltenbreite derart berechnet, daß die Tabelle von einem Seitenrand zum anderen reicht.

Argument	Erklärung
.Format	Eines der vordefinierten Formate, die im Dialogfeld **Tabelle AutoFormat** (Menü **Tabelle**) aufgeführt sind: 0 (Null) entspricht dem ersten im Feld „Formate" aufgeführten Format („ohne"), 1 entspricht dem zweiten Format usw.
.Anwenden	Gibt an, welche Attribute des durch .Format angegebenen Formats in der Tabelle übernommen werden sollen. Eine Aufstellung der Attribute und der zugehörigen Werte finden Sie unter **TabelleTabelleEinfügen**.

Siehe auch TabelleAutoFormat, TabelleInText, TabelleEinfügen

TextKopieren

Syntax TextKopieren

Bemerkungen Kopiert den markierten Text, ohne ihn in die Zwischenablage einzufügen (wie durch Drücken von UMSCHALT+F2). Damit **TextKopieren** funktioniert, müssen Makroanweisungen unmittelbar vor dem Verwenden der Anweisung **TextKopieren** einen Bereich markieren, unmittelbar nach **TextKopieren** einen neuen Bereich markieren und dann den Text mit der **OK**-Anweisung kopieren.

Beispiel Dieses Beispiel fügt direkt unterhalb des aktuellen Absatzes (der mit der vordefinierten Textmarke „\Para" markiert wird) eine Kopie des aktuellen Absatzes ein:

```
BearbeitenGeheZu "\Para"
TextKopieren
AbsatzUnten
OK
```

Siehe auch Abbrechen, OK, TextVerschieben

TextkörperUmschalten

Syntax TextkörperUmschalten

Bemerkungen Schaltet die Anzeige des Textkörpers ein oder aus, wenn Kopf- und Fußzeilen angezeigt werden. Befindet sich die Markierung nicht in einer Kopf- oder Fußzeile, so tritt ein Fehler auf.

Siehe auch AnsichtKopfzeile

TextmarkeKopieren

Syntax   **TextmarkeKopieren** *Textmarke1$*, *Textmarke2$*

Bemerkungen   Setzt *Textmarke2$* an den Punkt im Dokument oder Text, der durch *Textmarke1$* bestimmt ist. Sie können diese Angabe mit vordefinierten Textmarken – beispielsweise „\StartOfSel" und „\EndOfSel" – verwenden, um Textmarken relativ zur Einfügemarke oder Markierung einzufügen. Weitere Informationen über vordefinierte Textmarken finden Sie unter „Operatoren und vordefinierte Textmarken".

Beispiel   Dieses Beispiel markiert den aktuellen Abschnitt und fügt dann am Beginn und Ende des Abschnitts je eine Textmarke ein. Sie können dieses Verfahren verwenden, um einen Anfangs- und Endpunkt für den Wirkungsbereich eines Makros zu definieren.

```
BearbeitenGeheZu "\Abschnitt"
TextmarkeKopieren "\StartOfSel", "AbschnittBeginn"
TextmarkeKopieren "\EndOfSel", "AbschnittEnde"
```

Siehe auch   **BearbeitenTextmarke, BeginnTextmarkeBestimmen, EndeTextmarkeBestimmen, TextmarkenVergleichen()**

TextmarkeName$()

Syntax   **TextmarkeName$**(*Nummer*)

Bemerkungen   Liefert als Ergebnis den Namen der durch *Nummer* angegebenen Textmarke.

Argument	Erklärung
Nummer	Die Nummer der Textmarke, die durch ihre Reihenfolge in der Liste aller Textmarken bestimmt ist. Diese Nummer liegt zwischen 1 und der Gesamtzahl der für das aktive Dokument definierten Textmarken (Sie können die Gesamtzahl der Textmarken mit **ZählenTextmarken()** herausfinden). Die Reihenfolge der Textmarkennamen hängt von der Reihenfolge der Textmarken im Dokument ab.
	Sie müssen eine Textmarkennummer angeben, da die Funktion sonst einen Fehler verursacht. Die folgende Anweisung führt beispielsweise zu einem Fehler: `a$ = TextmarkeName$()`.

Beispiel Dieses Beispiel fügt eine Liste aller Textmarkennamen eines Dokuments in das Datenfeld `Marke$()` ein. Mit diesem Datenfeld können Sie z.B. eine Liste von Textmarkennnamen in einem Dialogfeld anzeigen. Beachten Sie, daß die Größe des Datenfelds um 1 kleiner ist als die Anzahl der Textmarken, da der Index des ersten Datenfeldelements 0 (Null) und nicht 1 ist.

```
AnzTextmarken = ZählenTextmarken()
DatenfeldGröße = AnzTextmarken - 1
Dim Marke$(DatenfeldGröße)
For n = 0 To DatenfeldGröße
    Marke$(n) = TextmarkeName$(n + 1)
Einfügen Marke$(n)
EinfügenAbsatz
Next
```

Siehe auch **AbrufenTextmarke$()**, **ZählenTextmarken()**

TextmarkenVergleichen()

Syntax **TextmarkenVergleichen**(*Textmarke1$*, *Textmarke2$*)

Bemerkungen Vergleicht den Inhalt zweier Textmarken. **TextmarkenVergleichen**() können Sie mit den in Word vordefinierten Textmarken verwenden, um die Position der Einfügemarke zu überprüfen oder einen Makro zu erstellen, der nur in einem durch eine Textmarke definierten Bereich ausgeführt wird. Mit den vordefinierten Textmarken „\Sel" (aktuelle Markierung) und „\Para" (aktueller Absatz) können Sie beispielsweise einen Makro erstellen, der nur innerhalb eines bestimmten Absatzes ausgeführt wird.

Weitere Informationen über vordefinierte Textmarken finden Sie unter „Operatoren und vordefinierte Textmarken".

Argument	Erklärung
Textmarke1$	Die erste Textmarke
Textmarke2$	Die zweite Textmarke

Die Funktion liefert als Ergebnis die folgenden Werte:

Wert	Erklärung
0 (Null)	*Textmarke1$* und *Textmarke2$* sind gleichwertig.
1	*Textmarke1$* befindet sich vollständig unter *Textmarke2$*.

Wert	Erklärung
2	*Textmarke1$* befindet sich vollständig über *Textmarke2$*.
3	*Textmarke1$* befindet sich unter und in *Textmarke2$*.
4	*Textmarke1$* befindet sich in und über *Textmarke2$*.
5	*Textmarke1$* schließt *Textmarke2$* ein.
6	*Textmarke2$* schließt *Textmarke1$* ein.
7	*Textmarke1$* und *Textmarke2$* beginnen an der gleichen Position, doch *Textmarke1$* ist länger.
8	*Textmarke1$* und *Textmarke2$* beginnen an der gleichen Position, doch *Textmarke2$* ist länger.
9	*Textmarke1$* und *Textmarke2$* enden an der gleichen Position, doch *Textmarke1$* ist länger.
10	*Textmarke1$* und *Textmarke2$* enden an der gleichen Position, doch *Textmarke2$* ist länger.
11	*Textmarke1$* befindet sich unterhalb von *Textmarke2$* und grenzt an sie an.
12	*Textmarke1$* befindet sich über *Textmarke2$* und grenzt an sie an.
13	Mindestens eine der Textmarken ist nicht vorhanden.

Beispiel

Dieses Beispiel fügt vor jeder Zeile innerhalb eines markierten Bereichs eine Zeichenfolge ein. Zunächst fügt das Beispiel eine Textmarke zum markierten Text hinzu und verwendet dann eine **While…Wend**-Schleife, die durch Aufrufe der Funktion **TextmarkenVergleichen()** gesteuert wird, um vor jeder Zeile Text hinzuzufügen. Die erste Abfrage mit der Funktion **TextmarkenVergleichen()** prüft, ob die Einfügemarke und die Markierung, die in der Textmarke Temp gespeichert ist, am gleichen Punkt beginnen. Dies ist der Fall, wenn die Schleife beginnt. Die zweite Abfrage mit der Funktion **TextmarkenVergleichen()** prüft, ob sich die Einfügemarke innerhalb von Temp befindet. Dies ist der Fall, solange sich die Einfügemarke innerhalb der ursprünglichen Markierung befindet. Die dritte Abfrage mit der Funktion **TextmarkenVergleichen()** prüft, ob sich die Einfügemarke am Ende der ursprünglichen Markierung befindet. Wenn die Einfügemarke über die ursprüngliche Markierung hinausbewegt wird, endet die Schleife. Innerhalb der **While…Wend**-Schleife befindet sich eine weitere **TextmarkenVergleichen()**-Abfrage, die mit dem Operator **And** mit den drei anderen verknüpft ist. Sie prüft, ob sich die Markierung am Ende des Dokuments befindet (dies stellt einen Sonderfall dar).

```
                TextmarkeKopieren "\Sel", "Temp"
                MarkierungArt 1
                While (TextmarkenVergleichen("\Sel", "Temp") = 8 \
                        Or TextmarkenVergleichen("\Sel", "Temp") = 6 \
                        Or TextmarkenVergleichen("\Sel", "Temp") = 10 )\
                        And SchleifeVerlassen <>1
                    EndeZeile
                    If TextmarkenVergleichen("\ Sel", "\Endofdoc") = 0 \
                        Then SchleifeVerlassen = 1
                    BeginnZeile
                    Einfügen "***"
                    ZeileUnten
                Wend
                BearbeitenGeheZu "Temp"
                BearbeitenTextmarke "Temp", .Löschen
```

Siehe auch LeereTextmarke(), TextmarkeKopieren

TextmarkeVorhanden()

Syntax TextmarkeVorhanden(*Name$*)

Bemerkungen Gibt an, ob die durch *Name$* bezeichnete Textmarke im aktiven Dokument vorhanden ist.

Die Funktion liefert als Ergebnis die folgenden Werte:

Wert	Erklärung
–1	Textmarke ist vorhanden.
0 (Null)	Textmarke ist nicht vorhanden.

Beispiel Dieser Makro fordert den Benutzer in der Statuszeile dazu auf, den Namen einer hinzuzufügenden Textmarke einzugeben. Wenn die Textmarke noch nicht vorhanden ist, wird sie hinzugefügt. Wenn sie bereits existiert, zeigt Word ein Meldungsfeld an und fragt, ob die Textmarke neu gesetzt werden soll. Wenn der Benutzer mit „Nein" antwortet, wird der Makro beendet. Anderenfalls wird die Textmarke zurückgesetzt.

```
            Sub MAIN
            Input "Name der hinzuzufügenden Textmarke", MeineMarke$
            If TextmarkeVorhanden (MeineMarke$) Then
                Antw = MsgBox(MeineMarke$ + " existiert bereits; Textmarke \
                    neu setzen?", 36)
                If Antw = 0 Then Goto Ciao
            End If
            BearbeitenTextmarke MeineMarke$, .Hinzufügen
            Ciao:
            End Sub
```

Siehe auch AbrufenTextmarke$(), BearbeitenTextmarke, LeereTextmarke(), TextmarkeName$(), TextmarkenVergleichen(), ZählenTextmarken()

TextVerschieben

Syntax TextVerschieben

Bemerkungen Verschiebt Text, ohne den Inhalt der Zwischenablage zu ändern (entspricht dem Drücken von F2). Damit **TextVerschieben** ausgeführt werden kann, müssen Makro-Anweisungen unmittelbar vor der Anweisung **TextVerschieben** eine Textstelle markieren, unmittelbar im Anschluß an **TextVerschieben** eine neue Stelle markieren und dann mit der Anweisung **OK** den Text verschieben.

Beispiel Dieses Beispiel verschiebt die Zeile, in der sich die Einfügemarke befindet, an den Anfang des Dokuments:

```
BeginnZeile
EndeZeile 1
TextVerschieben
BeginnDokument
OK
```

Siehe auch **FormatKopieren, OK, TextKopieren**

TieferstufenListe

Syntax · TieferstufenListe

Bemerkungen · Setzt die markierten Absätze in einer mehrgliedrigen Liste um eine Ebene nach unten. Wurden die markierten Absätze als Liste mit Aufzählungs- oder Numerierungszeichen formatiert, die sich alle auf einer Ebene befinden, vergrößert die Anweisung **TieferstufenListe** den Zeileneinzug. Sind die markierten Absätze noch nicht als Aufzählungs- oder Numerierungsliste formatiert, tritt ein Fehler auf.

Siehe auch · **FormatAufzählungUndNumerierung**, **HöherstufenListe**

TieferstufenZuTextKörper

Syntax · TieferstufenZuTextKörper

Bemerkungen · Stuft die markierten Überschriften auf Textkörperebene herunter, indem auf sie die Formatvorlage „Standard" angewandt wird. **TieferstufenZuTextKörper** hat keine Wirkung, wenn die markierten Absätze bereits mit der Formatvorlage „Standard" formatiert sind.

Siehe auch · **GliederungAbsatzNachUnten**, **GliederungHöherstufen**, **GliederungTieferstufen**

Tiefgestellt, Tiefgestellt()

Syntax · **Tiefgestellt** [*Aktiv*]

Tiefgestellt()

Bemerkungen · Die Anweisung **Tiefgestellt** weist dem markierten Text das Zeichenformat „Tiefgestellt" zu, entfernt das Format oder steuert das Format „Tiefgestellt" für Zeichen, die an der Einfügemarke eingegeben werden. Dabei wird der markierte Text tiefgestellt und proportional zur ursprünglichen Schriftgröße verkleinert. Um Text tiefzustellen und die Schriftgröße beizubehalten, verwenden Sie die Anweisung **FormatZeichen** und geben dort als Wert des Arguments **.Position** die gewünschte Positionsveränderung ein.

Argument	Erklärung
Aktiv	Gibt an, ob das Format „Tiefgestellt" zugewiesen oder entfernt wird:
	1 Weist dem markierten Text das Format „Tiefgestellt" zu.
	0 (Null) Entfernt das Format „Tiefgestellt".
	Fehlt Schaltet das Format „Tiefgestellt" um (ein bzw. aus).

Die Funktion **Tiefgestellt()** liefert die folgenden Werte:

Wert	Erklärung
0 (Null)	Kein Teil des markierten Textes ist tiefgestellt.
–1	Ein Teil des markierten Textes ist tiefgestellt.
1	Der gesamte markierte Text ist tiefgestellt.

Siehe auch FormatZeichen, Hochgestellt

Time$()

Syntax Time$([*Seriennummer*])

Bemerkungen Liefert eine Zeichenfolge, die der Zeit-Komponente von *Seriennummer* entspricht. *Seriennummer* ist eine Dezimalzahl, die das aktuelle Datum und/oder die aktuelle Uhrzeit darstellt. Wenn Sie keine *Seriennummer* angeben, liefert **Time$()** die aktuelle Uhrzeit. Weitere Informationen über Seriennummern finden Sie unter **DatumSeriell()**.

Das Zeitformat hängt von der Zeile **TimeFormat=** im Abschnitt [Microsoft Word] in der Datei WINWORD6.INI (Windows 3.*x*) bzw. **Word-Einstellungen (6)** (Macintosh) bzw. in der Registrierung (Windows 95 und Windows NT) ab. (Wenn, unter Windows 3.*x*, die Zeile **TimeFormat=** nicht vorhanden ist, verwendet **Time$()** die im Abschnitt [intl] der Datei WIN.INI aufgeführten Zeiteinstellungen.) In einem Makro können Sie das aktuelle Zeitformat mit **SetPrivateProfileString** ändern.

Beispiel Wenn dieses Beispiel am Ende eines Makros eingefügt wird, zeigt es in einem Meldungsfeld die Uhrzeit an, zu der die Makroausführung beendet wurde:

```
MsgBox "Die Makroausführung endete um " + Time$()
```

Siehe auch Date$(), DatumSeriell(), GetPrivateProfileString$(), Jetzt(), Minute(), Sekunde(), SetPrivateProfileString, Stunde(), ZeitSeriell(), ZeitWert()

TipAssistent

Syntax TipAssistent

Bemerkungen Blendet die **Tip-Assistent-Symbolleiste** ein oder aus. Um einen definierten Ausgangszustand zu erreichen, können Sie die **Tip-Assistent-Symbolleiste** zuerst mit der Instruktion `AnsichtSymbolleisten "Tip-Assistent" .Anzeigen` einschalten.

In Word, Version 6.0, ist **TipAssistent** nicht verfügbar, und ein Fehler tritt auf.

Siehe auch **AutomatischÄndern, Hilfe, InfoAnzeigen**

ToolsGetSpelling, ToolsGetSpelling()

Syntax **ToolsGetSpelling** *Datenfeld$*() [, *Wort$*] [, *Standardwörterbuch$*] [, *Zusatzwörterbuch$*] [, *Modus*]

ToolsGetSpelling(*Datenfeld$*() [, *Wort$*] [, *Standardwörterbuch$*] [, *Zusatzwörterbuch$*] [, *Modus*])

Bemerkungen Die Anweisung **ToolsGetSpelling** füllt ein Datenfeld mit den Wörtern, die als Korrekturvorschläge für ein falsch geschriebenes Wort angezeigt werden. Die Vorschläge werden den Elementen des Datenfelds in der gleichen Reihenfolge zugewiesen, in der sie in der Rechtschreibprüfung angezeigt werden.

Argument	Erklärung
Datenfeld$	Das Datenfeld, in das die Korrekturvorschläge eingefügt werden sollen. Es muß vor dem Ausführen von **ToolsGetSpelling** definiert werden.
Wort$	Das Wort, für das Sie Korrekturvorschläge erhalten möchten. Wenn Sie *Wort$* nicht angeben, verwendet Word das Wort, das markiert ist oder das Wort, das sich am nächsten bei der Einfügemarke befindet.
Standardwörterbuch$	Eine Textzeichenfolge, die die Sprache des Standardwörterbuchs repräsentiert. Die Zeichenfolge ist der Name des Landes. Eine Liste der gültigen Landessprachen finden Sie unter **ExtrasSprache**. Wenn Sie weder ein Wort noch ein Standardwörterbuch angeben, verwendet Word das Standardwörterbuch, das der Sprachformatierung des Wortes am nächsten an der Einfügemarke entspricht.

Argument	Erklärung
Zusatz wörterbuch$	Ein Pfad- und Dateiname für ein Benutzerwörterbuch (beispielsweise „C:\WINWORD\LEXIKON1.DIC" (Windows) bzw. „HD:WORD:LEXIKON1" (Macintosh)). Wenn *Wort$* im Benutzerwörterbuch gefunden wird, schreibt **ToolsGetSpelling** keine Wörter in das Datenfeld. Wenn das Argument **.NurStandardWbuch** (Anweisung **ExtrasOptionenRechtschreibung**) den Wert 0 (Null) hat, werden die Korrekturvorschläge sowohl aus dem Standardwörterbuch als auch aus dem Benutzerwörterbuch abgerufen. Anagramme werden allerdings nur aus dem Standardwörterbuch abgerufen.
Modus	Gibt an, wie Word Vorschläge für *Wort$* liefert:
	0 oder fehlt Liefert Vorschläge für die korrekte Schreibweise von *Wort$*.
	1 Liefert Korrekturvorschläge, die den Suchkriterien entsprechen, wenn *Wort$* die Stellvertreterzeichen Fragezeichen (?) und Sternchen (*) enthält.
	2 Liefert Anagramme für *Wort$* (Worte, die sich aus den gleichen Buchstaben wie *Wort$* zusammensetzen). Word liefert keine Anagramme aus einem Benutzerwörterbuch. Diese Funktion ist möglicherweise nicht verfügbar, wenn Sie nicht das mit Word installierte Rechtschreibprogramm verwenden.

Die Funktion **ToolsGetSpelling( )** liefert die Anzahl der Korrekturvorschläge von der Rechtschreibprüfung. Wenn das Wort korrekt geschrieben wurde, wird 0 (Null) geliefert.

Beispiel

Dieses Beispiel prüft die Rechtschreibung des Wortes „Varbe" und zeigt dann bis zu fünf Korrekturvorschläge in einer Reihe von Meldungsfeldern an:

```
Dim Vorschlag$(4)
ToolsGetSpelling Vorschlag$(), "Varbe"
For Anzahl = 0 To 4
    If Vorschlag$(Anzahl) <> "" Then MsgBox Vorschlag$(Anzahl)
Next
```

Siehe auch   **ExtrasOptionenRechtschreibung, ExtrasSprache, ToolsGetSynonyms**

ToolsGetSynonyms, ToolsGetSynonyms()

Syntax   **ToolsGetSynonyms** *Datenfeld$()* [, *Wort$*] [, *Standardwörterbuch$*]

ToolsGetSynonyms(*Datenfeld$()* [, *Wort$*] [, *Standardwörterbuch$*]**)**

Bemerkungen

Die Anweisung **ToolsGetSynonyms** füllt ein Datenfeld mit Synonymen für ein Wort. Die Synonyme werden dem Datenfeld in der Reihenfolge zugewiesen, in der sie im Dialogfeld **Thesaurus** (Menü **Extras**) aufgelistet sind.

Argument	Erklärung
Datenfeld$	Das Datenfeld, in das die Synonyme eingefügt werden sollen. Es muß vor dem Ausführen von **ToolsGetSynonyms** definiert werden.
Wort$	Das Wort, für das Sie Synonyme anzeigen möchten. Wenn Sie *Wort$* nicht angeben, wird das Wort verwendet, das sich am nächsten bei der Einfügemarke befindet.
Standardwörterbuch$	Eine Textzeichenfolge, die die Sprache des Standardwörterbuchs repräsentiert. Die Zeichenfolge ist der Name des Landes. Eine Liste der gültigen Landessprachen finden Sie unter **ExtrasSprache**. Wenn Sie weder ein Wort noch ein Standardwörterbuch angeben, verwendet Word das Standardwörterbuch, das der Sprachformatierung des Wortes am nächsten an der Einfügemarke entspricht.

Die Funktion **ToolsGetSynonyms( )** liefert die folgenden Werte:

Wert	Erklärung
0 (Null)	Keine Synonyme sind verfügbar.
–1	Ein oder mehrere Synonym(e) sind verfügbar.

Beispiel

Dieses Beispiel fordert den Benutzer auf, ein Wort einzugeben. Anschließend werden in einem Meldungsfeld bis zu fünf Synonyme für das Wort angezeigt.

```
Wort$ = InputBox$("Synonyme anzeigen für: ", "Synonyme anzeigen")
Dim Synonyme$(4)
ToolsGetSynonyms Synonyme$(), Wort$
Liste$ = Synonyme$(0)
For Anzahl = 1 To 4
    If Synonyme$(Anzahl) <> "" Then
        Liste$ = Liste$ + ", " + Synonyme$(Anzahl)
    End If
Next
MsgBox Liste$, "Synonyme für " + Wort$
```

Siehe auch   **ToolsGetSpelling**

Überschreiben, Überschreiben()

Syntax Überschreiben [*Aktiv*]

Überschreiben( )

Bemerkungen Die Anweisung **Überschreiben** schaltet zwischen dem Einfüge- und dem Überschreibmodus um. Im Überschreibmodus ersetzt jedes von Ihnen eingegebene Zeichen eines der bereits vorhandenen Zeichen. Im Einfügemodus schieben die von Ihnen eingegebenen Zeichen die vorhandenen Zeichen nach rechts.

Argument	Erklärung
Aktiv	Gibt den Modus an:
	0 (Null) Aktiviert den Einfügemodus.
	1 Aktiviert den Überschreibmodus (in der Statusleiste wird „ÜB" angezeigt).
	Fehlt Wechselt zwischen dem Überschreibmodus und dem Einfügemodus.

Die Funktion **Überschreiben()** liefert die folgenden Werte:

Wert	Erklärung
0 (Null)	Der Überschreibmodus ist deaktiviert.
–1	Der Überschreibmodus ist aktiv.

Mit der Anweisung **Einfügen** eingefügter Text überschreibt den Text im Dokument nicht, unabhängig davon, ob sich das Dokument im Einfüge- oder Überschreibmodus befindet.

Beispiel Wenn der Überschreibmodus aktiv ist, zeigt dieses Beispiel ein Meldungsfeld mit den beiden Schaltflächen „Ja" und „Nein" an, in dem Sie gefragt werden, ob der Überschreibmodus deaktiviert werden soll. Wenn Sie „Ja" wählen (was den Wert -1 liefert), wird der Überschreibmodus deaktiviert.

```
                    If Überschreiben() = -1 Then
                        Schaltfl = MsgBox("Überschreibmodus ist aktiv. Deaktivieren?", 4)
                        If Schaltfl = -1 Then Überschreiben 0
                    End If
```

Siehe auch **ExtrasOptionenAllgemein**

UCase$()

Syntax **UCase$**(*Quelle$*)

Bemerkungen Liefert eine Zeichenfolge, in der alle Buchstaben von *Quelle$* in Großbuchstaben umgewandelt wurden.

Beispiel Dieses Beispiel zeigt ein **InputBox$**-Dialogfeld an, in dem der Benutzer zur Eingabe eines Akronyms aufgefordert wird. Wenn der Benutzer „OK" wählt, wird der Text in der Variable Akr$ gespeichert und anschließend in Großbuchstaben umgewandelt.

```
Akr$ = InputBox$("Geben Sie bitte ein Akronym ein.")
Akr$ = UCase$(Akr$)
```

Siehe auch **GroßKleinschreibungÄndern**, **LCase$()**

Umgebung$()

Syntax **Umgebung$**(*Umgebungsvariable$*)

Bemerkungen Liefert unter Windows 3.*x* und Windows 95 die Zeichenfolge der MS-DOS-Umgebungsvariablen, die mit *Umgebungsvariable$* angegeben wurde. TempVerz$ = Umgebung$("TEMP") liefert zum Beispiel den Ordner, der der Umgebungsvariablen TEMP zugewiesen wurde. Auf dem Macintosh ist **Umgebung$()** nicht verfügbar und erzeugt einen Fehler.

Umgebungsvariablen werden in der Regel über MS-DOS-Stapelverarbeitungsdateien (Batchdateien wie AUTOEXEC.BAT) festgelegt bzw. unter Windows NT durch die Systemoption in der Systemsteuerung. Weitere Informationen über Umgebungsvariablen finden Sie in der Dokumentation zu MS-DOS.

Beispiel Dieses Beispiel für Windows überprüft die Umgebungsvariable PATH und zeigt eines von zwei Meldungsfeldern an, je nach Anzahl der Zeichen in der Umgebungsvariablen (maximal 127 Zeichen sind zulässig).

```
                    Pfad$ = Umgebung$("PATH")
                    Länge = Len(Pfad$)
                    Verfügbar = 127 - Länge
                    Select Case Verfügbar
                        Case 127
                            MsgBox "Die Umgebungsvariable PATH enthält keine Zeichen."
                        Case 0 To 126
                            MsgBox "Sie können die Umgebungsvariable PATH noch um "\
                                + Str$(Verfügbar) + " Zeichen verlängern."
                        Case Else
                    End Select
```

Siehe auch   AbrufenSysteminfo, AnwInfo$(), GetProfileString$()

UmwAlleFußnotenEndnoten

Syntax   UmwAlleFußnotenEndnoten

Bemerkungen   Wandelt alle Fußnoten im Dokument in Endnoten und alle Endnoten in Fußnoten um. Die Einfügemarke kann sich hierbei entweder im Dokumentfenster oder im Fußnoten- oder Endnotenausschnitt befinden. Wenn keine Fuß- oder Endnoten vorhanden sind, tritt ein Fehler auf.

Siehe auch   **EndnotenUmwZuFußnoten**, **EndnotenFußnotenVertauschen**, **FußnotenUmwZuEndnoten**

Unterstrichen, Unterstrichen()

Syntax   **Unterstrichen** [*Aktiv*]

                    Unterstrichen()

Bemerkungen   Die Anweisung **Unterstrichen** weist dem markierten Text das Zeichenformat „Einfache Unterstreichung" zu, entfernt dieses Format oder steuert das Format für Zeichen, die an der Einfügemarke eingegeben werden.

Argument	Erklärung
Aktiv	Gibt an, ob das Format „Einfach unterstreichen" hinzugefügt oder entfernt wird:
	1 Formatiert die Markierung mit dem Format „Einfache Unterstreichung".
	0 (Null) Entfernt das Format „Einfache Unterstreichung".
	Fehlt Schaltet das Format „Einfache Unterstreichung" um (ein bzw. aus).

Die Funktion **Unterstrichen( )** liefert als Ergebnis die folgenden Werte:

Wert	Erklärung
0 (Null)	Keinem Teil des markierten Textes wurde das Format „Einfache Unterstreichung" zugewiesen.
–1	Einem Teil des markierten Textes wurde das Format „Einfache Unterstreichung" zugewiesen.
1	Der gesamten Markierung wurde das Format „Einfache Unterstreichung" zugewiesen.

Siehe auch   **DoppeltUnterstreichen, FormatZeichen, PunktiertUnterstreichen, WortUnterstreichen**

Val()

Syntax Val(*a$*)

Bemerkungen Liefert den numerischen Wert von *a$*. **Val**() wird häufig verwendet, um Zeichenfolgen, die Ziffern enthalten, in Zahlen umzuwandeln, so daß sie in mathematischen Gleichungen verwendet werden können. Wenn *a$* nicht mit einer Ziffer beginnt, liefert **Val**() den Wert 0 (Null). Die Zeichenfolge *a$* kann bis zu 255 Zeichen lang sein.

Anmerkung Zahlen in WordBasic-Anweisungen werden normalerweise nicht durch die aktuellen Einstellungen für das Dezimal- und Tausendertrennzeichen beeinflußt. Die **Val**() Anweisung unterliegt jedoch diesen Einstellungen. Wenn das Tausendertrennzeichen z.B. ein Komma ist, setzt die Anweisung a = 1,001 die Variable a auf den Wert 1,001. Die Anweisung a = Val ("1,001") würde a jedoch auf den Wert 1001 setzen.

Beispiele In den beiden folgenden Anweisungen liefert **Val**() den Wert 10:

```
Num = Val("10")
Num = Val("10 Äpfel")
```

In den beiden folgenden Anweisungen liefert **Val**() den Wert 0 (Null):

```
Num = Val("zehn")
Num = Val("Abteilung 10")
```

Das folgende Beispiel fordert den Benutzer auf, eine Zahl einzugeben, die die Funktion **InputBox$**() als Zeichenfolge liefert. **Val**() wandelt die Zeichenfolge in eine Zahl um und multipliziert sie mit 12. **Str$**() wandelt das Produkt in eine Zeichenfolge um, so daß sie in einem Meldungsfeld angezeigt werden kann.

```
a$ = InputBox$("Wieviel Dutzend Äpfel?")
Gesamt = Val(a$) * 12
MsgBox a$ + " Dutzend sind" + Str$(Gesamt) + " Stück."
```

Siehe auch **Str$**()

VariablenAnzeigen

Syntax   **VariablenAnzeigen**

Bemerkungen   Zeigt eine Liste der Variablen und ihrer aktuellen Werte an, um Sie beim Testen des aktiven Makros zu unterstützen. Mit **VariablenAnzeigen**-Anweisungen können Sie den Makro unterbrechen und die Variablen an den gewünschten Stellen untersuchen.

Beispiel   Dieses Beispiel für Windows definiert die Variablen Name$ und Alter als die Elemente in der ersten Zeile der Textdatei DATEN.TXT. Die Variablen werden in einem Dialogfeld angezeigt, in dem die Werte geändert werden können.

```
Open "DATEN.TXT" For Input As #1
Input #1, Name$, Alter
VariablenAnzeigen
```

Siehe auch   **MsgBox**, **Print**, **Stop**

Verbinden

Syntax   **Verbinden** [**.Laufwerk** = *Nummer*,] **.Pfad** = *Text* [, **.Kennwort** = *Text*]

Bemerkungen   Stellt unter Windows eine Verbindung mit einem Netzlaufwerk her. Auf dem Macintosh ist **Verbinden** nicht verfügbar und erzeugt einen Fehler. Verwenden Sie statt dessen **VolumeAktivieren.**

Argument	Erklärung
.Laufwerk	Eine Nummer, die Sie dem Netzlaufwerk zuweisen möchten. Dabei entspricht 0 (Null) der nächsten verfügbaren Laufwerksbezeichnung, 1 der zweitnächsten usw. Wenn Sie **.Laufwerk** auslassen, wird der nächste verfügbare Buchstabe verwendet.
.Pfad	Der Pfad für das Netzlaufwerk (beispielsweise "\\projekt\info").
.Kennwort	Das Kennwort, wenn das Netzlaufwerk mit einem Kennwort geschützt ist.

Beispiel   Dieses Beispiel stellt eine Verbindung mit einem Netzlaufwerk her, das durch das Kennwort „sesam" geschützt ist. Dem Netzlaufwerk wird die nächste verfügbare Laufwerksbezeichnung zugewiesen:

```
Verbinden .Pfad = "\\projekt\info", .Kennwort = "sesam"
```

Siehe auch   **AbrufenVerzeichnis**, **ChDir**, **VolumeAktivieren**, **ZählenVerzeichnisse( )**

Verborgen, Verborgen()

Syntax Verborgen [*Aktiv*]

Verborgen()

Bemerkungen Die Anweisung **Verborgen** weist der aktuellen Markierung das Format „Verborgen" zu oder entfernt dieses. Außerdem steuert die Anweisung das Format „Verborgen" für die an der Einfügemarke einzugebenden Zeichen. Sie können die Anzeige von verborgenem Text mit dem Kontrollkästchen „Verborgen" steuern, einer Option auf der Registerkarte **Ansicht** im Dialogfeld **Optionen** (Menü **Extras**).

Argument	Erklärung
Aktiv	Gibt an, ob das Format „Verborgen" hinzugefügt oder entfernt wird:
	1 Weist das Format „Verborgen" zu.
	0 (Null) Entfernt das Format „Verborgen".
	Fehlt Schaltet das Format „Verborgen" um (ein bzw. aus).

Die Funktion **Verborgen**() liefert als Ergebnis die folgenden Werte:

Wert	Erklärung
0 (Null)	Keinem Teil des markierten Textes wurde das Format „Verborgen" zugewiesen.
–1	Einem Teil des markierten Textes wurde das Format „Verborgen" zugewiesen.
1	Der gesamten Markierung wurde das Format „Verborgen" zugewiesen.

Siehe auch FormatZeichen

VerknüpfungLösenFelder

Syntax VerknüpfungLösenFelder

Bemerkungen Ersetzt die markierten Felder durch ihr aktuelles Ergebnis. Wenn Sie die Verknüpfung eines Feldes lösen, wird es in normalen Text oder in eine normale Grafik umgewandelt und kann von nun an nicht mehr automatisch aktualisiert werden. Die Verknüpfung einiger Felder kann nicht gelöst werden, beispielsweise die Verknüpfung von XE-Feldern, die kein Ergebnis anzeigen. Wenn die Markierung keine Felder enthält, deren Verknüpfung gelöst werden kann, tritt ein Fehler auf.

Beispiel

Dieses Beispiel löst die Verknüpfung aller Felder im aktiven Dokument. Zuerst zeigt Word ein Meldungsfeld an, in dem der Benutzer wählen kann, ob vor dem Lösen der Verknüpfung alle Felder aktualisiert werden sollen. Je nach Wahl des Benutzers erfolgt anschließend eine entsprechende Maßnahme.

```
Antw = MsgBox("Felder vor dem Lösen der Verknüpfung aktualisieren?", \
    "Verknüpfung aller Felder lösen", 35)
On Error Goto Auffang
Select Case Antw
    Case -1                 'Ja
        BearbeitenAllesMarkieren
        FelderAktualisieren
        VerknüpfungLösenFelder
    Case 0                  'Nein
        BearbeitenAllesMarkieren
        VerknüpfungLösenFelder
    Case 1                  'Abbrechen
        Goto ciao
Auffang:
    If Err = 102 Then MsgBox "Keine zu lösenden Felder vorhanden." \
    Else Error Err
ciao:
End Select
```

Siehe auch FelderAktualisieren, FeldFreigabe, FeldSperren

VolumeAktivieren, VolumeAktivieren()

Syntax **VolumeAktivieren** *Zone$*, *Server$*, *Volume$* [, *Benutzer$*] [, *BenutzerKennwort$*] [, *VolumeKennwort$*]

VolumeAktivieren(*Zone$*, *Server$*, *Volume$* [, *Benutzer$*] [, *BenutzerKennwort$*] [, *VolumeKennwort$*])

Bemerkungen Auf dem Macintosh stellt die Anweisung **VolumeAktivieren** eine Verbindung mit einer Festplatte oder einem Ordner her, die bzw. der im Netzwerk gemeinsam genutzt wird.

Argument	Erklärung
Zone$	Die Zone, in der sich der Computer befindet, mit dem Sie eine Verbindung herstellen möchten.
Server$	Der Name des Computers.

Argument	Erklärung
Volume$	Der Name der gemeinsam genutzten Festplatte oder des Ordners.
Benutzer$	Ihr Benutzername, so wie er auf dem gemeinsam genutzten Computer registriert ist. Wenn Sie keinen Benutzernamen angeben, werden Sie als Gast angemeldet.
Benutzer Kennwort$	Wenn erforderlich, das Kennwort zur Anmeldung am angegebenen Computer.
Volume Kennwort$	Wenn erforderlich, das Kennwort zum Zugriff auf die angegebene Festplatte oder den Ordner.

Die Funktion **VolumeAktivieren()** verhält sich wie die Anweisung, liefert aber zusätzlich einen der folgenden Werte.

Wert	Erklärung
0 (Null)	Die Instruktion war erfolgreich, oder die Verbindung existiert bereits.
−28	AppleTalk ist nicht verfügbar (z.B. hat Ihr Computer keine Verbindung mit einem Netzwerk).
−35	Das angegebene Volume wurde nicht gefunden.
−50	Die Instruktion enthält ein ungültiges Argument (es fehlen z.B. die Angaben zu Zone, Server oder Volume, oder der Benutzername wird nicht erkannt).
−58	Ein Fehler bei einem externen Dateisystem ist aufgetreten.
−108	Der Speicherplatz reichte nicht aus, um die Verbindung herzustellen.
−5000	Der Zugriff wurde verweigert.
−5002	Unbekannte Methode zur Bestätigung des Benutzers.
−5003	Das AppleTalk Filing Protocol (AFP) auf dem Server ist nicht kompatibel mit **VolumeAktivieren**.
−5016	Der angegebene Server antwortet nicht.
−5023	Der Benutzer kann nicht bestätigt werden; wahrscheinlich ist das Kennwort falsch.
−5042	Das Kennwort ist abgelaufen.
−5061	Der Computer ist bereits mit der maximal zulässigen Anzahl von Volumes verbunden.
−5063	Der angegebene Server ist identisch mit dem Computer, auf dem die Instruktion ausgeführt wird.

Anmerkung **VolumeAktivieren** kann keine Verbindung mit Volumes herstellen, bei denen der Finder sich nicht mittels eines Alias anmelden kann. Dies schließt Volumes auf Windows NT-Servern ein, die keine Gast-Verbindungen zulassen.

	In Windows sind **VolumeAktivieren** und **VolumeAktivieren()** nicht verfügbar und führen zu einem Fehler. Verwenden Sie statt dessen **Verbinden**.
Beispiel	Dieses Beispiel stellt eine Verbindung als „Gast" mit einem gemeinsam genutzten Ordner her.
	`VolumeAktivieren "Allgemein", "Extras", "Sonderausgabe"`
Siehe auch	**Verbinden**

VorgabeAbsatz, VorgabeAbsatz()

Syntax	**VorgabeAbsatz**
	VorgabeAbsatz()
Bemerkungen	Die Anweisung **VorgabeAbsatz** entfernt alle Absatzformatierungen, die nicht in der aktuellen Formatvorlage für den Absatz definiert sind, vom markierten Text. Wenn Sie beispielsweise einen Absatz mit einem linken Einzug von 1 cm formatieren und die Formatvorlage für den Absatz keinen Einzug besitzt, würde **VorgabeAbsatz** den Einzug entfernen.
	Die Funktion **VorgabeAbsatz()** liefert die folgenden Werte, ohne die Absatzformatierung zu entfernen:

Wert	Erklärung
0 (Null)	Der erste Absatz in der Markierung enthält Absatzformatierungen, die sich von der Formatierung unterscheiden, die für die angewandte Absatz-Formatvorlage definiert wurden.
–1	Der erste Absatz in der Markierung enthält keine Absatzformatierungen, die sich von der Formatierung unterscheiden, die für die angewandte Absatz-Formatvorlage definiert wurden.

Beispiel	Wenn der aktuelle Absatz mit der Formatvorlage „Standard" formatiert ist, entfernt das folgende Beispiel alle Absatzformatierungen, die nicht im Rahmen der Formatvorlage definiert sind:
	`If FVName$() = "Standard" Then VorgabeAbsatz`
Siehe auch	**FormatAbsatz, StandardFV, VorgabeZeichen**

VorgabeFußnotenTrennlinieOderHinweis

Syntax VorgabeFußnotenTrennlinieOderHinweis

Bemerkungen Setzt die Trennlinie, den Fortsetzungshinweis oder die Fortsetzungstrennlinie wieder auf den Standardwert zurück. **VorgabeFußnotenTrennlinieOderHinweis** führt zu einem Fehler, wenn Sie nicht zuvor einen Ausschnitt mit einer Trennlinie oder einem Fortsetzungshinweis geöffnet haben.

Beispiel Dieses Beispiel öffnet den Ausschnitt mit dem Fußnoten-Fortsetzungshinweis und stellt dann fest, ob sich darin ein Fortsetzungshinweis befindet. Wenn der Ausschnitt außer der Absatzmarke ein beliebiges weiteres Zeichen enthält, entfernt VorgabeFußnotenTrennlinieOderHinweis den Hinweis. Ohne die **If**-Bedingung würde dieses Beispiel zu einem Fehler führen, wenn der Hinweis bereits auf den Standardwert gesetzt wäre.

```
AnsichtFußnotenFortsetzungsHinweis
BearbeitenAllesMarkieren
Absatzmarke$ = Chr$(13)
If Markierung$() <> Absatzmarke$ Then \
    VorgabeFußnotenTrennlinieOderHinweis
AusschnittSchließen
```

Siehe auch **AnsichtEndnotenFortsetzungsHinweis,** **AnsichtEndnotenFortsetzungsTrennlinie, AnsichtEndnotenTrennlinie, AnsichtFußnotenFortsetzungsHinweis, AnsichtFußnotenFortsetzungsTrennlinie, AnsichtFußnotenTrennlinie, FußEndnotenOptionen**

VorgabeSchaltflächenSymbol

Syntax **VorgabeSchaltflächenSymbol** *Symbolleiste$*, *Schaltfläche* [, *Kontext*]

Bemerkungen Versieht die Oberfläche der angegebenen Symbolleisten-Schaltfläche mit der Grafik, die dem Befehl, den die Schaltfläche ausführt, ursprünglich zugeordnet war.

Argument	Erklärung
Symbolleiste$	Der Name der Symbolleiste, wie er im Dialogfeld **Symbolleisten** (Menü **Ansicht**) erscheint.
Schaltfläche	Eine Zahl, die der Schaltflächenoberfläche, die wieder auf die Vorgabe geändert wird, entspricht: 1 ist die erste Schaltfläche der angegebenen Symbolleiste, 2 die zweite usw.

Argument	Erklärung
Kontext	Die Dokumentvorlage, in der die Änderung gespeichert werden soll:
	0 (Null) oder fehlt In der Dokumentvorlage „Normal".
	1 In der aktiven Dokumentvorlage.

Siehe auch   **AnsichtSymbolleisten, BearbeitenSchaltflächenSymbol, EinfügenSchaltflächenSymbol, SchaltflächenSymbolKopieren, SchaltflächenSymbolWählen**

VorgabeZeichen, VorgabeZeichen()

Syntax   **VorgabeZeichen**

VorgabeZeichen()

Bemerkungen   Die Anweisung **VorgabeZeichen** entfernt alle manuell zugewiesenen Zeichenformate (Formatierungen, die nicht in der aktuellen Formatvorlage definiert sind) vom markierten Text. Angenommen, Sie weisen einem Wort oder Satzteil in einem Absatz manuell das Format „Fett" zu, während in der Formatvorlage der Absatz als unformatierter Text formatiert ist. **VorgabeZeichen** würde in diesem Fall das Format „Fett" entfernen.

Die Funktion **VorgabeZeichen()** liefert die folgenden Werte, ohne die Zeichenformate zurückzusetzen:

Wert	Erklärung
0 (Null)	Die Markierung enthält manuell zugewiesene Zeichenformate.
1	Die Markierung enthält keine manuell zugewiesenen Zeichenformate.

Beispiel   Wenn der aktuelle Absatz mit der Formatvorlage „Standard" formatiert ist, markiert das folgende Beispiel den gesamten Absatz und entfernt alle Zeichenformate, die nicht in der Formatvorlage definiert sind.

```
If FVName$() = "Standard" Then
    BearbeitenGeheZu "\Para"
    VorgabeZeichen
End If
```

Siehe auch   **VorgabeAbsatz, FormatZeichen**

VorherigerTab()

Syntax	**VorherigerTab**(*Position*)
Bemerkungen	Liefert die Position des nächsten benutzerdefinierten Tabstops links der angegebenen *Position* für den ersten Absatz des markierten Bereichs, in Punkten. *Position* wird in Punkten angegeben.
	Die folgende Liste dient als Hilfe bei der Konvertierung zwischen Punkten und anderen Maßen.

- 1 Zoll = 72 Punkte
- 1 cm = 28,35 Punkte
- 1 Pica = 12 Punkte

Siehe auch	**FormatTabulator**, **NächsterTab()**, **TabAusricht$()**, **TabstopArt()**

VorherigeSeite, VorherigeSeite()

Syntax	**VorherigeSeite**
	VorherigeSeite( )
Bemerkungen	Die Anweisung **VorherigeSeite** führt in der Layoutansicht einen Bildlauf um eine Seite nach oben durch, ohne dabei die Einfügemarke zu verschieben (entspricht dem Klicken auf die Schaltfläche für einen Bildlauf nach oben am oberen Ende der vertikalen Bildlaufleiste in der Layoutansicht). Sie können die Einfügemarke nach dem Durchführen des Bildlaufs verschieben, indem Sie in Ihren Makro im Anschluß an **VorherigeSeite** die Anweisung **BeginnFenster** ausführen.
	VorherigeSeite führt einen Bildlauf von der aktuellen Position auf einer Seite zur entsprechenden relativen Position auf der vorhergehenden Seite durch. Sie können unabhängig vom momentan angezeigten Teil der aktuellen Seite einen Bildlauf zum Anfang der vorherigen Seite durchführen, indem Sie statt **VorherigeSeite** die Anweisung `BearbeitenGeheZu .Ziel = "s - 1"` verwenden. Allerdings verschiebt **BearbeitenGeheZu** auch die Einfügemarke.
	Die Funktion **VorherigeSeite()** verhält sich genau wie die Anweisung **VorherigeSeite** und liefert zusätzlich die folgenden Werte:

Wert	Erklärung
0 (Null)	Es ist keine vorhergehende Seite vorhanden (es wurde also kein Bildlauf durch das Dokument durchgeführt).
−1	Es wurde ein Bildlauf durch das Dokument durchgeführt.

Anmerkung **VorherigeSeite** und **VorherigeSeite( )** sind nur in der Layoutansicht verfügbar und führen in anderen Ansichten zu einem Fehler.

Beispiel

Dieses Beispiel zeigt das Dokument zunächst in der Layoutansicht an, führt einen Bildlauf zur vorhergehenden Seite durch und verschiebt dann die Einfügemarke an das obere Ende des Fensters:

```
AnsichtLayout
VorherigeSeite
BeginnFenster
```

Siehe auch

AnsichtLayout, BearbeitenGeheZu, BildAuf, NächsteSeite, VSeite

VorherigesFeld, VorherigesFeld()

Syntax

VorherigesFeld

VorherigesFeld( )

Bemerkungen

Die Anweisung **VorherigesFeld** markiert das vorhergehende Feld, unabhängig davon, ob es einen Feldcode oder ein Ergebnis enthält. **VorherigesFeld** überspringt die folgenden Felder, die als verborgener Text formatiert sind: XE-Felder (Indexeinträge), INHALT-Felder (Inhaltsverzeichniseinträge) und RD-Felder (für Dokumente, auf die Bezug genommen wird).

Die Funktion **VorherigesFeld( )** verhält sich genau wie die Anweisung **VorherigesFeld** und liefert zusätzlich die folgenden Werte.

Wert	Erklärung
0 (Null)	Es ist kein vorheriges Feld vorhanden (die Markierung wurde also nicht verschoben).
−1	Die Markierung wurde verschoben.

Wenn Feldcodes angezeigt werden, können Sie die Einfügemarke mit **BearbeitenSuchen** auf das vorherige Feld setzen (einschließlich XE-, INHALT- und RD-Felder), sofern verborgener Text angezeigt wird. Geben Sie dazu als Text für das Argument .Suche „^d" (den Code für ein Feldzeichen) und für das Argument .Richtung den Wert 1 an, wie in den folgenden Anweisungen:

```
AnsichtFeldfunktionen 1
BearbeitenSuchen .Suche = "^d", .Richtung = 1, .Format = 1
```

Wenn nur XE-Felder gesucht werden sollen, können Sie als den zu suchenden Text „^dXE" angeben.

Beispiel Dieser Makro zählt die Felder über der Einfügemarke (außer XE-, INHALT- und RD-Feldern) und zeigt das Ergebnis in einem Meldungsfeld an:

```
Sub MAIN
    Anzahl = 0
    While VorherigesFeld()
        Anzahl = Anzahl + 1
    Wend
    MsgBox "Anzahl der Felder oberhalb der \
        Einfügemarke:" + Str$(Anzahl)
End Sub
```

Siehe auch **NächstesFeld**

VorherigesFenster

Syntax **VorherigesFenster**

Bemerkungen Verschiebt das Fenster, das in der Reihenfolge der geöffneten Fenster an letzter Stelle steht, in den Vordergrund. Diese Anweisung hat keine Wirkung, wenn nur ein Fenster geöffnet ist.

Siehe auch **Aktivieren**, **ChDir**, **Fenster()**, **FensterListe**, **FensterName$()**, **Fenster***Nummer*, **NächstesFenster**

VorherigesObjekt

Syntax VorherigesObjekt

Bemerkungen Verschiebt die Einfügemarke in der Layoutansicht zum vorhergehenden Dokumentobjekt auf der aktuellen Seite (entspricht dem Drücken von ALT+NACH-OBEN (Windows) bzw. WAHLTASTE+NACH-OBEN (Macintosh). Dokumentobjekte sind Positionsrahmen, Fußnoten, Tabellenzellen und Textspalten.

Die Anweisung **VorherigesObjekt** bewegt die Einfügemarke vom Beginn der ersten Textspalte einer Seite in der folgenden Reihenfolge durch die Dokumentobjekte:

- Durch eventuell vorhandene Positionsrahmen, und zwar in der Reihenfolge, in der sie in der Normalansicht angezeigt werden, vom folgenden Seitenwechsel zum vorhergehenden Seitenwechsel.
- Von der letzten bis zur ersten Textspalte (wenn mehrere vorhanden sind), wobei sich die Einfügemarke durch alle Fußnoten und dann alle Tabellenzellen bewegt, die in der Textspalte angezeigt werden.

VorherigesObjekt kehrt abschließend zum Anfang der ersten Textspalte zurück, bevor die Dokumentobjekte erneut durchlaufen werden.

Beachten Sie beim Verwenden von **VorherigesObjekt** die folgenden Punkte:

- Sie können Dokumentobjekte durch Aktivieren des Kontrollkästchens „Textbegrenzungen" auf der Registerkarte **Ansicht** im Dialogfeld **Optionen** (Menü **Extras**) kennzeichnen.
- OLE-Objekte, z.B. eingebettete Zeichnungen und Diagramme, werden von Word nur dann als Dokumentobjekte interpretiert, wenn sie sich in einem Positionsrahmen befinden.
- Befindet sich die Einfügemarke in einer Kopf- oder Fußzeile, so wechselt **VorherigesObjekt** zwischen der Kopf- und Fußzeile.
- Vor der Verwendung von **VorherigesObjekt** müssen Sie in die Layoutansicht wechseln.

Siehe auch NächstesObjekt

VorherigeZelle, VorherigeZelle()

Syntax   VorherigeZelle

VorherigeZelle( )

Bemerkungen   Die Anweisung **VorherigeZelle** markiert den Inhalt der vorherigen Zelle (entspricht dem Drücken von UMSCHALT+TAB in einer Tabelle). Wenn bereits eine mehrere Zellen umfassende Markierung vorhanden ist, markiert **VorherigeZelle** die erste Zelle in der Markierung.

Die Funktion **VorherigeZelle( )** verhält sich genau wie die Anweisung und liefert zusätzlich die folgenden Werte.

Wert	Erklärung
0 (Null)	Die Markierung umfaßt ausschließlich die Zelle ganz links in der ersten Zeile (die Markierung wurde also nicht verschoben).
–1	Die Markierung wurde verschoben.

Beispiel   Dieses Beipiel bewegt die Markierung auf die vorangehende Zelle. Wenn sich die Einfügemarke in der ersten Zelle befindet, markiert dieses Beispiel die gesamte Tabelle.

```
If VorherigeZelle() = 0 Then TabelleTabelleMarkieren
```

Siehe auch   NächsteZelle

VRollen, VRollen()

Syntax   **VRollen** *Prozentsatz*

VRollen( )

Bemerkungen   Die Anweisung **VRollen** führt einen vertikalen Bildlauf bis zum angegebenen Prozentsatz des Dokumentumfangs durch. **VRollen** entspricht dem Ziehen des Bildlauffelds in der vertikalen Bildlaufleiste.

Die Funktion **VRollen( )** liefert die aktuelle vertikale Bildlaufposition als Prozentsatz des Dokumentumfangs.

Beispiel   Dieses Beispiel führt einen Bildlauf zur Mitte des aktiven Dokuments durch:

```
VRollen 50
```

Siehe auch   **HRollen**, **VSeite**, **VZeile**

VSeite

Syntax   **VSeite** [*Anzahl*]

Bemerkungen   Führt einen vertikalen Bildlauf durch das aktive Dokument durch. **VSeite** entspricht dem Klicken auf die vertikale Bildlaufleiste ober- oder unterhalb des Bildlauffelds.

Argument	Erklärung
Anzahl	Der Umfang des Bildlaufs (in Bildschirmseiten):
	Nicht angegeben Eine Bildschirmseite nach unten
	> 0 (Null) Die angegebene Anzahl von Bildschirmseiten nach unten
	< 0 (Null) Die angegebene Anzahl von Bildschirmseiten nach oben

Siehe auch   **HSeite**, **VRollen**, **VZeile**

VZeile

Syntax   **VZeile** [*Anzahl*]

Bemerkungen   Führt einen vertikalen Bildlauf durch das aktive Dokument durch. Eine „Zeile" entspricht einem einmaligen Klicken auf einen Bildlaufpfeil in der vertikalen Bildlaufleiste.

Argument	Erklärung
Anzahl	Der Umfang des Bildlaufs (in Zeilen):
	Nicht angegeben Eine Zeile nach unten
	> 0 (Null) Die angegebene Anzahl von Zeilen nach unten
	< 0 (Null) Die angegebene Anzahl von Zeilen nach oben

Siehe auch   **HZeile**, **VRollen**, **Vseite**

While...Wend

Syntax

While *Bedingung*
   Reihe von Anweisungen
Wend

Bemerkungen

Wiederholt eine Reihe von Anweisungen, solange die angegebene Bedingung wahr ist. Die Steuerstruktur **While...Wend** wird in WordBasic häufig verwendet, um einen Text durchzugehen und immer dann eine Reihe von Anweisungen auszuführen, wenn eine bestimmte Textstelle oder Formatierung gefunden wird. Ein Beispiel über diese Verwendung finden Sie unter **BearbeitenSuchen**.

Beispiel

Dieses Beispiel (Windows) verwendet die Funktion **Files$()** in einer **While...Wend**-Schleife, um eine Liste aller im aktuellen Ordner gespeicherten Dateien, deren Erweiterung .DOC lautet, einzufügen. Die Anweisung `a$ = Files$("*.DOC")` liefert den ersten Dateinamen mit der Erweiterung .DOC, und `a$ = Files$()` liefert bei jedem Ausführen der Anweisungen innerhalb der Schleife den nächsten Dateinamen mit der Erweiterung .DOC. Sobald `Files$()` eine leere Zeichenfolge liefert und somit darauf hinweist, daß sich im aktuellen Ordner keine weiteren .DOC-Dateien mehr befinden, wird die Bedingung `a$ <> ""` als falsch ausgewertet, und Word verläßt die **While...Wend**-Schleife.

```
DateiNeuStandard
AktVerz$ = Files$(".")
a$ = Files$("*.DOC")
Anzahl = 1
While a$ <> ""
    Anzahl = Anzahl + 1
    a$ = DateiNameInfo$(a$, 3)
    EinfügenAbsatz : Einfügen a$
a$ = Files$()
Wend
BeginnDokument : Fett 1
Einfügen AktVerz$ + " enthält" + Str$(Anzahl - 1) + " Dateien"
```

Auf dem Macintosh können Sie ein ähnliches Beispiel verwenden, um eine Liste der Word-Dokumente in einem Ordner zu erstellen. Die `AktVerz$` Anweisung wird entsprechend angepaßt und statt der Erweiterung „*.DOC" wird der Creator als Dateityp angegeben. Ersetzen Sie die ersten zwei **Files$()** Anweisungen im vorhergehenden Beispiel durch folgende Anweisungen:

```
AktVerz$ = Files$(":")
a$ = Files$(MacID$("W6BN"))
```

Siehe auch

For...Next, Goto, If...Then...Else, Select Case

WinNachDOS$()

Syntax **WinNachDOS$(***Zeichenfolge$***)**

Bemerkungen Übersetzt unter Windows eine Zeichenfolge aus dem Windows-Zeichensatz in den OEM-Zeichensatz. Auf dem Macintosh findet mit **WinNachDOS$()** keine Übersetzung statt, und die angegebene Zeichenfolge wird unverändert zurückgegeben.

Der OEM-Zeichensatz wird normalerweise von MS-DOS-Anwendungen verwendet. Die Zeichen 32 bis 127 sind im OEM- und Windows-Zeichensatz normalerweise identisch. Die übrigen Zeichen im OEM-Zeichensatz (0 bis 31 und 128 bis 255) unterscheiden sich in der Regel von den Windows-Zeichen.

Beispiel Dieses Beispiel öffnet eine sequentielle Datei, die von einer Anwendung unter Windows erstellt wurde, wandelt anschließend jede Zeile in den OEM-Zeichensatz um und speichert dann das Ergebnis in einer neuen sequentiellen Datei:

```
ChDir "C:\TMP"
Open "WINDOWS.TXT" For Input As #1
Open "DOS.TXT" For Output As #2
While Not Eof(1)
    Line Input #1, temp$
    Print #2, WinNachDOS$(temp$)
Wend
Close
```

Siehe auch **DOSNachWin$()**

Wochentag()

Syntax **Wochentag(***Seriennummer***)**

Bemerkungen Liefert eine Ganzzahl im Bereich von 1 bis 7 (je einschließlich), die dem Wochentag des von *Seriennummer* dargestellten Datums entspricht (1 stellt den Sonntag dar). Eine Seriennummer ist eine Dezimalzahl, die ein Datum und/oder eine Uhrzeit repräsentiert. Weitere Informationen über Seriennummern finden Sie unter **DatumSeriell()**.

Beispiel Dieses Beispiel definiert ein Datenfeld mit den Namen der Wochentage und ermittelt die Zahl, die dem aktuellen Wochentag entspricht. Anschließend bestimmt das Beispiel mit dieser Zahl und dem Datenfeld den Namen des aktuellen Wochentages und zeigt diesen Namen in einem Meldungsfeld an.

```
              Dim Tage$(7)
              Tage$(1) = "Sonntag" : Tage$(2) = "Montag" : Tage$(3) = "Dienstag"
              Tage$(4) = "Mittwoch" : Tage$(5) = "Donnerstag"
              Tage$(6) = "Freitag" : Tage$(7) = "Samstag"
              AktuellerTag = Wochentag(Jetzt())
              MsgBox "Wie die Zeit vergeht! Heute ist schon " + \
                  Tage$(AktuellerTag) + "."
```

Siehe auch DatumSeriell(), Heute(), Jahr(), Jetzt(), Minute(), Monat(), Sekunde(), Stunde(), Tag()

WortLinks, WortLinks()

Syntax WortLinks [*Anzahl,*] [*Markierung*]

WortLinks([*Anzahl,*] [*Markierung*])

Bemerkungen Die Anweisung **WortLinks** verschiebt die Einfügemarke oder das aktive Ende der Markierung (das sich beim Drücken von STRG + UMSCHALT + NACH-LINKS (Windows) bzw. BEFEHLSTASTE+UMSCHALT+NACH-LINKS (Macintosh) bewegt) um die angegebene Anzahl von Wörtern nach links.

Argument	Erklärung
Anzahl	Die Anzahl der Wörter, um die die Einfügemarke verschoben werden soll. Wenn Sie keinen Wert oder eine Zahl kleiner als 1 angeben, wird 1 angenommen.
Markierung	Gibt an, ob Text markiert werden soll:
	0 (Null) oder nicht angegeben Es wird kein Text markiert. Besteht bereits eine Markierung, so verschiebt **WortLinks** die Einfügemarke um *Anzahl* - 1 Wörter nach links.
	Nicht Null Es wird Text markiert. Besteht bereits eine Markierung, so verschiebt **WortLinks** das aktive Ende der Markierung nach links (zum Anfang des Dokuments).
	Bei einer typischen Markierung von links nach rechts ist das aktive Ende der Markierung dem Ende des Dokuments näher als das nicht aktive Ende. In diesem Fall verkleinert **WortLinks** die Markierung. Bei einer Markierung von rechts nach links wird die Markierung erweitert.

Beachten Sie, daß Word die einem Wort folgenden Leerstellen als Teil des Worts behandelt. Interpunktionszeichen, Tabstopzeichen und Absatzmarken werden allerdings als „Wörter" gezählt. Wenn ein Wort beispielsweise in Anführungszeichen steht und Sie die Einfügemarke mit **WortLinks** von der Position hinter dem schließenden Anführungszeichen an die Position vor dem öffnenden Anführungszeichen verschieben möchten, ist die Anweisung `WortLinks 3` erforderlich.

Die Funktion **WortLinks( )** verhält sich genau wie die Anweisung **WortLinks** und liefert zusätzlich die folgenden Werte.

Wert	Erklärung
0 (Null)	Die Einfügemarke oder das aktive Ende der Markierung konnte nicht nach links verschoben werden.
–1	Die Einfügemarke oder das aktive Ende der Markierung wurde nach links verschoben. Dieser Wert wird auch dann geliefert, wenn die Einfügemarke nur um weniger als die durch *Anzahl* angegebene Anzahl von Wörtern verschoben werden kann. `WortLinks(10)` liefert z.B. also auch dann -1, wenn die Einfügemarke nur drei Wörter vom Anfang des Dokuments entfernt ist.

Siehe auch MarkierungAktuellWort, SatzLinks, WortRechts, ZeichenLinks

WortLöschen

Syntax WortLöschen

Bemerkungen Löscht das Wort, das der Einfügemarke unmittelbar folgt, oder das erste Wort bzw. den Teil eines Wortes, das/der im markierten Bereich enthalten ist. Das Wort wird nicht in die Zwischenablage kopiert. Wenn sich die Einfügemarke in der Mitte eines Wortes befindet, löscht **WortLöschen** die Zeichen von der Einfügemarke bis zum Wortende.

Wenn sich zwischen dem Wort und der Einfügemarke eine Leerstelle befindet, löscht **WortLöschen** die Leerstelle und das Wort. Wenn auf die Einfügemarke ein Satzzeichen wie etwa ein Punkt oder Komma folgt, löscht **WortLöschen** nur das Satzzeichen.

Siehe auch **BearbeitenAusschneiden, BearbeitenLöschen, LetztesWortLöschen, WortRechts**

WortRechts, WortRechts()

Syntax   **WortRechts** [*Anzahl*,] [*Markierung*]

WortRechts([*Anzahl*,] [*Markierung*])

Bemerkungen   Die Anweisung **WortRechts** verschiebt die Einfügemarke oder das aktive Ende der Markierung (das sich beim Drücken von STRG + UMSCHALT + NACH-RECHTS (Windows) bzw. BEFEHLSTASTE+UMSCHALT+NACH-RECHTS (Macintosh) bewegt) um die angegebene Anzahl von Wörtern nach rechts.

Argument	Erklärung
Anzahl	Die Anzahl der Wörter, um die die Einfügemarke verschoben werden soll. Wenn Sie keinen Wert oder eine Zahl kleiner als 1 angeben, wird 1 angenommen.
Markierung	Gibt an, ob Text markiert werden soll:
	0 (Null) oder nicht angegeben Es wird kein Text markiert. Besteht bereits eine Markierung, so verschiebt **WortRechts** die Einfügemarke um *Anzahl* - 1 Wörter nach rechts.
	Nicht Null Es wird Text markiert. Besteht bereits eine Markierung, so verschiebt **WortRechts** das aktive Ende der Markierung nach rechts (zum Ende des Dokuments).
	Bei einer typischen Markierung von links nach rechts ist das aktive Ende der Markierung dem Ende des Dokuments näher als das nicht aktive Ende. In diesem Fall erweitert **WortRechts** die Markierung. Bei einer Markierung von rechts nach links wird die Markierung verkleinert.

Beachten Sie, daß Word die einem Wort folgenden Leerstellen als Teil des Worts behandelt. Interpunktionszeichen, Tabstopzeichen und Absatzmarken werden allerdings als „Wörter" gezählt.

Die Funktion **WortRechts()** verhält sich genau wie die Anweisung **WortRechts** und liefert zusätzlich die folgenden Werte.

Wert	Erklärung
0 (Null)	Die Einfügemarke oder das aktive Ende der Markierung konnte nicht nach rechts verschoben werden.
–1	Die Einfügemarke oder das aktive Ende der Markierung wurde nach rechts verschoben. Dieser Wert wird auch dann geliefert, wenn die Einfügemarke nur um weniger als die durch *Anzahl* angegebene Anzahl von Wörtern verschoben werden kann. `WortRechts(10)` liefert z.B. also auch dann -1, wenn die Einfügemarke nur drei Wörter vom Ende des Dokuments entfernt ist.

Beispiel	Dieses Beispiel zählt die Anzahl der Wörter (einschließlich Interpunktionszeichen, Tabstopzeichen und Absatzmarken) in der Markierung und zeigt dann das Ergebnis in einem Meldungsfeld an:

```
BearbeitenTextmarke "ZählMarke", .Hinzufügen
MarkierungArt 1
While TextmarkenVergleichen("\Sel", "ZählMarke") = 6 \
        Or TextmarkenVergleichen("\Sel", "ZählMarke") = 8
    WortRechts
    Anzahl = Anzahl + 1
Wend
BearbeitenGeheZu "ZählMarke"
BearbeitenTextmarke "ZählMarke", .Löschen
MsgBox "Die Markierung umfaßt" + Str$(Anzahl) + " Wörter."
```

Siehe auch	MarkierungAktuellWort, SatzRechts, WortLinks, ZeichenRechts

WortUnterstreichen, WortUnterstreichen()

Syntax	**WortUnterstreichen** [*Aktiv*]
	WortUnterstreichen()
Bemerkungen	Die Anweisung **WortUnterstreichen** weist dem markierten Text das Zeichenformat „Wortunterstreichung" zu, entfernt dieses Format, oder steuert das Format „Wortunterstreichung" für den an der Einfügemarke einzugebenden Text.

Argument	Erklärung
Aktiv	Gibt an, ob das Format „Wortunterstreichung" zugewiesen oder entfernt wird:
	1 Formatiert die Markierung mit dem Format „Wortunterstreichung".
	0 (Null) Entfernt das Format „Wortunterstreichung".
	Fehlt Schaltet das Format „Wortunterstreichung" um (ein bzw. aus).

Die Funktion **WortUnterstreichen()** liefert die folgenden Werte:

Wert	Erklärung
0 (Null)	Keinem Teil des markierten Textes wurde das Format „Wortunterstreichung" zugewiesen.
–1	Einem Teil des markierten Textes wurde das Format „Wortunterstreichung" zugewiesen.
1	Der gesamtenMarkierung wurde das Format „Wortunterstreichung" zugewiesen.

Siehe auch **DoppeltUnterstreichen**, **FormatZeichen**, **PunktiertUnterstreichen**, **Unterstreichen**

Write

Syntax **Write** #*Dateinummer*, *Ausdruck1*[*$*] [, *Ausdruck2*[*$*]] [, ...]

Bemerkungen Schreibt die angegebenen Ausdrücke in eine geöffnete sequentielle Datei. *DateiNummer* ist die Nummer, die in der Anweisung **Open** zum Öffnen der Datei zwecks Ausgabe oder Anfügung verwendet wurde. Weitere Informationen über sequentielle Dateien finden Sie in Kapitel 9, „Weitere WordBasic-Verfahren", in Teil 1, „Einstieg in WordBasic".

Write funktioniert ähnlich wie die Anweisung **Print**. Statt jedoch die Ausdrücke durch Tabstopzeichen voneinander zu trennen, trennt **Write** sie durch Kommas. Außerdem schließt **Write** Zeichenfolgen automatisch in Anführungszeichen ein. Auf diese Weise können die Ergebnisse von einer **Read**-Anweisung gelesen werden. Eine Darstellung der Ausgabe einer **Print**- bzw. **Write**-Anweisung finden Sie unter **Print**.

Beispiel Dieses Beispiel öffnet eine sequentielle Datei zur Ausgabe (wenn die Datei nicht bereits vorhanden ist, wird sie erstellt), fordert den Benutzer zur Eingabe von drei Informationselementen auf und fügt diese anschließend mit der Anweisung **Write** in die sequentielle Datei ein:

```
Open "DATEN.TXT" For Output As #1
Name$ = InputBox$("Geben Sie Ihren Namen ein:")
Alter = Val(InputBox$("Geben Sie Ihr Alter ein:"))
Beruf$ = InputBox$("Geben Sie Ihren Beruf ein:")
Write #1, Name$, Alter, Beruf$
Close #1
```

Das folgende Beispiel stellt einen Absatz in der Datei DATEN.TXT dar, der durch die Anweisung **Write** eingefügt wurde:

```
                        "Michelle Levine", 26,"Tänzerin"
```

Siehe auch   **Close, Eof(), Input, Input$(), Line Input, Lof(), Open, Print, Read, Seek**

WW2CallingConvention, WW2CallingConvention()

Syntax   **WW2CallingConvention** [*Ein*]

WW2CallingConvention()

Die Anweisung **WW2CallingConvention** steuert, wie Word Namenskonflikte behandelt, die auftreten, wenn ein Makro einen anderen aufruft. (Diese Anweisung ist nur mit der Word-Version 6.0a verfügbar.) Ein solcher Konflikt kann zum Beispiel entstehen, wenn ein Makro mit einem bestimmten Namen sowohl in der aktiven Dokumentvorlage vorkommt als auch in der, die den aufrufenden Makro enthält. In Word 2.*x* wird in diesem Fall der Makro in der aktiven Dokumentvorlage ausgeführt. In Word 6.0 dagegen hat in dieser Situation der Makro in der aufrufenden Dokumentvorlage den Vorrang.

Sie können Word 6.0a zeitweilig auf das Verhalten von Word 2.*x* umschalten, indem Sie am Anfang der Makroinstruktion eine **WW2CallingConvention**-Anweisung einfügen. Wenn die Ausführung des Makros, der diese Anweisung enthält, beendet ist, wird das normale Verhalten für Word 6.0a wieder hergestellt.

Argument	Erklärung
Ein	Gibt an, wie Word Namenskonflikte behandelt:
	0 (Null) Word 6.0-Verhalten (die aufrufende Dokumentvorlage hat Vorrang)
	1 oder fehlt Word 2.*x* -Verhalten (die aktive Dokumentvorlage hat Vorrang)

Die Funktion **WW2CallingConvention( )** liefert als Ergebnis -1, wenn die Vorrangskonvention für gleichnamige Makros wie in Word 2.*x* wirksam ist, oder 0 (Null), wenn dies nicht der Fall ist.

Im allgemeinen sollten Sie **WW2CallingConvention** nur dann verwenden, wenn Sie bereits eine Gruppe zusammenwirkender Dokumentvorlagen haben, die sich in bezug auf Vorrang bei gleichnamigen Makros an die Verhaltensweise von Word 2.*x* halten. In solchen Fällen kann sich **WW2CallingConvention** als praktisch erweisen, da Ihre eigenen Word-„Programme" ohne Neuerstellung oder Zeitverlust unter Word 6.0a problemlos laufen. Bedenken Sie dabei jedoch, daß die Benutzer Ihrer Anwendungen in diesem Fall auch Word 6.0a benötigen, da die vorliegende Lösung in der Version 6.0 noch nicht verfügbar war.

ZählenAddIns()

Syntax ZählenAddIns()

Bemerkungen Liefert die Anzahl globaler Dokumentvorlagen und Word Add-In Libraries (WLLs), die in der Liste globaler Dokumentvorlagen und Add-Ins im Dialogfeld **Dokumentvorlagen und Add-Ins** (Befehl **Dokumentvorlage**, Menü **Datei**) erscheinen.

Beispiel Dieses Beispiel für Windows deaktiviert alle globalen Dokumentvorlagen mit der Dateinamenerweiterung .DOT aus der Liste globaler Dokumentvorlagen und Add-Ins.

```
For i = 1 To ZählenAddIns()
    a$ = AbrufenAddInName$(i)
    If InStr(a$, ".DOT") <> 0 Then
        AddInStatus a$, 0
    End If
Next i
```

Siehe auch **AbrufenAddInKennung()**, **AbrufenAddInName$()**, **AddInHinzufügen**, **AddInsLöschen**, **AddInStatus**, **LöschenAddIn**

ZählenAutoKorrekturAusnahmen()

Syntax ZählenAutoKorrekturAusnahmen(*Registerkarte*)

Bemerkungen Liefert die Anzahl der Ausnahmen, die auf der angegebenen Registerkarte im Dialogfeld **AutoKorrektur-Ausnahmen** (Befehl **AutoKorrektur**, Menü **Extras**) aufgelistet sind. In Word, Version 6.0, ist **ZählenAutoKorrekturAusnahmen()** nicht verfügbar, und ein Fehler tritt auf.

Argument	Erklärung
Registerkarte	Die Registerkarte, die die Anzahl der Ausnahmen liefern soll:
	0 (Null) Erster Buchstabe
	1 WOrtanfang GRoß

Ein Beispiel finden Sie unter **AbrufenAutoKorrekturAusnahme$()**.

Siehe auch **AbrufenAutoKorrekturAusnahme$()**, **ExtrasAutoKorrekturAusnahmen**, **IstAutoKorrekturAusnahme()**

ZählenAutoTextEinträge()

Syntax	**ZählenAutoTextEinträge**([*Kontext*])
Bemerkungen	Liefert die Anzahl der AutoText-Einträge, die für den angegebenen Kontext definiert wurden.

Argument	Erklärung
Kontext	Der Kontext, in dem AutoText-Einträge gezählt werden:
	0 (Null) oder fehlt Die Dokumentvorlage „Normal" und andere geladene globale Dokumentvorlagen
	1 Die aktive Dokumentvorlage
	Anmerkung: Wenn *Kontext* gleich 1 und die aktuelle Dokumentvorlage „Normal" ist, dann liefert **ZählenAutoTextEinträge()** als Ergebnis 0 (Null).

Beispiel	Ein Beispiel für die Anwendung dieser Funktion finden Sie unter **AutoTextName$()**.
Siehe auch	**AutoTextName$()**, **AbrufenAutoText$()**

ZählenDateien()

Syntax	**ZählenDateien**()
Bemerkungen	Liefert die Anzahl der Dateinamen in der Liste der zuletzt geöffneten Dateien im unteren Bereich des Menüs **Datei**.
Beispiel	Dieses Beispiel öffnet die zuletzt verwendete Datei. Sie könnten diese Anweisung in einem AutoExec-Makro verwenden. Die Anweisung überprüft mit **ZählenDateien()**, ob mindestens eine Datei im Menü **Datei** aufgeführt ist.

```
If ZählenDateien() Then Datei1 Else \
    MsgBox "Im Menü sind keine Dateien aufgeführt"
```

Siehe auch	**DateiListe**, **DateiName$()**, **Datei***Nummer*

ZählenDokumentEigenschaften()

Syntax	ZählenDokumentEigenschaften()
Bemerkungen	Liefert die Gesamtzahl der benutzerdefinierten und Standard-Eigenschaften, die für das aktuelle Dokument definiert wurden. Eine Liste der in Word verfügbaren Standard-Eigenschaften finden Sie unter **DokumentEigenschaftName$()**. In Word, Version 6.0, ist **ZählenDokumentEigenschaften()** nicht verfügbar, und ein Fehler tritt auf.
	Ein Beispiel finden Sie unter **DokumentEigenschaftName$()**.
Siehe auch	**AbrufenDokumentEigenschaft()**, **DokumentEigenschaftName$()**

ZählenDokumentVariablen()

Syntax	ZählenDokumentVariablen()
Bemerkungen	Liefert die Anzahl der Dokumentvariablen, die mit **DokumentVariableBestimmen** oder **DokumentVariableBestimmen()** im aktiven Dokument gesetzt wurden.
Beispiel	Dieses Beispiel setzt alle Dokumentvariablen im aktiven Dokument auf eine leere Zeichenfolge(" ") zurück. Enthält das Dokument keine Variablen, so wird ein Meldungsfeld angezeigt.

```
AnzVar = ZählenDokumentVariablen()
If AnzVar > 0 Then
    For i = 1 To ZählenDokumentVariablen()
        Name$ = AbrufenDokumentVarName$(i)
        DokumentVariableBestimmen Name$, ""
    Next
Else
    MsgBox "Keine Dokumentvariablen zum Zurücksetzen vorhanden."
End If
```

Siehe auch	**AbrufenDokumentVar$()**, **AbrufenDokumentVarName$()**, **DokumentVariableBestimmen**

ZählenExtrasGrammatikStatistik()

Syntax	ZählenExtrasGrammatikStatistik()
Bemerkungen	Liefert die Anzahl der Statistiken, die gespeichert werden, wenn Sie die Grammatik mit der Anweisung **ExtrasGrammatik** überprüfen. Sie können mit dieser Zahl die Größe eines zweidimensionalen Datenfelds definieren, das Sie dann mit der Anweisung **ExtrasGrammatikStatistikDatenfeld** auffüllen. (Diese Anweisung/Funktion wird nur ausgeführt, wenn Sie den Text in einer Sprache formatieren, für die eine Grammatikprüfung installiert ist.)
Beispiel	Ein Beispiel finden Sie unter **ExtrasGrammatikStatistikDatenfeld**.
Siehe auch	**ExtrasGrammatik, ExtrasGrammatikStatistikDatenfeld, ExtrasOptionenGrammatik**

ZählenFenster()

Syntax	ZählenFenster()
Bemerkungen	Liefert die Anzahl der geöffneten Dokument- und Makrobearbeitungsfenster. Diese entspricht der Anzahl Fenster, die im Menü **Fenster** aufgeführt sind.
Beispiel	Dieser Makro ordnet Fenster nebeneinander an, statt sie wie der Befehl **Alle anordnen** (Menü **Fenster**) zu stapeln:

```
Sub MAIN
Aktives$ = FensterName$()            'Aktives Fenster ermitteln
If DokumentMaximieren() Then DokumentWiederherstellen
                                     'Keine Größenänderung, wenn
                                     'maximiert
VolleBreite = Val(AnwInfo$(6))       'Arbeitsbereichbreite abrufen
VolleTiefe = Val(AnwInfo$(7))        'Arbeitsbereichtiefe abrufen
Breite = VolleBreite / ZählenFenster()
For F = 1 To ZählenFenster()
   x = Breite * (F - 1)
                                     'Alle Fenster verschieben und
                                     'ihre Größe ändern
   If DokumentMinimieren() Then DokumentWiederherstellen
                                     'Wiederherstellen nur möglich,
                                     'wenn Fenster nicht minimiert
   DokumentVerschieben x, 0
   DokumentGröße Breite, VolleTiefe - 1
   NächstesFenster
Next F
Aktivieren Aktives$                  'Ursprüngliches Fenster aktivieren
End Sub
```

| Siehe auch | FensterName$( ), Fenster*Nummer* |

ZählenFormatvorlagen()

Syntax	**ZählenFormatvorlagen**([*Kontext*] [, *Alle*])
Bemerkungen	Liefert die Anzahl der für den angegebenen Kontext definierten Formatvorlagen.

Argument	Erklärung
Kontext	Gibt an, wo die zu zählenden Formatvorlagen abgelegt sind: 0 (Null) oder fehlt Aktives Dokument 1 Aktive Dokumentvorlage
Alle	Gibt an, ob auch nicht vom Benutzer geänderte vorgegebene Formatvorlagen berücksichtigt werden sollen: 0 (Null) oder fehlt Nicht geänderte vorgegebene Formatvorlagen werden nicht berücksichtigt 1 Nicht geänderte vorgegebene Formatvorlagen werden berücksichtigt Word enthält 75 vorgegebene Formatvorlagen, von denen zwei standardmäßig vordefiniert sind: „Standard" und „Absatz-Standardschriftart".

Beispiele   Das folgende Beispiel liefert die Anzahl aller vorgegebenen Formatvorlagen sowie die Anzahl der vom Benutzer erstellen Formatvorlagen, die in der Dokumentvorlage des aktiven Dokuments verwendet werden:

```
n = ZählenFormatvorlagen(1, 1)
```

Das nächste Beispiel verbindet Formatvorlagen aus der verbundenen Dokumentvorlage mit dem aktiven Dokument. Anschließend ermittelt der Makro die Anzahl der Formatvorlagen, die nur für das Dokument definiert sind (falls vorhanden), indem er die Anzahl der für die Dokumentvorlage definierten Formatvorlagen von der Anzahl der für das Dokument definierten Formatvorlagen subtrahiert.

```
FormatFormatvorlage .Quelle = 1, .Verbinden
n = ZählenFormatvorlagen(0, 0) - ZählenFormatvorlagen(1, 0)
```

| Siehe auch | **FVName$()** |

ZählenGefundeneDateien()

Syntax ZählenGefundeneDateien()

Bemerkungen Liefert die Anzahl der Dateien, die in der zuletzt mit **DateiManager** durchgeführten Suche gefunden wurden. **ZählenGefundeneDateien()** liefert 0 (Null), wenn in der letzten Suche keine Dateien gefunden wurden oder wenn in der aktuellen Word-Sitzung keine Suche durchgeführt wurde.

Siehe auch DateiManager, GefundenDateiName$()

ZählenMakros()

Syntax **ZählenMakros**([*Kontext*] [, *Alle*] [, *Global*])

Bemerkungen Liefert die Anzahl der Makros, die im angegebenen Kontext verfügbar sind.

Argument	Erklärung
Kontext	Gibt die Dokumentvorlage an, in der die Makros gezählt werden sollen: 0 (Null) oder fehlt Normal 1 Aktive Dokumentvorlage Wenn Sie 1 angeben und die aktive Dokumentvorlage „Normal" ist, liefert **ZählenMakros()** den Wert 0 (Null) als Ergebnis.
Alle	Wenn 1, werden alle Makros, Add-In-Befehle und integrierten Befehle mitgezählt.
Global	Wenn 1, werden nur Makros in geladenen globalen Dokumentvorlagen und Add-In-Befehle gezählt.

Beispiel Dieses Beispiel speichert die Anzahl der integrierten Befehle in `AnzahlInt` und fügt dann eine Liste der Namen der integrierten Befehle in das aktive Dokument ein:

```
Geladen = ZählenMakros(0, 0, 1)
Aktiv = ZählenMakros(1)
Normal = ZählenMakros(0)
DokVorlagen = Aktiv + Normal
NichtIntegriert = Geladen + DokVorlagen
Integriert = ZählenMakros(0,1) - NichtIntegriert
For n = 1 To Integriert
    Pos = n + NichtIntegriert
    Einfügen Str$(n) + Chr$(9) + MakroName$(Pos,0,1)
    EinfügenAbsatz
Next
```

Siehe auch	BefehleAuflisten, MakoName$()

ZählenMenüEintrag()

Syntax	ZählenMenüEintrag(*Menü$*, *Art* [, *Kontext*])
Bemerkungen	Liefert die Anzahl der Menüelemente des angegebenen Menüs. Trennlinien werden als Menüelemente gezählt. In mehreren Fällen wird eine Liste von Menüelementen als ein Element gezählt. Sie können diese Fälle im Feld „Position im Menü" der Registerkarte **Menüs** (Menü **Extras,** Dialogfeld **Anpassen**) ausfindig machen. Beispiele: Die Liste der Dateinamen im Menü **Datei**, die Liste der Fenster im Menü **Fenster** und die Liste der Editierhilfen im Menü **Extras**.

Argument	Erklärung
Menü$	Der Name eines Menüs oder Kontextmenüs. Menünamen werden im Listenfeld „Kategorien" angezeigt, das sich auf der Registerkarte **Menüs** des Dialogfelds **Anpassen** (Menü **Extras**) befindet.
	Das Einfügen eines &-Zeichens vor dem unterstrichenen Buchstaben des Menünamens ist optional (Sie können „Datei" oder „&Datei" angeben). Geben Sie jedoch nicht die Ausdrücke „(Kein Dokument)" oder „(Shortcut)" an, selbst wenn dieser Text im Dialogfeld **Anpassen** angezeigt wird.
Art	Die Art des Menüs:
	0 (Null) Menüs in der Menüleiste, wenn ein Dokument geöffnet ist.
	1 Menüs in der Menüleiste, wenn kein Dokument geöffnet ist.
	2 Kontextmenüs
Kontext	Gibt die Art der zu zählenden Menüelemente an:
	0 (Null) Elemente, die im Menü angezeigt werden, wenn ein auf der Dokumentvorlage „Normal" basierendes Dokument aktiv ist.
	1 oder fehlt Elemente, die gerade im Menü erscheinen.
	Beachten Sie, daß die auf dem Menü angezeigten Elemente ggf. von den benutzerdefinierten Einstellungen der aktiven, jeder geladenen globalen sowie der Dokumentvorlage „Normal" abhängen.

Beispiel	Dieses Beispiel fügt eine Liste von Menüeinträgen, die durch Tabulatorzeichen getrennt sind, aus dem Menü **Extras** in die aktive Dokumentvorlage ein.

```
Tab$ = Chr$(9)
For n = 1 To ZählenMenüEintrag("E&xtras", 0, 1)
    Einfügen Str$(n) + Tab$ + MenüEintragText$("E&xtras", 0, n, 1)
    EinfügenAbsatz
Next
```

Siehe auch	**MenüEintragMakro$()**, **MenüEintragText$()**

ZählenMenüs()

Syntax	**ZählenMenüs**(*Art* [, *Kontext*])
Bemerkungen	Liefert die Anzahl der Menüs der angegebenen Art.

Argument	Erklärung
Art	Die Art der zu zählenden Menüs:
	0 (Null) Menüs in der Menüleiste, wenn ein Dokument geöffnet ist.
	1 Menüs in der Menüleiste, wenn kein Dokument geöffnet ist.
	2 Kontextmenüs
Kontext	Der Kontext, in dem die Menüs gezählt werden:
	0 (Null) oder fehlt Die Menüs, die vorhanden sind, wenn ein Dokument, das auf der Dokumentvorlage „Normal" basiert, aktiv ist.
	1 Menüs, die momentan verfügbar sind.
	Beachten Sie, daß die jeweils verfügbaren Menüs ggf. von den benutzerdefinierten Einstellungen der aktiven, jeder geladenen globalen und der Dokumentvorlage „Normal" abhängen.

Ein Beispiel finden Sie unter **MenüText$()**.

Siehe auch	**MenüText$()**, **ZählenMakros()**, **ZählenMenüEintrag()**

ZählenSchriftarten()

Syntax	**ZählenSchriftarten**()
Bemerkungen	Liefert als Ergebnis die Anzahl der Schriftarten, die mit dem aktuellen Drucker verfügbar sind. Hierbei handelt es sich um die Anzahl der Schriftarten, die im Dialogfeld **Zeichen** (Menü **Format**) oder in der Schriftartenliste der Formatierungs-Symbolleiste aufgelistet sind.
	Die Schriftartenliste umfaßt im Drucker installierte Schriftarten, TrueType-Schriftarten (sofern diese installiert sind) und Systemschriftarten.
Beispiel	Dieses Beispiel erstellt ein neues Dokument und fügt dann die Namen der verfügbaren Schriftarten ein, wobei jede Schriftart entsprechend formatiert ist:

```
DateiNeuStandard
For Anzahl = 1 To ZählenSchriftarten()
    Schriftart Schriftart$(Anzahl)
    Einfügen Schriftart$(Anzahl)
    EinfügenAbsatz
Next
```

Siehe auch	**Schriftart**

ZählenSeriendruckFelder()

Syntax	**ZählenSeriendruckFelder**()
Bemerkungen	Liefert die Anzahl der Felder im Steuersatz der Datenquelle oder der Steuersatzdatei, die mit dem aktiven Hauptdokument verknüpft ist. **ZählenSeriendruckFelder**() liefert 0 (Null), wenn das aktive Dokument kein Hauptdokument, keine Datenquelle oder keine Steuersatzquelle ist.
Beispiel	Dieses Beispiel fügt eine Liste der Seriendruckfeldnamen in das aktive Dokument ein.

```
For n = 1 To ZählenSeriendruckFelder()
    Einfügen SeriendruckFeldName$(n)
    EinfügenAbsatz
Next
```

Siehe auch	**EinfügenSeriendruckFeld**, **SeriendruckFeldName$**()

ZählenSprachen()

Syntax ZählenSprachen()

Bemerkungen Liefert als Ergebnis die Anzahl der möglichen Sprachen, einschließlich der Option „Keine Überprüfung" (bestimmt durch die Anweisung Sprache "0"). Eine Liste der gültigen Fremdsprachennamen finden Sie unter **ExtrasSprache**.

Beispiel Dieses Beispiel füllt das Datenfeld Sprachennamen$() mit einer Liste der verfügbaren Sprachen:

```
Dim Sprachennamen$(ZählenSprachen())
For Anzahl = 1 To ZählenSprachen()
    Sprachennamen$(Anzahl) = Sprache$(Anzahl)
Next
```

Siehe auch ExtrasSprache, Sprache

ZählenSymbolleisten

Syntax ZählenSymbolleisten([*Kontext*])

Bemerkungen Liefert als Ergebnis die Anzahl der Symbolleisten, die im Dialogfeld **Symbolleisten** (Menü **Ansicht**) aufgelistet sind. Beachten Sie dabei, daß unter bestimmten Umständen nicht alle Symbolleisten in dieser Liste aufgeführt werden. Beispielsweise erscheint der Name „Makro" (für die Makro-Symbolleiste) im Dialogfeld **Symbolleisten** nur, wenn mindestens ein Makrobearbeitungsfenster geöffnet ist.

Argument	Erklärung
Kontext	Legt fest, in welchem Kontext Symbolleisten gezählt werden:
	0 (Null) Die Symbolleisten für die auf der Dokumentvorlage "Normal" basierenden Dokumente.
	1 oder fehlt Die gerade verfügbaren Symbolleisten.
	Beachten Sie, daß die Verfügbarkeit der Symbolleisten von evtl. vorhandenen Benutzereinstellungen in der aktiven, jeder geladenen globalen sowie der Dokumentvorlage „Normal" abhängt.

Beispiel Dieses Beispiel erstellt ein neues Dokument, fügt dann eine Liste der Symbolleistennamen und daran anschließend die jeweilige Anzahl der Schaltflächen auf den Symbolleisten in das Dokument ein.

```
DateiNeuStandard
For i = 1 To ZählenSymbolleisten(0)
    Name$ = SymbolleistenName$(i)
    AnzSchaltfl = ZählenSymbolleistenSchaltflächen(Name$)
    Einfügen Name$ + "," + Str$(AnzSchaltfl) + Chr$(13)
Next i
```

Siehe auch **SymbolleistenName$()**, **SymbolleistenSchaltflächenMakro$()**, **ZählenSymbolleistenSchaltflächen()**

ZählenSymbolleistenSchaltflächen()

Syntax ZählenSymbolleistenSchaltflächen(*Symbolleiste$* [, *Kontext*])

Bemerkungen Liefert als Ergebnis die Anzahl der Schaltflächen auf der angegebenen Symbolleiste. Beachten Sie, daß Listenfelder und Leerflächen als „Schaltflächen" gezählt werden.

Argument	Erklärung
Symbolleiste$	Der Name der Symbolleiste, wie er im Dialogfeld **Symbolleisten** (Menü **Ansicht**) erscheint.
Kontext	Legt fest, welche Schaltflächen gezählt werden:
	0 (Null) Die Schaltflächen, die dann verfügbar sind, wenn das aktive Dokument auf der Dokumentvorlage „Normal" basiert.
	1 oder fehlt Die für das aktive Dokument verfügbaren Schaltflächen.

Ein Beispiel zur Verwendung dieser Funktion finden Sie unter **ZählenSymbolleisten()**.

Siehe auch **SymbolleistenName$()**, **SymbolleistenSchaltflächenMakro$()**, **ZählenSymbolleisten()**

ZählenTasten()

Syntax ZählenTasten([*Kontext*])

Bemerkungen Liefert die Anzahl der Tastenzuordnungen, die auf der Registerkarte **Tastatur** im Dialogfeld **Anpassen** (Menü **Extras**) aufgeführt sind und von den Standardzuordnungen abweichen.

Argument	Erklärung
Kontext	Bezeichnet die Dokumentvorlage, in der die Tastenzuordnungen gezählt werden:
	0 (Null) oder fehlt Dokumentvorlage „Normal"
	1 Aktive Dokumentvorlage

Ein Beispiel finden Sie unter **TastenSchlüssel()**.

Siehe auch   **ExtrasAnpassenTastatur, MakroSchlüssel$(), TastenSchlüssel()**

ZählenTextmarken()

Syntax   ZählenTextmarken()

Bemerkungen   Liefert als Ergebnis die Anzahl der Textmarken im aktiven Dokument. Wie das erste Beispiel, können Sie mit dieser Funktion ein Datenfeld definieren, das alle Textmarken eines Dokuments enthält.

Beispiele   Dieses Beispiel erstellt ein Datenfeld, das die Namen aller Textmarken des aktuellen Dokuments enthält:

```
Größe = ZählenTextmarken() - 1
Dim Marken$(Größe)
For Anzahl = 0 To Größe
    Marken$(Anzahl) = TextmarkeName$(Anzahl + 1)
Next
```

Dieses Beispiel löscht alle Textmarken in einem aktuellen Dokument:

```
For n = 1 To ZählenTextmarken()
    BearbeitenTextmarke .Name = TextmarkeName$(ZählenTextmarken()), \
                        .Löschen
Next
```

Siehe auch   **BearbeitenTextmarke, TextmarkeName$()**

ZählenVerzeichnisse()

Syntax	**ZählenVerzeichnisse**(*Verzeichnis$*)
Bemerkungen	Liefert als Ergebnis die Anzahl der untergeordneten Ordner im durch *Verzeichnis$* angegebenen Ordner. Wenn Sie *Verzeichnis$* nicht angeben, wird der aktuelle Ordner vorausgesetzt. Ist der angegebene Ordner nicht vorhanden, wird -1 zurückgegeben.
Beispiel	Dieses Beispiel prüft, ob sich im Word-Programmordner untergeordnete Ordner befinden. Verwenden Sie auf dem Macintosh einen Ordnernamen wie z.B. FP:WORD 6.

```
AnzVerz = ZählenVerzeichnisse("C:\WINWORD")
If AnzVerz = 0 Then
    MsgBox "Keine untergeordneten Ordner vorhanden."
Else
    MsgBox "Es sind" + Str$(AnzVerz) + " untergeordnete Ordner
vorhanden."
End If
```

Siehe auch	**AbrufenVerzeichnis$()**, **Files$()**

ZeichenFarbe, ZeichenFarbe()

Syntax	**ZeichenFarbe** *Farbe*
	ZeichenFarbe()
Bemerkungen	Die Anweisung **ZeichenFarbe** setzt die Farbe der markierten Zeichen auf die angegebene Farbe. Dabei besteht das Argument *Farbe* aus einem der folgenden numerischen Codes:

Argument	Erklärung
0 (Null)	Auto
1	Schwarz
2	Blau
3	Zyan
4	Grün
5	Magenta
6	Rot
7	Gelb

Argument	Erklärung
8	Weiß
9	Dunkelblau
10	Türkis
11	Dunkelgrün
12	Violett
13	Dunkelrot
14	Ocker
15	Dunkelgrau
16	Hellgrau

Die Funktion **ZeichenFarbe()** liefert als Ergebnis den Zahlencode, der durch die Anweisung **ZeichenFarbe** gesetzt wurde, oder -1, wenn nicht der gesamte markierte Text gleichfarbig ist.

Beispiel Dieses Beispiel markiert den aktuellen Absatz und versieht die darin enthaltenen Zeichen mit der Farbe Magenta, wenn die Zeichenfolge „Kommentare: " in der Markierung vorkommt.

```
BearbeitenGeheZu "\Para"
If InStr(Markierung$(), "Kommentare: ") Then ZeichenFarbe 5
```

Siehe auch **FormatZeichen, MarkierungAktuellFarbe**

ZeichenLinks, ZeichenLinks()

Syntax **ZeichenLinks** [*Anzahl*] [**,** *Markierung*]

ZeichenLinks([*Anzahl*] [**,** *Markierung*])

Bemerkungen Die Anweisung **ZeichenLinks** verschiebt die Einfügemarke oder das aktive Ende der Markierung (das sich beim Drücken von UMSCHALT+NACH-LINKS bewegt) um die angegebene Anzahl Zeichen nach links.

Argument	Erklärung
Anzahl	Die Anzahl der Zeichen, um die die Einfügemarke verschoben bzw. die Markierung erweitert werden soll. Wird ein Wert kleiner als eins oder gar keiner angegeben, so wird 1 angenommen.
Markierung	Gibt an, ob Text markiert werden soll:
	0 (Null) oder nicht angegeben Es wird kein Text markiert. Besteht bereits eine Markierung, so verschiebt **ZeichenLinks** die Einfügemarke um *Anzahl* - 1 Zeichen vom linken Ende der Markierung.
	Ungleich Null Es wird Text markiert. Besteht bereits eine Markierung, so verschiebt **ZeichenLinks** das aktive Ende der Markierung nach links (zum Anfang des Dokuments).
	Bei einer typischen Markierung von links nach rechts ist das aktive Ende der Markierung dem Ende des Dokuments näher als das nicht aktive Ende. In diesem Fall verkleinert **ZeichenLinks** die Markierung. Bei einer Markierung von rechts nach links wird die Markierung erweitert.

Wenn ein Bereich markiert ist, ändert ZeichenLinks 1 die Markierung in eine Einfügemarke, die sich am linken Ende der ursprünglichen Markierung befindet.

Die Funktion **ZeichenLinks( )** verhält sich genau wie die Anweisung **ZeichenLinks** und liefert zusätzlich die folgenden Werte.

Wert	Erklärung
0 (Null)	Die Einfügemarke oder das aktive Ende der Markierung konnte nicht nach links verschoben werden.
–1	Die Einfügemarke oder das aktive Ende der Markierung wird um eine beliebige Anzahl an Zeichen nach links verschoben. Dieser Wert wird auch dann geliefert, wenn die Einfügemarke nur um weniger als die angegebene *Anzahl* an Zeichen verschoben werden kann. ZeichenLinks(10) liefert also auch dann -1, wenn sich die Einfügemarke nur drei Zeichen nach dem Anfang des Dokuments befindet.

Beispiele   Dieses Beispiel verschiebt die Einfügemarke fünf Zeichen nach links. Die **If**-Bedingung prüft, ob eine Markierung vorhanden ist. Wenn dies der Fall ist, ändert die Anweisung ZeichenLinks 1 die Markierung in eine Einfügemarke, die sich am linken Ende der Markierung befindet, bevor die Einfügemarke fünf Zeichen nach links verschoben wird. Dies gewährleistet, daß die Einfügemarke in jedem Fall um fünf Zeichen verschoben wird, unabhängig davon, ob ein Bereich markiert ist.

```
If MarkierungArt() = 2 Then
    ZeichenLinks 1
    ZeichenLinks 5
Else
    ZeichenLinks 5
End if
```

Das folgende Beispiel markiert den aktuellen Absatz und verkleinert dann die Markierung um ein Zeichen, so daß zwar der eigentliche Absatz, nicht jedoch die Absatzmarke markiert ist. Dies ist sinnvoll, wenn Sie den Text innerhalb eines Absatzes, nicht jedoch die Absatzformatierung kopieren möchten (die Absatzformatierung ist in der Absatzmarke gespeichert).

```
BearbeitenGeheZu "\Para"
ZeichenLinks 1, 1
```

Siehe auch   SatzLinks, SatzRechts, WortLinks, WortRechts, ZeichenRechts

---

ZeichenRechts, ZeichenRechts()

Syntax   **ZeichenRechts** [*Anzahl*] [, *Markierung*]

ZeichenRechts([*Anzahl*] [, *Markierung*])

Bemerkungen   Die Anweisung **ZeichenRechts** verschiebt die Einfügemarke oder das aktive Ende der Markierung (das sich beim Drücken von UMSCHALT+NACH-RECHTS bewegt) um die angegebene Anzahl an Zeichen nach rechts.

Argument	Erklärung
Anzahl	Die Anzahl der Zeichen, um die die Einfügemarke verschoben bzw. die Markierung erweitert werden soll. Wird ein Wert kleiner als eins oder gar keiner angegeben, so wird 1 angenommen.
Markierung	Gibt an, ob Text markiert werden soll:
	0 (Null) oder nicht angegeben Es wird kein Text markiert. Besteht bereits eine Markierung, so verschiebt **ZeichenRechts** die Einfügemarke um *Anzahl* - 1 Zeichen vom rechten Ende der Markierung.
	Ungleich Null Es wird Text markiert. Besteht bereits eine Markierung, so verschiebt **ZeichenRechts** das aktive Ende der Markierung nach rechts (zum Ende des Dokuments).
	Bei einer typischen Markierung von links nach rechts ist das aktive Ende der Markierung dem Ende des Dokuments näher als das nicht aktive Ende. In diesem Fall erweitert **ZeichenRechts** die Markierung. Bei einer Markierung von rechts nach links wird die Markierung verkleinert.

Wenn ein Bereich markiert ist, ändert `ZeichenRechts 1` die Markierung in eine Einfügemarke, die sich am rechten Ende der ursprünglichen Markierung befindet.

Die Funktion **ZeichenRechts()** verhält sich genau wie die Anweisung **ZeichenRechts** und liefert zusätzlich die folgenden Werte.

Wert	Erklärung
0 (Null)	Die Einfügemarke oder das aktive Ende der Markierung konnte nicht nach rechts verschoben werden.
–1	Die Einfügemarke oder das aktive Ende der Markierung wird um eine beliebige Anzahl an Zeichen nach rechts verschoben. Dieser Wert wird auch dann geliefert, wenn die Einfügemarke nur um weniger als die angegebene *Anzahl* an Zeichen verschoben werden kann. `ZeichenRechts(10)` liefert also auch dann -1, wenn sich die Einfügemarke nur drei Zeichen vor dem Ende des Dokuments befindet.

Beispiele   Dieses Beispiel verschiebt die Einfügemarke an den Anfang des aktuellen Satzes und markiert dann die ersten fünf Zeichen rechts der Einfügemarke.

```
SatzLinks
ZeichenRechts 5, 1
```

Das folgende Beispiel erweitert die Markierung um fünf Zeichen nach rechts, kopiert die Markierung und verschiebt dann die Einfügemarke fünf Zeichen rechts neben die Markierung. Beachten Sie, daß ZeichenRechts 6 verwendet wird, um die Markierung fünf Zeichen nach rechts zu verschieben. Diese Anweisung hat dieselbe Wirkung wie ZeichenRechts 1 (wodurch die Einfügemarke an das Ende der Markierung verschoben wird) in Kombination mit ZeichenRechts 5 (wodurch sie um fünf Zeichen verschoben wird).

```
ZeichenRechts 5, 1
BearbeitenKopieren
ZeichenRechts 6
```

Siehe auch   SatzLinks, SatzRechts, WortLinks, WortRechts, ZeichenLinks

ZeichnungAbgerundetesRechteck

Syntax   ZeichnungAbgerundetesRechteck

Bemerkungen   Fügt auf der aktuellen Seite oben links ein Standardrechteck mit abgerundeten Ecken ein. Das Rechteck ist ein Word-Zeichnungsobjekt und ist entsprechend den Einstellungen unter Linienart, Muster und Farbe im Dialogfeld **Zeichnungselement** (Menü **Format**) formatiert.

Siehe auch   FormatZeichnungsElement, ZeichnungEllipse, ZeichnungFreihandVieleck, ZeichnungRechteck, ZeichnungTextfeld

ZeichnungAmRasterAusrichten

Syntax   ZeichnungAmRasterAusrichten **.AmRasterAusrichten** = *Zahl*
[, **.XRaster** = *Zahl oder Text*] [, **.YRaster** = *Zahl oder Text*]
[, **.XUrsprung** = *Zahl oder Text*] [, **.YUrsprung** = *Zahl oder Text*]

Bemerkungen   Definiert ein Raster, das festlegt, in welchen Schritten die Position und Größe von Zeichnungsobjekten geändert werden kann. Ein Raster kann zum Ausrichten und Verbinden von Zeichnungsobjekten verwendet werden. Die Argumente für **ZeichnungAmRasterAusrichten** entsprechen den Optionen im Dialogfeld **Am Raster ausrichten** (Schaltfläche für „Am Raster ausrichten", Zeichnungs-Symbolleiste).

Argument	Erklärung
.AmRaster Ausrichten	Wenn 1, so aktiviert dieses Argument die Einschränkungen für das Positionieren von Zeichnungsobjekten.
.XRaster	Der Abstand zwischen den vertikalen Rasterlinien in Punkt oder einer Textmaßeinheit. Dies ist gleichbedeutend mit den Einheiten, um die Zeichnungsobjekte horizontal verschoben werden können.
.YRaster	Der Abstand zwischen den horizontalen Rasterlinien in Punkt oder einer Textmaßeinheit. Dies ist gleichbedeutend mit den Einheiten, um die Zeichnungsobjekte vertikal verschoben werden können.
.XUrsprung	Der Abstand (in Punkt oder einer Textmaßeinheit) zwischen dem linken Seitenrand und der vertikalen Rasterlinie, die als Ursprung für die anderen vertikalen Rasterlinien dienen soll. Der Wert 0 (Null) oder ein Vielfaches von **.XRaster** haben keine Auswirkungen.
.YUrsprung	Der Abstand (in Punkt oder einer Textmaßeinheit) zwischen dem oberen Seitenrand und der horizontalen Rasterlinie, die als Ursprung für die anderen horizontalen Rasterlinien dienen soll. Der Wert 0 (Null) oder ein Vielfaches von **.YRaster** haben keine Auswirkungen.

Siehe auch ZeichnungAusrichten

ZeichnungArtAbfragen()

Syntax **ZeichnungArtAbfragen**([*Anzahl*])

Bemerkungen Liefert einen Wert, der der Art des Zeichnungsobjekts entspricht, das Sie durch *Anzahl* angeben. *Anzahl* liegt im Bereich von 1 bis zur gesamten Anzahl der Zeichnungselemente im definierten Bereich. Die gesamte Anzahl der Elemente erhält man über den Rückgabewert von **ZeichnungZählen**(), der Anzahl der Objekte innerhalb des mit **ZeichnungBereichSetzen** definierten Bereichs. Wenn Sie *Anzahl* nicht angeben, wird die Art des markierten Zeichnungsobjekts geliefert.

ZeichnungArtAbfragen() liefert die folgenden Werte:

Wert	Erklärung
0 (Null)	*Anzahl* wurde nicht angegeben, und es ist kein Zeichnungsobjekt markiert.
1	*Anzahl* wurde nicht angegeben, und es sind mehrere Zeichnungsobjekte markiert.
2	Das Zeichnungsobjekt ist eine Linie.
3	Das Zeichnungsobjekt ist ein Textfeld.

Wert	Erklärung
4	Das Zeichnungsobjekt ist ein Rechteck.
5	Das Zeichnungsobjekt ist eine Ellipse.
6	Das Zeichnungsobjekt ist ein Kreisbogen.
7	Das Zeichnungsobjekt ist ein Freihandobjekt.
8	Das Zeichnungsobjekt ist eine Legende.

Beispiel Dieses Beispiel setzt den Zeichnungsbereich mit der vordefinierten Textmarke „\Doc" auf das gesamte Dokument, zählt die Kreisbögen im Dokument und zeigt dann das Ergebnis in einem Meldungsfeld an:

```
ZeichnungBereichSetzen "\Doc"
AnzBogen = 0
For i = 1 To ZeichnungZählen()
    Art = ZeichnungArtAbfragen(i)
    If Art = 6 Then AnzBogen = AnzBogen + 1
Next
MsgBox "Das Dokument enthält" + Str$(AnzBogen) + " Kreisbogen."
```

Siehe auch ZeichnungBereichSetzen, ZeichnungMarkieren, ZeichnungZählen()

ZeichnungAuflösenGrafik

Syntax ZeichnungAuflösenGrafik

Bemerkungen Wandelt die markierte Grafik in eine Gruppe von Zeichnungsobjekten um. Kann die markierte Grafik nicht aufgelöst werden, so fügt Word sie in ein Textfeld-Zeichnungsobjekt ein. Ist keine Grafik markiert, so tritt ein Fehler auf.

Siehe auch ZeichnungsGruppe, ZeichnungGruppierungAufheben

ZeichnungAusrichten

Syntax ZeichnungAusrichten [**.Horizontal** = *Zahl*] [, **.Vertikal** = *Zahl*] [, **.RelativZu** = *Zahl*]

Bemerkungen Richtet die markierten Zeichnungsobjekte aus. Die Argumente für die Anweisung **ZeichnungAusrichten** entsprechen den Optionen im Dialogfeld **Ausrichtung** (Schaltfläche für „Zeichnungselemente ausrichten", Zeichnungs-Symbolleiste).

Argument	Erklärung
.Horizontal	Gibt eine horizontale Ausrichtung an:
	0 (Null) Keine Ausrichtung; bestehende horizontale Positionen werden beibehalten.
	1 Linksbündig
	2 Zentriert
	3 Rechtsbündig
.Vertikal	Gibt eine vertikale Ausrichtung an:
	0 (Null) Keine Ausrichtung; bestehende vertikale Positionen werden beibehalten.
	1 Oben
	2 Zentriert
	3 Unten
.RelativZu	Gibt an, woran die Objekte ausgerichtet werden sollen:
	0 (Null) Zueinander
	1 Zur Seite

Beispiel Dieses Beispiel richtet alle Zeichnungsobjekte im aktuellen Absatz linksbündig aus. Mit der vordefinierten Textmarke `"\Para"` legt **ZeichnungBereichSetzen** den Bereich des Zeichnungsobjekts auf den Absatz fest, in dem sich die Einfügemarke befindet. Weitere Informationen über vordefinierte Textmarken finden Sie unter „Operatoren und vordefinierte Textmarken" weiter unten in diesem Teil.

```
ZeichnungBereichSetzen "\Para"
For Anzahl = 1 To ZeichnungZählen()
    ZeichnungMarkierungErweitern Anzahl
Next Anzahl
ZeichnungAusrichten .Horizontal = 1, .Vertikal = 0, .RelativZu = 0
```

Siehe auch **FormatZeichnungsElement, ZeichnungBereichSetzen, ZeichnungMarkieren, ZeichnungMarkierungErweitern, ZeichnungZählen()**

ZeichnungBereichLöschen

Syntax ZeichnungBereichLöschen

Löscht den Inhalt eines Zeichnungsbereiches. Weitere Informationen über Zeichnungsbereiche finden Sie unter **ZeichnungBereichSetzen**.

Siehe auch ZeichnungBereichSetzen

ZeichnungBereichSetzen, ZeichnungBereichSetzen()

Syntax   **ZeichnungBereichSetzen** *Textmarke$*

ZeichnungBereichSetzen(*Textmarke$*)

Bemerkungen   Die Anweisung **ZeichnungBereichSetzen** legt den Zeichnungsbereich auf die von *Textmarke$* festgelegte Textmarke fest. Ein Zeichnungsbereich legt die Gruppe von Zeichnungsobjekten fest, die von anderen Zeichnung-Anweisungen und -Funktionen bearbeitet werden. Die Funktion **ZeichnungZählen**() zählt beispielsweise die Zeichnungsobjekte, deren Verankerungspunkte sich im Zeichnungsbereich befinden.

Die Funktion **ZeichnungBereichSetzen**() verhält sich genau wie die Anweisung **ZeichnungBereichSetzen** und liefert zusätzlich den Wert -1, wenn der Bereich bereits festgelegt war, bzw. den Wert 0 (Null), wenn der Bereich nicht festgelegt war (falls z.B. die angegebene Textmarke nicht existiert).

Die Verwendung vordefinierter Textmarken erleichtert oft das Festlegen eines Zeichnungsbereichs. Sie können mit der Anweisung `ZeichnungBereichSetzen "\Doc"` beispielsweise den Zeichnungsbereich auf das gesamte Dokument ausweiten. Weitere Informationen über vordefinierte Textmarken finden Sie unter „Operatoren und vordefinierte Textmarken" weiter unten in diesem Teil.

Beispiel   Dieses Beispiel legt den Zeichnungsbereich auf die aktuelle Seite fest, zählt die Zeichnungsobjekte im Bereich und zeigt das Ergebnis anschließend in einem Meldungsfeld an:

```
ZeichnungBereichSetzen "\Page"
n = ZeichnungZählen()
MsgBox "Auf der aktuellen Seite ist (sind)" + \
    Str$(n) + " Zeichnungsobjekt(e) vorhanden."
```

Siehe auch   **ZeichnungBereichLöschen, ZeichnungMarkieren, ZeichnungZählen**()

ZeichnungBewegenNachLinks

Syntax   **ZeichnungBewegenNachLinks**

Bemerkungen   Verschiebt die markierten Zeichnungsobjekte um 10 Pixel (Bildpunkte) nach links. Falls im Dialogfeld **Am Raster ausrichten** (Zeichnungs-Symbolleiste) das Kontrollkästchen „Am Raster ausrichten" aktiviert wurde, wird das Objekt um das im Feld „Rasterbreite horizontal" angegebene Maß nach links verschoben.

| Siehe auch | ZeichnungAmRasterAusrichten, ZeichnungBewegenNachLinksPixel, ZeichnungBewegenNachOben, ZeichnungBewegenNachRechts, ZeichnungBewegenNachUnten |

ZeichnungBewegenNachLinksPixel

Syntax	ZeichnungBewegenNachLinksPixel
Bemerkungen	Verschiebt die markierten Zeichnungsobjekte um ein Pixel (die kleinste auf dem Bildschirm darstellbare Einheit) nach links.
Siehe auch	ZeichnungBewegenNachLinks, ZeichnungBewegenNachObenPixel, ZeichnungBewegenNachRechtsPixel, ZeichnungBewegenNachUntenPixel

ZeichnungBewegenNachOben

Syntax	ZeichnungBewegenNachOben
Bemerkungen	Verschiebt die markierten Zeichnungsobjekte um 10 Pixel (Bildpunkte) nach oben. Falls im Dialogfeld **Am Raster ausrichten** (Zeichnungs-Symbolleiste) das Kontrollkästchen „Am Raster ausrichten" aktiviert wurde, wird das Objekt um das im Feld „Rasterbreite vertikal" angegebene Maß nach oben verschoben.
Siehe auch	ZeichnungAmRasterAusrichten, ZeichnungBewegenNachLinks, ZeichnungBewegenNachObenPixel, ZeichnungBewegenNachRechts, ZeichnungBewegenNachUnten

ZeichnungBewegenNachObenPixel

Syntax	ZeichnungBewegenNachObenPixel
Bemerkungen	Verschiebt die markierten Zeichnungsobjekte um ein Pixel (die kleinste auf dem Bildschirm darstellbare Einheit) nach oben.
Siehe auch	ZeichnungBewegenNachLinksPixel, ZeichnungBewegenNachOben, ZeichnungBewegenNachRechtsPixel, ZeichnungBewegenNachUntenPixel

ZeichnungBewegenNachRechts

Syntax ZeichnungBewegenNachRechts

Bemerkungen Verschiebt die markierten Zeichnungsobjekte um 10 Pixel (Bildpunkte) nach rechts. Falls im Dialogfeld **Am Raster ausrichten** (Zeichnungs-Symbolleiste) das Kontrollkästchen „Am Raster ausrichten" aktiviert wurde, wird das Objekt um das im Feld „Rasterbreite horizontal" angegebene Maß nach rechts verschoben.

Siehe auch ZeichnungAmRasterAusrichten, ZeichnungBewegenNachLinks, ZeichnungBewegenNachOben, ZeichnungBewegenNachRechtsPixel, ZeichnungBewegenNachUnten

ZeichnungBewegenNachRechtsPixel

Syntax ZeichnungBewegenNachRechtsPixel

Bemerkungen Verschiebt die markierten Zeichnungsobjekte um ein Pixel (die kleinste auf dem Bildschirm darstellbare Einheit) nach rechts.

Siehe auch ZeichnungBewegenNachLinksPixel, ZeichnungBewegenNachObenPixel, ZeichnungBewegenNachRechts, ZeichnungBewegenNachUntenPixel

ZeichnungBewegenNachUnten

Syntax ZeichnungBewegenNachUnten

Bemerkungen Verschiebt die markierten Zeichnungsobjekte um 10 Pixel (Bildpunkte) nach unten. Falls im Dialogfeld **Am Raster ausrichten** (Zeichnungs-Symbolleiste) das Kontrollkästchen „Am Raster ausrichten" aktiviert wurde, wird das Objekt um das im Feld „Rasterbreite vertikal" angegebene Maß nach unten verschoben.

Siehe auch ZeichnungAmRasterAusrichten, ZeichnungBewegenNachLinks, ZeichnungBewegenNachOben, ZeichnungBewegenNachRechts, ZeichnungBewegenNachUntenPixel

ZeichnungBewegenNachUntenPixel

Syntax ZeichnungBewegenNachUntenPixel

Bemerkungen Verschiebt die markierten Zeichnungsobjekte um ein Pixel (die kleinste auf dem Bildschirm darstellbare Einheit) nach unten.

Siehe auch ZeichnungBewegenNachLinksPixel, ZeichnungBewegenNachObenPixel, ZeichnungBewegenNachRechtsPixel, ZeichnungBewegenNachUnten

ZeichnungBogen

Syntax ZeichnungBogen

Bemerkungen Wechselt zur Layoutansicht und fügt vor der aktuellen Textschicht einen Standardkreisbogen (ein Zeichnungsobjekt) ein. Ein Standardkreisbogen sieht aus wie der linke untere Teil eines Kreises und wird oben links auf der aktuellen Seite eingefügt.

Siehe auch FormatZeichnungsElement, ZeichnungArtAbfragen(), ZeichnungDrehenLinks, ZeichnungDrehenRechts, ZeichnungEinfügenLinie, ZeichnungEllipse, ZeichnungHorizontalKippen, ZeichnungVertikalKippen

ZeichnungDrehenLinks

Syntax ZeichnungDrehenLinks

Bemerkungen Rotiert das markierte Zeichnungsobjekt um 90 Grad gegen den Uhrzeigersinn. **ZeichnungDrehenLinks** kann nur auf Objekte, die mit der Zeichnungs-Symbolleiste erstellt wurden, angewendet werden. Wurde ein eingebettetes Objekt markiert, so tritt ein Fehler auf.

Siehe auch ZeichnungDrehenRechts, ZeichnungHorizontalKippen, ZeichnungVertikalKippen

ZeichnungDrehenRechts

Syntax ZeichnungDrehenRechts

Bemerkungen Rotiert das markierte Zeichnungsobjekt um 90 Grad im Uhrzeigersinn. **ZeichnungDrehenRechts** kann nur auf Objekte, die mit der Zeichnungs-Symbolleiste erstellt wurden, angewendet werden. Wurde ein eingebettetes Objekt markiert, so tritt ein Fehler auf.

Siehe auch **ZeichnungDrehenLinks**, **ZeichnungHorizontalKippen**, **ZeichnungVertikalKippen**

ZeichnungEinfügemarkeAnTextfeldSetzen

Syntax **ZeichnungEinfügemarkeAnTextfeldSetzen** [*Objekt*]

Bemerkungen Verschiebt die Einfügemarke zum Textbereich des angegebenen Textfelds oder Legenden-Zeichnungsobjekts. Ist das angegebene Objekt weder ein Textfeld noch ein Legenden-Zeichnungsobjekt, so tritt ein Fehler auf.

Argument	Erklärung
Objekt	Gibt ein Zeichnungsobjekt an:
	Ohne Angabe Das markierte Zeichnungsobjekt
	> 0 (Null) Ein Objekt, dessen Verankerungspunkt sich in einem durch die Anweisung **ZeichnungBereichSetzen** festgelegten Bereich befindet. 1 stellt das erste Objekt im Bereich dar (das zuletzt veränderte Objekt), 2 das zweite Objekt usw. Liegt die Zahl nicht im Bereich von 1 bis zum Rückgabewert von **ZeichnungZählen**(), so tritt ein Fehler auf.

Beispiel Dieses Beispiel legt den Zeichnungsbereich auf das gesamte Dokument fest und markiert dann das zuletzt geänderte Zeichnungsobjekt. Wenn das Zeichnungsobjekt ein Textfeld oder eine Legende ist, verschiebt Word die Einfügemarke in den Textbereich und fügt einen Text ein.

```
ZeichnungBereichSetzen "\Doc"
Select Case ZeichnungArtAbfragen(1)
    Case 3                                      'Textfeld
        ZeichnungEinfügemarkeAnTextfeldSetzen 1
        Einfügen "Text für das Textfeld"
    Case 8                                      'Legende
        ZeichnungEinfügemarkeAnTextfeldSetzen 1
        Einfügen "Text für die Legende"
    Case Else
End Select
```

| Siehe auch | ZeichnungEinfügemarkeAnVerankerungsPunktSetzen, ZeichnungLegende, ZeichnungMarkieren, ZeichnungTextfeld |

ZeichnungEinfügemarkeAnVerankerungsPunktSetzen

Syntax	ZeichnungEinfügemarkeAnVerankerungsPunktSetzen [*Objekt*]
Bemerkungen	Verschiebt die Einfügemarke an den Anfang des Absatzes, an dem das angegebene Zeichnungsobjekt verankert ist.

Argument	Erklärung
Objekt	Gibt ein Zeichnungsobjekt an:
	Ohne Angabe Das markierte Zeichnungsobjekt
	> 0 (Null) Ein Objekt, dessen Verankerungspunkt sich in einem durch die Anweisung **ZeichnungBereichSetzen** festgelegten Bereich befindet. 1 stellt das erste Objekt im Bereich dar (das zuletzt veränderte Objekt), 2 das zweite Objekt usw. Liegt die Zahl nicht im Bereich von 1 bis zum Rückgabewert von **ZeichnungZählen()**, so tritt ein Fehler auf.

| Siehe auch | **ZeichnungEinfügemarkeAnTextfeldSetzen** |

ZeichnungEinfügenLinie

Syntax	**ZeichnungEinfügenLinie**
Bemerkungen	Fügt vor der aktuellen Textschicht ein Standardzeichnungsobjekt „Linie" ein. Das Objekt wird links oben auf der aktuellen Seite eingefügt.
Siehe auch	**FormatZeichnungsElement, ZeichnungArtAbfragen(), ZeichnungBogen, ZeichnungDrehenLinks, ZeichnungDrehenRechts, ZeichnungFreihandVieleck, ZeichnungHorizontalKippen, ZeichnungVertikalKippen**

ZeichnungEinfügenWordGrafik

Syntax   ZeichnungEinfügenWordGrafik

Bemerkungen Öffnet ein temporäres Dokument (ein Word-Grafikobjekt) und zeigt die Grafik- und Zeichnungs-Symbolleiste an. Wenn der Benutzer das Dokument schließt oder auf die Schaltfläche für „Grafik schließen" auf der Grafik-Symbolleiste klickt, wird das Objekt in das Dokument eingebettet, das bei der Ausführung von **ZeichnungEinfügenWordGrafik** geöffnet war. Die Anweisung `ZeichnungEinfügenWordGrafik` hat dieselbe Wirkung wie die Anweisung `EinfügenObjekt .ObjektTyp = "Word.Picture.6"`

Siehe auch **EinfügenGrafik, EinfügenObjekt, EinfügenZeichnung**

ZeichnungEllipse

Syntax   ZeichnungEllipse

Bemerkungen Wechselt zur Layoutansicht und fügt vor der aktuellen Textschicht ein elliptisches Standardzeichnungsobjekt ein. Ein elliptisches Standardzeichnungsobjekt ist ein Kreis und wird oben links auf der aktuellen Seite eingefügt.

Siehe auch **FormatZeichnungsElement, ZeichnungAbgerundetesRechteck, ZeichnungArtAbfragen()**

ZeichnungFreihandVieleck

Syntax   ZeichnungFreihandVieleck

Bemerkungen Wechselt in die Seitenansicht und fügt ein Standardfreihand-Zeichnungsobjekt vor der Textschicht ein. Ein Standardfreihandobjekt besteht aus einem Liniensegment und wird oben links auf der aktuellen Seite eingefügt. Sie können die Form des Freihandobjekts mit der Anweisung **ZeichnungLinienPunkteSetzen** ändern.

Beispiel   Dieses Beispiel fügt ein N-förmiges Zeichnungsobjekt vor der Textschicht ein. Dabei wird ein Standardfreihandobjekt eingefügt und mit Hilfe von **ZeichnungLinienPunkteSetzen** geändert. Da die Linien eines N insgesamt vier Endpunkte aufweisen, müssen dem Datenfeld `PosFeld$()` acht Elemente (viermal zwei Werte) zugewiesen werden. Endpunkte werden relativ zur oberen linken Ecke der aktuellen Seite gemessen. (Beachten Sie, daß in diesem Datenfeld im Gegensatz zu Standarddatenfeldern das erste Feld nicht mit (0,0), sondern mit (1,1) angesprochen wird).

```
ZeichnungFreihandVieleck
Dim PosFeld$(4, 2)
PosFeld$(1, 1) = "150 pt"
PosFeld$(1, 2) = "200 pt"
PosFeld$(2, 1) = "150 pt"
PosFeld$(2, 2) = "100 pt"
PosFeld$(3, 1) = "200 pt"
PosFeld$(3, 2) = "200 pt"
PosFeld$(4, 1) = "200 pt"
PosFeld$(4, 2) = "100 pt"
ZeichnungLinienPunkteSetzen 4, PosFeld$()
```

Siehe auch	**FormatZeichnungsElement, ZeichnungLinienPunkteAbfragen, ZeichnungLinienPunkteSetzen, ZeichnungLinienPunkteZählen()**

ZeichnungGruppierungAufheben

Syntax	**ZeichnungGruppierungAufheben**
Bemerkungen	Hebt die Zuordnung zwischen Zeichnungsobjekten auf, die mit der Anweisung **ZeichnungsGruppe** in einer Gruppe zusammengefaßt worden waren. Dadurch können die Objekte wieder unabhängig voneinander verschoben, vergrößert und verkleinert werden. Ist keine Gruppe von Zeichnungsobjekten markiert, so tritt ein Fehler auf.
Siehe auch	**ZeichnungMarkieren, ZeichnungMarkierungErweitern, ZeichnungsGruppe**

ZeichnungHinterText

Syntax	**ZeichnungHinterText**
Bemerkungen	Verschiebt das markierte Zeichnungsobjekt vom Bereich vor dem Text in den Bereich hinter dem Text. Das Objekt wird vor allen anderen Zeichnungsobjekten eingefügt, die sich bereits hinter der Textschicht befinden. Ein Fehler tritt auf, wenn das Objekt bereits Bestandteil des Zeichnungsbereichs hinter dem Text ist oder wenn kein Zeichnungsobjekt markiert ist.
Siehe auch	**ZeichnungInHintergrund, ZeichnungInVordergrund, ZeichnungNachHinten, ZeichnungNachVorne, ZeichnungVorText**

ZeichnungHorizontalKippen

Syntax	**ZeichnungHorizontalKippen**
Bemerkungen	Dreht das markierte Zeichnungsobjekt von links nach rechts. **ZeichnungHorizontalKippen** kann nur auf Objekte angewandt werden, die mit der Zeichnungs-Symbolleiste erstellt wurden. Handelt es sich bei dem markierten Objekt um ein eingebettetes Objekt, so tritt ein Fehler auf.
Siehe auch	**ZeichnungDrehenLinks, ZeichnungDrehenRechts, ZeichnungVertikalKippen**

ZeichnungInHintergrund

Syntax	**ZeichnungInHintergrund**
Bemerkungen	Verschiebt das markierte Zeichnungsobjekt in einem Stapel von Zeichnungsobjekten hinter alle vorhergehenden Zeichnungsobjekte. **ZeichnungInHintergrund** verschiebt ein Zeichnungsobjekt nicht vom Bereich vor dem Text in den Bereich hinter dem Text. Ein Fehler tritt auf, wenn kein Zeichnungsobjekt markiert ist.
Siehe auch	**ZeichnungHinterText, ZeichnungInVordergrund, ZeichnungNachHinten, ZeichnungNachVorne, ZeichnungVorText**

ZeichnungInVordergrund

Syntax	**ZeichnungInVordergrund**
Bemerkungen	Stellt das markierte Zeichnungsobjekt in einem Stapel von Zeichnungsobjekten an oberster Stelle dar. **ZeichnungInVordergrund** bringt ein Zeichnungsobjekt nicht hinter einem Text hervor. Wenn die Markierung kein Zeichnungsobjekt ist, tritt ein Fehler auf.
Siehe auch	**ZeichnungHinterText, ZeichnungInHintergrund, ZeichnungNachHinten, ZeichnungNachVorne, ZeichnungVorText**

ZeichnungLegende

Syntax
ZeichnungLegende

Fügt ein Legenden-Zeichnungsobjekt vor der aktuellen Textschicht oben links in das Dokument ein. Eine Legende besteht aus einem Textfeld und einem Liniensegment in einem Begrenzungsrechteck. Beim Einfügen einer Legende hat das Textfeld dieselbe Größe wie das Begrenzungsrechteck, das Liniensegment erscheint also nicht. Sie können die Größe des Textfelds mit der Anweisung **ZeichnungLegendenTextfeldBestimmen** ändern.

Die Größe, Position, Füllfarbe und Linienart des Begrenzungsrechtecks für die Legende können Sie mit **FormatZeichnungsElement** ändern. Andere Optionen für die Legende können Sie mit **FormatLegende** ändern.

Beispiel

Dieses Beispiel fügt eine nach links zeigende Legende ein und formatiert sie. Die Anweisung **ZeichnungLegende** fügt eine Standardlegende ein, deren Art durch die Anweisung **FormatLegende** festgelegt wird. Die Anweisung **FormatZeichnungsElement** ändert Position und Größe der Legende und fügt eine Füllfarbe hinzu. Koordinaten für das Textfeld in der Legende werden in der zweidimensionalen Matrix LegendePos$() definiert und mit **ZeichnungLegendenTextfeldBestimmen** zugewiesen. (Beachten Sie, daß in diesem Datenfeld im Gegensatz zu Standarddatenfeldern das erste Feld nicht mit (0,0), sondern mit (1,1) angesprochen wird)Anschließend wird der Text in die Legende eingefügt.

```
ZeichnungLegende
FormatLegende .Art = 1, .Abst = "0,5 cm", .Winkel = 4, \
    .Ansatz = "Mitte", .Länge = "3,5 cm", .RahmenLinie = 1, \
    .AutoVerbinden = 0, .LeisteHinzufügen = 0
FormatZeichnungsElement .Füllfarbe = 0, .FüllmusterFarbe = 7, \
    .Füllmuster = 5, .PfeilArt = 2, \
    .HorizontalPos = "6,1 cm", .HorizontalVon = 1, \
    .VertikalPos = "3,5 cm", .VertikalVon = 1, \
    .Höhe = "1,5 cm", .Breite = "5,5 cm"
Dim LegendePos$(2, 2)
LegendePos$(1, 1) = "2,2 cm"
LegendePos$(1, 2) = "0 cm"
LegendePos$(2, 1) = "3,4 cm"
LegendePos$(2, 2) = "1,5 cm"
ZeichnungLegendenTextfeldBestimmen LegendePos$()
Einfügen "Diese Legende zeigt nach links."
```

Siehe auch

FormatLegende, FormatZeichnungsElement, ZeichnungLegendenTextfeldAbfragen, ZeichnungLegendenTextfeldBestimmen, ZeichnungTextfeld

ZeichnungLegendenTextfeldAbfragen

Syntax ZeichnungLegendenTextfeldAbfragen *ZweidimensionalesDatenfeld*[$]( ) [, *Objekt*]

Bemerkungen Füllt ein zweidimensionales Datenfeld mit Koordinaten, die Position und Größe des Textbereichs im Begrenzungsrechtecks für das angegebene Legenden-Zeichnungsobjekt beschreiben.

Argument	Erklärung
Zweidimensionales Datenfeld[$]( )	Das vordefinierte zweidimensionale Datenfeld, das mit den Koordinaten des angegebenen Legenden-Textfeldes gefüllt werden soll. *ZweidimensionalesDatenfeld*[$]( ) kann ein Zeichenfolgen- oder ein numerisches Datenfeld sein. Ein Zeichenfolgendatenfeld wird mit Textmaßeinheiten (eine Zahl mit der abgekürzten Standardmaßeinheit) ausgefüllt. Ein numerisches Datenfeld wird nur mit Zahlen ausgefüllt.
	Ein durch die Anweisung `Dim Pt(2, 2)` definiertes Datenfeld `Pt( )` wird z.B. durch die Anweisung `ZeichnungLegendenTextfeldAbfragen Pt()` folgendermaßen ausgefüllt:
	`Pt(1, 1)` Die horizontale Position (der Abstand zwischen der linken Seite des Begrenzungsrechtecks und dem Textbereich) in der Standardmaßeinheit.
	`Pt(1, 2)` Die vertikale Position (der Abstand zwischen der oberen Seite des Begrenzungsrechtecks und dem Textbereich.)
	`Pt(2, 1)` Die Breite des Textbereichs
	`Pt(2, 2)` Die Höhe des Textbereichs
	(Beachten Sie, daß in diesem Datenfeld im Gegensatz zu Standarddatenfeldern das erste Feld nicht mit (0,0), sondern mit (1,1) angesprochen wird)
Objekt	Gibt ein Zeichnungsobjekt an:
	Ohne Angabe Das markierte Zeichnungsobjekt
	> 0 (Null) Ein Objekt, dessen Verankerungspunkt sich in einem durch die Anweisung **ZeichnungBereichSetzen** festgelegten Bereich befindet. 1 stellt das erste Objekt im Bereich dar (das zuletzt veränderte Objekt), 2 das zweite Objekt usw. Liegt die Zahl nicht im Bereich von 1 bis zum Rückgabewert von **ZeichnungZählen**( ), so tritt ein Fehler auf.
	Handelt es sich beim angegebenen Zeichnungsobjekt nicht um eine Legende, so tritt ein Fehler auf.

Beispiel	Dieses Beispiel zeigt ein Meldungsfeld mit der horizontalen und vertikalen Position sowie der Breite und Höhe des Textbereichs in der markierten Legende an.

```
Dim Pt$(2, 2)
ZeichnungLegendenTextfeldAbfragen Pt$()
Mldg$ = "HorizPos: " + Pt$(1, 1) + Chr$(13)
Mldg$ = Mldg$ + "VertPos: " + Pt$(1, 2) + Chr$(13)
Mldg$ = Mldg$ + "Breite: " + Pt$(2, 1) + Chr$(13)
Mldg$ = Mldg$ + "Höhe: " + Pt$(2, 2) + Chr$(13)
MsgBox Mldg$, "Textbereich in Legende"
```

Siehe auch	**ZeichnungEinfügemarkeAnTextfeldSetzen**, **ZeichnungLegende**, **ZeichnungLegendenTextfeldBestimmen**

ZeichnungLegendenTextfeldBestimmen

Syntax	**ZeichnungLegendenTextfeldBestimmen** *ZweidimensionalesDatenfeld*[$]( ) [, *Objekt*]
Bemerkungen	Weist dem Textbereich des angegebenen Legenden-Zeichnungsobjektes die in einem zweidimensionalen Datenfeld gespeicherte Position und Größe zu.

Argument	Erklärung
ZweidimensionalesDatenfeld[$]( )	Ein zweidimensionales Datenfeld, das die Koordinaten für Position und Größe des Textbereichs relativ zum Beschränkungsrechteck eines Legenden-Zeichnungsobjekts enthält. Sie können ein numerisches Datenfeld mit Werten in der Standardmaßeinheit oder ein Zeichenfolgendatenfeld mit Textmaßeinheiten verwenden.
	Informationen darüber, wie Werte im Datenfeld gespeichert werden, finden Sie unter **ZeichnungLegendenTextfeldAbfragen**.
Objekt	Gibt ein Zeichnungsobjekt an:
	Ohne Angabe Das markierte Zeichnungsobjekt
	> 0 (Null) Ein Objekt, dessen Verankerungspunkt sich in einem durch die Anweisung **ZeichnungBereichSetzen** festgelegten Bereich befindet. 1 stellt das erste Objekt im Bereich dar (das zuletzt veränderte Objekt), 2 das zweite Objekt usw. Liegt die Zahl nicht im Bereich von 1 bis zum Rückgabewert von **ZeichnungZählen**( ), so tritt ein Fehler auf.
	Handelt es sich beim angegebenen Zeichnungsobjekt nicht um eine Legende, so tritt ein Fehler auf.

Beispiel	Ein Beispiel finden Sie unter **ZeichnungLegende**.
Siehe auch	**ZeichnungEinfügemarkeAnTextfeldSetzen**, **ZeichnungLegende**, **ZeichnungLegendenTextfeldAbfragen**

ZeichnungLinienPunkteAbfragen

Syntax	**ZeichnungLinienPunkteAbfragen** *ZweidimensionalesDatenfeld*[$]( ) [, *Objekt*]
Bemerkungen	Füllt ein zweidimensionales Datenfeld mit den Koordinaten der Endpunkte im angegebenen Freihand-Zeichnungsobjekt. Handelt es sich beim angegebenen Objekt nicht um ein Freihandobjekt, so tritt ein Fehler auf. Das Datenfeld kann als Argument für **ZeichnungLinienPunkteSetzen** verwendet werden, um einem anderen Freihand-Zeichnungsobjekt die Koordinaten zuzuweisen. Vor dem Ausführen von **ZeichnungLinienPunkteAbfragen** müssen Sie das Datenfeld definieren. Mit **ZeichnungLinienPunkteZählen**( ) können Sie die erforderliche Größe für das Datenfeld bestimmen.

Argument	Erklärung
ZweidimensionalesDatenfeld[$]( )	Das vordefinierte zweidimensionale Datenfeld, das mit den Koordinaten des angegebenen Freihand-Zeichnungsobjektes gefüllt werden soll. *ZweidimensionalesDatenfeld*[$]( ) kann ein Zeichenfolgen- oder ein numerisches Datenfeld sein. Ein Zeichenfolgendatenfeld wird mit Textmaßeinheiten (eine Zahl mit der abgekürzten Standardmaßeinheit) ausgefüllt. Ein numerisches Datenfeld wird nur mit Zahlen ausgefüllt. (Beachten Sie, daß in diesem Datenfeld im Gegensatz zu Standarddatenfeldern das erste Feld nicht mit (0,0), sondern mit (1,1) angesprochen wird.)
Objekt	Gibt ein Zeichnungsobjekt an: Nicht angegeben Das markierte Zeichnungsobjekt > 0 (Null) Ein Objekt, dessen Verankerungspunkt sich in einem durch die Anweisung **ZeichnungBereichSetzen** festgelegten Bereich befindet. 1 stellt das erste Objekt im Bereich dar (das zuletzt veränderte Objekt), 2 das zweite Objekt usw. Liegt die Zahl nicht im Bereich von 1 bis zum Rückgabewert von **ZeichnungZählen**( ), so tritt ein Fehler auf.

Beispiel	Dieses Beispiel speichert die Koordinaten des markierten Freihand-Zeichnungsobjekts im Datenfeld `PosFeld( )`. Ist kein Freihand-Zeichnungsobjekt markiert, so tritt ein Fehler auf.

```
            If ZeichnungArtAbfragen() = 7 Then
                Größe = ZeichnungLinienPunkteZählen()
                Dim PosFeld(Größe, 2)
                ZeichnungLinienPunkteAbfragen PosFeld()
            Else
                MsgBox "Das markierte Zeichnungsobjekt ist \
                    kein Freihandobjekt."
            End If
```

Ein weiteres Beispiel finden Sie unter **ZeichnungLinienPunkteZählen()**

Siehe auch   ZeichnungFreihandVieleck, ZeichnungLinienPunkteSetzen, ZeichnungLinienPunkteZählen()

ZeichnungLinienPunkteSetzen

Syntax   **ZeichnungLinienPunkteSetzen** *AnzPunkte, ZweidimensionalesDatenfeld*[$]( ) [, *Objekt*]

Bemerkungen   Weist dem angegebenen Freihand-Zeichnungsobjekt die in einem zweidimensionalen Datenfeld gespeicherten Koordinaten zu. Handelt es sich beim angegebenen Objekt nicht um ein Freihandobjekt, so tritt ein Fehler auf.

Argument	Erklärung
AnzPunkte	Die Anzahl der Koordinaten in *ZweidimensionalesDatenfeld*[$]( ), die dem Freihand-Zeichnungsobjekt zugewiesen werden sollen. *AnzPunkte* darf die Größe des Datenfelds nicht überschreiten.
Zweidimensionales Datenfeld[$]( )	Ein zweidimensionales Datenfeld, das die Koordinaten der Endpunkte im Freihand-Zeichnungsobjekt enthält. Sie können ein numerisches Datenfeld mit Werten in der Standardmaßeinheit oder ein Zeichenfolgendatenfeld mit Textmaßeinheiten verwenden.
	Informationen darüber, wie Werte im Datenfeld gespeichert werden, finden Sie unter **ZeichnungLinienPunkteAbfragen**.
Objekt	Gibt ein Zeichnungsobjekt an:
	Ohne Angabe Das markierte Zeichnungsobjekt
	> 0 (Null) Ein Objekt, dessen Verankerungspunkt sich in einem durch die Anweisung **ZeichnungBereichSetzen** festgelegten Bereich befindet. 1 stellt das erste Objekt im Bereich dar (das zuletzt veränderte Objekt), 2 das zweite Objekt usw. Liegt die Zahl nicht im Bereich von 1 bis zum Rückgabewert von **ZeichnungZählen()**, so tritt ein Fehler auf.

Beispiel Ein Beispiel finden Sie unter **ZeichnungLinienPunkteZählen()**.

Siehe auch **ZeichnungFreihandVieleck, ZeichnungLinienPunkteAbfragen, ZeichnungLinienPunkteZählen(), ZeichnungUmformen**

ZeichnungLinienPunkteZählen()

Syntax **ZeichnungLinienPunkteZählen**([*Objekt*])

Bemerkungen Liefert die Anzahl der Punkte in einem Freihand-Zeichnungsobjekt. Handelt es sich beim angegebenen Objekt nicht um ein Freihandobjekt, so tritt ein Fehler auf.

Argument	Erklärung
Objekt	Gibt ein Zeichnungsobjekt an:
	Ohne Angabe Das markierte Zeichnungsobjekt
	> 0 (Null) Ein Objekt, dessen Verankerungspunkt sich in einem durch die Anweisung **ZeichnungBereichSetzen** festgelegten Bereich befindet. 1 stellt das erste Objekt im Bereich dar, 2 das zweite Objekt usw. Liegt die Zahl nicht im Bereich von 1 bis zum Ergebniswert von **ZeichnungZählen**(), so tritt ein Fehler auf.

Beispiel Dieses Beispiel legt fest, ob die ersten beiden Zeichnungsobjekte im Dokument Freihandobjekte sind. Ist dies der Fall, so werden die Punkte des ersten Freihand-Zeichnungsobjekts im Datenfeld `PosFeld()` gespeichert und dem zweiten Freihand-Zeichnungsobjekt zugewiesen.

```
ZeichnungBereichSetzen "\Doc"
If ZeichnungArtAbfragen(1) = 7 And ZeichnungArtAbfragen(2) = \
      7 Then
    Größe = ZeichnungLinienPunkteZählen(1)
    Dim PosFeld(Größe, 2)
    ZeichnungLinienPunkteAbfragen PosFeld(), 1
    ZeichnungLinienPunkteSetzen Größe, PosFeld(), 2
Else
    MsgBox "Eines der beiden Zeichnungsobjekte ist \
          kein Freihandobjekt."
End If
```

Siehe auch **ZeichnungFreihandVieleck, ZeichnungLinienPunkteAbfragen, ZeichnungLinienPunkteSetzen**

ZeichnungMarkieren, ZeichnungMarkieren()

Syntax ZeichnungMarkieren *Objekt*

ZeichnungMarkieren(*Objekt*)

Bemerkungen Die Anweisung **ZeichnungMarkieren** markiert das angegebene Zeichnungsobjekt und hebt die Markierung anderer Zeichnungsobjekte auf. Mit der Anweisung **ZeichnungMarkierungErweitern** können Sie ein Zeichnungsobjekt markieren, ohne die Markierung anderer Objekte aufzuheben. Die Funktion **ZeichnungMarkieren()** verhält sich genau wie die Anweisung **ZeichnungMarkieren** und liefert zusätzlich den Wert –1, wenn das angegebene Objekt bereits markiert ist.

Argument	Erklärung
Objekt	Gibt ein Objekt an, dessen Verankerungspunkt sich in einem durch die Anweisung **ZeichnungBereichSetzen** festgelegten Bereich befindet. 1 stellt das erste Objekt im Bereich dar, 2 das zweite Objekt usw. Liegt die Zahl nicht im Bereich von 1 bis zum Rückgabewert von **ZeichnungZählen()**, so tritt ein Fehler auf.

Beispiel Dieses Beispiel markiert das zuletzt veränderte Zeichnungsobjekt im Dokument und verschiebt es an die oberste Position der Zeichnungsobjekte in dieser Zeichnungsschicht.

```
ZeichnungBereichSetzen "\Doc"
AnzObj = ZeichnungZählen()
ZeichnungMarkieren AnzObj
ZeichnungInVordergrund
```

Siehe auch **ZeichnungBereichSetzen, ZeichnungMarkierungErweitern**

ZeichnungMarkierenNächste

Syntax ZeichnungMarkierenNächste

Bemerkungen Markiert das nächste Zeichnungsobjekt, d.h. das Zeichnungsobjekt, das in einem Stapel von Zeichnungsobjekten unmittelbar über dem markierten Objekt liegt. Ist das oberste Objekt markiert, so markiert Word das unterste Objekt. Falls kein Zeichnungsobjekt markiert ist, wenn **ZeichnungMarkierenNächste** ausgeführt wird, tritt ein Fehler auf. Sie brauchen zur Verwendung von **ZeichnungMarkierenNächste** keinen Zeichnungsbereich mit **ZeichnungBereichSetzen** festzulegen.

Siehe auch **ZeichnungMarkieren, ZeichnungMarkierenVorherige, ZeichnungMarkierungErweitern**

ZeichnungMarkierenVorherige

Syntax ZeichnungMarkierenVorherige

Bemerkungen Markiert das vorherige Zeichnungsobjekt, d.h. das Zeichnungsobjekt, das in einem Stapel von Zeichnungsobjekten unmittelbar unter dem markierten Objekt liegt. Ist das unterste Objekt bereits markiert, so markiert Word das oberste Objekt. Falls kein Zeichnungsobjekt markiert ist, wenn **ZeichnungMarkierenVorherige** ausgeführt wird, tritt ein Fehler auf. Sie brauchen zur Verwendung von **ZeichnungMarkierenVorherige** keinen Zeichnungsbereich mit **ZeichnungBereichSetzen** festzulegen.

Siehe auch **ZeichnungMarkieren, ZeichnungMarkierenNächste, ZeichnungMarkierungErweitern**

ZeichnungMarkierungAufheben

Syntax ZeichnungMarkierungAufheben

Bemerkungen Hebt die Markierung des markierten Zeichnungsobjekts auf und verschiebt die Einfügemarke an den Anfang des Absatzes mit dem zugehörigen Verankerungspunkt. Falls mehrere Zeichnungsobjekte markiert sind, verschiebt **ZeichnungMarkierungAufheben** bei mindestens einem der markierten Objekte die Einfügemarke zum ersten Absatz mit einem Verankerungspunkt.

Siehe auch **ZeichnungMarkieren, ZeichnungMarkierenNächste, ZeichnungMarkierenVorherige, ZeichnungMarkierungErweitern**

ZeichnungMarkierungErweitern

Syntax **ZeichnungMarkierungErweitern** *Anzahl*

Bemerkungen Markiert das durch *Anzahl* definierte Zeichnungsobjekt, dessen Verankerungspunkt sich in dem durch die Anweisung **ZeichnungBereichSetzen** festgelegten Zeichnungsbereich befindet. *Anzahl* ist die Position des Zeichnungsobjekts relativ zur Textschicht: 1 entspricht dem Objekt, das der Textschicht am nächsten liegt, 2 ist das folgende Objekt usw. Wenn ein oder mehrere Zeichnungsobjekte bereits markiert sind, wird das durch *Anzahl* angegebene Zeichnungsobjekt zur Gruppe der markierten Objekte hinzugefügt. Falls kein Zeichnungsbereich festgelegt wurde oder *Anzahl* die Anzahl der Objekte mit Verankerungspunkten im Zeichnungsbereich übersteigt, tritt ein Fehler auf.

Siehe auch	ZeichnungMarkieren, ZeichnungsGruppe

ZeichnungNachHinten

Syntax	ZeichnungNachHinten
Bemerkungen	Verschiebt das markierte Zeichnungsobjekt in einem Stapel von Zeichnungsobjekten hinter das vorhergehende Zeichnungsobjekt. **ZeichnungNachHinten** verschiebt ein Zeichnungsobjekt nicht vom Bereich vor dem Text in den Bereich hinter dem Text. Ein Fehler tritt auf, wenn kein Zeichnungsobjekt markiert ist.
Siehe auch	ZeichnungHinterText, ZeichnungInHintergrund, ZeichnungInVordergrund, ZeichnungNachVorne, ZeichnungVorText

ZeichnungNachVorne

Syntax	ZeichnungNachVorne
Bemerkungen	Stellt das markierte Zeichnungsobjekt in einem Stapel von Zeichnungsobjekten vor das unmittelbar darüberliegende Objekt. **ZeichnungNachVorne** verschiebt ein Zeichnungsobjekt nicht vom Bereich hinter dem Text in den Bereich vor dem Text. Wenn die Markierung kein Zeichnungsobjekt ist, tritt ein Fehler auf.
Siehe auch	ZeichnungHinterText, ZeichnungInHintergrund, ZeichnungInVordergrund, ZeichnungNachHinten, ZeichnungVorText

ZeichnungRechteck

Syntax	ZeichnungRechteck
Bemerkungen	Fügt vor der aktuellen Textschicht ein rechteckiges Standardzeichnungsobjekt ein. Ein Standardrechteck ist ein Quadrat und wird oben links auf der aktuellen Seite eingefügt.
Siehe auch	ZeichnungAbgerundetesRechteck, ZeichnungFreihandVieleck, ZeichnungTextfeld, FormatZeichnungsElement

ZeichnungsGruppe

Syntax ZeichnungsGruppe

Bemerkungen Faßt die markierten Zeichnungsobjekte in einer Gruppe zusammen, so daß sie als ein Objekt bearbeitet werden können.

Beispiel Dieses Beispiel legt den Zeichnungsbereich auf den aktuellen Absatz fest und markiert anschließend jedes Objekt, dessen Verankerungspunkt sich in dem Bereich befindet. Falls sich mehrere Objekte im Bereich befinden, werden sie in einer Gruppe zusammengefaßt.

```
ZeichnungBereichSetzen "\Para"
AnzObj = ZeichnungZählen()
For i = 1 To AnzObj
    ZeichnungMarkierungErweitern i
Next i
If AnzObj > 1 Then ZeichnungsGruppe
```

Siehe auch **ZeichnungAuflösenGrafik, ZeichnungBereichSetzen, ZeichnungGruppierungAufheben, ZeichnungMarkieren, ZeichnungMarkierungErweitern**

ZeichnungTextfeld

Syntax ZeichnungTextfeld

Bemerkungen Fügt vor der aktuellen Textschicht ein gebundenes Standardtextfeld in den Grafikbereich ein. Ein Standardtextfeld ist 6,45 Quadratzentimeter groß und wird oben links auf der aktuellen Seite eingefügt.

Siehe auch **FormatZeichnungsElement, ZeichnungEinfügemarkeAnTextfeldSetzen, ZeichnungEinfügemarkeAnVerankerungsPunktSetzen, ZeichnungLegende, ZeichnungRechteck**

ZeichnungUmformen

Syntax	ZeichnungUmformen
Bemerkungen	Schaltet die Ziehpunkte des markierten Freihand-Zeichnungsobjekts zwischen dem Begrenzungsrechteck (mit dessen Ziehpunkten Sie das Objekt skalieren oder dessen Größe ändern können) und den Eckpunkten der Freihandgrafik (die Sie als Ziehpunkte zum Ändern der Form des Objekts verwenden können) um. Vor dem Ausführen von **ZeichnungUmformen** können Sie mehrere Freihandgrafiken markieren. Wenn keine Freihandgrafik markiert ist, tritt ein Fehler auf.
Siehe auch	**ZeichnungArtAbfragen(), ZeichnungFreihandVieleck, ZeichnungMarkieren**

ZeichnungVertikalKippen

Syntax	ZeichnungVertikalKippen
Bemerkungen	Dreht das markierte Zeichnungsobjekt von oben nach unten. **ZeichnungVertikalKippen** kann nur auf Objekte angewandt werden, die mit der Zeichnungs-Symbolleiste erstellt wurden. Handelt es sich bei dem markierten Objekt um ein eingebettetes Objekt, so tritt ein Fehler auf.
Siehe auch	**ZeichnungDrehenLinks, ZeichnungDrehenRechts, ZeichnungHorizontalKippen**

ZeichnungVorText

Syntax	ZeichnungVorText
Bemerkungen	Stellt das markierte Zeichnungsobjekt aus dem Bereich hinter dem Text in den Bereich vor dem Text. Das Objekt wird hinter allen Zeichnungsobjekten eingefügt, die sich bereits vor der Textschicht befinden. Wenn sich das Objekt bereits im Bereich vor dem Text befindet oder die Markierung kein Zeichnungsobjekt ist, tritt ein Fehler auf.
Siehe auch	**ZeichnungHinterText, ZeichnungInHintergrund, ZeichnungInVordergrund, ZeichnungNachHinten, ZeichnungNachVorne**

ZeichnungWordGrafikVorgabe

Syntax ZeichnungWordGrafikVorgabe

Bemerkungen Setzt die Begrenzungen eines Word Picture-Objektes zurück, damit alle Zeichnungsobjekte im Grafikbearbeitungsfenster aufgenommen werden. Ist das aktive Fenster kein Grafikbearbeitungsfenster, so tritt ein Fehler auf.

Siehe auch **DateiGrafikSchließen**, **ZeichnungEinfügenWordGrafik**

ZeichnungZählen()

Syntax ZeichnungZählen()

Bemerkungen Liefert die Anzahl der Zeichnungsobjekte, deren Verankerungspunkte sich in dem durch **ZeichnungBereichSetzen** festgelegten Bereich befinden.

Beispiel Dieses Beispiel zeigt ein Meldungsfeld mit der Anzahl der Zeichnungsobjekte im aktiven Dokument an.

```
ZeichnungBereichSetzen "\Doc"
AnzObj = ZeichnungZählen()
MsgBox "Anzahl der Zeichnungsobjekte im Dokument: " + Str$(AnzObj)
```

Siehe auch **ZeichnungArtAbfragen()**, **ZeichnungBereichSetzen**

Zeilenabstand1, Zeilenabstand1()

Syntax Zeilenabstand1

Zeilenabstand1()

Bemerkungen Die Anweisung **Zeilenabstand1** formatiert die markierten Absätze mit einfachem Zeilenabstand. Als Abstand wird die Schriftgröße des größten Zeichens im Absatz verwendet.

Die Funktion **Zeilenabstand1**() liefert die folgenden Werte:

Wert	Erklärung
0 (Null)	Keiner der markierten Absätze ist mit einem einfachen Zeilenabstand formatiert.
−1	Ein Teil der markierten Absätze ist mit einem einfachen Zeilenabstand formatiert.
1	Alle markierten Absätze sind mit einem einfachen Zeilenabstand formatiert.

Siehe auch   **AbsatzAbstandSchließen, AbsatzAbstandVor, FormatAbsatz, ZeilenabstandEinsKommaFünf, Zeilenabstand2**

Zeilenabstand2, Zeilenabstand2()

Syntax   Zeilenabstand2

Zeilenabstand2()

Bemerkungen   Die Anweisung **Zeilenabstand2** formatiert die markierten Absätze mit doppeltem Zeilenabstand. Als Abstand wird die Schriftgröße des größten Zeichens im Absatz zuzüglich 12 Punkte verwendet.

Die Funktion **Zeilenabstand2**() liefert die folgenden Werte:

Wert	Erklärung
0 (Null)	Keiner der markierten Absätze ist mit einem doppelten Zeilenabstand formatiert.
−1	Ein Teil der markierten Absätze ist mit einem doppelten Zeilenabstand formatiert.
1	Alle markierten Absätze sind mit einem doppelten Zeilenabstand formatiert.

Siehe auch   **FormatAbsatz, AbsatzAbstandSchließen, AbsatzAbstandVor, Zeilenabstand1, ZeilenabstandEinsKommaFünf**

ZeilenabstandEinsKommaFünf, ZeilenabstandEinsKommaFünf()

Syntax ZeilenabstandEinsKommaFünf

ZeilenabstandEinsKommaFünf()

Bemerkungen Die Anweisung **ZeilenabstandEinsKommaFünf** formatiert die markierten Absätze mit eineinhalbfachem Zeilenabstand. Als Abstand wird die Schriftgröße des größten Zeichens im Absatz zuzüglich 6 Punkte verwendet.

Die Funktion **ZeilenabstandEinsKommaFünf**() liefert die folgenden Werte:

Wert	Erklärung
0 (Null)	Keiner der markierten Absätze ist mit einem eineinhalbfachen Zeilenabstand formatiert.
–1	Ein Teil der markierten Absätze ist mit einem eineinhalbfachen Zeilenabstand formatiert.
1	Alle markierten Absätze sind mit einem eineinhalbfachen Zeilenabstand formatiert.

Siehe auch **AbsatzAbstandSchließen, AbsatzAbstandVor, FormatAbsatz, Zeilenabstand1, Zeilenabstand2**

ZeileOben, ZeileOben()

Syntax **ZeileOben** [*Anzahl*] [, *Markierung*]

ZeileOben([*Anzahl*] [, *Markierung*])

Bemerkungen Die Anweisung **ZeileOben** verschiebt die Einfügemarke oder das aktive Ende der Markierung (das sich beim Drücken von UMSCHALT+NACH-OBEN bewegt) um die angegebene Anzahl von Zeilen nach oben.

Argument	Erklärung
Anzahl	Die Anzahl der Zeilen, um die die Einfügemarke nach oben verschoben bzw. die Markierung erweitert werden soll. Fehlt dieser Wert, so wird 1 angenommen. Negative Werte werden ignoriert.
Markierung	Gibt an, ob Text markiert wird:
	0 (Null) oder nicht angegeben Es wird kein Text markiert. Besteht bereits eine Markierung, so verschiebt **ZeileOben** die Einfügemarke um die durch *Anzahl* definierte Anzahl von Zeilen nach oben.
	Ungleich Null Text wird markiert. Besteht bereits eine Markierung, so verschiebt **ZeileOben** das aktive Ende der Markierung nach oben (zum Anfang des Dokuments).
	Bei einer typischen Markierung von links nach rechts ist das aktive Ende der Markierung dem Ende des Dokuments näher als das nicht aktive Ende. In diesem Fall verkleinert **ZeileOben** die Markierung. Bei einer Markierung von rechts nach links wird die Markierung erweitert.

Die Funktion **ZeileOben()** funktioniert genau wie die Anweisung **ZeileOben** und liefert zusätzlich die folgenden Werte:

Wert	Erklärung
0 (Null)	Die Einfügemarke oder das aktive Ende der Markierung konnte nicht nach oben verschoben werden.
–1	Die Einfügemarke oder das aktive Ende der Markierung wurde um eine beliebige Anzahl von Zeilen nach oben verschoben. Dieser Wert wird auch dann geliefert, wenn die Einfügemarke nicht um die durch *Anzahl* angegebene Anzahl von Zeilen nach oben verschoben wurde. `ZeileOben(10)` liefert beispielsweise auch dann –1, wenn sich die Einfügemarke nur drei Zeilen unterhalb des Dokumentanfangs befindet.

Beispiel   Dieses Beispiel verschiebt die Einfügemarke 20 Zeilen nach oben:

```
ZeileOben 20
```

Das folgende Beispiel zeigt ein Meldungsfeld an, wenn sich die Einfügemarke in der ersten Zeile des Dokuments befindet:

```
If ZeileOben() = 0 Then MsgBox \
    "Über dieser Zeile befinden sich keine \
    weiteren Zeilen."
```

Siehe auch   **AbsatzOben, AbsatzUnten, ZeileUnten**

ZeileUnten, ZeileUnten()

Syntax   ZeileUnten [*Anzahl*] [, *Markierung*]

ZeileUnten([*Anzahl*] [, *Markierung*])

Bemerkungen   Die Anweisung **ZeileUnten** verschiebt die Einfügemarke oder das aktive Ende der Markierung (das sich beim Drücken von UMSCHALT+NACH-UNTEN bewegt) um die angegebene Anzahl von Zeilen nach unten.

Argument	Erklärung
Anzahl	Die Anzahl der Zeilen, um die die Einfügemarke nach unten verschoben bzw. die Markierung erweitert werden soll. Fehlt dieser Wert, so wird 1 angenommen. Negative Werte werden ignoriert.
Markierung	Gibt an, ob Text markiert wird:
	0 (Null) oder nicht angegeben Es wird kein Text markiert. Besteht bereits eine Markierung, so verschiebt **ZeileUnten** die Einfügemarke um die durch *Anzahl* definierte Anzahl von Zeilen nach unten.
	Ungleich Null Text wird markiert. Besteht bereits eine Markierung, so verschiebt **ZeileUnten** das aktive Ende der Markierung nach unten (zum Ende des Dokuments).
	Bei einer typischen Markierung von links nach rechts ist das aktive Ende der Markierung dem Ende des Dokuments näher als das nicht aktive Ende. In diesem Fall erweitert **ZeileUnten** die Markierung. Bei einer Markierung von rechts nach links wird die Markierung verkleinert.

Die Funktion **ZeileUnten()** verhält sich genau wie die Anweisung **ZeileUnten** und liefert zusätzlich die folgenden Werte:

Wert	Erklärung
0 (Null)	Die Einfügemarke oder das aktive Ende der Markierung konnte nicht nach unten verschoben werden.
–1	Die Einfügemarke oder das aktive Ende der Markierung wurde um eine beliebige Anzahl von Zeilen nach unten verschoben. Dieser Wert wird auch dann geliefert, wenn die Einfügemarke nicht um die durch *Anzahl* angegebene Anzahl von Zeilen nach unten verschoben wurde. `ZeileUnten(10)` liefert beispielsweise auch dann –1, wenn sich die Einfügemarke nur drei Zeilen über dem Ende des Dokuments befindet.

Beispiele   Dieses Beispiel verschiebt die Einfügemarke fünf Zeilen nach unten.

```
ZeileUnten 5
```

Das folgende Beispiel zählt mit **ZeileUnten()** die Zeilen eines Dokuments.

```
BeginnDokument
While ZeileUnten()
    Zeilen = Zeilen + 1
Wend
MsgBox "Das Dokument enthält" + Str$(Zeilen + 1) \
    + " Zeilen."
```

Siehe auch AbsatzOben, AbsatzUnten, ZeileOben

ZeitSeriell()

Syntax **ZeitSeriell**(*Stunde, Minute, Sekunde*)

Bemerkungen Liefert die Seriennummer für die angegebene Uhrzeit. Da Seriennummern Dezimalzahlen sind, die eine bestimmte Anzahl von Tagen repräsentieren, liefert **ZeitSeriell()** einen Dezimalbruch zwischen 0 und 0,99998842592593. Weitere Informationen über Seriennummern finden Sie unter **DatumSeriell()**.

Argument	Erklärung
Stunde	Eine Zahl im Bereich von 0 bis 23 (je einschließlich) oder ein numerischer Ausdruck.
Minute	Eine Zahl im Bereich von 0 bis 59 (je einschließlich), die die Minuten einer Stunde repräsentiert, oder ein numerischer Ausdruck.
Sekunde	Eine Zahl im Bereich von 0 bis 59 (je einschließlich), die die Sekunden nach einer vollen Minute repräsentiert, oder ein numerischer Ausdruck.

Beispiel Dieses Beispiel zeigt in einem Meldungsfeld eine Dezimalzahl an, aus der hervorgeht, welcher Bruchteil des heutigen Tages bereits verstrichen ist:

```
h = Stunde(Jetzt())
m = Minute(Jetzt())
s = Sekunde(Jetzt())
Vergangen = ZeitSeriell(h, m, s)
MsgBox Left$(Str$(Vergangen), 5) + " des heutigen Tages ist bereits
verstrichen."
```

Siehe auch **DatumSeriell()**, **Heute()**, **Jahr()**, **Jetzt()**, **Monat()**, **Tag()**, **Time$()**, **ZeitWert()**

ZeitWert()

Syntax   **ZeitWert**(*ZeitText$*)

Bemerkungen   Liefert die Seriennummer der Uhrzeit, die durch *ZeitText$* angegeben ist. Mit **ZeitWert**() können Sie eine als Text dargestellte Uhrzeit in eine Seriennummer umwandeln. Eine Seriennummer ist eine Dezimalzahl, die das aktuelle Datum und/oder die aktuelle Uhrzeit repräsentiert. Weitere Informationen über Seriennummern finden Sie unter **DatumSeriell**().

Argument	Erklärung
ZeitText$	Eine Zeichenfolge, die die Uhrzeit repräsentiert. Die folgenden Zeichenfolgen sind zum Beispiel gültige Darstellungen für 16 Uhr 30: 16:30:00 4:30 pm 4:30 PM *ZeitText$* muß eine Zeit zwischen 00:00:00 und 23:59:59 repräsentieren. **ZeitWert**() erzeugt einen Fehler, wenn *ZeitText$* außerhalb dieses Bereichs liegt.

Beispiel   Dieses Beispiel zeigt die Seriennummer für die aktuelle Uhrzeit in der Statusleiste an:

```
Print ZeitWert(Time$())
```

Siehe auch   **DatumSeriell**(), **DatumWert**(), **Heute**(), **Jahr**(), **Jetzt**(), **Monat**(), **Tag**(), **Time$**(), **ZeitSeriell**()

ZurückEinfügemarke

Syntax   **ZurückEinfügemarke**

Bemerkungen   Setzt die Einfügemarke an eine der vier letzten Stellen, an der eine Bearbeitung stattfand. **ZurückEinfügemarke** entspricht dem Drücken von UMSCHALT+F5. Der Befehl arbeitet über mehrere Fenster. Ist ein Fenster als Symbol abgelegt, wird das Symbol des Fensters aktiviert.

Beispiel   Ein AutoExec-Makro wie der folgende wird bei jedem Starten von Word ausgeführt. Wenn unten im Menü **Datei** mindestens ein Dokument aufgeführt ist, öffnet dieser Makro das Dokument und setzt die Einfügemarke an die Stelle, an der die letzte Bearbeitung stattgefunden hat.

```
Sub MAIN
If DateiName$(1) <> "" Then
    DateiListe 1
    ZurückEinfügemarke
End If
End Sub
```

Siehe auch	**BearbeitenGeheZu**

ZwischenablageAnzeigen

Syntax	ZwischenablageAnzeigen
Bemerkungen	Zeigt auf dem Macintosh die Zwischenablage und ihren Inhalt an. Unter Windows ist **ZwischenablageAnzeigen** nicht verfügbar und führt zu einem Fehler. Sie können dort die Zwischenablage mit der Anweisung **SteuerungAusführen** anzeigen.
Siehe auch	**SteuerungAusführen**

Operatoren und vordefinierte Textmarken

In den folgenden Abschnitten finden Sie nähere Informationen über Operatoren und vordefinierte Textmarken in WordBasic.

Übersicht über Operatoren

Ein Ausdruck ist eine gültige Kombination aus Operatoren, Variablen, Zahlen, Zeichenfolgen und WordBasic-Funktionen, die zu einem einzelnen Ergebnis ausgewertet werden kann. Je nach Art der verwendeten Operatoren und Werte kann das Ergebnis eines Ausdrucks eine Zahl, eine Zeichenfolge oder ein logischer Wert sein. Die logischen Werte „Wahr" und „Falsch" werden durch die Zahlen –1 bzw. 0 (Null) repräsentiert. Zum Bilden von Ausdrücken können in WordBasic die Operatoren der folgenden vier Kategorien zusammen mit Werten verwendet werden: arithmetische Operatoren, Operatoren zur Zeichenfolgenverknüpfung, Vergleichsoperatoren und logische Operatoren. Dieser Abschnitt beschreibt die Operatoren dieser Kategorien in der Reihenfolge ihres Vorrangs.

Vorrang von Operatoren

Wenn ein Ausdruck mehrere Operationen steuert, werden die einzelnen Teile in einer bestimmten Reihenfolge ausgewertet und aufgelöst, die als *Vorrangshierarchie von Operatoren* bezeichnet wird. Durch Setzen von Klammern können Sie diese Hierarchie außer Kraft setzen und bewirken, daß bestimmte Teile eines Ausdrucks vor anderen Teilen ausgewertet werden. In Klammern angegebene Operationen werden immer vor den außerhalb der Klammern stehenden Operationen ausgewertet.

Innerhalb der Klammern gilt jedoch die normale Vorrangshierarchie der Operatoren. Enthalten Ausdrücke Operatoren aus mehreren Kategorien, werden arithmetische Operatoren (einschließlich des Operators zur Zeichenfolgenverknüpfung) zuerst ausgewertet. Als nächstes folgen Vergleichsoperatoren und zuletzt logische Operatoren.

Multiplikations- und Divisionsoperationen werden vor Additions- und Subtraktionsoperationen im selben Ausdruck ausgewertet. Bei Auftreten von Multiplikation und Division im selben Ausdruck werden die einzelnen Operationen von links nach rechts ausgewertet. Entsprechendes gilt, wenn Addition und Subtraktion im selben Ausdruck vorkommen: Die einzelnen Operationen werden von links nach rechts in der Reihenfolge ausgewertet, in der sie aufgeführt sind. Alle Vergleichsoperatoren sind gleichrangig: Sie werden von links nach rechts in der Reihenfolge ausgewertet, in der sie aufgeführt sind.

Der Zeichenfolgen-Verknüpfungsoperator (+) ist kein echter arithmetischer Operator und liegt in der Hierarchie hinter allen arithmetischen Operatoren und vor allen Vergleichsoperatoren.

Arithmetische Operatoren

Verwenden Sie diese Operatoren, um einen numerischen Wert zu erzeugen, der einer Variablen zugewiesen oder in Eingabe- bzw. Ausgabeanweisungen oder Schleifen verwendet werden kann.

Operator	Beschreibung
– (Negation)	Zeigt an, daß der Operand ein negativer Wert ist. Der Operand kann ein beliebiger numerischer Ausdruck sein.
* (Multiplikation)	Multipliziert zwei Zahlen miteinander. Die Operanden können beliebige numerische Ausdrücke sein.
/ (Division)	Dividiert zwei Zahlen. Die Operanden können beliebige numerische Ausdrücke sein.
MOD (Restwertdivision)	Dividiert zwei Operanden und liefert nur den Restwert der Division. So lautet das Ergebnis des Ausdrucks `19 MOD 7` beispielsweise 5. Die Operanden können beliebige numerische Ausdrücke sein.
+ (Addition)	Addiert zwei Zahlen. Die Operanden können beliebige numerische Ausdrücke sein.
	Beachten Sie, daß + auch als Zeichenfolgen-Verknüpfungsoperator verwendet wird.
– (Subtraktion)	Berechnet die Differenz zwischen zwei Zahlen. Die Operanden können beliebige numerische Ausdrücke sein.

Der Zeichenfolgen-Verknüpfungsoperator

Der Zeichenfolgen-Verknüpfungsoperator verknüpft wörtlich angegebene Zeichenfolgen und Zeichenfolgenvariablen.

Operator	Beschreibung
+ (Zeichenfolgenverknüpfung)	Verknüpft zwei Zeichenfolgen. Das Ergebnis von „Microsoft" + „Word" ist somit „Microsoft Word". Sorgen Sie dafür, daß sich zwischen den zu verknüpfenden Zeichenfolgen Leerstellen befinden. Damit verhindern Sie, daß die einzelnen Wörter oder Zeichen aneinanderkleben.
	Wenn die Funktion **Str$** zur Rückgabe von Zahlen als Zeichenfolgen verwendet wird, müssen Sie beachten, daß die Funktion vor positiven Zahlen eine Leerstelle hinzufügt (`Str$(47)` liefert `" 47"`). Vor negativen Zahlen wird jedoch keine Leerstelle hinzugefügt (`Str$(-47)` liefert `"-47"`).
	Beachten Sie, daß + auch als Additionsoperator verwendet wird.

Vergleichsoperatoren

Diese Operatoren, die auch relationale Operatoren genannt werden, vergleichen zwei Ausdrücke (numerische oder Zeichenfolgenausdrücke) und liefern dann den Wert wahr (–1) oder falsch (0), der in Steuerstrukturen wie beispielsweise **If**-Bedingungen und **While…Wend**-Schleifen verwendet werden kann. Die folgende Tabelle zeigt die Vergleichsoperatoren und die Bedingungen, von denen abhängt, ob das Ergebnis wahr oder falsch ist.

Operator	Wahr	Falsch
= (gleich)	Ausdruck1 = Ausdruck2	Ausdruck1 <> Ausdruck2
<> (ungleich)	Ausdruck1 <> Ausdruck2	Ausdruck1 = Ausdruck2
< (kleiner als)	Ausdruck1 < Ausdruck2	Ausdruck1 >= Ausdruck2
> (größer als)	Ausdruck1 > Ausdruck2	Ausdruck1 <= Ausdruck2
<= (kleiner oder gleich)	Ausdruck1 <= Ausdruck2	Ausdruck1 > Ausdruck2
>= (größer oder gleich)	Ausdruck1 >= Ausdruck2	Ausdruck1 < Ausdruck2

Logische Operatoren

Verwenden Sie diese Operatoren in Verbindung mit Vergleichsausdrücken, um verknüpfte logische Ausdrücke zu erstellen, die den Wert wahr (–1) oder falsch (0) liefern:

Operator	Beschreibung
AND	Das Ergebnis ist nur dann wahr, wenn beide Ausdrücke als wahr ausgewertet werden. Wird einer der Ausdrücke als falsch ausgewertet, ist das Ergebnis falsch. Das Ergebnis wird folgendermaßen bestimmt:
	Wahr AND Wahr Wahr
	Falsch AND Wahr Falsch
	Wahr AND Falsch Falsch
	Falsch AND Falsch Falsch
OR	Das Ergebnis ist wahr, wenn einer der Ausdrücke oder beide Ausdrücke als wahr ausgewertet werden. Das Ergebnis wird folgendermaßen bestimmt:
	Wahr OR Wahr Wahr
	Falsch OR Wahr Wahr
	Wahr OR Falsch Wahr
	Falsch OR Falsch Falsch
NOT	Das Ergebnis wird folgendermaßen bestimmt:
	NOT Falsch Wahr
	NOT Wahr Falsch
	Beachten Sie, daß ein mit NOT verknüpfter Ausdruck nur dann wie beschrieben ausgewertet wird, wenn die Operanden Vergleiche oder numerische Wahr- bzw. Falsch-Werte sind, wobei wahr –1 und falsch 0 (Null) ist.

Wahr, Falsch und bitweise Vergleiche

In WordBasic wird „wahr" durch die Zahl –1 und „falsch" durch die Zahl 0 (Null) repräsentiert. Um zum Ergebnis –1 (wahr) oder 0 (falsch) zu gelangen, muß WordBasic die Werte der einzelnen Bits in dem Byte, das die Zahl repräsentiert, vergleichen: –1 ist das Byte 1111 1111, und 0 (Null) ist das Byte 0000 0000. Sobald WordBasic in einem Byte ein Bit mit dem Wert 1 findet, wird dieses Byte als wahr bewertet. Daher können alle Zahlen ungleich Null einen wahren Zustand darstellen, da alle positiven und negativen Zahlen ungleich Null mindestens ein Bit mit dem Wert 1 enthalten. Nur das Byte für die Zahl 0 (Null) besteht ausschließlich aus Bits mit dem Wert 0 und wird daher als falsch bewertet.

Bei Auswertung eines Vergleichs wie `"A" = "A"` oder `5 < 2` liefert WordBasic das standardmäßige Wahr- oder Falsch-Byte. Wertet WordBasic dagegen einen verknüpften Ausdruck aus (unter Verwendung der logischen Operatoren AND, OR oder NOT), liefert es das Byte der Zahl, die aus den acht bitweisen Vergleichen hervorgeht, die der logische Operator mit den Ausgangszahlen durchführt. Bei einem bitweisen Vergleich vergleicht der Operator paarweise die einzelnen Bits in den Bytes, die die Werte im Ausdruck repräsentieren.

Wenn beispielsweise in einem bitweisen AND-Vergleich das erste Bit in jedem Byte auf 1 gesetzt ist, wird das erste Bit im resultierenden Byte auf 1 gesetzt. In allen anderen Fällen wird es auf 0 (Null) gesetzt. Im Ausdruck `"A" = "A" AND 5 < 2` ist das Byte, das `"A" = "A"` repräsentiert, 1111 1111 (das Byte für –1 oder wahr), und das Byte, das `5 < 2` repräsentiert, ist 0000 0000 (das Byte für 0 oder falsch). WordBasic stellt daher die folgenden acht bitweisen Vergleiche an:

Bit in "A" = "A"	Bit in 5 < 2	Bit im AND-Ergebnis
1	0	0
1	0	0
1	0	0
1	0	0
1	0	0
1	0	0
1	0	0
1	0	0

Das resultierende Byte ist 0000 0000, das die Zahl 0 (Null) darstellt. Da WordBasic den Wert 0 (Null) als falsch interpretiert, ist das Ergebnis von `"A" = "A" AND 5 < 2` falsch.

Anmerkung Werden die acht bitweisen Vergleiche mit Bytes vorgenommen, die nicht die Werte –1 und 0 (Null), sondern andere Werte repräsentieren, kann dies zu unerwarteten Ergebnisssen führen. (WordBasic interpretiert alle Werte ungleich Null als wahr, da sie mindestens ein Bit mit dem Wert 1 enthalten.) In dem verknüpften Ausdruck `5 AND 2` (in dem 0000 0101 das Byte für 5 und 0000 0010 das Byte für 2 ist) lautet das resultierende Byte 0000 0000, also 0 (Null). Da WordBasic diesen Wert immer als falsch interpretiert, ist das Ergebnis von `5 AND 2` falsch, obwohl die beiden Werte 5 und 2 ungleich Null und für sich alleine genommen „wahr" sind.

In verknüpften Ausdrücken führen die drei logischen Operatoren AND, OR und NOT für jedes Bit in den Bytes, die die Werte im Ausdruck repräsentieren, die folgenden bitweisen Vergleiche durch:

AND

Dieser Operator liefert dann und nur dann ein Bit mit dem Wert 1, wenn beide Bits in den zu vergleichenden Bytes den Wert 1 haben:

Bit im ersten Byte	Bit im zweiten Byte	Bit im AND-Ergebnis
0	0	0
0	1	0
1	0	0
1	1	1

OR

Dieser Operator liefert ein Bit mit dem Wert 1, wenn eines der Bits in den zu vergleichenden Bytes ein Bit mit dem Wert 1 ist:

Bit im ersten Byte	Bit im zweiten Byte	Bit im OR-Ergebnis
0	0	0
0	1	1
1	0	1
1	1	1

NOT

Dieser Operator wandelt jedes einzelne Bit in einem Byte im Ergebnis in das gegenteilige Bit um:

Bit im Byte	Bit im NOT-Ergebnis
0	1
1	0

Mit dem Operator NOT erhalten Sie manchmal unerwartete Ergebnisse, wenn wahre Werte nicht den Wert –1 haben. Die Zahl 1 wird beispielsweise als wahr, der Ausdruck NOT 1 jedoch ebenfalls als wahr ausgewertet. Das Ergebnis ist wahr, da 1 dem Byte 0000 0001 entspricht und der Operator NOT den Wert jedes einzelnen Bits umkehrt. Das Ergebnis von NOT 1 ist daher das Byte 1111 1110, das der Zahl –2 entspricht. Genau wie die Zahl 1, die als numerischer Wert für „wahr" interpretiert wird, erkennt WordBasic auch die Zahl –2 als numerischen Wert für „wahr".

Zahlreiche WordBasic-Funktionen liefern den Wert 1. **Fett()** beispielsweise liefert als Ergebnis den Wert 1, wenn die gesamte aktuelle Markierung fett formatiert ist, und –1, wenn ein Teil der aktuellen Markierung fett ist. Dazu als Beispiel folgende Anweisung:

```
If Fett Then MsgBox "Markierung ganz oder teilweise fett formatiert."
```

Diese Anweisung funktioniert zuverlässig, da sowohl 1 als auch −1 als wahr ausgewertet werden. Die folgende Anweisung ist jedoch nicht zuverlässig:

```
If NOT Fett Then MsgBox "Markierung enthält keine Fettformatierung."
```

Wenn kein Teil der Markierung fett formatiert ist, liefert **Fett( )** den Wert 0 (Null), und das Meldungsfeld wird wie erwartet angezeigt. Ist ein Teil der Markierung fett formatiert, liefert **Fett( )** den Wert −1, und das Meldungsfeld wird nicht angezeigt. Wenn jedoch der gesamte Text fett formatiert ist, liefert **Fett( )** den Wert 1. Da NOT 1 wahr ist (wie weiter oben gezeigt wurde), wird das Meldungsfeld angezeigt, obwohl die gesamte Markierung fett ist. Um unerwartete Ergebnisse mit NOT zu vermeiden, sollten Sie daher nur die Werte −1 und 0 (Null) verwenden, um wahr und falsch zu repräsentieren.

Vordefinierte Textmarken

Word setzt eine Reihe reservierter Textmarken und aktualisiert diese automatisch. Diese vordefinierten Textmarken lassen sich wie andere Textmarken verwenden, die Sie in Dokumente einfügen. Sie brauchen diese Textmarken jedoch nicht zu setzen, und sie werden im Dialogfeld **Gehe zu** (Menü **Bearbeiten**) nicht aufgeführt. In der folgenden Tabelle sind die vordefinierten Textmarken, die in Word verfügbar sind, beschrieben.

Textmarke	Beschreibung
\Sel	Die aktuelle Markierung oder Einfügeposition.
\PrevSel1	Die letzte Markierung, an der eine Bearbeitung stattfand. Das Springen zu dieser Textmarke entspricht dem einmaligen Ausführen der Anweisung **ZurückEinfügemarke**.
\PrevSel2	Die vorletzte Markierung, an der eine Bearbeitung stattfand. Das Springen zu dieser Textmarke entspricht dem zweimaligen Ausführen der Anweisung **ZurückEinfügemarke**.
\StartOfSel	Der Beginn der aktuellen Markierung.
\EndOfSel	Das Ende der aktuellen Markierung.
\Line	Die aktuelle Zeile oder die erste Zeile der aktuellen Markierung. Wenn sich die Einfügemarke am Ende einer Zeile befindet, die nicht die letzte Zeile in einem Absatz bildet, umfaßt die Textmarke die ganze nächste Zeile.
\Char	Das aktuelle Zeichen. Dies ist das Zeichen, das auf die Einfügemarke folgt, sofern keine Markierung vorhanden ist, oder das erste Zeichen der Markierung.

Textmarke	Beschreibung
\Para	Der aktuelle Absatz. Dies ist der Absatz, in dem sich die Einfügemarke befindet bzw. der erste Absatz der Markierung, wenn die Markierung mehrere Absätze umfaßt. Wenn sich die Einfügemarke oder Markierung im letzten Absatz eines Dokuments befindet, schließt die Textmarke „\Para" die Absatzmarke nicht mit ein.
\Section	Der aktuelle Abschnitt, einschließlich des ggf. vorhandenen Abschnittswechsels. Dies ist der Abschnitt, in dem sich die Einfügemarke oder Markierung befindet. Wenn die Markierung sich über mehrere Abschnitte erstreckt, ist die Textmarke „\Section" der erste Abschnitt in der Markierung.
\Doc	Der gesamte Inhalt des aktiven Dokuments außer der letzten Absatzmarke.
\Page	Die aktuelle Seite, einschließlich des ggf. vorhandenen Seitenwechsels. Dies ist die Seite, in der sich die Einfügemarke befindet. Wenn die aktuelle Markierung mehrere Seiten umfaßt, ist die Textmarke „\Page" die erste Seite der Markierung. Wenn sich die Einfügemarke oder Markierung auf der letzten Seite eines Dokuments befindet, schließt die Textmarke „\Page" die letzte Absatzmarke nicht mit ein.
\StartOfDoc	Der Beginn des Dokuments.
\EndOfDoc	Das Ende des Dokuments.
\Cell	Die aktuelle Zelle in einer Tabelle. Dies ist die Zelle, in der sich die Einfügemarke befindet. Umfaßt die aktuelle Markierung mehrere Zellen, ist die Textmarke „\Cell" die erste Zelle in der Markierung.
\Table	Die aktuelle Tabelle. Dies ist die Tabelle, in der sich die Einfügemarke oder Markierung befindet. Enthält die Markierung mehr als eine Tabelle, betrifft die Textmarke „\Table" die gesamte erste Tabelle der Markierung, auch wenn nicht die gesamte Tabelle markiert ist.
\HeadingLevel	Die Überschrift, in der sich die Einfügemarke oder Markierung befindet, zuzüglich eventuell vorhandener untergeordneter Überschriften und Textstellen. Wenn die aktuelle Markierung aus Textkörper besteht, enthält die Textmarke „\HeadingLevel" die vorausgehende Überschrift sowie alle dieser Überschrift untergeordneten Überschriften und Textstellen.

Beispiel Der folgende Makro veranschaulicht eine typische Einsatzmöglichkeit von vordefinierten Textmarken. Der Makro geht von der aktuellen Position der Einfügemarke oder Markierung zeilenweise durch ein Dokument und entfernt führende Leerstellen aus jeder Zeile. Die Anweisung **While...Wend** verwendet mit der Funktion **TextmarkenVergleichen()** die Textmarken „\Sel" und „\EndOfDoc", um festzustellen, ob sich die Markierung am Ende des Dokuments befindet. Wenn das Ende des Dokuments erreicht ist, zeigt Word eine dementsprechende Meldung an.

```
Sub MAIN
BeginnZeile
While TextmarkenVergleichen("\Sel", "\EndOfDoc")
    A$ = AbrufenTextmarke$("\Line")
    B = Asc(A$)
    If B = 32 Then WortLöschen
    EndeZeile
    ZeichenRechts
Wend
MsgBox "Ende des Dokuments."
End Sub
```

Die Funktion **TextmarkenVergleichen** vergleicht zwei Textmarken und kann je nach der relativen Position und Größe der Textmarken zahlreiche unterschiedliche Werte liefern.

Weitere Beispiele zu vordefinierten Textmarken, die in WordBasic-Makros verwendet werden, finden Sie unter **AbsatzUnten**, **Select Case**, **TextmarkeKopieren** und **TextmarkenVergleichen**.

Fehlermeldungen

Die nachfolgende Liste mit Microsoft Word-Fehlermeldungen und dem jeweils dazugehörigen Fehlercode ist in zwei Bereiche unterteilt: WordBasic-Fehlermeldungen und Word-Fehlermeldungen. Die Liste soll Ihnen vor allem beim Auffangen von Fehlern mit den WordBasic-Anweisungen **On Error**, **Err** und **Error** helfen. Weitere Hinweise liefern Ihnen die entsprechenden Einträge unter „Anweisungen und Funktionen A-Z".

WordBasic-Fehlermeldungen

Tritt beim Ausführen eines Makros ein Fehler auf, können Sie über die Art des Fehlers weitere Informationen erhalten. Wählen Sie hierzu die Schaltfläche „Hilfe" im Fehlermeldungsfeld. Die nachfolgende Liste mit Makrofehlern enthält Nummern, die Sie zusammen mit der Anweisung **Error** verwenden können.

Anmerkung Tritt in einem Makro ein nicht aufgefangener Fehler auf, solange Word auf Symbolgröße verkleinert (minimiert) ist, wird der Makro angehalten, Word bleibt minimiert, und das Word-Symbol blinkt. Wird Word in Vollgröße, d.h. maximiert, angezeigt, erscheint eine Fehlermeldung, die das jeweilige Problem verdeutlicht.

Fehlernummer	Fehlermeldung
5	Ungültiger Funktionsaufruf.
6	Überlauf.
7	Nicht genügend Arbeitsspeicher.
9	Index außerhalb des definierten Bereichs.
11	Division durch Null.
14	Zu wenig Platz für Zeichenfolge vorhanden.
22	Unzulässige Bereichsdimensionen.
24	Falscher Parameter.
25	Der Speicher ist erschöpft (Stapelspeicher).
26	Der Dialog benötigt eine End Dialog-Anweisung oder eine Schaltfläche.

Fehlernummer	Fehlermeldung
28	Das Verzeichnis ist bereits vorhanden.
39	CASE ELSE erwartet.
51	Interner Fehler.
52	Dateiname oder Zahl ist ungültig.
53	Datei wurde nicht gefunden.
54	Ungültiger Dateimodus.
55	Datei ist bereits geöffnet.
57	Geräte-E/A-Fehler.
62	Input nicht im Dateibereich.
64	Ungültiger Dateiname.
67	Zu viele Dateien.
74	Umbenennen zwischen Datenträgern.
75	Pfad/Dateizugriffsfehler.
76	Pfad nicht gefunden.
100	Syntaxfehler.
101	Komma fehlt.
102	Befehl mißlungen.
103	Variable des Dialogsatzes erwartet.
104	ELSE ohne IF.
105	END IF ohne IF.
109	INPUT fehlt.
111	Ausdruck zu umfangreich.
112	Erkennungszeichen erwartet.
113	Bezeichnung doppelt.
114	Bezeichnung nicht gefunden.
115	Rechte Klammer fehlt.
116	Keine Übereinstimmung bei Argumentzählung.
117	NEXT oder WEND fehlt.
118	Verschachtelte SUB- oder FUNCTION-Definitionen.
119	NEXT ohne FOR.
120	Matrix bereits dimensioniert.
122	Keine Artenübereinstimmung.
123	Nicht definiertes Aufzeichnungsfeld.
124	Unbekannte(r) Befehl, Subroutine oder Funktion.
125	Unerwartetes Ende des Makros.

Fehlernummer	Fehlermeldung
126	WEND ohne WHILE.
127	Falsche Anzahl an Dimensionen.
129	Zu viele verschachtelte Programmverzweigungen.
130	SELECT ohne END SELECT.
131	Ungültiger REDIM für Dialogdatensatz.
132	Externer Aufruf verursachte Zeichenfolgen-Überlauf.
133	Falsche Anzahl oder Art der Argumente zum Aufrufen der DLL.
134	Ein Argument einer Funktion enthielt ein ungültiges Datum oder eine ungültige Uhrzeit.
135	Die Anweisung ( ) ist in Word für ( ) nicht verfügbar.
136	Die Anweisung ( ) ist in Word für ( ) nicht verfügbar.
137	Der angegebene Pfad ist keine gültige Pfadoption.
138	Die aktuelle Markierung kann durch diesen Befehl nicht geändert werden.
139	Nur ein einziger Benutzerdialog kann jeweils angezeigt werden.
140	Die Dialogsteuerungs-Kennzeichnung paßt zu keiner aktuellen Steuerung.
141	Die *Name*-Anweisung ist nicht verfügbar in diesem Dialogkontrolltyp.
142	Die angegebene Anwendung ist zur Zeit nicht aktiv.
143	Die Dialogkontrolle mit dem Fokus darf nicht deaktiviert oder verborgen werden.
144	Fokus darf keinem verborgenen oder deaktivierten Steuerelement zugewiesen werden.
149	Der *Name*-Befehl kann nicht als Funktion aufgerufen werden.
150	Der Bezeichner des Dialog-Steuerelements wurde bereits definiert.
152	Dieser Befehl ist nicht verfügbar, weil kein Dokument geöffnet ist.
155	Die Markierung beginnt nicht in einem Feld.
157	Das Feld kann keine Daten enthalten.
158	Der Wert in einem der Felder ist zu gering.
159	Der Wert in einem der Felder ist zu hoch.
160	Ungültige Parameteranzahl.
161	Dialoge können nicht geändert werden, wenn der Fokus wechselt (Aktion 4).
162	Der *Name*-Befehl kann nur als Funktion aufgerufen werden.
163	Diese Anweisung kann nur verwendet werden, wenn ein benutzerdefiniertes Dialogfeld aktiv ist.

Fehlernummer	Fehlermeldung
164	Eine Bereichsvariable wurde nicht initialisiert.
500	Verknüpfung kann nicht initiiert werden.
501	Ungültige Kanalnummer.
502	Anwendung antwortet nicht.
503	Prozeß in anderer Anwendung mißlungen.
504	Fenster nicht vorhanden.
505	Anwendung kann nicht aktiviert werden.
506	Tastaturcodes können nicht gesendet werden.
508	Andere Anwendung ist belegt.
509	Der *Name*-Befehl ist nicht verfügbar, weil ...
511	Kein derartiger Makro oder Befehl vorhanden.
512	Wert nicht im Definitionsbereich.
513	Zeichenfolge zu lang.
514	Dokument ist nicht geöffnet.
528	Rechtschreibprüfung kann nicht gestartet werden.
529	Wörterbuch kann nicht geöffnet werden.
530	Dialogfeld-Beschreibung zu komplex.
535	Der Makro kann nicht ausgeführt werden, weil er bereits läuft.
536	Kein Makro mit diesem Namen vorhanden.
537	Der angegebene Makro kann nicht ausgeführt werden.
538	Der angegebene Makro kann nicht bearbeitet werden.
539	Der angegebene Makro kann nicht umbenannt werden.
540	Der angegebene Makro kann nicht gelöscht werden.
541	Die Beschreibung des angegebenen Makros kann nicht bestimmt werden.
543	Angegebene Library kann nicht geöffnet werden.
544	Der Bildlauf-Befehl kann nicht ausgeführt werden; die Bildlaufleiste ist nicht aktiviert.
545	Die *Name*-Anweisung ist deaktiviert.
546	Fuß- und Endnotennumerierung muß bei 1 beginnen, wenn die Numerierung nicht auf fortlaufend gesetzt ist.
547	Netzwerk-Berechtigungsfehler.
549	Das angegebene Menü oder der Menübefehl existiert nicht.
551	Der Vorgang kann nicht durchgeführt werden, weil diese Dokumentvorlage gesperrt ist.
552	Der Vorgang kann nicht durchgeführt werden, weil diese Dokumentvorlage nicht vorhanden ist.

Fehlernummer	Fehlermeldung
553	Der angegebene Makro kann nicht erstellt werden.
554	Es wurde kein Zeichnungsbereich angegeben.
555	Die Textmarke für den Zeichnungsbereich ist ungültig.
556	Falscher Zeichnungselement-Typ für diesen Befehl.
557	Das Zeichnungselement konnte nicht eingefügt werden.
558	Mindestens ein Filialdokument in diesem Zentraldokument ist gesperrt. In gesperrten Dokumenten …
559	Die aktuelle Markierung ist ein Block.
560	Die Überarbeitungsmarkierungen sind nicht sichtbar.
561	Das Dokument ist geschützt.
562	ExtrasGrammatikStatistikDatenfeld kann nicht in einem Dokument ausgeführt werden, das mehr als ein Sprachformat enthält.
563	Das Dokument ist kein Zentraldokument.
564	In dieser Suchrichtung befinden sich keine Filialdokumente.
565	Das angegebene Dokument ist nicht in der Add-In-Liste enthalten.
566	Die angegebene Word-Library kann nicht entladen werden, da sie gerade verwendet wird.
567	Mehr als 25 Einträge können nicht in die Dropdown-Liste aufgenommen werden.
568	Die angegebene Schriftart existiert nicht.
569	"Mustervergleich" und "Reserviert23" können nicht gleichzeitig auf 1 gesetzt werden.
570	Datenfelder mit mehr als zwei Dimensionen können nicht sortiert werden.
574	Adresse nicht gefunden.
575	MAPI lieferte einen Fehler.
576	Adresse kann nicht ins persönliche Adreßbuch aufgenommen werden.
577	Sie müssen eine Kurzform für eine neue Adresse definieren.
578	Unbekannte Dokumenteigenschaft.
579	Sie können keine integrierte Dokumenteigenschaft löschen.
580	Unbekannte Verknüpfung.
581	Der Wert einer schreibgeschützten Dokumenteigenschaft kann nicht geändert werden.
582	Angegebene Bibliothek kann nicht geladen werden.
583	Ungültiger Funktionsname.

Word-Fehlermeldungen

Die nachfolgenden Fehlermeldungen werden außerhalb von WordBasic erzeugt, und zwar stammen sie direkt aus Word. Word zeigt diese Fehlermeldungen stets in einem Fehlermeldungsfeld an und wartet, bis der Benutzer die Schaltfläche „OK" gewählt hat, egal, ob ein Makro eine Fehlerauffanganweisung enthält oder nicht. Im Anschluß an die Benutzerreaktion gibt Word die Steuerung an den WordBasic-Makro zurück, so daß der jeweilige Fehler aufgefangen und auf herkömmliche Weise behandelt werden kann. Beachten Sie, daß die Anweisung **Error** diese Fehlerzustände weder erzeugen, noch zum Anzeigen dieser Fehlermeldungen verwendet werden kann.

Fehlernummer	Fehlermeldung
1001	Unzureichender Arbeitsspeicher. Speichern Sie jetzt Ihr Dokument.
1003	Sie können jeweils immer nur ein Feld, eine Zeile, Fußnote, Endnote oder Anmerkung angeben.
1005	Diese Textmarke ist nicht vorhanden.
1006	Sie haben für eine Seite, Zeile, Fußnote, Endnote oder Anmerkung mehrere Bestimmungsorte angegeben.
1008	Word kann hier keinen Abschnittswechsel einfügen.
1009	Der Textmarkenname ist ungültig.
1011	Der Arbeitsspeicher reicht nicht aus, um den Index zu erstellen.
1013	Der Arbeitsspeicher reicht nicht aus, um die DDE-Anwendung auszuführen.
1014	Der Arbeitsspeicher reicht nicht aus, um die Anwendung auszuführen.
1015	Dieser Befehl ist in Word für den Macintosh nicht verfügbar.
1016	Der Arbeitsspeicher reicht nicht aus, um den Vorgang abzuschließen.
1017	Der Arbeitsspeicher reicht nicht aus, um die Bildschirmanzeige zu aktualisieren.
1018	Der Arbeitsspeicher reicht nicht aus, um den AutoText-Eintrag zu definieren.
1019	Der Arbeitsspeicher reicht nicht aus, um die Formatvorlagen miteinander zu verbinden.
1020	Der Arbeitsspeicher reicht nicht aus, um die Gliederung anzuzeigen.
1021	Der Arbeitsspeicher reicht nicht aus, um das Lineal anzuzeigen.
1022	Der angegebene Name ist kein gültiger AutoText-Eintrag. Wählen Sie die Schaltfläche für "AutoText" auf der Standard-Symbolleiste zum Definieren von Einträgen. Diese Einträge können aus längeren Textteilen oder Grafiken bestehen.
1023	Schwerwiegender Diskettenfehler in der Datei (*Dateiname*).

Fehlernummer	Fehlermeldung
1024	Die Datei (*Dateiname*) ist nicht verfügbar.
1025	Word kann das Dokument nicht öffnen.
1026	Eine Formatvorlage mit diesem Namen ist nicht vorhanden.
1027	Der Arbeitsspeicher reicht nicht aus, um die Ersetzungen vorzunehmen.
1028	Das gesuchte Element konnte nicht gefunden werden.
1029	Der Arbeitsspeicher reicht nicht aus, um die Grafik anzuzeigen oder zu drucken.
1030	Die Maße des Positionsrahmens sind nach der Änderung zu klein oder zu groß.
1031	Die Maße sind nach der Skalierung zu klein oder zu groß.
1032	Die Datei ist zu umfangreich und muß vor dem Speichern gekürzt werden.
1033	Der angegebene DOT-PATH ist ungültig und kann nicht verwendet werden.
1034	Der angegebene INI-PATH ist ungültig und kann nicht verwendet werden.
1035	Der im Bereich Dateiablage angegebene UTIL-PATH ist ungültig und kann nicht verwendet werden.
1036	Word kann das Konvertierungsprogramm (*Dateiname*) nicht starten.
1037	Der Arbeitsspeicher reicht nicht aus, um dieses Konvertierungsprogramm auszuführen.
1038	Das Kennwort ist nicht richtig. Word kann das Dokument nicht überschreiben.
1039	Ungültiges Maß für die Silbentrennzone.
1041	Diese Dokumentvorlage ist nicht vorhanden.
1042	Die Maße für linken/rechten Seitenrand, Spaltenabstände oder Absatzeinzüge sind für die Seitenbreite in manchen Abschnitten zu groß.
1043	Dieser Tabstop ist zu breit.
1044	Drucken nicht möglich.
1045	Ungültiger Druckbereich.
1046	Word kann aufgrund eines Problems mit dem aktuellen Drucker nicht drucken.
1047	Der Arbeitsspeicher reicht nicht aus, um die Seiten neu zu umbrechen oder das Dokument zu drucken.
1048	Windows benötigt mehr Speicherplatz, um dieses Dokument zu drucken.

Fehlernummer	Fehlermeldung
1049	Ein neues Fenster kann erst geöffnet werden, wenn ein anderes geschlossen wird.
1050	Dies ist keine gültige Zahl.
1051	Dies ist kein gütiges Maß.
1052	Die Zahl muß zwischen (*Nummer*) und (*Nummer*) liegen.
1053	Das Maß muß zwischen (*niedrigster Wert*) und (*höchster Wert*) liegen.
1054	Word kann nicht in Datei (*Dateiname*) schreiben.
1055	Der Dateiname oder Pfad ist ungültig.
1056	Dies ist kein gültiger Dateiname.
1057	Eine Datei kann nicht unter dem gleichen Namen wie eine bereits geöffnete Datei gespeichert werden.
1058	Eine Dokumentvorlagendatei kann nicht in einem anderen als dem Vorlagenformat gespeichert werden.
1059	Diese Datei ist schreibgeschützt.
1060	Word kann diese Datei weder speichern noch erstellen. Eventuell ist der Datenträger schreibgeschützt.
1062	Die Felder sind zu sehr verschachtelt.
1066	Der verfügbare Arbeitsspeicher reicht für die Ausführung von Word nicht aus.
1069	Word kann bestehende (*Vorlagenname*) nicht öffnen.
1070	Ungültiges Datum.
1071	Ungültiger Formatvorlagenname.
1072	Die zulässige Anzahl der Formatvorlagen ist erreicht. Word kann keine neue Formatvorlage definieren.
1073	Eine Formatvorlage kann nicht auf sich selbst basieren.
1074	Die Formatvorlage im Feld "Basiert auf" existiert nicht.
1075	Die nächste Formatvorlage existiert nicht oder entspricht einem anderen Typ.
1076	Verbinden der aktiven Formatvorlage nicht möglich.
1077	Dieser Formatvorlagenname besteht bereits oder ist reserviert für im Programm enthaltene Formatvorlagen.
1078	Die Datei konnte nicht gefunden werden.
1079	Unzureichender Arbeitsspeicher. Der Inhalt der Zwischenablage ist zu groß.
1080	Der Einzug ist zu breit.
1081	Der Absatz ist zu breit.
1083	Der Befehlsname muß eine Erweiterung haben.

Fehlernummer	Fehlermeldung
1084	Word kann diese Dokumentvorlage nicht öffnen.
1085	Ungültige Dokumentvorlage.
1090	Die zulässige Anzahl der Formatvorlagen ist erreicht. Einige Absätze könnten wieder das Standard-Druckformat annehmen.
1091	Eine Datei kann nicht in sich selbst eingefügt werden.
1093	Der Arbeitsspeicher reicht nicht aus, um das Thesaurusprogramm auszuführen.
1094	Word kann den Thesaurus nicht starten.
1095	Der Arbeitsspeicher reicht nicht aus, um das Rechtschreibprogramm auszuführen.
1097	Word kann das Rechtschreibprogramm nicht starten.
1103	Word kann die Datei WORDCBT.CBT nicht finden.
1104	Ungültiger Tabstop.
1105	In diesem Absatz wurden zu viele Tabstops gesetzt.
1106	So viele Tabstops können nicht auf einmal entfernt werden.
1107	Word konnte keine XE-Felder (Indexeintrag) finden.
1108	Word kann keine Arbeitsdatei erstellen.
1109	Ungültige Initialisierungsdatei. Word verwendet die Standardeinstellungen.
1111	Word kann kein Fenster für das Ergebnis öffnen. Bitte schließen Sie einige Fenster, und versuchen Sie es nochmals.
1112	Die Felder DATENQUELLE, NÄCHSTER, NWENN und ÜBERSPRINGEN dürfen nicht in ein anderes Feld eingesetzt werden.
1113	In Anmerkungen, Kopfzeilen, Fußzeilen, Fußnoten oder Endnoten können keine DATENQUELLE-, NÄCHSTER-, NWENN- oder ÜBERSPRINGEN-Felder eingefügt werden.
1114	Das erste Feld in Ihrem Hauptdokument muß ein DATENQUELLE-Feld sein.
1115	Im Feld DATENQUELLE ist keine Datenquelle angegeben.
1116	Die Feldbedingung enthält einen Syntaxfehler.
1117	Word kann die angegebene Datenquelle für den Seriendruck nicht öffnen.
1118	Word kann die angegebene Steuersatzquelle für den Seriendruck nicht öffnen.
1119	Der angeforderte Datensatz gehört nicht mehr zum Bereich der Seriendruck-Datenquelle.
1120	Druckerfehler.

Fehlernummer	Fehlermeldung
1121	Word kann den Drucker nicht wechseln, da keine Drucker installiert sind.
1122	Ungültige Zahl im Feld "Beginnen mit".
1123	Ungültige Zahl im Feld "Format".
1124	Ungültige Zahlen in den Feldern "Beginnen mit" und "Format".
1125	Word konnte keine INHALT-Felder (Verzeichniseinträge) finden.
1126	Word konnte keine Absätze mit Überschrift-Formatvorlagen finden.
1127	Erstellen Sie zuerst eine Markierung.
1128	Ungültige Markierung.
1129	Das Dokument ist zu umfangreich und muß vor dem Speichern gekürzt werden.
1130	Das Dokument ist zu umfangreich für Word.
1132	Der Arbeitsspeicher reicht nicht aus. Beenden Sie eine der Anwendungen.
1133	Ungültige Suchliste.
1134	Ungültiger Suchausdruck.
1138	Das Fenster ist zu klein.
1140	Kein zulässiger Vorgang für Endnoten.
1142	Es wurden keine Überarbeitungsmarkierungen gefunden.
1143	Dieses Dokument enthält zu viele Formatvorlagen. Word mußte einige davon löschen.
1144	Die Formatierung in diesem Dokument kann nicht gelesen werden.
1145	Word konnte keine Fußnoten finden.
1146	Word konnte keine Anmerkungen finden.
1147	Unzureichender Arbeitsspeicher. Eventuell sind die Schriftarten im kopierten Text nicht die richtigen.
1151	Word kann Text, der eine Abschnittswechselmarke enthält, nicht an den markierten Bestimmungsort verschieben.
1152	Fußnoten-, Endnoten- oder Anmerkungszeichen können nicht an den markierten Bestimmungsort verschoben werden.
1153	Fußnoten-, Endnoten- oder Anmerkungszeichen können von Word nicht ersetzt werden.
1154	Es wurden zu viele Änderungen im Dokument vorgenommen. Der Vorgang bleibt daher unvollständig. Speichern Sie bitte Ihre Arbeit.
1155	Dies ist kein zulässiger Vorgang für das Ende einer Tabellenzeile.
1156	Kein zulässiger Vorgang für Fußnoten.
1157	Das Dokument wurde nicht gespeichert.

Fehlernummer	Fehlermeldung
1158	Die Originaldatei wurde vermutlich aufgrund eines Datenträgerfehlers beschädigt. Bitte speichern Sie sie unter einem neuen Namen.
1159	Sie arbeiten ohne Word-Arbeitsdatei, und der Speicher ist nahezu erschöpft. Speichern Sie bitte Ihre Arbeit.
1160	Die Word-Arbeitsdatei ist voll, und der Arbeitsspeicher ist nahezu erschöpft. Speichern Sie bitte Ihre Arbeit.
1161	Die höchstmögliche Anzahl von Spalten wurde überschritten.
1162	Die maximale Breite wurde überschritten.
1163	In einer Tabelle kann das Ende einer Zeile nicht gelöscht werden.
1164	Sie können diese Markierung nicht in eine Tabelle einfügen.
1170	Sie können diese Markierung nicht in eine Tabelle einfügen.
1172	Word kann Text, der eine Abschnittswechselmarke enthält, nicht in eine Tabellenzelle einfügen.
1175	Der Befehl **Einfügen** ist mißlungen, weil sich die Bereiche zum Kopieren und Einfügen unterscheiden.
1176	Unzureichender Arbeitsspeicher. Schließen Sie nicht benötigte Fenster, und speichern Sie Ihre Arbeit.
1177	Der Dokument- oder Pfadname ist ungültig.
1179	Kein zulässiger Vorgang für Anmerkungen.
1180	Der Wert liegt außerhalb des gültigen Bereichs.
1181	Word konnte keine Arbeitsdatei erstellen.
1182	Der Arbeitsspeicher reicht nicht aus, um den Sortiervorgang auszuführen.
1183	Word kann die Felder in der Markierung nicht sortieren.
1184	Word fand keine gültigen, zu sortierenden Datensätze.
1185	Die Formatvorlage, die Sie erstellen möchten, basiert auf zu vielen Formatvorlagen.
1186	Unzureichender Arbeitsspeicher. Word schließt die gespeicherte Datei.
1190	Irreparabler Diskettenfehler in der Datei (*Dateiname*).
1191	Auf (*Laufwerkname*) ist nicht genügend Speicherplatz vorhanden. Machen Sie Speicherplatz auf diesem Laufwerk frei, oder speichern Sie Ihr Dokument auf einem anderen Datenträger.
1194	Während der Ausführung kann ein Makro nicht geschlossen werden.
1195	(Makro) ist kein gültiger Makro oder Befehlsname.
1196	Der Arbeitsspeicher reicht nicht aus, um den Befehl aufzuzeichnen.
1198	Word kann nicht ausgeführt werden. Falsche Betriebssystem-Version.

Fehlernummer	Fehlermeldung
1200	Word kann Beispiele und Demos nicht starten.
1202	Der Arbeitsspeicher reicht nicht aus, um Beispiele und Demos auszuführen.
1208	Ein zur Bearbeitung geladener Makro kann nicht umbenannt oder gelöscht werden.
1209	Ein Makro kann während der Aufzeichnung nicht bearbeitet werden.
1210	Diese Makrozeile ist zu lang.
1211	Sie können keinen Makro mit diesem Namen aufzeichnen, da er schon zur Bearbeitung geöffnet ist.
1215	Unzureichender Arbeitsspeicher. Schließen Sie nicht benötigte Fenster, und versuchen Sie es noch einmal.
1217	Eine oder mehr Tabellenzeilen sind für eine Teilung zu breit.
1218	Der aufgezeichnete Makro war zu lang und wurde gekürzt.
1219	Eine oder mehrere Tabellenzeilen sind für diesen Vorgang zu breit.
1220	Das Anwendungsprogramm ist nicht auffindbar oder ausführbar.
1225	Sie können diese Markierung weder kopieren noch verschieben.
1226	Unzureichender Arbeitsspeicher. Word kann die gewünschte Schriftart nicht anzeigen.
1227	Word kann die Grafikdatei nicht öffnen.
1229	Diese Formatvorlage basiert auf einer Formatvorlage, die ihrerseits auf dieser Ausgangsvorlage aufbaut (Zirkelbezug).
1234	Datensätze mit inkorrekter Feldanzahl werden übersprungen.
1235	Der Arbeitsspeicher reicht nicht aus, um den Vorgang zu beenden.
1236	Unzureichender Arbeitsspeicher. Die Liste ist eventuell nicht vollständig.
1237	Microsoft Word kann nicht beendet werden, da noch ein Dialogfeld aktiv ist. Schalten Sie erst zu Microsoft Word um, und schließen Sie das Dialogfeld.
1240	Sie können keinen Seitenumbruch durchführen solange kein Drucker installiert ist.
1241	Word öffnet ein Word für OS/2®-Dokument. (Diese Datei kann vollständig konvertiert werden, indem sie in Word für OS/2 als Word für Windows-Datei gespeichert wird.)
1245	Word kann dieses Grafikformat nicht anzeigen.
1246	Der angegebene Datentyp ist nicht verfügbar.
1247	Word kann das Datei-Konvertierungsprogramm (*Konvertierungsprogramm*) nicht starten, da es in einer anderen Word-Sitzung benutzt wird.

Fehlernummer	Fehlermeldung
1248	Word kann das Server-Anwendungsprogramm für (*Dateiname*)-Objekte nicht finden. Installieren Sie es mit dem Installationsprogramm SETUP.
1249	Word kann auf die Daten für die (*Verknüpfungsname*) nicht zugreifen.
1250	Word kann die Funktion der angegebenen Taste nicht ändern.
1251	Die Tastenbezeichnung ist ungültig.
1255	Die Rechtschreibprüfung läuft gerade.
1256	Die Verknüpfung existiert nicht.
1257	Die Datei kann nicht gespeichert werden, solange sie von einem anderen Vorgang benutzt wird. Speichern Sie die Datei unter einem anderen Namen.
1260	Word kann diese Datei nicht speichern, weil sie bereits in einer anderen Word-Sitzung geöffnet ist.
1261	Word kann diese Datei nicht öffnen, weil sie gerade von einem anderen Vorgang aktualisiert wird.
1262	Die angegebene Verknüpfung kann nicht verändert werden.
1263	So viele Benutzerwörterbücher können nicht gleichzeitig geöffnet sein. Die Maximalanzahl beträgt 10.
1264	Das Server-Anwendungsprogramm, die Quelldatei oder das Element kann nicht gefunden werden. Überzeugen Sie sich, daß die Anwendung korrekt installiert wurde und daß sie nicht gelöscht, verschoben oder umbenannt wurde.
1265	Die Druckrichtung (hoch oder quer) kann für den aktuellen Drucker nicht geändert werden.
1266	Der Abstand muß mindestens (*Maß*) betragen.
1267	Word kann das Benutzerwörterbuch (*Dateiname*) nicht erstellen.
1268	Word kann das Benutzerwörterbuch (*Dateiname*) nicht öffnen.
1269	Word kann (*Objektname*) nicht bearbeiten.
1270	Word kann den im Bereich Dateiablage angegebenen AUTOSAVE-PATH nicht verwenden, weil er ungültig ist.
1271	Word kann diese Sprache nicht erkennen.
1272	Der Arbeitsspeicher reicht nicht aus, um .
1273	Word konnte die WordPerfect-Hilfe nicht starten.
1275	Das Objekt (*Objektname*) ist für die Bearbeitung gesperrt.
1276	Das Feld "Suchen" enthält weder Text noch Formatierung.
1277	Das Benutzerwörterbuch ist voll. Das Wort konnte nicht hinzugefügt werden.

Fehlernummer	Fehlermeldung
1278	Das Benutzerwörterbuch (*Dateiname*) ist zu umfangreich. Versuchen Sie, es in zwei Dateien aufzuteilen.
1279	Beim Ausführen des Rechtschreibprogramms trat ein Fehler auf. Word beendet die aktuelle Sitzung.
1280	Das Benutzerwörterbuch (*Dateiname*) ist nicht verfügbar.
1282	Die Zahl im Feld "Position" muß positiv sein.
1283	Diese Datei konnte vom angegebenen Grafikfilter nicht erkannt werden.
1284	Die Grafikdatei ist zu umfangreich für die Konvertierung.
1285	Die Grafikdatei ist vielleicht beschädigt und kann nicht umgewandelt werden.
1286	Der Grafikfilter konnte diese Datei nicht umwandeln.
1287	Word kann das Grafikfilter nicht starten.
1289	Die Grammatikprüfung läuft gerade.
1290	Der Arbeitsspeicher reicht nicht aus, um die Grammatikprüfung durchzuführen.
1291	Word kann das Grammatikprogramm nicht starten.
1292	Word kann diese Datei nicht lesen. Sie müssen mit dem Setup-Programm Grafikfilter installieren.
1293	Word kann das Objekt (*Objektname*) nicht erkennen.
1295	Das Element (*Elementname*) der Verknüpfung (*Verknüpfung*) konnte nicht gefunden werden.
1297	Die Einstellung existiert nicht, oder sie kann nicht gelöscht werden.
1298	Dieses Dokument konnte nicht registriert werden.
1299	Es können keine weiteren Einträge in die Pfadliste aufgenommen werden.
1300	Word kann das Dokument nicht speichern, solange die Sicherungsdatei geöffnet ist. Deaktivieren Sie die Sicherungsoption, oder speichern Sie das Dokument unter einem anderen Namen.
1302	Der Vorgang wurde abgebrochen.
1304	Der Arbeitsspeicher reicht nicht aus, um die Silbentrennung im Dokument vorzunehmen.
1305	Word kann die Silbentrennungs-Datei nicht finden.
1306	Die Datei-Vorschau konnte nicht initialisiert werden.
1309	Der Arbeitsspeicher reicht nicht aus, um die Anmerkung zu erstellen.
1310	Stellen Sie vor einer Berechnung sicher, daß die Listen- und Dezimaltrennzeichen unterschiedlich sind.
1311	Der Thesaurus wird bereits vewendet.

Fehlernummer	Fehlermeldung
1312	Falsches Kennwort. Word kann das Dokument nicht öffnen.
1313	Word kann das aktuelle Dokument nicht gleichzeitig zu einem Seriendruck-Hauptdokument und -Datendokument machen.
1314	Das Laufwerk ist ungültig.
1315	Der Pfad ist ungültig.
1316	Dieser Vorgang ändert das Standard-Seitenzahlenformat nicht. Um es für diesen Abschnitt zu ändern, wählen Sie den Befehl **Seitenzahlen** (Menü **Einfügen**) und dann die Schaltfläche "Format".
1317	Der Datenträger ist voll.
1318	Der Arbeitsspeicher reicht nicht aus, um die Seriendruck-Symbolleiste für den Seriendruck anzuzeigen.
1319	Die Laufwerksuche ist gescheitert. Word hat den vorherigen Suchpfad wiederhergestellt.
1320	Die Einstellung konnte nicht erstellt werden.
1321	Das Verzeichnis bzw. der Ordner ist ungültig.
1323	Word kann (*Editierhilfe*) (*Editierhilfenname*) nicht finden.
1324	Word kann (*Editierhilfe*) (*Dateiname*) für (*Sprache*) nicht finden.
1325	Der Formatvorlagenname enthält ein ungültiges Zeichen.
1326	Der Formatvorlagenname ist zu lang. Die maximal erlaubte Zeichenanzahl beträgt 253.
1327	Word kann die angegebene Zieldatei nicht erstellen.
1328	Diese Datei ist leer oder enthält keine Grafik.
1331	Bei der Grammatikprüfung ist ein Fehler aufgetreten. Word beendet diese Sitzung.
1332	In den Pfadangaben selbst dürfen keine Punkte stehen.
1333	Word kann das Hilfe-Programm nicht starten.
1334	Das Ergebnis einer Verknüpfung oder eines eingebetteten Objektes kann nicht bearbeitet werden.
1335	Word kann die Grafikdateien nicht konvertieren, da im Dialogfeld **Drucken** (Menü **Datei**) kein Drucker ausgewählt ist.
1336	Word kann die Datei (*Dateiname*) nicht erstellen, weil keine Feldnamen angegeben wurden.
1338	Die maximal mögliche Anzahl von Feldern beträgt 31.
1339	Word kann nicht in die Initialisierungsdatei schreiben.
1340	Das Zieldokument hat die Aktualisierung nicht angenommen.
1341	Dieser Dateiname ist ungültig oder enthält einen Pfad.
1342	Grafikdateien können mit Hilfe des Befehls **Grafik** (Menü **Einfügen**) eingefügt werden.

Fehlernummer	Fehlermeldung
1343	Word führt gerade die Silbentrennung in einem anderen Dokument durch.
1345	Eine Grafikdatei kann nicht mit dem Befehl **Datei-Manager** gedruckt werden.
1346	Eine Dokumentvorlage kann nicht als Daten- oder Steuersatzquelle verwendet werden.
1347	Bei der Silbentrennung ist ein Fehler aufgetreten. Word beendet diese Sitzung.
1348	Beim Ausführen des Thesaurusprogramms trat ein Fehler auf. Word beendet die aktuelle Sitzung.
1349	Word kann den im Bereich Dateiablage angegebenen DOC-PATH nicht benutzen, weil er ungültig ist.
1351	Word kann in der Gliederungsansicht nicht nach Absatzmarken suchen.
1352	Word kann die alte Sicherungsdatei nicht löschen, weil sie entweder schreibgeschützt ist oder von einem anderen Benutzer geöffnet wurde.
1353	Word kann (*Editierhilfe*) (*Dateiname*) für (*Sprache*) nicht öffnen.
1354	Im markierten Textteil sind zu viele Zeichen für das Textbearbeitungsfenster.
1355	Die Markierung enthält Zeichen, die nicht bearbeitet werden können.
1356	Der Suchvorgang innerhalb (...) ist abgeschlossen. Das gesuchte Element konnte nicht gefunden werden.
1357	Der Suchvorgang innerhalb (...) ist abgeschlossen.
1358	Der im Bereich Dateiablage angegebene PICTURE-PATH kann nicht verwendet werden, weil er ungültig ist.
1359	Der Verzeichnis- bzw. Ordnername ist ungültig.
1360	Für diese Handlung haben Sie keine Netzwerkbefugnisse.
1361	Diese Datei wird gerade von einer anderen Anwendung oder einem anderen Benutzer verwendet.
1362	Es sind zu viele Dateien geöffnet.
1363	Das aktuelle Arbeitsverzeichnis bzw. der aktuelle Ordner kann nicht gelöscht werden.
1364	Ein Dateifehler ist aufgetreten.
1366	Der angegebene Pfad enthält keine Grafik.
1367	Ein Verzeichnis bzw. ein Ordner mit diesem Namen besteht bereits.
1368	Eine Datei mit diesem Namen existiert bereits.
1369	Word kann die Datei nicht umbenennen.

Fehlernummer	Fehlermeldung
1371	Für ein selbstdefiniertes Fußnoten- oder Endnotenzeichen muß mindestens ein Zeichen eingegeben werden.
1372	Der AutoText-Eintragsname ist ungültig.
1373	Dieser Name besteht bereits für einen AutoText-Eintrag.
1374	Der Makroname ist ungültig.
1375	Der Makroname existiert bereits.
1376	Die Funktion **Organisieren** konnte (*Elementname*) nicht umbenennen.
1377	Standard-(*Element*) (*Name*) kann nicht gelöscht werden.
1378	Eine in Word vordefinierte Formatvorlage kann nicht umbenannt werden.
1380	Das Kennwort ist zu lang.
1381	Beim Laden des Dialogfeldes **Netzlaufwerk verbinden** stellte Word einen Fehler fest.
1382	Der Arbeitsspeicher reicht nicht aus, um einen Makro zu bearbeiten.
1383	Microsoft Word kann nicht beendet werden, weil noch ein Dialogfeld aktiv ist. Schalten Sie erst zu Microsoft Word um, und schließen Sie das Dialogfeld.
1385	Der Arbeitsspeicher reicht nicht aus, um die Makros in dieser Datei zu konvertieren.
1386	(*Elementname*) (*Formatvorlagenname, AutoText-Eintrag, Symbolleistenname, Makroname*) konnte von der Funktion **Organisieren** nicht kopiert werden.
1387	Word konnte das Ziel nicht feststellen.
1388	Word kann den Eintrag nicht hinzufügen, da AutoKorrektur-Einträge nicht leer sein dürfen.
1389	Das Kennwort ist nicht korrekt.
1391	Word kann den Speicherungsvorgang aufgrund eines Berechtigungsfehlers nicht zu Ende führen.
1392	AutoKorrektur-Einträge können nur bis zu 31 Zeichen lang sein.
1394	Es kann kein neuer AutoKorrektur-Eintrag hinzugefügt werden, weil nicht genügend Speicherplatz vorhanden ist.
1395	AutoKorrektur kann keinen Text ersetzen, der Leerzeichen enthält. Bitte entfernen Sie die Leerzeichen, oder ersetzen Sie diese durch andere Zeichen.
1396	Die Spracheinstellung im Benutzerwörterbuch konnte nicht gespeichert werden.
1397	Das aktive Dokument ist kein gültiges Hauptdokument für den Seriendruck.
1398	Word hat die Quelldatei nicht aktualisiert.

Fehlernummer	Fehlermeldung
1399	Eine Dropdown-Liste in einem Formularfeld muß mindestens einen Eintrag enthalten.
1400	Überprüfen Sie, ob das Diskettenlaufwerk die richtige Diskette enthält und ob es verriegelt ist.
1402	Der Arbeitsspeicher reicht nicht aus, um die gesamte "Nie ändern"-Liste zu speichern.
1405	Das Dokument ist gesperrt und kann nicht geöffnet werden.
1406	Der Datenträger ist voll, oder es sind zu viele Dateien geöffnet.
1407	Word kann das gefundene Element nicht durch Text ersetzen, der einen manuellen Wechsel enthält.
1408	Diese Version des Rechtschreibprogramms kann die Sprachformatierung des Benutzerwörterbuches (*Name des Wörterbuches*) nicht erkennen.
1409	Die Breite von Spalten kann nicht schmaler als (*Maß*) sein.
1410	Es wurden eine oder mehrere Spalten mit einer Breite von Null gefunden und entfernt.
1411	Mindestens eine Spalte muß definiert werden.
1412	Das verknüpfte Dokument in (*Dokumentname*) ist nicht verfügbar.
1413	Diese Auszeichnung existiert nicht.
1414	Es können keine Zeichnungselemente in ein Textfeld, eine Anmerkung, eine Fuß- bzw. Endnote oder in einen Makro eingefügt werden.
1415	Die angegebene Umschlaggröße ist ungültig.
1419	In einigen Abschnitten überschreitet die Seitenlänge den zulässigen Maximalwert.
1420	Der obere und untere Seitenrand ist in manchen Abschnitten zu groß für die Seitenhöhe.
1422	Vergrößern des linken Randes hat zur Folge, daß in einigen Abschnitten mit ungleichmäßigem Spaltenabstand die erste Spalte zu schmal wird.
1423	Vergrößern des rechten Randes hat zur Folge, daß in einigen Abschnitten mit ungleichmäßigem Spaltenabstand die letzte Spalte zu schmal wird.
1424	Die Verbindung zum Netzlaufwerk kann nicht hergestellt werden, da alle Laufwerksbuchstaben belegt sind.
1425	Auf das Netzwerk-Laufwerk kann ohne Kennwort nicht zugegriffen werden.
1426	Der Netzwerkpfad ist ungültig.
1427	Das Netzwerk-Kennwort ist ungültig.

Fehlermeldungen

Fehlernummer	Fehlermeldung
1428	Der Suchvorgang innerhalb (...) ist abgeschlossen. Es wurden (...) Ersetzungen vorgenommen.
1429	Der Suchvorgang innerhalb (...) ist abgeschlossen. Es wurde (...) Ersetzung vorgenommen.
1431	(*Editierhilfe*) ist keine gültige (*Editierhilfe*) Datei.
1432	(*Grammatik DLL*) ist eine ungültige Version der (*Versionsnummer*) Datei.
1433	Der Arbeitsspeicher reicht nicht aus, um die Änderungen im Menü zu aktualisieren.
1434	Word kann das angegebene Menü nicht finden.
1435	Diese Seite hat keine Kopfzeilenebene. Alle verfügbaren Ebenen werden angezeigt.
1436	Die Zahl muß zwischen (*Nummer*) und (*Nummer*) liegen.
1437	Die Beschriftungskategorie ist ungültig.
1438	Im Dropdown-Listenfeld können maximal 25 Einträge stehen.
1439	Word konnte diese Dokumente nicht vollständig verbinden oder die Datenbank einfügen.
1440	Dieser Befehl ist nur über einen Makro verfügbar.
1441	Dieser AutoKorrektur-Eintrag ist nicht vorhanden.
1442	Word konnte die Dokumentgröße nicht auf eine Seite anpassen, da das Dokument nur aus einer Seite besteht.
1443	Word konnte trotz mehrerer Versuche die Dokumentgröße nicht um eine Seite reduzieren.
1444	Word konnte die Grafik nicht in Zeichenobjekte konvertieren.
1445	Für diese Operation reichen die Systemressourcen nicht aus.
1446	Die neue Symbolleiste muß benannt werden.
1447	Der Ausduck hat keinen Inhalt.
1448	Das Standardverzeichnis bzw. der Standardordner für dieses Element darf nicht auf einem Diskettenlaufwerk sein. Wählen Sie ein Verzeichnis bzw. einen Ordner auf der Festplatte.
1449	Diese Symbolleiste ist im angegebenen Kontext bereits vorhanden. Wählen Sie bitte einen anderen Namen.
1450	Das Dokument enthält Zeichen aus einem Zeichensatz, der von dieser Version von Microsoft Word nicht unterstützt wird.
1451	Word konnte keine Felder für das Verzeichnis finden.
1452	Word kann (*Dateiname*) nicht als Datenquelle oder Steuersatzquelle öffnen, weil darin keine Daten enthalten sind.

Fehlernummer	Fehlermeldung
1453	Der von Ihnen angegebene Name wird bereits für eine von Word gelieferte Symbolleiste verwendet. Bitte wählen Sie einen anderen Namen.
1454	Die Mail-Datei kann von Word nicht gespeichert werden.
1455	Der neue Menüname muß sich von existierenden Menünamen unterscheiden.
1456	Die Markierung enthält keine Überschriftenebenen.
1457	Ein ungesperrtes Filialdokument ist bereits in einem anderen Zentraldokument vorhanden.
1458	Die Datei kann nur mit Schreibschutz geöffnet werden.
1459	Das Zentraldokument muß gespeichert werden. Speichern Sie es jetzt, und versuchen Sie das Verfahren noch einmal.
1460	Das Filialdokument konnte nicht gespeichert werden. Versuchen Sie, das gesamte Zentraldokument zu speichern.
1461	Unbekannter Empfänger.
1462	Unklare Mailadresse. Es gibt zwei oder mehr Personen, deren Adresse mit der angegebenen übereinstimmt.
1463	Das Dokument konnte nicht gesendet werden.
1464	Der Text im Feld "Suchen Nach" enthält einen ungültigen Mustervergleich.
1465	Das Feld-Trennzeichen muß sich vom Datensatz-Trennzeichen unterscheiden.
1466	Der Wert für Zeile oder Spalte ist zu klein oder zu groß für diese Etikettenseite.
1467	Die Maße für Seitenrand, Etikettengröße und Anzahl pro Reihe bzw. Spalte sind für die Seite zu groß gewählt.
1468	Horizontal- und Vertikalabstand müssen größer oder gleich der Etikettenlänge und -breite sein.
1469	Die Werte für Etikettenbreite und -höhe müssen positiv sein.
1470	Word konnte die definierten Feld- und Datensatztrennzeichen nicht erkennen.
1471	Das Speicherformat ist ungültig.
1472	Word kann ein Dokument mit der Option "Nur Formulardaten speichern" nicht unter dem gleichen Namen wie ein geöffnetes Dokument speichern.
1473	Der Makro (...) ist nicht verfügbar.
1474	Word kann nicht drucken, weil kein Standard-Drucker ausgewählt wurde. Bitte wählen Sie einen Drucker aus.
1475	Ihr Elektronisches Post-System unterstützt bestimmte Funktionen nicht, die für einen Dokumentumlauf benötigt werden.

Fehlernummer	Fehlermeldung
1476	Zu viele Elektronische Post-Sitzungen. Melden Sie sich von den anderen Sitzungen ab, und versuchen Sie es erneut.
1477	Allgemeines Problem in der elektronischen Post. Beenden Sie Word, starten Sie die elektronische Post neu, und versuchen Sie es erneut.
1478	Der Eintrag ist leer.
1479	Es wurden keine Zitate gefunden.
1480	Der Befehl **Quelle aktualisieren** kann nicht verwendet werden, um ein Zentraldokument zu aktualisieren.
1481	Word kann eine Datei nur auf dem Laufwerk umbenennen, auf dem sie sich befindet.
1483	Word hat keine Beschriftungen gefunden, die in das Abbildungsverzeichnis aufgenommen werden können.
1484	Word kann die Hilfedatei nicht laden, weil die Anwendung Microsoft Hilfe für die Datei (*Name*) nicht gefunden wurde.
1485	Dieser Vorgang kann nicht beendet werden, da ein Zentraldokument nicht mehr als 9 Filialdokument-Ebenen enthalten darf.
1486	Netzwerk- oder Dateiberechtigungsfehler. Die Netzwerkverbindung ist möglicherweise nicht mehr vorhanden.
1487	Es sind zu viele Dateien geöffnet. Bitte schließen Sie ein Fenster.
1488	Es sind zu viele DDE-Kanäle geöffnet. Bitte schließen Sie ein Fenster.
1489	Es sind zu viele Word-Dokumente geöffnet. Bitte schließen Sie ein Fenster.
1490	Die Dokumentvorlage kann nicht bearbeitet werden, weil sie schreibgeschützt ist.
1491	Im Zieldokument sind bereits Formatvorlagen mit dem Namen (*Formatvorlagenname*) vorhanden.
1492	Dieser Menüeintrag wird von Word automatisch hinzugefügt und kann nicht entfernt werden.
1493	Ein Editierhilfen-Menüeintrag wird automatisch hinzugefügt, wenn Word feststellt, daß diese Hilfe installiert wurde. Dieser Eintrag kann nicht aus dem Menü entfernt werden.
1494	Der Text im Feld "Suchen nach" enthält einen ungültigen Bereich.
1495	Dieser Befehl läßt nur Absatzmarken bzw. Tabstops als Listentrennzeichen zu.
1496	Datensatz (*Nummer*) enthält zu viele Feldtrennzeichen.
1497	Datensatz (*Nummer*) enthält zu wenige Feldtrennzeichen.
1498	Word konnte keine Endnoten finden.
1499	Word konnte dieses Add In-Programm nicht laden.

Fehlernummer	Fehlermeldung
1500	Der Wert im Feld "Beginnen mit" muß für dieses Format zwischen (*Nummer*) und (*Nummer*) liegen.
1502	Einer schreibgeschützten Dokumentvorlage kann kein Dokument zugewiesen werden.
1503	Sie können in einer gesperrten Datei kein Makro aufzeichnen.
1504	Es wurden keine Indexeinträge markiert.
1505	Word kann keine Datenbank einfügen, in der keine Feldnamen ausgewählt sind.
1506	Word kann den Index nicht aktualisieren.
1507	(*Name*) kann nicht eingefügt werden, da dies das aktuelle Zentraldokument ist, oder weil das aktuelle Zentraldokument darin als Filialdokument enthalten ist.
1508	Der Wert für maximale Länge muß größer oder gleich der Länge des Standardtexts sein, (*Nummer*) Zeichen.
1509	Word kann innerhalb einer Feldfunktion oder eines Feldergebnisses kein Filialdokument erstellen.
1510	Word kann innerhalb einer Tabelle kein Filialdokument erstellen.
1511	Word kann innerhalb eines Positionsrahmens kein Filialdokument erstellen.
1512	(*Formatvorlagenname*) ist kein Formatvorlagenname.
1513	Die Formatvorlage (*Formatvorlagenname*) ist bereits vorhanden.
1515	Word kann die Formatvorlage (*Formatvorlagenname*) nicht kopieren, weil eine gleichnamige Formatvorlage eines anderen Typs vorhanden ist.
1516	Word kann Macintosh-Grafiken nur anzeigen, wenn Grafikfilter installiert sind. Stellen Sie die Grafikfilter bereit. Es ist auch möglich, daß nicht genug Speicherplatz zum Laden der Grafiken verfügbar ist.
1517	Word kann den definierten Menüeintrag nicht finden.
1518	Der Makro (*Makroname*) kann weder umbenannt noch gelöscht werden, da er gerade bearbeitet oder aufgezeichnet wird.
1519	Word kann den Schaltflächeneditor COMMTB.DLL nicht laden.
1520	Es ist keine elektronische Post in Ihrem System installiert.
1521	Word hat diese Nachricht bereits weitergeleitet. Setzen Sie den Verteiler zurück, und versuchen Sie es erneut.
1522	Der Verteiler kann nicht zurückgesetzt werden, solange der Umlauf noch nicht beendet ist.
1523	Das Dokument hat keinen Verteiler. Fügen Sie einen Verteiler hinzu und versuchen Sie es erneut.

Fehlernummer	Fehlermeldung
1524	Word für Windows kann keine Word für den Macintosh AutoText-Datei öffnen.
1525	Die Quelldatei konnte nicht aktualisiert werden, weil sie schreibgeschützt oder als Filialdokument zur Zeit geöffnet ist.
1526	Für das benutzerdefinierte Trennzeichen muß ein Zeichen eingegeben werden.
1527	Der Text im Feld "Ersetzen durch" enthält eine Gruppennummer, die außerhalb des gültigen Bereichs liegt.
1528	(*Zeichen*) ist kein gültiges Sonderzeichen für die Option "Ersetzen durch".
1529	(*Zeichen*) ist kein gültiges Sonderzeichen für die Option "Suchen nach".
1530	Die aktuelle Markierung beinhaltet keine gültige Tabelle oder Liste.
1531	Word kann die Kopf- oder Fußzeile in diesem Dokument nicht lesen. Speichern Sie Ihr Dokument im RTF-Format, schließen Sie es, und öffnen Sie es erneut.
1532	Word kann kein Zentraldokument aus diesen Dateien für Word für den Macintosh erzeugen. Unter Umständen ist nicht ausreichend Speicherplatz verfügbar.
1533	Die Dateinamenliste ist zu lang. Word kann nicht so viele Dateien gleichzeitig öffnen.
1534	Word kann den Seriendruck nicht an ein elektronisches Post-System oder an ein Faxgerät senden ohne ein gültiges Adreßdatenfeld. Wählen Sie "Einrichten", um ein Adreßdatenfeld zu bestimmen.
1535	Word konnte das Hauptdokument nicht mit der Datenquelle verbinden, da entweder die Datensätze leer waren oder kein Datensatz den Abfrageoptionen entsprach.
1536	Word kann den Druck-Manager nicht finden oder ausführen.
1537	Bitte geben Sie ein gültiges Datum oder eine gültige Uhrzeit ein.
1538	Bitte geben Sie eine gültige Zahl ein.
1539	Word hat keine Absätze mit den benötigten Formatvorlagen gefunden, um ein Abbildungsverzeichnis zu erstellen.
1540	Word hat keine Absätze mit den benötigten Formatvorlagen gefunden, um ein Verzeichnis zu erstellen.
1541	Word hat keine INHALT-Felder für ein Verzeichnis gefunden.
1542	Word konnte die Abfrageoptionen nicht in einer gültigen SQL-Zeichenfolge auswerten.
1543	Sie können maximal 32 Zeichen in den Feldern "Text davor" und "Text danach" eingeben.
1544	Word konnte keine DDE-Verbindung zu (*Anwendung*) herstellen, um die aktuelle Aufgabe zu beenden.

Fehlernummer	Fehlermeldung
1545	Dies ist kein gültiger Dateiname.
1546	Word konnte aus der aktuellen Datenquelle keinen SQL-String auslesen.
1547	Dieses Dokument kann im Dialogfeld **Organisieren** nicht geöffnet werden.
1548	Der Standard-Menüeintrag für diesen Befehl ist nicht vorhanden. Wählen Sie den Befehl **Anpassen** (Menü **Extras**), um diesen Befehl einem Menü zuzuordnen.
1549	Die Umschlaghöhe oder -breite war zu schmal. Die minimale Umschlaggröße beträgt (*Maß*) mal (*Maß*) cm.
1550	Der Name der Symbolleiste ist ungültig.
1551	Der Name der Symbolleiste ist bereits vorhanden.
1552	Die integrierte Formatvorlage "Standard" und die Standard-Schriftart kann auf keiner anderen Formatvorlage basieren.
1553	Word konnte (*Dateiname*) nicht öffnen, weil die Datei keine gültige Datenbank enthält.
1554	Dieser Befehl ist nicht verfügbar, weil das Formularfeld nicht mit der Symbolleiste oder mit Hilfe der Option **Formularfeld** (Menü **Einfügen**) eingefügt wurde.
1555	Word konnte zwischen den Anwendungen nicht wechseln.
1556	Word konnte (*Anwendung*) weder finden noch ausführen.
1557	Die Funktion **Organisieren** konnte (*Element*) nicht löschen.
1558	(*Element*) ist nicht vorhanden.
1559	Word konnte die letzte automatisch gespeicherte Version aus der letzten Sitzung nicht wiederherstellen.
1560	Word konnte die Auswahl nicht mit der angegebenen Datenbank ersetzen.
1561	Word konnte die Grammatikprüfung nicht starten, weil (…*DLL*) nicht gefunden wurde.
1562	Es wurden keine Zitate festgelegt.
1563	(*Dokumentname*) ist ein Seriendruck-Hauptdokument. Es kann daher nicht als Daten- oder Steuersatzquelle geöffnet werden.
1564	Die Datei kann nicht geschützt werden.
1565	Sie können einen Seriendruck-Katalog nicht direkt an ein Faxgerät, einen Drucker ausgeben oder per elektronischer Post versenden.
1566	Word kann diese Dokumente nicht miteinander verbinden oder diese Datenbank einfügen.
1567	Das Faxmodul von Microsoft Mail ist nicht auf Ihrem System installiert.

Fehlernummer	Fehlermeldung
1568	Die Registrierungsdatei ist ungültig. Sie können die Datei mit Hilfe des Word Setup-Programms bearbeiten.
1569	Word kann den aktuellen Vorgang nicht beenden, weil die Microsoft OLE-Erweiterung fehlt oder nicht genügend Speicherplatz vorhanden ist.
1570	Es ist nicht genügend Speicherplatz vorhanden, um Word auszuführen.
1571	Es können keine Formularfelder in Kopf- bzw. Fußzeilen, Fuß- bzw. Endnoten, Anmerkungen oder Textfelder eingefügt werden.
1572	Die Formatierung ist zu komplex. Bitte speichern Sie das Dokument mit der Option **Alles Speichern**.
1573	Word kann diese Aktion nicht rückgängig machen, weil ein Filial- oder Zentraldokument gesperrt ist.
1574	Ein gesperrtes Filial- oder Zentraldokument kann nicht bearbeitet werden.
1575	Es muß ein gültiges Datumsformat angegeben werden.
1576	Es muß ein gültiges Zahlenformat angegeben werden.
1577	Die Add-In-Dokumentvorlage ist ungültig.
1578	Dies ist kein gültiger Sortierschlüssel. Bitte geben Sie einen neuen ein, oder wählen Sie einen aus der Liste.
1579	Word kann diese Tabelle oder den markierten Bereich nicht sortieren, weil alle Zeilen Tabellenüberschriften sind.
1580	Word kann diese Zahlen nicht sortieren, weil entweder das Listentrennzeichen, das Zahlenformat oder das Währungsformat nicht korrekt sind. Starten Sie bitte die Systemsteuerung, und aktivieren Sie „Ländereinstellungen", um die Einstellungen zu ändern.
1581	Die Kurzübersicht kann nicht gestartet werden.
1582	Word kann die angegebene Textmarke nicht finden.
1583	Diese Abfrageoptionen sind zu komplex für Microsoft Access 1.0. Bitte machen sie ein Update auf eine spätere Version von Microsoft Access, um Ihre Abfrage durchzuführen.
1584	Word kann Microsoft Access-Abfragen nicht sortieren. Sie müssen die Abfragen in Microsoft Access durchführen.
1585	Die globale Dokumentvorlage NORMAL.DOT ist bereits geöffnet.
1586	Word öffnet eine Word, Version 1.x, für Windows 1.x-Dokumentvorlage. Makros aus Word, Version 1.x, für Windows 1.x-Dateien können nicht konvertiert werden und gehen verloren, wenn diese Datei im Word für Windows 6.0-Format gespeichert wird.
1587	Die Seite enhält zu viele Zeichnungselemente, um die Bildschirmanzeige zu aktualisieren.

Fehlernummer	Fehlermeldung
1588	Es können keine Abschnittswechsel in Kopf- und Fußzeilen, Fuß- und Endnoten, Anmerkungen, Textfelder, Legenden oder Makros eingefügt werden.
1589	Der Vorgang kann nicht beendet werden, weil das Filialdokument in einem anderen Fenster geöffnet ist.
1590	Der Vorgang konnte nicht beendet werden, weil das Filialdokument einen anderen Schutzumfang besitzt als das Zentraldokument. Gleichen Sie den Umfang der zulässigen Bearbeitung an.
1591	Der Vorgang konnte nicht beendet werden, weil das Zentral- oder Filialdokument geöffnete, eingebettete Objekte enthält. Aktualisieren und schließen Sie diese Objekte.
1592	Word konnte die gewünschte Netzwerkverbindung nicht herstellen.
1593	Im Formularfeld sind zu viele Zeichen.
1594	Die Markierung ist als "Gelöschter Text" gekennzeichnet.
1595	Word kann in der Zentraldokument-Ansicht nicht nach Absatzmarken suchen.
1596	(*Zeichen*) ist kein gültiges Zeichen im Dialogfeld **Suchen** oder wird nicht unterstützt, wenn "Mit Mustervergleich" ausgewählt wurde.
1597	Der Arbeitsspeicher reicht nicht aus, um die Menüs anzuzeigen. Speichern Sie alle Änderungen und schließen Sie Word.
1598	Sie können keine Grafik bearbeiten, die nicht im Dokument gespeichert ist.
1599	Die markierten Zeichnungselemente können nicht in eine Gruppe zusammengefaßt werden.
1600	Es kann kein Text in ein anderes Dokument kopiert werden, bevor die Überprüfung der durch AutoFormat bedingten Änderungen nicht abgeschlossen ist.
1601	Word konnte keine Ergebnisse einfügen, weil die gewählten Abfrage-Optionen zu einem leeren Ergebnis geführt haben.
1602	Word kann (*Dateiname*) nicht als Steuersatzquelle öffnen, weil eine Konvertierung in ein Word-Dateiformat nicht durchgeführt werden kann.
1603	Für Deutsch ist keine Grammatikprüfung verfügbar.
1605	Word ist noch aktiv. Speichern Sie Ihr Dokument, und schließen Sie Word, bevor Sie Windows verlassen.
1609	Apple PowerTalk (AOCE) ist nicht installiert.
1610	Bevor Sie einen Brief versenden, müssen Sie das Betreff-Feld ausfüllen und mindestens einen Empfänger angeben.
1611	Word kann keine weiteren Briefe öffnen.
1612	Word kann den Brief nicht öffnen, wenn Apple PowerTalk nicht installiert ist.

Fehlernummer	Fehlermeldung
1613	Es ist nicht genug Speicherplatz verfügbar, um die Anwendung auszuführen.
1614	Word kann die Anwendung nicht finden.
1615	Word kann dort keinen Abonnenten einsetzen.
1616	Word konnte keinen Verleger erstellen.
1617	Die Originaldatei zu diesem Alias ist unauffindbar.
1618	*(Name)* enthält (...) Verleger für die Auflage *(Name)*. Falls es mehr als einen Verleger pro Auflage gibt, kann der Inhalt nicht vorausgesagt werden.
1620	Ein weiterer Verleger ist offen für die Auflage *(Name)*. Falls es mehr als einen Verleger pro Auflage gibt, kann der Inhalt nicht vorausgesagt werden.
1621	Zum Ausführen von Apple PowerTalk ist nicht ausreichend Speicherplatz verfügbar.
1623	Word kann keine Verbindung zur Auflagedatei dieses Verlegers/Abonnenten herstellen.
1624	Word kann Initialisierungsdateien nur aus Word 5.0 und 5.1 konvertieren.
1625	Word kann das Programm *(Name)* nicht finden. Führen Sie Setup aus, um *(Name)* zu installieren.
1627	Apple PowerTalk wurde nicht vollständig initialisiert. Versuchen Sie, Word neu zu starten, wenn Ihr Postfach erscheint.
1629	Ein Dokument mit PowerTalk-Adreßfeldern kann nicht in mehreren Fenstern angezeigt werden.
1630	Änderungen an den PowerTalk-Adreßfeldern können nicht aufgezeichnet werden.
1631	Die Server-Anwendung kann nur jeweils ein Objekt bearbeiten. Schließen Sie die Anwendung, bevor Sie ein neues Objekt einfügen.
1633	Es ist nicht ausreichend Speicherplatz verfügbar, um die nebeneinanderstehenden Absätze in Tabellen umzuwandeln.
1691	Word kann die Hilfe nicht starten, da die Hilfe-Anwendung oder die Hilfedatei nicht gefunden wurde. Wählen Sie im Menü **Hilfe** den Befehl **Microsoft Word Hilfe**, um die Hilfe zu finden.
1692	Word benötigt auf diesem Macintosh die Schriftart „Helvetica® 9 Punkt" für eine korrekte Bildschirmanzeige. Installieren Sie diese Schriftart, wenn Sie eine optimale Anzeige wünschen.
1693	Word konnte einige der eingebetteten Objekte nicht speichern, da zu wenig Speicher frei war.
1694	Fehler beim Lesen der Datei.
1695	Nicht genügend Speicher, um diese Datei zu konvertieren.

Fehlernummer	Fehlermeldung
1696	Diese Datei scheint beschädigt zu sein.
1697	Diese Datei hat den falschen Dateityp.
1698	Fehler beim Öffnen der Datei.
1699	Fehler beim Speichern der Datei.
1700	Word kann die Datei nicht in diesem Verzeichnis speichern, da der eingegebene Pfad zu lang ist.
1701	Word kann die Datei nicht im aktuellen Verzeichnis speichern. Die Datei wird mit Schreibschutz geöffnet.
1702	Adreßbuchfehler: (). Überprüfen Sie Ihre Mail-Installation. Sie müssen MAPI 1.0 oder höher installiert haben, um diese Funktion anzuwenden.
1703	MAPI Logon-Fehler. Loggen Sie sich an Ihr Info-Center an, um das Adreßbuch zu verwenden. Fehler: ().
1704	Kann Extended MAPI Bibliothek () nicht laden
1705	() ist eine ungültige Extended MAPI-Bibliothek
1707	Extended MAPI Initialisierungsfehler.
1708	Word konnte die Datei nicht ablegen.
1709	Der Eintrag in der AutoKorrektur-Ausnahmenliste enthält ungültige Zeichen oder ist leer.
1710	Kann AutoKorrektur-Ausnahme nicht zur Liste hinzufügen.
1711	Kann AutoKorrektur-Ausnahme nicht aus der Liste löschen.
1712	Falscher Wert AutoKorrektur-Ausnahme .*Registerkarte*. Gültige Werte sind 0 und 1.
1714	Word konnte die Nachricht wegen eines MAPI-Fehlers nicht senden. Fehler: ().
1715	Mindestens ein OLE-Objekt oder Nachrichten-Anhang konnte nicht geladen werden. Bitte überprüfen Sie, ob alle OLE-Server richtig installiert sind.

TEIL 3

Anhänge

A N H A N G   A

Workgroup-Erweiterungen für Microsoft Word (MAPI)

> **Anmerkung** Die in diesem Anhang beschriebenen Workgroup-Erweiterungen sind auf dem Macintosh nicht verfügbar. Informationen über die Verwendung von Nachrichtendiensten in WordBasic auf dem Macintosh finden Sie in Teil 2, „WordBasic–Anweisungen und Funktionen", unter den AOCE-Befehlen und -Funktionen.

Aus drucktechnischen Gründen mußte dieser Anhang als komprimiertes Word-Dokument auf der dem *Word Developer's Kit* beigefügten Diskette für Windows untergebracht werden. Gegenüber dem Anhang A in der ersten Ausgabe des *Word Developer's Kit* wurde dieser Anhang in einigen Punkten ergänzt.

▶ **So dekomprimieren Sie das Word-Dokument WBMAPI.DO_**

1. Kopieren Sie die Datei EXPAND.EXE aus dem Hauptordner der dem *Word Developer's Kit* beigefügten Diskette für Windows in einen Ordner auf Ihrer Festplatte.

2. Kopieren Sie die Dateien EXPAND.BAT und WBMAPI.DO_ aus dem Ordner WBMAPI auf der dem *Word Developer's Kit* beigefügten Diskette für Windows in den gleichen Ordner auf Ihrer Festplatte, in den Sie vorher EXPAND.EXE kopiert haben.

3. Starten Sie EXPAND.BAT im Dateimanager (Windows 3.*x* und Windows NT) bzw. im Explorer (Windows 95), indem Sie auf die Datei doppelklicken. Oder wechseln Sie in DOS in den Ordner, in dem sich die Dateien befinden und geben an der Eingabeaufforderung EXPAND.BAT ein. Die Datei WBMAPI.DO_ wird zu einer Datei mit dem Namen WBMAPI.DOC dekomprimiert.

4. Starten Sie Word und drucken Sie WBMAPI.DOC aus. Das beste Druckergebnis erzielen Sie auf einem Laser/PostScript-Drucker.

Die im Index des *Word Developer's Kit* angegebenen Seitenzahlen für diesen Anhang entsprechen den Seitenzahlen im ausgedruckten Word-Dokument WBMAPI.DOC.

ANHANG B

ODBC-Erweiterungen für Microsoft Word

> **Anmerkung für den Benutzer**
> WBODBC.DLL wird von der Microsoft Corporation nicht unterstützt. Die Datei wird dennoch zur Verfügung gestellt, da sie möglicherweise von Nutzen für Sie sein kann. Leider kann Microsoft beim Auftreten von Problemen mit diesem Werkzeug oder darauf basierendem Code keinen Support anbieten.

Mit den Funktionen aus der ODBC Add-In Library für Microsoft Word können Sie WordBasic-Makros erstellen, die auf Daten in jedem Datenbank-Managementsystem (DBMS) zugreifen, das den API-Standard ODBC (Open Database Connectivity) unterstützt. Die ODBC-Erweiterungen bieten die folgenden Möglichkeiten:

- Aktualisieren von Daten oder Hinzufügen von neuen Daten zu einer DBMS-Datenquelle.

  Angestellte können beispielsweise Angaben zur Person in einem DBMS aktualisieren, indem sie ein Word-Formular ausfüllen. Sie können auch eine in Word erstellte Tabelle mit Daten als neue Datenquelle zu einer bestehenden Datenbank hinzufügen.

- Abrufen von Daten zur Verwendung als Serienbrief-Datenquelle und Einfügen von Tabellen mit Daten in ein Dokument.

  Mit den ODBC-Erweiterungen können Sie über SQL-Anweisungen (SQL = Structured Query Language) direkt auf Daten aus einem DBMS zugreifen. Beim Abrufen von größeren Datenmengen oder von Daten aus großen Datenbanken kann der Datenzugriff dadurch beschleunigt werden, daß Sie die Word-Befehlsschnittstelle umgehen.

- Abrufen von Daten, die von anderen WordBasic-Funktionen in Berechnungen verwendet werden.

  Sie können zum Beispiel einen Makro erstellen, der den Tagespreis für Waren und den Zinssatz aus der Unternehmensdatenbank abruft und die Werte als Variablen beim Berechnen von Projektkosten einsetzt.

- Interaktives Zusammenstellen und Ausführen von Abfragen und Abrufen der Ergebnisse aus der Datenbank.

Anmerkung Die hier beschriebenen ODBC-Erweiterungen sind auf dem Macintosh und unter Windows NT nicht verfügbar.

Einführung in die ODBC-Erweiterungen

ODBC (Open Database Connectivity) ist eine Schnittstelle für die Anwendungsprogrammierung (API = Application Programming Interface), die den Zugriff auf und die Verarbeitung von Daten in Datenbank-Managementsystemen wie dBASE®, Paradox® und Microsoft Access über SQL-Anweisungen (SQL = Structured Query Language) ermöglicht.

SQL ist ein verbreiteter Industriestandard zum Abspeichern, Warten und Abrufen von Informationen in einem DBMS. Ein DBMS kann vom Standard abweichende SQL-Funktionen und eine spezielle Grammatik unterstützen, um bestimmte Funktionsmerkmale zu nutzen, die nur in diesem DBMS zur Verfügung stehen. Wenn SQL-Anweisungen zum direkten Zugriff auf die Daten verwendet würden, wären daher für eine Anwendung verschiedene Programme erforderlich, die jeweils die einzelnen DBMS-Systeme unterstützen müßten, um externe Daten zu verarbeiten.

Mit den ODBC API-Funktionen kann eine Anwendung jedoch auf Daten in verschiedenen DBMS-Systemen zugreifen, ohne mehrere SQL-Implementierungen unterstützen zu müssen. Eine Anwendung, die ODBC unterstützt, verwendet Softwarekomponenten (sogenannte *Treiber*), um auf ein bestimmtes DBMS zuzugreifen. In diesen Treibern findet der gesamte Datenaustausch zwischen der Anwendung und einem bestimmten DBMS statt. Die folgende Abbildung verdeutlicht die Beziehung zwischen dem dBASE ODBC-Treiber und einer Anwendung, die auf dBASE-Datenbankdateien zugreift.

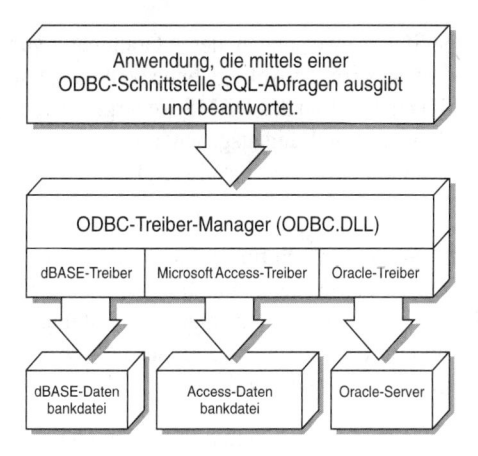

Anhänge B ODBC-Drweiterungen für Microsoft Word   1145

```
            Anwendung, die mittels einer
          ODBC-Schnittstelle SQL-Abfragen ausgibt
                  und beantwortet.

            ODBC-Treiber-Manager (ODBC.DLL)
     dBASE-Treiber | Microsoft Access-Treiber | Oracle-Treiber

     dBASE-Daten       Access-Daten        Oracle-Server
      bankdatei         bankdatei
```

Dieselbe Funktionalität wird für WordBasic-Makros über das Add-In WBODBC.WLL zur Verfügung gestellt. Dieses Add-In enthält Funktionen, die von WordBasic aus aufgerufen werden können und die den ODBC-Funktionen entsprechen. Mit diesen Funktionen können Sie einen Makro erstellen, der auf Daten in jedem DBMS zugreifen kann, sofern es ODBC unterstützt und Sie über den zugehörigen ODBC-Treiber verfügen.

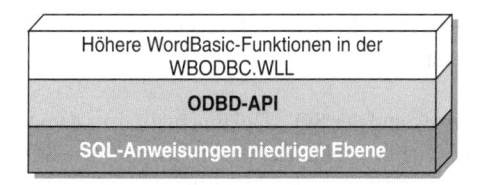

```
       Höhere WordBasic-Funktionen in der
                 WBODBC.WLL
                  ODBD-API
       SQL-Anweisungen niedriger Ebene
```

In C-Programmen bieten ODBC-API-Funktionen eine Standard-Schnittstelle zu SQL-Anweisungen, und die Funktionen in der WBODBC.WLL spiegeln die ODBC-Funktionen für WordBasic wider.

Die ODBC-Erweiterungen und SQL

SQL-Abfragen an ein DBMS, das ODBC unterstützt, sind erst möglich, nachdem Sie eine Verbindung mit einer Datenquelle durch einen Aufruf von **SQLOpen** aufgebaut haben. Anschließend starten Sie SQL-Abfragen, indem Sie die ODBC-Erweiterungen **SQLExecQuery** oder **SQLQueryExec** aus WordBasic aufrufen. Die SQL-Anweisungen in der Abfrage sollten den SQL-Grammatikregeln entsprechen. Wird die SQL-Grammatik vom ODBC API unterstützt, so wird die Abfrage vom ODBC-Treiber interpretiert. Der ODBC-Treiber-Manager (ODBC.DLL) ruft anschließend die entsprechenden ODBC API-Funktionen auf, um die Abfrage auszuführen.

Enthält die Abfrage SQL-Anweisungen, deren Grammatik vom ODBC-Treiber nicht unterstützt wird, so wird die Abfrage ohne weitere Verarbeitung durch die ODBC API-Funktionen direkt an das DBMS weitergeleitet. Dadurch kann ein Treiber auch über Standard-SQL hinausgehende Anweisungen unterstützen (zum Beispiel Anweisungen mit einer vom jeweiligen Hersteller definierten Grammatik).

Einige Beispiele für SQL-Abfragen finden Sie in den Beispielmakros der Datei WBODBC.DOT, die auf der Diskette zum *Microsoft Word Developer's Kit* enthalten ist. Mit dem ersten Makro (Exec) können Sie interaktiv Abfragen zusammenstellen und starten oder eigenhändig erstellte Abfragen testen, bevor der Abfragentext in anderen Makros verwendet wird.

Weitere Informationen zu der von einem bestimmten ODBC-Treiber unterstützten SQL-Grammatik finden Sie in der zu jedem Treiber vorhandenen Online-Hilfedatei. Zum SQL-Standard stehen folgende Informationsquellen zur Verfügung:

- Database Language–SQL with Integrity Enhancement, ANSI, 1989 ANSI X3.135-1989.
- X/Open and SQL Access Group SQL CAE draft specification (1991).
- Database Language SQL: ANSI X3H2 and ISO/IEC JTC1,SC21,WG3 (draft international standard).

Neben den Standards und der SQL-Dokumentation zu dem von Ihnen verwendeten DBMS gibt es eine Reihe von Büchern, die SQL beschreiben. Einige dieser Bücher sind in der folgenden Liste aufgeführt:

- *Microsoft ODBC Programmer's Reference*. Bestandteil des *Microsoft ODBC Software Development Kit*, Version 2.10, den Sie als Level 2-Mitglied im Microsoft Developer's Network (MSDN) anfordern können.
- Date, C. J.: *A Guide to the SQL Standard* (Addison-Wesley, 1989).
- Emerson, Sandra L., Darnovsky, Marcy und Bowman, Judith S.: *The Practical SQL Handbook* (Addison-Wesley, 1989).
- Groff, James R. und Weinberg, Paul N.: *Using SQL* (Osborne McGraw-Hill, 1990).
- Gruber, Martin: *Understanding SQL* (Sybex, 1990).
- Hursch, Jack L. und Carolyn J.: *SQL, The Structured Query Language* (TAB Books, 1988).
- Pascal, Fabian: *SQL and Relational Basics* (M & T Books, 1990).
- Trimble, J. Harvey, Jr. und Chappell, David: *A Visual Introduction to SQL* (Wiley, 1989).

- Van der Lans, Rick F.: *Introduction to SQL* (Addison-Wesley, 1988).
- Vang, Soren: *SQL and Relational Databases* (Microtrend Books, 1990).
- Viescas, John: *Quick Reference Guide to SQL* (Microsoft Corp., 1989).

Tip Wenn Sie Microsoft Query verwenden, können Sie im Abfragefenster eine Abfrage erstellen und dann die entsprechenden SQL-Anweisungen in Ihren WordBasic-Makro kopieren.

ODBC SQL-Datentypen

Jeder ODBC-Treiber verwendet eine eigene Syntax zum Benennen interner SQL-Datentypen. Ein ODBC-Treiber wandelt die internen SQL-Datentypen in ODBC SQL-Datentypen um. Informationen über die Datentypumwandlung für einen bestimmten ODBC-Treiber sind in der Online-Hilfedatei für den jeweils installierten Treiber enthalten. Die folgende Tabelle zeigt zum Beispiel, wie der ODBC-Treiber für Paradox die Paradox-internen Datentypen umwandelt.

Paradox-Datentyp	ODBC SQL-Datentyp
Alphanumerisch (Alphanumeric)	SQL_CHAR
Datum (Date)	SQL_DATE
Numerisch (Number)	SQL_DOUBLE
Kleine Zahl (Short)	SQL_SMALLINT

Ein bestimmter Treiber und eine bestimmte ODBC-Datenquelle unterstützen nicht immer alle ODBC SQL-Datentypen. Umfassende Informationen zu ODBC SQL-Datentypen finden Sie im Handbuch *Microsoft ODBC Programmer's Reference* zum *Microsoft ODBC Software Development Kit*, Version 2.10.

Die ODBC-Erweiterungen in der Datei WBODBC.WLL ermöglichen das Erstellen und Löschen von ODBC-Tabellen sowie das Untersuchen und Ändern von Feldern in ODBC-Tabellen. Wenn Sie die SQL-Anweisungen CREATE TABLE und ALTER TABLE verwenden, müssen Sie die Datentypen angeben, die intern im jeweiligen DBMS verwendet werden. Wenn Sie zum Beispiel einer Microsoft FoxPro-Tabelle eine Spalte mit dem Datentyp „Date" hinzufügen, müssen Sie in der Anweisung ALTER TABLE auch „Date" als Spaltendatentyp angeben und nicht den ODBC SQL-Datentyp „SQL_DATE". Sie können den passenden Datentyp für das verwendete DBMS in WordBasic mit der ODBC-Funktion **SQLGetTypeInfo$** bestimmen. Für jeden gültigen SQL-Datentyp liefert diese Funktion den entsprechenden Datentyp für das DBMS der aktuellen Datenquelle.

Mit den ODBC-Erweiterungen für Word können die ODBC SQL-Datentypen nicht direkt verändert werden. Die ODBC-Erweiterungen verwenden ausschließlich Datentypen mit Zeichenfolgen, und Zahlen werden wie Zeichenfolgen formatiert und verändert.

Bevor Sie anfangen

Bevor die in diesem Kapitel beschriebenen Add-In-Funktionen verwendet werden können, sind folgende Maßnahmen erforderlich:

- Installieren Sie den ODBC-Treiber, der zum Zugriff auf das von Ihnen verwendete DBMS erforderlich ist. Jedes DBMS erfordert einen anderen Treiber.
- Legen Sie bestimmte Datenquellen fest, auf die Sie im ausgewählten DBMS zugreifen wollen. Die entsprechende Datenbankdatei oder -tabelle muß bereits in dem DBMS angelegt worden sein, bevor Sie die Datenquelle festlegen können.
- Installieren Sie die Add-In Library WBODBC.WLL.
- Laden Sie die Add-In Library WBODBC.WLL mit dem Befehl **Dokumentvorlage** im Menü **Datei**.

Installieren von ODBC-Treibern

Ein ODBC-Treiber ist eine Dynamic-Link Library (DLL). Eine Anwendung, die ODBC unterstützt, kann damit auf ein bestimmtes DBMS, zum Beispiel dBASE oder Microsoft Access, zugreifen. Im ODBC-Treiber sind die ODBC API-Funktionsaufrufe implementiert, die mit den SQL-Anweisungen für ein bestimmtes DBMS kompatibel sind und die den gesamten Datenaustausch mit einer Datenquelle durchführen.

Installieren der mit Word gelieferten ODBC-Treiber

Sie können die ODBC-Treiber für DBMS wie Microsoft Access, Microsoft FoxPro, Paradox und dBASE entweder während der Word-Installation installieren oder immer dann, wenn Sie das Setup-Programm mit der Option „Benutzerdefinierte Installation" ausführen. Wenn Sie die Einstellungen für den Datenbank-Zugriff nicht ändern, werden grundsätzlich alle ODBC-Treiber installiert. Die ODBC-Treiber müssen im Windows-Ordner SYSTEM oder in einem Ordner installiert sein, der vom Betriebssystem automatisch erkannt wird.

Installieren weiterer ODBC-Treiber

Zur Installation anderer ODBC-Treiber von Microsoft oder von Drittanbietern, die Sie nach der Installation von Word erwerben, können Sie das ODBC-Installationsprogramm verwenden, das zusammen mit den ODBC-Treibern geliefert wird. Installieren Sie die Treiber im Windows-Ordner SYSTEM oder einem Ordner, der vom Betriebssystem automatisch erkannt wird.

Wenn Sie mindestens einen ODBC-Treiber bereits auf Ihrer Festplatte installiert haben, können Sie mit dem ODBC-Administrator weitere ODBC-Treiber von Drittanbietern installieren (in Word enthaltene ODBC-Treiber müssen mit dem Word-Setup-Programm installiert werden). Sie starten den ODBC-Administrator, indem Sie auf das ODBC-Symbol in der Systemsteuerung klicken. Wählen Sie dann im Dialogfeld **Datenquellen** die Schaltfläche „Treiber".

Anmerkung Die installierten ODBC-Treiber greifen u.U. auf dieselben Dynamic-Link Libraries (DLLs) zu wie andere auf Ihrem System installierte Treiber. Sie werden dann gegebenenfalls aufgefordert, den angegebenen Treiber zu überschreiben (unabhängig davon, ob er bereits installiert ist oder nicht). Wählen Sie die Schaltfläche „Ja", um den Treiber zu installieren.

Einrichten von Datenquellen

Nach der Installation eines ODBC-Treibers müssen Sie die *Datenquellen* einrichten, auf die in einem bestimmten DBMS zugegriffen werden soll. Eine Datenquelle besteht aus einer bestimmten Gruppe von Daten in einem DBMS und den Informationen über das Netzwerk oder Betriebssystem (oder beides), die zum Zugriff auf die Daten erforderlich sind. Einige Beispiele für Datenquellen:

- Eine Microsoft Access-Datenbankdatei in einem öffentlich zugänglichen Ordner auf dem Computer eines Arbeitskollegen, wenn der Computer unter Windows 95 läuft.
- Ein ORACLE® DBMS, das auf dem Betriebssystem OS/2 läuft und auf das über Novell® NetWare® zugegriffen wird.
- Eine dBASE-Datei auf der Festplatte Ihres Computers. In diesem Fall sind weder ein Netzwerk noch ein nichtlokales Betriebssystem in der Datenquelle enthalten.
- Ein Tandem NonStop SQL DBMS, das auf dem Betriebssystem Guardian™ 90 läuft und auf das über ein Gateway zugegriffen wird.

Mit dem ODBC-Administrator können Sie eine Datenquelle hinzufügen, ändern oder löschen. Sie starten das Programm, indem Sie auf das ODBC-Symbol in der Systemsteuerung doppelklicken oder ODBCADM.EXE (Windows 3.x) oder ODBCAD32.EXE (Windows 95 und Windows NT) ausführen. Sie können eine beliebige Datenquelle zur Liste im Dialogfeld **Datenquellen** hinzufügen, sofern der von ihr verwendete Treiber bereits auf Ihrem System installiert ist.

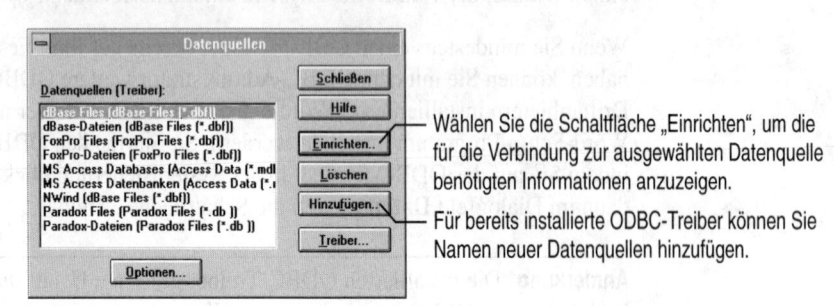

Wählen Sie die Schaltfläche „Einrichten", um die für die Verbindung zur ausgewählten Datenquelle benötigten Informationen anzuzeigen.

Für bereits installierte ODBC-Treiber können Sie Namen neuer Datenquellen hinzufügen.

Beim Hinzufügen einer neuen Datenquelle werden die von Ihnen angegebenen Setup-Informationen in der Datei ODBC.INI (Windows 3.x) oder der Registrierung (Windows 95 und Windows NT) gespeichert und bei jedem Zugriff auf die Datenquelle abgefragt. Die Angaben für die Verbindung umfassen zumindest den Namen der Datenquelle, eine Benutzerkennung und ein Kennwort. Bei einigen ODBC-Treibern können Sie weitere Hinweise angeben, zum Beispiel eine Netzwerkadresse oder zusätzliche Kennwörter. Informationen über die Verbindungseinstellungen für einen bestimmten ODBC-Treiber erhalten Sie, indem Sie im Dialogfeld **Einrichten** die Schaltfläche „Hilfe" wählen.

Wenn Sie beim Einrichten der Datenquelle nicht alle erforderlichen Informationen angegeben haben, können Sie die benötigten Verbindungsargumente in Aufrufen der Add-In-Funktion **SQLOpen** übergeben. Sie sollten die Verbindungsargument-Zeichenfolge auch dann angeben, wenn Sie die beim Einrichten gespeicherten Argumente durch andere Argumente ersetzen wollen. Wenn Sie nicht alle erforderlichen Verbindungsinformationen bei Aufrufen von **SQLOpen** angeben, zeigt der ODBC-Treiber ggf. ein Dialogfeld an, in dem Sie die fehlenden Informationen eingeben können. Die Anzeige des Dialogfelds hängt vom Wert des Arguments *TreiberEingabe* in der Anweisung **SQLOpen** ab.

Installieren und Laden von WBODBC.WLL

Die ODBC-Erweiterungen für WordBasic sind in WBODBC.WLL enthalten, einer Word Add-In Library (WLL), die sich auf der Diskette zum *Microsoft Word Developer's Kit* befindet. Sie installieren die Add-In Library, indem Sie die Datei WBODBC.WLL aus dem Unterordner WIN16 (Windows 3.x) oder WIN32 (Windows 95 und Windows NT) im Ordner WBODBC in Ihren Vorlagenordner kopieren.

Bevor Sie einen Makro ausführen können, der die ODBC-Erweiterungen verwendet, müssen Sie das Add-In in Word laden. Mit dem Befehl **Dokumentvorlage** (Menü **Datei**) fügen Sie die Add-In Library WBODBC.WLL zur Liste der globalen Vorlagen und Add-Ins hinzu. Wenn Sie die ODBC-Erweiterungen regelmäßig in Makros verwenden wollen, können Sie das Add-In automatisch bei jedem Starten von Word laden, indem Sie die Datei WBODBC.WLL im Startordner des Word-Programmordners ablegen.

Die Dokumentvorlagen WBODBC.DOT und RECHNG3.DOT im Ordner WBODBC auf der Diskette zum *Microsoft Word Developer's Kit* enthalten Beispielmakros, die in diesem Anhang beschrieben werden. Kopieren Sie die Vorlagen in Ihren Vorlagenordner, um diese Makros zu verwenden, zu kopieren und zu ändern. Wenn Sie den Microsoft Access ODBC-Treiber (in Word enthalten) installiert haben, können Sie die Datenbank TEST.MDB (die sich ebenfalls im Ordner WBODBC auf der Diskette zum *Microsoft Word Developer's Kit* befindet) auf Ihre Festplatte kopieren und als ODBC-Datenquelle einrichten, die beim Ausführen der Beispielmakros verwendet wird.

Einsatz der ODBC-Erweiterungen

Dieser Abschnitt enthält die Grundlagen zum Einsatz der ODBC-Erweiterungen. Drei in WBODBC.DOT enthaltene Beispielmakros verdeutlichen die Verwendung der Funktionen. Das Beispielformular RECHNG3.DOT zeigt, wie Sie Word-Formulare automatisieren können, um die ODBC-Erweiterungen zu nutzen. Eine Beschreibung finden Sie am Ende dieses Abschnitts.

Deklaration der Funktionen

Um anzugeben, daß sich die ODBC-Erweiterungen in der Add-In Library WBODBC.WLL befinden, müssen Sie die Funktionen deklarieren, ehe Sie sie in einem Makro aufrufen. Die **Declare**-Anweisungen für die in diesem Anhang beschriebenen WBODBC.WLL-Funktionen befinden sich im Makro „AllDeclarations" in der Dokumentvorlage WBODBC.DOT. Kopieren Sie diese Deklarationen in alle Makros, die die WBODBC.WLL-Funktionen verwenden.

Reihenfolge der Aufrufe

Zum Abrufen von Daten müssen Sie zuerst mit **SQLOpen** eine Verbindung zu einer Datenquelle herstellen. Bei einem erfolgreichen Aufruf von **SQLOpen** wird eine eindeutige Nummer zurückgegeben, die sogenannte Verbindungskennung. Die Verbindungskennung kennzeichnet die angegebene Datenquelle, bis die Verbindung mit **SQLClose** oder **SQLCloseAll** beendet wird. Die Verbindungskennung wird von **SQLExecQuery** oder **SQLQueryExec** zum Senden einer Abfrage verwendet, und die Funktionen zum Abrufen der SQL-Ergebnisse verwenden anschließend ebenfalls diese Verbindungskennung.

Sie können die folgenden SQL-Abfragefunktionen mit **SQLExecQuery** verwenden: **SQLRetrieveColumns, SQLRetrieveFlush, SQLRetrieveItem$, SQLRetrieveRows, SQLRetrieveToDocument**.

Sie können die folgenden SQL-Abfragefunktionen mit **SQLQueryExec** verwenden: **SQLQueryFetch, SQLQueryRetrieve, SQLRetrieveColSize, SQLRetrieveColumns, SQLRetrieveFlush, SQLSetRowPos**.

Abbilden einer Datenbankstruktur

Vor dem Senden einer Abfrage mit **SQLExecQuery** oder **SQLQueryExec** sollten Sie die zugrundeliegende Struktur (das „Schema") eines DBMS ermitteln, ein Vorgang, der auch als *Abbilden* der Datenbank bezeichnet wird. Es sollte Ihnen zum Beispiel bekannt sein, ob die Datenbank in Form von „Tabellen" oder „Dateien" organisiert ist. Nach dem Abbilden der Datenbank ist es einfacher, Makros zum Zugriff auf die Daten zu schreiben.

Sie bilden eine Datenbank mit den Funktionen **SQLGetSchema** und **SQLGetSchemaItem$** ab. Mit **SQLGetSchema** geben Sie an, welche Art von Informationen über das DBMS bzw. welche Art einer DBMS-Eigenschaft Sie erfahren möchten. Anschließend rufen Sie mit **SQLGetSchemaItem$** eine genaue Beschreibung der Eigenschaft ab. Der weiter unten in diesem Abschnitt beschriebene dritte Beispielmakro erläutert den Einsatz dieser Funktionen.

Überprüfen auf Fehlerbedingungen

Nach dem Aufruf einer ODBC-Erweiterung, die einen numerischen Wert liefert, sollten Sie das Ergebnis überprüfen: negative ganze Zahlen sowie der Wert 0 (Null) zeigen Fehler an. Die ODBC-Erweiterungen enthalten auch Funktionen zum Untersuchen von Fehlern. Durch den Aufruf von **SQLCountErrors** erhalten Sie zunächst die Anzahl der Zeilen mit Fehlerinformationen im Speicher, nachdem ein vorhergehender Aufruf einer WordBasic ODBC-Funktion einen Fehlerwert geliefert hat. Wenn **SQLCountErrors** eine positive ganze Zahl liefert, erhalten Sie durch den anschließenden Aufruf von **SQLErrorText$** jede einen Fehlermeldungstext enthaltende Zeile. Dieser gelieferte Text kann dann von einer Fehlerbehandlungsroutine ausgewertet oder dem Benutzer angezeigt werden.

ODBC-Beispiele

Die in den folgenden Beispielen vorgestellten Makros befinden sich in der Dokumentvorlage WBODBC.DOT, die Bestandteil der Diskette zum *Microsoft Word Developer's Kit* ist. An dieser Stelle erscheinen zur Verdeutlichung lediglich Auszüge aus den Makros. Den vollständigen Code eines Beispiels erhalten Sie, indem Sie den jeweiligen Makro im Makrobearbeitungsfenster öffnen.

Beispiel 1: Interaktives Starten von SQL-Abfragen

Beim Ausführen des Beispielmakros „Exec" geben Sie die SQL-Abfrage in ein Dialogfeld ein. Wenn die Abfragezeichenfolge einen Fehler enthält, wird die Unterroutine `FehlerAnalysieren` aufgerufen, um die Fehlermeldung anzuzeigen. Die Abfrage wird dann erneut in einem Dialogfeld angezeigt, damit Sie die Zeichenfolge für die Abfrage bearbeiten können. Erfolgreiche Abfragen werden in einem neuen Dokument gespeichert, damit Sie sie in anderen Makros wiederverwenden können.

```
While Ende = 0
    s$ = InputBox$("Bitte geben Sie eine SQL-Anweisung ein: ",
"Interaktiver SQL-Interpreter", Eing$)
    If Len(s$) = 0 Then
        Ende = 1
    Else
        Erg = SQLExecQuery(VerbindungsNr, s$)
        If Erg <= 0 Then
            Eing$ = s$
            x$ = "Fehler: " + Str$(Erg) + "," + Str$(SQLCountErrors)
            MsgBox x$
            FehlerAnalysieren
        Else
            If ErsterEintrag <> 0 Then
                DateiNeu
                ErsterEintrag = 0
            EndIf
            TextSpeichern(s$)
            Eing$ = ""
        EndIf
    EndIf
Wend
```

Die Unterroutine `FehlerAnalysieren`:

```
Sub FehlerAnalysieren
AnzFehler = SQLCountErrors()
For i = 1 To AnzFehler
    MsgBox "Fehler: Klasse(" + SQLErrorClass(i) + ") Code(" + \
           Str$(SQLErrorCode(i)) + "): " + SQLErrorText(i)
Next
End Sub
```

Beispiel 2: Abrufen von Daten und Einfügen in eine Tabelle

Der Beispielmakro „Report" öffnet eine Microsoft Access-Datenquelle mit dem Namen „test.mdb". Diese Datenquelle wird von der Microsoft Access-Datenbank TEST.MDB eingerichtet, die sich auf der Diskette zum *Microsoft Word Developer's Kit* befindet.

Die mit der Funktion **SQLExecQuery** gesendete Zeichenfolge für die SQL-Abfrage wählt alle Zeilen (oder Datensätze) mit Informationen aus, die über einen Eintrag im Feld „Name" verfügen. (Die hier nicht wiedergegebene benutzerdefinierte Funktion AnfZeichen2$() liefert die Zeichenfolge „Name", eingeschlossen in Anführungszeichen, die durch den ANSI-Zeichencode Chr$(34) repräsentiert werden.) Anschließend erstellt der Makro eine Tabelle in einem neuen Word-Dokument und fügt jedes einzelne von **SQLRetrieveItem$** abgerufene Datenobjekt in die entsprechende Tabellenzelle ein. Wenn der Betrag in einem der Kontofelder kleiner als 1 ist, wird dieser Betrag fett formatiert. Wenn eine ODBC-Erweiterung einen Fehlerwert liefert, wird die Steuerung an die (hier nicht wiedergegebene) Routine FehlerBehandlung übergeben.

```
VerbindungsNr = SQLOpen("DSN=test.mdb", AusgabeBezug$, 0)
If VerbindungsNr <= 0 Then Goto FehlerBehandlung
Erg = SQLExecQuery(VerbindungsNr, "Select * from Tabelle4 " + \
        AnfZeichen2$("Name"))
If Erg <= 0 Then Goto FehlerBehandlung
Spalte = SQLRetrieveColumns(VerbindungsNr)
Zeile = SQLRetrieveRows(VerbindungsNr)
If Spalte <= 0 Or Zeile <= 0 Then Goto FehlerBehandlung
DateiNeu
TabelleTabelleEinfügen .UmwandelnVon = 0, .AnzSpalten = Spalte, \
    .AnzTabZeilen = Zeile
For i = 1 To Zeile
    For j = 1 To Spalte
        Element$ = SQLRetrieveItem$(VerbindungsNr, j, i)
        If (j = 1) Then
            Einfügen Element$
        Else
            v = Val(Element$)
            s$ = Str$(v / 100)
            Einfügen s$
            If (v < 100) Then
                AbsatzOben 1, 1
                Fett(1)
                ZeichenRechts 1, 0
            End If
        End If
        If j <> Spalte Or i <> Zeile Then NächsteZelle
    Next
Next
Erg = SQLClose(VerbindungsNr)
If Erg > 0 Then Goto MakroEnde
```

Beispiel 3: Abbilden der Datenbankstruktur

Der Beispielmakro „Schema" zeigt ein dynamisches Dialogfeld an, in dem Sie eine einer Datenbankeigenschaft entsprechende Option auswählen können, um eine Beschreibung dieser Eigenschaft zu erhalten. Der Makro verwendet die Funktionen **SQLGetSchema** und **SQLGetSchemaItem$**, um ein als „Shared" deklariertes Datenfeld mit Zeichenfolgen aufzubauen, die die Datenbankeigenschaften beschreiben. Das Datenfeld mit dem Namen Kombifeld1$() wird dann im Dialogfeld angezeigt.

In der (hier nicht dargestellten) Haupt-Unterroutine werden die Verbindungsinformationen für **SQLOpen** – der Name der Datenquelle, der Datenbankname und andere erforderliche Verbindungsargumente – vom Benutzer in Dialogfelder eingegeben.

Sobald das Dialogfeld vom Benutzer definiert wurde, wird es angezeigt. Die folgende Unterroutine DBInfoMitKennzeichnerBestimmen wird von der Dialogfunktion (oder von der Zwischenfunktion DBInfoBestimmen, wenn kein Wert für das Argument Kennzeichner$ angegeben wurde) immer dann aufgerufen, wenn der Benutzer eine andere Eigenschaft im Dialogfeld auswählt. Die Dialogfunktion verwendet dann das mit „Shared" deklarierte Datenfeld Kombifeld1$(), um das benutzerdefinierte Dialogfeld zu aktualisieren.

```
Function DBInfoMitKennzeichnerBestimmen(ElementId, Kennzeichner$)
i = SQLGetSchema(VerbindungsNr, ElementId, Kennzeichner$)
If i > 0 Then
    For j = i - 1 To MaxElemente
        Kombifeld1$(j) = ""
    Next
    For j = 0 To i - 1
        s$ = SQLGetSchemaText(VerbindungsNr, j + 1)
        Kombifeld1$(j) = s$
    Next
Else
    MsgBox "Keine Informationen"
End If
DBInfoMitKennzeichnerBestimmen = i
End Function
```

Beispiel zum Automatisieren von Formularen mit ODBC

Die Dokumentvorlage RECHNG3.DOT im Ordner WBODBC auf der Diskette zum *Microsoft Word Developer's Kit* enthält eine Reihe von Makros, die ähnlich wie die Makros in RECHNG2.DOT aufgebaut sind, die in Teil 1, „Einstieg in WordBasic", in Kapitel 9, „Weitere WordBasic-Verfahren", beschrieben wurden. Die beiden Dokumentvorlagen unterscheiden sich in erster Linie darin, daß in RECHNG2.DOT dynamischer Datenaustausch (DDE) verwendet wird, um Daten aus einer Datenquelle in einer aktiven Anwendung (einer in Microsoft Excel geöffneten Arbeitsmappe) abzurufen und dorthin zu schreiben, während in RECHNG3.DOT die ODBC-Erweiterungen verwendet werden, um Daten aus einer Datenquelle in einem DBMS (einer in Microsoft Access erstellten .MDB-Datei) abzurufen und dorthin zu schreiben.

Die Vorteile, Word-Formulare mit den ODBC-Erweiterungen zu automatisieren, sind leicht zu erkennen. So sind die ODBC-Funktionen schneller als vergleichbare DDE-Befehle. Sie benötigen lediglich eine Datenquelle und nicht zusätzlich die Anwendung, mit der diese erstellt wurde. Außerdem können mit ODBC-Funktionen auch Datenquellen abgefragt und geändert werden, die mit einem DBMS erzeugt wurden, das DDE nicht unterstützt.

Im allgemeinen vereinfachen die ODBC-Fehlermeldungsfunktionen das Debuggen und die Behandlung von ODBC-Fehlern gegenüber der Behandlung vergleichbarer DDE-Fehler in WordBasic.

Die folgende Tabelle zeigt die beiden Verfahren im Vergleich, wobei die einzelnen Schritte, die Makros mit DDE und Makros mit ODBC-Erweiterungen zur Formularautomatisierung durchführen müssen, einander gegenübergestellt werden.

Schritte im DDE-Makro	Schritte im ODBC-Makro
Es wird festgestellt, ob die erforderliche Anwendung bereits ausgeführt wird. Ist dies nicht der Fall, wird sie gestartet.	Nicht erforderlich.
Die Datei, die als Datenquelle dienen soll, wird ermittelt und in der aktiven Anwendung geöffnet.	Eine Verbindung zu einer ODBC-Datenquelle, die vorher mit dem ODBC-Administratorprogramm eingericht wurde, wird aufgebaut.

Schritte im DDE-Makro	Schritte im ODBC-Makro
Mit **DDEExecute** wird eine Abfrage in der Programmiersprache der Anwendung ausgeführt.	Mit **SQLExecQuery** oder **SQLQueryExec** wird eine Abfrage in ODBC SQL ausgeführt.
Mit **DDERequest** werden Daten als Zeichenfolgen abgerufen und entsprechend der DDE- und Datenbankfunktionalität der Anwendung verarbeitet.	Bei **SQLExecQuery** werden Datenobjekte unter Angabe von Zeile und Spalte mit **SQLRetrieveItem$** als Zeichenfolgen abgerufen oder die gesamte Abfrage wird abgerufen und als Tabelle mit **SQLRetrieveToDocument** eingefügt.
	Bei **SQLQueryExec** werden mit **SQLQueryFetch** oder **SQLSetRowPos** die Zeilen abgesucht, und mit **SQLQueryRetrieve** werden die Daten aus Spalten geliefert.
Der DDE-Kanal wird mit **DDETerminate** geschlossen.	Die Verbindung zur Datenquelle wird mit **SQLClose** geschlossen.

Öffnen Sie zum Vergleich die Makros in den beiden Dokumentvorlagen RECHNG2.DOT im Ordner WRDBASIC und RECHNG3.DOT im Ordner WBODBC auf der Diskette zum *Microsoft Word Devleoper's Kit*: Wenn Sie sich die Stellen in den Makros ansehen, wo Daten abgerufen und geschrieben werden, können Sie den für ODBC und DDE jeweils erforderlichen Codeumfang sowie die Routinen zur Datenüberprüfung und Fehlerbehandlung miteinander vergleichen. Erstellen Sie jeweils ein neues auf den beiden Formularen basierendes Dokument, und verwenden Sie es, um die Makros auszuführen und die Geschwindigkeitsunterschiede aufzuzeigen.

Ausführliche Informationen über Zweck und Funktionalität des Rechnungsformulars und die Verwendung von Formularfeldern zum Ausführen von WordBasic-Makros finden Sie in Teil 1, „Einstieg in WordBasic", in Kapitel 9, „Weitere WordBasic-Verfahren", unter „Automatisieren von Formularen".

Anmerkung Um die Makros in der Dokumentvorlage RECHNG3.DOT ausführen zu können, müssen Sie Zugriff auf die Datei NWIND.MDB oder NORDWIND.MDB haben. (Diese werden mit Microsoft Access, Version 2.0, bzw. mit Microsoft Access, Version 7.0, ausgeliefert.) Außerdem müssen Sie eine Datenquelle namens „Nordwind" erstellen, die dieser Datenbank zugeordnet ist. Weitere Informationen über das Erzeugen von ODBC-Datenquellen finden Sie unter „Einrichten von Datenquellen" weiter oben in diesem Anhang.

WordBasic ODBC-Funktionen

Die folgenden Angaben gelten für alle WordBasic-ODBC-Funktionen:

- Bevor Sie eine in diesem Abschnitt beschriebene Funktion verwenden, müssen Sie die entsprechende **Declare**-Anweisung einfügen, die Sie direkt aus dem Makro „AllDeclarations" in WBODBC.DOT kopieren können. Weitere Informationen hierzu finden Sie unter „Einsatz der ODBC-Erweiterungen" weiter oben in diesem Anhang.

- Ein *Fehlerwert* ist im allgemeinen eine ganze Zahl mit einem Wert kleiner oder gleich Null. Der Rückgabewert 0 (Null) weist auf einen allgemeinen Fehler hin, zu dem weitere Informationen mit den Fehlerfunktionen abgerufen werden können.

- Der Rückgabewert –1 (SQL_NoMoreData) zeigt an, daß das logische Ende einer Datei erreicht ist.

- Der Rückgabewert –2 (SQL_StillExecuting) während einer asynchronen Verarbeitung zeigt an, daß eine ODBC-Operation noch nicht beendet ist.

- Wenn eine Zeichenfolgenfunktion keinen Wert aus einer Datenquelle zurückgeben kann, liefert sie eine leere Zeichenfolge (" ").

SQLClose

Syntax **SQLClose**(*VerbindungsNr*)

Beschreibung Beendet eine Verbindung mit einer externen Datenquelle. Wenn der Aufruf erfolgreich ist, wird die angegebene Verbindung zur Datenquelle von **SQLClose** abgebaut.

Argument	Erklärung
VerbindungsNr	Die eindeutige Verbindungskennung der Datenquelle, zu der die Verbindung abgebaut werden soll. *VerbindungsNr* wurde von der zuvor ausgeführten Funktion **SQLOpen** zurückgegeben. Wenn *VerbindungsNr* ungültig ist, liefert **SQLClose** einen Fehlerwert.

Wenn die Verbindung erfolgreich abgebaut wurde, liefert **SQLClose** den Wert 1, und die Verbindungskennung ist anschließend nicht mehr gültig. Wenn **SQLClose** die Verbindung mit der Datenquelle nicht abbauen kann, wird ein Fehlerwert zurückgegeben und Fehlerinformationen für die Fehlerfunktionen im Speicher abgelegt, sofern solche Informationen zur Verfügung stehen.

SQLCloseAll

Syntax	SQLCloseAll()
Beschreibung	Beendet alle Verbindungen mit externen Datenquellen. Wenn der Aufruf erfolgreich ist, werden alle Verbindungen zur Datenquelle von **SQLCloseAll** abgebaut. **SQLCloseAll** bietet sich an, wenn Sie auf jeden Fall alle bestehenden Verbindungen abbauen wollen, bevor ein Makro oder eine Unterroutine ausgeführt wird.

Wenn die Verbindungen erfolgreich abgebaut wurden, liefert **SQLCloseAll** den Wert 1, und alle Verbindungskennungen sind anschließend ungültig. Wenn **SQLCloseAll** die Verbindung mit auch nur einer Datenquelle nicht abbauen kann, wird ein Fehlerwert zurückgegeben und Fehlerinformationen für die Fehlerfunktionen werden im Speicher abgelegt, sofern solche Informationen zur Verfügung stehen.

SQLCountErrors

Syntax	SQLCountErrors()
Beschreibung	Liefert die Anzahl der verfügbaren Zeilen mit detaillierten Fehlerinformationen. Jede verfügbare Zeile kann abgerufen werden, indem **SQLErrorText$** aufgerufen und eine Zahl von 1 bis zu dem von **SQLCountErrors** gelieferten Wert übergeben wird (1 entspricht der ersten verfügbaren Zeile). Informationen über den Aufbau von Fehlerzeilen finden Sie unter **SQLErrorText$**.

Ein Rückgabewert 0 (Null) zeigt an, daß keine Fehlerinformationen zur Verfügung stehen. Ein Rückgabewert größer als 0 (Null) gibt die Anzahl der verfügbaren Zeilen mit Fehlerinformationen an. **SQLCountErrors** liefert keine Informationen zu Fehlern, die beim Ausführen von **SQLCountErrors** selbst auftreten.

SQLErrorClass$

Syntax	SQLErrorClass$(*FehlerNr*)
Beschreibung	Legt die ODBC SQLSTATE-Klasse und -Unterklasse des angegebenen Fehlers fest. Bei Fehlern, die in der Datenquelle auftreten, ordnet der ODBC-Treiber den gelieferten internen Fehler dem entsprechenden SQLSTATE-Wert zu. Bei Fehlern, die vom Treiber oder Treiber-Manager erkannt werden, erzeugt der Treiber oder Treiber-Manager den entsprechenden SQLSTATE-Wert.

SQLSTATE-Werte sind durch X/Open und die Spezifikation SQL Access Group SQL CAE (1992) festgelegt. Umfassende Informationen zu ODBC-Fehlercodes und der ODBC API-Funktion SQLError finden Sie im Handbuch *Microsoft ODBC Programmer's Reference* zum *Microsoft ODBC Software Development Kit*, Version 2.10.

Argument	Erklärung
FehlerNr	Eine Zeilennummer im Bereich von 1 bis zum Wert, der von der Funktion **SQLCountErrors** geliefert wird (1 entspricht dem ersten verfügbaren Element).

SQLSTATE, die von **SQLErrorClass$** gelieferte fünf Zeichen lange Zeichenfolge, besteht aus einem zwei Zeichen langen Wert für die Klasse und einem drei Zeichen langen Wert für die Unterklasse. Steht für die Art des aufgetretenen Fehlers keine Fehlerklasse zur Verfügung, liefert diese Funktion eine leere Zeichenfolge ("").

Beispiel

Das folgende Beispiel analysiert den von **SQLErrorClass$** gelieferten SQLSTATE-Wert und teilt die fünf Zeichen in die Klassen- und Unterklassenkomponente auf:

```
SQLSTATE$ = SQLErrorClass$(VerbindungsNr)
Klasse$ = Left$(2,SQLSTATE$)
Unterklasse$ = Right$(3,SQLSTATE$)
```

SQLErrorCode

Syntax

SQLErrorCode(*FehlerNr*)

Beschreibung

Bestimmt den internen Fehlercode des angegebenen Fehlers in der Datenquelle. Interne Fehler werden von dem DBMS der Datenquelle in einer bestimmten Verbindung erzeugt und geliefert. Weitere Informationen über einzelne interne Fehlercodes finden Sie in der Dokumentation zum jeweiligen DBMS.

Argument	Erklärung
FehlerNr	Eine Zeilennummer im Bereich von 1 bis zum Wert, der von der Funktion **SQLCountErrors** geliefert wird (1 entspricht dem ersten verfügbaren Element).

Diese Funktion liefert den numerischen internen Fehlercode für Fehler, die in der Datenquelle ausgelöst wurden. Bei vom Treiber oder Treiber-Manager erfaßten Fehlern liefert **SQLErrorCode** für den internen Fehler den Wert 0 (Null).

SQLErrorFlush

Syntax	SQLErrorFlush()
Beschreibung	Entfernt Fehlerinformationen über den aktuellen Fehler. Sie können mit **SQLErrorFlush** zwar bewußt die aktuellen Fehlerinformationen entfernen; alle Fehlerinformationen werden jedoch auch automatisch entfernt, sobald eine der ODBC-Hauptfunktionen erfolgreich beendet wird.
	Wenn die Fehlerinformationen nicht entfernt werden konnten, liefert die Funktion **SQLErrorFlush** einen negativen Fehlerwert.

SQLErrorText$

Syntax	**SQLErrorText$**(*FehlerNr*)
Beschreibung	Ruft eine Zeile mit verfügbaren Fehlerinformationen ab. **SQLErrorText$** liefert eine einzelne Zeichenfolge, die eine Liste mit durch Trennzeichen abgegrenzten Fehlerinformationen enthält. Die Informationen können von einer Fehlerbehandlungsroutine ausgewertet oder dem Benutzer angezeigt werden.

Argument	Erklärung
FehlerNr	Eine Zeilennummer im Bereich von 1 bis zum Wert, der von der Funktion **SQLCountErrors** geliefert wird (1 entspricht dem ersten verfügbaren Element).

Jede Zeile der Fehlerinformationen besteht aus den folgenden vier Feldern:

- Anbieter
- ODBC-Komponente
- Name der Datenquelle
- Text mit der Beschreibung des Fehlers

Wenn mindestens eines dieser Felder für die Art des aufgetretenen Fehlers nicht zur Verfügung steht, bleiben sämtliche Felder leer. Weitere Informationen über ODBC-Fehlermeldungen finden Sie im Handbuch *Microsoft ODBC Programmer's Reference* zum *Microsoft ODBC Software Development Kit*, Version 2.10. Informationen über bestimmte Rückgabewerte finden Sie in der Hilfedatei für den entsprechenden ODBC-Treiber.

Beispiel Das folgende Beispiel demonstriert eine einfache Schleife zum Anzeigen von Fehlerinformationen für den Benutzer in einem Meldungsfeld. Nachdem die Anzahl der Zeilen mit Fehlerinformationen von **SQLCountErrors** geliefert wurde, zeigt eine **For...Next**-Schleife die Fehler an.

```
Anzahl = SQLCountErrors()
for Mldgen = 1 to Anzahl
    MsgBox SQLErrorText$(Anzahl), "ODBC-Fehler", 48
next Anzahl
```

SQLExecQuery

Syntax   SQLExecQuery(*VerbindungsNr*, *Abfrage$*)

Beschreibung   Sendet eine Abfrage über eine bestehende Verbindung an eine Datenquelle und speichert das gesamte Abfrageergebnis im Arbeitsspeicher ab.

> **Anmerkung** Im Gegensatz zu **SQLExecQuery** speichert **SQLQueryExec** das gesamte Abfrageergebnis nicht im Arbeitsspeicher ab. Verwenden Sie **SQLQueryExec**, um beim Erstellen komplexer Datenbanken mit der ODBC-Add-In Library Ressourcenengpässe zu vermeiden.

Vor dem Aufruf von **SQLExecQuery** muß eine Verbindung zu einer Datenquelle mit **SQLOpen** aufgebaut worden sein. Bei einem erfolgreichen Aufruf von **SQLOpen** wird eine eindeutige Verbindungskennung geliefert. **SQLExecQuery** verwendet diese Verbindungskennung, um SQL-Abfragen an die Datenquelle zu senden.

SQLExecQuery führt eine Abfrage lediglich aus; die Ergebnisse der Abfrage werden jedoch nicht zurückgegeben. Das Abrufen der Ergebnisse erfolgt mit den Funktionen **SQLRetrieveColumns**, **SQLRetrieveItem$** und **SQLRetrieveRows**. Wenn **SQLExecQuery** mit einer bestehenden Verbindungskennung aufgerufen wird, werden alle „anstehenden" Ergebnisse (die noch nicht vollständig berechnet sind) in dieser Verbindung automatisch verworfen. Die Verbindungskennung verweist anschließend auf die neue Abfrage und die zugehörigen Ergebnisse.

Argument	Erklärung
VerbindungsNr	Die eindeutige Verbindungskennung der abzufragenden Datenquelle, die von der zuvor ausgeführten Funktion **SQLOpen** geliefert wurde. Wenn *VerbindungsNr* ungültig ist, liefert **SQLExecQuery** den Wert 0 (Null).
Abfrage$	Die SQL-Abfrage, die auf der Datenquelle ausgeführt werden soll. Die Abfrage sollte die SQL-Grammatik verwenden. Die Hilfedatei für den entsprechenden ODBC-Treiber beschreibt sämtliche Einschränkungen oder Änderungen der SQL-Sprache für das entsprechende DBMS.
	Wenn **SQLExecQuery** auf der angegebenen Datenquelle *Abfrage$* nicht ausführen kann, liefert **SQLExecQuery** den Wert 0 (Null). Der genaue Fehler kann über die Fehlerfunktionen ermittelt werden.

Wenn **SQLExecQuery** die Abfrage auf der angegebenen Verbindung erfolgreich ausführen kann, wird einer von drei Werten zurückgegeben, der von der Art der ausgeführten SQL-Anweisung abhängt.

SQL-Anweisung	Rückgabewert
SELECT	Die Anzahl der verfügbaren Ergebnisspalten
UPDATE, INSERT oder DELETE	Die Anzahl der von der Anweisung betroffenen Zeilen
Andere	Ein positiver Wert

Wenn beim Ausführen der Abfrage ein Fehler aufgetreten ist, liefert SQLExecQuery einen negativen Wert.

Beispiel

Das folgende Beispiel sendet eine einfache SELECT-Abfrage an eine bestehende Verbindung mit einer Datenquelle, während die asynchrone Verarbeitung aktiviert ist. Solange **SQLExecQuery** den Wert –2 liefert, ist die Abfrage noch nicht beendet. Der Makro sollte auf den endgültigen Rückgabewert von **SQLExecQuery** warten, bevor er überprüft, ob ein Fehler aufgetreten ist.

```
Erg = -2
While Erg = -2
    Erg = SQLExecQuery(VerbindungsNr, "select * from Autoren")
Wend
If Erg <= 0 Then Goto FehlerAnalysieren
```

SQLGetSchema

Syntax

SQLGetSchema(*VerbindungsNr, Typ, Einschr$*)

Beschreibung

Startet eine Pseudo-Abfrage auf einer Verbindung mit einer Datenquelle, um Informationen zum Schema (zur Struktur) der Datenquelle zu erhalten. Nachdem **SQLGetSchema** eine Pseudo-Abfrage gestartet hat und einen Wert liefert, der die verfügbaren Informationen beschreibt, liefert der ein- oder mehrmalige Aufruf von **SQLGetSchemaItem$** die verfügbaren Zeichenfolgen mit Informationen über die Struktur der Datenquelle. **SQLGetSchema** wird in Kombination mit den ODBC API-Funktionen SQLGetInfo und SQLTables verwendet, um die gewünschten Informationen zu ermitteln. Umfassende Informationen zu diesen API-Funktionen finden Sie im Handbuch *Microsoft ODBC Programmer's Reference* zum *Microsoft ODBC Software Development Kit*, Version 2.10.

Einen vollständigen Beispielmakro mit **SQLGetSchema** finden Sie als dritten Beispielmakro unter „Einsatz der ODBC-Erweiterungen" weiter oben in diesem Anhang.

Argument	Erklärung
VerbindungsNr	Die eindeutige Verbindungskennung der Datenquelle, zu der Informationen gewünscht werden. Die Kennung wird von der zuvor ausgeführten Funktion **SQLOpen** geliefert. Wenn *VerbindungsNr* ungültig ist, liefert **SQLGetSchema** den Wert 0 (Null).
Typ	Ein Wert im Bereich von 1 bis 14, der die Art der gewünschten Informationen angibt. Eine Beschreibung der Informationen, die zurückgegeben werden können, finden Sie in der nachfolgenden Tabelle mit den Rückgabewerten.
Einschr$	Eine Zeichenfolge, die die Suche nach den gewünschten Informationen einschränkt. Diese Zeichenfolge sollte in Anführungszeichen eingeschlossen sein. *Einschr$* wird nur in Verbindung mit den *Typ*-Werten 3, 4 und 5 verwendet. Bei allen anderen *Typ*-Werten sollte *Einschr$* eine leere Zeichenfolge ("") enthalten.
	Wenn *Typ* den Wert 3 hat, sollte *Einschr$* den Namen einer Datenbank in der aktuellen Datenquelle enthalten. **SQLGetSchema** liefert dann die Anzahl der Tabellenbesitzer in dieser Datenbank. Wenn Sie eine leere Zeichenfolge ("") angeben, liefert die Funktion die Anzahl aller Besitzer aller Datenbanken in der durch *VerbindungsNr* angegebenen Verbindung.
	Wenn *Typ* den Wert 4 hat, sollte *Einschr$* sowohl einen Datenbanknamen als auch einen Besitzernamen angeben. Die Syntax für *Einschr$* ist „Datenbank.Besitzer". **SQLGetSchema** liefert dann die Anzahl der Tabellen, die sich in der angegebenen Datenbank befinden und den angegebenen Besitzer haben. Wenn Sie eine leere Zeichenfolge ("") angeben, liefert die Funktion die Anzahl aller Tabellen in allen Datenbanken aller Besitzer in der durch *VerbindungsNr* angegebenen Verbindung.
	Wenn *Typ* den Wert 5 hat, sollte *Einschr$* den Namen einer Tabelle enthalten. Die Funktion liefert dann Informationen zu den Spalten in dieser Tabelle.

Der von der Funktion **SQLGetSchema** gelieferte numerische Wert hängt vom Wert des übergebenen *Typ*-Arguments ab, der in der folgenden Tabelle beschrieben wird. Ein ein- oder mehrmaliger Aufruf von **SQLGetSchemaItem$** liefert die verfügbare(n) Zeichenfolge(n) entsprechend dem numerischen Rückgabewert von **SQLGetSchema**.

Type	Bedeutung des Rückgabewertes
1	Anzahl verfügbarer Datenquellen.
2	Anzahl der Datenbanken in der aktuellen Verbindung.
3	Anzahl der Besitzer in einer Datenbank in der aktuellen Verbindung. Bei diesem Wert von *Typ* muß ein Wert für *Einschr$* angegeben werden.
4	Anzahl der Tabellen eines bestimmten Besitzers und einer bestimmten Datenbank in der aktuellen Verbindung. Bei diesem Wert von *Typ* muß ein Wert für *Einschr$* angegeben werden.
5	Zahl, die ein zweidimensionales Datenfeld beschreibt, in dem die Spalten einer bestimmten Tabelle und ihre Datentypen aufgeführt sind. Zurückgegeben wird die Gesamtanzahl der verfügbaren Zeichenfolgen. Die Elemente mit einer ungeraden Zahl enthalten die Spaltennamen, und die Elemente mit einer geraden Zahl enthalten die Datentypen der Spalten. Bei diesem Wert von *Typ* muß ein Wert für *Einschr$* angegeben werden.
6	Wenn es sich nicht um einen Fehlerwert handelt, ist die Benutzerkennung des aktuellen Benutzers verfügbar.
7	Wenn es sich nicht um einen Fehlerwert handelt, ist der Name der aktuellen Datenbank verfügbar.
8	Wenn es sich nicht um einen Fehlerwert handelt, ist der Name der Datenquelle, wie in der Datei ODBC.INI (Windows 3.*x*) oder in der Registrierung (Windows 95 und Windows NT) angegeben, verfügbar.
9	Wenn es sich nicht um einen Fehlerwert handelt, ist der Name des DBMS für die Datenquelle (z.B. Oracle, SQL Server usw.) verfügbar.
10	Wenn es sich nicht um einen Fehlerwert handelt, ist der Name für den Server der Datenquelle verfügbar.
11	Wenn es sich nicht um einen Fehlerwert handelt, steht die Terminologie, mit der sich die Datenquelle auf Besitzer bezieht (z.B. „owner", „Authorization ID", „Schema" usw.), zur Verfügung.
12	Wenn es sich nicht um einen Fehlerwert handelt, steht die Terminologie, mit der sich die Datenquelle auf Tabellen bezieht (z.B. „table", „file" usw.), zur Verfügung.
13	Wenn es sich nicht um einen Fehlerwert handelt, steht die Terminologie, mit der sich die Datenquelle auf Kennzeichner bezieht (z.B. „database" oder „directory"), zur Verfügung.
14	Wenn es sich nicht um einen Fehlerwert handelt, steht die Terminologie, mit der sich die Datenquelle auf Prozeduren bezieht (z.B. „database procedure", „stored procedure" oder „procedure"), zur Verfügung.

Anmerkung Die Funktion **SQLGetSchema** sollte keine anstehenden Ergebnisse einer anderen Abfrage überschreiben, die an dieselbe Datenquelle gesendet wurde. Sie können das Überschreiben anstehender Abfrageergebnisse verhindern, indem Sie eine neue Verbindung zur Datenquelle mit **SQLOpen** aufbauen und die sich ergebende Verbindungskennung für **SQLGetSchema** angeben.

SQLGetSchemaItem$

Syntax   **SQLGetSchemaItem$**(*VerbindungsNr*, *Element*)

Beschreibung   Liefert eine Zeichenfolge mit Informationen über das Schema (die Struktur) der Datenquelle in einer bestimmten Verbindung. Nach einem erfolgreichen Aufruf von **SQLGetSchema** können Sie mit einem oder mehreren Aufrufen von **SQLGetSchemaItem$** den oder die Zeichenfolgenwerte zurückgeben, die laut den von **SQLGetSchema** gelieferten Informationen über einen bestimmten Aspekt der Datenquellenstruktur zur Verfügung stehen. Die über **SQLGetSchemaItem$** verfügbaren Werte hängen von der Art der gewünschten Informationen ab.

Einen vollständigen Beispielmakro mit **SQLGetSchemaItem$** finden Sie als dritten Beispielmakro unter „Einsatz der ODBC-Erweiterungen" weiter oben in diesem Anhang.

Argument	Erklärung
VerbindungsNr	Die eindeutige Verbindungskennung der Datenquelle, zu der Informationen gewünscht werden. Die Kennung wird von einer zuvor ausgeführten Funktion **SQLOpen** geliefert. Wenn *VerbindungsNr* ungültig ist, liefert **SQLGetSchemaItem$** den Wert 0 (Null).
Element	Gibt die Art der gewünschten Information an. Der Wert für *Element* sollte im Bereich von 1 bis zu dem Wert liegen, der von **SQLGetSchema** für eine ausgeführte Pseudo-Abfrage geliefert wurde.

Die von dieser Funktion zur Verfügung gestellten Zeichenfolgenwerte hängen von der Art der gewünschten Informationen ab. In der Tabelle der Rückgabewerte für **SQLGetSchema** finden Sie entsprechende Beschreibungen.

SQLGetTypeInfo$

Syntax   **SQLGetTypeInfo$**(*VerbindungsNr*, *Typ$*)

Beschreibung   Ordnet einen bekannten Datentyp einem passenden internen Datentyp zu. Beim Aufruf der SQL-Anweisungen CREATE TABLE und ALTER TABLE müssen Sie die Datentypen angeben, die intern in dem zugehörigen DBMS verwendet werden. Mit der Funktion **SQLGetTypeInfo$** ermitteln Sie einen passenden Datentyp für das verwendete DBMS. Weitere Informationen über das Zuordnen von Datentypen für einen bestimmten ODBC-Treiber finden Sie in der zugehörigen Hilfedatei.

Argument	Erklärung
VerbindungsNr	Die eindeutige Verbindungskennung der Datenquelle, für die ein bekannter Datentyp einem internen Datentyp zugeordnet werden soll. Die Kennung wird von der zuvor ausgeführten Funktion **SQLOpen** geliefert. Wenn *VerbindungsNr* ungültig ist, liefert **SQLGetTypeInfo$** einen Fehlerwert.
Typ$	Ein Datentyp, zu dem der intern im DBMS verwendete äquivalente Datentyp bestimmt werden soll.

Zu allen gültigen SQL-Datentypen liefert diese Funktion den entsprechenden Datentyp für das DBMS der aktuellen Datenquelle.

Beispiel   Dieses Beispiel demonstriert, wie Sie mit **SQLGetTypeInfo$** WordBasic ODBC-Makros erstellen können, die auf mehreren DBMS-Systemen lauffähig sind. In diesem Beispiel speichert **SQLGetTypeInfo$** die internen Datentypen in Variablen. Die in der Funktion **SQLExecQuery** angegebene SQL-Abfrage CREATE TABLE funktioniert daher unabhängig von dem DBMS, in dem die Datenquelle erstellt wurde.

```
Ganz$ = SQLGetTypeInfo$(VerbindungsNr,"integer")
Txt$ = SQLGetTypeInfo$(VerbindungsNr,"text")
Erg = SQLExecQuery(VerbindungsNr, \
     "create table Ang_id(id " + Ganz$ + ", name" + Txt$ + "(32))")
```

SQLOpen

Syntax   **SQLOpen**(*Verb$*, *Ausgabe$*, *TreiberEingabe*)

Beschreibung   Baut eine Verbindung mit einer Datenquelle auf. Eine mit **SQLOpen** aufgebaute Verbindung kann so lange innerhalb eines Makros verwendet werden, bis die Verbindung mit **SQLClose** abgebaut wird. **SQLOpen** kann den Benutzer zur Eingabe zusätzlich benötigter Verbindungsinformationen auffordern.

Argument	Erklärung
Verb$	Die Informationen, die zum Aufbau einer Verbindung mit einer Datenquelle erforderlich sind. Beim Namen der in *Verb$* verwendeten Datenquelle muß es sich um den Namen einer bestehenden Datenquelle handeln, der mit dem ODBC-Setup oder dem ODBC-Administrator definiert wurde. Weitere Informationen zur Definition der Namen von Datenquellen finden Sie unter „Einrichten von Datenquellen" weiter oben in diesem Anhang. Das Format für *Verb$* sollte dem Format entsprechen, das in der Hilfedatei für den entsprechenden ODBC-Treiber beschrieben ist. Für diese Zeichenfolge sind ggf. der Name der Datenquelle, eine oder mehrere Benutzerkennungen, ein oder mehrere Kennwörter und weitere Informationen erforderlich, damit die Verbindung mit einem bestimmten DBMS erfolgreich aufgebaut werden kann.
Ausgabe$	Eine vordefinierte Zeichenfolgenvariable, in der die vollständige Verbindungszeichenfolge abgelegt werden soll. Wenn *Ausgabe$* nicht angegeben wird, wird keine vollständige Verbindungszeichenfolge zurückgegeben.
TreiberEingabe	Eine Zahl von 1 bis 4, die angibt, ob und wie der Treiber Eingabeaufforderungen anzeigen soll. Durch diese Zahl wird das Attribut fDriverCompletion in der ODBC API-Funktion SQLDriverConnect gesetzt. 1 Ein Dialogfeld wird immer angezeigt. Das Attribut wird auf SQL_DRIVER_PROMPT gesetzt. 2 Ein Dialogfeld wird nur angezeigt, wenn nicht genügend Informationen zum Aufbau der Verbindung zur Verfügung stehen. Der Treiber verwendet die Informationen aus der Verbindungszeichenfolge und der Angabe der Datenquelle als Voreinstellung. Das Attribut wird auf SQL_DRIVER_COMPLETE gesetzt. 3 Wie 2, aber alle nicht erforderlichen Aufforderungen werden durch den Treiber abgeblendet und deaktiviert. Das Attribut wird auf SQL_DRIVER_COMPLETE_REQUIRED gesetzt. 4 Wenn die Verbindung mit der Zeichenfolge nicht erfolgreich aufgebaut werden konnte, wird kein Dialogfeld angezeigt. Das Attribut wird auf SQL_DRIVER_NOPROMPT gesetzt.

Wenn die Verbindung erfolgreich aufgebaut wurde, liefert **SQLOpen** eine Verbindungskennung. Verwenden Sie diese Verbindungskennung beim Aufruf anderer Funktionen, um den Bezug zu dieser Verbindung herzustellen.

Wenn **SQLOpen** mit den angegebenen Informationen die Verbindung nicht aufbauen kann, wird der Fehlerwert 0 (Null) zurückgegeben. In diesem Fall legt **SQLOpen** Fehlerinformationen im Speicher ab, die von den Fehlerfunktionen zurückgegeben werden können, sofern solche Informationen zur Verfügung stehen.

Beispiele Dieses Beispiel verwendet **SQLOpen**, um eine Verbindung zu einer Microsoft Access-Datenquelle aufzubauen. Nicht erforderliche Aufforderungen werden unterdrückt:

```
VerbindungsNr = SQLOpen("testdat.mdb", Ausgabe$, 2)
```

Das folgende Beispiel ruft **SQLOpen** mit einem zusammengesetzten Wert für *Verb$* auf:

```
VerbindungsNr = SQLOpen("DSN = TestSrv; UID = dloehn; PWD = 123; \
    Database = Kneipen", Ausgabe$, 1)
```

SQLQueryExec

Syntax **SQLQueryExec**(*VerbindungsNr*, *Abfrage$*)

Beschreibung Sendet über eine vorhandene Verbindung eine Abfrage an eine Datenquelle.

> **Anmerkung** Im Gegensatz zu **SQLExecQuery** legt **SQLQueryExec** nicht das gesamte Abfrageergebnis im Speicher ab. Verwenden Sie **SQLQueryExec**, um beim Erstellen komplexer Datenbanklösungen mit der ODBC-Add-In Library Ressourcenengpässe zu vermeiden.

Vor dem Aufruf von **SQLQueryExec** muß eine Verbindung zu einer Datenquelle mit **SQLOpen** aufgebaut worden sein. Bei einem erfolgreichen Aufruf von **SQLOpen** wird eine eindeutige Verbindungskennung geliefert. **SQLQueryExec** verwendet diese Verbindungskennung, um SQL-Abfragen an die Datenquelle zu senden.

SQLQueryExec führt eine Abfrage lediglich aus; die Ergebnisse der Abfrage werden jedoch nicht zurückgegeben. Das Abrufen der Ergebnisse erfolgt mit den Funktionen **SQLQueryFetch**, **SQLQueryRetrieve**, **SQLQueryRetrieveColSize** und **SQLSetRowPos**. Wenn **SQLQueryExec** mit einer bestehenden Verbindungskennung aufgerufen wird, werden alle anstehenden Ergebnisse (die noch nicht vollständig berechnet sind) in dieser Verbindung automatisch verworfen. Die Verbindungskennung verweist anschließend auf die neue Abfrage und die zugehörigen Ergebnisse.

Sie können **SQLRetrieveItem$** oder **SQLRetrieveToDocument** nicht dazu verwenden, Daten aus einer **SQLQueryExec**-Anweisung zu liefern.

Argument	Explanation
VerbindungsNr	Die eindeutige Verbindungskennung für die abzufragende Datenquelle, die von der zuvor ausgeführten Funktion **SQLOpen** geliefert wurde. Wenn *VerbindungsNr* ungültig ist, liefert **SQLQueryExec** den Wert 0 (Null).
Abfrage$	Die SQL-Abfrage, die auf der Datenquelle ausgeführt werden soll. Die Abfrage sollte die SQL-Grammatik verwenden. Die Hilfedatei für den entsprechenden ODBC-Treiber beschreibt sämtliche Einschränkungen oder Änderungen der SQL-Sprache für das entsprechende DBMS.
	Wenn **SQLQueryExec** auf der angegebenen Datenquelle *Abfrage$* nicht ausführen kann, liefert **SQLQueryExec** den Wert 0 (Null). Der genaue Fehler kann über die Fehlerfunktionen ermittelt werden.

Wenn **SQLQueryExec** die Abfrage auf der angegebenen Verbindung erfolgreich ausführen kann, wird einer von drei Werten zurückgegeben, der von der Art der ausgeführten SQL-Anweisung abhängt.

SQL-Anweisung	Rückgabewert
SELECT	Die Anzahl der verfügbaren Ergebnisspalten
UPDATE, INSERT oder DELETE	Die Anzahl der von der Anweisung betroffenen Zeilen
Andere	Ein positiver Wert

Wenn beim Ausführen der Abfrage ein Fehler aufgetreten ist, liefert **SQLQueryExec** einen negativen Wert.

Anmerkung Enthält das Ergebnis der Abfrage nach der erfolgreichen Durchführung mit **SQLQueryExec** keine Daten, liefert die Funktion den Wert 0 (Null). Um zu ermitteln, ob dieser Rückgabewert einen Fehler anzeigt oder lediglich das Fehlen von Daten im Ergebnis angibt, muß das Ergebnis mit **SQLCountErrors** auf Fehlermeldungen überprüft werden. Wenn **SQLCountErrors** den Wert 0 (Null) liefert, hat **SQLQueryExec** die SQL-Abfrage erfolgreich durchgeführt, das Ergebnis ist jedoch leer.

Beispiel

Im folgenden Beispiel wird eine einfache SELECT-Abfrage an eine bestehende Verbindung mit einer Datenquelle gesendet, während die asynchrone Verarbeitung aktiviert ist. Solange **SQLQueryExec** den Wert –2 liefert, ist die Abfrage noch nicht beendet. Der Makro sollte auf den endgültigen Rückgabewert von **SQLQueryExec** warten, bevor er überprüft, ob ein Fehler aufgetreten ist.

```
Erg = -2
While Erg = -2
    Erg = SQLQueryExec(VerbindungsNr, "select * from Autoren")
Wend
If Erg <= 0 Then Goto FehlerAnalysieren
```

SQLQueryFetch

Syntax   **SQLQueryFetch**(*VerbindungsNr*)

Beschreibung Setzt die Einfügemarke an die nächste Zeile der Daten im Abfrageergebnis von **SQLQueryExec**. Die Einfügemarke kann nicht zurückgesetzt werden. Ein Makro kann **SQLQueryFetch** erst aufrufen, wenn bereits eine Verbindung mit **SQLOpen** hergestellt wurde. Außerdem muß bereits eine Abfrage mit **SQLQueryExec** ausgeführt worden sein, und die Ergebnisse der Abfrage müssen zum Abruf bereitstehen.

SQLQueryRetrieve wird für die Lieferung von Daten aus der Datenzeile verwendet, an der die Einfügemarke gesetzt ist.

Sie können **SQLQueryFetch** nicht in Kombination mit **SQLRetrieveItem$** oder **SQLRetrieveToDocument** verwenden, um Daten aus einer Datenquelle zurückzugeben.

Argument	Erklärung
VerbindungsNr	Die eindeutige Verbindungskennung für eine Datenquelle. Für die angegebene Datenquelle müssen Ergebnisse zum Abruf bereitstehen. Wenn *VerbindungsNr* ungültig ist, hat **SQLQueryExec** bereits einen Fehlerwert zurückgegeben. In diesem Fall legt **SQLQueryExec** Fehlerinformationen für die Fehlerfunktionen im Speicher ab, sofern solche Informationen zur Verfügung stehen.

Wenn die Einfügemarke verschoben wurde, liefert **SQLQueryFetch** den Wert 1; wenn die Einfügemarke bereits an die letzte Zeile der Daten gesetzt wurde, liefert die Funktion den Wert –1 (SQL_NoMoreData). Sonst liefert **SQLQueryFetch** den Wert 0 (Null) oder einen negativen Fehlerwert.

Beispiel Im folgenden Beispiel wird eine **While...Wend**-Schleife verwendet, um die Daten in jeder Spalte einer jeden Zeile der bereitstehenden Datenquelle zurückzugeben, bis **SQLQueryFetch** einen Wert liefert, der anzeigt, daß sich die Einfügemarke bereits an der letzten Zeile der Abfrageergebnisse befindet.

```
cols = SQLRetrieveColumns(VerbindungsNr)
Erg = SQLQueryFetch(VerbindungsNr)
While Erg = 1
    For i = 1 To cols
        storsize = SQLRetrieveColSize(VerbindungsNr, i)
        stor$ = Text$(storsize, 50)
        SQLQueryRetrieve(VerbindungsNr, i, stor$, storsize)
        ' Anweisungsblock, der den Wert von stor$ verarbeitet
    Next i
Erg = SQLQueryFetch(VerbindungsNr)
Wend
```

SQLQueryRetrieve

Syntax **SQLQueryRetrieve**(*VerbindungsNr*, *Spalte*, *DatenVar*$, *DatenGröße*)

Beschreibung Fügt der Variablen *DataVar*$ die Daten der angegebenen *Spalte* der aktuellen Zeile des Abfrageergebnisses hinzu. Es handelt sich dabei um die Zeile, an der **SQLQueryFetch** oder **SQLSetRowPos** die Einfügemarke gesetzt hat. Ein Makro kann **SQLQueryFetch** erst aufrufen, wenn bereits eine Verbindung mit **SQLOpen** hergestellt wurde. Außerdem muß bereits eine Abfrage mit **SQLQueryExec** ausgeführt worden sein, und die Ergebnisse der Abfrage müssen zum Abruf bereitstehen.

Sie können **SQLQueryRetrieve** nicht dazu verwenden, Daten aus einer von **SQLExecQuery** ausgeführten Abfrage zurückzugeben..

> **Vorsicht** **SQLQueryRetrieve** weist die Daten den Zeichen in *DatenVar*$ zu, bis die in *DatenGröße* festgelegte Anzahl von Zeichen erreicht ist. Ist die Anzahl der Zeichen, die *DatenVar*$ vor der Verwendung durch **SQLQueryRetrieve** hinzugefügt wurden, kleiner als *DatenGröße,* kann **SQLQueryRetrieve** Fehlermeldungen über zu wenig Arbeitsspeicher verursachen.
>
> Um solche Fehlermeldungen zu vermeiden, muß vom Makro vor der Verwendung von *DatenVar*$ in einer **SQLQueryRetrieve**-Funktion sichergestellt werden, daß der Wert der Variablen mindestens die in *DatenGröße* festgelegte Anzahl von Zeichen beinhaltet.

Argument	Erklärung
VerbindungsNr	Die eindeutige Verbindungskennung für eine Datenquelle. Für die angegebene Datenquelle müssen Ergebnisse zum Abruf bereitstehen. Wenn *VerbindungsNr* ungültig ist, hat **SQLQueryExec** bereits einen Fehlerwert zurückgegeben. In diesem Fall legt **SQLQueryRetrieve** Fehlerinformationen für die Fehlerfunktionen im Speicher ab, sofern solche Informationen zur Verfügung stehen.
Spalte	Die Nummer einer Spalte in der Datenquelle, aus der Daten abgerufen werden sollen. **SQLRetrieveColumns** wird für die Festlegung des Gültigkeitsbereichs von Werten verwendet. Wenn der Wert der Spalte außerhalb des Bereichs liegt, liefert **SQLQueryRetrieve** den Wert 0 (Null) und legt die Fehlerinformationen für die Fehlerfunktionen im Speicher ab.
DatenVar$	Die Variable, der **SQLQueryRetrieve** die Daten zuweist, bis die Anzahl der in *DatenGröße* angegebenen Zeichen erreicht ist. Vor dem Ausführen der Anweisung **SQLQueryRetrieve** muß der Wert von *DatenVar$* mindestens die Anzahl der in *DatenGröße* angegebenen Zeichen beinhalten. Ist dies nicht der Fall, können Fehlermeldungen über zu wenig Arbeitsspeicher auftreten.
DatenGröße	Gibt die Datenbreite in *Spalte* an. Mit **SQLRetrieveColSize** ermitteln Sie die Werte für *DatenGröße*. Wenn die Länge der Daten in *Spalte* über *DatenGröße* hinausgeht, schneidet **SQLQueryRetrieve** die Daten ab.

Wenn die Daten nicht erfolgreich zurückgegeben wurden, liefert **SQLQueryRetrieve** den Wert 0 (Null) oder einen negativen Fehlerwert.

Beispiel Im folgenden Beispiel wird eine **While...Wend**-Schleife verwendet, um die Daten mit **SQLQueryRetrieve** in jeder Spalte einer jeden Zeile in der bereitstehenden Datenquelle zurückzugeben, damit sie verarbeitet werden können.

```
cols = SQLRetrieveColumns(VerbindungsNr)
Erg = SQLQueryFetch(VerbindungsNr)
While Erg = 1
    For i = 1 To cols
        storsize = SQLRetrieveColSize(VerbindungsNr, i)
        stor$ = Text$(storsize, 50)
        SQLQueryRetrieve(VerbindungsNr, i, stor$, storsize)
        ' Anweisungsblock, der den Wert von stor$ verarbeitet
    Next i
Erg = SQLQueryFetch(VerbindungsNr)
```

SQLRetrieveColSize

Syntax   **SQLRetrieveColSize**(*VerbindungsNr*, *ColNum*)

Beschreibung   Legt die maximale Breite der Zeichenfolgewerte in der angegebenen Spalte der Datenquelle fest. Ein Makro kann **SQLRetrieveColSize** erst aufrufen, wenn bereits eine Verbindung mit **SQLOpen** aufgebaut wurde. Außerdem muß bereits eine Abfrage mit **SQLQueryExec** ausgeführt worden sein, und die Ergebnisse der Abfrage müssen zum Abruf bereitstehen. Verwenden Sie den von **SQLRetrieveColSize** gelieferten Wert in einer **String$()**-Anweisung, um eine entsprechend große Variable zu erstellen, die den von den nachfolgenden **SQLQueryRetrieve**-Anweisungen zugewiesenen Wert aufnehmen kann.

Sie können **SQLRetrieveColSize** nicht dazu verwenden, die Breite einer Spalte in den von **SQLExecQuery** gelieferten Abfrageergebnissen anzugeben.

Argument	Erklärung
VerbindungsNr	Die eindeutige Verbindungskennung für eine Datenquelle. Wenn *VerbindungsNr* ungültig ist, hat **SQLQueryExec** bereits einen Fehlerwert zurückgegeben. In diesem Fall legt **SQLRetrieveColSize** Fehlerinformationen für die Fehlerfunktionen im Speicher ab, sofern solche Informationen zur Verfügung stehen.

SQLRetrieveColSize liefert die maximale Breite der angegebenen Spalte in der Datenquelle. Beachten Sie, daß die Spaltengröße mit 1 beginnt, d.h, die erste Spalte hat die Nummer 1 und nicht 0 (Null).

SQLRetrieveColSize liefert 0 (Null), wenn die maximale Spaltenbreite nicht angegeben werden kann. Dabei werden Fehlerinformationen für die Fehlerfunktionen im Speicher abgelegt, sofern solche Informationen zur Verfügung stehen.

Wenn keine Ergebnisse in der Verbindung zum Abruf bereitstehen, keine Daten gefunden wurden oder keine Daten existieren, liefert **SQLRetrieveColSize** den Wert –1 (SQL_NoMoreData).

Beispiel   Im folgenden Beispiel wird der von **SQLRetrieveColSize** gelieferte Wert in einer **Text$()**-Anweisung verwendet, um die Größe der Variablen stor$ so zu bestimmen, daß sie in der nachfolgenden **SQLQueryRetrieve**-Anweisung verwendet werden kann. Der von **SQLRetrieveColSize** gelieferte Wert wird ebenfalls in der **SQLQueryRetrieve**-Anweisung verwendet, um die Anzahl der Zeichen anzuzeigen, die von der angegebenen Spalte der Datenquelle zurückgegeben werden sollen.

```
storsize = SQLRetrieveColSize(VerbindungsNr, 1)
stor$ = Text$(storsize, 35)      'Erstellt eine Zeichenfolge # Zeichen
SQLQueryRetrieve(VerbindungsNr, 1, stor$, storsize)
```

SQLRetrieveColumns

Syntax   **SQLRetrieveColumns**(*VerbindungsNr*)

Beschreibung   Bestimmt die Anzahl der in der Datenquelle verfügbaren Spalten. Ein Makro kann **SQLRetrieveColumns** erst aufrufen, wenn bereits eine Verbindung mit **SQLOpen** aufgebaut wurde. Außerdem muß bereits eine Abfrage mit **SQLExecQuery** oder **SQLQueryExec** ausgeführt worden sein, und die Ergebnisse der Abfrage müssen zum Abruf bereitstehen.

Argument	Erklärung
VerbindungsNr	Die eindeutige Verbindungskennung für eine Datenquelle. Wenn *VerbindungsNr* ungültig ist, hat **SQLExecQuery** oder **SQLQueryExec** bereits einen Fehlerwert zurückgegeben. In diesem Fall legt **SQLRetrieveColumns** Fehlerinformationen für die Fehlerfunktionen im Speicher ab, sofern solche Informationen zur Verfügung stehen.

SQLRetrieveColumns liefert die Anzahl der Spalten in der Datenquelle. Die Numerierung der Spalten beginnt mit 1, d.h., die erste Spalte hat die Nummer 1 und nicht 0 (Null).

Wenn keine Ergebnisse in der Verbindung zum Abruf bereitstehen, keine Daten gefunden wurden oder keine Daten existieren, liefert **SQLRetrieveColumns** den Wert –1 (SQL_NoMoreData).

SQLRetrieveFlush

Syntax   **SQLRetrieveFlush**(*VerbindungsNr*)

Beschreibung   Entfernt die aktuelle Abfrage und gibt alle für die Abfrage reservierten Ressourcen frei. Im allgemeinen gehen Daten älterer Abfragen verloren, wenn eine neue Abfrage gestartet wird. Mit **SQLRetrieveFlush** können Sie aktuelle Abfrageergebnisse jedoch auch absichtlich entfernen. Ein Makro kann **SQLRetrieveFlush** erst aufrufen, wenn bereits eine Verbindung mit **SQLOpen** aufgebaut wurde. Außerdem muß bereits eine Abfrage mit **SQLExecQuery** oder **SQLQueryExec** ausgeführt worden sein, und die Ergebnisse der Abfrage müssen zum Abruf bereitstehen.

Argument	Erklärung
VerbindungsNr	Die eindeutige Verbindungskennung für eine Datenquelle. Für die angegebene Datenquelle müssen Ergebnisse zum Abruf bereitstehen. Wenn *VerbindungsNr* ungültig ist, hat **SQLExecQuery** oder **SQLQueryExec** bereits einen Fehlerwert zurückgegeben. In diesem Fall legt **SQLRetrieveFlush** Fehlerinformationen für die Fehlerfunktionen im Speicher ab, sofern solche Informationen zur Verfügung stehen.

Wenn die aktuelle Abfrage nicht entfernt werden kann, liefert die Funktion **SQLRetrieveFlush** einen negativen Fehlerwert.

SQLRetrieveItem$

Syntax **SQLRetrieveItem$**(*VerbindungsNr*, *Spalte*, *Zeile*)

Beschreibung Stellt ein verfügbares Datenelement aus einer Datenquelle zur Verfügung. Ein Makro kann **SQLRetrieveItem$** erst aufrufen, wenn bereits eine Verbindung mit **SQLOpen** aufgebaut wurde. Außerdem muß bereits eine Abfrage mit **SQLExecQuery** ausgeführt worden sein, und die Ergebnisse der Abfrage müssen zum Abruf bereitstehen.

Sie können **SQLRetrieveItem$** nicht dazu verwenden, Daten aus einer **SQLQueryExec**-Anweisung zurückzugeben.

Einen vollständigen Beispielmakro, der **SQLRetrieveItem$** und die anderen Funktionen zum Abrufen von Informationen aus einer Datenquelle verwendet, finden Sie als zweiten Beispielmakro unter „Einsatz der ODBC-Erweiterungen" weiter oben in diesem Anhang.

Argument	Erklärung
VerbindungsNr	Die eindeutige Verbindungskennung für eine Datenquelle. Für die angegebene Datenquelle müssen Ergebnisse zum Abruf bereitstehen. Wenn *VerbindungsNr* ungültig ist, hat **SQLExecQuery** bereits einen Fehlerwert zurückgegeben. In diesem Fall legt **SQLRetrieveItem$** Fehlerinformationen für die Fehlerfunktionen im Speicher ab, sofern solche Informationen zur Verfügung stehen.
Spalte	Die Nummer einer Spalte in der Datenquelle. Mit **SQLRetrieveColumns** ermitteln Sie den gültigen Wertebereich. Wenn der Wert für die Spalte außerhalb des Bereichs liegt, liefert **SQLRetrieveItem$** eine leere Zeichenfolge ("").
Zeile	Die Nummer einer Zeile in der Datenquelle. Mit **SQLRetrieveRows** ermitteln Sie den gültigen Wertebereich. Wenn der Wert für die Zeile außerhalb des Bereichs liegt, liefert **SQLRetrieveItem$** eine leere Zeichenfolge ("").

SQLRetrieveItem$ gibt das angegebene Datenelement als Zeichenfolge zurück.

SQLRetrieveRows

Syntax	**SQLRetrieveRows**(*VerbindungsNr*)
Beschreibung	Ermittelt die Anzahl der in der Datenquelle verfügbaren Zeilen. Ein Makro kann **SQLRetrieveRows** erst aufrufen, wenn bereits eine Verbindung mit **SQLOpen** aufgebaut wurde. Außerdem muß bereits eine Abfrage mit **SQLExecQuery** ausgeführt worden sein, und die Ergebnisse der Abfrage müssen zum Abruf bereitstehen.

Argument	Erklärung
VerbindungsNr	Die eindeutige Verbindungskennung für eine Datenquelle. Wenn *VerbindungsNr* ungültig ist, hat **SQLExecQuery** bereits einen Fehlerwert zurückgegeben. In diesem Fall legt **SQLRetrieveRows** Fehlerinformationen für die Fehlerfunktionen im Speicher ab, sofern solche Informationen zur Verfügung stehen.

Liefert die Anzahl der Zeilen in der Datenquelle. Die Numerierung der Zeilen beginnt mit 1, d.h., die erste Zeile hat die Nummer 1 und nicht 0 (Null).

Wenn keine Ergebnisse in der Verbindung zum Abruf bereitstehen, keine Daten gefunden wurden oder keine Daten existieren, liefert **SQLRetrieveRows** den Wert –1 (SQL_NoMoreData).

SQLRetrieveToDocument

Syntax	**SQLRetrieveToDocument**(*VerbindungsNr*)
Beschreibung	Ruft die Ergebnisse einer Abfrage ab und legt den gesamten Inhalt in einer Tabelle im aktiven Dokument ab. Ein Makro kann **SQLRetrieveToDocument** erst aufrufen, wenn er bereits eine Verbindung mit **SQLOpen** aufgebaut hat. Außerdem muß bereits eine Abfrage mit **SQLExecQuery** ausgeführt worden sein, und die Ergebnisse der Abfrage müssen zum Abruf bereitstehen.

Sie können **SQLRetrieveToDocument** nicht dazu verwenden, Daten aus einer **SQLQueryExec**-Anweisung zurückzugeben.

Argument	Erklärung
VerbindungsNr	Die eindeutige Verbindungskennung der abzufragenden Datenquelle, die von der zuvor ausgeführten Funktion **SQLOpen** zurückgegeben wurde. Wenn *VerbindungsNr* ungültig ist, liefert **SQLRetrieveToDocument** den Wert 0 (Null).

Wenn das anstehende Abfrageergebnis nicht erfolgreich zurückgegeben werden kann, liefert **SQLRetrieveToDocument** einen negativen Fehlerwert.

| **Beispiel** | Das folgende Beispiel baut eine Verbindung zu einer Datenquelle auf, wählt mit einer Abfrage sämtliche Datensätze aus und verwendet anschließend **SQLRetrieveToDocument**, um die gesamte Datenquelle in eine Tabelle eines neuen Word-Dokuments einzufügen. |

```
VerbindungsNr = SQLOpen("DSN=test.mdb", AusgabeBezug$, 0)
Erg = SQLExecQuery(VerbindungsNr, "Select * from Tabelle4 " + \
        AnfZeichen2$("Name"))
DateiNeu
Erg = SQLRetrieveToDocument(VerbindungsNr)
Erg = SQLClose(VerbindungsNr)
```

SQLSetRowPos

Syntax	**SQLSetRowPos**(*VerbindungsNr*, *Zeile*)
Beschreibung	Setzt die Einfügemarke an eine angegebene Zeile der Abfrageergebnisse von **SQLQueryExec**. Ein Makro kann **SQLSetRowPos** erst aufrufen, wenn er bereits eine Verbindung mit **SQLOpen** aufgebaut hat. Außerdem muß bereits eine Abfrage mit **SQLQueryExec** ausgeführt worden sein, und die Ergebnisse der Abfrage müssen zum Abruf bereitstehen.

Anmerkung Nicht alle DBMSs können die Einfügemarke an eine beliebige Zeile eines Abfrageergebnisses verschieben. Wenn eine **SQLOpen**-Anweisung eine Verbindung an ein DBMS zurückgegeben hat, das die Einfügemarke nicht beliebig verschieben kann, liefert **SQLSetRowPos** den Wert 0 (Null).

Verwenden Sie **SQLQueryRetrieve**, um die Daten aus der Datenzeile zurückzugeben, an der sich die Einfügemarke befindet.

Sie können **SQLSetRowPos** nicht dazu verwenden, Daten aus einer **SQLExecQuery**-Anweisung zurückzugeben.

Argument	Erklärung
VerbindungsNr	Die eindeutige Verbindungskennung für eine Datenquelle. Für die angegebene Datenquelle müssen Ergebnisse zum Abruf bereitstehen. Wenn *VerbindungsNr* ungültig ist, hat **SQLQueryExec** bereits einen Fehlerwert zurückgegeben. In diesem Fall legt **SQLSetRowPos** Fehlerinformationen für die Fehlerfunktionen im Speicher ab, sofern solche Informationen zur Verfügung stehen.

Argument	Erklärung
Zeile	Die Nummer einer Zeile in der Datenquelle. Wenn der Wert für die Zeile außerhalb des Bereichs liegt, liefert **SQLSetRowPos** den Wert 0 (Null).
	Sie können **SQLRetrieveRows** nicht dazu verwenden, die Zeilenanzahl in einem Abfrageergebnis aus einer **SQLQueryExec**-Anweisung zu ermitteln. Deshalb müssen Sie eine der beiden folgenden Verfahren zur Bestimmung der gültigen Werte für *Zeile* anwenden:
	Erstellen Sie eine **While...Wend**-Schleife, um **SQLQueryFetch** aufzurufen, und zählen Sie eine Zählervariable so lange hoch, bis **SQLQueryFetch** den Wert –1 liefert. Verwenden Sie anschließend einen beliebigen Wert zwischen 1 und der Zählervariablen für *Zeile*.
	Verwenden Sie einen beliebigen Wert und bestimmen Sie, ob **SQLQueryFetch** erfolgreich war. Ist dies nicht der Fall, versuchen Sie es mit einem anderen Wert; war **SQLQueryFetch** hingegen erfolgreich, verarbeiten Sie die Daten in der Zeile, an der die Einfügemarke erfolgreich gesetzt wurde.

Wenn die Einfügemarke verschoben wurde, liefert **SQLSetRowPos** den Wert 1. Trat ein Fehler auf, liefert **SQLSetRowPos** den Wert 0 (Null) oder einen negativen Fehlerwert.

Falls das DBMS, das von der **SQLOpen**-Anweisung mit dem Rückgabewert *VerbindungsNr* angegeben wurde, diese Funktionalität nicht unterstützt, liefert **SQLSetRowPos** den Wert 0 (Null).

SQLSynchronize

Syntax **SQLSynchronize**(*Attribut*)

Beschreibung Legt fest, ob der asynchrone Aufruf von ODBC-Funktionen aktiviert oder gesperrtt werden soll. Mehrere Funktionen im ODBC API können asynchron aufgerufen werden. Die ODBC-Erweiterungen für Microsoft Word nutzen diese Möglichkeit. Nicht alle ODBC-Treiber können asynchrone Aufrufe verarbeiten, ODBC API jedoch wurde auf eine einheitliche Aufrufkonvention für alle Treiber ausgelegt.

Umfassende Informationen zur asynchronen Verarbeitung finden Sie unter „Requesting Asynchronous Processing" in Kapitel 6, „Executing SQL Statements", im Handbuch *Microsoft ODBC Programmer's Reference* zum *Microsoft ODBC Software Development Kit*, Version 2.10.

Argument	Erklärung
Attribut	Legt fest, ob die asynchrone Verarbeitung aktiviert oder gesperrt werden soll:
	0 (Null) Aktiviert die asynchrone Verarbeitung. Daraufhin können SQL-Funktionen den Wert –2 (SQL_StillExecuting) zurückgeben, wenn eine Operation in der Verbindung noch nicht beendet ist.
	1 Sperrt die asynchrone Verarbeitung.

Wenn **SQLSynchronize** nicht erfolgreich ausgeführt wird, liefert die Funktion einen negativen Fehlerwert.

Beispiel Das folgende Beispiel demonstriert die Aufrufkonvention für asynchrone ODBC-Funktionen.

```
Fehlerwert = SQLSynchronize(0)
Status = SQLExecQuery(Verbindung, AbfrageText$)
While SQLRetrieveRows(Verbindung) = -2
    'Eine Reihe von Anweisungen, die andere Operationen ausführen
Wend
```

Die in WBODBC.WLL verwendeten ODBC-Funktionen können in dieser Form aufgerufen werden, nachdem die asynchrone Verarbeitung aktiviert wurde.

ANHANG C

Microsoft Word-API (Application Programming Interface)

Das Microsoft Word-API (Application Programming Interface) ermöglicht den Zugang zur internen Funktionalität von Microsoft Word, Version 6.0x. Mit einer Programmiersprache wie Microsoft Visual C++ (Windows) bzw. Symantec THINK C (Macintosh), dem Word-API und den auf der Diskette zum *Microsoft Word Developer's Kit* enthaltenen Werkzeugen können Sie Add-Ins erstellen, die direkt mit Microsoft Word kommunizieren. In diesem Anhang werden die Grundlagen, Werkzeuge und Methoden zum Programmieren dieser Word Add-In Libraries (WLLs) beschrieben.

Die Vorteile des Word-API

Eine Möglichkeit, Word über ein Programm zu steuern, ist die Verwendung der Makrosprache WordBasic. WordBasic stellt die gesamte Funktionalität von Word zur Verfügung und kann unter Windows Funktionen des Windows-API sogar direkt aufrufen. Das bedeutet bereits ein hohes Maß an Leistungsstärke und Flexibilität. Das Word-API geht über die Möglichkeiten von WordBasic hinaus und ist noch flexibler und leistungsfähiger.

Das Programmieren mit dem Word-API bietet eine Reihe von Vorteilen gegenüber WordBasic. Sie können schnellen, effizienten und flexiblen Code schreiben. Außerdem können Sie bereits existierende Bibliotheken mit externem Code nutzen oder neuen Code mit einem beliebigen Compiler erstellen, sofern er das Erstellen von Codemodulen unterstützt. Es gibt nur wenige Einschränkungen bezüglich der Komplexität und des Umfangs vonWLLs, die Sie für Word entwerfen und erstellen können.

Unter Windows ist eine Word Add-In Library (WLL) eine spezielle Ausführung einer Standard-DLL (Dynamic Link Library) für Windows. Auf dem Macintosh ist eine Word Add-In Library eine WDLL-Code-Ressource, die für WordBasic direkt verfügbar ist. Sie können daher jede Programmiersprache verwenden, die eine Windows-DLL oder Macintosh Code-Ressource erstellen kann, z. B. C, Pascal oder Assembler. Die meisten Entwickler verwenden die Programmiersprache C.

> **Anmerkung** Der Begriff „WLL" bezeichnet in diesem Anhang eine Word Add-In Library, die entweder für Windows oder für den Macintosh entwickelt wurde.

Wichtige Informationen

Bevor Sie das Word-API einsetzen, sollten Sie mit den Grundlagen des Erstellens einer DLL (Windows) bzw. Code-Ressource (Macintosh) vertraut sein. Sie sollten außerdem mit Word und der Makrosprache WordBasic vertraut sein.

Voraussetzungen

Windows 3.x, Windows 95 oder Windows NT

Sie benötigen die folgenden Komponenten, um WLLs unter Windows 3.x, Windows 95 oder Windows NT entwickeln zu können:

- Microsoft Word Developer's Kit
- Microsoft Word, Version 6.0, für Windows bzw. Windows NT oder Word, Version 7.0.
- Microsoft Windows, Version 3.1 oder höher, Microsoft Windows 95 oder Microsoft Windows NT, Version 3.5 oder höher.
- Einen Compiler, der Windows-kompatible DLL-Dateien erzeugen kann (z.B. Microsoft Visual C++)

Macintosh Zur Entwicklung von WLLs auf dem Macintosh sind folgende Komponenten erforderlich:

- Microsoft Word Developer's Kit
- Microsoft Word, Version 6.0 oder höher, für den Macintosh
- Apple Macintosh System 7.0 oder höher
- Einen Compiler, der Macintosh Code-Ressourcen erzeugen kann (z. B. Symantec THINK C)

Installation

Die zum Erstellen von WLLs erforderlichen Dateien befinden sich im Ordner CAPI auf der Diskette zum *Microsoft Word Developer's Kit*. Der Unterordner SAMPLE im Ordner CAPI enthält die Dateien, die zur Erzeugung einer Beispiel-WLL in Visual C++ (Windows) oder Symantec THINK C (Macintosh) notwendig sind. Sie können diesen Beispielcode als Grundlage für die Entwicklung eigener WLLs verwenden.

Windows, Windows 95 oder Windows NT Kopieren Sie den gesamten Unterordner CAPI von der Diskette zum *Microsoft Word Developer's Kit* an eine geeignete Stelle in der Ordnerstruktur Ihres Compilers. Der Unterordner CAPI enthält die folgenden Dateien, die in allen von Ihnen erstellten WLL-Projekten verfügbar sein müssen:

- CAPILIB.C, eine Zusammenstellung von Hilfsfunktionen, die im Abschnitt „Verwenden der CAPILIB-Funktionen" weiter unten in diesem Anhang beschrieben werden.
- CAPILIB.H, die Include-Datei, in der die CAPILIB-Funktionen deklariert werden.
- WDCAPI.H, die Include-Datei, in der die Funktionen, Datenstrukturen und Konstanten definiert werden, die zur Programmierung von WLLs benötigt werden.
- CONFIG.H, die Include-Datei, die erforderlich ist, um WLLs auf 16-Bit- oder 32-Bit-Plattformen ordnungsgemäß zu kompilieren.
- WDCMDS.H, die Include-Datei, in der alle Word-Befehle und -Funktionen definiert werden, die über das Word-API verfügbar sind.
- WDERROR.H, die Include-Datei, in der alle von Word gelieferten Word-API-Fehlercodes definiert werden.
- WDFID.H, die Include-Datei, in der alle Befehls- und Funktionsargumente definiert werden, die die in WDCMDS.H aufgelisteten Word-Befehle verwenden.

Macintosh Ziehen Sie den Ordner CAPI von der Diskette zum *Microsoft Word Developer's Kit* an eine geeignete Stelle in Ihrem Compiler-Ordner. Der Ordner CAPI enthält Dateien, die denen auf der Windows-Diskette ähnlich sind. Sie müssen in allen von Ihnen erstellten WLL-Projekten verfügbar sein.

Übersicht über Add-Ins und WLLs

Externe Funktionen in einer Bibliothek heißen Add-Ins oder Add-In-Funktionen. Add-In-Funktionen für Word sind schneller und effizienter als die entsprechenden WordBasic-Makros, da sie in C geschrieben und kompiliert sind und die gesamte Funktionalität des Betriebssystems nutzen können. Externe Add-In-Funktionen in einer WLL können von WordBasic aus deklariert und aufgerufen oder in Word unter Verwendung der Funktionen im Word-API registriert werden.

Was ist eine Word Add-In Library?

Unter Windows ist eine Word Add-In Library (WLL) eine eigenständige DLL (Dynamic-Link Library) mit der Dateinamenerweiterung .WLL (nach der Erstellung der Library wird ihre Dateinamenerweiterung DLL in WLL umbenannt, um die Datei als Word Add-In Library zu kennzeichnen). Auf dem Macintosh ist eine WLL eine WDLL-Code-Ressource, die speziell für Word erstellt wurde. Eine WLL wird genau so kompiliert, gebunden und erstellt wie eine DLL (Windows) bzw. Code-Ressource (Macintosh). Eine WLL kann jedoch die beiden speziellen Funktionen **wdAutoOpen** und **wdAutoRemove** enthalten, die Word sucht und automatisch aufruft, wenn die WLL ge- und entladen wird.

Word verwendet diese beiden Funktionen als automatische Einsprungpunkte in eine WLL. Word ruft die Funktion **wdAutoOpen** auf, wenn die WLL geladen wird. In dieser Funktion sollte die WLL ihre Funktionen registrieren und Word entsprechend anpassen, damit die Funktionen über Menüelemente oder Schaltflächen auf der Symbolleiste aufgerufen werden können. **WdAutoOpen** liefert an Word einen Wert, der anzeigt, ob die Aktionen erfolgreich durchgeführt werden konnten oder einen Fehler verursachen (auf dem Macintosh muß die Funktion den Wert an die Hauptroutine liefern, die ihn wiederum an Word zurückgibt). Der Prototyp der Funktion:

```
//Windows
short FAR PASCAL wdAutoOpen( short DocID );

// Macintosh
short wdAutoOpen( short DocID );
```

Word ruft die optionale Funktion **wdAutoRemove** auf (falls vorhanden), wenn die WLL durch den Benutzer oder beim Beenden von Word entladen wird. Der Prototyp der Funktion:

```
//Windows
void FAR PASCAL wdAutoRemove( void );

// Macintosh
void wdAutoRemove( void );
```

Diese Funktion kann verwendet werden, um dynamisch reservierten Speicherplatz freizugeben, wenn die WLL entladen wird. Wenn Ihre WLL dauerhafte Änderungen an der Dokumentvorlage „Normal" oder der aktiven Dokumentvorlage vornimmt, sollten Sie die Funktion **wdAutoRemove** außerdem verwenden, um alle Anpassungen zu entfernen, die nicht in der Dokumentvorlage gespeichert werden sollen. Falls die WLL keine dauerhaften Änderungen vornimmt, wird die Dokumentvorlage „Normal" bzw. die aktive Dokumentvorlage von der WLL nicht verändert. Alle Anpassungen sind dann temporär und werden automatisch beim Entladen der WLL entfernt. In diesem Fall ist die Funktion **wdAutoRemove** nicht notwendig.

Eine Beschreibung der anderen WLL-spezifischen Funktionen, die Word über das Word-API zur Verfügung stellt, finden Sie unter „Funktionen des Word-API" weiter unten in diesem Anhang.

WordBasic und das Word-API

In der Regel gibt es für jede Funktion oder Anweisung in WordBasic genau eine Entsprechung, die aus einer Add-In-Funktion in einer WLL aufgerufen werden kann. Das Word-API soll jedoch nicht unbedingt die WordBasic-Funktionalität nachbilden, sondern in erster Linie Textverarbeitungsfunktionen bereitstellen. Daher können gewisse Elemente der Makrosprache WordBasic, z.B. Steuerstrukturen, Variablendeklarationen, elementare Datei-Ein- und -Ausgabe sowie benutzerdefinierte Dialogfelder nicht aus einer Add-In-Funktion in einer WLL aufgerufen werden. Beachten Sie zudem, daß Sie existierende WordBasic-Makros über das Word-API wie mit der WordBasic-Anweisung **ExtrasMakro** ausführen können. Sie können jedoch nicht auf die Funktionalität der WordBasic-Anweisung **Call** zugreifen, mit der Sie Argumente übergeben oder bestimmte Unterroutinen oder Funktionen ausführen können.

Zusätzlich zu den bereits beschriebenen Funktionen **wdAutoOpen** und **wdAutoRemove** gibt es eine Reihe von Word-Funktionen, die WLLs nur über das Word-API zur Verfügung stehen. Weitere Informationen über diese Windows- und Macintosh-Funktionen und ihre Verwendung in WLLs finden Sie unter „Funktionen des Word-API" weiter unten in diesem Anhang.

Laden einer WLL

Es gibt verschiedene Möglichkeiten, eine WLL zu laden: direkt durch den Benutzer, automatisch beim Starten von Word oder beim Ausführen eines WordBasic-Makros.

Der Befehl „Dokumentvorlage" Wählen Sie aus dem Menü **Datei** den Befehl **Dokumentvorlage**. Word zeigt das Dialogfeld **Dokumentvorlagen und Add-Ins** an. Wählen Sie unter „Globale Vorlagen und Add-Ins" die Schaltfläche „Hinzufügen". Wählen Sie im Dialogfeld **Vorlage hinzufügen** im Listenfeld „Dateityp" den Typ „Word Add-Ins " und anschließend eine WLL aus. Wählen Sie „OK", um die WLL zur Liste der ausgewählten Add-Ins hinzuzufügen. Sobald Sie das Dialogfeld **Dokumentvorlagen und Add-Ins** schließen, lädt Word die WLL.

Der Befehl „Öffnen" Wählen Sie aus dem Menü **Datei** den Befehl **Öffnen**. Geben Sie den Pfad und Dateinamen der zu ladenden WLL ein. Sie können alle WLLs im ausgewählten Ordner anzeigen, indem Sie im Feld „Dateiname" ***.wll** eingeben und anschließend „OK" wählen (Windows) bzw. „Alle Dateien" im Feld „Dateityp" wählen (Macintosh).

Die Anweisung AddInHinzufügen Eine WLL kann von jedem WordBasic-Makro oder von einer Funktion in einer anderen WLL aus durch Aufrufen der Anweisung AddInHinzufügen geladen werden. Diese und andere Anweisungen, die in WordBasic-Makros zum Arbeiten mit Word Add-In Libraries verwendet werden, sind in Teil 2, „WordBasic–Anweisungen und Funktionen", beschrieben.

Auto-Makros Wenn ein automatischer WordBasic-Makro (AutoExec, AutoNew oder AutoOpen) verfügbar ist, wird er von Word automatisch ausgeführt. Mit der Anweisung **AddInHinzufügen** in einem automatischen Makro können Sie automatisch eine WLL laden. Ein AutoExec-Makro in der Dokumentvorlage „Normal" kann beispielsweise bei jedem Starten von Word automatisch eine WLL starten.

Startordner Alle WLLs, die sich im Startordner von Word befinden, werden beim Starten von Word automatisch geladen. Sie können den Startordner festlegen, indem Sie aus dem Menü **Extras** den Befehl **Optionen** wählen, dann die Registerkarte **Dateiablage** auswählen und anschließend den AutoStart-Ordner angeben.

Befehlszeile Unter Windows können Sie eine WLL beim Starten von Word laden, indem Sie im Programm-Manager zur Befehlszeile für das Microsoft Word-Programm den Schalter /l hinzufügen (Windows 3.*x* und Windows NT) oder einen Microsoft Word-Shortcut in Windows Explorer (Windows 95). Die folgende Befehlszeile lädt beispielsweise CAPI.WLL, wenn Word gestartet wird:

c:\winword\winword.exe /lc:\winword\vorlagen\capi.wll

Auf dem Macintosh können Sie die Einstellung „WordSwitches" in der Datei „Word-Einstellungen (6)" ändern, um eine WLL beim Start von Word zu laden. Informationen über das Ändern dieser Einstellung finden Sie in der WordBasic-Hilfe unter „Startschalter".

Anmerkung Ein WordBasic-Makro kann zwar direkt eine Funktion in einer WLL deklarieren und aufrufen. Es ist jedoch nicht in jedem Fall sicher, daß die Funktion auch wie erwartet ausgeführt wird. Nur wenn die WLL mit einer der oben beschriebenen Methoden geladen wurde, kann die Funktion **wdAutoOpen** andere Funktionen registrieren, und nur dann werden vorgesehene Änderungen an Menüs und Symbolleisten vorgenommen.

Aufrufen von Word aus einer WLL

Um Word mit dem Word-API aufzurufen, füllt eine WLL WDOPR-Datenstrukturen mit Daten, die für eine Word-Funktion Bedeutung besitzen und leitet diese Strukturen dann über die Funktion **wdCommandDispatch** weiter, die die zu verwendende Word-Funktion ermittelt. Die WDOPR-Datenstruktur und **wdCommandDispatch** werden ausführlich in den folgenden Abschnitten behandelt. Die CAPLIB-Funktionen auf der Diskette zum *Microsoft Word Developer's Kit* beinhalten bereits viele der zur Erstellung von WDOPR-Datenfeldern erforderlichen Schritte und bieten Unterstützung bei der Durchführung häufiger WLL-Aufgaben wie z. B. dem Anpassen von Word.

Zu einem besseren Verständnis der wesentlichen Funktionalität des Word-API und seiner plattformspezifischen Besonderheiten sollten Sie die Abschnitte „Die Funktion wdCommandDispatch", „Der Word-Operator (WDOPR)" und „Erfolgreiche Aufrufe" durchgehen. Danach können Sie sich im Abschnitt „Verwenden der CAPLIB-Funktionen" einen Überblick über die Hilfsfunktionen verschaffen, die Ihnen die Programmierung von WLLs erheblich erleichtern.

Die Funktion wdCommandDispatch

Eine Funktion einer Add-In Library greift auf Word zu, indem sie die Funktion **wdCommandDispatch** aufruft. Diese Funktion ist die einzige in Word, die von Add-Ins aufgerufen wird. Mit der Funktion **wdCommandDispatch** können Sie fast alle WordBasic-Anweisungen und -Funktionen aufrufen. Die von ihr übergebenen Argumente entsprechen den Argumenten, die für WordBasic-Anweisungen und -Funktionen in Teil 2, „WordBasic–Anweisungen und Funktionen", beschrieben werden.

Die Syntax für die Funktion **wdCommandDispatch** lautet:

```
// Windows
short FAR PASCAL wdCommandDispatch(short CommandID, short DlgOptions,
    short cArgs, LPWDOPR lpwdoprArgs, LPWDOPR lpwdoprReturn);

// Macintosh
pascal short (*wdCommandDispatch) ( short CommandID, short DlgOptions,
    short cArgs, LPWDOPR lpwdoprArgs, LPWDOPR lpwdoprReturn );
```

Weitere Einzelheiten zum Deklarieren von **wdCommandDispatch** im WLL-Code auf den verschiedenen Plattformen finden Sie unter „Die Funktion wdCommandDispatch auf verschiedenen Plattformen" weiter unten in diesem Abschnitt.

Schritt für Schritt durch die Parameter

Es ist wichtig, die einzelnen Parameter der Funktion **wdCommandDispatch** zu verstehen. Die folgenden Absätze beschreiben den Zweck und die Verwendung jedes einzelnen Parameters im Detail.

CommandID

Der WordBasic-Befehl, den Word ausführt. Die Namen der verfügbaren Funktionen werden als Konstanten in der Include-Datei WDCMDS.H angegeben. Die meisten dieser Befehlsnamen sind den entsprechenden WordBasic-Befehlen der englischen Version sehr ähnlich.

DlgOptions

Der Parameter für Dialogoptionen. Er ist nur für WordBasic-Befehle erforderlich, die Word-Dialogfeldern entsprechen. Dieser Parameter wird ignoriert, wenn der Befehl kein Dialogfeld verwendet. Die folgenden Konstanten für diesen Parameter sind in WDCAPI.H definiert.

CommandDefaults Gibt Standardwerte für die Felder des Dialogfelds zurück, ohne das Dialogfeld zu aktivieren. Aufrufe mit diesem Parameter ähneln der WordBasic-Anweisung **GetCurValues**.

CommandDialog Aktiviert das Dialogfeld und ähnelt in seiner Wirkung der Anweisung **Dialog** von WordBasic. Wenn die Funktion auf das Zurückgeben von Werten aus Word festgelegt wird, werden die Einstellungen für die Felder ohne weitere Aktionen lediglich an den aufrufenden Code zurückgegeben.

CommandAction Führt die durch das Dialogfeld angegebene Aktion aus. Bei Kombination mit **CommandDialog** wird zuerst das Dialogfeld angezeigt, damit der Benutzer die gewünschten Änderungen an den Feldern vornehmen kann. Danach wird die durch das Dialogfeld angegebene Aktion ausgeführt.

cArgs

Die Anzahl der übergebenen Word-Argumente (Argumente für Word-Befehle sind in eine Datenstruktur mit dem Namen WDOPR eingebunden). Der nächste Parameter, lpwdoprArgs, zeigt auf ein Datenfeld mit WDOPR-Argumenten. cArgs gibt lediglich die Anzahl der Elemente dieses Datenfelds an.

lpwdoprArgs

Ein Zeiger auf ein Datenfeld mit WDOPR-Argumenten, die der Funktion **wdCommandDispatch** übergeben werden (mit anderen Worten: die Argumente für den Word-Befehl). Das Zusammenstellen dieses Datenfeldes mit Argumenten ist für die Vorbereitung des Aufrufs von **wdCommandDispatch** wichtig. Im nächsten Abschnitt wird dieser Parameter im Detail erklärt.

lpwdoprReturn

Dieser Parameter zeigt auf eine einzelne WDOPR-Datenstruktur, die ein Datenelement von einer WordBasic-Funktion zurückgibt. Das zurückgegebene Datenelement kann jeden unterstützten WDOPR-Datentyp haben. Wenn Sie mit **wdCommandDispatch** WordBasic-Anweisungen ausführen, die Dialogfeldern entsprechen, sollten Sie diesen Parameter auf lpwdoprNil festlegen. Wenn Sie eine WordBasic-Anweisung aufrufen, die auch als Funktion aufgerufen werden kann, z.B. **Fett** und **Fett()**, muß der Wert für diesen Parameter dem gewünschten Verhalten der Anweisung oder Funktion entsprechen.

Die Funktion wdCommandDispatch auf verschiedenen Plattformen

Dieser Abschnitt befaßt sich mit den plattformspezifischen Besonderheiten, die beim Verwenden von **wdCommandDispatch** und des Word-API unter Windows 3.*x*, Windows 95, Windows NT und auf dem Macintosh zu berücksichtigen sind.

Windows 3.*x*

Unter Windows 3.*x* wird **wdCommandDispatch** direkt von einer WLL aus Word für Windows, Version 6.0, importiert. Sie stellen sicher, daß Add-In Libraries unter Windows 3.*x* ordnungsgemäß funktionieren, wenn Sie die Funktion wie weiter oben in diesem Abschnitt beschrieben deklarieren und in den Abschnitt IMPORTS der .DEF-Datei für die WLL eintragen.

Windows 95 und Windows NT

Im Gegensatz zu Windows 3.*x* sollten Sie unter Windows 95 und Windows NT Funktionen nicht direkt aus anderen Anwendungen importieren. Um **wdCommandDispatch** unter Windows 95 und Windows NT erfolgreich einzusetzen, sollte in der WLL die folgende Funktion deklariert werden:

```
static unsigned int (*pfn_wdCommandDispatch) () = NULL;
{
    if (pfn_wdCommandDispatch == NULL)
        pfn_wdCommandDispatch = GetProcAddress(GetModuleHandle(NULL),
        "wdCommandDispatch");
    return ((*pfn_wdCommandDispatch)
        (CommandID, DlgOptions, cArgs, lpwdoprArgs, lpwdoprReturn));
}
```

Damit verhält sich die WLL wie die für Windows 3.*x* erstellte WLL. Beachten Sie jedoch folgende Punkte, falls Sie 32-Bit-WLLs programmieren oder 16-Bit-WLLs zu 32-Bit-WLLs portieren möchten:

- Unter Windows 95 oder Windows NT ist jeder Code, der von einer Integer- oder Stackbreite von 16 Bit ausgeht, problematisch. Dies spielt besonders dann eine Rolle, wenn Sie Funktionen aufrufen, die eine variable Anzahl von Parametern erwarten, denn der Mechanismus zur Parameterübergabe kann keinen 16 Bit breiten Stack voraussetzen.

- Verwenden Sie für Windows NT auf x86-Plattformen auf jeden Fall Standard-Aufrufkonventionen (`__stdcall`) für alle Funktionen, die Sie nach oder von Word exportieren bzw. importieren. Für Windows NT auf einer MIPS®- oder ALPHA AXP™-Plattform verwenden Sie C-Aufrufkonventionen (`__cdecl`). Es ist manchmal sinnvoll, überhaupt kein Präfix für Aufrufkonventionen anzugeben und stdcall oder cdecl mit dem entsprechenden Schalter in der .MAK-Datei zu steuern (in Microsoft Visual C++ beispielsweise -Gz auf x86-Plattformen und default auf MIPS oder ALPHA).

- Einige 32-Bit-API-Funktionen unter Windows mit standardmäßiger Unicode-Unterstützung haben das Suffix W oder A. Für ANSI nehmen Sie dann die Funktion, die auf A endet (z. B. CallWindowProcA und nicht CallWindowProcW).

Übergeben von Gleitkommaparametern auf einer RISC-Plattform

Beim Schreiben von externen DLLs oder WLLs zur Ausführung in Word, Version 6.0, für Windows NT oder Word, Version 7.0, auf einer RISC-Plattform sollten Sie die folgenden Hinweise beachten: Obwohl einige Prozessorarchitekturen eine bestimmte Vorgehensweise für das Zuweisen von Gleitkommaparametern zu Funktionen verlangen, übergibt WordBasic die Parameter stets mit der Methode für ganze Zahlen, Zeiger und Strukturen an externe Funktionen. Falls der Code also Funktionen mit Gleitkommaparametern beinhaltet, die von WordBasic-Makros deklariert und aufgerufen werden, müssen Sie zum Übergeben der Parameter ein besonderes Verfahren anwenden.

Um innerhalb einer DLL oder WLL auf Gleitkommaparameter zuzugreifen, müssen Sie diese als Strukturen deklarieren und sie anschließend zur Verwendung innerhalb der Routine in eine lokale Variable kopieren. Dazu können Sie die folgende Struktur und Makrodefinition verwenden.

```
struct WORDARGDBL
{
    char x[sizeof(double)];
};

#define DblArgValue(a)      (*(double*)&(a))
```

Im folgenden sehen Sie ein Beispiel, das die Verwendung dieser Struktur und Definition in einer WLL-Funktion verdeutlicht:

```
double WINAPI AbsCapi (struct WORDARGDBL arg1)
{
    InitWCB (&wcb, TypeDouble, NULL, 0);
    AddDoubleParam (&wcb, DblArgValue(arg1));
    err = wdCommandDispatch (wdAbs, 0, wcb.cArgs, wcb.wdoprArgs,
        &wcb.wdoprReturn);
    return wcb.wdoprReturn.Double;
}
```

Macintosh

Auf dem Macintosh kann eine Code-Ressource eine Funktion nicht direkt aus einer Anwendung importieren. Deshalb muß die Anwendung der Ressource einen Zeiger auf die Parameter von **wdCommandDispatch** zur Verfügung stellen. Jedesmal, wenn Word die WLL aufruft, übergibt es einen Zeiger auf eine WCDB-Struktur mit folgendem Aufbau:

```
typedef struct _WCDB
{
    short           cac;
    char            fLock;
    char            fPurge;
    char            szFunction[66];
    pascal short    (*pfnWordCapi)();
    short           *prgParams;
    union
    {
        long    Short;
        long    Long;
        double  Double;
        uchar   *String;
    } retval;
} WCDB;
```

Feld	Beschreibung
cac	CAPI-Aufruf, die Aktion, die von der Hauptfunktion durchgeführt werden soll. Die Aktionen cacCallFunction, cacCallTimer, cacTerminate, cacWdAutoOpen, cacWdAutoRemove und cacWindEvent sind definiert.
fLock	Legt fest, ob die WLL nach dem Aufruf gesperrt bleiben soll.
fPurge	Legt fest, ob die WLL nach dem Aufruf entfernt werden soll.
szFunction	Die von WordBasic aufgerufene Funktion; cac ist cacCallFunction. Existiert diese Funktion in der WLL nicht, gibt die WLL auf dem Macintosh CAPINoSuchFunction (5) an Word zurück.
pfnWordCapi	Ein Zeiger auf **wdCommandDispatch**.
prgParam	Ein Zeiger auf die an szFunction übergebene Parameterliste.
retval (union)	Falls vorhanden, der Rückgabewert von szFunction, von einem der Datentypen, die in der Union angeführt werden.

In der Hauptfunktion der WLL muß sich der Dispatcher nach dem von Word übergebenen Wert des CAPI-Aufrufs (cac) richten. Abgesehen davon sollte eine Macintosh-WLL genauso wie eine Windows-WLL funktionieren.

Anmerkung Auf dem Macintosh übergibt WordBasic die Funktionsnamen in Großbuchstaben an eine WLL. Um den Codeabschnitt, in dem geprüft wird, welche Funktion in der WLL aufgerufen wurde, übersichtlich zu halten und nicht unnötig zu verlangsamen, sollte beim Vergleich von Funktionsnamen nicht zwischen Groß- und Kleinschreibung unterschieden werden.

Außer einem Zeiger auf eine WCDB-Struktur übergibt Word einer WLL einen Zeiger auf die Long-Variable lUser, in der globale Daten für die WLL abgelegt werden. Word initialisiert diese Variable mit 0 (Null), und eine WLL kann diesen Wert dann jederzeit ändern. Word wiederum gibt die aktuellen Daten in lUser zurück, sobald es die WLL aufruft.

Der Word-Operator (WDOPR)

Der Parameter lpwdoprArgs von **wdCommandDispatch** ist ein Zeiger auf ein Datenfeld mit WDOPR-Datenstrukturen (WDOPR = Word-Operator). Die WDOPR-Struktur erlaubt die Übergabe eines mehrerer Datentypen und ermöglicht sogar die Übergabe ganzer Datenfelder mit Zeichenfolgen oder Gleitkommawerten doppelter Genauigkeit.

Aus Effizienzgründen können im Union-Teil der WDOPR-Struktur wahlweise Daten verschiedenen Typs an derselben Speicherstelle übergeben werden. Dabei wird im Feld *Type* festgelegt, wie die Daten interpretiert werden. Andere Bit-Felder in der WDOPR-Datenstruktur enthalten wichtige Informationen über das Argument, die von und zur Word-API-Funktion geleitet werden.

Unter Windows sind der Strukturtyp WDOPR und der dazugehörige Zeigertyp
LPWDOPR in WDCAPI.H folgendermaßen definiert:

```
typedef struct
{
    union
    {
        short       Short;
        long        Long;
        double      Double;
        LPUCHAR *String;
        struct
            {
            ARRAY_DEF far *ArrayDef;
            union
                {
                double far *        DoubleArray;
                LPUCHAR far *far *StringArray;
                };
            };
    };
    ushort BufferSize;
    ushort Type        :4;
    ushort IsArray     :1;
    ushort ForInput    :1;
    ushort ForOutput   :1;
    ushort BufferTooSmall :1;
    ushort :8;
    ushort FieldId;
} WDOPR, far *LPWDOPR;
```

Anmerkung Auf dem Macintosh unterscheidet sich die entsprechende
Typdefinition durch benannte Unions, Macintosh-spezifische Typen
(beispielsweise StringPtr anstelle von LPUCHAR) und eine andere Reihenfolge
der Bit-Felder. Die darin enthaltenen Informationen entsprechen jedoch denen für
Windows, die in den folgenden Abschnitten beschrieben werden. Eine
vollständige Macintosh-WDOPR-Datenstruktur finden Sie in WDCAPI.H auf der
Macintosh-Diskette zum *Microsoft Word Developer's Kit*.

Schritt für Schritt durch die Datenstruktur

Die folgenden Absätze beschreiben die Felder der WDOPR-Datenstruktur im
Detail.

Der Typ-Verbund (Union)

Die WDOPR-Struktur beginnt mit einer Union (Verbund) mehrerer Datentypen, der durch das Schlüsselwort `union` eingeleitet wird. Jedes WDOPR-Argument dient zur Übergabe jeweils eines Datentyps. Neben einzelnen Werten des Typs Short, Long, Double oder String können Sie auch Datenfelder (Arrays) mit den Werten Double oder String übergeben. Wenn ein Datenfeld übergeben wird, enthält die WDOPR-Struktur einen Zeiger auf das Datenfeld und auf eine Datenstruktur, die die Dimensionen des Datenfeldes definiert. Umfassende Informationen zu Datenfeldern im Word-Operator finden Sie unter „Details zu Datenfeldern" weiter unten in diesem Abschnitt.

BufferSize

Dieses Feld gibt die Länge einer Zeichenfolge an, die bei Ein- und Ausgabe verarbeitet wird. Wird das Argument für die Eingabeeinstellungen festgelegt, so sind zwei Einstellungen für das Feld BufferSize möglich:

- Wird BufferSize auf 0 (Null) gesetzt, so wird die Zeichenfolge bis zum ersten NUL-Zeichen übergeben, d.h., Word interpretiert die Zeichenfolge als C-String.

- Wird BufferSize auf einen Wert ungleich 0 (Null) gesetzt, wird genau die durch BufferSize angegebene Anzahl Zeichen (einschließlich der NUL-Zeichen) aus der Zeichenfolge übergeben.. Wenn die WDOPR-Struktur ein Datenfeld mit Zeichenfolgen enthält, gibt BufferSize die Länge jeder Zeichnfolge in diesem Datenfeld an. (Damit entsprechende Berechnungen über den C-Operator **sizeof** einfacher werden, sollte man für alle Elemente eines Datenfelds mit Zeichenfolgen einen selbstdefinierten Datentyp einheitlicher Länge verwenden.)

Wird das Argument für die Ausgabe festgelegt, so gibt das Feld BufferSize die Größe des Puffers an, der für die zurückgegebene Zeichenfolge reserviert wurde. Falls der zugewiesene Puffer nicht groß genug ist oder falls Sie BufferSize absichtlich auf 0 (Null) gesetzt haben, tritt ein Fehler auf, das Bit-Feld BufferTooSmall wird auf 1 gesetzt, und BufferSize wird auf die erforderliche Größe gesetzt. Weitere Informationen zur Verarbeitung zurückgegebener Zeichenfolgen finden Sie unter „Erfolgreiche Aufrufe" weiter unten in diesem Anhang.

Die Bit-Felder

Die folgenden Bit-Felder in der WDOPR-Datenstruktur übermitteln wichtige Informationen über das Argument.

Type Diese 4 Bits zeigen den Datentyp der WDOPR-Daten an. Die Konstanten TypeVoid, TypeShort, TypeLong, TypeDouble und TypeString sind in WDCAPI.H für die Verwendung in diesem Feld definiert.

In Teil 2, „WordBasic—Anweisungen und Funktionen", besitzen die Argumente und Rückgabewerte von Anweisungen und Funktionen entweder den Datentyp „Zahl" (TypeShort, TypeLong, TypeDouble) oder „Text" (TypeString). Um den zu einem Argument oder Rückgabewert vom Typ „Zahl" gehörenden WDOPR-Typ zu bestimmen, suchen Sie die entsprechende WordBasic-Anweisung oder -Funktion in der Textdatei WBTYPE.TXT (Windows) bzw. WBTYPE (Macintosh), die sich im Ordner CAPI auf der Diskette zum *Microsoft Word Developer's Kit* befindet. Wird die Anweisung oder Funktion dort nicht in der Liste der Anweisungen und Funktionen geführt, die TypeDouble oder TypeLong verwenden, dann gilt für sie der WDOPR-Typ TypeShort.

IsArray Dieses Bit sollte auf 1 gesetzt sein, wenn die WDOPR-Struktur ein Datenfeld (Array) mit Elementen des in *Type* angegebenen Datentyps übergibt. Die aufrufende Funktion ist für das Reservieren von Speicher für WDOPR-Datenfelder zuständig. Weitere Informationen finden Sie unter „Details zu Datenfeldern" weiter unten in diesem Abschnitt.

ForInput Dieses Bit zeigt im gesetzten Zustand an, daß der Inhalt der WDOPR-Struktur Eingaben für die Feldeinstellungen eines Dialogfeldes darstellt. Es wird ignoriert, wenn sich der Befehl nicht auf ein Dialogfeld bezieht.

ForOutput Dieses Bit zeigt im gesetzten Zustand an, daß der Wert eines Feldes in einem Dialogfeld über die WDOPR-Struktur zurückgegeben werden soll. Es wird ignoriert, wenn sich der Befehl nicht auf ein Dialogfeld bezieht. ForOutput sollte gesetzt werden, wenn Sie die Konstante CommandDefaults für DlgOptions in der Funktion **wdCommandDispatch** verwenden.

BufferTooSmall Wenn die zugewiesene Puffergröße für die Aufnahme der gewünschten Daten zu klein ist, erzeugt **wdCommadDispatch** einen Fehler, der **BufferTooSmall** nach Beendigung des Aufrufs der Anweisung auf 1 (wahr) setzt. Es ist Aufgabe der aufrufenden Routine, dieses Bit-Feld zu überprüfen und gegebenenfalls korrigierende Maßnahmen zu treffen. Sie können dieses Attribut überprüfen, Puffer neu zuweisen (verwenden Sie dazu den von **BufferSize** zurückgegebenen Wert) und den Aufruf erneut ausführen. Wenn dieser Fall nach Aufruf einer einem Dialogfeld entsprechenden Anweisung (mit vor dem Aufruf gesetztem **ForOutput**-Bit) eintritt, sollte dieses Bit in allen WDOPRs überprüft werden, um festzustellen, welcher Puffer zu klein war.

FieldID

FieldID ist ein Bezeichner für die in jedem WDOPR übergebenen benannten Feldparameter. WDFID.H enthält Konstanten für dieses Feld, die den Parametern entsprechen, die in WordBasic, wie in Teil 2 „WordBasic - Anweisungen und Funktionen" beschrieben, übergeben werden können. In WordBasic kann z.B. der Anweisung **FormatZeichen** das Argument **.Fett** übergeben werden. Die entsprechende FieldID-Konstante zum Übergeben eines Short-Wertes von 1 in einem WDOPR-Argument ist fidBold: auch hier werden durchgehend die englischen Bezeichner verwendet. Der zugehörige WDOPR würde als Teil eines **wdFormatFont**-Befehles zusammengesetzt und an die Funktion **wdCommandDispatch** übergeben werden.

Details zu Datenfeldern

Die WDOPR-Datenstruktur soll die Übergabe von Zeichenfolge- oder Double-Datenfeldern ermöglichen. Diese Datenfelder können eine oder mehrere Dimensionen haben.

Einer der Datentypen in der Union-Komponente des WDOPR besteht aus geschachtelten Strukturen zur Übergabe von Datenfeldern. Verschiedene Informationen zu jedem Datenfeld werden in den entsprechenden Variablen übergeben. Die ARRAY_DEF-Struktur übergibt Informationen über die Anzahl der Dimensionen im Datenfeld und die Größe der einzelnen Dimensionen. Ebenso wie die WDOPR-Struktur ist auch die ARRAY_DEF-Struktur in WDCAPI.H definiert:

```
typedef struct
{
    short    cArrayDimensions;
    short    ArrayDimensions[];
} ARRAY_DEF;
```

Der verbleibende Teil der WDOPR-Struktur zur Übergabe von Datenfeldern ist ein Verbund zweier Zeiger. Der erste Zeiger zeigt auf den ersten Wert in einem Datenfeld mit Gleitkommawerten doppelter Genauigkeit. Der zweite Zeiger zeigt auf einen Speicherbereich, der ein Datenfeld mit Zeigern auf C-Strings (also Zeichenfolgen mit einem abschließenden NUL-Zeichen) enthält.

Beachten Sie die folgenden Punkte, wenn Sie WDOPR-Argumente zur Übergabe von Datenfeldern erstellen:

- ARRAY_DEF muß mit Daten über alle Datenfeld-Dimensionen geladen werden.
- Für Werte vom Typ Double muß DoubleArray mit einem Zeiger auf das Datenfeld geladen werden.

- Für Zeichenfolgen muß StringArray mit einem Zeiger auf eine Liste von Zeigern auf die einzelnen Datenfeld-Zeichenfolgen geladen werden.
- IsArray muß auf 1 gesetzt werden.
- Bei der Übergabe eines Datenfeldes mit Zeichenfolgen für die Ausgabe müssen Sie die Länge des Datenfeldes angeben. Hat das Datenfeld die Länge 0 (Null), so nimmt das Word-API als Puffergröße ebenfalls 0 (Null) an.
- Bei der Ausgabe wird die Länge der Zeichenfolgen in einem Datenfeld vom Feld BufferSize bestimmt. Wenn Sie eine Zeichenfolge übergeben, die die durch BufferSize angegebene Länge überschreitet, schreibt das Word-API maximal in die ersten [BufferSize–1] Speicherstellen und fügt dann ein abschließendes NUL-Zeichen an.

Anmerkung Es gibt einen kleinen Unterschied beim Dimensionieren von Datenfeldern in WordBasic und in C. Die Elemente in einem WordBasic-Datenfeld werden von 0 (Null) bis einschließlich n durchnumeriert, während ein Datenfeld in C die Elemente 0 (Null) bis einschließlich n–1 enthält, wobei n der in der Datenfeld-Deklaration angegebene Wert ist. Den folgenden beiden Datenfeldern wird z.B. dieselbe Speichermenge zugewiesen, und jedes Datenfeld enthält die Elemente 0 (Null) bis einschließlich 5:

```
'WordBasic-Datenfelddefinition
Dim Datenfeld (5)

// Datenfelddefinition in C
double Datenfeld[6];
```

Beachten Sie diesen Unterschied, wenn Sie mit WordBasic-Datenfeldern in Word-API-Code arbeiten.

Erfolgreiche Aufrufe

Der Code des Word-API muß stabil sein, da ein Fehler in diesem Code zu Problemen in Word führen kann. Alle möglichen Fehlerbedingungen sollten ausgeschlossen werden. Das richtige Reservieren und Freigeben von Speicher sollte überprüft werden, insbesondere bei der Übergabe von Zeichenfolgen.

Fehlerbehandlung

Die Funktion **wdCommandDispatch** gibt einen Statuscode zurück, der immer überprüft werden sollte. Fehlerkonstanten sind in WDERROR.H definiert, und besondere Fehler des Word-API sind unter „Word-API-Fehler" weiter unten in diesem Anhang aufgeführt. Jeder zurückgegebene Wert ungleich Null weist auf ein Problem hin, und Ihr Code sollte alle möglichen Fälle überprüfen.

Unter Windows sollten Aufrufe von Funktionen in anderen Windows-DLLs ebenfalls mit äußerster Sorgfalt und Vorkehrungen für alle unerwarteten Bedingungen durchgeführt werden. Je mehr Sie über die Programmierung von Windows wissen, desto einfacher wird Ihnen die Arbeit mit dem Word-API fallen.

Reservieren von Speicher

Die WLL ist für das Reservieren und Freigeben des erforderlichen Speichers zuständig. Sie müssen also genügend Speicher für alle Zeichenfolgenpuffer, Datenfelder usw. deklarieren oder reservieren. Bei Variablen, denen der Speicher dynamisch zugewiesen wird, dürfen Sie nicht vergessen, den Speicher später wieder freizugeben.

Es gibt zwei grundlegende Verfahren, um Zeichenfolgen, die von Word-API-Befehlen zurückgegeben werden, genügend Speicher zuzuweisen:

Feste Größe Im allgemeinen reichen 256 Bytes für alle zurückgegebenen Zeichenfolgen aus. Sie können in den meisten Fällen Zeichenpuffer dieser Länge deklarieren oder reservieren.

Doppelter Aufruf Ein anderes Verfahren besteht darin, BufferSize zuerst auf 0 (Null) zu setzen, wodurch der Befehl auf jeden Fall zu einem Fehler führt. Nach der versuchten Ausführung enthält BufferSize jedoch die Anzahl der Bytes, die zum Zurückgeben der Zeichenfolge erforderlich ist. Sie können dann einen Puffer mit der genauen Größe reservieren und den Aufruf wiederholen.

Freigeben von Speicher

Es ist wichtig, daß Sie jeglichen von einer WLL dynamisch reservierten Speicher wieder freigeben. Manchmal können Sie den Speicher sofort nach einem Funktionsaufruf wieder freigeben. In anderen Fällen müssen die gelieferten Daten an Word zurückgegeben werden oder für späteren Zugriff durch die WLL reserviert bleiben. Sie müssen dann diese Speicherblöcke verwalten und wieder freigeben, sobald sie nicht mehr benötigt werden. Denkbar wäre beispielsweise ein spezielles Attribut, das in Ihrer Version von **wdAutoRemove** geprüft und gegebenenfalls zur Freigabe von Puffern verwendet wird.

Arbeiten mit Zeichenfolgen

Wenn eine Zeichenfolge von WordBasic an eine WLL-Funktion übergeben wird, wird sie von Word automatisch auf mindestens 256 Bytes (einschließlich NUL-Zeichen) verlängert. Die WLL kann auf jeden Fall immer 256 Bytes in eine übergebene Zeichenfolge schreiben. Wenn Sie eine längere Zeichenfolge zurückgeben wollen, müssen Sie Maßnahmen ergreifen, die das Überschreiben anderer Speicherbereiche verhindern. Sie können beispielsweise Ihrer Funktion einen anderen Parameter hinzufügen und so dafür sorgen, daß Word die Zeichenfolge in der tatsächlichen Länge übergibt. Die folgenden WordBasic-Anweisungen verdeutlichen dies:

```
AnzZeichen = 500
x$ = String$( AnzZeichen, "x" )
Ergebnis = NeueCAPIFunktion( AnzZeichen, x$ )
```

Der WLL-Code ist dafür verantwortlich, einen Puffer zu reservieren, der auch für die zusätzlichen Zeichen noch genug Platz bietet.

Verwenden der CAPILIB-Funktionen

CAPILIB stellt eine Sammlung von Funktionen zur Verfügung, die das Programmieren des Word-API erleichtern. Dieser Abschnitt beschreibt diese Funktionen im Detail und verdeutlicht, wie sie zum Erstellen von Word-Operatoren, Übergeben von Datenfeldern und Anpassen von Word verwendet werden können.

Der WCB (Word Command Buffer)

WCB ist eine in WDCAPI.H definierte Datenstruktur. Sie wird von den verschiedenen Funktionen in CAPILIB verwendet, um das Datenfeld mit den WDOPR-Parametern, das an die Funktion **wdCommandDispatch** übergeben werden soll, zusammenzustellen. Die Konstante MaxArgs (in WDCAPI.H) bestimmt, wie viele WDOPR-Parameter maximal zusammengestellt werden können. Ein guter Wert für MaxArgs ist 34, da in der Regel deutlich weniger Argumente benötigt werden. cArgs wird automatisch hochgezählt, während die CAPILIB-Funktionen WDOPR-Argumente zusammenstellen, und gibt die tatsächliche Anzahl von WDOPR-Argumenten an.

```
typedef struct
{
    short   cArgs;
    WDOPR   wdoprReturn;
    WDOPR   wdoprArgs[MaxArgs];
} WCB;
```

Funktionen in CAPILIB

CAPILIB enthält 18 Funktionen, die in sieben Kategorien eingeteilt werden können:

- Initialisieren von WCB
- Hinzufügen von Feldern für Dialoge
- Hinzufügen von Parametern
- Definieren von Datenfeldern

- Aufrufen einer Word-Anweisung oder -Funktion
- Registrieren von Funktionen in Word
- Zuweisen von Funktionen in Word

Die Include-Datei CAPILIB.H sollte in Module, die diese Funktionen aufrufen, mit **#include#** eingefügt werden.

Initialisieren von WCB

Die erste Funktion initialisiert die WCB-Struktur, bevor die WDOPR-Argumente zusammengestellt werden. Die Funktion **InitWCB** setzt die in cArgs enthaltene Argumentanzahl auf 0 (Null) und legt den Typ des Rückgabewertes fest. Diese Funktion muß unbedingt zuerst aufgerufen werden. Wenn cArgs nicht initialisiert und auf die korrekte Anzahl gesetzt wird, kann **wdCommandDispatch** zu unvorhersehbaren Ergebnissen führen.

```
// Windows
void InitWCB( WCB far *lpwcb, ushort retType, LPUCHAR lpBuffer,
    ushort cBufferSize );

// Macintosh
void InitWCB( WCB *lpwcb, ushort retType, StringPtr lpBuffer,
    ushort cBufferSize );
```

InitWCB verwendet folgende Parameter:

Parameter	Beschreibung
lpwcb	Ein Zeiger auf den WCB, der initialisiert werden soll.
retType	Der Typ des Rückgabewertes des Befehls. Dadurch kann die Funktion **InitWCB** den Inhalt des zurückgegebenen WDOPR vorbereiten.
lpBuffer	Zeiger auf den Anfang des Puffers. Handelt es sich bei der zurückgegebenen Funktion um einen Zeichenfolgenpuffer, so enthält der zurückgegebene WDOPR nur einen Zeiger auf einen Puffer.
cBufferSize	Die dem zurückgegebenen Puffer zugewiesene Länge.

Hinzufügen von Feldern für Dialoge

Nach dem Aufrufen von **InitWCB** stellen Sie die WDOPR-Argumente einzeln nacheinander zusammen, indem Sie die anderen Funktionen aufrufen. Jede dieser Funktionen zählt die von cArgs angegebene Argumentanzahl hoch und initialisiert die Felder in einem einzelnen WDOPR-Argument.

Die folgenden vier Funktionen fügen Feldparameter für Dialogbefehle hinzu:

```
// Windows
void AddShortDlgField( WCB far *lpwcb, short ShortVal, ushort FieldId,
    ushort fMode );
void AddLongDlgField( WCB far *lpwcb, long LongVal, ushort FieldId,
    ushort fMode );
void AddDoubleDlgField( WCB far *lpwcb, double DoubleVal,
    ushort FieldId, short fMode );
void AddStringDlgField( WCB far *lpwcb, LPUCHAR lpStr, ushort FieldId,
    ushort fMode, ushort cBufferSize );

// Macintosh
void AddShortDlgField( WCB *lpwcb, short ShortVal, ushort FieldId,
    ushort fMode );
void AddLongDlgField( WCB    *lpwcb, long LongVal, ushort FieldId,
    ushort fMode );
void AddDoubleDlgField( WCB *lpwcb, double DoubleVal, ushort FieldId,
    ushort fMode );
void AddStringDlgField( WCB *lpwcb, StringPtr lpStr, ushort FieldId,
    ushort fMode, ushort cBufferSize );
```

Die folgende Tabelle enthält eine Beschreibung aller Parameter dieser Funktionen.

Parameter	Beschreibung
lpwcb	Die Adresse der WCB-Struktur.
ShortVal	Die Daten des Feldes mit dem Typ, der im Namen jeder Funktion angegeben wird.
FieldId	Die Kennung des Feldes. Eine Liste von Konstanten für Feldkennungen ist in WDFID.H enthalten. Diese Datei sollte in Module, die Funktionen des Word-API aufrufen, mit **#include** eingefügt werden. Die Namen dieser Konstanten entsprechen größtenteils den Namen der Dialogfeld-Befehle in der englischen Version von WordBasic.
fMode	Zeigt den Eingabe-/Ausgabemodus eines bestimmten Dialogbefehl-Feldes an. Legen Sie dieses Feld mit den Konstanten INPUT und/oder OUTPUT fest.
cBufferSize	Der reservierte Speicher für den Zeichenfolgenpuffer.

Hinzufügen von Parametern

Die nächste Gruppe von Funktionen wird aufgerufen, um Parameter für dialogfrcmdc Befehle zusammenzustellen. Das WDOPR-Argument enthält in diesem Fall keine Feldnamen, und die Eingabe-/Ausgabeinformation hat keine Bedeutung. Deshalb werden diesen Funktionen nur zwei Parameter übergeben: die WCB-Adresse und die WDOPR-Argumentdaten des Typs, der im Namen der Funktion angegeben wurde.

```
// Windows
void AddShortParam( WCB far *lpwcb, short ShortVal );
void AddLongParam( WCB far *lpwcb, long LongVal );
void AddDoubleParam( WCB far *lpwcb, double DoubleVal );
void AddStringParam( WCB far *lpwcb, LPUCHAR lpStr );

// Macintosh
void AddShortParam( WCB *lpwcb, short ShortVal );
void AddLongParam( WCB *lpwcb, long LongVal );
void AddDoubleParam( WCB *lpwcb, double DoubleVal );
void AddStringParam( WCB *lpwcb, StringPtr lpStr );
```

Definieren von Datenfeldern

Drei Funktionen unterstützen Sie beim Zusammenstellen von WDOPR-Argumenten, die Datenfelder übergeben.

```
// Windows
ARRAY_DEF far *SetArrayDef( HANDLE *phArrDef, short cDimensions, ... );
void  AddStringArray( WCB far *lpwcb, ARRAY_DEF far *ArrayDef,
    LPUCHAR far *lpStrArray, ushort cBufferSize );
void  AddDoubleArray( WCB far *lpwcb, ARRAY_DEF far *ArrayDef,
    double far *lpdblArray );

// Macintosh
ARRAY_DEF *SetArrayDef( Handle *phArrDef, short cDimensions, ... );
void AddStringArray( WCB *lpwcb, ARRAY_DEF *ArrayDef, StringPtr
    *lpStrArray, ushort cBufferSize );
void AddDoubleArray( WCB *lpwcb, ARRAY_DEF *ArrayDef, double
    *lpdblArray );
```

Die erste Funktion, **SetArrayDef**, stellt den beim Übergeben von Datenfeldern im WDOPR erforderlichen Parameter ArrayDef zusammen. ARRAY_DEF enthält Informationen über die Anzahl der Dimensionen und die Größe der einzelnen Dimensionen für ein Datenfeld. Die anderen beiden Funktionen, **AddStringArray** und **AddDoubleArray**, stellen das WDOPR-Argument zusammen, indem sie die Datenstruktur mit Zeigern auf ein Datenfeld und der zugehörigen ARRAY_DEF-Struktur füllen. Beim Hinzufügen eines Datenfeldes mit Zeichenfolgen wird ein zusätzlicher Parameter übergeben, der die für jede Zeichenfolge im Datenfeld reservierte Länge angibt. Allen Zeichenfolgen in einem Datenfeld wird dieselbe Maximallänge zugewiesen, obwohl durch Nullzeichen abgeschlossene Zeichenfolgen auch kürzer sein können.

Anmerkung SetArrayDef reserviert Speicherplatz. Nach dem Verwenden eines Datenfeldes muß die WLL-Funktion diesen Speicherplatz wieder freigeben. Dies wird im folgenden anhand des Datenfeldes hArrayDef gezeigt:

```
// Windows
GlobalUnlock( hArrayDef );
GlobalFree( hArrayDef );

// Macintosh
HUnlock( hArrayDef );
DisposHandle( hArrayDef );
```

Die folgenden Windows-Code-Fragmente zeigen, wie **SetArrayDef** zum Zusammenstellen der Datenfeld-Definitionstabelle für ein Datenfeld aus Zeichenfolgen verwendet werden kann. Dieser Code stammt aus einem Beispiel auf der Diskette zum *Microsoft Word Developer's Kit*, wo Sie ihn sich im Gesamtzusammenhang ansehen können.

```
HANDLE        hArrayDef;
ARRAY_DEF far *ArrayDef;
LPSTR         lpStrArray[ARRAYSIZE];
char          strArray[ARRAYSIZE][64];

ArrayDef = SetArrayDef( &hArrayDef, 1, ARRAYSIZE );

InitWCB( &wcb, TypeShort, NULL, 0 );
AddStringArray( &wcb, ArrayDef, lpStrArray, 64 );
```

Aufrufen einer WordBasic-Anweisung oder -Funktion

Die folgende Funktion verwendet einen Teil der anderen CAPILIB-Funktionen, um eine WCB-Struktur für eine dialogfremde WordBasic-Anweisung oder -Funktion zu füllen. Danach sendet sie den Befehl an Word und gibt das Ergebnis zurück. Diese komfortable Möglichkeit können Sie in einer WLL nutzen, um WordBasic-Anweisungen und -Funktionen zu senden.

```
// Windows und Macintosh
short CallCapi( LPWCB far *wcb, short CommandID, ushort retType, LPSTR
lpBuffer, ushort cBufferSize, LPSTR lpszFormat, ... );

// Macintosh
short CallCapi( WCB *wcb, short CommandID, ushort retType, StringPtr
lpBuffer, ushort cBufferSize, StringPtr lpszFormat, ... );
```

Parameter	Beschreibung
*wcb	Zeiger auf eine WCB-Struktur.
CommandID	Die aufzurufende WordBasic-Anweisung oder -Funktion; CommandID muß dialogfremd sein.
retType	Der Rückgabetyp der WordBasic-Anweisung oder -Funktion
lpBuffer	Der Puffer zum Speichern der Rückgabezeichenfolge, falls vorhanden.
cBufferSize	Die Größe des in lpBuffer festgelegten Puffers.
lpszFormat	Die Zeichenfolge, die das Format der an CommandID übergebenen Argumente beschreibt. Diese Liste sollte aus einer Folge von Buchstaben bestehen, die jeweils den Typ eines Arguments in der nachfolgenden Argumentliste bezeichnen. Verwenden Sie folgende Buchstaben: i Integer l Long d Double s String Wird der Anweisung oder Funktion beispielsweise ein Argument vom Typ String und danach eines vom Typ Integer übergeben, dann stünde „si" in lpszFormat; die nachfolgende Argumentliste enthielte dann ein String- und ein Integer-Argument. **CallCapi** geht diese Liste automatisch durch und füllt die WCB-Struktur in der festgelegten Reihenfolge mit den Daten.
...	Die Liste der Argumente in der durch lpszFormat festgelegten Reihenfolge, die mit der Anweisung gesendet werden.

Das folgende Macintosh-Beispiel zeigt, wie Sie mit **CallCapi** die Anweisung **wdMsgBox** in einer einzigen Instruktion senden können.

```
CallCapi (&wcb, wdMsgBox, TypeVoid, NULL, 0, "ss", "Timer Hit!", "Examp
WLL");
```

Registrieren von Funktionen in Word

Eine weitere Gruppe der in CAPILIB bereitgestellten Funktionen erleichtert einige häufige Programmieraufgaben in der WLL. Diese Funktionen erstellen ihre WDOPR-Argumente und rufen **wdCommandDispatch** auf die gleiche Art auf wie Ihr Code. Sie sind daher anschauliche Beispiele für die Verwendung anderer CAPILIB-Funktionen.

Funktionen müssen in Word registriert sein, um von Word aus aufgerufen werden zu können. Die Funktion **CAPIRegister** vereinfacht diesen Vorgang. Der Parameter DocID (der an **wdAutoOpen** übergeben wird), der Name Ihrer neuen Funktion und eine Beschreibung sind die einzigen Parameter für diese Funktion.

```
// Windows
short CAPIRegister( short DocID, LPUCHAR lpszFunctionName, LPUCHAR
    lpszDescription );

// Macintosh
short CAPIRegister( short DocID, StringPtr lpszFunctionName, StringPtr
    lpszDescription );
```

DocID kennzeichnet ein Dokument und dient zum Registrieren von Funktionen in Word und zum Anpassen von Word, um registrierten Funktionen Schaltflächen auf der Symbolleiste, Menüs oder Shortcuts zuzuweisen.

Entsprechend den Makronamen in Word-Dokumentvorlagen sollten die Namen für alle registrierten Add-In-Funktionen eindeutig sein, um Namenskonflikte während einer Word-Sitzung zu vermeiden. Wenn mindestens zwei Add-In-Funktionen in zwei oder mehr WLLs unter demselben Namen registriert sind, führt Word die Funktion in derjenigen WLL aus, die in der Liste der geladenen globalen Dokumentvorlagen und Add-Ins im Dialogfeld **Dokumentvorlagen und Add-Ins** (Befehl **Dokumentvorlage**, Menü **Datei**) am weitesten oben aufgeführt ist.

Eine Beschreibung ist nicht notwendig. Wenn Sie für lpszDescription einen Nullwert festlegen, wird dieser Parameter von CAPIRegister ignoriert.

Zuweisen von Funktionen in Word

Die letzte Gruppe von Funktionen unterstützt Sie beim Zuweisen registrierter Funktionen zu Schaltflächen auf der Symbolleiste, zu Menüs oder Shortcuts. Im Gegensatz zu DocID entsprechen alle Parameter weitgehend den Parametern für die entsprechenden WordBasic-Anweisungen **ExtrasAnpassenMenü**, **ExtrasAnpassenMenüleiste**, **ExtrasAnpassenTastatur**, **NeueSymbolleiste** und **SchaltflächeHinzufügen**. Die verwendeten Bezeichner sind aber auch hier wieder in englisch.

```
// Windows
short CAPIAddButton( short DocID, LPUCHAR lpszToolbar, short cPosition,
    LPUCHAR lpszMacro, LPUCHAR lpszFace );
short CAPIAddToolbar( short DocID, LPUCHAR lpszToolbar )
short CAPIAddMenu( short DocID, LPUCHAR lpszMenuName, short Position,
    short MenuType );
short CAPIAddMenuItem( short DocID, LPUCHAR lpszMenu, LPUCHAR lpszName,
    LPUCHAR lpszMenuText, short Position, short MenuType );
short CAPIAddKey( short DocID, short KeyCode, LPUCHAR lpszName );
```

```
// Macintosh
short CAPIAddButton( short DocID, StringPtr lpszToolbar, short
    cPosition, StringPtr lpszMacro, StringPtr lpszFace );
short CAPIAddToolbar( short DocID, StringPtr lpszToolbar );
short CAPIAddMenu( short DocID, StringPtr lpszMenuName, short
    Position, short MenuType );
short CAPIAddMenuItem( short DocID, StringPtr lpszMenu, StringPtr
    lpszName, StringPtr lpszMenuText, short Position, short MenuType );
short CAPIAddKey( short DocID, short KeyCode, StringPtr lpszName );
```

Wenn eine WLL den Parameter DocID als den Kontext übergibt, in dem Word angepaßt werden soll, erfolgt lediglich eine temporäre Anpassung. Die Dokumentvorlage wird nicht verändert, und alle Anpassungen werden automatisch rückgängig gemacht, sobald die WLL entladen wird.

Anmerkung Wenn Sie eine dauerhafte Anpassung in Word vornehmen möchten, übergeben Sie statt des Parameters DocID den numerischen Wert 0 (Null), um die Dokumentvorlage „Normal" zu verändern, oder den Wert 1, um die aktive Dokumentvorlage zu verändern (falls es sich dabei nicht um die Dokumentvorlage „Normal" handelt). Beachten Sie dabei jedoch, daß beim Übergeben eines von DocID abweichenden Kontextes die Dokumentvorlage verändert wird. Sie sollten daher die Funktion **wdAutoRemove** in die WLL aufnehmen, um die Word-Umgebung beim Entladen der WLL explizit wiederherstellen zu können.

Weitere Informationen zu diesen Funktionen finden Sie unter „Anpassen von Word mit CAPILIB" weiter unten in diesem Abschnitt.

Erstellen von Word-Operatoren mit CAPILIB

Der folgende Beispielcode zeigt die erforderlichen Schritte zum Zusammenstellen von zwei WDOPR-Argumenten für einen Aufruf von **wdCommandDispatch**. Die beiden WDOPR-Argumente übergeben die Anzahl der Spalten und Zeilen einer neuen Tabelle, die von der WordBasic-Anweisung **TabelleTabelleEinfügen** erstellt wird. Die WCB-Struktur mit der Bezeichnung wcb wird zuerst durch einen Aufruf von **InitWCB** initialisiert. Anschließend werden die beiden WDOPR-Argumente für Zeichenfolgenfelder erstellt, und schließlich wird **wdCommandDispatch** aufgerufen, um die Anweisung **TabelleTabelleEinfügen** auszuführen. Wenn dieser Codeblock aktiviert wird, fügt er eine Tabelle mit 4 Spalten und 12 Zeilen in das aktuelle Dokument ein.

```
// WCB initialisieren (setzt die Argumentanzahl für WDOPR auf Null)
InitWCB( &wcb, TypeVoid, NULL, 0 );

// WDOPR-Argumente für Spalten- und Zeilenanzahl erstellen
AddStringDlgField( &wcb, "4", fidNumColumns, fMode, 0 );
AddStringDlgField( &wcb, "12", fidNumRows, fMode, 0 );

// Den Word-Befehl TabelleTabelleEinfügen aufrufen
err = wdCommandDispatch ( wdTableInsertTable, CommandAction,
    wcb.cArgs, wcb.wdoprArgs, lpwdoprNil );
```

Der letzte Parameter für **wdCommandDispatch** ist lpwdoprNil. Wie ein Blick in die Datei WDCAPI.H zeigt, ist der Datentyp von lpwdoprNil als WDOPR-Zeiger auf Null definiert. Verwenden Sie diesen Parameter, wenn der Word-API-Befehl im letzten Parameter für **wdCommandDispatch** kein WDOPR-Argument zurückgibt.

Übergeben von Datenfeldern mit CAPILIB

Gehen Sie wie folgt vor, um mit CAPILIB-Funktionen einen WDOPR zu erstellen, der ein Datenfeld übergibt:

- Rufen Sie **SetArrayDef** auf, um die Anzahl und Größe der Datenfelddimensionen festzulegen.
- Rufen Sie für Werte vom Typ Double **AddDoubleArray** auf, und übergeben Sie die ArrayDef-Struktur und das Double-Datenfeld.
- Rufen Sie für Zeichenfolgen **AddStringArray** auf, und übergeben Sie die ArrayDef-Struktur, das Datenfeld mit Zeichenfolgen sowie ein Datenfeld mit Zeigern auf die einzelnen Zeichenfolgen im Datenfeld.

Beispiel für die Übergabe eines Double-Datenfelds

Die folgenden Windows-Codestücke zeigen, wie mit CAPILIB-Funktionen ein Datenfeld mit Werten vom Typ Double in einer Word-API-Funktion übergeben wird. Der Parameter ArrayDef gibt in diesem Fall ein eindimensionales Datenfeld der Größe ARRAYSIZE an. Im Falle eines mehrdimensionalen Datenfeldes müßten Sie der Funktion **SetArrayDef** andere Werte übergeben.

```
// Deklarationen
HANDLE        hArrayDef;
ARRAY_DEF far *ArrayDef;
double        array[ARRAYSIZE];
```

```
// Datenfelddefinition festlegen
ArrayDef = SetArrayDef( &hArrayDef, 1, ARRAYSIZE );

// WDOPR mit Double-Datenfeld erstellen
InitWCB( &wcb, TypeVoid, NULL, 0 );
AddDoubleArray( &wcb, ArrayDef, array );

// Verwenden Sie wdCommandDispatch hier

// Reservierte ArrayDef-Struktur freigeben
GlobalUnlock( hArrayDef );
GlobalFree( hArrayDef );
```

Beispiel für die Übergabe eines Datenfeldes mit Zeichenfolgen

Die folgenden Windows-Codezeilen veranschaulichen allgemein, wie Datenfelder mit Zeichenfolgen über die CAPILIB-Funktionen verarbeitet werden können. Wichtig in diesem Zusammenhang ist, wie die verschiedenen Teile der WDOPR-Datenstruktur mit den entsprechenden Daten geladen werden. Der Inhalt der Zeichenfolgen befindet sich im Zeichenfeld strArray, Zeiger zu jeder Zeichenfolge werden in lpStrArray geladen, und die Dimensionen und Größe des Datenfeldes mit den Zeichenfolgen werden in ArrayDef geladen. Jede dieser Komponenten der WDOPR-Datenstruktur muß richtig geladen werden, um den Inhalt eines Datenfeldes mit Zeichenfolgen zu übergeben.

```
// Deklarationen
HANDLE        hArrayDef;
ARRAY_DEF far *ArrayDef;
LPSTR         lpStrArray[ARRAYSIZE];
char          strArray[ARRAYSIZE][MAXLENGTH];

// Datenfelddefinition festlegen
ArrayDef = SetArrayDef( &hArrayDef, 1, ARRAYSIZE );

// LPSTR-Datenfeld auf einen Puffer zeigen lassen
for( i = 0; i < ARRAYSIZE; i++ )
    lpStrArray[i] = strArray[i];

// WDOPR-Datenfeld mit Zeichenfolgen erstellen
InitWCB( &wcb, TypeShort, NULL, 0 );
AddStringArray( &wcb, ArrayDef, lpStrArray, MAXLENGTH );

// Verwenden Sie wdCommandDispatch hier

// Reservierte ArrayDef-Struktur freigeben
GlobalUnlock( hArrayDef );
GlobalFree( hArrayDef );
```

Anpassen von Word mit CAPILIB

Eine in Word registrierte WLL-Funktion kann wie jede integrierte Anweisung von jedem WordBasic-Makro aufgerufen werden. Sie können eine neue Word-API-Funktion auch einer Schaltfläche auf einer Symbolleiste, einem Menübefehl oder einem Shortcut zuweisen. Eine solche Zuweisung sollte in der Funktion **wdAutoOpen** erfolgen. Diese Funktion wird beim Laden der WLL ausgeführt und nimmt so die Funktionszuordnungen automatisch vor. Es gibt mehrere **wdCommandDispatch**-Befehle, mit denen Sie die Zuweisungen analog der Vorgehensweise in WordBasic vornehmen können. Spezielle CAPILIB-Funktionen vereinfachen den Vorgang noch weiter.

Hinzufügen eines Befehls

Eine in Word registrierte Add-In-Funktion stellt eine Erweiterung von WordBasic dar und ist sofort als neuer Befehl, der als Anweisung in jedem beliebigen Makro eingefügt werden kann, verfügbar. Mit der in CAPILIB enthaltenen Funktion **CAPIRegister** können Sie Add-In-Funktionen registrieren.

Anmerkung Eine WLL-Funktion, die Argumente von einem WordBasic-Makro benötigt, kann in Word nicht registriert werden. Eine derartige Funktion muß im WordBasic-Makro mit der WordBasic-Anweisung **Declare** deklariert werden.

Hinzufügen einer Schaltfläche auf einer Symbolleiste

Die folgenden Codezeilen zeigen, wie eine Schaltfläche mit der Aufschrift „Tabelle", der die neue Funktion TestTabelle zugewiesen wurde, mit der entsprechenden CAPILIB-Funktion der Standard-Symbolleiste hinzugefügt werden kann. Die Codezeile wird normalerweise in der Funktion **wdAutoOpen** einer WLL verwendet, um die Schaltfläche zu erstellen, wenn die WLL geladen wird.

```
err = CAPIAddButton( DocID, "Standard", cPosition, "TestTabelle",
    "Tabelle" );
```

Eine verwandte CAPILIB-Funktion, **CAPIAddToolbar**, ermöglicht das Hinzufügen einer neuen Symbolleiste, der Sie dann Schaltflächen hinzufügen können. Ein Beispiel:

```
err = CAPIAddToolbar( DocID, "TestSymbolleiste" );
```

Hinzufügen eines Menübefehls

Sie können problemlos ein Menüelement hinzufügen und ihm eine registrierte Funktion zuweisen. Die Funktion **CAPIAddMenuItem** aus CAPILIB vereinfacht diesen Vorgang. Die folgende Codezeile fügt z.B. den Menübefehl „Datenfeld mit Zeichenfolgen" am Ende des Menüs **Datei** hinzu und weist ihm die Funktion StringArray zu:

```
err = CAPIAddMenuItem( DocID, "Datei", "StringArray",
    "Datenfeld mit Zeichenfolgen", -1, 0 );
```

Eine verwandte Funktion, **CAPIAddMenu**, ermöglicht das Hinzufügen eines neuen Menüs zur Hauptmenüleiste. Sie können dem Menü einen Namen zuweisen, der beim Erstellen der zugehörigen Menübefehle mit der Funktion **CAPIAddMenuItem** verwendet werden kann.

Hinzufügen eines Shortcut

Mit der Funktion **CAPIAddKey** aus CAPILIB können Sie eine registrierte Word-API-Funktion auch einem Shortcut zuweisen. Ein Beispiel:

```
err = CAPIAddKey( DocID, Tastenschlüssel, "NeueFunktion" );
```

Diese Codezeile weist dem durch Tastenschlüssel angegebenen Shortcut im aktuellen Dokument die Word-API-Funktion NeueFunktion zu. Eine vollständige Beschreibung der verschiedenen ganzen Zahlen für Tastenschlüssel finden Sie unter **ExtrasAnpassenTastatur** in Teil 2, „WordBasic—Anweisungen und Funktionen".

Aufrufen von Word aus einer anderen Anwendung

Es ist nicht möglich, eine WLL aus einer anderen Anwendung als Word aufzurufen und Word mit dieser WLL zu steuern. Die CAPI-Nachrichtenschnittstelle (CAPI Messaging Interface, CMI) bietet eine Möglichkeit, dieses Problem zu umgehen.

Windows 3.*x*

Eine WLL muß von Word aufgerufen werden, um **wdCommandDispatch** aufrufen zu können. Anderenfalls treten Probleme mit dem Stack auf, die zu einer allgemeinen Schutzverletzung führen. Zur Durchführung eines Word-API-Aufrufs kann die Anwendung eine Nachricht (Message) an Word senden (WM_WDCAPI), anstatt **wdCommandDispatch** aufzurufen. Daraufhin ruft Word bei der Bearbeitung der Nachricht (Message) **wdCommandDispatch** vom eigenen Stack auf, wodurch Stack-Probleme vermieden werden.

Gehen Sie wie folgt vor, um die CAPI-Nachrichtenschnittstelle zu nutzen:

1. Tragen Sie in eine Include-Datei folgendes ein:

```
#include "wdcapi.h"
#define WM_WDCAPI    (WM_USER + 0x0300)
typedef struct
{
    short    CommandID;
    short    DlgOptions;
    short    cArgs;
    LPWDOPR  lpwdoprArgs;
    LPWDOPR  lpwdoprReturn;
} CMI;
typedef CMI far *LPCMI;
```

2. Füllen Sie die CMI-Struktur.
3. Rufen Sie **SendMessage** wie folgt auf:

```
err = (int)SendMessage( hWordWnd, WM_WDCAPI, 0, (LPARAM)(LPCMI)&cmi
);
```

Windows 95 und Windows NT

Um von Windows 95 oder Windows NT auf das CMI zuzugreifen, rufen Sie **cmiCommandDispatch** auf, anstatt die Nachricht (Message) WM_WORDCAPI an Word zu senden (unter Windows 95 und Windows NT liefert WM_WORDCAPI CAPIBadMessage). Dazu können Sie Ihre Anwendung mit der Datei WIN32CMI.LIB verknüpfen oder alternativ die WIN32CMI.DLL-Datei mit **LoadLibrary** laden und anschließend die Addresse der Funktion abrufen, indem Sie **GetProcAddress** aufrufen. Die Funktion **cmiCommandDispatch** besitzt den gleichen Prototyp wie **wdCommandDispatch**. Diesen Prototyp finden Sie in der Include-Datei des CMI (WIN32CMI.H). Die Dateien WIN32CMI.LIB und WIN32CMI.DLL befinden sich im Ordner CAPI\WIN32CMI auf der Diskette zum *Microsoft Word Developer's Kit*. In diesem Ordner sind die für das Erstellen der LIB und der DLL erforderlichen Quelldateien enthalten. (Eine Microsoft Visual C++-Projektdatei, Version 2.0, steht zur Verfügung.) Falls Sie auf einer RISC-Plattform arbeiten, müssen Sie die LIB und die DLL für Ihre Plattform mit Hilfe der bereitgestellten Quelldateien zusammensetzen.

Macintosh

Auf dem Macintosh können Sie Word mit dem CMI aus einer Anwendung oder Code-Ressource steuern, die nicht direkt von Word aufgerufen wurde. Anstatt **wdCommandDispatch** direkt aus dem Word-API aufzurufen, sendet das CMI auf dem Macintosh Befehle an Word mit Hilfe von Apple Events.

Um einen CMI-Aufruf auf dem Macintosh durchzuführen, muß die aufrufende Anwendung oder Code-Ressource ein Apple Event erstellen, das alle Informationen enthält, die normalerweise von **wdCommandDispatch** übergeben werden. Nachdem es das Event an Word gesendet hat, muß es das Antwort-Event auspacken.

Zum Einsatz des CMI auf dem Macintosh verwenden Sie statt der in diesem Anhang bereits beschriebenen Dateien CAPILIB.C und CAPILIB.H die Dateien CMILIB.C und CMILIB.H, die sich im Ordner CMI im Ordner CAPI auf der Diskette zum *Microsoft Word Developer's Kit* befinden. Wenn Sie diese Dateien in das Projekt aufnehmen, können Sie statt **wdCommandDispatch** einfach **cmiCommandDispatch** aufrufen, da alle die Apple Events betreffenden Aufgaben von den CMI-Dateien erledigt werden. Das Beispiel im Ordner CMI:BEISPIEL läßt sich mit dem Word-API-Beipiel vergleichen. Sehen Sie sich ggfls. diese Dateien an, um einen Eindruck von der Verwendung des CMI zu gewinnen.

Funktionen des Word-API

Es gibt einige Funktionen in Word, die zwar WLLs, nicht aber WordBasic zur Verfügung stehen. Diese Funktionen, die spezielle Bedürfnisse von WLLs unter Windows und auf dem Macintosh abdecken, werden im folgenden erläutert.

Allgemeine Funktionen

Beachten Sie, daß die vier folgenden WordBasic-Funktionen nur aus einer WLL aufgerufen werden können.

wdAddCommand

Registriert Add-In-Funktionen in Word. Sie besitzt drei Argumente: DocID (das von Word an **wdAutoOpen** übergeben wird), den Namen der zu registrierenden Funktion und eine Beschreibung.

wdPrint

Entspricht der WordBasic-Anweisung **Print** und gibt eine Zeichenfolge in der Statusleiste aus.

wdGetInst

Gibt die Zugriffsnummer der Word-Instanz (Sitzung) zurück (nur Windows).

wdGetHwnd

Gibt die Zugriffsnummer des Word-Fensters zurück (nur Windows).

Messages des Timers

Auf dem Macintosh können Messages des Timers von Word in einer WLL durch die Funktion **wdSetTimer** genutzt werden. Bei einer Message des Timers wird die WLL von Word mit **cacCallTimer** aufgerufen. Die Syntax lautet wie folgt:

```
short wdSetTimer( short DocID, long Timer);
```

Parameter	Beschreibung
DocID	Gibt an, an welche WLL die Message des Timers gesendet werden soll.
Timer	Die Zeit in Millisekunden, auf die der Timer eingestellt werden soll.

Eine WLL kann nur einen einzigen Timer zur gleichen Zeit verwenden. Beim Aufruf von **wdSetTimer** wird der alte Timer gelöscht, bevor ein neuer eingestellt wird. Wird für das Argument Timer 0 (Null) übergeben, wird der alte Timer gelöscht.

WLL-Fenster

Auf dem Macintosh sollten WLLs, die Fenster benötigen, um Messages von Word zu empfangen, die nachfolgende Funktionsgruppe verwenden.

Nachdem ein WLL-Fenster eingerichtet wurde, werden Events wie folgt behandelt:

- MouseDown- und MouseUp-Events werden an alle WLL-Fenster gesendet.
- Update-Events werden an das entsprechende WLL-Fenster gesendet.
- KeyDown-Events werden an das entsprechende WLL-Fenster nur dann gesendet, wenn für dieses Fenster **wdCaptureKeyDown** ausgeführt wurde.

wdOpenWindow

Diese Funktion öffnet ein WLL-Fenster, zeigt es an und gibt den Zeiger auf das Fenster als Wert vom Typ Long zurück. Dieser Zeiger kann dann in anderen WLL-Fensterfunktionen verwendet werden. Die Syntax lautet wie folgt:

```
long wdOpenWindow( short DocID, short x, short y, short dx,
    short dy, long lData, short fFloat);
```

Parameter	Beschreibung
DocID	Gibt an, an welche WLL eine Message gesendet werden soll.
x, y, dx, dy	Legt die Position und Größe des Fensters in Pixeln fest.
lData	Enthält benutzerspezifische Daten.
fFloat	Falls fTrue, wird altDBoxProc als Fenstertyp verwendet, sonst documentProc (bewirkt nicht, daß das Fenster immer sichtbar bleibt).

wdCloseWindow

Schließt ein CAPI-Fenster und gibt einen Wert vom Typ Short zurück, der mit fTrue oder fFalse die erfolgreiche oder fehlerhafte Ausführung anzeigt. Der Funktion wird der Zeiger auf das Fenster als Parameter vom Typ Long übergeben. Die Syntax lautet wie folgt:

```
short wdCloseWindow( long *Window);
```

wdCaptureKeyDown

Aktiviert einen Modus, in dem KeyDown-Messages an das CAPI-Fenster gesendet werden und gibt einen Wert vom Typ Short zurück, der mit fTrue oder fFalse die erfolgreiche oder fehlerhafte Ausführung anzeigt. Der Funktion wird der Zeiger auf das Fenster als Parameter vom Typ Long übergeben. Die Syntax lautet wie folgt:

```
short wdCaptureKeyDown( long *Window);
```

wdReleaseKeyDown

Deaktiviert einen Modus, in dem KeyDown-Messages an das CAPI-Fenster gesendet werden und gibt einen Wert vom Typ Short zurück, der mit fTrue oder fFalse die erfolgreiche oder fehlerhafte Ausführung anzeigt. Der Funktion wird der Zeiger auf das Fenster als Parameter vom Typ Long übergeben. Die Syntax lautet wie folgt:

```
short wdReleaseKeyDown( long *Window);
```

Word-API-Fehler

Im folgenden sind die in WDERROR.H definierten Fehler aufgeführt, die mit dem Word-API auftreten können (mit Name und Beschreibung). Der Wert 0 (Null) entspricht CAPINoError.

Fehler	Name	Beschreibung
5001	CAPIBadCommandId	Befehls-ID ist ungültig.
5002	CAPIOddParamBlock	Parameterblock enthält eine ungerade Anzahl an Bytes.
5003	CAPICmdNotAvailable	Befehl ist nicht verfügbar.
5004	CAPIBadArgCount	Zu viele oder zu wenige Argumente.
5005	CAPIInternalError	Interner Fehler bei der Bearbeitung von Daten.
5006	CAPIByteCountMismatch	Parameterblock enthält eine ungültige Anzahl an Bytes.
5007	CAPINotFunction	Nicht-Funktion wurde als Funktion aufgerufen.
5008	CAPIBadType	Übergebener oder erwarteter Parametertyp ist nicht korrekt.
5009	CAPIStringTooLong	Zeichenfolge ist länger als 255 Zeichen.
5010	CAPINullReturnBuffer	Zeiger für Ausgabe ist null.
5011	CAPICantLock	Globaler Handle kann nicht gesperrt werden.
5012	CAPICantAllocate	Globaler Handle kann nicht zugeordnet werden.
5013	CAPINoDialog	Befehl enthält kein Dialogfeld.
5014	CAPIOutOfMemory	Word-API verfügt nicht über genügend Arbeitsspeicher.
5015	CAPIFieldIdOutOfRange	Zu viele Parameter wurden der Funktion übergeben.
5016	CAPIBadFieldId	FieldID nicht in Dialogfeld.
5017	CAPIBadHandle	Handle wurde nicht zugeordnet.
5018	CAPIArrayExpected	Parameter nimmt nur ein Datenfeld an.
5019	CAPITooManyDimensions	Zu viele Dimensionen für Datenfeld.
5020	CAPIExpectedNumericType	Übergebener Parameter war nicht vom Datentyp Short, Long oder Numeric.
5021	CAPIExpectedStringType	Übergebener Parameter war nicht vom Typ String.
5022	CAPIParameterOutOfRange	Parameterwert lag nicht im gültigen Bereich.
5023	CAPICantReturnString	Datentyp String erforderlich für ein Feld, das ausschließlich numerische Daten enthalten kann.
5024	CAPICantReturnNumeric	Datentyp Numeric erforderlich für ein Feld, das ausschließlich Zeichenfolgen enthalten kann.

Fehler	Name	Beschreibung
5025	CAPIReturnOverflow	Nicht genügend Speicher im Puffer für Rückgabezeichenfolge.
5026	CAPIArrayOverflow	Nicht genügend Speicher im Puffer für Zeichenfolgen-Datenfelder.
5027	CAPIDlgCommandOverflow	Nicht genügend Speicher im Puffer für Dialogfeld-Befehlszeichenfolge.
5028	CAPIOverflowNotHandled	BufferTooSmall-Bit ist auf Eingabe gesetzt..
5029	CAPICantParse	Übergebene Zeichenfolge kann nicht analysiert werden
5030	CAPIBadMessage	Ungültiger Zeiger in Meldung.
5031	CAPICommandFailed	Word-API-Befehl ist fehlgeschlagen.
5032	CAPIBadDocRef	Referenznummer für Dokument (DocID) ist ungültig.
5033	CAPIInsufficientStack	Mindestgröße für Stapel nicht verfügbar.
5034	CAPIUninitializedString	0 (Null) wurde als Zeichenfolgenzeiger übergeben.

APPENDIX D

AppleScript

Aus drucktechnischen Gründen mußte dieser Anhang als Word-Dokument auf der dem *Microsoft Word Developer's Kit* beigefügten Diskette für den Macintosh untergebracht werden.

Das Word-Dokument SCRIPT.DOC liegt auf der Diskette in der englischen Originalfassung vor.

SCRIPT.DOC befindet sich im Hauptordner der dem *Microsoft Word Developer's Kit* beigefügten Diskette für den Macintosh. Starten Sie Word und drucken Sie SCRIPT.DOC aus. Das beste Druckergebnis erzielen Sie auf einem Laser/PostScript-Drucker.

Die im Index des *Microsoft Word Developer's Kit* angegebenen Seitenzahlen für diesen Anhang entsprechen den Seitenzahlen im ausgedruckten Word-Dokument SCRIPT.DOC.

ANHANG E

Microsoft Word-Betriebsparameter

Einige der im folgenden aufgelisteten Betriebsparameter werden nur durch den verfügbaren Arbeitsspeicher (RAM) bestimmt.

WordBasic-Betriebsparameter

Betriebsparameter	Grenzwert
Maximale Größe eines Makros	Begrenzt nur durch den verfügbaren Arbeitsspeicher (RAM)
Maximale Länge der Namen von Variablen, Unterroutinen und benutzerdefinierten Funktionen	40 Zeichen (Word, Version 6.0) 80 Zeichen (Word, Version 7.0)
Maximale Länge von Zeichenfolgevariablen	65.280 Zeichen
Größte darstellbare Zahl	$1{,}7976931348623 \times 10^{308}$
Maximale Anzahl von Argumenten, die einer Unterroutine oder einer Funktion übergeben werden können	20

Word-Betriebsparameter

Betriebsparameter	Grenzwert
Maximale Anzahl gleichzeitig geöffneter Fenster	Begrenzt nur durch den verfügbaren Arbeitsspeicher (RAM)
Maximale Dokumentgröße	32 MB (ohne Grafiken)
Maximale Anzahl Wörter in Benutzerwörterbüchern	10.000
Maximale Länge der Namen von Textmarken	20 Zeichen (Word, Version 6.0) 40 Zeichen (Word, Version 7.0)

Betriebsparameter	Grenzwert
Maximale Anzahl von Textmarken in einem Dokument	32.000
Maximale Länge der Namen von AutoText-Einträgen (einschließlich Leerzeichen)	31 Zeichen
Maximale Länge der Namen von Formatvorlagen	253 Zeichen
Maximale Anzahl von Formatvorlagen in einem Dokument oder einer Dokumentvorlage	4.093
Maximale Anzahl der Felder in einem Dokument	32.000
Maximale Anzahl allgemeiner Schalter in einem Feld	10
Maximale Anzahl feldspezifischer Schalter in einem Feld	10
Maximale Anzahl von Verschachtelungsebenen für Felder	20
Maximale Anzahl von Filialdokumenten in einem Zentraldokument	Begrenzt nur durch den verfügbaren Arbeitsspeicher (RAM)
Maximale Anzahl von Spalten in einer Tabelle	31
Maximale Anzahl von Spalten im Zeitungsstil	100
Maximale Anzahl von gesetzten Tabstops in einem Absatz	50
Minimale Höhe einer Seite	7,62 cm
Maximale Anzahl der benutzerdefinierten Symbolleisten	Begrenzt nur durch den verfügbaren Arbeitsspeicher (RAM)
Maximale Anzahl der benutzerdefinierten Schaltflächen	Begrenzt nur durch den verfügbaren Arbeitsspeicher (RAM)
Maximale Anzahl der Zeichen in einer Zeile	768
Maximaler Schriftgrad	1.637 Punkt (57,8 cm)
Maximale Anzahl der Schriftarten in einem Dokument	32.767
Maximaler Abstand zwischen Zeichen	1.637 Punkt (57,8 cm)
Maximaler Abstand für das Höher- oder Tieferstellen von Text	1.637 Punkt (57,8 cm)

Index

" (Anführungszeichen) 49, 51–52, 168
$ (Dollarzeichen) 54
' (Apostroph) 49–50, 869
( ) (Klammern) 51, 168, 1051–52
* (Multiplikation), arithmetischer Operator 1052
* (Sternchen) 57–58
, (Komma) 168
- (Minus-Zeichen) 57–58
- (Negation), arithmetischer Operator 1052
- (Subtraktion), arithmetischer Operator 1052
. (Punkt) 168
/ (Division), arithmetischer Operator 1052
/ (Schrägstrich) 57–58
+ (Plus-Zeichen) 57–58, 1052
: (Doppelpunkt) 47, 62
< (kleiner als) 59–60, 1053
<= (kleiner oder gleich) 59–60, 1053
<> (ungleich) 59–60, 1053
= (Ausdruck)-Feld 940–42
= (Formel)-Feld 940
= (ist gleich) 59–60, 1053
> (größer als) 59–60, 1053
>= (größer oder gleich) 59–60, 1053
[ ] (eckige Klammern), Verwendung, in diesem Handbuch xvi-xvii, 327–28
\ Cell, vordefinierte Textmarke 74, 1057–59
\ Char, vordefinierte Textmarke 74, 1057–59
\ Doc, vordefinierte Textmarke 74, 1057–59
\ EndOfDoc, vordefinierte Textmarke 74, 1057–59
\ EndOfSel, vordefinierte Textmarke 73, 1057–59
\ HeadingLevel, vordefinierte Textmarke 74, 1057–59
\ Line, vordefinierte Textmarke 74, 1057–59
\ Page, vordefinierte Textmarke 74, 1057–59
\ Para, vordefinierte Textmarke 74, 1057–59
\ PrevSel1, vordefinierte Textmarke 73, 1057–59
\ PrevSel2, vordefinierte Textmarke 73, 1057–59
\ Section, vordefinierte Textmarke 74, 1057–59
\ Sel, vordefinierte Textmarke 73, 1057–59
\ StartOfDoc, vordefinierte Textmarke 74, 1057–59
\ StartOfSel, vordefinierte Textmarke 73, 1057–59
\ Table, vordefinierte Textmarke 74, 1057–59
¶ (Absatzmarke), anzeigen und verbergen 363–64, 657–59
3D-Dialogeffekte 116

A

Abbildungen
   Siehe auch Zeichnungsobjekte; Grafiken, einfügen
   Beschriftungen für *Siehe* Beschriftungen

Abbildungen *(Fortsetzung)*
   Querverweise auf, einfügen 607–09
   Verzeichnisse von *Siehe* Abbildungsverzeichnisse
Abbildungsverzeichnisse 581–82
Abbrechen
   Siehe auch Schließen; Anhalten
   DDE-Dialoge 201
Abbrechen-Schaltfläche
   benutzerdefinierten Dialogfeldern hinzufügen 473
   Beschreibung 113
   Wahl des Benutzers feststellen 829–31
   Wert zurückgegeben von 110–11
Abgerundete Rechtecke 1019
Abkürzungstasten 127
Abonnieren, Auflage 417–18
Abrufen
   Daten aus anderen Anwendungsprogrammen 198–99, 527–28
   Informationen durch DDE-Kommunikation 198–99
   Nachrichten, aus elektronischer Post 222
   Werte aus Dialogfeldern 139
AbrufenDokumentVar$( )-Funktion 338
Absatz-Dialogfeld, initialisieren 699–701, 709
Absätze
   Siehe auch Absatzformatierung
   Absatz-Dialogfeld, initialisieren 699–701, 709
   Absatzkontrolle 348, 699–701, 709
   absatzweise markieren 819–20
   Abstand *Siehe* Absatzformatierung
   ausrichten *Siehe* Absatzformatierung
   beginnen, neue 582–583
   direkte Formatierung entfernen von 985, 987
   einfügen, zwischen Tabellenzeilen 951
   einzelne Absatzzeilen, steuern 348, 699–701, 709
   einziehen *Siehe* Absatzformatierung
   entfernen, direkte Formatierung von 985, 987
   Formatvorlagen zuweisen 928
   Gehen zum nächsten/vorherigen 349–54
   in Listen *Siehe* Listen
   markieren, absatzweise 819–20
   Markierung absatzweise erweitern 349–54
   neue erstellen 582–83
   numerieren 652–654, 704, 713–14, 720–722, 731–33
   Rahmenlinien um *Siehe* Rahmen
   schattieren *Siehe* Schattierungen
   Seitenwechsel innerhalb 305, 348
   Seitenwechsel innerhalb, verhindern 699–701, 709
   Seitenwechsel oberhalb 351–52
   Seitenwechsel oberhalb, einfügen 699–701, 709

Absätze *(Fortsetzung)*
  Seitenwechsel zwischen 347–48
  Seitenwechsel zwischen, verhindern 699–701, 709
  Silbentrennung in 699–701, 709
  sortieren 943–46
  umwandeln, in Tabellen 949–50, 964
  verschieben, in Gliederungen 755
  zählen 487–88, 567–68, 686
  Zeilenabstand in 1045
  Zeilennumerierung in 699–701, 709
  zusammenhalten, auf einer Seite 347–48, 699–701, 709
  zuweisen, Formatvorlagen zu 928
Absatzformat
  Siehe auch Absatzformatierung
  Zeilen zusammenhalten 347–48, 699–701, 709
Absatzformatierung
  Siehe auch Zeichenformatierung, Formatvorlagen
  Absatz-Dialogfeld, initialisieren 699–701, 709
  Absätze zusammenhalten 347–48, 699–701, 709
  Absatzkontrolle (alleinstehende Absatzzeilen) 348, 699–701, 709
  Abstand, oberhalb und unterhalb 346, 699–701, 709
  Abstand, zwischen Zeilen 699–701, 1043–45
  Blocksatz 347, 699–701, 709
  direkte Formatierung entfernen aus 985
  einfügen 706
  Einzüge, erste Zeilen 699–701, 709
  Einzüge, hängende 709, 763, 872
  Einzüge, linke und rechte 614, 699–701, 709, 872
  Einzüge entfernen 872
  entfernen, direkte Formatierung aus 985
  Formatvorlagen 733, 928
  hängende Einzüge 699–701
  in Listen *Siehe* Listen
  kopieren 717–18
  linksbündig 349, 699–701, 709
  negative (hängende) Einzüge 699–701
  Rahmenlinien *Siehe* Rahmen
  rechtsbündig 351, 699–701, 709
  Seitenwechsel oberhalb, einfügen 351–52, 699–701, 709
  Silbentrennung 699–701, 709
  suchen und ersetzen 421–25, 439–46
  verwandte Anweisungen und Funktionen, Auflistung 305
  Zeilen zusammenhalten 354, 699–701, 709
  Zeilenabstand 699–701, 709, 928
  Zeilennumerierung 699–701, 709
  zentriert 355, 699–701, 709
  zusammenhalten, Absätze 347–48, 699–701, 709
  zusammenhalten, Zeilen 354, 699–701, 709
Absatzkontrolle 348, 699–701, 709
Absatzmarken (¶)
  ANSI-Codes 421
  anzeigen und verbergen 363–64, 657–59
  einfügen 582

Absatzmarken (¶) *(Fortsetzung)*
  in Textdateien 421
  in Word für Windows 2.x-Dokumenten 657–59
Abschneiden, Grafiken 714–15
Abschnitte
  Abschnittswechsel 508–12, 583, 604
  abschnittsweise markieren 819–20
  formatieren 611, 702, 723–29, 774, 792–95
  formatieren, verwandte Anweisungen und Funktionen, Auflistung 306
  Gehen zu bestimmten 430–32
  Gehen zu vorherigem/nächstem 750–51
  schützen, vor Änderungen 624–25
  Seiteneinrichtung für, angeben 508–12
Absolute Werte 345
Abspielen, Klang- und Videodateien 841
Abstand
  Kerning (Zeichenabstände bei bestimmten Buchstabenpaaren) 712–13, 734–35, 929
  oberhalb und unterhalb von Absätzen 396, 699–701, 709
  Zeilen 699–701, 709, 928,
  zwischen Absätzen 699–701, 709
  zwischen Spalten in Tabellen 947–48
  zwischen Textspalten 728–30
  zwischen Zeichen 712–13, 734–35, 929
  zwischen Zeilen in Tabellen 947–48
Access, Microsoft
  als DDE-Server 204–06
  DDE-Anwendungsname für 193–94
Add-Ins *Siehe* Word Add-In Libraries (WLLs)
Addition 57–58, 641, 940, 941–42
Adreßbücher
  Adressen als Rückgabewert liefern aus 330–33
  Einfügen von Adressen aus 583
  Hinzufügen von Adressen zu 358–61
  im Serienbrief verwenden 897
Adressen, formatieren für Briefumschläge 615, 701–02
Adreßetiketten 646–48, 905
Aktionen *Siehe* Operationen
Aktivieren
  Anwendungsprogramme 384–85, 391–93, 396–98
  Fenster 362–63
  Menüleiste 825
  Microsoft Anwendungsprogramme 826
  Optionen in Dialogfeldern 144
  Steuerelemente in benutzerdefinierten Dialogfeldern 540–41
  Volumes 983–85
AKTUALDAT-Feld 594
Aktualisieren
  bei eingefügtem Text 861
  Bildschirm 398–400
  Dateivorschaufelder in benutzerdefinierten Dialogfeldern 541–42
  Felder 687–88, 982–83

Aktualisieren *(Fortsetzung)*
    Text in Dialogfeldern, fortlaufend 162
    Verknüpfungen 451–52
Akzente, auf Großbuchstaben 662–63
Alleinstehende Absatzzeilen, zulassen/vermeiden 348, 699–701, 709
Alphanumerisches Sortieren 943–46
ALT-TASTE 825
AmEndeDesDokuments( )-Funktion 75
AND, logischer Operator 65–66, 1054
Änderungen, zulassen und verhindern *Siehe* Schützen; Schutz aufheben
Anfordern, Daten aus anderen Anwendungsprogrammen 198–99, 527–28
Anfügen
    Daten an Dateien 848–49
    Dokumentvorlagen 490
    Zeichenfolgen 57–58
Anführungszeichen (" ")
    ANSI-Codes 476–78
    einfügen, in Feldfunktionen 593
    gerade und typographische 635–37
    in Argumenten 49
    Zeichenfolgen einschließen in 51–52, 168
Anhalten
    Siehe auch Schließen; Abbrechen
    Makroaufzeichnung 808
    DDE-Kommunikation 201
    Makros 177, 614, 930
Anmerkungen
    Anmerkungszeichen, als Rückgabewert liefern 366
    anzeigen 366–67, 578–79
    Ausschnitt für, öffnen und schließen 366–67
    Dokument schützen, Anmerkungen zulassen 514–15, 644–45
    Dokumentschutz aufheben 644
    drucken 490–92
    Einfügemarke bewegen zu 365
    einfügen 583
    Gehen zu bestimmten 430–32, 750–51
    Pen 743
    verwandte Anweisungen und Funktionen, Auflistung 318
    zugehörigen Dokumenttext markieren 748
    zugehörigen Textbereich markieren 748
    zulassen, in gesperrten Dokumenten 514–15, 644–45
    zur nächsten/vorherigen Anmerkung gehen 750
Anordnen von Fenstern 689
Anpassen, an eigene Erfordernisse
    Menüs 626–30, 823–26, 838, 1008–09
    Symbolleisten 934, 1011–12
    Symbolleisten-Schaltflächen 609
    Tastenzuordnungen 625, 630–04, 812–13, 960–61, 1012–13
    verwandte Anweisungen und Funktionen, Auflistung 306–07

Anpassen-Dialogfeld anzeigen 625
Anrufen bei Microsoft *Siehe* Microsoft Software Service
ANSI-Codes 404–05, 476–77
Ansichtsarten
    Entwurf 374
    Gliederung 374
    Hilfe zu aktiven 766
    Kopf-/Fußzeile 373, 375, 580
    Layout 375–76, 512
    schließen 375, 889
    Seitenansicht 512, 889
    verwandte Anweisungen und Funktionen, Auflistung 307
    Vollbildschirm 748
    Zentraldokument 382
Ansichtsoptionen 30
AnwAktiv( )-Funktion 195
Anweisungen 48–50
    Auflistung 325
    bedingte 58–67, 84–86
    debuggen 177
    Fehlerbehandlung 183–87
    in Dialogfunktionen verwendete 164–66
    Schleifen 58
Anwendungsfenster
    auf „maximiert" prüfen 391–92
    auf „minimiert" prüfen 392–93
    auf „wiederhergestellt" prüfen 397–98
    auflisten, geöffnete 394–95
    Größe ändern 389, 560–62
    Position von, als Rückgabewert 561–62
    verborgene anzeigen 386
    verschieben 396–97, 561–62
Anwendungsnamen, für DDE-Dialoge 193–94
Anwendungsprogramme
    aktivieren 384–85, 391–93, 396–98
    Ausführungszustand feststellen 384–85
    Austauschen von Daten zwischen *Siehe* Dynamischer Datenaustausch (DDE); Objekteinbettung und -verknüpfung (OLE)
    beenden 619
    Befehle senden an, mit DDE 199–200, 522–23
    Daten importieren in, mit DDE 198–99
    Daten senden an, mit DDE 526
    Datenübertragung zwischen *Siehe* Datenaustausch mit anderen Anwendungsprogrammen
    Fenster *Siehe* Anwendungsfenster
    geöffnete, zählen 394–95, 398
    Informationen abfragen, mit DDE 195–98, 527–28
    Informationen gemeinsam nutzen 191–224
    Kanäle öffnen zu, mit DDE 195–98, 524–26
    Microsoft *Siehe unter den einzelnen Anwendungsnamen*
    schließen 395, 619
    Schließen von DDE-Kanälen zu 528–29
    starten 921–23
    Tastenanschläge senden an 891–94

Anwendungsprogramme *(Fortsetzung)*
   verbergen 396
   verborgene, anzeigen 386
   wiederherstellen 391–93, 397–98
   Windows-Meldungen senden an 393–94
Anwendungssignaturen 195–96, 803–04
Anwendungssteuerung, Anweisungen und Funktionen zu 308
Anzahl
   von Absätzen 686
   von AutoKorrektur-Ausnahmen 334–35
   von AutoText-Einträgen 1003
   von benutzerdefinierten Tastenzuordnungen 960–61, 1012–13
   von Dokumenteigenschaften 336–38
   von Dokumentvariablen 1004
   von Feldern in Seriendruck-Steuersätzen 1010
   von Formatvorlagen 1006
   von geöffneten Fenstern 1005–06
   von globalen Dokumentvorlagen und Add-Ins 1002
   von Makros in der Dokumentvorlage 1007–08
   von Menü-Befehlen 1008–09
   von Menüs 1009
   von Seiten 686
   von Symbolleisten-Schaltflächen 1012–13
   von Symbolleisten 1011–12
   von Textmarken 1013
   von Unterordnern in einem Ordner 1014
   von verfügbaren Schriftarten 1010
   von verfügbaren Sprachformaten 1011
   von Wörtern 686
   von Zeichen, Wörtern, Zeilen, Absätzen und Seiten 487–88, 567–68, 686
   von Zeilen 686
Anzeige
   aktualisieren 398–400
   Auflösung von, als Rückgabewert 341–43
Anzeigen
   Absatzmarken ( ) 363–64, 657–59
   Anmerkungen 366–67, 578–79
   bedingte Trennstriche 363–64, 657–59
   Dialogfeld-Steuerelement 540–41, 549–50
   Dialogfelder 534–37
   Fehlermeldungen 624
   Feldfunktionen oder Resultate 369, 687
   Fenster 835, 990
   Fußnoten und Endnoten 367, 370–71
   Gitternetzlinien in Tabellen 942
   Grafiken in Dialogfeldern 545–46, 855–57
   Hervorhebungsformatierung 764–65
   Konzeptmodus 374
   Kopf-/Fußzeile 373, 375, 580
   Korrekturmarkierungen 679, 681–83
   Leerzeichen 363–64, 657–59
   Lineale 376
   Meldungen 67–71, 829–31

Anzeigen *(Fortsetzung)*
   nichtdruckbare Zeichen 363–64, 657–59
   Rahmen-Symbolleiste 380
   Seriendruckfelder 898
   Statusleiste 380, 657–59
   Symbolleisten 380–81, 936
   Tabstopzeichen 363–64, 657–59
   Text in der Statusleiste 857–58
   Überschriften in der Gliederungsansicht 579
   verborgene Anwendungsprogramme 386
   verborgener Text 363–64, 657–59
   Zeichnungs-Symbolleiste 381
AOCE (Apple Open Collaboration Environment) 401–05
Apostroph (') 49–50, 869
Apple Open Collaboration Environment (AOCE) 222–23
AppleScript
   Absatzeigenschaften in Word 1227–30
   Abschnitteigenschaften in Word 1230–31
   Anforderungen 1219
   Aufzeichnen von Skripten 1232
   Ausführen von Skripten in WordBasic 1231–34
   Bezugsformulare 1221
   Objekthierarchie in Word 1221–23
   Paragraph Style-Object 1224
   Range-Object 1224
   Section-Object 1224
   Select Event 1225
   Sentence-Object 1225
   Unterstützung von Word, Übersicht 1219
   Verfahren zum Schreiben von Skripten 1232–33
   verwenden, zum Senden von WordBasic-Anweisungen 1233–34
   Zeicheneigenschaften in Word 1226–27
Archivierte Dateien 406–07
Argumente 49–50
   fehlerhafte, "Keine Artenübereinstimmung" 169
   für Anweisungen 23
   für benutzerdefinierte Funktionen 98–100, 743–44
   für Unterroutinen 98–100
Arithmetische Operatoren 1052
Art von, als Rückgabewert liefern 679–80
Assistenten
   ausführen 504–05
   Beispiel 6
   erstellen 252–64
   Laden von Werten in 553–54
   Speichern von Werten für 554–55
Asterisk (*, Sternchen) 57
Audioelemente
   abspielen 841
   einfügen und aufzeichnen 603
   Piepton 453–54
Auffangen von Fehlern 181–87, 844–46
   Siehe auch Fehlerbehandlung; Debuggen, Makros
Auffinden *Siehe* Suchen

Auffordern, zur Eingabe
    von Benutzerantwort auf Meldungsfeld 69–70, 779–80, 829–31
    von Benutzerantwort auf Speicherungsaufforderung 555–56, 571
    von Benutzereingabe 70–71, 777–80, 797–98
Aufheben, Markierung von Zeichnungsobjekten 1039
Auflage
    herausgeben 432–33
    abonnieren 417–18
Auflisten
    Anwendungsfensternamen 394–95
    Dateien im aktuellen Ordner 693–95
    Textmarken im aktiven Dokument 966–67, 1013
    Unterordner inOrdnern 344–45, 1014
Auflösung (Bildschirm-), als Rückgabewert liefern 341–43
Aufrufen, Dialogfunktionen 146
Aufzählungen Siehe Listen
Aufzeichnen
    Makros 13–18, 30, 651–52, 808
    Audioelemente 603
Ausblenden
    Siehe auch Verbergen
    Anwendungsfenster 386
    Anwendungsprogramm, anzeigen 386
    Dateien 406–07
    Text 363–64, 429–30, 448–49, 657–59, 712–13, 734–35, 982
Ausdruck-Feld, = (Ausdruck)-Feld 940–42
Ausdrücke 57–58
Ausführbare Funktionen 785
Ausführen
    auf Windows basierte Anwendungsprogramme 921–23
    Befehle in anderen Anwendungsprogrammen, mit DDE 522–23
    Dialog-Editor 537
    Druck-Manager 408
    Makros 19–21, 27–28, 651–52
    Systemsteuerung 929–30
    Zwischenablage 929–30
Ausgabe
    Dateien öffnen zur 848–50
    schreiben, mit Komma- oder Semikolon-Trennung 1000–01
    schreiben, mit Tabstop-Trennung 857–58
    schreiben, in Dateien 857–58, 1000–01
    Zeichenposition zum Einfügen 888
Auskommentieren von Makroinstruktionen 176–177
Auslassungspunkte
    formatieren 736–38
    Vorhandensein von, prüfen 1020–21
    zeichnen 1029–30
Ausrichten
    Elemente in Dialogfeldern 122, 128
    Seiten 508–12

Ausrichten *(Fortsetzung)*
    Text Siehe Ausrichten, Absätze; Tabstops
    Zeichnungsobjekte 1021–22
    Zeilen in Tabellen 947–48
Ausrichten, Absätze
    Blocksatz 347, 699–701, 709
    linksbündig 349, 699–701, 709
    rechtsbündig 351, 699–701, 709
    zentriert 355, 699–701, 709
Ausrichtung, Seiten 508–12
Ausschneiden von Text
    in die Sammlung 873
    in die Zwischenablage 419
Ausschnitt
    aktivieren 361–62
    aktuellen, als Rückgabewert liefern 689
    Einfügemarke bewegen in 365
    für Anmerkungen 366–67
    für Fußnoten und Endnoten 367, 370–72
    Hilfe zum aktiven 766
    schließen 408
    Wechseln, zu anderem 365
Austauschen von Daten mit anderen Anwendungsprogrammen 191–224
Austrittsmakros (in Formularfeldern) 246
AuswInfo( )-Funktion 74, 187
Außer Kraft setzen
    automatisch ausgeführte Makros 414
    ESC-TASTE 614
    Instruktionen in Makros 177
    Optionen in Dialogfeldern 144
    Steuerelemente in Dialogfeldern 540–41
Auto-Makros
    Siehe auch bestimmte Makronamen
    außer Kraft setzen 414
    in Formularen 246
    zum Laden einer WLL verwenden 1186
AutoBeschriftung 584
AutoClose-Makro 41, 43
AutoExec-Makro 41
AutoExit-Makro 41, 43
AutoFormat
    Formatieren von Dokumenten mit 705
    Formatieren von Tabellen 939–40
    Optionen einstellen 660–62
AutoKorrektur
    Aktivieren/Deaktivieren der Eintragsersetzung 640
    Ausnahmen als Rückgabewert liefern 334–35
    Ersetzungstext als Rückgabewert liefern 334
    Festlegen von Ausnahmen 638
    Hinzufügen und Löschen von Einträgen 635–36
    Löschen von Ausnahmen 638
    Optionen, umschalten 635–37, 640
    verwandte Anweisungen und Funktionen, Auflistung 309
AutoMakroUnterdrücken-Anweisung 188

Automatisch gespeicherte Dateien, Standard-Ordner für
   474-75, 533-34, 664
Automatisches Speichern, Option 670-71
AutoNew-Makro 41, 42
AutoOpen-Makro 41, 42
Autor 487-88, 567-68
AutoSumme 940
AutoText
   Siehe auch AutoKorrektur
   Anzeigen von Einträgen in Picture-Dialogfeld-
      Steuerelementen 544-45, 855-57
   Auflisten von definierten Einträgen 416, 1003
   Drucken von Einträgen 490-92
   Einfügen von Einträgen 415, 419-20, 585-86
   Einträge erstellen 415, 419-20
   Einträge löschen 419-20, 852-53
   Eintragstext, als Rückgabewert liefern 335-36
   Kopieren von Einträgen 852-53
   Makroinstruktionen aufbewahren als 172
   Speichern von Einträgen 572
   Speichern von Variablenwerten 226-29
   Umbenennen von Einträgen 852-53
   verwandte Anweisungen und Funktionen, Auflistung 309
   Zählen von Einträgen 1003
   zuordnen, Einträge zu Menüs, Shortcuts,
      Symbolleisten 626-34, 877-78

B

Batch-Dateien, ausführen 921-23
BAUSATZ-Assistent 6, 252-53
BAUSATZ.WIZ 6, 252-53
Bearbeiten, Bearbeitung
   Siehe auch Kopieren; Ausschneiden von Text; Einfügen
   AutoText-Einträge 419-20
   Dialogfelddefinitionen 128
   Dialogfelder 125-26, 537
   eingebettete Objekte 438, 841
   Grafiken 432
   Makros 22-29, 291-96, 651-52
   Makros, gegen Änderungen schützen 785
   Optionen 662-63
   rückgängig machen 438
   verknüpfte Objekte 451-52
   verwandte Anweisungen und Funktionen,
      Auflistung 309-10
   wiederholen, letzte Aktionen 453
   zulassen und verhindern 406-07, 514-15, 566-67,
      624-25, 644-45
BearbeitenSuchenGefunden( )-Funktion 65
Bedingte Trennstriche
   ANSI-Codes 477
   anzeigen und verbergen 363-64, 657-59
Bedingungsanweisungen 58-67, 84-86, 774-75, 890-91

Bedingungstest
   Dokumente, ob gespeichert 783
   Dokumentvorlagen, ob gespeichert 784
   Makros, ob editierbar 785
Beenden
   Siehe auch Schließen; Anhalten; Abbrechen
   Anwendungsprogramme 395, 619
   DDE-Kommunikation 201
   Dialog-Editor 128
   Microsoft Windows 619
   Microsoft Word 486, 619
Befehle
   Auflistung, drucken 454
   ausführen, durch Senden von Tastenanschlägen 891-94
   Hilfe anzeigen für 769
   Menütext, als Rückgabewert liefern 823-24
   modifizieren 36-40
   senden an andere Anwendungsprogramme, mit
      DDE 522-23
   Shortcuts für, als Rückgabewerte liefern 812-13
   Verfügbarkeit feststellen 455
   wiederherstellen, modifizierte 40-41
   zuordnen zu Menüs, Shortcuts, Symbolleisten-
      Schaltflächen 626-34, 877-78
Befehlsschaltflächen
   Siehe auch Dialogfelder, benutzerdefinierte
   anzeigen und verbergen 548-49
   benutzerdefinierten Dialogfeldern hinzufügen 859-60
   Beschriftungen, einstellen und ändern 550-51
Befehlszeile, zum Laden einer WLL verwenden 1186
Beginn des Dokuments, feststellen 364
BEISPIEL-MAKROS-Dokumentvorlage 6
Beispiele
   BEIPSPIEL.DOT 6
   Beispieldateien 6-7
   Microsoft Word ausführen 766
   Syntaxbeispiele, aus der Hilfe kopieren 25-26, 172
   von Formularfeldern, erstellen 595-98
Benutzer-Info, ändern 663
Benutzer, Name eines lizenzierten, als Rückgabewert 767
Benutzerdefinierte Dialogfelder Siehe Dialogfelder
Benutzerdefinierte Funktionen 743-44
Benutzerdialogfelder Siehe Dialogfelder
Benutzereingaben
   als Rückgabewert, aus Formularen 338-39
   anfordern 67-71
   Aufforderung zu 777-80, 797-98
   aus Formularen 338-39
   mit Dialogfeldern 779-80
Beratung, Microsoft Support Network 8
Berechnungen 641, 940-42
Beschriftungen
   AutoBeschriftung 584
   erstellen 586-87
   Dialogfeld-Steuerelemente 125-26, 550-51

Index

Beschriftungen *(Fortsetzung)*
   einfügen 584–86
   Numerierungsformat bestimmen für 587–88
   Querverweise auf, einfügen 607–09
   Tabellen von *Siehe* Abbildungsverzeichnisse
BESTIMMEN-Feld 903
Betriebssystem
   Informationen über, als Rückgabewerte liefern 341–43, 389–91, 826
   Umgebungsvariablen, als Rückgabewerte liefern 977–78
Bezeichner
   Beschreibung 125–26
   Bezeichner-Zeichenfolgen für Dialogfeld-Steuerelemente, numerische Äquivalente als Rückgabewerte 546–47
   für Dialogfeld-Steuerelemente 131
Bilder *Siehe* Grafiken
Bildlauf
   horizontal 772–73
   vertikal 349–54, 370–71, 468–70, 833, 988–89, 992–993
   zu einer bestimmten Stelle 430–32
Bildlaufleisten, anzeigen und verbergen 657–59
Bildschirm
   aktualisieren 398–400, 541–42
   Hilfe zu Bildschirmelementen anzeigen 769
   Informationen über, als Rückgabewert 341–43, 389–91
Binde-/Trennstriche, anzeigen und verbergen 363–64, 657–59
Bitweise Vergleiche 1054–57
Blockmarkierung *Siehe* Markieren; Erweitern von Markierungen
Breite
   Anwendungsfenster 560–61, 389
   Bildschirmseite 508–12
   Dialogfeld, angeben 455–58
   Fenster 560–61
   Grafiken 714–15
   Rahmen 710, 723–24
   Spalten in Tabellen 947–48
   Textspalte 728–30
   Zeichnungsobjekte 736–38
Briefumschläge
   drucken 641–43
   erstellen 641–43
   Formatieren von Adressen 615, 701–02
Btx-Service, Microsoft 9
Bücher über WordBasic 11
Bundstege, einstellen 508–12

C

Call-Anweisung 94, 98, 101
CAPI Messaging Interface (CMI), verwenden 1211–13
   CAPILIB Anpassungsfunktionen in 1205–06
   Aufrufen einer Wordbasic-Anweisung oder -Funktion 1187–93
   Erstellen von Word-Operator-Datenstrukturen (WDORPs = Word operator data structures) mit 1193–98
   Felder, Dialogfeldentsprechungen hinzufügen 1202–03
   Funktionen in 1200–07
   Parameter, hinzufügen zu Befehlen 1202
   Registrieren von Funktionen 1203–04
   Überblick 1200–09
   Verwenden von Datenfeldfunktionen in 1203, 1208–09
   Word Command Buffer (WCB), Initialisierung 1201
   Word Command Buffer (WCB), Überblick 1200
Case-Steuerstruktur 890–91
Central Processing Unit (CPU), Art der, als Rückgabewert 341–43
Chevrons (« »), umwandeln in Seriendruckfeld-Kennzeichen 897, 899
Chr$() 53
Client (Ziel) 192
CMI (CAPI Messaging Interface), Verwendung 1211–13
Codes, Fehler-
   ANSI-Codes 404–05, 476–77
   Word API-Fehlercodes, Auflistung 1183, 1215–17
   Word-Fehlercodes, Auflistung 1066–88
   WordBasic-Fehlercodes, Auflistung 1061–65
CompuServe, Microsoft-Kundendienst über 9
Copyright-Hinweis, anzeigen 767
CPU (Central Processing Unit), Art der, als Rückgabewert 341–43
Cursor *Siehe* Maus; Einfügemarke

D

Datei-Creator 463–64
Datei-Eingabe/Ausgabe
   verwandte Anweisungen und Funktionen, Auflistung 311
Datei-Info 487–88, 490–92, 670–71
Dateien
   Siehe auch Dokumente; Konvertieren von Dateiformaten
   archivierte 406–07
   Attribute 406–07
   Ausgabe, schreiben 857–58, 1000–01
   BAUSATZ-Assistent 6, 252–53
   BAUSATZ.WIZ 6, 252–53
   Beispiel 6
   BEIPSPIEL.DOT 6
   BEISPIEL-MAKROS 6–7, 77, 143, 149, 153
   Daten lesen aus 241–43

Dateien *(Fortsetzung)*
    Daten *Siehe* Datenbanken; Seriendruck; Sequentielle Dateien
    drucken 490–92
    Eigenschaften 406–07
    einfügen 588–89, 695–96
    Eingabe, lesen 777–78, 797–98
    Eingabe/Ausgabe, Zeichenposition setzen in 888
    Einstellungen 226–28
    erstellen 504–05
    Feststellen, ob gespeichert 555–56, 571, 783
    Größe, als Rückgabewert liefern 487–88, 567–68, 799–800
    im aktuellen Ordner, auflisten 693–95
    Initialisierung 685, 752–55, 917–20
    Konvertieren von Dateiformaten 506–07, 514–17, 667–69, 792
    kopieren 495
    löschen 789
    Namen *Siehe* Dateinamen
    NORDWIND-DATENBANK 6–7
    NWIND.XLS 6–7
    ODBCAD32.EXE 1150
    ODBCADM.EXE 1150
    öffnen, für sequentiellen Dateizugriff 238–39
    öffnen 496, 505–07, 848–50
    POSITION.TXT 6
    RECHNUNG2.DOT 6
    RECHNUNGSFORMULAR-Dokumentvorlage 246–52
    schließen 243, 478–79, 482, 507–08, 565
    Schreiben in 240–41
    Schreibschutz 406–07
    schützen 406–07, 514–15, 644–45, 670–71
    sequentieller Zugriff, schließen 478–79
    sequentielle *Siehe* Sequentielle Dateien
    speichern 482–83, 514–15
    Standardordner für 474–75, 533–34, 664
    START.WIZ 6
    START-WIZARD-Dokumentvorlage 6, 252–53
    suchen 498–501, 693–95, 748, 1007
    Systemdateien 406–07
    TEST.MDB 1151
    Text *Siehe* Sequentielle Dateien
    umbenennen 514–15
    verborgen 406–07
    vergleichen 684
    Vorschau auf, in benutzerdefinierten Dialogfeldern 542–43, 692–93
    Vorschau auf, in der Seitenansicht 512, 889
    WBMAPI.DLL 222, 1092–93
    WBMAPI.DOT 1092–93
    WBODBC.DOT 1151
    WBODBC.WLL 1145, 1147, 1150–51
    WBTYPE.TXT 1196
    WIN16API.TXT 6, 266

Dateien *(Fortsetzung)*
    WIN32API.TXT 6, 266
    WIN.INI 229–30, 685
    WINAPI.TXT 6
    WINWORD6.INI 230, 685
    Word-Einstellung (6) 230–31
    zuletzt gebrauchte, Auflistung 496, 505, 506–07, 1003
Dateiformate, konvertieren 506–07, 514–15, 516–17, 667–69, 792
Dateinamen
    als Rückgabewerte liefern 330, 487–88, 502–04, 567–68, 809–10, 819
    ändern 514–15
    Macintosh, Übersetzung für Windows 854
    Windows, Übersetzung für den Macintosh 854–55
Dateinamenerweiterung, Suchkriterium bei Dateisuche 693–95
Dateitypen 515–16, 803–04
Dateivorschau-Felder
    aktualisieren 541–42
    anzeigen und verbergen 548–49
    hinzufügen in benutzerdefinierten Dialogfeldern 117, 692–93
    initialisieren 541–42
Dateizeiger, setzen in Datendatei 888
Daten
    Siehe auch Datenbanken; Sequentielle Dateien
    abrufen, aus anderen Anwendungsprogrammen 198–99, 527–28
    anfügen, an Datendateien 848–50
    Benutzereingabe, Aufforderung 779–80
    Benutzereingabe, als Rückgabewert aus Formularen 338–39
    Daten lesen aus 777–78
    Datendateien 848–50
    einfügen, aus Datenbanken 589–592
    Eingabe, aus Dateien für sequentiellen Zugriff 777–78, 797–98, 866–67
    lesen, aus Dateien für sequentiellen Zugriff 777–78, 797–98, 866–67
    schreiben in Dateien für sequentiellen Zugriff 857–58, 1000–01
    senden, an andere Anwendungsprogramme, mit DDE 526
    Senden von Tastenanschlägen an Anwendungsprogramme 891–94
    übergeben, mit Word-API *Siehe* WDOPR (Word-Operator-Datenstruktur)
Datenaustausch, DDE 192, 195–201
    Siehe auch Dynamischer Datenaustausch (DDE)
Datenaustausch mit anderen Anwendungsprogrammen 191–224
Datenbanken
    Siehe auch ODBC
    Daten aktualisieren in Word *Siehe* ODBC

Datenbanken *(Fortsetzung)*
    Daten einfügen aus, für Microsoft Word 589–91
    verbinden mit Formularen 247–49
    Zugriff auf Daten in Word *Siehe* ODBC
Datenfelder
    definieren (dimensionieren) 89, 537–40, 868–69
    für den Inhalt von Listen-, Kombinations- und Dropdown-Listenfeldern 135
    Größe ändern von 91
    Inhalt überprüfen 178
    sortieren 93, 924–26
    übergeben, mit Word-API 1208–09
    Verwenden von Funktionen in CAPILIB 1203, 1208–09
Datenfeldvariablen 88–93
Datenquellen
    Seriendruck *Siehe* Seriendruck; Seriendruck-Felder
DATENSATZ-Felder 904
Datensätze
    Siehe auch Dialogdatensätze
    Seriendruck *Siehe* Seriendruck; Seriendruck-Felder
    Speichern von Dialogfeldwerten in 134–35
Datenträgerzugriff und -verwaltung
    verwandte Anweisungen und Funktionen, Auflistung 311
Datum
    Siehe auch Zeit
    aktuell 481, 765, 786–87
    einfügen 591–94
    Jahr, aus serieller Zahl ermitteln 786
    letztes Druck- oder Überarbeitungsdatum 487–88, 567–68
    Monat, aus serieller Zahl ermitteln 829
    Tag, aus serieller Zahl ermitteln 959
    umwandeln, aus seriellen Zahlen 481
    umwandeln, in serielle Zahlen 519–21
    verwandte Anweisungen und Funktionen, Auflistung 312
    Wochentag, aus serieller Zahl ermitteln 995–96
DDE (Dynamic Data Exchange = Dynamischer Datenaustausch)
    anfordern von Daten aus anderen Anwendungen 198–99, 527–28
    Anwendungsnamen 193–94
    Befehle an andere Anwendungen senden 522–23
    Client 192
    Daten an andere Anwendungen senden 199–200, 526
    Elemente 194
    für Netzwerke 191–209
    Kanäle 192, 522–26, 528–29
    Kommunikation zwischen Programmen 192, 195–201
    Microsoft Access, als Server für 204–06
    Microsoft Excel, als Server für 201–04
    Microsoft Word, als Server für 207–09
    Objekte (Themen) 194
    Server 192
    verglichen mit Anweisung SendKeys 891–94

DDE (Dynamic Data Exchange = Dynamischer Datenaustausch) *(Fortsetzung)*
    verglichen mit Tastatureingaben 892–93
    verwandte Anweisungen und Funktionen, Auflistung 314
DDE-Anwendungsname 193–94
DDEExecute-Anweisung 200–01
DDEInitiate( )-Funktion 197–98
DDEPoke-Anweisung 199–200, 205
DDERequest$( )-Funktion 198–99
DDETerminate-Anweisung 201
DDETerminateAll-Anweisung 201
Deaktivieren
    Siehe auch Löschen
    Add-Ins 356–57
    Formularfelder 739
    Instruktionen in Makros 177
    Kontrollkästchen und Optionsfelder 551–52
    Tabstops 712, 730–31
    Zeichnungsbereiche 1022
Debuggen, Makros 28–29, 167–80, 622–624, 930, 981
Declare-Anweisung 264–66
Definierbare Schaltflächen 113, 140, 156
    Siehe auch Befehlsschaltfläche; Dialogfelder, benutzerdefinierte; Optionsfelder
Definieren *Siehe* Erstellen
Definitionen und Deklarationen
    verwandte Anweisungen und Funktionen, Auflistung 312
Demos, Microsoft Word 766
Dezimal-Tabstops 712, 730–31, 958
Dezimalzahlen, kürzen 781
Diagramme
    Siehe auch Zeichnungsobjekte; Grafiken
    einfügen 592
Dialog-Anweisung und -Funktion 109–11, 138
Dialog-Editor 116
    Siehe auch Dialogfelder, eingebaute; Dialogfelder, benutzerdefinierte; Dialogfelder, dynamische
    Ändern von Beschriftungen und Bezeichnern mit 125–26
    Ausrichten vom Elementen mit 122
    Bearbeiten von Dialogfeldern mit 128
    beenden 128
    Größenänderung von Elementen mit 120–21
    Hinzufügen von Elementen mit 116
    Info-Dialogfeld 125–26
    Kopieren von Dialogfeldern in Makros mit 127
    Löschen von Elementen mit 125
    Positionieren von Elementen mit 120–21
    starten 116, 537
    Tips zur Verwendung 128
Dialogdatensätze
    Beschreibung 131
    definieren 105–06, 134–35, 537–40, 868–69
    Status feststellen 178

Dialogdatensätze *(Fortsetzung)*
  Verwendung 105–11
  Werte von Steuerelementen ermitteln und speichern 751–52
Dialogfeld-Steuerelemente
  Siehe auch Schaltflächen; Kontrollkästchen; Kombinationsfelder; Listenfelder; Dropdown-Listenfelder; Textfelder; Optionsfelder
  außer/in Kraft setzen 540–41
  Beschreibung 131
  Beschriftungen von, festlegen und ändern 550–51
  Bezeichner von, als Rückgabewert 547–48
  Fokus setzen und als Rückgabewert liefern 534–37, 545
  Rückgabewerte, für eingebaute Dialogfelder 751–52
  setzen und als Rückgabewert liefern 551–52
  verbergen und anzeigen 548–49
Dialogfelddefinition 131–132
Dialogfeldeinstellung 106–07
Dialogfelder
  Abrufen von Werten, aus benutzerdefinierten 139
  anzeigen, eingebaute 109–11
  anzeigen, benutzerdefinierte 138
  Ausrichten von Elementen, in benutzerdefinierten 122
  benutzerdefinierte, erstellen 116
  Bezeichner für benutzerdefinierte 125–26
  definierbare Schaltfläche, in dynamischen 156
  Dialogfelddefinitionen für benutzerdefinierte 132
  dynamische, erstellen 144
  Einstellungen ändern, in eingebauten 106–09
  Elementgröße ändern, in benutzerdefinierten 120–21
  fortlaufende Textaktualisierung, in dynamischen 162
  Grafiken, in benutzerdefinierten 115, 119
  Größe von benutzerdefinierten 124–25
  Hinzufügen von Elementen, in benutzerdefinierten 116
  in Kraft setzen, Optionen in dynamischen 144
  initialisieren, dynamische 145
  Optionen außer Kraft setzen, in dynamischen 144
  Positionieren von Elementen, in benutzerdefinierten 120–21, 129
Dialogfelder, benutzerdefinierte 113
  Siehe auch Dialogfelder, eingebaute; Dialogfelder, dynamische
  Abbrechen-Schaltfläche in 113, 473
  abbrechen 473
  Anordnen von Elementen in 128
  Anzeigen von Grafiken in 544–45, 855–57
  anzeigen 534–37
  Aufforderung zur Benutzereingabe 779–80
  Ausfüllen von Listen- oder Kombinationsfeldern in 548
  Ausrichten von Elementen in 128
  außer/in Kraft setzen, Steuerelemente in 540–41
  Befehlsschaltflächen in 859–60
  Beschreibung 131
  Beschriftungen und Bezeichner 125–26, 550–51, 960–61

Dialogfelder, benutzerdefinierte *(Fortsetzung)*
  Bewegungen innerhalb 137
  Dateivorschau-Felder in 117
  definierbare Schaltflächen in 113, 140
  Dialogdatensätze, definieren 537–40
  Dialogdatensätze 134–35
  Dialogfelddefinitionen für 132
  Dropdown-Listenfelder in 114, 135, 140, 575–76
  Einfügen von Werten in 134–35
  Eingeben von Text in 114
  erstellen 254–55, 455–58, 537, 779–80
  Fehlerbehandlung 534–37
  feststehenden Text hinzufügen 960–61
  Fokus in, setzen oder als Rückgabewert liefern 545
  Gruppenfelder in 115, 119, 129
  Kombinationsfelder in 114, 135, 140, 479–80
  Kommentare hinzufügen, in Dialogfelddefinitionen von 127
  Kontrollkästchen in 114, 136, 140, 476, 763
  kopieren, in Makros 127
  Listenfelder in 114, 135, 140, 798–99
  Löschen von Elementen aus 125
  mehrere Dialogfelder in einem Makro 534–37
  mehrzeilige Textfelder in 117
  OK-Schaltfläche in 113, 844
  Optionsfelder in 115, 119, 850
  Optionsgruppen in 140, 763, 850–51
  Setzen von Fokus und Registeranordnung in 137, 455–58, 534–37
  Standard-Befehlsschaltfläche in, festlegen 139
  Standard-Schaltfläche, festlegen 455–58, 534–37, 545
  Steuerelement-Bezeichner für 546–47
  Steuerelemente in, verbergen und anzeigen 548–49
  Steuerelemente in, Bezeichner als Rückgabewerte 546–47
  Steuerelemente in, Setzen und Rückgabe von Werten 551–52
  Text, feststehenden hinzufügen 960–61
  Textfelder in 114, 117, 136, 140, 962–63
  Vorschau auf Dokumente in 541–43, 692–93
Dialogfelder, dynamische 142
  Siehe auch Dialogfelder, eingebaute; Dialogfelder, benutzerdefinierte
  abbrechen 113, 117, 152
  Ändern des Fokus in 158–59
  Beschreibung 143
  Dropdown-Listenfelder in 153
  erstellen 145–53
  Funktionstechniken 152–53
  initialisieren 158–59
  Kombinationsfelder in 153, 157
  Kontrollkästchen in 152–53
  Laden von Werten in 547
  Listenfelder in 153
  Mehrere Steuerelement-Bereiche 158–59

Dialogfelder, dynamische *(Fortsetzung)*
    Speichern von Einstellungen von 131, 226
    Speichern von Werten für 105–11
    Listenfelder in 153
    Mehrere Steuerelement-Bereiche 158–59
    Textfelder in 157
    Verbergen von Optionen bei Initialisierung von 158–59
Dialogfelder, eingebaute
    Siehe auch Dialogfelder, benutzerdefinierte; Dialogfelder, dynamische
    Aktivieren und Deaktivieren von Optionen in 551–52
    Anzeigen von Meldungen in 69–70
    anzeigen 534–37
    Assistent 256–64
    Beschreibung 131
    Dialogdatensätze für 105–11, 537–40
    Fehlerbehandlung in 534–37
    schließen 110–11, 844
    Steuerelemente, Bezeichner von als Rückgabewert 546–47
    verwandte Anweisungen und Funktionen, Auflistung 312–13
    Werte von Steuerelementen als Rückgabewerte liefern 751–52
Dialogfeldoptionen, Bezeichner für 146
Dialogfunktionen 144
    Anweisungen und Funktionen verwendet in 164–66
    aufrufen 146
    Beschreibung 131
    fortlaufende Textaktualisierung in Dialogfeldern 162
    Reagieren auf Benutzeraktionen mit 152–53
    Speichern von Dialogfeldeinstellungen 131, 226
    Syntax 148
    Verwendung 145–46
    Wert von Variablen definiert in 150
Dienst am Kunden *Siehe* Microsoft Software Service
Dim-Anweisung 89, 94–95, 105–06, 134–35
DLLs (Dynamic-Link Libraries)
    Siehe auch Word Add-In Libraries (WLLs)
    Aufrufen von Routinen in 264–71
    erstellen *Siehe* Word-API
    Funktionen, Makros verfügbar machen 529–30
    Konvertieren von Deklarationen für 270–71
    ODBC-Treiber 1148–49
    WBMAPI.DLL 1092–93
Dokumentansicht
    Dialogfeld, initialisieren 541–42
    Optionen, festlegen 542–43
Dokumentationskonventionen xvi-xvii, 327–28
Dokumente
    Siehe auch Dateien; Zentraldokumente; Sequentielle Zugriffsdateien
    Änderungen, zulassen und verhindern 406–07, 514–15, 566–67, 644–45, 670–71
    Anmerkungen einfügen in *Siehe* Anmerkungen

Dokumente *(Fortsetzung)*
    auflisten, im aktuellen Ordner vorhandene 693–95
    AutoText-Einträge einfügen in 415, 419–20, 585
    Bildlauf durchführen in *Siehe* Bildlauf
    Datei-Info 487–88
    drucken 490–92
    einfügen 588–89, 695–96
    einfügen, in andere Dokumente 861
    Ende von 75–77, 365, 615
    erstellen 504–05
    Fenster *Siehe* Fenster
    feststellen, ob gespeichert 555–56, 783
    Formatierung, verwandte Anweisungen und Funktionen, Auflistung 305–06
    Formatierung *Siehe* Zeichenformatierung; Absatzformatierung
    Größe, als Rückgabewert 487–88, 567–68
    Informationen über, als Rückgabewerte 487–88, 567–68
    kommentieren *Siehe* Anmerkungen
    Kompatibilitätsoptionen 667–69
    Konvertieren von Dateiformaten 506–07, 514–17, 667–69, 791–792
    kopieren 495
    Layout für *Siehe* Seiteneinrichtung
    löschen 789
    markieren, ganz 418, 819–20
    mehrfache Fenster für 691
    miteinander verbinden *Siehe* Zentraldokumente
    Namen von, als Rückgabewerte 487–88, 502, 567–68, 819
    neu benennen 514–15
    öffnen 496, 505–07
    Pfade von, als Rückgabewerte 487–88, 502–04, 567–68, 819
    schließen 482, 486, 507–08, 565
    Schutz aufheben 644
    schützen 406–07, 514–15, 566–67, 644–45, 670–71
    senden, über elektronische Post 513, 517–19
    Seriendruckdokumente *Siehe* Seriendruck
    speichern 482–83, 514–15, 555–56, 671–72, 783
    Standardordner für 474–75, 533–34, 664
    Statistik 487–88, 567–68
    suchen 498–501, 748, 1007
    Text einfügen in 71–72
    umbenennen 514–15
    vergleichen 683–85
    vergrößern (Ansicht) 382–384, 802
    verkleinern, auf weniger Seiten 650
    verteilen 517–19
    verwandte Anweisungen und Funktionen, Auflistung 313–14
    Vorschau auf, in benutzerdefinierten Dialogfeldern 541–43, 692–93
    Vorschau auf, in der Seitenansicht 512, 889

Dokumente *(Fortsetzung)*
    Zentraldokumente *Siehe* Zentraldokumente
    zuletzt benutzte 496, 505, 1003
Dokumentende, feststellen 75–77, 365
Dokumenteigenschaften
    als Rückgabewert 559
    als Rückgabewert liefern, Namen von 557
    anzeigen 336–67, 405–06, 557–58
    benutzerdefinierte, erkennen 557–58
    bestehende, erkennen 336–67, 405–06, 557–58
    einstellen 464–66
    Einstellungsverknüpfungen 466–67
    löschen 556–57
    schreibgeschützte, erkennen 566
    Speichern von Variablenwerten in 568–69
    Typ, festlegen 559
    verwandte Anweisungen und Funktionen, Auflistung 313
    vordefinierte, Auflistung 557–58
    zählen 1004
Dokumentfenster
    maximieren 564
    minimieren 564–65
    positionieren 561–62
    schließen 482, 507–08, 565
DokumentVariableBestimmen-Anweisung und -Funktion 232–37
Dokumentvariablen 226–28, 232–37, 337–338, 568–69, 1004
Dokumentverteilung 517–19
Dokumentvorlage, als Rückgabewert liefern 330, 487–88, 567–68, 809–10
Dokumentvorlagen
    anfügen 490
    AutoText-Einträge 335–36, 415–416, 585, 1003
    Elemente kopieren zwischen 810–11
    erstellen 504–05, 514–15
    Formatvorlagen, zählen 1006
    für Assistenten 253
    global, aus Liste löschen 356–57, 799–800
    global, erstellen 33–34, 254
    global, laden und entladen 355–358
    global, Nummer in Liste abrufen 1003
    global, Pfade und Dateinamen abrufen 330
    global, Position in Liste abrufen 329
    global, zu Liste hinzufügen 355–56
    in anderen Dateiformaten *Siehe* Konvertieren von Dateien
    Makros speichern in 30–35
    öffnen 506–07
    Pfad, als Rückgabewert 487–88, 567–68, 809–10
    prüfen, ob gespeichert 571, 784
    speichern 482–83, 514–15, 571
    Standardordner 474–75, 533–34, 664
    verwandte Anweisungen und Funktionen, Auflistung

Dokumentvorlagen *(Fortsetzung)*
    WBODBC.DOT 1151
    zum Speichern von Makros 30–35
Dollarzeichen ($) 54
Doppelpunkt (:) 47, 62
Doppelt unterstrichen, Zeichenformat 572–73
Doppelte Beschriftung, Fehler bei 170
Drehen von Zeichnungsobjekten 1026–1027, 1031, 1042
Dropdown-Formularfelder
    Bestimmen, Feldergebnis 467–68
    Einstellung, als Rückgabewert liefern 338–39
    Entfernen von Elementen 364, 574
    Festlegen von Ergebnis- und Standardwerten 844–46
    formatieren 740–42
    hinzufügen 575–76, 595–98
    Hinzufügen von Elementen 575–76
Dropdown-Listenfeld 114, 135, 153, 575–76
    Siehe auch Kombinationsfelder; Dialogfelder, benutzerdefinierte; Dropdown-Formularfelder; Listenfelder
Druck-Manager, starten/umschalten zu 408
Druckausgabe in Datei umleiten 490–92
Drucken
    Anmerkungen 490
    AutoText-Einträge 490
    Briefumschläge 641–43
    Datei-Info 490
    Datum und Uhrzeit des letzten Druckvorgangs 487–88, 567–68
    Dokumente 490
    Dokumente verkleinern, auf weniger Seiten drucken 650
    Druckausgabe in Datei umleiten 490
    Drucker auswählen 493
    Formatvorlagen 490
    Optionen 664
    Papierzufuhr angeben 508–12
    Tastenzuordnungen 490
    überwachen 408
Drucker auswählen 493
Duplikatbeschriftungsfehler 170
Durchreichefunktionen 1092
Durchstreichen, Zeichenformat 429–30, 448–49, 576–77, 712–13, 734–35
Dynamic Link Libraries (DLLs)
    Siehe auch Word Add-In-Libraries (WLLs)
    Aufrufen von Routinen in 262
    Erstellen eines Programming-Interface *Siehe* Word-API
    Funktionen, verfügbar machen für Makros 540–41
    Konvertieren von Deklarationen für 270
Dynamische Dialogfelder
    Siehe auch Dialogfelder, dynamische
    erstellen 144
    fortlaufende Textaktualisierung 162
    Wechsel von Steuerelementnamen 142

Dynamischer Datenaustausch (DDE)
    Anfordern von Daten aus anderen Anwendungen 198–99, 527–28
    Anwendungsname 193–94
    Client 192
    Daten zu anderen Anwendungen senden 199–200, 522–23, 526
    Datenaustausch zwischen Programmen 192, 195–201
    Elemente 194
    für Netzwerke 191–209
    Kanäle 192, 522–29
    Microsoft Access, als Server für 204–06
    Microsoft Excel, als Server für 201–04
    Microsoft Word, als Server für 207–09
    Objekte 194
    Server 192
    verglichen mit Tastatureingaben 892–93
    verglichen mit SendKeys 891–94
    verwandte Anweisungen und Funktionen, Auflistung 314

E

Ebenen *Siehe* Zeichnungsebene; Textebene
Eckige Klammern ([ ])
    Verwendung, in diesem Handbuch xvi–xvii, 327–28
Eigenschaften
    Datei 405–06
    Dokument 557–58
    von Formularfeldern, ändern 740–42
EINBETTEN-Feld 605–06
Einbettung
    Siehe auch Eingebettete Objekte; Objekteinbettung und -verknüpfung (OLE)
    Dokumente innerhalb anderer Dokumente *Siehe* Einfügen; Zentraldokumente
    eines beliebigen Objekts 605–06
    Formel-Editor-Objekte 595
    Klangrecorder-Objekte 603
    Microsoft Access-Objekte 589–91
    Microsoft Draw-Objekte 613
    Microsoft Excel-Objekte 589–92
    Microsoft Graph-Objekte 592
    Schriftarten 514–15, 671–72
    Word-Grafikobjekte 495, 1026
    WortArt-Grafiken 613
Einblenden *Siehe* Anzeigen
Einfach unterstrichen, Zeichenformat 978–79, 999–1000
Einfügemarke
    Aussehen, ändern 818
    Position markieren, mit Textmarke 794–95
    suchen 364–65, 967–69
    Textmarken verschieben im Verhältnis zur 966
    verschieben 430–32
    verschieben, absatzweise 349–54

Einfügemarke *(Fortsetzung)*
    verschieben, an den Anfang oder das Ende eines Dokuments 364–365
    verschieben, an den Fensteranfang 459
    verschieben, satzweise 374–76
    verschieben, seitenweise 883
    verschieben, spaltenweise 834
    verschieben, wortweise 996–97
    verschieben, zeichenweise 1015–19
    verschieben, zeilenweise 1045–49
    verschieben, zu einer bestimmten Seite 430–32
    verschieben, zum nächsten oder vorhergehenden Feld 430–32
    zum nächsten oder vorhergehenden Positionsrahmen 835–36
    verschieben, zum Verankerungspunkt von Zeichnungsobjekten 1028
    verschieben, zur nächsten oder vorhergehenden Fußnote 750–51
    verschieben, zur nächsten oder vorhergehenden Kopf-/Fußzeile 749–50
    verschieben, zur nächsten oder vorhergehenden Tabellenzelle 430–32
    verschieben, zur vorhergehenden Bearbeitungsstelle 978–79
    verschieben, zu Textmarken 430–32
    verschieben, zwischen Kopf- und Fußzeile 749
    verwandte Anweisungen und Funktionen, Auflistung 310–11
    Wiederholen von Gehe zu-Operationen 77–80
Einfügemodus 662–63, 976–77
Einfügen
    Abbildungsverzeichnisse 581–82
    Absatzmarken 582
    Adressen aus Adreßbüchern 583
    Anmerkungen 583
    AutoText-Einträge 415, 419–20, 585
    Beschriftungen 584–88
    Dateien 588–89
    Daten aus Datenbanken 589–92
    Datum und Uhrzeit 591, 594–595
    Diagramme 592
    Dokumente innerhalb von Dokumenten 695–96
    Felder 593
    Feldzeichen { } 594
    Formatierung 705
    Formeln 595
    Formularfelder 595–98
    Fuß- und Endnoten 598–99
    Grafiken 599–600
    Indexe 600–01
    Inhalt der Sammlung 609
    Inhalt der Zwischenablage 433–35
    Inhaltsverzeichnisse 601–03
    Klangobjekte 603

Einfügen *(Fortsetzung)*
    Objekte 433–35, 589–92, 595, 599–600, 605–06, 613
    Querverweise 607–09
    Schaltflächensymbole 609
    Seitenwechsel 610
    Sonderzeichen 581, 612, 937
    Spalten in Tabellen 946
    Spaltenwechsel 613
    Stichwortverzeichnisse *Siehe* Index
    Tabellen 949–50, 964
    Tabellenzeilen 952–53
    Text und Grafiken 420
    Text und Zahlen 581
    Wechsel (Seiten, Spalten oder Abschnitt) 582–583, 604
    WortArt 613
    Zeichnungsobjekte *Siehe* Zeichnungsobjekte
    Zellen in Tabellen 955–57
Einfügen-Anweisung 71–72
EINFÜGEN-Feld *Siehe* EINFÜGENTEXT-Feld
EINFÜGENGRAFIK-Feld 599–600
EINFÜGENTEXT-Feld 588–89, 861
Eingabe
    Aufforderung, in Dialogfeldern 779–80
    Benutzer *Siehe* Benutzereingaben
    Festlegen der Eingabestelle in einer Datei 245–46, 888
    Lesen aus sequentiellen Dateien 241–43, 777–78, 797–98, 866–67
    mit Komma als Trennzeichen, lesen 225, 777–78
    Öffnen von Dateien 238–39, 848–50
    Senden von Tastenanschlägen an Anwendungsprogramme 891–94
    Wiedergabe von Benutzereinstellungen aus Formularen 338–39
Eingabeaufforderung
    zur Benutzerantwort auf Meldungsfeld 69–70, 779–80, 829–31
    zur Benutzerantwort auf Speicheraufforderung 555–56, 571
    zur Benutzereingabe 70–71, 777–80, 797–98
Eingaben von Benutzern
    in Formularen 338–39
    mit Dialogfeldern 779–80
EINGABETASTE 843
EingabeUnterdrücken-Anweisung 188
Eingebaute Dialogfelder *Siehe* Dialogfelder
EINGEBEN-Feld 904
Eingebettete Objekte
    Siehe auch Einbettung; Objekteinbettung und -verknüpfung (OLE)
    Anwendung zum Bearbeiten, bestimmen 841–42
    bearbeiten 438, 841
    Gehen zu bestimmten 430–32
Einleiten von DDE-Dialogen 195–200

Einstellung
    Tabstops 712, 730–31
    Zeichnungsbereich 1023
Einstellungsdateien *Siehe* Initialisierungsdatei
Eintrittsmakros (in Formularfeldern) 246
Einzüge
    aufheben 872
    erste Zeile 699–701, 709
    hängend 763, 872
    in Tabellen 947–48
    links und rechts 614, 699–701, 709, 872
Elektronische Formulare *Siehe* Formulare
Elektronische Post
    Apple Open Collaboration Environment (AOCE) 401–05
    Dokumente senden mit 513, 517–19
    einbeziehen in benutzerdefinierten Anwendungen 1091–1141
    Nachrichten abrufen aus 222
    Nachrichten senden mit 222
    verwandte Anwendungen und Funktionen, Auflistung 315
Elemente
    entfernen aus Dropdown-Formularfeldern 364, 574
    hinzufügen zu Dropdown-Formularfeldern 574
    in Dialogfeldern 112–19, 128
    von Objekten in DDE-Dialogen 194
Endnoten *Siehe* Fußnoten und Endnoten
ENTF-TASTE 797, 997
Entfernen
    Absatzformatierung 985
    Aufzählungszeichen 407
    Dokumentschutz 644
    Elemente aus Dropdown-Formularfeldern 364, 574
    Leerzeichen aus Zeichenfolgen 697, 871
    Menübefehle 626–28
    Menüs 629–30
    Nummern aus Listen 407
    Positionsrahmen 621, 710, 723–24
    Rahmenlinien aus Absätzen und Tabellen 843
    Ordner 870–71
    Zeichenformatierung 987
Eof( )-Funktion 244, 622
Err-Variable 185–86, 622–23
Error-Anweisung 186–87
Ersetzen
    Formatieren 421–24
    Formatvorlagen 421–425
    Schriftarten in Dokumenten 885
    Suchoptionen 421–24
    Text 421–24, 635–36, 640
Erstellen
    Abbildungsverzeichnisse 581–82
    Absätze, neue 582–583
    Adreßetiketten 646–48

Erstellen *(Fortsetzung)*
   Assistenten 252–64
   AutoText-Einträge 415, 419–20
   benutzerdefinierte Dialogfelder 116, 254–55, 455–58
   Briefumschläge 641–43
   Dateivorschau-Felder in benutzerdefinierten Dialogen 692–93
   Dokumente 504–05
   Dokumentvorlagen 504–05
   dynamische Dialogfelder 144
   Formatvorlagen 706–08
   Indexe 600–01
   Inhaltsverzeichnisse 601–03
   Makros 651–52
   Ordner 828
   Querverweise 607–09
   Stichwortverzeichnisse *Siehe* Index
   Symbolleisten 839–40
   Tabellen 688, 949–50, 964
   Textmarken 450
Ersteller, Text 680
Ersten Buchstaben am Satzanfang groß schreiben 635–36, 762–63
Erstzeileneinzug 699–701, 709
Erweitern, Gliederungen 756
Erweitern von Markierungen
   absatzweise 349–54, 819–20
   abschnittsweise 819–20
   bis andere Formate angetroffen werden 814–18
   bis zu einem bestimmten Zeichen 819–20
   bis zum Dokumentanfang oder -ende 458–59, 615
   bis zum oberen oder unteren Fensterrand 459, 616
   elementweise zunehmend 819–20
   Erweiterungsmodus, aktivieren 819–20
   Erweiterungsmodus, Status feststellen 828–29
   satzweise 819–20
   seitenweise 370–71, 468–70,
   spaltenweise 460, 616–17, 926–27
   wortweise 819–20, 996, 998
   zeichenweise 819–20, 1015-19, 1115
   zeilenweise (Tabellenzeilen) 461, 617–18
   zeilenweise (Textzeilen) 462–63, 619–20
   zellenweise (Tabellenzellen) 836–37, 992
ESC-TASTE 329, 614
Etiketten, für Adressen 646–48, 905
Excel, Microsoft *Siehe* Microsoft Excel
Exportieren *Siehe* Konvertieren von Dateien; Ausgabe
Extras, Menü, verwandte Anweisungen und Funktionen, Auflistung 315–16

F

F10-TASTE 825
F2-TASTE 970
FALSCH, Wert von 61
FALSCH-Vergleiche 1054–57
Farbe
   Siehe auch Zeichenformatierung, Farbe
   in Tabellen 939–40
   Symbolleisten-Schaltflächen 380–81
   von Rahmenlinien 725–27
   von Zeichnungsobjekten 736–38
Fehlende Dateitypenübereinstimmung (Artenübereinstimmung), Fehler 169
Fehler
   167–87, 534–37, 622–24, 844–46, 914
   Benutzereingabe 779–80
   Debuggen 167–80
   Doppelte Bezeichnung 170
   Falscher Parameter 170
   Fehler vermeiden 170–72
   Keine Artenübereinstimmung 169
   Makros prüfen auf 28–29
   Meldungen *Siehe* Fehlermeldungen
   Nichtdefiniertes Aufzeichnungsfeld 170
   Numerierung der Fehlermeldungen 183
   Syntax 168–69
   Unbekannte(r) Befehl, Subroutine, Funktion 169
   Ungültige Parameteranzahl 169
   Word API-Fehlermeldungen 1215
   Word-Fehlermeldungen 182–83, 1066–88
   WordBasic-Fehlermeldungen 167–70, 182–83, 1061–65
Fehlerbehandlung 181–91, 1157–60, 1198
Fehlermeldungen
   Doppelte Bezeichnung 170
   Falscher Parameter 170
   häufig auftretende 167–70
   Keine Artenübereinstimmung 169
   Nichtdefiniertes Aufzeichnungsfeld 170
   Syntaxfehler 168–69
   Unbekannte(r) Befehl, Subroutine, Funktion 169
   Ungültige Parameteranzahl 169
   Word API-Fehlermeldungen 1215–17
   Word-Fehlermeldungen, Auflistung 1066–88
   Word-Fehlermeldungen 182–83
   WordBasic-Fehlermeldungen, Auflistung 1061–65
   WordBasic-Fehlermeldungen 167–70, 182–83
Fehlersuche *Siehe* Hilfe; Microsoft Software Service
Felder
   Siehe auch Formularfelder
   =(Ausdruck) 940–42
   AKTUALDAT 594
   aktualisieren 687–88, 982–83

Felder *(Fortsetzung)*
    Anzeigen, Feldfunktionen oder Resultate 369, 657–59, 687
    BESTIMMEN 903
    DATENSATZ 904
    Doppelklicken auf, entsprechende Anweisung 687
    einfügen 593
    EINFÜGENGRAFIK 600–01
    EINFÜGENTEXT 588–89, 861
    EINGEBEN 904
    Feldzeichen { }, einfügen 595
    Formular 247–49, 263
    FRAGE 905
    Gehen zu bestimmten 430–32, 834, 989–90
    GEHEZU 687
    MAKROSCHALTFLÄCHE 246, 687
    markieren 834, 989–90
    NÄCHSTER 905
    NWENN 906
    schützen/Schutz aufheben 688
    Seriendruck *Siehe* Seriendruck-Felder
    SERIENDRUCKFELD 611, 898
    SERIENDRUCKSEQ 906
    sperren und Sperrung aufheben 688
    Trennzeichen 688
    ÜBERSPRINGEN 906–07
    umwandeln, in Resultate 982–83
    Verknüpfung aufheben 982–83
    verwandte Anweisungen und Funktionen, Auflistung 316
    WENN 907–08
    ZEIT 591–92, 595
Feldfunktionen, anzeigen und verbergen 369, 657–59, 687
Fenster
    aktivieren 361–62, 384–85, 391–93, 396–98, 690–91, 835, 990
    aktueller Ausschnitt, als Rückgabewert 689
    anordnen 689
    Auflistung von Namen geöffneter Fenster 394–95
    Bezeichner als Rückgabewert 689–91
    Bildlauf *Siehe* Bildlauf
    Breite, ändern 389
    Größeneinstellung 560–61, 563
    Hilfe über aktive 766
    Höhe 560–61, 389
    Informationen über, als Rückgabewert 389–91
    Makrobearbeitung 22–29
    Makrofenster, prüfen 784
    markieren von Anfang bis Ende 459, 616
    maximieren 391–92, 564
    minimieren 392–93, 564–65
    offen, Nummer als Rückgabewert 1005–06
    öffnen, mehrere, für aktives Dokument 691
    Position als Rückgabewert 561–62
    positionieren 561–62, 689
    Prüfen, ob minimiert oder maximiert 391–93

Fenster *(Fortsetzung)*
    Prüfen, ob wiederhergestellt 397–98
    schließen 482, 507–08, 565
    teilen 562
    verbergen 396
    verborgen, anzeigen 386
    verschieben 561–62, 396–97, 570
    verwandte Anweisungen und Funktionen, Auflistung 316–17
    wiederherstellen 391–93, 397–98, 570
FESTSTELLTASTE 638–39
Fett
    Verwendung, in diesem Handbuch xvi-xvii, 327–28
    Zeichenformat 429–30, 448–49, 692, 712–13, 734–35
Figuren
    Siehe auch Zeichnungsobjekte; Grafiken
    Beschriftungen *Siehe* Beschriftungen
    Querverweise auf, einfügen 607–09
    Verzeichnisse *Siehe* Abbildungsverzeichnisse
Filialdokumente
    Siehe auch Zentraldokumente
    aus Zentraldokument öffnen 696
    einfügen, in ein Zentraldokument 695–96
    erstellen, aus Gliederungsüberschriften 696
    Gehen zum nächsten oder vorausgehenden 750–51
    teilen 697
    zu Dokument zusammenführen 697–98
Firma, Namen von Benutzern als Rückgabewert liefern 767
Fokus, in Dialogfeldern 137, 545
For...Next-Schleife 81–83
Formatierung
    Siehe auch AutoFormat; Zeichenformatierung; Absatzformatierung; Formatvorlagen; Dokumentvorlagen; Zeichenformatierung; Rahmen
    Absätze *Siehe* Absatzformatierung
    Abschnitte 701, 717, 727–30, 792–93
    anzeigen, in der Gliederungsansicht 756
    anzeigen und verbergen 374
    automatisch *Siehe* Absatzformatierung
    Beschriftungsnummern 587–88
    direkte, entfernen 985
    einfügen 706
    Einzüge *Siehe* Absatzformatierung
    entfernen 985
    Formularfelder 740–42
    Fußnoten-/Endnotenzeichen 598–99, 744–45
    Grafiken 714–15
    Indexe 600–01, 775–76
    kopieren 706, 717–18
    Legenden 718–20, 736–38
    Linien 736–38
    Listen 607, 652–53, 702–04, 709–10, 713–14
    Positionsrahmen 710, 723–24
    rückgängig machen 438
    Schattierung 711, 725–27, 882–84

Formatierung *(Fortsetzung)*
  Sprache 575–76, 711–12, 814–15, 1011
  suchen und ersetzen 367–68, 421–24, 439–49
  Tabellen 939–40, 949–50, 840, 842–43, 964
  verbergen und anzeigen 657–59
  verwandte Anweisungen und Funktionen,
    Auflistung 305–06
  Zeichen *Siehe* Zeichenformatierung
  Zeichnungsobjekte 736–38
Formatierungs-Symbolleiste, verbergen und anzeigen
  369–70
Formatierungsleiste *Siehe* Formatierungs-Symbolleiste
Formatvorlagen
  Absatzformate 709
  Anzahl von, als Rückgabewert liefern 1006
  direkte Formatierung entfernen 985, 987
  Dokumentvorlagen hinzufügen 706–08
  drucken 490–92
  erstellen 706–08
  Formatierungsinstruktionen, als Rückgabewert 746
  im Makrobearbeitungsfenster 29–30
  kopieren 852–53
  löschen 706–08, 852–53
  Namen von, als Rückgabewert liefern 746–47
  Numerierungsformate 709–10
  Positionsrahmen-Formate 710
  Rahmen- und Schattierungsformate 711
  speichern 572
  Sprachformate 711
  Standard 929
  suchen und ersetzen 366–67, 421–24, 439–46
  Tabstopeinstellungen 712
  umbenennen 706–08, 852–53
  verbinden, aus Dokumentvorlage oder Dokument
    706–08
  verwandte Anweisungen und Funktionen, Auflistung 317
  Zeichenformate 712–13
  Zuordnen von Menüs, Shortcuts, Symbolleisten-
    Schaltflächen 626–34, 877–78
  zuweisen 733, 928
Formatvorlagen-Anzeigebereich, anzeigen und
  verbergen 657–59
Formel-Editor-Objekte einfügen 595
Formeln
  einfügen 595
  Gehen zu bestimmten 430–32
  Querverweise auf, einfügen 607–09
Formulare
  Änderungen, zulassen und verhindern 362–63, 624–25,
    644–45
  ausfüllen, automatisch 246–52
  Benutzereingaben lesen aus 338–39
  Benutzereingaben speichern 514–15, 670–71
  Datenbanken verbinden mit 247–49
  Dropdown-Listenfelder 364, 574–76

Formulare *(Fortsetzung)*
  Felder 338–39, 362–63, 467–68, 595–98, 739, 743
  Felder in 595–98
  Kontrollkästchen 790
  Makros zur Automatisierung 246–52
  Resultate aus, als Rückgabewert liefern 338–39
  schützen/Schutz aufheben 362–63, 624–25, 644–45
  Textfelder hinzufügen 964
Formularfelder 247–49
  Siehe auch Formulare
  Änderungen verhindern 362–63
  Änderungen zulassen 624–25, 644–45
  Austrittsmakros (in Formularfeldern) 246
  deaktivieren 739
  Dropdown-Formularfelder 364, 467–68, 574–76
  Eigenschaften ändern 740–42
  Einstellungen, als Rückgabewert liefern 338–39
  Eintrittsmakros (in Formularfeldern) 246
  formatieren 740–42
  Hilfe zu, erstellen 595–98, 740–42
  hinzufügen 595–98
  Kontrollkästchen-Formularfelder 467–68, 790
  schattieren 738–39
  schützen/Schutz aufheben 362–63, 624–25, 644–45
  Festlegen von Ergebnis- und Standardwerten 467–68
  Text hinzufügen 467–68, 964
FoxPro, Microsoft, DDE-Anwendungsnamen für 193–94,
  826
FRAGE-Felder 905
Fragen an Benutzer, durch Meldungsfelder 779–80, 829–31
Fragezeichen-Mauszeiger 769
Freihand-Zeichnungsobjekte
  Anzahl der Ansatzpunkte, als Rückgabewert liefern 1037
  Art von, feststellen 1020–21
  erstellen 1029–30
  formatieren 736–38
  Koordinaten der Endpunkte 1035–37
  Ziehpunkte, umschalten 1042
Fremdsprachen *Siehe* Sprachformatierung
Füllmuster 736–38
Füllzeichen, Tabstop 712, 730–31, 938
Funktionen 47–50
  Siehe auch einzelne Funktionsnamen
  Add-In (WLL) *Siehe* WordAdd-In Libraries (WLLs)
  Auflistung 305–25
  benutzerdefiniert 91, 455–58, 743–44
  Beschreibung 48–53
  deklarieren, DLL-, WLL- und EXE-Funktionen 529–30
  Dialogfeld 164–66
  neue in dieser Version 295–303
  Überblick 51
Funktionsbeschränkungen
  Word 291
  WordBasic 291
Funktionstasten *Siehe* Tasten

Fußnoten und Endnoten
    anzeigen 367, 370–72
    Ausschnitt öffnen und schließen 367, 370–72, 408
    Einfügemarke bewegen in 365
    einfügen 598–99
    Endnoten unterdrücken 508–12
    For...Next-Schleife 698–99
    Fortsetzungshinweis und -Trennung 368, 372–73, 580, 986
    Fußnotenzeichen formatieren 598–99, 744–45
    Gehen zu bestimmten 430–32, 750–51, 835–36, 991
    numerieren 744–45
    positionieren 744–45
    Querverweise auf, einfügen 607–09
    Trennlinie 368, 372–73, 986
    umwandeln, Fußnoten in Endnoten 621, 745, 978
    umwandeln, Endnoten in Fußnoten 621, 978
    verwandte Anweisungen und Funktionen, Auflistung 318
Fußzeilen
    anzeigen 373, 378–79
    Ausschnitt öffnen und schließen 408
    Einfügemarke bewegen in 365, 580, 749, 835–36, 991
    formatieren 378–79, 508–12
    schließen 375
    verknüpfen, mit vorherigen Abschnitten 717, 792–39

G

Ganze Zahl, Dezimalstellen kürzen 781
Geändert-Wert setzen und testen 571, 783–84
Gegenüberliegende Seiten 508–12
Gegliederte Liste *Siehe* Listen
GEHEZU-Feld 687
Gemeinschaftlich nutzen
    Informationen, mit anderen
        Anwendungsprogrammen 191–224
        Variablen 96–101, 537–40, 868–69
Gerade Anführungszeichen 635–37
Geschützte Trennstriche, ANSI-Codes 477
Geschützte Leerzeichen, ANSI-Codes 477
Geschweifte Klammern ({}) *Siehe* Felder
Gespeichert, behandeln als 555–56, 571, 783–84
Gesperrt, Zeichenformat 929
GetPrivateProfileString$()-Funktion 752–53
Gitternetzlinien in Tabellen 942
Gleichheitszeichen (=) 55, 59
Gliederungen
    erweitern 756
    Filialdokumente in normalen Text umwandeln 696
    reduzieren 757
    Textkörper verbergen 578–79, 755, 757
    Überschriften höherstufen in 757
    Überschriften in Filialdokumente umwandeln 696
    Überschriften in Textkörper umwandeln 971

Gliederungen *(Fortsetzung)*
    Überschriften tieferstufen 758–59
    Überschriften und Textkörper verschieben 755
    Überschriftsebenen, bestimmte anzeigen 579
    Überschriftsebenen, als Rückgabewerte liefern 758
    verwandte Anweisungen und Funktionen, Auflistung 318
Gliederungsansicht
    Umschalten zur 374
    Zeichenformatierung anzeigen in 756
Globale Vorlage *Siehe* Dokumentvorlagen
Glossar *Siehe* AutoText
Goto-Anweisung 86
Grafiken für Symbolleisten-Schaltflächen 610
Grafiken
    Siehe auch Rahmen; Beschriftungen; Positionsrahmen; Zeichnungsobjekte
    anzeigen und verbergen 657–59
    bearbeiten 430–32, 662–63
    einfügen 599–600, 613
    formatieren 714–15
Größenänderung
    in Dialogfeldern 115, 119–20, 544–45, 855–57
    konvertieren zu Zeichnungsobjekten 1021
    Kopieren von Inhalt als Querverweise, einfügen 607–09
    Standardordner 474–75, 533–34, 664
    suchen 439–42
    Symbolleisten-Schaltfläche *Siehe* Symbolleisten-Schaltflächen
    verknüpfen und einbetten aus anderen Dateien
        Siehe Objekteinbettung und -verknüpfung (OLE)
    zuschneiden 714–15
Großbuchstaben
    Siehe auch Großschreibung
    akzentuierte 662–63
    Ändern in/von 761–62
    festlegen 635–36, 977
    Initiale (Schmuckbuchstaben), einfügen 716
    Prüfen auf 760
    suchen und ersetzen 429–30, 448–49
    Verwendung in diesem Handbuch xvi–xvii
    Zeichenfolgen konvertieren in 977
    Zeichenformat 429, 448–49, 712–15, 734–35, 760, 788
Großbuchstaben, Zeichenformat 715
Größe
    Dateien, als Rückgabewerte liefern 799–800
    Dialogfelder 124
    Dokumente 487–88, 567–68
    Elemente in Dialogfeldern 117
    Fenster 560–63
    Fenster, ändern 389, 560–61
    Fenster, als Rückgabewerte liefern 560–61
    Grafiken 714–15
    Positionsrahmen 710, 723–24
    Schriftart 650, 885, 887

Größe *(Fortsetzung)*
  Symbolleisten 761
  Tabellen 939–40
Größenänderung, Grafiken 714–15
Großer Anfangsbuchstabe 635–37, 761–62
Größer-als-Symbol (>) 59–60
Größer-gleich-Symbol (>=) 59–60
Groß-/Kleinschreibung, Text 716, 761–62
Großschreibung
  ändern 712–15, 734–35, 761, 762, 794, 977
  automatisch korrigieren 635–40
  Ersten Buchstaben im Satz groß 635–36, 639–40, 762
  Groß-/Kleinschreibung 715–716, 761
  Großbuchstaben, Zeichenformat 712–15, 734–35, 761
  Kapitälchen, Zeichenformat 712–13, 734–35, 788
  Verwendung, in diesem Handbuch xvi-xvii
  Zwei Großbuchstaben am Wortanfang korrigieren 635–37, 761–762
Gruppenfelder 115, 117, 129
Gruppierung
  Optionen in benutzerdefinierten Dialogfeldern 763, 851
  Zeichnungsobjekte 1041
  Optionsfeldern und Kontrollkästchen in *Siehe* Kontrollkästchen
  aufheben bei Zeichnungsobjekten 1030

H

Handles, MAPI-Datentypen 1095
Hängender Absatzeinzug 763, 872
Herausgeben und Abonnieren
  BearbeitenAbonnieren-Anweisung 417
  BearbeitenAbonnierenOptionen-Anweisung 417–18
  BearbeitenHerausgebenOptionen-Anweisung 432–33
  BearbeitenNeuenVerleger-Anweisung 437
Hervorhebungsformatierung
  angeben, Farbe von 426, 764
  anzeigen und verbergen 657–59
  festlegen, Farbe von 764
  hinzufügen und entfernen 764
  suchen und ersetzen 421, 426, 439–42, 445
Hilfe
  Siehe auch Verbergen; Verborgen
  anzeigen 766–69
  Beispiele und Demos 766
  Hilfe, Verwendung 770
  Index 766
  Kopieren von Syntax und Beispielen 172
  Lernprogramm, ausführen 768
  Suchen mit Stichwörtern 768
  Tastaturbelegung 769
  Tip-Assistent 655–56
  Tips und Tricks 769

Hilfe *(Fortsetzung)*
  verwandte Anweisungen und Funktionen, Auflistung 319
  zu Formularfeldern, erstellen 740–42
  zu WordBasic 24–27
  zum Software Service 7, 768
Hilfe zu Bildschirmelementen, anzeigen 769
Hilfe-Themen, anhand von Stichwörtern 768
Hilfsfunktionen 1092
Hinzufügen
  Anmerkungen 583
  Dropdown-Formularfelder, zu Formularen 575
  Elemente, zu benutzerdefinierten Dialogfeldern 116
  Elemente, zu Dropdown-Formularfeldern 575
  Felder, zu Formularen 595–98
  Fußnoten und Endnoten 598
  Kontrollkästchen, zu Dialogfeldern 476
  Kontrollkästchen-Formularfelder, zu Formularen 595–98, 790
  Menü-Befehle 626–28
  Menüs 629–30
  Numerierung 641
  Text-Formularfelder, zu Formularen 964
  Textmarken 450
Hochformat, Seitenausrichtung 508–12, 770
Hochgestellte Zahlen 429–30, 448–49, 712–13, 734–35, 770–71, 929
Hochgestellt, Zeichenformat 429–30, 448–49, 712–13, 734–35, 770–71, 929
Hochstellen von Zeichen 770–71
Höhe
  Anwendungsfenster 389, 560–61
  Dialogfelder 455–458
  Fenster 398, 560–61
  Grafiken 714–15
  Positionsrahmen 710, 723–24
  Seiten 508–12
  Zeichnungsobjekte 736–38
Höherstufen
  Listenelemente in gegliederten Listen 771
  Überschriften in Gliederungen 756
Horizontal, Zeichnungsobjekte kippen 1031
Horizontale Bildlaufleiste
  anzeigen und verbergen 657–59
  Makroäquivalente 772
Horizontales Lineal, anzeigen und verbergen 376

I

If-Bedingung 62–64
IMPORTIEREN-Feld *Siehe* EINFÜGENGRAFIK-Feld
Index, Hilfe 766
Index
  aktualisieren 600–01
  Einträge, Text markieren als 775–76

Index *(Fortsetzung)*
    erstellen und einfügen 413, 600–01
    formatieren 600–01, 775–76
INDEX-Feld 600–01
Info-Dialogfeld, anzeigen 767
INHALT-Feld 601–03, 776
Inhaltsverzeichnisse
    Einträge, Text markieren als 776
    erstellen 601–03
Initiale, einfügen 715
Initialisieren
    Absatz-Dialogfeld 699–701, 709
    Dialogfelder 145, 158–159, 551–52, 625
    Zeichen-Dialogfeld 734–35
Initialisierungsdatei 917–20
    Verwendung 226–28
    WIN.INI 229–30, 685
    WINWORD6.INI 230, 685
    Word-Einstellung 230
Input$()-Funktion 242–43
Input-Anweisung 70–71, 242–43
InputBox$()-Funktion 69–70
Installieren
    Beispieldateien 6
    Dateien zum Erstellen von WLLs 1182
    ODBC-Treiber 1148–1150
Instruktionen, als AutoText-Einträge speichern 172
Integrierte Dialogfelder *Siehe* Dialogfelder

J

Jahr
    Siehe auch Datum
    360 Tage, zur Datumsberechnung 959–960
    als Datumskomponente 786

K

Kanäle, DDE-
    Daten aus anderen Anwendungsprogrammen
        abfragen 198–99, 527–28
    öffnen 195–98, 424–25
    schließen 201, 528–29
    Senden von Befehlen durch 200–01, 522–23
    Senden von Daten durch 199–200, 526
Kapitälchen
    Verwendung in diesem Buch xvi-xvii
    Zeichenformat 429–30, 448–49, 712–13, 734–35
Kästchen *Siehe* Dialogfelder
Kennwörter Einsatz beim Dokumentschutz 506, 514–15, 644–45, 672
Klammern ( ) 51, 168, 1051–52

Klangelemente
    abspielen 841
    einfügen und aufzeichnen 603
    Piepton 453
Klangrecorder-Objekte einfügen 603
Kleiner-als-Symbol (<) 59
Kleiner-gleich-Symbol (<=) 59
Kleinschreibung
    Ändern in/aus 762
    Konvertieren von Zeichenfolgen 794
    Prüfen auf 762
    Zeichenformat 715
Knowledge Base, Microsoft 9
Kombinationsfelder
    Siehe auch Dialogfelder, benutzerdefinierte; Dropdown-Listenfelder; Listenfelder
    Anzahl von von Einträgen in, als Rückgabewert 548
    anzeigen und verbergen 548–49
    benutzerdefinierten Dialogfeldern hinzufügen 479
    Beschreibung 114
    Elemente positionieren in 135
    in Dialogdatensatz gespeicherter Wert 139
    Inhalt von, einstellen und als Rückgabewert liefern 550–51
    Inhalt von, aktualisieren 548
    Reagieren auf Eingabe in 157
    Reagieren auf gewählte Elemente in 154
Komma (,) 168
    Trennung, Eingabe mit lesen 777–78, 866–67
    Trennung, Ausgabe mit lesen 1000
Kommentare 49–50, 869
Kompatibilitätsoptionen 667–69
Kontextbezogene Hilfe, anzeigen 766, 769
Kontextmenüs *Siehe* Menüs
Kontrollkästchen
    Siehe auch Kontrollkästchen-Formularfelder; Steuerelemente in Dialogfeldern; Optionsfelder
    aktivieren und deaktivieren 152, 551–52
    anzeigen und verbergen 548–49
    benutzerdefinierten Dialogfeldern hinzufügen 476, 850
    Beschreibung 114
    Gruppen von, in Rechteckfeld einfassen 763
    Beschriftungen, einstellen und ändern 550–51
    Rückgabewert von 139, 551–52
    Werteinstellung für 136
    Werteinstellung umschalten 107–08
Kontrollkästchen-Formularfelder
    aktivieren und deaktivieren 462–63
    Einstellung von, als Rückgabewert 338–39
    formatieren 740–42
    hinzufügen 595–98, 790
    Vorgabewert einstellen 462–63
Kontur, Zeichenformat 734–35
Konventionen, Dokumentation xvi-xvii, 327–28

Konvertieren
    Dateien *Siehe* Konvertieren von Dateien
    Grafiken, in Zeichnungsobjekte 1021
    numerische Werte, in und aus Zeichenfolgen 546–47,
        802, 930–31, 980
    Tabellen in Text 943
    Text in Tabellen 688, 949–50, 964
    Word für den Macintosh-Seriendruck-Dokumente 897,
        899
Konvertieren von Dateien
    Auflistung verfügbarer Konvertierungsprogramme 791,
        792
    bestätigen, Konvertierungen 516–17
    Kompatibilitätsoptionen 667–69
    öffnen, Dateien aus Fremdformaten 506–07
    speichern, Dateien in Fremdformaten 514–15
Konzeptmodus 374
Kopf- und Fußzeilen -Symbolleiste 373, 375
Kopfzeilen
    anzeigen 375, 378–79
    Ausschnitt 408, 965–66
    formatieren 508–12
    schließen 375
    Verbindung zu vorausgehenden 717, 792–39
    Verschieben der Einfügemarke 365, 580, 749
Kopie speichern unter, Befehl 35
Kopieren
    Absatzformatierung 706, 717–18
    AutoText-Einträge 852–53
    Beispielmakros 24–26
    Code-Beispiele 24–26
    Dateien 495
    Dialogfelder in Makros 127–28
    Formatvorlagen 708, 852–53
    Grafiken für Symbolleisten-Schaltflächen 879
    in die Zwischenablage 436
    Makros 36, 810–11, 852–53
    Markierungen 436, 965
    Symbolleisten-Schaltflächen und Listenfelder 881
    Symbolleisten 852–53
    Syntax, aus der Online-Hilfe 172
    Text 436, 965
    Textmarken 966
    Zeichenformatierung 706, 717–18
Korrekturmarkierungen
    annehmen oder ablehnen 679, 682–83
    Art, als Rückgabewert liefern 679–80
    Autor, als Rückgabewert liefern 680
    Datum und Zeit der letzten Überarbeitung 681–82
    formatieren 672–74
    Optionen 672–73, 679
    Schutz aufheben, in Dokumenten mit 644
    Schützen, Dokumente mit 644–45
    suchen 682–83
    verbinden 683–84

Kreisbogen
    erstellen 1026
    prüfen auf 1020–21
Kreise 1029
    Siehe auch Zeichnungsobjekte; Optionsfelder
Kundendienst *Siehe* Microsoft Software Service
Kursiv
    Verwendung, in diesem Handbuch xvi-xvii, 327–28
    Zeichenformat 429–30, 448–49, 712–13, 734–35, 793
Kürzen von Dezimalstellen 781
Kurzübersicht, Lernprogramm ausführen 768

L

Laden
    Beispieldateien 6
    Dialogfeldeinstellungen 6
Ländereinstellung
    als Rückgabewert aus der WIN.INI-Datei 341–43
    in der WIN.INI-Datei 341–43, 389–91
Länge
    von Dateien, als Rückgabewert 799–800
    von Zeichenfolgen, als Rückgabewert 796
Laufwerke, Netzwerkverbindung herstellen 981
Layout, Dokument 489–90
Layout, Seite *Siehe* Seiteneinrichtung
Layoutansicht 375–76, 512
Leerzeichen
    ANSI-Codes 476–78
    anzeigen und verbergen 363–64, 657–59
Leerzeichen aus Zeichenfolgen 802, 871
Legenden
    Einfügemarke bewegen auf 1027
    einfügen 1032
    formatieren 718–720
    Größe und Position von 1033–1034
    prüfen auf 1020–21
Lernen von WordBasic 291–303
Lernprogramm 768
Lesen aus Dateien 241–43
Line Input-Anweisung 242, 797–98
Lineale, anzeigen und verbergen 376, 657–59
Linien
    formatieren 736–38
    Prüfen auf 1020–21
    Rahmen um Absätze und Tabellen *Siehe* Rahmen
    vertikal, zeichnen mit Tabstops 712, 730–31
    zeichnen 1028
Linke Ausrichtung
    durch Tabstops 712, 730–31, 958
    von Absätzen 349, 614, 699–701, 709, 872
Linke/rechte Einzüge 614, 699–701, 709, 872
Linker Absatzeinzug 614

Listen
  Aufzählungszeichen, hinzufügen und entfernen 652–54, 709
  erstellen in benutzerdefinierten Dialogfeldern 575–76
  Formatieren von Aufzählungs- und Numerierungszeichen 709–10
  Formatierung entfernen 407
  gegliedert 713–14
  Höherstufen von Listenelementen 771
  in benutzerdefinierten Dialogfeldern *Siehe* Listenfelder; Dropdown-Listenfelder; Dropdown-Formularfelder
  mit Aufzählungszeichen 407, 702–04, 713–14, 840
  numeriert 407, 652–54, 704, 713–14, 720–21, 722, 840
  Tieferstufen von Listenelementen 859
  unterbrechen 840
  verwandte Anweisungen und Funktionen, Auflistung 308, 312–13
Listen mit Aufzählungszeichen
  Siehe auch Listen
  Auslassen von Aufzählungszeichen 840
  Formatieren von Aufzählungszeichen 599–600, 652–53, 704, 713–14
  Hinzufügen und entfernen von Aufzählungszeichen 407, 599–601, 635, 652–53, 704, 713–14
  Prüfen auf Vorhandensein von Aufzählungszeichen 704
  verwandte Anweisungen und Funktionen, Auflistung 308
Listenfelder
  Siehe auch Kombinationsfelder; Dialogfelder, benutzerdefinierte; Dropdown-Listenfelder
  Anzahl von Einträgen als Rückgabewert 548
  anzeigen und verbergen 548–49
  Auswählen und Wiedergeben von Einträgen 551–52
  erstellen in benutzerdefinierten Dialogfeldern 575–76, 798–99
  Hinzufügen von Schaltflächensymbolen für vertikale Symbolleisten 877–78
  in Dialogfeldern, Überblick 114
  in dynamischen Dialogfeldern 153
  Inhalt, festlegen und wiedergeben 135, 140, 550–52
  Inhalt, aktualisieren 548
  kopieren oder verschieben auf Symbolleisten 881–82
  löschen aus Symbolleisten 878
Literatur über WordBasic 9
Lof( )-Funktion 244–45
Logische Operatoren 65–66, 1054
Löschen
  Add-Ins 799–800
  AutoText-Einträge 419–20, 852–53
  Dateien 789
  Dokumenteigenschaften 556–57
  Elemente für benutzerdefinierte Dialogfelder 125, 436–37
  Formatvorlagen 706–708, 852–53
  Makros 36, 651–52, 852–53

Löschen *(Fortsetzung)*
  Markierungen 418, 436
  Menü-Befehle 626–28
  Menüs 629–30
  Spalten in Tabellen 946–47
  Symbolleisten-Schaltflächen und Listenfelder 878
  Symbolleisten 852–53
  Text 419, 436–37, 797, 997
  Textmarken 450
  Wörter 797, 997
  Zeichen 436–37
  Zeilen in Tabellen 953
  Zellen in Tabellen 956–57

M

Macintosh-Pfade und Dateinamen, für Windows übersetzen 854
Macintosh, Unterschiede zwischen Microsoft Windows und 291–303
Mail, Microsoft, Kommunikation über 222
MAK (Makroaufzeichnung läuft) 17
Makrobearbeitungsfenster 812
Makro-Symbolleiste 26–27, 172
  Verwendung bei der Makroaufzeichnung 18
Makrobearbeitungsfenster 22–29
Makroprotokollierung 173
Makros
  Aktionen rückgängig machen während der Aufzeichnung 18
  anhalten 177, 614, 930
  Anzahl in Dokumentvorlage 1007–08
  Auffangen von Fehlern 181–87
  aufzeichnen 13–18, 30, 651–52, 808
  ausführen 19–21, 27–28, 651–52
  Ausführung zu einem bestimmten Zeitpunkt 739–40
  Auskommentieren in Instruktionen 177
  AutoClose 41, 43
  AutoExec 41
  AutoExit 41, 43
  AutoMakros 41–43, 246
  automatische Ausführung 41–43
  AutoNew 41–42
  AutoOpen 41–42
  bearbeiten 22–29, 291–96, 651–52
  bei Austritt (Verlassen) 246
  bei Eintritt 246
  Beispiel 6
  benennen 14
  Benutzerdefinierte Funktionen in 93, 95–104
  Beschreibungen, festlegen und als Rückgabewert liefern 651–52, 808
  Bildschirmaktualisierung während der Ausführung 398–99, 400

Makros *(Fortsetzung)*
  Deaktivieren von Instruktionen 177
  debuggen 28-29, 167-80, 622-24, 930, 981
  Dokumentvorlage, Rückgabe von Pfad und
    Dateiname 809-10
  entwickeln, für mehrere Plattformen 271-280
  erstellen 13-18, 30, 651-52, 808
  Fenster, erkennen 785
  Grenzen der Aufzeichnung 18
  Hilfe aufrufen mit 25-26
  Kommentare in 49-50, 869
  Kopieren von Codebeispielen 25-26
  Kopieren von Dialogfeldern 127
  kopieren 36, 810-11, 852-53
  löschen 36, 651-52, 852-53
  Menübefehlzuweisung, festlegen und als
    Rückgabewert 821-23
  Namen, als Rückgabewert liefern 291-96, 810-11
  Nur Ausführung 785, 810-11
  Operationsbeschänkung, durch Textmarken 73-75
  optimieren 286-88
  protokollieren 173
  schreiben 22, 291-96
  schrittweise durchlaufen 174-75
  schützen 785
  selbstausführend 414
  Shortcuts, als Rückgabewert 812-13
  speichern 35, 572
  Spurenbeseitigung 189
  Start-Assistent 254
  umbenennen 36, 852-53
  unterbrechen 614, 930
  Unterroutinen in 93-04, 472-73, 932-33
  verschieben 36
  verteilen 280-86
  verwandte Anweisungen und Funktionen, Auflistung 319
  Verzweigungen 472-73, 759-60
  zum automatischen Ausfüllen von Formularen 246-52
  Zuordnen von Menüs, Shortcut, Symbolleisten-
    Schaltflächen 16, 626-34, 877-78
MAKROSCHALTFLÄCHE-Feld 247, 687
Makrotext-Formatvorlage 29-30
MAPI 1091
MAPIAddress-Funktion 1097-1100
MAPIDeleteMail-Funktion 1100-03
MAPIDetails-Funktion 222-23
MapiFile-Datentyp 1095-1100
MAPIFindNext-Funktion 1105-09
MAPILogoff-Funktion 1109-10
MAPILogon-Funktion 1110-13
MapiMessage-Datentyp 1094, 1105-09
MAPIQueryAttachments-Funktion 1092-93, 1096, 1113-14
MAPIQueryDateReceived-Funktion 1092-93, 1094, 1096, 1114-15
MAPIQueryNoteText-Funktion 1115-16

MAPIQueryOriginator-Funktion 1116-17
MAPIQueryRecipientList-Funktion 1117-19
MAPIQueryRecipientListCount-Funktion 1119
MAPIQueryRecipientListElement-Funktion 1120-21
MAPIQuerySubject-Funktion 1121
MAPIReadMail-Funktion 1122-25
MapiRecip-Datentyp 1096
MAPIResolveName-Funktion 1095, 1125-27
MAPISaveMail-Funktion 1128-30
MAPISendDocuments-Funktion 1131-33
MAPISendMail-Funktion 1133-37
MAPISetAttachment-Funktion 1137-38
MAPISetMessageType-Funktion 1138-39
MAPISetRecipient-Funktion 1139-40
MAPISetRecipientList-Funktion 1141
Markieren
  Siehe auch Markierungen aufheben, Zeichnungsobjekte;
    Erweitern von Markierungen; Markierungen
  absatzweise 349-54
  abschnittsweise 819-20
  bis zum Dokumentanfang 458-59
  bis zum Dokumentende 615
  Felder 834, 989-90
  fensterweise 459, 616
  ganzes Dokument 419, 819-20
  Kontrollkästchen und Optionsfelder 551-52
  Sätze 816, 874-76
  satzweise 819-20, 874-76
  seitenweise 468-70
  Spalten in Tabellen 947
  spaltenweise 460, 616-17, 926-27
  Tabellen 950-51
  verwandte Anweisungen und Funktionen,
    Auflistung 310-11
  Wörter 817
  wortweise 662-63, 819-20, 996-99
  zeichenweise 819-20, 1015-19
  Zeichnungsobjekte 821, 1038-1039
  Zeilen in Tabellen 954
  zeilenweise (in Tabellen) 461, 617-18
  zeilenweise 462-63, 619-20, 1045-47
  zellenweise (in Tabellen) 836-37, 992
  zwischen zwei Zeichenpositionen 820
Markieren von Text und Grafiken *Siehe* Textmarken;
  Korrekturmarkierungen; Markieren
Markierung aufheben, Zeichnungsobjekte 1039
Markierung$()-Funktion 75
MarkierungArt-Anweisung und -Funktion 187
Markierungen
  abbrechen 334
  als Rückgabewert liefern 343-44, 812-13
  Anfang von, als Rückgabewert 340
  Anzeige von ändern 818
  ausschneiden, in die Zwischenablage 419
  der Sammlung hinzufügen 873

Markierungen *(Fortsetzung)*
    einfügen 420
    Ende von, als Rückgabewert 340-41
    erweitern *Siehe* Erweitern von Markierungen
    Erweiterungsmodus, Status feststellen 828-29
    Informationen über, als Rückgabewert 408-13
    kopieren 436, 965
    löschen 419, 436-37
    Textmarken definieren für 450, 461-62, 618
    verkleinern 821
    verkleinern, elementweise 821
    verschieben, über die Sammlung 609
    verschieben 970
Mathematische Formeln 641, 940-42
Mathematische Operatoren 57-58
Mathematischer Koprozessor, Vorhandensein prüfen 389-91
Maus
    Vorhandensein prüfen 389-91
    Zeiger 769, 821, 874-75
    zum Aufzeichnen von Makros verwenden 18
Maximieren von Fenstern 391-92, 564
Meldungen
    anzeigen 67-71
    anzeigen, in der Statusleiste 829-31, 857-58
    anzeigen, in Meldungsfeldern 829-31
    Fehlermeldungen 167-70, 182-83, 1061-88
    Numerierung von 182
    Ungültige Parameteranzahl 169
    Post, in benutzerdefinierten
        Anwendungsprogrammen 1091-1141
    Syntaxfehler 168-169
    Keine Artenübereinstimmung 169
    Nicht definiertes Aufzeichnungsfeld 170
    Unbekannte(r) Befehl, Subroutine oder Funktion 169
    Windows, an Anwendungen senden 393-94
    Word, Auflistung von 1066-88
    WordBasic, Auflistung von 1061-65
Menüleiste
    aktivieren 825
    anpassen, an eigene Erfordernisse 629-30
    anzeigen und verbergen 377
    Symbolleisten 934, 1011-12
    verwandte Anweisungen und Funktionen,
        Auflistung 306-07
Menüs
    aktivieren 825
    anpassen, an eigene Erfordernisse 625, 1211
    anzeigen und verbergen 377
    Befehle, Verfügbarkeit überprüfen 455
    Befehlsnamen als Rückgabewert liefern 823-24
    Drucken von Menüzuordnungen 454
    Entfernen von Befehlen aus 626-28
    entfernen 629-30
    hinzufügen 629-30
    Hinzufügen von Elementen 626-28

Menüs *(Fortsetzung)*
    Löschen von Befehlen 626-28
    Makrozuweisung 821-23
    Namen als Rückgabewert liefern 825-26
    Nummer als Rückgabewert liefern 1009
    Nummer eines Menübefehls als Rückgabewert
        liefern 1008-09
    Speichern von Änderungen 572
    Standardvorgabe, Rücksetzen auf 626-28
    umbenennen 629-30, 838
    Umbenennen von Befehlen 626-28
Messaging Application Programming Interface (MAPI) 222,
    1091-1141
Microsoft Access
    als DDE-Server 204-06
    Daten einfügen aus 589-91
    DDE-Anwendungsname 193-94
    starten und wechseln zu 826
Microsoft Btx Service 9
Microsoft DOS *Siehe* MS-DOS
Microsoft Draw
    Bearbeiten von Grafiken 432
    Einbetten von Objekten 613
Microsoft Excel
    als DDE-Server 201-04
    Anfordern von Daten 527-28
    Daten einfügen aus 589-91
    DDE-Anwendungsnamen 193-94
    DDE-Kanal, öffnen 524-26
    DDE-Kanal, schließen 528-29
    Einfügen von Tabellen 592
    Senden von Daten, aus Word 526-27
    starten und wechseln zu 826
    steuern mit DDE 522-23
Microsoft FoxPro
    DDE-Anwendungsnamen 193-94
    starten und wechseln zu 826
Microsoft Graph, Diagramme einfügen aus 592
Microsoft Knowledge Base 9
Microsoft Mail
    Datenaustausch mit 222
    starten und wechseln zu 826
    zum Senden von Dokumenten 513, 517-19
Microsoft-Ordner 533-34
Microsoft PowerPoint, starten und wechseln zu 826
Microsoft Programm-Manager (Microsoft Windows 3.x),
    DDE-Anwendungsname 193-94
Microsoft Project 826
    DDE-Anwendungsnamen 193-94
    starten und wechseln zu 826
Microsoft Publisher, starten und wechseln zu 826
Microsoft Schedule+, starten und wechseln zu 826
Microsoft Software Service 8-10, 768
Microsoft Solution Providers 9
Microsoft Support Network 9

Microsoft SystemInfo, starten und wechseln zu 826
Microsoft Visual Basic 221
Microsoft Windows
   beenden 619
   DDE-Anwendungsname 193–94
Microsoft Word
   als DDE-Server 207–09
   als Server zur OLE-Automatisierung 210–22
   Application Programming Interface für *Siehe* Word-API
   beenden 486, 619
   Beispiele und Demos, ausführen 766
   DDE-Anwendungsnamen 193–94
   Funktionsbeschränkungen 1235–36
   Hilfe für, anzeigen 766, 769
   Hilfe, Anleitung 770
   Informationen als Rückgabewert liefern 389–91
   Informationen über Software Service, anzeigen 768
   Initialisierungsdateien 752–54, 917–19
   Lernprogramm, ausführen 768
   lizenzierter Benutzer, als Rückgabewert 767
   ODBC-Erweiterungen 1143–80
   Programmordner 533–34
   Tips und Tricks, anzeigen 769
   verlassen 486, 619
   Version und Seriennummer, abrufen 389–91, 767
   Workgroup-Erweiterungen 1091–1141
Mikroprozessor (CPU), Art des, als Rückgabewert 341–43
Minimieren von Fenstern 392–93, 564–65
Minus-Zeichen (-) 57–58
Minuten, als Komponente der Zeitangabe 827
MOD (Modulare Division) 57–58, 1052
Modulare Division 57–58, 1052
Modus, Windows 341–43
Monat
   Siehe auch Datum
   30 Tage, Datumsberechnung 959–60
   als Teil der Datumsangabe 829
MSDL (MicrosoftDownload Service) 9
MS-DOS
   Umgebungsvariablen, als Rückgabewert 977–78
   Versionsnummer, als Rückgabewert 341–43
MsgBox-Anweisung und -Funktion 68–69, 178
Multiplikation 57–58

N

Nach-oben-Taste 1045–46
Nach-unten-Taste 1047–48
NÄCHSTER-Feld 905
Namen
   aktueller Benutzer 663
   Anwendungsprogramme, für DDE-Kommunikation 193–94

Namen *(Fortsetzung)*
   von AutoText-Einträgen 416
   von Dokumenteigenschaften 494
   von Dokumentvariablen 338
   von Formatvorlagen, als Rückgabewerte liefern 746–47
   von Makros 810–11
   von Makros, als Rückgabewerte liefern 810–11
   von Menüs und Menü-Befehlen 626–30, 823–26, 838
   von Symbolleisten 934
von Textmarken 208
Netzwerke, Verbindungen herstellen zu 295–303, 981
Nichtdefiniertes Aufzeichnungsfeld, Fehlermeldung 170
Nichtdruckbare Zeichen
   anzeigen und verbergen 363–64, 657–59
   in Leerzeichen umwandeln 800–01
Normalansicht 378
NOT, logischer Operator 67, 1054
Notizen *Siehe* Kommentare
Numerieren
   Absätze 652–54, 704, 713–14, 720–21, 731–33
   Beschriftungen 587–88
   Fehlermeldungen 182
   Fußnoten und Endnoten 744–45
   Listen *Siehe* Numerierte Listen
   Seiten 610, 727–28
   Überschriften 731–33
   Zeilen 508–12, 699–701, 709
Numerierte Listen
   auf Nummern prüfen 722
   Nummern hinzufügen und entfernen 407, 652–54, 704, 713–14, 720–22
   Nummern formatieren 607–8, 652–53, 704, 713–14, 720–21
   Nummern überspringen 840
   verwandte Anweisungen und Funktionen, Auflistung 323
Numerisch
   Äquivalente von Bezeichner-Zeichenfolgen, als Rückgabewerte 546–47
   Codes, als Rückgabewerte aus der WIN.INI-Datei 389–91
   Daten, aus Eingabedateien lesen 777–78, 797–98, 866–67
   Daten, in Ausgabedateien schreiben 857–58, 1000–01
   Variablen 537–40, 868–69
Numerische Bezeichner 147
Numerische Variablen 54
Nummern 51–57
   feststellen, ob vorhanden 920
   Bildschirmseite *Siehe* Seitenzahlen
   Fehlermeldungen, Nummern von 182
   in Listen *Siehe* Numerierte Listen
   verwandte Anweisungen und Funktionen, Auflistung 308, 323
Nur-Ausführen Makros 810–11
NWENN-Feld 906

O

Objekt „System" 194
Objekte
　Einbettung *Siehe* Objekteinbettung und -verknüpfung (OLE)
　Gehen zu bestimmten 430-32
　Klasse (Art) von ändern 841-42
　Verknüpfen *Siehe* Objekteinbettung und -verknüpfung (OLE)
　zeichnen *Siehe* Zeichnungsobjekte
Objekte in DDE-Dialogen 194
Objekteinbettung und -verknüpfung (OLE)
　aktualisieren, Verknüpfungen 451-52
　Objekte bearbeiten 438, 451-52, 841
　Objekte einfügen 433-35, 589-92, 595, 600-06, 613, 1028
　Objektklasse, ändern 841-42
　OLE-Automatisierung 210-22
　Symbole für Objekte 433-35, 841-42
　Verknüpfungsoptionen 451-52
　verwandte Anweisungen und Funktionen, Auflistung 319-20
ODBC (Offene Datenbank-Konnektivität)-Erweiterungen für Microsoft Word 1143-80
ODBCAD32.EXE 1115
ODBCADM.EXE 1150
Offene Datenbank-Konnektivität, ODBC-Erweiterungen für Microsoft Word 1143-80
Öffnen
　Siehe auch Konvertieren von Dateien
　Anmerkungsausschnitt 366-67
　Dateien, für sequentiellen Dateizugriff 238-39, 848-50
　Dateien mit Fremdformaten *Siehe* Konvertieren von Dateien
　Dateien 496, 506-07, 848-50
　DDE-Kanäle 524-26
　Dokumente 496, 505-07
　Dokumentvorlagen 506-07
　Filialdokumente aus Zentraldokumenten 696
　Fußnoten-/Endnotenausschnitt 367, 370-72
　Neue Fenster 691
OK-Schaltfläche
　Benutzerwahl feststellen 829-31
　Dialogfeldern hinzufügen 844
　Überblick 113
　Wert geliefert von 110-11
On Error-Anweisung
　On Error Goto 844-46
　On Error Goto 0 (Null) 185
　On Error Goto Marke 183-86, 844-46
　On Error Resume Next 184-85, 844-46
Online-Formulare *Siehe* Formulare

Online-Hilfe
　anzeigen 766, 769
　anzeigen, für aktive Fenster oder Ausschnitte 766
　anzeigen, für Befehle und Bildschirmelemente 769
　Beispiele und Demos 766
　Hilfe zur Verwendung der 770
　Index anzeigen 766
　Info-Dialogfeld anzeigen 767
　Inhalt-Bildschirm anzeigen 768
　Lernprogramm ausführen 7
　suchen in, anhand von Stichwörtern 768
　Syntax und Beispiele kopieren aus 172
　Tastaturbelegung 769
　Technische Unterstützung 8, 768
　Tips und Tricks anzeigen 769
Open-Anweisung 238-39
Operationen
　rückgängig machen 438
　vollständig ausführen 843-44
　wiederholen 453
Operatoren
　logische 65-66, 1054
　mathematische 57-58, 1052
　relationale 59-60, 1053
　Vergleichsoperatoren 1053
　WordBasic-Operatoren 1051
Optionen, Befehl (Menü Extras) 188
Optionen, Dialogfeld, anzeigen 653
Optionen
　Siehe auch Kontrollkästchen; Dialogfelder, benutzerdefinierte; Optionsfelder
　allgemeine Optionen 653
　Ansichtsoptionen 30
　Druckoptionen 665
　Einstellungen, Auswirkung auf Makros 188
　Speicheroptionen 670-71
　Überarbeitungsoptionen 672-74, 679
Optionsfelder
　Siehe auch Kontrollkästchen; Dialogfelder
　anzeigen und verbergen 548-49
　benutzerdefinierten Dialogfeldern hinzufügen 119, 476, 850
　Beschriftungen, festlegen und ändern 550-51
　Gruppen von 763, 850-51
　markieren 551-52
　Überblick 115
OR, logischer Operator 65-66, 1054
Ordner
　aktuelle, Einstellung 476
　Auflistung von Unterordnern in 344-45, 1013
　entfernen 870-71
　erstellen 825-29
　Standard-, als Rückgabewerte 533-34
　Standard-, Einstellung 474-75, 664
　umbenennen 837-38

Organisation, Namen von Benutzern in als Rückgabewert liefern 767
Organisieren, Dialogfeld 36

P

Papierkorb-Ordner 533–34
Papierzufuhr angeben 508–12
Parameteranzahl, Fehler bei 169
Parameterfehler 170
Pen-Anmerkungen 743
Pfade
    Add-In Library, als Rückgabewert liefern 330
    Dokument, als Rückgabewert liefern 487–88, 502–04, 567–68, 819
    Dokumentvorlage, als Rückgabewert liefern 330, 487–88, 567–68, 809–10
    Macintosh, für Windows übersetzen 854
    Windows, für den Macintosh übersetzen 854–55
Pfeile, auf Zeichnungsobjekt-Linien 736–38
Plus-Zeichen (+) 57–58
Polygone *Siehe* Freihand-Zeichnungsobjekte
POSITION.TXT 6
Positionieren
    Dokumentfenster 561–62
    Elemente in Dialogfeldern 120–21, 128–129
    Fenster 561–62, 689
    Positionsrahmen 710, 723–24
    Symbolleisten 936–37
    Text und Grafiken *Siehe* Positionsrahmen
    Zeichnungsobjekte 736–38
Positionsrahmen
    entfernen 523–24, 710, 723–24
    formatieren 710, 723–24
    Gehen zum nächsten/vorherigen 835–36, 991
    Größe ändern 710, 723–24
    positionieren 710, 723–24
    Verankerungspunkte, verbergen und anzeigen 657–59
    verwandte Anweisungen und Funktionen, Auflistung 320
Post *Siehe* Elektronische Post; Seriendruck; Microsoft Mail
Print-Anweisung 68, 178, 222, 240–41
Private Initialisierungsdateien 685
Produktunterstützung *Siehe* Microsoft Software Service
Profile, starten 917–19
Programm-Manager (Microsoft Windows 3.x), DDE-Anwendungsname für 193–94
Project, Microsoft
    DDE-Anwendungsnamen für 193–94
Prüfen, Dokumente
    Siehe auch Rechtschreibprüfung
    verwandte Anweisungen und Funktionen, Auflistung 309 315–16
Punkt (.) 168
Punktiert unterstrichen, Zeichenformat 749–50

PushButton-Anweisung 859–60
    Siehe auch Befehlsschaltflächen; Dialogfelder

Q

Querformat, Papierformat 508–12, 770
Querverweise
    einfügen 607–09
    in Indexen 775–76
Querverweise auf, einfügen 607–09
QuickInfo 380–81

R

Rahmen
    außen 788–89
    definieren, in Formatvorlagen 710
    entfernen 843
    formatieren 710, 725–27
    innen 862
    Linienart 710, 725–27, 863–64
    links 862–63
    oben 864
    rechts 864–65
    Tabelle 939–40
    unten 865–66
    verwandte Anweisungen und Funktionen, Auflistung 320
Rahmen-Symbolleiste 380
Rahmenlinien in Absätzen und Tabellen 843
Raster, Zeichnungsobjekt 1019–20
Read-Anweisung 241–42
RECHNUNGSFORMULAR 246–52
RECHNUNG2.DOT 249–52
Rechteck
    Siehe auch Rahmen; Gruppenfelder
    feststellen, ob vorhanden 1020–21
    formatieren 736–38
    zeichnen 1019, 1040
Rechtsbündig ausrichten
    Absätze 351, 700, 948–49
    Tabstops 730–31, 958
Rechtschreibprüfung
    automatische 563–64, 670–71
    Ersatzvorschläge, als Rückgabewerte liefern 973–74
    Optionen einstellen 670–71
    starten 674–75
    Wörterbücher angeben 670–71
Reduzieren, Gliederungen 757
Registeranordnung von Dialogfeldelementen 455–58
Registrierung
    Definieren von Einstellungen in 231–32, 291, 919–20
    Rückgabe von Werten aus 231–32, 291, 752–53
Relationale Operatoren 59–60
REM-Anweisung 48

RETURNTASTE 843–44
Rückgabewerte liefern 751-52
  Siehe auch Funktionen, Dialogfelder
Rückgängigmachen von Aktionen 18, 438, 452
RÜCKTASTE 797, 997
  Verwendung bei der Makroaufzeichnung 18
Runde Optionsfelder *Siehe* Optionsfelder

S

Sammlung (von AutoText-Einträgen) 609, 873
Sanduhr-Mauszeiger 873–74
Sätze, markieren 816, 819–20, 874–76
Schaltfläche
  für "Nächsten Befehl aufzeichnen" 30, 170–71
  für "Protokoll" 173
  für "REM hinzufügen/entfernen" 176–77
  für "Schrittweise prüfen" 174–75
  für "SUBs prüfen" 175
  für "Variablen anzeigen" 175–76
Schaltflächen
  Siehe auch Dialogfelder, benutzerdefinierte
  Abbrechen 110–113, 473, 829–31
  anzeigen und verbergen, in Dialogfeldern 548–49
  Befehlsschaltflächen, benutzerdefinierten Dialogen hinzufügen 859–60
  Beschriftungen definieren und ändern hinzufügen, zu Dialogfeldern 455–58
  OK, Dialogfeldern hinzufügen 844
  Option *Siehe* Optionsfelder
  Standard-, in Dialogfeldern 455–58, 534–38, 544
  Symbolleiste *Siehe* Symbolleisten-Schaltflächen
  Wahl des Benutzers feststellen 829–31
Schattieren
  Format in Formatvorlage festlegen 710
  Formularfelder 939–40
  Rahmen 725–27
  Tabelle 939–40
Schattierung 882–84
  Siehe auch Zeichenformatierung
Schleifen 58–67, 81–83
Schließen
  Siehe auch Anhalten; Abbrechen
  Anmerkungsausschnitt 366
  Anwendungsprogramme 395–96, 618
  Ausschnitte 408
  Dateien 243, 478–79, 507–08, 565
  DDE-Kanäle 201–04, 528–29
  Dialogfelder 473, 844
  Dokumente 482, 486, 507–08, 565
  Fenster 482, 507–08, 565

Schließen *(Fortsetzung)*
  Fuß-/Endnotenausschnitt 367, 370–72
  Kopf-/Fußzeile 375
  Microsoft Windows 619
  sequentielle Dateien 478–79
Schmal, Zeichenformat 929
Schmuckbuchstaben, einfügen 716–17
Schrägstrich (/) 57
Schreiben
  Makros 25–26, 291–96
  in Dateien 240–41
Schreibschutz, Dateien mit 406–07, 514–15, 603–07, 671
  Siehe auch Schützen
Schriftarten
  Siehe auch Zeichenformatierung
  ändern und als Rückgabewerte liefern 712–13, 734–35, 884–85
  einbetten 514–15, 671–72
  Ersetzung, für fehlende 885
  für Umschlagadressen 615, 701–02
  Größe 650, 884–87
  in Tabellen 939–40
  Kerning; Unterschneidung 712–13, 734–35
  Menüs, Shortcut, Symbolleisten-Schaltflächen zuordnen 626–28, 630–34, 877–78
  Position *Siehe* Tiefgestellt, Zeichenformat; Hochgestellt, Zeichenformat
  Schriftgrad vergrößern 886
  Schriftgrad verkleinern 887
  Symbol-Schriftart, anwenden 939
  Verwendung von, in diesem Handbuch xvi-xvii, 327–28
  zählen, verfügbare 1010
Schriftartersetzung 885
Schriftgrad 650, 884–85, 886, 887
SchriftVergrößernEinPunkt-Anweisung 886
  Siehe auch Überschriftzeilen in Tabellen
Schrittweise prüfen, Makros 174–75
Schulungsservice von Microsoft 10
Schutz aufheben
  Dokumente 644
  Felder 688
  Formulare 644
  Formularfelder 362–63
  Verknüpfungen 451–52
Schützen
  Abschnitte 624–25
  Dokumente 406–07, 514–15, 644–45, 671–72, 688
  Felder 688, 982–83
  Formulare 624–25, 644–45
  Formularfelder 362–63
  Makros 785
  Zentral- und Filialdokumente 73–74, 566–67, 1057–59
Seek-Anweisung und -Funktion 245–46
SEITE-Feld 595, 610

Seiten
  Ausrichtung von 508-12, 770
  Gehen zu bestimmten 430-32
  Gehen zu nächster /vorheriger 370-71, 468-70,
    750-51, 833, 988-89
  Größe von 508-12
  Layout festlegen *Siehe* Seiteneinrichtung
  Markierung seitenweise erweitern 468-70
  numerieren 610, 727-28
  nur bestimmte drucken 490-92
  zählen 487-88, 567-68, 686
Seitenansicht 512
Seiteneinrichtung
  Dialogfeld initialisieren 508-12
  Optionen angeben 508-12
Seitenränder, einstellen 508-12
Seitenumbruch 675
Seitenwechsel
  einfügen 513, 604
  innerhalb 348, 354
  oberhalb einfügen 351-52, 699-701, 709
  unterdrücken 347-48, 354, 699-701, 709
  vermeiden innerhalb bestimmter Absätze 699-701, 709
  vor Absätzen einfügen 351-52, 699-701, 709
  zwischen Absätzen 347-48
Seitenzahlen
  einfügen 595
  formatieren 727-28
  Gehen zu bestimmten 430-32
  Seitenumbruch 675
Sekundärliteratur über WordBasic 11
Sekunden, ermitteln aus Zeitangaben 889
Select Case-Anweisung 84-86
Semikolon (;)
  Semikolon-Trennung 240-41
Senden
  Befehle an andere Anwendungen, mit DDE 200-01,
    513, 517-19, 522-23
  Elektronische-Post-Nachrichten 222
  Informationen, durch DDE-Kommunikation 199-200
  Windows-Meldungen an Anwendungsprogramme
    393-94
  WordBasic-Instruktionen, durch OLE-
    Automatisierung 210-222
Sequentielle Dateien
  Dateiende, feststellen 622
  Daten lesen 777-78, 797-98, 866-67
  Daten schreiben in 857-58, 1000-01
  festlegen, Dateizeiger 888
  Größe, als Rückgabewert liefern 799-800
  öffnen 848-50
  schließen 478-79
  Verwendung 237-46
Serielle Zahlen, für Datum und Uhrzeit *Siehe* Datum; Zeit

Seriendruck
  Abfrageoptionen 896
  Anfordern einer Benutzereingabe 904
  Bedingungsanweisung 906-08
  Datenquellen, anfügen 912-13
  Datenquellen, bearbeiten 910
  Datenquellen, erstellen 901-02
  Datenquellen, Feldnamen als Rückgabewerte 908-09
  Datenquellen, lösen 911
  Datensätze, entfernen 644
  Datensätze, Feldinformationen als Rückgabewert 341
  Datensätze, hinzufügen 643, 899
  Datensätze, markieren 895-96, 912-13
  Datensätze, mehrere in Seriendruckdokumenten
    905-906
  Datensätze, suchen 902-03
  Dokumente, erstellt in Word für den Macintosh 897, 899
  Einfügen von Seriendruckfeldern in Dokumenten 611
  Fehlerprüfung 914
  Felder *Siehe* Seriendruck-Felder
  Informationen abrufen über 900, 915-16
  Optionseinstellung 895-96
  Seriendruck-Manager, Dialogfeld 912
  Seriendruckdokument, anzeigen 908-12, 917
  Steuersatzquelle, aktivieren und bearbeiten 916
  Steuersatzquelle, anfügen 914
  Steuersatzquelle, erstellen 916-17
  Steuersatzquelle, Feldnamen als Rückgabewerte 908-09
  Steuersatzquelle, lösen 911
  verwandte Anweisungen und Funktionen,
    Auflistung 320-21
  Zentraldokumente, aktivieren und bearbeiten 910
  Zentraldokumente, erstellen 910-914
  Zentraldokumente, Textmarken setzen 903
  Zusammenführung 895-97, 911
Seriendruck-Felder
  Siehe auch Seriendruck
  anzeigen 898
  Daten, Rückgabe aus aktuellem Datensatz 341
  Daten und Steuersatzquelle, Namen als
    Rückgabewerte 908-09
  hinzufügen und entfernen 684-85
  im Steuersatz, Anzahl 1010
  umbenennen 684-85
SERIENDRUCKFELD-Feld 611
SERIENDRUCKSEQ-Feld 906
Seriennummer von Word, als Rückgabewert liefern 767
Server 192
Service, Microsoft technische Unterstützung *Siehe* Microsoft
  Software Service
SetPrivateProfileString-Anweisung und -Funktion 226-28
Shell-Anweisung 196
Shortcuts
  Siehe auch Tasten
  senden an Anwendungsprogramme 891-94

Sicherungsdateien, automatisch speichern 671–72
Signaturen, Anwendungen 195–96, 803–04
Silbentrennung 675–76, 699–701, 709
Skalieren, Grafiken 714–15
Skripte
　Siehe auch AppleScript
　aufzeichnen 1232
　ausführen in WordBasic 1231–34
　schreiben, Verfahren 1232–33
　Verwendung zum Senden von WordBasic-
　　Anweisungen 1233–34
Solution Providers-Programm, Microsoft 10
Sonderzeichen
　an andere Anwendungsprogramme senden 891–94
　einfügen 581, 612, 937
　Feldzeichen ({}) 595
　in Leerzeichen umwandeln 800–01
　Shortcut zuordnen 630–34
　suchen und ersetzen 421–24, 439–42
Sortieren, Kopien beim Drucken 490–92
Sortieren 924–26, 943–46
Spalten
　Breite von 947–48
　Breite von, in Tabellen 947–49
　einfügen in Tabellen 946
　löschen in Tabellen 946–47
　markieren 460, 616–17, 926–27, 947
　Textspalten 728–30
　Textspalten, erstellen und formatieren 728–30
　Zur nächsten/vorherigen Spalte gehen 835–36, 991
　Zwischenabstand in Tabellen 947–48
Spaltenwechsel, einfügen 604, 613
Speicher
　freimachen 528–29
　freimachen nach DDE-Dialog 528–29
　verfügbar, als Rückgabewert 341–43, 389–91, 767–68
　verwalten beim Erstellen von WLLs 1198–1200
Speichern
　Dialogfeldeinstellungen 163–64
　Dokumente 482–83, 514–15, 555–56, 671–72, 783
　Dokumentvorlagen 482–83, 513, 571
　Makros 30, 572
　Ob Dokument geändert, festlegen und testen 555–56, 571, 784
　Optionen 671–72
　von Dateien in Fremdformaten *Siehe* Konvertieren von Dateien
　Werte von Word-Dialogfeld-Steuerelementen 751–52
Speicherplatz, verfügbarer, als Rückgabewert 341–43, 389–91
Sperren
　Dokumente gegen Änderungen 566–67, 644–45
　Felder gegen Aktualisierungen 688
　Formulare gegen Änderungen 624–25, 644–45

Sperren *(Fortsetzung)*
　Formularfelder gegen Änderungen 362–63
　Verknüpfungen 451–52
Sperrung aufheben
　bei Feldern 688
　bei Verknüpfungen 451–52
　für Änderungen an Dokumenten 644
　für Änderungen an Formularen 644
Spielen, Klang- und Videodateien 841
Sprache
　Einstellung in der WIN.INI-Datei, als Rückgabewert 341–43
　Version von Word, als Rückgabewert 389–91
Sprachformatierung 677–78, 711, 927–28, 1011
　bestimmen und wiedergeben 677–78
　definieren, für Formatvorlagen 711
　suchen und ersetzen 367–68, 421–24, 439–42, 445–46
　zählen, verfügbare Typen von 1011
Springen zu(m)
　Anfang oder Ende einer Tabellenzeile 461, 617–18
　Anfang oder Ende einer Zeile 462–63, 619–20
　Anfang oder Ende eines Dokuments 458–59, 615
　einer bestimmten Stelle in einem Dokument 430–32, 933–34
　Ende einer Spalte 616–17
　Feldern 834, 989–90
　Kopf- oder Fußzeilen 580, 749
　nächsten oder zuvor angegebenen Element 750–51, 833, 835–36, 988–91
　oberen oder unteren Fensterbereich 459, 616
　oberen Spaltenbereich 460
　Tabellenzellen 836–37, 992
　Textmarken 450
　vorausgehenden Stelle der Einfügemarke 1049–50
　Wiederholte Operationen 933–34
SQL (Structured Query Language), Zugriff auf Datenbanken durch 589–91, 1144–80
SQLClose, Funktion 1151, 1158
SQLCloseAll, Funktion 1151, 1159
SQLCountErrors, Funktion 1152, 1159
SQLErrorClass$, Funktion 1159–60
SQLErrorCode, Funktion 1160
SQLErrorFlush, Funktion 1161
SQLErrorText$, Funktion 1152, 1161–62
SQLExecQuery, Funktion 1151, 1162–63
SQLGetSchema, Funktion 1152, 1163–66
SQLGetSchemaItem$, Funktion 1152, 1166
SQLGetTypeInfo$, Funktion 1147, 1167
SQLOpen, Funktion 1150–51, 1167–69
SQLQueryExec, Funktion 1151, 1169–71
SQLQuerxFetch, Funktion 1157, 1171–72
SQLQueryRetrieve, Funktion 1157, 1172–73
SQLRetrieveColSize, Funktion 1174
SQLRetrieveColumns, Funktion 1175
SQLRetrieveFlush, Funktion 1175–76

SQLRetrieveItem$, Funktion 1176
SQLRetrieveRows, Funktion 1177
SQLRetrieveToDocument, Funktion 1177–78
SQLSetRowPos, Funktion 1178–79
SQLSynchronize, Funktion 1179–80
Standard
    Befehls-Schaltfläche, in Dialogfeldern 139
    Element in Dialogfeldern, festlegen 455–58
    Formularfeldresultate, festlegen 467–68
    Kontrollkästchen, Werte 136
    Ordner 474–75, 542–43
    Registerkarte in Dialogfeldern 607, 699–701, 734–35
    Schriftart, für Umschlagadressen 615, 701–02
    Schriftart, für die Formatvorlage „Standard" 712–13, 734–35
    Text in Textfeldern 136
Standard- und Zeichnungs-Mauszeiger, umschalten 821
Standardzustand modifizierter Word-Befehle 40
Starten
    auf Windows basierte Anwendungsprogramme 921–23
    Batch- oder ausführbare Dateien 921–23
    DDE-Kommunikation 195–98, 277
    Dialog-Editor 116, 537
    Microsoft-Anwendungsprogramme 826
START WIZARD-Dokumentvorlage 482–83
STARTER.WIZ 6, 74, 1057–59
Startordner, zum Laden einer WLL verwenden 1186
StartWizard-Makro 254
Statistik, Dokument 487–88, 567–68
Statusleiste
    anzeigen und verbergen 380, 657–59
    Benutzer-Eingabeaufforderungen in 797–98
    Hilfe zu Formularfeldern anzeigen 595–98, 740–42
    Meldung anzeigen in 68, 829–31, 857–58
Sternchen (*) 57
Steuerelemente in Dialogfeldern
    Siehe auch Schaltflächen; Listenfelder; Optionsfelder; Dialogfelder, benutzerdefinierte; Textfelder
    Beschriftungen, festlegen und ändern 158–59, 550–51
    Bezeichner, als Rückgabewert liefern 546–47
    deaktivieren und aktivieren 152–53, 540–42
    Fokus setzen und als Rückgabewert liefern 158–59, 534–37, 545
    Rückgabewerte liefern, für Word-Dialogfelder 751–52
    verbergen und anzeigen 158–59, 548–49
    Wert setzen und als Rückgabewert liefern 134–35, 551–54
Steuern anderer Anwendungsprogramme, mit DDE 522–23
Steuerstrukturen
    For...Next 58–67, 84–86, 774–75, 890–91
    If...Then...Else 58–67, 84–86, 774–75, 890–91
    Select Case 58–67, 84–86, 774–75, 890–91
    While...Wend 58–67, 84–86, 774–75, 890–91
Steuerzeichen, senden an Anwendungsprogramme 891–94

Stichwortverzeichnis
    Siehe auch Index
    aktualisieren 600–01
    Einträge, Text markieren als 775–76
    erstellen und einfügen 413, 600–01
    formatieren 600–01, 775–76
Stop-Anweisung 177–78
Structured Query Language (SQL), Zugriff auf Datenbanken durch 589–91, 1144–80
Stunde, als Teil der Zeitangabe 932
Subtraktion 57–58
Suchen
    Dateien 498–501, 693–95, 748, 1007
    Dokumente 498–501, 748, 1007
    Einfügemarke 364, 967–69
    Formatierung 367–68, 421–24, 439–49
    Formatvorlagen 366–67, 439–44
    Korrekturmarkierungen 682–83
    Suchergebnisse, als Rückgabewerte liefern 444
    Suchoperatoren und -optionen 439–42
    Tabstops 832, 988
    Text 439–42
    Überarbeiter 680
    wiederholen, Suchvorgang/Aktionen 933–34
    Zeichenfolgen 780
    Zeichenfolgen innerhalb von Zeichenfolgen 780
Suchoperatoren und -optionen
    ersetzen 421–24
    suchen 439–42
Summieren von Zahlen 641, 940–42
Support Network, Microsoft 8
Symbol für verknüpfte und eingebettete Objekte 433–35, 605–06, 841–42
Symbole
    einfügen 612, 937
    Shortcuts zuweisen 630–34
    suchen und ersetzen 421–24, 439–42
Symbolgröße von Fenstern 392–93, 564–65
Symbolleisten
    anpassen, an eigene Erfordernisse Siehe Anpassen, Symbolleisten
    Anzahl, als Rückgabewert 1011–1012
    anzeigen und verbergen 380–81, 936
    erstellen 839–40
    Formatierung 369–70
    Größenanpassung 761
    Hilfe anzeigen für 769
    Hinzufügen von Schaltflächen zu 877–78
    Kopf- und Fußzeile 373, 375
    kopieren 852–53
    Listenfelder Siehe Symbolleisten-Schaltflächen
    löschen 852–53
    Makro 26–27, 172–73
    Rahmen 380

Symbolleisten *(Fortsetzung)*
  Schaltflächen *Siehe* Symbolleisten-Schaltflächen
  Speichern von Änderungen 572
  Symbolleistennamen, als Rückgabewert 934
  umbenennen 852–53
  verschieben 936–37
  Zeichnungs- 381
  zurücksetzen auf die Standardvorgabe 380–81
Symbolleisten-Schaltflächen
  Hilfe anzeigen für 769
  hinzufügen 877–78
  löschen 878
  Schaltflächenbild bearbeiten 438–39, 609, 877–78, 986–87
  Schaltflächensymbol zurücksetzen auf die Standardvorgabe 986–87
  vergrößern 380–81
  verschieben 881–82
  Zuweisungen, als Rückgabewert 935
Synonyme, suchen 678, 974–75
Syntax
  aus der Hilfe kopieren 172
  Fehler 168–69
  Konventionen für Anweisungen und Funktionen 291–303
System
  Dateien 406–07
  Informationen, als Rückgabewert 341–43, 389–91, 826
  Ressourcen 528–29
Systemsteuerung (Windows), ausführen 929–30

T

Tabellen
  Abstand zwischen Spalten 947–48
  Ausrichten von Tabellenzeilen 947–48
  Beschriftungen *Siehe* Beschriftungen
  Einfügen von Absätzen zwischen Zeilen 951
  Einfügen von Spalten 946
  Einfügen von Zeilen 952–53
  Einfügen von Zellen 955–56
  Einrücken von Zeilen 947–48
  erstellen 688, 949–50, 964
  formatieren 939–40, 947–52, 964
  Gehen zu bestimmten 430–32
  Gitternetzlinien, anzeigen und verbergen 942
  Größe 939–40
  konvertieren zu Text 943
  Löschen von Zellen, Spalten, Zeilen 946–47, 953, 956–57
  Markieren in 460–62, 616–18, 836–37, 947, 954, 992
  markieren 950–51
  mit Abbildungen *Siehe* Abbildungsverzeichnisse, erstellen

Tabellen *(Fortsetzung)*
  mit Beschriftungen *Siehe* Abbildungsverzeichnisse, erstellen
  mit Inhalt *Siehe* Inhaltsverzeichnisse
  Querverweise, einfügen 607–09
  Rahmenlinien *Siehe* Rahmen
  Sortieren in 943–46
  Spaltenbreite 947–48
  Summe in Tabellenzellen 940–42
  teilen 947–48, 951
  Teilen von Zellen 956–57
  Überschriftzeilen 952
  Verbinden von Zellen 957–58
  Verschieben der Einfügemarke 460–62, 616–18, 835–37, 991–992
  verwandte Anweisungen und Funktionen, Auflistung 321–22
Tabellenzeilen
  einfügen 952–53
  formatieren 947–48
  löschen 953
  markieren 952
  sortieren 943–46
  umwandeln in normalen Text 943
  Zellen verbinden in 957–58
Tabs *Siehe* Tabstops
Tabstops
  als Ausgabetrennungszeichen, schreiben 857–58
  deaktivieren 712, 730–31
  Einstellung 712, 730–31
  Füllzeichen 712, 730–31, 938
  Position des nächsten oder vorherigen, als Rückgabewert 832, 988
  suchen 832, 988
  Typ, als Rückgabewert 958
Tabstopzeichen, anzeigen und verbergen 363–64, 657–59
Tage
  Siehe auch Datum
  der Woche, Anfangsbuchstaben groß 635–36
  der Woche, aus dem Datum ermitteln 995–96
  des Monats, aus dem Datum ermitteln 959
Tastaturführer, in der Hilfe 769
Tasten
  Anpassen von Tastenzuordnungen 625, 1211
  Anzeigen der Hilfe 769
  Drucken von Tastenzuordnungen 490–92
  Senden von Tastenanschlägen an Anwendungsprogramme 891–94
  Speichern von Änderungen an Tastenzuordnungen 572
  Wiedergabe von Befehlen und Makros für Tastenzuordnungen 812–13
  Zählen von benutzerdefinierten Tastenzuordnungen 960–61, 1012
  Zugriffstaste 127
  Zurücksetzen auf Standard-Tastenzuordnungen 630–34

Tastenkombinationen *Siehe* Tasten; Shortcuts
Tastenzuordnungen 490–92
Technische Unterstützung *Siehe* Microsoft Software Service
Teilen
    Dokumentfenster 562
    Tabellen 947–48, 951
    Tabellenzellen 956–57
Telefonische Beratung *Siehe* Microsoft Software Service
Telefonische Unterstützung *Siehe* Microsoft Software Service
Telefonnummern, Microsoft Btx Service
    Microsoft Software Service 8–10
TEST.MDB-Datenbank 1151
Text
    Siehe auch Bearbeiten; Textformularfelder
    als Rückgabewert 75
    als Rückgabewert aus Dialogfeld-Steuerelementen 550–51
    anfordern von anderen Anwendungsprogrammen 527–28
    ausrichten *Siehe* Ausrichten; Tabstops
    Automatischer Zeilenumbruch 657–59
    Benutzereingabe, Aufforderung 779–80
    einfügen 420, 433–35, 581
    einfügen, aus anderen Dateien 588–89
    einfügen, in Dokumente 71–72
    einfügen, mit der Sammlung 609
    einrücken *Siehe* Absatzformatierung
    ersetzen 421–24, 635–36, 640
    Farbe *Siehe* Zeichenformatierung; Farbe
    Größe *Siehe* Zeichenformatierung
    hinzufügen zur Sammlung 873
    hinzufügen, zur Zeichnungsebene 1041
    in AutoText-Einträge einfügen 415, 585
    in AutoText-Einträgen, als Rückgabewert 335–36
    in AutoText-Einträgen, zuordnen 415–16
    in Dialogfeldern *Siehe* Dialogfelder, benutzerdefinierte
    Kästchen *Siehe* Textfelder
    Konvertieren von Tabellenzeilen zu 943
    konvertieren zu Tabellen 688, 949–50, 964
    kopieren 436, 965
    lesen aus Eingabedateien 777–78, 797–98, 866–67
    löschen 419, 436–37, 797, 997
    markieren *Siehe* Markieren; Markierungen
    mit Textmarke, als Rückgabewert 344
    Öffnen von Dateien zur Ein-/Ausgabe 848–50
    Positionsrahmen *Siehe* Positionsrahmen
    Rollen *Siehe* Bildlauf
    schreiben in Ausgabedateien 857–58, 1000–01
    senden an andere Anwendungsprogramme mit DDE 526–27
    Setzen von Textmarken 450
    Sonderzeichen 937
    suchen 439–42
    Textbox *Siehe* Textfelder

Text *(Fortsetzung)*
    Trennung durch Bindestriche 675–76, 699–701, 709–10
    überschreiben 662–63, 676–77
    umwandeln in Tabellen 949–50, 964
    verborgen 712–13, 734–35, 982
    verknüpfen und einbetten aus anderen Dateien *Siehe* Objekteinbettung und -verknüpfung (OLE)
    verschieben, in Gliederungen 755
    verschieben 609, 873, 970
    Zwei mit Textmarke versehene Abschnitte vergleichen 967–69
    zwischen zwei Punkten, als Rückgabewert 343–44
    zwischen zwei Punkten, markieren 820
Text aus Dokumenten 75
    Werte *Siehe* Funktionen
Text und Grafiken 420
Textbearbeitung durch Drag & Drop, Option 662–63
Textdateien
    Siehe auch Sequentielle Dateien
    öffnen 848–50
Textebene 965
Textfelder
    Siehe auch Kombinationsfelder; Dialogfelder, benutzerdefinierte; Textformularfelder
    erstellen in der Zeichnungsebene 1041
    formatieren 736–38
    hinzufügen zu benutzerdefinierten Dialogfeldern 117, 962–63
    in dynamisches Dialogfeldern 156
    Inhalt, festlegen und als Rückgabewert liefern 136, 140, 550–51
    Prüfen auf 1020–21
    Überblick 114
    Verschieben der Einfügemarke zu 1027–28
Textformularfelder
    Festlegen von Ergebnissen und Standardwerten 467–68
    formatieren 740–42
    hinzufügen zu Formularen 595–98, 964
    Inhalt als Rückgabewert 338–39
Textmarken
    Anfang von, bestimmen 461–62
    anzeigen, Grafik-Textmarken in Dialogfeldern 544–45, 855–57
    einfügen, in Seriendruck-Zentraldokumente 903
    Ende von, bestimmen 619
    erstellen 450
    gehen zu bestimmten 430–32, 450
    hinzufügen 450
    Inhalt von, als Rückgabewert liefern 344
    Inhalt von, vergleichen 967–69
    kopieren 965
    leere 794–95
    löschen 450
    Makroaktionen beschränken, mit Hilfe von 73–75

Textmarken *(Fortsetzung)*
    Namen von, als Rückgabewert liefern 966–67
    ohne Inhalt, prüfen auf 1027–28
    Querverweise auf, einfügen 607–09
    verbergen und anzeigen 657–59
    verwandte Anweisungen und Funktionen, Auflistung 322
    vordefinierte 73, 1057–59
    Vorhandensein von, prüfen auf 344, 969–70
    zählen 1013
TextmarkenVergleichen( )-Funktion 76
The Microsoft Network, Produktunterstützung über 8–9, 769
Thesaurus, anzeigen 678
Tieferstufen
    Listenpunkte in gegliederten Listen 971
    Überschriften, zu Textkörper 971
    Überschriften in Gliederungen 758–59
Tiefgestellt, Zeichenformat 89, 429–30, 448–49, 712–13, 734–35, 971–72
Tiefstellung, Zeichenformatierung 734–35, 929
Tips und Tricks, Dialogfeld anzeigen 770
Titelzeilen in Tabellen 952
Ton
    abspielen 841
    einfügen und aufzeichnen 603
    Piepton 453–54
Treiber, ODBC, installieren 1148–49
Trennzeichen, für Felder 688
Trennzeichen 389–91, 688
Typographische Anführungszeichen 635–37
Typographische Konventionen xvi–xvii, 327–28

U

Überarbeitung, Nummer/Datum der letzten 487–88, 567–68
Übereinstimmung bei AutoText-Einträgen, Rangfolge 415, 419–20, 585
Übergeben, Werte zwischen Unterroutinen 98–100
Überprüfen
    Rechtschreibung 666–67, 670–71, 675, 973–74
    verwandte Anweisungen und Funktionen, Auflistung 309, 315–16
Überschreiben von Text 662–63, 976–77
Überschreibmodus 662–63, 976–77
Überschriften
    Gliederungsebene, als Rückgabewert liefern 758
    in Gliederungen, ausblenden 757
    in Gliederungen, Ebenennummer einblenden 579
    in Gliederungen, erweitern 756
    in Gliederungen, höherstufen 757
    in Gliederungen, tieferstufen 758–59
    in Gliederungen, umwandeln zu Textkörper 971
    in Gliederungen, verschieben 755
    in Gliederungen 757

Überschriften *(Fortsetzung)*
    numerieren 731–35
    Querverweise, einfügen 607–09
Überschriftzeilen in Tabellen 952
ÜBERSPRINGEN-Feld 906–07
Umbenennen
    AutoText-Einträge 852–53
    Dokumente 514–15
    Formatvorlagen 706–08, 852–53
    Makros 36, 852–53
    Menübefehle 626–28
    Menüs 629–30, 838
    Symbolleisten 852–53
Umgebung
    Informationen über, als Rückgabewert liefern 341–43, 389–91, 826
    Variablen 977–78
    verwandte Anweisungen und Funktionen, Auflistung 322
Umherbewegen
    Siehe auch Verschieben
    in Dialogfeldern 136–37
UMSCHALT+NACH-OBEN-TASTE, Shortcut 1045–46
UMSCHALT+NACH-UNTEN-TASTE, Shortcut 1047–48
Umschalten
    zu Microsoft Access 826
    zu Microsoft Excel 826
    zu Microsoft FoxPro 826
    zu Microsoft Mail 826
    zu Microsoft PowerPoint 826
    zu Microsoft Project 826
    zu Microsoft Publisher 826
    zu Microsoft Schedule+ 826
    zur Gliederungsansicht 374
Unbekannte(r) Befehl, Subroutine oder Funktion
    Fehlermeldung 169
Ungleich-Zeichen (<>) 59–60
Unterbrechen, Makroaufzeichnung 808
    von Makros 614, 930
Unterroutinen 93–95, 96–104, 472–73, 932–33
Unterschiede bei den Word-Versionen 291–303
Unterschiede zwischen Microsoft Windows und dem Macintosh 291–303
Unterstreichungszeichenformat 429–30, 448–49, 572–74, 712–13, 734–35, 858–59, 978–79, 1000–01
Unterstützungsleistungen *Siehe* Microsoft Software Service
Unterordner *Siehe* Ordner

V

Variablen 54–56
    Siehe auch Datenfelder
    Datenfeld, Matrix 88–93

Variablen *(Fortsetzung)*
  Dialogdatensatz 105–11
  Dokument 226–30, 337–38, 568–69, 1004
  Err 185–86
  gemeinsame Nutzung, definieren 868–69
  gemeinsamer Zugriff 96–101, 537–40
  Wertänderung 175–76
  Wertüberprüfung 175–78, 981
  Wertzuweisung 797
VariablenAnzeigen-Anweisung 178
Verankern von Symbolleisten 936–37
Verankerungspunkte
  Positionsrahmen, sperren 710, 723–24
  verbergen und anzeigen 657–59
  Zeichnungsobjekte, Einfügemarke bewegen auf 1028
Verbergen
  Absatzmarke 363–64, 657–59
  Anwendungsfenster 396
  bedingte Trennstriche 363–64, 657–59
  Dialogfeld-Steuerelemente 548–49
  Gitternetzlinien in Tabellen 942
  Hervorhebungsformatierung 657–59
  Korrekturmarkierungen 679, 682–83
  Leerzeichen 363–64, 657–59
  Lineale 376
  nichtdruckbare Zeichen 363–64, 657–59
  Optionen in Dialogfeldern 158–59
  Rahmen-Symbolleiste 380
  Statusleiste 380, 657–59
  Symbolleisten 380–81, 936
  Tabstopzeichen 363–64, 657–59
  Textkörper in der Gliederungsansicht 578–79, 755–57
  verborgener Text 363–64, 657–59
  Zeichnungs-Symbolleiste 381
Verbinden
  Siehe auch Seriendruck
  Filialdokumente in Zentraldokumenten 697
  Formatvorlagen 706–09
  Korrekturmarkierungen 683–84
  Zellen in Tabellen 955–58
Verbindungen herstellen, zu Netzlaufwerken 981
Verborgen
  Anwendungsfenster 394–95, 398
  Anwendungsprogramm, anzeigen 386
  Dateien 406–07
  Text 363–64, 429–30, 448–49, 657–59, 712–13, 734–35, 982
Verbundausdrücke 65–66
Verfügbarer Speicherplatz, Arbeitsspeicher 341–43, 389–91
Vergleichen
  Dateien 683–84
  Dokumente 683–85
  Inhalt von Textmarken 967–69
  Zeichenfolgen 59–60
Vergleichsoperatoren 1053

Vergrößern von Dokumenten 382–84, 802
Verhindern
  Änderungen an Formularen 624–25, 644–45
  Änderungen an Formularfeldern 362–63
  Bildschirmaktualisierung 398–99
  Seitenwechsel 347–48, 354, 699–701, 709
Verknüpfen
  Aktualisieren 451–52
  Bearbeiten und Einstellen von Optionen für verknüpfte Objekte 451–52
  Grafikdateien 600–01
  Objekte 433–35, 605–06
  Sperren und Sperrung aufheben 451–52
Verlassen-Makro 246
Verleger, erstellen 437
Verschieben 482
  Siehe auch Umherbewegen; Kopieren; Kopieren; Löschen; Einfügen
  Absätze in Gliederungen 755
  Anwendungsfenster 396–97, 561–62
  Dateien 482
  Dokumentfenster 561–62, 570
  Einfügemarke *Siehe* Einfügemarke, verschieben
  Elemente in Dialogfeldern 120–21, 128–129
  Makroverwaltung 36
  Markierungen 970
  Symbolleisten-Schaltflächen und Listenfelder 881–82
  Symbolleisten 936–37
  Text und Grafiken durch Sammlung 873
  Text 970
  Zeichnungsobjekte, hinter Text 1030
  Zeichnungsobjekte, horizontal 1023–25
  Zeichnungsobjekte, nach hinten 1031, 1040
  Zeichnungsobjekte, nach vorn 1031, 1040
  Zeichnungsobjekte, rasterweise 1019–20
  Zeichnungsobjekte, vertikal 1024, 1026
  Zeichnungsobjekte, vor Text 1042
Verschlüsseln, Makros 785
Versionsnummer von Word, als Rückgabewert 389–91, 767
Vertikal, Zeichnungsobjekte kippen 1042
Vertikale Bildlaufleiste
  anzeigen und verbergen 657–59
  Makroäquivalente 370–71, 468–70, 833, 988–89, 992–993
Vertikales Lineal, anzeigen und verbergen 376
VERZEICHNIS-Feld 601–03
Verzweigen
  innerhalb Unterroutinen oder Funktionen 93–95, 759–60
  zu Unterroutinen 93–95, 472–73
Verzweigung und Steuerung 58–67, 81–86, 93–95
  verwandte Anweisungen und Funktionen, Auflistung 279
Videodatei, abspielen 841
Visual Basic 221–22

Vollbildeinstellung von Fenstern *Siehe* Maximieren von
 Fenstern
Vollbildmodus 748
Volumes, aktivieren 983–85
Vordefinierte Dialogfelder 105–11
Vordefinierte Textmarken 73–74, 1057–59
Vorlage speichern, Befehl 35
Vorrang, von WordBasic-Operatoren 1051–52
Vorschau auf Dokumente
 in benutzerdefinierten Dialogfeldern 541–43, 692–93
 in Seitenansicht 512, 889
Vorzeichen von Zahlen, als Rückgabewert liefern 920

W

Wahr, Wert 61
Wahre Vergleiche 1054–57
Währungssymbol, als Rückgabewert aus der WIN.INI-
 Datei 389–91
WBMAPI.DLL 222, 1092–93
WBMAPI.DOT-Dokumentvorlage 1092–93
WBODBC.DOT 1151
WBODBC.WLL 1145, 1147, 1150–51
WBTYPE.TXT 1196
wdAddCommand-Befehl (Word-API) 1213
wdAutoOpen-Funktion (Word-API) 1184
wdAutoRemove-Funktion (Word-API) 1184
wdCaptureKeyDown-Befehl (Word API) 1215
wdCloseWindow-Befehl (Word API) 1215
wdCommandDispatch-Funktion (Word-API) 1189–90
wdGetHwnd-Befehl (Word-API) 1213
wdGetInst-Befehl (Word-API) 1213
wdOpenWindow-Befehl (Word API) 1214
WDOPR (Word-Operator-Datenstruktur)
 Siehe auch Word-API (Microsoft Word Application
  Programming Interface)
 Datenfelder, übergeben 1197–98
 erstellen, mit CAPILIB 1207–08
 Komponenten 1194–97
 Typendefinition 1193–94
 Überblick 1193
 Zeichenfolgen, übergeben 1199–200
wdPrint-Befehl (Word-API) 1213
wdReleaseKeyDown-Befehl (Word API) 1215
wdSetTimer-Befehl (Word API) 1214
Wechsel
 Abschnitt 508–12, 582–583, 604
 Seite 610
 Spalte 613
Wechseln
 zu einem Microsoft-Anwendungsprogramm 826
 zur Gliederungsansicht 374
WENN-Feld 907–08

Werte von Word-Dialogfeld-Steuerelementen speichern 139,
 751–52
Werte 49
 absolut 345
 Argument 24
 von Variablen, anzeigen 981
 zwischen Unterroutinen übergeben 98–100
While-Schleife 64–65
Wiederaufnehmen, Makroaufzeichnung 808
Wiederherstellen
 Anwendungsprogramme 391–93, 397–98
 Fenster 391–93, 397–98, 570
 Standardzustand modifizierter Word-Befehle 40
Wiederholen
 letzte Bearbeiten-Operation 453
 letzte Gehe-zu-Operation 933–34
 letzte Suchen-Operation 933–34
 Zeichen 931
Wiederholen von Operationen 453
WIN.INI-Datei 229–30
 Ändern der Einstellungen 685
 Einstellungen als Rückgabewert 752–55, 917–19, 920
 Ländereinstellungen, als Rückgabewert 341–43, 389–91
WIN16API.TXT 7
WIN32API.TXT 6
Windows-Pfade und -Dateinamen, Übersetzung für den
 Macintosh 854–55
Windows, Microsoft
 beenden 619
 DDE-Anwendungsname 193–94
 Meldungen, an Anwendungsprogramme senden 393–94
 Modus, als Rückgabewert 341–43
 Unterschiede zwischen dem Macintosh und 291–303
 verlassen 619
 Versionsnummer, als Rückgabewert 341–43, 389–91
 Zeichensatz 573, 995
WINWORD6.INI-Datei 230, 685, 752–55, 920
WIZ! Dateityp 253
WLLs (Word Add-In Libraries)
 Siehe auch Word-API (Microsoft Word Application
  Programming Interface)
 Aufrufen von Routinen in 264–71
 Deklarationskonvertierung 270–71
 Funktionen für Makros verfügbar machen 529–30, 1210
 Hinzufügen, Funktionen zu Menüs 1211
 Hinzufügen, Funktionen zu Shortcuts 1211
 Hinzufügen, Funktionen zu Symbolleisten 1210
 laden und entladen 355–58, 1185–86
 Liste, hinzufügen zu 355–56
 Liste, löschen aus 356–57, 799–800
 Nummer in Liste als Rückgabewert 1003
 Position in Liste als Rückgabewert 329
 Überblick 1183–85

WLLs (Word Add-In Libraries) *(Fortsetzung)*
  verwandte Anweisungen und Funktionen,
    Auflistung 313–14
  WBODBC.WLL 1145, 1147, 1150–51
Wochentag, als Komponente des Datums 995–96
Word
  Siehe auch Microsoft Word
  als DDE-Server 207–09
  als Server zur OLE-Automatisierung 210–22
  Application Programming Interface (Microsoft Word
    Application Programming Interface) *Siehe* Word-API
  DDE-Anwendungsname 193–94
  Funktionsbeschränkungen 1235–36
  Initialisierungsdateien 752–55, 917–20
  ODBC-Erweiterungen 1143–80
  Workgroup-Erweiterungen 1091–1141
Word Add-In Libraries (WLLs)
  Siehe auch Word-API
  Aufrufen von Routinen in 264–71
  Beispiel-WLL 1182
  Deklarationenkonvertierung 270–71
  Funktionen für Makros verfügbar machen 529–30, 1210
  Hinzufügen, Funktionen zu Menüs 1211
  Hinzufügen, Funktionen zu Shortcuts 1211
  Hinzufügen, Funktionen zu Symbolleisten 1210
  laden und entladen 355–358, 1185–86
  Liste, hinzufügen zu 355–56
  Liste, löschen aus 356–57, 799–800
  Nummer in Liste als Rückgabewert 1003
  Pfade und Dateinamen, als Rückgabewert 330
  Position in Liste als Rückgabewert 329
  Überblick 1183–85
  verwandte Anweisungen und Funktionen,
    Auflistung 313–14
  WBODBC.WLL 1145, 1147, 1150–51
Word-API (Microsoft Word Application Programming
  Interface)
  Anforderungen zur WLL-Entwicklung 1183
  Aufrufen von WordBasic-Anweisungen und Funktionen
    mit 1187–89
  CAPILIB, Verwendung 1200–09
  Datenfelder, übergeben 1197–98
  Datenstrukturen *Siehe* WDOPR
  Fehlercodes 1215–17
  Funktionen für Makros verfügbar machen 1210
  Installieren von Dateien zur WLL-Entwicklung 1181–82
  Komponenten 1194–97
  Menübefehl, hinzufügen 1211
  Plattformspezifische Details 1189–93
  Shortcuts, hinzufügen 1211
  Speicherverwaltung 1198–1200
  Symbolleisten-Schaltflächen, hinzufügen 1210
  Überblick 1199–200
  Verhalten gegenüber WordBasic 1210
  Vorteile gegenüber WordBasic 1181

Word-API (Microsoft Word Application Programming
  Interface) *(Fortsetzung)*
  wdAddCommand-Befehl 1213
  wdAutoOpen-Funktion 1184
  wdAutoRemove-Funktion 1184
  wdCaptureKeyDown-Befehl 1215
  wdCloseWindow-Befehl 1215
  wdCommandDispatch-Funktion 1189–90
  wdGetHwnd-Befehl 1213
  wdGetInst-Befehl 1213
  wdOpenWindow-Befehl 1214
  wdPrint-Befehl 1213
  wdReleaseKeyDown-Befehl 1215
  wdSetTimer-Befehl 1214
  Zeichenfolgen, übergeben 1199–1200
Word-Einstellungsdatei (6), Abrufen von Werten aus Word-
  Dialogfeld-Steuerelementen 751–52
Word-Grafikobjekte 1029, 1042
Word-Operator-Datenstruktur (WDOPR)
  Siehe auch WDOPR; Word-API
  erstellen mit CAPILIB 1207–08
  Teile von 1194–97
  Typendefinition 1193–94
  Überblick 1193
  Zeichenfolgen, übergeben 1199–1200
WordBasic
  aufrufen mit dem Word-API 1187–89
  Beispieldateien 6
  Bücher mit 11
  Funktionsbeschränkungen 1235
  Leistungsmerkmale 3–4
  lernen 4–5
  Verhalten gegenüber Word-API 1185
WordMail
  Antworten auf Meldungen 806
  Anzeigen von Meldungseigenschaften 806
  Anzeigen, nächste Meldung 807
  Anzeigen, vorherige Meldung 808
  Löschen von Meldungen 807
  Markieren von Namen 808
  Überprüfen von Namen 808
  Verbergen und Einblenden, Kopfzeile 806
  Verschieben von Meldungen 807
  Weiterleiten von Meldungen 807
Workgroup-Erweiterungen für Microsoft Word 1091–97
WortArt-Objekte, einfügen 613
Wörter
  Siehe auch Text
  löschen 797, 997
  markieren 817–20, 996, 998
  Trennung durch Bindestrich 675–76
  unterstreichen 999
  zählen 487–88, 567–68, 686
Wortunterstreichungsformat 1000
Write-Anweisung 240

X

X-Einheiten 123
XE-Feld 775–76

Y

Y-Einheiten 123

Z

Zahlen
    addieren 641, 940–42
    Fehlermeldung 182–83
    in und aus Zeichenfolgen konvertieren 546–47, 802, 930–31, 980
    kürzen 781
    Seite *Siehe* Seitenzahlen
    Summen ermitteln 641, 940–42
    verwandte Anweisungen und Funktionen, Auflistung 323
    verwenden, in WordBasic 53
    Vorhandensein feststellen 722
    Vorzeichen, als Rückgabewert liefern 920
    Zufallszahlen, erzeugen 871
Zählen
    AutoKorrektur-Ausnahmen 1002
    AutoText-Einträge in Dokumentvorlagen 1003
    benutzerdefinierte Tastenzuordnungen 960–61, 1012
    Dokumenteigenschaften 1004
    geöffnete Anwendungsprogramme 394–95, 398
    Menü-Befehle 1008–09
    Menüs 1009
    Punkte in Freihand-Zeichnungsobjekten 1037
    Schriftarten, verfügbare 1010
    Sprachformate, verfügbare 1011
    Symbolleisten 1011–12
    Symbolleisten-Schaltflächen 1012
    Textmarken 1013
    Unterordner in einem Ordner 1014
    Wörter, Zeilen usw. 686
    Zeichnungsobjekte 1043
ZählenDokumentVariablen()-Funktion 1004
Zeichen-Dialogfeld, initialisieren 734–35
Zeichen
    Siehe auch Zeichenformatierung; Hochgestellt, Zeichenformat; Tiefgestellt, Zeichenformat
    ANSI-Codes für 404–05, 476–77
    einfügen 581
    formatieren *Siehe* Zeichenformatierung
    Grundlinie, Zeichen wiederherstellen auf 929
    löschen 436–37
    markieren, zeichenweise 819–20, 1015–19
    nichtdruckbare 363–64, 581, 657–59, 800–01
    oberhalb der Grundlinie 929

Zeichen *(Fortsetzung)*
    Sonderzeichen, einfügen 581, 612
    unterhalb der Grundlinie 929
    wiederholte, Zeichenfolge als Rückgabewert 931
    zählen 487–88, 567–68, 686, 796
    Zeichen-Dialogfeld, initialisieren 734–35
    zeichenweise markieren 819–20, 1015–19
    Zwischenabstand 712–13, 734–35, 929
Zeichenfolgen 51–57
    Benutzereingabe, Aufforderung für 779–80
    Benutzereingabe, Rückgabewerte aus Formularen 338–39
    Groß-/Kleinschreibung ändern 794, 977
    in und aus Zahlen umwandeln 546–47, 802, 930–31, 980
    Länge 796
    Leerzeichen entfernen aus 800–02, 871
    lesen, aus Eingabedateien 777–78, 797–98, 866–67
    nichtdruckbare und Sonderzeichen in, in Leerzeichen umwandeln 800–01
    suchen 780
    übergeben, mit dem Word-API 1199–1200
    übersetzen, in einen OEM-Zeichensatz 995
    übersetzen, in den Windows-Zeichensatz 573
    Variablen, definieren 868–69
    vergleichen 59–60
    verwandte Anweisungen und Funktionen, Auflistung 323
    Verwendung in WordBasic 51–53
    zerlegen 780, 795–96, 827, 869–70
Zeichenfolgenvariablen 54
Zeichenfolgenverkettung, Operator für 1053
Zeichenformatierung
    Siehe auch Schriftarten; Absatzformatierung; Formatvorlagen
    Abstand 712–13, 734–35, 929
    anzeigen in der Gliederungsansicht 756
    durchgestrichen 576–77, 712–13, 734–35
    einfügen 706
    entfernen 987
    erweitert 929
    Farbe 429–30, 448–49, 712–13, 734–35, 1014–15
    fett 590, 712–13, 734–35
    Formatvorlagen 706–08
    für Umschlagadressen 615, 701–02
    gesperrt 929
    Gliederung 756
    Groß-/Kleinschreibung 614, 661–63, 712–13, 734–35, 865
    Großbuchstaben 614, 661, 685, 712–13, 734–35
    Größe 650, 712–13, 886–887
    hochgestellt 712–13, 734–35, 770–71, 929
    Initiale (Schmuckbuchstaben) 715
    Kapitälchen 429–30, 448–49, 712–13, 734–35, 788
    Kerning; Unterschneidung 712–13, 734–35
    Kleinbuchstaben 715

Zeichenformatierung *(Fortsetzung)*
    kopieren 603, 717–18
    kursiv 712–13, 734–35, 793
    schattiert 882
    schmal 929
    Schriftart 712–13, 734–35, 884–85, 937
    Schriftgrad 650, 886
    Sonderzeichen 770–71
    Sprache 677–78, 711, 927–28, 1011
    suchen und ersetzen 421–25, 429–30, 439–42, 445–49
    tiefgestellt 712–13, 734–35, 929, 971–72
    unterstrichen 572–73, 712–13, 734–35, 858–59, 978–979, 999–1000
    verborgener Text 712–13, 734–35, 982
    verwandte Anweisungen und Funktionen, Auflistung 323–24
    Zeichen-Dialogfeld, initialisieren 734–35
Zeichensätze, Zeichenfolgenübersetzung zwischen 573, 995
Zeichnungen *Siehe* Zeichnungsobjekte; Grafiken
Zeichnungs-Symbolleiste, verbergen und anzeigen 381
Zeichnungsbereich 1022–1023, 1043
Zeichnungsebene
    Hinzufügen von Text in 1041
    Objekte hinter dem Text anbringen 1030
    Objekte in den Hintergrund bringen 1031, 1040
    Objekte in den Vordergrund bringen 1031, 1040
    Objekte vor dem Text anbringen 1042
Zeichnungsobjekte
    Siehe auch Microsoft Draw
    Am Raster ausrichten, beim Verschieben 1019–1020
    Anzahl von, als Rückgabewert liefern 1043
    Art von, als Rückgabewerte liefern 1020–21
    Auslassungspunkte 1029–30
    ausrichten 1021–22
    Bogen 1026
    drehen 1026–27
    Elemente 736–38
    erstellen, aus Grafiken 1021
    feststellen ob markiert 1038
    formatieren 736–38
    Freihand-Zeichnungsobjekte 1029–30, 1035, 1037, 1042
    gruppieren 1041
    Gruppierung aufheben 1031
    hinter dem Text anbringen 1031
    horizontal verschieben 1023–1025
    in den Hintergrund bringen 1031, 1040
    in den Vordergrund bringen 1031, 1040
    kippen 1031, 1042
    Kreise 1029
    Legenden 718–720, 736–38, 1027–28, 1032–1035
    Linien 1028
    markieren 821, 1038–1040
    Markierung abbrechen 1039
    positionieren 736–38
    Rechtecke 1019, 1040

Zeichnungsobjekte *(Fortsetzung)*
    Textfelder 1027–28, 1041
    Verankerungspunkte, die Einfügemarke bewegen auf 1028
    vertikal verschieben 1023–1026
    verwandte Anweisungen und Funktionen, Auflistung 324–25
    vor dem Text anbringen 1042
    Word-Grafikobjekte 495, 1029, 1042
Zeiger
    Sanduhr 873–874
    Fragezeichen 769
    Standard- und Zeichnungs-Mauszeiger, umschalten 821
Zeilen
    Gehen zu 430–32
    in Absätzen zusammenhalten 354, 699–701, 709
    markieren 462–63, 619–20
    Markierung zeilenweise erweitern 462–63, 619–20, 1045–48
    nicht trennen, Absatzkontrolle 348, 699–701, 709
    numerieren 508–12, 699–701, 709
    zählen 487–88, 567–68, 686
Zeilen (in Tabellen)
    einfügen 952–53
    formatieren 947–48
    löschen 953
    markieren 954
    sortieren 943–946
    Umwandeln in Text 943
    Zellen verbinden in 957–58
Zeilen zusammenhalten, Absatzformat 354, 699–701, 709
Zeilenabstand 1045
    in Absätzen 699–701, 709, 1043
    in Tabellen 947–48
Zeilenendemarken, ANSI-Codes 476–78
Zeilennummern, Absatzformat 699–701, 709
ZEIT-Feld 591–92, 595
Zeit
    Siehe auch Datum
    aktuell 786–87, 972
    des letzten Drucks/der letzten Überarbeitung 487–88, 567–68
    einfügen 591–92, 595
    Format 591–92, 972
    Formate, als Rückgabewerte aus der WIN.INI-Datei 389–91
    konvertieren aus serieller Zahl 972
    konvertieren in serielle Zahl 1048–49
    Makroausführung zu einem bestimmten Zeitpunkt 846–48
    Minuten, als Komponente von 827
    Sekunden, als Komponente von 889
    Stunde, als Komponente von 932
    verwandte Anweisungen und Funktionen, Auflistung 312
Zeitgeber 846–48

Zeitweilig anhalten, Makroaufzeichnung 168
Zellen in Tabellen
    einfügen 955–56
    Gehen zu 835–36, 991
    löschen 956–57
    markieren 836–37, 992
    teilen 957
    verbinden 957–58
Zentraldokumente
    Ansicht, wechseln aus und in 382
    aufteilen in Filialdokumente 697
    Einfügen von Filialdokumenten in 695–96
    Filialdokumente, in Normaltext konvertieren 696
    Filialdokumente, Überschriften konvertieren in 696
    Öffnen von Filialdokumenten in 696
    schützen durch Schreibschutz 566–67
    Verbinden von Filialdokumenten 697–98
    verwandte Anweisungen und Funktionen, Auflistung 318
Zentraldokumente und Filialdokumente 566–67
Zentrieren, Absätze 355, 699–701, 709
Zentrierte Tabstops 712, 730–31, 958
Zerlegen von Zeichenfolgen 780, 795–96, 827, 869–70
Ziehpunkte an Freihand-Zeichnungsobjekten 1042
Ziel 192
    Siehe auch Client
Zoomen 382–84, 802
Zufallszahlen, erzeugen 871
Zugriffsnummer 1095
Zugriffstasten 127
Zuletzt verwendete Dateien, Liste 496, 505–07, 1003
Zuordnen
    Makros zu Menüs, Shortcuts, Symbolleisten 16
    Werte zu Variablen 797
Zusammenfügen von Zeichenfolgen 57–58
Zusammenführen von Dateien *Siehe* Seriendruck
Zuschneiden, Grafiken 714–15
Zwischenablage
    ausführen 929–30
    Einfügen aus 420, 433–35, 662–63
    Inhalt anzeigen, in Picture Dialogfeld-
      Steuerelement 544–45, 855–57
    Kopieren/Ausschneiden und Übertragen auf 419, 436